[illegible]

[illegible]

ཕོ་བྲང་པོ་ཏ་ལ་དཔེ་རྙིང་བསྡུ་སྒྲིག་ཁང་ནས་བསྒྲིགས།

བོད་ལྗོངས་མི་དམངས་དཔེ་སྐྲུན་ཁང་།

图书在版编目(CIP)数据

布达拉宫馆藏萨迦派典籍目录:藏文/
布达拉宫古籍文献整理室编著. - -拉萨:西藏人民出版社,2015.12
ISBN 978-7-223-04731-9

Ⅰ.①布… Ⅱ.①布… Ⅲ.①萨迦派-古籍-图书目录-藏语Ⅳ.①Z838

中国版本图书馆 CIP 数据核字(2015)第 070829 号

布达拉宫馆藏萨迦派典籍目录

搜集整理	布达拉宫古籍文献整理室
主　　编	杰帕·班旦次仁
责任编辑	桑珠达杰
封面设计	格桑罗布
出版发行	西藏人民出版社(拉萨市林廓北路 20 号)
印　　刷	西藏山水印务技术有限公司
开　　本	787×1092 1/16
印　　张	40.75
字　　数	428 千
版　　次	2015 年 12 月第 1 版
印　　次	2015 年 12 月第 1 次印刷
印　　数	01-2,000
书　　号	ISBN978-7-223-04731-9
定　　价	75.00 元

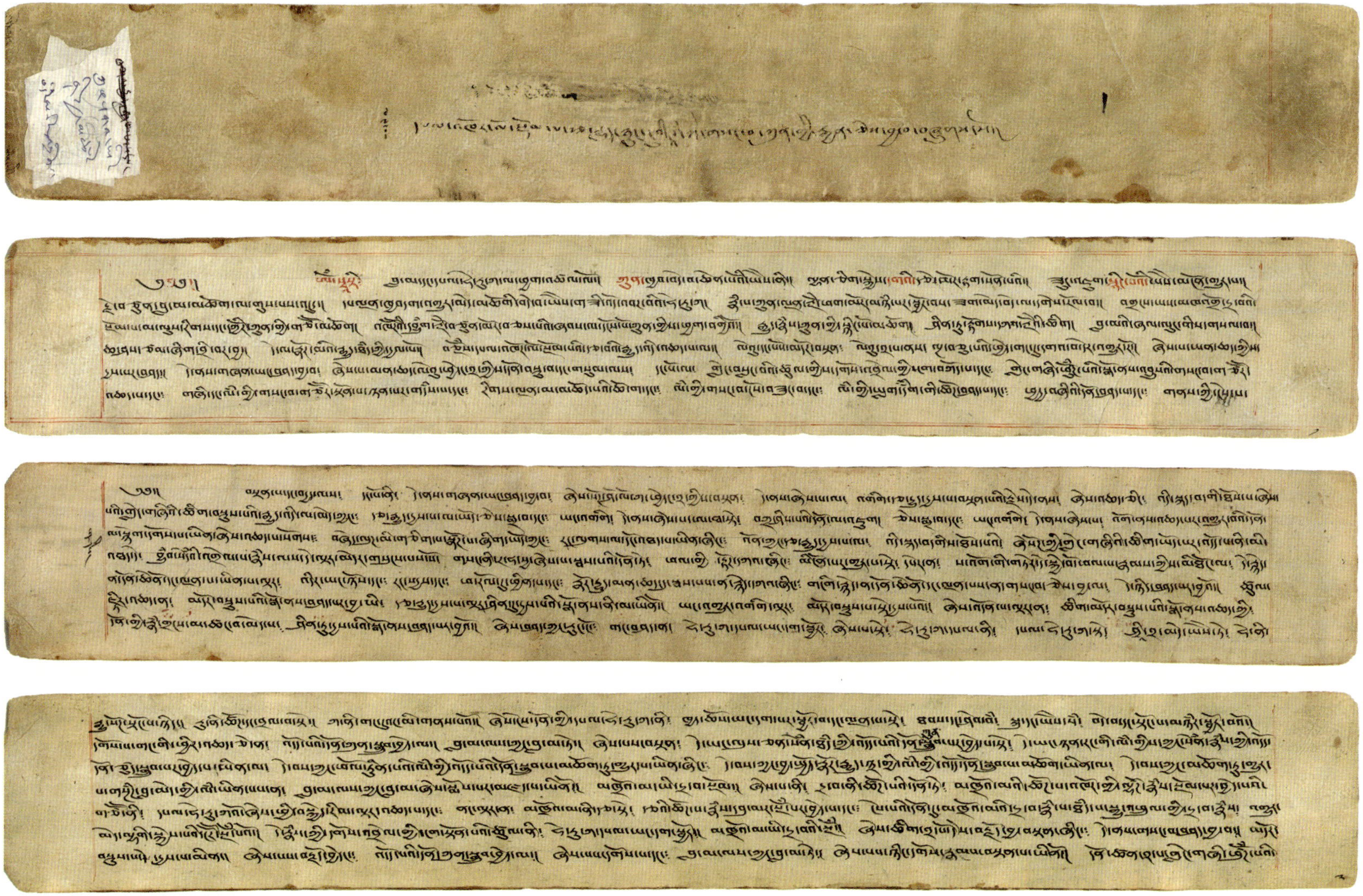

ཕོ་བྲང་པོ་ཏ་ལར་བཞུགས་པའི་དཔེ་རྙིང་མ་ཕྱི། ཕྲིས་མ།

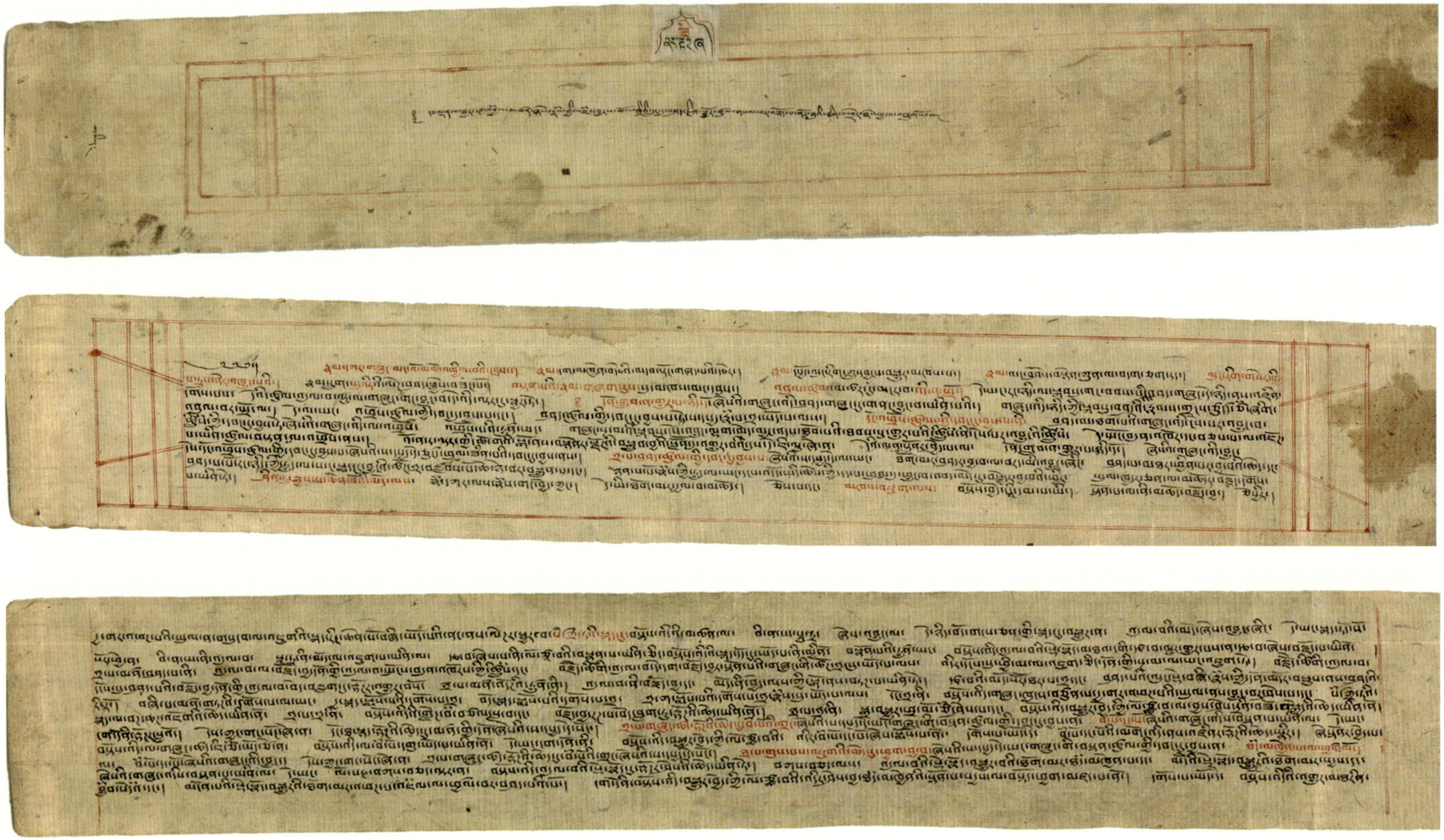

ཕོ་བྲང་པོ་ཏ་ལར་བཞུགས་པའི་དཔེ་རྙིང་མ་ཕྱི། བྲིས་མ།

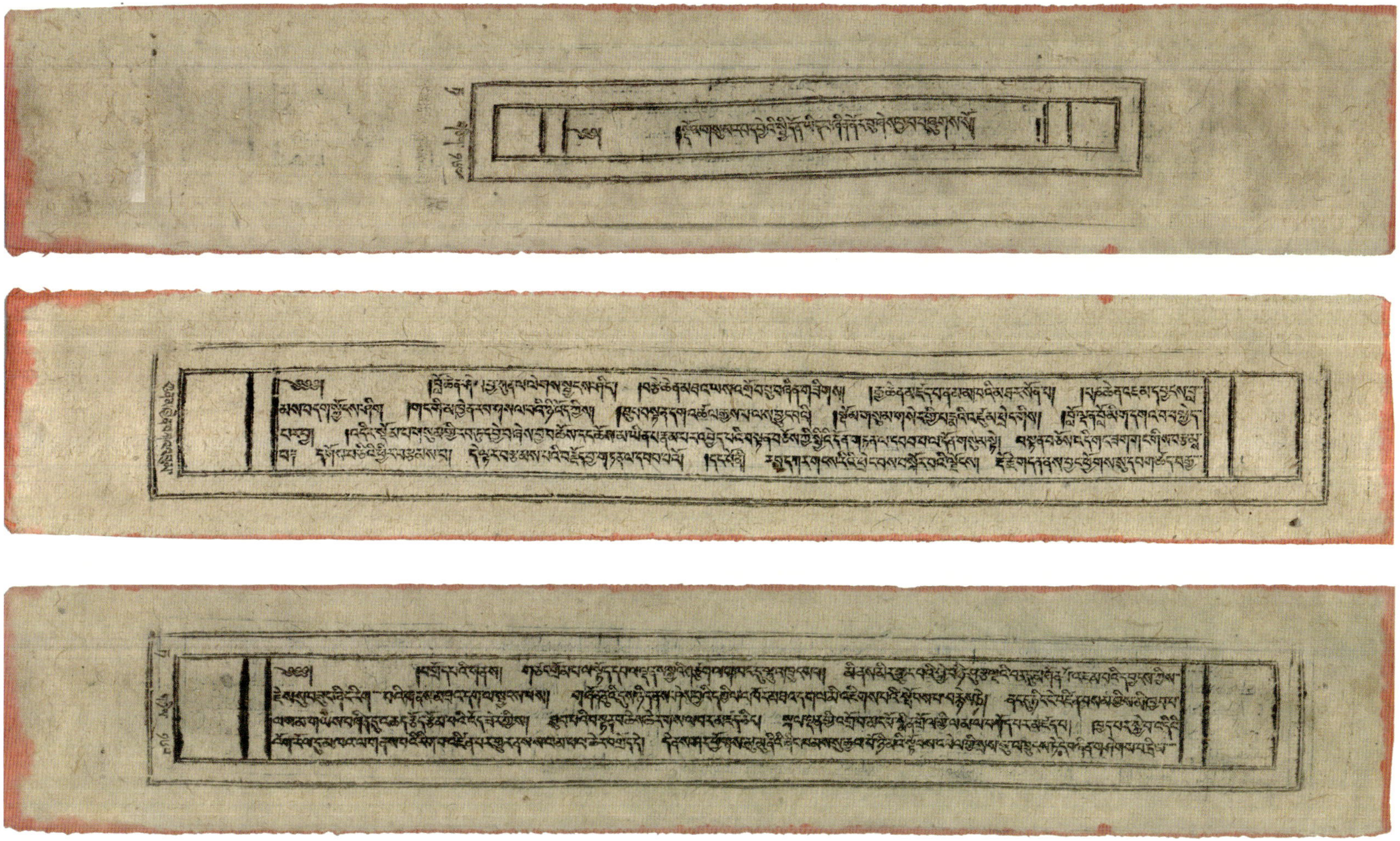

ཕོ་བྲང་པོ་ཏ་ལར་བཞུགས་པའི་དཔེ་རྙིང་མ་ཕྱི། པར་མ།

ཚོ་བྲང་པོ་ཏ་ལའི་དཔེ་རྙིང་བསྡུ་སྒྲིག་ཁང་།

ཚོ་བྲང་པོ་ཏ་ལའི་དཔེ་མཛོད་ཁང་གསུམ་པ།

སློ་འདོན་པ།　　ཉི་མ་བསྟན་འཛིན།　ཏིང་ཁྲང་ཀྲེན།　བསོད་ནམས་དབང་ལྡན།　འབྱོར་ལྡན།　ཀུན་དགའ་བཀྲ་ཤིས།

གཙོ་སྒྲིག་པ།　　འཇད་པ་དཔལ་ལྡན་ཚེ་རིང་།

གཙོ་སྒྲིག་གཞོན་པ། བདེ་སྐྱིད་ཆུང་བ།

རྩོམ་སྒྲིག་ཨུ་ཡོན། ཐུབ་བསྟན་བྱམས་པ།　ངག་དབང་ཆོས་ཉིད།　དཀོན་མཆོག་བསྟན་དར།　ཚེ་རིང་སྒྲོལ་དཀར།
སྤེན་པ་བློ་བཟང་།　ཚེ་རིང་གཡུ་སྒྲོན།　བསྟན་རབ།　ཚེ་རིང་སྒྲོལ་མ།　བློ་བཟང་རྡོ་རྗེ།

མདུན་ཤོག་ཁ་བྱང་འབྲི་མཁན།　དགེ་མང་འཇམ་དཔལ།

顾 问：尼玛丹增　丁长征　索南航丹 觉丹　贡嘎扎西

主 编：杰帕·班旦次仁

副主编：小德吉

编 委：图登强巴 阿旺曲尼 贡确丹达 次仁卓嘎 边巴洛桑 次仁玉珍 旦饶 次仁卓玛 洛桑多杰

封面文字书写者：格芒·江白

དཔེ་སྐྲུན་གསལ་བཤད།

དེང་བསྒྱུར་བཅོས་སྒོ་དབྱེའི་ཚ་རླབས་ཁྲོད་གངས་ལྗོངས་དཔལ་འབྱོར་མངའ་ཐང་ཡར་རྒྱས་གོང་འཕེལ་བྱ་འཕུར་བ་ལྟར་འགྲོ་བཞིན་པ་དང་ཕྱོགས་མཚུངས། སྲིད་གཞུང་ཁག་དང་འབྲེལ་ཡོད་ཚན་པ་ནས་ལྗོངས་ཁུལ་དགོན་སྡེ་དང་ས་གནས་ཁག་ཏུ་བཞུགས་པའི་དཔེ་རྙིང་སྲུང་སྐྱོབ་ཀྱི་བྱ་བཞག་ལ་ཡང་དུས་སྐབས་གསར་པ་ཞིག་ཤར་ཐུབ་པ་བྱུང་ཡོད། དེ་ཡང་བོད་ཀྱི་དཔེ་རྙིང་གི་ནང་དོན་གཙོ་བོ་ནི་ནང་ཆོས་དང་། གསོ་རིག སྐར་རྩིས། ལོ་རྒྱུས། ཚན་རྩལ་བཅས་ཡིན་ལ། མདོར་བསྡུས་ན་བོད་ཀྱི་རིག་གནས་ཆེ་བ་ལྔ་དང་ཆུང་བ་ལྔ་ལ་ཞིབ་འཇུག་བྱེད་པའི་ཆེས་གལ་ཆེའི་རྒྱུ་ཆ་ཞིག་དང་། བོད་ཀྱི་རིག་གནས་རྒྱུན་འཛིན་དང་འཕེལ་རྒྱས་གཏོང་བར་ཆེས་གལ་ཆེའི་རིན་ཐང་ལྡན་པ་མ་ཟད། རང་མི་རིགས་ཀྱི་ལོ་རྒྱུས་རིང་མོའི་ཁྲོད་དུ་ངལ་རྩོལ་དང་ཐོན་སྐྱེད། དེ་བཞིན་རང་བྱུང་ཁམས་ནང་འཚོ་གནས་བྱེད་པའི་བརྒྱུད་རིམ་ཁྲོད་དུ་བློ་གྲོས་དང་ཉམས་མྱོང་སོགས་གོང་འཕེལ་བྱུང་བའི་དཔང་རྟགས་དང་ཡིག་ཐོག་གི་ཤུལ་བཞག་ཞིག་ཀྱང་ཡིན། བོད་མི་རིགས་ཀྱི་སྔོན་བྱོན་མཁས་དབང་ཉི་ཟླ་ལྟ་བུ་རྣམས་ཀྱིས་ཕྱི་ནང་གི་རིག་གནས་ཀུན་ལ་སྦྱངས་བརྩོན་དང་ཉམས་ལེན་གནང་བའི་ཁྲོད། རང་ཉིད་ཀྱི་མཁྱེན་རྟོགས་ཀྱི་འབྲས་བུ་རྣམས་དེབ་ཐེར་ཐོག་བཀོད་ནས་གསུང་འབུམ་རི་བོའི་གཏོས་དང་མཉམ་པ་ཡོད་ཀྱང་། དུས་འགྱུར་དང་རང་བྱུང་གི་གནོད་འཚེ། ལྷག་པར་དེ་སྔ་བོད་དུ་དགོན་སྡེ་སོ་སོའི་གྲུབ་མཐའི་བླ་བརྒྱུད་ཀྱི་ཕྱག་དཔེ་ཁ་ཤས་ཙམ་ལས་ཉར་ཚགས་གནང་མི་ཐུབ་པའི་རྐྱེན་གྱིས་གནའ་དཔེ་རྩ་ཆེན་མང་པོ་ཞིག་མིང་གི་ལྷག་མ་ཙམ་ལས་མེད་པ་ནི་བློ་ཕམ་གྱི་གནས་སུ་གྱུར། འདིར་ཕོ་བྲང་ཆེན་པོ་པོ་ཏ་ལར་བཞུགས་པའི་གནའ་བོའི་རྩ་ཆེའི་དཔེ་རྙིང་བོད་ཁྲི་ཕྲག་འགའ་ཤས་བཞུགས་པ་དེ་རྣམས་ནི་རྒྱལ་དབང་ལྔ་པ་མཆོག་ནས་བཟུང་གྲུབ་མཐའ་རིས་མེད་ཀྱི་མཁས་དབང་རྣམས་ཀྱི་གསུང་འབུམ་ཁག་ལ་ཚད་ལྡན་གྱི་དཀར་ཆག་བསྒྲིགས་ཏེ་ཕོ་བྲང་པོ་ཏ་ལ་དང་། འབྲས་སྤུངས་དགོན། དགའ་ལྡན་ཕུན་ཚོགས་གླིང་བཅས་སུ་པར་ཁང་གསར་བཙུགས་ཀྱིས་དཔེ་དགོན་རྣམས་དཔར་དུ་བསྐྲུན་ཏེ་སྲུང་སྐྱོབ་དང་དར་སྤེལ་མཛད་ཡོད།

ད་ལྟ་ཕོ་བྲང་པོ་ཏ་ལར་བཞུགས་པའི་དཔེ་རྙིང་ཁག་ལ་ཡང་དོམ་པོ་བ་ཀུན་ཐུབ་བསྟན་རྒྱལ་མཚན་ལགས་སོགས་ཀྱིས་ལོ་མང་པོའི་རིང་ལ་དཔེ་རྙིང་ཁག་གི་ནང་དོན་དབྱེ་འབྱེད་དང་། སྐབས་དོན་སོ་སོར་ཨང་གྲངས་བཀོད་གནང་བ་མ་ཟད་དེ་རྣམས་དཀར་ཆག་ཏུ་བསྒྲིགས་ནས་དེ་ཐོན་དངོས་སུ་རྙིང་མ ། བཀའ་བརྒྱུད། དགེ་ལུགས་གསུམ་གྱི་དཀར་ཆག་རྣམས་དཔར་བསྐྲུན་མཛད་ནས་ལེགས་སྐྱེས་ཆེན་པོ་འབུལ་

གནང་མཛད་ཡོད། དེ་མཚུངས་དཔལ་ལྡན་ས་སྐྱ་པའི་དཔེ་རྙིང་གི་དཀར་ཆག་འདི་ཡང་བོད་གིས་ལེགས་བསྒྲིགས་གནང་བའི་རྨང་གཞིའི་སྟེང་དུ་ལོ་གཉིས་ཙམ་གྱི་ནང་བོད་ཀྱི་དཀར་ཆག་རིག་པ་དང་དེང་དུས་ཀྱི་དཀར་ཆག་རིག་པའི་ཁྱད་ཆོས་ཟུང་དུ་སྦྲེལ་ནས། ཕོ་བྲང་པོ་ཏ་ལར་ཉར་ཚགས་གནང་བའི་དཔལ་ལྡན་ས་སྐྱ་པའི་གསུང་འབུམ་རྣམས་ཆ་ཚང་ཡིན་མིན་ལ་མ་ལྟོས་པར་གསུང་འབུམ་གྱི་མཚན་བྱང་། ཀ་རྟགས། ཤོག་གྲངས། ཡིག་ཐྲེང་། མཛད་པ་པོ། ཡིག་གཟུགས། ཆ་ཚང་མིན་བཅས་ད་ཐེངས་ཞིབ་ཅིང་ཕྲ་བ་སྒྲིག་བཀོད་ཞུས་ཡོད། ད་རེས་ཀྱི་ཕྱོགས་བསྒྲིགས་ཞུས་པའི་དཀར་ཆག་གི་ནང་དུ་ཚུད་པའི་ཁྱབ་ཁོངས་ཀྱི་ཚན་པ་ནི། གཙོ་བོར་དཔལ་ལྡན་ས་སྐྱ་པའི་ལུགས་ཀྱི་ཚར་ངོར་རྫོང་གསུམ་དང་དེའི་ཞོར་དུ་ཞ་ལུ། བོ་དོང་བཅས་ཀྱི་མཁས་གྲུབ་གོང་མ་རྣམས་ཀྱི་གསུང་འབུམ་ཕོ་བྲང་ལ་བཞུགས་པ་རྣམས་གང་ཡོད་འདིའི་ནང་ཚུད་ཐུབ་པར་བྱས་ཡོད།

འདིར་དཔལ་ལྡན་ས་སྐྱ་པ་ཞེས་པའི་གྲུབ་མཐའ་ནི་འཁོན་སྟོན་དཀོན་མཆོག་རྒྱལ་པོས་རབ་བྱུང་དང་པོའི་ཆུ་གླང་སྤྱི་ལོ་༡༠༧༣ལོར་བོད་གཙང་སྟོད་ཕྱོགས་ས་སྐྱའི་གྲོང་གི་བྱང་ངོས་དཔོན་པོ་རི་གླང་ཆེན་ཉལ་བ་དང་འདྲ་བའི་མཁལ་ཁྲུང་གཡས་པའི་ཐད་ན་ས་དཀར་ཞིང་སྨུམ་ལ་ཆུ་གཡས་སུ་འབབ་པ་སོགས་ཀྱི་བཀྲ་ཤིས་དགེ་མཚན་དུ་མ་ལྡན་པ་མཁྱེན་ནས་ས་དེར་དགོན་དང་པོ་བཏབ་ཅིང་དགོན་པའི་མིང་ཡང་སའི་ཁ་དོག་ལ་གཞིགས་ནས་ས་སྐྱ་དགོན་པ་ཞེས་བཏགས་པ་འདི་ཉིད་ལས་རིམ་བཞིན་དར་བ་ཞིག་ཡིན། གྲུབ་མཐའ་འདི་ནི་ད་ཡོད་བོད་ནང་གི་གསང་སྔགས་གསར་རྙིང་གཉིས་ལས་གསར་མའི་ཁོངས་སུ་གཏོགས་ཤིང་ལག་ལེན་ལ་ཡང་གསར་མའི་ལུགས་ཤས་ཆེར་ལྡན། དེ་ཡང་འཕགས་ཡུལ་པཎ་གྲུབ་རྣམས་ཀྱི་དགོངས་བཅུད་དག་སྙིང་རྒྱུད་དང་མགོན་པོའི་སྐོར་ལ་མཁས་པ་ལོ་ཆེན་རིན་ཆེན་བཟང་པོ་དང་། བྱ་རྒྱུད་དང་སྤྱོད་རྒྱུད་སྐོར་ལ་བ་རི་ལོ་ཙཱ་བ་རིན་ཆེན་གྲགས་པ། ལམ་འབྲས་ལམ་སྐོར་དགྱེ་དང་བཅས་པ་ལ་འབྲོག་མི་ལོ་ཙཱ་བ་དང་། བདེ་མཆོག་དང་མཁའ་སྤྱོད་སོགས་མ་རྒྱུད་རྣམས་གུང་ཐང་མལ་གྱི་ལོ་ཙཱ་བ་བློ་གྲོས་གྲགས་པ་བཅས་ལོ་ཙཱ་བ་ཆེན་པོ་བཞི་ལས་བརྒྱུད་པའི་བཀའ་བབས་ཉམས་བཞེས་གནང་མཁན་ཞིག་ཡིན་ལ། ལུགས་འདིའི་གསང་སྔགས་གསོ་བོར་སྐྱུར་པའི་གདམས་ངག་གི་དཀྱི་ཚུལ་དབང་ལས་གྱེས་པའི་ངོར་ཚར་རྫོང་གསུམ་དང་།ཞ་ལུ་བོ་དོང་ལ་སོགས་ཙུང་ཕྲག་བཞེས་མི་འདྲ་བའི་ཁྱད་པར་ཡང་ལྡན་ཡོད།

དེའང་མདོའི་ལག་ལེན་ནི་གཙོ་བོ་གསང་ཕུ་ནས་སློབ་དཔོན་བསོད་ནམས་རྩེ་མོས་ཕྱ་པ་ཆོས་སེང་ནས་བརྒྱུད་པ། དེ་བཞིན་གཙང་ནག་ནས་མཚུར་སྟོན་དང་། གཉལ་ཞིག་ནས་འུ་ཡུག་པ་རིགས་པའི་སེང་གེ། བྲང་ཏི་ནས་ས་ཆེན་སོགས་ལས་བརྒྱུད་པ། ལྷག་པར་ཁ་ཆེ་པཎ་ཆེན་

ནས་ས་པཎ་ལ་བརྒྱུད་པ། དེ་བཞིན་གཞུང་ཆུང་འགའ་རེའི་བརྒྱུད་པ་ནི། མལ་གྱོ་ལོ་ཙཱ་བ་བློ་གྲོས་གྲགས་པ་ནས་ལོ་ཆེན་རིན་ཆེན་བཟང་པོ་དང་། ཤོང་རྡོ་རྗེ་རྒྱལ་མཚན་དང་དཔང་བློ་གྲོས་བརྟན་པ་ནས་བླ་མ་དམ་པ་དང་། གསང་ཕུ་ནས་གཡག་རོང་ལ་བརྒྱུད་པ་སོགས་ཡོད། ཡང་སྔོས་ཕྱིན་མོང་རིག་གནས་མང་པོ་ཞིག་ལུགས་འདི་ལས་འཕེལ་ཁ་རྒྱས་པ་ནི་ཡོངས་གྲགས་ལྟར་ཡིན། དེ་བཞིན་པོ་དོང་དང་། ཞ་ལུ་བཅས་ནི་ཡུལ་མིང་ཆོས་བརྒྱུད་ལ་བཏགས་པ་ཡིན་པ་མ་ཟད། རང་རང་སོ་སོའི་གྲུབ་མཐའ་དང་མཐུན་པའི་བསླབ་བྱའི་གནས་དག་ཀྱང་གཞི་འཛིན་ས་དང་བཅས་པ་ཆ་ཚང་བ་རང་རང་སོ་སོར་ཡོད་ཀྱང་ཕྱིས་དར་རྒྱས་དེ་ཙམ་བྱུང་མེད་དོ།

ད་ལམ་རང་ཉིད་ལ་མཚོན་ན་ཡང་ཐོས་བསམ་ཉམས་སྦྱོང་གིས་དམན་པས་དཔལ་ལྡན་ས་སྐྱ་པའི་གསུང་འབུམ་དཀར་ཆག་འདི་ཉིད་ལ་སྐྱོན་ཆ་ཡོང་སྲིད་པས་རྒྱ་ཆེའི་གཟིགས་པ་པོ་རྣམས་ཀྱི་སློབ་སྟོན་ཡོད་པ་ཞུ། དེ་དང་དུས་མཚུངས་ཕོ་བྲང་པོ་ཏ་ལའི་དོ་དམ་ཁྲུའུ་ཡི་དབུ་ཁྲིད་རྣམས་དང་ཕོ་བྲང་པོ་ཏ་ལ་དཔེ་རྙིང་བསྡུ་སྒྲིག་ཁང་གི་ལས་རོགས་རྣམས། སྐུ་ཞབས་ཕྱུབ་བསྟན་བྱམས་པ་ལགས་དང་། དཀོན་མཆོག་བསྟན་དར་ལགས། ངག་དབང་ཆོས་ཉིད་ལགས། དེ་བཞིན་སེར་གཙུག་ནང་བསྟན་དཔེ་རྙིང་འཚོལ་བསྡུ་ཕྱོགས་སྒྲིག་ཁང་གི་ཆུང་བདག་ལགས་དང་ཚེ་རིང་ནོར་བུ་ལགས་སོགས། ས་སྐྱའི་དཔེ་རྙིང་བསྡུ་སྒྲིག་ཁང་གི་སྟོང་ར་བ་ཕྱུབ་བསྟན་སྨོན་ལམ་ལགས། བོད་ལྗོངས་སྤྱི་ཚོགས་ཚན་རིག་ཁང་གི་བླ་བྱང་པདྨ་རྒྱ་མཚོ་ལགས་བཅས་ནས་ཕྱུགས་བརྩེའི་རྒྱབ་སྐྱོར་གནང་བར་ཕྱུགས་རྗེ་ཆེ་ཞུ།

རྩོམ་སྒྲིག་པ། འཇམ་དཔལ་ལྡན་ཚེ་རིང་ནས།

出版说明

随着西藏经济的飞速发展，政府和各相关单位得以投入更多的人力物力加强对我区各大寺院和各单位收藏的藏文古籍文献的保护。 藏文古籍内容包括佛教、医学、天文历算、历史、科技等诸多方面，是藏民族在特殊的雪域高原自然环境里，在长期的生产劳动过程中，不断累积起来的经验和智慧，是研究藏族传统文化大小五明的十分重要的资料，具有很高的研究价值。

雪域高原曾出现了无数精通内外文化知识的高僧大德，他们通过长期的领会和学修给后人留下了大量的文集。然而由于种种历史及自然的原因，特别是以往藏区很多寺院只收藏本派的甚至本寺院的传承上师的部分文献，故而如今很多珍贵古籍文献未能得以保留，让人十分惋惜。

五世达赖喇嘛时期，曾不分宗派地对各大教派大德的著作进行过全面系统的编目整理，并且在布达拉宫、哲蚌寺、噶丹平措林等建立了印经院以抢救和传播珍贵的文献。布达拉宫现存多数宫藏文献为已退休的同波土登坚参进行分类编号和整理的，目前已正式出版了宁玛派、格鲁派和噶举派的文集目录。同波土登坚参为古籍文献的保护和整理事业克服了种种困难几乎贡献了毕生精力。此次宫藏萨迦派古籍文献的出版也是建立在同波·图登尖参老人所做工作的基础上，编者耗费两年多时间，将藏族传统文献整理编目理论和现代目录学相结合，对布达拉宫所藏萨迦派古籍的名称、作者、页数、行数、编号、字体、残缺情况等做了全面细致的记录，并编写出了详实的目录。本目录所涉及的内容主要包括宫藏萨迦派擦巴、额巴、宗巴三个支派，以及夏鲁派、珀东派的文献内容。

萨迦派是指后藏萨迦地方北面有座文博山上，该山形如平躺的大象，昆衮却杰布认为此地具足诸多祥瑞，于藏历第一饶炯水牛年即公元 1073 年在此建立了萨迦寺院，后逐渐成为教派的名称，藏语萨迦为灰色土地之意。该教派属于藏传佛教新密派，实修主要以印度班智达传承加上精通密法和玛哈嘎拉仪轨的仁钦桑布译师，以及精通事部续和行部的巴哩译师仁钦札；道果法传承的卓弥译师，胜乐金刚和空行母等母续传承的玛译师罗追札等四大译师教义为主。从密法传承特点上可分为额巴和擦巴、宗巴，以及夏鲁，珀东等派系。显宗传承上，索南孜墨在桑普寺从恰巴曲森接受传承，藏纳传给楚顿、聂西传给吾犹巴·仁贝僧格、昌迪传给萨钦衮噶宁波，尤其是迦师弥尔班禅传给萨迦班智达的，以及一些小的流派传承为玛·罗追扎巴传给译师仁青桑布、雄·多杰加参和邦·洛追丹巴传给喇嘛当巴·索南坚参、桑普传给雅绒二师。珀东派和夏鲁派是因地方名字后来成为教派的名称，虽然都具有符合该教派的较为完整的教义教规，但因规模小而后来传播和发展范围较小。

编者因学识不足加上缺少经验，书中不免有出错的地方望读者纠正。借此机会感谢布达拉宫管理处各位领导和布达拉宫古籍整理编目小组同事们；感谢布达拉宫僧人图登强巴和贡确丹达、阿旺曲尼；色拉寺和大昭寺藏文古籍整理收集中心的琼达、次仁罗布等；以及萨迦古籍整理室的东热·土旦美朗老师；西藏社科院的拉强·白玛嘉措，他们对编者的古籍整理工作给予了大量帮助，此书编辑出版过程中得到了各界人士的许多帮助，在此一并感谢。

编者：杰帕·班旦次仁

Publisher's Foreward

In accordance with the wave of reformation, open door policy, great progress and development of the mother land, certain government departments are taking great concern and responsibility for the preservation of ancient texts and books. In recent days, a new wave of preserving ancient texts has emerged. These ancient texts are the most important sources for researching areas of Tibetan religion, culture, history and science and technology. They are also the most important sources for both preserving and further developing Tibetan culture. Furthermore, these ancient texts provide written evidence of the long history of our Tibetan people's endeavours, produce and, in like manner, how in the long history of our lives we have developed our intelligence and understanding of how to live.

Many of the collected works of previous great Tibetan masters, which provide us with great learning and investigation, a great body of work like a mountain, have been lost during seasons of change and through natural causes. In particular, though there are many monasteries in Tibet, there are only a few texts which have been able to be preserved. These texts inform us as to how monasteries came into existence and the history of the lamas of those monasteries. Many ancient texts are known only by name and some of them are being lost and disappearing like dust. Therefore, the ancient texts of the Potala Palace, ten thousand or more texts, written by the great Tibetan masters documenting the time from the Fifth Dalai Lama onwards without any discrimination, have been well catalogued in this book. Furthermore, the Potala Palace, Drepung monastery and Ganden Puntsok Ling have each established a printing house which are preserving and disseminating these rare and ancient texts.

Currently some of these ancient texts are being carefully categorised, indexed and numbered by Tombowa Tubden Gyaltshen. From among these, detailed catalogues of the Nyingmaba, Gagyuba and Gelukpa Sect have been published. This work is indeed and great contribution to their preservation. In this manner, this bibliography of Pelden Sakya is based on the excellent collection of Tombowa Tubden Gyaltshen. For the past two years Tibet's traditional system of bibliographic practices and the contemporary practices have been used together in compiling this book. The Collection of Pelden Sakya, which is stored in the Potala Palace, has been catalogued in this book. This collection contains both the complete and incomplete collections, not excluding anything. It contains the names of the collections, the alphabet categories, the page numbers, the line numbers, the authors and the writing style.

The main contents of this bibliographical text are the texts of the Pelden Sakya sects of Tsar, Ngor and Dzong. In addition, texts of the two smaller sects of shalu and potong.

The Pelden Sakya sect was founded by Kon Gonchok Gyalbo in first cycle of the Water Ox in 1073 AD in the middle of Central Tibet in the north of Sakya village, below the mountain, Mount Onbo, which resembled a reclining elephant. In the region where the elephant's right kidney would have been, in a pure white area and beside a stream on the right, Kon Gonchok Gyalbo, knowing that this was a very auspicious place, established a monastery. Based on the colour of the ground of this area, the monastery was named Sakya and gradually this name became widespread. The Pelden Sakya sect belongs to the new line of Tantric Buddhism. This sect was formed by four great Lotsawas who based the essence of their teachings and practice on the great Indian panditas and arhats. Through careful study and practice of the Tantric teachings, smaller and differing sects such as Tsar, Ngor, Dzong Jo, Shel and Po emerged. In the Sutra system there also emerge a few different practices. For example, the Sutra lineage of the great masters from Chab Choseng to Sonam Tsemo, from Tsanag to Tsurdern, from Nyelshig to Uyugba Riba Senge, from Trandi to Sachen. In particularly the lineage of Sutra practice from Khache Pandita to Sakya Pandita was established. In like manner, many smaller lineages of sutra teachings emerge. For example, the lineage of Mel to Lochen, from Shang to Bang and Sangphu to Yakrong. The names of the lineages of Potong, and Shalu were based on the areas from which they originated. Furthermore, while these lineages each had their own complete set of teachings and practices they did not become widely spread.

Since my education and experience is somewhat inferior, I anticipate there may be some errors in this bibliographic material presented here so please kindly inform me of any errors. I wish to acknowledge the wonderful help I received from my assistants in the Potala Management Department, from Chungda la from the Sertsuk Ancient Buddhism Archive Collection, and from Tubden Monlam of the Sayka Ancient Buddhism Archive Collection.

Chief Editor Jepa · Penden Tsering

༄༅། །ཆོས་ཚན་དངོས་ཀྱི་དཀར་ཆག་བཞུགས་སོ། །

༼༡ ཀུན་དགའ་དཔལ་ལྡན། ··························· (1)

༼༢ ཀུན་དགའ་ཡེ་ཤེས་རྒྱ་མཚོ། ··························· (1)

༼༣ སྐྱོ་མདའ་བླ་མ་ངག་དབང་བསོད་ནམས་དབང་ཕྱུག ། ··························· (1)

༼༤ ཞར་ཆེན་ཀུན་དགའ་བཀྲ་ཤིས། ··························· (6)

༼༥ མཁན་ཆེན་ངག་དབང་ཆོས་གྲགས། ··························· (7)

༼༦ མཁའ་སྤྱོད་པད་འབུམ། ··························· (10)

༼༧ གུང་རུ་ཤེས་རབ་བཟང་པོ། ··························· (20)

༼༨ གོ་བོ་རབ་འབྱམས་པ་བསོད་ནམས་སེང་གེ ། ··························· (23)

༼༩ གློ་བོ་མཁན་ཆེན་བསོད་ནམས་ལྷུན་གྲུབ། ··························· (30)

༼༡༠ ངོར་ཁང་གསར་ངག་དབང་བློ་གྲོས་གཞན་ཕན་སྙིང་པོ། ··························· (31)

༼༡༡ ངོར་མཁན་ཆེན་དཔལ་ལྡན་དོན་གྲུབ། ··························· (32)

༼༡༢ ངོར་ཆེན་ཀུན་དགའ་བཟང་པོ། ··························· (33)

༼༡༣ ངོར་ཆེན་དཀོན་མཆོག་ལྷུན་གྲུབ། ··························· (35)

༼༡༤ ངོར་པ་རྒྱལ་ཁྲིམས་འོད་ཟེར། ······ (41)
༼༡༥ ཐེག་ཆེན་ཆོས་རྗེ་ཀུན་དགའ་བཀྲ་ཤིས། ······ (42)
༼༡༦ དངུལ་ཆུ་ཐོགས་མེད་བཟང་པོ། ······ (43)
༼༡༧ ལོ་ཆེན་ཆོས་དཔལ་བཟང་པོ། ······ (44)
༼༡༨ སྐྱིད་ཚལ་ཀུན་དགའ་ཆོས་བཟང་། ······ (45)
༼༡༩ མཁྱེན་བརྩེའི་དབང་པོ། ······ (46)
༼༢༠ ཆོས་རྗེ་བློ་གཏེར་དབང་པོ། ······ (80)
༼༢༡ རྒྱ་གར་ཤེས་རབ་རྒྱལ་མཚན། ······ (81)
༼༢༢ ཉ་དབོན་བློ་གསལ་ཀུན་དགའ་དཔལ། ······ (81)
༼༢༣ སྟག་ཚང་ལོ་ཙཱ་བ་ཤེས་རབ་རིན་ཆེན། ······ (82)
༼༢༤ གོང་དཀར་རྡོ་རྗེ་གདན་པ་ཀུན་དགའ་རྣམ་རྒྱལ། ······ (84)
༼༢༥ དཔལ་ནག་པོ་ཆེན་པོ་གུར་གྱི་མགོན་པོའི་ཆོས་སྐོར། ······ (86)
༼༢༦ དཔལ་མགོན་ཞལ་བཞི་པའི་ཆོས་སྐོར། ······ (110)
༼༢༧ ལྷམ་སྲིང་གི་ཆོས་སྐོར། ······ (115)
༼༢༨ ནང་ཆེན་དཔལ་བཟང་བསྟན་པའི་རྒྱལ་མཚན། ······ (119)
༼༢༩ པཎ་ཆེན་ཤཱཀྱ་མཆོག་ལྡན། ······ (119)
༼༣༠ སྤྱང་ལོ་བློ་གྲོས་བརྟན་པ། ······ (123)

༼༣༡ སྙེ་ཐང་པ་བློ་གྲོས་བརྟན་པ། ········ (123)

༼༣༢ རྫོང་པ་དཔལ་ལྡན་ཆོས་སྐྱོང་། ········ (126)

༼༣༣ བུ་བྲལ་བ་རིན་ཆེན་རྒྱལ་མཚན། ········ (126)

༼༣༤ འདིའི་བར་ལ་ལམ་འབྲས་བླ་མ་བརྒྱུད་པའི་རྣམ་ཐར་པོད་གསུམ་ཡོད། ········ (129)

༼༣༥ གཟིམས་འོག་སྐུ་འཕྲེང་བཞི་པ་བསྟན་འཛིན་སྙན་གྲགས། ········ (137)

༼༣༦ བྲང་ཏི་ནམ་མཁའ་དཔལ་བཟང་། ········ (138)

༼༣༧ བླ་མ་དམ་པ་བསོད་ནམས་རྒྱལ་མཚན། ········ (141)

༼༣༨ ཚར་ཆེན་བློ་གསལ་རྒྱ་མཚོ་དང་དབུས་པ་བློ་གསལ་གསུང་འདྲེས་པ་པོད་གཅིག ། ········ (145)

༼༣༩ མང་ཐོས་ཀླུ་སྒྲུབ་རྒྱ་མཚོ། ········ (146)

༼༤༠ དམར་སྟོན་དཔལ་ལྡན་རིན་ཆེན། ········ (149)

༼༤༡ སྙན་རྒྱུད་དམར་པོ་སྐོར་གསུམ་གྱི་བེའུ་བུམ། ········ (150)

༼༤༢ རྫོར་ཆེན་ཀུན་དགའ་ལྷུན་གྲུབ། ········ (151)

༼༤༣ ལོ་ཆེན་འགྱུར་མེད་བདེ་ཆེན། ········ (154)

༼༤༤ ཚར་ཆེན་བློ་གསལ་རྒྱ་མཚོ། ········ (155)

༼༤༥ ཞུ་ཆེན་ཚུལ་ཁྲིམས་རིན་ཆེན། ········ (166)

༼༤༦ འུ་ཡུག་པ་རིགས་པའི་སེངྒེ། ········ (168)

༤༧ གཡག་སྟོན་སངས་རྒྱས་དཔལ།……………………(168)

༤༨ རྗེ་བཙུན་རེད་མདའ་བ་གཞོན་ནུ་བློ་གྲོས།……………………(169)

༤༩ རོང་སྟོན་ཆེན་པོ་ཤཱཀྱ་རྒྱལ་མཚན།……………………(170)

༥༠ ལམ་འབྲས་ཀྱི་ཆོས་སྐོར་འདིར་ཡོད་ཀྱང་མང་བས་རྣམ་ཐར་ཟུར་དུ་གསལ།……………………(173)

༥༡ ས་སྐྱ་གོང་མ་ལྔའི་བཀའ་འབུམ།……………………(195)

༥༢ ས་ཆེན་ཀུན་དགའ་སྙིང་པོ།……………………(195)

༥༣ སློབ་དཔོན་བསོད་ནམས་རྩེ་མོ།……………………(199)

༥༤ རྗེ་བཙུན་གྲགས་པ་རྒྱལ་མཚན།……………………(202)

༥༥ ས་སྐྱ་པཎྜི་ཏ་ཀུན་དགའ་རྒྱལ་མཚན།……………………(217)

༥༦ འགྲོ་མགོན་ཆོས་རྒྱལ་འཕགས་པ།……………………(229)

༥༧ ས་བཟང་འཕགས་པ་གཞོན་ནུ་བློ་གྲོས།……………………(261)

༥༨ ས་བཟང་པཎ་ཆེན་བློ་གྲོས་རྒྱལ་མཚན།……………………(263)

༥༩ བསམ་ཡས་པ་བསོད་ནམས་དཔལ་ལྡན།……………………(265)

༦༠ ཨ་མེས་ངག་དབང་ཀུན་དགའ་བསོད་ནམས།……………………(265)

༦༡ རྒྱལ་སྲས་ཐོགས་མེད་ཀྱི་སློབ་མ་ཆོས་ཀྱི་རིན་ཆེན།……………………(282)

༦༢ འཕགས་འོད་ཡོན་ཏན་རྒྱ་མཚོ།……………………(283)

༦༣ བུ་སྟོན་རིན་ཆེན་གྲུབ། .... (283)

༦༤ སྒྲ་ཚད་པ་རིན་ཆེན་རྣམ་རྒྱལ། .... (305)

༦༥ ཞ་ལུ་བ་བཀྲ་ཤིས་རྒྱལ་མཚན། .... (309)

༦༦ ཞ་ལུའི་བཙུན་པ་བློ་གསལ་བསྟན་སྐྱོང་། .... (311)

༦༧ ཞ་ལུ་བ་ཡེ་ཤེས་རྒྱ་མཚོ། .... (315)

༦༨ ཞ་ལུ་ལོ་ཆེན་ཆོས་སྐྱོང་བཟང་པོ། .... (317)

༦༩ ཞ་ལུ་བ་རིན་ཆེན་མཁྱེན་རབ་མཆོག་གྲུབ། .... (322)

༧༠ ཞ་ལུ་བ་རིན་ཆེན་བསོད་ནམས་འཕེལ། .... (323)

༧༡ ཡར་འབྲོག་པ་རིན་ཆེན་ཏོག ། .... (324)

༧༢ བྱང་པ་རྣམ་རྒྱལ་གྲགས་བཟང་། .... (324)

༧༣ བོ་དོང་འཆི་མེད་དཔལ་བཟང་། .... (326)

༧༤ བོ་དོང་པཎ་ཆེན་ཕྱོགས་ལས་རྣམ་རྒྱལ། .... (327)

༧༥ འཛམ་གླིང་རབ་འབྱམས་པ་སངས་རྒྱས་ལྷུན་གྲུབ། .... (344)

༄༅། །མཛད་པ་པོའི་རྣམ་ཐར་གྱི་དཀར་ཆག་དང་རྣམ་ཐར་གྱི་དཔྱད་གཞི་
བཅས་ཀྱི་ཞལ་བྱང་བཞུགས་སོ། །

༼༡ ཀུན་དགའ་དཔལ་ལྡན།……སྡེ་དགེའི་ལོ་རྒྱུས་ལས། (345)

༼༢ ཀུན་དགའ་ཡེ་ཤེས་རྒྱ་མཚོ།……ཕྱོགས་བཏུས་ལས། (345)

༼༣ སྐྱོ་མདའ་བླ་མ་ངག་དབང་བསོད་ནམས་དབང་ཕྱུག །……ས་སྐྱའི་ཁྲི་རབས་ལས། (347)

༼༤ ཤར་ཆེན་ཀུན་དགའ་བཀྲ་ཤིས།……ངོར་གྱི་གདན་རབས་ལས། (349)

༼༥ མཁན་ཆེན་ངག་དབང་ཆོས་གྲགས་།……ངག་དབང་བསོད་ནམས་རྒྱལ་མཚན། (350)

༼༦ གུང་རུ་ཤེས་རབ་བཟང་པོ།……ངོར་གྱི་གདན་རབས་ལས། (350)

༼༧ གོ་བོ་རབ་འབྱམས་པ་བསོད་ནམས་སེང་གེ །……ཚར་ཆེན་སོགས་ཀྱིས་བསྡུས། (351)

༼༨ གློ་བོ་མཁན་ཆེན་བསོད་ནམས་ལྷུན་གྲུབ།……ངོར་གྱི་གདན་རབས་ལས། (352)

༼༩ ངོར་ཁང་གསར་ངག་དབང་བློ་གྲོས་གཞན་ཕན་སྙིང་པོ།……ངོར་གྱི་གདན་རབས་ལས། (352)

༼༡༠ ངོར་མཁན་ཆེན་དཔལ་ལྡན་དོན་གྲུབ་ལམ་འབྲས་སུ་གསལ།……ངོར་གྱི་གདན་རབས་ལས། (354)

༼༡༡ ངོར་ཆེན་ཀུན་དགའ་བཟང་པོ།……མུས་ཆེན་དཀོན་མཆོག་རྒྱལ་མཚན། (354)

༼༡༢ ངོར་ཆེན་དཀོན་མཆོག་ལྷུན་གྲུབ་ལམ་འབྲས་སུ་གསལ།……ངོར་གྱི་གདན་རབས་ལས། (355)

༼༡༣ ངོར་ཚུལ་ཁྲིམས་འོད་ཟེར་ལམ་འབྲས་སུ་གསལ།……ངོར་གྱི་གདན་རབས་ལས། (355)

༼༡༤ ཐེག་ཆེན་ཆོས་རྗེ་ཀུན་དགའ་བཀྲ་ཤིས། ························ རྫོང་པ་ཀུན་དགའ་རྒྱལ་མཚན། (355)
༼༡༥ དངུལ་ཆུ་ཐོགས་མེད་བཟང་པོ། ························ གཞོན་ནུ་རིན་ཆེན། (357)
༼༡༦ ལོ་ཆེན་ཆོས་དཔལ་བཟང་པོ། ························ མ་རྙེད། (358)
༼༡༧ སྐྱིད་ཚལ་ཀུན་དགའ་ཆོས་བཟང་། ························ མང་ཐོས་བསྟན་རྩིས་ལས། (358)
༼༡༨ མཁྱེན་བརྩེའི་དབང་པོ་ལམ་འབྲས་སུ་གསལ། ························ ཀརྨ་བཀྲ་ཤིས། (359)
༼༡༩ ཆོས་རྗེ་བློ་གཏེར་དབང་པོ་ལམ་འབྲས་སུ་གསལ། ························ ཧྲུ་ན་མ་ཏི། (359)
༼༢༠ རྒྱ་གར་ཤེས་རབ་རྒྱལ་མཚན། ························ ས་སྐྱའི་ཁྲི་རབས་ལས། (360)
༼༢༡ ཉ་དབོན་བློ་གསལ་ཀུན་དགའ་དཔལ། ························ དུས་འཁོར་བླ་མ་བརྒྱུད་པའི་རྣམ་ཐར་ལས། (360)
༼༢༢ སྟག་ཚང་ལོ་ཙཱ་བ་ཤེས་རབ་རིན་ཆེན། ························ རང་རྣམ། (362)
༼༢༣ གོང་དཀར་རྡོ་རྗེ་གདན་པ་ཀུན་དགའ་རྣམ་རྒྱལ། ························ རྒྱ་སྟོན་བྱང་ཆུབ་དབང་རྒྱལ། (364)
༼༢༤ ནང་ཆེན་དཔལ་བཟང་བསྟན་པའི་རྒྱལ་མཚན། ························ མ་རྙེད། (368)
༼༢༥ པཎ་ཆེན་ཤཱཀྱ་མཆོག་ལྡན། ························ མང་ཐོས་བསྟན་རྩིས་ལས། (368)
༼༢༦ སྤྱང་ལོ་བློ་གྲོས་བརྟན་པ། ························ མང་ཐོས་བསྟན་རྩིས་ལས། (369)
༼༢༧ སྙེ་ཐང་པ་བློ་གྲོས་བརྟན་པ། ························ མང་ཐོས་བསྟན་རྩིས་ལས། (370)
༼༢༨ རྫོང་པ་དཔལ་ལྡན་ཆོས་སྐྱོང་། ························ ཕྱོགས་བཏུས། (371)
༼༢༩ བྱ་བྲལ་བ་རིན་ཆེན་རྒྱལ་མཚན། ························ མ་རྙེད། (371)
༼༣༠ གཟིམས་འོག་བཞི་པ་བསྟན་འཛིན་སྙན་གྲགས། ························ ནཱ་ལེནྡྲའི་གདན་རབས་ལས། (372)

༼༣༡ བྲང་ཏི་ནམ་མཁའ་དཔལ་བཟང་ལམ་འབྲས་སུ་གསལ།……………………………ངོར་གྱི་གདན་རབས་ལས། (373)

༼༣༢ བླ་མ་དམ་པ་བསོད་ནམས་རྒྱལ་མཚན།……………………………བྱང་ཆུབ་རྩེ་མོ། (374)

༼༣༣ དབུས་པ་བློ་གསལ་གསུང་འདྲེས་པ། ……………………………ཕྱོགས་བཅུས། (375)

༼༣༤ མང་ཐོས་ཀླུ་སྒྲུབ་རྒྱ་མཚོ།……………………………རང་རྣམ། (376)

༼༣༥ དམར་སྟོན་དཔལ་ལྡན་རིན་ཆེན།……………………………མ་རྙེད། (377)

༼༣༦ སྨོར་ཆེན་ཀུན་དགའ་ལྷུན་གྲུབ་ལམ་འབྲས་སུ་གསལ།……………………………རང་རྣམ། (378)

༼༣༧ ལོ་ཆེན་འགྱུར་མེད་བདེ་ཆེན།……………………………མ་རྙེད། (378)

༼༣༨ ཚར་ཆེན་བློ་གསལ་རྒྱ་མཚོ་ལམ་འབྲས་སུ་གསལ།……………………………རྒྱལ་མཆོག་ལྔ་པ་ཆེན་པོ། (378)

༼༣༩ ཞུ་ཆེན་ཚུལ་ཁྲིམས་རིན་ཆེན།……………………………སྡེ་དགེའི་ལོ་རྒྱུས་ལས། (378)

༼༤༠ འུ་ཡུག་པ་རིགས་པའི་སེངྒེ།……………………………མང་ཐོས་བསྟན་རྩིས་ལས། (380)

༼༤༡ གཡག་སྟོན་སངས་རྒྱས་དཔལ།……………………………མང་ཐོས་བསྟན་རྩིས་ལས། (381)

༼༤༢ རྗེ་བཙུན་རེད་མདའ་བ་གཞོན་ནུ་བློ་གྲོས།……………………………སངས་རྒྱས་རྩེ་མོ། (382)

༼༤༣ རོང་སྟོན་ཆེན་པོ་ཤཱཀྱ་རྒྱལ་མཚན།……………………………ཤཱཀྱ་མཆོག་ལྡན། (383)

༼༤༤ ས་ཆེན་ཀུན་དགའ་སྙིང་པོ།……………………………རྗེ་བཙུན་གྲགས་པ་རྒྱལ་མཚན། (385)

༼༤༥ སློབ་དཔོན་བསོད་ནམས་རྩེ་མོ།……………………………རྗེ་བཙུན་གྲགས་པ་རྒྱལ་མཚན། (387)

༼༤༦ རྗེ་བཙུན་གྲགས་པ་རྒྱལ་མཚན།……………………………ས་སྐྱ་པཎྜི་ཏ། (389)

༼༤༧ ས་སྐྱ་པཎྜི་ཏའི་མཛད་རྣམ་མདོར་བསྡུས།……………………………ཞང་མདོ་སྡེ་དཔལ། (390)

༤༨ འགྲོ་མགོན་ཆོས་རྒྱལ་འཕགས་པ།……………………………………ཡེ་ཤེས་རྒྱལ་མཚན། (392)

༤༩ ས་བཟང་འཕགས་པ་གཞོན་ནུ་བློ་གྲོས།……………………………………ངོར་ཆེན་ཀུན་དགའ་བཟང་པོ། (393)

༥༠ ས་བཟང་པཎ་ཆེན་བློ་གྲོས་རྒྱལ་མཚན།……………………………………མ་རྙེད། (397)

༥༡ བསམ་ཡས་པ་བསོད་ནམས་དཔལ་ལྡན།……………………………………མ་རྙེད། (398)

༥༢ ཨ་མེས་ངག་དབང་ཀུན་དགའ་བསོད་ནམས།……………………………………གདུང་རབས་ཁ་སྐོང་ལས། (398)

༥༣ རྒྱལ་སྲས་ཐོགས་མེད་ཀྱི་སློབ་མ་ཆོས་ཀྱི་རིན་ཆེན།……………………………………མ་རྙེད། (400)

༥༤ འཕགས་འོད་ཡོན་ཏན་རྒྱ་མཚོ།……………………………………དུས་འཁོར་བླ་བརྒྱུད་རྣམ་ཐར་ལས། (401)

༥༥ བུ་སྟོན་རིན་ཆེན་གྲུབ།……………………………………སྒྲ་ཚད་པ་རིན་ཆེན་རྣམ་རྒྱལ། (402)

༥༦ སྒྲ་ཚད་པ་རིན་ཆེན་རྣམ་རྒྱལ།……………………………………ཞ་ལུའི་གདན་རབས་ལས། (404)

༥༧ ཞ་ལུ་བ་བཀྲ་ཤིས་རྒྱལ་མཚན།……………………………………ཞ་ལུའི་གདན་རབས་ལས། (407)

༥༨ ཞ་ལུའི་བཙུན་པ་བློ་གསལ་བསྟན་སྐྱོང་།……………………………………ཞ་ལུའི་གདན་རབས་ལས། (408)

༥༩ ཞ་ལུ་བ་ཡེ་ཤེས་རྒྱ་མཚོ།……………………………………ཞ་ལུའི་གདན་རབས་ལས། (409)

༦༠ ཞ་ལུ་ལོ་ཆེན་ཆོས་སྐྱོང་བཟང་པོ།……………………………………སྐྱོག་ལོ་ཙཱ་བ། (410)

༦༡ ཞ་ལུ་བ་རིན་ཆེན་མཁྱེན་རབ་མཆོག་གྲུབ།……………………………………ཞ་ལུའི་གདན་རབས་ལས། (411)

༦༢ ཞ་ལུ་བ་རིན་ཆེན་བསོད་ནམས་འཕེལ།……………………………………ཞ་ལུའི་གདན་རབས་ལས། (412)

༦༣ ཡར་འབྲོག་པ་རིན་ཆེན་ཏོག །……………………………………མ་རྙེད། (414)

༼༦༤ བྱང་པ་རྣམ་རྒྱལ་གྲགས་བཟང་། ………… གསོ་རིགས་མཁས་དབང་ལོ་རྒྱུས་ལས། (415)

༼༦༥ བོ་དོང་འཆི་མེད་དཔལ་བཟང་། ………… མ་རྙེད། (417)

༼༦༦ བོ་དོང་པཎ་ཆེན་ཕྱོགས་ལས་རྣམ་རྒྱལ། ………… དོན་ཡོད་རྒྱལ་མཚན། (417)

༼༦༧ འཇམ་གླིང་རབ་འབྱམས་པ་སངས་རྒྱས་ལྷུན་གྲུབ། ………… ཕྱོགས་བཏུས། (420)

༼༦༨ འགོས་ཁུག་པ་ལྷས་བཙས། ………… ཕྱོགས་བཏུས། (420)

༄། །ལམ་འབྲས་ཚོགས་བཤད་ཀྱི་བླ་མ་བརྒྱུད་པའི་ལོ་རྒྱུས་བཞུགས་སོ། །

༼༡ རྣལ་འབྱོར་གྱི་དབང་ཕྱུག་བི་རཱུ་པ། ………… གྲགས་པ་རྒྱལ་མཚན། (423)

༼༢ འབྲོག་མི་ཤཱཀྱ་ཡེ་ཤེས། ………… གྲགས་པ་རྒྱལ་མཚན། (426)

༼༣ བླ་མ་ཚོགས་སྒོམ་པ་རིན་པོ་ཆེ། ………… རང་རྣམ། (427)

༼༤ ཉན་ཆེན་བསོད་ནམས་བརྟན་པ། ………… རིན་ཆེན་གྲུབ། (429)

༼༥ ཤངས་ཀྱི་བླ་མ་ཆོས་རྗེ་རིན་ཆེན་སེང་གེ ། ………… རང་རྣམ། (431)

༼༦ ཞང་དཀོན་མཆོག་དཔལ། ………… དགེ་སློང་དཔལ་ལྡན། (433)

༼༧ བྲག་ཕུག་པ་བསོད་ནམས་དཔལ་བ། ………… བྲག་ཕུག་པ་བློ་བརྟན། (435)

༼༨ རི་ཁྲོད་པ་ཆེན་པོ་བློ་གྲོས་བརྟན་པ། ………… དཔལ་ལྡན་ཚུལ་ཁྲིམས། (438)

༼༩ བླ་མ་དམ་པ་དཔལ་ལྡན་ཚུལ་ཁྲིམས། ········· དཀོན་མཆོག་རྒྱལ་མཚན། (441)

༼༡༠ གྲུབ་ཆེན་སངས་རྒྱས་དཔལ། ········· ངོར་ཆེན་རྡོ་རྗེ་འཆང་། (444)

༼༡༡ སྨུས་ཆེན་དཀོན་མཆོག་རྒྱལ་མཚན། ········· ཀུན་མཁྱེན་གོ་རམས་པ། (447)

༼༡༢ འཇམ་དབྱངས་ཤེས་རབ་རྒྱ་མཚོ། ········· ངོར་པའི་གདན་རབས་ལས། (449)

༼༡༣ མཁས་གྲུབ་ཀུན་དགའ་དབང་ཕྱུག ། ········· ངོར་པའི་གདན་རབས་ལས། (452)

༼༡༤ མཁས་གྲུབ་དཔལ་ལྡན་རྡོ་རྗེ། ········· ངོར་པའི་གདན་རབས་ལས། (454)

༼༡༥ རྗེ་དཀོན་མཆོག་འཕེལ། ········· ངོར་པའི་གདན་རབས་ལས། (457)

༼༡༦ རྗེ་སྨུས་ཆེན་སངས་རྒྱས་རིན་ཆེན། ········· ངོར་པའི་གདན་རབས་ལས། (460)

༼༡༧ རྗེ་ལྷ་མཆོག་སེང་གེ ། ········· ངོར་པའི་གདན་རབས་ལས། (463)

༼༡༨ ངོར་ཆེན་སངས་རྒྱས་སེང་གེ ། ········· ངོར་པའི་གདན་རབས་ལས། (465)

༼༡༩ མཁས་གྲུབ་ཤེས་རབ་རྒྱལ་མཚན། ········· ངོར་པའི་གདན་རབས་ལས། (467)

༼༢༠ རྗེ་དཀོན་མཆོག་དཔལ་ལྡན། ········· ངོར་པའི་གདན་རབས་ལས། (470)

༼༢༡ བྲང་ཏི་པཎ་ཆེན་ནམ་མཁའ་དཔལ་བཟང་། ········· ངོར་པའི་གདན་རབས་ལས། (473)

༼༢༢ འཇམ་དབྱངས་ཀུན་དགའ་བསོད་ནམས་ལྷུན་གྲུབ། ········· ངོར་པའི་གདན་རབས་ལས། (476)

༼༢༣ མཁས་གྲུབ་དཔལ་ལྡན་དོན་གྲུབ། ········· ངོར་པའི་གདན་རབས་ལས། (477)

༄༢༤ ཁྲང་ཧེ་ནམ་མཁའ་སངས་རྒྱས། ········ ངོར་པའི་གདན་རབས་ལས། (480)

༄༢༥ ཤར་ཆེན་ཤེས་རབ་འབྱུང་གནས། ········ ངོར་པའི་གདན་རབས་ལས། (481)

༄༢༦ མཁན་ཆེན་ནམ་མཁའ་རིན་ཆེན། ········ ངོར་པའི་གདན་རབས་ལས། (484)

༄༢༧ དཔལ་གླིང་ཆོས་རྗེ་བསོད་ནམས་རྒྱ་མཚོ། ········ ངོར་པའི་གདན་རབས་ལས། (484)

༄༢༨ འཇམ་མགོན་དཔལ་མཆོག་རྒྱལ་མཚན། ········ ངོར་པའི་གདན་རབས་ལས། (487)

༄༢༩ འཇམ་དབྱངས་ནམ་མཁའ་དཔལ་བཟང་། ········ ངོར་པའི་གདན་རབས་ལས། (489)

༄༣༠ འཇམ་དགོན་ལྷུན་གྲུབ་དཔལ་ལྡན། ········ ངོར་པའི་གདན་རབས་ལས། (490)

༄༣༡ བདག་ཆེན་སངས་རྒྱས་བསྟན་འཛིན། ········ ངོར་པའི་གདན་རབས་ལས། (493)

༄༣༢ མཁན་ཆེན་ཤེས་བྱ་བཟང་པོ། ········ ངོར་པའི་གདན་རབས་ལས། (494)

༄༣༣ བྱམས་པ་ཚུལ་ཁྲིམས་དཔལ་བཟང་། ········ ངོར་པའི་གདན་རབས་ལས། (495)

༄༣༤ མཚུངས་མེད་བསོད་ནམས་དཔལ་ལྡན། ········ ངོར་པའི་གདན་རབས་ལས། (497)

༄༣༥ བྱམས་པ་བསོད་ནམས་དཔལ་བཟང་། ········ ངོར་པའི་གདན་རབས་ལས། (499)

༄༣༦ འཇམ་མགོན་བཀྲ་ཤིས་ལྷུན་གྲུབ། ········ ངོར་པའི་གདན་རབས་ལས། (502)

༄༣༧ འཇམ་མགོན་ཚུལ་ཁྲིམས་ལྷུན་གྲུབ། ········ ངོར་པའི་གདན་རབས་ལས། (506)

༄༣༨ བྱམས་པ་ནམ་མཁའ་བསམ་གྲུབ། ········ ངོར་པའི་གདན་རབས་ལས། (508)

༣༩ མཁས་གྲུབ་དཔལ་ལྡན་ཆོས་སྐྱོང་། .... ངོར་པའི་གདན་རབས་ལས། (511)

༤༠ མཁས་གྲུབ་སངས་རྒྱས་དཔལ་བཟང་། .... ངོར་པའི་གདན་རབས་ལས། (514)

༤༡ མཁན་ཆེན་བསོད་ནམས་ལྷུན་གྲུབ། .... ངོར་པའི་གདན་རབས་ལས། (517)

༤༢ རིན་ཆེན་མི་འགྱུར་རྒྱལ་མཚན། .... ངོར་པའི་གདན་རབས་ལས། (519)

༤༣ འཇམ་མགོན་སངས་རྒྱས་ཡེ་ཤེས། .... ངོར་པའི་གདན་རབས་ལས། (521)

༤༤ འཇམ་མགོན་དཀོན་མཆོག་གྲགས་པ། .... ངོར་པའི་གདན་རབས་ལས། (522)

༤༥ ངག་དབང་ཆོས་སྐྱོང་བཟང་པོ། .... ངོར་པའི་གདན་རབས་ལས། (524)

༤༦ མཁས་གྲུབ་སངས་རྒྱས་གྲགས་པ། .... ངོར་པའི་གདན་རབས་ལས། (525)

༤༧ ངག་དབང་ཕུན་ཚོགས་དོན་གྲུབ། .... ངོར་པའི་གདན་རབས་ལས། (526)

༤༨ མཁས་གྲུབ་ཀུན་དགའ་བསོད་ནམས། .... ངོར་པའི་གདན་རབས་ལས། (527)

༤༩ བྱམས་པ་ནམ་མཁའ་འཆི་མེད། .... ངོར་པའི་གདན་རབས་ལས། (528)

༥༠ མཁས་གྲུབ་ངག་དབང་དམ་ཆོས། .... ངོར་པའི་གདན་རབས་ལས། (531)

༥༡ མཁན་ཆེན་བསོད་ནམས་དཔལ་འབྱོར། .... ངོར་པའི་གདན་རབས་ལས། (532)

༥༢ བྱམས་པ་ཀུན་དགའ་བསྟན་འཛིན། .... ངོར་པའི་གདན་རབས་ལས། (533)

༥༣ མཁན་ཆེན་ངག་དབང་བློ་གྲོས་བཟང་པོ། .... ངོར་པའི་གདན་རབས་ལས། (535)

༥༤ ཡོངས་འཛིན་དཔལ་ལྡན་ཆོས་ཀྱི་རྒྱལ་མཚན། …………………………ངོར་པའི་གདན་རབས་ལས། (536)

༥༥ བྱམས་པ་དཔལ་ལྡན་བཟང་པོ། …………………………ངོར་པའི་གདན་རབས་ལས། (539)

༥༦ རྣལ་འབྱོར་འཇམ་དཔལ་བཟང་པོ། …………………………ངོར་པའི་གདན་རབས་ལས། (540)

༥༧ ཁང་སར་མཁན་པོ་ངག་དབང་བློ་གྲོས་བརྟན་པ། …………………………ངོར་པའི་གདན་རབས་ལས། (542)

༥༨ ཕན་ཁང་མཁན་ཆེན་ཀུན་དགའ་བསྟན་པའི་བློ་གྲོས། …………………………ངོར་པའི་གདན་རབས་ལས། (543)

༥༩ བྱམས་པ་ཀུན་དགའ་བསྟན་པའི་རྒྱལ་མཚན། …………………………ངོར་པའི་གདན་རབས་ལས། (544)

༦༠ མཁན་ཆེན་ངག་དབང་བསོད་ནམས་རྒྱལ་མཚན། …………………………ངོར་པའི་གདན་རབས་ལས། (547)

༦༡ འཇམ་དབྱངས་ཤེས་རབ་རྒྱ་མཚོ། …………………………ངོར་པའི་གདན་རབས་ལས། (550)

༦༢ དཔལ་ལྡན་བློ་གྲོས་རྒྱལ་མཚན་དཔལ་བཟང་པོ། …………………………ངོར་པའི་གདན་རབས་ལས། (552)

༦༣ འཇམ་དབྱངས་རིན་ཆེན་རྡོ་རྗེ། …………………………ངོར་པའི་གདན་རབས་ལས། (554)

༦༤ ངག་དབང་བློ་གྲོས་སྙིང་པོ། …………………………ངོར་པའི་གདན་རབས་ལས། (557)

༦༥ ངག་དབང་མཁྱེན་རབ་འཇམ་དཔལ་སྙིང་པོ། …………………………ངོར་པའི་གདན་རབས་ལས། (558)

༦༦ ངག་དབང་ཀུན་དགའ་བསྟན་པའི་རྒྱལ་མཚན། …………………………ངོར་པའི་གདན་རབས་ལས། (559)

༦༧ བྱམས་པ་དཔལ་ལྡན་ཆོས་མཛོད། …………………………ངོར་པའི་གདན་རབས་ལས། (561)

༦༨ འཇམ་དབྱངས་ཀུན་དགའ་བསྟན་པའི་རྒྱལ་མཚན། …………………………ངོར་པའི་གདན་རབས་ལས། (561)

༄། །གསུང་ངག་ལམ་འབྲས་སློབ་བཤད་ཀྱི་བླ་མ་བརྒྱུད་པའི་རྣམ་ཐར་བཞུགས་སོ། །

༼༡ བདག་ཆེན་བློ་གྲོས་རྒྱལ་མཚན། ······ ཚར་ཆེན། (563)

༼༢ ཀུན་བཟང་ཆོས་ཀྱི་ཉི་མ། ······ ཚར་ཆེན། (566)

༼༣ ཀུན་དགའ་ལེགས་པའི་བློ་གྲོས། ······ མཁྱེན་བརྩེ་དབང་ཕྱུག (569)

༼༤ རྡོ་རྗེ་འཆང་གཞོན་ནུ་བློ་གྲོས། ······ བློ་གྲོས་རྒྱལ་མཚན། (572)

༼༥ མི་ཏྲི་དོན་གྲུབ་རྒྱལ་མཚན། ······ མི་ཕམ་ཆོས་རྒྱལ། (575)

༼༦ བསླབ་གསུམ་རྒྱལ་མཚན་དབང་པོ། ······ དབང་ཕྱུག་རབ་བརྟན། (577)

༼༧ སྔགས་འཆང་བསོད་ནམས་ཆོས་འཕེལ། ······ རྡོ་རྗེའི་མིང་ཅན། (581)

༼༨ གནས་གསར་དབང་ཕྱུག་རབ་བརྟན། ······ འཇམ་གྲགས། (587)

༼༩ གནས་གསར་བ་བསོད་ནམས་མཆོག་ལྡན། ······ རྒྱལ་མཆོག་ལྔ་པ། (590)

༼༡༠ ཞ་ལུ་བ་བསོད་ནམས་མཆོག་གྲུབ། ······ འཇམ་དབྱངས་དགའ་བའི་བཤེས་གཉེན། (593)

༼༡༡ ལྷ་བཙུན་མཁྱེན་རབ་ངག་དབང་ལྷུན་གྲུབ། ······ མུནྡྲའི་མིང་ཅན། (597)

༼༡༢ སྨོར་ཆེན་ངག་དབང་ཀུན་དགའ་ལྷུན་གྲུབ། ······ རང་རྣམ། (600)

༼༡༣ གནས་གསར་རྡོ་རྗེ་འཆང་ངག་དབང་ཀུན་དགའ་ལེགས་པ། ······ ངག་དབང་ཀུན་བློ། (602)

༡༢༤ ངག་དབང་ཀུན་དགའ་བློ་གྲོས་སངས་རྒྱས་བསྟན་པའི་རྒྱལ་མཚན། ·························· ཀུན་བཀྲས། (606)
༡༢༥ སྔ་སྟོན་རྡོ་རྗེ་འཆང་ངག་དབང་ཀུན་དགའ་ལེགས་པ་རིན་པོ་ཆེ། ·························· ཨ་འཇམ། (609)
༡༢༦ འཇམ་དབྱངས་ཀུན་དགའ་རྒྱལ་མཚན། ·························· ཀུན་བཟང་ཆོས་ཀྱི་ཉི་མ། (615)
༡༢༧ འཇམ་དབྱངས་ཆོས་ཀྱི་བློ་གྲོས། ·························· བཀྲ་ཤིས་དཔལ་བཟང་། (618)

༄། །ཕོ་བྲང་པོ་ཏ་ལར་བཞུགས་སུ་གསོལ་བའི་དཔལ་ལྡན་
ས་སྐྱའི་གསུང་རབ་རྣམས་ཀྱི་དཀར་ཆག་
བཞུགས་སོ། །

སྒྲིའི་ཨང་གྲངས།	ལེ་ཚན་གྲངས	དཔེ་རྟགས།	ཕྱག་དཔེའི་མཚན།	མཛད་པ་པོའི་མཚན།	ཤོག་གྲངས།	ཡིག་ཕྲེང་།	པར་གཞི།	ཆ་ཚང་མིན་དང་རལ་སྐྱོན།
01800	༄ ཀུན་དགའ་དཔལ་ལྡན་གྱི་གསུང་འབུམ། ༼ཁྲིས་པོད་གཅིག༽							
	༡		དཔལ་རྡོ་རྗེ་ནག་པོ་ཆེན་པོའི་ཕྱི་ཁྲིད་དང་གསང་ཁྲིད་འཆད་ཚུལ་གསང་བ་ལས་ཀྱང་ཆེས་གསང་བ་ཟབ་མོའི་དོན་ཚང་ཞལ་གྱི་དྲོད་ལྡན་ཞེས་བྱ་བ་བཞུགས་སོ། ।	ཤར་བླ་མ་ཀུན་དགའ་དཔལ་ལྡན།	༡༣༡	༦	དཔེ་ཚུགས།	ལུ་སྐྱོན་ཡོད།
	༢		དཔལ་རྡོ་རྗེ་ནག་པོ་ཆེན་པོའི་གུར་གྱི་མགོན་པོའི་སྒྲུབ་པའི་ཐབས་ཀྱི་རིམས་པ་རྣམ་པ་གསུམ་གྱི་བསྙེན་ཐབས་དགོས་པ་ཀུན་ཚང་ཞེས་བྱ་བ་བཞུགས་སོ། ।	ཤར་བླ་མ་ཀུན་དགའ་དཔལ་ལྡན།	༩༣	༧	དཔེ་ཚུགས།	ལུ་སྐྱོན་ཡོད།
	༣		ཆད་འཛུད་གཅིག་པུའོ། ।		༡	༥	དཔེ་ཚུགས།	
01801	༄ ཀུན་དགའ་ཡེ་ཤེས་རྒྱ་མཚོའི་གསུང་འབུམ། ༼ཁྲིས་པོད་གཅིག༽							
	༡		དཔལ་འཁོར་ལོ་སྡོམ་པ་རྩ་རྒྱུད་ལུང་དུའི་ཊཱི་ཀ་གསང་བ་ཀུན་གྱི་རྒྱན་ཅེས་བྱ་བ་བཞུགས་སོ། ।	ཤཱཀྱའི་དགེ་སློང་ཀུན་དགའ་ཡེ་ཤེས་རྒྱ་མཚོ།	༡༩༣	༦	ཁྱུག་མ་ཚུགས།	
01802	༄ སྒྲོ་མདའ་བླ་མ་ངག་དབང་བསོད་ནམས་དབང་ཕྱུག་གི་གསུང་འབུམ། ༼ཁྲིས་པོད་གཅིག༽							
	༡		འཇམ་མགོན་ཞལ་གྱི་བུམ་བཟང་ལས་བརྒྱུད་ཁྲི་བཞི་སྟོང་ཆོས་ཀྱི་སྒྲ་དབྱངས་ལེགས་པར་ཐོས་པ་ཐུབ་བསྟན་སྲིད་མཐར་གསལ་བའི་སྒྲོན་མེ་བཞུགས་སོ། ।	ས་སྐྱ་པ་བསོད་ནམས་དབང་ཕྱུག	༡༣༣	༦	དཔེ་ཚུགས།	༡༧. མེད། གྲངས་ནོར་བ་མ་གཏོགས་ཆ་ཚང་།
	༢		དཔལ་ལྡན་བླ་མ་དམ་པ་རྣམས་ལས་དམ་པའི་ཆོས་ཐོས་པའི་ཡི་གེ་ཡིད་འཕྲོག་ཨུཏྤལའི་དོ་ཤལ་ལས་རྡོ་རྗེ་འཆང་ངག་དབང་ཚུལ་ཁྲིམས་བཟང་པོའི་ཞབས་ཀྱི་ཡི་གེ་ཐུབ་བསྟན་འདབ་བརྒྱའི་དགེ་ལེགས་འཕེལ་བའི་ཉིན་བྱེད་ཅེས་བྱ་བ་བཞུགས་སོ། ।	ས་སྐྱ་པ་བསོད་ནམས་དབང་ཕྱུག	༢༥	༤	དཔེ་ཚུགས།	

	༣		རྣལ་འབྱོར་གྱི་དབང་ཕྱུག་ཆེན་པོ་ཆོས་སྐྱབས་རྣམ་རྒྱལ་གྱི་ཞལ་སྔ་ནས་དམ་ཆོས་ཐོས་ཐོ་ཐུབ་བསྟན་རྒྱས་བྱེད་བཞུགས་སོ། །	ས་སྐྱ་པ་བསོད་ནམས་དབང་ཕྱུག	༡	༨	དཔེ་ཚུགས།	
	༤		སྒྲུབ་ཐབས་བརྒྱ་རྩའི་རྒྱ་གཞུང་གི་ལུང་དང་། དེ་ལས་བྱུང་བའི་རྗེས་གནང་རྣམས་དང་བཅས་པ་ཐོབ་པའི་བརྒྱུད་པ།	ས་སྐྱ་པ་བསོད་ནམས་དབང་ཕྱུག	༢	༨	དཔེ་ཚུགས།	
	༥		རྗེ་བཙུན་ངག་དབང་ཚུལ་ཁྲིམས་སོགས་དམ་པ་འགའ་ལས་ཐོབ་པའི་ཐོ་ཡིག །	བསོད་ནམས་དབང་ཕྱུག	༥	༨	དཔེ་ཚུགས།	
	༦		རྣམ་འདྲེན་ཤེས་རབ་རྒྱལ་མཚན་ལས་དམ་པའི་ཆོས་ཐོ་བདུད་རྩིའི་བཅུད་ལྡན་བཞུགས་སོ། །	ས་སྐྱ་པ་བསོད་ནམས་དབང་ཕྱུག	༡	༩	དཔེ་ཚུགས།	
	༧		དབང་ཕྱུག་མ་ཚེ་རིང་མ་མཆེད་ལྔའི་རྗེས་གནང་སོགས་ཀྱི་བརྒྱུད་པ།	ས་སྐྱ་པ་བསོད་ནམས་དབང་ཕྱུག	༡	༩	དཔེ་ཚུགས།	
	༨		དྲིན་ཅན་བླ་མ་སྐུ་དྲིན་ཅན་རྣམས་ལས། །ཟབ་དང་རྒྱ་ཆེའི་ཆོས་ཚུལ་ཐོབ་པའི་ཚུལ། །གསལ་བར་བཤད་པ་རིན་ཆེན་མཐུད་འཕྲེང་། །བློ་གསལ་མགྲིན་པའི་རྒྱན་དུ་མཛེས་པ་བཞུགས། །	ས་སྐྱ་པ་བསོད་ནམས་དབང་ཕྱུག	༤༢	༨	དཔེ་ཚུགས།	
	༩		ཀུན་མཁྱེན་གོ་བོ་རབ་འབྱམས་པ་ཆེན་པོ་བསོད་ནམས་སེང་གེའི་སྔགས་ཕྱོགས་གཙོ་ཆེའི་གསུང་རབ་ཀྱི་ལུང་ཐོབ་པའི་རྣམ་གྲངས་གསལ་བར་བཀོད་པ།	ས་སྐྱ་པ་བསོད་ནམས་དབང་ཕྱུག	༢	༩	དཔེ་ཚུགས།	
	༡༠		བསམ་གྱིས་མི་ཁྱབ་སོགས་ལམ་སྐོར་ཕྱི་མ་བརྒྱད་ཀྱི་ཁྲིད་ཀྱི་བརྒྱུད་པ།	བསོད་ནམས་དབང་ཕྱུག	༡	༩	དཔེ་ཚུགས།	
	༡༡		དཔལ་ལྡན་བླ་མ་དམ་པ་འདྲེན་མཆོག་སངས་རྒྱས་རྒྱ་མཚོས་རྗེས་སུ་བཟུང་བའི་ཡི་གེ་འཇམ་དཔལ་དགེས་པའི་མཆོད་སྤྲིན།	ས་སྐྱ་པ་བསོད་ནམས་དབང་ཕྱུག	༦	༩	དཔེ་ཚུགས།	
	༡༢		དཔལ་ལྡན་བླ་མ་དམ་པ་ཨེ་ཝཾ་པ་ཆེན་པོ་ངག་དབང་བསོད་ནམས་བཟང་པོའི་དྲུང་དུ་དམ་པའི་ཆོས་ཐོས་པའི་ཡི་གེ་འཕྲིན་ལས་འོད་སྣང་བཞུགས་སོ། །	ས་སྐྱ་པ་བསོད་ནམས་དབང་ཕྱུག	༤	༩	དཔེ་ཚུགས།	
	༡༣		དཔལ་ལྡན་བླ་མ་དམ་པ་མཁན་ཆེན་ནམ་མཁའ་བསམ་གྲུབ་པས་རྗེས་སུ་བཟུང་ནས་དམ་ཆོས་ཐོས་པའི་ཚུལ་བཞུགས་སོ། །	ས་སྐྱ་པ་བསོད་ནམས་དབང་ཕྱུག	༡	༨	དཔེ་ཚུགས།	

	༡༤		ཀུན་བཟང་རྡོ་རྗེ་འཆང་ཆེན་དཔལ་ལྡན་ཆོས་སྐྱོང་འཇིགས་མེད་དབང་པོ་རྒྱལ་བ་དགེས་པའི་སྟེས་རྗེས་སུ་བཟུང་ཚུལ་གྱི་ཡི་གེ་ངོ་མཚར་རིན་པོ་ཆེའི་ཕྲེང་བ་ཞེས་བྱ་བ་བཞུགས་སོ། །	ས་སྐྱ་པ་བསོད་ནམས་དབང་ཕྱུག	༧	༨	དཔེ་ཚུགས།	
	༡༥		དཔལ་ལྡན་བླ་མ་དམ་པ་འདྲེན་མཆོག་སངས་རྒྱས་དཔལ་བཟང་གིས་རྗེས་སུ་བཟུང་ཚུལ་ཐུབ་བསྟན་རྒྱས་པའི་ཉི་ཆེན་བཞུགས་སོ། །	ས་སྐྱ་པ་བསོད་ནམས་དབང་ཕྱུག	༨	༩	དཔེ་ཚུགས།	
	༡༦		ངོར་དགོན་རིན་ཆེན་མཧཱ་ཤྲཱི་བུདྡྷ་ཧླཱ་ནའི་ཞལ་སྔ་ནས་དམ་ཆོས་ཐོས་ཚུལ་ལྷའི་རྔ་བོ་བཞུགས་སོ། །	ས་སྐྱ་པ་བསོད་ནམས་དབང་ཕྱུག	༢	༩	དཔེ་ཚུགས།	
	༡༧		གྲུབ་མཆོག་དམ་པ་བསོད་ནམས་ཆོས་གྲགས་ལས་དམ་ཆོས་ཐོས་ཐོ་གསེར་གྱི་ཡང་ཞུན་བཞུགས་སོ། །	ས་སྐྱ་པ་བསོད་ནམས་དབང་ཕྱུག	༡	༩	དཔེ་ཚུགས།	
	༡༨		རྗེ་བཙུན་ཚུལ་ཁྲིམས་རིན་ཆེན་གྱི་དྲུང་ནས་གསན་པའི་རྟ་མགྲིན་ཡང་གསང་དང་། ཇོ་བོ་ལུགས་ཀྱི་འཇིག་རྟེན་དབང་ཕྱུག་ལྷ་བཅུ་དགུའི་དབང་གི་བརྒྱུད་པ།	ས་སྐྱ་པ་བསོད་ནམས་དབང་ཕྱུག	༡	༧	དཔེ་ཚུགས།	
	༡༩		ཀུན་དགའ་རྒྱལ་མཚན་དང་། ཚར་ཆེན་པ་སོགས་ནས་བརྒྱུད་པའི་ཁྲོ་ཕུ་བརྒྱ་རྩ་སོགས་ཀྱི་བརྒྱུད་པ།	ས་སྐྱ་པ་བསོད་ནམས་དབང་ཕྱུག	༤	༨	དཔེ་ཚུགས།	
	༢༠		མ་ཎི་བཀའ་འབུམ་མམ་རྒྱལ་པོ་བཀའ་འབུམ་གྱི་ལུང་བརྒྱུད།	བསོད་ནམས་དབང་ཕྱུག	༡	༩	དཔེ་ཚུགས།	
	༢༡		བཀྲ་ཤིས་མཚན་ལྡན་བཀྲ་ཤིས་འབྱུང་བའི་གནས། །དབང་ཕྱུག་གྲུབ་པ་ཀུན་ལས་ཆེས་དབང་ཕྱུག །མཁས་པའི་མཆོག་ལས་མཁས་པའི་དབང་པོ་ལ། །དམ་ཆོས་ཐོས་ཚུལ་དམ་པ་དགྱེས་བྱེད་བཞུགས། །	ས་སྐྱ་པ་བསོད་ནམས་དབང་ཕྱུག	༤	༩	དཔེ་ཚུགས།	
	༢༢		ཡོངས་འཛིན་མཚུངས་བྲལ་དམ་པ་དཀོན་མཆོག་བཀྲ་ཤིས་པས་རྗེས་སུ་བཟུང་བའི་ཡི་གེ་བཞུགས་སོ། །	ས་སྐྱ་པ་བསོད་ནམས་དབང་ཕྱུག	༡	༩	དཔེ་ཚུགས།	
	༢༣		ཚེ་དབང་ལུགས་སྟོང་མའི་སྒྲུབ་ཐབས་དང་འབྲེལ་བའི་དབང་བསྐུར་སྨིན་གླིང་པས་མཛད་པ་སོགས་ཀྱི་ལུང་བརྒྱུད།	ས་སྐྱ་པ་བསོད་ནམས་དབང་ཕྱུག	༢	༩	དཔེ་ཚུགས།	

	༢༤		དོན་ཀུན་སྟོན་མཛད་ཟས་གཙང་སྲས་པོའི་གསུང་། །དོན་གཉེར་ཙམ་གྱི་འདི་ཕྱི་ཐམས་ཅད་ཀྱི། །དོན་མཆོག་འགྲུབ་ངེས་ཟབ་ལམ་གདམས་པའི་གཞུང་། །དོན་གྲུབ་མཚན་ལས་ཐོས་པའི་ལེགས་བཤད་བཞུགས། །	ས་སྐྱ་པ་བསོད་ནམས་དབང་ཕྱུག	༤	༩	དཔེ་ཚུགས།	
	༢༥		འཇའ་ཚོན་ཆོས་སྐོར་ཐོབ་ཚུལ་བཞུགས་སོ། །	ས་སྐྱ་པ་བསོད་ནམས་དབང་ཕྱུག	༡༢	༩	དཔེ་ཚུགས།	
	༢༥		རྒྱལ་སྲས་སངས་རྒྱས་གླིང་པ་སོགས་ཀྱིས་གཏེར་ནས་བཞེས་པའི་ཆོས་སྐོར་ཁག་ཅིག་གི་ལུང་བརྒྱུད།	ས་སྐྱ་པ་བསོད་ནམས་དབང་ཕྱུག	༦	༩	དཔེ་ཚུགས།	
	༢༧		ཆོས་སྐྱོང་སྲུང་མ་ཡེ་ཤེས་ཀྱི་མགོན་པོ་བེར་ནག་ཅན་གྱི་རྗེས་གནང་ཐོབ་པའི་བརྒྱུད་པ།	ས་སྐྱ་པ་བསོད་ནམས་དབང་ཕྱུག	༢	༩	དཔེ་ཚུགས།	
	༢༨		པཎ་ཆེན་བློ་བཟང་ཡེ་ཤེས་སོགས་ཀྱི་དྲུང་ནས་འཇམ་དབྱངས་ཆོས་སྐོར་གྱི་ནང་ཚན་འཇམ་དབྱངས་གསང་སྒྲུབ་ཀྱི་རྗེས་གནང་སོགས་ཀྱི་ཐོབ་པའི་བརྒྱུད་པ།	ས་སྐྱ་པ་བསོད་ནམས་དབང་ཕྱུག	༡	༧	དཔེ་ཚུགས།	
	༢༩		དཔལ་ལྡན་བླ་མ་དམ་པ་རྣམས་ལས་དམ་པའི་ཆོས་ཐོས་པའི་ཡི་གེ་ཡིད་འཕྲོག་ཨུཏྤལའི་དོ་ཤལ་ལས་ཁྱབ་བདག་བཀའ་འགྱུར་བ་ཆེན་པོས་རྗེས་སུ་བཟུང་བའི་ཡི་གེ་རྒྱལ་བསྟན་པདྨོའི་དགའ་ཚལ་རྒྱས་པའི་ཉིན་བྱེད་གཟི་འོད་སྟོང་འབར་ཅེས་བྱ་བ་བཞུགས་སོ། །	ས་སྐྱ་པ་བསོད་ནམས་དབང་ཕྱུག	༢༣	༦	དཔེ་ཚུགས།	
	༣༠		རྒྱལ་བའི་བཀའ་འགྱུར་རིན་པོ་ཆེ་ལས་དཀོན་བརྩེགས་སོགས་ཀྱི་ལུང་བརྒྱུད།	ས་སྐྱ་པ་བསོད་ནམས་དབང་ཕྱུག	༣༠	༩	དཔེ་ཚུགས།	
	༣༡		ཀུན་མཁྱེན་བུ་སྟོན་གྱིས་མཛད་པའི་འདུལ་བའི་ལས་ཆོག་སོགས་ཀྱི་བརྒྱུད་པ།	ས་སྐྱ་པ་བསོད་ནམས་དབང་ཕྱུག	༨	༩	དཔེ་ཚུགས།	
	༣༢		གཟུངས་བསྡུས་ཀྱི་ལུང་བརྒྱུད།	ས་སྐྱ་པ་བསོད་ནམས་དབང་ཕྱུག	༡	༩	དཔེ་ཚུགས།	

	༣༣		པདྨ་གར་དབང་གི་རྒྱུད་སྐོར་སོགས། །	ས་སྐྱ་པ་བསོད་ནམས་དབང་ཕྱུག	༢	༨	དཔེ་ཚུགས།	
	༣༤		ཞལ་དཀར་ཆོས་སྡེ་དགེ་ལྡན་ལེགས་བཤད་གླིང་གི་རྡོ་རྗེ་སློབ་དཔོན་ཆེན་པོ་ངག་དབང་སྐལ་ལྡན་རྒྱ་མཚོས་རྗེས་སུ་བཟུང་ཚུལ་བཞུགས་སོ། །	ས་སྐྱ་པ་བསོད་ནམས་དབང་ཕྱུག	༢	༨	དཔེ་ཚུགས།	
	༣༥		གཏེར་སྟོན་པདྨ་གླིང་པ་དང་། གཏེར་སྟོན་འཇའ་ཚོན་སྙིང་པོ། གཏེར་སྟོན་གྲྭ་པ་མངོན་ཤེས་བཅས་ཀྱི་གཏེར་ཆོས་ཁག་ཅིག་གི་བརྒྱུད་པ།	ས་སྐྱ་པ་བསོད་ནམས་དབང་ཕྱུག	༡	༨	དཔེ་ཚུགས།	
	༣༦		ཆབ་མདོ་བྱམས་པ་གླིང་གི་ཡོངས་འཛིན་རྣམས་ལས་དབང་ཐོབ་ཚུལ་སོགས་ཀྱི་ཐོ་ཡིག །	ས་སྐྱ་པ་བསོད་ནམས་དབང་ཕྱུག	༥	༨	དཔེ་ཚུགས།	
	༣༧		ཐུགས་རྗེ་ཆེན་པོ་བཅུ་གཅིག་ཞལ་གྱི་དཀྱིལ་འཁོར་དུ་དབང་བསྐུར་བ་ཟབ་མོ་ཐོབ་པའི་བརྒྱུད་པ།		༡	༧	དཔེ་ཚུགས།	
	༣༨		སྤྲུལ་སྐུ་རིན་པོ་ཆེ་བློ་བཟང་ཚུལ་ཁྲིམས་ལས་དམ་ཆོས་ཐོས་ཐོ་བཞུགས།		༡	༨	དཔེ་ཚུགས།	
01803	༄ སྐྱོ་མདའ་བླ་མ་ངག་དབང་བསོད་ནམས་དབང་ཕྱུག་གི་གསུང་འབུམ། (ཁྲིས་པོད་གཉིས་པ།)							
	༡		མཆོག་གི་རྡོ་རྗེའི་སློབ་དཔོན་རྣམས་ལས་དམ་པའི་ཆོས་ཇི་ལྟར་ཐོས་པའི་རིམ་པ་བྱིན་རླབས་གཏེར་གྱི་ཆུ་རྒྱུན་ཞེས་བྱ་བ་བཞུགས་སོ། །	ས་སྐྱ་པ་བསོད་ནམས་དབང་ཕྱུག	༣༢༢	༥	དཔེ་ཚུགས།	(༡—༣༢༢)
	༢		ཐོས་ཡིག་བྱིན་རླབས་གཏེར་གྱི་ཆུ་རྒྱུན་ལས་མཁན་ཆེན་ཐམས་ཅད་མཁྱེན་པ་ལྷུན་གྲུབ་དཔལ་ལྡན་གྱི་རྗེས་སུ་བཟུང་བའི་སྐབས།	ས་སྐྱ་པ་བསོད་ནམས་དབང་ཕྱུག	༣༦	༥	དཔེ་ཚུགས།	(༣༢༣—༣༥༨)
	༣		ཐོས་ཡིག་བྱིན་རླབས་གཏེར་གྱི་ཆུ་རྒྱུན་ལས་ཉམས་རྟོགས་མངའ་བདག་ངག་དབང་བསྟན་པ་རབ་རྒྱས་ཀྱིས་རྗེས་སུ་བཟུང་བའི་སྐབས་བཞུགས་སོ། །	ས་སྐྱ་པ་བསོད་ནམས་དབང་ཕྱུག	༦༠	༥	དཔེ་ཚུགས།	(༣༥༩—༤༡༧གོང་མ་)

	༤		ཐོས་ཡིག་ཐྱིན་རླབས་གཏྱའི་ཆུ་རྒྱུན་ལས་མཁན་ཆེན་མཁས་པའི་དབང་པོ་བཟང་པོ་རྒྱལ་མཚན་ལས་དམ་པའི་ཆོས་ཇི་ལྟར་ཐོས་པའི་ཚུལ་ལེགས་བཤད་ངོ་མཚར་བལྟ་བའི་མེ་ལོང་ཞེས་བྱ་བ་བཞུགས།	ས་སྐྱ་པ་བསོད་ནམས་དབང་ཕྱུག	༨༦	༥	དཔེ་ཚུགས།	(༤༡༧འོག་མ—༥༠༢)
	༥		ཐོས་ཡིག་ཐྱིན་རླབས་གཏྱའི་ཆུ་རྒྱུན་ལས་རྡོ་རྗེ་འཆང་མཁྱེན་རབ་བྱམས་པ་ངག་དབང་ལྷུན་གྲུབ་ཀྱིས་རྗེས་སུ་བཟུང་བའི་སྐབས་བཞུགས་སོ། །	ས་སྐྱ་པ་བསོད་ནམས་དབང་ཕྱུག	༧༧	༥	དཔེ་ཚུགས།	(༥༠༣—༥༧༩)
	༦		ཐོས་ཡིག་ཐྱིན་རླབས་གཏྱའི་ཆུ་རྒྱུན་ལས་ལོ་ཆེན་དྷརྨ་ཤྲཱི་ལ་དམ་པའི་ཆོས་ཇི་ལྟར་ཐོས་པའི་རིམ་པ་ཟབ་གཏེར་སྒོ་བརྒྱའི་ལྡེ་མིག་ཅེས་བྱ་བ་བཞུགས་སོ། །	ས་སྐྱ་པ་བསོད་ནམས་དབང་ཕྱུག	༡༧	༥	དཔེ་ཚུགས།	
	༧		ཐོས་ཡིག་ཐྱིན་རླབས་གཏྱའི་ཆུ་རྒྱུན་ལས་མཁན་ཆེན་ཐམས་ཅད་མཁྱེན་པ་སངས་རྒྱས་ཕུན་ཚོགས་ཀྱིས་རྗེས་སུ་བཟུང་བའི་སྐབས་བཞུགས།	ས་སྐྱ་པ་བསོད་ནམས་དབང་ཕྱུག	༣༩	༥	དཔེ་ཚུགས།	
	༨		ཐོས་ཡིག་ཐྱིན་རླབས་གཏྱའི་ཆུ་རྒྱུན་ལས་མེས་སྟོན་བཛྲ་ར་ལ་ཟབ་ཆོས་ཇི་ལྟར་ཐོས་པའི་རིམ་པ་སྔ་འགྱུར་སྒོ་བརྒྱ་ཕྱེ་བའི་འོད་རིས་བཞུགས།	ས་སྐྱ་པ་བསོད་ནམས་དབང་ཕྱུག	༨༠	༥	དཔེ་ཚུགས།	
	༩		གསན་ཡིག་ཆོས་ཀྱི་བང་མཛོད། ། ས་སྐྱ་ངག་དབང་ཀུན་དགའ་བཀྲ་ཤིས་ཀྱིས་འཇམ་དབྱངས་ཀུན་དགའ་བསོད་ནམས་ཀྱི་དྲུང་ནས་ཐོབ་པའི་ཡི་གེ །	ས་སྐྱ་ངག་དབང་ཀུན་དགའ་བཀྲ་ཤིས།	༣༠	༧	དཔེ་ཚུགས།	
01804	༄ མཁན་ཆེན་ངག་དབང་ཀུན་དགའ་བཀྲ་ཤིས་ཀྱི་གསུང་འབུམ། ཁྲིས་པོད་གཅིག							
	༡		ཁྱབ་བདག་འཁོར་ལོའི་མགོན་པོ་དཔལ་ས་སྐྱ་པ་ཆེན་པོ་སྔགས་འཆང་ངག་དབང་ཀུན་དགའ་བཀྲ་ཤིས་གྲགས་པ་རྒྱལ་མཚན་དཔལ་བཟང་པོའི་རྟོགས་བརྗོད་རིན་པོ་ཆེ་འདུས་པའི་རྒྱ་མཚོ་ཞེས་བྱ་བ་བཞུགས་སོ། །	ཕྱུག་མཛོད་ལས་ཐོག་པ་ནམ་མཁའ་བསམ་གྲུབ།	༡༦༠	༦	ཤིང་པར།	
	༢		སྭ་སྟི་པྲ་ཛ་བྷྱཿ བླ་མ་ཞི་ཁྲོའི་ཚེ་སྒྲུབ་དང་དབང་བསྐུར་ཚུལ་གྱི་ཆོག་འཆི་མེད་རྡོ་རྗེའི་རྒྱ་མདུད་བཞུགས་སོ། །	ས་སྐྱ་ངག་དབང་ཀུན་དགའ་བཀྲ་ཤིས།	༣༠	༦	ཤིང་པར།	

	༣		དཔལ་འཁོར་ལོ་བདེ་མཆོག་ནག་པོའི་དཀྱིལ་འཁོར་བསྒྲུབ་མཆོད་ཀྱི་ཆོ་གའི་གསལ་བྱེད་གསར་བུའི་བློ་ཅན་རྟོགས་པར་བྱ་བ་ཞེས་བྱ་བ་བཞུགས་སོ། །	ས་སྐྱ་ངག་དབང་ཀུན་དགའ་བཀྲ་ཤིས།	༥༣	༥	དཔེ་ཚུགས།	
01805	༄ མཁན་ཆེན་ངག་དབང་ཆོས་གྲགས་ཀྱི་གསུང་འབུམ། ༼པོད་དང་པོ།༽							
	༡		ཧེ་རྒྱུད་བརྟག་གཉིས་ཀྱི་ཚིག་འགྲེལ་གོང་མའི་ཞལ་ལུང་གསལ་བར་སྟོན་པ་བདུད་རྩིའི་ཆུ་རྒྱུན་ཞེས་བྱ་བ་བཞུགས་སོ། །	ངག་དབང་ཆོས་གྲགས།	༡༣༠	༦	དགའ་ལྡན་ཕུན་ཚོགས་གླིང་གི་པར་མ།	
	༢	༼ཇུ༽ ནང་ ག	སྡོམ་པ་གསུམ་གྱི་རབ་ཏུ་དབྱེ་བའི་རྣམ་བཤད་ལེགས་པར་བཤད་པ་བློ་འོད་ནོར་བུ་ཞེས་བྱ་བ་བཞུགས་སོ། །	ངག་དབང་ཆོས་གྲགས་པ།	༢༣༡	༦	དགའ་ལྡན་ཕུན་ཚོགས་གླིང་གི་པར་མ།	ཞབས་ཤོག་རལ་སྐྱོན་ཡོད།
	༣		དཔལ་དགྱེས་པ་རྡོ་རྗེའི་རྒྱུད་གསུམ་གྱི་དགོངས་གཞིའི་བཤད་པ་སོགས་ཐོག་ཕུབ་གཞན་གྱི་ལྟ་མིག་ཅེས་བྱ་བ་བཞུགས་སོ། །	ངག་དབང་ཆོས་གྲགས།	༧༡	༦	དགའ་ལྡན་ཕུན་ཚོགས་གླིང་གི་པར་མ།	
01806	༄ མཁན་ཆེན་ངག་དབང་ཆོས་གྲགས་ཀྱི་གསུང་འབུམ། ༼པོད་གཉིས་པ།༽							
	༡	༼རེ༽ ནང་ ཀ	སྒྱུར་མཛད་ཡེ་ཤེས་ཀྱི་མགོན་པོ་ཕྱག་དྲུག་པ་འཁོར་བཅས་ཀྱི་གཏོར་ཆོག་དང་རྗེས་གནང་རྒྱས་པ་བར་ཆད་ཀུན་སེལ་གྱི་ཕྱག་ལེན་བཞུགས་སོ། །	ངག་དབང་ཆོས་གྲགས།	༡༣	༦	དཔེ་ཚུགས།	༡༡· ༡༢· ཆད།
	༢		འདོད་རྒྱལ་ཡབ་ཡུམ་གྱི་རྗེས་གནང་བཞུགས་སོ། །	ངག་དབང་ཆོས་གྲགས།	༢	༦	དཔེ་ཚུགས།	
	༣	ལྷུགས༽ ལུང་ཐོབ།	དཔལ་འདོད་པའི་རྒྱལ་པོའི་གསང་སྔགས་སྲུའི་རྗེས་གནང་རྒྱས་པ་བཀླུགས་ཆོག་ཏུ་བཀོད་པ་བཞུགས་སོ། །	ངག་དབང་ཆོས་གྲགས།	༧	༦	དཔེ་ཚུགས།	
	༤	ལྷུགས༽ ལུང་ཐོབ།	དཔལ་ཚོགས་ཀྱི་བདག་པོ་དམར་ཆེན་ཕྱག་བཅུ་གཉིས་པའི་རྗེས་གནང་ཐུན་མོང་མ་ཡིན་པའི་ཕྱག་ལེན་ཁྲིགས་ཆགས་འདོད་དགུའི་དཔག་བསམ་བཞུགས་སོ། །	ངག་དབང་ཆོས་གྲགས།	༨	༦	དཔེ་ཚུགས།	
	༥	ལྷུགས༽ ལུང་ཐོབ།	རྗེ་བཙུན་ས་སྐྱ་པའི་གསེར་ཆོས་དཔལ་ཚོགས་ཀྱི་བདག་པོའི་ཁྱད་པར་གྱི་རྗེས་གནང་མ་ནོར་དོན་ཚང་གསལ་བའི་སྒྲོན་མེ་ཞེས་བྱ་བ་བཞུགས་སོ། །	ངག་དབང་ཆོས་གྲགས།	༦	༦	དཔེ་ཚུགས།	

	༦	ལྟུགས) རྗེས་གནང ཐོབ།	ཛཾ་དམར་ཞལ་གསུམ་ཕྱག་དྲུག་གི་དབང་ཆོག་ངག་དབང་ཆོས་གྲགས་ཀྱིས་མཛད་པ་རྗེས་གནང་གྲུ་པ་མདོར་ཤེས་ནས་བརྒྱུད་པ་བཅས་ལེ་ཚན་གཉིས་བཞུགས་ལགས།	ངག་དབང་ཆོས་གྲགས།	༤	༥	དཔེ་ཚུགས།	
	༧	པ	དཔལ་རྡོ་རྗེ་འཇིགས་བྱེད་ཀྱི་བསྐྱེད་པའི་རིམ་པའི་རྣམ་བཤད་བདུད་རྩི་ཐུམ་བཟང་བླ་མ་དགྱེས་པའི་མཆོད་སྤྲིན་ཞེས་བྱ་བ་བཞུགས་སོ། ।	ངག་དབང་ཆོས་གྲགས།	༣༥	༦	དཔེ་ཚུགས།	
	༨	ཆ	དཔལ་ཀྱེ་རྡོ་རྗེའི་མན་ངག་ལུགས་ཀྱི་ཕྱི་བསྐྱེད་པའི་རིམ་པ་རྣམ་པར་བཤད་པའི་ཟིན་བྲིས་གསང་ཆེན་བསྟན་པའི་འོད་འཕྲོ་ཞེས་བྱ་བ་བཞུགས་སོ། ।	ངག་དབང་ཆོས་གྲགས།	༣༨	༦	དཔེ་ཚུགས།	
	༩		ཕྱི་བསྲུང་བའི་འཁོར་ལོ་ལ་བརྟེན་ནས་སྒྲུབ་པ་ཕྱིའི་བྲག་རྫོང་མའི་ཁྲིད་ཀྱི་ཡི་གེ་འདོད་དགུའི་དོལ་སྟེར་ཞེས་བྱ་བ་ངག་དབང་ཆོས་གྲགས་ཀྱིས་མཛད་པ་བཞུགས།	ངག་དབང་ཆོས་གྲགས།	༢༤	༦	དཔེ་ཚུགས།	
	༡༠		ཐུགས་རྗེ་ཆེན་པོ་འགྲོ་བ་ཀུན་གྲོལ་གྱི་དབང་གི་མཚམས་སྦྱོར་བཞུགས་སོ། ।	ངག་དབང་ཆོས་གྲགས།	༩	༦	དཔེ་ཚུགས།	
	༡༡	(པེ) ནང་ གི་	མི་ཏྲི་མཁའ་སྤྱོད་ཀྱི་སྒྲུབ་ཐབས་དང་བྱིན་རླབས་ཀྱི་ཆོ་ག་གོ་བདེ་བཀླག་ཆོག་ཏུ་བཀོད་པ་བཞུགས་སོ། ।	ངག་དབང་ཆོས་གྲགས།	༨	༦	དཔེ་ཚུགས།	
	༡༢	(པེ) ནང་ ཨ	ཨིནྡྲ་མཁའ་སྤྱོད་ཀྱི་སྒྲུབ་ཐབས་དང་བྱིན་རླབས་ཀྱི་ཆོ་ག་བཀླག་ཆོག་ཏུ་བཀོད་པ་བཞུགས་སོ། ।	ངག་དབང་ཆོས་གྲགས།	༨	༦	དཔེ་ཚུགས།	
	༡༣	སྔ ༡༠ ན)	བཀའ་གདམས་ལྷ་བཞིའི་མངོན་རྟོགས་དང་རྗེས་གནང་གི་ཡི་གེ་གོ་བདེ་བཀླགས་ཆོག་ཏུ་བཀོད་པ་བཞུགས་སོ། ।	ངག་དབང་ཆོས་གྲགས།	༡༠	༦	དཔེ་ཚུགས།	
	༡༤	ཅ	ལྷ་བཞི་དྲིལ་སྒྲུབ་ཀྱི་བྱིན་རླབས་དང་ཉམས་སུ་བླངས་ཚུལ་བཞུགས་སོ། ।	ངག་དབང་ཆོས་གྲགས།	༦	༦	དཔེ་ཚུགས།	
	༡༥	སྔ ༡༠	དཔལ་ཆོས་སྐྱོང་སྲུང་མ་རྣམ་ཐོས་བུའི་རྗེས་གནང་ལྷ་ཕྲག་གསུམ་གྱི་ཆོ་ག་ནོར་འཛིན་དཔལ་མོའི་རྒྱན་འཕྲེང་གཟི་འོད་འབར་བ་བཞུགས།	ངག་དབང་ཆོས་གྲགས།	༤༨	༦	དཔེ་ཚུགས།	

	༡༦		དཔལ་གསང་བ་འདུས་པའི་མི་བསྐྱོད་པའི་དབང་བཀའ་གསར་རྙིང་གི་དོགས་དཔྱོད་བློ་གསལ་ཉེར་མཁོའི་ལེགས་བཤད་ཡ་རབས་མཁས་པའི་གཏམ་སྐྱེལ་ཞེས་བྱ་བ་བཞུགས་སོ། །	ངག་དབང་ཆོས་གྲགས།	༡༡	༧	དཔེ་ཚུགས།	
	༡༧		དཔལ་འཁོར་ལོ་བདེ་མཆོག་དྲིལ་བུ་པའི་རིམ་པ་ཁྲིད་རིམ་སྔོན་འགྲོའི་བྱིན་རླབས་དང་བཅས་པ་བཞུགས་སོ། །ཤྲཱི་ཧེ་རུ་ཀ་ཡ་ནཾ།	ངག་དབང་ཆོས་གྲགས།	༡༢	༦	དཔེ་ཚུགས།	
	༡༨		དཔྱལ་ལུགས་ཀྱི་ཕག་མོ་སྐོར་གསུམ་གྱི་སྒྲུབ་ཐབས་དང་བྱིན་རླབས་ཀྱི་ཕྱག་ལེན་འཁྲིལ་ཆགས་སུ་བཀོད་པ་བཞུགས་སོ། །	ངག་དབང་ཆོས་གྲགས།	༡༩	༦	དཔེ་ཚུགས།	
	༡༩		དཔལ་རྡོ་རྗེ་འཇིགས་བྱེད་ཆེན་པོ་རྭ་ལུགས་ཀྱི་དབང་གི་ཆོ་ག་ལས་བརྩམས་ཏེ་དྲི་བ་རྩོད་སྤྲིན་གྱི་རྔ་བསང་གི་རང་ལན་དཔྱིད་ཀྱི་རྒྱལ་པོའི་དགའ་སྟོན་ལེགས་བཤད་ཀུ་ཅུག་གི་སྒྲ་དབྱངས་གསར་པ་ཞེས་བྱ་བ་བཞུགས་སོ། །	ངག་དབང་ཆོས་གྲགས།	༦༦	༦	ཁྲིས་མ་དབུ་ཅན།	
	༢༠		ངག་དབང་ཆོས་གྲགས་ཀྱིས་མཛད་པའི་རང་ལན་དཔྱིད་ཀྱི་རྒྱལ་མོའི་དགའ་སྟོན་ཀུ་ཅུག་གི་སྒྲ་དབྱངས་ལས་དྲི་བ་ཉེར་གསུམ་པའི་ལན་ཁོལ་ཕྱུང་།	ངག་དབང་ཆོས་གྲགས།	༨	༦	ཁྲིས་མ་དབུ་ཅན།	
	༢༡		དཔལ་རྡོ་རྗེ་འཇིགས་བྱེད་ཀྱི་དབང་གི་ཆོ་གའི་དཀའ་གནད་དྲི་བ་རྟོགས་བརྗོད་སྤྲིན་གྱི་རྔ་བསང་ཞེས་བྱ་བ་བཞུགས་སོ། །	ངག་དབང་ཆོས་གྲགས།	༧	༦	ཁྲིས་མ་དབུ་ཅན།	
	༢༢	ཉུ ༨	དཔལ་རྡོ་རྗེ་འཇིགས་བྱེད་ཀྱི་ སྟགས་བདུའི་བྱིན་རླབས་ཀྱི་ཆོ་ག་ངག་དབང་ཆོས་གྲགས་ཀྱིས་མཛད་པ་བཞུགས་སོ། ། རྒྱལ་སྲས་འཇིགས་མེད་ཀྱི་དཔེའོ། །	ངག་དབང་ཆོས་གྲགས།	༩	༧	དཔེ་ཚུགས།	
01807	༄། མཁན་ཆེན་ངག་དབང་ཆོས་གྲགས་ཀྱི་གསུང་འབུམ། (པོད་གསུམ་པ།)						
	༡		གསུང་ངག་རིན་པོ་ཆེ་ལམ་འབྲས་སློབ་བཤད་ལ་རྩོད་པ་སྤོང་བ་འཇིགས་བྲལ་སེང་གེའི་རྒྱུད་ཀྱི་ང་རོ་ཞེས་བྱ་བ་བཞུགས་སོ། །	ངག་དབང་ཆོས་གྲགས།	༢༠	༦	དགའ་ལྡན་ཕུན་ཚོགས་གླིང་གི་པར་མ།	

	༢		རྒྱུད་ཀྱི་སྤྱི་དོན་ཚུལ་དང་པོ་གསུམ་གྱི་རྣམ་གཞག་སྟོན་པ་རྒྱུད་གསུམ་ལ་འཇུག་པའི་སྒོ་ཞེས་བྱ་བ་བཞུགས་སོ། །	ངག་དབང་ཆོས་གྲགས།	༥༠	༦	དགའ་ལྡན་ཕུན་ཚོགས་གླིང་གི་པར་མ།	
	༣		བོད་ཀྱི་མཁས་པ་སྔ་ཕྱི་དག་གི་གྲུབ་མཐའ་ཤན་འབྱེད་མཐའ་དཔྱོད་དང་བཅས་པའི་འབེལ་བའི་གཏམ་སྐྱེས་དཔྱོད་ལྡན་མཁས་པའི་ལུང་རྒྱན་རིན་ཆེན་མཛེས་པའི་ཕྲ་ཚོམ་བཀོད་པ་བཞུགས་སོ། །	ངག་དབང་ཆོས་གྲགས།	༨༩	༦	པར་མ།	རལ་སྐྱོན་ཆེ།
	༤	{ཡ} ནང་ ཆ	འདུལ་བའི་སྤྱི་དོན་ཐུབ་བསྟན་རྒྱས་པའི་ཉིན་བྱེད་ཅེས་བྱ་བ་བཞུགས་སོ། །	ངག་དབང་ཆོས་གྲགས།	༡༧༨	༨	པར་མ།	ཤོག་སྣེར་ཆུ་སྐྱོན་ཕོར་ཡོད།
	༥		དཔལ་ལྡན་ཤངས་པ་བཀའ་བརྒྱུད་པའི་གསང་སྒྲུབ་སྐོར་གསུམ་གྱི་བྱིན་རླབས་བྱ་ཚུལ་བཞུགས་སོ། །	ངག་དབང་ཆོས་གྲགས།	༨	༧	དཔེ་ཚུགས།	དཔེ་གསར།
	༦	ཨ ཚོ ༢༦ ༢༢༠	སྙན་ངག་མེ་ལོང་ལས་བརྩམས་པའི་དྲི་བ་དབྱངས་ཅན་མགྲིན་རྒྱན་ང་རོའི་རང་ལན་དཔྱད་གསུམ་རྣམ་དག་སྐལ་བཟང་རྣ་བའི་བཅུད་ཐིགས་ཞེས་བྱ་བ་བཞུགས་སོ། །	ངག་དབང་ཆོས་གྲགས།	༩༧	༦	དཔེ་ཚུགས།	༡༡. ༢༣. ༣༡. བཅས་ཆད། ༡༥. སྣེ་མ་ཚང་།
	༧	བ ཕུན ༡༥	པོ་དོང་པཎ་ཆེན་ནས་བརྒྱུད་པའི་དབྱངས་ཅན་མ་དཀར་པོའི་རྗེས་གནང་ལག་ལེན་ཁྲིགས་སུ་བཀོད་པ་བཞུགས་སོ། །	ངག་དབང་ཆོས་གྲགས།	༧	༦	དཔེ་ཚུགས།	དབུ་ཤོག་གི་རྩེ་ནས་མ་ཚང་།
	༨	ཚེ ༡༦༥	སྨུར་མཛད་ཡེ་ཤེས་ཀྱི་མགོན་པོ་ཕྱག་དྲུག་པ་འཁོར་བཅས་ཀྱི་གཏོར་ཆོག་དང་རྗེས་གནང་བར་ཆད་ཀུན་སེལ་གྱི་ཕྱག་ལེན་བཞུགས་སོ། །	ངག་དབང་ཆོས་གྲགས།	༡༡	༧	དཔེ་ཚུགས།	
	༩	ཐེ ནང་རྟགས། ཞ	དཔལ་ལྡན་ས་སྐྱར་རབ་འབྱམས་མཚན་བཞེས་རྣམས་ཀྱིས་འཛམ་དབྱངས་ཆོས་ཁྲིའི་དྲུང་དུ་བཤད་ཏེ་ཀ་སྦྱོར་ཚུལ་གསལ་བར་བཀོད་པ་ནོར་བུའི་ཐིག་ཕྲེང་ཞེས་བྱ་བ་བཞུགས་སོ། །	ངག་དབང་ཆོས་གྲགས།	༡༣	༩	དཔེ་ཚུགས།	

01808	༄ མཁའ་སྤྱོད་སྐོར་གསུམ་གྱི་ཆོས་སྐོར། ༼ཁྲིམས་ཡོད་དང་པོ།༽							
	༡		དཔལ་ལྡན་ས་སྐྱ་པའི་མཆོག་སྒྲུབ་པའི་གསེར་ཆོས་མཁའ་སྤྱོད་སྐོར་པ།སུམ་གྱི་གླེགས་བམ་དཀར་ཆག་ཟབ་དོན་གནད་ཀྱི་ལྡེ་མིག་ཅེས་བྱ་བ་བཞུ།གས་སོ། །	སློར་ཆེན་ཀུན་དགའ་ལྷུན་གྲུབ།	༧	༧	དཔེ་ཚུགས།	
	༢	ཀ——བ	དཔལ་ལྡན་ས་སྐྱ་པའི་གདམས་པ་དམར་པོ་སྐོར་གསུམ་གྱི་ཆོས་ཟབ་པ་རྗེ་བཙུན་ན་རོ་མཁའ་སྤྱོད་ཀྱི་ཆོས་སྐོར་ཡོངས་སུ་རྫོགས་པ་ལས་སྒྲུབ་ཐབས་ཀྱི་རྒྱ་གཞུང་རྗེ་བོ་ན་རོ་ཏ་པས་མཛད་པ་བཞུགས་སོ། །	རྒྱ་གཞུང་།	༡༨	༧	དཔེ་ཚུགས།	
	༣	མ——ཙ	ན་རོ་མཁའ་སྤྱོད་ཀྱི་བརྒྱུད་པའི་གསོལ་འདེབས་ངོར་ཆེན་རྡོ་རྗེ་འཆང་གིས་མཛད་པ་བཞུགས་སོ། །	ངོར་ཆེན་ཀུན་དགའ་བཟང་པོ།	༢	༧	དཔེ་ཚུགས།	
	༤	ཚ	རྗེ་བཙུན་རྡོ་རྗེ་རྣལ་འབྱོར་མ་ན་རོ་མཁའ་སྤྱོད་མའི་བརྒྱུད་པའི་གསོལ་འདེབས་མཆོག་གི་པདྨོ་བཞད་པའི་དགའ་སྟོན་ཞེས་བྱ་བ་བཞུགས་སོ། །	ཚར་ཆེན་བློ་གསལ་རྒྱ་མཚོ།	༤	༧	དཔེ་ཚུགས།	
	༥	ཛ	ན་རོ་མཁའ་སྤྱོད་ཀྱི་སྒྲུབ་ཐབས་ཆེ་བ་འཕགས་པ་རིན་པོ་ཆེས་མཛད་པ་བཞུགས་སོ། །	འགྲོ་མགོན་འཕགས་པ།	༤	༧	དཔེ་ཚུགས།	
	༦	ཝ	ན་རོ་མཁའ་སྤྱོད་ཀྱི་སྒྲུབ་ཐབས་ཆུང་བ་འཕགས་པ་རིན་པོ་ཆེས་མཛད་པ་བཞུགས་སོ། །	འགྲོ་མགོན་འཕགས་པ།	༢	༧	དཔེ་ཚུགས།	
	༧	ཞ	རྗེ་བཙུན་རྡོ་རྗེ་རྣལ་འབྱོར་མའི་སྒྲུབ་ཐབས་རྗེ་སངས་རྒྱས་དཔལ་བཟང་གིས་མཛད་པ་བཞུགས་སོ། །	སངས་རྒྱས་དཔལ་བཟང་།	༤	༧	དཔེ་ཚུགས།	
	༨	ཟ	རྗེ་བཙུན་རྡོ་རྗེ་རྣལ་འབྱོར་མ་ན་རོ་མཁའ་སྤྱོད་ཀྱི་ཉམས་ལེན་རྗེ་བློ་གསལ་རྒྱ་མཚོས་མཛད་པའོ། །	ཚར་ཆེན་བློ་གསལ་རྒྱ་མཚོ།	༤	༧	དཔེ་ཚུགས།	
	༩	འ	རྡོ་རྗེ་འཆང་གིས་མཛད་པའི་རྡོ་རྗེ་རྣལ་འབྱོར་མའི་སྒྲུབ་ཐབས་བཞུགས་སོ། །	ངོར་ཆེན་ཀུན་དགའ་བཟང་པོ།	༣	༧	དཔེ་ཚུགས།	

	༡༠	ཡ	རྣལ་འབྱོར་མའི་བསྒོམ་བཟླས་རྒྱུན་གྱི་ཉམས་ལེན་བསྡུས་པ་བསྟན་འཛིན་ཉི་ཟླ་བཟང་པོས་མཛད་པ་བཞུགས་སོ། །	ཀོང་པོ་ཉི་ཟླ་བཟང་པོ།	༢	༦	དཔེ་ཚུགས།	
	༡༡	ར	ན་རོ་མཁའ་སྤྱོད་ཀྱི་རྣམ་བཤད་རྗེ་ཉི་ཟླ་སེང་གེས་མཛད་པ་བཞུགས་སོ། །	ཉི་ཟླ་སེང་གེ །	༨	༧	དཔེ་ཚུགས།	
	༡༢	ལ	ན་རོ་མཁའ་སྤྱོད་ཀྱི་སྒྲུབ་ཐབས་ཀྱི་རྣམ་བཤད་རྗེ་བཙུན་བྱམས་པ་ཆོས་ལེགས་ཀྱིས་མཛད་པ་བཞུགས་སོ། །	བྱམས་པ་ཆོས་ལེགས།	༡༣	༧	དཔེ་ཚུགས།	
	༡༣	ཤ	ན་རོ་མཁའ་སྤྱོད་ཀྱི་བདག་འཇུག་འཕགས་པ་རིན་པོ་ཆེས་མཛད་པ་བཞུགས་སོ། །	འགྲོ་མགོན་འཕགས་པ།	༦	༧	དཔེ་ཚུགས།	
	༡༤	ས	ན་རོ་མཁའ་སྤྱོད་ཀྱི་བྱིན་རླབས་ཀྱི་ཡི་གེ་རྗེ་སངས་རྒྱས་དཔལ་བཟང་གིས་མཛད་པ་བཞུགས་པའི་དབུ་ཕྱོགས།	སངས་རྒྱས་དཔལ་བཟང་།	༡༡	༧	དཔེ་ཚུགས།	
	༡༥	ཧ	ན་རོ་པའི་ཐུགས་ཀྱི་ཉིང་ཁུ་ས་སྐྱ་པའི་གསུང་རབ་ཀྱི་དགོངས་པ་བཞིན་རྣལ་འབྱོར་མའི་བྱིན་རླབས་ཀྱི་ཆོ་ག་བྱ་བའི་ཚུལ་རྗེ་ཀུན་དགའ་བཟང་པོའི་གསུང་བཞིན་ཀུང་རུས་ཟིན་བྲིས་སུ་མཛད་པ་བཞུགས་སོ། །	ཀུང་རུ་ཤེས་རབ་བཟང་པོ།	༩	༧	དཔེ་ཚུགས།	
	༡༦	ཨ	རྗེ་བཙུན་རྡོ་རྗེ་རྣལ་འབྱོར་མ་ན་རོ་མཁའ་སྤྱོད་ཀྱི་སིནྡྷུ་རའི་དཀྱིལ་འཁོར་སྒྲུབ་ཅིང་མཆོད་པ་དང་བདག་ཉིད་འཇུག་ཅིང་དབང་བླང་བའི་ཆོ་ག་མཁའ་སྤྱོད་སྒྲུབ་པའི་ཉེ་ལམ་ཞེས་བྱ་བ་བཞུགས་སོ། །	ཚར་ཆེན་བློ་གསལ་རྒྱ་མཚོ།	༡༦	༧	དཔེ་ཚུགས།	
	༡༧	ཀི	རྗེ་བཙུན་རྡོ་རྗེ་རྣལ་འབྱོར་མ་ན་རོ་མཁའ་སྤྱོད་དུ་གྲགས་པའི་རྫོགས་རིམ་ཟབ་དབུ་མའི་ཆོས་ཉིད་དངོས་སྟོན་གྱི་བྱིན་བརླབས་ཀྱི་ཕྱག་ལེན་གསལ་བར་བཀོད་པ་ས་སྐྱ་པ་ངག་དབང་ཀུན་དགའ་བསོད་ནམས་ཀྱིས་མཛད་པ་བཞུགས་སོ། །	ཨ་མེས་ངག་དབང་བསོད་ནམས།	༥	༧	དཔེ་ཚུགས།	
	༡༨	ཁི	ན་རོ་མཁའ་སྤྱོད་ཀྱི་ཚོགས་མཆོད་འཕགས་པ་རིན་པོ་ཆེས་མཛད་པ་བཞུགས་སོ། །	འགྲོ་མགོན་འཕགས་པ།	༥	༧	དཔེ་ཚུགས།	
	༡༨	གི	ན་རོ་མཁའ་སྤྱོད་ཀྱི་སྦྱིན་སྲེག་འཕགས་པ་རིན་པོ་ཆེས་མཛད་པ་བཞུགས་སོ། །	འགྲོ་མགོན་འཕགས་པ།	༣	༧	དཔེ་ཚུགས།	

	༢༠	ཇ	ན་རོ་མཁའ་སྤྱོད་ཀྱི་སྦྱིན་སྲེག་གི་ཡི་གེ །ཛེ་སངས་རྒྱས་དཔལ་བཟང་གིས་མཛད་པའོ། །	སངས་རྒྱས་དཔལ་བཟང་།	༧	༧	དཔེ་ཚུགས།	
	༢༡	ཅེ	ཛེ་བཙུན་རྡོ་རྗེ་རྣལ་འབྱོར་མ་ནཱ་རོ་མཁའ་སྤྱོད་མའི་ཆོས་སྐོར་ཕྱོགས་གཅིག་ཏུ་སྡེབས་པ་མན་ངག་རིན་པོ་ཆེའི་གཏེར་མཛོད་ཞེས་བྱ་བ་སྟུགས་འཆང་གཟུངས་ཀྱི་དཔལ་བས་བསྒྲིགས་པ་བཞུགས་སོ། །	གཟུངས་ཀྱི་དཔལ་བ།	༢༩	༧	དཔེ་ཚུགས།	
	༢༢	ཆུ	ན་རོ་མཁའ་སྤྱོད་ཀྱི་ཐུན་མོང་མ་ཡིན་པའི་རྩ་དབུ་མའི་ཁྲིད་ཡིག་ཛེ་མུས་ཆེན་གྱིས་མཛད་པ་བཞུགས་སོ། །	མུས་ཆེན།	༦	༧	དཔེ་ཚུགས།	
	༢༣	ཇེ	དཔལ་སྡོམ་དྲུག་པ་རྣལ་འབྱོར་གསང་མཐའི་བརྒྱུད། །དཔལ་མོ་མཁའ་སྤྱོད་དགའ་མའི་ཉེ་ལམ་མཆོག །དཔལ་ལྡན་ས་སྐྱའི་བླ་ཆེན་གསེར་ཆོས་གང་། ། དཔལ་མཆོག་ཏེ་རུ་ཀ་དཔལ་ཚར་པ་ཛེའི། །གསུང་གི་བརྒྱུད་འདི་འདི་ཕྱིར་ཕན་འདོད་རྣམས། །བརྩོན་པས་བསྒྲུབས་ན་ན་ཏ་འཆི་བ་ལས། །ངེས་པར་ལེགས་གྲོལ་གྲོལ་བ་མཆོག་འགྲུབ་པས། །ཟིན་བྲིས་འདི་ཡང་ཡང་དག་ལམ་ཆེན་ཡིན། ། མཁའ་སྤྱོད་བགྲོད་པའི་ཉེ་ལམ་ཤྲཱི།	མཁྱེན་བརྩེ་དབང་ཕྱུག །	༢༨	༧	དཔེ་ཚུགས།	
	༢༤	ཉོ	ཛེ་བཙུན་རྡོ་རྗེ་རྣལ་འབྱོར་མ་ནཱ་རོ་མཁའ་སྤྱོད་མའི་བླ་མའི་རྣལ་འབྱོར་སོགས་རྒྱུན་གྱི་ཉམས་ལེན་གྱི་རིམ་པ་ཚར་ཆེན་རྡོ་རྗེ་འཆང་གི་གསུང་རྒྱུན་རྡོ་རྗེ་འཆང་དབང་ཕྱུག་རབ་བརྟན་གྱིས་མཛད་པ་བཞུགས་སོ། །	རྡོ་རྗེ་འཆང་དབང་ཕྱུག་རབ་བརྟན།	༥	༧	དཔེ་ཚུགས།	
	༢༥	ཏེ	ཛེ་བཙུན་རྡོ་རྗེ་རྣལ་འབྱོར་མའི་ཁྲིད་རིམ་བླ་མའི་གསུང་སྒྲོས་དངོས་གྲུབ་མྱུར་མགྱོགས་ཀྱི་ཕོ་ཉ་ཞེས་བྱ་བ་ཐམས་ཅད་མཁྱེན་པ་ངག་དབང་ཆོས་གྲགས་ཀྱིས་ཟིན་བྲིས་སུ་མཛད་པ་བཞུགས་སོ། །	ངག་དབང་ཆོས་གྲགས།	༢༢	༧	དཔེ་ཚུགས།	

	༢༦	ཐུ	རྗེ་བཙུན་རྡོ་རྗེ་རྣལ་འབྱོར་མའི་ཐུན་མོང་མ་ཡིན་པའི་མན་ངག་ཞལ་ཤེས་གསུམ་ལས་བླ་མ་བསྐྱེད་བསྒོམ་ཞལ་ཤེས་ཚར་ཆེན་རྡོ་རྗེ་འཆང་ཆེན་པོས་མཛད་པ་བཞུགས་སོ། ཨྠི།	ཚར་ཆེན་བློ་གསལ་རྒྱ་མཚོ།	༣	༧	དཔེ་ཚུགས།	
	༢༧	དེ	རྡོ་རྗེ་རྣལ་འབྱོར་མའི་ལུས་དཀྱིལ་གྱི་ཡིག་ཆུང་ཡིད་བཞིན་ནོར་བུ་བཞུགས་སོ། །		༢	༧	དཔེ་ཚུགས།	
	༢༨	ནོ	ཕྱག་རྒྱ་ཆེན་པོ་དབུ་མར་འཇུག་པའི་ཡི་གེ་བཞུགས་སོ། །		༢	༦	དཔེ་ཚུགས།	
	༢༩	པི	ཐུན་མོང་མ་ཡིན་པའི་རྩ་དབུ་མའི་རྒྱུན་གྱི་ཉམས་ལེན་གསང་ཆེན་བཅུད་ཀྱི་ཐིག་ལེ་བཞུགས་སོ། །		༣	༧	དཔེ་ཚུགས།	
	༣༠	ཕུ	ནཱ་རོ་མཁའ་སྤྱོད་ཀྱི་དབང་བཞི་ལུས་སྒྲིགས་ཀྱི་ཡིག་ཆུང་བཞུགས་སོ། །		༢	༥	དཔེ་ཚུགས།	
	༣༡	བེ	ནཱ་རོ་མཁའ་སྤྱོད་ཀྱི་དབང་བཞི་ལུས་བསྒྲིགས་མཁའ་སྤྱོད་སྒྲུབ་པ་འཕོ་བ་རྣམས་ཀྱི་ཞལ་ཤེས་ཀྱི་ཡིག་ཆུང་བཞུགས་སོ། །		༢	༦	དཔེ་ཚུགས།	
	༣༢	མོ	ནཱ་རོ་མཁའ་སྤྱོད་ཀྱི་འཕོ་བ་རྗེ་བཙུན་ཡབ་ཡུམ་ཞལ་སྦྱོར། ཡུམ་རྐྱང་ལ་བརྟེན་པའི་ཚིག་བཀྲུད། གསེར་ཆོས་མལ་ལོའི་གསུང་ལས་ས་ཆེན་གྱིས་མཛད་པ་བཞུགས་སོ། །	ས་ཆེན་གྱིས་མཛད།	༣	༦	དཔེ་ཚུགས།	
	༣༣	ཙི	རྗེ་བཙུན་ཡབ་ཡུམ་ལ་བརྟེན་པའི་ཐུན་མོང་མ་ཡིན་པའི་འཕོ་བ་ཚར་ཆེན་རྡོ་རྗེ་འཆང་གི་གསུང་རྒྱུན་བཞུགས།		༣	༧	དཔེ་ཚུགས།	
	༣༤	ཚུ	རྗེ་བཙུན་རྡོ་རྗེ་རྣལ་འབྱོར་མ་ནཱ་རོ་མཁའ་སྤྱོད་ཀྱི་མཁའ་སྤྱོད་སྒྲུབ་པའི་གསེར་ཆོས་ཚིག་བཀྲུད་བཞུགས་སོ། །	ཚར་ཆེན་བློ་གསལ་རྒྱ་མཚོ།	༩	༧	དཔེ་ཚུགས།	
	༣༥	ཛེ	མཁའ་སྤྱོད་ཞལ་བཟང་བལྟ་བའི་སྨོན་ལམ་བཞུགས་སོ། །	ཚར་ཆེན་བློ་གསལ་རྒྱ་མཚོ།	༢	༦	དཔེ་ཚུགས།	
	༣༦	ཝོ	རྫོགས་རིམ་རྩ་དབུ་མ་ཆེ་བའི་ཁྲིད་ཟབ་མོ་བཞུགས་སོ། །	རྗེ་བཙུན་གྲགས་པ་རྒྱལ་མཚན།	༡༦	༧	དཔེ་ཚུགས།	

	༣༧	ཞི	རྡོ་རྗེ་རྣལ་འབྱོར་མའི་རྒྱ་དཀྱུ་མའི་ཁྲིད་ཀྱི་ཡི་གེ་གསལ་བྱེད་བླ་མ་དམ་པའི་གསུང་སྒྲོས་ཡར་ཀླུངས་པ་སེངྒེ་རྒྱལ་མཚན་པས་ཟིན་ཐྲིས་སུ་བཏབ་པ་བཞུགས་སོ། །	ཡར་ཀླུངས་པ་སེངྒེ་རྒྱལ་མཚན།	༨	༡	དཔེ་ཚུགས།	
	༣༨	ཟུ	རྗེ་བཙུན་རྡོ་རྗེ་རྣལ་འབྱོར་མའི་རྫོགས་རིམ་ཡབ་དང་ཐུན་མོང་བའི་རྒྱ་དཀྱུ་མའི་ཁྲིད་ཀྱི་ཟིན་ཐྲིས་བཞུགས་སོ། །		༡	༡	དཔེ་ཚུགས།	
	༣༩	འེ	རྗེ་བཙུན་རྡོ་རྗེ་རྣལ་འབྱོར་མ་ནཱ་རོ་མཁའ་སྤྱོད་ཀྱི་ཡབ་ཡུམ་ཐུན་མོང་དང་ཡུམ་རྐྱང་གི་རླུང་སེམས་དབུ་མར་བསྡུ་ཚུལ་གྱི་དམིགས་ཁྲིད་འཇམ་མགོན་བསོད་ནམས་དབང་ཕྱུག་གི་གསུང་རྒྱུན་བཞུགས་སོ། །		༣	༡	དཔེ་ཚུགས།	
	༤༠	ཡོ	ཡུམ་བཀའ་ལ་བརྟེན་པའི་རླུང་དབུ་མར་སྟུད་པའི་ཉམས་ལེན་ཐུན་མོང་མ་ཡིན་པ་ཉི་ཟླ་བཟང་པོས་མཛད་པ་བཞུགས་སོ། །	གོང་པོ་ཉི་ཟླ་བཟང་པོ།	༣	༡	དཔེ་ཚུགས།	
	༤༡	རི	ནཱ་རོ་མཁའ་སྤྱོད་ཀྱི་རྣལ་འབྱོར་བཅུ་གཅིག་གི་ཉམས་ལེན་ལ་སྒྲོ་འདོགས་གཅོད་པ་དང་སེམས་འཛིན་ཟུང་འབྲེལ་དུ་གཏོང་ཚུལ་མཐོང་གྲོལ་ལྡེ་མིག་ཞེས་བྱ་བ་བཞུགས་སོ། །	རྒྱལ་མཆོག་ལྔ་པ།	༡	༡	དཔེ་ཚུགས།	
	༤༢	ལུ	རྒྱ་དཀྱུ་མའི་ཁྲིད་ཀྱི་གསལ་བྱེད་རྡོ་རྗེ་འཆང་དབང་ཕྱུག་རབ་བརྟན་གྱི་ཟིན་ཐྲིས་བཞུགས་སོ། །	དབང་ཕྱུག་རབ་བརྟན།	༩	༡	དཔེ་ཚུགས།	
	༤༣	ཤེ	རྗེ་བཙུན་རྡོ་རྗེ་རྣལ་འབྱོར་མ་ནཱ་རོ་མཁའ་སྤྱོད་མའི་སྨིན་སྲེག་གི་ཚོ་ག་མཁའ་སྤྱོད་སྒྲུབ་པའི་དགའ་སྟོན་ཞེས་བྱ་བ་རྡོ་རྗེ་འཆང་དབང་ཕྱུག་རབ་བརྟན་གྱི་ཞལ་སྔ་ནས་མཛད་པ་བཞུགས་སོ། །	རྡོ་རྗེ་འཆང་དབང་ཕྱུག་རབ་བརྟན།	༡	༡	དཔེ་ཚུགས།	
	༤༤	སོ	ཕུ་ལ་ཧ་རིའི་པཎྜི་ཏའི་མན་ངག་ཕམ་མཐིང་པའི་གསུང་བདོག །	རྒྱ་གཞུང་།	༣	༡	དཔེ་ཚུགས།	
	༤༥	ཧེ	རྗེ་བཙུན་རྡོ་རྗེ་རྣལ་འབྱོར་ནཱ་རོ་མཁའ་སྤྱོད་ཀྱི་བསྐྱེད་རྫོགས་ཀྱི་རིམ་པ་ཚར་ཆེན་རྡོ་རྗེ་འཆང་གི་གསུང་རྒྱུན་དགེ་སློང་རིང་མོ་བས་ཟིན་ཐྲིས་སུ་བཀོད་པ་བཞུགས་སོ། །	དགེ་སློང་རིང་མོ་བ།	༡	༡	དཔེ་ཚུགས།	

	༤༦	ཨུ	རྗེ་བཙུན་ནཱ་རོ་མཁའ་སྤྱོད་མའི་མངོན་རྟོགས་ལ་བརྟེན་ནས་སྣང་གཞི་སྦྱོང་ཚུལ་གྱི་མན་ངག་ཤིན་ཏུ་ཟབ་པ་རྡོ་རྗེ་འཆང་མཁྱེན་རབ་ཆོས་རྗེའི་གསུང་ལས་བྱུང་བ་བཞུགས་སོ། །		༩	༧	དཔེ་ཚུགས།	
	༤༧	ཨ	འཕོ་བ་སོགས་ཀྱི་སྐབས་སུ་མཁོ་བའི་ཟིན་བྲིས་རྗེ་བཙུན་བློ་གྲོས་ཆོས་འཕགས་ཀྱིས་མཛད་པ་བཞུགས་སོ། །	རྗེ་བཙུན་བློ་གྲོས་ཆོས་འཕགས།	༢	༦	དཔེ་ཚུགས།	
	༤༨	ཨཱ	རྣལ་འབྱོར་མའི་བདག་འཇུག་ལག་ལེན་གྱི་སྟོམ་ཐིག་བཞུགས་སོ། །		༢	༦	དཔེ་ཚུགས།	
	༤༩	ཨི	ཕྱག་རྒྱ་ཆེན་པོ་བརྡའི་མན་ངག་བཞུགས་སོ། །		༢	༦	དཔེ་ཚུགས།	
	༥༠	ཨཱི	རྡོ་རྗེ་རྣལ་འབྱོར་མའི་རྟེན་ལ་སྦྱོངས་ནད་ཐམས་ཅད་ལ་ཕན་པ་ཞེས་བྱ་བ་བཞུགས་སོ། །		༢	༦	དཔེ་ཚུགས།	
	༥༡	ཨུ	རྡོ་རྗེ་རྣལ་འབྱོར་མའི་མན་ངག་གི་སྒོ་ནས་སྐགས་ཁྲུས་ནད་ཐམས་ཅད་ལ་ཕན་པ་བཞུགས་སོ། །		༢	༦	དཔེ་ཚུགས།	
	༥༢	ཨཱུ	ནཱ་རོ་མཁའ་སྤྱོད་ཀྱི་བསྙེན་ཡིག་བསྡུས་པ་དངོས་གྲུབ་མཆོག་སྟེར་བཞུགས་སོ། །	རྡོ་བྲག་པདྨ་ཕྲིན་ལས།	༣	༧	དཔེ་ཚུགས།	
	༥༣	རྀ	ནཱ་རོ་མཁའ་སྤྱོད་ཀྱི་ཞི་བའི་སྦྱིན་སྲེག་གི་ཆོ་ག་མཁའ་སྤྱོད་མྱུར་འགྲུབ་ཅེས་བྱ་བ་བཞུགས་སོ། །	རྡོ་བྲག་པདྨ་ཕྲིན་ལས།	༡༡	༧	དཔེ་ཚུགས།	
	༥༤	རཱྀ	རྗེ་བཙུན་རྡོ་རྗེ་རྣལ་འབྱོར་མ་ནཱ་རོ་མཁའ་སྤྱོད་མའི་ཚོགས་མཆོད་བྱ་ཚུལ་ཞུང་དུ་རྣམ་གསལ་ཞེས་བྱ་བ་བཞུགས་སོ། །	སྨོར་ཆེན་ཀུན་དགའ་ལྷུན་གྲུབ།	༩	༧	དཔེ་ཚུགས།	
	༥༥	ལྀ	རྗེ་བཙུན་རྡོ་རྗེ་རྣལ་འབྱོར་མའི་བཀྲ་ཤིས་དགེ་ལེགས་ཀྱི་དཔལ་སྟེར་ཞེས་བྱ་བ་རྗེ་བཙུན་བྱམས་པ་ཆོས་ལེགས་ཀྱིས་མཛད་པ་བཞུགས་སོ། །	རྗེ་བཙུན་བྱམས་པ་ཆོས་ལེགས།	༢	༦	དཔེ་ཚུགས།	
	༥༦	ལཱྀ	རྡོ་རྗེ་རྣལ་འབྱོར་མའི་བཀྲ་ཤིས་གློ་བོ་མཁན་ཆེན་གྱིས་མཛད་པ་བཞུགས་སོ། །	གློ་བོ་མཁན་ཆེན་བསོད་ནམས་ལྷུན་གྲུབ།	༢	༦	དཔེ་ཚུགས།	

	༥༧	ཨི	ཧེ་བཛྲ་དང་རྡོ་རྗེ་རྣལ་འབྱོར་མ་ནཱ་རོ་མཁའ་སྤྱོད་མའི་རྣལ་འབྱོར་བཅུ་གཅིག་གི་རྣམ་བཤད་དངོས་གྲུབ་མྱུར་འགུགས་ཞེས་བྱ་བ་ཉི་ཟླ་བཟང་པོས་མཛད་པ་བཞུགས།	ཀོང་པོ་ཉི་ཟླ་བཟང་པོ།	༡༩	༧	དཔེ་ཚུགས།	
	༥༨	ཨཱི	ཧེ་བཛྲ་ནཱ་རོ་མཁའ་སྤྱོད་མའི་བསྐྱེད་རྫོགས་ཀྱི་ཟིན་བྲིས་བཟང་དཔལ་གྱིས་བརྗེད་བྱང་དུ་བྱས་པ་བཞུགས་སོ། །	བཟང་དཔལ་བདག་གིས།	༡༦	༧	དཔེ་ཚུགས།	
	༥༩	ཨོ	ཧེ་བཛྲ་དང་རྡོ་རྗེ་རྣལ་འབྱོར་མ་ནཱ་རོ་མཁའ་སྤྱོད་མའི་བསྙེན་པ་བྱ་ཚུལ་དངོས་གྲུབ་མྱུར་དུ་འགུགས་པའི་པོ་ཏ་ཞེས་བྱ་བ་བཞུགས་སོ། །	རྫོར་ཆེན་ཀུན་དགའ་ལྷུན་གྲུབ།	༦	༧	དཔེ་ཚུགས།	
01809	༄ མཁའ་སྤྱོད་སྐོར་གསུམ་གྱི་ཆོས་སྐོར། ༼བྲིས་པོད་གཉིས་པ།༽							
	༡	༼ཨོཾ༽	ཧེ་བཛྲ་ནཱ་རོ་མཁའ་སྤྱོད་མའི་རྣལ་འབྱོར་བཅུ་གཅིག་གི་ཉམས་ལེན་སྙིང་པོར་དྲིལ་བ་སྙན་བརྒྱུད་གསེར་གྱི་ཡང་ཞུན་ཞེས་བྱ་བ་བཞུགས་སོ། །སྣོད་མིན་ལ་གསང་བའི་ཆོས་ས་མ་ཡ།	རྫོར་ཆེན་ཀུན་དགའ་ལྷུན་གྲུབ།	༡༢	༧	དཔེ་ཚུགས།	
	༢	༼ཨཾ༽	ཧེ་བཛྲ་དང་རྡོ་རྗེ་རྣལ་འབྱོར་མ་ནཱ་རོ་མཁའ་སྤྱོད་མ་ལ་ཡན་ལག་བདུན་ལྡན་གྱི་སྒོ་ནས་བསྟོད་པ་ངོར་ཆེན་རྡོ་རྗེ་འཆང་ཆེན་པོས་མཛད་པ་བཞུགས་སོ། །	ངོར་ཆེན་རྡོ་རྗེ་འཆང་།	༢	༧	དཔེ་ཚུགས།	
	༣	༼ཨཿ༽	ཧེ་བཛྲ་དང་རྡོ་རྗེ་རྣལ་འབྱོར་མ་ནཱ་རོ་མཁའ་སྤྱོད་ཀྱི་བྱིན་རླབས་བྱ་ཚུལ་མཐོང་བ་དོན་ལྡན་ཞེས་བྱ་བ་ཐར་པ་རྩེ་པ་པཎ་ཆེན་ནམ་མཁའ་དཔལ་བཟང་གིས་མཛད་པ་བཞུགས་སོ། །	བྲང་ཏི་བ་དགེ་སློང་ནམ་མཁའ་དཔལ་བཟང་།	༡༢	༧	དཔེ་ཚུགས།	
	༤	༼ཀཾ༽	ཧེ་བཛྲ་དང་རྡོ་རྗེ་རྣལ་འབྱོར་མའི་སྦྱིན་སྲེག་གི་ཆོ་ག་བཞུགས་སོ། །	བྲང་ཏི་བ་དགེ་སློང་ནམ་མཁའ་དཔལ་བཟང་།	༤	༧		
	༥	༼ཁཾ༽	ཧེ་བཛྲ་དང་རྡོ་རྗེ་རྣལ་འབྱོར་མ་ནཱ་རོ་མཁའ་སྤྱོད་མའི་བསྙེན་ཐབས་བཞུགས་སོ། །	ཨ་མེས་ངག་དབང་བསོད་ནམས།	༣	༧		

	༦	གཾ	ཧེ་བཛྲ་ཌཱ་ཀ་ཨ་རྣ་ཝ་གཙུབ་བགྲོད་བྱའི་ཞུས་ཏོ་དཀྱིལ་འཁོར་མཆོད་མདོས་ཀྱི་ཆོ་ག། ཉམས་ཆ་ཚང་བའི་ཞལ་ཆེམས་ཀྱིས་ཞུས་པ་ནས་ཡི་གེར་བཀོད་པ་བཞུགས་སོ། །	བསོད་ནམས་སེང་གེ	༡༠	༧		
	༧	གྷཾ	ཧེ་བཛྲ་ཌཱ་ཀ་ཨ་རྣ་ཝ་གཙུབ་བགྲོད་བྱའི་ཞུས་ཏོ་ཞལ་གདམས་ཚུལ་བཞུགས།	དཀོན་མཆོག་ལྷུན་གྲུབ།	༩	༧		
	༨	ངཾ	ཧེ་བཛྲ་ཌཱ་ཀ་ཨ་རྣ་ཝ་མ་ཎྜ་ལ་ཨཱ་ཀྲྀ་ཏིའི་ཆོ་ག་སྒྲུབ་མཆོད་ཀྱི་རིམ་པ་དང་། སྟེ་ཀ་གདུགས་ཞུས་ཏེ་མཆོད་དུ་ཀུན་ཏུ་བཟང་པོ་ཉི་ཤུ་རྩ་ལྔ་པའི་ཞལ་ཁ་དྲུག་ཅུ་ཐ་བཞི་ཕྱག་བཞི་པའི་ལུགས་བཞུགས་སོ། །	ཨ་མེས་ཞབས་ངག་དབང་བསོད་ནམས།	༤༦	༧		
	༩	ཅཾ	ཧེ་བཛྲ་ཌཱ་ཀ་ཨ་རྣ་ཝ་མ་ཎྜ་ལ་ཨཱ་ཀྲྀ་ཏིའི་ཆོ་ག་སྒྲུབ་མཆོད་ཀྱི་རིམ་པ་དང་། ཞལ་ཁ་དྲུག་ཅུ་ཐ་བཞི་ཕྱག་བཞི་པའི་ལུགས་ཀྱི་ཉེ་བར་མཁོ་བ་ཚིག་དོན་གསལ་བའི་སྒྲོན་མེ་ཞེས་བྱ་བ་བཞུགས་སོ།།	ཆོས་རྗེ་བྱམས་པ་ཆོས་ལེགས་པས་མཛད།	༣༩	༧		
	༡༠	ཆཾ	ཧེ་བཛྲ་ཌཱ་ཀ་ཨ་རྣ་ཝ་མ་ཎྜ་ལ་ཨཱ་ཀྲྀ་ཏིའི་རིམ་གཉིས་ཟབ་མོའི་ཉམས་ལེན་པི་ཏྲ་ལྟར་ཞུན་མའི་ཐེམ་སྐས་ཞེས་བྱ་བ་བཞུགས་སོ། །	བློ་བཟང་བསྟན་པའི་རྒྱལ་མཚན་གྱིས་སྦྱར།	༦༩	༧		
	༡༡	ཇཾ	ཧེ་བཛྲ་ཌཱ་ཀ་ཨ་རྣ་ཝ་གཙུབ་བགྲོད་བྱའི་ཞལ་གདམས་ཀྱི་དཀྱིལ་འཁོར་སྒྲུབ་ཅིང་མཆོད་པ་དང་། བདག་ཉིད་འཇུག་ཅིང་དབང་བླང་བའི་ཚོ་ག་བདེ་ཆེན་ཉེ་ལམ་ཞེས་བྱ་བ་བཞུགས་སོ། །	ངག་དབང་བློ་གྲོས་རྒྱ་མཚོ།	༣༤	༧		
	༡༢	ཇྷཾ	ཧེ་བཛྲ་ཌཱ་ཀ་ཨ་རྣ་ཝ་གཙུབ་བགྲོད་བྱའི་བསྐྱེད་རྫོགས་ཟབ་མོའི་བཀའ་ཁྲིད་ཀྱི་ཟིན་བྲིས་ཁྱབ་བདག་བླ་མའི་ཞལ་ལུང་སྙིང་གི་མུན་སེལ་གསང་ཆེན་གྲུབ་པའི་མཆོག་སྦྱིན་བཞུགས། །	འཕགས་པ་ལྷ་དགེ་ལེགས་རྒྱལ་མཚན་དཔལ་བཟང་པོ།	༥༧	༧		
	༡༣	ཉཾ	སིནྡྷུ་རའི་དཀྱིལ་འཁོར་སྒྲུབ་མཆོད་ཀྱི་དཔེ་ཆུང་བཞུགས།		༢			ཚོན་རིས་ཡོད།
	༡༤	ཊཾ	གནས་ལུགས་དང་བསྒོམ་པའི་དུས་ཀྱི་རྩའི་དཔེ་རིས།		༡			ཚོན་རིས་ཡོད།

	༡༥	(ཊཾ)	ཁའུ་བྲག་རྫོང་པའི་ལུགས་ཀྱི་ཐབ་ཀྱི་དཔེ་བྲིས་བཞུགས།		༣			ཚོན་རིས་ཡོད།
	༡༦	(ཋཾ)	དཔལ་ལྡན་ས་སྐྱ་པའི་ཁྱད་པར་གྱི་གདམས་པ་དམར་མོ་སྐོར་གསུམ་ཁ་ས་ཨིནྡྲ་མཁའ་སྤྱོད་དུ་གྲགས་པ་ཕག་མོ་ཞལ་གཉིས་མའི་ཆོས་སྐོར་ཡོངས་རྫོགས་ལས་མི་དབང་ཆོས་གསུམ་གྱི་དང་པོ་སྒྲུབ་ཐབས་ཀྱི་རྒྱ་གཞུང་བཞུགས་སོ། །	ཨུ་རྒྱན་གྱི་མི་དབང་ཨིནྡྲ་བྷུ་ཏིས་མཛད་པ། ལོ་ཙཱ་བ་དགེ་སློང་ཤེས་རབ་གྲགས་པས་བསྒྱུར།	༦	༢		
	༡༧	ཌཾ	མི་དབང་ཆོས་གསུམ་ལས་སྔགས་ཀྱི་དེ་ཁོ་ན་ཉིད་ཀྱི་རྒྱ་གཞུང་ཨིནྡྲ་བྷུ་ཏིས་མཛད་པ་བཞུགས་སོ། །	སློབ་དཔོན་ཨིནྡྲ་བྷུ་ཏི་ཆེན་པོས་མཛད། སློབ་མ་ཡེ་ཤེས་རྡོ་རྗེས་བསྒྱུར།	༢	༢		
	༡༨	(ཌྷཾ)	མི་དབང་ཆོས་གསུམ་ལས་ལས་བཅུའི་གདམས་ངག་ལྷ་ལེགྲ་ཀུ་རྟེས་མཛད་པ་རྒྱ་གཞུང་བཞུགས་སོ། །	ལྷ་ལེགྲ་ཀུ་རྟེས་མཛད། ལོ་ཙཱ་བ་ཡེ་ཤེས་རྡོ་རྗེས་བསྒྱུར།	༡༡	༢		
	༡༩	(ཎཾ)	མི་དབང་ཆོས་གསུམ་གྱི་འབྲེལ་བ་ཞལ་གཉིས་མའི་སྒྲུབ་ཐབས་དང་ཕག་མོ་ལས་བཅུ་བཞུགས་སོ། །	རྗེ་བཙུན་གྲགས་པ་རྒྱལ་མཚན།	༡༩	༢		
	༢༠	(དཾ)	ཕག་མོ་ཞལ་གཉིས་མའི་སྒྲུབ་ཐབས་ཀྱི་ངག་འདོན་བཞུགས་སོ། །		༩	༢		
	༢༡	(དྷཾ)	ཕག་མོ་ཞལ་གཉིས་མའི་སྒྲུབ་ཐབས་པཎྜི་ཏ་གྲགས་པ་རྒྱལ་མཚན་གྱིས་མཛད་པ་བཞུགས་སོ། །	མ་ཏི་ཙཱ་ཏུས་བྲག་དཀར་ཆོས་སྡིངས་སུ་སྒྱུར།	༣	༢		
	༢༢	(ནཾ)	ཕག་མོ་ཞལ་གཉིས་མའི་བྱིན་བརླབས་པ་ལུགས་ཀྱི་ཡི་གེ་ཀུན་རྩུས་མཛད་པ་བཞུགས་སོ། །	ཀུན་རྩུ་ཤེས་རབ་བཟང་པོ།	༣	༢		
	༢༣	(པཾ)	ཨིནྡྲ་མཁའ་སྤྱོད་ཀྱི་སྒྲུབ་ཐབས་དང་བྱིན་རླབས་ཀྱི་ཚིག་བསྒྲིག་མཆོག་ཏུ་བཀོད་པ་བཞུགས་སོ། །	ངག་དབང་ཆོས་གྲགས།	༢	༢		

	༢༤	༼ཕཾ༽	དཔལ་ལྡན་ས་སྐྱ་པའི་ཁྱད་པར་གྱི་གདམས་པ་དམར་མོ་སྐོར་གསུམ་ལས་མི་ཏྲི་མཁའ་སྤྱོད་དམ་རིག་པ་འཛིན་པ་བརྟེན་མར་གྲགས་པའི་ཆོས་སྐོར་ཡོངས་རྫོགས་ལས་རྒྱུད་ཀྱི་དུམ་བུ་རྗེ་བཙུན་ཆེན་པོའི་གསུང་མཆན་དང་བཅས་པ་བཞུགས་སོ། སྣོད་མིན་ལ་གསང་ཞིང་སྦ་བའི་ཆོས་ཀྱ་རྒྱ་ས་མ་ཡཿ	རྗེ་བཙུན་གྲགས་པ་རྒྱལ་མཚན།	༨	༧		ཤོག་གྲངས་༦པ་ཆད།
	༢༥	༼མཾ༽	མི་ཏྲི་མཁའ་སྤྱོད་ཀྱི་སྒྲུབ་ཐབས་བྱིན་རླབས་དང་བཅས་པ་བཞུགས་སོ། ।	སྒྲུ་ལུང་ཀུན་དགའ་སྨོན་ལམ།	༡༡	༧		
	༢༦	༼ཧཾ༽	མི་ཏྲི་མཁའ་སྤྱོད་ཀྱི་སྒྲུབ་ཐབས་དང་བྱིན་རླབས་ཀྱི་ཆོ་ག་གོ་བདེ་བཀླགས་ཆོག་ཏུ་བཀོད་པ་བཞུགས་སོ། ।	དགེ་སློང་ཆོས་གྲགས་ཀྱིས་སྒྲུ་དཀར་བླ་གྲང་རྫོང་དུ་བྲིས།	༧	༧		
	༢༧	༼ཡཾ༽	ཨིནྡྲ་མཁའ་སྤྱོད་མི་ཏྲི་མཁའ་སྤྱོད་གཉིས་ཀྱི་དཔེ་ཆུང་བཞུགས།		༦	༧		ཚོན་རིས་ཡོད།
01810	༄ གུང་རུ་ཤེས་རབ་བཟང་པོའི་གསུང་འབུམ། ༼ཁྲིས་པོད་གཅིག༽							
	༡	ཀ	ཀུན་མཁྱེན་གུང་རུ་ཤེས་རབ་བཟང་པོའི་བཀའ་འབུམ་དཀར་ཆག་བཞུགས།	གུང་རུ་ཤེས་རབ་བཟང་པོ།	༦	༧	དཔེ་ཚུགས།	༡–༦
	༢	ཀ	རྡོ་རྗེ་འཆང་ཆེན་ཀུན་དགའ་བཟང་པོའི་བསྟོད་པ་བཞུགས་སོ། ।	གུང་རུ་ཤེས་རབ་བཟང་པོ།	༩	༧	དཔེ་ཚུགས།	༧–༡༥ དབུ་ཤོག་ལ་ལྷ་སྐུ་ཡོད།
	༣	ཀ	ཤེའུ་གྲོང་གཙུག་ལག་ཁང་ས་དྲུང་ཆོས་གྲགས་བཟང་པོའི་བསྟོད་པ་བཞུགས་སོ།།	གུང་རུ་ཤེས་རབ་བཟང་པོ།	༣	༧	དཔེ་ཚུགས།	༡༦–༡༧ ཞབས་ཤོག་རལ་སྐྱོན་ཡོད།
	༤	ཀ	རྗེ་བཙུན་སེམས་དཔའ་ཆེན་པོ་དཀོན་མཆོག་རྒྱལ་མཚན་དཔལ་བཟང་པོའི་རྣམ་ཐར་གསུང་སྒྲོས་མ་བཞུགས།	གུང་རུ་ཤེས་རབ་བཟང་པོ།	༣༠	༧	དཔེ་ཚུགས།	༡༨–༤༧ ཞབས་ཤོག་རལ་སྐྱོན་ཡོད།
	༥	ཀ	བྱང་ཆུབ་སེམས་དཔའ་ཆེན་པོ་ཁོ་ཆར་བ་བསོད་ནམས་རྒྱལ་མཚན་པའི་བསྟོད་པ་བཞུགས།	གུང་རུ་ཤེས་རབ་བཟང་པོ།	༡༣	༧	དཔེ་ཚུགས།	༤༨–༥༩

	༦	ཀ	དཔལ་བིརྺ་པའི་སྐུའི་རྣམ་འགྱུར་དྲུག་གི་ཚུལ་བཞུགས།	གུང་རུ་ཤེས་རབ་བཟང་པོ།	༢	༧	དཔེ་ཚུགས།	༦༠–༦༡.༦༢
	༧	ཀ	ལམ་འབྲས་བུ་དང་བཅས་པའི་མན་ངག་བྱུང་ཚུལ་གསུང་ངག་བསྟན་པ་རྒྱས་པའི་ཉི་འོད་བཞུགས།	གུང་རུ་ཤེས་རབ་བཟང་པོ།	༤༩	༧	དཔེ་ཚུགས།	༦༣–༡༡༡
	༨	ཀ	གསུང་ངག་རིན་པོ་ཆེ་ལམ་འབྲས་ཀྱི་གསུང་སྒྲོས་ཁྱད་པར་ཅན་ལམ་གྱི་ཚིག་སྒྲིགས་བཞུགས། རྡོ་རྗེ་ལྷ་བུར་ཤིན་ཏུ་རྟོགས་དཀའ་ཞིང་། རྟོགས་ན་དོན་ཆེན་ཡིད་བཞིན་ནོར་བུ་འདྲ།	གུང་རུ་ཤེས་རབ་བཟང་པོ།	༢༧	༧	དཔེ་ཚུགས།	༡༡༢–༡༣༨
	༩	ཀ	མདོ་སྔགས་མཚམས་སྦྱོར་གྱི་བཤད་པ་བཞུགས།	གུང་རུ་ཤེས་རབ་བཟང་པོ།	༢༣	༧	དཔེ་ཚུགས།	༡༣༩–༡༦༡
	༡༠	ཀ	ཀྱེ་རྡོ་རྗེ་དབང་ཆུ་ལ་བརྟེན་རྡུལ་ཚོན་གྱི་ཕྱག་ལེན་བཞུགས།	གུང་རུ་ཤེས་རབ་བཟང་པོ།	༡༦	༧	དཔེ་ཚུགས།	༡༦༩–༡༨༤
	༡༡	ཀ	དཔལ་ཀྱེ་རྡོ་རྗེའི་དབང་ཆུ་རས་བྲིས་ལ་ཉེ་བར་མཁོ་བའི་ཟིན་བྲིས་བཞུགས།	གུང་རུ་ཤེས་རབ་བཟང་པོ།	༡༡	༧	དཔེ་ཚུགས།	༡༨༥–༡༩༥
	༡༢	ཀ	མན་ངག་ལུགས་ཀྱི་མངོན་དཀྱིལ་གྱི་རྣམ་གྲངས་དང་སོ་སོར་སྦྱོར་ཚུལ་བཞུགས།	གུང་རུ་ཤེས་རབ་བཟང་པོ།	༨	༧	དཔེ་ཚུགས།	༡༩༦–༢༠༣
	༡༣	ཀ	ཐུན་མོང་དང་ཐུན་མོང་མ་ཡིན་པའི་བླ་མ་བརྒྱུད་པ་ལ་ཕྱག་མཆོད་བྱེད་པའི་ཕྱག་ལེན་བཞུགས།	གུང་རུ་ཤེས་རབ་བཟང་པོ།	༧	༧	དཔེ་ཚུགས།	༢༠༤–༢༡༠
	༡༤	ཀ	འཁོར་འདས་དབྱེར་མེད་ཀྱི་ཐོ་ཙེ་བཞུགས།	གུང་རུ་ཤེས་རབ་བཟང་པོ།	༢༥	༧	དཔེ་ཚུགས།	༢༡༡–༢༣༥
	༡༥	ཀ	གཞལ་ཡས་ཁང་གི་རྒྱ་ཆེར་བཤད་པ་བཞུགས་སོ། །	གུང་རུ་ཤེས་རབ་བཟང་པོ།	༥༦	༧	དཔེ་ཚུགས།	༢༣༦–༢༩༡
	༡༦	ཀ	སྦྱང་གཞི་སྦྱོང་བྱེད་ཀྱི་མན་ངག་ཐུགས་རྗོམ་སྙིང་མ་བསྲེས་ལ་བཞུགས། རྩ་བ་ལ་ལྷན་ཐབས་སུ་སྦྱར་བ་ཡིན།	གུང་རུ་ཤེས་རབ་བཟང་པོ།	༦	༧	དཔེ་ཚུགས།	༢༩༢–༢༩༧
	༡༧	ཀ	སྦྱང་གཞི་སྦྱོང་བྱེད་ཀྱི་བཤད་པ་ཚིགས་བཅད་མ་བཞུགས།	གུང་རུ་ཤེས་རབ་བཟང་པོ།	༡༣	༧	དཔེ་ཚུགས།	༢༩༨–༣༡༠
	༡༨	ཀ	ཞོག་གྱུར་གསུམ།	གུང་རུ་ཤེས་རབ་བཟང་པོ།	༩–༡༡	༧	དཔེ་ཚུགས།	༣༡༩–༣༢༡
	༡༩	ཀ	ལམ་དབང་ཆག་པ་གསོ་བའི་ཚུལ་བཞུགས།	གུང་རུ་ཤེས་རབ་བཟང་པོ།	༡༡	༧	དཔེ་ཚུགས།	༣༣༧–༣༤༧

	༢༠	ཀ	ཁྲིན་ལས་སུམ་ཅུ་སོ་གཉིས་ལུས་སྦྱོང་ཉི་ཤུ་སོགས་ཀྱི་གསལ་བྱེད་བཞུགས།	ཀུང་རུ་ཤེས་རབ་བཟང་པོ།	༩	༧	དཔེ་ཚུགས།	༣༤༨–༣༥༦
	༢༡	ཀ	བརྡའ་གཅིག་རྒྱུད་ཀྱི་ཁྲིན་གྱིས་ རླབས་ཚུལ་བཞུགས།	ཀུང་རུ་ཤེས་རབ་བཟང་པོ།	༡༡	༧	དཔེ་ཚུགས།	༣༥༧–༣༦༧
	༢༢	ཀ	བསམ་མི་ཁྱབ་ཀྱི་ཁྲིན་རླབས་བཞུགས།	ཀུང་རུ་ཤེས་རབ་བཟང་པོ།	༣	༧	དཔེ་ཚུགས།	༣༦༧–༣༦༩
	༢༣	ཀ	ཕྱག་རྒྱ་ཆེན་པོ་ཡི་གེ་མེད་པའི་ཁྲིན་རླབས་བཞུགས།	ཀུང་རུ་ཤེས་རབ་བཟང་པོ།	༢	༧	དཔེ་ཚུགས།	༣༧༠–༣༧༡
	༢༤	ཀ	པོད་དམར་མ་གླེགས་བམ་ལ་སྦྱར་བའི་ཚུལ་བཞུགས།	ཀུང་རུ་ཤེས་རབ་བཟང་པོ།	༥	༧	དཔེ་ཚུགས།	༣༧༢–༣༧༦
	༢༥	ཀ	ཧོར་སྡེ་དགོན་པོའི་དྲིས་ལན་བཞུགས།	ཀུང་རུ་ཤེས་རབ་བཟང་པོ།	༡༣	༧	དཔེ་ཚུགས།	༣༧༧–༣༨༩
	༢༦	ཀ	ཧཱུྃ་ཧྲི་ལུགས་ཀྱི་དབང་གི་ཐོ་ཙེ་བཞུགས།	ཀུང་རུ་ཤེས་རབ་བཟང་པོ།	༧	༧	དཔེ་ཚུགས།	༣༩༠–༣༩༦
	༢༧	ཀ	རྣམ་འཇོམ་པིར་ལུགས་ཀྱི་ཁྲིན་རླབས་ཀྱི་ཐོ་ཙེ་བཞུགས།	ཀུང་རུ་ཤེས་རབ་བཟང་པོ།	༣	༧	དཔེ་ཚུགས།	༣༩༧–༣༩༩
	༢༨	ཀ	ཟབ་ལམ་རྡོ་རྗེའི་རྣལ་འབྱོར་སྦྱོར་བ་ཡན་ལག་དྲུག་གི་ཁྲིད་ཀུན་མཁྱེན་ཤེས་རབ་ བཟང་པོས་མཛད་པ།	ཀུང་རུ་ཤེས་རབ་བཟང་པོ།	༡༧	༧	དཔེ་ཚུགས།	༤༠༠–༤༡༦
	༢༩	ཀ	དཔལ་དུས་ཀྱི་འཁོར་ལོའི་ཐིག་རྩ་བཞུགས།	ཀུང་རུ་ཤེས་རབ་བཟང་པོ།	༦	༧	དཔེ་ཚུགས།	༤༡༧–༤༢༢
	༣༠	ཀ	དཔལ་དུས་ཀྱི་འཁོར་ལོའི་ བློས་སློངས་བཞེངས་ཚུལ་བཞུགས།	ཀུང་རུ་ཤེས་རབ་བཟང་པོ།	༤	༧	དཔེ་ཚུགས།	༤༢༣–༤༣༦
	༣༡	ཀ	བློས་སློང་གི་ཐིག་རྩ་བཞུགས།	ཀུང་རུ་ཤེས་རབ་བཟང་པོ།	༥	༧	དཔེ་ཚུགས།	
	༣༢	ཏི ར ༧	རབ་གནས་སྤྱིའི་རྣམ་བཞག་དང་ཕྱག་ལེན་གྱི་ཚུལ་ཀུང་རུས་མཛད་པ་བཞུགས་ སོ། །	ཀུང་རུ་ཤེས་རབ་བཟང་པོ།	༣༤	༧	དཔེ་ཚུགས།	
	༣༣		ཆོས་རྗེ་ཀུང་རུས་མཛད་པའི་ནག་པོ་དཀྱིལ་ཆོག་བཞུགས་སོ། །	ཀུང་རུ་ཤེས་རབ་བཟང་པོ།	༢༢	༧	དཔེ་ཚུགས།	
	༣༤	(༦༧)	དྲིལ་བུ་རིམ་ལྔའི་ཁྲིད་ཡིག་བཞུགས་སོ། ། རྒྱལ་སྲས་འཇིགས་མེད་ཀྱི་དཔེའོ། །	ཀུང་རུ་ཤེས་རབ་བཟང་པོ།	༩	༧	དཔེ་ཚུགས།	
	༣༥	(ལ༣)	དཔལ་འཁོར་ལོ་བདེ་མཆོག་ལོ་ནག་གཉིས་ཀྱི་ཕྱག་ལེན་གྱི་ ཚུལ་བཞུགས་སོ། །༧རྒྱལ་སྲས་འཇིགས་མེད་ཀྱི་དཔེའོ། །	ཀུང་རུ་ཤེས་རབ་བཟང་པོ།	༢༢	༧	དཔེ་ཚུགས།	

	༣༦	(ཕྱི་ ཉ༢) གི	གུང་རུ་ཤེས་རབ་བཟང་པོས་མཛད་པའི་ཐིག་རྩ་བཞུགས།	གུང་རུ་ཤེས་རབ་བཟང་པོ།	༧	༦	དཔེ་ཚུགས།	
	༣༧	ཁ	རྩ་དབུ་མའི་ཁྲིད་ཀྱི་ཟིན་བྲིས་བཞུགས།	གུང་རུ་ཤེས་རབ་བཟང་པོ།	༦	༦	དཔེ་ཚུགས།	༧༨–༨༩
	༣༨	ཉ	པིཎྜ་པའི་བསྒྲུང་བའི་རྗེས་གནང་བྱ་ཚུལ་ལོ། །	གུང་རུ་ཤེས་རབ་བཟང་པོ།	༤	༧	དཔེ་ཚུགས།	
01811	༄ གོ་བོ་རབ་འབྱམས་པ་བསོད་ནམས་སེངྒེའི་གསུང་འབུམ། (པོད་ཀ)							
	༡	ཀ	ཕྱོགས་ཐམས་ཅད་ལས་རྣམ་པར་རྒྱལ་བ་ཀུན་མཁྱེན་བླ་མ་ཆེན་པོའི་གསུང་འབུམ་བཞུགས།	ཀུན་མཁྱེན་གོ་རམས།	༡		སྡེ་དགེའི་པར་མ།	
	༢	ཀ	ཀུན་མཁྱེན་བླ་མའི་གསུང་འབུམ་གྱི་གྲངས་དང་བཞུགས་བྱང་མདོར་བསྡུས་སུ་བཀོད་པ་བཞུགས་སོ། །	ཀུན་མཁྱེན་གོ་རམས།	༥		སྡེ་དགེའི་པར་མ།	༡–༥
	༣	ཀ	རྗེ་བླ་མ་ཀུན་མཁྱེན་ཆེན་པོའི་བཀའ་འབུམ་གྱི་པོ་ཏི་ཐོག་མའི་སྐབས་ལས་བསྟོད་ཚོགས་ཀྱི་སྐོར་རྣམས་བཞུགས་པ་ལགས་སོ། །	ཀུན་མཁྱེན་གོ་རམས།	༣༣	༦	སྡེ་དགེའི་པར་མ།	༦–༣༨
	༤	ཀ	ཡར་ཕྱིན་དང་ཚད་མ་བརྒྱུད་པའི་བླ་མ་ལ་མཆོད་བསྟོད་རིན་པོ་ཆེའི་ཕྲེང་བ་ཞེས་བྱ་བ་བཞུགས་སོ། །	ཀུན་མཁྱེན་གོ་རམས།	༨	༦	སྡེ་དགེའི་པར་མ།	༣༩–༤༦
	༥	ཀ	རྟགས་འཇུག་གི་ཊཱི་ཀ་བཞུགས་སོ། །	ཀུན་མཁྱེན་གོ་རམས།	༧	༦	སྡེ་དགེའི་པར་མ།	༤༧–༥༣
	༦	ཀ	རྒྱས་པའི་བསྟན་བཅོས་ཚད་མ་རྣམ་འགྲེལ་གྱི་རྣམ་པར་བཤད་པ་ཀུན་ཏུ་བཟང་པོའི་འོད་ཟེར་བཞུགས་སོ། །	ཀུན་མཁྱེན་གོ་རམས།	༢༦༥	༦	སྡེ་དགེའི་པར་མ།	༢༦༦. ཚད། ༥༤–༣༢༠
	༧	ཀ	གཞན་དོན་ལེའུ་བཞུགས།	ཀུན་མཁྱེན་གོ་རམས།	༢༦༧–༣༣༦	༦	སྡེ་དགེའི་པར་མ།	༣༣༧. མན་ཚད། ༣༢༢–༣༩༡
01812	༄ གོ་བོ་རབ་འབྱམས་པ་བསོད་ནམས་སེངྒེའི་གསུང་འབུམ། (པོད་ཁ)							

	༡	ཁ	རྒྱས་པའི་བསྟན་བཅོས་ཚད་མ་རྣམ་འགྲེལ་གྱི་དགོངས་དོན་ཀུན་ཏུ་བཟང་པོའི་ཉི་མ་ཞེས་བྱ་བ་བཞུགས་སོ། །	ཀུན་མཁྱེན་གོ་རམས།	༡༩༣	༦	སྡེ་དགེའི་པར་མ།	
	༢	ཁ	སྡེ་བདུན་མདོ་དང་བཅས་པའི་དགོངས་པ་ཕྱིན་ཅི་མ་ལོག་པར་འགྲེལ་པ་ཚད་མ་རིགས་པའི་གཏེར་གྱི་དོན་གསལ་བར་བྱེད་པ་ཞེས་བྱ་བ་བཞུགས་སོ། །	ཀུན་མཁྱེན་གོ་རམས།	༡༤༢	༦	སྡེ་དགེའི་པར་མ།	༦༦. ཆད།
01813	༄ གོ་བོ་རབ་འབྱམས་པ་བསོད་ནམས་སེངྒེའི་གསུང་འབུམ། ༼པོད་ག༽							
	༡	ག	ཚད་མ་རིག་པའི་གཏེར་གྱི་དཀའ་བའི་གནད་རྣམ་པར་བཤད་པ་སྡེ་བདུན་རབ་གསལ་ཞེས་བྱ་བ་བཞུགས་སོ། །	ཀུན་མཁྱེན་གོ་རམས།	༣༣༩	༦	སྡེ་དགེའི་པར་མ།	
01814	༄ གོ་བོ་རབ་འབྱམས་པ་བསོད་ནམས་སེངྒེའི་གསུང་འབུམ། ༼པོད་ང༽							
	༡	ང	རབ་ཏུ་བྱུང་བ་རྣམས་ཀྱི་བསླབ་བྱ་ཉམས་སུ་བླང་བའི་ཆོས་འདུལ་ན་རྒྱ་མཚོའི་སྙིང་པོ་ཞེས་བྱ་བ་བཞུགས་སོ། །	ཀུན་མཁྱེན་གོ་རམས།	༤༠	༦	སྡེ་དགེའི་པར་མ།	
	༢	ང	ཆོས་མངོན་པ་མཛོད་ཀྱི་བཤད་ཐབས་ཀྱི་མན་ངག་ངོ་མཚར་གསུམ་ལྡན་ཞེས་བྱ་བ་བཞུགས་སོ། །	ཀུན་མཁྱེན་གོ་རམས།	༩༩	༦	སྡེ་དགེའི་པར་མ།	
	༣	ང	ཕུང་ཁམས་སྐྱེ་མཆེད་ཀྱི་རྣམ་གཞག་རྫེ་སྙེད་ཤེས་བྱའི་སྒོ་འབྱེད་ཅེས་བྱ་བ་བཞུགས་སོ། །	ཀུན་མཁྱེན་གོ་རམས།	༥༩	༦	སྡེ་དགེའི་པར་མ།	
	༤	ང	དབུ་མ་རྩ་བའི་ཤེས་རབ་ཀྱི་རྣམ་པར་བཤད་པ་ཡང་དག་ལྟ་བའི་འོད་ཟེར་ཞེས་བྱ་བཞུགས་སོ། །	ཀུན་མཁྱེན་གོ་རམས།	༡༤༠	༦	སྡེ་དགེའི་པར་མ།	
01815	༄ གོ་བོ་རབ་འབྱམས་པ་བསོད་ནམས་སེངྒེའི་གསུང་འབུམ། ༼པོད་ཅ༽							
	༡		ལྟ་བའི་ཤན་འབྱེད་ཐེག་མཆོག་གནད་ཀྱི་ཟླ་ཟེར་ཞེས་བྱ་བ་བཞུགས་པ་དགེ་ལེགས་འཕེལ། །	ཀུན་མཁྱེན་གོ་རམས།	༤༤	༧	དཔེ་ཚུགས།	

	༢	ཅ	རྒྱལ་བ་ཐམས་ཅད་ཀྱི་ཐུགས་ཀྱི་དགོངས་པ་ཟབ་མོ་དབུ་མའི་དེ་ཁོ་ན་ཉིད་སྤྱིའི་ངག་གིས་སྟོན་པ་ངེས་དོན་རབ་གསལ་ཞེས་བྱ་བ་བཞུགས་སོ། །	ཀུན་མཁྱེན་གོ་རམས།	༢༠༨	༦	སྡེ་དགེའི་པར་མ།	
	༣	ཅ	དབུ་མ་ལ་འཇུག་པའི་དཀྱུས་ཀྱི་ས་བཅད་པ་དང་གཞུང་སོ་སོའི་དཀའ་བའི་གནས་ལ་དཔྱད་པ་ལྟ་བ་ངན་སེལ་ཞེས་བྱ་བ་བཞུགས་སོ། །	ཀུན་མཁྱེན་གོ་རམས།	༡༢༡	༦	སྡེ་དགེའི་པར་མ།	
01816	༄ གོ་བོ་རབ་འབྱམས་པ་བསོད་ནམས་སེངྒེའི་གསུང་འབུམ། ༼པོད་ཆ༽							
	༡	ཆ	ཤེས་རབ་ཀྱི་ཕ་རོལ་ཏུ་ཕྱིན་པའི་མན་ངག་གི་བསྟན་བཅོས་མངོན་པར་རྟོགས་པའི་རྒྱན་འགྲེལ་པ་དང་བཅས་པའི་དཀའ་གནས་རྣམ་པར་བཤད་པ་ཡུམ་དོན་རབ་གསལ་ཞེས་བྱ་བ་བཞུགས་སོ། །	ཀུན་མཁྱེན་གོ་རམས།	༣༢༠	༦	སྡེ་དགེའི་པར་མ།	
01817	༄ གོ་བོ་རབ་འབྱམས་པ་བསོད་ནམས་སེངྒེའི་གསུང་འབུམ། ༼པོད་ཇ༽							
	༡	ཇ	ཤེས་རབ་ཀྱི་ཕ་རོལ་ཏུ་ཕྱིན་པའི་མན་ངག་གི་བསྟན་བཅོས་མངོན་པར་རྟོགས་པའི་རྒྱན་གྱི་གཞུང་སྔ་ཕྱིའི་འབྲེལ་དང་དཀའ་གནད་ལ་དཔྱད་པ་སྦས་དོན་ཟབ་མོའི་གཏེར་གྱི་ཁ་འབྱེད་ཅེས་བྱ་བ་བཞུགས་སོ། །	ཀུན་མཁྱེན་གོ་རམས།	༢༢༧	༦	སྡེ་དགེའི་པར་མ།	༡༥༢· ཆད།
	༢	ཇ	འགྲེལ་པ་དོན་གསལ་གྱི་ངག་དོན་བཞུགས་སོ། །	ཀུན་མཁྱེན་གོ་རམས།	༧༨	༦	སྡེ་དགེའི་པར་མ།	
01818	༄ གོ་བོ་རབ་འབྱམས་པ་བསོད་ནམས་སེངྒེའི་གསུང་འབུམ། ༼པོད་ཉ༽							
	༡	ཉ	ཤེས་རབ་ཀྱི་ཕ་རོལ་ཏུ་ཕྱིན་པའི་མན་ངག་གི་བསྟན་བཅོས་མངོན་པར་རྟོགས་པའི་རྒྱན་གྱི་མཚོན་བྱེད་ཀྱི་ཆོས་རྣམས་ཀྱི་ཡན་ལག་རྒྱས་པར་བཤད་པ་སྦས་དོན་རབ་གསལ་ཞེས་བྱ་བ་བཞུགས་སོ། །	ཀུན་མཁྱེན་གོ་རམས།	༨༣	༦	སྡེ་དགེའི་པར་མ།	
	༢	ཉ	ཞུགས་གནས་ཀྱི་རྣམ་གཞག་སྐྱེས་བུ་མཆོག་གི་གསལ་བྱེད་ཅེས་བྱ་བ་བཞུགས་སོ། །	ཀུན་མཁྱེན་གོ་རམས།	༧༡	༦	སྡེ་དགེའི་པར་མ།	

	༣	ཉ	མཐར་གྱིས་གནས་པའི་སྙོམས་པར་འཇུག་པའི་རྣམ་བཤད་སྙོམས་འཇུག་རབ་གསལ་བཞུགས་སོ། །	ཀུན་མཁྱེན་གོ་རམས།	༦༧	༦	སྡེ་དགེའི་པར་མ།	
	༤	ཉ	རྟེན་འབྲེལ་གྱི་རྣམ་པར་བཞག་པ་འཁོར་འདས་རབ་གསལ་བཞུགས་སོ། །	ཀུན་མཁྱེན་གོ་རམས།	༣༨	༦	སྡེ་དགེའི་པར་མ།	
	༥	ཉ	བློ་སྦྱོང་ཞེན་པ་བཞི་བྲལ་གྱི་ཁྲིད་ཡིག་ཟབ་དོན་གནད་ཀྱི་ལྡེ་མིག་ཅེས་བྱ་བ་བཞུགས་སོ། །	ཀུན་མཁྱེན་གོ་རམས།	༧	༦	སྡེ་དགེའི་པར་མ།	
01819	༄ གོ་བོ་རབ་འབྱམས་པ་བསོད་ནམས་སེངྒེའི་གསུང་འབུམ། （ཡོད་ཏ）							
	༡	ཏ	སྡོམ་གསུམ་གྱི་རབ་ཏུ་དབྱེ་བའི་རྣམ་བཤད་རྒྱལ་བའི་གསུང་རབ་ཀྱི་དགོངས་པ་གསལ་བ་ཞེས་བྱ་བ་བཞུགས་སོ། །	ཀུན་མཁྱེན་གོ་རམས།	༡༩༡	༦	སྡེ་དགེའི་པར་མ།	ཡོད་འདིར་རལ་སྐྱོན་ཆེ། དབུ་ཤོག་ཆད། ༢–༡༦༣
	༢	ཏ	སྡོམ་གསུམ་རབ་དབྱེའི་སྤྱི་དོན་ཡིད་བཞིན་ནོར་བུ་ཞེས་བྱ་བ་བཞུགས་སོ། །	ཀུན་མཁྱེན་གོ་རམས།	༤༢	༦	སྡེ་དགེའི་པར་མ།	༡༦༤–༢༤༥
	༣	ཏ	སྡོམ་གསུམ་གྱི་བསྟན་བཅོས་ལ་དྲིས་ཤིང་རྩོད་པའི་ལན་སྡོམ་གསུམ་འཁྲུལ་སྤོང་ཞེས་བྱ་བ་མཁས་པའི་དབང་པོ་བསོད་ནམས་སེང་གེས་མཛད་པ་བཞུགས་སོ། །	ཀུན་མཁྱེན་གོ་རམས།	༦༦	༦	སྡེ་དགེའི་པར་མ།	༢༤༦–༣༡༡
	༤	ཏ	མདོ་རྒྱུད་ཀུན་གྱི་དོན་བསྡུས་པ་སྙིང་པོ་ཡིད་ཀྱི་མུན་པ་རྣམ་པར་སེལ་བ་ཞེས་བྱ་བ་བཞུགས་སོ། །	ཀུན་མཁྱེན་གོ་རམས།	༡༢	༦	སྡེ་དགེའི་པར་མ།	༣༡༢–༣༢༣
	༥	ཏ	སྡོམ་གསུམ་གྱི་རབ་ཏུ་དབྱེ་བའི་ཁ་སྐོང་གཞི་ལམ་འབྲས་གསུམ་གསལ་བར་བྱེད་པའི་ལེགས་བཤད་འོད་ཀྱི་སྣང་བ་ཞེས་བྱ་བ་བཞུགས་སོ། །	ཀུན་མཁྱེན་གོ་རམས།	༣༡	༦	སྡེ་དགེའི་པར་མ།	༣༢༤–༣༥༤
	༦	ཏ	སྡོམ་གསུམ་གྱི་རབ་ཏུ་དབྱེ་བའི་ཁ་སྐོང་གཞི་ལམ་འབྲས་གསུམ་གསལ་བར་བྱེད་པ།	ཀུན་མཁྱེན་གོ་རམས།	༤	༦	སྡེ་དགེའི་པར་མ།	༣༥༥–༣༦༢

01820	༄ གོ་བོ་རབ་འབྱམས་པ་བསོད་ནམས་སེངྒེའི་གསུང་འབུམ། ༼པོད་ཐ༽						
༡	ཐ	རྗེ་བཙུན་བླ་མ་སྨུས་ཆེན་པའི་རྣམ་པར་ཐར་པ་ངོ་མཚར་རྒྱ་མཚོ་ཞེས་བྱ་བ་བཞུགས་སོ། །	ཀུན་མཁྱེན་གོ་རམས།	༢༧	༦	སྡེ་དགེའི་པར་མ།	པོད་འདིར་རལ་སྒྲོན་ཆེ། ༡–༢༧
༢	ཐ	དྲིས་ལན་པད་མོ་བཞད་པ་བཞུགས་སོ། །	ཀུན་མཁྱེན་གོ་རམས།	༤༥	༦	སྡེ་དགེའི་པར་མ།	༢༨–༧༢
༣	ཐ	རྣལ་འབྱོར་ཆེན་པོའི་སྒོམ་པའི་གནད་བྱེ་བྲག་ཏུ་བཤད་པ་ཟབ་དོན་བདུད་རྩིའི་ཉིང་ཁུ་འཆི་བ་མེད་པའི་གོ་འཕང་སྦྱིན་པ་ཞེས་བྱ་བ་བཞུགས་སོ། །	ཀུན་མཁྱེན་གོ་རམས།	༤	༦	སྡེ་དགེའི་པར་མ།	༧༣–༧༤འོག
༤	ཐ	ཟབ་དོན་བདུད་རྩིའི་ཉིང་ཁུ་འཆི་བ་མེད་པའི་གོ་འཕང་སྦྱིན་པའི་རྣམ་བཤད་བདུད་རྩི་སྤེལ་བ་ཞེས་བྱ་བ་བཞུགས་སོ། །	ཀུན་མཁྱེན་གོ་རམས།	༤༧	༦	སྡེ་དགེའི་པར་མ།	༧༥–༡༡༩
༥	ཐ	འཇིག་རྟེན་དབང་ཕྱུག་གི་གཞུང་བཞི་ཉམས་སུ་ལེན་ཚུལ་བཞུགས་སོ། །	ཀུན་མཁྱེན་གོ་རམས།	༧	༦	སྡེ་དགེའི་པར་མ།	༡༢༠–༡༢༦
༦	ཐ	ཡང་དག་པར་རྫོགས་པའི་སངས་རྒྱས་གཟི་བརྗིད་ཀྱི་རྒྱལ་པོའི་བརྟག་པའི་རྣམ་པར་བཤད་པ་གཞན་ཕན་ཀུན་ཁྱབ་ཅེས་བྱ་བ་བཞུགས་སོ། །	ཀུན་མཁྱེན་གོ་རམས།	༧༠	༦	སྡེ་དགེའི་པར་མ།	༡༢༧–༡༩༦
༧	ཐ	ཀུན་རིག་གི་ཞི་བའི་སྦྱིན་བསྲེག་བཞུགས་སོ། །	ཀུན་མཁྱེན་གོ་རམས།	༧	༦	སྡེ་དགེའི་པར་མ།	༡༩༨–༢༠༣
༨	ཐ	བཅོམ་ལྡན་འདས་ཀུན་རིག་གི་ཆོ་ག་ལག་ཏུ་བླང་བའི་རིམ་པ་གཞན་ཕན་འོད་ཟེར་ལ་རྩོད་པ་སྤོང་བ་གཞན་ཕན་གནོད་འཇོམས་བཞུགས་སོ། །	ཀུན་མཁྱེན་གོ་རམས།	༢༨	༦	སྡེ་དགེའི་པར་མ།	༢༠༥–༢༣༢
༩	ཐ	འཇམ་པའི་རྡོ་རྗེའི་སྒྲུབ་ཐབས་ཀུན་ཏུ་བཟང་པོའི་ཉི་འོད་བཞུགས་སོ། །	ཀུན་མཁྱེན་གོ་རམས།	༡༩	༦	སྡེ་དགེའི་པར་མ།	༢༣༣–༢༥༡
༡༠	ཐ	འཇམ་པའི་རྡོ་རྗེའི་དཀྱིལ་ཆོག་ཡེ་ཤེས་རྣམ་རོལ་བཞུགས་སོ། །	ཀུན་མཁྱེན་གོ་རམས།	༢༦	༦	སྡེ་དགེའི་པར་མ།	༢༥༢–༢༧༧

	༡༡	ཐ	དཔལ་གསང་བ་འདུས་པ་འཇམ་པའི་རྡོ་རྗེའི་ཕྱི་རོལ་ཚོགས་བསག་གི་མཎྜལ་ལ་བརྟེན་ཏེ་སྒྲུབ་ཅིང་མཆོད་པ་བཞུགས་སོ། །	ཀུན་མཁྱེན་གོ་རམས།	༦	༦	སྡེ་དགེའི་པར་མ།	༢༧༨–༢༨༣
	༡༢	ཐ	གསང་བ་འདུས་པའི་རིམ་ལྔའི་མན་ངག་གི་ཁྲིད་ཡིག་ཟུང་འཇུག་གསལ་བའི་སྒྲོན་མེ་བཞུགས་སོ། །	ཀུན་མཁྱེན་གོ་རམས།	༣༢	༦	སྡེ་དགེའི་པར་མ།	༢༨༤–༣༡༥
	༡༣	ཐ	རྡོ་རྗེ་ཐེག་པ་ལ་ལོག་སྨྲ་ཚར་གཅོད་པ་རིགས་པའི་མཚོན་ཆ་བཞུགས།	ཀུན་མཁྱེན་གོ་རམས།	༣༡	༦	སྡེ་དགེའི་པར་མ།	༣༡༦–༣༤༦
01821	༄ གོ་བོ་རབ་འབྱམས་པ་བསོད་ནམས་སེངྒེའི་གསུང་འབུམ། ༼པོད་ད༽							
	༡	ད	དཔལ་གསང་བ་འདུས་པའི་སྒྲུབ་ཐབས་ཀུན་ཏུ་བཟང་པོའི་ཉི་འོད་ཀྱི་དོན་འགྲེལ་ལམ་བཟང་གསལ་བའི་སྣང་བ་ཞེས་བྱ་བ་བཞུགས་སོ། །	ཀུན་མཁྱེན་གོ་རམས།	༧༡	༦	སྡེ་དགེའི་པར་མ།	པོད་འདིར་རལ་སྐྱོན་ཆེ། ༡–༧༡
	༢	ད	དཔལ་རྡོ་རྗེ་འཇིགས་བྱེད་ཀྱི་སྒྲུབ་ཐབས་བཞུགས་སོ། །	ཀུན་མཁྱེན་གོ་རམས།	༩	༦	སྡེ་དགེའི་པར་མ།	༧༢–༨༠
	༣	ད	དཔལ་རྡོ་རྗེ་འཇིགས་བྱེད་ཀྱི་དཀྱིལ་འཁོར་གྱི་ཆོ་ག་བཞུགས་སོ། །	ཀུན་མཁྱེན་གོ་རམས།	༢༣	༦	སྡེ་དགེའི་པར་མ།	༨༡–༡༠༣
	༤	ད	བདེ་མཆོག་ཆོས་འབྱུང་བརྒྱུད་པའི་རྣམ་ཐར་དང་བཅས་པ་བཞུགས་སོ། །	ཀུན་མཁྱེན་གོ་རམས།	༢༩	༦	སྡེ་དགེའི་པར་མ།	༡༠༤–༡༣༢
	༥	ད	དཔལ་འཁོར་ལོ་བདེ་མཆོག་ལོ་ནག་གཉིས་ཀྱི་སྒྲུབ་ཐབས་མདངལ་སྒོ་སྦྱོང་བའི་ཚུལ་བཞུགས་སོ། །	ཀུན་མཁྱེན་གོ་རམས།	༣༤	༦	སྡེ་དགེའི་པར་མ།	༡༣༣–༡༦༦
	༦	ད	མཁའ་སྤྱོད་སྒོ་འབྱེད་ཅེས་བྱ་བ་བཞུགས་སོ། །	ཀུན་མཁྱེན་གོ་རམས།	༡༠	༦	སྡེ་དགེའི་པར་མ།	༡༦༧–༡༧༦
	༧	ད	དཔལ་འཁོར་ལོ་བདེ་མཆོག་ལཱུ་ཧི་པའི་རྣམ་བཤད་དཔག་བསམ་ལྗོན་པ་བཞུགས་སོ།།	ཀུན་མཁྱེན་གོ་རམས།	༡༡༣	༦	སྡེ་དགེའི་པར་མ།	༡༧༧–༢༨༩
01822	༄ གོ་བོ་རབ་འབྱམས་པ་བསོད་ནམས་སེངྒེའི་གསུང་འབུམ། ༼པོད་ན༽							
	༡	ན	གསུང་ངག་ལམ་འབྲས་དོན་བསྡུས་མའི་རྣམ་བཤད་ཟབ་དོན་གནད་ཀྱི་སྒྲོན་མེ་ཞེས་བྱ་བ་བཞུགས་སོ། །	ཀུན་མཁྱེན་གོ་རམས།	༡༥	༦	སྡེ་དགེའི་པར་མ།	པོད་འདིར་རལ་སྐྱོན་ཆེ། ༡–༡༥

	༢	ན	ལམ་འབྲས་བུ་དང་བཅས་པའི་མན་ངག་གི་བྱུང་ཚུལ་གསུང་ངག་བསྟན་པ་རྒྱས་པའི་ཉི་འོད་ཁ་སྐོང་དང་བཅས་པ་བཞུགས་སོ། །	ཀུན་མཁྱེན་གོ་རམས།	༧༥	༦	སྡེ་དགེའི་པར་མ།	༡༦–༩༠
	༣	ན	དཔལ་ཀྱེ་རྡོ་རྗེའི་མངོན་པར་རྟོགས་པ་མན་ངག་གི་སྣང་བ་ཞེས་བྱ་བ་བཞུགས་སོ། །	ཀུན་མཁྱེན་གོ་རམས།	༥༢	༦	སྡེ་དགེའི་པར་མ།	༩༡–༡༤༢
	༤	ན	རྗེ་བཙུན་རྡོ་རྗེ་བདག་མེད་མའི་མངོན་དཀྱིལ་གྱི་ཐོ་ཡིག་བཞུགས་སོ། །	ཀུན་མཁྱེན་གོ་རམས།	༡༠	༦	སྡེ་དགེའི་པར་མ།	༡༤༣–༡༥༢
	༥	ན	གུར་རིགས་བསྡུས་པའི་སྒྲུབ་ཐབས་དངོས་གྲུབ་རྒྱ་མཚོ་བཞུགས་སོ། །	ཀུན་མཁྱེན་གོ་རམས།	༥༧	༦	སྡེ་དགེའི་པར་མ།	༡༥༣–༢༠༩
	༦	ན	རབ་གནས་ཚོ་ག་དགེ་ལེགས་རྒྱ་མཚོ་ཞེས་བྱ་བ་བཞུགས་སོ། །	ཀུན་མཁྱེན་གོ་རམས།	༡༩	༦	སྡེ་དགེའི་པར་མ།	༢༡༠–༢༢༨
	༧	ན	མགོན་པོའི་བསྲུང་འཁོར་བཞུགས་སོ། །	ཀུན་མཁྱེན་གོ་རམས།	༤	༦	སྡེ་དགེའི་པར་མ།	༢༢༩–༢༣༢
	༨	ན	ལམ་དུས་ཀྱི་དབང་བསྐུར་བ་དང་གསོལ་བ་དང་པིར་སྲུང་ཐུན་མོང་མ་ཡིན་པའི་ཕྲུག་ལེན་བཞུགས་སོ། །	ཀུན་མཁྱེན་གོ་རམས།	༡༢	༦	སྡེ་དགེའི་པར་མ།	ཞབས་ཤོག་ཆད། ༢༣༣–༢༤༤
	༩	ན	ལམ་འབྲས་བླ་མ་བརྒྱུད་པ་ལ་ཡན་ལག་བདུན་པ་འབུལ་ཞིང་གསོལ་བ་གདབ་པ་བཞུགས་སོ། །	ཀུན་མཁྱེན་གོ་རམས།	༢༣	༦	སྡེ་དགེའི་པར་མ།	༢༤༦–༢༧༣
	༡༠	ན	སྣང་བ་གསུམ་གྱི་སྐབས་སུ་ཉེ་བར་མཁོ་བའི་གསལ་བྱེད་བཞུགས་སོ། །	ཀུན་མཁྱེན་གོ་རམས།	༡༡	༦	སྡེ་དགེའི་པར་མ།	༢༧༤–༢༨༤
	༡༡	ན	དཔལ་རྡོ་རྗེའི་སྒྲུབ་པའི་ཐབས་ཀྱི་རྒྱ་ཆེར་བཤད་པ་བསྐྱེད་རིམ་གནད་ཀྱི་ཟླ་ཟེར་ལ་རྩོད་པ་སྤོང་བ་གནད་ཀྱི་གསལ་བྱེད་བཞུགས་སོ། །	ཀུན་མཁྱེན་གོ་རམས།	༦༩	༦	སྡེ་དགེའི་པར་མ།	༢༨༥–༣༥༣
01823	༄ གོ་བོ་རབ་འབྱམས་པ་བསོད་ནམས་སེངྒེའི་གསུང་འབུམ། ༼པོད་ཨ༽							
	༡	ཨ	དཔལ་ཀྱེ་རྡོ་རྗེ་མན་ངག་ལུགས་ཀྱི་བསྐྱེད་པའི་རིམ་པ་གསལ་བར་བཤད་པ་བཞུགས་སོ། །	ཀུན་མཁྱེན་གོ་རམས།	༡༡༡	༦	སྡེ་དགེའི་པར་མ།	༡–༡༡༡
	༢	ཨ	དཔལ་ཀྱེ་རྡོ་རྗེའི་ལུས་དཀྱིལ་གྱི་རྣམ་པར་བཤད་པ་བདེ་ཆེན་བཅུད་ཀྱི་སྙིང་པོ་བཞུགས་སོ། །	ཀུན་མཁྱེན་གོ་རམས།	༢༨	༦	སྡེ་དགེའི་པར་མ།	༡༡༢–༡༣༩

	༣	ཨ	དཔལ་ཀྱེ་རྡོ་རྗེའི་དབང་གི་ཆུ་བོ་ཆེན་མོའི་རྣམ་བཤད་བདེ་ཆེན་རྒྱ་མཚོ་ཞེས་བྱ་བ་བཞུགས་སོ། །	ཀུན་མཁྱེན་གོ་རམས།	༡༧༣	༦	སྡེ་དགེའི་པར་མ།	༡༩༠—༢༡༦
	༤	ཨ	སོག་པོ་དཀའ་བཅུ་པ། གོ་བོ་སངས་རྒྱས་རྒྱལ་མཚན། དྲུང་ཆེན་ཀུན་སྤངས་པ་རྣམས་ལ་གདམས་པ་རེ་རེ་བཞུགས་སོ། །	ཀུན་མཁྱེན་གོ་རམས།	༨	༦	སྡེ་དགེའི་པར་མ།	
	༥	ཨ	ཀུན་མཁྱེན་བླ་མའི་གསུང་འབུམ་སྙོན་ལམ་གྱི་སྐོར་བཞུགས་སོ། །	ཀུན་མཁྱེན་གོ་རམས།	༡༢	༦	སྡེ་དགེའི་པར་མ།	
	༦	ཨ	རྒྱུད་སྡེ་བཞི་དང་འབྲེལ་བའི་ལྷག་པའི་ལྷ་སྤྱིའི་བསྙེན་ཐབས་དངོས་གྲུབ་བུམ་བཟང་ཞེས་བྱ་བ་བཞུགས་སོ། །	ཀུན་མཁྱེན་གོ་རམས།	༦	༦	སྡེ་དགེའི་པར་མ།	
01824	༄ ཀློ་བོ་མཁན་ཆེན་བསོད་ནམས་ལྷུན་གྲུབ་གསུང་འབུམ། (ཁྲིས་པོད་གཅིག)							
	༡		ཐུབ་པའི་དགོངས་པ་གསལ་བ་ཞེས་བྱ་བའི་གཞུང་གི་བཤད་ཐབས་རྒྱལ་སྲས་ལམ་གྱི་མཛེས་རྒྱན་ཞེས་བྱ་བ་བཞུགས་སོ། །	ཀློ་བོ་མཁན་ཆེན་བསོད་ནམས་ལྷུན་གྲུབ།	༡༡	༧	དཔེ་ཚུགས།	དབུ་ཤོག་ལ་ལྷ་སྐུ་ཡོད།
	༢		རྒྱལ་སྲས་ལམ་བཟང་གི་སྣང་འགྲེལ་བདུད་རྩི་སྤེལ་བ་བཞུགས། །	ཀློ་བོ་མཁན་ཆེན་བསོད་ནམས་ལྷུན་གྲུབ།	༧	༢		
	༣		སྡོམ་པ་གསུམ་གྱི་རབ་ཏུ་དབྱེ་བའི་དཀའ་བའི་གནས་རྣམ་པར་འབྱེད་པ་ཞིབ་མོ་རྣམ་དག་ཞེས་བྱ་བ་བཞུགས་སོ། །	ཀློ་བོ་མཁན་ཆེན་བསོད་ནམས་ལྷུན་གྲུབ།	༨༥	༢	དཔེ་ཚུགས།	དབུ་ཞབས་ལྷ་སྐུ་ཡོད།
	༤		རྗེ་བཙུན་རྡོ་རྗེ་རྣལ་འབྱོར་མའི་སིནྡྷུ་རའི་དཀྱིལ་འཁོར་སྒྲུབ་མཆོད་མཁའ་སྤྱོད་བགྲོད་པའི་ཐེ་ལམ་བཞུགས་སོ། །	ཀློ་བོ་མཁན་ཆེན་བསོད་ནམས་ལྷུན་གྲུབ།	༤༣	༦	འབྲུགས་མ་ཚུགས།	
	༥		རྡོ་རྗེ་རྣལ་འབྱོར་མའི་བཀྲ་ཤིས་ཀློ་བོ་མཁན་ཆེན་གྱིས་མཛད་པ་བཞུགས་སོ། །	ཀློ་བོ་མཁན་ཆེན་བསོད་ནམས་ལྷུན་གྲུབ།	༢	༤	ཁྲིས་མ་དབུ་ཅན།	
	༦		ཕག་མོ་སྐོར་གྱི་བྱིན་རླབས་བྱ་ཚུལ་བཞུགས་སོ། །	ཀློ་བོ་མཁན་ཆེན་བསོད་ནམས་ལྷུན་གྲུབ།	༦	༨	འབྲུགས་མ་ཚུགས།	

	༧		ཤིན་ཏུ་སྤྲོས་མེད་ཀྱི་ཁྲིད་ཡིག་བློ་བོ་ལོ་ཙྪ་བས་མཛད་པ་བཞུགས་སོ་ཏེ། །	བློ་བོ་མཁན་ཆེན་བསོད་ནམས་ལྷུན་གྲུབ།	༡༥	༧	དཔེ་ཚུགས།	
	༨		བཅོམ་ལྡན་འདས་གཤིན་རྗེ་གཤེད་ཞལ་དྲུག་པའི་སྒྲུབ་ཐབས་བཞུགས་སོ། །	བློ་བོ་མཁན་ཆེན་བསོད་ནམས་ལྷུན་གྲུབ།	༨	༧	དཔེ་ཚུགས།	
	༩		བཅོམ་ལྡན་འདས་གཤིན་རྗེ་གཤེད་གདོང་པ་དྲུག་པའི་དཀྱིལ་འཁོར་ཆོ་ག་བཞུགས་སོ། །	བློ་བོ་མཁན་ཆེན་བསོད་ནམས་ལྷུན་གྲུབ།	༢༨	༧	དཔེ་ཚུགས།	
	༡༠	༧༩༽	དྲིལ་བུ་པའི་དབང་ཆོག་གི་མཐའ་དཔྱོད་རྗེ་བཙུན་བསོད་ནམས་ལྷུན་གྲུབ་ཀྱིས་མཛད་པ་བཞུགས་སོ། །	བློ་བོ་མཁན་ཆེན་བསོད་ནམས་ལྷུན་གྲུབ།	༩	༨	དཔེ་ཚུགས།	
	༡༡	ས ༡༠	དཀྱིལ་འཁོར་གྱི་ཆོ་ག་རིན་པོ་ཆེ་པདྨ་རཱ་གའི་གཏེར་ཞེས་བྱ་བ་བཞུགས།	བློ་བོ་མཁན་ཆེན་བསོད་ནམས་ལྷུན་གྲུབ།	༡༩	༦	དཔེ་ཚུགས།	
01825	༄ ངོར་ཁང་གསར་ངག་དབང་བློ་གྲོས་སྙིང་པོའི་གསུང་འབུམ། ༼ཁྲིས་པོད་གཅིག༽							
	༡	ཁྲི༽ ༢	དཔལ་ཇོ་རྗེ་གཞོན་ནུའི་སྒོ་ནས་ཕུངས་སྲི་མནན་པའི་མན་ངག་རི་རབ་ཕུར་བུ་ཞེས་བྱ་བ་བཞུགས། །	ས་སྐྱ་ཀུན་དགའ་བློ་གྲོས།	༧	༦	པར་མ།	
	༢		འགྲུགས་གཞུག་ཁ་འཕང་། །		༡	༦	པར་མ།	
	༣	ཁྲི༽ ༢	དཔལ་ཇོ་རྗེའི་གཞོན་ནུའི་སྒོ་ནས་གཏོར་བཟློག་དགྲ་བགེགས་ཀུན་འཇོམས་ཀྱི་ལྡན་ཐབས་གསལ་བྱེད་གནམ་ལྕགས་ཇོ་རྗེའི་དཔལ་ཞེས་བྱ་བ་བཞུགས་སོ། །	ངག་དབང་བློ་གྲོས་སྙིང་པོ།	༣༣	༦	པར་མ།	
	༤	ག༽ ༢	དཔལ་ཇོ་རྗེ་གཞོན་ནུའི་རས་བྲིས་ལ་བརྟེན་པའི་ཆོ་ག་གྲུབ་གཉིས་འགྲུགས་པའི་ལྕགས་ཀྱུ་ཞེས་བྱ་བ་བཞུགས་སོ། །	ལྕེ་བཙུན་ངག་དབང་བློ་གྲོས་སྙིང་པོ།	༥༧	༦	པར་མ།	
	༥	ཇོ༽ ༡	དཔལ་ཇོ་རྗེ་གཞོན་ནུའི་སྦྱིན་སྲེག་གི་ཆོ་ག་ཡེ་ཤེས་འབར་བའི་མེ་ཆེན་ཞེས་བྱ་བ་བཞུགས་སོ། །	ལྕེ་བཙུན་ངག་དབང་བློ་གྲོས་སྙིང་པོ།	༦༦	༦	པར་མ།	མཇུག་མ་ཚང་།

	༦	ག༽ ༡	དཔལ་རྡོ་རྗེ་གཞོན་ནུའི་སྒྲུབ་ཐབས་བསྒྲགས་པས་དོན་གྲུབ་ཅེས་བྱ་བ་བཞུགས་སོ། །	ལྕེ་བཙུན་རིག་དབང་བློ་གྲོས་སྙིང་པོ།	༧༣	༦	པར་མ།	
	༧	ཁྲི༽ ༢	དམ་ཅན་ཆོས་སྐྱོང་གི་བསྐང་བ་དང་གཏོར་བསྔོ།		༢༩		པར་མ།	
	༄ ངོར་མཁན་ཆེན་དཔལ་ལྡན་དོན་གྲུབ་ཀྱི་གསུང་འབུམ། ༼ཁྲིས་པོད་གཅིག༽							
01826	༡		མཁས་པའི་དྲིས་ལན་འཁྲུལ་མེད་རབ་གསལ་ཞེས་བྱ་བ་བཞུགས་སོ། །	དཔལ་ལྡན་དོན་གྲུབ།	༦	༧	དཔེ་ཚུགས།	
	༢		མཁས་པའི་དྲིས་ལན་འཁྲུལ་མེད་རབ་གསལ་ཞེས་བྱ་བའི་འབྲུ་གནོན་བཞུགས་སོ། །	དཔལ་ལྡན་དོན་གྲུབ།	༢༩	༧	དཔེ་ཚུགས།	
	༣		གཞུང་ལུགས་རབ་འབྱམས་སྨྲ་བའི་མཁས་པ་ཆོས་འཕེལ་བའི་དྲིས་ལན་ནོར་བུའི་ཕྲེང་བ་ཞེས་བྱ་བ་བཞུགས་སོ། །	དཔལ་ལྡན་དོན་གྲུབ།	༢༡	༧	དཔེ་ཚུགས།	
	༤		རབ་འབྱམས་སྨྲ་བའི་བཙུན་པ་ཀུན་དགའ་བཀྲ་ཤིས་ཀྱི་སྐྱབས་བླའི་སྐོར་གྱི་དྲིས་ལན་དོན་ཚན་ལྔ་པ་ཞེས་བྱ་བ་བཞུགས་སོ། །	དཔལ་ལྡན་དོན་གྲུབ།	༥	༧	དཔེ་ཚུགས།	
	༥	༼ཨེ་ཝཾ༽	གཙུག་ཏོར་གདུགས་དཀར་གྱི་བསྲུང་མ་དཔལ་མགོན་ལེགས་ལྡན་མཆེད་གསུམ་ལ་གཏོར་མ་འབུལ་བའི་ཚོ་ག་དང་རྗེས་གནང་བྱ་ཚུལ་བཅས་པ་བར་ཆད་ཀུན་སེལ་བཞུགས་སོ། །	དཔལ་ལྡན་དོན་གྲུབ།	༦	༦	དཔེ་ཚུགས།	
	༦		དཔལ་ཀྱི་རྡོ་རྗེ་ལ་བརྟེན་པའི་ལས་བཞིའི་སྦྱིན་སྲེག་གི་རྣམ་པར་བཤད་པ་ཡེ་ཤེས་མེ་དཔུང་ཞེས་བྱ་བ་བཞུགས་སོ། །	དཔལ་ལྡན་དོན་གྲུབ།	༤༡	༧	དཔེ་ཚུགས།	
	༧		རྒྱལ་བ་རྡོ་རྗེ་འཆང་ཀུན་དགའ་བཟང་པོའི་རྣམ་པར་ཐར་པ་ལེགས་བཤད་ཆུ་བོ་འདུས་པའི་རྒྱ་མཚོ་ཡོན་ཏན་ནོར་བུའི་འབྱུང་གནས་ཞེས་བྱ་བ་བཞུགས་སོ། །	དཔལ་ལྡན་དོན་གྲུབ།	༦༥	༧	སྡེ་དགེའི་པར་མ།	༩ཧྲུག་མ་ཚང་།

01827	༄ ཧོར་ཆེན་ཀུན་དགའ་བཟང་པོའི་གསུང་འབུམ། །པོད་ཀ།							
	༡	ཀ	ཀུན་བཟང་ཀ་པའི་དཀར་ཆག །		༢	༦	སྡེ་དགེའི་པར་མ།	རལ་སྐྲོན་ཡོད། ༡–༢
	༢	ཀ	རྒྱལ་བས་དྲི་མེད་ལུང་གིས་བསྔགས་པའི་རྡོ་རྗེ་འཆང་ཀུན་དགའ་བཟང་པོའི་ཞབས་ཀྱི་གསུང་རབ་གླེགས་བམ་དང་པོ་ལས་ལམ་འབྲས་བླ་མ་བརྒྱུད་པའི་གསོལ་འདེབས་མུ་ཏིག་ཕྲེང་བ་བཞུགས་སོ། །	ཧོར་ཆེན་ཀུན་དགའ་བཟང་པོ།	༢༤	༦	སྡེ་དགེའི་པར་མ།	པོད་འདིར་རལ་སྐྲོན་ཆེ། ༣–༢༦
	༣	ཀ	རྡོ་རྗེ་རྣལ་འབྱོར་མའི་བསྟོད་པ་བཞུགས་སོ། །	ཧོར་ཆེན་ཀུན་དགའ་བཟང་པོ།	༦༣	༦	སྡེ་དགེའི་པར་མ།	༢༧–༨༩
	༤	ཀ	ཐོབ་ཡིག་རྒྱ་མཚོ་བཞུགས་སོ། །	ཧོར་ཆེན་ཀུན་དགའ་བཟང་པོ།	༡༢༨	༦	སྡེ་དགེའི་པར་མ།	༩༠–༢༡༧
	༥	ཀ	ལམ་འབྲས་བུ་དང་བཅས་པའི་མན་ངག་གི་བྱུང་ཚུལ་གསུང་ངག་རིན་པོ་ཆེའི་བསྟན་པ་རྒྱས་པའི་ཉི་འོད་བཞུགས་སོ། །	ཧོར་ཆེན་ཀུན་དགའ་བཟང་པོ།	༥༢	༦	སྡེ་དགེའི་པར་མ།	༢༡༨–༢༦༩
	༦	ཀ	དཔལ་ཀྱེ་རྡོ་རྗེའི་ལུས་ཀྱི་དཀྱིལ་འཁོར་ལ་ཚོད་པ་སྔོན་བ་སླ་བ་དན་འཛོམས་ཞེས་བྱ་བ་བཞུགས་སོ། །	ཧོར་ཆེན་ཀུན་དགའ་བཟང་པོ།	༧༣	༦	སྡེ་དགེའི་པར་མ།	༢༧༠–༣༤༣
01828	༄ ཧོར་ཆེན་ཀུན་དགའ་བཟང་པོའི་གསུང་འབུམ། །པོད་ཁ།							
	༡	ཁ	ཀུན་བཟང་ཁ་པའི་དཀར་ཆག་བཞུགས་སོ། །	ཧོར་ཆེན་ཀུན་དགའ་བཟང་པོ།	༢	༤	པར་མ།	༡–༢
	༢	ཁ	རྒྱལ་བས་དྲི་མེད་ལུང་གིས་བསྔགས་པའི་རྡོ་རྗེ་འཆང་ཀུན་དགའ་བཟང་པོའི་ཞབས་ཀྱི་གསུང་རབ་གླེགས་བམ་གཉིས་པ་ལས་དཔལ་ཀྱེ་རྡོ་རྗེའི་སྒྲུབ་ཐབས་ཀྱི་རྒྱ་ཆེར་བཤད་པ་བསྐྱེད་རིམ་གནད་ཀྱི་ཟླ་ཟེར་ཞེས་བྱ་བ་བཞུགས་སོ། །	ཧོར་ཆེན་ཀུན་དགའ་བཟང་པོ།	༢༠༩	༦	སྡེ་དགེའི་པར་མ།	པོད་འདིར་རལ་སྐྲོན་ཆེ། ༣–༢༡༡
	༣	ཁ	རྒྱུད་ཀྱི་རྒྱལ་པོ་དཔལ་ཀྱེ་རྡོ་རྗེའི་བྱུང་ཚུལ་དང་བརྒྱུད་པའི་བླ་མ་དམ་པ་རྣམས་ཀྱི་རྣམ་པར་ཐར་པ་ངོ་མཚར་རྒྱ་མཚོ་བཞུགས་སོ། །	ཧོར་ཆེན་ཀུན་དགའ་བཟང་པོ།	༥༢	༦	སྡེ་དགེའི་པར་མ།	༢༡༢–༢༦༣
	༤	ཁ	དཔལ་ཀྱེ་རྡོ་རྗེའི་རྒྱུད་ལས་གསུངས་པའི་འབྱུང་པོ་ཐམས་ཅད་པའི་གཏོར་མའི་ཆོ་ག་འཕྲིན་ལས་རྒྱས་བྱེད་ཅེས་བྱ་བ་བཞུགས་སོ། །	ཧོར་ཆེན་ཀུན་དགའ་བཟང་པོ།	༨༨	༦	སྡེ་དགེ་པར་མ།	༢༦༤–༣༥༡

	༥	ཁ	དཔལ་ཡང་དག་པར་བརྗོད་པ་ལས་བྱུང་བའི་རྡོ་རྗེ་དབྱིངས་ཀྱི་དཀྱིལ་འཁོར་ཆེན་པོའི་སྒྲུབ་པའི་ཐབས་དངོས་གྲུབ་ཉི་མ་ཞེས་བྱ་བ་བཞུགས་སོ། །	ངོར་ཆེན་ཀུན་དགའ་བཟང་པོ།	(༩༡)	༦	སྡེ་དགེའི་པར་མ།	༣༥༢–༤༤༢
	༄ ངོར་ཆེན་ཀུན་དགའ་བཟང་པོའི་གསུང་འབུམ། [པོད་ག]							
01829	༡	ག	ཀུན་བཟང་ག་པའི་དཀར་ཆག་བཞུགས་སོ། །		༢	༤	སྡེ་དགེའི་པར་མ།	༡–༢
	༢	ག	རྒྱལ་བས་དྲི་མེད་ལུང་གིས་བསྔགས་པའི་རྡོ་རྗེ་འཆང་ཀུན་དགའ་བཟང་པོའི་ཞབས་ཀྱི་གསུང་རབ་གླེགས་བམ་གསུམ་པ་ལས་དཔལ་མཁའ་འགྲོ་རྒྱ་མཚོ་འཁོར་ལོ་བཅུ་གཉིས་སུ་མངོན་པར་བརྗོད་པའི་དཀྱིལ་འཁོར་ཆེན་པོའི་སྒྲུབ་ཐབས་དངོས་གྲུབ་རིན་པོ་ཆེའི་མཛོད་བཞུགས་སོ། །	ངོར་ཆེན་ཀུན་དགའ་བཟང་པོ།	༡༡༧	༦	སྡེ་དགེའི་པར་མ།	༦༡. ཆད། པོད་འདིར་རལ་སྐྱོན་ཆེ། ༣–༡༡༩
	༣	ག	རྣལ་འབྱོར་ཆེན་པོའི་སྒྲུབ་ཐབས་ཐམས་ཅད་ལ་ཉེ་བར་མཁོ་བའི་ཚོག་གསང་བ་ཀུན་རྒྱན་ཞེས་བྱ་བ་བཞུགས་སོ། །	ངོར་ཆེན་ཀུན་དགའ་བཟང་པོ།	༦༤	༦	སྡེ་དགེའི་པར་མ།	༡༢༠–༡༨༣
	༤	ག	དཔལ་གསང་བ་འདུས་པའི་དཀྱིལ་འཁོར་གྱི་སྒྲུབ་པའི་ཐབས་དངོས་གྲུབ་རྒྱ་མཚོ་ཞེས་བྱ་བ་བཞུགས་སོ། །	ངོར་ཆེན་ཀུན་དགའ་བཟང་པོ།	༡༠༩	༦	སྡེ་དགེའི་པར་མ།	༡༨༤–༣༠༢
	༥	ག	རྡོ་རྗེ་འཕྲེང་བར་གསུངས་པའི་ཡོངས་སུ་གཟུང་བའི་ཚོ་ག་བདུད་ལས་རྣམ་པར་རྒྱལ་བ་ཞེས་བྱ་བ་བཞུགས་སོ། །	ངོར་ཆེན་ཀུན་དགའ་བཟང་པོ།	༡༣༠	༦	སྡེ་དགེའི་པར་མ།	༣༠༣–༤༣༢
	༄ ངོར་ཆེན་ཀུན་དགའ་བཟང་པོའི་གསུང་འབུམ། [པོད་ཨ]							
01830	༡	ཨ	ཀུན་བཟང་ཨ་པའི་དཀར་ཆག་བཞུགས་སོ། །	ངོར་ཆེན་ཀུན་དགའ་བཟང་པོ།	༢	༦	སྡེ་དགེའི་པར་མ།	༡–༢
	༢	ཨ	རྒྱལ་བས་དྲི་མེད་ལུང་གིས་བསྔགས་པའི་རྡོ་རྗེ་འཆང་ཀུན་དགའ་བཟང་པོའི་ཞབས་ཀྱི་གསུང་རབ་གླེགས་བམ་བཞི་པ་ལས་དཔལ་ཀུན་རིག་གི་དཀྱིལ་འཁོར་ཡོངས་རྫོགས་ཀྱི་སྒྲུབ་ཐབས་སྤྲིབ་པ་རྣམ་སེལ་བཞུགས་སོ། །	ངོར་ཆེན་ཀུན་དགའ་བཟང་པོ།	༦༤	༦	སྡེ་དགེའི་པར་མ།	པོད་འདིར་རལ་སྐྱོན་ཆེ། ༣–༦༦

	༣	ཨ	སྤྱོད་པའི་རྒྱུད་སྤྱིའི་རྣམ་པར་གཞག་པ་ལེགས་པར་བཤད་པའི་སྒྲོན་མེ་ཞེས་བྱ་བ་བཞུགས་སོ། །	ངོར་ཆེན་ཀུན་དགའ་བཟང་པོ།	༡༩༣	༦	སྡེ་དགེའི་པར་མ།	༦༧–༢༠༥
	༤	ཨ	བཅོམ་ལྡན་མི་འཁྲུགས་པའི་སྒོ་ནས་གཤིན་པོ་རྗེས་སུ་གཟུང་བའི་ཆོ་ག་བཞུགས་སོ། །	ངོར་ཆེན་ཀུན་དགའ་བཟང་པོ།	༡༠༡	༦	སྡེ་དགེའི་པར་མ།	༢༠༩–༣༠༩
	༥	ཨ	སྤྲིང་ཡིག་སློབ་མ་ལ་ཕན་པ་ཞེས་བྱ་བ་བཞུགས་སོ། །	ངོར་ཆེན་ཀུན་དགའ་བཟང་པོ།	༧༦	༦	སྡེ་དགེའི་པར་མ།	༣༡༠–༣༥༥
01831	༄། ངོར་ཆེན་དཀོན་མཆོག་ལྷུན་གྲུབ་ཀྱི་གསུང་འབུམ། (པོད་དང་པོ།)							
	༡		རྒྱུད་ཀྱི་མངོན་པར་རྟོགས་པའི་གསལ་བྱེད་ལེགས་པར་བཤད་པ་གོང་མའི་དགོངས་རྒྱན་ཅེས་བྱ་བ་བཞུགས་སོ། །	ངོར་དཀོན་མཆོག་ལྷུན་གྲུབ།	༡༣༠	༦	དཔེ་ཚུགས།	
	༢		བཅོམ་ལྡན་འདས་ཚེ་དཔག་ཏུ་མེད་པ་ལྷ་དགུའི་དཀྱིལ་འཁོར་གྱི་ཆོ་ག་འཆི་མེད་གྲུབ་པའི་ལམ་བཟང་ཞེས་བྱ་བ་བཞུགས་སོ། ། བིཀྲ་མཙྪ་ཀིརྟིའི་དཔེ།	ངོར་དཀོན་མཆོག་ལྷུན་གྲུབ།	༡༨	༧	དཔེ་ཚུགས།	
	༣		ལྗོན་ཤིང་གི་འགྲེལ་པ་ངོར་ཆེན་དཀོན་མཆོག་ལྷུན་གྲུབ་ཀྱིས་མཛད་པ་བཞུགས་སོ། ། ལྷ་རྗེ་འཇམ་དབྱངས་ཀྱི་དཔེ།	ངོར་དཀོན་མཆོག་ལྷུན་གྲུབ།	༡༩༧	༧	དཔེ་ཚུགས།	
	༤	ལི ཏྭ་ ༡༧༥	ཧ་མགྲིན་གྱི་སྒོ་ནས་སྦྱིན་སྲེག་བྱ་ཚུལ་བཞུགས་སོ། །	ངོར་དཀོན་མཆོག་ལྷུན་གྲུབ།	༡	༧	དཔེ་ཚུགས།	
	༥		ངན་སོང་སྦྱོང་རྒྱུད་ནས་བཤད་པའི། །སྦྱིན་སྲེག་རི་མཆོད་རྟེན་གྱི། །ཆོ་ག་རབ་གནས་མདོར་བསྡུས་པའི། །ལག་ལེན་ཤིན་ཏུ་གསལ་བ་བཞུགས། ། (ཆོས་ཚན་འདི་ཉིད་ཀྱི་ཤོག་གྲངས་༡–༤བར་མ་ཚང་བ་པར་མ་ཞིག་ནས་པར་སློག་བརྒྱབ་སྟེ་ཁ་བསྐངས་ཡོད།)	ངོར་དཀོན་མཆོག་ལྷུན་གྲུབ།	༥–༨	༨	དཔེ་ཚུགས།	༡–༤བར་ཆད།
	༦		ཆོས་རྗེ་དཀོན་མཆོག་ལྷུན་གྲུབ་ཀྱིས་མཛད་པའི་ཡིག་གྲིག་བཞུགས་སོ། །	ངོར་དཀོན་མཆོག་ལྷུན་གྲུབ།	༨	༨	དཔེ་ཚུགས།	

	༧	ཕོ ལི ༢༦	དཔལ་ལྡན་དགེས་པ་རྡོ་རྗེ་ཡི། །དབང་བཤད་ལུང་དང་མན་ངག་གི །གཏེར་མཛོད་ཅེས་བྱ་ས་སྐྱ་པའི། །ལུགས་མཆོག་ཐུན་མོང་མིན་པ་བཞུགས། །	ངོར་དཀོན་མཆོག་ལྷུན་གྲུབ།	༥༠	༢	དཔེ་ཚུགས།	རལ་སྐྱོན་ཞོར་ཡོད།
	༨		ཚུལ་དང་པོ་གསུམ་གྱི་དོན་ཞུང་དུའི་ངག་གིས་སྟོན་པར་བྱེད་པའི་ལེགས་པར་བཤད་པ་ཚུལ་གསུམ་གསལ་བར་བྱེད་པའི་རྒྱན་ཞེས་བྱ་བ་བཞུགས་སོ། ། ཐུན་མདོ་སྔགས་ཀྱི་དཔེའོ། །	ངོར་དཀོན་མཆོག་ལྷུན་གྲུབ།	༡༣	༧	པར་མ།	རལ་སྐྱོན་ཞོར་ཡོད།
	༩		འཇིགས་བྱེད་རྭ་ལུགས་ཀྱི་སྒྲུབ་ཐབས་དང་གཏོར་ཆོག་གི་ཟུར་འདེབས་བསྐྱེན་སྒྲུབ་རྣམ་རོལ་ཞེས་བྱ་བ་བཞུགས་སོ། །	ངོར་དཀོན་མཆོག་ལྷུན་གྲུབ།	༡༠	༦	པར་མ།	
	༡༠		དཔལ་རྡོ་རྗེ་འཇིགས་བྱེད་རྭ་ལུགས་ཀྱི་སྒྲུབ་ཐབས་བདུད་འཇོམས་སྣང་བ་ཞེས་བྱ་བ་བཞུགས་སོ། །	ངོར་དཀོན་མཆོག་ལྷུན་གྲུབ།	༡༠	༧	པར་མ།	
	༡༡		དམ་ཅན་ཆོས་ཀྱི་རྒྱལ་པོ་ལྷ་བཅུ་གསུམ་གྱི་སྒྲུབ་ཐབས་རྗེས་གནང་གི་ཆོ་ག་དང་བཅས་པ་བཞུགས་སོ། །	ངོར་དཀོན་མཆོག་ལྷུན་གྲུབ།	༦	༧	པར་མ།	
	༡༢		བདེ་མཆོག་གི་དཔའ་བོ་དྲུག་གི་སྒྲུབ་ཐབས་བྱིན་རླབས་ཀྱི་ཆོ་ག་དང་བཅས་པ་བི་ཧ་ར་ཧིཾ།	ངོར་དཀོན་མཆོག་ལྷུན་གྲུབ།	༥༧	༦	དཔེ་ཚུགས།	
	༡༣		བདེ་མཆོག་གི་རྣལ་འབྱོར་མ་དྲུག་གི་སྒྲུབ་པའི་ཐབས་བྱིན་རླབས་ཀྱི་ཆོ་ག་དང་བཅས་པའི་ཐོ་ཡིག་བཞུགས།	ངོར་དཀོན་མཆོག་ལྷུན་གྲུབ།	༥	༦	དཔེ་ཚུགས།	
	༡༤	ཆོས་སྤྱིང་	འཁོར་ལོ་བདེ་མཆོག་ལུགས་གཉིས་ཀྱི། །དཀྱིལ་འཁོར་ཆོ་གའི་གསལ་བྱེད་ཆོག །ཞུང་གསལ་རྟོགས་སླ་བློས་སྐྱོན་བྲལ། །ཁྱད་པར་བཞི་ལྡན་འདི་ན་དགེ །	ངོར་དཀོན་མཆོག་ལྷུན་གྲུབ།	༡༦	༧	དཔེ་ཚུགས།	
	༡༥		རྡོ་རྗེ་གུར་གྱི་སྒྲུབ་དཀྱིལ་གྱི་གསལ་བྱེད་རབ་གསལ་སྣང་བ་ཞེས་བྱ་བ་བཞུགས་སོ། །	ངོར་དཀོན་མཆོག་ལྷུན་གྲུབ།	༣༠	༧	པར་མ།	
	༡༦	(པོད་༡༧སྟོ་མ་)	སེང་གེ་སྒྲའི་རྗེས་གནང་གི་ཆོ་ག་དང་བཅས་པ་བཞུགས་སོ། །	ངོར་དཀོན་མཆོག་ལྷུན་གྲུབ།	༣	༥	དཔེ་ཚུགས།	

	༡༧		རྒྱལ་བ་ཚེ་དཔག་མེད་དཀར་པོའི་སྒྲུབ་ཐབས་དང་རྗེས་གནང་བྱ་ཚུལ་བཞུགས།	ངོར་དཀོན་མཆོག་ལྷུན་གྲུབ།	༣	༧	དཔེ་ཚུགས།	
	༡༨		དཔལ་ལྡན་ས་སྐྱ་པའི་ཟབ་ཆོས་ཚར་གསུམ་ཁྲུག་པའི་ཉམས་ལེན་ཤིན་ཏུ་ཟབ་པ་བཞུགས་སོ། །	ངོར་དཀོན་མཆོག་ལྷུན་གྲུབ།	༣	༧	དཔེ་ཚུགས།	
	༡༩	{ཧུ} ནང་ ཚ	འཕགས་མཆོག་འཇིག་རྟེན་དབང་ཕྱུག་ལྷ་དགུའི་བརྒྱུད་འདེབས་ཕྱིན་ལས་དང་བཅས་པ་ཕན་བདེའི་ཉིན་བྱེད་ཅེས་བྱ་བ་བཞུགས་སོ། །	ངོར་དཀོན་མཆོག་ལྷུན་གྲུབ།	༡༢	༥	དཔེ་ཚུགས།	
	༢༠	ཧི ༩༩	རྗེ་དཀོན་མཆོག་ལྷུན་གྲུབ་ཀྱིས་མཛད་པའི་ལམ་འབྲས་ཀྱི་གསོལ་འདེབས། རྒྱལ་སྲས་འཇིགས་མེད་ཀྱི་དཔེའོ། །	ངོར་དཀོན་མཆོག་ལྷུན་གྲུབ།	༣	༦	དཔེ་ཚུགས།	
	༢༡	ང	གཏོར་ཆོག་མཛེས་རྒྱན་བཞུགས་སོ། །	ངོར་དཀོན་མཆོག་ལྷུན་གྲུབ།	༡༢	༧	གུང་ཐང་པར་མ།	
	༢༢	སུ ༡༧	རྗེ་བཙུན་མ་ཀུ་རུ་ཀུལླེའི་སྦྱིན་སྲེག་དབང་གི་ལུགས་ཀྱུ་ཞེས་བྱ་བ་བཞུགས་སོ། །	ངོར་དཀོན་མཆོག་ལྷུན་གྲུབ།	༩	༦	དཔེ་ཚུགས།	
	༢༣		ཀུན་རིག་རྩ་བའི་དཀྱིལ་འཁོར་གྱི་དབང་གི་མཚམས་སྦྱོར་བློ་གསལ་ཀུན་དགའ་བཞུགས། །	ངོར་དཀོན་མཆོག་ལྷུན་གྲུབ།	༨	༨	དཔེ་ཚུགས།	ཆུ་སྐྱོན་ཤོར་ཡོད།
	༢༤		ངན་སོང་སྦྱོང་རྒྱུད་ནས་བཤད་པའི། །སྦྱིན་སྲེག་རི་མཆོད་རྟེན་གྱི། །ཆོ་ག་རབ་གནས་མདོར་བསྡུས་པའི། །ལག་ལེན་ཤིན་ཏུ་གསལ་བ་བཞུགས། །	ངོར་དཀོན་མཆོག་ལྷུན་གྲུབ།	༨	༧	པར་མ།	
	༢༥		དཔལ་ཀུན་རིག་གི་ཟུར་འདེབས་ཉེར་མཁོ་ལེགས་པར་བཞུགས་སོ། །	ངོར་དཀོན་མཆོག་ལྷུན་གྲུབ།	༡༢	༥	བྲིས་མ་དབུ་ཅན།	
	༢༦	༡༧	མི་གཡོ་བ་སྔོན་པོའི་སྒྲུབ་ཐབས་རྗེས་གནང་དང་བཅས་པ་དགེ །	ངོར་དཀོན་མཆོག་ལྷུན་གྲུབ།	༩	༥	དཔེ་ཚུགས།	
	༢༧	{ནི} ནང་ ད	རྗེ་བཙུན་རྡོ་རྗེ་རྣལ་འབྱོར་མའི་རྣལ་འབྱོར་བཅུ་གཅིག་ཉམས་སུ་ལེན་ཚུལ་བཞུགས་སོ། །	ངོར་དཀོན་མཆོག་ལྷུན་གྲུབ།	༧	༥	དཔེ་ཚུགས།	
	༢༨		བསྟན་རྩིས་ལུང་གསལ་འདི་ན་ཡོད།	ངོར་དཀོན་མཆོག་ལྷུན་གྲུབ།	༡	༦	དཔེ་ཚུགས།	
	༢༩	{ཛི} ནང་ བ	ལུས་དཀྱིལ་མཛེས་རྒྱན་བཞུགས་སོ། །	ངོར་དཀོན་མཆོག་ལྷུན་གྲུབ།	༡༠	༧	པར་མ།	རལ་སྐྱོན་ཡོད།

	༄། ངོར་ཆེན་དཀོན་མཆོག་ལྷུན་གྲུབ་ཀྱི་གསུང་འབུམ། (པོད་གཉིས་པ།)							
01832	༡		རྡོ་རྗེ་མི་འཁྲུགས་པའི་དཀྱིལ་འཁོར་གྱི་ཆོ་ག་ལས་སྒྲིབ་རྣམ་སྦྱོང་ཞེས་བྱ་བ་བཞུགས་སོ། །	ངོར་དཀོན་མཆོག་ལྷུན་གྲུབ།	༢༡	༨	འབྲུགས་མ་ཚུགས།	
	༢		རྡོ་རྗེ་མི་འཁྲུགས་པའི་ཞི་བའི་སྦྱིན་སྲེག་བཞུགས་སོ། །	ངོར་དཀོན་མཆོག་ལྷུན་གྲུབ།	༤	༦	པར་མ།	༢. ཆད། རལ་སྐྱོན་ཡོད།
	༣		པདྨ་ལུགས་ཀྱི་ཀྱེ་རྡོ་རྗེའི། །སྒྲུབ་དཀྱིལ་མཆོ་སྐྱེས་མཛེས་རྒྱན་བཞུགས།	ངོར་དཀོན་མཆོག་ལྷུན་གྲུབ།	༡༥	༨	དཔེ་ཚུགས།	
	༤		བསྒོ་བའི་བསྟན་འཆོས་རིན་པོ་ཆེའི་མེ་ཏོག་ཅེས་བྱ་བ་བཞུགས་སོ། །	ངོར་དཀོན་མཆོག་ལྷུན་ གྲུབ།	༥	༧	དཔེ་ཚུགས།	
	༥		བཤེས་གཉེན་ཆེན་པོ་མུས་སྲས་པས་བརྒལ་ཞིང་རྟགས་པའི་ལན་རྣམ་པར་ངེས་པ་ཚང་བའི་རིག་སྔགས་ཞེས་བྱ་བ་བཞུགས་སོ། །	ངོར་དཀོན་མཆོག་ལྷུན་གྲུབ།	༢༩	༨	དཔེ་ཚུགས།	རལ་སྐྱོན་ཡོད།
	༦	ལྕུགས།)	ཀུ་རུ་ཀུ་ལེའི་སྒྲུབ་ཐབས་དང་རྗེས་གནང་འདོད་རྒྱལ་གྱི་རྗེས་གནང་། ཚོགས་བདག་གི་སྒྲུབ་ཐགས་དང་རྗེས་གནང་།	ངོར་དཀོན་མཆོག་ལྷུན་གྲུབ།	༢༢	༥	དཔེ་ཚུགས།	
	༧		གཞན་སྒྲོལ་གྱི་རྗེས་གནང་གི་ཆོ་ག་བཞུགས་སོ། །	ངོར་དཀོན་མཆོག་ལྷུན་གྲུབ།	༤	༥	ཁྲིས་མ་དབུ་ཆེན།	
	༨	[illegible] ༡༩	གཙུག་ཏོར་རྣམ་པར་རྒྱལ་བའི་སྒྲུབ་ཐབས་བསྟོད་མཆོག་རྗེས་གནང་གི་ཆོ་ག་དང་བཅས་པ་བདུད་རྩིའི་ཆུ་རྒྱུན་ཞེས་བྱ་བ་བཞུགས་སོ། །	ངོར་དཀོན་མཆོག་ལྷུན་གྲུབ།	༡༨	༥	ཁྲིས་མ་དབུ་ཆེན།	
	༩		རྗེ་བཙུན་དབྱངས་ཅན་མ་དཀར་མོའི་མེ་ལོང་ལ་བརྟེན་པའི་ཞལ་སེས་བཞུགས་སོ། །	ངོར་དཀོན་མཆོག་ལྷུན་གྲུབ།	༢	༤	ཁྲིས་མ་དབུ་ཆེན།	
	༡༠	[illegible] ༣༠	འཕགས་པ་ཞལ་བཅུ་གཅིག་པའི་སྒྲུབ་ཐབས་རྗེས་གནང་དང་བཅས་པ་བཞུགས་སོ། །	ངོར་དཀོན་མཆོག་ལྷུན་གྲུབ།	༦	༥	ཁྲིས་མ་དབུ་ཆེན།	

	༡༡	ཀྲྀ ཅ ༧	རྡོ་རྗེ་རྣམ་འཇོམས་ཀྱི་སྒྲུབ་ཐབས་བུམ་ཆོག་རྗེས་གནང་གི་ཆོ་ག་དང་བཅས་པ་བཞུགས་སོ། །	ངོར་དཀོན་མཆོག་ལྷུན་གྲུབ།	༡༡	༥	བྲིས་མ་དབུ་ཅེན།	
	༡༢		ནག་པོ་ལུགས་ཀྱི་ཀྱེ་རྡོ་རྗེ་བཞུགས་སོ། །	ངོར་དཀོན་མཆོག་ལྷུན་གྲུབ།	༡༢	༨	དཔེ་ཚུགས།	
	༡༣	༼ཇ༽ ནང་ པ	དཔལ་ཀྱེ་རྡོ་རྗེའི་མངོན་རྟོགས་ཡན་ལག་དྲུག་པའི་མཛེས་རྒྱན་བཞུགས།	ངོར་དཀོན་མཆོག་ལྷུན་གྲུབ།	༡༥	༧	པར་མ།	རལ་སྐྱོན་ཡོད།
	༡༤	༼༩༽ ཨེ་ཝཾ	དཔལ་ཀྱེ་རྡོ་རྗེའི་མན་ངག་ལུགས་ཀྱི་སློབ་མ་རྗེས་སུ་འཛིན་པའི་ཕྱག་ལེན་གསལ་བར་བཀོད་པ་ཐམས་ཅད་མཁྱེན་པ་དཀོན་མཆོག་ལྷུན་གྲུབ་ཀྱིས་མཛད་པ་བཞུགས་སོ། །	ངོར་དཀོན་མཆོག་ལྷུན་གྲུབ།	༩	༦	དཔེ་ཚུགས།	དབུ་ཤོག་ཕྱེད་ཡིན།
	༡༥	༼༡༠༽ ཨེ་ཝཾ	བརྒྱུད་པའི་ཁྱད་པར་གཉིས་ལྡན་གྱི་སེམས་བསྐྱེད་བཞུགས་སོ། །	ངོར་དཀོན་མཆོག་ལྷུན་གྲུབ།	༡༡	༥	དཔེ་ཚུགས།	
	༡༦	༼༡༠༽ ཨེ་ཝཾ	ཞི་བའི་སྦྱིན་སྲེག་གི་ཆོ་ག་ལག་ལེན་གསལ་བའི་མེ་ལོང་ཞེས་བྱ་བ་བཞུགས་སོ། །	ངོར་དཀོན་མཆོག་ལྷུན་གྲུབ།	༡༡	༥	དཔེ་ཚུགས།	
	༡༧	༼ལ༽ ནང་ པ	རྒྱལ་ཡུམ་དབྱངས་ཅན་དཀར་མོའི་སྒྲུབ་ཐབས་སྐལ་བཟང་མིག་འབྱེད་བདུད་རྩིའི་བུམ་བཟང་ཞེས་བྱ་བ་བཞུགས་སོ། །	ངོར་དཀོན་མཆོག་ལྷུན་གྲུབ།	༡༦	༥	དཔེ་ཚུགས།	
	༡༨		ལྷ་ལྷམ་མཁའ་འགྲོའི་སྙིང་བཅུད་ཀྱི་སྒྲུབ་ཐབས་དབང་གི་རིམ་པ་མཁའ་སྤྱོད་བསྒྲོད་པའི་ཤིང་རྟ་བཞུགས།	ངོར་དཀོན་མཆོག་ལྷུན་གྲུབ།	༥	༦	དཔེ་ཚུགས།	
	༡༩		འཕགས་མཆོག་འཇིག་རྟེན་དབང་ཕྱུག་ལྷ་དགུའི་བྲིན་ལས་ཀྱི་རིམས་པ་ཕན་བདེའི་ཉིན་འབྱེད་ཅེས་བྱ་བ་བཞུགས་སོ། །	ངོར་དཀོན་མཆོག་ལྷུན་གྲུབ།	༦	༦	དཔེ་ཚུགས།	
	༢༠	ཀྲུ ༡༢༨	འཇམ་དབྱངས་ནག་པོའི་གདམས་པ་རྗེས་གནང་དང་བཅས་པ་བཞུགས་སོ། །	ངོར་དཀོན་མཆོག་ལྷུན་གྲུབ།	༡༢	༦	དཔེ་ཚུགས།	

	༢༡		ལྷག་པའི་ལྷ་སྲི་འགྲོའི་བསྙེན་པ་བྱེད་ཚུལ་དཔྱོད་ད་ལྡན་མགུལ་རྒྱན་ཞེས་བྱ་བ་བཞུགས་སོ། །	ངོར་དཀོན་མཆོག་ལྷུན་གྲུབ།	༡༡	༧	དཔེ་ཚུགས།	རལ་སྐྱོན་ཡོད། ༨· ཆད།
	༢༢	ཤེ	དཔལ་ཕྱག་ན་རྡོ་རྗེ་འབྱུང་པོ་འདུལ་བྱེད་ཀྱི་སྒྲུབ་ཐབས་རྗེས་གནང་དང་བཅས་པ་བཞུགས་སོ། །	ངོར་དཀོན་མཆོག་ལྷུན་གྲུབ།	༧	༥	དཔེ་ཚུགས།	
	༢༣		སངས་རྒྱས་ཀླུ་དབང་གི་རྒྱལ་པོ་ལྷ་ལྔའི་སྒྲུབ་ཐབས་རྗེས་གནང་དང་བཅས་པ་བཞུགས་སོ། །	ངོར་དཀོན་མཆོག་ལྷུན་གྲུབ།	༤	༦	དཔེ་ཚུགས།	
	༢༤		འཕགས་པ་ཚོགས་ཀྱི་བདག་པོའི་སྒྲུབ་ཐབས་རྗེས་གནང་དང་བཅས་པ་བཞུགས་སོ། །	ངོར་དཀོན་མཆོག་ལྷུན་གྲུབ།	༡༡	༦	དཔེ་ཚུགས།	
	༢༥		བུམ་གཏེར་འཇུག་པའི་ཆོ་ག་བཞུགས།	ངོར་དཀོན་མཆོག་ལྷུན་གྲུབ།	༥	༦	དཔེ་ཚུགས།	
	༢༦		ངོར་པ་རྡོ་རྗེ་འཆང་གི་མཛད་པ་བཞུགས་སོ། །	ངོར་དཀོན་མཆོག་ལྷུན་གྲུབ།	༢	༧	དཔེ་ཚུགས།	
	༢༧		རྗེ་བཙུན་རྡོ་རྗེ་བདག་མེད་མའི་སྒྲུབ་ཐབས་དང་དཀྱིལ་འཁོར་གྱི་ཐོ་ཡིག་བཞུགས་སོ། །	ངོར་དཀོན་མཆོག་ལྷུན་གྲུབ།	༦	༨	དཔེ་ཚུགས།	
	༢༨		གཤིན་རྗེའི་གཤེད་དམར་པོ་ལྷ་ལྔའི་སྦྱིན་སྲེག་གི་ཆོ་ག་བཀླགས་པ་དོན་གྲུབ་བཞུགས།	ངོར་དཀོན་མཆོག་ལྷུན་གྲུབ།	༧	༧	དཔེ་ཚུགས།	
	༢༩		དཔལ་གཤིན་རྗེའི་དམར་པོ་ལྷ་ལྔའི་དཀྱིལ་འཁོར་གྱི་བཀྲ་ཤིས་ཀྱི་ཚིགས་སུ་བཅད་པ་བཞུགས་སོ། །	ངོར་དཀོན་མཆོག་ལྷུན་གྲུབ།	༡	༨	དཔེ་ཚུགས།	
	༣༠	དཔལ་ལྡན།	མཁའ་འགྲོ་མ་རྡོ་རྗེ་གུར་གྱི་རྒྱུད་ནས་གསུངས་པའི་དཔལ་ཕྱག་ན་རྡོ་རྗེ་འབྱུང་པོ་འདུལ་བྱེད་ཀྱི་བསྙེན་པ་བྱ་ཚུལ་ཡོག་འདྲེན་མཐར་བྱེད་བཞུགས།	ངོར་དཀོན་མཆོག་ལྷུན་གྲུབ།	༡༡	༦	དཔེ་ཚུགས།	མཇུག་མི་ཚང་། ཤོག་གྲངས་ ༡· ཡོད།
	༣༡	ཚེ ཉེ ༢༡༥ ན	ཡས་གནམ་རིན་པོ་ཆེའི་འཕྲེང་བ་བཞུགས།	ངོར་དཀོན་མཆོག་ལྷུན་གྲུབ།	༢	༩	དཔེ་ཚུགས།	རལ་སྐྱོན་ཡོད།

	༣༢		རིག་བྱེད་མའི་བསྐྱེད་རྫོགས་ཉམས་སུ་ལེན་ཚུལ་ཐུན་མོང་མ་ཡིན་པ་བཞུགས་སོ། །	ངོར་དཀོན་མཆོག་ལྷུན་གྲུབ།	༡༥	༥	དཔེ་ཚུགས།	
	༣༣	ཁྲི ཀ ༢༣༠	དམ་ཅན་ཆོས་ཀྱི་རྒྱལ་པོ་ལྷ་བཅུ་གསུམ་གྱི་སྒྲུབ་ཐབས་རྗེས་གནང་གི་ཆོ་ག་དང་བཅས་པ་བཞུགས་སོ། །	ངོར་དཀོན་མཆོག་ལྷུན་གྲུབ།	༦	༧	པར་མ།	
	༣༤	ཁྲི ཀ ༢༣༠	འཇིགས་བྱེད་ར་ལུགས་ཀྱི་སྒྲུབ་ཐབས་དང་གཏོར་ཆོག་གི་ཟུར་འདེབས་བསྐྱེད་སྒྲུབ་རྣམ་རོལ་ཞེས་བྱ་བ་བཞུགས་སོ། །	ངོར་དཀོན་མཆོག་ལྷུན་གྲུབ།	༡༠	༧	པར་མ།	
	༣༥		དཔལ་ཚོགས་ཀྱི་བདག་པོའི་སྒྲུབ་ཐབས་རྗེས་གནང་དང་བཅས་པ་བཞུགས་སོ། །	ངོར་དཀོན་མཆོག་ལྷུན་གྲུབ།	༧	༧	དཔེ་ཚུགས།	
	༣༦		ལམ་འབྲས་བུ་དང་བཅས་པའི་གདམས་ངག་གི་གཞུང་ཤིང་རྒྱས་པ་གཞུང་ཇི་ལྟ་བ་བཞིན་དཀྲི་བའི་ལམ་གྱི་མངོན་འགྲོའི་ཁྲིད་ཡིག་སྣང་གསུམ་མཛེས་པར་བྱས་པའི་རྒྱན་ཞེས་བྱ་བ་བཞུགས་སོ། །	ངོར་དཀོན་མཆོག་ལྷུན་གྲུབ།	༨༢	༦	པར་མ།	
	༣༧		དཔལ་གསང་བ་འདུས་པ་འཕགས་ལུགས་ཀྱི་སྒྲུབ་དཀྱིལ་གྱི་ཟུར་འདེབས་མཁས་པའི་ཡིད་འཕྲོག་ཅེས་བྱ་བ་བཞུགས་སོ། །	ངོར་དཀོན་མཆོག་ལྷུན་གྲུབ།	༡༧	༦	པར་མ།	
	༣༨		ཆོས་འབྱུང་བསྟན་པའི་རྒྱ་མཚོར་འཇུག་པའི་གྲུ་ཆེན།	ངོར་དཀོན་མཆོག་ལྷུན་གྲུབ།	༢༢༧	༧	པར་མ།	༡–༨. ༡༠༦–༡༠༨. ༡༢༧. ༡༤༠. ༡༤༤. ༡༦༥. ༢༢༡–༢༢༣. མཇུག་བཅས་ཆད།
	༣༩		སྒྲུབ་ཐབས་བརྒྱ་རྩ་ནས་བཤད་པའི་ལྷ་ཚོགས་རྣམས་ཀྱི་མངོན་རྟོགས་རྗེས་གནང་གི་ཆོ་ག་དང་བཅས་པའི་མཐོ་ཡིག་མུན་སེལ་སྒྲོན་མེ་ཞེས་བྱ་བ་བཞུགས་སོ། །	ངོར་དཀོན་མཆོག་ལྷུན་གྲུབ།	༢༤	༦	པར་མ།	རལ་སྐྱོན་ཡོད། ཞབས་ཤོག་བྱེད།
01833	༄ ངོར་པ་ཚུལ་ཁྲིམས་འོད་ཟེར་གྱི་གསུང་འབུམ། ༼ཁྲིམས་པོད་གཅིག༽							

	༡		ངན་སོང་སྦྱོང་རྒྱུད་ཀྱི་དཀྱིལ་འཁོར་བཅུ་གཉིས་ཀྱི་ཆོ་ག་གཞན་ཕན་ལྷུན་གྲུབ་བཞུགས་སོ། །	མདའ་རིས་རབ་འབྱམས་པ་རྩུལ་ཁྲིམས་འོད་ཟེར།	༡–༣༢	༧	རྫོམ་མདོ་དཔལ་འབར་སྤེ་ཆེན་གྱི་པར་མ།	
	༢		སྦྱོང་རྒྱུད་ཀྱི་དཀྱིལ་འཁོར་བཅུ་གཉིས་ཀྱི་ཆོ་ག་དུལ་ཆེན་ཁ་བསྐང་གཞན་ཕན་ཉེར་མཁོ་ཞེས་བྱ་བ་བཞུགས་སོ། །	མདའ་རིས་རབ་འབྱམས་པ་རྩུལ་ཁྲིམས་འོད་ཟེར།	༣༣–༤༡	༧	རྫོམ་མདོ་དཔལ་འབར་སྤེ་ཆེན་གྱི་པར་མ།	
01834	༄ ཐེག་ཆེན་ཆོས་རྗེ་ཀུན་དགའ་བཀྲ་ཤིས་ཀྱི་གསུང་འབུམ། (ཁྲིས་ཡོད་གཅིག)							
	༡		དཔལ་ཀྱེ་རྡོ་རྗེ་ཞེས་བྱ་བའི་རྒྱུད་ཀྱི་རྒྱལ་པོའི་རྣམ་བཤད་དག་ལྡན་སྙེ་མ་ཞེས་བྱ་བཞུགས་སོ། ། བརྟག་པ་དང་པོ་ཐབས་ཀྱི་ཆ་གཙོ་བོར་སྟོན་པ།	ཐེག་ཆེན་ཆོས་རྗེ་ཀུན་དགའ་བཀྲ་ཤིས།	༡༣༡	༧	དཔེ་ཚུགས།	
	༢		དཔལ་ཀྱེ་རྡོ་རྗེ་ཞེས་བྱ་བའི་རྒྱུད་ཀྱི་རྒྱལ་པོའི་རྣམ་བཤད་དག་ལྡན་སྙེ་མ་ཞེས་བྱ་བཞུགས་སོ། ། བརྟག་པ་གཉིས་པ་ཤེས་རབ་ཀྱི་ཆ་གཙོ་བོར་སྟོན་པ།	ཐེག་ཆེན་ཆོས་རྗེ་ཀུན་དགའ་བཀྲ་ཤིས།	༡༡༣	༧	དཔེ་ཚུགས།	
	༣		ཉམས་དབྱངས་འདིར་སྣང་ཞེན་པ་བཅོད་པའི་རལ་གྲི་བཞུགས། ཆོས་མེད་བྱ་བྲལ་ཀུན་དགའ་བཀྲ་ཤིས་ཀྱི་དཔེའོ། །	ཤཱཀྱའི་དགེ་སློང་བྱམས་པ་དག་དབང་ཀུན་དགའི་མིང་ཅན།	༡༧	༡	དཔེ་ཚུགས།	
	༤	ཕུ་ན མ ༡༦	ས་སྐྱི་པྲ་ད་བྷཱུཿ བླ་མ་ཞི་ཁྲོའི་ཚེ་སྒྲུབ་དང་དབང་བསྐུར་ཚུལ་གྱི་ཆོ་ག་འཆི་མེད་རྡོ་རྗེའི་རྒྱ་མདུད་བཞུགས།	ཐེག་ཆེན་ཆོས་རྗེ་ཀུན་དགའ་བཀྲ་ཤིས།	༣༢	༦	དཔེ་ཚུགས།	ཤོག་སྣེ་ར་མེ་སྐྱོན་ཤོར་ཡོད།
	༥		དཔལ་གསིན་རྗེའི་གཤེད་ཀྱི་མངོན་པར་རྟོགས་པ་གདོང་དྲུག་རྣམ་རོལ་ཞེས་བྱ་བ་བཞུགས་སོ། །	ཐེག་ཆེན་ཆོས་རྗེ་ཀུན་དགའ་བཀྲ་ཤིས།	༢	༧	དཔེ་ཚུགས།	
	༦		གདོང་དྲུག་གི་མངོན་རྟོགས་འཇུག་པ་དག་བྱེད་ཅེས་བྱ་བ་བཞུགས་སོ། །	ཐེག་ཆེན་ཆོས་རྗེ་ཀུན་དགའ་བཀྲ་ཤིས།	༢	༢	དཔེ་ཚུགས།	
	༧		དགྲ་ནག་གི་ཟིན་བྲིས་ཉེར་མཁོ་རྣམ་པར་རོལ་པ་ཞེས་བྱ་བ་བཞུགས་སོ། །	ཐེག་ཆེན་ཆོས་རྗེ་ཀུན་དགའ་བཀྲ་ཤིས།	༧	༢	དཔེ་ཚུགས།	

	༨		གསེར་རྗེ་དགྲ་ནག་ཞ་ལུགས་ཀྱི་ཐོ་བཞུགས་སོ། །	ཐེག་ཆེན་ཆོས་རྗེ་ཀུན་དགའ་བཀྲ་ཤིས།	༥	༧	དཔེ་ཚུགས།	
	༩		གདོང་དྲུག་གི་ཐོ་ཡིག་བཞུགས་སོ། །	ཐེག་ཆེན་ཆོས་རྗེ་ཀུན་དགའ་བཀྲ་ཤིས།	༡	༧	དཔེ་ཚུགས།	
	༡༠		གདོང་དྲུག་པའི་རྒྱུད་ཀྱི་བཤད་པ།	ཐེག་ཆེན་ཆོས་རྗེ་ཀུན་དགའ་བཀྲ་ཤིས།			དཔེ་ཚུགས།	༣. ༥. ཆད།
གོང་གི་ཆོས་ཚན་༡༢༠༩ནང་གི་ས་སྐྱ་ངག་ཀུན་དགའ་བཀྲ་ཤིས་དང་མཛད་པ་པོ་གཅིག་ཡིན་མིན་དཔྱད་རྒྱུ།								
	༄ དཧུལ་ཆུ་ཐོགས་མེད་བཟང་པོའི་གསུང་འབུམ། （པོད་དང་པོ།）							
01835	༡		ཐེག་པ་ཆེན་པོའི་མདོ་སྡེ་རྒྱན་གྱི་འགྲེལ་པ་རིན་པོ་ཆེའི་ཕྲེང་བ་ཞེས་བྱ་བ་བཞུགས་སོ། །	རྒྱལ་སྲས་ཐོགས་མེད་བཟང་པོ།	༣༦༨	༦	སྡེ་དགེ་པར་མ།	༡༢༡. ༡༩༨. ༢༠༧བཅས་ཆད། ཞབས་ཤོག་རལ་སྐྱོན་ཆེ།
	༢		ཐེག་པ་ཆེན་པོའི་རྒྱུད་བླ་མའི་འགྲེལ་པ་ངེས་དོན་གསལ་བར་བྱེད་པའི་འོད་ཟེར་ཞེས་བྱ་བ་བཞུགས་སོ། །	རྒྱལ་སྲས་ཐོགས་མེད་བཟང་པོ།	༡༠༣	༦	སྡེ་དགེ་པར་མ།	༡༩. ༧༢. ཆད། ༩༢. ཤོག་གྲུར་ཞིག་ཡོད།
01836	༄ དཧུལ་ཆུ་ཐོགས་མེད་བཟང་པོའི་གསུང་འབུམ། （པོད་གཉིས་པ།）							
	༡		བྱང་ཆུབ་སེམས་དཔའི་སྤྱོད་པ་ལ་འཇུག་པའི་འགྲེལ་པ་ལེགས་པར་བཤད་པའི་རྒྱ་མཚོ་ཞེས་བྱ་བ་བཞུགས་སོ། །	རྒྱལ་སྲས་ཐོགས་མེད་བཟང་པོ།	༡༠༩	༦	སྡེ་དགེ་པར་མ།	

	༢		རྒྱལ་སྲས་དངུལ་ཆུ་བ་ཆེན་པོ་ཐོགས་མེད་བཟང་པོའི་གསུང་ཐོར་བུ་ཕྱོགས་བསྒྲིགས་ཀྱི་དཀར་ཆག་བཞུགས་སོ། །	རྒྱལ་སྲས་ཐོགས་མེད་བཟང་པོ།	༢	༦	དཔེ་ཚུགས།	
	༣		རྒྱལ་སྲས་དངུལ་ཆུ་བ་ཆེན་པོ་ཐོགས་མེད་བཟང་པོའི་གསུང་ཐོར་བུ་ཕྱོགས་བསྒྲིགས་བཞུགས་སོ། །	རྒྱལ་སྲས་ཐོགས་མེད་བཟང་པོ།	༡༩༠	༦	སྡེ་དགེ་པར་མ།	
01837	༄ ཆོས་དཔལ་བཟང་པོའི་གསུང་འབུམ། ༼བྲིས་ཡོད་གཅིག༽							
	༡		དཔལ་འཁོར་ལོ་བདེ་མཆོག་རྣལ་འབྱོར་གསང་མཐའི་མན་ངག་གི་རྣམ་བཤད་སྙ་བ་ངན་འཇོམས་རིན་ཆེན་བསམ་འཕེལ་ཞེས་བྱ་བ་བཞུགས་སོ། །	ལོ་ཆེན་ཆོས་དཔལ་བཟང་པོ།	༡༩༦	༨	དཔེ་ཚུགས།	༨༣–༨༧. ཆད།
	༢		རྒྱུད་ལས་བསྟན་པའི་རྡོ་རྗེ་བཙུན་དོ་རྗེ་རྣལ་འབྱོར་མའི་ནང་སྒྲུབ་ཀྱི་ཟིན་བྲིས་བཞུགས་པ་ལགས་སོ། །	ལོ་ཆེན་ཆོས་དཔལ་བཟང་པོ།	༡༢	༨	འཁྱུགས་མ་ཚུགས།	
	༣		པདྨ་དབང་ཆེན་གྱི་དབང་ཆུ་མ་དག་པའི་དྲི་མ་འཕྲུད་བྱེད་བཞུགས་སོ། །	ལོ་ཆེན་ཆོས་དཔལ་བཟང་པོ།	༣༡	༥	དཔེ་ཚུགས།	
	༤	དེ ༧༦	ཡང་གསང་གི་གཏོར་བཟློག་དགོས་གཙོད་བཞུགས་སོ། །	ལོ་ཆེན་ཆོས་དཔལ་བཟང་པོ།	༣	༧	དཔེ་ཚུགས།	
	༥	༣༥༣	སྔགས་བཏུ་ཐབས་ཀྱི་འཁོར་ལོ་བཞུགས་ལགས་སོ། །	ལོ་ཆེན་ཆོས་དཔལ་བཟང་པོ།	༥	༧	དཔེ་ཚུགས།	
	༦	༣༥༣	བསྲུང་བའི་ལས་ཚོགས་གཞན་ལ་ཕན་པའི་ནོར་བུ་བཞུགས་སོ། །	ལོ་ཆེན་ཆོས་དཔལ་བཟང་པོ།	༦	༧	དཔེ་ཚུགས།	
	༧		ཧ་མགྲིན་ཡང་གསང་ཁྲོས་པའི་སྒྲུབ་ཐབས་ཀྱི་རྣམ་བཤད་སྨོན་ཤོག་གླ་ཆེན་ཆོས་དཔལ་བཟང་པོས་མཛད་པ་བཞུགས་སོ། །	ལོ་ཆེན་ཆོས་དཔལ་བཟང་པོ།	༡༠༩	༦	བྲིས་མ་དབུ་ཅན།	
	༨		ཧ་མགྲིན་གྱི་ཁྲིད་ཀྱི་ཟིན་བྲིས་བཞུགས་སོ། །	ལོ་ཆེན་ཆོས་དཔལ་བཟང་པོ།	༨	༦	བྲིས་མ་དབུ་ཅན།	
	༩	ཆེ ༢༢༡	གངས་ཅན་སྐད་ཀྱི་བརྡ་དག་ལེགས་པའི་ཆ་བསགས་ལྷའི་བདུད་རྩིའི་ཆུ་རྒྱུན་དང་གིས་འཕབ་པ་དཔྱོད་ལྡན་ངག་གི་འདོད་འཛེ་བཞུགས་སོ། །	ལོ་ཆེན་ཆོས་དཔལ་བཟང་པོ།	༩༣	༦	བྲིས་མ་དབུ་ཅན།	༡༠. ཆད།

	༡༠	ཨི ནང་ ཇ།	དཔལ་དུས་ཀྱི་འཁོར་ལོའི་རྣམ་བཤད་དུས་འཁོར་བ་ཆོས་དཔལ་བཟང་པོས་མཛད་པ་བཞུགས་སོ། །	ལོ་ཆེན་ཆོས་དཔལ་བཟང་པོ།	༡༠༦	༧	དཔེ་ཚུགས།	
01838	༄ སྐྱིད་ཚལ་ཀུན་དགའ་ཆོས་བཟང་གི་གསུང་འབུམ། ཡོད་དང་པོ།							
	༡		འཇམ་དབྱངས་ཞལ་གྱི་པད་དཀར་འཛུམ་ཕྱེ་ནས། །ལུང་རིགས་གཏེར་མཛོད་ཟློ་འབྲུ་བཤད་པ་ལ། །བློ་གསལ་རྐང་དྲུག་ལྡན་རྣམས་འཕུར་ལྡིང་རོལ། ། ལེགས་བཤད་སྦྲང་རྩིའི་དགའ་སྟོན་འགྱེད་པ་བཞུགས། ། ལུང་སྡེ་བཞི་དགོངས་འགྲེལ་དང་བཅས་པའི་དོན་ཕྱིན་ཅི་མ་ལོག་པར་གཏན་ལ་འབེབས་པའི་རྣམ་བཤད་ལུང་རིགས་ཀྱི་མཛོད།	སྐྱིད་ཚལ་ཀུན་དགའ་ཆོས་བཟང་།	༢༢༣	༦	སྡེ་དགེ་པར་མ།	རལ་སྐྱོན་ཕྲན་བུ་ཐོར་ཡོད།
01839	༄ སྐྱིད་ཚལ་ཀུན་དགའ་ཆོས་བཟང་གི་གསུང་འབུམ། ཡོད་གཉིས་པ།							
	༡	ཇ ༡	མཚམས་སྦྱོར་ལྔ་པའི་ཊཱི་ཀ་ལེགས་པར་བཤད་པའི་རྒྱ་མཚོ་བཞུགས་པའི་དབུ་ཕྱོགས་ལགས།	སྐྱིད་ཚལ་ཀུན་དགའ་ཆོས་བཟང་།	༡༧	༧	དཔེ་ཚུགས།	རལ་སྐྱོན་ཕྲན་བུ་ཐོར་ཡོད།
	༢		གསུང་རབ་མཐའ་དག་ལ་ཉེ་བར་མཁོ་བ་སེམས་སེམས་བྱུང་གི་རྣམ་གཞག་བཞུགས་སོ། །	སྐྱིད་ཚལ་ཀུན་དགའ་ཆོས་བཟང་།	༢༨	༧	དཔེ་ཚུགས།	༢༥· ཆད།
	༣		ཚད་མ་རྣམ་འགྲེལ་གྱི་གཞུང་དོན་གསལ་བར་བྱེད་པའི་སྒྲོན་མེ་ལས་ལེའུ་དང་པོའི་རྣམ་པར་གཞག་པ་བཞུགས་སོ། །	སྐྱིད་ཚལ་ཀུན་དགའ་ཆོས་བཟང་།	༩༣	༤	དཔེ་ཚུགས།	དབུ་ཤོག་རལ་སྐྱོན་ཤོར་ཡོད།
			ཚད་མ་རྣམ་འགྲེལ་གྱི་གཞུང་དོན་གསལ་བར་བྱེད་པའི་སྒྲོན་མེ་ཚད་མར་གྲུབ་པའི་འགྲེལ་བཤད་བཞུགས།	སྐྱིད་ཚལ་ཀུན་དགའ་ཆོས་བཟང་།	༢༧	༤	དཔེ་ཚུགས།	
	༥		ཚད་མ་རྣམ་འགྲེལ་གྱི་གཞུང་དོན་གསལ་བར་བྱེད་པའི་སྒྲོན་མེ་མངོན་སུམ་ལེའུའི་རྣམ་བཤད་བཞུགས་སོ། །	སྐྱིད་ཚལ་ཀུན་དགའ་ཆོས་བཟང་།	༣༧	༤	དཔེ་ཚུགས།	

	༦		ཚད་མ་རྣམ་འགྲེལ་གྱི་གཞུང་དོན་གསལ་བར་བྱེད་པའི་སྒྲོན་མེ་གཞན་དོན་ལེའུའི་ལེགས་བཤད་གཞུང་དོན་རབ་གསལ་བཞུགས་སོ། །	སྐྱིད་ཚལ་ཀུན་དགའ་ཆོས་བཟང་།	༣༨	༩	དཔེ་ཚུགས།	
	༧		ཚད་མ་རིག་པའི་གཏེར་གྱི་རྣམ་བཤད་ལེགས་བཤད་ཐམས་ཅད་ཀྱི་སྙིང་པོ་རིག་པའི་འབྱུང་གནས་བཞུགས་སོ། །	དགེ་སློང་ཆོས་ཀྱི་བཟང་པོ།	༩༢	༩	དཔེ་ཚུགས།	དབུ་ཞབས་རལ་སྐྱོན་ཤོར་ཡོད།
	༨	ཏ ཐྲི ༣༩	ཟབ་དོན་དབུ་མ་དེ་ཁོ་ན་ཉིད་གསལ་བར་བྱེད་པ་ལེགས་པར་བཤད་པ་ངེས་དོན་རྒྱ་མཚོ་ཞེས་བྱ་བ་བཞུགས།	སྐྱིད་ཚལ་ཀུན་དགའ་ཆོས་བཟང་།	༦༧	༨	ཐུབ་བསྟན་བསྐྱེད་པའི་ཚལ་གྱི་པར་མ།	
	༩		ཐར་ལམ་གསལ་བའི་སྒྲོན་མེ་བཞུགས་སོ། །	སྐྱིད་ཚལ་ཀུན་དགའ་ཆོས་བཟང་།	༨	༨	དཔེ་ཚུགས།	༦. ༧. ཆད།
	༡༠	ཕྱི ༤༥	སྡོམ་པ་གསུམ་གྱི་རབ་ཏུ་དབྱེ་བ་ལས་གནས་གསུམ་གསལ་བྱེད་བཞུགས་སོ། །	སྐྱིད་ཚལ་ཀུན་དགའ་ཆོས་བཟང་།	༣༡	༦	བྲིས་མ་དབུ་ཅན།	
	༡༡	ཕྱི་ཀ ༤༢༧	རྟེན་ལ་གཟུང་བཞུགས་འབུལ་བའི་ལག་ལེན་གྱི་ཡི་གེ་ཞིབ་མོ་རྣམ་པར་དག་པ་བཞུགས་སོ། །	སྐྱིད་ཚལ་ཀུན་དགའ་ཆོས་བཟང་།	༡༠	༦	པར་མ།	རལ་སྐྱོན་ཅེ་ཙམ་ཤོར་ཡོད།
	༡༢	ཁ	ལེགས་པར་བཤད་པ་ལུང་རིགས་ཀྱི་རྒྱ་མཚོ་བཞུགས།	སྐྱིད་ཚལ་ཀུན་དགའ་ཆོས་བཟང་།	༡༦༥	༨	རྫོང་དཀར་བསྐྱེད་མོས་ཚལ་གྱི་པར་མ།	
01840	༄ འཇམ་དབྱངས་མཁྱེན་བརྩེ་དབང་པོ་ཀུན་དགའ་བསྟན་པའི་རྒྱལ་མཚན་གྱི་གསུང་འབུམ། ༼པོད་ཀ༽							
	༡	ཀ	ལྷ་དང་བཅས་པའི་སྟོན་པ་མཉམ་མེད་ཤཱཀྱ་སེང་གེའི་ཞབས་ཀྱི་པད་མོ་ལ་མཛད་པ་བཅུ་གཉིས་ཀྱི་སྒོ་ནས་ཅུང་ཟད་བསྟགས་པའི་ཀུན་བཟང་འཁོར་ལོའི་རེའུ་མིག་རྒྱལ་བ་སྲས་བཅས་དགྱེས་པའི་རོལ་མོ་ཞེས་བྱ་བ་བཞུགས་སོ། །	འཇམ་དབྱངས་མཁྱེན་བརྩེའི་དབང་པོ།	༣༩	༦	པར་མ།	
	༢	ཀ	འཆི་མེད་ཚེ་ལྷ་རྣམ་གསུམ་གྱི་བསྟོད་པ་བཞུགས་སོ། །	འཇམ་དབྱངས་མཁྱེན་བརྩེའི་དབང་པོ།	༡༦	༦	པར་མ།	

	༣	ཀ	བསྟོད་ཚོགས་གསོལ་འདེབས་སྨྲས་བཅས་རྒྱལ་བ་དགྱེས་པའི་རོལ་མོ་ཡོན་ཏན་རྒྱ་མཚོ་མཐའ་ཡས་པའི་སྤྲིན་ཞེས་བྱ་བ་བཞུགས་སོ། །	འཇམ་དབྱངས་མཁྱེན་བརྩེའི་དབང་པོ།	༡༩༢	༧	པར་མ།	
	༤	ཀ	བླ་མ་ལ་ཕྱག་འཚལ་བའི་ཚོགས་བཅད་ཡན་ལག་བདུན་པ་ལམ་རིམ་གྱི་སྨོན་ལམ་དང་བཅས་པ་ཀུན་བཟང་སྤྱོད་པའི་འཇུག་ངོགས་ཞེས་བྱ་བ་བཞུགས་སོ། །	འཇམ་དབྱངས་མཁྱེན་བརྩེའི་དབང་པོ།	༣༢	༦	པར་མ།	
	༥	ཀ	ཀུན་མཁྱེན་བླ་མ་རྡོ་རྗེ་འཆང་ཆེན་པོ་འཇམ་དབྱངས་མཁྱེན་བརྩེའི་དབང་པོའི་རྣམ་ཐར་ཞུང་པར་བསྡུས་པ་བཞུགས་སོ། །	འཇམ་དབྱངས་མཁྱེན་བརྩེའི་དབང་པོ།	༩	༦	པར་མ།	
	༦	ཀ	སྐྱེ་ཕྲེང་གསོལ་འདེབས།	འཇམ་དབྱངས་མཁྱེན་བརྩེའི་དབང་པོ།	༡	༦	པར་མ།	
	༧	ཀ	འཆི་མེད་མ་དྭ་ར་བ་ལ་བསྟོད་པ་ཀུ་མུ་ཏ་དགྱེས་པའི་རོལ་མོ་ཞེས་བྱ་བ་བཞུགས་སོ། །	འཇམ་དབྱངས་མཁྱེན་བརྩེའི་དབང་པོ།	༡༡	༦	པར་མ།	
	༨	ཀ	གཏམ་གྱི་ཚོགས་རིག་གཞུང་རྒྱ་མཚོར་འཇུག་པའི་གྲུ་རྫིངས་ཞེས་བྱ་བ་བཞུགས་སོ། །	འཇམ་དབྱངས་མཁྱེན་བརྩེའི་དབང་པོ།	༡༤༣	༦	པར་མ།	
01841	༄ འཇམ་དབྱངས་མཁྱེན་བརྩེ་དབང་པོ་ཀུན་དགའ་བསྟན་པའི་རྒྱལ་མཚན་གྱི་གསུང་འབུམ། །པོད་ཁ།							
	༡	ཁ	འཇམ་དཔལ་སྒྱུ་འཕྲུལ་དྲྭ་བའི་རྒྱུད་ལ་བརྟེན་ནས་སྒྲུབ་རྒྱུད་ཤིང་རྟ་བརྒྱད་ཀྱི་ལམ་གྲོལ་འཆད་ཚུལ་དང་ཟིན་བྲིས་སྙིར་སྣ་ཚོགས་བཞུགས་སོ། །	འཇམ་དབྱངས་མཁྱེན་བརྩེའི་དབང་པོ།	༣༦༨	༦	པར་མ།	
	༢	ཁ	རྗེ་བཙུན་བླ་མ་དམ་པའི་ཞལ་ལུང་རྣམས་བསྒྲུད་བྱང་ཟིན་བྲིས་སུ་བཏབ་པ་བློ་གསལ་དགའ་བའི་རྣ་རྒྱན་ཅེས་བྱ་བ་བཞུགས་སོ། །	འཇམ་དབྱངས་མཁྱེན་བརྩེའི་དབང་པོ།	༦༠	༦	པར་མ།	
01842	༄ འཇམ་དབྱངས་མཁྱེན་བརྩེ་དབང་པོ་ཀུན་དགའ་བསྟན་པའི་རྒྱལ་མཚན་གྱི་གསུང་འབུམ། །པོད་ག།							

	༡	ག	གསང་ཆེན་རྡོ་རྗེ་ཐེག་པ་ཕྱི་འགྱུར་གསར་མ་གཙོ་བོར་སྟོན་པའི་ཟིན་བྲིས་སྣ་ཚོགས་དང་། མདོ་རྒྱུད་ལུང་བཏུས་བཅས་བཞུགས་སོ། །	འཇམ་དབྱངས་མཁྱེན་བརྩེའི་དབང་པོ།	༣༥༧	༦	པར་མ།	
	༢	ག	དྲིས་ལན་མདོར་བསྡུས་སྐོར་བཞུགས་སོ། །	འཇམ་དབྱངས་མཁྱེན་བརྩེའི་དབང་པོ།	༣༣	༦	པར་མ།	
01843	༄ འཇམ་དབྱངས་མཁྱེན་བརྩེ་དབང་པོ་ཀུན་དགའ་བསྟན་པའི་རྒྱལ་མཚན་གྱི་གསུང་འབུམ། [པོད་ང་]							
	༡	ང	ཐེག་པའི་རྣམ་དབྱེ་གསལ་བར་བྱེད་པའི་གཏམ་ལེགས་བཤད་ངོ་མཚར་ཀུ་གཏེར་ཞེས་བྱ་བ་བཞུགས་སོ། །	འཇམ་དབྱངས་མཁྱེན་བརྩེའི་དབང་པོ།	༢༣༦	༦	པར་མ།	
	༢	ང	འཇམ་དཔལ་སྒྱུ་འཕྲུལ་དྲྭ་བའི་རྒྱུད་ཀྱི་རྡོ་རྗེའི་ཚིག་གི་དུམ་བུ་མཐར་ཐུག་རྫོགས་པ་ཆེན་པོ་ལྟར་བཀྲལ་བ་ཚིག་དོན་སྙིང་པོ་ཞེས་བྱ་བ་བཞུགས་སོ། །	འཇམ་དབྱངས་མཁྱེན་བརྩེའི་དབང་པོ།	༦	༦	པར་མ།	
	༣	ང	དཔལ་ཡང་དག་པའི་གྲོལ་བའི་ལམ་ཡེ་ཤེས་ཐིག་ལེའི་མན་ངག་བཞུགས་སོ། །	འཇམ་དབྱངས་མཁྱེན་བརྩེའི་དབང་པོ།	༣༠	༦	པར་མ།	
	༤	ང	སྒོམ་རིམ་བར་པའི་ས་བཅད་བཞུགས་སོ། །	འཇམ་དབྱངས་མཁྱེན་བརྩེའི་དབང་པོ།	༦༥	༦	པར་མ།	
	༥	ང	བདེན་བཞི་དང་རྟེན་འབྲེལ་གྱི་རྣམ་གཞག་ཚིག་གི་ས་བོན་ཅེས་བྱ་བ་བཞུགས་སོ། །	འཇམ་དབྱངས་མཁྱེན་བརྩེའི་དབང་པོ།	༤༢	༦	པར་མ།	
	༦	ང	གངས་རིའི་ཁྲོད་ཀྱི་གྲུབ་པ་ཉན་བཤད་པ་རྣམས་ཀྱི་སྣན་དུ་བསྒྲིངས་པ་ཐོས་བསམ་འཆི་མེད་བདུད་རྩི་ཞེས་བྱ་བ་བཞུགས་སོ། །	འཇམ་དབྱངས་མཁྱེན་བརྩེའི་དབང་པོ།	༢༩	༦	པར་མ།	
	༧	ང	བྱང་ཆུབ་སྤྱོད་པའི་སྨོན་ལམ་ཕན་བདེའི་ལྗོན་པའི་ཟིན་བྲིས་བཞུགས་སོ། །	འཇམ་དབྱངས་མཁྱེན་བརྩེའི་དབང་པོ།	༤༠	༦	པར་མ།	
	༨	ང	གསང་བ་སྔགས་ཀྱི་སྨོན་ལམ་འདོད་འཇོའི་དགའ་སྟོན་གྱི་འགྲེལ་བཤད་བདུད་རྩིའི་ཀླུང་ཆེན་ཞེས་བྱ་བ་བཞུགས་སོ། །	འཇམ་དབྱངས་མཁྱེན་བརྩེའི་དབང་པོ།	༣༦	༦	པར་མ།	

01844

༄ འཇམ་དབྱངས་མཁྱེན་བརྩེ་དབང་པོ་ཀུན་དགའ་བསྟན་པའི་རྒྱལ་མཚན་གྱི་གསུང་འབུམ། ［པོད་ཅ］

༡	ཅ	དཔལ་འཁོར་ལོ་སྡོམ་པ་ལྷན་ཅིག་སྐྱེས་པ་ཡབ་ཡུམ་གྱི་སྒྲུབ་ཅིང་མཆོད་པའི་ཆོ་ག་འི་ངག་འདོན་སྙིང་པོར་དྲིལ་བ་བཞུགས་སོ། །	འཇམ་དབྱངས་མཁྱེན་བརྩེའི་དབང་པོ།	༨	༦	པར་མ།	
༢	ཅ	བདེ་མཆོག་མཁའ་འགྲོ་སྙན་བརྒྱུད་ཀྱི་བརྒྱུད་འདེབས་བཞུགས་སོ། །	འཇམ་དབྱངས་མཁྱེན་བརྩེའི་དབང་པོ།	༢	༦	པར་མ།	
༣	ཅ	བདེ་མཆོག་མཁའ་འགྲོ་སྙན་བརྒྱུད་ཀྱི་ལམ་རིམ་མདོར་བསྡུས་པ་ཡིད་བཞིན་ནོར་བུའི་སྙིང་པོ་ཞེས་བྱ་བ་བཞུགས་སོ། །	འཇམ་དབྱངས་མཁྱེན་བརྩེའི་དབང་པོ།	༢༨	༦	པར་མ།	
༤	ཅ	བདེ་མཆོག་མཁའ་འགྲོ་སྙན་བརྒྱུད་ལུགས་ཀྱི་བདུད་རྩི་རིལ་བུའི་སྒྲུབ་ཐབས་ཡེ་ཤེས་མཆོག་སྟེར་བཞུགས་སོ། །	འཇམ་དབྱངས་མཁྱེན་བརྩེའི་དབང་པོ།	༤	༦	པར་མ།	
༥	ཅ	བདེ་མཆོག་མཁའ་འགྲོ་སྙན་བརྒྱུད་ལུགས་ཀྱི་སྦྱིན་སྲེག་གི་ཆོ་ག་མདོར་བསྡུས་པ་བཞུགས་སོ། །	འཇམ་དབྱངས་མཁྱེན་བརྩེའི་དབང་པོ།	༤	༦	པར་མ།	
༦	ཅ	བདེ་མཆོག་མཁའ་འགྲོ་སྙན་བརྒྱུད་ཀྱི་ཟབ་ཁྲིད་རྒྱས་པར་འཆད་པའི་ས་བཅད་གྲུབ་པའི་གསུང་ཟེར་བཞུགས་སོ། །	འཇམ་དབྱངས་མཁྱེན་བརྩེའི་དབང་པོ།	༡༠	༦	པར་མ།	
༧	ཅ	བདེ་མཆོག་སྙན་བརྒྱུད་ཀྱི་ཡུམ་བཀའ་ལྷན་ཅིག་སྐྱེས་མའི་ཉམས་ལེན་སིན་ཏུ་བསྡུས་པ་བདུད་རྩིའི་སྙིང་པོ་ཞེས་བྱ་བ་བཞུགས་སོ། །	འཇམ་དབྱངས་མཁྱེན་བརྩེའི་དབང་པོ།	༡༠	༦	པར་མ།	
༨	ཅ	བདེ་མཆོག་མཁའ་འགྲོ་སྙན་བརྒྱུད་ལྷན་སྐྱེས་ཡབ་ཡུམ་གྱི་བདག་འཇུག་ཉེ་བར་བསྡུས་པ་བཞུགས་སོ། །	འཇམ་དབྱངས་མཁྱེན་བརྩེའི་དབང་པོ།	༡༥	༦	པར་མ།	
༩	ཅ	ཚོགས་འཁོར་སྐབས་ཀྱི་རྡོ་རྗེའི་གླུ་བཞུགས་སོ། །	འཇམ་དབྱངས་མཁྱེན་བརྩེའི་དབང་པོ།	༣	༦	པར་མ།	
༡༠	ཅ	དཔལ་འཁོར་ལོ་བདེ་མཆོག་ལཱུ་ཧི་པའི་བསྐྱེད་རྫོགས་ཀྱི་སྙིང་པོ་སིན་ཏུ་བསྡུས་པ་བདེ་མཆོག་འདོད་འཇོ་ཞེས་བྱ་བ་བཞུགས་སོ། །	འཇམ་དབྱངས་མཁྱེན་བརྩེའི་དབང་པོ།	༢༣	༦	པར་མ།	

	༡༡	ཅ	དཔལ་འཁོར་ལོ་བདེ་མཆོག་ནག་པོ་པའི་སྒྲུབ་ཐབས་ཤིན་ཏུ་བསྡུས་པ་དྲན་པ་གཅིག་པ་བཞུགས་སོ། །	འཇམ་དབྱངས་མཁྱེན་བརྩེའི་དབང་པོ།	༢༤	༦	པར་མ།	
	༡༢	ཅ	དཔལ་འཁོར་ལོ་བདེ་མཆོག་བོང་བུའི་ཞལ་ཅན་གྱི་བསྐྱེད་རྫོགས་ཀྱི་ཁྲིད་ཡིག་སྙིང་པོར་དྲིལ་བ་བདེ་ཆེན་ཐིག་ལེ་ཞེས་བྱ་བ་བཞུགས་སོ། །	འཇམ་དབྱངས་མཁྱེན་བརྩེའི་དབང་པོ།	༩	༦	པར་མ།	
	༡༣	ཅ	བཅོམ་ལྡན་འདས་དཔལ་འཁོར་ལོ་བདེ་མཆོག་དཀར་པོ་ལ་བརྟེན་པའི་ཚེ་སྒྲུབ་ཟབ་པ་བཞི་ལྡན་གྱི་ཁྲིད་ཡིག་མདོར་བསྡུས་བདུད་རྩིའི་སྙིང་པོ་ཞེས་བྱ་བ་བཞུགས་སོ། །	འཇམ་དབྱངས་མཁྱེན་བརྩེའི་དབང་པོ།	༨	༦	པར་མ།	
	༡༤	ཅ	དཔལ་འཁོར་ལོ་བདེ་མཆོག་དྲིལ་བུ་ལུགས་ཀྱི་བསྐྱེད་པའི་རིམ་པའི་ཁྲིད་ཡིག་ཟིན་བྲིས་ཉུང་གསལ་བཞུགས་སོ། །	འཇམ་དབྱངས་མཁྱེན་བརྩེའི་དབང་པོ།	༨	༦	པར་མ།	
	༡༥	ཅ	རྗེ་བཙུན་རྡོ་རྗེ་རྣལ་འབྱོར་མ་ནཱ་རོ་མཁའ་སྤྱོད་ཀྱི་བྱིན་རླབས་བྱ་ཚུལ་མཐོང་བ་དོན་ལྡན་ཞེས་བྱ་བ་བཞུགས་སོ། །	འཇམ་དབྱངས་མཁྱེན་བརྩེའི་དབང་པོ།	༡༠༥	༦	པར་མ།	ཤོག་གྲངས་ ༧༥. ༧༦ཆད།
	༡༦	ཅ	མཁའ་སྤྱོད་བརྒྱུད་འདེབས་ཟབ་སྙིང་བཞུགས་སོ། །	འཇམ་དབྱངས་མཁྱེན་བརྩེའི་དབང་པོ།	༡	༦	པར་མ།	
	༡༧	ཅ	ནཱ་རོ་མཁའ་སྤྱོད་མའི་འཁྲིད་ཀྱི་འཆད་ཐབས་མཁའ་སྤྱོད་ལམ་བཟང་མཛེས་པར་བྱེད་པའི་རྒྱན་ཅེས་བྱ་བ་བཞུགས་སོ། །	འཇམ་དབྱངས་མཁྱེན་བརྩེའི་དབང་པོ།	༡༢	༦	པར་མ།	
	༡༨	ཅ	འཕགས་པ་སྤྱན་རས་གཟིགས་ཀྱིས་གྲུབ་ཆེན་མི་ཏྲ་ཛོ་ཀི་ལ་གསུངས་པའི་ཕྱག་རྒྱ་ཆེན་པོ་སེམས་ཉིད་ངལ་བསོའི་གཞུང་འགྲེལ་སྙིང་པོ་བསྡུས་པ་ཞེས་བྱ་བ་བཞུགས་སོ། །	འཇམ་དབྱངས་མཁྱེན་བརྩེའི་དབང་པོ།	༡༩	༦	པར་པར་མ།	
	༡༩	ཅ	ཕྱག་རྒྱ་ཆེན་པོ་སེམས་ཉིད་ངལ་བསོའི་ཁྲིད་ཀྱི་འཆད་ཐབས་བླ་མའི་ཞལ་ལུང་བདུད་རྩིའི་སྣང་བ་བཞུགས་སོ། །	འཇམ་དབྱངས་མཁྱེན་བརྩེའི་དབང་པོ།	༡༡	༦	པར་མ།	

	༢༠	ཅ	གྲུབ་ཆེན་མི་ཏྲ་ཛོ་གིས་མཛད་པའི་སྙིང་པོ་དོན་གསུམ་གྱི་མན་ངག་གི་རྩ་བ་རྡོ་རྗེའི་ཚིག་རྐང་བཞུགས་སོ། །	འཇམ་དབྱངས་མཁྱེན་བརྩེའི་དབང་པོ།	༨	༦	པར་མ།	
	༢༡	ཅ	ཕྱག་རྡོར་ཆེན་པོ་རྒྱལ་པོ་ལུགས་ཀྱི་བརྒྱུད་འདེབས་བཞུགས་སོ། །	འཇམ་དབྱངས་མཁྱེན་བརྩེའི་དབང་པོ།	༦	༦	པར་མ།	
	༢༢	ཅ	ཕྱག་རྡོར་ཆེན་པོའི་དམར་ཁྲིད་ཟླ་རྒྱལ་ལུགས་ཀྱི་རྒྱུད་འདེབས་བཞུགས་སོ། །	འཇམ་དབྱངས་མཁྱེན་བརྩེའི་དབང་པོ།	༣	༦	པར་མ།	
	༢༣	ཅ	ཕྱག་རྡོར་ཆེན་པོའི་དམར་ཁྲིད་སྐྱེར་སྒང་ལུགས་ཀྱི་བརྒྱུད་འདེབས་བཞུགས་སོ། །	འཇམ་དབྱངས་མཁྱེན་བརྩེའི་དབང་པོ།	༦	༦	པར་མ།	
	༢༤	ཅ	ཕྱག་རྡོར་ཆེན་པོའི་བླ་མ་བརྒྱུད་པའི་གསོལ་འདེབས་ལམ་རིམ་སྨོན་ལམ་དང་བཅས་པ་བྱིན་རླབས་མཆོག་སྩོལ་ཅེས་བྱ་བ་བཞུགས་སོ། །	འཇམ་དབྱངས་མཁྱེན་བརྩེའི་དབང་པོ།	༡༥	༦	པར་མ།	
	༢༥	ཅ	ཕྱག་རྡོར་ཆེན་པོའི་དམར་ཁྲིད་ཆོམ་བུ་ལུགས་ཀྱི་ས་བཅད་བཞུགས་སོ། །	འཇམ་དབྱངས་མཁྱེན་བརྩེའི་དབང་པོ།	༨	༦	པར་མ།	
	༢༦	ཅ	དགེ་སློང་མ་དཔལ་མོའི་ལུགས་ཀྱི་ཕྱག་རྡོར་ཆེན་པོ་ཞལ་བཅུ་གཅིག་པའི་སྒྲུབ་ཐབས་སྨྱུང་གནས་དང་བཅས་པའི་ཚོ་ག་ཐིག་སྒྲིབ་རྣམ་སྦྱོང་ཞེས་བྱ་བ་བཞུགས་སོ། །	འཇམ་དབྱངས་མཁྱེན་བརྩེའི་དབང་པོ།	༣༡	༦	པར་མ།	
	༢༧	ཅ	མཆོད་བསྟུས་པ་ཆོམ་བུ་འདུན་པ་བཞུགས་སོ། །	འཇམ་དབྱངས་མཁྱེན་བརྩེའི་དབང་པོ།	༡	༦	པར་མ།	
	༢༨	ཅ	སྤྱན་རས་གཟིགས་དཔལ་མོ་ལུགས་ཀྱི་བརྒྱུད་འདེབས་བཞུགས་སོ། །	འཇམ་དབྱངས་མཁྱེན་བརྩེའི་དབང་པོ།	༣	༦	པར་མ།	
	༢༩	ཅ	དཔལ་ཀྱི་རྡོ་རྗེ་གཙོ་རྒྱང་གི་མངོན་རྟོགས་ངག་འདོན་སྙིང་པོ་གསལ་བ་ཞེས་བྱ་བ་བཞུགས་སོ། །	འཇམ་དབྱངས་མཁྱེན་བརྩེའི་དབང་པོ།	༥༦	༦	པར་མ།	

	༣༠	ཅ	དཔལ་མནྟྲ་ཡཱ་གཙོ་རྒྱུད་ཀྱི་ཕྲིན་ལས་ཀྱི་ཆོ་ག་འོད་གསལ་འཆར་བ་ཞེས་བྱ་བ་བཞུགས་སོ། །	འཇམ་དབྱངས་མཁྱེན་བརྩེའི་དབང་པོ།	༡༡	༦	པར་མ།	
	༣༡	ཅ	སེང་གདོང་སྔོན་མོ་གཙོ་འཁོར་གསུམ་མའི་སྒྲུབ་ཐབས་རྗེས་གནང་ལས་ཚོགས་དང་བཅས་པ་རྡོ་རྗེའི་སྤྲིན་ཆར་ཞེས་བྱ་བ་བཞུགས་སོ། །	འཇམ་དབྱངས་མཁྱེན་བརྩེའི་དབང་པོ།	༤	༦	པར་མ།	
	༣༢	ཅ	པཎ་ཆེན་ནགས་རིན་ལུགས། སེང་གདོང་མ་དམར་མོའི་སྒྲུབ་ཐབས་རྗེས་གནང་ལས་ཚོགས་དང་བཅས་པ་མཁའ་འགྲོ་དགྱེས་པའི་དབྱངས་སྙན་ཞེས་བྱ་བ་བཞུགས་སོ། །	འཇམ་དབྱངས་མཁྱེན་བརྩེའི་དབང་པོ།	༡༡	༦	པར་མ།	
	༣༣	ཅ	རྟེན་གསར་རྙིང་ལ་བྱ་བའི་ཨཱརྒྷའི་ཚོགས་མདོར་བསྡུས་སྙིང་པོར་དྲིལ་བ་བཞུགས་སོ། །	འཇམ་དབྱངས་མཁྱེན་བརྩེའི་དབང་པོ།	༣༠	༦	པར་མ།	
01845	༄། འཇམ་དབྱངས་མཁྱེན་བརྩེ་དབང་པོ་ཀུན་དགའ་བསྟན་པའི་རྒྱལ་མཚན་གྱི་གསུང་འབུམ། ༼པོད་ཀ༽							
	༡	ཀ	རིགས་གསུམ་སྤྱིའི་དཀྱིལ་འཁོར་གྱི་ཆོ་ག་འབྲིན་ལས་ལྷུན་གྲུབ་ཅེས་བྱ་བ་བཞུགས་སོ། །	འཇམ་དབྱངས་མཁྱེན་བརྩེའི་དབང་པོ།	༤༥	༦	པར་མ།	
	༢	ཀ	ཚེ་དཔག་མེད་གྲུབ་རྒྱལ་ལུགས་ཀྱི་ཕྲིན་ལས་ཆོ་ག་པད་དཀར་བཞད་པའི་གསལ་བྱེད་གཞན་ཕན་བདུད་རྩིའི་སྙིང་པོ་ཞེས་བྱ་བ་བཞུགས་སོ། །	འཇམ་དབྱངས་མཁྱེན་བརྩེའི་དབང་པོ།	༦༡	༦	པར་མ།	
	༣	ཀ	ཚེ་དཔག་མེད་གྲུབ་རྒྱལ་ལུགས་ཀྱི་རྒྱུད་འདེབས་འཆི་མེད་བདུད་རྩིའི་ཆར་འབེབས་ཞེས་བྱ་བ་བཞུགས་སོ། །	འཇམ་དབྱངས་མཁྱེན་བརྩེའི་དབང་པོ།	༢༨	༦	པར་མ།	
	༤	ཀ	ཉེ་བརྒྱུད་ཚེ་ཧྲ་ཟུང་འབྲེལ་གྱི་རྒྱུན་ཁྱེར་ཤིན་ཏུ་བསྡུས་པ་འཆི་མེད་གྲུབ་པའི་ཞལ་ལུང་ཞེས་བྱ་བཞུགས་སོ། །	འཇམ་དབྱངས་མཁྱེན་བརྩེའི་དབང་པོ།	༢	༦	པར་མ།	
	༥	ཀ	མི་ཏྲ་བརྒྱ་རྩའི་དབང་བཀའ་སོ་སོའི་མཚམས་སྦྱོར་མདོར་བསྡུས་པ་ཐུགས་རྗེ་ཆེན་པོའི་དགོངས་རྒྱན་མཛེས་པར་བྱེད་པའི་རྒྱན་ཅེས་བྱ་བ་བཞུགས་སོ། །	འཇམ་དབྱངས་མཁྱེན་བརྩེའི་དབང་པོ།	༤༦	༦	པར་མ།	

	༦	ཀ	རྡོ་བཙུན་སྒྲོལ་མ་དཀར་མོ་ཡིད་བཞིན་འཁོར་ལོའི་ཆོ་ག་ལ་བརྟེན་ནས་བརྟན་བཞུགས་འབུལ་ཚུལ་དབང་བཙུ་གྲུབ་པའི་དགའ་སྟོན་ཞེས་བྱ་བ་བཞུགས་སོ། །	འཇམ་དབྱངས་མཁྱེན་བརྩེའི་དབང་པོ།	༡༥	༦	ཕར་མ།	
	༧	ཀ	བཟང་པོ་སྤྱོད་པའི་སྨོན་ལམ་བརྟེན་ནས་འཆི་བ་སླུ་བའི་གདམས་ངག་གསལ་བར་བཀོད་པ་རིང་འཚོའི་དཔལ་སྟེར་ཞེས་བྱ་བཞུགས་སོ། །	འཇམ་དབྱངས་མཁྱེན་བརྩེའི་དབང་པོ།	༥	༦	ཕར་མ།	
	༨	ཀ	གསང་འདུས་འཇིག་རྟེན་དབང་ཕྱུག་གི་སྒྲུབ་ཐབས་ཉུང་ངུ་བྱིན་རླབས་ཟླ་བའི་ཟེལ་དཔར་ཞེས་བྱ་བ་བཞུགས་སོ། །	འཇམ་དབྱངས་མཁྱེན་བརྩེའི་དབང་པོ།	༡༠	༦	ཕར་མ།	
	༩	ཀ	གྲུབ་ཆེན་མི་ཏྲ་ཛོ་ཀིའི་ལུགས་ཀྱི་ཕྱུགས་རྗེ་ཆེན་པོ་སེམས་ཉིད་ངལ་གསོའི་སྒྲུབ་ཐབས་རྗེས་གནང་མན་ངག་དང་བཅས་པ་སྙིང་པོ་བདུད་རྩི་ཞེས་བྱ་བ་བཞུགས་སོ། །	འཇམ་དབྱངས་མཁྱེན་བརྩེའི་དབང་པོ།	༨	༦	ཕར་མ།	
	༡༠	ཀ	འཕགས་པ་སྤྱན་རས་གཟིགས་གཙོ་འཁོར་གསུམ་པའི་སྒྲུབ་ཐབས་རྗེས་གནང་བཅས་པ་བློ་དམན་གོ་བདེ་བཞུགས་སོ། །	འཇམ་དབྱངས་མཁྱེན་བརྩེའི་དབང་པོ།	༥༣	༦	ཕར་མ།	
	༡༡	ཀ	ལག་ན་རྡོ་རྗེ་གོས་སྔོན་ཅན་གྱི་གཟུངས་ཀྱི་མན་ངག་ལས་བསྐྱེན་པའི་ལག་ལེན་ཁོལ་དུ་ཕྱུང་བ་བཞུགས་སོ། །	འཇམ་དབྱངས་མཁྱེན་བརྩེའི་དབང་པོ།	༣	༦	ཕར་མ།	
	༡༢	ཀ	པཎ་ཆེན་ཤཱཀྱ་ཤྲཱིའི་ལུགས་ཀྱི་སྒྲོལ་མ་དཀར་མོའི་སྒྲུབ་ཐབས་རྗེས་གནང་ལས་ཚོགས་དང་བཅས་པ་བདུད་རྩིའི་ཐིག་ལེ་ཞེས་བྱ་བ་བཞུགས་སོ། །	འཇམ་དབྱངས་མཁྱེན་བརྩེའི་དབང་པོ།	༧༡	༦	ཕར་མ།	
	༡༣	ཀ	ཀུན་རིག་གི་སྐབས་ཡུལ་སྒོམ་ཚུལ།	འཇམ་དབྱངས་མཁྱེན་བརྩེའི་དབང་པོ།	༢	༦	ཕར་མ།	
	༡༤	ཀ	འཇམ་དབྱངས་བླ་མ་མཆོད་པའི་ཆོ་ག་ཚོགས་གཉིས་ཆར་འབེབས་ཞེས་བྱ་བ་བཞུགས་སོ། །	འཇམ་དབྱངས་མཁྱེན་བརྩེའི་དབང་པོ།	༡༦	༦	ཕར་མ།	
	༡༥	ཀ	འཇམ་དཔལ་རྡོ་རྗེ་དཔའ་བོ་གཅིག་པུ་གྲུབ་པའི་སྒྲུབ་ཐབས་རྗེས་གནང་ལས་ཚོགས་དང་བཅས་པ་དངོས་གྲུབ་རྒྱ་མཚོའི་སྤྲིན་ཕུང་ཞེས་བྱ་བ་བཞུགས་སོ། །	འཇམ་དབྱངས་མཁྱེན་བརྩེའི་དབང་པོ།	༡༠༥	༦	ཕར་མ།	

	༡༦	ཀ	བཅུ་གཅིག་ཞལ་གྱི་བསྙེན་སྒྲུབ་ཀྱི་ཡི་གེ།	འཇམ་དབྱངས་མཁྱེན་བརྩེའི་དབང་པོ།	༢	༦	པར་མ།	
01846	༄ འཇམ་དབྱངས་མཁྱེན་བརྩེ་དབང་པོ་ཀུན་དགའ་བསྟན་པའི་རྒྱལ་མཚན་གྱི་གསུང་འབུམ། (པོད་ཛ)							
	༡	ཛ	ཡན་ལག་བདུན་པའི་ཚིགས་སུ་བཅད་པ་ལམ་རིམ་གྱི་སྨོན་ལམ་དང་བཅས་པ་ཕན་བདེའི་སྤྲིན་གྱི་རོལ་མོ་ཞེས་བྱ་བ་བཞུགས་སོ། །	འཇམ་དབྱངས་མཁྱེན་བརྩེའི་དབང་པོ།	༦	༦	པར་མ།	
	༢	ཛ	ཐེག་པ་ཆེན་པོ་ཤིན་ཏུ་རྒྱས་པའི་ལུགས་ཀྱི་སེམས་བསྐྱེད་དང་སྡོམ་པའི་ཆོ་ག་བྱང་ཆུབ་སེམས་དཔའི་ལམ་བཟང་ཞེས་བྱ་བ་བཞུགས་སོ། །	འཇམ་དབྱངས་མཁྱེན་བརྩེའི་དབང་པོ།	༤༡	༦	པར་མ།	
	༣	ཛ	བྱང་ཆུབ་ལམ་གྱི་རིམ་པ་ཉམས་སུ་ལེན་ཚུལ་གྱི་ཕྱག་བཞེད་སྙིང་པོར་དྲིལ་བ་བཞུགས་སོ། །	འཇམ་དབྱངས་མཁྱེན་བརྩེའི་དབང་པོ།	༡༣	༦	པར་མ།	
	༤	ཛ	ཐེག་པ་ཆེན་པོའི་བློ་སྦྱོང་དོན་བདུན་མ་ཉམས་སུ་ལེན་ཚུལ་སྙིང་པོར་དྲིལ་བ་ཕན་བདེའི་ས་བོན་ཞེས་བྱ་བ་བཞུགས་སོ། །	འཇམ་དབྱངས་མཁྱེན་བརྩེའི་དབང་པོ།	༡༨	༦	པར་མ།	
	༥	ཛ	བློ་སྦྱོང་ལེགས་བཤད་ཀུན་འདུས་ཀྱི་འཆད་ཐབས་ཨུཏྤལ་གསར་པའི་དོ་ཤལ་ཞེས་བྱ་བ་བཞུགས་སོ། །	འཇམ་དབྱངས་མཁྱེན་བརྩེའི་དབང་པོ།	༣༢	༦	པར་མ།	
	༦	ཛ	བཀའ་གདམས་ཐིག་ལེ་བཅུ་དྲུག་གི་ཟབ་ཁྲིད་ཀྱི་རིམ་པ་སྙིང་པོར་དྲིལ་བ་གྲུབ་བརྙེས་མཆོག་སྤྲིན་ཞེས་བྱ་བ་བཞུགས་སོ། །	འཇམ་དབྱངས་མཁྱེན་བརྩེའི་དབང་པོ།	༡༦	༦	པར་མ།	
	༧	ཛ	ཤིང་རྟ་ཆེན་པོ་རྣམ་གཉིས་ཀྱི་གཞུང་དང་རྗེས་སུ་མཐུན་པའི་དབུ་མའི་ལྟ་ཁྲིད་བདུད་རྩིའི་སྙིང་པོ་ཞེས་བྱ་བཞུགས་སོ། །	འཇམ་དབྱངས་མཁྱེན་བརྩེའི་དབང་པོ།	༡༢	༦	པར་མ།	
	༨	ཛ	ཀུན་མཁྱེན་བོ་དོང་པའི་དཔལ་དེ་ཉིད་འདུས་ཆེན་གྱི་ཟབ་ཁྲིད་ཆོས་འཁོར་དགུ་ལས་ཐུབ་པ་ཆེན་པོའི་གཙོད་ཀྱི་ཁྲིད་ཡིག་ཟབ་དོན་ཡང་སྙིང་ཞེས་བྱ་བ་བཞུགས་སོ། །	འཇམ་དབྱངས་མཁྱེན་བརྩེའི་དབང་པོ།	༡༤	༦	པར་མ།	

	༩	ཇ	ཀུན་མཁྱེན་པོ་དོང་པའི་ལུགས་ཀྱི་ཕྱག་རྒྱ་ཆེན་པོ་ལྷན་ཅིག་སྐྱེས་སྦྱོར་དང་ཟབ་གསལ་དབྱེར་མེད་ཟུང་དུ་འཇུག་པའི་སྨོན་འགྲོའི་ངག་དོན་མ་རིག་མུན་སེལ་ཞེས་བྱ་བཞུགས་སོ། ।	འཇམ་དབྱངས་མཁྱེན་བརྩེའི་དབང་པོ།	༣༦	༦	པར་མ།	
	༡༠	ཇ	བཅོམ་ལྡན་འདས་རྡོ་རྗེ་མི་འཁྲུགས་པའི་སྒྲུབ་ཐབས་ཉུང་གསལ་སྙིང་པོར་དྲིལ་བ་སྒྲིབ་གཉིས་མུན་སེལ་ཞེས་བྱ་བ་བཞུགས་སོ། ।	འཇམ་དབྱངས་མཁྱེན་བརྩེའི་དབང་པོ།	༣	༦	པར་མ།	
	༡༡	ཇ	རྡོ་རྗེ་མི་འཁྲུགས་པའི་ཆོ་ག་གཞན་ཕན་ཟླ་བ་ལས་འཕྲོས་པའི་སློབ་མ་དབང་བསྐུར་བའི་ཚུལ་བཞུགས་སོ། ।	འཇམ་དབྱངས་མཁྱེན་བརྩེའི་དབང་པོ།	༡༧	༦	པར་མ།	
	༡༢	ཇ	སྨན་བླའི་མདོ་ཆོག་གི་སྙིང་པོ་ཤིན་ཏུ་བསྡུས་པ་ཕན་བདེའི་དཔལ་སྟེར་ཞེས་བྱ་བ་བཞུགས་སོ། ।	འཇམ་དབྱངས་མཁྱེན་བརྩེའི་དབང་པོ།	༤	༦	པར་མ།	
	༡༣	ཇ	ཐུབ་དབང་ཉེ་སྲས་བརྒྱད་ལ་ཕྱག་མཆོད་བྱ་ཚུལ་མདོར་བསྡུས་ཕན་བདེའི་སྙིང་པོ་ཞེས་བྱ་བཞུགས་སོ། ।	འཇམ་དབྱངས་མཁྱེན་བརྩེའི་དབང་པོ།	༧	༦	པར་མ།	
	༡༤	ཇ	རིག་འཛིན་ཆེན་པོ་སངས་རྒྱས་གླིང་པའི་གཏེར་བྱོན་ཐུབ་དབང་གནས་བརྟན་བཅུ་དྲུག་གི་མཆོད་པའི་ཆོ་ག་སྙིང་པོར་དྲིལ་བ་ཕན་བདེའི་འབྱུང་གནས་ཞེས་བྱ་བ་བཞུགས་སོ། ।	འཇམ་དབྱངས་མཁྱེན་བརྩེའི་དབང་པོ།	༡༩	༦	པར་མ།	
	༡༥	ཇ	ཐུབ་དབངགནས་བརྟན་བཅུ་དྲུག་འཁོར་དང་བཅས་པ་མཆོད་ཅིང་གསོལ་བ་གདབ་པའི་ཚུལ་མདོར་བསྡུས་པ་བསོད་ནམས་སྤྲིན་གྱི་ཐ་གསང་ཞེས་བྱ་བ་བཞུགས་སོ། ।	འཇམ་དབྱངས་མཁྱེན་བརྩེའི་དབང་པོ།	༡༠	༦	པར་མ།	
	༡༦	ཇ	རྗེ་བཙུན་བྱམས་པ་མགོན་པོ་ལ་མཆོད་པའི་ཆོ་ག་དང་འབྲེལ་བར་དགའ་ལྡན་དུ་སེམས་བསྐྱེད་པའི་སྨོན་ལམ་ནོར་བུའི་ཐེམ་སྐས་ཞེས་བྱ་བ་བཞུགས་སོ། ।	འཇམ་དབྱངས་མཁྱེན་བརྩེའི་དབང་པོ།	༡༢	༦	པར་མ།	
	༡༧	ཇ	སྒྲོལ་མ་མཎྜལ་བཞི་པའི་ཆོ་ག་བྱ་ཚུལ་མདོར་བསྡུས་སྙིང་པོར་དྲིལ་བ་ཕན་བདེའི་ཨུཏྤལ་ཞེས་བྱ་བ་བཞུགས་སོ། ।	འཇམ་དབྱངས་མཁྱེན་བརྩེའི་དབང་པོ།	༦	༦	པར་མ།	

	༡༨	ཛ	རིག་བྱེད་མའི་སྒོམ་བཟླས་སྙིང་པོར་དྲིལ་བ་སྲིད་གསུམ་ཡིད་འཕྲོག་ཅེས་བྱ་བ་བཞུགས་སོ། །	འཇམ་དབྱངས་མཁྱེན་བརྩེའི་དབང་པོ།	༥༢	༦	པར་མ།	
	༡༩	ཛ	རྗེན་འབྲེལ་གསུང་བའི་བྱིན་རླབས་བྱ་ཚུལ་མན་ངག་དང་བཅས་པ་ཕན་བདེའི་ཆར་སྤྲིན་ཞེས་བྱ་བ་བཞུགས་སོ། །	འཇམ་དབྱངས་མཁྱེན་བརྩེའི་དབང་པོ།	༧༠	༦	པར་མ།	
	༢༠	ཛ	ཟབ་གསང་སེང་གདོང་སྔན་བརྒྱུད་ཀྱི་ལོ་རྒྱུས་སྒྲུབ་ཐབས་ལས་ཚོགས་དང་བཅས་པའི་མན་ངག་གི་ཡི་གེ་གཅེས་བཏུས་རིན་ཆེན་ཐུམ་བཟང་ཞེས་བྱ་བ་བཞུགསོ། ། གྲུབ་ཆེན་སངས་རྒྱས་མགོན་པོ་ནས་བརྒྱུད་པའི་བོ་དོང་ལུགས།	འཇམ་དབྱངས་མཁྱེན་བརྩེའི་དབང་པོ།	༩༢	༦	པར་མ།	
01847	༄ འཇམ་དབྱངས་མཁྱེན་བརྩེ་དབང་པོ་ཀུན་དགའ་བསྟན་པའི་རྒྱལ་མཚན་གྱི་གསུང་འབུམ། (པོད་ཉ)							
	༡	ཉ	རྫོགས་པ་ཆེན་པོ་པི་མ་སྙིང་ཐིག་མ་བུའི་སྔོན་འགྲོའི་ཚོགས་བསགས་ཀྱི་དམིགས་རིམ་ངག་འདོན་མདོར་བསྡུས་པ་གཏེར་མའི་གསེང་ལམ་ཞེས་བྱ་བ་བཞུགས་སོ།།	འཇམ་དབྱངས་མཁྱེན་བརྩེའི་དབང་པོ།	༧	༦	པར་མ།	
	༢	ཉ	དམ་གྲིབ་ཉེས་པ་ཀུན་སེལ་གྱི་སྒོ་ནས་བཀྲུ་བྱབས་སྲུང་གསུམ་བྱ་ཚུལ་མདོར་བསྡུས་བཞུགས་སོ། །	འཇམ་དབྱངས་མཁྱེན་བརྩེའི་དབང་པོ།	༣	༦	པར་མ།	
	༣	ཉ	སྒྲུབ་ཆེན་བཀའ་བརྒྱུད་བདེ་གཤེགས་འདུས་པའི་ལས་བྱང་ཕྲེར་བདེ་སྙིང་པོར་དྲིལ་བ་བདེ་བ་ཆེན་པོའི་མྱུར་ལམ་ཞེས་བྱ་བ་བཞུགས་སོ། །	འཇམ་དབྱངས་མཁྱེན་བརྩེའི་དབང་པོ།	༦	༦	པར་མ།	
	༤	ཉ	ཉང་གཏེར་བདེ་གཤེགས་འདུས་པའི་ཕྱག་རྒྱ་རྐྱང་སྒྲུབ་དང་ཧཱུྃ་སྒྲུབ་རྒྱུན་ཁྱེར་བཀླགས་ཆོག་ཏུ་བཀོད་པ་བདེ་ཆེན་སྙིང་པོ་ཞེས་བྱ་བ་བཞུགས་སོ། །	འཇམ་དབྱངས་མཁྱེན་བརྩེའི་དབང་པོ།	༥	༦	པར་མ།	
	༥	ཉ	བཀའ་བརྒྱུད་གསང་རྫོགས་ལས་བྱང་སྐོང་བཟློག་ཤིན་ཏུ་བསྡུས་པ་བཞུགས་སོ། །	འཇམ་དབྱངས་མཁྱེན་བརྩེའི་དབང་པོ།	༩	༦	པར་མ།	
	༦	ཉ	རྡོ་རྗེ་ཕུར་པའི་གསང་སྒྲུབ་དང་སྐོང་བཟློག་རྒྱུན་ཁྱེར་བསྡུས་པ་བཞུགས་སོ། ། རཏྣའི་ཕུར་པ་ཡང་གསང་བླ་མེད།	འཇམ་དབྱངས་མཁྱེན་བརྩེའི་དབང་པོ།	༡༢	༦	པར་མ།	

	༧	༣	ཕྱག་རྡོར་གཏུམ་པོའི་རྒྱུན་ཁྱེར་སྙིང་པོར་དྲིལ་བ་བཞུགས་སོ། །	འཇམ་དབྱངས་མཁྱེན་བརྩེའི་དབང་པོ།	༢	༦	ཡར་མ།	
	༨	༣	གྲྭ་པ་མངོན་ཤེས་ཀྱི་གཏེར་བྱོན་ཕྱག་རྡོར་གཏུམ་པོ་དམར་པོའི་སྒྲུབ་ཐབས་བཞུགས་སོ། །	འཇམ་དབྱངས་མཁྱེན་བརྩེའི་དབང་པོ།	༢	༦	ཡར་མ།	
	༩	༣	ཐུགས་རྗེ་ཆེན་པོ་ཡང་སྙིང་འདུས་པའི་སྒྲུབ་ཐབས་རྒྱུན་ཁྱེར་མདོར་བསྡུས་པའི་རིམ་པ་བཞུགས་སོ། །	འཇམ་དབྱངས་མཁྱེན་བརྩེའི་དབང་པོ།	༢	༦	ཡར་མ།	
	༡༠	༣	བྱིན་རླབས་བླ་མའི་ཐུགས་སྒྲུབ་ཀྱི་ཕྲིན་ལས་ཁྲིགས་སུ་བསྡེབས་པ་བཞུགས་སོ། ། མཁའ་འགྲོ་ཡང་ཏིག་གི་མན་ངག་གོ །	འཇམ་དབྱངས་མཁྱེན་བརྩེའི་དབང་པོ།	༥	༦	ཡར་མ།	
	༡༡	༣	བླ་མ་གསང་བ་འདུས་པའི་ཆོས་བཅུའི་དུས་མཆོད་དང་འབྲེལ་བར་བྱིན་རླབས་གཏོར་མའི་དབང་བསྐུར་བྱ་བའི་ཚུལ་བཞུགས་སོ། །	འཇམ་དབྱངས་མཁྱེན་བརྩེའི་དབང་པོ།	༧	༦	ཡར་མ།	
	༡༢	༣	རྡོར་སེམས་ཐུགས་ཀྱི་སྒྲུབ་པའི་སྔོན་འགྲོའི་ངག་འདོན་བཞུགས་སོ། །	འཇམ་དབྱངས་མཁྱེན་བརྩེའི་དབང་པོ།	༡༥	༦	ཡར་མ།	
	༡༣	༣	དཔལ་རྡོ་རྗེ་སེམས་དཔའ་ཐུགས་ཀྱི་སྒྲུབ་པའི་ཚོ་གའི་ཡན་ལག་སྨྱུ་ཚ་རབ་གནས་དང་སྒྲུབ་པའི་ངག་འདོན་སྙིང་པོར་དྲིལ་བ་བཞུགས་སོ། །	འཇམ་དབྱངས་མཁྱེན་བརྩེའི་དབང་པོ།	༣	༦	ཡར་མ།	
	༡༤	༣	ཐུགས་སྒྲུབ་ཡང་སྙིང་ཀུན་འདུས་ཀྱི་ལས་བྱང་བདྣ་དགྱེས་པའི་མཆོད་སྤྲིན་ཅེས་བྱ་བ་བཞུགས་སོ། །	འཇམ་དབྱངས་མཁྱེན་བརྩེའི་དབང་པོ།	༧	༦	ཡར་མ།	
	༡༥	༣	ཐུགས་སྒྲུབ་ཡང་སྙིང་ཀུན་འདུས་ཀྱི་དབང་ཆོག་བདྣ་དགྱེས་པའི་འཇུག་ངོགས་ཞེས་བྱ་བཞུགས་སོ། །	འཇམ་དབྱངས་མཁྱེན་བརྩེའི་དབང་པོ།	༩	༦	ཡར་མ།	
	༡༦	༣	ཡེ་ཤེས་མཁའ་འགྲོ་ཕྲིན་ལས་བདེ་ཆེན་ཆར་འབེབས་ཞེས་བྱ་བ་བཞུགས་སོ། །	འཇམ་དབྱངས་མཁྱེན་བརྩེའི་དབང་པོ།	༡༢	༦	ཡར་མ།	

	༡༧	༣	ཚོ་དཔག་མེད་དྲུང་མ་བཅུད་འདྲེན་གྱི་བརྒྱུད་འདེབས་འཆི་མེད་སྒྲུབ་སྙེར་ཅེས་བྱ་བ་བཞུགས་སོ། །	འཇམ་དབྱངས་མཁྱེན་བརྩེའི་དབང་པོ།	༡	༦	པར་མ།	
	༡༨	༣	ཚོ་དཔག་མེད་དྲུང་མ་བཅུད་འདྲེན་གྱི་ཕྲིན་ལས་ཁྲིགས་ཆགས་སུ་བསྡེབས་པ་འཆི་མེད་འདོད་འཇོ་ཞེས་བྱ་བ་བཞུགས་སོ། །	འཇམ་དབྱངས་མཁྱེན་བརྩེའི་དབང་པོ།	༡༡	༦	པར་མ།	
	༡༩	༣	ཚོ་དཔག་མེད་དྲུང་མ་བཅུད་འདྲེན་གྱི་རྒྱུན་ཁྱེར་འཆི་མེད་སྙིང་པོ་ཞེས་བྱ་བ་བཞུགས་སོ། །	འཇམ་དབྱངས་མཁྱེན་བརྩེའི་དབང་པོ།	༣	༦	པར་མ།	
	༢༠	༣	ཚོ་དཔག་མེད་དྲུང་མ་བཅུད་འདྲེན་གྱི་བྱིན་འབེབས་རྒྱས་པ་བཞུགས་སོ། །	འཇམ་དབྱངས་མཁྱེན་བརྩེའི་དབང་པོ།	༢	༦	པར་མ།	
	༢༡	༣	ཚོ་དཔག་མེད་དྲུང་མ་བཅུད་༔དྲེན་གྱི་དབང་ཆོག་ཁྲིགས་སུ་བསྡེབས་པ་འཆི་མེད་དགའ་སྟོན་ཅེས་བྱ་བ་བཞུགས་སོ། །	འཇམ་དབྱངས་མཁྱེན་བརྩེའི་དབང་པོ།	༡༩	༦	པར་མ།	
	༢༢	༣	ཚོ་དཔག་མེད་དྲུང་མ་བཅུད་འདྲེན་གྱི་དབང་བསྐུར་གྲངས་གསོག་བྱ་ཚུལ་བཞུགས།	འཇམ་དབྱངས་མཁྱེན་བརྩེའི་དབང་པོ།	༢	༦	པར་མ།	
	༢༣	༣	ཚོ་དཔག་མེད་དྲུང་མ་བཅུད་འདྲེན་གྱི་སྦྱིན་སྲེག་གི་ཆོ་ག་འཆི་མེད་སྣང་སྟེར་ཞེས་བྱ་བ་བཞུགས་སོ། །	འཇམ་དབྱངས་མཁྱེན་བརྩེའི་དབང་པོ།	༨	༦	པར་མ།	
	༢༤	༣	ཚོ་དཔག་མེད་དྲུང་མ་བཅུད་འདྲེན་གྱི་བསྙེན་སྒྲུབ་གསལ་བྱེད་ཉུང་ངུ་བདུད་རྩིའི་སྙིང་པོ་བཞུགས་སོ། །	འཇམ་དབྱངས་མཁྱེན་བརྩེའི་དབང་པོ།	༣	༦	པར་མ།	
	༢༥	༣	ཚོ་དཔག་མེད་རིགས་ལྔ་འཆི་མེད་མཆོག་སྦྱིན་གྱི་སྒྲུབ་ཐབས་དབང་ཆོག་དང་བཅས་པ་འཆི་མེད་གྲུབ་པའི་ཞལ་ལུང་ཞེས་བྱ་བ་བཞུགས་སོ། །	འཇམ་དབྱངས་མཁྱེན་བརྩེའི་དབང་པོ།	༡༨	༦	པར་མ།	
	༢༦	༣	ཚོ་དཔག་མེད་རིགས་ལྔ་འཆི་མེད་མཆོག་སྦྱིན་གྱི་བསྙེན་སྒྲུབ་སོགས་ཀྱི་གསལ་བྱེད་འཆི་མེད་དགའ་སྟོན་ཅེས་བྱ་བ་བཞུགས་སོ། །	འཇམ་དབྱངས་མཁྱེན་བརྩེའི་དབང་པོ།	༥	༦	པར་མ།	

	༢༧	༩	ཉེ་བརྒྱུད་ཚེ་ཁྲིད་འཆི་མེད་རྡོ་རྗེའི་སྲོག་ཤིང་གི་སྒྲུབ་ཐབས་དབང་ཆོག་དང་བཅས་པ་འཆི་མེད་རྡོ་རྗེའི་བཅུད་ལེན་ཞེས་བྱ་བ་བཞུགས་སོ། །	འཇམ་དབྱངས་མཁྱེན་བརྩེའི་དབང་པོ།	༡༧	༦	པར་མ།	
	༢༨	༩	ཐུགས་རྗེ་ཆེན་པོ་འཇིག་རྟེན་དབང་ཕྱུག་གི་བརྒྱུད་འདེབས་བྱིན་རླབས་སྙེ་མ་ཞེས་བྱ་བ་བཞུགས་སོ། །	འཇམ་དབྱངས་མཁྱེན་བརྩེའི་དབང་པོ།	༡	༦	པར་མ།	
	༢༩	༩	ཐུགས་རྗེ་ཆེན་པོ་འཇིག་རྟེན་དབང་ཕྱུག་ལྷ་དགུའི་འཕྲིན་ལས་ཀྱི་ཆོ་ག་འཕགས་མཆོག་དགྱེས་པའི་མཆོད་སྤྲིན་ཅེས་བྱ་བ་བཞུགས་སོ། །	འཇམ་དབྱངས་མཁྱེན་བརྩེའི་དབང་པོ།	༡༢	༦	པར་མ།	
	༣༠	༩	ཐུགས་རྗེ་ཆེན་པོ་འཇིག་རྟེན་དབང་ཕྱུག་གི་རྒྱུན་ཁྱེར་ཟབ་ལམ་སྙིང་པོ་ཞེས་བྱ་བ་བཞུགས་སོ། །	འཇམ་དབྱངས་མཁྱེན་བརྩེའི་དབང་པོ།	༣	༦	པར་མ།	
	༣༡	༩	ཐུགས་རྗེ་ཆེན་པོ་འཇིག་རྟེན་དབང་ཕྱུག་ལྷ་དགུའི་དབང་གི་ཆོ་ག་འཕགས་མཆོག་དགྱེས་པའི་འཇུག་ངོགས་ཞེས་བྱ་བ་བཞུགས་སོ། །	འཇམ་དབྱངས་མཁྱེན་བརྩེའི་དབང་པོ།	༢༢	༦	པར་མ།	
	༣༢	༩	ཐུགས་རྗེ་ཆེན་པོ་སེམས་ཉིད་ངལ་བསོའི་སྒྲུབ་ཐབས་ཕྲིན་ལས་དང་བཅས་པ་སྙིང་རྗེའི་ཟླ་སྣང་ཞེས་བྱ་བ་བཞུགས་སོ། །	འཇམ་དབྱངས་མཁྱེན་བརྩེའི་དབང་པོ།	༡༢	༦	པར་མ།	
	༣༣	༩	རྒྱ་ཅན་སྒྲོལ་དཀར་ཡིད་བཞིན་འཁོར་ལོའི་བླ་མ་བརྒྱུད་པའི་གསོལ་འདེབས་བཞུགས་སོ། །	འཇམ་དབྱངས་མཁྱེན་བརྩེའི་དབང་པོ།	༡	༦	པར་མ།	
	༣༤	༩	སྒྲོལ་དཀར་ཡིད་བཞིན་འཁོར་ལོ་གཙོ་འཁོར་གསུམ་མའི་སྒྲུབ་ཐབས་རྗེས་གནང་དང་བཅས་པ་འཆི་མེད་ཟླ་སྣང་ཞེས་བྱ་བ་བཞུགས་སོ། །	འཇམ་དབྱངས་མཁྱེན་བརྩེའི་དབང་པོ།	༢༣	༦	པར་མ།	
	༣༥	༩	བཅོམ་ལྡན་འདས་གཉེན་པོ་ལྷ་བཞིའི་སྒྲུབ་ཐབས་དབང་བསྐུར་དང་བཅས་པ་གྲུབ་གཉིས་དཔལ་སྟེར་ཅེས་བྱ་བ་བཞུགས་སོ། །	འཇམ་དབྱངས་མཁྱེན་བརྩེའི་དབང་པོ།	༢༩	༦	པར་མ།	
	༣༦	༩	བཅོམ་ལྡན་འདས་རྟ་མཆོག་རོལ་པ་གཉེན་པོ་ལྷ་བཞི་སྒྲུབ་ཐབས་ཡང་སྙིང་བཞུགས་སོ། །	འཇམ་དབྱངས་མཁྱེན་བརྩེའི་དབང་པོ།	༣	༦	པར་མ།	

	༣༧	ཀ	བཅོམ་ལྡན་འདས་རྟ་མཆོག་རོལ་པ་གཉིས་པོ་ལྷ་བཞིའི་དོན་དབང་མདོར་བསྡུས་པ་བཞུགས་སོ། །	འཇམ་དབྱངས་མཁྱེན་བརྩེའི་དབང་པོ།	༤	༦	པར་མ།	
	༣༨	ཀ	ཡོན་ཏན་གཏེར་མཛོད་ཀྱི་ལས་བྱང་ལ་ཉེ་བར་མཁོ་བའི་ལྷན་ཐབས་བཞུགས།	འཇམ་དབྱངས་མཁྱེན་བརྩེའི་དབང་པོ།	༣༤	༦	པར་མ།	
	༣༩	ཀ	ཨོ་རྒྱན་རིན་པོ་ཆེའི་གསོལ་འདེབས་སྤྱིའི་རྟེན་བསྐྱེད་མདོར་བསྡུས་ལམ་ཟབ་སྙིང་པོ་བཞུགས་སོ། །	འཇམ་དབྱངས་མཁྱེན་བརྩེའི་དབང་པོ།	༧༦	༦	པར་མ།	
	༤༠	ཀ	སྦ་འགྱུར་རྡོ་རྗེ་ཐེག་པའི་དབང་བསྐུར་སྒྲི་ལ་འཇུག་པའི་མཚམས་སྦྱོར་ཤུང་པར་བསྡུས་པ་གློ་གསལ་དགའ་གི་འདོད་འཇོ་ཅེས་བྱ་བ་བཞུགས་སོ། །	འཇམ་དབྱངས་མཁྱེན་བརྩེའི་དབང་པོ།	༡༣	༦	པར་མ།	
	༤༡	ཀ	ཞི་ཁྲོ་དགོངས་པ་རང་གྲོལ་གྱི་ཚོགས་ཕྱོགས་སྒྲིབ་རྣམ་པར་སྦྱོང་བ་ཞེས་བྱ་བ་བཞུགས་སོ། །	འཇམ་དབྱངས་མཁྱེན་བརྩེའི་དབང་པོ།	༤༢	༦	པར་མ།	
	༤༢	ཀ	དེ་བཞིན་ཟབ་ཆོས་ཞི་ཁྲོ་དགོངས་པ་རང་གྲོལ་ལས༔ སྐུ་གསུམ་བླ་མའི་གསོལ་འདེབས་དུག་གསུམ་མ་སྤངས་རང་གྲོལ་བཞུགས་སོ༔	འཇམ་དབྱངས་མཁྱེན་བརྩེའི་དབང་པོ།	༡	༦	པར་མ།	
	༤༣	ཀ	ཀར་གླིང་ཞི་ཁྲོའི་མཆོད་བསྟོད།	འཇམ་དབྱངས་མཁྱེན་བརྩེའི་དབང་པོ།	༡	༦	པར་པར་མ།	
	༤༤	ཀ	ཀར་གླིང་ཞི་ཁྲོའི་བྱིན་འབེབས།	འཇམ་དབྱངས་མཁྱེན་བརྩེའི་དབང་པོ།	༡	༦	པར་མ།	
	༤༥	ཀ	ཀར་གླིང་ཞི་ཁྲོའི་བཀའ་སྲུང་།	འཇམ་དབྱངས་མཁྱེན་བརྩེའི་དབང་པོ།	༡	༦	པར་མ།	
	༤༦	ཀ	ཞི་ཁྲོ་དགོངས་པ་རང་གྲོལ་གྱི་རྒྱུན་ཁྱེར་སྙིང་པོར་དྲིལ་བ་ཟུང་འཇུག་ལམ་བཟང་ཞེས་བྱ་བ་བཞུགས་སོ། །	འཇམ་དབྱངས་མཁྱེན་བརྩེའི་དབང་པོ།	༣	༦	པར་མ།	

	༤༧	༡	ཞི་ཁྲོ་དགོངས་པ་རང་གྲོལ་གྱི་ཕྱག་བཞགས་སྐོང་ཆོག་མདོར་བསྡུས་འགོར་འདས་རང་གྲོལ་ཞེས་བྱ་བ་བཞུགས་སོ། །	འཇམ་དབྱངས་མཁྱེན་བརྩེའི་དབང་པོ།	༣	༦	པར་མ།	
	༤༨	༡	པདྨའི་ཞལ་གདམས་རྩ་གསུམ་མཐོང་བ་རང་གྲོལ་གྱི་སྔོན་བརྒྱུད་ཡི་གེ་མེད་པའི་ཆོས་སྡེ་སྐུ་གསུམ་རིགས་འདུས་ཀྱི་བླ་མ་བརྒྱུད་པའི་གསོལ་འདེབས་བཞུགས་སོ།	འཇམ་དབྱངས་མཁྱེན་བརྩེའི་དབང་པོ།	༡	༦	པར་མ།	
	༤༩	༡	པདྨའི་ཞལ་གདམས་རྩ་གསུམ་མཐོང་བ་རང་གྲོལ་ལས། སྐུ་གསུམ་རིགས་བསྡུས་པདྨ་གུ་རུའི་ཕྲིན་ལས་ཕྲིགས་སུ་བསྡེབས་པ་བདེ་ཆེན་སྙིང་པོ་ཞེས་བྱ་བ་བཞུགས་སོ། །	འཇམ་དབྱངས་མཁྱེན་བརྩེའི་དབང་པོ།	༨	༦	པར་མ།	
	༥༠	༡	པདྨའི་ཞལ་གདམས་རྩ་གསུམ་མཐོང་བ་རང་གྲོལ་ལས། བླ་སྒྲུབ་གདུང་བ་ཞི་བྱེད་ཀྱི་ཕྲིན་ལས་ཕྲིགས་སུ་བསྡེབས་པ་ཡེ་ཤེས་སྙིང་པོ་ཞེས་བྱ་བ་བཞུགས་སོ། །	འཇམ་དབྱངས་མཁྱེན་བརྩེའི་དབང་པོ།	༤	༦	པར་མ།	
	༥༡	༡	པདྨའི་ཞལ་གདམས་རྩ་གསུམ་མཐོང་བ་རང་གྲོལ་གྱི་ཆོས་སྡེ་ལས་བྱུང་བའི་ལྷག་པའི་ལྷ་སྣ་ཚོགས་ཀྱི་སྒྲུབ་ཐབས་ཕྲིན་ལས་རོལ་མཚོ་ཞེས་བྱ་བ་བཞུགས་སོ། །	འཇམ་དབྱངས་མཁྱེན་བརྩེའི་དབང་པོ།	༡༧	༦	པར་མ།	
	༥༢	༡	དམ་གྲིབ་ཉེས་པ་ཀུན་སེལ་གྱི་ཁྲུས་ཆོག་སོགས་གྲིབ་སེལ་གྱི་མན་ངག་སྙིང་པོ་བསྡུས་པ་བདུད་རྩིའི་ཟླ་ཟེར་ཞེས་བྱ་བ་བཞུགས་སོ། །	འཇམ་དབྱངས་མཁྱེན་བརྩེའི་དབང་པོ།	༡༡	༦	པར་མ།	
	༥༣	༡	གྲོལ་ཏིག་དགོངས་པ་རང་གྲོལ་གྱི་ཆོས་སྡེ། ཞི་ཁྲོའི་བསྐྱེད་རྫོགས་ཀྱི་ཕྲིན་ལས་ཕྲིགས་སུ་བསྡེབས་པ་འོད་གསལ་སྙིང་པོ་ཞེས་བྱ་བ་བཞུགས་སོ། །	འཇམ་དབྱངས་མཁྱེན་བརྩེའི་དབང་པོ།	༢༧	༦	པར་མ།	
	༥༤	༡	དམ་པ་རིགས་བརྒྱའི་ལྷ་དབང་གི་བཀོལ་བྱང་བཞུགས་སོ། །	འཇམ་དབྱངས་མཁྱེན་བརྩེའི་དབང་པོ།	༢	༦	པར་མ།	
	༥༥	༡	པདྨའི་ཞལ་གདམས་གྲོལ་ཐིག་མཐོང་བ་རང་གྲོལ་ལས༔ ཆོས་ཉིད་སྦྱོང་གཞགས་བཞུགས་སོ། །	འཇམ་དབྱངས་མཁྱེན་བརྩེའི་དབང་པོ།	༢	༦	པར་མ།	
	༥༦	༡	ཛམྦྷ་ལ་དཀར་པོ་འབྲུག་ཞོན་གཙོ་རྐྱང་གི་ཕྱི་ནང་གསང་བའི་སྒྲུབ་ཐབས་རིན་ཆེན་སྙིང་པོ་ཞེས་བྱ་བ་བཞུགས་སོ། །	འཇམ་དབྱངས་མཁྱེན་བརྩེའི་དབང་པོ།	༤	༦	པར་མ།	

	༥༧	ཉ	འཕགས་པ་ཛམྦྷ་ལ་སེར་པོའི་བསྙེན་སྒྲུབ་ཀྱི་ཆོ་ག་འདོད་འཇོའི་སྙིང་པོ་ཞེས་བྱ་བ་བཞུགས་སོ། །	འཇམ་དབྱངས་མཁྱེན་བརྩེའི་དབང་པོ།	༩	༦	པར་མ།	
	༥༨	ཉ	འཕགས་པ་ཛམྦྷ་ལ་ནག་པོའི་རྒྱུ་སྦྱིན་ཆོ་ག་དངོས་གྲུབ་སྙིང་པོ་ཞེས་བྱ་བ་བཞུགས་སོ། །	འཇམ་དབྱངས་མཁྱེན་བརྩེའི་དབང་པོ།	༩	༦	པར་མ།	
	༥༩	ཉ	ཡཀྵ་ཛམྦྷ་ལ་ལྷང་གུའི་གཏོར་འབུལ་འདོད་རྒྱུའི་སྙིང་པོ་ཞེས་བྱ་བ་བཞུགས་སོ། །	འཇམ་དབྱངས་མཁྱེན་བརྩེའི་དབང་པོ།	༢	༦	པར་མ།	
	༦༠	ཉ	གྲུབ་མཆོག་རྣམས་ལ་བརྟེན་པའི་བླ་མའི་རྣལ་འབྱོར་བྱིན་རླབས་སྤྲིན་གྱི་ཛ་དབྱངས་ཞེས་བྱ་བ་བཞུགས་སོ། །	འཇམ་དབྱངས་མཁྱེན་བརྩེའི་དབང་པོ།	༡༨	༦	པར་མ།	
01848	༄། འཇམ་དབྱངས་མཁྱེན་བརྩེ་དབང་པོ་ཀུན་དགའ་བསྟན་པའི་རྒྱལ་མཚན་གྱི་གསུང་འབུམ། (པོད་ཏ)							
	༡	ཏ	བླ་མའི་ཐུགས་སྒྲུབ་བར་ཆད་ཀུན་སེལ་གྱི་སྔོན་འགྲོའི་ངག་འདོན་བྱང་ཆུབ་མཆོག་གི་ས་བོན་ཅེས་བྱ་བ་བཞུགས་སོ། །	འཇམ་དབྱངས་མཁྱེན་བརྩེའི་དབང་པོ།	༦	༦	པར་མ།	
	༢	ཏ	སྔ་འགྱུར་སྡོམ་པ་གསུམ་གྱི་བརྒྱུད་པའི་བླ་མ་རྣམས་ལ་གསོལ་བ་འདེབས་པ་བཞུགས་སོ། །	འཇམ་དབྱངས་མཁྱེན་བརྩེའི་དབང་པོ།	༡༠	༦	པར་མ།	
	༣	ཏ	བླ་མའི་ཐུགས་སྒྲུབ་བར་ཆད་ཀུན་སེལ་ལས། ཕྱི་གསོལ་འདེབས་ཀྱི་ཚུལ་དུ་སྒྲུབ་པ་དང་རྗེས་སུ་འབྲེལ་བའི་ཚོགས་གཉིས་སྤེལ་བའི་ཆོ་ག་བྱིན་ལབས་ཆར་འབེབས་ཞེས་བྱ་བ་བཞུགས་སོ། །	འཇམ་དབྱངས་མཁྱེན་བརྩེའི་དབང་པོ།	༢༣	༦	པར་མ།	
	༤	ཏ	རྗེས་སུ་དབང་བསྐུས་ཏེ་བླང་བའི་ངག་འདོན་ཅུང་ཟད་རྒྱས་པར་སྤྲོན།	འཇམ་དབྱངས་མཁྱེན་བརྩེའི་དབང་པོ།	༡	༦	པར་མ།	
	༥	ཏ	དམ་བཅའ་ཉེར་བརྒྱད་པ་བཞུགས་སོ། །	འཇམ་དབྱངས་མཁྱེན་བརྩེའི་དབང་པོ།	༢	༦	པར་མ།	

	༦	ཏ	དགའ་རབ་རྡོ་རྗེའི་སྙིང་ཏིག་ལས། ཡི་དམ་ཞི་བ་རྡོ་རྗེ་སེམས་དཔའི་བརྒྱུད་འདེབས་བདེ་ཆེན་སྨིན་ལུང་ཞེས་བྱ་བ་བཞུགས་སོ། །	འཛམ་དབྱངས་མཁྱེན་བརྩེའི་དབང་པོ།	༡	༦	པར་མ།	
	༧	ཏ	དགའ་རབ་རྡོ་རྗེའི་སྙིང་ཏིག་ལས། ཡི་དམ་ཞི་བའི་སྒྲུབ་ཐབས་དང་ཕྲིན་ལས་ཀྱི་བྱང་བུ་ཁྲིགས་སུ་བསྡེབས་པ་བདེ་ཆེན་སྨུར་ལམ་ཞེས་བྱ་བ་བཞུགས་སོ། །	འཛམ་དབྱངས་མཁྱེན་བརྩེའི་དབང་པོ།	༡༠	༦	པར་མ།	
	༨	ཏ	དགའ་རབ་རྡོ་རྗེའི་སྙིང་ཏིག་ལས། ཡི་དམ་ཞི་བའི་སྤྲུལ་པ་དཔལ་རྡོ་རྗེ་སེམས་དཔའི་བསྙེན་རྫོགས་ཀྱི་ཉམས་ལེན་སྙིང་པོར་དྲིལ་བ་བདེ་ཆེན་ཐིག་ལེ་ཞེས་བྱ་བ་བཞུགས་སོ། །	འཛམ་དབྱངས་མཁྱེན་བརྩེའི་དབང་པོ།	༩	༦	པར་མ།	
	༩	ཏ	བླ་མའི་ཐུགས་སྒྲུབ་བར་ཆད་ཀུན་སེལ་ལས། གུ་རུ་རྒྱལ་བའི་གདུང་འཛིན་གྱི་ཕྲིན་ལས་སྙིང་པོ་ཁྲིགས་སུ་བསྡེབས་པ་ཁམས་གསུམ་དབང་སྡུད་ཅེས་བྱ་བ་བཞུགས་སོ། །	འཛམ་དབྱངས་མཁྱེན་བརྩེའི་དབང་པོ།	༥	༦	པར་མ།	
	༡༠	ཏ	བླ་མའི་ཐུགས་སྒྲུབ་བར་ཆད་ཀུན་སེལ་ལས། རིག་འཛིན་རྫུ་འཕྲུལ་མཐུ་ཆེན་རྡོ་རྗེ་གྲོ་བོ་ལོད་ཀྱི་ཕྲིན་ལས་སྙིང་པོར་དྲིལ་བ་བཞུགས་སོ། །	འཛམ་དབྱངས་མཁྱེན་བརྩེའི་དབང་པོ།	༣	༦	པར་མ།	
	༡༡	ཏ	བླ་མའི་ཐུགས་སྒྲུབ་བར་ཆད་ཀུན་སེལ་གྱི་དོན་དབང་འབྲིང་པོ་དང་བསྡུས་པའི་ཚོ་ག་སྙིང་པོའི་སྣང་བ་ཞེས་བྱ་བ་བཞུགས་སོ། །	འཛམ་དབྱངས་མཁྱེན་བརྩེའི་དབང་པོ།	༡༦	༦	པར་མ།	
	༡༢	ཏ	སྐུ་གསུམ་རིགས་འདུས་ཟབ་ཏིག་ལས། སྙིང་པོ་དོན་གྱི་གཏོར་དབང་གི་མཚམས་སྦྱོར་མདོར་བསྡུས་པ་བདེ་ཆེན་སྨུ་གུ་བཞུགས་སོ། །	འཛམ་དབྱངས་མཁྱེན་བརྩེའི་དབང་པོ།	༤	༦	པར་མ།	
	༡༣	ཏ	བཅོམ་ལྡན་འདས་མགོན་པོ་འོད་དཔག་ཏུ་མེད་པའི་སངས་རྒྱས་ཀྱི་ཞིང་ཡོངས་སུ་སྦྱོང་བའི་ཚོ་ག་བདེ་བ་ཅན་དུ་བགྲོད་པའི་ཤིང་རྟ་ཞེས་བྱ་བ་བཞུགས་སོ། །	འཛམ་དབྱངས་མཁྱེན་བརྩེའི་དབང་པོ།	༢༡	༦	པར་མ།	
	༡༤	ཏ	བཅོམ་ལྡན་འདས་མགོན་པོ་འོད་དཔག་ཏུ་མེད་པའི་ཞིང་སྦྱོང་གི་ཚོ་ག་དང་རྗེས་སུ་འབྲེལ་བའི་གཞན་ཕན་ཕྲིན་ལས་ཀྱི་རིམ་པ་བདེ་བ་ཅན་དུ་བགྲོད་པའི་སྨུར་ལམ་ཞེས་བྱ་བ་བཞུགས་སོ། །	འཛམ་དབྱངས་མཁྱེན་བརྩེའི་དབང་པོ།	༡༤	༦	པར་མ།	

	༡༥	ཏ	འོད་དཔག་མེད་ཀྱི་དབང་བསྐུར་གྲངས་གསོག་བྱ་ཚུལ་བཞུགས་སོ། །	འཛམ་དབྱངས་མཁྱེན་བརྩེའི་དཔང་པོ།	༡	༦	པར་མ།	
	༡༦	ཏ	འཕགས་པ་ཐུགས་རྗེ་ཆེན་པོ་པདྨ་གཙུག་ཏོར་གྱི་སྒྲུབ་ཐབས་སྙིང་པོར་དྲིལ་བ་གཞན་ཕན་བླ་སྣང་ཞེས་བྱ་བ་བཞུགས་སོ། །	འཛམ་དབྱངས་མཁྱེན་བརྩེའི་དཔང་པོ།	༣༨	༦	པར་མ།	
	༡༧	ཏ	འཕགས་པ་ཐུགས་རྗེ་ཆེན་པོ་འཁོར་བ་དོང་སྤྲུགས་ཀྱི་བསྙེན་སྒྲུབ་ཕྲིན་ལས་དང་བཅས་པ་གཞན་ཕན་མཁའ་ཁྱབ་ཅེས་བྱ་བ་བཞུགས་སོ། །	འཛམ་དབྱངས་མཁྱེན་བརྩེའི་དཔང་པོ།	༡༡	༦	པར་མ།	
	༡༨	ཏ	རྗེ་བཙུན་སྒྲོལ་མ་འཇིགས་པ་ཀུན་སེལ་གྱི་དབང་ཆོག་བྱིན་ལབས་ཆར་འབེབས་ཞེས་བྱ་བ་བཞུགས་སོ། ། ཐུགས་སྒྲུབ་བར་ཆད་ཀུན་སེལ་གྱི་ཆ་ལག །	འཛམ་དབྱངས་མཁྱེན་བརྩེའི་དཔང་པོ།	༡༣	༦	པར་མ།	
	༡༩	ཏ	སྒྲོལ་མའི་དབང་གི་སྐབས་འཁོར་གྱི་ལྷ་བསྐྱེད་རྒྱས་པར་སྒྲོན་ན།	འཛམ་དབྱངས་མཁྱེན་བརྩེའི་དཔང་པོ།	༡	༦	པར་མ།	
	༢༠	ཏ	བླ་མའི་ཐུགས་སྒྲུབ་བར་ཆད་ཀུན་སེལ་ལས༔ རིགས་བདག་རྡོ་རྗེ་སེམས་དཔའི་གསང་སྔགས་ཐོས་པས་གྲོལ་བ་བཞུགས་སོ། །	འཛམ་དབྱངས་མཁྱེན་བརྩེའི་དཔང་པོ།	༢༨	༦	པར་མ།	
	༢༡	ཏ	ཐུགས་སྒྲུབ་བར་ཆད་ཀུན་སེལ་གྱི་བཀའ་གཏེར་སྲུང་མའི་གཏོར་བསྔོ་བསྡུས་པ་བཞུགས་སོ། །	འཛམ་དབྱངས་མཁྱེན་བརྩེའི་དཔང་པོ།	༢	༦	པར་མ།	
	༢༢	ཏ	བླ་མའི་ཐུགས་སྒྲུབ་ཡིད་བཞིན་ནོར་བུ་ལས༔ བཀའ་སྲུང་མཆོད་པའི་ཕྲིན་ལས་མདོར་བསྡུས་སྙིང་པོར་དྲིལ་བ་བཞུགས་སོ། །	འཛམ་དབྱངས་མཁྱེན་བརྩེའི་དཔང་པོ།	༡	༦	པར་མ།	
	༢༣	ཏ	རྒྱུད་སྡེ་བཞི་དང་རྗེས་སུ་འབྲེལ་བའི་རྗེ་བཙུན་སྒྲོལ་མའི་སྒྲུབ་ཐབས་རྒྱུན་ཁྱེར་སྙིང་པོར་དྲིལ་བ་བཞུགས་སོ། །	འཛམ་དབྱངས་མཁྱེན་བརྩེའི་དཔང་པོ།	༡༢	༦	པར་མ།	
	༢༤	ཏ	ཞབ་བདུན་རྩ་གསུམ་ཚེ་དཀར་དོན་དབང་མདོར་བསྡུས་བྱེད་ན།	འཛམ་དབྱངས་མཁྱེན་བརྩེའི་དཔང་པོ།	༢༩	༦	པར་མ།	

	༢༥	ཏ	རྒྱ་གསུམ་བདེ་གཤེགས་འདུས་པའི་ལས་བྱང་དངོས་གྲུབ་ཆར་འབེབས་ཞེས་བྱ་བ་བཞུགས་སོ། ।	འཛམ་དབྱངས་མཁྱེན་བརྩེའི་དབང་པོ།	༡༡	༦	པར་མ།	
	༢༦	ཏ	རྒྱ་གསུམ་བདེ་གཤེགས་འདུས་པའི་བདག་འཇུག་གི་ཆོ་ག་ཡེ་ཤེས་ཆར་འབེབས་ཞེས་བྱ་བ་བཞུགས་སོ། ।	འཛམ་དབྱངས་མཁྱེན་བརྩེའི་དབང་པོ།	༦	༦	པར་མ།	
	༢༧	ཏ	དཔལ་ཆེན་ཡང་དག་ཟབ་ཏིག་ལས། རྒྱུན་གྱི་རྣལ་འབྱོར་སྙིང་པོ་བཞུགས།	འཛམ་དབྱངས་མཁྱེན་བརྩེའི་དབང་པོ།	༡༦	༦	པར་མ།	
	༢༨	ཏ	འཇམ་དཔལ་གཤིན་རྗེའི་ཐུགས་ཏིག་ལས། སྔོན་འགྲོའི་རྣལ་འབྱོར་སྙིང་པོ་བཞུགས།	འཛམ་དབྱངས་མཁྱེན་བརྩེའི་དབང་པོ།	༦	༦	པར་མ།	
	༢༩	ཏ	ཕྲིན་ལས་ཕུར་པའི་གནད་ཏིག་ལས། སྔོན་འགྲོའི་རྣལ་འབྱོར་སྙིང་པོ་བཞུགས།	འཛམ་དབྱངས་མཁྱེན་བརྩེའི་དབང་པོ།	༧	༦	པར་མ།	
	༣༠	ཏ	སྙན་བརྒྱུད་ཕྲིན་ལས་ཕུར་པའི་གནད་ཏིག་གིས་བཅད་བཞུགས།	འཛམ་དབྱངས་མཁྱེན་བརྩེའི་དབང་པོ།	༣	༦	པར་མ།	
	༣༡	ཏ	འཆི་མེད་འཕགས་མའི་སྙིང་ཏིག་ལས། རྒྱུན་གྱི་རྣལ་འབྱོར་ཕྱག་རྒྱ་གཅིག་པ་བཞུགས།	འཛམ་དབྱངས་མཁྱེན་བརྩེའི་དབང་པོ།	༤	༦	པར་མ།	
	༣༢	ཏ	འཆི་མེད་འཕགས་མའི་སྙིང་ཏིག་གི་ཚོགས་མཆོད་བསྡུས་པ་བདུད་རྩིའི་ཞལ་ཐིག་བཞུགས་སོ། ।	འཛམ་དབྱངས་མཁྱེན་བརྩེའི་དབང་པོ།	༡	༦	པར་མ།	
	༣༣	ཏ	གྲུབ་ཐོབ་ཆེན་པོའི་ཐུགས་ཏིག་ལས། སྒྲུབ་ཐབས་སྙིང་པོ་སྐོར་ལྔའི་སྨིན་གྲོལ་གྱི་ས་བཅད་ཟིན་ཐོར་སྤེལ་བ་བཞུགས།	འཛམ་དབྱངས་མཁྱེན་བརྩེའི་དབང་པོ།	༡༡	༦	པར་མ།	
	༣༤	ཏ	གསང་སྒྲོད་མཁའ་འགྲོའི་སྙན་བརྒྱུད་ཀྱི་བསྙེན་པ་སོགས་ཀྱི་ཟིན་ཐོ་བཞུགས་སོ།།	འཛམ་དབྱངས་མཁྱེན་བརྩེའི་དབང་པོ།	༢	༦	པར་མ།	

	༣༥	ཏ	འཆི་མེད་འཕགས་མའི་སྙིང་ཏིག་གི་རྒྱས་པའི་སྦྱིན་སྲེག་ངག་འདོན་ལ་བཅས་བཞུགས་སོ།	འཇམ་དབྱངས་མཁྱེན་བརྩེའི་དབང་པོ།	༨	༦	པར་མ།	
	༣༦	ཏ	རྫོགས་པ་ཆེན་པོ་ཀློང་ཆེན་སྙིང་ཏིག་གི་སྔོན་འགྲོའི་དམིགས་རིམ་སྙིང་པོར་དྲིལ་བ་ཐབ་དོན་བདུད་རྩིའི་ཉིང་ཁུང་ཞེས་བྱ་བ་བཞུགས་སོ། །	འཇམ་དབྱངས་མཁྱེན་བརྩེའི་དབང་པོ།	༡༩	༦	པར་མ།	
	༣༧	ཏ	སྔོན་འགྲོའི་ངག་འདོན་མདོར་བསྡུས་བྱང་ཆུབ་མྱུར་ལམ་བཞུགས་སོ། །	འཇམ་དབྱངས་མཁྱེན་བརྩེའི་དབང་པོ།	༡	༦	པར་མ།	
	༣༨	ཏ	རྡོ་རྗེ་སེམས་དཔའ་ལ་བརྟེན་པའི་བླ་མའི་རྣལ་འབྱོར་གྱི་བརྒྱུད་འདེབས་བདེ་ཆེན་ཆར་འབེབས་ཞེས་བྱ་བ་བཞུགས་སོ། །	འཇམ་དབྱངས་མཁྱེན་བརྩེའི་དབང་པོ།	༡	༦	པར་མ།	
	༣༩	ཏ	རྡོ་རྗེ་སེམས་དཔའ་ལ་བརྟེན་པའི་བླ་མ་མཆོད་པའི་ཆོ་ག་གཞན་ཕན་གྱི་ཕྲིན་ལས་དང་བཅས་པ་བདེ་ཆེན་ལམ་བཟང་ཞེས་བྱ་བ་བཞུགས་སོ། །	འཇམ་དབྱངས་མཁྱེན་བརྩེའི་དབང་པོ།	༢༩	༦	པར་མ།	
	༤༠	ཏ	རྡོ་རྗེ་སེམས་དཔའ་ལ་བརྟེན་པའི་བླ་མ་མཆོད་པའི་ཆོ་ག་དང་འབྲེལ་བའི་ཁྱད་པར་གྱི་ཕྲིན་ལས་བདེ་ཆེན་སྙིང་པོ་ཞེས་བྱ་བ་བཞུགས་སོ། །	འཇམ་དབྱངས་མཁྱེན་བརྩེའི་དབང་པོ།	༤	༦	པར་མ།	
	༤༡	ཏ	བླ་མ་དྲག་པོ་ཧ་ཁྲུང་འབར་བའི་བྱིན་རླབས་དབང་བསྐུར་གྱི་མཚམས་སྦྱོར་དངོས་གྲུབ་འདོད་འཇོ་ཞེས་བྱ་བ་བཞུགས་སོ། །	འཇམ་དབྱངས་མཁྱེན་བརྩེའི་དབང་པོ།	༢༨	༦	པར་མ།	
	༤༢	ཏ	རིག་འཛིན་ཚེ་དབང་གྲུངས་གསོག་སོགས་ཀྱི་ཚེ་ཉེ་བར་བསྡུས་པ་འཆི་མེད་བདུད་རྩིའི་ཡང་སྙིང་ཞེས་བྱ་བ་བཞུགས་སོ། །	འཇམ་དབྱངས་མཁྱེན་བརྩེའི་དབང་པོ།	༣	༦	པར་མ།	
	༤༣	ཏ	ཀློང་ཆེན་སྙིང་གི་ཐིག་ལེ་ལས། བླ་མ་རིག་འཛིན་འདུས་པའི་སྒྲོང་བསྡུས་རྡོ་རྗེའི་རྒྱུད་མངས་ཞེས་བྱ་བ་བཞུགས་སོ། །	འཇམ་དབྱངས་མཁྱེན་བརྩེའི་དབང་པོ།	༡	༦	པར་མ།	
	༤༤	ཏ	རྡོ་རྗེའི་ལྷ་མོ་བཅུ་དྲུག་གི་མཆོད་ཕྲེང་མདོར་བསྡུས་པ་རྡོ་རྗེ་སྒྲ་མའི་མཆོད་སྤྲིན་ཞེས་བྱ་བ་བཞུགས་སོ། །	འཇམ་དབྱངས་མཁྱེན་བརྩེའི་དབང་པོ།	༡	༦	པར་མ།	

	༤༥	ཏ	སྙིང་ཏིག་ཧ་ཁྱུང་དབང་གྲངས་གསོག །	འཛམ་དབྱངས་མཁྱེན་བརྩེའི་དབང་པོ།	༡	༦	པར་མ།	
	༤༦	ཏ	ཀློང་ཆེན་སྙིང་གི་ཐིག་ལེ་ལས། རིག་འཛིན་ཐུགས་སྒྲུབ་དཔལ་ཆེན་འདུས་པའི་ཕྲིན་ལས་སྙིང་པོར་དྲིལ་བ་བཞུགས་སོ། །	འཛམ་དབྱངས་མཁྱེན་བརྩེའི་དབང་པོ།	༨	༦	པར་མ།	
	༤༧	ཏ	རིག་འཛིན་ཐུགས་སྒྲུབ་དཔལ་ཆེན་འདུས་པའི་རྒྱུན་ཁྱེར་ཕྱག་རྒྱ་གཅིག་པ་བཞུགས་སོ། །	འཛམ་དབྱངས་མཁྱེན་བརྩེའི་དབང་པོ།	༣	༦	པར་མ།	
	༤༨	ཏ	རིག་འདུས་བདུད་རྩིའི་ཚོག་སྒྲུབ།	འཛམ་དབྱངས་མཁྱེན་བརྩེའི་དབང་པོ།	༡	༦	པར་མ།	
	༤༩	ཏ	གསང་སྒྲུབ་ཐུགས་རྗེ་ཆེན་པོ་སྡུག་བསྔལ་རང་གྲོལ་གྱི་བརྒྱུད་འདེབས་བྱིན་རླབས་དཔལ་སྟེར་བཅས་བྱ་བ་བཞུགས་སོ། །	འཛམ་དབྱངས་མཁྱེན་བརྩེའི་དབང་པོ།	༡	༦	པར་མ།	
	༥༠	ཏ	ཐུགས་རྗེ་ཆེན་པོ་སྡུག་བསྔལ་རང་གྲོལ་གྱི་གནས་ལུང་གྲངས་གསོག །	འཛམ་དབྱངས་མཁྱེན་བརྩེའི་དབང་པོ།	༢	༦	པར་མ།	
	༥༡	ཏ	ཡང་གསང་བླ་མའི་སྒྲུབ་པ་ཐིག་ལེའི་རྒྱ་ཅན་གྱི་བརྒྱུད་འདེབས་བྱིན་ལརབ་ཆར་འབེབས་བཞུགས་སོ། །	འཛམ་དབྱངས་མཁྱེན་བརྩེའི་དབང་པོ།	༡༠	༦	པར་མ།	
	༥༢	ཏ	ཡང་གསང་བླ་མའི་སྒྲུབ་པ་ཐིག་ལེའི་རྒྱ་ཅན་གྱི་བསྙེན་ཡིག་གྲུབ་གཉིས་ཤིང་རྟ་ཞེས་བྱ་བ་བཞུགས་སོ། །	འཛམ་དབྱངས་མཁྱེན་བརྩེའི་དབང་པོ།	༥	༦	པར་མ།	
	༥༣	ཏ	ཡང་གསང་བླ་མའི་སྒྲུབ་པ་ཐིག་ལེའི་རྒྱ་ཅན་གྱི་སྨིན་བྱེད་ཡེ་ཤེས་མཆོག་སྦྱིན་ཞེས་བྱ་བ་བཞུགས་སོ། །	འཛམ་དབྱངས་མཁྱེན་བརྩེའི་དབང་པོ།	༤	༦	པར་མ།	
	༥༤	ཏ	འོད་གསལ་རྡོ་རྗེ་སྙིང་པོའི་རིག་འཛིན་བརྒྱུད་པའི་ཕག་མཆོད་བྱིན་རླབ་བདུད་རྩིའི་ཆར་འབེབས་ཞེས་བྱ་བ་བཞུགས་སོ། །	འཛམ་དབྱངས་མཁྱེན་བརྩེའི་དབང་པོ།	༤	༦	པར་མ།	

	༥༥	ཏ	རིག་འཛིན་ཡུམ་བཀའི་བརྒྱུད་འདེབས་བདེ་ཆེན་ཆར་འབེབས་ཞེས་བྱ་བ་བཞུགས་སོ། །	འཇམ་དབྱངས་མཁྱེན་བརྩེའི་དབང་པོ།	༡	༦	ཕར་མ།	
	༥༦	ཏ	ཡུམ་ཀ་མཁའ་འགྲོའི་ཚོགས་ཀྱི་མཆོད་པ་ཉེ་བར་བསྡུས་པ་གྲུབ་གཉིས་དཔལ་ཕྲེང་ཞེས་བྱ་བ་བཞུགས་སོ། །	འཇམ་དབྱངས་མཁྱེན་བརྩེའི་དབང་པོ།	༡	༦	ཕར་མ།	
	༥༧	ཏ	ཡུམ་བཀའ་མཁའ་འགྲོའི་ལས་ཚོགས་བཞི་པ་དང་འབྲེལ་བའི་ཚེ་དབང་ཉེར་བསྡུས་བཞུགས།	འཇམ་དབྱངས་མཁྱེན་བརྩེའི་དབང་པོ།	༤	༦	ཕར་མ།	
	༥༨	ཏ	བདེ་བ་ཅན་དུ་བགྲོད་པའི་ཚོ་ག་དཔག་མེད་མྱུར་ལམ་དང་འབྲེལ་བའི་ཚེ་སྒྲུབ་ཀྱི་གདམས་པ་སྙིང་པོར་དྲིལ་བ་བཞུགས་སོ། །	འཇམ་དབྱངས་མཁྱེན་བརྩེའི་དབང་པོ།	༩	༦	ཕར་མ།	
	༥༩	ཏ	རྫོགས་པ་ཆེན་པོ་ཀློང་ཆེན་སྙིང་ཏིག་གི་འཕོ་བའི་མཚམས་སྦྱོར་ལུང་གསལ་བཞུགས་སོ། །	འཇམ་དབྱངས་མཁྱེན་བརྩེའི་དབང་པོ།	༦	༦	ཕར་མ།	
	༦༠	ཏ	བཀའ་སྲུང་མ་མགོན་ལྕམ་དྲལ་གྱི་ཚོགས་མཆོད་ཕྲིན་ལས་མཆོག་སྩོལ་ཅེས་བྱ་བ་བཞུགས་སོ། །	འཇམ་དབྱངས་མཁྱེན་བརྩེའི་དབང་པོ།	༦	༦	ཕར་མ།	
	༦༡	ཏ	སྙིང་ཏིག་མ་མགོན་བཟླས་དམིགས།	འཇམ་དབྱངས་མཁྱེན་བརྩེའི་དབང་པོ།	༡	༦	ཕར་མ།	
	༦༢	ཏ	བཀའ་སྲུང་སྔགས་བཙུན་མཆེད་ལྔའི་ཕྲིན་ལས་དཔག་བསམ་ཡོངས་འདུ་དང་འབྲེལ་བའི་ཚོགས་མཆོད་ཕན་བདེའི་རྣ་ཆ་ཞེས་བྱ་བ་བཞུགས་སོ། །	འཇམ་དབྱངས་མཁྱེན་བརྩེའི་དབང་པོ།	༤	༦	ཕར་མ།	
	༦༣	ཏ	རྟ་གསུམ་ཆོས་སྲུང་རྒྱ་མཚོའི་སྐོང་བཤགས་དང་གཏོར་བསྔོ་བཅས་ཉེ་བར་བསྡུས་པ་དངོས་གྲུབ་མཆོག་སྩོལ་ཞེས་བྱ་བ་བཞུགས་སོ། །	འཇམ་དབྱངས་མཁྱེན་བརྩེའི་དབང་པོ།	༢	༦	ཕར་མ།	
	༦༤	ཏ	དཔལ་སྔགས་ཀྱི་སྲུང་མའི་གཏོར་བསྔོ་ཉེར་བསྡུས་བཞུགས་སོ། །	འཇམ་དབྱངས་མཁྱེན་བརྩེའི་དབང་པོ།	༡	༦	ཕར་མ།	

	༦༥	ཏ	རབ་གནས་བཀྲ་ཤིས་འདོད་འཇོའི་སྙིང་པོ་ཉེ་བར་བསྡུས་པ་བཞུགས་སོ། །	འཇམ་དབྱངས་མཁྱེན་བརྩེའི་དབང་པོ།	༡༣	༦	པར་མ།	
	༦༦	ཏ	བར་དོའི་ངོ་སྤྲོད་དང་འཕོ་བའི་མཚམས་སྦྱོར་བཅས་ཤུང་པར་བསྡུས་པ་བཞུགས་སོ། །	འཇམ་དབྱངས་མཁྱེན་བརྩེའི་དབང་པོ།	༦	༦	པར་མ།	
	༦༧	ཏ	ཇོ་ལུགས་སྒྲོལ་དཀར་མཆོག་གཅིག་པའི་སྒྲུབ་སྐོར་ལས་ཚོགས་དང་བཅས་པ་བཞུགས་སོ། །	འཇམ་དབྱངས་མཁྱེན་བརྩེའི་དབང་པོ།	༡༨	༦	པར་མ།	
	༦༨	ཏ	བདུད་རྩི་སྨན་གྱི་སྒྲུབ་པ་མདོར་བསྡུས་བྱ་ཚུལ་འཆི་མེད་རྟག་པའི་བཅུད་ལེན་ཞེས་བྱ་བ་བཞུགས་སོ། །	འཇམ་དབྱངས་མཁྱེན་བརྩེའི་དབང་པོ།	༥	༦	པར་མ།	
	༦༩	ཏ	རྟེན་གསུམ་རབ་ཏུ་གནས་པའི་ཆོ་ག་སྙིང་པོར་དྲིལ་བ་དགེ་ལེགས་ཆར་འབེབས་ཞེས་བྱ་བ་བཞུགས་སོ། །	འཇམ་དབྱངས་མཁྱེན་བརྩེའི་དབང་པོ།	༡༡	༦	པར་མ།	
	༧༠	ཏ	སངས་རྒྱས་སྤྱི་བསྟོད།	འཇམ་དབྱངས་མཁྱེན་བརྩེའི་དབང་པོ།	༡	༦	པར་མ།	
	༧༡	ཏ	རབ་གནས་བཀྲ་ཤིས།	འཇམ་དབྱངས་མཁྱེན་བརྩེའི་དབང་པོ།	༢	༦	པར་མ།	
	༧༢	ཏ	སོ་ཐར་འདུལ་སྡོམ་བརྒྱུད་པའི་གསོལ་འདེབས་སྨོན་ལམ་དང་བཅས་པ་པུཎྜ་རཱི་ཀའི་དོ་ཤལ་ཅེས་བྱ་བ་བཞུགས་སོ། །	འཇམ་དབྱངས་མཁྱེན་བརྩེའི་དབང་པོ།	༣༢	༦	པར་མ།	
01849	༄ འཇམ་དབྱངས་མཁྱེན་བརྩེ་དབང་པོ་ཀུན་དགའ་བསྟན་པའི་རྒྱལ་མཚན་གྱི་གསུང་འབུམ། ༼པོད་ཐ༽							
	༡	ཐ	ཡིག་རིགས་ཉེར་མཁོའི་ཕྱི་མོ་དཔྱོད་ལྡན་མིག་གི་བདུད་རྩི་ཨུཏྤལ་གསར་པའི་ཆུན་པོ་ཞེས་བྱ་བ་བཞུགས་སོ། །	འཇམ་དབྱངས་མཁྱེན་བརྩེའི་དབང་པོ།	༥༩	༦༦	པར་མ།	༢༢· ཆད།
	༢	ཐ	རྒྱན་གྱི་བསྟན་བཅོས་མེ་ལོང་གི་གཞུང་དང་མཐུན་པར་དཔེར་བརྗོད་པ་དང་དབྱེའི་རྒྱུད་མང་ཞེས་བྱ་བ་བཞུགས་སོ། །	འཇམ་དབྱངས་མཁྱེན་བརྩེའི་དབང་པོ།	༩༠	༦༦	པར་མ།	

	༣	ཐ	མངོན་བརྗོད་སྣ་ཚོགས་གསལ་བ་ལས་ཉེར་མཁོ་ཟུར་བཀོལ་བློ་གསལ་རྣ་རྒྱན་བཞུགས་སོ། །	འཇམ་དབྱངས་མཁྱེན་བརྩེའི་དབང་པོ།	༦༧	༦༦	པར་མ།	
	༤	ཐ	གངས་ཅན་བསྟན་པ་ཡོངས་རྫོགས་ཁྲིམས་ཐང་མདུན་གྱི་གཙོ་བོ་མཁན་སློབ་ཆོས་གསུམ་གཙོར་གྱུར་དང་ཅཀྲཱི་སོགས་ཀྱི་ཁྲི་ཡིག་བཞུགས་སོ། །	འཇམ་དབྱངས་མཁྱེན་བརྩེའི་དབང་པོ།	༦༤	༦༦	པར་མ།	
	༥	ཐ	མཆོག་འཁྲིང་ཐལ་བའི་ཡུལ་ལ་འཕྲིན་ཡིག་འབྲུལ་ཚུལ་གྱི་དཔེར་བརྗོད་ཨུཏྤལ་གཞོན་ནུའི་དོ་ཤལ་ཅེས་བྱ་བ་བཞུགས་སོ། །	འཇམ་དབྱངས་མཁྱེན་བརྩེའི་དབང་པོ།	༡༣༨	༦	པར་མ།	༡༣༠. ཕྱེད་ཆད། མཇུག་མ་ཚང་།
01850	༄ འཇམ་དབྱངས་མཁྱེན་བརྩེ་དབང་པོ་ཀུན་དགའ་བསྟན་པའི་རྒྱལ་མཚན་གྱི་གསུང་འབུམ། ［པོད་ད］							
	༡	ད	གངས་ཅན་བོད་ཀྱི་ཡུལ་དུ་བྱོན་པའི་གསང་སྔགས་གསར་རྙིང་གི་གདན་རབས་མདོར་བསྡུས་ངོ་མཚར་པདྨོའི་དགའ་ཚལ་ཞེས་བྱ་བ་བཞུགས་སོ། །	འཇམ་དབྱངས་མཁྱེན་བརྩེའི་དབང་པོ།	༡༠༤	༦	པར་མ།	
	༢	ད	དམ་པའི་ཆོས་ཀྱི་བྱུང་བ་བརྗོད་པ་ལས་གཙོ་བོར་བརྒྱམས་པའི་གཏམ་སྙལ་བཟང་རྣ་བའི་བཅུད་ལེན་ཞེས་བྱ་བ་བཞུགས་སོ། །	འཇམ་དབྱངས་མཁྱེན་བརྩེའི་དབང་པོ།	༣༨	༦	པར་མ།	
	༣	ད	གངས་ཅན་གྱི་ཡུལ་དུ་བྱོན་པའི་ལོ་པཎ་རྣམས་ཀྱི་མཚན་ཐོ་རགས་རིམ་ཚིགས་བཅད་དུ་བསྡེབས་པ་མདྷུ་པཱ་ཏི་ཤྲཱི་ལ་རཏྣའི་གསུང་བཞུགས་སོ། །	འཇམ་དབྱངས་མཁྱེན་བརྩེའི་དབང་པོ།	༢༣༥	༦	པར་མ།	
	༤	ད	ལེགས་འབྲུལ་དང་འཕྲིན་ཡིག་ཚོགས་བཅད་ཐོར་བུ་སྣ་ཚོགས་བཞུགས་སོ། །	འཇམ་དབྱངས་མཁྱེན་བརྩེའི་དབང་པོ།	༤༣	༦	པར་མ།	
	༥	ད	མདོ་སྔགས་བསྟན་པ་རིན་པོ་ཆེའི་བྱུང་ཚུལ་ལས་བརྒྱམས་པའི་ལོ་རྒྱུས་དང་རྣམ་ཐར་ཤིན་ཏུ་མང་པོ་ངོ་མཚར་ལྷའི་པད་ཚལ་ཅེས་བྱ་བ་བཞུགས་སོ། །	འཇམ་དབྱངས་མཁྱེན་བརྩེའི་དབང་པོ།	༣༦	༦	པར་མ།	
01851	༄ འཇམ་དབྱངས་མཁྱེན་བརྩེ་དབང་པོ་ཀུན་དགའ་བསྟན་པའི་རྒྱལ་མཚན་གྱི་གསུང་འབུམ། ［པོད་ཨ］							
	༡	ཨ	ཉེར་མཁོའི་ཆོས་སྤྱོད་མཛེས་རྒྱན་ནོར་བུའི་སྙིང་པོ་ཞེས་བྱ་བ་བཞུགས་སོ། །	འཇམ་དབྱངས་མཁྱེན་བརྩེའི་དབང་པོ།	༧༠	༦	པར་མ།	

	༢	ཨ	ཀུན་རིག་ལ་བརྟེན་པའི་རབ་ཏུ་གནས་པ་འབྲིང་པོའི་ཆོ་ག་ཕྲིན་ལས་རབ་ཏུ་རྒྱས་བྱེད་ཅེས་བྱ་བ་བཞུགས་སོ། །	འཇམ་དབྱངས་མཁྱེན་བརྩེའི་དབང་པོ།	༡༧	༦	པར་མ།	
	༣	ཨ	མན་ངག་གཅེས་བསྡུས་སྣ་ཚོགས་ཕྱོགས་གཅིག་ཏུ་བསྒྲིགས་པ་འདོད་རྒྱུ་ཀུན་འབྱུང་དབང་རྒྱལ་ནོར་བུའི་ཕྲེང་བ་བཞུགས་སོ། །	འཇམ་དབྱངས་མཁྱེན་བརྩེའི་དབང་པོ།	༤༩	༦	པར་མ།	
	༤	ཨ	ཐུགས་རྗེ་ཆེན་པོ་ལ་བརྟེན་ནས་མི་ཁ་ བཟློག་པའི་གདམས་ངག་ཟབ་མོ་བཞུགས།	འཇམ་དབྱངས་མཁྱེན་བརྩེའི་དབང་པོ།	༡༡	༦	པར་མ།	
	༥	ཨ	གླུ་གཏོར་དང་འབྲེལ་བའི་ཆར་འབེབས་ཁྱེར་བདེ་ཉུང་དུ་བཞུགས་སོ། །	འཇམ་དབྱངས་མཁྱེན་བརྩེའི་དབང་པོ།	༢	༦	པར་མ།	
	༦	ཨ	སྔ་འགྱུར་རྡོ་རྗེ་ཐེག་པའི་ལྷག་པའི་ལྷ་སྤྱི་ལ་འཇུག་པའི་ཕྲིན་ལས་ཀྱི་ཆོ་ག་རིག་པ་འཛིན་པ་ཀུན་ཏུ་དགའ་བའི་བཟློས་གར་ཅེས་བྱ་བ་བཞུགས་སོ། །	འཇམ་དབྱངས་མཁྱེན་བརྩེའི་དབང་པོ།	༥༥	༦	པར་མ།	
	༧	ཨ	དྲི་མེད་རྣམ་གཉིས་ཀྱི་མཆོད་རྟེན་བཞེངས་སྐབས་ཉེར་མཁོའི་ཟིན་བྲིས་གཞན་ཕན་བླ་སྣང་ཞེས་བྱ་བ་བཞུགས་སོ། །	འཇམ་དབྱངས་མཁྱེན་བརྩེའི་དབང་པོ།	༢༢	༦	པར་མ།	
	༨	ཨ	སྒྲོལ་མ་མནྡལ་བཞི་པའི་ཆོ་ག་ཤིན་ཏུ་བསྡུས་པ་བྱ་རྩོལ་ཕན་བདེའི་ཨུཏྤལ་བཞུགས་སོ། །	འཇམ་དབྱངས་མཁྱེན་བརྩེའི་དབང་པོ།	༡༦	༦	པར་མ།	༡༡· ཆད།
	༩	ཨ	གནས་མཆོག་བདེ་ཆེན་ཞིང་སྐྱབ་ཀྱི་ཚོགས་མཆོད་སྙིང་པོར་དྲིལ་བ་བསོད་ནམས་ཆར་འབེབས་ཞེས་བྱ་བ་བཞུགས་སོ། །	འཇམ་དབྱངས་མཁྱེན་བརྩེའི་དབང་པོ།	༣	༦	པར་མ།	
	༡༠	ཨ	ལྷག་པའི་ལྷ་ཀུན་ལ་འཇུག་པའི་བསྙེན་སྒྲུབ་ཀྱི་ཆོ་ག་ཕྲིན་ལས་དཔལ་སྟེར་ཞེས་བྱ་བ་བཞུགས་སོ། །	འཇམ་དབྱངས་མཁྱེན་བརྩེའི་དབང་པོ།	༦	༦	པར་མ།	
	༡༡	ཨ	ལྷག་པའི་ལྷ་སྤྱི་ལ་འཇུག་པའི་སྐུ་གསུང་ཐུགས་ཀྱི་དབང་བསྐུར་བ་རྡོ་རྗེ་གསུམ་གྱི་རྒྱན་ཅེས་བྱ་བ་བཞུགས་སོ། །	འཇམ་དབྱངས་མཁྱེན་བརྩེའི་དབང་པོ།	༣	༦	པར་མ།	

	༡༢	ཨ	གཞིན་པོ་རྗེས་སུ་འཛིན་པའི་ཆོ་ག་ཤིན་ཏུ་བསྡུས་པ་ཐར་པའི་ཐེམ་སྐས་ཅེས་བྱ་བ་བཞུགས་སོ། །	འཇམ་དབྱངས་མཁྱེན་བརྩེའི་དབང་པོ།	༣	༦	པར་མ།	
	༡༣	ཨ	རྩ་གསུམ་རྒྱ་མཚོར་སྨན་མཆོད་འབུལ་བའི་ཚུལ་བདུད་རྩིའི་སྤྲིན་ཕུང་ཞེས་བྱ་བ་བཞུགས་སོ། །	འཇམ་དབྱངས་མཁྱེན་བརྩེའི་དབང་པོ།	༢	༦	པར་མ།	
	༡༤	ཨ	དྲི་མེད་རྣམ་གཉིས་སྨྲྀ་ཚྭ་འདེབས་སྐབས།	འཇམ་དབྱངས་མཁྱེན་བརྩེའི་དབང་པོ།	༢	༦	པར་མ།	
	༡༥	ཨ	ཚོ་གཡང་འགུགས་པའི་ཕྲིན་ལས་ཁྲིགས་སུ་བསྡེབས་པ་ཚེ་བསོད་འདོད་རྒུའི་དཔལ་སྟེར་ཞེས་བྱ་བ་བཞུགས་སོ། །	འཇམ་དབྱངས་མཁྱེན་བརྩེའི་དབང་པོ།	༡༠	༦	པར་མ།	
	༡༦	ཨ	གྲུབ་ཆེན་ཐང་སྟོང་རྒྱལ་པོའི་རྡོ་རྗེའི་གསུང་གཡང་འགུགས་བྱིན་རླབས་ཅན་བཞུགས་སོ། །	འཇམ་དབྱངས་མཁྱེན་བརྩེའི་དབང་པོ།	༩	༦	པར་མ།	
	༡༧	ཨ	སྨན་སློག་དང་བརྟན་བཞུགས་ཀྱི་ཆོ་ག་མདོར་བསྡུས་པ་གྲུབ་པའི་ཞལ་ལུང་བདུད་རྩིའི་ཐིགས་དངར་ཅེས་བྱ་བ་བཞུགས་སོ། །	འཇམ་དབྱངས་མཁྱེན་བརྩེའི་དབང་པོ།	༡༠	༦	པར་མ།	
	༡༨	ཨ	བསྲུན་བཟློག་ཁྱེར་བདེ་རིག་འཛིན་དགྱེས་པའི་དགའ་སྟོན་ཅེས་བྱ་བ་བཞུགས་སོ། །	འཇམ་དབྱངས་མཁྱེན་བརྩེའི་དབང་པོ།	༢	༦	པར་མ།	
	༡༩	ཨ	འཆི་བ་བསླུ་བའི་གདམས་པ་ཚུ་སྦྱིན་སྟོང་ཟློག་གི་མན་ངག་བཀླག་ཆོག་ཏུ་བཀོད་པ་བཞུགས་སོ། །	འཇམ་དབྱངས་མཁྱེན་བརྩེའི་དབང་པོ།	༥	༦	པར་མ།	
	༢༠	ཨ	རིག་འཛིན་སྲོག་སྒྲུབ་ལས། ལན་ཚགས་ཚུ་བསྒྱུར་ཞེས་བྱ་བ་བཞུགས་སོ། །	འཇམ་དབྱངས་མཁྱེན་བརྩེའི་དབང་པོ།	༥	༦	པར་མ།	
	༢༡	ཨ	སྲུང་བ་རྡོ་རྗེའི་ཁྲབ་རིང་གི་ཕྱག་ལེན་སྦྲར་བཅངས་སུ་བསྟན་པ་ཟབ་གསང་སྙིང་ཏིག་ཅེས་བྱ་བ་བཞུགས་སོ། །	འཇམ་དབྱངས་མཁྱེན་བརྩེའི་དབང་པོ།	༡༢	༦	པར་མ།	

	༢༢	ཨ	སྒྲ་སེན་བསྲེག་པའི་ཆོ་ག་སོགས་ཀྱི་སྐབས་སུ་ཉེ་བར་མཁོ་བའི་ཟིན་བྲིས་ཞུང་གསལ་ཕན་བདེའི་ཉེར་འཚོ་བཞུགས་སོ། །	འཇམ་དབྱངས་མཁྱེན་བརྩེའི་དབང་པོ།	༦	༦	ཡར་མ།	
	༢༣	ཨ	མཆོད་སྦྱིན་གཏོར་མའི་རྣལ་འབྱོར་ཞུང་གསལ་ཁྱེར་བདེ་ཚོགས་གཉིས་ལམ་བཟང་ཞེས་བྱ་བ་བཞུགས་སོ། །	འཇམ་དབྱངས་མཁྱེན་བརྩེའི་དབང་པོ།	༣	༦	ཡར་མ།	
	༢༤	ཨ	བསང་མཆོད་ཞུང་དུར་བསྡུས་པ་བསོད་ནམས་སྦྱིན་གྱི་ཛ་གསང་ཞེས་བྱ་བ་བཞུགས་སོ། །	འཇམ་དབྱངས་མཁྱེན་བརྩེའི་དབང་པོ།	༣	༦	ཡར་མ།	
	༢༥	ཨ	གཏེར་ཆེན་པོའི་བུམ་པ་བཟང་པོ་སྒྲུབ་ཚུལ་སྤྱི་ལ་འཇུག་པ་འདོད་རྒུའི་ཆར་འབེབས་ཞེས་བྱ་བ་བཞུགས་སོ། །	འཇམ་དབྱངས་མཁྱེན་བརྩེའི་དབང་པོ།	༧	༦	ཡར་མ།	
	༢༦	ཨ	ས་སྙིང་དང་བརྟན་མ་སྒྲུགས་སྒྲུབ་ཀྱི་བུམ་གཏེར་ཤིན་ཏུ་བསྡུས་པ་ཕན་བདེའི་ཡང་སྙིང་ཞེས་བྱ་བ་བཞུགས་སོ། །	འཇམ་དབྱངས་མཁྱེན་བརྩེའི་དབང་པོ།	༡༨	༦	ཡར་མ།	
	༢༧	ཨ	གྲུབ་ཆེན་ཐང་སྟོང་རྒྱལ་པོའི་ལུགས་ཀྱི་ནད་བརྒྱ་སྨན་གཅིག་རིལ་བུ་དཀར་དམར་གྱི་གཞུང་གསལ་བྱེད་དང་བཅས་པ་བཞུགས་སོ། །	འཇམ་དབྱངས་མཁྱེན་བརྩེའི་དབང་པོ།	༨	༦	ཡར་མ།	
	༢༨	ཨ	རིན་ཆེན་རིལ་བུ་རྣམས་ཀྱི་ཕན་ཡོན་དང་བསྟེན་ཚུལ་སྙིང་པོར་དྲིལ་བ་བདུད་རྩིའི་ཟླ་སྣང་ཞེས་བྱ་བ་བཞུགས་སོ། །	འཇམ་དབྱངས་མཁྱེན་བརྩེའི་དབང་པོ།	༨	༦	ཡར་མ།	
	༢༩	ཨ	ལྷ་བཙུན་རིན་པོ་ཆེའི་དག་སྣང་བརྟག་རིལ་སྦྲིལ་བའི་མན་ངག་དུས་གསུམ་མཁྱེན་པའི་ཞལ་ལུང་ཞེས་བྱ་བ་བཞུགས་སོ། །	འཇམ་དབྱངས་མཁྱེན་བརྩེའི་དབང་པོ།	༦	༦	ཡར་མ།	
	༣༠	ཨ	དཔལ་ལྡན་དམག་ཟོར་གྱི་རྒྱལ་མོ་འཁོར་དང་བཅས་པ་མཆོད་ཅིང་ཐུགས་དམ་སྐོང་བའི་རིམ་པ་དོན་གཉིས་ཕྲིན་ལས་མྱུར་འགྲུབ་ཅེས་བྱ་བ་བཞུགས་སོ། །	འཇམ་དབྱངས་མཁྱེན་བརྩེའི་དབང་པོ།	༡༣	༦	ཡར་མ།	
	༣༡	ཨ	བཀྲ་ཤིས་ཚེ་རིང་མཆེད་ལྔའི་གསོལ་མཆོད་མདོར་བསྡུས་པ་བཀྲ་ཤིས་ཆར་འབེབས་ཞེས་བྱ་བ་བཞུགས་སོ། །	འཇམ་དབྱངས་མཁྱེན་བརྩེའི་དབང་པོ།	༣	༦	ཡར་མ།	

	༣༢	ཨ	རྒྱལ་པོ་ཆེན་པོ་རྣམ་མང་ཐོས་སྲས་ཀྱི་གཏོར་མའི་ཆོ་ག་མདོར་བསྡུས་པ་འདོད་དགུའི་དཔལ་སྟེར་བཞུགས་སོ། །	འཇམ་དབྱངས་མཁྱེན་བརྩེའི་དབང་པོ།	༣	༦	པར་མ།	
	༣༣	ཨ	གཏེར་གསར་དམ་རྫས་སོགས་རྟེན་རབ་འབྱམས་ཕྱོགས་བསྡུས་ཀྱི་བཞུགས་བྱང་གཞན་ལ་ཕན་པ་མཆོག་ཏུ་དགེ་བའི་དབྱངས་སྙན་ཅེས་བྱ་བ་བཞུགས་སོ། །	འཇམ་དབྱངས་མཁྱེན་བརྩེའི་དབང་པོ།	༨༥	༦	པར་མ།	
	༣༤	ཨ	དཀྱིལ་འཁོར་གྱི་ཆོ་གའི་ས་ཆོག་མདོར་བསྡུས་བཞུགས་སོ། །	འཇམ་དབྱངས་མཁྱེན་བརྩེའི་དབང་པོ།	༡	༦	པར་མ།	
	༣༥	ཨ	མཐའ་རྟེན་བཀྲ་ཤིས་རྟགས་རྫས་དང་རྒྱལ་སྲིད་སྣ་བདུན་སྦྱིན་པའི་ཆོག །	འཇམ་དབྱངས་མཁྱེན་བརྩེའི་དབང་པོ།	༡	༦	པར་མ།	
01852	༄། འཇམ་དབྱངས་མཁྱེན་བརྩེ་དབང་པོ་ཀུན་དགའ་བསྟན་པའི་རྒྱལ་མཚན་གྱི་གསུང་འབུམ། 〔པོད་ཧྲཱིཿ〕							
	༡	ཧྲཱིཿ	སྐུ་གསུམ་བླ་མའི་རྣལ་འབྱོར་ཡེ་ཤེས་ཆར་འབེབས་ཞེས་བྱ་བ་བཞུགས་སོ། །	འཇམ་དབྱངས་མཁྱེན་བརྩེའི་དབང་པོ།	༥༣	༦	པར་མ།	
	༢	ཧྲཱིཿ	ཆོ་ལྷ་རྣམ་གསུམ་ལ་བརྟེན་པའི་བླ་མའི་རྣལ་འབྱོར་འཆི་མེད་གྲུབ་པའི་གསེང་ལམ་ཞེས་བྱ་བ་བཞུགས་སོ། །	འཇམ་དབྱངས་མཁྱེན་བརྩེའི་དབང་པོ།	༤	༦	པར་མ།	
	༣		བླ་མ་ཚེ་ལྷ་རྣམ་གསུམ་གྱི་རྣལ་འབྱོར་དང་རྗེས་སུ་འབྲེལ་བར་ཚོགས་གཉིས་སྤེལ་བའི་འཆི་མེད་གྲུབ་པའི་དགའ་སྟོན་ཅེས་བྱ་བ་བཞུགས་སོ། །	འཇམ་དབྱངས་མཁྱེན་བརྩེའི་དབང་པོ།	༡༣	༦	པར་མ།	
	༤	ཧྲཱིཿ	འཇམ་པའི་དབྱངས་དངོས་ཆོས་རྒྱལ་ཚངས་པ་ལྷའི་མེ་ཏོག་གི་རྣལ་འབྱོར་ཡེ་ཤེས་སྣང་བ་རྒྱས་པ་ཞེས་བྱ་བ་བཞུགས་སོ། །	འཇམ་དབྱངས་མཁྱེན་བརྩེའི་དབང་པོ།	༦	༦	པར་མ།	
	༥	ཧྲཱིཿ	འཇམ་པའི་དབྱངས་དངོས་ཆོས་རྒྱལ་ཚངས་པ་ལྷའི་མེ་ཏོག་གི་བྱིན་རླབས་དབང་གི་ཆོ་ག་བདུད་རྩིའི་སྤྲིན་ཆེན་ཅེས་བྱ་བ་བཞུགས་སོ། །	འཇམ་དབྱངས་མཁྱེན་བརྩེའི་དབང་པོ།	༣	༦	པར་མ།	
	༦	ཧྲཱིཿ	གང་ཤར་རྡོ་རྗེའི་གླུ་ཕྲེང་སྐལ་བཟང་རྣ་བའི་དགའ་སྟོན་ཞེས་བྱ་བ་བཞུགས་སོ། །	འཇམ་དབྱངས་མཁྱེན་བརྩེའི་དབང་པོ།	༡༩༦	༦	པར་མ།	

	༧	ཧྲཱིཿ	ཚར་ཆེན་ཆོས་ཀྱི་རྒྱལ་པོ་ལ་ལམ་ཟབ་བླ་མའི་རྣལ་འབྱོར་དང་འབྲེལ་བར་གསོལ་བ་འདེབས་པའི་རྡོ་རྗེའི་གླུ་བྱིན་རླབས་བདུད་རྩིའི་ཆར་འབེབས་ཞེས་བྱ་བ་བཞུགས་སོ། །	འཇམ་དབྱངས་མཁྱེན་བརྩེའི་དབང་པོ།	༦༥	༦	པར་མ།	
	༨	ཧྲཱིཿ	སྤོང་བ་བསམ་གཏན་པ་ལ་གདམས་པའི་གཏམ། ལམ་རིམ་བདུད་རྩིའི་སྙིང་པོ་ཞེས་བྱ་བ་བཞུགས་སོ། །	འཇམ་དབྱངས་མཁྱེན་བརྩེའི་དབང་པོ།	༢༥	༦	པར་མ།	
	༩	ཧྲཱིཿ	སྤང་བླང་གི་བསླབ་བྱ་མདོར་བསྡུས་པའི་གཏམ། ཆོས་ཚུལ་བདུད་རྩིའི་སྤྲིན་ཆར་ཞེས་བྱ་བ་བཞུགས་སོ། །	འཇམ་དབྱངས་མཁྱེན་བརྩེའི་དབང་པོ།	༡༥	༦	པར་མ།	
	༡༠	ཧྲཱིཿ	གསུང་ངག་རིན་པོ་ཆེའི་ལམ་རིམ་གསོལ་འདེབས་སྨོན་ལམ་མདོར་བསྡུས་པ་བྱིན་རླབས་དཔལ་སྟེར་ཞེས་བྱ་བ་བཞུགས་སོ། །	འཇམ་དབྱངས་མཁྱེན་བརྩེའི་དབང་པོ།	༢༥	༦	པར་མ།	
	༡༡	ཧྲཱིཿ	མདོ་ཁམས་སྨར་ཁམས་སྒང་གི་ཆར་གཏོགས་རྒྱ་སྡེ་སྟེང་ཕྱུབ་བསྟན་དར་རྒྱས་གླིང་གི་བཅའ་ཁྲིམས་སྙིང་པོར་དྲིལ་བའི་གཏམ་ཕན་བདེའི་ས་བོན་ཅེས་བྱ་བ་བཞུགས་སོ། །	འཇམ་དབྱངས་མཁྱེན་བརྩེའི་དབང་པོ།	༦	༦	པར་མ།	
	༡༢	ཧྲཱིཿ	ཟབ་པ་དང་རྒྱ་ཆེ་བའི་ཆོས་ཀྱི་ཐོབ་ཡིག་རིན་པོ་ཆེའི་དོ་ཤལ་ཅེས་བྱ་བ་བཞུགས་སོ།།	འཇམ་དབྱངས་མཁྱེན་བརྩེའི་དབང་པོ།	༢༨	༦		
	༡༣	ཧྲཱིཿ	སངས་རྒྱས་གཉིས་པ་མཚོ་སྐྱེས་རྡོ་རྗེའི་སྣང་བརྙན་གསར་དུ་འགྲུབ་པའི་གཏམ་ལེགས་བྱས་སྤྲིན་གྱི་རོལ་མོ་ཅེས་བྱ་བ་བཞུགས་སོ། །	འཇམ་དབྱངས་མཁྱེན་བརྩེའི་དབང་པོ།	༡༩	༦	པར་མ།	
	༡༤	ཧྲཱིཿ	ནང་རྒྱུད་སྡེ་གསུམ་གཙོ་བོར་གྱུར་པའི་ཟབ་རྒྱས་ཆོས་ཚུལ་རབ་འབྱམས་ཀྱི་གླེང་བ་དངོས་གྲུབ་སྒོ་བརྒྱ་འབྱེད་པའི་ལྡེ་མིག་ཅེས་བྱ་བ་བཞུགས་སོ། །	འཇམ་དབྱངས་མཁྱེན་བརྩེའི་དབང་པོ།	༥༩	༦	པར་མ།	
	༡༥	ཧྲཱིཿ	ཀུན་མཁྱེན་ཆོས་ཀྱི་རྒྱལ་པོ་དྲི་མེད་འོད་ཟེར་གྱི་གསུང་ཐོར་བུའི་བཞུགས་བྱང་རིན་པོ་ཆེའི་སྒྲོ་མ་ཞེས་བྱ་བ་བཞུགས་སོ། །	འཇམ་དབྱངས་མཁྱེན་བརྩེའི་དབང་པོ།	༧༩	༦	པར་མ།	

	༡༦	ཤྲཱིཿ	དབུས་གཙང་གི་གནས་རྟེན་རགས་རིམ་གྱི་མཚན་བྱང་མདོར་བསྡུས་དད་པའི་ས་བོན་ཞེས་བྱ་བ་བཞུགས་སོ། །	འཇམ་དབྱངས་མཁྱེན་བརྩེའི་དབང་པོ།	༡༨	༦	པར་མ།	
	༡༧	ཤྲཱིཿ	དགེ་བའི་རྩ་བ་བྱང་ཆུབ་ཏུ་བསྔོ་བའི་གཏམ། བསོད་ནམས་སྨོན་གྱི་རྒྱུད་མང་ཞེས་བྱ་བ་བཞུགས་སོ། །	འཇམ་དབྱངས་མཁྱེན་བརྩེའི་དབང་པོ།	༡༡	༦	པར་མ།	
	༡༨	ཤྲཱིཿ	ངེས་པ་དོན་གྱི་ཐམས་ཅད་མཁྱེན་པ་འཇམ་དབྱངས་མཁྱེན་བརྩེའི་དབང་པོའི་གསུང་འབུམ་རིན་པོ་ཆེའི་དཀར་ཆག་ལེགས་བཤད་མཛོད་ཀྱི་ལྡེའུ་མིག་ཅེས་བྱ་བ་བཞུགས་སོ། །	འཇམ་དབྱངས་མཁྱེན་བརྩེའི་དབང་པོ།	༥༡	༦	པར་མ།	
01853	༄ འཇམ་དབྱངས་མཁྱེན་བརྩེ་དབང་པོ་ཀུན་དགའ་བསྟན་པའི་རྒྱལ་མཚན་གྱི་གསུང་འབུམ། ཡོད་ལྔ།							
	༡		མཁའ་འགྲོ་གསང་བ་ཀུན་འདུས་ལས། རྡོ་རྗེ་ཕག་མོའི་ཟོར་ལས་བཞུགས་སོ། །	འཇམ་དབྱངས་མཁྱེན་བརྩེའི་དབང་པོ།	༢༣	༦	པར་མ།	
	༢		མཁའ་འགྲོ་གསང་བ་ཀུན་འདུས་ལས། སྔོན་འགྲོ་དང་བཅས་པའི་རིམ་གཉིས་རྒྱུན་གྱི་རྣལ་འབྱོར་བཞུགས་སོ། །	འཇམ་དབྱངས་མཁྱེན་བརྩེའི་དབང་པོ།	༡༠	༦	པར་མ།	
	༣		མཁའ་འགྲོ་གསང་བ་ཀུན་འདུས་ལས། བརྒྱུད་པའི་གསོལ་འདེབས་བདུད་རྩིའི་རྒྱུད་མངས་ཞེས་བྱ་བ་བཞུགས་སོ། །	འཇམ་དབྱངས་མཁྱེན་བརྩེའི་དབང་པོ།	༢	༦	པར་མ།	
	༤		མཁའ་འགྲོ་གསང་བ་ཀུན་འདུས་ལས། རྡོ་རྗེ་ཕག་མོའི་འཕྲིན་ལས་བཞུགས་སོ།།	འཇམ་དབྱངས་མཁྱེན་བརྩེའི་དབང་པོ།	༡༨	༦	པར་མ།	
	༥		སྨན་གྱི་རྒྱུད་མཆོད།	འཇམ་དབྱངས་མཁྱེན་བརྩེའི་དབང་པོ།	༡	༦	པར་མ།	
	༦		མཁའ་འགྲོ་གསང་བ་ཀུན་འདུས་མཆོད་སྐོང་བྱེ་བྲག་པ་དུག་གི་སྐབས་སུ་སྦྱིན་འདྲེན་མཆོད་བསྟོད་མདོར་བསྡུས་བྱ་བ་བཞུགས་སོ། །	འཇམ་དབྱངས་མཁྱེན་བརྩེའི་དབང་པོ།	༡	༦	པར་མ།	

	༧		རྡོ་རྗེ་ཕག་མོ་གསང་བ་ཀུན་འདུས་ཀྱི་ཚོགས་མཆོད་ཞེར་བསྡུས་བཞུགས་སོ། །	འཇམ་དབྱངས་མཁྱེན་བརྩེའི་དབང་པོ།	༡	༦	པར་མ།	
	༨		འབྱུང་བའི་སྐྱོང་བའི་འགྲེས་བྱང་།	འཇམ་དབྱངས་མཁྱེན་བརྩེའི་དབང་པོ།	༡	༤	པར་མ།	
	༩		ཆད་ཐོ་བསྒྲུག་པ།	འཇམ་དབྱངས་མཁྱེན་བརྩེའི་དབང་པོ།	༡	༦	པར་མ།	
	༡༠		མཆོད་བསྟོད་ནོངས་བཤགས་མདོར་བསྡུས།	འཇམ་དབྱངས་མཁྱེན་བརྩེའི་དབང་པོ།	༡	༦	པར་མ།	
	༡༡		མཁའ་འགྲོ་གསང་འདུས་ཀྱི་ཆད་ཐོ།	འཇམ་དབྱངས་མཁྱེན་བརྩེའི་དབང་པོ།	༢	༦	པར་མ།	
	༡༢		མཁའ་འགྲོ་གསང་འདུས་ཀྱི་ཕག་མོ་ཁྲོས་མའི་བདུད་རྩི་རིལ་བུ་སྒྲུབ་པའི་ངག་འདོན།	འཇམ་དབྱངས་མཁྱེན་བརྩེའི་དབང་པོ།	༡	༦	པར་མ།	
	༡༣		ཕག་མོའི་ཞི་བསྙེན་འཕྲིན་ལས།	འཇམ་དབྱངས་མཁྱེན་བརྩེའི་དབང་པོ།	༡	༦	པར་མ།	
	༡༤		མཁའ་འགྲོ་གསང་བ་ཀུན་འདུས་ལས། ། བཀའ་བསྲུང་མཆེད་གསུམ་གཏོར་འབུལ་རྒྱུན་ཁྱེར་བཞུགས་སོ། །	འཇམ་དབྱངས་མཁྱེན་བརྩེའི་དབང་པོ།	༡	༦	པར་མ།	
	༡༥		མཁའ་འགྲོ་གསང་བ་ཀུན་འདུས་ལས། ། རྒྱུན་གྱི་ཚོགས་སྐོང་མདོར་བསྡུས་བཞུགས་སོ། །	འཇམ་དབྱངས་མཁྱེན་བརྩེའི་དབང་པོ།	༥	༦	པར་མ།	
	༡༦		མཁའ་འགྲོ་གསང་བ་ཀུན་འདུས་ལས། ། དཔའ་བོ་དཔའ་མོའི་སྒྲུབ་ཐབས་བཞུགས་སོ། །	འཇམ་དབྱངས་མཁྱེན་བརྩེའི་དབང་པོ།	༣	༦	པར་མ།	

	༡༧		མཁའ་འགྲོ་གསང་བ་ཀུན་འདུས་ཀྱི་ཚོགས་ཞིན་ཏུ་བསྡུས་པ་འབུམ་ཐེར་བསགས་སྐབས་ལྷ་བྱུར་གྲངས་བསོགས་བཞུགས།	འཇམ་དབྱངས་མཁྱེན་བརྩེའི་དབང་པོ།	༡	༦	པར་མ།	
	༡༨		མཁའ་འགྲོ་གསང་བ་ཀུན་འདུས་ལས་རྡོ་རྗེ་ཕག་མོའི་མཆོད་སྒྲིང་བཞུགས་སོ། །	འཇམ་དབྱངས་མཁྱེན་བརྩེའི་དབང་པོ།	༢༨	༦	པར་མ།	
	༡༩		མཁའ་འགྲོ་གསང་བ་ཀུན་འདུས་ལས། བྱང་དབང་དང་སྒྲུབ་ཆེན་སོགས་ལ་ཉེ་བར་མཁོ་བའི་ཟུར་འདེབས་རཏྣའི་རྒྱན་པོ་ཞེས་བྱ་བ་བཞུགས་སོ། །	འཇམ་དབྱངས་མཁྱེན་བརྩེའི་དབང་པོ།	༡༩	༦	པར་མ།	
	༢༠		མཁའ་འགྲོ་གསང་བ་ཀུན་འདུས་ལས། རྡོ་རྗེ་ཕག་མོའི་ཚེ་སྒྲུབ་བཞུགས།	འཇམ་དབྱངས་མཁྱེན་བརྩེའི་དབང་པོ།	༡༢	༦	པར་མ།	
	༢༡		མཁའ་འགྲོ་གསང་བ་ཀུན་འདུས་ལས། རྡོ་རྗེ་ཕག་མོའི་ནོར་སྒྲུབ་བཞུགས།	འཇམ་དབྱངས་མཁྱེན་བརྩེའི་དབང་པོ།	༡༥	༦	པར་མ།	
	༢༢		མཁའ་འགྲོ་གསང་བ་ཀུན་འདུས་ལས། རྡོ་རྗེ་ཕག་མོའི་དབང་སྡུད་བཞུགས།	འཇམ་དབྱངས་མཁྱེན་བརྩེའི་དབང་པོ།	༡༥	༦	པར་མ།	
	༢༣		མཁའ་འགྲོ་གསང་བ་ཀུན་འདུས་ལས། ཕག་མོ་བསྡུས་པའི་དབང་བསྐུར་བཞུགས།	འཇམ་དབྱངས་མཁྱེན་བརྩེའི་དབང་པོ།	༡༩	༦	པར་མ།	
	༢༤		མཁའ་འགྲོ་གསང་བ་ཀུན་འདུས་ལས། རྡོ་རྗེ་ཕག་མོའི་གཏོར་དབང་བཞུགས།	འཇམ་དབྱངས་མཁྱེན་བརྩེའི་དབང་པོ།	༣	༦	པར་མ།	
	༢༥		མཁའ་འགྲོ་གསང་བ་ཀུན་འདུས་ཀྱི་འཕོ་ཐྲས་བསྡུ་བའི་རིམ་པ།	འཇམ་དབྱངས་མཁྱེན་བརྩེའི་དབང་པོ།	༡	༦	པར་མ།	
	༢༦		མཁའ་འགྲོ་གསང་བ་ཀུན་འདུས་ལས། རྡོ་རྗེ་ཕག་མོའི་ཟབ་ཁྲིད་བཞུགས།	འཇམ་དབྱངས་མཁྱེན་བརྩེའི་དབང་པོ།	༢༢	༦	པར་མ།	

	༢༧		ཇོ་གས་ཆེན་མ་བརྒྱུད་མཁའ་འགྲོ་གསང་བ་ལམ་ཁྱེར་གྱི་བསྐྱོད་བསྐུལ་ཁོལ་དུ་ཕྱུང་བ་བཞུགས་སོ། །	འཛམ་དབྱངས་མཁྱེན་བརྩེའི་དབང་པོ།	༦	༦	པར་མ།	
	༢༨		འགྲེམས་བྱང་།	འཛམ་དབྱངས་མཁྱེན་བརྩེའི་དབང་པོ།	༡	༥	པར་མ།	
	༢༩		རྡོ་རྗེ་བཞིའི་སྙིང་བཤགས་མདོར་བསྡུས་བྱ་ཚུལ་ཡེ་ཤེས་རབ་སྣང་བཞུགས་སོ།།	འཛམ་དབྱངས་མཁྱེན་བརྩེའི་དབང་པོ།	༧	༦	པར་མ།	
	༣༠		དགོངས་གཏེར་འཆི་མེད་འཕགས་མའི་སྙིང་ཏིག་གི་སྒྲུབ་ཁོག་ཡེ་ཤེས་གཏེར་མཛོད་ཅེས་བྱ་བ་བཞུགས་སོ། །	འཛམ་དབྱངས་མཁྱེན་བརྩེའི་དབང་པོ།	༣༢	༦	པར་མ།	
	༣༡		ཡོངས་རྫོགས་འཆི་མེད་སྙིང་ཏིག་དང་འཕགས་མའི་སྙིང་ཏིག་གི་གཏོར་མའི་བྲ་ཁྲིད་འཆི་མེད་འདོད་པ་འཇོ་བའི་དགའ་སྟོན་	འཛམ་དབྱངས་མཁྱེན་བརྩེའི་དབང་པོ།	༡༡	༦	པར་མ།	
	༣༢		འཆི་མེད་འཕགས་མའི་སྙིང་ཏིག་གི་བདག་འཇུག་ངག་འདོན་ཡེ་ཤེས་དྭངས་བཅུད་ཅེས་བྱ་བ་བཞུགས་སོ། །	འཛམ་དབྱངས་མཁྱེན་བརྩེའི་དབང་པོ།	༥	༦	པར་མ།	
	༣༣		འཆི་མེད་འཕགས་མའི་སྒྲུབ་མཆོད་སྐབས་ཀྱི་ཟུར་རྒྱན་ཞུང་བསྡུས་བཞུགས་སོ། །	འཛམ་དབྱངས་མཁྱེན་བརྩེའི་དབང་པོ།	༩	༦	པར་མ།	
	༣༤		འཆི་མེད་འཕགས་མའི་སྙིང་ཏིག་ལས། ཐུན་མོང་ཚེའི་རྗེས་གནང་བྱ་བའི་ཚུལ་གསལ་བར་བཀོད་པ་ཡེ་ཤེས་སྒོ་འབྱེད་ཅེས་བྱ་བ་བཞུགས་སོ། །	འཛམ་དབྱངས་མཁྱེན་བརྩེའི་དབང་པོ།	༤	༦	པར་མ།	
	༣༥		འཆི་མེད་འཕགས་མའི་སྙིང་ཏིག་ལས། སྨིན་བྱེད་རྩ་བའི་དབང་ཆོག་ཡེ་ཤེས་ཐིག་ལེ་བཞུགས།	འཛམ་དབྱངས་མཁྱེན་བརྩེའི་དབང་པོ།	༡༢	༦	པར་མ།	
	༣༦		འཆི་མེད་འཕགས་མའི་སྙིང་ཏིག་གི་དངོས་གྲུབ་ལེན་པའི་བཟླས་དམིགས།	འཛམ་དབྱངས་མཁྱེན་བརྩེའི་དབང་པོ།	༡	༩	པར་མ།	

	༣༧		འཆི་མེད་འཕགས་མའི་སྙིང་ཏིག་གི་སྨིན་སྲེག་ཚོ་ག་ཡེ་ཤེས་རབ་ཏུ་རྒྱས་པ་ཞེས་བྱ་བ་བཞུགས་སོ། །	འཇམ་དབྱངས་མཁྱེན་བརྩེའི་དབང་པོ།	༧	༦	པར་མ།	
	༣༨		འཆི་མེད་འཕགས་མའི་སྙིང་ཏིག་གི་བསྙེན་སྒྲུབ་ལས་བཅམས་པའི་དྲིས་ལན་ཅུང་ཟད་བཞུགས་སོ། །	འཇམ་དབྱངས་མཁྱེན་བརྩེའི་དབང་པོ།	༡༢	༦	པར་མ།	
	༣༩		ཚེ་འགུགས་སྒྲུར་བ་སྒྲོན།	འཇམ་དབྱངས་མཁྱེན་བརྩེའི་དབང་པོ།	༡	༦	པར་མ།	
	༤༠		འཆི་མེད་འཕགས་མའི་སྙིང་ཏིག་ལས། རྩ་བའི་སྨིན་བསྐུགས་ཚོག་ཏུ་བཀོད་པ་ཡེ་ཤེས་བདུད་རྩིའི་ཆུ་རྒྱུན་ཅེས་བྱ་བ་བཞུགས་སོ། །	འཇམ་དབྱངས་མཁྱེན་བརྩེའི་དབང་པོ།	༣༥	༦	པར་མ།	
	༤༡		འཆི་མེད་འཕགས་མའི་སྙིང་ཏིག་ལས། ཡང་ཟབ་ཚེའི་བྱིན་རླབས་བཞུགས།	འཇམ་དབྱངས་མཁྱེན་བརྩེའི་དབང་པོ།	༩	༦	པར་མ།	
	༤༢		འཆི་མེད་འཕགས་མའི་སྙིང་ཏིག་ལས། ཡང་ཟབ་ཚེའི་བྱིན་རླབས་ཀྱི་ཕྱག་ལེན་གསལ་བར་བཀོད་པ་ཡེ་ཤེས་ཐིག་ལེ་ཞེས་བྱ་བ་བཞུགས་སོ། །	འཇམ་དབྱངས་མཁྱེན་བརྩེའི་དབང་པོ།	༨	༦	པར་མ།	
	༤༣		འཆི་མེད་འཕགས་མའི་སྙིང་ཏིག་ལས། རྒྱུན་གྱི་རྣལ་འབྱོར་ཕྱག་རྒྱ་གཅིག་པ་བཞུགས་སོ། །	འཇམ་དབྱངས་མཁྱེན་བརྩེའི་དབང་པོ།	༩	༦	པར་མ།	
	༤༤		བཟློག་པའི་འགྲེས་བྱང་ཀུན་ཏུ་རྒྱུ།	འཇམ་དབྱངས་མཁྱེན་བརྩེའི་དབང་པོ།	༡	༦	པར་མ།	
	༤༥		མཆོད་རྟེན་གྱི་ཆ་ཚད།	འཇམ་དབྱངས་མཁྱེན་བརྩེའི་དབང་པོ།	༡	༦	པར་མ།	
01854	༄ འཇམ་དབྱངས་བློ་གཏེར་དབང་པོའི་གསུང་འབུམ། (པོད་གཅིག)							
	༡		སྟོན་མཆོག་ཐམས་ཅད་མཁྱེན་པ་ཐུབ་པའི་དབང་པོའི་སྐྱེས་རབས་གསལ་བར་བརྗོད་པ་བརྒྱ་ལྷ་བཅུ་པ་ནོར་བུའི་ཕྲེང་བ་ཞེས་བྱ་བ་བཞུགས་སོ། །	འཇམ་དབྱངས་བློ་གཏེར་དབང་པོ།	༡༧༢	༦	པར་མ།	

	༢		ཉེ་བརྒྱུད་ལུགས་བླ་མ་ཚེ་དཔག་མེད་ཞི་ཁྲོ་ལ་བརྟེན་པའི་ཚེ་དབང་འཆི་མེད་དཔལ་སྟེར་གྱི་ཆོག་ཟབ་མོ་བར་ཆད་ཀུན་སེལ་བྱིན་རླབས་ཆུ་རྒྱུན་ཞེས་བྱ་བ་བཞུགས་སོ། །	འཇམ་དབྱངས་བློ་གཏེར་དབང་པོ།	༡༠	༧	ཁྲིས་མ་དབུ་ཅན།	
	༣		འཆི་མེད་ཚེ་ལྷ་རྣམ་གསུམ་དྲིལ་ཏེ་སྒྲུབ་པའི་རྗེས་སུ་གནང་བའི་ཆོག་འཆི་མེད་རྟག་པའི་ཐིག་ལེ་ཞེས་བྱ་བ་བཞུགས་སོ། །	འཇམ་དབྱངས་བློ་གཏེར་དབང་པོ།	༧	༧		
	༤		ཚད་མའི་རྟགས་རིགས་པའི་སྐོར་གཏན་ལ་འབེབ་པར་བྱེད་པ་སྡེ་བདུན་སྒོ་བརྒྱ་འབྱེད་པའི་འཕྲུལ་གྱི་ལྡེ་མིག་ཅེས་བྱ་བ་བཞུགས་སོ། །	འཇམ་དབྱངས་བློ་གཏེར་དབང་པོ།	༣༨	༦	པར་མ།	
01855	༄ རྒྱ་གར་ཤེས་རབ་རྒྱལ་མཚན་གྱི་གསུང་འབུམ། ཁྲིས་ཡོད་གཅིག							
	༡		མོན་པ་ཕུ་ཏ་ཡུམ་དྲལ་གྱི་གཏོར་མ་ལ་བརྟེན་པའི་བསྐང་གསོ་བཞུགས་ལགས།	རྒྱ་གར་ཤེས་རབ་རྒྱལ་མཚན།	༣	༧	དཔེ་ཚུགས།	
	༢		དམ་ཅན་ཕུ་ཏའི་མདའ་གསོལ་བྱེད་ཐབས་བཞུགས་ལགས་སོ། །	རྒྱ་གར་ཤེས་རབ་རྒྱལ་མཚན།	༢	༧	དཔེ་ཚུགས།	
	༣		སྡོམ་པ་གསུམ་གྱི་རབ་ཏུ་དབྱེ་བའི་རྣམ་བཤད་དགོངས་དོན་རབ་གསལ་ཉིན་མོར་བྱེད་པའི་སྣང་བ་ཞེས་བྱ་བ་བཞུགས་སོ། །	འཇམ་གསར་ཤེས་རབ་རྒྱལ་མཚན།	༡༥༨	༦	དཔེ་ཚུགས།	
01856	༄ ཉ་དབོན་བློ་གསལ་ཀུན་དགའ་དཔལ་གྱི་གསུང་འབུམ། ཁྲིས་ཡོད་གཅིག							
	༡	༡	དབུ་མའི་ལྟ་བའི་ཁྲིད་ཡིག་རྡོ་རྗེའི་སྒྲ་ཞེས་བྱའི་གསང་ཚིག་བཞུགས་སོ། །	ཉ་དབོན་ཀུན་དགའ་དཔལ།	༥	༧	དཔེ་ཚུགས།	
	༢	ཀ	བསྟན་བཅོས་མངོན་པར་རྟོགས་པའི་རྒྱན་འགྲེལ་པ་དང་བཅས་པའི་རྒྱས་འགྲེལ་བཤད་སྦྱར་ཡིད་ཀྱི་མུན་སེལ་ཞེས་བྱ་བ་བཞུགས་སོ། །	ཉ་དབོན་ཀུན་དགའ་དཔལ།	༣༥༦	༦	ལྷ་ཁྲང་བཀྲ་ཤིས་འཁྱིལ་གྱི་པར་མ།	
	༣	ཁ	བསྟན་བཅོས་མངོན་པར་རྟོགས་པའི་རྒྱན་འགྲེལ་པ་དང་བཅས་པ་སྐབས་གཉིས་པ་མན་ཆད་ཀྱི་རྒྱས་འགྲེལ་བཤད་སྦྱར་ཡིད་ཀྱི་མུན་སེལ་བཞུགས་སོ། །	ཉ་དབོན་ཀུན་དགའ་དཔལ།	༢༨༦	༦	ལྷ་ཁྲང་བཀྲ་ཤིས་འཁྱིལ་གྱི་པར་མ།	༦༦. ཆད།

01857	༄ སྨུག་ཚང་ལོ་ཙཱ་བ་ཤེས་རབ་རིན་ཆེན་གྱི་གསུང་འབུམ། ༼པོད་དང་པོ།༽							
	༡		དཔལ་དུས་ཀྱི་འཁོར་ལོའི་སྤྱི་དོན་གྱི་སྒོ་ནས་གདན་ལ་འབེབས་པར་བྱེད་པའི་ལེགས་བཤད་བསྟན་པའི་རྒྱ་མཚོ་ཞེས་བྱ་བ་བཞུགས་སོ། ।	སྨུག་ཚང་ལོ་ཙཱ་བ་ཤེས་རབ་རིན་ཆེན།	༢༧༧	༦	པར་མ།	
	༢		ཙོང་ཁ་བརྒྱུད་ཐུམ་བཞུགས་སོ། ।	སྨུག་ཚང་ལོ་ཙཱ་བ་ཤེས་རབ་རིན་ཆེན།	༡༢	༦	པར་མ།	
	༣	༢	རྗེ་ཐམས་ཅད་མཁྱེན་པ་ཤར་ཙོང་ཁ་པ་བློ་བཟང་གྲགས་པའི་དཔལ་གྱི་རང་ཚུལ་མདོ་ཙམ་བརྗོད་པ་དད་པའི་པད་མ་རྒྱས་པར་བྱེད་པའི་བསྟོད་ཚིག་ཉི་མ་ཞེས་བྱ་བ་གཙང་སྨུག་ཚང་ལོ་ཙཱ་བ་ཤེས་རབ་རིན་ཆེན་རྒྱལ་མཚན་དཔལ་བཟང་པོས་མཛད་པ་བཞུགས་སོ། ।	སྨུག་ཚང་ལོ་ཙཱ་བ་ཤེས་རབ་རིན་ཆེན།	༢	༧	དཔེ་ཚུགས།	
	༤	ཏི ཡི འབྲས ར	དུས་འཁོར་རབ་གནས་ཆོ་ག་དགེ་ལེགས་རྒྱ་མཚོ་བཞུགས་སོ། ।	སྨུག་ཚང་ལོ་ཙཱ་བ་ཤེས་རབ་རིན་ཆེན།	༡༩	༦	དཔེ་ཚུགས།	
	༥		ཛོ་ན་ཤུ་ཀླི་གི་རྡི་ཀ་དགྱེས་པའི་མཆོད་པ་སྐད་གཉིས་སྦྱར་བའི་ནོར་བུ་སྟོང་གི་འབྱུང་གནས་ཞེས་བྱ་བ་བཞུགས་སོ། ।	སྨུག་ཚང་ལོ་ཙཱ་བ་ཤེས་རབ་རིན་ཆེན།	༥༢	༦	དཔེ་ཚུགས།	
01858	༄ སྨུག་ཚང་ལོ་ཙཱ་བ་ཤེས་རབ་རིན་ཆེན་གྱི་གསུང་འབུམ། ༼པོད་གཉིས་པ།༽							
	༡	ཀ	རིག་གནས་ཀུན་ཤེས་ནས་བདག་མེད་གྲུབ་པ་ཞེས་བྱ་བའི་བསྟན་བཅོས་བཞུགས་སོ། ।	སྨུག་ཚང་ལོ་ཙཱ་བ་ཤེས་རབ་རིན་ཆེན།	༡༡	༦	དགའ་ལྡན་ཕུན་ཚོགས་གླིང་གི་པར་མ།	
	༢	ཁ	རིག་གནས་ཀུན་ཤེས་ནས་བདག་མེད་གྲུབ་པ་ཞེས་བྱ་བའི་བསྟན་བཅོས་རྣམ་པར་བཤད་པ་ལུང་གསལ་ཀུན་དགའ་ཞེས་བྱ་བ་བཞུགས་སོ། ।	སྨུག་ཚང་ལོ་ཙཱ་བ་ཤེས་རབ་རིན་ཆེན།	༣༢	༦	དགའ་ལྡན་ཕུན་ཚོགས་གླིང་གི་པར་མ།	

	༣	ག	གྲུབ་མཐའ་ཀུན་ཤེས་ནས་མཐའ་བྲལ་སྒྲུབ་པ་ཞེས་བྱ་བའི་བསྟན་བཅོས་བཞུགས་སོ། །	སྟག་ཚང་ལོ་ཙཱ་བ་ཤེས་རབ་རིན་ཆེན།	༡༧	༦	དགའ་ལྡན་ཕུན་ཚོགས་གླིང་གི་པར་མ།	
	༤	ང	གྲུབ་མཐའ་ཀུན་ཤེས་ནས་མཐའ་བྲ་གྲུབ་པ་ཞེས་བྱ་བའི་བསྟན་བཅོས་རྣམ་པར་བཤད་པ་ལེགས་བཤད་ཀྱི་རྒྱ་མཚོ་ཞེས་བྱ་བ་བཞུགས་སོ། །	སྟག་ཚང་ལོ་ཙཱ་བ་ཤེས་རབ་རིན་ཆེན།	༡༡༩	༦	དགའ་ལྡན་ཕུན་ཚོགས་གླིང་གི་པར་མ།	
	༥		རྗེ་ཐམས་ཅད་མཁྱེན་པ་ཤར་ཙོང་ཁ་པ་བློ་བཟང་གྲགས་པའི་དཔལ་གྱི་དང་ཚུལ་མདོ་ཙམ་བརྗོད་པ་དང་དད་པའི་པད་མ་རྒྱས་པར་བྱེད་པའི་བསྟོད་ཚིག་ཉི་མ་ཞེས་བྱ་བ་གཙང་སྟག་ཚང་ལོ་ཙཱ་བ་ཤེས་རབ་རིན་ཆེན་རྒྱལ་མཚན་དཔལ་བཟང་པོས་མཛད་པ་བཞུགས་སོ། །	སྟག་ཚང་ལོ་ཙཱ་བ་ཤེས་རབ་རིན་ཆེན།	༢	༦	བྲིས་མ་དབུ་ཅན།	
	༦		དད་པའི་པད་མ་རྒྱས་པར་བྱེད་པའི་བསྟོད་ཚིག་ཉི་མ་ཞེས་བྱ་བ་བཞུགས་སོ། །	སྟག་ཚང་ལོ་ཙཱ་བ་ཤེས་རབ་རིན་ཆེན།	༣	༥	བྲིས་མ་དབུ་ཅན།	
	༧		རྗེ་སེང་གེའི་མཚན་ཅན་ལ་བཀའ་གདམས་བུ་ཆོས་ཀྱི་སྒོ་ནས་བསྟོད་བཞུགས་སོ།།	སྟག་ཚང་ལོ་ཙཱ་བ་ཤེས་རབ་རིན་ཆེན།	༣	༥	བྲིས་མ་དབུ་ཅན།	
	༨		བྱམས་མགོན་དང་འཇམ་དཀར་གྱི་བསྟོད་པ་བཞུགས་སོ། །	སྟག་ཚང་ལོ་ཙཱ་བ་ཤེས་རབ་རིན་ཆེན།	༩	༥	བྲིས་མ་དབུ་ཅན།	
	༩	ཧཱུྃ ས ༡༧ ན ༧༥	རྗེ་ཐམས་ཅད་མཁྱེན་པ་སྟག་ཚང་ལོ་ཙཱ་བ་ཤེས་རབ་རིན་ཆེན་རྒྱལ་མཚན་དཔལ་བཟང་པོའི་རྣམ་པར་ཐར་པ་དད་པའི་ནོར་འཕེལ་ཞེས་བྱ་བ་དགོས་འདོད་འབྱུང་བའི་རིན་པོ་ཆེ་དངོས་གྲུབ་ཀུན་འབྱུང་བཞུགས་སོ། །	སྟག་ཚང་ལོ་ཙཱ་བ་ཤེས་རབ་རིན་ཆེན།	༣༨	༥	བྲིས་མ་དབུ་ཅན།	༣༥· ཆད།
	༡༠	(ཞེ) ནང་ ཁི	ཆོས་སྐྱོང་སྤྱིའི་བསྐང་བཤགས་གུར་མགོན་དང་བཅས་པའི་བསྟོད་པ་སྟག་ཚང་ལོ་ཙཱ་བས་མཛད་པ།	སྟག་ཚང་ལོ་ཙཱ་བ་ཤེས་རབ་རིན་ཆེན།	༩	༧	དཔེ་ཚུགས།	
	༡༡	ཚེ ༡༣༨	སྡོམ་གསུམ་རྣམ་བཤད་ཕུལ་བྱུང་བ། །ཚུལ་དང་ཚུལ་མིན་འབྱེད་པའི་ཆོས།། ཡོངས་རྫོགས་བསྟན་པའི་ཕྱི་མོ་ཆེ། །སྟག་ཚང་ལོ་ཙཱས་མཛད་པ་བཞུགས། །	སྟག་ཚང་ལོ་ཙཱ་བ་ཤེས་རབ་རིན་ཆེན།	༧༨	༦	དཔེ་ཚུགས།	

	༡༢	༼ས༽	ཁྲོ་བོ་སྨེ་བརྩེགས་དུད་ཁའི་སྒྲུབ་ཐབས་ལས་ཚོགས་དང་བཅས་པ་ས་པཎ་གྱིས་མཛད་པ་དང་། བསྐོད་སྒྲུབ་སྟག་ཚང་ལོ་ཙཱ་བས་མཛད་པ་བཅས་བཞུགས་སོ། །	སྟག་ཚང་ལོ་ཙཱ་བ་ཤེས་རབ་རིན་ཆེན།	༢	༧	དབུ་ཆུགས།	
	༡༣	འབྲས།	ཆོས་ཀྱི་རྒྱལ་པོ་སྟག་ཚང་ལོ་ཙཱ་བ་ཆེན་པོའི་བཀའ་འབུམ་དཀར་ཆག་བཞུགས་སོ། །	སྟག་ཚང་ལོ་ཙཱ་བ་ཤེས་རབ་རིན་ཆེན།	༢	༧	དབུ་ཆུགས།	
01859	༄ སྟག་ཚང་ལོ་ཙཱ་བ་ཤེས་རབ་རིན་ཆེན་གྱི་གསུང་འབུམ། ༼པོད་གསུམ་པ།༽							
	༡	༣༽ ༣	སྤེལ་སྦྱོར་རིན་ཆེན་འབྱུང་གནས་སྟག་ཚང་ལོ་ཙཱ་བས་བསྒྱུར་བ་བཞུགས་སོ། །	སྟག་ཚང་ལོ་ཙཱ་བ་ཤེས་རབ་རིན་ཆེན།	༡༠	༦	དབུ་ཆུགས།	
	༢		འདུལ་བ་མདོའི་རྣམ་པར་བཤད་པ་འདུལ་བའི་སྙིང་པོ་རབ་ཏུ་གསལ་བ་ཞེས་བྱ་བ་བཞུགས་སོ། །	སྟག་ཚང་ལོ་ཙཱ་བ་ཤེས་རབ་རིན་ཆེན།	༡–༡༦༢	༧	དབུ་ཆུགས།	རལ་སྐྱོན་ཡོད། ༥· ཕྱེད།
	༣		འདུལ་བའི་ཊཱི་ཀ་ལས་སྤྱིར་བསྟན་རྣམ་པར་བཤད་པ་བཞུགས་སོ། །	སྟག་ཚང་ལོ་ཙཱ་བ་ཤེས་རབ་རིན་ཆེན།	༡༦༣–༢༠༨		དབུ་ཆུགས།	
	༤		གཞི་ལྷག་མ་བཅུ་དྲུག་གི་རྣམ་པར་བཤད་པ་བཞུགས་སོ། །	སྟག་ཚང་ལོ་ཙཱ་བ་ཤེས་རབ་རིན་ཆེན།	༢༠༩–༣༡༩	༧	དབུ་ཆུགས།	
	༄ གོང་དཀར་རྡོ་རྗེ་གདན་པ་ཀུན་དགའ་རྣམ་རྒྱལ་གྱི་གསུང་འབུམ། ༼པོད་གཅིག༽							
01860	༡	ཚ	ཀུན་རིག་གཞན་ཕན་འོད་ཟེར་གྱི་ངག་འདོན་གཞན་ཕན་སྣང་བ་བཞུགས་སོ། །	རྡོ་རྗེ་བཙུན་ཀུན་དགའ་རྣམ་རྒྱལ།	༦༢	༧	གོང་དཀར་པར་མ།	མཇུག་མ་ཚང་།
	༢	རྗེ་བཙུན་གྲྭ་པས་མཛད། ༤༤	བདེ་མཆོག་ཀུན་ཏུ་སྤྱོད་པའི་རྒྱུད་ཀྱི་ས་བཅད་བཞུགས་སོ། །	རྡོ་རྗེ་བཙུན་ཀུན་དགའ་རྣམ་རྒྱལ།	༡༢	༧	གོང་དཀར་པར་མ།	

	༣		རྗེ་བཙུན་ཡབ་སྲས་རྣམས་ལ་ཞུ་བའི་འཕྲིན་ཡིག །	རྗེ་བཙུན་ཀུན་དགའ་རྣམ་རྒྱལ།	༡༥	༧	གོང་དཀར་པར་མ།	རལ་སྐྱོན་ཆེ། དབུ་སོག་མ་ཚང་།
	༤		གུར་མགོར་གྱི་མདོས་ཆོག་རབ་འཇིགས་རྡོ་རྗེའི་མཆན།	རྗེ་བཙུན་ཀུན་དགའ་རྣམ་རྒྱལ།	༡༨	༧	གོང་དཀར་པར་མ།	
	༥		དཔལ་ཀྱེ་རྡོ་རྗེའི་ཞི་བའི་སྦྱིན་སྲེག་གི་ཆོ་ག་མེ་ཤེལ་ཕྲེང་བ་ཞེས་པ་ཐམས་ཅད་མཁྱེན་པ་རྡོ་རྗེ་གདན་པས་མཛད་པ་བཞུགས་སོ།།	རྗེ་བཙུན་ཀུན་དགའ་རྣམ་རྒྱལ།	༨	༧	གོང་དཀར་པར་མ།	རལ་སྐྱོན་ཆེ། ༡. ༢. ༨. ཕྱེད།
	༦		རྡོ་རྗེའི་གླུ་གར་གྱི་བཤད་པ་ཀུན་བཟང་རོལ་པའི་དཔྱུང་གཉེན་བཞུགས།	རྗེ་བཙུན་ཀུན་དགའ་རྣམ་རྒྱལ།	༢༩	༧	གོང་དཀར་པར་མ།	རལ་སྐྱོན་ཡོད། མཇུག་མ་ཚང་།
	༧	ཕྱི་ མ ༢༢༡	ཚོགས་ཀྱི་འཁོར་ལོའི་རྣམ་པར་བཞག་པ་གྲུབ་པའི་དགའ་སྟོན་ཞེས་བྱ་བ་བཞུགས་སོ། །	རྗེ་བཙུན་ཀུན་དགའ་རྣམ་རྒྱལ།	༢༢	༧	གོང་དཀར་པར་མ།	མཇུག་མ་ཚང་།
	༨	ཕྱི་ ཀ ༡༡༥	མངོན་པར་རྟོགས་པ་ལྗོན་ཤིང་ཞེས་བྱ་བ་བཞུགས་སོ། །	རྗེ་བཙུན་ཀུན་དགའ་རྣམ་རྒྱལ།	༩༥	༧	གོང་དཀར་པར་མ།	
	༩	(༨) ནང་ ཀ ༡༣༦	དཔལ་མགོན་ཞལ་བཞི་པའི་གཏོར་མ་ཞི་དྲག་གཉིས་ཀྱི་ཆོ་ག་གནམ་ལྕགས་འབར་བའོ། །	རྗེ་བཙུན་ཀུན་དགའ་རྣམ་རྒྱལ།	༣༥	༦	དཔེ་ཚུགས།	
	༡༠		ཤིང་རྟ་ལོ་བདག་ཀུན་དགའ་རྣམ་རྒྱལ་དང་། ཚེ་འཕྲིན་ལགས་ཐུན་མོང་ནས་སྨན་སྒྲུབ་བཙུགས་པའི་ཐོ།	རྗེ་བཙུན་ཀུན་དགའ་རྣམ་རྒྱལ།	༥	༦	འབྲུགས་མ་ཚུགས།	
	༡༡		མི་ཁྲི་ལོ་བདག་ཀུན་དགའ་རྣམ་རྒྱལ་ཙྪ་རི་མཇལ་བར་ཕྱིན་པའི་ལམ་ཡིག་མཁའ་འགྲོ་དགྱེས་བྱེད་ཅེས་བྱ་བ་བཞུགས་སོ། །		༦	༧	འབྲུགས་མ་ཚུགས།	
	༡༢	(༩) ནང་ ས	དཔལ་མགོན་ཞལ་བཞི་པའི་གཏོར་མ་ཞི་དྲག་གཉིས་ཀྱི་ཆོ་ག་གནམ་ལྕགས་འབར་བའོ། །	རྗེ་བཙུན་ཀུན་དགའ་རྣམ་རྒྱལ།	༣༧	༦	དཔེ་ཚུགས།	

	༡༣	༼ཧཱུྃ༽ ནང་ ཛ	གུར་ཞལ་ཕྱུ་ཧྲ་གསུམ་གྱི་བཟློག་བློས་གོང་དཀར་རྡོ་རྗེ་གདན་གྱི་ཕྱག་བཞེས་ནག་འགྲོས་སུ་བཀོད་པ་བཞུགས་སོ། །	རྗེ་བཙུན་ཀུན་དགའ་རྣམ་རྒྱལ།	༢༥	༥	ཁྲིས་མ་དབུ་ཅན།	༦. ཆད།
	༡༤		དཔལ་དུས་ཀྱི་འཁོར་ལོའི་ས་ཆོག་གི་བཏང་སྟབས་ཀྱི་ཟིན་ཁྲིས་བཞུགས་སོ། །	རྗེ་བཙུན་ཀུན་དགའ་རྣམ་རྒྱལ།	༡༡	༦	དཔེ་ཚུགས།	
	༡༥	ག ཁ ༢༥ འབྲས།	བྱ་སྤྱོད་རིག་གསུམ་རིག་གཏད་ཀྱི་ཆོ་གའི་གསལ་བྱེད་ངག་འདོན་རྡོ་རྗེ་གདན་པས་མཛད་པ་བཞུགས།	རྗེ་བཙུན་ཀུན་དགའ་རྣམ་རྒྱལ།	༡༠	༧	དཔེ་ཚུགས།	
	༡༦	ཕྱི ༢༩	ཆོས་ཀྱི་རྗེ་ཀུན་དགའ་རྣམ་རྒྱལ་གཞིས་ཁ་ན་བཞུགས་དུས་གནང་བའི་སྣན་ངགས་སོ། །	རྗེ་བཙུན་ཀུན་དགའ་རྣམ་རྒྱལ།	༢	༨	དཔེ་ཚུགས།	
	༡༧	པོ་ཏ་ལ།	གཏོར་ཆེན་གྱི་ཆོ་ག་གླུད་རབས་དང་བཅས་པ་རྡོ་རྗེ་གདན་པ་རྣམས་ཀྱི་གསུང་རྒྱུན་བཞུགས་སོ། །	རྗེ་བཙུན་ཀུན་དགའ་རྣམ་རྒྱལ།	༡༠	༧	འཁྲུགས་མ་ཚུགས།	
01861	༄ དཔལ་ནག་པོ་ཆེན་པོ་གུར་གྱི་མགོན་པོའི་ཆོས་སྐོར། ༼པོད་དང་པོ༽							
	༡	༼ཀ༽	དཔལ་རྡོ་རྗེ་ནག་པོ་གུར་གྱི་མགོན་པོའི་སྒྲུབ་ཐབས་ཀྱི་ལས་ཚོགས་རྣམས་ཀུན་མཁྱེན་ལྷ་པ་ཆེན་པོའི་གསན་ཡིག་གི་གོ་རིམ་བཞིན་བསྒྲིགས་པ་པོད་དང་པོའི་དཀར་ཆག །		༧	༦	དཔེ་ཚུགས།	
	༢	ཀ	ནག་པོ་ཆེན་པོའི་ཆོས་སྐོར་གྱི་བྱུང་ཚུལ་ལས་གཏེར་ནས་བྱུང་བའི་ལོ་རྒྱུས་བཞུགས་སོ། །	ཡར་ཀླུངས་པ་སེང་གེ་རྒྱལ་མཚན།	༡༡	༦	དཔེ་ཚུགས།	
	༣	ཁ	ནག་པོ་ཆེན་པོའི་རྗེ་གནང་གི་ཡི་གེ་ལས། ཐོག་མར་བླ་མ་མལ་གྱི་མཛད་པའི་ཡི་གེ་བཞུགས་སོ། །	ཡར་ཀླུངས་པ་སེང་གེ་རྒྱལ་མཚན།	༤༠	༦	དཔེ་ཚུགས།	
	༤	ག	ནག་པོ་ཆེན་པོའི་རྒྱུད་དང་རྒྱ་གཞུང་གི་སྐོར་ལས། མགོན་པོ་སྟོན་བྱེད་ཀྱི་རྒྱུད་ལེའུ་བཅོ་ལྔ་པ་ནས་ཕྱུང་བ་བཞུགས་སོ། །		༧	༦	དཔེ་ཚུགས།	

	༥	ང	དཔལ་ནག་པོ་ཆེན་པོའི་སྒྲུབ་ཐབས་ལས་སློབ་དཔོན་ཀླུ་སྒྲུབ་ཀྱིས་མཛད་པ་བཞུགས་སོ། །	སློབ་དཔོན་ཀླུ་སྒྲུབ།	༣	༥	དཔེ་ཚུགས།	
	༦	ཅ	མགོན་པོའི་རྒྱ་གཞུང་སློབ་དཔོན་བསོད་སྙོམས་པས་མཛད་པ་བཞུགས་སོ། །		༡༨	༦	དཔེ་ཚུགས།	
	༧	ཆ	མགོན་པོ་ཕོ་རྒྱུད་ཀྱི་བོད་ཡིག་གི་སྐོར་ལས་ཐོག་མར་ལོ་ཆེན་གྱིས་མཛད་པའི་སྒྲུབ་ཐབས་བཞུགས་སོ། །		༢༤	༦	དཔེ་ཚུགས།	
	༨	ཇ	མོ་རྒྱུད་ཀྱི་ཡི་གེའི་སྐོར་ལ་ཞི་བ་གནང་བ་ལྟར་བསྒྲུབ་པ་གཞན་ཕུལ་བྱུང་བས་མཛད་པ།	གཞན་ཕུལ་བྱུང་བ།	༡༩	༦	དཔེ་ཚུགས།	
	༩	ཉ	ལྷམ་དྲལ་སྒྲགས་སྒྲུབ་ཀྱི་བསྙེན་སྒྲུབ་ལས་གསུམ་ཚང་བ་འཕགས་པ་རིན་པོ་ཆེས་མཛད་པ་བཞུགས་སོ། །	འཕགས་པ་རིན་པོ་ཆེ།	༡༤	༦	དཔེ་ཚུགས།	
	༡༠	ཏ	ལྷམ་དྲལ་གྱི་གཏོར་ཆོག་འཕགས་པས་མཛད་པ་བཞུགས་སོ། །	འཕགས་པ་རིན་པོ་ཆེ།	༦	༦	དཔེ་ཚུགས།	
	༡༡	ཐ	ལྷ་བརྒྱད་མཁའ་འགྲོ་སྒྲགས་སྒྲུབ་ཀྱི་ཡི་གེའི་སྐོར་ལས་ཐོག་མར་བསྙེན་པ་བྱ་ཐབས་བླ་མ་མལ་ལོས་མཛད་པ་བཞུགས་སོ། །	བླ་མ་མལ་ལོ།	༢༢	༦	དཔེ་ཚུགས།	
	༡༢	ད	ལྷ་བརྒྱད་རྩུབ་ལུགས་སུ་བསྒྲུབ་པ་མལ་གྱི་དཔོན་པོ་བློ་གྲོས་སེང་གེས་མཛད་པ།	མལ་གྱི་དཔོན་པོ་བློ་གྲོས་སེང་གེ །	༡༠	༦	དཔེ་ཚུགས།	
	༡༣	ན	ལྷ་བརྒྱད་སྒྲུབ་ལུགས་བཞིའི་ཡི་གེ་རྒྱས་པ་ས་ཆེན་གྱིས་མཛད་པ་བཞུགས།	ས་ཆེན།	༡༥	༦	དཔེ་ཚུགས།	
	༡༤	པ	ལྷ་བརྒྱད་སྒྲགས་བསྒྲུབ་འོད་ལྡན་དཔལ་གྱིས་མཛད་པ་བཞུགས།	འོད་ལྡན་དཔལ།	༣༩	༦	དཔེ་ཚུགས།	
	༡༥	ཕ	ལྷ་བརྒྱད་ཀྱི་གཏོར་ཆོག་ཐུན་མོང་མ་ཡིན་པ་ཡར་ཀླུངས་པ་སེང་གེ་རྒྱལ་མཚན་གྱིས་མཛད་པ་བཞུགས།	ཡར་ཀླུངས་པ་སེང་གེ་རྒྱལ་མཚན།	༧	༦	དཔེ་ཚུགས།	
	༡༦	བ	ཕོ་རྒྱུད་ཀྱི་ཡི་གེའི་སྐོར་ལ་ཐོག་མར་ཕྱུ་ཏྲའི་རྗེས་གནང་བྱ་ཐབས་དམ་པས་མཛད་པ་བཞུགས།	དམ་པ།	༡༢	༦	དཔེ་ཚུགས།	

	༡༧	མ	ཕྱ་ཧྲའི་སྒྲུབ་ཐབས་གཏེར་མ་སློབ་དཔོན་པདྨ་འབྱུང་གནས་ཀྱིས་བསམ་ཡས་ཀྱི་ཀ་བའི་འོག་ཏུ་སྦས་པ་ལྷ་བཙུན་པ་བྱང་ཆུབ་འོད་ཀྱི་གཏེར་ནས་སྤྱན་དྲངས་པ་བཞུགས་སོ། །	སློབ་དཔོན་པདྨ་འབྱུང་གནས།	༤༨	༦	དཔེ་ཚུགས།	
	༡༨	ཙ	པེར་ནག་ཟངས་ཀྱི་ཅན་གྱི་སྒྲུབ་ཐབས་རྒྱས་པ་མལ་གྱི་དཔོན་པོ་བློ་གྲོས་སེང་གེས་མཛད་པ་བཞུགས་སོ། །	མལ་གྱི་དཔོན་པོ་བློ་གྲོས་སེང་གེ །	༡༥	༦	དཔེ་ཚུགས།	
	༡༩	ཚ	ཉེ་བར་མཁོ་བའི་ལས་ཚོགས་དང་ལྡན་ཐབས་ཀྱི་མན་ངག་ལས་ཐོག་མར་སྔོག་དྲིལ་དུག་གི་ནང་ཚན་གཏེར་མ་ལ་བརྟེན་ནས་དགྲ་བསད་པའི་སྔོག་དྲིལ་བཞུགས་སོ། །		༤༢	༦	དཔེ་ཚུགས།	
	༢༠	ཛ	རྡོ་རྗེ་གུར་མགོན་གྱི་སྐུ་གསུང་ཐུགས་མི་འགྱུར་བའི་གདམས་ངག་དམ་པས་མཛད་པ་བཞུགས་སོ། །	དམ་པ་ཀུན་དགའ་གྲགས།	༡༩	༦	དཔེ་ཚུགས།	
	༢༡	ཝ	མགོན་པོའི་ཁྲིས་སྐུ་འབྲི་ཐབས་ཆོས་ཀྱི་རྒྱལ་པོ་འཕགས་པས་མཛད་པ་བཞུགས་སོ།།	འགྲོ་མགོན་འཕགས་པ།	༦	༦	དཔེ་ཚུགས།	
	༢༢	ཞ	དུང་སྐྱོང་དམོད་པའི་དྲག་བསྐུལ་མཁས་པ་ཡོན་ཏན་ཁྲིམས་མཛད་པ་བཞུགས་སོ། །	མཁས་པ་ཡོན་ཏན་ཁྲི།	༡༣	༦	དཔེ་ཚུགས།	
	༢༣	ཟ	མགོན་པོ་ཕྱུར་བུ་ལྷར་སྒྲུབ་པའི་སྒྲུབ་ཐབས་བསྡུས་པ་བཞུགས་སོ། །		༣༦	༦	དཔེ་ཚུགས།	
	༢༤	འ	མ་ཧཱ་ཀཱ་ལའི་མདོས་ཆོག་བྲམ་ཟེ་ཆེན་པོས་མཛད་པ་བཞུགས་སོ། །	བྲམ་ཟེ་མཆོག་སྲིད།	༢༡	༦	དཔེ་ཚུགས།	
	༢༥	ཡ	གཏོར་བསྐང་རྣམ་དག་ཚོགས་གཏོར་མ་དང་། དམ་རྫས་ཀྱི་བསྐང་བ་མལ་གྱིས་མཛད་པ། བསྐོད་འབུམ་རྣམས་དཀར་ཆག་ནང་བཞིན་ཚང་མ་བདུད་རྩི་ལྷ་མཆོད་གང་ཐུགས་མ་བཞུགས་པ་ཚོགས་བཅད་མ་རྣམས་སྤྱི་ལུང་པས་མཛད་པ་རྣམས་བཞུགས་སོ། །	སྤྱི་ལུང་པ་ཀུན་སྨོན་སོགས།	༡༩	༦	དཔེ་ཚུགས།	
	༢༦	ར	དཔལ་རྡོ་རྗེ་ནག་པོ་ཆེན་པོ་ལྕམ་དྲལ་འཁོར་དང་བཅས་པའི་བཞུགས་མཆོད་གཏོར་སྒྲུབ་ཞག་སྦྲེལ་དུ་བྱེད་ཚུལ་ཡར་ཀླུངས་པས་མཛད་པ་བཞུགས་སོ། །	ཡར་ཀླུངས་པ་སེང་གེ་རྒྱལ་མཚན།	༢༥	༦	དཔེ་ཚུགས།	
	༢༧	ལ	ནང་སྒྲུབ་ཀྱི་ཡིག་སྣ་གསུམ་བཞུགས།	དམ་པ་ཀུན་དགའ་གྲགས།	༩	༦	དཔེ་ཚུགས།	

	༢༨	ཤ	དཔལ་གུར་གྱི་མགོན་པོའི་འཁྲིད་ཡར་ཀླུངས་པས་མཛད་པ་བཞུགས་སོ། །	ཡར་ཀླུངས་པ་སེང་གེ་རྒྱལ་མཚན།	༡༩	༦	དཔེ་ཚུགས།	
	༢༩	ས	ག་ཡ་དྷ་ར་ནས་བརྒྱུད་པའི་གུར་གྱི་མགོན་པོའི་རྗེས་གནང་བྱ་ཚུལ་ཟབ་པ་གཅིག་བཞུགས།	མཛད་བྱང་མི་གསལ།	༣	༦	དཔེ་ཚུགས།	
	༣༠	ཧ	ལམ་འབྲས་པའི་ལུགས་ཀྱི་ནག་པོ་ཆེན་པོའི་གདམས་པ་བཞུགས་སོ། །	མཛད་བྱང་མི་གསལ།	༣	༦	དཔེ་ཚུགས།	
	༣༡	ཨ	སྒྲུབ་ཐབས་ཀྱི་གཞུང་བྲམ་ཟེ་ཆེན་པོས་མཛད་པ་བཞུགས་སོ། །	བྲམ་ཟེ་མཆོག་སྲེད།	༣	༦	དཔེ་ཚུགས།	
	༣༢	ཀི	དཔལ་མ་ཧཱ་ཀཱ་ལའི་ཆོས་སྐོར་ཁ་ཆེ་པཎ་ཆེན་ནས་བརྒྱུད་པའི་རྒྱ་གཞུང་གསང་སྒྲུབ་སྤྱི་གྲི་སྐོར་གསུམ་ལོ་རྒྱུས་ཞལ་གདམས་དང་བཅས་པ་བཞུགས་སོ། །		༨	༦	དཔེ་ཚུགས།	
	༣༣	ཁི	དཔལ་ནག་པོ་ཆེན་པོའི་ལོ་རྒྱུས་དམ་པ་ཀུན་དགའ་གྲགས་ཀྱིས་མཛད་པ་བཞུགས་སོ། །	དམ་པ་ཀུན་དགའ་གྲགས།	༡༢	༦	དཔེ་ཚུགས།	
	༣༤	གི	དཔལ་ལྡན་བླ་མའི་ལོ་རྒྱུས་དམ་པ་ཀུན་དགའ་གྲགས་ཀྱིས་མཛད་པ་བཞུགས་སོ།།	དམ་པ་ཀུན་དགའ་གྲགས།	༡༤	༦	དཔེ་ཚུགས།	
	༣༥	ངི	ལས་མགོན་ཕྱུ་ཏྲ་མིང་སྲིང་གི་ལོ་རྒྱུས་དམ་པ་ཀུན་དགའ་གྲགས་ཀྱིས་མཛད་པ་བཞུགས་སོ། །	དམ་པ་ཀུན་དགའ་གྲགས།	༤	༦	དཔེ་ཚུགས།	
	༣༦	ཅི	ནག་པོ་ཆེན་པོ་གཤིན་རྗེ་ལྟར་སྒྲུབ་པའི་ལོ་རྒྱུས་ཀྱི་རྟོགས་པ་དཔལ་ས་སྐྱའི་ཁྱད་པར་གྱི་གདམས་པ་ལགས།		༣	༦	དཔེ་ཚུགས།	
	༣༧	ཆི	ནག་པོ་ཆེན་པོའི་རྗེས་གནང་རྒྱས་པ་བཞུགས་སོ། །	ཀུན་སྨོན།	༤	༦	དཔེ་ཚུགས།	
	༣༨	ཇི	མགོན་པོའི་རྗེས་གནང་ཆོས་རྗེ་རིན་པོ་ཆེ་ཨ་ནན་ད་པས་མཛད་པ་བཞུགས་སོ། །	ཨ་ནན་ད།	༡༣	༦	དཔེ་ཚུགས།	
	༣༩	ཉི	གུར་མགོན་ལྕམ་དྲལ་གྱི་རྗེས་གནང་བཞུགས་སོ། །	བཟང་རྒྱན།	༨	༦	དཔེ་ཚུགས།	
	༤༠	ཏི	དཔལ་མགོན་པོ་ནག་པོ་ཆེན་པོའི་དཀྱིལ་འཁོར་གྱི་ཆོ་ག་མགོན་པོ་རྣམ་པར་རོལ་པ་བཞུགས་སོ། །	ཐེག་ཆེན་ཆོས་རྗེ།	༡༢	༦	དཔེ་ཚུགས།	

	༩༡	ཐི	དཔལ་ནག་པོ་ཆེན་པོའི་དཀྱིལ་འཁོར་གྱི་ཐིག་རྩ་མངོན་རྟོགས་སིནྡྷུ་རའི་དབང་ཆོག་གི་ཟུར་འདེབས་བཞུགས་སོ། ।	རྡོ་རྗེ་གདན་པ།	༥	༦	དཔེ་ཚུགས།	
	༩༢	དི	དཔལ་ནག་པོ་ཆེན་པོའི་དཀྱིལ་འཁོར་གྱི་བདུད་ལས་རྣམ་པར་རྒྱལ་བ་བཞུགས་སོ།།	འཇམ་དབྱངས་གྲགས་པ།	༢༦	༦	དཔེ་ཚུགས།	
	༩༣	ནི	དཔལ་རྡོ་རྗེ་ནག་པོ་ཆེན་པོའི་དཀྱིལ་འཁོར་གྱི་ཆོ་ག་རྣམ་པར་རོལ་པ་ཞེས་བྱ་བ་བཞུགས་སོ། ।	འཇམ་དབྱངས་གྲགས་པ།	༡༨	༦	དཔེ་ཚུགས།	
01862	༄ དཔལ་ནག་པོ་ཆེན་པོ་གུར་གྱི་མགོན་པོའི་ཆོས་སྐོར། ༼པོད་གཉིས་པ།༽							
	༡	༼ཁ༽	དཔལ་རྡོ་རྗེ་ནག་པོ་ཆེན་པོ་གུར་གྱི་མགོན་པོའི་སྒྲུབ་ཐབས་ཀྱི་ལས་ཚོགས་རྣམས་ཀུན་མཁྱེན་ལྷ་པ་ཆེན་པོའི་གསན་ཡིག་གི་གོ་རིམ་བཞིན་བསྒྲིགས་པའི་པོད་གཉིས་པའི་དཀར་ཆག །	མཛད་བྱང་མི་གསལ།	༥	༦	དཔེ་ཚུགས།	
	༢	པི	ནག་པོ་ཆེན་པོའི་བྱིན་རླབས་ཀྱི་ཆོ་ག་མཐོ་བ་དོན་གསལ་ཞེས་བྱ་བ་བཞུགས་སོ། ।	མཛད་བྱང་མི་གསལ།	༡༡	༦	དཔེ་ཚུགས།	
	༣	ཕི	མགོན་པོ་ཁྲོས་པའི་རྒྱུད་ལས་བྱུང་བའི་ནག་པོ་ཆེན་པོའི་རྒྱུད་བཞུགས་སོ། ।	མཛད་བྱང་མི་གསལ།	༣	༦	དཔེ་ཚུགས།	
	༤	བི	ལྷ་མོའི་གཟུངས་བཞུགས་སོ། ।	མཛད་བྱང་མི་གསལ།	༤	༥	དཔེ་ཚུགས།	
	༥	མི	དཔལ་ལྷ་མོ་ནག་མོ་ཞེས་བྱ་བ་ཐེག་པ་ཆེན་པོའི་མདོ་བཞུགས་སོ། ।	མཛད་བྱང་མི་གསལ།	༡	༦	དཔེ་ཚུགས།	
	༦	ཙི	དཔལ་ལྡན་ལྷ་མོ་ནག་མོའི་མཚན་བརྒྱ་རྩ་བརྒྱད་པ་བཞུགས་སོ། ।	མཛད་བྱང་མི་གསལ།	༤	༥	དཔེ་ཚུགས།	
	༧	ཚི	དཔལ་ལྷ་མོ་ནག་མོའི་རྒྱུད་ཅེས་བྱ་བ་བཞུགས་སོ། ।	མཛད་བྱང་མི་གསལ།	༢༩	༦	དཔེ་ཚུགས།	
	༨	ཛི	མ་མོ་སྲོག་གི་འཁོར་ལོ་ཅེས་བྱ་བ་གནོད་སྦྱིན་པོ་མོའི་རྒྱུད་ལེའུ་ཉི་ཤུ་པ་བཞུགས་སོ།།	མཛད་བྱང་མི་གསལ།	༡༣	༦	དཔེ་ཚུགས།	
	༩	ཝི	ནག་པོ་ཆེན་པོ་ཕོ་རྒྱུད་གི་སྒྲུབ་ཐབས་ཞག་སྟོན་ཅན་དུ་གྲགས་པ་བཞུགས་སོ། ।	མཛད་བྱང་མི་གསལ།	༧	༦	དཔེ་ཚུགས།	
	༡༠	ཞི	མགོན་པོ་ཕོ་རྒྱུད་བཀའ་བསྟོད་ལྟར་བསྒྲུབ་པའི་ཡི་གེ་དམ་པས་མཛད་པ་བཞུགས་སོ། ।	དམ་པ་ཀུན་དགའ་གྲགས།	༡༥	༦	དཔེ་ཚུགས།	
	༡༡	ཟི	དཔལ་ལྡན་ལྷ་མོ་མོ་རྒྱུད་དུ་བསྒྲུབ་པའི་ཡི་གེ་དམ་པས་མཛད་པ་བཞུགས་སོ།	དམ་པ་ཀུན་དགའ་གྲགས།	༡༠	༦	དཔེ་ཚུགས།	

	༡༢	འི	ལས་མགོན་པེར་ནད་ཟངས་གྲི་ཅན་གྱི་སྒྲུབ་ཐབས་དམ་པས་མཛད་པ་བཞུགས་སོ་གུ་རུ་ས་མ་ཡ།	དམ་པ་ཀུན་དགའ་གྲགས།	༥	༦	དཔེ་ཚུགས།	
	༡༣	ཡི	ནག་པོ་ཆེན་པོའི་མངོན་བསྙང་རྒྱས་པ་དམ་པ་ཀུན་དགའ་གྲགས་ཀྱིས་མཛད་པ་བཞུགས་སོ། །	དམ་པ་ཀུན་དགའ་གྲགས།	༢༡	༦	དཔེ་ཚུགས།	
	༡༤	རི	མགོན་པོ་ལྷམ་དྲལ་གྱི་བསྙང་བཤགས་བཞུགས་སོ། །		༩	༦	དཔེ་ཚུགས།	
	༡༥	ལི	དཔལ་རྡོ་རྗེ་ནག་པོ་ཆེན་པོའི་བསྙང་བཤགས་རྒྱས་པ་ནག་པོ་མཆོད་རྟེན་མ་བཞུགས་སོ། །	དམ་པ་ཀུན་དགའ་གྲགས།	༡༥	༦	དཔེ་ཚུགས།	
	༡༦	ཤི	ནག་པོ་ཆེན་པོའི་བསྙང་གསོ་ཆུང་བ་དམ་པ་ཀུན་དགའ་གྲགས་ཀྱིས་མཛད་པ་བཞུགས་སོ། །	དམ་པ་ཀུན་དགའ་གྲགས།	༥	༦	དཔེ་ཚུགས།	
	༡༧	སི	དཔལ་ནག་པོ་ཆེན་པོའི་ཐུགས་འཇུགས་དམ་པས་མཛད་པ། བཀའ་བསྒོ་འཕགས་པས་མཛད་པ་བཞུགས་སོ། །	དམ་པ་ཀུན་དགའ་གྲགས།	༣	༦	དཔེ་ཚུགས།	
	༡༨	ཧི	ནག་པོ་ཆེན་པོའི་མངའ་གསོལ་དམ་པ་ཀུན་དགའ་གྲགས་པས་མཛད་པ་དགེའོ། །	དམ་པ་ཀུན་དགའ་གྲགས།	༥	༦	དཔེ་ཚུགས།	
	༡༩	ཨི	དཔལ་རྡོ་རྗེ་ནག་པོ་ཆེན་པོའི་བསྙང་གསོ་དམ་པ་ཀུན་དགའ་དཔལ་གྱིས་མཛད་པ་བཞུགས།	དམ་པ་ཀུན་དགའ་གྲགས།	༧	༦	དཔེ་ཚུགས།	
	༢༠	ཀུ	དཔལ་ལྡན་མགོན་པོའི་བསྙང་གསོ་བླ་ཆེན་གྲགས་འོད་པས་མཛད་པ་བཞུགས་སོ། །	ཡར་ཀླུངས་པ་སེང་གེ་རྒྱལ་མཚན།	༣	༦	དཔེ་ཚུགས།	
	༢༡	ཁུ	ཆོས་སྐྱོང་གི་བསྙང་བཤགས་དཔལ་ལྡན་བླ་མ་དམ་པས་མཛད་པ་བཞུགས་སོ། །	བླ་མ་དམ་པ་བསོད་ནམས་རྒྱལ་མཚན།	༥	༦	དཔེ་ཚུགས།	
	༢༢	གུ	དཔལ་རྡོ་རྗེ་ནག་པོ་ཆེན་པོ་ལྷམ་དྲལ་གྱི་མངོན་ཆོག་རྒྱས་པ་བཞུགས་སོ། །		༢༩	༦	དཔེ་ཚུགས།	
	༢༣	ངུ	དཔལ་ནག་པོ་ཆེན་པོའི་མངོན་བསྙང་སྔགས་འཆང་ཀུན་དགའ་བློ་བས་མཛད་པ་བཞུགས་སོ། །	ཀུན་དགའ་བློ་བས་མཛད།	༢༦	༦	དཔེ་ཚུགས།	

	༢༤	ཙུ	མདྺ་ཀཱ་ལའི་མདོས་སྟགས་འཆང་བཟང་པོ་རྒྱལ་མཚན་པས་མཛད་པ་བཞུགས་སོ། །	བཟང་པོ་རྒྱལ་མཚན།	༡༤	༦	དཔེ་ཚུགས།	
	༢༥	ཚུ	དཔལ་ལྡན་མགོན་པོའི་མདོས་གསོག་སྟགས་འཆང་བཟང་པོ་རྒྱལ་མཚན་པས་མཛད་པ་བཞུགས་སོ། །	བཟང་པོ་རྒྱལ་མཚན།	༤	༦	དཔེ་ཚུགས།	
	༢༦	ཛུ	དཔལ་ལྡན་ལྷ་མོའི་མདོས་བསྐང་སློབ་དཔོན་པདྨས་མཛད་པ་བཞུགས་སོ། །	སློབ་དཔོན་པདྨས་མཛད།	༡༠	༦	དཔེ་ཚུགས།	
	༢༧	ཝུ	མགོན་པོའི་མངའ་གསོལ་བདག་ཆེན་གྲགས་པ་བློ་གྲོས་ཀྱིས་མཛད་པ་བཞུགས་སོ། །	བདག་ཆེན་བློ་གྲོས་རྒྱལ་མཚན།	༩	༦	དཔེ་ཚུགས།	
	༢༨	ཞུ	དཔལ་ནག་པོ་ཆེན་པོའི་བསྐང་གསོ་བདག་ཆེན་རྡོ་རྗེ་འཆང་ཆེན་པོས་བསྒྲིགས་པ་བཞུགས་སོ། །	བདག་ཆེན་བློ་གྲོས་རྒྱལ་མཚན།	༩	༦	དཔེ་ཚུགས།	
	༢༩	ཟུ	ནག་པོ་ཆེན་པོའི་བཟློག་མདོས་རྒྱས་པར་བསྟན་པ་བདག་ཆེན་རྡོ་རྗེ་འཆང་གིས་མཛད་པ་བཞུགས་སོ། །	བདག་ཆེན་བློ་གྲོས་རྒྱལ་མཚན།	༡༧	༦	དཔེ་ཚུགས།	
	༣༠	འུ	དཔལ་ལྡན་ལྷ་མོའི་བསྐང་གསོ་བདག་ཆེན་རྡོ་རྗེ་འཆང་གིས་མཛད་པ་བཞུགས་སོ། །	བདག་ཆེན་བློ་གྲོས་རྒྱལ་མཚན།	༡༤	༦	དཔེ་ཚུགས།	
	༣༡	ཡུ	རྡོ་རྗེའི་ཆོས་སྐྱོང་རྣམས་ལ་བཀའ་བསྒོ་ཡི་གེ་བདག་ཆེན་རྡོ་རྗེ་འཆང་ཆེན་པོས་མཛད་པ་བཞུགས་སོ། །	བདག་ཆེན་བློ་གྲོས་རྒྱལ་མཚན།	༤	༦	དཔེ་ཚུགས།	
	༣༢	རུ	ནག་པོ་ཆེན་པོའི་གཏོར་མདོས་ཀྱི་བསྐང་གསོ་འཇམ་དབྱངས་གྲགས་པས་མཛད་པ་བཞུགས་སོ། །	འཇམ་དབྱངས་གྲགས་པས་མཛད།	༡༠	༦	དཔེ་ཚུགས།	
	༣༣	ལུ	དཔལ་ནག་པོ་ཆེན་པོའི་བསྟོད་འབུམ་བཞུགས་སོ། །	མཛད་བྱང་མི་གསལ།	༨	༦	དཔེ་ཚུགས།	
	༣༤	ཤུ	དཔལ་ལྡན་ལྷ་མོའི་བསྟོད་འབུལ་བཞུགས་སོ། །	མཛད་བྱང་མི་གསལ།	༧	༦	དཔེ་ཚུགས།	
	༣༥	སུ	དཔལ་ནག་པོ་ཆེན་པོའི་བསྐུལ་གྱི་སྐོར་རྣམས་བཞུགས་སོ། །	མཛད་བྱང་མི་གསལ།	༨	༦	དཔེ་ཚུགས།	

	༣༦	ཙུ	དཔལ་ནག་པོ་ཆེན་པོའི་ཆོས་སྐོར་གྱི་དཀར་ཆག་གཙང་བྱམས་པ་རྡོ་རྗེ་རྒྱལ་མཚན་གྱིས་མཛད་པ་བཞུགས་སོ། །	གཙང་བྱམས་པ་རྡོ་རྗེ་རྒྱལ་མཚན།	༡༠	༦	དཔེ་ཚུགས།	
	༣༧	ཚུ	དཔལ་ནག་པོ་ཆེན་པོ་གྱི་ལྷང་ལུགས་ཀྱི་ཆོས་སྐོར་གྱི་དཀར་ཆགས་བཞུགས་སོ། །		༥	༦	དཔེ་ཚུགས།	
	༣༨	ཛུ	དཔལ་ནག་པོ་ཆེན་པོའི་བསྐང་གསོ་རྒྱས་འབྲིང་བསྡུས་གསུམ་གྱི་ཐེམ་ཡིག་བཞུགས་སོ། །	གཙང་བྱམས་པ་རྡོ་རྗེ་རྒྱལ་མཚན།	༧	༦	དཔེ་ཚུགས།	
	༣༩	ཝུ	བསྐང་གསོ་ནག་པོ་མཆོད་རྟེན་གྱི་ས་བཅད་པོ་དོང་དགེ་བཟང་པས་མཛད་པ་བཞུགས་སོ། །	པོ་དོང་དགེ་བཟང་པས་མཛད།	༣	༦	དཔེ་ཚུགས།	
	༤༠	ཞུ	བྲག་ནག་པ་རག་དབང་གྲགས་པས་མཛད་པའི་གཏོར་སྒྲུབ་རྗེས་གནང་གི་ཡི་གེ་ལ་གོང་དཀར་རྡོ་རྗེ་གདན་པས་བསྐྱེད་འབུམ་ཞབས་སུ་བཏགས་པ་བཞུགས་སོ།།	བྲག་ནག་པ་རག་དབང་གྲགས་པས་མཛད།	༦༨	༦	དཔེ་ཚུགས།	
	༤༡	ཟུ	གུར་མགོན་གྱི་མདོས་ཆོག་རབ་འཇིགས་རྡོ་རྗེའི་མེ་ཆར་བཞུགས་སོ། །	མཛད་བྱང་མི་གསལ།	༣༩	༦	དཔེ་ཚུགས།	
	༤༢	འུ	ཕྱུ་ཏྲ་མིང་སྲིང་རུ་འདྲེན་དང་བཅས་པའི་འཆམས་ཡིག་སྟག་འཆང་འཇིགས་མེད་དཔའ་བོས་མཛད་པ་བཞུགས་སོ། །	མཛད་བྱང་མི་གསལ།	༥	༦	དཔེ་ཚུགས།	
	༤༣	ཡུ	དཔལ་ནག་པོ་ཆེན་པོའི་ཆོས་སྐོར་གྱི་དཀར་ཆག་རྡོ་རྗེ་འཆང་ཀུན་དགའ་བཟང་པོས་མཛད་པ་བཞུགས་སོ། །	དགེ་སློང་ཀུན་དགའ་བཟང་པོ།	༥	༦	དཔེ་ཚུགས།	
	༤༤	རུ	དཔལ་ནག་པོ་ཆེན་པོ་ལྷ་བརྒྱད་ཀྱི་རྗེས་གནང་ཆོས་རྗེ་རྡོ་རྗེ་འཆང་གིས་མཛད་པ་བཞུགས་སོ། །	དགེ་སློང་ཀུན་དགའ་བཟང་པོ།	༧	༦	དཔེ་ཚུགས།	
	༤༥	ལུ	དཔལ་རྡོ་རྗེ་ནག་པོ་གུར་གྱི་མགོན་པོའི་ཐུགས་དམ་བསྐང་བའི་ཆོ་ག་རྡོ་རྗེ་འཆང་ཀུན་དགའ་བཟང་པོས་མཛད་པ་བཞུགས་སོ། །	དགེ་སློང་ཀུན་དགའ་བཟང་པོ།	༦	༦	དཔེ་ཚུགས།	
	༤༦	ཤུ	བཀའ་བསྲུང་རྣམས་ཀྱི་བསྐོང་ཚོགས་དངོས་གྲུབ་རྒྱ་མཚོའི་ལག་ལེན་གྱི་རིམ་པ་བཞུགས་སོ། །	རྒྱལ་ཚབ་དམ་པ་ཀུན་དགའ་དབང་ཕྱུག །	༥	༦	དཔེ་ཚུགས།	
	༤༧	སུ	མགོན་པོ་ཁྲོ་བཅུའི་བསྲུང་འཁོར་ལུགས་གཅིག་བཞུགས་སོ། །	མཛད་བྱང་མི་གསལ།	༥	༦	དཔེ་ཚུགས།	

	༤༨	ཧུ	སྟོབས་སྲོག་གཞོམ་པའི་མན་ངག་བཞུགས་སོ། །	མཛད་བྱང་མི་གསལ།	༣	༦	དཔེ་ཚུགས།	
	༤༩	ཨུ	དཔལ་ནག་པོ་ཆེན་པོའི་ནང་སྒྲུབ་ཞི་བའི་ཁྲིད་ཡིག་ཞེས་བྱ་བ་བཞུགས་སོ། ། ནང་བསྒྲུབ་ཞི་དྲག་གཉིས་ལས། འདི་ཞི་བའི་ཁྲིད་ཡིག་ཡིན་ནོ། །	དགེ་སློང་རྡོ་རྗེ་འཛིན་པ་སངས་རྒྱས་རིན་ཆེན་གྱི	༡༢	༦	དཔེ་ཚུགས།	
	༥༠	ཀེ	ནང་སྒྲུབ་ཞི་དྲག་གི་ཡི་གེ་རྗེ་སངས་རྒྱས་རིན་ཆེན་པས་མཛད་པ་བཞུགས་སོ། །	དགེ་སློང་སངས་རྒྱས་རིན་ཆེན།	༡༠	༦	དཔེ་ཚུགས།	གྲངས་ཕ་པ་ཆད་ཀྱང་ནང་དོན་ཚང་
	༥༡	ཁེ	གཏོར་མ་ལ་བརྟེན་ནས་དགྲ་བསད་པ་བཞུགས་སོ། །		༧	༦	དཔེ་ཚུགས།	
	༥༢	གེ	ཀུན་མཁྱེན་ཕྱོགས་ལས་རྣམ་རྒྱལ་གྱིས་མཛད་པའི་བསྐང་གསོ་རིན་འབར་མ་བཞུགས་སོ། །	ཀུན་མཁྱེན་ཕྱོགས་ལས་རྣམ་རྒྱལ།	༢	༥	དཔེ་ཚུགས།	
	༥༣	ངེ	མགོན་པོ་མངོན་འབྱུང་གི་རྒྱུད་ནས་བཤད་པའི་མགོན་པོ་རིགས་དྲུག་གི་སྒྲུབ་ཐབས་བཞུགས་སོ། །	མཛད་བྱང་མི་གསལ།	༨	༦	དཔེ་ཚུགས།	
	༥༤	ཅེ	མགོན་པོ་རིགས་དྲུག་གི་རྗེས་གནང་ཡོད།	མཛད་བྱང་མི་གསལ།	༢	༥	དཔེ་ཚུགས།	
	༥༥	ཆེ	ཆོས་སྐྱོང་སྤྱིའི་བསྐང་བཤགས། གུར་ཞལ་ལས་མགོན་དང་བཅས་པའི་བསྟོད་པ་སྟག་ལོ་ཙྪ་བས་མཛད་པ་བཞུགས་སོ། །	ལོ་ཆེན་ཤེས་རབ་རིན་ཆེན།	༡༠	༦	དཔེ་ཚུགས།	
	༥༦	ཇེ	ནག་པོ་ཆེན་པོའི་ལོ་རྒྱུད་ལྷ་བཀོད་ལས་སྦྱོར་གསུམ་དང་བཅས་པ་བཞུགས་སོ། །	མཛད་བྱང་མི་གསལ།	༦	༦	དཔེ་ཚུགས།	
	༥༧	ཉེ	དཔལ་ནག་པོ་ཆེན་པོའི་བརྒྱུད་པའི་གཏམ་རྒྱུད་བཞུགས་སོ། །	མཛད་བྱང་མི་གསལ།	༣	༦	དཔེ་ཚུགས།	
	༥༨	ཏེ	མགོན་པོའི་རང་བཞུང་འཁོར་ལོ་སློབ་དཔོན་ནག་པོ་ཞབས་ཀྱིས་གདམས་པ་བཞུགས་སོ། །	མཛད་བྱང་མི་གསལ།	༢	༦	དཔེ་ཚུགས།	
	༥༩	ཐེ	དམ་ཅན་རུ་མཚོན་འཛུགས་པའི་ཡི་གེ་སློབ་དཔོན་པད་མས་མཛད་པ་ཞེས་བྱ་བ་བཞུགས་སོ། །	མཛད་བྱང་མི་གསལ།	༩	༦	དཔེ་ཚུགས།	
	༦༠	དེ	དཔལ་ལྷ་མོ་ཕྱི་པ་ལྷར་སྒྲུབ་པའི་ཡིག་ཆུང་ཡིད་བཞིན་གྱི་ནོར་བུ་ཞེས་བྱ་བ་བཞུགས་སོ། །	མཛད་བྱང་མི་གསལ།	༨	༦	དཔེ་ཚུགས།	

	༦༡	ནེ	ཡེ་ཤེས་མགོན་པོ་དང་ལས་ཀྱི་མགོན་པོ་བེར་ནག་ཟངས་གྲི་ཅན་སྤྲེལ་བའི་གསང་སྒྲུབ་ཀྱི་ཡི་གེ་སྙིང་པ་བཞུགས་སོ། །	མཛད་བྱང་མི་གསལ།	༦	༦		
	༦༢	པེ	རྣམ་འཕྲུལ་གྱི་གཉྫེ་ལ་བརྟེན་པའི་མན་ངག་བཞུགས་སོ། ། ཡུམ་འཇིགས་བྱེད་ཁྲག་འཐུང་མའི་གཉྫི་དང་ལས་མགོན་བསོད་བྱེད་གདུག་པ་གྱི་གུག་ཅན་གྱི་བེང་གྲི་གུག་འཁོར་ལོ་དང་བཅས་པར་བརྟེན་ནས་དགྲ་བོ་སྒྲོལ་བའི་ཐབས་ལམ་ཐིང་བ་ནས་བརྒྱུད་པ་ལ།	མཛད་བྱང་མི་གསལ།	༢	༦	དཔེ་རྩུགས།	
	༦༣	ཕེ	མོན་རྩུང་རྒྱལ་འབུད་ཀྱི་རྩ་བའི་ཡི་གེ་ཞེས་བྱ་བ་བཞུགས་སོ། །	མཛད་བྱང་མི་གསལ།	༢	༦	དཔེ་རྩུགས།	
	༦༤	བེ	མོན་རྩུང་ཕྱུ་ཏྲའི་རྒྱལ་འབུད་ཀྱི་ཡི་གེ་བཞུགས་སོ། །	མཛད་བྱང་མི་གསལ།	༢	༦	དཔེ་རྩུགས།	
	༦༥	མེ	མོན་རྩུང་ཕྱུ་ཏྲའི་རྒྱལ་འབུད་ཀྱི་ཞལ་ཤེས་བཞུགས་སོ། །	མཛད་བྱང་མི་གསལ།	༤	༦	དཔེ་རྩུགས།	
	༦༦	ཙེ	མོན་རྩུང་ཕྱུ་ཏྲ་ནག་པོའི་རྒྱལ་འབུད་ཀྱི་གདམས་པ་ས་སྐྱ་པའི་ཁྱད་ཆོས་བཞུགས་སོ། །	མཛད་བྱང་མི་གསལ།	༦	༦	དཔེ་རྩུགས།	
	༦༧	ཚེ	ནོར་ཕྱིར་བཏང་བའི་མོན་ཕྱུ་ཕྱུ་ཏྲ་རྣམ་གསུམ་གྱི་ཡི་གེ་མལ་ལོའི་ལུགས་ཡོད།	མཛད་བྱང་མི་གསལ།	༢	༦	དཔེ་རྩུགས།	
	༦༨	ཛེ	བདུད་ཕྱུ་ཏྲའི་བསྒྲུབ་ཐབས་བཞུགས་སོ། །	མཛད་བྱང་མི་གསལ།	༤	༦	དཔེ་རྩུགས།	
	༦༩	ཝེ	བཤན་པ་རོ་ཁྱུར་གྱི་མན་ངག་བཞུགས་སོ། །	མཛད་བྱང་མི་གསལ།	༢	༦	དཔེ་རྩུགས།	
	༧༠	ཞེ	ནག་པོ་ཆེན་པོའི་སྒྲུབ་ཐབས་ཀྱི་རིགས་བསྡུས་པ་བཞུགས།	མཛད་བྱང་མི་གསལ།	༢	༦	དཔེ་རྩུགས།	
	༧༡	ཟེ	དམ་བརྟར་ཕྲིན་ལས་བཅོལ་བའི་རིམ་པ་བཞུགས་སོ། །	མཛད་བྱང་མི་གསལ།	༤	༦	དཔེ་རྩུགས།	
	༧༢	འེ	ཆོས་སྐྱོང་སྤྱིའི་སྙིང་རྩ་བསྡུ་བ་དང་། ཟབ་པའི་གནད་ལྔ་སློབ་དཔོན་པདྨས་མཛད་པ་བཞུགས་སོ། །	མཛད་བྱང་མི་གསལ།	༤	༦	དཔེ་རྩུགས།	
	༧༣	ཡེ	འབོན་ནག་ཟས་སུ་ཟ་བའི་གདམས་པ་བཞུགས་སོ། །	མཛད་བྱང་མི་གསལ།	༢	༦	དཔེ་རྩུགས།	
	༧༤	རེ	དཔལ་ནག་པོ་ཆེན་པོའི་སྒོ་ནས་ཆོ་འཕྲུལ་བཏང་བའི་མན་ངག་བཞུགས་སོ། །	མཛད་བྱང་མི་གསལ།	༢	༦	དཔེ་རྩུགས།	

	༧༥	ལེ	དཔལ་ནག་པོ་ཆེན་པོའི་སྒྲུབ་ཐབས་སྤྱིའི་ཁོག་སྒྲིག་དམ་པའི་མན་ངག་བཞུགས་སོ། །	མཛད་བྱང་མི་གསལ།	༣	༦	དཔེ་ཚུགས།	
	༧༦	ཤེ	དཔལ་ནག་པོ་ཆེན་པོའི་སྟོན་འགྲོ་སེམས་ཀྱི་སོག་དྲིལ་བཞུགས་སོ། །	མཛད་བྱང་མི་གསལ།	༡༡	༦	དཔེ་ཚུགས།	
	༧༧	སེ	དཔལ་རྡོ་རྗེ་ནག་པོ་ཆེན་པོའི་ཁྲིམས་སྐུའི་སོག་དྲིལ་བཞུགས་སོ། །	མཛད་བྱང་མི་གསལ།	༤༨	༦	དཔེ་ཚུགས།	
01863		༄ དཔལ་ནག་པོ་ཆེན་པོ་གུར་གྱི་མགོན་པོའི་ཆོས་སྐོར། ༼པོད་གསུམ་པ།༽						
	༡	༼ཀ༽	དཔལ་རྡོ་རྗེ་ནག་པོ་གུར་གྱི་མགོན་པོའི་སྒྲུབ་ཐབས་ཀྱི་ལས་ཚོགས་རྣམས་ཀུན་མཁྱེན་ལྷ་པ་ཆེན་པོའི་གསན་ཡིག་གི་གོ་རིམ་བཞིན་བསྒྲིགས་པ་པོད་གསུམ་པའི་དཀར་ཆག །	མཛད་བྱང་མི་གསལ།	༦	༦	དཔེ་ཚུགས།	
	༢	ཧེ	ནག་པོ་ཆེན་པོའི་གཟུངས་འཛུགས་པ་ལ་ཉེ་བར་མཁོ་བའི་ཞལ་ཤེས་དམ་པ་ཀུན་དགའ་གྲགས་ཀྱིས་མཛད་པ་བཞུགས།	དམ་པ་ཀུན་དགའ་གྲགས།	༨	༦	དཔེ་ཚུགས།	
	༣	ཨེ	དཔལ་ནག་པོ་ཆེན་པོའི་བཅའ་བ་རྟེན་གྱི་སྐབས་སུ་ཉེ་བར་མཁོ་བའི་སྙིང་བརྟག་པའི་མན་ངག །	མཛད་བྱང་མི་གསལ།	༢	༦	དཔེ་ཚུགས།	
	༤	ཀོ	ནག་པོ་ཆེན་པོའི་རྟེན་བཅའ་བའི་མན་ངག་གི་སྙིང་པོ་གྲི་སྙིང་འཁོར་ལོའི་ཞལ་གདམས་བཞུགས།	མཛད་བྱང་མི་གསལ།	༥	༦	དཔེ་ཚུགས།	
	༥	ཁོ	ནག་པོ་ཆེན་པོའི་འཁོར་ལོ་དང་ལིང་གའི་བྲི་ཡིག་ཤིན་ཏུ་ཟབ་པ་བཞུགས།	མཛད་བྱང་མི་གསལ།	༦	༦	དཔེ་ཚུགས།	
	༦	གོ	མགོན་པོ་ལྷ་བརྒྱད་ཀྱི་བསྙེན་སྒྲུབ་ལས་གསུམ་གྱི་ཞལ་གདམས་སྔགས་ཀྱི་བཟླས་ཐབས། ལས་བཞིའི་སྦྱིན་ལས་ཀྱི་དམིགས་པ་བཞུགས་སོ། །	མཛད་བྱང་མི་གསལ།	༤	༦	དཔེ་ཚུགས།	
	༧	ངོ	ནག་པོ་ཆེན་པོའི་མེད་མི་རུང་གི་ཞལ་གདམས་ཆིངས་དྲུག་གི་གནད་བཞུགས།	མཛད་བྱང་མི་གསལ།	༧	༦	དཔེ་ཚུགས།	
	༨	ཅོ	མ་ཧཱ་ཀཱ་ལའི་སྒོམ་པ་ལྷའི་གནད་ཀྱི་མན་ངག །གཏོར་མ། ཐོད་གཏོང་བཟློག་པ་པོ་ཉའི་ལས་སྦྱོར་རྣམས་བཞུགས།	མཛད་བྱང་མི་གསལ།	༦	༦	དཔེ་ཚུགས།	

	༩	ཆོ	དཔལ་ནག་པོ་ཆེན་པོའི་གཏོར་མའི་བཤད་ལས་ཀྱི་ཡི་གེ་སྙིང་པ་ཤིན་ཏུ་ཟབ་པ་བཞུགས།	མཛད་བྱང་མི་གསལ།	༣	༦	དཔེ་ཚུགས།	
	༡༠	ཇོ	དཔལ་ནག་པོ་ཆེན་པོའི་བསྲུང་འཁོར་མདུན་གང་མ་དང་། སེར་བ་བསྲུང་བའི་མན་ངག་བཞུགས་སོ། །	མཛད་བྱང་མི་གསལ།	༢	༦	དཔེ་ཚུགས།	
	༡༡	ཉོ	མདུན་གང་འཕགས་མའི་བསྲུང་འཁོར་གྱི་ཞལ་ཤེས་ཡོད།	མཛད་བྱང་མི་གསལ།	༢	༦	དཔེ་ཚུགས།	
	༡༢	ཏོ	བྱད་མ་བསྲུང་འཁོར་ཅན་གསད་པའི་གདམས་པ་བཞུགས།	མཛད་བྱང་མི་གསལ།	༢	༦	དཔེ་ཚུགས།	
	༡༣	ཐོ	རྨི་ལྟས་ངན་པ་བཟློག་པའི་མན་ངག་ཟབ་ཆླུང་གི་སྦྱོར་བའི་གདམས་པ་བཞུགས་སོ། །	མཛད་བྱང་མི་གསལ།	༢	༦	དཔེ་ཚུགས།	
	༡༤	དོ	དཔལ་ནག་པོ་ཆེན་པོའི་སྦྱིན་སྲེག་ཚོགས་བཅད་མ་དང་ལས་བཞིའི་བྲོ་བརྡུངས་ཀྱི་ཡི་གེ་བཞུགས་སོ། །	མཛད་བྱང་མི་གསལ།	༣	༦	དཔེ་ཚུགས།	
	༡༥	ནོ	ནག་པོ་ཆེན་པོའི་ཟབ་པ་གནད་ཀྱི་མན་ངག་གི་རྩ་བ་སྨྲས་པའི་རྣལ་འབྱོར་བར་སྤྱིངས་པ་རྡོ་རྗེ་རྒྱལ་མཚན་གྱིས་མཛད་པ་བཞུགས།	སྤྱིངས་པ་རྡོ་རྗེ་རྒྱལ་མཚན།	༥	༦	དཔེ་ཚུགས།	
	༡༦	པོ	དཔལ་ནག་པོ་ཆེན་པོའི་ཐུན་མོང་མ་ཡིན་པའི་བསྙེན་པའི་ཡི་གེ་སྔགས་འཆང་ཀུན་དགའ་བློ་བས་མཛད་པ་བཞུགས་སོ། །	སྔགས་འཆང་ཀུན་དགའ་བློ་བ།	༦	༦	དཔེ་ཚུགས།	
	༡༧	ཕོ	དཔལ་ནག་པོ་ཆེན་པོའི་བསྙེན་སྒྲུབ་ལས་གསུམ་གྱི་རྟགས་ཀྱི་ཡི་གེ་སྔགས་འཆང་ཀུན་དགའ་བློ་བས་མཛད་པ་བཞུགས་སོ། །	སྔགས་འཆང་ཀུན་དགའ་བློ་བ།	༩	༦	དཔེ་ཚུགས།	
	༡༨	བོ	དམ་ཅན་ཕྱུ་ཏྲའི་མཆོད་གཏོར་ཐེག་ཆེན་ཆོས་ཀྱི་རྒྱལ་པོས་མཛད་པ་བཞུགས།	ཐེག་ཆེན་ཀུན་དགའ་བཀྲ་ཤིས།	༣	༦	དཔེ་ཚུགས།	
	༡༩	མོ	གུར་ཞལ་རྣམ་གཉིས་ཀྱི་བླ་མ་བརྒྱུད་པའི་མཚན་བྱང་སྙད་གཉིས་སྦྲར་བ་བཞུགས།	འགྲོ་མགོན་འཕགས་པ།	༢	༥	དཔེ་ཚུགས།	

	༢༠	ཙོ	དཔལ་ནག་པོ་ཆེན་པོ་འཁོར་དང་བཅས་པའི་སྤྱན་འདྲེན་སྔགས་དང་བཅས་པ་བཞུགས་སོ། །	མཛད་བྱང་མི་གསལ།	༢	༦	དཔེ་རྩུགས།	
	༢༡	ཚོ	དཔལ་ནག་པོ་ཆེན་པོ་འཁོར་དང་བཅས་པའི་སྔགས་བྱང་རྒྱས་པ་མཚན་བྱ་དང་བཅས་པ་བཞུགས།	མཛད་བྱང་མི་གསལ།	༥	༦	དཔེ་རྩུགས།	
	༢༢	ཛོ	ནག་པོ་ཆེན་པོའི་སྔགས་བྱང་བསྡུས་པ་བཞུགས་ལགས་སོ། །	མཛད་བྱང་མི་གསལ།	༣	༦	དཔེ་རྩུགས།	
	༢༣	ཝོ	མ་ཧཱ་ཀཱ་ལའི་སྔགས་བྱང་ཡར་ཀླུངས་པའི་ཕྱག་ཁྲིམས་དངོས་ལས་བཤུས་པ་བཞུགས་སོ། །	མཛད་བྱང་མི་གསལ།	༣	༦	དཔེ་རྩུགས།	
	༢༤	ཞོ	ནག་པོ་ཆེན་པོའི་བཅའ་བ་རྟེན་གྱི་སྐབས་སུ་ཉེ་བར་མཁོ་བའི་དཔལ་མགོན་བདུན་ཅུ་དང་བརྟན་མ་བཅུ་གཉིས་ཀྱི་སྲོག་སྔགས། ལྷ་ཚན་ལྔའི་ངོས་འཛིན་རྣམས་བཞུགས།	མཛད་བྱང་མི་གསལ།	༣	༦	དཔེ་རྩུགས།	
	༢༥	ཟོ	དཔལ་ནག་པོ་ཆེན་པོའི་མན་ངག་གི་ཁོག་ཕུབས་ཀྱི་ཡི་གེ་བདག་ཆེན་རྡོ་རྗེ་འཆང་ཆེན་པོའི་གསུང་བཞུགས།	བདག་ཆེན་བློ་གྲོས་རྒྱལ་མཚན།	༨	༦	དཔེ་རྩུགས།	
	༢༦	འོ	ལྷ་བརྒྱད་ཀྱི་སྒྲུབ་ཡིག་ཆེན་མོ་ཐུན་མོང་མ་ཡིན་པ་གསང་བ་ཡིད་བཞིན་ནོར་བུ་ཞེས་བྱ་བ་འཇམ་དབྱངས་བློ་གྲོས་རྒྱལ་མཚན་གྱིས་མཛད་པ་བཞུགས་སོ། །	བདག་ཆེན་བློ་གྲོས་རྒྱལ་མཚན།	༣༧	༦	དཔེ་རྩུགས།	
	༢༧	ཡོ	ནག་པོ་ཆེན་པོའི་ནང་སྒྲུབ་དང་གསང་སྒྲུབ་ཀྱི་གནད་ཀྱི་ཟིན་བྲིས་བདག་ཆེན་རྡོ་རྗེ་འཆང་ཆེན་པོའི་གསུང་བཞུགས།	བདག་ཆེན་བློ་གྲོས་རྒྱལ་མཚན།	༣	༦	དཔེ་རྩུགས།	
	༢༨	རོ	བྲོ་བཅུའི་མན་ངག་ཞལ་གདམས་དང་བཅས་པ་བདག་ཆེན་རྡོ་རྗེ་འཆང་གིས་མཛད་པ་བཞུགས།	བདག་ཆེན་བློ་གྲོས་རྒྱལ་མཚན།	༧	༦	དཔེ་རྩུགས།	
	༢༩	ལོ	དཔལ་རྡོ་རྗེ་ནག་པོ་ཆེན་པོའི་ཕྱི་ནང་གསང་གསུམ་གྱི་རྟེན་དང་མཆོད་གཏོར་བཤམས་ཚུལ་དང་། བསྙེན་སྒྲུབ་ལས་གསུམ་གྱི་ཕྱག་ལེན་གསལ་བྱེད་བཞུགས་སོ། །	མཛད་བྱང་མི་གསལ།	༩༥	༦	དཔེ་རྩུགས།	

	༣༠	ཤོ	དཔལ་ནག་པོ་ཆེན་པོའི་མན་ངག་གི་ཡི་གེ་བདག་ཆེན་རྡོ་རྗེ་འཆང་ཆེན་པོའི་གསུང་ལས་མཁན་ཆེན་དཔལ་ལྡན་བཀྲ་ཤིས་པས་ཟིན་བྲིས་སུ་བཀོད་པ།	མཛད་བྱང་མི་གསལ།	༢༩	༦	དཔེ་ཚུགས།	
	༣༡	སོ	མཁན་ཆེན་དཔལ་ལྡན་བཀྲ་ཤིས་པས་མཛད་པའི་ཐུན་མོང་མ་ཡིན་པའི་རྣམ་མཚོན་བཅའ་ཐབས་དང་གཏོར་ཆེན་གྱི་ཟིན་བྲིས་གཉིས་བཞུགས་སོ། །	མཛད་བྱང་མི་གསལ།	༦	༦	དཔེ་ཚུགས།	
	༣༢	ཧོ	མདོས་ཀྱི་ཟིན་བྲིས།	མཛད་བྱང་མི་གསལ།	༣	༦	དཔེ་ཚུགས།	
	༣༣	ཨོ	མདོས་ཀྱི་ཆ་ལག །	མཛད་བྱང་མི་གསལ།	༣	༦	དཔེ་ཚུགས།	
	༣༤	ཀུ	དཔལ་ནག་པོ་ཆེན་པོའི་འབྲུ་ལྡོག་སྲུང་བའི་མན་ངག་བཞུགས་སོ། །	མཛད་བྱང་མི་གསལ།	༡༤	༦	དཔེ་ཚུགས།	
	༣༥	ཁུ	ཁ་སྦྱོར་དབྱེ་བའི་མན་ངག་ཐུན་མོང་མ་ཡིན་པ་བཞུགས་སོ། །	མཛད་བྱང་མི་གསལ།	༨	༦	དཔེ་ཚུགས།	
	༣༦	གུ	བསྲུང་འཁོར་རྡོ་རྗེ་ཐྲག་རྫོང་མའི་ཡི་གེ་རྗེ་བཙུན་རྡོ་རིངས་པ་ཆེན་པོས་མཛད་པ།	རྗེ་བཙུན་རྡོ་རིངས་པ་ཆེན་པོ།	༢༦	༦	དཔེ་ཚུགས།	
	༣༧	ངུ	ནང་གི་ཐྲག་རྫོང་མའི་དྲག་པོ་སྔགས་རྒོད་ཀྱི་མན་ངག་བཞུགས། གྲུབ་ཆེན་རྡོ་རིངས་པའི་གསུང་།	རྗེ་བཙུན་རྡོ་རིངས་པ་ཆེན་པོ།	༣	༦	དཔེ་ཚུགས།	
	༣༨	ཅུ	ནང་དམ་ཚིག་གི་འཁོར་ལོ་གསང་བའི་ཐྲག་རྫོང་མའི་ཞལ་ཤེས་རྗེ་བླ་མས་མཛད་པ་བཞུགས།	མཛད་བྱང་མི་གསལ།	༣	༦	དཔེ་ཚུགས།	
	༣༩	ཆུ	ནག་པོ་ཆེན་པོའི་སྒོ་ནས་སེར་བ་བསྲུང་བའི་མན་ངག་རྗེ་བླ་མས་མཛད་པ་བཞུགས།	མཛད་བྱང་མི་གསལ།	༧	༦	དཔེ་ཚུགས།	
	༤༠	ཇུ	དཔལ་ནག་པོ་ཆེན་པོའི་སྔགས་པ་ནང་རྒྱས་ཀྱི་མན་ངག་རྗེ་བླ་མས་མཛད་པ་བཞུགས།	མཛད་བྱང་མི་གསལ།	༣	༦	དཔེ་ཚུགས།	
	༤༡	ཉུ	བྲན་བདུད་གཤིན་རྗེ་ནག་པོའི་གཏོར་ཟློག་ཅེས་བྱ་བ་བཞུགས་སོ། །	མཛད་བྱང་མི་གསལ།	༤	༦	དཔེ་ཚུགས།	
	༤༢	ཏུ	དཀར་ཆག་སྙིང་པོ་གནད་ཀྱི་སྒྲོན་མེ་བཞུགས་སོ། །	མཛད་བྱང་མི་གསལ།	༣	༦	དཔེ་ཚུགས།	
	༤༣	ཐུ	དཔལ་རྡོ་རྗེ་ནག་པོ་ཆེན་པོའི་གུར་གྱི་མགོན་པོའི་མན་ངག་ཟབ་བསྡུས་གསལ་བྱེད་ཁ་སྐོང་རྣམས་ཀྱི་དཀར་ཆག་བཞུགས་སོ། །	མཛད་བྱང་མི་གསལ།	༡༦	༦	དཔེ་ཚུགས།	

	༤༤	དྰ	དཔལ་རྡོ་རྗེ་ནག་པོ་ཆེན་པོའི་སྔན་བརྒྱུད་ཡི་གེར་བཀོད་པའི་དཀར་ཆག་སྙིང་གི་བདུད་རྩིའི་ཟིལ་མངར་ཞེས་བྱ་བ་བཞུགས་སོ། ། ཚར་ལུགས་ཀྱི་སྔན་རྒྱུད་ཟ་ཧོར་བརྡེའི་མན་ངག་ཀུན་དང་ལྡན་མོང་མ་ཡིན་པའོ།།	མཛད་བྱང་མི་གསལ།	༨	༦	དཔེ་ཚུགས།	
	༤༥	ནྰ	དཔལ་རྡོ་རྗེ་ནག་པོ་ཆེན་པོ་གྱི་ལྷང་ལུགས་ཀྱི་ཆོས་སྐོར་གྱི་ཁོག་ཕུབས་དཀར་ཆག་གི་ཡི་གེ་བཞུགས་སོ། །	མཛད་བྱང་མི་གསལ།	༡༩	༦	དཔེ་ཚུགས།	
	༤༦	པྰ	དཔལ་རྡོ་རྗེ་ནག་པོ་ཆེན་པོ་གུར་གྱི་མགོན་པོའི་མན་ངག་ཁོག་དབུབ་ཀྱི་རྣམ་བཤད་སྔན་རྒྱུད་རིན་པོ་ཆེའི་ལྡེ་མིག་བཞུགས་སོ། །	མཛད་བྱང་མི་གསལ།	༦༧	༦	དཔེ་ཚུགས།	
	༤༧	ཕྰ	མགོན་པོ་ཁྲོ་བཅུའི་རྗེས་གནང་གི་ཡི་གེ་བཞུགས་སོ། །	མཛད་བྱང་མི་གསལ།	༢	༦	དཔེ་ཚུགས།	
	༤༨	བྰ	ཟངས་གྲི་ཅན་ཕྱི་ནང་གི་རྗེས་གནང་གི་ཡི་གེ་བཀའ་རྒྱ་མ་རྗེ་བླ་མས་མཛད་པ་བཞུགས།	མཛད་བྱང་མི་གསལ།	༣	༦	དཔེ་ཚུགས།	
	༤༩	མྰ	དཔལ་ས་སྐྱ་པའི་བསྟན་བསྲུང་རྣམས་ལ་གཏོར་མ་འབུལ་བའི་ཚོག་ཕྲིན་ལས་མྱུར་མགྱོགས་ཀྱི་ཕོ་ཉ་བཞུགས་སོ། །	མཛད་བྱང་མི་གསལ།	༢༣	༦	དཔེ་ཚུགས།	
	༥༠	ཙྰ	དཔལ་རྡོ་རྗེ་ནག་པོ་ཆེན་པོ་ལྷམ་དྲལ་ལ་གཏོར་འབུལ་ལས་བཞི་ལྷུན་གྲུབ་ཅེས་བྱ་བ་བཞུགས་སོ། །	མཛད་བྱང་མི་གསལ།	༦	༦	དཔེ་ཚུགས།	
	༥༡	ཚྰ	ལྷམ་དྲལ་གཏོར་ཚོག་གི་ངག་འདོན་ཚར་ཆེན་རྡོ་རྗེ་འཆང་གིས་མཛད་པ་བཞུགས་སོ། །	ཚར་ཆེན་བློ་གསལ་རྒྱ་མཚོ།	༣	༦	དཔེ་ཚུགས།	
	༥༢	ཛྰ	གུར་མགོན་དཀར་པོའི་ཚེ་སྒྲུབ་ཀྱི་མན་ངག་བཞུགས་སོ། །	མཛད་བྱང་མི་གསལ།	༢	༦	དཔེ་ཚུགས།	
	༥༣	ཝྰ	དཔལ་ལྡན་བླ་མ་དམ་པ་མཆོད་པའི་ཚོག་དངོས་གྲུབ་རིན་པོ་ཆེའི་བང་མཛོད་བཞུགས་སོ། །	མཛད་བྱང་མི་གསལ།	༩	༦	དཔེ་ཚུགས།	
	༥༤	ཞྰ	དཔལ་ནག་པོ་ཆེན་པོ་གུར་གྱི་མགོན་པོའི་འཁྲིད་ཀྱི་བླ་མ་བརྒྱུད་པའི་གསོལ་འདེབས་སྨོན་ལམ་དང་བཅས་པ་བཞུགས་སོ། །	མཛད་བྱང་མི་གསལ།	༩	༦	དཔེ་ཚུགས།	

	༥༥	ཟུ	བསྲུང་འཁོར་གསང་འཕྲིད་དང་བཅས་པ་རྒྱུན་དུ་ཉམས་སུ་ལེན་ཚུལ་ཁའུ་བྲག་རྫོང་པའི་བཞེད་པ་མ་ནོར་བ་སྙན་རྒྱུད་ཡིད་བཞིན་ནོར་བུ་བཞུགས་སོ། །	མཛད་བྱང་མི་གསལ།	༧	༦	དཔེ་ཚུགས།	
	༥༦	འུ	མགོན་པོ་ལྷ་བརྒྱད་ཀྱི་བསྲུང་འཁོར་གྱི་ཟིན་བྲིས་བཞུགས་སོ། །	མཛད་བྱང་མི་གསལ།	༣	༦	དཔེ་ཚུགས།	
	༥༧	ཡུ	ནག་པོ་ཆེན་པོའི་གསང་སྒྲུབ་ཀྱི་སྐབས་སུ་ཉེ་བར་མཁོ་བའི་གསུང་བགྲོས་བཞུགས་སོ། །	མཛད་བྱང་མི་གསལ།	༣	༦	དཔེ་ཚུགས།	
	༥༨	རུ	རྡོ་རྗེ་གུར་གྱི་རྒྱུད་ལས་ནང་བསྒྲུབ་དང་གསང་བསྒྲུབ་ཀྱི་བསྙེན་ཚུལ་གྱི་ཡི་གེ་བཞུགས་སོ། །	མཛད་བྱང་མི་གསལ།	༣	༦	དཔེ་ཚུགས།	
	༥༩	ལུ	མགོན་པོ་ལྷ་བརྒྱད་འཁོར་རྒྱང་དང་བཅས་པའི་མལ་འོག་བསང་རྫས་ཀྱི་ཞལ་ཤེས་ཀྱི་ཡིག་ཆུང་སྙིང་ནང་གི་ཁྲག་ལྷ་བུ་འདི་ནི་བདག་གི་བླ་མ་རྗེ་བཙུན་བློ་གསལ་རྒྱ་མཚོས་མཛད་པ་བདག་མདོ་ཁམས་པ་རྡོ་རྗེ་བཀྲ་ཤིས་ཀྱིས་ཉམས་སུ་སྐྱོང་བའོ། །	མདོ་ཁམས་པ་རྡོ་རྗེ་བཀྲ་ཤིས།	༩	༦		
	༦༠	ཤུ	ཡུམ་ཆེན་ཨེ་ཀ་ཛ་ཏི་ལ་བརྟེན་ནས་རིམས་བསྲུང་བའི་མན་ངག་བཞུགས་སོ། །	མཛད་བྱང་མི་གསལ།	༣	༦	དཔེ་ཚུགས།	
	༦༡	སུ	ནག་པོ་ཆེན་པོ་ལ་གླུ་ཆེན་བརྒྱད་ཀྱིས་བསྐོར་བའི་སྒོ་ནས་ཆར་དབབ་པའི་ཞལ་ཤེས་རྗེ་བླ་མས་མཛད་པ་བཞུགས་སོ། །	མཛད་བྱང་མི་གསལ།	༢	༦	དཔེ་ཚུགས།	
	༦༢	ཧུ	མགོན་པོའི་སྙིང་ཆུ་བསྲེ་བའི་ཞལ་ཤེས་ཞེས་བྱ་བ་བཞུགས་སོ། །	མཛད་བྱང་མི་གསལ།	༣	༦	དཔེ་ཚུགས།	
	༦༣	ཨུ	རྡོ་རྗེ་བྲག་རྫོང་མའི་ཐུན་མོང་མ་ཡིན་པའི་སྙན་རྒྱུད་ཀྱི་ས་བཅད་མཐོང་སྨོན་དགེ་ལེགས་ཀུན་འབྱུང་བཞུགས་སོ། །	མཛད་བྱང་མི་གསལ།	༩	༦	དཔེ་ཚུགས།	
	༦༤	ཀུ	ནག་པོ་ཆེན་པོའི་མལ་ཕུར་གྱི་མན་ངག་ཚར་ཆེན་གྱིས་མཛད་པ་བཞུགས་སོ། །	ཚར་ཆེན་བློ་གསལ་རྒྱ་མཚོ།	༩	༦	དཔེ་ཚུགས།	
	༦༥	ཁུ	གཏོར་མ་ལ་བརྟེན་ནས་དགྲ་བགེགས་རང་གཤེད་རང་ལ་དབབ་པའི་མན་ངག་རྡོ་རྗེ་འཆང་ཚར་པས་མཛད་པ་བཞུགས་སོ། །	ཚར་ཆེན་བློ་གསལ་རྒྱ་མཚོ།	༩	༦	དཔེ་ཚུགས།	

	༦༦	གཱི	དཔལ་ནག་པོ་ཆེན་པོའི་སྒོ་ནས་སེར་བ་བསྲུང་འབེབས་ཀྱི་མན་ངག་དུག་གི་ཀླུང་ཁྱེར་ནག་པོ་བཞུགས་སོ། ।	ཚར་ཆེན་བློ་གསལ་རྒྱ་མཚོ།	༡༢	༦	དཔེ་ཚུགས།	
	༦༧	ངཱི	དཔལ་ལྡན་ས་སྐྱ་པའི་དམ་ཅན་བསྲུང་མ་རྣམས་ལ་ཕྱི་རྟེན་གཟུངས་འཇུག་པའི་ལག་ལེན་གྱི་ཡི་གེ ।	ཚར་ཆེན་བློ་གསལ་རྒྱ་མཚོ།	༨	༦	དཔེ་ཚུགས།	
	༦༨	ཅཱི	རྡོ་རྗེ་ནག་པོ་ཆེན་པོའི་དམར་ཆེན་གཏོར་བཟློག་གི་ཆོ་ག་དགྲ་བགེགས་ཀྱི་སྟོབས་འཁྲུག་རོལ་པ་བཞུགས་སོ། ।	ཚར་ཆེན་བློ་གསལ་རྒྱ་མཚོ།	༣༡	༦	དཔེ་ཚུགས།	
	༦༩	ཆཱི	གཏོར་བསྐུལ་འོག་མིན་མ་ཚར་ཆེན་གྱིས་མཛད་པ་བཞུགས་སོ། ।	ཚར་ཆེན་བློ་གསལ་རྒྱ་མཚོ།	༢	༦	དཔེ་ཚུགས།	
	༧༠	ཇཱི	དམ་ཅན་པུ་ཏྲ་ལྕམ་དྲལ་གྱི་བསྐང་གསོ་ཕྲིན་ལས་མྱུར་འགྲུབ་བཞུགས་སོ། ।		༧	༦	དཔེ་ཚུགས།	
	༧༡	ཉཱི	དམ་ཅན་གནོད་སྦྱིན་ཡབ་ཡུམ་རྣམས་ཀྱི་བསྐང་རྫས་བྱིན་རླབས་བསྐང་གསོ་དང་བཅས་པ་ཚར་པ་རྡོ་རྗེ་འཆང་གིས་མཛད་པ་བཞུགས་སོ། ।	ཚར་ཆེན་བློ་གསལ་རྒྱ་མཚོ།	༢	༦	དཔེ་ཚུགས།	
	༧༢	ཏཱི	དྲི་བ་ལྷག་བསམ་རབ་དཀར་དད་པའི་པོ་ཉ་ཞེས་བྱ་བ་བཞུགས་སོ། ।	ཚར་ཆེན་བློ་གསལ་རྒྱ་མཚོ།	༧	༦	དཔེ་ཚུགས།	
	༧༣	ཐཱི	གསང་བ་ཐུན་མོང་མ་ཡིན་པའི་ཟབ་པའི་གནད་ཀྱི་མན་ངག་ལས་གསང་བ་ཡང་ཏིག་སེམས་ཀྱི་གནད་ལྡེ་ལ་བརྟེན་ནས་འབུ་ལྷོག་སྲུངས་ཏེ་བྲན་ལྟར་བཀོལ་བ་བདག་ཆེན་རྡོ་རྗེ་འཆང་གིས་མཛད་པ་བཞུགས།	བདག་ཆེན་བློ་གྲོས་རྒྱལ་མཚན།	༥	༦	དཔེ་ཚུགས།	
	༧༤	དཱི	གསང་བ་ཐུན་མོང་མ་ཡིན་པ་ཟབ་པའི་གནད་ཀྱི་མན་ངག་ལས་བསྐྱབས་ཀྱང་རྟགས་མེད་ན་ཕྱོག་ཆོག་བྱ་བའི་ཐབས་བདག་ཆེན་རྡོ་རྗེ་འཆང་གིས་མཛད་པ་བཞུགས།	བདག་ཆེན་བློ་གྲོས་རྒྱལ་མཚན།	༣	༦	དཔེ་ཚུགས།	
	༧༥	ནཱི	གུར་གྱི་མགོན་པོའི་གཏོར་བཟློག་ཕྱག་ལེན་བཞུགས་སོ། ।	བདག་ཆེན་བློ་གྲོས་རྒྱལ་མཚན།	༩	༦	དཔེ་ཚུགས།	
	༧༦	པཱི	གསང་བ་ཐུན་མོང་མ་ཡིན་པ་ཟབ་པའི་གནད་ཀྱི་མན་ངག་ལས་ཐུན་མོང་མ་ཡིན་པའི་བསྙེན་པའི་མན་ངག་བདག་ཆེན་རྡོ་རྗེ་འཆང་གིས་མཛད་པ་བཞུགས།	བདག་ཆེན་བློ་གྲོས་རྒྱལ་མཚན།	༦	༦	དཔེ་ཚུགས།	

	༧༧	ཕྱི	གསང་བ་ཐུན་མོང་མ་ཡིན་པ་ཟབ་པའི་གནད་ཀྱི་མན་ངག་ལས་ལས་སྦྱོར་གྱི་སྔོན་འགྲོ་ལིང་ག་བྲི་བ་དགུག་གཞུག་བྱ་བ་ཁ་སྦྱོར་དབྱེ་བ་རྣམས་བདག་ཆེན་རིན་པོ་ཆེས་མཛད་པ་བཞུགས།	བདག་ཆེན་བློ་གྲོས་རྒྱལ་མཚན།	༨	༦	དཔེ་ཚུགས།	
	༧༨	བྱི	གསང་བ་ཐུན་མོང་མ་ཡིན་པ་ཟབ་པའི་གནད་ཀྱི་མན་ངག་ལས་གཏོར་མའི་ཡི་གེ་གཉིས་ཞལ་ཤེས་དང་བཅས་པ་དམ་པས་མཛད་པ་བཞུགས་སོ། །	དམ་པ་ཀུན་དགའ་གྲགས།	༣	༦	དཔེ་ཚུགས།	
	༧༩	མྱི	ལྷམ་དྲལ་གྱི་གཏོར་མ་གཤམ་ཐབས་དམ་པ་ཀུན་དགའ་གྲགས་ལས་བརྒྱུད་པ་བཞུགས་སོ། །	དམ་པ་ཀུན་དགའ་གྲགས།	༩	༦	དཔེ་ཚུགས།	
	༨༠	ཙྱི	སྤྱི་དོན་གསུམ་པའི་མན་ངག་གི་ཞལ་ཤེས་གྲུབ་མཆོག་རྡོ་རིངས་པའི་གསུང་།	མཛད་བྱང་མི་གསལ།	༡	༦	དཔེ་ཚུགས།	
	༨༡	ཚྱི	སྒྲུབ་ཐབས་བརྒྱ་རྩ་ར་གསུངས་པའི་མགོན་རྒྱུད་ཀྱི་རྗེས་གནང་གི་ཐོ་རྗེ་བཙུན་རྡོ་རྗེ་འཆང་གིས་མཛད་པ་བཞུགས།	མཛད་བྱང་མི་གསལ།	༣	༦	དཔེ་ཚུགས།	
	༨༢	ཛྱི	དཔལ་ནག་པོ་ཆེན་པོའི་ཚེ་སྒྲུབ་རྗེ་བཙུན་རྡོ་རྗེ་འཆང་ཆེན་པོས་མཛད་པ་བཞུགས།	མཛད་བྱང་མི་གསལ།	༢	༦	དཔེ་ཚུགས།	
	༨༣	ཝྱི	བསྲུང་འཁོར་རྡོ་རྗེ་ཐུག་རྫོང་མའི་ཁྱད་པར་གྱི་འོད་ཁའི་ཞལ་ཤེས་རྗེ་བཙུན་རྡོ་རྗེ་འཆང་གིས་མཛད་པ་བཞུགས།	མཛད་བྱང་མི་གསལ།	༣	༦	དཔེ་ཚུགས།	
	༨༤	ཞྱི	དཔལ་རྡོ་རྗེ་ནག་པོ་ཆེན་པོའི་སློ་ནས་དབང་གི་དངོས་གྲུབ་སྒྲུབ་པའི་ཐབས་ཟབ་མོའི་ཉིང་ཁུ་བླ་མ་རྡོ་རྗེ་འཆང་གིས་མཛད་པ་བཞུགས།	མཛད་བྱང་མི་གསལ།	༣	༦	དཔེ་ཚུགས།	
	༨༥	ཟྱི	དཔལ་ནག་པོ་ཆེན་པོའི་དབང་གིས་སྦྱིན་སྲེག་གི་ཆོ་ག་རྗེ་བཙུན་རྡོ་རྗེ་འཆང་གིས་མཛད་པ་བཞུགས།	མཛད་བྱང་མི་གསལ།	༦	༦	དཔེ་ཚུགས།	
	༨༦	འྱི	དཔལ་ནག་པོ་ཆེན་པོའི་དབང་གི་སྦྱིན་སྲེག་གི་ཞལ་ཤེས་རྗེ་བཙུན་རྡོ་རྗེ་འཆང་གིས་མཛད་པ་བཞུགས།	མཛད་བྱང་མི་གསལ།	༢	༦	དཔེ་ཚུགས།	

	༨༧	ཡི	དཔལ་ནག་པོ་ཆེན་པོའི་འཁོར་བཅུག་སྲུང་བ་བསྐྱེན་པའི་དམིགས་པ་ཤུ་ས་ནའི་རིམས་བསྲུང་རྣམས་བཞུགས་སོ། །	མཛད་བྱང་མི་གསལ།	༣	༦	དཔེ་རྩུགས།	
	༨༨	རི	ནག་པོ་ཆེན་པོའི་ལས་བཞིའི་བསྐུལ་ཛྫ་བཙུན་རྡོ་རྗེ་འཆང་གིས་མཛད་པ་བཞུགས་སོ། །	མཛད་བྱང་མི་གསལ།	༢	༥	དཔེ་རྩུགས།	
	༨༩		དཔལ་མ་ཧཱ་ཀཱ་ལའི་སྒྲུབ་ཐབས་གསང་སྒྲུབ་ཐུན་མོང་མ་ཡིན་པའི་འཁྲིད་ཀྱི་མན་ངག་བཞུགས་སོ། །	མཛད་བྱང་མི་གསལ།	༡༠	༦	དཔེ་རྩུགས།	
	༩༠		ཟབ་པའི་ཡང་ཏིག་གི་མན་ངག་ལས་རྒྱ་གསུམ་ལ་བརྟེན་པའི་མན་ངག་མདོར་བསྡུས་པ་གོང་མས་མཛད་པ་དེ་ཉིད་ཐུང་ཟད་རྒྱས་སུ་བཏང་བ་དམ་པས་མཛད་པ། གསང་རྟེན་ལུས་ཐ་རྣམས་བཞུགས་སོ། །	དམ་པ་ཀུན་དགའ་གྲགས།	༥	༦	དཔེ་རྩུགས།	
	༩༡		དཔལ་ས་སྐྱ་པའི་བཀའ་བསྲུང་གི་བསྐོང་ཆོགས་དངོས་གྲུབ་རྒྱ་མཚོ་བཞུགས།	ཚར་ཆེན་བློ་གསལ་རྒྱ་མཚོ།	༢༡	༦	དཔེ་རྩུགས།	
01864	༄ དཔལ་ནག་པོ་ཆེན་པོ་གུར་གྱི་མགོན་པོའི་ཆོས་སྐོར། ༼པོད་བཞི་པ༽							
	༡	༼ང༽	དཔལ་རྡོ་རྗེ་ནག་པོ་ཆེན་པོ་གུར་གྱི་མགོན་པོའི་ཆོས་སྐོར་ལས། པོད་བཞི་པའི་དཀར་ཆག་བཞུགས་སོ། །	མཛད་བྱང་མི་གསལ།	༦	༦	དཔེ་རྩུགས།	
	༢	༼ལི༽	དཔལ་རྡོ་རྗེ་ནག་པོ་ཆེན་པོ་གུར་གྱི་མགོན་པོའི་མན་ངག་གི་རྣམ་པར་བཤད་པ་ཟབ་དོན་སྣང་བརྒྱུད་ཀྱི་རོལ་མཚོ་ལེགས་བཤད་ཀྱི་ཐ་རླབས་རྣམ་པར་གཡོ་བ་བཞུགས་སོ།།	མཛད་བྱང་མི་གསལ།	༩༢	༦	དཔེ་རྩུགས།	
	༣	༼ཤི༽	གུར་མགོན་ཁྲོ་བཅུའི་རྗེས་གནང་གི་སྐབས་སུ་ཉེ་བར་མཁོ་བ་སྐུ་གསུང་ཐུགས་མི་འགྱུར་བའི་མན་ངག་བཞུགས་སོ། །	མཛད་བྱང་མི་གསལ།	༢	༦	དཔེ་རྩུགས།	
	༤	༼སི༽	བྲན་བདུད་གཤིན་རྗེ་ནག་པོའི་རྗེས་གནང་བཀའ་གཏད་ཀྱི་ཡི་གེ་ནག་པོ་འགྲོ་ཤེས་བཞུགས་སོ། །	ཚར་ཆེན་བློ་གསལ་རྒྱ་མཚོ།	༧	༦	དཔེ་རྩུགས།	

	༥	༼ཧཱུ༽	མགོན་པོ་ལྷ་བརྒྱད་ཀྱི་བསྲུང་འཁོར་བྲི་བའི་ཞལ་གདམས་བཞུགས།	མཛད་བྱང་མི་གསལ།	༦	༦	དཔེ་རྩུགས།	
	༦	༼ཨཱུ༽	བསྲུང་འཁོར་གྱི་ཞལ་ཤེས་ཐུན་མོང་མ་ཡིན་པའི་ཟིན་བྲིས་རྡོ་རྗེའི་གོ་ཁྲབ་ཁྱད་པར་གྱི་མན་ངག་ལྡེ་ཁ་བཏགས་པ་བཞུགས་སོ། །	མཛད་བྱང་མི་གསལ།	༥	༦	དཔེ་རྩུགས།	
	༧	༼ཀུ༽	སྙིང་ཁ་ཆོས་ཀྱི་འཁོར་ལོའི་ལས་སྦྱོར་ཐུན་མོང་མ་ཡིན་པ་རྗེ་བླ་མས་མཛད་པ་བཞུགས་སོ། །	མཛད་བྱང་མི་གསལ།	༩	༦	དཔེ་རྩུགས།	
	༨	༼ཁུ༽	དཔལ་རྡོ་རྗེ་ནག་པོ་ཆེན་པོ་གུར་གྱི་མགོན་པོའི་གཏོར་མ་གསུམ་གྱི་རྣམ་བཤད་ཀྱི་ཞལ་ཤེས་ཐུན་མོང་མ་ཡིན་པ་སྙིང་ནང་གི་ཁྲག་ལྷ་བུའི་མན་ངག་མཐུ་སྟོབས་དབང་ཕྱུག་ཚར་ཆེན་རྡོ་རྗེ་འཆང་གིས་མཛད་པ་འདི་མཇུག་མཛད་འཁྲོར་ལུས་པ།	ཚར་ཆེན་བློ་གསལ་རྒྱ་མཚོ།	༢༠	༦	དཔེ་རྩུགས།	
	༩	༼གུ༽	རྡོ་རྗེ་འཆང་ཚར་པ་ཆོས་རྗེས་མཛད་པའི་བཀའ་བསྒོ་དམ་བསྒྲགས་ཀྱི་ཡི་གེ །	ཚར་ཆེན་བློ་གསལ་རྒྱ་མཚོ།	༢	༥	དཔེ་རྩུགས།	
	༡༠	༼ངུ༽	དམ་ཚིག་བསྐང་གསོ་ཀུར་ཞལ་སྒྲོལ་མའི་གཏོར་བཟློག་བྱེད་ཚུལ་ཕྱག་ལེན་བཞུགས་སོ། །	མཛད་བྱང་མི་གསལ།	༣	༦	དཔེ་རྩུགས།	
	༡༡	༼ཅུ༽	རབ་གནས་ཞག་བདུན་མ་བཞུགས།	མཛད་བྱང་མི་གསལ།	༧	༦	དཔེ་རྩུགས།	
	༡༢	༼ཆུ༽	དཔལ་རྡོ་རྗེ་ནག་པོ་ཆེན་པོ་གུར་གྱི་མགོན་པོའི་བསྲུང་བའི་འཁོར་ལོ་རྡོ་རྗེ་ཐབ་རྫོང་མའི་འཕྲིད་ཡིག་སྔན་བརྒྱུད་ཐུན་མོང་མ་ཡིན་པ་བཞུགས་སོ། །	མཛད་བྱང་མི་གསལ།	༣༨	༦	དཔེ་རྩུགས།	
	༡༣	༼ཇུ༽	རྡོ་རྗེ་ནག་པོ་ཆེན་པོའི་འཕྲིད་ཡིག་ཡིད་བཞིན་ནོར་བུ་བཞུགས་སོ། །	མཛད་བྱང་མི་གསལ།	༩༣	༦	དཔེ་རྩུགས།	
	༡༤	༼ཉུ༽	རྗེ་བཙུན་རྡོ་རྗེ་འཆང་མཁྱེན་བརྩེའི་དབང་ཕྱུག་གི་ཟིན་བྲིས་གནང་བའོ། །ལྷ་བརྒྱད་ཀྱི་རྗེས་གནང་ཐུན་མོང་མ་ཡིན་པ།	མཁྱེན་བརྩེ་དབང་ཕྱུག །	༣	༦	དཔེ་རྩུགས།	
	༡༥	༼ཏུ༽	དཔལ་རྡོ་རྗེ་ནག་པོ་ཆེན་པོ་ལྷ་མགོན་བཅུ་གཉིས་པའི་ཐུན་མོང་མ་ཡིན་པའི་རྗེས་གནང་གི་ཡི་གེ་བཀའ་རྒྱ་མ་བཞུགས་སོ། །	མཛད་བྱང་མི་གསལ།	༣	༦	དཔེ་རྩུགས།	
	༡༦	༼ཐུ༽	ཁྲན་བདུད་རྗེས་གནང་ཐུན་མོང་བའི་ཕྱག་ལེན་འཇམ་དབྱངས་མཁྱེན་བརྩེའི་དབང་ཕྱུག་གི་ཟིན་བྲིས་བཞུགས་སོ། །	མཛད་བྱང་མི་གསལ།	༢	༦	དཔེ་རྩུགས།	

	༡༧	༼དུ༽	གུར་གྱི་བསྙེན་པའི་མན་ངག་བཞུགས་སོ། །	མདོ་བྱང་མི་གསལ།	༣	༦	དཔེ་ཚུགས།	
	༡༨	༼ནུ༽	ལྷ་བརྒྱད་མཁའ་འགྲོ་སྤྲུགས་སྒྲུབ་ཀྱི་མཆོད་པའི་ཆོ་ག་དམ་ཙན་འདུ་བའི་མཆོད་སྤྲིན་ཞེས་བྱ་བ་བཞུགས་སོ། །	མདོ་བྱང་མི་གསལ།	༡༠	༦	དཔེ་ཚུགས།	
	༡༩	༼པུ༽	ཟངས་གྲི་སྐོར་གསུམ་གྱི་གཏོར་འབུལ་འཇམ་དབྱངས་མཁྱེན་བརྩེས་མཛད་པ་བཞུགས་སོ། །	མཁྱེན་བརྩེ་དབང་ཕྱུག །	༩	༦	དཔེ་ཚུགས།	
	༢༠	༼ཕུ༽	མདྣ་ཀཱ་ལའི་ཆོས་སྐོར་ཐོབ་པའི་བརྗེད་བྱང་བསམ་འཕེལ་ནོར་བུའི་འཕྲེང་བ་བཞུགས།	མཁྱེན་བརྩེ་དབང་ཕྱུག །	༦	༦	དཔེ་ཚུགས།	
	༢༡	༼བུ༽	ཡར་ཀླུངས་པའི་གུར་མགོན་ནང་འཁྲིད་ཀྱི་ཞལ་ཤེས་ སྔགས་འཆང་བསོད་ནམས་ཆོས་འཕེལ་གྱི་གསུང་རྒྱུན་བཞུགས་སོ། །	མདོ་བྱང་མི་གསལ།	༦	༦	དཔེ་ཚུགས།	
	༢༢	༼མུ༽	ཤྲཱི་བཛྲ་མ་ཧཱ་ཀཱ་ལ་དེ་ཝ་ཨཥྚ་ཨི་ར་ལི་ཁི་ཤྭ་ར་པྲ་ཏིཥྛ་ཡནྨ་ཝི་ཛ་ཧ་ར།	མདོ་བྱང་མི་གསལ།	༨	༦	དཔེ་ཚུགས།	
	༢༣	༼ཙུ༽	དྲི་ཆུ་ལ་བརྟེན་པའི་རིམས་བསྲུངས་བཞུགས།		༢	༦	དཔེ་ཚུགས།	
	༢༤	༼ཚུ༽	མགོན་པོ་ཁྲོ་བཅུའི་བླ་མ་བརྒྱུད་པ་ལ་གསོལ་བ་འདེབས་པ་བདུད་ལས་རྣམ་རྒྱལ་མ་བཞུགས་སོ། །	རྡོ་རྗེ་འཆང་དབང་ཕྱུག་རབ་བརྟན།	༣	༦	དཔེ་ཚུགས།	
	༢༥	༼ཛུ༽	ཐུན་མོང་མ་ཡིན་པའི་བསྲུང་འཁོར་རྡོ་རྗེ་བྲག་རྫོང་མའི་ས་བཅད་དང་བསྡུས་དོན་གྱི་ཡི་གེ །ཁའུ་བྲག་རྫོང་མའི་བཞེད་པ་མ་ནོར་བ་ཕ་བླ་མ་བརྒྱུད་གསུམ་རྒྱལ་མཚན་གྱི་ཕྱུགས་བཅུད་འ་ཞའི་སྔགས་འཆང་གི་ཉམས་ལེན་ནོ། །	རྡོ་རྗེ་འཆང་དབང་ཕྱུག་རབ་བརྟན།	༥	༦	དཔེ་ཚུགས།	
	༢༦	༼ཝུ༽	དཔལ་རྡོ་རྗེ་ནག་པོ་ཆེན་པོ་གུར་གྱི་མགོན་པོ་ཁྲོ་བཅུའི་གཏོར་བཟློག་གི་ཆོ་ག་བདུད་ལས་རྣམ་པར་རྒྱལ་བའི་མཚོན་ཆ་ཆེན་པོ་ཞེས་བྱ་བ་བཞུགས་སོ། །	རྡོ་རྗེ་འཆང་དབང་ཕྱུག་རབ་བརྟན།	༢༣	༦	དཔེ་ཚུགས།	
	༢༧	༼ཞུ༽	ལྷ་བརྒྱད་ཀྱི་རྗེས་གནང་ཐུན་མོང་མ་ཡིན་པ་ཚིག་སྣ་རྒྱས་སུ་བཏང་བ་བཞུགས།	ངག་དབང་ཆོས་གྲགས།	༩	༦	དཔེ་ཚུགས།	
	༢༨	༼ཟུ༽	ལས་མགོན་ཟངས་གྲི་སྐོར་གསུམ་གྱི་རྗེས་གནང་གི་ཕྱག་ལེན་ཟིན་བྲིས་སུ་བཀོད་པ་བཞུགས་སོ། །	ངག་དབང་ཆོས་གྲགས།	༣	༦	དཔེ་ཚུགས།	

	༢༩	འུ	ཕྱི་བསྒྲུང་བའི་འཁོར་ལོ་ལ་བརྟེན་ནས་སྒྲུབ་པ་ཕྱིའི་ཐུག་རྫོང་མའི་འཕྲིད་ཀྱི་ཡི་གེ་འདོད་རྒྱུའི་དཔལ་སྟེར་ཞེས་བྱ་བ་བཞུགས་སོ། །	དག་དབང་ཆོས་ཀྱི་གྲགས་པ།	༣༨	༦	དཔེ་རྐྱུགས།	
	༣༠	ཡུ	རྡོ་རྗེ་ཐུག་རྫོང་གི་ནང་འཕྲིད་ཟབ་མོ་བཞུགས་སོ། །	དགེ་སློང་ཀུན་དགའ་དོན་གྲུབ།	༤	༦	དཔེ་རྐྱུགས།	
	༣༡	རུ	ནག་པོ་ཆེན་པོའི་གསང་འཕྲིད་ཀྱི་ཡི་གེ་བླ་མའི་གསུང་བསྒྲོས་ཡིད་བཞིན་ནོར་བུ་བཞུགས།	དགེ་སློང་ཀུན་དགའ་དོན་གྲུབ།	༢༤	༦	དཔེ་རྐྱུགས།	
	༣༢	ལུ	བསྲུང་འཁོར་རྡོ་རྗེ་ཐུག་རྫོང་མའི་མན་ངག་ཡང་གསང་བླ་མེད་བཞུགས་སོ། །	དགེ་སློང་ཀུན་དགའ་དོན་གྲུབ།	༦	༦	དཔེ་རྐྱུགས།	
	༣༣	ཤུ	དཔལ་ལྡན་ས་སྐྱ་པའི་བསྟན་བསྲུང་དབང་པོའི་ཚོགས་རྣམས་ཀྱི་བསྟོད་པ་བཞུགས་སོ། །	མཛད་བྱང་མི་གསལ།	༡༨	༦	དཔེ་རྐྱུགས།	
	༣༤	སུ	ཁྲོ་བོ་བཅུའི་ཕྲིན་ལས་ལ་བསྐུལ་བ་འཕགས་པ་རིན་པོ་ཆེས་མཛད་པ་བཞུགས་སོ།།	མཛད་བྱང་མི་གསལ།	༥	༦	དཔེ་རྐྱུགས།	
	༣༥	ཧུ	ཁྲོ་བཅུའི་བསྟོད་བསྐུལ་མཁན་ཆེན་གནས་དྲུག་པའི་རྒྱུད་ལས་ཕྱུང་བ་བཞུགས་སོ། །	དཔལ་ལྡན་གནས་དྲུག་པ།	༦	༦	དཔེ་རྐྱུགས།	
	༣༦	ཨུ	རིགས་པ་སྤྱི་གནད་ལས། སྤྱི་དོན་བཅོ་ལྔ་པ་དང་། ཁྱད་པར་གནད་བརྒྱད་ཀྱི་གདམས་པ་ཟབ་མོ་སློབ་དཔོན་པདྨས་མཛད་པ་བཞུགས་སོ། །	སློབ་དཔོན་པདྨ་འབྱུང་གནས།	༡༤	༦	དཔེ་རྐྱུགས།	
	༣༧	ཀྲྀ	རིགས་པ་སྤྱི་གནད་ལས། ཞུས་ལན་གསེར་གྱི་ཕྲེང་མ། རྨི་ལམ་བརྟག་པ་ཞལ་གྱི་སྒྲོན་མེ་སློབ་དཔོན་པདྨས་མཛད་པ་བཞུགས་སོ། །	སློབ་དཔོན་པདྨ་འབྱུང་གནས།	༨	༦	དཔེ་རྐྱུགས།	
	༣༨	ཁྲྀ	བ་ལིང་གི་བྲ་བརྟག་པ་སློབ་དཔོན་པདྨས་མཛད་པ་བཞུགས་སོ། །	སློབ་དཔོན་པདྨ་འབྱུང་གནས།	༧	༦	དཔེ་རྐྱུགས།	
	༣༩	གྲྀ	རྒྱ་གསུམ་འགྲོ་བའི་མན་ངག་བཞུགས།	སློབ་དཔོན་པདྨ་འབྱུང་གནས།	༢	༤	དཔེ་རྐྱུགས།	
	༤༠	ངྲྀ	རྡོ་རྗེ་ནག་པོ་ཆེན་པོའི་སྐྱེས་རྒྱུད་བཞུགས་སོ། །	མཛད་བྱང་མི་གསལ།	༤	༦	དཔེ་རྐྱུགས།	
	༤༡	ཅྲྀ	དཔལ་ནག་པོ་ཆེན་པོའི་ལོ་རྒྱུས་ཀྱི་ཡི་གེ་བཞུགས་སོ། །	མཛད་བྱང་མི་གསལ།	༥	༦	དཔེ་རྐྱུགས།	
	༤༢	ཆྲྀ	དཔལ་རྡོ་རྗེ་ནག་པོ་ཆེན་པོའི་དབང་བསྐུར་བའི་ཆོ་ག་བྲམ་ཟེ་མཆོག་སྲེད་ཀྱིས་མཛད་པ་བཞུགས།	བྲམ་ཟེ་མཆོག་སྲེད།	༦	༦	དཔེ་རྐྱུགས།	

	༤༣	ཇེ	དབང་གི་བསྡུས་དོན་བཞུགས་སོ། །	རྣམ་གཟི་བརྗིད་རྒྱལ་པོ།	༣	༦	དགེ་ལུགས།	
	༤༤	ཉེ	ལས་མགོན་བྲན་བདུད་ཀྱི་རྗེས་གནང་གི་ཡི་གེ་རྙིང་པ་བཞུགས་སོ། །		༡	༦	དགེ་ལུགས།	
	༤༥	ཏེ	དུར་ཁྲོད་ནག་པོའི་རྒྱུད་ཅེས་བྱ་བ་བཞུགས་སོ། །	ཤཱཀྱ་ཐུབ་པ།	༡༧	༦	དགེ་ལུགས།	
	༤༦	ཐེ	བཞི་སྡོམ་བཅུ་པ་བཞུགས་སོ། །	མཛད་བྱང་མི་གསལ།	༡	༦	དགེ་ལུགས།	
	༤༧	དེ	དུར་ཁྲོད་ནག་པོའི་རྒྱུད་ཀྱི་འབྱུང་ཁུངས་བསྡུས་དོན་དང་བཅས་པ་བཞུགས་སོ། །	མཛད་བྱང་མི་གསལ།	༣	༦	དགེ་ལུགས།	
	༤༨	ནེ	དུར་ཁྲོད་ནག་པོའི་བསྡུས་དོན་བཞུགས་སོ། །	རྣམ་གཟི་བརྗིད་ནག་པོ།	༤	༦	དགེ་ལུགས།	
	༤༩	པེ	དུར་ཁྲོད་ནག་པོའི་རྒྱུད་ཀྱི་རྣམ་པར་བཤད་པ་རྡོ་རྗེའི་ཚིག་དོན་གསལ་བྱེད་ཅེ་བྱ་བ་བཞུགས་སོ། །	རྣམ་གཟི་བརྗིད།	༡༧	༦	དགེ་ལུགས།	
	༥༠	ཕེ	ནག་པོ་ཆེན་པོའི་སྒྲུབ་ཐབས་བསྡུས་པའི་རྒྱ་གཞུང་བཞུགས་སོ། །	བྲམ་ཟེ་མཆོག་སྲིད།	༤	༦	དགེ་ལུགས།	
	༥༡	བེ	དཔལ་ནག་པོ་ཆེན་པོའི་ཕྱུར་བུའི་སྒྲུབ་ཐབས་སྒྲོག་ཕྱུར་དང་བཅས་པ་བཞུགས་སོ། །	བྲམ་ཟེ་མཆོག་སྲིད།	༤	༦	དགེ་ལུགས།	
	༥༢	མེ	དཔལ་ནག་པོ་ཆེན་པོའི་འཕྲིན་ལས་གསང་བའི་སྒྲུབ་ཐབས་བྲམ་ཟེ་མཆོག་སྲིད་ཀྱིས་མཛད་པ་བཞུགས་སོ། །	བྲམ་ཟེ་མཆོག་སྲིད།	༦	༦	དགེ་ལུགས།	
	༥༣	ཙེ	མགོན་པོ་ལྷ་བཅུ་བདུན་གྱི་སྒྲུབ་ཐབས་བྲམ་ཟེ་མཆོག་སྲིད་ཀྱིས་མཛད་པ་བཞུགས་སོ། །	བྲམ་ཟེ་མཆོག་སྲིད།	༦	༦	དགེ་ལུགས།	
	༥༤	ཚེ	དཔལ་ནག་པོ་ཆེན་པོའི་སྒྲུབ་ཐབས་བླ་མའི་ཞལ་སྔ་ནས་ཀྱིས་གདམས་པ་བཞུགས་སོ། །	མཛད་བྱང་མི་གསལ།	༦	༦	དགེ་ལུགས།	
	༥༥	ཛེ	དཔལ་ནག་པོ་ཆེན་པོའི་བསྙེན་སྒྲུབ་ལས་གསུམ་གྱི་ཡི་གེ་མི་བསླུ་བའི་གསང་ཚིག་གྲུ་སྟོན་གྱིས་མཛད་པ་བཞུགས་སོ། །	གྲུ་སྟོན།	༡༠	༦	དགེ་ལུགས།	

	༥༦	༼ཝུ༽	དཔལ་ནག་པོ་ཆེན་པོའི་སྒྲུབ་ཐབས་ལག་ཏུ་བླང་བའི་རིམ་པ་ཡིད་བཞིན་ནོར་བུ་རིན་པོ་ཆེ་བཞུགས་སོ། །		༢༨	༦	དཔེ་རྩུགས།	
	༥༧	༼ཞུ༽	ནག་པོ་ཆེན་པོ་གཤིན་རྗེ་ལྟར་སྒྲུབ་པའི་ཡི་གེ་དམ་པ་ཀུན་དགའ་གྲགས་ཀྱིས་མཛད་པ་བཞུགས་སོ། །	དམ་པ་ཀུན་དགའ་གྲགས།	༡༣	༦	དཔེ་རྩུགས།	
	༥༨	༼ཟུ༽	དཔལ་ནག་པོ་ཆེན་པོ་ལྷ་བཅུ་བདུན་མའི་མངོན་པར་རྟོགས་པ་བཞུགས་སོ། །	མཛད་བྱང་མི་གསལ།	༥	༦	དཔེ་རྩུགས།	
	༥༩	༼འུ༽	ནག་པོ་ཆེན་པོའི་ལས་བྱང་བཞུགས་སོ། །	མཛད་བྱང་མི་གསལ།	༥	༦	དཔེ་རྩུགས།	
	༦༠	༼ཡུ༽	དཔལ་ནག་པོ་ཆེན་པོའི་མཆོད་འཕྲེང་བཞུགས་སོ། །	མཛད་བྱང་མི་གསལ།	༣	༦	དཔེ་རྩུགས།	
	༦༡	རུ	དཔལ་ནག་པོ་ཆེན་པོའི་གཏོར་མའི་ཆོ་ག་བྲམ་ཟེ་མཆོག་སྲེད་ཀྱིས་མཛད་པ་བཞུགས་སོ། །	བྲམ་ཟེ་མཆོག་སྲེད།	༢	༦	དཔེ་རྩུགས།	
	༦༢	ལུ	ནག་པོ་ཆེན་པོའི་སྦྱིན་བསྲེག་གི་རྒྱ་གཞུང་བཞུགས་སོ། །	བྲམ་ཟེ་མཆོག་སྲེད།	༢	༦	དཔེ་རྩུགས།	
	༦༣	ཤུ	དཔལ་ནག་པོ་ཆེན་པོའི་སྦྱིན་བསྲེག་གི་ཆོ་ག་ལག་ཏུ་བླང་བའི་རིམ་པ་བཞུགས་སོ། །		༩	༦	དཔེ་རྩུགས།	
	༦༤	སུ	དཔལ་ནག་པོ་ཆེན་པོའི་བསྟོད་པ་བྲམ་ཟེ་མཆོག་སྲེད་ཀྱིས་མཛད་པ་བཞུགས་སོ།།	བྲམ་ཟེ་མཆོག་སྲེད།	༣	༦	དཔེ་རྩུགས།	
	༦༥	ཧུ	ནག་པོ་ཆེན་པོའི་བཀྲ་ཤིས་ཀྱི་ཆོ་ག་བྲམ་ཟེ་མཆོག་སྲེད་ཀྱིས་མཛད་པ་བཞུགས་སོ། །	བྲམ་ཟེ་མཆོག་སྲེད།	༣	༦	དཔེ་རྩུགས།	
	༦༦	ཨུ	མགོན་པོ་གཅེར་བུ་ཟངས་གྲི་ཅན་གྱི་སྒྲུབ་ཐབས་ཀྱི་རྒྱ་གཞུང་བཞུགས་སོ། །		༣	༦	དཔེ་རྩུགས།	
	༦༧	ཀོུ	ལས་མགོན་བྲན་བདུད་ནག་པོའི་སྒྲུབ་ཐབས་བྲམ་ཟེ་མཆོག་སྲེད་ཀྱིས་མཛད་པ་བཞུགས་སོ། །	བྲམ་ཟེ་མཆོག་སྲེད།	༢	༦	དཔེ་རྩུགས།	
	༦༨	ཁོུ	ཆོས་སྐྱོང་གི་རྣ་མཆོད་བཅའ་ཐབས་དང་། བྲན་བདུད་ཀྱི་ལས་ཚོགས་བཞུགས་སོ། །	མཛད་བྱང་མི་གསལ།	༢	༦	དཔེ་རྩུགས།	

	༦༩	གཱོ	དཔལ་ནག་པོ་ཆེན་པོའི་སེར་བ་དབབ་པའི་མན་ངག་ཞལ་གདམས་དང་བཅས་པ་བཞུགས་སོ། །	མཛད་བྱང་མི་གསལ།	༥	༦	དཔེ་ཚུགས།	
	༧༠	ངཱོ	དཔལ་ནག་པོ་ཆེན་པོའི་རྡོ་རྗེའི་ཚིག་གི་སྙས་པའི་མན་ངག་བརྒྱུད་པ་བཞུགས་སོ། །	མཛད་བྱང་མི་གསལ།	༤	༦	དཔེ་ཚུགས།	
	༧༡	ཅཱོ	དཔལ་ནག་པོ་ཆེན་པོ་ལྷང་ལུགས་ཀྱི་རྒྱུད་སྡེ་མན་ངག་གི་རིམ་པའི་སྨོན་ལམ་དང་བཅས་པ་བཞུགས་སོ། །	མཁྱེན་བརྩེ་དབང་ཕྱུག །	༣	༦	དཔེ་ཚུགས།	
	༧༢	ཆཱོ	མགོན་པོ་ལྷ་བཅུ་བདུན་མའི་དབང་གི་ཐོ་ཡིག་ཡར་ཀླུངས་པའི་ཟིན་བྲིས་བཞུགས་སོ། །	མཛད་བྱང་མི་གསལ།	༤	༦	དཔེ་ཚུགས།	
	༧༣	ཇཱོ	དཔལ་ནག་པོ་ཆེན་པོའི་དབང་གི་ལག་ལེན་བླ་མའི་ཕྱག་བཞེད་བཞུགས་སོ། །	མཛད་བྱང་མི་གསལ།	༣	༦	དཔེ་ཚུགས།	ཞབས་ཤོག་ལ་རལ་སྐྱོན་ཡོད།
	༄ དཔལ་ལྡན་མགོན་པོ་ཞལ་བཞི་པའི་ཆོས་སྐོར། ༼པོད་དང་པོ།༽							
	༡		དཔལ་མགོན་གདོང་བཞི་པའི་བེའུ་བུམ་པོད་དང་པོའི་དཀར་ཆག་མུ་ཏིག་ཕྲེང་བ་བཞུགས་སོ། །	མཛད་བྱང་མི་གསལ།	༦	༧	དཔེ་ཚུགས།	
	༢		དཔལ་མགོན་གདོང་བཞི་པའི་ཆོས་སྐོར་གྱི་དཀར་ཆག་གསུང་རྒྱུན་པནྡིའི་སྲད་བུར་བརྒྱུས་པའི་ཟབ་དོན་ནོར་བུའི་དོ་ཤལ་ཞེས་བྱ་བ་བཞུགས་སོ། །	མཛད་བྱང་མི་གསལ།	༥༥	༧	དཔེ་ཚུགས།	
	༣		དཔལ་མགོན་གདོང་བཞི་པའི་ཆོས་སྐོར་ཡོངས་རྫོགས་བཞུགས་པའི་ཐོག་མར་གདོང་གཞན་ཅན་གྱི་སྒྲུབ་ཐབས་ཀླུ་སྒྲུབ་ཀྱིས་མཛད་པ་བཞུགས་སོ། །	སློབ་དཔོན་ཀླུ་སྒྲུབ།	༤	༧	དཔེ་ཚུགས།	
	༤		དཔལ་མགོན་གདོང་གཞན་ཅན་གྱི་རྒྱ་གཞུང་གི་འགྲེལ་པ་དྲི་མེད་དོན་གསལ་ཞེས་བྱ་བ་བཞུགས་སོ། །	འཇམ་དབྱངས་རྒྱལ་མཚན།	༡༠	༧	དཔེ་ཚུགས།	
	༥		དཔལ་མགོན་གདོང་གཞན་ཅན་གྱི་མངོན་རྟོགས་བཞུགས་སོ། །	མཛད་བྱང་མི་གསལ།	༧	༧	དཔེ་ཚུགས།	
	༦		དཔལ་མགོན་གདོང་གཞན་ཅན་གྱི་ལས་སྦྱོར་གྱི་ཤམ་བུ་བཞུགས་སོ། །	མཛད་བྱང་མི་གསལ།	༩	༧	དཔེ་ཚུགས།	

	༧		དཔལ་མགོན་གདོང་བཞི་པའི་རྗེས་གནང་གི་སྐོར་ལས་གཞན་ལོས་མཛད་པའི་རྗེས་གནང་གི་ཡི་གེ་བཞུགས་སོ། །	མཛད་བྱང་མི་གསལ།	༩	༧	དཔེ་ཚུགས།	
	༨		དཔལ་མགོན་གདོང་བཞི་པའི་སྒྲུབ་ཐབས་ཀྱི་རྩ་བ་རི་ སུལ་གྱི་རྣལ་འབྱོར་མས་མཛད་པའི་སྒྲུབ་ཐབས་མཆན་བཤད་དུ་གྲགས་པ་ཡོད།	བླ་མ་དམ་པ་བསོད་ནམས་རྒྱལ་མཚན་པའི་ཞལ་གྱིས་བདུད་རྩི་མྱང་བ་བསོད་ནམས་གྲགས་པས་སྦྱར།	༡༩	༧	དཔེ་ཚུགས།	
	༩		དཔལ་མགོན་གྱི་ཡི་གེ་གཅེས་པ་འདྲ་བཞུགས་གདོང་བཞི་པའི་བསྙེན་པའི་གོ་རིམ་གྱི་ཡི་གེ་ཡར་ལུངས་པ་སེང་གེ་རྒྱལ་མཚན་གྱིས་མཛད་པ་བཞུགས་སོ། །	ཡར་ལུངས་པ་སེང་གེ་རྒྱལ་མཚན།	༣༤	༧	དཔེ་ཚུགས།	
	༡༠		དཔལ་མགོན་གདོང་བཞི་པའི་གི་སྐོར་ལས་གདོང་བཞི་པ་མཆོད་པའི་ཆོ་ག་གཞན་ལོ་དར་མ་སེང་གེར་གནང་པ་བཞུགས་སོ། །	ཚར་ཆེན་བློ་གསལ་རྒྱ་མཚོ།	༥༩	༧	དཔེ་ཚུགས།	
	༡༡		དེ་བཞིན་དཔལ་མགོན་གདོང་བཞི་པའི་བསྙེན་སྒྲུབ་ལས་གསུམ་གྱི་སྤྱིའི་ལྷན་ཐབས་ལས་ཞལ་གདམས་དོན་ལྡ་མ་གཞན་གྱིས་མཛད་པ་བཞུགས་སོ། །	མཛད་བྱང་མི་གསལ།	༨	༧	དཔེ་ཚུགས།	
	༡༢		ནང་རྟེན་བླ་རྡོ་བཅའ་བའི་ཡི་གེ་རྒྱས་པ་བཞུགས་སོ། །	མཛད་བྱང་མི་གསལ།	༤	༦	དཔེ་ཚུགས།	
	༡༣		དངོས་གཞི་བསྙེན་པའི་སྐབས་སུ་ཉེ་བར་མཁོ་བའི་ལྷན་ཐབས་ལས་སྔགས་བྱང་མི་འདྲ་བ་གསུམ་བཞུགས་སོ། །	དགེ་བཤེས་གཞན་ལོ་ཙྪ་བ།	༡༢	༧	དཔེ་ཚུགས།	
	༡༤		དཔལ་ལྡན་མགོན་པོ་གདོང་བཞི་པའི་གསང་འགྲིད་དངོས་གྲུབ་ཀྱི་སྙེ་མ་ཞེས་བྱ་བ་བཞུགས་སོ། །		༤༤	༧	དཔེ་ཚུགས།	
	༡༥		ཟངས་ཁབ་དམར་པོའི་བཤད་ལས་ཀྱི་ལག་ལེན་རྣམས་བཞུགས་སོ། །	སྔགས་འཆང་ཀུན་དགའ་རྣམ་རྒྱལ་དཔལ་བཟང་པོ།	༤༦	༧	དཔེ་ཚུགས།	
	༡༦		དཔལ་ཙ་ཀྲ་རཀྵ་ཁའི་རྗེ་གནང་ཐུན་མོང་མ་ཡིན་པའི་ཡི་གེ་བཀའ་རྒྱ་མ་བཞུགས་སོ། །		༣༠	༧	དཔེ་ཚུགས།	

	༡༧		དཔལ་མགོན་སྟོབས་འཕྲོག་ནག་པོ་ཆེན་པོ་གདོང་བཞི་པའི་ལས་སྦྱོར་གྱི་མགོན་པོ་གདོང་བརྒྱན་ཅན་འཁོར་མང་དང་བཅས་པ་ལ་བསྟོད་ཅིང་འཚོལ་བའི་རབ་ཏུ་བྱེད་པ་བདུད་དགྲའི་སྲོག་འཕྲོག་དམ་ཉམས་ཀྱི་ཙིཏྟ་དམར་འབྱིན་ཞེས་བྱ་བ་བཞུགས་སོ། །	ཚར་ཆེན་བློ་གསལ་རྒྱ་མཚོ།	༡༠	༧	དཔེ་རྐྱང་།	
	༡༨		སྟོབས་འཕྲོག་གདོང་བཞི་པ་འཁོར་ལོའི་གསལ་བྱེད་ཡང་གསང་སྙིང་གི་ཁྲག་ཐིག་བཞུགས་སོ། །	བདག་ཆེན་བློ་གྲོས་རྒྱལ་མཚན།	༡༩	༧	དཔེ་རྐྱང་།	
	༡༩		བསྙེན་སྒྲུབ་ལས་གསུམ་ལས་ཕྱི་མའི་ཡང་ཡིག་གུ་རུ་དགེ་ལེགས་འཕེལ།	ཡར་ཀླུངས་པ་སེང་གེ་རྒྱལ་མཚན	༨	༧	དཔེ་རྐྱང་།	
01866	༄ དཔལ་ལྡན་མགོན་པོ་ཞལ་བཞི་པའི་ཆོས་སྐོར། ༼པོད་གཉིས་པ།༽							
	༡		དཔལ་མགོན་གདོང་བཞི་པའི་བེའུ་བུམ་པོད་གཉིས་པའི་དཀར་ཆག་མུ་ཏིག་ཕྲེང་བ་བཞུགས་སོ། །	མཛད་བྱང་མི་གསལ།	༧	༧	དཔེ་རྐྱང་།	
	༢		དཔལ་མགོན་གདོང་བཞི་པའི་སྙིང་ནང་གི་ཁྲག་ལྷ་བུའི་གདམས་པ་ལས་ཐུན་མོང་མ་ཡིན་པའི་ཤོག་དྲིལ་ཉེར་གཅིག་ཡོད་པ་བཞུགས་སོ། །	མཛད་བྱང་མི་གསལ།	༡༢	༧	དཔེ་རྐྱང་།	
	༣	༼ནག༽	སྙིང་ཐིག་ཏ་ལ་ནག་པོའི་བེའུ་བུམ་གྱིས་ཞལ་ཡིག་བཀའ་རྒྱ་ཅན་སོགས་བཞུགས་སོ། །	མཛད་བྱང་མི་གསལ།	༩༡	༧	དཔེ་རྐྱང་།	
	༤	༼ནག༽ ༢	ཙ་ཏྲ་སྨྱུ་ཁའི་སྙིང་ཐིག་ཏ་ལ་ནག་པོའི་བེའུ་བུམ་ལས་བསྒྲུབ་པའི་འཁོར་ལོའི་ཞུ་པ་དེ་ཤ་བཞུགས་སོ། །	མཛད་བྱང་མི་གསལ།	༡༩	༧	དཔེ་རྐྱང་།	
	༥		དཔལ་ལྡན་རྡོ་རྗེ་ནག་པོ་ཆེན་པོ་གུར་གྱི་མགོན་པོའི་གཏོར་མ་གསུམ་གྱི་ཞལ་ཤེས་ཐུན་མོངས་མ་ཡིན་པ་སྙིང་ནང་གི་ཁྲག་ལྷ་བུ་བཞུགས་སོ། །		༡༩	༧	དཔེ་རྐྱང་།	

	༦		རྡོ་རྗེ་ནག་པོ་ཆེན་པོ་གདོང་བཞི་པའི་མན་ངག་གི་དགོས་སེལ་སྙིང་བཅུད་ཟིལ་མངར་ཞེས་བྱ་བ་བཞུགས་སོ། །	པར་ཕྱུངས་པ་སེངྒེ་རྒྱལ་མཚན།	༡༥	༧	དཔེ་ཚུགས།	
	༧		ཞིང་སྐྱོང་གདོང་བཞི་པའི་བརྒྱུད་པའི་གསོལ་འདེབས་ལོ་རྒྱུས་དང་བཅས་པ་བདུད་རྩིའི་འོད་ཅན་ཞེས་བྱ་བ་བཞུགས་སོ། །	ཚར་ཆེན་བློ་གསལ་རྒྱ་མཚོ།	༣	༧	དཔེ་ཚུགས།	
	༨		དཔལ་མགོན་གདོང་བཞི་པའི་བརྒྱུད་པའི་ལོ་རྒྱུས་ཀྱི་ཡི་གེ་ལུགས་གཅིག་བཞུགས་སོ། །	མཛད་བྱང་མི་གསལ།	༢༩	༧	དཔེ་ཚུགས།	
	༩		ཞིང་སེལ་འཇུག་པ་སྤྲུ་གྲིའི་སོ་འདེབས་ཀྱི་ཤོག་དྲིལ་བཞུགས་སོ། །	མཛད་བྱང་མི་གསལ།	༢༩	༧	དཔེ་ཚུགས།	
	༡༠		ཐེམ་ཡིག་གསལ་བྱེད་བདག་ཆེན་རིན་པོ་ཆེ་བློ་གྲོས་རྒྱལ་མཚན་དཔལ་བཟང་པོས་མཛད་པ་བཞུགས་སོ། །	བདག་ཆེན་བློ་གྲོས་རྒྱལ་མཚན།	༢༣	༧	དཔེ་ཚུགས།	
	༡༡		དཔལ་མགོན་པོ་རྡོ་རྗེ་ནག་པོ་ཆེན་པོ་སྟོབས་འཕྲོག་གདོང་བཞི་པ་འཁོར་བཅས་རྗེས་གནང་གི་ཆོ་ག་དངོས་གྲུབ་རྒྱ་མཚོ་ཞེས་བྱ་བ་བཞུགས་སོ། །	མཛད་བྱང་མི་གསལ།	༢༢	༧	དཔེ་ཚུགས།	
	༡༢		ལས་བཞིའི་མགོན་པོའི་རྗེས་གནང་གི་གསལ་བྱེད་རྗེ་བཙུན་རྡོ་རྗེ་འཆང་དབང་ཕྱུག་རབ་བརྟན་གྱི་གསུངས་བཞུགས་སོ། །	མཛད་བྱང་མི་གསལ།	༨༢	༧	དཔེ་ཚུགས།	
	༡༣		དཔལ་རྡོ་རྗེ་ནག་པོ་གདོང་བཞི་པའི་ཚོགས་མཆོད་བཞུགས་སོ། །	མཛད་བྱང་མི་གསལ།	༣	༧	དཔེ་ཚུགས།	
	༡༤		རྡོ་འབིགས་རྣམ་པ་གཉིས་ཀྱི་མངོན་རྟོགས་བཞུགས་སོ། །	ཤཱཀྱའི་དགེ་སློང་བྱམས་པ་ངག་དབང་ཀུན་དགའ་བསོད་ནམས་གྲགས་པ་རྒྱལ་མཚན།	༣༩	༧	དཔེ་ཚུགས།	
	༡༥		ཙ་ཏུརྨུ་ཁའི་མན་ངག་སྙིང་དང་འདྲ་བ་ཁ་ཡར་བཞུགས་སོ། །	མཛད་བྱང་མི་གསལ།	༦	༧	དཔེ་ཚུགས།	

	༡༦		དཔལ་ལྡན་རྡོ་རྗེ་ནག་པོ་ཆེན་པོ་ཞལ་བཞི་པའི་མན་ངག་ཟབ་མོ་རྣམས་ཀྱི་སྔོན་བརྒྱུད་ཕྱག་བཞེས་མ་ཉམས་མ་སྨྲས་པ་གསལ་བར་བསྟན་པའི་ཡང་གསང་ཏ་ལ་ནག་པོའི་བེའུ་བུམ་གྱི་དཀར་ཆག་བླ་མ་དང་ཞིང་སྐྱོང་དགྱེས་པའི་མཆོད་རྫས་ཞེས་བྱ་བ་བཞུགས་སོ། །	མཛད་བྱང་མི་གསལ།	༧	༧	དཔེ་རྩུགས།	
	༡༧		ཙ་ཏུརྨུ་ཁའི་སྙིང་ཐིག་ཏ་ལ་ནག་པོའི་བེའུ་བུམ་ལས་རང་བསྲུང་བྲ་མོ་ཡིད་བཞིན་འཁོར་ལོའི་ཨུ་པ་དེ་ཤ་བཞུགས་སོ། །	མཛད་བྱང་མི་གསལ།	༡༡	༧	དཔེ་རྩུགས།	
	༡༨		དཔལ་གདོང་བཞི་པའི་སྙིང་ཐིག་ཏ་ལ་ནག་པོའི་བེའུ་བུམ་ལས་འཁོར་ལོ་བྲི་བའི་ཨུ་པ་དེ་ཤ་བཞུགས་པའོ། །	མཛད་བྱང་མི་གསལ།	༤	༧	དཔེ་རྩུགས།	
	༡༩		འདི་གོང་ས་ལྔ་པའི་གསན་ཡིག་ལས་འབྱུང་ཞིང་ལུང་མེད།	མཛད་བྱང་མི་གསལ།	༣	༦	དཔེ་རྩུགས།	
	༢༠		ཙ་ཏུརྨུ་ཁའི་དཔོགས་པའི་ཆ་གའི་མཚམས་སྦྱོར་གྱི་ཨུ་པ་དེ་ཤ་བཞུགས་སོ། །	མཛད་བྱང་མི་གསལ།	༤	༦	དཔེ་རྩུགས།	
	༢༡		སྙིང་ཐིག་ཏ་ལ་ནག་པོའི་ལུང་རྒྱུན་གྱི་དཀར་ཆག་ཁྱབ་བདག་བཀའ་འགྱུར་བ་ཆེན་པོས་མཛད་པ་བཞུགས་སོ། །	མགོན་པོ་བསོད་ནམས་མཆོག་ལྡན།	༣	༦	དཔེ་རྩུགས།	
	༢༢	༢༣	ཙ་ཏུརྨུ་ཁའི་སྙིང་ཐིག་ཏ་ལ་ནག་པོའི་བེའུ་བུམ་ལས། རིགས་སྔགས་གོ་ལྡོག་པའི་ཨུ་པ་དེ་ཤ་བཞུགས་སོ། །	མཛད་བྱང་མི་གསལ།	༣	༧	དཔེ་རྩུགས།	
	༢༣	༩ ༢༡ ༢༢ ༢༣ ༢༤ ༢༥ ༢༦ ༢༧	ཙ་ཏུརྨུ་ཁའི་སྙིང་ཐིག་ཏ་ལ་ནག་པོའི་བེའུ་བུམ་སེམས་པ་བསྟན་པའི་གནད་ལྔའི་ཨུ་པ་དེ་ཤ་བཞུགས་སོ། །	མཛད་བྱང་མི་གསལ།	༩	༧	དཔེ་རྩུགས།	
	༢༤		ནག་པོ་ཆེན་པོའི་གསང་ཁྲིད་ཀྱི་སྔོན་འགྲོའི་རྗེས་སུ་གནང་བ་ཐུན་མོང་མ་ཡིན་པ་ཚར་པས་མཛད་པ་བཞུགས་སོ། །	ཚར་ཆེན་བློ་གསལ་རྒྱ་མཚོ།	༣	༧	དཔེ་རྩུགས།	

	༢༥		ཞལ་གྱིས་བྱིན་ལས་བཞི་ཡི་འཁོར་ལོའི་དཔེའུ་ཚང་མ་བཞུགས། ཧ་ཆག་པ་དག་དབང་དཀོན་མཆོག་ཉི་མའི་དཔེའོ། ।		༥༠		དཔེ་རྩུགས།	དཔེ་རིས་མང་པོ་ཡོད།
01867	༄ ལྷུམ་སྲིང་གི་བེའུ་བུམ། (ཁྲིས་ཡོད་གཅིག)							
	༡	༡ ཀ	སྲོག་བདག་དམར་པོ་ཤན་པ་སྒྲོལ་བྱེད་ཀྱི་རྒྱུད་བཞུགས་སོ། ।	ཤཱཀྱ་ཐུབ་པ།	༤	༦	དཔེ་རྩུགས།	
	༢	༡ ཁ	དམར་མོ་ཁྲག་གི་མདའ་འཕེན་པའི་རྒྱུད་བཞུགས་སོ།	ཤཱཀྱ་ཐུབ་པ།	༤	༦	དཔེ་རྩུགས།	
	༣	༥༢ ག	ཤན་པ་དགུ་སྐོར་གྱི་སྒྲུབ་ཐབས་འཁྲིད་བསྡུས་ལས་སྦྱོར་གྱི་རིམ་པ་བཞུགས་སོ། ।	སློབ་དཔོན་པདྨ་འབྱུང་གནས།	༧	༦	དཔེ་རྩུགས།	
	༤	༥༡ ང	ཤན་པ་དགུ་སྐོར་གྱི་སྒྲུབ་ཐབས་རྒྱས་པ་བཞུགས་སོ། ।	སློབ་དཔོན་པདྨ་འབྱུང་གནས།	༦	༦	དཔེ་རྩུགས།	
	༥	༥༠ ཅ	ཤན་པ་དགུ་སྐོར་གྱི་སྒྲུབ་ཐབས་སློབ་དཔོན་པདྨས་བསམ་ཡས་སུ་གཏེར་ལ་སྦས་པ་སྦྱངས་སངས་རྒྱས་ཡེ་ཤེས་ཀྱིས་གཏེར་ནས་སྤྱན་དྲངས་པའི་ཆོས་སྐོར་ལས་ལོ་རྒྱུས་ཀྱི་ཡི་གེའོ ।	སློབ་དཔོན་པདྨ་འབྱུང་གནས།	༤	༦	དཔེ་རྩུགས།	
	༦	༥ ཆ	ཤན་པ་དམར་པོའི་སྒྲུབ་ཐབས་རྒྱས་པ་བཞུགས།		༤	༦	དཔེ་རྩུགས།	
	༧	༤ ཇ	ཡོ་སྒྲུབ་ཤན་པ་དམར་པོའི་དྲག་སྔགས་བཞུགས་སོ། ।	ཨ་ཙ་ར་ཉི་མ་གྲགས་པས་མཛད་ཅིང་མར་པ་ལོ་ཙཱ་བས་བསྒྱུར།	༣	༦	དཔེ་རྩུགས།	

	༨	༣ (ཉ)	མོ་སྨྲུབ་ཤན་པ་དམར་པོའི་སྒྲུབ་ཐབས་བཞུགས་སོ། །	ཨ་ཙ་ར་ཉི་མ་གྲགས་པས་མཛད་ཅིང་མར་པ་ལོ་ཙྪ་བས་བསྒྱུར།	༣	༦	དཔེ་ཚུགས།	
	༩	༡ (ཏ)	ཤན་པ་ཡབ་ཡུམ་སྦྲགས་པའི་སྒྲུབ་ཐབས་བཞུགས།	མཛད་བྱང་མི་གསལ།	༤	༦	དཔེ་ཚུགས།	
	༡༠	༣༧ (ཐ)	ཤན་པ་དམར་པོའི་བསྲེག་པའི་ལས་སྦྱོར་བཞུགས་སོ། །	མཛད་བྱང་མི་གསལ།	༢	༤	དཔེ་ཚུགས།	
	༡༡	༧ (ད)	ཤན་པ་དམར་པོའི་སྒྲུབ་ཐབས་གནམ་ལྕགས་ཐོག་དམར་བཞུགས་སོ། །	མཛད་བྱང་མི་གསལ།	༤	༦	དཔེ་ཚུགས།	
	༡༢	༤༠ (ན)	ཤན་པ་དམར་པོའི་སྔགས་ཀྱི་མན་ངག་ཡོད།	མཛད་བྱང་མི་གསལ།	༢	༤	དཔེ་ཚུགས།	
	༡༣	༣༦ (པ)	དམར་པོ་ཁྲག་གི་མདའ་འཕེན་པའི་འཁོར་ལོའི་མན་ངག་བཞུགས།	མཛད་བྱང་མི་གསལ།	༢	༤	དཔེ་ཚུགས།	
	༡༤	༤༦ (ཕ)	གནོད་སྦྱིན་དམར་པོའི་གསང་སྒྲུབ་བཀའ་རྒྱ་མ་བཞུགས་སོ། །	མཛད་བྱང་མི་གསལ།	༥	༦	དཔེ་ཚུགས།	
	༡༥	༦༠ (བ)– ༥༩ (ཡ)	དྲག་པོ་བཙན་གྱི་རྒྱལ་འབུད་ཀྱི་མན་ངག་སོགས་བཞུགས་སོ། ། ༦༠ (བ) ༦༢ (མ) ༦༣ (ཙ) ༦༤ (ཚ) ༣༩ (ཛ) ༤༧ (ཝ) ༤༨ (ཞ) ༤༩ (ཟ) (འ) ༥༩ (ཡ) བཅས་ཆོས་ཚན་བཅུ་ཡོད།	མཛད་བྱང་མི་གསལ།	༡༠	༦	དཔེ་ཚུགས།	
	༡༦	༨ (ར)– ༢༣ (ལ)	གནོད་སྦྱིན་ར་ལ་བཞོན་པའི་སྒྲུབ་ཐབས་གཉན་ལོས་མཛད་པ་བཞུགས་སོ།། ཆོས་ཚན་གཉིས་ཡོད།	མཛད་བྱང་མི་གསལ།	༧	༦	དཔེ་ཚུགས།	
	༡༧	༩ (ཤ)	གནོད་སྦྱིན་པེག་རྩེ་ལྕམ་སྲིང་གི་སྒྲུབ་ཐབས་བཞུགས་སོ། །	ཀུན་མཁྱེན་སེང་འབུམ་གྱིས་མཛད།	༦	༦	དཔེ་ཚུགས།	

	༡༨	༣ ས – ཏ	གནོད་སྦྱིན་ལྕམ་དྲལ་གྱི་གཏོར་ཆོག་བཞུགས་སོ། ། ཆོས་ཚན་གཉིས་ཡོད།	ཀུན་མཁྱེན་དཔལ་ལྡན་སེང་གེས་མཛད།	༧	༦	དགེ་ལུགས།	
	༡༩	ཨ – ཀི	གནོད་སྦྱིན་ཞིག་གདོང་ལྕམ་དྲལ་གྱི་བསྟོད་བསྐུལ་བཞུགས་སོ། ། ཆོས་ཚན་གཉིས་ཡོད།	དམ་ཚིག་ལྡན་པ་སེང་གེའི་མིང་ཅན།	༥	༦	དགེ་ལུགས།	
	༢༠	༢༥ ཁི	གནོད་སྦྱིན་ལྕམ་དྲལ་གྱི་གཟུངས་འཛུགས་གཉགས་བན་གྱིས་མཛད་པ་བཞུགས་སོ། །	གཉགས་བན་པི་ཛ་ཡ་ཟླ་དྲས་ཅན་པོའི་གཙུག་ལག་ཁང་དུ་སྒྱུར།	༦	༦	དགེ་ལུགས།	
	༢༡	༢༢ གི	གནོད་སྦྱིན་ལྕམ་དྲལ་གྱི་ལས་བྱང་འཕྲོ་ལས་ལྷུན་གྲུབ་ཅེས་བྱ་བ་བཞུགས་སོ། །	ཚར་ཆེན་བློ་གསལ་རྒྱ་མཚོ།	༢༥	༦	དགེ་ལུགས།	
	༢༢	༩ ངི	གནོད་སྦྱིན་ཤན་པ་འཁོར་བཅས་ཀྱི་བསྐང་གསོ་རྒྱས་པ་བཞུགས་སོ། །	ལྗོང་གི་བརྩེ་ལྷུམ་བུ་བ།	༡༠	༦	དགེ་ལུགས།	
	༢༣	ཅི	ལྕམ་དྲལ་གྱི་རྗེས་གནང་བཞུགས།	བརྩེ་བློ་གསལ།	༣	༦	དགེ་ལུགས།	
	༢༤	ཆི	གནོད་སྦྱིན་ཤན་པ་ལྕམ་སྲིང་གི་ཆོས་སྐོར་གྱི་བྱུང་ཚུལ་བཞུགས།	སྔགས་ཀྱི་བརྩེ།	༣	༦	དགེ་ལུགས།	
	༢༥	ཇི	གནོད་སྦྱིན་ལྕམ་དྲལ་གྱི་བསྙེན་སྒྲུབ་ལས་གསུམ་ལག་ཏུ་བླང་བའི་རིམ་པ་ཏ་ལ་ནག་པོ་དུག་གི་སྤུ་གྲི་ཞེས་བྱ་བ་བཞུགས་སོ། །	ཚར་ཆེན་བློ་གསལ་རྒྱ་མཚོ།	༡༡	༦	དགེ་ལུགས།	
	༢༦	ཉི	བོ་དོང་ལྕམ་དྲལ་གྱི་གཏོར་ཆོག་བསྡུས་པ་བཞུགས་སོ། །	ལྗོང་གི་རིགས་སྐྱེས་དགེ་སློང་བྱམས་པ་བློ་གྲོས་ཆོས་འཕགས།	༥	༦	དགེ་ལུགས།	

	༢༧	ཏི	གསང་བསྐུལ་དུར་ཁྲོད་ཆེན་པོ་མ་ཞེས་བྱ་བ་བཞུགས་སོ། །		༣	༦	དཔེ་ཚུགས།	
	༢༨	༣༤ ཐི	གཏོར་སྦྱིན་ཤན་པ་ལྷམ་སྲིང་གི་གཏོར་བཟློག་བཞུགས། ས་བཅུའི་དབང་ཕྱུག་དཔལ་ལྡན་འདར་ཕྱར་རུ་པ་རིན་ཆེན་བཟང་པོ་དེ་ཉིད་ཀྱིས་དཔལ་བྲག་རམ་གྱི་གཙུག་ལག་ཁང་དུ་སྦྱར།	གྲུབ་ཐོབ་འདར་ཕྱར་རུ་པ།	༣	༦	དཔེ་ཚུགས།	
	༢༩	༤༡ ༤༢ ༤༣ དི	གཏོད་སྦྱིན་ལྷམ་སྲིང་གི་བླ་རྫོ། གསང་རྟེན་བཅའ་ཐབས་རླུས་པའི་གནད། ཁོན་ནག་ཟས།	སློབ་དཔོན་པདྨ་འབྱུང་གནས།	༤	༦	དཔེ་ཚུགས།	
	༣༠	ནི	ཆོས་སྐྱོང་བེག་གདོང་ལྷམ་དྲལ་གྱི་ཐུགས་ཁང་ཆེན་མོ་བཞུགས་སོ། །	འདར་གྱི་བརྡེ་རིག་འཛིན་རྡོ་རྗེ།	༧	༦	དཔེ་ཚུགས།	
	༣༡	པི	དྲག་མོ་རྐང་ཐང་ཡང་སྙིང་བཀལ་བའི་སྒྲུབ་ཐབས་ཟབ་པའི་མཐར་ཐུག་བཞུགས་སོ། །	དཔལ་ལྡན་མར་རྫོག་གདུང་འཛིན་ཞི་སྟོང་རྡོ་རྗེ།	༣	༦	དཔེ་ཚུགས།	
	༣༢	ཕི	ཆོས་སྐྱོང་ལྷམ་དྲལ་གྱི་བཟླས་པ་བྱེད་པའི་གནད་བཞུགས་སོ། །	མཛད་བྱང་མི་གསལ།	༢	༥	དཔེ་ཚུགས།	
	༣༣	བི	སྲོག་བདག་ཡམ་ཤུད་དམར་པོ་ཤན་པ་དགུའི་ལས་སྦྱོར་བཞུགས་སོ། །	མཛད་བྱང་མི་གསལ།	༦	༦	དཔེ་ཚུགས།	
	༣༤	མི	བསྙེན་སྒྲུབ་ཀྱི་ཞལ་ཤེས་ཞིག་བཞུགས་པའི་དབུ་ལགས་སོ། །	མཛད་བྱང་མི་གསལ།	༣	༦	དཔེ་ཚུགས།	
	༣༥	ཙི	ཆོས་སྐྱོང་དྲེགས་པ་ལྷམ་སྲིང་གི་བསྙེན་སྒྲུབ་བསད་ལས་གཅིག་ཏུ་དྲིལ་བའི་གཏམ་འཇིགས་རུང་མེའི་སྤྲུ་གྲི་ཞེས་བྱ་བ་བཞུགས་སོ། །	པཎ་ཆེན་བློ་བཟང་ཆོས་རྒྱན།	༦	༦	དཔེ་ཚུགས།	
	༣༦	ཚི	སྒྲོལ་གིང་ཆེན་པོའི་གཏོར་མ་དགྲ་བགེགས་ཀྱི་སྙིང་མཁར་གནམ་ལྕགས་ཀྱི་ཐོག་འབེབས་ཞེས་བྱ་བ་བཞུགས།		༢	༤	དཔེ་ཚུགས།	

	༣༧	ཧཱུྃ	ཆོས་སྐྱོང་དྲེགས་པ་ལྷམ་དྲལ་གྱི་མདོས་ཆོག་ཡིད་བཞིན་དབང་རྒྱལ་གླུ་དབང་གཙུག་གི་ནོར་བུ་ཞེས་བྱ་བ་བཞུགས་སོ། །	པཎ་ཆེན་དཔལ་ལྡན་ཡེ་ཤེས།	༡༧	༦	དཔེ་ཚུགས།	
	༣༨	ཨཱཿ	ཆོས་སྐྱོང་ཆེན་པོ་དྲེགས་པ་ལྷམ་སྲིང་གི་སྤྲིན་སྲིག་འདི་བཞུགས་སོ། །	པཎ་ཆེན་དཔལ་ལྡན་ཡེ་ཤེས།	༥	༦	དཔེ་ཚུགས།	
	༣༩	ཨོཾ	གཏོང་སྤྲིན་པེག་གདོང་ལྷམ་སྲིང་གི་ཆོས་སྐོར་ཡོངས་སུ་ཚང་བའི་གླེགས་བམ་གྱི་དཀར་ཆག་བཞུགས།		༣	༦	དཔེ་ཚུགས།	
01868		༄། ནང་ཆེན་དཔལ་བཟང་བསྟན་པའི་རྒྱལ་མཚན་གྱི་གསུང་འབུམ། (པོད་གཅིག)						
			རྡོ་རྗེ་ཕུར་པའི་རྣམ་བཤད་བདུད་རྩི་སྙིང་ཐིག་ཞེས་བྱ་བ་བཞུགས་སོ། །	ནང་ཆེན་དཔལ་བཟང་བསྟན་པའི་རྒྱལ་མཚན།	༩༨	༦	པར་མ།	
01869		༄། པཎ་ཆེན་ཤཱཀྱ་མཆོག་ལྡན་གྱི་གསུང་འབུམ། (པོད་དང་པོ།)						
	༡		སྡོམ་པ་གསུམ་གྱི་རབ་ཏུ་དབྱེ་བའི་བསྟན་བཅོས་ཀྱི་འཕེལ་གཏམ་རྣམ་པར་ངེས་པ་ལེགས་བཤད་གསེར་གྱི་ཐུར་མ་ཞེས་བྱ་བ་བཞུགས་སོ། །	པཎ་ཆེན་ཤཱཀྱ་མཆོག་ལྡན།	༩༠	༦	དཔེ་ཚུགས།	
	༢	ཆོ ༡༣༢	ཤིང་རྟའི་སྲོལ་ཆེན་གཉིས་ལས་འབྱུང་བའི་དབུ་མ་ཆེན་པོའི་ལུགས་གཉིས་རྣམ་པར་དབྱེ་བ། ངེས་དོན་རྒྱ་མཚོའི་སྤྲིན་གྱི་འབྲུག་སྒྲ་ཟབ་མོ་ཞེས་བྱ་བ་བཞུགས་སོ། །	པཎ་ཆེན་ཤཱཀྱ་མཆོག་ལྡན།	༦	༦	པར་མ།	
	༣		ཤིང་རྟ་ཆེན་པོའི་སྲོལ་གཉིས་རྣམ་པར་དབྱེ་བ་བཤད་ནས་ངེས་དོན་གཅིག་ཏུ་སྒྲུབ་པའི་བསྟན་བཅོས་ཀྱི་རྒྱས་འགྲེལ་བཞུགས་སོ། །	པཎ་ཆེན་ཤཱཀྱ་མཆོག་ལྡན།	༥༡	༧	ཕོ་བྲང་ཆེན་པོ་ཆོས་རྒྱལ་ལྷུན་པོར་པར་དུ་བསྒྲུབས་ནས། ཐུབ་བསྟན་གསེར་མདོག་ཅན་གྱི་ཆོས་གྲྭར་ཕུལ།	

	༩		འདུལ་བ་མདོའི་དཀའ་གནས་ཀྱི་གཞུང་སོ་སོའི་དོན་གསལ་བར་བྱེད་པའི་བསྟན་བཅོས་མདོ་ཡི་སྣང་བྱེད་ཉི་མའི་ཤིང་རྟ་ཞེས་བྱ་བ་བཞུགས་སོ། །	པཎ་ཆེན་ཤཱཀྱ་མཆོག་ལྡན།	༥༩	༡༡	དཔེ་ཚུགས།	
	༥	ནྲི (དེ) ནང་ ཛ	བསམ་གཏན་གཟུགས་མེད་ལ་སོགས་པའི་རྣམ་བཤད་འོད་དཀར་འཕྲེང་བ་ བྲུར་དུ་བཀོལ་བ་བཞུགས་སོ། །	པཎ་ཆེན་ཤཱཀྱ་མཆོག་ལྡན།	༡༩	༤	དཔེ་ཚུགས།	
	༦		ཚད་མའི་མདོ་དང་གཞུང་ལུགས་སྡེ་བདུན་གྱི་དེ་ཁོ་ན་ཉིད་བསྡུས་པ་རྟོག་གེའི་སྙིང་པོ་ཞེས་བྱ་བ་བཞུགས་སོ། །	པཎ་ཆེན་ཤཱཀྱ་མཆོག་ལྡན།	༦༧	༧	གཞུང་བསྟན་སེར་མདོག་ཅན་གྱི་ཆོས་གྲྭའི་པར།	
	༧		ཞིའུ་གསུམ་པ་རིག་འཛིན་སྡོམ་པའི་སྐབས་ཀྱི་འབེལ་གཏམ་རྣམ་པར་ངེས་པ་བཞུགས་སོ། །	པཎ་ཆེན་ཤཱཀྱ་མཆོག་ལྡན།	༧༩	༧	ཐུབ་བསྟན་གསེར་མདོག་ཅན་གྱི་ཆོས་གྲྭའི་པར།	
	༨	ཕ ཐི ཐི	དམ་ཆོས་མངོན་པ་ཀུན་ལས་བཏུས་པ་བཞུགས་སོ། །དགེ་བས་ཐུགས་ཀྱིས་རྗེས་སུ་འཛིན་པར་ཤོག །	པཎ་ཆེན་ཤཱཀྱ་མཆོག་ལྡན།	༦༧	༧	བྱམས་ཆེན་བསྟན་པ་རྒྱས་པའི་གླིང་གི་སྤར་མ།	
01870	༄ པཎ་ཆེན་ཤཱཀྱ་མཆོག་ལྡན་གྱི་གསུང་འབུམ། （པོད་གཉིས་པ།）							
	༡		གསེར་གྱི་ཐུར་མ་ལས་བརྩམས་པའི་སྙར་ཡང་དོགས་གཅོད་ཀྱི་འབེལ་གཏམ་རྣམ་ངེས་བཞུགས་སོ། །	པཎ་ཆེན་ཤཱཀྱ་མཆོག་ལྡན།	༢༨	༧	དཔེ་ཚུགས།	
	༢		རྗེ་བཙུན་སྐྱ་མཆེད་ཀྱི་དགོངས་པའི་སྟོང་ཉིད་ངེས་འཛིན། ས་སྐྱ་ལས་ཆེན་པའི་དྲི་ལན།	པཎ་ཆེན་ཤཱཀྱ་མཆོག་ལྡན།	༥	༧	དཔེ་ཚུགས།	
	༣		སྡོམ་པ་གསུམ་གྱི་བསྟན་བཅོས་ལས་བརྩམས་པའི་དྲི་བ་བརྒྱ་དང་བརྒྱད་པ་ལས་ཀུན་ལ་གྲགས་ཆེ་བའི་དྲི་བ་གསུམ་གྱི་ལན་བཞུགས་སོ། །	པཎ་ཆེན་ཤཱཀྱ་མཆོག་ལྡན།	༡༣	༧	དཔེ་ཚུགས།	

	༤		ཆོས་ལ་འཇུག་པའི་སྒོ་བཞུགས་སོ། །	པཎ་ཆེན་ཤཱཀྱ་མཆོག་ལྡན།	༧	༧	དཔེ་ཚུགས།	
	༥	ཉག ༡༧ ཁ	ཟབ་རྒྱ་སྙིང་པོ་བསྡུས་པ་རིན་ཆེན་གཏེར་མཛོད་ཆོས་ཚན་བརྒྱད་པ་ཅེས་བྱ་བ་བཞུགས་སོ། །	པཎ་ཆེན་ཤཱཀྱ་མཆོག་ལྡན།	༥–༡༦	༧	པར་མ།	
	༦	ག	དབུ་མ་ལྟ་བའི་འཁྲིད་ཡིག་ཞི་གནས་དང་ལྷག་མཐོང་ཟུང་དུ་འཇུག་པ་ངོ་མཚར་རྒྱན་གྱི་ཕྲེང་བ་ཞེས་བྱ་བ་བཞུགས་སོ། །	པཎ་ཆེན་ཤཱཀྱ་མཆོག་ལྡན།	༡༨–༢༣	༧	པར་མ།	༡༧. ཆད།
	༧	ང	སྡེ་སྣོད་ཆོས་ལ་འཁྲུལ་བ་སེལ་བའི་གཏམ་ཆོས་ཚན་བཅུ་བཞི་པ་ཞེས་བྱ་བ་བཞུགས་སོ། །	པཎ་ཆེན་ཤཱཀྱ་མཆོག་ལྡན།	༢༤–༣༧	༧	པར་མ།	
	༨	ཅ	སྔགས་ལ་འཇུག་པའི་མུན་པ་སེལ་བར་བྱེད་པའི་ཆོས་ཀྱི་སྒྲོན་མེ་གཞུང་ཚན་བཅུ་བདུན་པ་ཞེས་བྱ་བ་བཞུགས་སོ། །	པཎ་ཆེན་ཤཱཀྱ་མཆོག་ལྡན།	༣༨–༥༩	༧	པར་མ།	
	༩	ཆ	སྔན་རྒྱུད་ཀྱི་སྒྲས་དོན་ལ་འཁྲུལ་བ་སྤོང་བ་མཐུ་སྟོབས་དབང་ཕྱུག་གི་དགོངས་པ་རྣམ་ངེས་ཆོས་ཚན་བཅུ་གཅིག་པ་བཞུགས་སོ། །	པཎ་ཆེན་ཤཱཀྱ་མཆོག་ལྡན།	༦༠–༧༣	༧	པར་མ།	
	༡༠	ཀ	དཔལ་གསང་བ་འདུས་པའི་རྣམ་བཤད་པོད་སྔ་ཕྱིའི་ཤན་འབྱེད་རྣམ་པར་ཐར་པའི་སྒོ་ཉི་ཤུ་རྩ་གཅིག་པ།	པཎ་ཆེན་ཤཱཀྱ་མཆོག་ལྡན།	༩༨	༧	པར་མ།	༡. ༩༨. ཕྱེད་ཡིན།
	༡༡		ནེ་གུའི་བླ་མ་བརྒྱུད་པའི་གསོལ་འདེབས་བཞུགས་སོ། །	པཎ་ཆེན་ཤཱཀྱ་མཆོག་ལྡན།	༣	༦	དཔེ་ཚུགས།	
	༡༢		དབུ་མའི་ལྟ་ཁྲིད། ཞི་གནས་དང་ལྷག་མཐོང་ཟུང་དུ་འཇུག་པ་ངོ་མཚར་རྒྱན་གྱི་ཕྲེང་བ་ཞེས་བྱ་བ་བཞུགས་སོ། །	པཎ་ཆེན་ཤཱཀྱ་མཆོག་ལྡན།	༡༧–༢༣	༧	པར་མ།	རལ་སྐྱོན་ཡོད།
	༡༣		ངོ་མཚར་གཏམ་གྱི་རོལ་མོ་ཞེས་བྱ་བ་བཞུགས་སོ། ། རྒྱལ་སྲས་འཇིགས་མེད་ཀྱི་དཔེའོ། །	པཎ་ཆེན་ཤཱཀྱ་མཆོག་ལྡན།	༧	༧	དཔེ་ཚུགས།	
	༡༤		ཀུན་མཁྱེན་ཆེན་པོ་རོང་པོའི་རྣམ་ཐར།	པཎ་ཆེན་ཤཱཀྱ་མཆོག་ལྡན།	༤༥	༦	ཐུབ་བསྟན་གསེར་མདོག་ཅན་གྱི་ཆོས་གྲྭའི་པར།	

	༡༥	༼དེ༽ ནང་ ཛ	བཅོམ་ལྡན་འདས་བཀྲ་ཤིས་ཚེ་རིང་མའི་སྒྲུབ་ཐབས་རིན་ཆེན་བུམ་བཟང་ཞེས་བྱ་བ་བཞུགས་སོ། །	པཎ་ཆེན་ཤཱཀྱ་མཆོག་ལྡན།	༩	༦	པར་མ།	
	༡༦		དོན་དམ་བྱང་ཆུབ་སེམས་ཀྱི་འགྲེལ་པའི་རྣམ་པར་བཤད་པ་དབུ་མའི་སྙིང་པོ་བསྡུས་པ་ཞེས་བྱ་བའི་བསྟན་བཅོས་བཞུགས་སོ། །	པཎ་ཆེན་ཤཱཀྱ་མཆོག་ལྡན།	༢༥	༦	དཔེ་ཚུགས།	
	༡༧	༼སྔེ༽ ནང་ ཙ	ཆོས་དང་ཆོས་མ་ཡིན་པ་རྣམ་པར་འབྱེད་པའི་བསྟན་བཅོས་ལེགས་བཤད་ཉི་མའི་སྙིང་པོ་ཞེས་པ་བཞུགས།	པཎ་ཆེན་ཤཱཀྱ་མཆོག་ལྡན།	༡༠	༧	དཔེ་ཚུགས།	
	༡༨		མངའ་རིས་རྫོང་ཁ་ནས་ཆོས་རྒྱལ་ནོར་བུ་བས་པཎ་ཆེན་ཤཱཀྱ་མཆོག་ལྡན་ལ་ཕུལ་བའི་ཆབ་ཤོག །	པཎ་ཆེན་ཤཱཀྱ་མཆོག་ལྡན།	༣	༥	དཔེ་ཚུགས།	
	༡༩		དྲི་བ་ལྷག་བསམ་རབ་དཀར་གྱི་ལན།	པཎ་ཆེན་ཤཱཀྱ་མཆོག་ལྡན།	༥—༩༥		དཔེ་ཚུགས།	༡—༩.༦. བཅས་མ་ཚང་།
	༢༠	ཕྱི་ཀ ༢༣༠	དཔལ་དང་པོའི་སངས་རྒྱས་ཀྱི་འཐད་པ་སྒྲུབ་བྱེད་ཅེས་བྱ་བའི་བསྟན་བཅོས་བཞུགས།	པཎ་ཆེན་ཤཱཀྱ་མཆོག་ལྡན།	༨༩	༧	ཐུབ་བསྟན་གསེར་མདོག་ཅན་གྱི་ཆོས་གྲྭའི་པར།	
	༢༡		བདེ་མཆོག་རྩ་རྒྱུད་ཀྱི་བཤད་འགྲེལ་པཎ་ཆེན་ཤཱཀྱ་མཆོག་ལྡན་གྱིས་མཛད་པ་བཞུགས་སོ། །	པཎ་ཆེན་ཤཱཀྱ་མཆོག་ལྡན།	༨༥—༩༠	༧	ཐུབ་བསྟན་གསེར་མདོག་ཅན་གྱི་ཆོས་གྲྭའི་པར།	
	༢༢		དབུ་མ་ཆེན་པོའི་ལུགས་གཉིས་རྣམ་པར་ཕྱེ་བ་ངེས་དོན་རྒྱ་མཚོའི་སྤྲིན་གྱི་འབྲུག་སྒྲ་ཟབ་མོ་ཞེས་བྱ་བ་བཞུགས་སོ། །	པཎ་ཆེན་ཤཱཀྱ་མཆོག་ལྡན།	༣	༨	དཔེ་ཚུགས།	མཇུག་མ་ཚང་།
	༢༣		སྔོན་བླའི་མདོ་ཆོག་གི་དྲི་བ་མི་རྟོག་མདའ་འཇོམས་དང་། ཆོ་གའི་གཞུང་གི་རྣམ་པར་བཤད་པ་འཆི་བ་མེད་པའི་མཛོད་ཀྱི་ཛ་སྒྲ་ཞེས་བྱ་བ་བཞུགས་སོ། །	པཎ་ཆེན་ཤཱཀྱ་མཆོག་ལྡན།	༩	༨	དཔེ་ཚུགས།	༡. རལ་སྐྱོན་ཡོད།

	༢༩		བླ་མ་ཚད་ལྡན་འབྱུངས་དུས་སོགས་སྐྱིགས་པ་མཆོག་ལྡན་ལེགས་བློས་མཛད་པ།	པཎ་ཆེན་ཤཱཀྱ་མཆོག་ལྡན།	༩	༦	དཔེ་ཚུགས།	
01871	༄ དཔང་ལོ་བློ་གྲོས་བརྟན་པའི་གསུང་འབུམ། ཡོད་གཅིག							
	༡		ཆོས་མངོན་པ་ཀུན་ལས་བཏུས་པའི་རྒྱ་ཆེར་འགྲེལ་པ་ཤེས་བྱ་གསལ་བྱེད་བཞུགས་སོ། །	དཔང་ལོ་ཚ་བ་དཔལ་ལྡན་བློ་གྲོས་བརྟན་པ།	༣༢༨	༦	དཔེ་ཚུགས།	༢༢. ༢༣༢. ༢༥༢. མེད། གྲངས་ནོར་བ་མ་གཏོགས་ཆ་ཚང་།
	༢	ཆོས ༢༡	དམ་པའི་ཆོས་ལ་ཞུས་དག་བྱ་བའི་ཚུལ་དཔང་ལོའི་གསུང་ལས་བྱུང་བ་བཞུགས་སོ། །	དཔང་ལོ་ཚ་བ་དཔལ་ལྡན་བློ་གྲོས་བརྟན་པ།	༢	༥	དཔེ་ཚུགས།	
01872	༄ སྣེ་ཐང་བློ་གྲོས་བརྟན་པའི་གསུང་འབུམ། ཡོད་དང་པོ།							
	༡	ཧཾ	མངོན་པར་བརྗོད་པ་འབུམ་པ་ལས་བྱུང་བ་ཞུང་དུའི་རྒྱུད་ཀྱི་བསྡུས་པའི་དོན་རྣམ་པར་བཤད་པ་དཔལ་ཕྱག་ན་རྡོ་རྗེས་མཛད་པ།	ཞོང་སྟོན་ལོ་ཚ་བ་བློ་གྲོས་བརྟན་པས་འགྱུར་བཅོས་བྱས།	༤༡	༧	པར་མ།	
	༢		དཔང་ལོ་ཚ་བ་བློ་གྲོས་བརྟན་པས་རྒྱ་དཔེ་ལ་གཏུགས་ཏེ་བཅོས་པའི་གསང་སྔགས་ཕྱི་ནང་གི་གཟུངས་འབུམ་ཉེ་བར་མཁོ་བ་བཞུགས་སོ། །	དཔང་ལོ་བློ་གྲོས་བརྟན་པས་འགྱུར་བཅོས་བྱས།	༣༠	༥	བྲིས་མ་དབུ་ཅན།	༢༥. ༢༢. ཆད།
	༣	ཕྱི ག ༢	བློ་གྲོས་བརྟན་པས་མཛད་པའི་དཔལ་བདེ་མཆོག་འབྱུང་བའི་མངོན་པར་རྟོགས་པ་རིན་པོ་ཆེའི་སྒྲོན་མ་ཞེས་བྱ་བ་བཞུགས།	སྐད་གཉིས་སྨྲ་བ་བློ་གྲོས་བརྟན་པ།	༡༢	༨	དཔེ་ཚུགས།	འདི་དཔང་ལོ་ཡིན་མིན་བརྟག །
	༤	ནང སྔེ ན	ལུང་བསྟན་གསལ་བའི་སྒྲོན་མེ། རྒྱལ་བ་ཙོང་ཁ་པ་ཆེན་པོ་བཀའ་གཏེར་དུ་མ་ནས་ལུང་བསྟན་པ་དང་། མཁས་གྲུབ་མང་པོས་བསྔགས་བརྗོད་མཛད་པའི་སྐོར།	རྟོག་བློ་གྲོས་བརྟན་པས་དཀའ་ལྡན་ཕུན་ཚོགས་གླིང་དུ་བསྒྲིགས།	༩	༦	འབྲས་སྤུངས་པར་མ།	

	༥		ཐེག་པ་ཆེན་པོའི་མདོ་སྡེ་རྒྱན་གྱི་གཞུང་འགྲེལ་ཀུན་བཟང་མཆོད་སྤྲིན་ཞེས་བྱ་བ་བཞུགས་སོ། ། ༡༣. ༡༩. ༡༧. ༥༥. ༦༠. ༦༡. ༦༡. ༦༣. ༦༦. ༦༧. ༦༨. ༧༩. ༨༣. ༨༦. ༨༧. བཅས་མ་ཚང་བ་རྣམས་པར་སློག་བརྒྱབ་ནས་གསར་བཙུག་ཞུས་ཡོད།	འཇམ་དབྱངས་དགའ་བའི་བློ་གྲོས།	༨༧	༧	པར་མ།	༡༣. ༡༩. ༡༧. ༥༥. ༦༠. ༦༡. ༦༡. ༦༣. ༦༦. ༦༧. ༦༨. ༧༩. ༨༣. ༨༦. ༨༧. བཅས་ཆད།
01873	༄ སྐྱེ་ཐང་བློ་གྲོས་བརྟན་པའི་གསུང་འབུམ། (པོད་གཉིས་པ།)							
	༡		བརྡ་སྤྲོད་པ་ཙནྡྲ་པའི་འགྲེལ་པ་བཞུགས་སོ། །སྤྱང་ལོས་མཛད།	དཔང་ལོ་རྩ་བདཔལ་ལྡན་བློ་གྲོས་བརྟན་པ།	༡༩༦	༧	དཔེ་རྙུགས།	
	༢		སྙན་ངག་མེ་ལོང་གི་རྒྱ་ཆེར་འགྲེལ་པ་གཞུང་དོན་གསལ་བ་ཞེས་བྱ་བ་བཞུགས་སོ། །	དཔང་ལོ་རྩ་བདཔལ་ལྡན་བློ་གྲོས་བརྟན་པ།	༡༣༥	༦	དཔེ་རྙུགས།	
	༣		སྙན་ངག་མེ་ལོང་བསྡུས་དོན་བཞུགས།	དཔང་ལོ་རྩ་བདཔལ་ལྡན་བློ་གྲོས་བརྟན་པ།	༧	༥	དཔེ་རྙུགས།	
	༤		ཚིག་གཏེར་གྱི་རྒྱ་ཆེར་འགྲེལ་པ་དང་བཅས་པ་བཞུགས་སོ། །	སྐྱེ་ཐང་བློ་གྲོས་བརྟན་པ།	༧༩	༧	དཔེ་རྙུགས།	
	༥		དཔང་ལོ་ཆེན་པོས་མཛད་པའི་ཚོགས་གསུམ་གསལ་བ་བཞུགས་སོ། །	དཔང་ལོ་བློ་གྲོས་བརྟན་པ།	༡༧	༦	པར་མ།	༨. ༡༡. ཆད། མཇུག་མ་ཚང་།
	༦		དཔང་ལོ་ཙྪ་བ་ཆེན་པོས་མཛད་པའི་བརྡ་སྤྲོད་པའི་གཞུང་གི་སྙིང་པོ་གསལ་བ་རང་འགྲེལ་བརྡ་སྤྲོད་སྙིང་པོ་ཆེས་ཆེར་གསལ་བ་དང་བཅས་པ་བཞུགས་སོ། །	དཔང་ལོ་རྩ་བདཔལ་ལྡན་བློ་གྲོས་བརྟན་པ།	༧	༦	པར་མ།	

01874	༄། སློ་ཕང་བློ་གྲོས་བརྟན་པའི་གསུང་འབུམ། །པོད་གསུམ་པ།།							
	༡		ཀ་ལཱ་པའི་མདོ་བཞུགས་སོ། །	དཔང་ལོ་ཙཱ་བ་དཔལ་ལྡན་བློ་གྲོས་བརྟན་པ།	༢༦	༥	དཔེ་ཚུགས།	
	༢	ཀ	བརྡ་སྤྲོད་པའི་བསྟན་བཅོས་ཀ་ལཱ་པའི་འགྲེལ་བཤད་ཆེན་མོ་ལས་མཚམས་སྦྱོར་གྱི་ཊཱི་ཀཱ་བཞུགས་སོ། །	སློ་ཕང་བློ་གྲོས་བརྟན་པ།	༧༨	༥	དཔེ་ཚུགས།	
	༣	ཁ	མིང་ལེ་དང་པོའི་འགྲེལ་བཤད་བཞུགས་སོ། །	སློ་ཕང་བློ་གྲོས་བརྟན་པ།	༧༠	༥	དཔེ་ཚུགས།	
	༤	ག	མིང་ལེ་གཉིས་པའི་འགྲེལ་བཤད་བཞུགས་སོ། །	སློ་ཕང་བློ་གྲོས་བརྟན་པ།	༡༢༦	༥	དཔེ་ཚུགས།	
	༥	ང	མིང་ལེ་གསུམ་པའི་འགྲེལ་བཤད་བཞུགས་སོ། །	སློ་ཕང་བློ་གྲོས་བརྟན་པ།	༡༩༢	༥	དཔེ་ཚུགས།	
01875	༄། སློ་ཕང་བློ་གྲོས་བརྟན་པའི་གསུང་འབུམ། །པོད་བཞི་པ།།							
	༡	ཅ	མིང་ལེ་བཞི་པའི་འགྲེལ་བཤད་བཞུགས་སོ། །	སློ་ཕང་བློ་གྲོས་བརྟན་པ།	༡༢༩	༥	དཔེ་ཚུགས།	
	༢	ཆ	མིང་ལེ་ལྔ་པའི་འགྲེལ་བཤད་བཞུགས་སོ། །	སློ་ཕང་བློ་གྲོས་བརྟན་པ།	༧༡	༥	དཔེ་ཚུགས།	༤. མ་ཚང་།
	༣	ཇ	མིང་ལེ་དྲུག་པའི་འགྲེལ་བཤད་བཞུགས་སོ། །	སློ་ཕང་བློ་གྲོས་བརྟན་པ།	༨༨	༥	དཔེ་ཚུགས།	
	༤		ཚིག་གཉེར་གྱི་རྒྱ་ཆེར་འགྲེལ་འགྲོ་བའི་གདུང་བ་རབ་ཞི་ཞེས་བྱ་བ་བཞུགས་སོ། །	སློ་ཕང་བློ་གྲོས་བརྟན་པ།	༡༢༩	༥	དཔེ་ཚུགས།	
01876	༄། སློ་ཕང་བློ་གྲོས་བརྟན་པའི་གསུང་འབུམ། །པོད་ལྔ་པ།།							
	༡		ཀུན་བཤད་དང་པོའི་འགྲེལ་བཤད་བཞུགས་སོ། །	སློ་ཕང་བློ་གྲོས་བརྟན་པ།	༩༤	༥	དཔེ་ཚུགས།	༧༩. མ་ཚང་།
	༢		ཀུན་བཤད་གཉིས་པའི་འགྲེལ་བཤད་བཞུགས་སོ། །	སློ་ཕང་བློ་གྲོས་བརྟན་པ།	༡༤༤	༥	དཔེ་ཚུགས།	༣༠. ༦༡. ༩༠. བཅས་མ་ཚང་།
	༣		ཀུན་བཤད་གསུམ་པའི་འགྲེལ་བཤད་བཞུགས་སོ། །	སློ་ཕང་བློ་གྲོས་བརྟན་པ།	༧༧	༥	དཔེ་ཚུགས།	

	༤		ཀུན་བཤད་བཞི་པའི་འགྲེལ་བཤད་བཞུགས་སོ། །	སློ་ཐང་བློ་གྲོས་བརྟན་པ།	༡༦༢	༥	དཔེ་ཚུགས།	༡༥༡· ༡༧༧· ༡༢༩· ༡༦༡· ༡༦༣–༡༦༥ མཇུག་བཅས་མ་ཚང་།
01877	༈ སློ་ཐང་བློ་གྲོས་བརྟན་པའི་གསུང་འབུམ། ༼པོད་དྲུག་པ།༽							
	༡		ཀུན་བཤད་ལྔ་པའི་འགྲེལ་བཤད་བཞུགས་སོ། །	སློ་ཐང་བློ་གྲོས་བརྟན་པ།	༢༧	༥	དཔེ་ཚུགས།	
	༢		ཀུན་བཤད་དྲུག་པའི་འགྲེལ་བཤད་བཞུགས་སོ། །	སློ་ཐང་བློ་གྲོས་བརྟན་པ།	༡༣༦	༥	དཔེ་ཚུགས།	
	༣		ཀུན་བཤད་བདུན་པའི་འགྲེལ་བཤད་བཞུགས་སོ། །	སློ་ཐང་བློ་གྲོས་བརྟན་པ།	༥༢	༥	དཔེ་ཚུགས།	
	༤		ཀུན་བཤད་བརྒྱད་པའི་འགྲེལ་བཤད་བཞུགས་སོ། །	སློ་ཐང་བློ་གྲོས་བརྟན་པ།	༥༢	༥	དཔེ་ཚུགས།	
	༈ རྫོང་པ་དཔལ་ལྡན་ཆོས་སྐྱོང་གསུང་འབུམ། ༼བྲིས་པོད་གཅིག༽							
	༡		སངས་རྒྱས་ཀྱི་སྐུ་གཟུགས་དང་མཆོད་རྟེན་གྱི་རྫོངས་བྱ་ཐབས་བཞུགས་སོ། །	དཔལ་ལྡན་ཆོས་སྐྱོང་ལྷ་རྣམ་པར་རྒྱལ་བས་མཛད།	༡༠	༦	དཔེ་ཚུགས།	༤· ཆད། ༡༠· སྣེ་མ་ཚང་།
	༢	ཚེ ༡༧༢	སྒྲུབ་ཐབས་རྒྱ་མཚོའི་རྗེས་གནང་བཞུགས་སོ། །	དཔལ་ལྡན་ཆོས་སྐྱོང་བཟང་པོ།	༢༦	༦	དཔེ་ཚུགས།	
01879	༈ བྱ་བྲལ་བ་རིན་ཆེན་རྒྱལ་མཚན་གསུང་འབུམ། ༼པོད་གཅིག༽							
	༡	༧༤	དཔལ་འཁོར་ལོ་བདེ་མཆོག་གི་ལུས་དཀྱིལ་གྱི་དཀྱིལ་འཁོར་གྱི་མངོན་རྟོགས། རིན་ཆེན་རྒྱལ་མཚན་གྱིས།	ཐུགས་འཆང་རིན་ཆེན་རྒྱལ་མཚན།	༡༥	༧	དཔེ་ཚུགས།	

	༢		དཔལ་བདེ་མཆོག་ལེའུ་ཉི་ཤུ་རྩ་ལྔ་པ་ཧེ་རུ་ཀ་ཞལ་བཞི་པར་གསུངས་པའི་ཡི་གེ་བརྒྱ་པའི་སྒྲུབ་ཐབས་བྱིན་རླབས་ཅན་བཞུགས།	དགེ་སློང་རིན་ཆེན་གྲུབ།	༤	༦	དཔེ་ཚུགས།	
	༣		དཔལ་འཁོར་ལོ་བདེ་མཆོག་གི་མངོན་པར་རྟོགས་པ་སྐུ་གསུམ་གསལ་བའི་སྒྲོན་མེ་ཞེས་བྱ་བའི་དབུ་ཕྱོགས་ལགས།	བྱ་བྲལ་བ་རིན་ཆེན་རྒྱལ་མཚན།	༡༦	༩	དཔེ་ཚུགས།	
	༤	ལོ	འདི་ན་འཁོར་ལོ་སྡོམ་པ་ནི། །སྒྲུབ་ཐབས་སྐུ་གསུམ་འབྱུང་བ་བཞུགས། ། གྲུབ་ཆེན་ནག་པོ་ལུགས།	བྱ་བྲལ་བ་རིན་ཆེན་རྒྱལ་མཚན།	༡༥	༨	དཔེ་ཚུགས།	
	༥		འདི་ན་གསང་འདུས་འཇམ་རྡོར་གྱི། །སྒྲུབ་ཐབས་དངོས་གྲུབ་གཏེར་བཞུགས་སོ།། རྒྱལ་སྲས་འཇིགས་མེད་ཀྱི་དཔེའོ། །	བྱ་བྲལ་བ་རིན་ཆེན་རྒྱལ་མཚན།	༡༤	༧	དཔེ་ཚུགས།	
	༦		དཔལ་གསང་བ་འདུས་པ་འཇམ་པའི་རྡོ་རྗེ་ཡེ་ཤེས་རྣམ་རོལ་གྱི་ཟིན་བྲིས་བཞུགས་སོ། །	བླ་མ་བསོད་ནམས་སེང་གེའི་གསུང་བཞིན་བྱ་བྲལ་བ་ཤེས་རབ་གོ་ཆས་བྲིས།	༩	༧	དཔེ་ཚུགས།	
	༧		དཔལ་གསང་བ་འདུས་པ་ལྷ་བཅུ་དགུའི་སྒྲུབ་ཐབས་དངོས་གྲུབ་ཀྱི་གཏེར་བཞུགས་སོ། །	རིན་ཆེན་རྒྱལ་མཚན།	༡༠	༨	དཔེ་ཚུགས།	
	༨		གསང་འདུས་འཇམ་པའི་རྡོ་རྗེའི་དབང་ཆུ་བཞུགས་ཤིན་ཏུ་དག་གོ །	རིན་ཆེན་རྒྱལ་མཚན་།	༡༥	༧	དཔེ་ཚུགས།	༡༠–༡༣ མ་ཚང་།
	༩	ནང་/ཧུ་ཀི	བོད་ཀྱི་སྒྲ་མདོ་ལེགས་པར་བཤད་པའི་སྒྲ་དབྱངས་ཀྱི་རིག་བྱེད་རྣམ་པར་དག་པའི་ཉིན་བྱེད་ཀྱི་དབུའོ། །	བན་རྒན་རིན་ཆེན་རྒྱལ་མཚན།	༢༥	༧	དཔེ་ཚུགས།	
	༡༠	ཏ ང ༩༡	དཔལ་ཀུན་རིག་གི་སྒོ་ནས་རོ་སྲེག་པའི་ཆོ་ག་གཞན་ཕན་མེ་ལྷེ་ཞེས་བྱ་བ་བཞུགས་སོ། ། རྗེ་ངོར་ཆེན་གྱི་བུ་ཆེན་ཆོས་རྗེ་དཔལ་རྡོར་བའི་ཞལ་སློབ་ཀྱི་བོ་རབ་འབྱམས་པ་རིན་ཆེན་རྒྱལ་མཚན་གྱིས་མཛད་པའོ། །	བྱ་བྲལ་བ་རིན་ཆེན་རྒྱལ་མཚན།	༦	༨	དཔེ་ཚུགས།	

	༡༡	ཀི ༢༡	འཕགས་མ་གདུགས་དཀར་མོ་ཅན་གྱི་སྒྲུབ་ཐབས་བཞུགས་སོ། །	རིན་ཆེན་རྒྱལ་མཚན་དཔལ་བཟང་པོ།	༡༠	༨	དཔེ་ཚུགས།	
	༡༢	ཁ	བསྟན་བཅོས་མངོན་པར་རྟོགས་པའི་རྒྱན་གྱི་ལུས་མཛེས་པར་བྱེད་པ་ལེགས་བཤད་རིན་པོ་ཆེའི་ཆོས་ཚོམས་བཞུགས་སོ། ། ཐེག་པ་ཆེན་པོའི་ས་དང་ལམ་གྱི་རིམ་པ་ཤིན་ཏུ་གསལ་ཞིང་ཚང་ལ་གོ་བདེ་བར་བཀོད་པ་ལགས་སོ། །	རིན་ཆེན་རྒྱལ་མཚན།	༥༦	༦	དཔེ་ཚུགས།	༦. ཆད།
	༡༣		ཆོས་མངོན་པ་ལས་ཡི་གེ་ཟུར་པ་དོན་རྒྱ་ཆེན་པོ་ཚིག་ཉུང་ངུས་གསལ་བར་བྱེད་པ།	རིན་ཆེན་རྒྱལ་མཚན།	༡༩	༦	དཔེ་ཚུགས།	༡. ༡༨. ཆད།
	༡༤		ཡང་དགོན་པའི་དགོས་བཅུ་སྒྲུབ་པའི་རྟེན་འབྲེལ་གྱི་འབྲེལ་པ།	རིན་ཆེན་རྒྱལ་མཚན།	༡༥	༦	དཔེ་ཚུགས།	༡–༩ མ་ཚང་།
	༡༥		ཚེ་བདག་བརྒྱུད་པའི་ཕྱག་འཚལ་བྱིན་བརླབས་རྒྱ་མཚོའི་ཐ་རླབས་བཞུགས་སོ། །	བསེའི་བཀྲེ་སློམ་པ་རིན་ཆེན་རྒྱལ་མཚན།	༥	༦	དཔེ་ཚུགས།	
	༡༦		བཅོམ་ལྡན་འདས་ཕྱག་རྒྱ་ཟིལ་གནོན་གྱི་དབང་གི་ཆོ་ག་དེས་དོན་བདེ་བླག་ཏུ་འཇུག་པ་བཞུགས་སོ། །	རིན་ཆེན་རྒྱལ་མཚན།	༢༣	༦	དཔེ་ཚུགས།	
	༡༧		འཕགས་པ་འདའ་ཁ་ཡེ་ཤེས་ཀྱི་མདོའི་འགྲེལ་པ་ཡེ་ཤེས་གསལ་འདེབས་བཞུགས་སོ། ། ཚིག་མ་བསྒྲིབས་པ་ཤིན་ཏུ་གསལ་བ་བདོག །	བསོད་སྙོམས་པ་རིན་ཆེན་རྒྱལ་མཚན།	༦	༦	དཔེ་ཚུགས།	
	༡༨	ལོ	དཔལ་ལྡན་ཡེ་ཤེས་ཞབས་ལུགས་ཀྱི། །འདུས་པའི་བསྲུང་བཟློག་ཆོག་བཞུགས།།	རྒྱལ་མཚན་མགོན།	༨	༨	དཔེ་ཚུགས།	
	༡༩	ལོ	འཇམ་པའི་རྡོ་རྗེའི་གཏོར་ཆོག་ནི། །འདོད་དགུའི་གཏེར་ཆེན་འདིར་བཞུགས་སོ།།	རྒྱལ་མཚན་མགོན།	༥	༨	དཔེ་ཚུགས།	
	༢༠	ཕྱི་ ཞ་ ༥༢༠	ཆོས་རྗེ་མཁས་གྲུབ་ཨོ་རྒྱན་པའི་རྣམ་པར་ཐར་པ་རྒྱ་མཚོའི་ནོར་བུ་ཞེས་བྱ་བ་བཞུགས་སོ། །	རྣལ་འབྱོར་པ་རིན་ཆེན་རྒྱལ་མཚན།	༢༡	༧	ལྷོ་ཕྱོགས་ལྷ་སྡིངས་པར་མ།	

01880			༡ ལམ་འབྲས་བླ་མ་བརྒྱུད་པའི་རྣམ་ཐར། ༼པོད་དང་པོ།༽					
	༡	ཀ	དེ་བཞིན་གཤེགས་པ་ཐམས་ཅད་ཀྱི་བགྲོད་པ་གཅིག་པའི་ལམ་ཆེན་གསུང་ངག་རིན་པོ་ཆེའི་བླ་མ་བརྒྱུད་པའི་རྣམ་ཐར་གླེགས་བམ་དང་པོ་ལས་བླ་མ་འཕགས་བོད་ཀྱི་ལོ་རྒྱུས་བཞུགས།	རྗེ་བཙུན་གྲགས་པ་རྒྱལ་མཚན།	༡–༨	༦	པར་མ།	
	༢	ཀ	དཔལ་ས་སྐྱ་པ་ཆེན་པོ་ཀུན་དགའ་སྙིང་པོའི་རྣམ་ཐར་བཞུགས།	རྗེ་བཙུན་གྲགས་པ་རྒྱལ་མཚན།	༨–༡༦	༦	པར་མ།	
	༣	ཀ	སློབ་དཔོན་རིན་པོ་ཆེའི་རྣམ་ཐར་བཞུགས་སོ། །	རྗེ་བཙུན་གྲགས་པ་རྒྱལ་མཚན།	༡༦–༡༨	༦	པར་མ།	
	༤	ཀ	རྗེ་བཙུན་རིན་པོ་ཆེའི་རྣམ་ཐར་བཞུགས་སོ། །	ས་སྐྱ་པཎྜི་ཏ།	༡༨–༢༨	༦	པར་མ།	
	༥	ཀ	རྗེ་བཙུན་གྲགས་པ་རྒྱལ་མཚན་གྱི་མནལ་ལམ།	སྨྲ་སྟོན་སེང་གེ་རྒྱལ་མཚན།	༢༨–༣༣	༦	པར་མ།	
	༦	ཀ	ཆོས་རྗེ་ས་སྐྱ་པཎྜི་ཏ་ཀུན་དགའ་རྒྱལ་མཚན་དཔལ་བཟང་པོའི་རྣམ་པར་ཐར་པ་འབྲིང་པོ་བཞུགས་སོ། །	ཡར་ཀླུངས་པ་གྲགས་པ་རྒྱལ་མཚན།	༣༣–༣༨	༦	པར་མ།	
	༧	ཀ	དཔལ་ལྡན་ས་སྐྱ་པཎྜི་ཏའི་རྣམ་ཐར་ཀུན་མཁྱེན་རིན་ཆེན་དཔལ་གྱིས་མཛད་པ་བཞུགས།	འབྲིང་མཚམས་ཀྱི་བཙུན་པ་རིན་ཆེན་དཔལ།	༣༨–༤༧	༦	པར་མ།	
	༨	ཀ	དཔལ་ས་སྐྱ་པཎྜི་ཏའི་རྣམ་ཐར་གསུང་སྒྲོས་མ་བཞུགས།	བློ་གྲོས་རྒྱལ་མཚན།	༤༧–༦༧	༦	པར་མ།	
	༩	ཀ	ས་སྐྱ་པཎྜི་ཏ་ཀུན་དགའ་རྒྱལ་མཚན་དཔལ་བཟང་པོའི་རྣམ་པར་ཐར་པ་བསྒྲལ་པ་བཟང་པོའི་ལེགས་ལམ་ཞེས་བྱ་བ་བཞུགས་སོ། །	ངག་དབང་འཇིག་རྟེན་དབང་ཕྱུག་གྲགས་པ།	༦༧–༡༤༥	༦	པར་མ།	
	༡༠	ཀ	བླ་མ་དམ་པ་ཆོས་ཀྱི་རྒྱལ་པོ་རིན་པོ་ཆེའི་རྣམ་པར་ཐར་པ་རིན་པོ་ཆེའི་ཕྲེང་བ་ཞེས་བྱ་བ་བཞུགས་སོ། །	དགེ་སློང་རྡོ་རྗེ་འཛིན་པ་ཡེ་ཤེས་རྒྱལ་མཚན།	༡༤༥–༡༦༨	༦	པར་མ།	

	༡༡	ཀ	ཆོས་རྗེ་ས་སྐྱ་པཎྜི་ཏའི་དངོས་ཀྱི་ཐུགས་སྲས་བླ་མ་ཚོགས་སྒོམ་རིན་པོ་ཆེའི་རྣམ་ཐར།		༡༦༨–༡༧༡	༦	པར་མ།	
	༡༢	ཀ	ཉན་ཆེན་བསོད་ནམས་བརྟན་པའི་རྣམ་ཐར་བཞུགས།	རཏྣ་སིདྡྷ།	༡༧༡–༡༧༣	༦	པར་མ།	
	༡༣	ཀ	ཤངས་ཀྱི་བླ་མ་ཆོས་རྗེ་རིན་སེང་བའི་རྣམ་ཐར་ཁོང་རང་གིས་མཛད་པ་བཞུགས།	ཤངས་ཀྱི་བླ་མ་ཆོས་རྗེ་རིན་སེང་བ།	༡༧༣–༡༨༡	༦	པར་མ།	
	༡༤	ཀ	ཞང་དཀོན་མཆོག་དཔལ་བའི་རྣམ་ཐར་བཞུགས།	དགེ་སློང་དཔལ་ལྡན།	༡༨༡–༡༨༤	༦	པར་མ།	
	༡༥	ཀ	རྒྱལ་བ་བྲག་ཕུག་པའི་རྣམ་ཐར་བཞུགས།	དཔལ་ལྡན་བློ་གྲོས་བརྟན་པ།	༡༨༤–༡༨༧	༦	པར་མ།	
	༡༦	ཀ	རི་ཁྲོད་པ་ཆེན་པོ་བློ་གྲོས་བརྟན་པའི་རྣམ་ཐར།	དགེ་སློང་དཔལ་ལྡན་ཚུལ་ཁྲིམས།	༡༨༧–༡༩༣	༦	པར་མ།	
	༡༧	ཀ	དཔལ་ལྡན་བླ་མ་དམ་པ་བསོད་ནམས་རྒྱལ་མཚན་གྱི་རྣམ་པར་ཐར་པ་བཞུགས།	དགེ་སློང་དཔལ་ལྡན་ཚུལ་ཁྲིམས།	༡༩༣–༢༠༣	༦	པར་མ།	
	༡༨	ཀ	བླ་མ་དམ་པ་དཔལ་ལྡན་ཚུལ་ཁྲིམས་པའི་རྣམ་ཐར་བཞུགས།	དཀོན་མཆོག་རྒྱལ་མཚན།	༢༠༣–༢༠༧	༦	པར་མ།	
	༡༨	ཀ	གྲུབ་ཆེན་བུདྡྷ་ཤྲཱི་པའི་རྣམ་པར་ཐར་པ་བཞུགས།	ཤཱཀྱའི་དགེ་སློང་ཀུན་དགའ་བཟང་པོ།	༢༠༧–༢༡༦	༦	པར་མ།	
	༢༠	ཀ	རྗེ་ཀུན་དགའ་བཟང་པོའི་རྣམ་ཐར་མདོར་བསྡུས་པ།	དཀོན་མཆོག་རྒྱལ་མཚན།	༢༡༦–༢༣༧	༦	པར་མ།	
	༢༣	ཀ	དཔལ་ཨེ་ཝཾ་ཆོས་ལྡན་གྱི་གདན་རབས་ནོར་བུའི་ཕྲེང་བ་ལས་རྗེ་བཙུན་མུས་པ་དཀོན་མཆོག་རྒྱལ་མཚན་གྱི་རྣམ་ཐར།	སངས་རྒྱས་ཕུན་ཚོགས།	༢༣༨–༢༩༠	༦	པར་མ།	
	༢༤	ཀ	འཇམ་དབྱངས་ཤེས་རབ་རྒྱ་མཚོའི་རྣམ་ཐར།	སངས་རྒྱས་ཕུན་ཚོགས།	༢༩༠–༢༩༢	༦	པར་མ།	

	༢༥	ཀ	རྒྱལ་ཚབ་དམ་པ་ཀུན་དགའ་དབང་ཕྱུག་གི་རྣམ་ཐར་བཞུགས།	སངས་རྒྱས་ཕུན་ཚོགས།	༢༤༢–༢༤༣	༦	ཕར་མ།	
	༢༦	ཀ	མཁས་གྲུབ་དཔལ་ལྡན་དོ་རྗེའི་རྣམ་ཐར།	སངས་རྒྱས་ཕུན་ཚོགས།	༢༤༣–༢༤༤	༦	ཕར་མ།	
	༢༧	ཀ	གོ་བོ་རབ་འབྱམས་པ་བསོད་ནམས་སེང་གེའི་རྣམ་ཐར།	སངས་རྒྱས་ཕུན་ཚོགས།	༢༤༤–༢༤༤	༦	ཕར་མ།	
	༢༨	ཀ	རྗེ་རིན་པོ་ཆེ་དཀོན་མཆོག་འཕེལ་བའི་རྣམ་ཐར།	སངས་རྒྱས་ཕུན་ཚོགས།	༢༤༤–༢༤༥	༦	ཕར་མ།	
	༢༩	ཀ	རྗེ་མུས་པ་སངས་རྒྱས་རིན་ཆེན་གྱི་རྣམ་ཐར།	སངས་རྒྱས་ཕུན་ཚོགས།	༢༤༥–༢༤༧	༦	ཕར་མ།	
	༣༠	ཀ	ངོར་ཆེན་ཐམས་ཅད་མཁྱེན་པ་དཀོན་མཆོག་ལྷུན་གྲུབ་ཀྱི་རྣམ་ཐར།	སངས་རྒྱས་ཕུན་ཚོགས།	༢༤༧–༢༤༨	༦	ཕར་མ།	
	༣༡	ཀ	ངོར་ཆེན་སངས་རྒྱས་སེང་གེའི་རྣམ་ཐར།	སངས་རྒྱས་ཕུན་ཚོགས།	༢༤༨–༢༥༠	༦	ཕར་མ།	
	༣༢	ཀ	རྗེ་དཀོན་མཆོག་དཔལ་ལྡན་གྱི་རྣམ་ཐར།	སངས་རྒྱས་ཕུན་ཚོགས།	༢༥༠–༢༥༡	༦	ཕར་མ།	
	༣༣	ཀ	ཐར་རྩེ་བ་བྲང་ཏི་པཎ་ཆེ་ནམ་མཁའ་དཔལ་བཟང་གི་རྣམ་ཐར།	སངས་རྒྱས་ཕུན་ཚོགས།	༢༥༡–༢༥༤	༦	ཕར་མ།	
	༣༤	ཀ	ཤར་ཆེན་བྱམས་པ་ཀུན་དགའ་བཀྲ་ཤིས་ཀྱི་རྣམ་ཐར།	སངས་རྒྱས་ཕུན་ཚོགས།	༢༥༤–༢༥༧	༦	ཕར་མ།	
	༣༥	ཀ	རྩེ་གདོང་ཁྲི་ཆེན་འཇམ་དབྱངས་ཀུན་དགའ་བསོད་ནམས་ལྷུན་གྲུབ་ཀྱི་རྣམ་ཐར།	སངས་རྒྱས་ཕུན་ཚོགས།	༢༥༧–༢༥༨	༦	ཕར་མ།	
	༣༦	ཀ	སློབ་ཁང་ནས་མཁས་གྲུབ་དཔལ་ལྡན་དོན་གྲུབ་ཀྱི་རྣམ་ཐར།	སངས་རྒྱས་ཕུན་ཚོགས།	༢༥༨–༢༥༨	༦	ཕར་མ།	
	༣༧	ཀ	བྲང་ཏི་ནམ་མཁའ་སངས་རྒྱས་ཀྱི་རྣམ་ཐར།	སངས་རྒྱས་ཕུན་ཚོགས།	༢༥༩–༢༥༩	༦	ཕར་མ།	
	༣༨	ཀ	ཤར་ཆེན་ཤེས་རབ་འབྱུང་གནས་ཀྱི་རྣམ་ཐར།	སངས་རྒྱས་ཕུན་ཚོགས།	༢༥༩–༢༥༩	༦	ཕར་མ།	

	༣༩	ཀ།	མཁན་ཆེན་ནམ་མཁའ་རིན་ཆེན་གྱི་རྣམ་ཐར།	སངས་རྒྱས་ཕུན་ཚོགས།	༢༥༩–༢༦༠	༦	པར་མ།	
	༤༠	ཀ།	བདག་པོ་རྒྱལ་རྟེ་བ་བྱང་པ་ངག་དབང་བསོད་ནམས་རྒྱལ་མཚན་གྱི་རྣམ་ཐར།	སངས་རྒྱས་ཕུན་ཚོགས།	༢༦༠–༢༦༠	༦	པར་མ།	
	༤༡	ཀ།	དཔལ་ཨེ་ཝཾ་ཆོས་ལྡན་གྱི་གདན་ས་ཉེར་གཅིག་པ་དཔལ་གླིང་ཆོས་རྗེ་བསོད་ནམས་རྒྱ་མཚོའི་རྣམ་ཐར།	སངས་རྒྱས་ཕུན་ཚོགས།	༢༦༠–༢༦༡	༦	པར་མ།	
	༤༢	ཀ།	སྒྲུབ་ཁང་ནས་འཇམ་མགོན་དཔལ་མཆོག་རྒྱལ་མཚན་གྱི་རྣམ་ཐར།	སངས་རྒྱས་ཕུན་ཚོགས།	༢༦༡–༢༦༢	༦	པར་མ།	
	༤༣	ཀ།	འཇམ་དབྱངས་ནམ་མཁའ་དཔལ་བཟང་གི་རྣམ་ཐར།	སངས་རྒྱས་ཕུན་ཚོགས།	༢༦༢–༢༦༢	༦	པར་མ།	
	༤༤	ཀ།	མཁན་ཆེན་ལྷུན་གྲུབ་དཔལ་ལྡན་གྱི་རྣམ་ཐར།	སངས་རྒྱས་ཕུན་ཚོགས།	༢༦༢–༢༦༢	༦	པར་མ།	
	༤༥	ཀ།	སངས་རྒྱས་ཕུན་ཚོགས་ཀྱི་རྣམ་ཐར།	སངས་རྒྱས་ཕུན་ཚོགས།	༢༦༢–༢༦༣	༦	པར་མ།	
	༤༦	ཀ།	བདག་ཆེན་སངས་རྒྱས་བསྟན་འཛིན་གྱི་རྣམ་ཐར།	སངས་རྒྱས་ཕུན་ཚོགས།	༢༦༣–༢༦༣	༦	པར་མ།	
	༤༧	ཀ།	མཁན་ཆེན་ཤེས་བྱ་བཟང་པོའི་རྣམ་ཐར།	སངས་རྒྱས་ཕུན་ཚོགས།	༢༦༣–༢༦༣	༦	པར་མ།	
	༣༣	ཀ།	ཨེ་ཝཾ་པའི་གདན་རབས་རིན་ཆེན་ཕྲེང་མཛེས་ཀྱི་ཁ་སྐོང་རྟོགས་བརྗོད་བྱིན་རླབས་འདོད་དགུའི་དཔལ་སྟེར་ལས་མཁན་ཆེན་འཇམ་པའི་དབྱངས་སངས་རྒྱས་ཕུན་ཚོགས་ཀྱི་རྣམ་ཐར་བཞུགས།	དཔལ་ལྡན་ཆོས་སྐྱོང་།	༢༦༤–༢༧༤	༦	པར་མ།	
	༣༤	ཀ།	མཁན་ཆེན་མཚུངས་མེད་ཤེས་བྱ་"བཟང་པོའི་རྣམ་ཐར།	དཔལ་ལྡན་ཆོས་སྐྱོང་།	༢༧༤–༢༧༥	༦	པར་མ།	
	༣༥	ཀ།	ཚུལ་ཁྲིམས་དཔལ་བཟང་གི་རྣམ་ཐར།	དཔལ་ལྡན་ཆོས་སྐྱོང་།	༢༧༥–༢༧༩	༦	པར་མ།	

	༣༦	ཀ	བྱམས་པ་བསོད་ནམས་བཟང་པོའི་རྣམ་ཐར།	དཔལ་ལྡན་ཆོས་སྐྱོང་།	༢༧༩–༢༨༥	༦	པར་མ།	
	༣༧	ཀ	འཇམ་མགོན་བཀྲ་ཤིས་ལྷུན་གྲུབ་ཀྱི་རྣམ་ཐར།	དཔལ་ལྡན་ཆོས་སྐྱོང་།	༢༨༥–༢༩༠	༦	པར་མ།	
	༣༨	ཀ	འཇམ་མགོན་ཚུལ་ཁྲིམས་ལྷུན་གྲུབ་ཀྱི་རྣམ་ཐར།	དཔལ་ལྡན་ཆོས་སྐྱོང་།	༢༩༠–༢༩༢	༦	པར་མ།	
	༣༩	ཀ	བྱམས་པ་ནམ་མཁའ་བསམ་གྲུབ་ཀྱི་རྣམ་ཐར།	དཔལ་ལྡན་ཆོས་སྐྱོང་།	༢༩༢–༢༩༧	༦	པར་མ།	
	༤༠	ཀ	དགེ་སློང་དཔལ་ལྡན་ཆོས་སྐྱོང་གི་རྣམ་ཐར།	དཔལ་ལྡན་ཆོས་སྐྱོང་།	༢༩༧–༣༠༠	༦	པར་མ།	
	༤༡	ཀ	མཁན་ཆེན་བསོད་ནམས་ལྷུན་གྲུབ་ཀྱི་རྣམ་ཐར།		༣༠༠–༣༠༣	༦	པར་མ།	
	༤༢	ཀ	རིན་ཆེན་མི་འགྱུར་རྒྱལ་མཚན་གྱི་རྣམ་ཐར།	རིན་ཆེན་མི་འགྱུར་རྒྱལ་མཚན།	༣༠༣–༣༡༠	༦	པར་མ།	
	༤༣	ཀ	མཁན་ཆེན་རྡོ་རྗེ་འཛིན་པ་དཀོན་མཆོག་གྲགས་པའི་རྣམ་ཐར།	དགེ་སློང་དཀོན་གྲགས།	༣༡༠–༣༡༣	༦	པར་མ།	
01881	༄ ལམ་འབྲས་བླ་མ་བརྒྱུད་པའི་རྣམ་ཐར། ༼པོད་གཉིས།༽							
	༡	ཁ	དེ་བཞིན་གཤེགས་པ་ཐམས་ཅད་ཀྱི་བགྲོད་པ་གཅིག་པའི་ལམ་གསུང་ངག་རིན་པོ་ཆེའི་བླ་མ་བརྒྱུད་པའི་རྣམ་ཐར་གླེགས་བམ་གཉིས་པ་ལས་རྡོ་རྗེ་འཆང་ཀུན་དགའ་བཟང་པོའི་རྣམ་པར་ཐར་པ་ལེགས་བཤད་ཆུ་བོ་འདུས་པའི་རྒྱ་མཚོ་ཞེས་བྱ་བཞུགས།	སངས་རྒྱས་ཕུན་ཚོགས།	༡–༥༣	༦	པར་མ།	
	༢	ཁ	རྗེ་བཙུན་རྡོ་རྗེ་འཆང་ཀུན་དགའ་བཟང་པོའི་ལམ་འབྲས་ཀྱི་བཀའ་རྒྱ་ཐིམ་པའི་གཟིགས་སྣང་གི་གསལ་བྱེད།	བསོད་ནམས་སེང་གེ།	༥༣–༧༩	༦	པར་མ།	

	༣	ཁ	རྣམ་པར་ཐར་པ་ཁ་སྐོང་བཞུགས་སོ། །		༧༤–༧༧	༦	པར་མ།	
	༤	ཁ	སེམས་དཔའ་ཆེན་པོ་དཀོན་མཆོག་རྒྱལ་མཚན་དཔལ་བཟང་པོའི་རྣམ་པར་ཐར་པ་གསུང་སྒྲོས་མ་བཞུགས་སོ། །	གུང་རུ་ཤེས་རབ་བཟང་པོ།	༧༧–༩༤	༦	པར་མ།	
	༥	ཁ	དཔལ་ལྡན་བླ་མ་དམ་པ་ཀུན་དགའ་དབང་ཕྱུག་པའི་རྣམ་པར་ཐར་པ་རིན་པོ་ཆེའི་འཕྲེང་བ་བཞུགས་སོ། །	གློ་བོ་མཁན་ཆེན།	༩༤–༡༡༡	༦	པར་མ།	
	༦	ཁ	ཆོས་ཀྱི་རྒྱལ་པོ་རིན་པོ་ཆེ་ཀུན་མཁྱེན་བསོད་ནམས་སེང་གེའི་རྣམ་པར་ཐར་པ།	དགེ་སློང་རྡོ་རྗེ་འཛིན་པ་སངས་རྒྱས་རིན་ཆེན།	༡༡༡–༡༢༣	༦	པར་མ།	
	༧	ཁ	ཀུན་མཁྱེན་བསོད་ནམས་སེང་གེའི་རྣམ་ཐར་བསྟོད་ཚིག་བྱིན་རླབས་ཀྱི་འདོད་འཇོ་དད་པ་སྐྱེད་བྱེད་བཞུགས།		༡༢༣–༡༢༨	༦	པར་མ།	
	༨	ཁ	ཀུན་མཁྱེན་བསོད་ནམས་སེང་གེའི་རྣམ་པར་ཐར་པ་དད་པའི་ཞུ་རྒྱུན་སྤེལ་བ་བཞུགས་སོ། །	དགེ་སློང་བྱམས་པ་རབ་བརྟན།	༡༢༨–༡༥༨	༦	པར་མ།	
	༩	ཁ	དྲིན་ཆེན་རྩ་བའི་བླ་མ་འདྲེན་མཆོག་ཆོས་ཀྱི་རྒྱལ་པོའི་རྣམ་པར་ཐར་པ་མདོ་ཙམ་བཤད་པ་ངོ་མཚར་སྣང་བའི་ཉིན་བྱེད་ཅེས་བྱ་བ་བཞུགས་སོ། །	དགེ་སློང་དཀོན་མཆོག་ལྷུན་གྲུབ།	༡༥༨–༡༦༩	༦	པར་མ།	
	༡༠	ཁ	རྗེ་རིན་པོ་ཆེ་དཀོན་མཆོག་འཕེལ་བའི་རྣམ་པར་ཐར་པ་ཡོན་ཏན་མཐའ་ཡས་ཞེས་བྱ་བ་བཞུགས་སོ། །	དགེ་སློང་རྡོ་རྗེ་འཛིན་པ་སངས་རྒྱས་རིན་ཆེན།	༡༦༩–༡༨༦	༦	པར་མ།	
	༡༡	ཁ	དཔལ་ཆོས་ཀྱི་རྗེ་སངས་རྒྱས་རིན་ཆེན་དཔལ་བཟང་པོའི་རྣམ་པར་ཐར་པ་དགེ་ལེགས་རིན་པོ་ཆེའི་གཏེར་ཞེས་བྱ་བ་བཞུགས་སོ། །	ཨ་མེས་ཀུན་དགའ་བསོད་ནམས།	༡༨༦–༢༠༩	༦	པར་མ།	

	༡༢	ཁ	རྗེ་བཙུན་སངས་རྒྱས་རིན་ཆེན་གྱི་རྣམ་ཐར་ཁ་སྐོང་ངོ་མཚར་ཨུཏྤ་ལའི་ཆུན་པོ་ཞེས་བྱ་བ་བཞུགས་སོ། །	ས་སྐྱ་ལོ་ཙཱ་བ་འཇམ་དབྱངས་ཀུན་དགའ་བསོད་ནམས་གྲགས་པ་རྒྱལ་མཚན་དཔལ་བཟང་པོ།	༢༠༤–༢༠༨	༦	པར་མ།	
	༡༣	ཁ	རྗེ་བཙུན་དམ་པ་སངས་རྒྱས་རིན་ཆེན་དཔལ་བཟང་པོའི་རྣམ་པར་ཐར་པ་དད་པ་སྐྱེད་བྱེད་ཅེས་བྱ་བ་བཞུགས་སོ། །		༢༠༨–༢༤༤	༦	པར་མ།	
	༡༤	ཁ	དཔལ་ལྡན་བླ་མ་དམ་པ་རྒྱལ་བ་ལྷ་མཆོག་སེང་གེ་པའི་རྣམ་པར་ཐར་པ་དད་པའི་ཆར་འབེབས་ཞེས་བྱ་བ་བཞུགས་སོ། །	བྲང་ཏི་ནམ་མཁའ་དཔལ་བཟང་།	༢༤༤–༢༦༣	༦	པར་མ།	
	༡༥	ཁ	རྗེ་བཙུན་དཀོན་མཆོག་ལྷུན་གྲུབ་ཀྱི་རྣམ་ཐར་འདོད་དགུའི་དཔལ་འབྱུང་གི་རྣམ་བཤད་འདོད་དགུའི་ཆུ་གཏེར།	དགེ་སློང་དཀོན་མཆོག་དཔལ་ལྡན།	༢༦༣–༢༨༧	༦	པར་མ།	
	༡༦	ཁ	རྗེ་བཙུན་བླ་མ་དམ་པ་ངོར་ཆེན་དཀོན་མཆོག་ལྷུན་གྲུབ་ཀྱི་རྣམ་པར་ཐར་པ་རབ་སྙན་ལྷའི་རྔ་དབྱངས་ཞེས་བྱ་བ།		༢༨༧–༣༠༨	༦	པར་མ།	
	༡༧	ཁ	རྗེ་བཙུན་མཁྱེན་རབ་ཀྱི་དབང་ཕྱུག་དཔལ་ལྡན་བླ་མ་དམ་པ་སངས་རྒྱས་སེང་གེའི་རྣམ་པར་ཐར་པ་དད་པའི་མེ་ཏོག་གི་འཕྲེང་བ་ཞེས་བྱ་བ།	བྲང་ཏི་ནམ་མཁའ་དཔལ་བཟང་།	༣༠༨–༣༤༥	༦	པར་མ།	
	༡༨	ཁ	དྲིན་ཅན་རྩ་བའི་བླ་མ་དམ་པ་ཆོས་ཀྱི་རྗེ་ཤེས་རབ་རྒྱལ་མཚན་པའི་རྣམ་པར་ཐར་པ་དད་པའི་རྒྱ་མཚོ་རིན་པོ་ཆེའི་ལྡོན་ཤིང་ཞེས་བྱ་བ།	བྲང་ཏི་ནམ་མཁའ་དཔལ་བཟང་།	༣༤༥–༣༦༦	༦	པར་མ།	
	༡༩	ཁ	མཚུངས་མེད་ཆོས་རྗེ་དཔལ་ལྡན་རྡོ་རྗེའི་རྣམ་ཐར།	ཤར་མི་ཉག་པཎྜི་ཏ་གྲགས་པ་རྡོ་རྗེ།	༣༦༧–༣༨༢	༦	པར་མ།	

	༡༠	ཁ	དཔལ་ཆོས་ཀྱི་རྗེ་རྗེ་བཙུན་ཐམས་ཅད་མཁྱེན་པ་དགོན་མཆོག་དཔལ་ལྡན་གྱི་རྣམ་པར་ཐར་པ་དངོས་གྲུབ་ཀྱི་གཏེར་ཆེན་ཞེས་བྱ་བ་བཞུགས་སོ། །	བྱམས་པ་ཀུན་དགའ་བཀྲ་ཤིས་གྲགས་པ་རྒྱལ་མཚན་དཔལ་བཟང་པོ།	༣༩༣–༤༥༥	༦	པར་མ།	
01882	༈ ལམ་འབྲས་བླ་མ་བརྒྱུད་པའི་རྣམ་ཐར། (པོད་གསུམ་པ།)							
	༡	ག	དེ་བཞིན་གཤེགས་པ་ཐམས་ཅད་ཀྱི་བགྲོད་པ་གཅིག་པའི་ལམ་གསུང་ངག་རིན་པོ་ཆེའི་བླ་མ་བརྒྱུད་པའི་རྣམ་ཐར་གླེགས་བམ་གསུམ་པ་ལས་ནམ་མཁའ་དཔལ་བཟང་པོའི་རྣམ་པར་ཐར་པ་བྱིན་རླབས་སྤྲུར་དུ་འཇུག་པའི་ཐོ་ཤ་ཞེས་བྱ་བ་ཁ་སྐོང་དང་བཅས་པ་བཞུགས།	བསོད་ནམས་ཤེས་རབ།	༡–༢༨	༦	པར་མ།	
	༢	ག	དཔལ་ཆོས་ཀྱི་རྗེ་འཇིག་རྟེན་གསུམ་གྱི་ཡོངས་སུ་འདྲེན་པ་ཤར་ཆེན་ཆོས་ཀྱི་རྒྱལ་པོ་ཡོན་ཏན་རྒྱ་མཚོ་གསལ་བར་བྱེད་པའི་རྣམ་པར་ཐར་པ་ཡེ་ཤེས་ཆེན་པོའི་སྒྲུ་དབྱངས་ཞེས་བྱ་བ།	ངག་དབང་བརྟན་པའི་བློ་གྲོས།	༢༨–༦༩	༦	པར་མ།	
	༣	ག	ཆོས་ཀྱི་རྗེ་དཔལ་ལྡན་དོན་གྲུབ་ཀྱི་རྣམ་པར་ཐར་པ་དད་པའི་གསལ་འདེབས་ཞེས་བྱ་བ།།	མདོ་ཁམས་ཀྱི་བཙུན་པ་ངག་དབང་བརྟན་པའི་རྡོ་རྗེ།	༦༩–༧༣	༦	པར་མ།	
	༤	ག	དཔལ་ལྡན་བླ་མ་དམ་པ་བྲང་ཏི་ནམ་མཁའ་སངས་རྒྱས་ཀྱི་རྣམ་ཐར་འཕྲོས་དང་བཅས་པ་བྱིན་རླབས་ཆུ་རྒྱུན་ཞེས་བྱ་བ་བཞུགས་སོ། །	སངས་རྒྱས་ཕུན་ཚོགས།	༧༣–༨༨	༦	པར་མ།	
	༥	ག	ཤར་ཆེན་ཆོས་ཀྱི་རྒྱལ་པོ་འཇམ་མགོན་ཤེས་རབ་འབྱུང་གནས་ཀྱི་རྣམ་པར་ཐར་པ་དགེ་ལེགས་ངོ་མཚར་ལྡན་པོ་ཞེས་བྱ་བ་བཞུགས་སོ། །	བྱ་བྲལ་དགེ་སློང་ངག་དབང་བསོད་ནམས།	༨༨–༡༠༧	༦	པར་མ།	
	༦	ག	རྒྱལ་རྩེ་བ་དགེ་སློང་ཀུ་ས་ལི་བྱ་བྲལ་ངག་དབང་བསོད་ནམས་རྒྱལ་མཚན་གྱི་རྟོགས་བརྗོད་དགེ་སྦྱོར་གསར་འཕེལ་བཞུགས་སོ། །	སངས་རྒྱས་ཕུན་ཚོགས།	༡༠༧–༡༢༡	༦	པར་མ།	
	༧	ག	འདྲེན་མཆོག་ཆོས་ཀྱི་རྒྱལ་པོ་བསོད་ནམས་རྒྱ་མཚོའི་རྣམ་པར་ཐར་པ་ཡོན་ཏན་རྒྱ་མཚོ་ཞེས་བྱ་བ།	དགེ་སློང་ལྷུན་གྲུབ་དཔལ་ལྡན།	༡༢༡–༡༥༢	༦	པར་མ།	

	༨	ག	རྡོ་བཙུན་དམ་པ་དཔལ་མཆོག་རྒྱལ་མཚན་པའི་རྣམ་པར་ཐར་པ་དད་པའི་གསལ་འདེབས་ཞེས་བྱ་བ་བཞུགས་སོ། །	སངས་རྒྱས་ཕུན་ཚོགས།	༡༥༢–༡༦༢	༦	པར་མ།	
	༩	ག	མཁན་ཆེན་རྡོ་རྗེ་འཆང་ལྷུན་གྲུབ་དཔལ་ལྡན་གྱི་རྣམ་པར་ཐར་པ་ལེགས་བྱས་དཔལ་གྱི་དགའ་སྟོན་ཞེས་བྱ་བ་ཁ་སྐོང་དང་བཅས་པ།	ཤེས་རབ་བཟང་པོ།	༡༦༣–༡༧༨	༦	པར་མ།	
	༡༠	ག	བྱ་བྲལ་བ་སངས་རྒྱས་ཕུན་ཚོགས་ཀྱི་སྐྱོང་བ་བརྗོད་པ་ངེས་འབྱུང་གཏམ་གྱི་རོལ་མཚོ་ཞེས་བྱ་བ།		༡༧༨–༢༢༦	༦	པར་མ།	
	༡༡	ག	འཇམ་པའི་དབྱངས་སངས་རྒྱས་ཕུན་ཚོགས་བཀྲ་ཤིས་གྲགས་པ་རྒྱལ་མཚན་དཔལ་བཟང་པོའི་རྣམ་པར་ཐར་པ་ཐུབ་བསྟན་སྣང་བའི་ཉིན་བྱེད་ཅེས་བྱ་བ།	མཁན་ཆེན་འཇམ་པའི་དབྱངས་བྱམས་པ་ཚུལ་ཁྲིམས་དཔལ་བཟང་པོ།	༢༢༦–༢༦༩	༦	པར་མ།	
	༡༢	ག	དཔལ་ལྡན་སྟོབས་བཅུ་མངའ་བའི་དབང་ཕྱུག་སྲས་དང་བཅས་པ་ཐམས་ཅད་ཀྱི་མཁྱེན་བརྩེ་ནུས་པ་གཅིག་ཏུ་བསྡུས་པའི་ངོ་བོ་མཁན་ཆེན་འཇམ་པའི་དབྱངས་བྱམས་པ་ཚུལ་ཁྲིམས་དཔལ་བཟང་པོའི་ཞལ་སྔ་ནས་ཀྱི་སྐུ་གསུང་ཐུགས་ཀྱི་གསང་བ་སྨད་དུ་བྱུང་བ་མདོར་བསྡུས་ཏེ་སྤེལ་བ་དད་པའི་པད་དཀར་ཞེས་པའི་ཟླ་ཟེར་ཞེས་བྱ་བ།	ཚུལ་ཁྲིམས་རིན་ཆེན།	༢༦༩–༢༨༣	༦	པར་མ།	
	༡༣	ག	ཐམས་ཅད་མཁྱེན་པ་བཀྲ་ཤིས་ལྷུན་གྲུབ་པའི་ཆེ་བའི་ཡོན་ཏན་གྱི་མེ་ཏོག་རབ་ཏུ་བཀྲ་བའི་རྣམ་པར་ཐར་པ་དཔག་བསམ་གྱི་ལྗོན་པ་ཞེས་བྱ་བ།	ཚུལ་ཁྲིམས་རིན་ཆེན།	༢༨༣–༣༧༩	༦	པར་མ།	
	༡༤	ག	མཁན་ཆེན་སངས་རྒྱས་དཔལ་བཟང་གི་རྣམ་པར་ཐར་པ་ཡོན་ཏན་རྒྱ་མཚོ་ཞེས་བྱ་བ་བཞུགས་སོ། །	དགེ་སློང་དཔལ་ལྡན་ཆོས་སྐྱོང་།	༣༧༩–༣༨༩	༦	པར་མ།	
01883	༄ གཟིམས་འོག་བསྟན་འཛིན་སྙན་གྲགས་གསུང་འབུམ། ༼ཁྲིས་པོད་གཅིག༽							

	༡		དཔལ་གསང་བའི་བདག་པོ་འབྱུང་པོ་འདུལ་བྱེད་ཀྱི་བསྐྱེད་རིམ་ལ་བརྟེན་པའི་དམིགས་ཁྲིད་བློ་ངན་འཐིབས་པའི་མུན་པ་སེལ་བའི་ཉི་མ་གསར་པ་ཞེས་བྱ་བ་བཞུགས་སོ། །	གཟིམས་འོག་བསྟན་འཛིན་སྣན་གྲགས།	༡༥	༦	དཔེ་རྩུགས།	
	༢		གསུང་ངག་རིན་པོ་ཆེ་སློབ་བཤད་འཛམ་མགོན་མཁྱེན་བརྩེའི་དགོངས་རྒྱན་གྲོལ་ལམ་མཐར་ཕྱིན་ཞེས་བྱ་བ་བཞུགས་སོ། །	གཟིམས་འོག་བསྟན་འཛིན་སྣན་གྲགས།	༤༩	༦	དཔེ་རྩུགས།	
01884	༄ ཁྲང་ཧི་ནམ་མཁའ་དཔལ་བཟང་གི་གསུང་འབུམ། ༼པོད་དང་པོ།༽							
	༡		འདི་ན་གྲུབ་ཆེན་ཨ་ཧྺ་ཡའི། །འདིར་ཕྲེང་སྒྲུབ་དཀྱིལ་མཛེས་རྒྱན་བཞུགས།། འདི་ལ་སློབ་པར་འདོད་རྣམས་ཀྱིས། །འདི་སྔོན་རྒྱུད་སྡེའི་རྣམ་གཞག་རྣམས། ། འདིར་ངེས་ས་བཅད་ཚོས་དང་ནི། །འདི་གཞུང་དཀྱུས་བཞག་བསམ་དོན་སེར། ། འདི་དོན་ཚོ་གའི་རྣམ་དབྱེ་རྣམས། །འདི་ལྟར་བྱས་པས་འབྲུལ་མེད་རྟོགས། །	ཁྲང་ཧི་ནམ་མཁའ་དཔལ་བཟང་།	༢༩༣	༦	དཔེ་རྩུགས།	
	༢		གདོན་འགྲོལ་གྱི་ཚོ་ག་རིན་ཆེན་འཕྲེང་མཛེས་ཞེས་བྱ་བ་བཞུགས་སོ། ། རྒྱལ་སྲས་འཛིགས་མེད་ཀྱི་དཔེའོ། །	ཁྲང་ཧི་ནམ་མཁའ་དཔལ་བཟང་།	༢༢	༦	དཔེ་རྩུགས།	
	༣		བརྟག་པ་ཕྱི་མའི་དལ་གྱི་ཚོ་ག་བཞུགས་སོ། །	ཁྲང་ཧི་ནམ་མཁའ་དཔལ་བཟང་།	༡༣	༨	དཔེ་རྩུགས།	
	༤	༼ཏི༽ ནང་ ཏ	དཔལ་ཀྱི་རྡོ་རྗེའི་ལས་བཞིའི་སྦྱིན་སྲེག་གི་ཕྱག་ལེན་ནམ་མཁའ་དཔལ་བཟང་གིས་མཛད་པ་བཞུགས་སོ། །	ཁྲང་ཧི་ནམ་མཁའ་དཔལ་བཟང་།	༨	༦	དཔེ་རྩུགས།	
	༥	༡༨ ཨེ་ཝཾ	ལམ་ཟབ་བླ་མའི་རྣལ་འབྱོར་གྱི་བྱིན་རླབས་ཀྱི་ཚོ་ག་བཞུགས་སོ། །	ཁྲང་ཧི་ནམ་མཁའ་དཔལ་བཟང་།	༡༨	༦	དཔེ་རྩུགས།	
	༦		ཚེ་དཔག་མེད་འཆི་མེད་རྔ་སྒྲའི་དཀྱིལ་འཁོར་གྱི་ཚོ་གའི་ཐོ་ཡིག་འཆི་མེད་བདུད་རྩིའི་ཆར་འབེབས་བཞུགས་སོ། །	ཁྲང་ཧི་ནམ་མཁའ་དཔལ་བཟང་།	༡༠–༡༩	༦	དཔེ་རྩུགས།	

	༧		ཚེ་དཔག་མེད་ཀྱི་དབང་གི་ཆོ་ག་འཆི་མེད་འདོད་རྒྱུའི་ཆར་འབེབས་བཞུགས།	ཁྲང་ཧི་ནམ་མཁའ་དཔལ་བཟང་།	༧	༨	དཔེ་ཚུགས།	
	༨		ཀུན་རིག་རྣ་བའི་དཀྱིལ་འཁོར་དུ་དབང་བསྐུར་བའི་མཚམས་སྦྱོར་གཞན་ཕན་མཐའ་ཡས་མཛེས་པར་བྱེད་པའི་རྒྱན་ཞེས་བྱ་བ་བཞུགས་སོ། །	ཁྲང་ཧི་ནམ་མཁའ་དཔལ་བཟང་།	༣༨	༨	དཔེ་ཚུགས།	
	༩	ཏྲི ༡༧	ཀྱི་རྡོ་རྗེའི་རབ་གནས་ཀྱི་རྟེན་བསྐྱེད་ཀྱི་ཆོ་གའི་གསལ་བྱེད་བསོད་ནམས་རྒྱ་མཚོ་ཞེས་བྱ་བ་བཞུགས་སོ། །	ཁྲང་ཧི་ནམ་མཁའ་དཔལ་བཟང་།	༡༠	༧	དཔེ་ཚུགས།	༦. མ་ཚང་།
	༡༠		རིགས་གསུམ་སྤྱིའི་དཀྱིལ་འཁོར་གྱི་ཆོ་ག་ཕྲིན་ལས་ལྷུན་གྲུབ་ཅེས་བྱ་བ་བཞུགས་སོ། །	ཁྲང་ཧི་ནམ་མཁའ་དཔལ་བཟང་།	༡༨	༧	དཔེ་ཚུགས།	
	༡༡		རྣལ་འབྱོར་གྱི་དབང་ཕྱུག་བིརྺ་པའི་བསྲུང་བ་ཐུན་མོང་བའི་བྱིན་རླབས་བྱ་ཚུལ་བཞུགས་སོ། །	ཁྲང་ཧི་ནམ་མཁའ་དཔལ་བཟང་།	༧	༧	དཔེ་ཚུགས།	
01885	༄ ཁྲང་ཧི་ནམ་མཁའ་དཔལ་བཟང་གི་གསུང་འབུམ། (པོད་གཉིས་པ།)							
	༡	ཏྲིཾ་ ས འབྲས	རབ་གནས་མདོར་བསྡུས་པའི་ལག་ལེན་བཞུགས་སོ། །	ཁྲང་ཧི་ནམ་མཁའ་དཔལ་བཟང་།	༡༣	༧	དཔེ་ཚུགས།	
	༢	(ནེ) རང ཤ	རྗེ་བཙུན་རྡོ་རྗེ་རྣལ་འབྱོར་མ་ནཱ་རོ་མཁའ་སྤྱོད་ཀྱི་བྱིན་བརླབས་བྱ་ཚུལ་མཐོང་བ་དོན་ལྡན་མ་ཞེས་བྱ་བ་བཞུགས་སོ། །	ཁྲང་ཧི་ནམ་མཁའ་དཔལ་བཟང་།	༡༦	༥	དཔེ་ཚུགས།	
	༣	ཧཱུཾ་ ༢༡ འབྲས	སངས་རྒྱས་སྨན་བླ་མཆེད་བདུན་གྱི་རྗེས་གནང་བྱ་ཚུལ་བཀླགས་ཆོག་དོན་གྲུབ་བསམ་འཕེལ་ཞེས་བྱ་བ་བཞུགས་སོ། །	ཁྲང་ཧི་ནམ་མཁའ་དཔལ་བཟང་།	༡༠	༥	བྲིས་མ་དབུ་ཅེན།	
	༤	འབྲས	དབྱངས་ཅན་ལྷ་མོའི་སྒྲུབ་ཐབས་རྗེས་གནང་བྱ་ཚུལ་བཞུགས་སོ། ། རྒྱལ་སྲས་འཛིགས་མེད་ཀྱི་དཔེའོ། །	ཁྲང་ཧི་ནམ་མཁའ་དཔལ་བཟང་།	༧	༥	བྲིས་མ་དབུ་ཅེན།	

	༥	(ཨུ) ནང ཨ	ལྷ་མོ་སྣ་ཚོགས་ཡུམ་གྱི་སྒྲུབ་ཐབས་རྗེས་གནང་དང་བཅས་པ་བཞུགས་སོ། །	བྲང་ཏི་ནམ་མཁའ་དཔལ་བཟང་།	༨	༦	དཔེ་རྩུགས།	
	༦	ཀྲ་ ༨	དཔལ་མགོན་ཏྲག་ཤད་ལྕམ་དྲལ་འཁོར་དང་བཅས་པའི་གཏོར་ཆོག་རྗེས་གནང་བྱ་ཚུལ་བཀླག་པས་དོན་གྲུབ་མཛེས་པར་བྱེད་པའི་རྒྱན་ཞེས་བྱ་བ་བཞུགས་སོ། ། རྒྱལ་སྲས་འཇིགས་མེད་ཀྱི་དཔེའོ། །	བྲང་ཏི་ནམ་མཁའ་དཔལ་བཟང་།	༡༡	༧	དཔེ་རྩུགས།	
	༧	ཚེ ༡༦༥	མགོན་པོ་སྟག་ཞོན་འཁོར་དང་བཅས་པའི་གཏོར་ཆོག་བཞུགས།	བྲང་ཏི་ནམ་མཁའ་དཔལ་བཟང་།	༡༠	༦	དཔེ་རྩུགས།	
	༨	ཙ་ཀྲ ༦༥ (ལྷུགས)ཚོས	སེང་གེའི་གདོང་ཅན་དམར་མོའི་སྒྲུབ་ཐབས་རྗེས་གནང་བྱ་ཚུལ་བཞུགས་སོ། །	བྲང་ཏི་ནམ་མཁའ་དཔལ་བཟང་།	༥	༦	དཔེ་རྩུགས།	
	༩	(༧༩)	གྲུབ་ཆེན་དྲིལ་བུ་ལུགས་ཀྱི་འཁོར་ལོ་སྡོམ་པའི་སྒྲུབ་ཐབས་གསང་བའི་ཉེ་ལམ་བཞུགས་སོ། །	བྲང་ཏི་ནམ་མཁའ་དཔལ་བཟང་།	༨	༥	དཔེ་རྩུགས།	
	༡༠	ཚེ ༡༡༡	གསེར་ཆོས་ལྷ་མོ་ཧི་ནུ་མའི་མངོན་རྟོགས་དང་རྗེས་གནང་བཅས་པ་བཞུགས་སོ། །	བྲང་ཏི་ནམ་མཁའ་དཔལ་བཟང་།	༡༡	༧	དཔེ་རྩུགས།	
	༡༡	ཏ ཙ ༦༢	མགོན་པོ་བེང་དམར་གྱི་རྗེས་གནང་གི་ལྷན་ཐབས་བཞུགས་སོ། །	བྲང་ཏི་ནམ་མཁའ་དཔལ་བཟང་།	༢	༧	དཔེ་རྩུགས།	
	༡༢	ག ཀྲ ༩༨	མགོན་པོ་བེང་དམར་གྱི་རྗེས་གནང་གི་ལྷན་ཐབས་བཞུགས་སོ། །	བྲང་ཏི་ནམ་མཁའ་དཔལ་བཟང་།	༢	༥	དཔེ་རྩུགས།	
	༡༣		དཔལ་ཡེ་ཤེས་མགོན་པོ་བེང་ཆེན་དམར་པོའི་གཏོར་ཆོག་ཕྲིན་ལས་མྱུར་འགྲུབ་བཞུགས་སོ། །	བྲང་ཏི་ནམ་མཁའ་དཔལ་བཟང་།	༩	༥	དཔེ་རྩུགས།	

	༡༣	༼བ༽ ༡༦ ཕྱུན	དཔལ་ཡེ་ཤེས་ཀྱི་མགོན་པོ་ཕྱག་བཞི་པའི་རྗེས་གནང་བྱ་ཚུལ་བཀླགས་པས་དོན་འགྲུབ་བཞུགས་སོ། །	བྲང་ཏི་ནམ་མཁའ་དཔལ་བཟང་།	༧	༧	དཔེ་ཚུགས།	
	༡༤	ག ཚ ༡	སློབ་དཔོན་ཨ་བྷྱ་ཀ་རའི་དབང་གི་ཟིན་བྲིས་ནོར་བུའི་ཕྲེང་ལྡན་བཞུགས་སོ། །	བྲང་ཏི་ནམ་མཁའ་དཔལ་བཟང་།	༦༨	༧	དཔེ་ཚུགས།	
	༡༥	༼ཐ	སྒྲུབ་ཐབས་རྒྱ་མཚོའི་གཞུང་དོན་གྱི་ལག་ལེན་གསལ་བར་སྟོན་པའི་རིན་པོ་ཆེའི་སྒྲོན་མེ་ཞེས་བྱ་བ་བཞུགས་སོ། །	བྲང་ཏི་ནམ་མཁའ་དཔལ་བཟང་།	༥༥	༧	དཔེ་ཚུགས།	
	༡༦	༼ཏ༽ ༼དཔལ་དཔེ༽	སྒྲུབ་ཐབས་རྒྱ་མཚོ་ནས་བཤད་པའི་ལྷ་ཚོགས་རྣམས་ཀྱི་མངོན་རྟོགས་རྗེས་གནང་གི་ཚིག་དང་བཅས་པའི་ཐོ་ཡིག་དོན་འགྲེལ་འདོད་དགུའི་ལྗོན་ཤིང་རིན་པོ་ཆེའི་སྙེ་མ་ན་མ་རསྨི།	བྲང་ཏི་ནམ་མཁའ་དཔལ་བཟང་།	༦༩	༨	དཔེ་ཚུགས།	
	༡༧	༼ཞ༽	སྦྱོང་རྒྱུད་ནས་གསུང་པའི་དཀྱིལ་འཁོར་བཅུ་གཉིས་ཀྱི་དབང་ཆོག་གཞན་ཕན་རྒྱ་མཚོ་བཞུགས་སོ། །	བྲང་ཏི་ནམ་མཁའ་དཔལ་བཟང་།	༧༧	༦	དཔེ་ཚུགས།	ཤོག་གྲངས་ ༩༨ཆད།
	༡༨		འཁོར་ལོ་བདེ་མཆོག་གི་ལམ་རིམ་གྱི་ལུང་སྦྱར་བཞུགས་སོ། །	བྲང་ཏི་ནམ་མཁའ་དཔལ་བཟང་།	༥༦	༧	མཁྱུགས་མ་ཚུགས།	
	༢༠		འཇམ་དབྱངས་དཀར་པོའི་སྒྲུབ་ཐབས་རྗེས་གནང་དང་བཅས་པ་བཞུགས་སོ། །	བྲང་ཏི་ནམ་མཁའ་དཔལ་བཟང་།	༦	༧	དཔེ་ཚུགས།	
01886	༄ བླ་མ་དམ་པ་བསོད་ནམས་རྒྱལ་མཚན་གྱི་གསུང་འབུམ། ༼པོད་དང་པོ							
	༡	འབྲས	ལམ་འབྲས་བུ་དང་བཅས་པའི་གདམས་ངག་གི་རྣམ་པར་བཤད་པ་མན་ངག་གི་མཛོད་བཞུགས་ལགས་སོ། །	བླ་མ་དམ་པ་བསོད་ནམས་རྒྱལ་མཚན།	༢༡༦	༧	དཔེ་ཚུགས།	
	༢		ལམ་འབྲས་བུ་དང་བཅས་པའི་བླ་མ་བརྒྱུད་པའི་རྣམ་པར་ཐར་པ་ངོ་མཚར་སྣང་བ་བཞུགས་སོ། །	བླ་མ་དམ་པ་བསོད་ནམས་རྒྱལ་མཚན།	༧༩	༦	དཔེ་ཚུགས།	རལ་སྐྱོན་ཆེ།

	༣		ལམ་འབྲས་བུ་དང་བཅས་པའི་གཞུང་འཁྲིད་སྨས་པའི་དོན་གསལ་བཞུགས་སོ། །	བླ་མ་དམ་པ་བསོད་ནམས་རྒྱལ་མཚན།	༥༣	༦	དཔེ་ཚུགས།	༤༠. ༤༡. ཆད། རལ་སྐྱོན་ཆེ།
	༤		དཔལ་ཀྱེའི་རྡོ་རྗེའི་རྒྱ་ཆེར་འགྲེལ་པ་རྒྱུད་དོན་བདེ་བླག་ཏུ་རྟོགས་བྱ་བཞུགས་སོ། །	བླ་མ་དམ་པ་བསོད་ནམས་རྒྱལ་མཚན།	༡༥༧	༨	དཔེ་ཚུགས།	རལ་སྐྱོན་ཡོད།
	༥		དཔལ་མགོན་པོ་ལྷམ་དྲལ་གྱི་རྗེས་གནང་གི་བརྗེད་བྱང་བཞུགས་སོ། ། ཡི་གེ་པ་ནི་རྡོ་ཚ་པྲ་ཛྙས་བྲིས། མངྒ་ལཾ།	བླ་མ་དམ་པ་བསོད་ནམས་རྒྱལ་མཚན།	༥	༧	དཔེ་ཚུགས།	ཤོག་གྲངས་༢པ་ཆད།
	༦	ཛ	དཔལ་དུས་ཀྱི་འཁོར་ལོའི་དཀྱིལ་འཁོར་གྱི་ཆོ་ག་རྒྱུད་དོན་གསལ་བ་ཞེས་བྱ་བ་བཞུགས།	བླ་མ་དམ་པ་བསོད་ནམས་རྒྱལ་མཚན།	༣༣	༧	དཔེ་ཚུགས།	
01887	༄ བླ་མ་དམ་པ་བསོད་ནམས་རྒྱལ་མཚན་གྱི་གསུང་འབུམ། ༼པོད་གཉིས་པ།༽							
	༡	ཕྱི ཕ ༥༢༡	དཔལ་རྡོ་རྗེ་གཞོན་ནུའི་དཀྱིལ་འཁོར་དུ་དབང་བསྐུར་བའི་ཆོ་ག་རྟོགས་པར་སླ་བ་བཞུགས་སོ། །	བླ་མ་དམ་པ་བསོད་ནམས་རྒྱལ་མཚན།	༣༡	༨	དཔེ་ཚུགས།	ཤོག་གྲངས་༢༡. ༢༨. ཆད།
	༢		རྡོ་རྗེ་ཕུར་པའི་དཀྱིལ་འཁོར་གྱི་ཆོ་གའི་རིམ་པ་རྟོགས་པར་སླ་བ་ཞེས་བྱ་བ་བཞུགས་སོ། །	བླ་མ་དམ་པ་བསོད་ནམས་རྒྱལ་མཚན།	༢༦	༧	དཔེ་ཚུགས།	
	༣		རྡོ་རྗེ་ཕུར་པའི་དྲག་པོའི་སྦྱིན་ལས་ཀྱི་རྗེས་སུ་གནང་བའི་ཆོ་ག་བཞུགས་སོ། །	བླ་མ་དམ་པ་བསོད་ནམས་རྒྱལ་མཚན།	༡༣	༦	དཔེ་ཚུགས།	
	༤		བྱང་ཆུབ་སེམས་དཔའི་སྤྱོད་པ་ལ་འཇུག་པའི་རྣམ་བཤད་དགོངས་པ་ངེས་གསལ་བཞུགས་སོ། །	བླ་མ་དམ་པ་བསོད་ནམས་རྒྱལ་མཚན།	༡༥༧	༨	དཔེ་ཚུགས།	
	༥	ཨང་ ༥༨༥	རྡོ་རྗེ་དབྱིངས་ཀྱི་དཀྱིལ་འཁོར་གྱི་ཆོ་ག་བླ་མ་དམ་པ་བསོད་ནམས་རྒྱལ་མཚན་པས་མཛད་པ་བཞུགས་སོ། །	བླ་མ་དམ་པ་བསོད་ནམས་རྒྱལ་མཚན།	༩༠	༦	དཔེ་ཚུགས།	

	༦		བླ་མ་དམ་པའི་གསུང་བཞུགས་སོ། །	བླ་མ་དམ་པ་བསོད་ནམས་རྒྱལ་མཚན།	༣༧	༨	དཔེ་ཚུགས།	༡. ༢. ༨. ༡༦. ༡༨. ༢༥. ༢༦. ༢༧བཅས་མ་ཚང་།
	༧		ཀྱེ་རྡོ་རྗེའི་དབང་ཆུ་བཞུགས་སོ། །	བླ་མ་དམ་པ་བསོད་ནམས་རྒྱལ་མཚན།	༦༣	༦	དཔེ་ཚུགས།	
01888	༄ བླ་མ་དམ་པ་བསོད་ནམས་རྒྱལ་མཚན་གྱི་གསུང་འབུམ། ༼པོད་གསུམ་པ།༽							
	༡	ཨ	དཔལ་ལྡན་བླ་མ་དམ་པས་མཛད་པའི་དྲི་མེད་འོད་ཀྱི་ཊཱི་ཀཱ་ཆེན་མོ་ལས་ལེའུ་དང་པོ་བཞུགས།	བླ་མ་དམ་པ་བསོད་ནམས་རྒྱལ་མཚན།	༢༧༡	༧	དཔེ་ཚུགས།	
	༢	ཨི	དཔལ་ལྡན་བླ་མ་དམ་པས་མཛད་པའི་དྲི་མེད་འོད་ཀྱི་ཊཱི་ཀཱ་ཆེན་མོ་ལས་ལེའུ་གཉིས་པ་བཞུགས།	བླ་མ་དམ་པ་བསོད་ནམས་རྒྱལ་མཚན།	༡༣༥	༧	དཔེ་ཚུགས།	
01889	༄ བླ་མ་དམ་པ་བསོད་ནམས་རྒྱལ་མཚན་གྱི་གསུང་འབུམ། ༼པོད་བཞི་པ།༽							
	༡	རི	དཔལ་ལྡན་བླ་མ་དམ་པས་མཛད་པའི་དྲི་མེད་འོད་ཀྱི་ཊཱི་ཀ་ཆེན་མོ་ལས་ལེའུ་གསུམ་པ་བཞུགས།	བླ་མ་དམ་པ་བསོད་ནམས་རྒྱལ་མཚན།	༡༥༨	༧	དཔེ་ཚུགས།	
	༢	ཨུ	དཔལ་ལྡན་བླ་མ་དམ་པས་མཛད་པའི་དྲི་མེད་འོད་ཀྱི་ཊཱི་ཀ་ཆེན་མོ་ལས་ལེའུ་བཞི་པ་བཞུགས།	བླ་མ་དམ་པ་བསོད་ནམས་རྒྱལ་མཚན།	༡༢༠	༧	དཔེ་ཚུགས།	
	༣	ལི	དཔལ་ལྡན་བླ་མ་དམ་པས་མཛད་པའི་དྲི་མེད་འོད་ཀྱི་ཊཱི་ཀ་ཆེན་མོ་ལས་ལེའུ་ལྔ་པ་བཞུགས།	བླ་མ་དམ་པ་བསོད་ནམས་རྒྱལ་མཚན།	༢༣༠	༧	དཔེ་ཚུགས།	
01890	༄ བླ་མ་དམ་པ་བསོད་ནམས་རྒྱལ་མཚན་གྱི་གསུང་འབུམ། ༼པོད་ལྔ་པ།༽							
	༡		སྦྱོར་བ་ཡན་ལག་དྲུག་གི་སྤྱིའི་བསྙེན་པའི་ཡན་ལག་ཐར་ལ་གསལ་བའི་སྒྲོན་མེ།	བླ་མ་དམ་པ་བསོད་ནམས་རྒྱལ་མཚན།	༧	༧	དཔེ་ཚུགས།	

	༢		ཐོག་མར་དགེ་བའི་ཁྲིད་ཡིག་སྟོང་ཉིད་གསལ་སྒྲོན།	བླ་མ་དམ་པ་བསོད་ནམས་རྒྱལ་མཚན།	༩	༧	དཔེ་ཚུགས།	
	༣		བར་དུ་དགེ་བའི་ཁྲིད་ཡིག་སྲོག་འཛིན་གསལ་བའི་སྒྲོན་མེ།	བླ་མ་དམ་པ་བསོད་ནམས་རྒྱལ་མཚན།	༡༠	༧	དཔེ་ཚུགས།	
	༤		ཐ་མར་དགེ་བའི་ཁྲིད་ཡིག་བདེ་ཆེན་གསལ་བའི་སྒྲོན་མེ།	བླ་མ་དམ་པ་བསོད་ནམས་རྒྱལ་མཚན།	༧	༧	དཔེ་ཚུགས།	
	༥		རྒྱུད་ཐམས་ཅད་ཀྱི་དེས་དོན་རྡོ་རྗེའི་རྣལ་འབྱོར་གྱི་ངོ་སྤྲོད་གསལ་བའི་སྒྲོན་མེ་བཞུགས་སོ། །	བླ་མ་དམ་པ་བསོད་ནམས་རྒྱལ་མཚན།	༡༡༨	༧	དཔེ་ཚུགས།	
	༦	མངའ	དཔལ་བདེ་མཆོག་ལུ་ཧི་པའི་མངོན་པར་རྟོགས་པ་བཞུགས་ལགས་སོ། །	བླ་མ་དམ་པ་བསོད་ནམས་རྒྱལ་མཚན།	༡༨	༨	དཔེ་ཚུགས།	
	༧	ཏིལྦ ༨ འབྲས	དཔལ་ལྡན་བླ་མ་དམ་པ་བསོད་ནམས་རྒྱལ་མཚན་དཔལ་བཟང་པོས་མཛད་པའི་རབ་གནས་བཞུགས་སོ། །	བླ་མ་དམ་པ་བསོད་ནམས་རྒྱལ་མཚན།	༧	༨	དཔེ་ཚུགས།	
	༨		ཆོས་རྗེ་རིན་པོ་ཆེའི་རྣམ་ཐར་ཐོག་མཐའ་བར་གསུམ་དུ་དགེ་བ་བཞུགས་སོ།། རྒྱལ་སྲས་འཇིགས་མེད་ཀྱི་དཔེའོ། །	ལོ་ཆེན་བྱང་ཆུབ་རྩེ་མོ།	༥༣	༧	དཔེ་ཚུགས།	
	༩		དཔལ་རྡོ་རྗེ་གཞོན་ནུའི་སྒྲུབ་ཐབས་སྙིང་པོ་ཆེན་པོས་མཛད་པ་ལུགས་བདུན་ནོ།།	བླ་མ་དམ་པ་བསོད་ནམས་རྒྱལ་མཚན།	༡༨	༧	དཔེ་ཚུགས།	ཞབས་ཤོག་རལ་སྐྱོན་ཡོད།
	༡༠		རྒྱལ་རབས་གསལ་བའི་མེ་ལོང་ཞེས་བྱ་བ་བཞུགས་སོ། །	བླ་མ་དམ་པ་བསོད་ནམས་རྒྱལ་མཚན།	༡༠༩	༦	པར་མ།	ཆུ་སྐྱོན་དང་རལ་སྐྱོན་ཡོད།
	༡༡	ཀུ ཡི ༦༠	ཀྱཻ་རྡོ་རྗེའི་མངོན་རྟོགས་ཡན་ལག་དྲུག་པ་དཔལ་ལྡན་བླ་མ་དམ་པ་བསོད་ནམས་རྒྱལ་མཚན་གྱིས་མཛད་པ་ལགས་སོ། །	བླ་མ་དམ་པ་བསོད་ནམས་རྒྱལ་མཚན།	༡༦	༨	དཔེ་ཚུགས།	རལ་སྐྱོན་ཡོད།

	༡༢		དཔལ་ཀྱེ་རྡོ་རྗེའི་རྒྱ་ཆེར་འགྲེལ་བའི་སྙིང་པོ་ལས་བརྟག་པ་ཕྱི་མའི་རྣམ་པར་བཤད་པ་བཞུགས་སོ། །	བླ་མ་དམ་པ་བསོད་ནམས་རྒྱལ་མཚན།	༦༡–༡༠༧	༨	དཔེ་རྩྭགས།	རྩ་སྒྲོན་དང་རལ་སྒྲོན་ཡོད།
	༡༣	ཏ ར ༢༩	དཔལ་ལྡན་བླ་མ་དམ་པའི་གསུང་གི་ཐོ་རགས་པ་རྣམ་ཐར་ཆོས་འབྱུང་ལས་ལོ་ཆེན་བྱང་ཆུབ་རྩེ་མོས་བསྒྲིགས་པ་ནས་རྒྱལ་སྲས་ཀྱིས་ཕྱུང་བ།	རྒྱལ་སྲས་ཐོགས་མེད་བཟང་པོ།	༡	༧	དཔེ་རྩྭགས།	
01891	༈ ཚར་ཆེན་བློ་གསལ་རྒྱ་མཚོ་དང་། དབུས་པ་བློ་གསལ་གསུང་འབྲས་པ། (པོད་གཅིག)							
	༡	བི	བསྟན་བཅོས་ཀྱི་དཀར་ཆག་བཞུགས་སོ། །	དབུས་པ་བློ་གསལ་རྩོད་པའི་སེང་གེ །	༥༤	༧	དཔེ་རྩྭགས།	
	༢		ལུམ་དྲལ་གྱི་རྗེས་གནང་བཞུགས།	ཚར་ཆེན་བློ་གསལ་རྒྱ་མཚོ།	༣	༥	དཔེ་རྩྭགས།	
	༣	(ཨེ) ནང་ བ	རྗེ་བཙུན་རྡོ་རྗེ་རྣལ་འབྱོར་མ་ནཱ་རོ་མཁའ་སྤྱོད་ཀྱི་སིན་དྷུ་རའི་དཀྱིལ་འཁོར་སྒྲུབ་ཅིང་མཆོད་པ་དང་བདག་ཉིད་འཇུག་ཅིང་དབང་བླང་བའི་ཆོ་ག་མཁའ་སྤྱོད་སྒྲུབ་པའི་ཉེ་ལམ་ཞེས་བྱ་བ་བཞུགས་སོ། །	ཚར་ཆེན་བློ་གསལ་རྒྱ་མཚོ།	༡༤	༦	དཔེ་རྩྭགས།	
	༤	(ཨེ) ནང་ མ	ནཱ་རོ་མཁའ་སྤྱོད་ཀྱི་བརྒྱུད་པའི་རིམ་པ་ལ་གསོལ་བ་འདེབས་པ་བདུད་དཀར་བཞད་པའི་དགའ་སྟོན་ཞེས་བྱ་བ་བློ་གསལ་གྱིས་མཛད་པ་བཞུགས་སོ། །	ཚར་ཆེན་བློ་གསལ་རྒྱ་མཚོ།	༤	༦	དཔེ་རྩྭགས།	
	༥	(ཞི)	རྗེ་བཙུན་རྡོ་རྗེ་རྣལ་འབྱོར་མ་ནཱ་རོ་མཁའ་སྤྱོད་ཀྱི་མཁའ་སྤྱོད་སྒྲུབ་པའི་གསེར་ཆོས་ཚིག་བརྒྱད་མ་བཞུགས་སོ། །	ཚར་ཆེན་བློ་གསལ་རྒྱ་མཚོ།	༤	༧	དཔེ་རྩྭགས།	
	༦		རྗེ་བཙུན་རྡོ་རྗེ་རྣལ་འབྱོར་མ་ན་རོ་མཁའ་སྤྱོད་ཀྱི་རྒྱུན་གྱི་ཉམས་ལེན་ངག་འདོན་བཞུགས་སོ། །	ཚར་ཆེན་བློ་གསལ་རྒྱ་མཚོ།	༤	༧	དཔེ་རྩྭགས།	
	༧	ཚོ ༡༧༦	རྗེ་བཙུན་མ་ཀུ་རུ་ཀུལླེ་ལ་བསྟོད་པའི་རབ་ཏུ་བྱེད་པ་བཞུགས་སོ། །	ཚར་ཆེན་བློ་གསལ་རྒྱ་མཚོ།	༡	༨	དཔེ་རྩྭགས།	

	༨		སློབ་དཀར་ཡིད་བཞིན་འཁོར་ལོའི་བླ་བརྒྱུད་གསོལ་འདེབས་བཞུགས་སོ། །	ཚར་ཆེན་བློ་གསལ་རྒྱ་མཚོ།	༣	༥	ཁྲིས་མ་དབུ་ཆེན།	
	༩	༼ཆེ༽	དཔལ་འདོད་པའི་རྒྱལ་པོའི་བསྒྲུབ་ཐབས་ནོར་བུ་གསལ་འབར་ཞེས་བྱ་བ་བཞུགས་ལགས་པའོ། །	ཚར་ཆེན་བློ་གསལ་རྒྱ་མཚོ།	༣༠	༨	ཁྲིས་མ་དབུ་ཆེན།	
	༡༠		ལས་གཤིན་དམར་ནག་གི་རྗེས་གནང་བྱེད་ཚུལ་གསལ་བ་གཅིག་བཞུགས་སོ། །	ཚར་ཆེན་བློ་གསལ་རྒྱ་མཚོ།	༥	༥	དཔེ་ཚུགས།	
	༡༡	ཁྲི ༢༧	སུམ་ཅུ་པའི་འགྲེལ་པ་བཞུགས་སོ། །	དབུས་པ་བློ་གསལ་རྩོད་པའི་སེང་གེ །	༡༡	༦	དཔེ་ཚུགས།	
	༡༢		རྟགས་ཀྱི་འཇུག་པའི་འགྲེལ་པ་བཞུགས་སོ། །	དབུས་པ་བློ་གསལ་རྩོད་པའི་སེང་གེ །	༡༣	༥	དཔེ་ཚུགས།	
	༡༣		ཐུད་ཀྱི་གནད་བསྡུས་པའི་རྩ་བ་བཞུགས་སོ། །	དབུས་པ་བློ་གསལ་རྩོད་པའི་སེང་གེ །	༡	༦	དཔེ་ཚུགས།	
	༡༤		སློབ་དཀར་ཡིད་བཞིན་འཁོར་ལོའི་སྒྲུབ་ཐབས་ཚེ་འཕྲིད་བླ་བའི་ཆུ་རྒྱུན་བཞུགས།	དབུས་པ་བློ་གསལ་རྩོད་པའི་སེང་གེ །	༧	༥	དཔེ་ཚུགས།	
	༡༥	འབྲས ༼༡༡	བརྡའ་གསར་རྙིང་གི་རྣམ་པར་དབྱེ་བ་དབུས་པ་བློ་གསལ་གྱིས་མཛད་པ་བཞུགས། །	དབུས་པ་བློ་གསལ་རྩོད་པའི་སེང་གེ །	༩	༦	དཔེ་ཚུགས།	
	༡༦		དཔལ་ཀྱིའི་རྡོ་རྗེའི་དབང་གི་ཆུ་བོའི་གསལ་བྱེད་ཀྱི་ལྷན་ཐབས་ནོར་བུའི་འཕྲེང་བ་ཞེས་བྱ་བ་རྡོ་རྗེ་འཆང་ཚར་པ་ཆོས་རྗེས་མཛད་པ་བཞུགས།	ཚར་ཆེན་བློ་གསལ་རྒྱ་མཚོ།	༢༥	༦	པར་མ།	
	༡༧		གྲུབ་པའི་མཐའ་རྣམ་པར་བཤད་པའི་མཛོད་ཅེས་བྱ་བ་བཞུགས་སོ། །	དབུས་པ་བློ་གསལ་རྩོད་པའི་སེང་གེ །	༡༢༧	༦	པར་མ།	
01892	༄ མང་ཐོས་ཀླུ་སྒྲུབ་རྒྱ་མཚོའི་གསུང་འབུམ། ༼པོད་དང་པོ།༽							

	༡	ཚེ ༡༣༩	སྡོམ་པ་གསུམ་གྱི་རབ་ཏུ་དབྱེ་བའི་དཀའ་འགྲེལ་གནད་ཀྱི་སྙིང་པོ་གསལ་བྱེད་ཅེས་བྱ་བ་བཞུགས།	མང་ཐོས་ཀླུ་སྒྲུབ་རྒྱ་མཚོ།	༦༠	༦	དཔེ་ཚུགས།	
	༢	(ཏྲི) ན ཆ	རང་གི་རྣམ་པར་ཐར་པ་ཡུལ་སྣ་ཚོགས་ཀྱི་བདུད་རྩི་མྱོང་བའི་གཏམ་དུ་བྱས་པ་ཐོལ་ཐོག་རྫུན་གྱིས་མ་བསླད་པ་སྙིག་མའི་མེ་ལོང་ཞེས་བྱ་བ་བཞུགས་སོ། །	མང་ཐོས་ཀླུ་སྒྲུབ་རྒྱ་མཚོ།	༡༡༦	༦	པར་མ།	
	༣		ཤིང་རྟ་ཆེན་པོ་རྣམ་གཉིས་ཀྱི་གཞུང་དང་རྗེས་སུ་མཐུན་པའི་དབུ་མའི་ལྟ་ཁྲིད་བདུད་རྩིའི་སྙིང་པོ་ཞེས་བྱ་བ་བཞུགས་སོ། །	མང་ཐོས་ཀླུ་སྒྲུབ་རྒྱ་མཚོ།	༡༠	༦	པར་མ།	
	༤	ཕྲི ཀ ༢༣༢	སློབ་བཤད་རྒྱུད་སྡེ་ལམ་རིམ་གསོལ་འདེབས་བྱིན་རླབས་ཀྱི་ཕོ་ཉ་ཅེས་བྱ་བ་བཞུགས་སོ། །	མང་ཐོས་ཀླུ་སྒྲུབ་རྒྱ་མཚོ།	༤	༦	པར་མ།	
	༥	ཕྲི ཀ ༢༣༢	གསུང་ངག་སློབ་བཤད་སྣང་གསུམ་ཁྲིད་ཡིག་ཟླ་བ་བདུད་རྩིའི་ཐིག་ཕྲེང་བ་ཀུ་མུད་གསར་པའི་ཁ་འབྱེད་ཞེས་བྱ་བ་བཞུགས་སོ། །	མང་ཐོས་ཀླུ་སྒྲུབ་རྒྱ་མཚོ།	༥༩	༦	པར་མ།	
	༦	ཕྲི ཀ ༢༣༢	གསུང་ངག་སློབ་བཤད་སྔགས་ལམ་གྱི་ཁྲིད་ཡིག་ཉི་གཞོན་གསར་པའི་ཐིག་ཕྲེང་སྐལ་བཟང་ཨུཏྤལ་གཞོན་ནུའི་ཁ་འབྱེད་ལས་འདུལ་བ་དར་བའི་ཁྲིད་ཡིག་ཅེས་བྱ་བ་བཞུགས་སོ། །	མང་ཐོས་ཀླུ་སྒྲུབ་རྒྱ་མཚོ།	༣༣	༦	པར་མ།	
	༧	ཕྲི ཀ ༢༣༢	གསུང་ངག་སློབ་བཤད་སྔགས་ལམ་གྱི་ཁྲིད་ཡིག་ཉི་གཞོན་གསར་པའི་ཐིག་ཕྲེང་ལས་ཕྱི་བསྐྱེད་རིམ་གྱི་ཁྲིད་བཞུགས་སོ། །	མང་ཐོས་ཀླུ་སྒྲུབ་རྒྱ་མཚོ།	༦	༦	པར་མ།	
	༨	ཕྲི ཀ ༢༣༢	སློབ་བཤད་སྔགས་ལམ་གྱི་ཁྲིད་ཡིག་ཉི་གཞོན་གསར་པའི་ཐིག་ཕྲེང་ལས་ནང་བསྐྱེད་རིམ་ཉམས་མྱོང་ལྟ་བ། ཕྱག་ཆེན་ངོ་སྤྲོད་བོགས་འབྱིན་སྤྱོད་པ་དང་བཅས་པ་བཞུགས་སོ། །	མང་ཐོས་ཀླུ་སྒྲུབ་རྒྱ་མཚོ།	༧	༦	པར་མ།	

	༩	ཕྱི ཀ ༢༣༢	གསུང་རག་སློབ་བཤད་ཁྲིད་ཡིག་ཉི་གཞོན་གསར་པའི་ཐིག་ཕྲེང་སྐལ་བཟང་ཨུཏྤལ་གཞོན་ནུའི་ཁ་འབྱེད་ལས་ཐུམ་དབང་གི་འདའ་ཀ་མ་བར་དོ། རྨི་ལམ། སྒྱུ་ལུས་དང་བཅས་པའི་ཁྲིད་རིམ་བཞུགས་སོ། །	མང་ཐོས་ཀླུ་སྒྲུབ་རྒྱ་མཚོ།	༡༥	༥	པར་མ།	
	༡༠	ཕྱི ཀ ༢༣༢	གསུང་རག་སློབ་བཤད་ཁྲིད་རིམ་ཉི་གཞོན་གསར་པའི་ཐིག་ཕྲེང་སྐལ་བཟང་ཨུཏྤལ་གཞོན་ནུའི་ཁ་འབྱེད་ལས་ལམ་གཏུམ་མོ་མཆོལ་ལས་འདུས་པ་དང་པོའི་ཁྲིད་བཞུགས་སོ། །	མང་ཐོས་ཀླུ་སྒྲུབ་རྒྱ་མཚོ།	༡༨	༥	པར་མ།	
	༡༡	ཕྱི ཀ ༢༣༢	གསུང་རག་སློབ་བཤད་ཐུགས་ལམ་གྱི་ཁྲིད་ཡིག་ཉི་གཞོན་གསར་པའི་ཐིག་ཕྲེང་སྐལ་བཟང་ཨུཏྤལ་གཞོན་ནུའི་ཁ་འབྱེད་ལས་འདུས་པ་བར་གྱི་ཁྲིད་ཡིག་བཞུགས་སོ། །	མང་ཐོས་ཀླུ་སྒྲུབ་རྒྱ་མཚོ།	༧	༥	པར་མ།	
	༡༢	ཕྱི ཀ ༢༣༢	གསུང་རག་སློབ་བཤད་ཁྲིད་རིམ་ཉི་གཞོན་གསར་པའི་ཐིག་ཕྲེང་སྐལ་བཟང་ཨུཏྤལ་གཞོན་ནུའི་ཁ་འབྱེད་ལས་སྐྱོན་མེད་གཉུག་མ་ཡེ་ཤེས་ལ་བརྟེན་པ་ཁམས་འདུས་པ་ཐ་མའི་ཁྲིད་བཞུགས་སོ། །	མང་ཐོས་ཀླུ་སྒྲུབ་རྒྱ་མཚོ།	༡༠	༥	པར་མ།	
01893	༄ མང་ཐོས་ཀླུ་སྒྲུབ་རྒྱ་མཚོའི་གསུང་འབུམ། （པོད་གཉིས་པ།）							
	༡		བསྟན་རྩིས་གསལ་བའི་ཉིན་བྱེད་ལྷག་བསམ་རབ་དཀར་ཞེས་བྱ་བ་བཞུགས་སོ།། རྒྱལ་སྲས་འཛིགས་མེད་ཀྱི་དཔེའོ། །	མང་ཐོས་ཀླུ་སྒྲུབ་རྒྱ་མཚོ།	༡༣༥	༥	དཔེ་ཚུགས།	
	༢		ཡི་དམ་འཕགས་མ་སྒྲོལ་མ་ལ་གསོལ་བ་འདེབས་པའི་སྔགས་ཚིག་རབ་མཛེས་ཨུཏྤལའི་ཟེའུ་འབྲུ་དགོས་འདོད་ཀུན་འབྱུང་ཞེས་བྱ་བ་བཞུགས་སོ། །	མང་ཐོས་ཀླུ་སྒྲུབ་རྒྱ་མཚོ།	༤	༥	དཔེ་ཚུགས།	
	༣		བླ་མ་རིན་འབྱུང་རྒྱུན་གྱི་ངག་འདོན་བདེ་འཇུག་ཅེས་བྱ་བ་བཞུགས་སོ། །	མང་ཐོས་ཀླུ་སྒྲུབ་རྒྱ་མཚོ།	༤	༥	དཔེ་ཚུགས།	
	༤		བླ་མ་མི་བསྐྱོད་པའི་རྒྱུན་གྱི་ཉམས་ལེན་འཇུག་བདེ་གསལ་བ་བཞུགས་སོ། །	མང་ཐོས་ཀླུ་སྒྲུབ་རྒྱ་མཚོ།	༣	༥	དཔེ་ཚུགས།	

	༥	ཕྱི ལ ༢༠༠	ཡང་ལན་ཆོས་ཀྱི་རྡ་ཆེན་ཞེས་བྱ་བ་བཞུགས་སོ། །	མང་ཐོས་ཀླུ་སྒྲུབ་རྒྱ་མཚོ།	༥༢	༦	དཔེ་ཚུགས།	
	༦	འབུམ།	སྔོམ་གསུམ་རབ་དབྱེའི་དཀའ་འགྲེལ་སྐབས་དོན་གནད་ཀྱི་སྙིང་པོའི་གསལ་བྱེད་ལས་ཕྱག་ཆེན་རྟོད་སྒྲོང་སྐབས་ཀྱི་ལེགས་བཤད་ཉི་མའི་འོད་ཟེར་བཞུགས་སོ། །	མང་ཐོས་ཀླུ་སྒྲུབ་རྒྱ་མཚོ།	༩༥	༦	པར་མ།	རལ་སྐྱོན་ཡོད།
	༧	ཕྱི སོ ༩	ཡང་ལན་མཁས་པའི་མིག་ཐུར་སྨྱུན་དབྱེའི་ཆོ་ག་བཞུགས་སོ། །	མང་ཐོས་ཀླུ་སྒྲུབ་རྒྱ་མཚོ།	༢༩	༦	པར་མ།	རལ་སྐྱོན་ཡོད།
	༨		རབ་ཏུ་གནས་པ་བཟང་པོ་དྲུག་གི་གསལ་བྱེད་མཁས་པའི་དགའ་སྟོན་བཞུགས་སོ། །	མང་ཐོས་ཀླུ་སྒྲུབ་རྒྱ་མཚོའི་གསུང་རབ་འབུམས་པ་ནམ་མཁས་ཟིན་བྲིས་སུ་བྱས།	༡༢	༥	བྲིས་མ་དབུ་ཅན།	
	༩		འཛམ་དཀར་གྱི་རྗེས་གནང་ཟིན་བྲིས་བཞུགས།		༦	༧	དཔེ་ཚུགས།	
	༡༠		ཚད་མ་རིགས་པའི་གཏེར་གྱི་དཀའ་འགྲེལ་གནད་ཀྱི་སྙིང་པོ་གསལ་བྱེད་ཅེས་བྱ་བ་བློ་གསལ་འདུས་པའི་གཙུག་རྒྱན་མང་ཐོས་ཀླུ་སྒྲུབ་རྒྱ་མཚོའི་གསུང་ལས་བྱུང་བ་བཞུགས་སོ། །	ཁོས་སྐྱབས་མགོན་ཀུན་མཁྱེན་ཁྲི་ཚང་པ་ཆེན་པོའི་གསུང་།	༢༧	༦	དཔེ་ཚུགས།	
01894	༄ དམར་སྟོན་དཔལ་ལྡན་རིན་ཆེན་གྱི་གསུང་འབུམ། (པོད་གཅིག)							
	༡	ཆོ ༡༧༣ ཨ ༡༣	ལམ་འབྲས་ཀྱི་གཞུང་བཤད་དམར་ཆོས་ཀྱི་རྒྱལ་པོས་མཛད་པ་བཞུགས་སོ། །	དམར་ཆོས་ཀྱི་རྒྱལ་པོ།	༡༥༣	༧	དཔེ་ཚུགས།	
	༢	ཆོས།	འདུལ་བའི་མདོའི་དཀའ་བའི་གནད་ཀྱི་དོན་བསྡུས་ཏེ་བཤད་པ་རྣམ་དག་སྒྲོར་བའི་ཕྲེང་བ་བཞུགས་སོ། ། རྒྱལ་སྲས་འཛིགས་མེད་ཀྱི་དཔེའོ། །	གྲོ་ས་དམར་སྟོན་དཔལ་ལྡན་རིན་ཆེན།	༩༣	༧	དཔེ་ཚུགས།	

	༣		འདུལ་བའི་མདོའི་ཚིག་དོན་གསལ་བར་བྱེད་པ་མདོའི་ཉི་མ་ཞེས་བྱ་བ་བཞུགས་སོ། ། རྒྱལ་སྲས་འཛིགས་མེད་ཀྱི་དཔེའོ། །	གྲོ་ས་དམར་སྟོན་དཔལ་ལྡན་རིན་ཆེན།	༣༦༣	༧	དཔེ་རྩུགས།	
01895	༈ སྔན་བརྒྱུད་དམར་པོ་སྐོར་གསུམ་གྱི་ཆོས་སྐོར། ༼པོད་གཅིག༽							
	༡	ཉི ༡	དཔལ་ལྡན་ས་སྐྱ་པའི་ཁྱད་པར་གྱི་གསེར་ཆོས་དམར་པོ་སྐོར་གསུམ་ཞེས་གྲགས་པའི་ཆོས་སྐོར་གྱི་དཀར་ཆག་དབང་སྟོད་པདྨ་རྣ་གའི་ཟ་མ་ཏོག་གི་ཁ་འབྱེད་གནད་ཀྱི་ལྡེ་མིག་ཅེས་བྱ་བ་བཞུགས་སོ། །		༢༣༦	༦	དཔེ་རྩུགས།	
	༢	ཉི ༥	དཔལ་ལྡན་ས་སྐྱ་པའི་ཁྱད་པར་གྱི་གདམས་པ་དམར་པོ་སྐོར་གསུམ་ལས་ཁམས་གསུམ་དབང་སྡུད་བགེགས་ཀྱི་རྒྱལ་པོ་ཚོགས་བདག་དམར་ཆེན་གྱི་ཆོས་སྐོར་ཚང་མ་ས་སྐྱ་པའི་སྔན་བརྒྱུད་འཛིན་པ་ སྔགས་འཆང་བློ་གསལ་གྱི་ཟབ་ཆོས་ཏེ་ཀུན་ཐུན་མོང་མ་ཡིན་པ་བཞུགས་སོ། །	ཚར་ཆེན་བློ་གསལ་རྒྱ་མཚོ།	༢༠༧	༦	དཔེ་རྩུགས།	
	༣	ཉི ༨	དཔལ་ལྡན་ས་སྐྱ་པའི་ཁྱད་པར་གྱི་གདམས་པ་དམར་པོ་སྐོར་གསུམ་དུ་གྲགས་པའི་དབང་སྡུད་ཀྱི་མན་ངག་ལས་བཀག་ཆོལ་འདོད་རྒྱལ་གྱི་སྒྲུབ་སྐོར་ཚང་མ་བཞུགས་སོ། །ས་སྐྱ་པའི་སྔན་བརྒྱུད་འཛིན་པའི་སྔགས་འཆང་བློ་གསལ་གྱི་ཟབ་ཆོས་ཀུན་དང་ཐུན་མོང་མ་ཡིན་པ་བཞུགས་སོ། །སྔོད་དང་མི་ལྡན་པ་དང་ལུང་མ་ཐོབ་པ་ལ་མི་སྟོན་པའི་བཀའ་རྒྱ་ཡོད།	ཚར་ཆེན་བློ་གསལ་རྒྱ་མཚོ།	༢༥༥	༦	དཔེ་རྩུགས།	
	༤	ཞི	དཔལ་ལྡན་ས་སྐྱ་པའི་ཁྱད་པར་གྱི་གསེར་ཆོས་དམར་པོ་སྐོར་གསུམ་ཞེས་གྲགས་པའི་ཆོས་སྐོར་གྱི་དཀར་ཆག་དབང་སྟོད་པདྨ་རྣ་གའི་ཟ་མ་ཏོག་གི་ཁ་འབྱེད་གནད་ཀྱི་ལྡེ་མིག་ཅེས་བྱ་བ་བཞུགས་སོ། །	ཚར་ཆེན་བློ་གསལ་རྒྱ་མཚོ།	༡༩	༥	བྲིས་མ་དབུ་ཅན།	

01896

༄། སྨོར་ཆེན་ངག་དབང་ཀུན་དགའ་ལྷུན་གྲུབ་ཀྱི་གསུང་འབུམ། (པོད་གཅིག)

༡	ཚེ ༡༩༦	འཇམ་དཔལ་དཀར་པོའི་སྒྲུབ་ཐབས་བཞུགས།	སྨོར་ཆེན་ཀུན་དགའ་ལྷུན་གྲུབ།	༣	༦	དཔེ་ཚུགས།
༢	དངུལ ཕྲེ ༡༠༩	རྗེ་བཙུན་རྡོ་རྗེ་རྣལ་འབྱོར་མ་ལ་གདུང་ཤུགས་ཀྱིས་གསོལ་འདེབས་མཁའ་སྤྱོད་ཐེམ་སྐས་བཞུགས་སོ། །	སྨོར་ཆེན་ཀུན་དགའ་ལྷུན་གྲུབ།	༢	༤	བྲིས་མ་དབུ་ཅན།
༣	དངུལ ཕྲུ ༡༠༨	འདའ་ཁ་མའི་ཞིན་བྲིས་གསལ་བར་བཀོད་པ་བཞུགས།	ཚར་ཆེན་བློ་གསལ་རྒྱ་མཚོ།	༣	༦	བྲིས་མ་དབུ་ཅན།
༤	དངུལ ཕྲེ ༡༠༩	ལུས་མ་སྤྲང་བར་མཁའ་སྤྱོད་སྒྲུབ་པའི་ཐབས་བཞུགས་སོ། །	མང་ཐོས་ཀླུ་སྒྲུབ་རྒྱ་མཚོ།	༤	༥	བྲིས་མ་དབུ་ཅན།
༥	ཨོཾ	རྗེ་བཙུན་རྡོ་རྗེ་རྣལ་འབྱོར་མ་ནཱ་རོ་མཁའ་སྤྱོད་མའི་སིནྡྷུ་རའི་དཀྱིལ་འཁོར་སྒྲུབ་མཆོད་དང་ཆོས་བཅུ་ལ་སོགས་པའི་དུས་སུ་མཆོད་ཕྲེང་རྒྱས་པར་བྱ་ཚུལ་གསལ་བར་བཀོད་པ་བསོད་ནམས་རྒྱས་བྱེད་ཅེས་བྱ་བ་བཞུགས་སོ། །	སྨོར་ཆེན་ཀུན་དགའ་ལྷུན་གྲུབ།	༥	༧	དཔེ་ཚུགས།
༦	ཀྲ ༡༤༧	རྗེ་བཙུན་རྡོ་རྗེ་རྣལ་འབྱོར་མ་ནཱ་རོ་མཁའ་སྤྱོད་མའི་ཚོགས་མཆོད་བྱ་ཚུལ་ལུང་དང་རྣམ་གསལ་ཞེས་བྱ་བ་བཞུགས་སོ། །	སྨོར་ཆེན་ཀུན་དགའ་ལྷུན་གྲུབ།	༤	༧	དཔེ་ཚུགས།
༧	དངུལ ཕྲུ ༡༠༩	སྙན་བརྒྱུད་གསེར་གྱི་ཡང་ཞུན་གྱི་ཁ་སྐོང་རྩ་དབུ་མའི་མན་ངག་སིན་ཏུ་ཟབ་པ་བཞུགས་སོ། །	སྨོར་ཆེན་ཀུན་དགའ་ལྷུན་གྲུབ།	༣	༦	བྲིས་མ་དབུ་ཅན།
༨	དངུལ ཕྲེ ༡༠༩	སྨོར་ཆེན་ཆོས་ཀྱི་རྒྱལ་པོས་མཛད་པའི་རྣལ་འབྱོར་མའི་བསྟོད་པ་བཞུགས་སོ། །	སྨོར་ཆེན་ཀུན་དགའ་ལྷུན་གྲུབ།	༢	༦	བྲིས་མ་དབུ་ཅན།
༩		རྗེ་བཙུན་རྡོ་རྗེ་རྣལ་འབྱོར་མའི་སྒྲུབ་ཐབས་ལུང་གསལ་གོ་བདེར་བཞུགས་སོ། །	སྨོར་ཆེན་ཀུན་དགའ་ལྷུན་གྲུབ།	༣	༦	བྲིས་མ་དབུ་ཅན།
༡༠	(ཧི) ནང ༨	རྗེ་བཙུན་རྡོ་རྗེ་རྣལ་འབྱོར་མ་ནཱ་རོ་མཁའ་སྤྱོད་མའི་བསྙེན་པ་བྱ་ཚུལ་དངོས་གྲུབ་མྱུར་དུ་འགུགས་པའི་ཕོ་ཉ་ཞེས་བྱ་བ་བཞུགས་སོ། །	སྨོར་ཆེན་ཀུན་དགའ་ལྷུན་གྲུབ།	༢	༦	དཔེ་ཚུགས།

	༡༡	དཔལ ཕྱེ ༡༠༨	རྡོ་རྗེ་རྣལ་འབྱོར་མའི་སྒོ་ནས་གཞིན་པོ་རྗེས་སུ་འཛིན་པའི་ཆོ་ག་ཐར་ལམ་འདྲེན་པའི་ལྕགས་ཀྱུ་ཞེས་བྱ་བ་བཞུགས་སོ། །	སྨོར་ཆེན་ཀུན་དགའ་ལྷུན་གྲུབ།	༡༢	༦	དཔེ་ཚུགས།	
	༡༢		ཀུན་རིག་གི་དབང་བརྒྱུད་བཞུགས་སོ། །	སྨོར་ཆེན་ཀུན་དགའ་ལྷུན་གྲུབ།	༣	༥	བྲིས་མ་དབུ་ཅན།	
	༡༣	(གོང་)	དཔལ་ས་སྐྱ་པའི་གསེར་ཆོས་འཆི་མེད་རྡོ་རྗེ་ལྷ་མོའི་སྒྲུབ་ཐབས་བཞུགས་སོ། ། ལྷུན་གྲུབ་ཀྱི་དཔེའོ། །	འགོན་གྱི་རིགས་ཅན་མ་ཧེའི་མིང་ཅན།	༣	༦	དཔེ་ཚུགས།	
	༡༤	(༦) ཨེ ཕྱཾ	དཔལ་ས་སྐྱ་པའི་གསེར་ཆོས་མཁའ་ལྡིང་རྡོ་རྗེ་ཁྱུང་ཁྲའི་སྒྲུབ་ཐབས་བཞུགས་སོ།། ལྷུན་གྲུབ་ཀྱི་དཔེའོ། །		༦	༦	དཔེ་ཚུགས།	
	༡༥		ནོར་གྱི་ལྷ་མོ་དབྱུག་གུ་མཆེད་གསུམ་སྒྲུབ་ཐབས་སིདྡྷི་ཕ་ལའི་བང་མཛོད་བཞུགས་སོ། །	མཁྱེན་རབ་བྱམས་པ་ངག་དབང་ལྷུན་གྲུབ།	༩	༦	དཔེ་ཚུགས།	
	༡༦	ཉི ར	ཡི་དམ་ལྷ་མང་པོའི་བསྙེན་པ་བྱ་ཚུལ་གསལ་བར་བཤད་པ་གཅིག་ཤེས་ཀུན་གྲོལ་ཞེས་བྱ་བ་བཞུགས་སོ། །	སྨོར་ཆེན་ཀུན་དགའ་ལྷུན་གྲུབ།	༡༠	༦	དཔེ་ཚུགས།	
	༡༧	ཚོ ༡༨༧	དབྱངས་ཅན་ལྷ་མོ་ལ་བརྟེན་པའི་གསོལ་འདེབས་བཞུགས།	སྨོར་ཆེན་ཀུན་དགའ་ལྷུན་གྲུབ།	༢	༦	དཔེ་ཚུགས།	
	༡༨	ཉོ	དཔལ་དུར་ཁྲོད་ཀྱི་བདག་པོ་ཡབ་ཡུམ་གྱི་གཏོར་ཆོག་བཞུགས་སོ། །	སྨོར་ཆེན་ཀུན་དགའ་ལྷུན་གྲུབ།	༢	༧	དཔེ་ཚུགས།	
	༡༩	ཚོ ༡༨༥	འཇམ་དཀར་མ་ཧཱ་ལུགས་ཀྱི་མན་ངག་གི་བརྒྱུད་པ་རིན་པོ་ཆེ་ལ་གསོལ་བ་འདེབས་པ།	སྨོར་ཆེན་ཀུན་དགའ་ལྷུན་གྲུབ།	༡	༥	དཔེ་ཚུགས།	
	༢༠	དཔལ ཕྱུ ༡༠༢	རྗེ་བཙུན་ནཱ་རོ་མཁའ་སྤྱོད་མའི་རྣལ་འབྱོར་བཅུ་གཅིག་གི་ཉམས་ལེན་སྙིང་པོར་དྲིལ་བ་སྣན་བརྒྱུད་གསེར་གྱི་ཡང་ཞུན་ཞེས་བྱ་བ་བཞུགས་སོ། །	སྨོར་ཆེན་ཀུན་དགའ་ལྷུན་གྲུབ།	༡༢	༦	བྲིས་མ་དབུ་ཅན།	
	༢༡	(ལེ) ནང བི	རྡོ་རྗེ་མཁའ་འགྲོའི་སྒོ་ནས་གསོན་སྦྱང་གཞུ་ཐབས་ཐར་པའི་ལམ་སྟོན་ཞེས་བྱ་བ་བཞུགས་སོ། །	སྨོར་ཆེན་ཀུན་དགའ་ལྷུན་གྲུབ།	༩	༧	དཔེ་ཚུགས།	

	༢༢	ཐོ ༡༤	ཡེ་ཤེས་ཀྱི་མཁའ་འགྲོ་མ་སེང་གེའི་གདོང་པ་ཅན་གྱི་སྒྲུབ་སྐོར་ཤིན་ཏུ་ཟབ་པའི་ལས་ཚོགས་ཉེར་ལྔ་པ་ཡི་གེ་བཅུ་བཞིའི་ཕྱིར་བཟློག་ཤམ་བུ་དང་བཅས་པ་རྣམས་བཞུགས་སོ། །		༡༠	༦	དཔེ་ཚུགས།	
	༢༣	༡༠༤ ༢༦	སེང་གེ་སྒྲའི་མན་ངག་གླུ་པའི་གསེར་ཆོས་བཞུགས་པའི་དབུ་ཕྱོགས་ལགས་སོ། །		༤	༦	དཔེ་ཚུགས།	
	༢༤	(ཛེ) ནང ཛ	ཛ་ནྟ་རི་རའི་སྒྲུབ་ཐབས་ཉེ་བརྒྱུད་ཁྱད་དུ་འཕགས་པ་བཞུགས་སོ། །	སྨོར་ཆེན་ཀུན་དགའ་ལྷུན་གྲུབ།	༢	༧	དཔེ་ཚུགས།	
	༢༥	སྨ ༡༠	འཕགས་པ་ཀླུ་སྒྲུབ་ནས་བརྒྱུད་པའི་ཀླུ་དབང་གི་རྒྱལ་པོ་ལྷ་ལྔའི་རྗེས་གནང་བྱ་ཚུལ་གོ་བདེ་དོན་ཚང་གསལ་བའི་སྒྲོན་མེ་ཞེས་བྱ་བ་བཞུགས་སོ། །	སྨོར་ཆེན་ཀུན་དགའ་ལྷུན་གྲུབ།	༩	༦	དཔེ་ཚུགས།	
	༢༦	ཕྲི ཀ ༤༧༧	དགོས་འདོད་འབྱུང་བའི་ཞལ་ཤེས་ཀྱི་ཞལ་ཤེས་ཚར་ལུགས་ཀྱི་ཁྱད་ཆོས་བཞུགས་སོ། །	སྨོར་ཆེན་ཀུན་དགའ་ལྷུན་གྲུབ།	༢	༩	དཔེ་ཚུགས།	
	༢༧	ཕྲི ཀ ༤༧༧	རྒྱུན་ཁྱེར་དྲན་པའི་གསལ་འདེབས།	སྨོར་ཆེན་ཀུན་དགའ་ལྷུན་གྲུབ།	༡	༧	དཔེ་ཚུགས།	
	༢༨	ཕྲི ཀ ༧༧	གསེར་ཆོས་ཚོགས་ཀྱི་བདག་པོའི་བསྙེན་སྒྲུབ་བྱ་ཚུལ་གསལ་བར་བཀོད་པ་ནོར་བུའི་ཟ་མ་ཏོག་ཅེས་བྱ་བ་བཞུགས་སོ། །	སྨོར་ཆེན་ཀུན་དགའ་ལྷུན་གྲུབ།	༦	༩	དཔེ་ཚུགས།	
	༢༩	ཕྲི ཀ ༤༧༧	ཁྲོ་བོའི་རྒྱལ་པོ་སྨེ་བ་བརྩེགས་པ་ས་ལུགས་སུ་གྲགས་པ་དུད་ཁའི་མངོན་རྟོགས་རྗེས་གནང་ཁྲུས་ཆོག་དང་བཅས་པ་གསལ་བར་བཀོད་པའི་ཡི་གེ་མཐོང་བས་དོན་གྲུབ་ཅེས་བྱ་བ་བཞུགས་སོ། །	སྨོར་ཆེན་ཀུན་དགའ་ལྷུན་གྲུབ།	༡༡	༧	ཁྱུག་མ་ཚུགས།	
	༣༠	ཕྲི ཀ ༤༧༧	སྒྲོལ་མ་མཎྜལ་བཞི་པའི་བརྒྱུད་འདེབས་བཞུགས་སོ། །	སྨོར་ཆེན་ཀུན་དགའ་ལྷུན་གྲུབ།	༢	༧	ཁྱུག་མ་ཚུགས།	
	༣༡		དཔལ་ཧཱུྃ་རྫེ་ནག་པོ་གུར་གྱི་མགོན་པོ་ལྷ་བཅུ་གཅིག་གི་ཞི་བའི་སྦྱིན་སྲེག་གི་ཆོ་ག་ཡེ་ཤེས་མེ་དཔུང་ཞེས་བྱ་བ་ཚར་ལུགས་ཐུན་མོང་མ་ཡིན་པ་བཞུགས་སོ། །	སྨོར་ཆེན་ཀུན་དགའ་ལྷུན་གྲུབ།	༡༢	༦	དཔེ་ཚུགས།	

	༣༢		རབ་གནས་ཀྱི་ཡོན་བསྔོའི་བཤད་པ་ལེགས་བཤད་འོད་ཀྱི་སྙེ་མ་ཞེས་བྱ་བ་བཞུགས་སོ། །	ཛོར་ཆེན་ཀུན་དགའ་ལྷུན་གྲུབ།	༧	༧	དཔེ་ཚུགས།	
	༣༣	ཆཾ ༡༡	རྣམ་སྣ་ལ་དམར་ཆེན་གྱི་འཁོར་ལོའི་དྲི་ཡིག་བཞུགས་སོ། །	ཛོར་ཆེན་ཀུན་དགའ་ལྷུན་གྲུབ།	༩	༦	དཔེ་ཚུགས།	
	༣༤	ཆཾ ༨	དཔལ་ལྡན་ས་སྐྱ་པའི་ཁྱད་པར་གྱི་གདམས་པ་རྣམ་དམར་སྲོག་སྒྲུབ་ཀྱི་རྗེས་གནང་གོ་བདེ་བཀླགས་ཆོག་ཏུ་བཀོད་པ་བཞུགས་སོ། །	ཛོར་ཆེན་ཀུན་དགའ་ལྷུན་གྲུབ།	༧	༦	དཔེ་ཚུགས།	
	༣༥		ཚེ་དཔག་མེད་གྲུབ་རྒྱལ་ལུགས་ཀྱི་སྒྲུབ་ཐབས་ཚེ་དབང་བསྐུར་ཚུལ་དང་བཅས་པ་འཆི་མེད་བདུད་རྩིའི་ཆར་འབེབས་ཞེས་བྱ་བ་རྗེ་བླ་མ་མཁྱེན་རབ་བྱམས་པ་ངག་དབང་ལྷུན་གྲུབ་བསྟན་པའི་རྒྱལ་མཚན་དཔལ་བཟང་པོས་མཛད་པ་བཞུགས་སོ།	མཁྱེན་རབ་བྱམས་པ་ངག་དབང་ལྷུན་གྲུབ།	༡༧	༦	དཔེ་ཚུགས།	
	༣༦		གྲུབ་རྒྱལ་ལུགས་ཀྱི་ཚེ་དབང་བསྐུར་ཚུལ་བཀླགས་ཆོག་ཏུ་བཀོད་པ་དོན་གཉིས་ལྷུན་གྲུབ་ཅེས་བྱ་བ་བཞུགས་སོ། །	ཛོར་ཆེན་ཀུན་དགའ་ལྷུན་གྲུབ།	༡༩	༦	དཔེ་ཚུགས།	
	༣༧		རྗེ་བཙུན་ན་རོ་མཁའ་སྤྱོད་མའི་ཞིང་གི་བཀོད་པ་དང་མཐུན་པར་བསྟོད་པ་མཁའ་སྤྱོད་བགྲོད་པའི་ཐེམ་སྐས་ཞེས་བྱ་བ་བཞུགས་སོ། །	ཛོར་ཆེན་ཀུན་དགའ་ལྷུན་གྲུབ།	༣	༦	པར་མ།	
	༣༨		རྡོ་རྗེ་རྣལ་འབྱོར་མའི་སྒོ་ནས་གཤིན་པོ་རྗེས་སུ་འཛིན་པའི་ཆོ་ག་ཐར་ལམ་འདྲེན་པའི་ལྕགས་ཀྱུ་ཞེས་བྱ་བ་བཞུགས་སོ། །	ཛོར་ཆེན་ཀུན་དགའ་ལྷུན་གྲུབ།	༡༣	༦	པར་མ།	
01897	༄ ལོ་ཆེན་འགྱུར་མེད་བདེ་ཆེན་གྱི་གསུང་འབུམ། ༼པོད་གཅིག༽							
	༡	ཁྲི མོ ༣༧	དྲི་ཚིག་ལེགས་བཤད་འདྲེན་པའི་ཤིང་རྟ་ཞེས་བྱ་བ་བཞུགས་ལགས་སོ། །	ལོ་ཆེན་འགྱུར་མེད་བདེ་ཆེན།	༨	༦	དཔེ་ཚུགས།	
	༢	ཉ ར ༡༨	རྗེ་འགྱུར་མེད་བདེ་ཆེན་གྱིས་མཛད་པའི་བཅོམ་ལྡན་འདས་དཔལ་དུས་ཀྱི་འཁོར་ལོའི་དཀའ་གནད་བཞུགས་སོ། །	ལོ་ཆེན་འགྱུར་མེད་བདེ་ཆེན།	༡༡	༦	དཔེ་ཚུགས།	

	༣	ར ༡༥	ཆོས་དྲུག་རྡོ་རྗེའི་ཚིག་རྐང་ཞེས་བྱ་བའི་འགྲེལ་པ་བཞུགས་སོ། །	ལོ་ཆེན་འགྱུར་མེད་བདེ་ཆེན།	༥༡	༦	དཔེ་ཚུགས།	
	༤	༤	དཔལ་གྲུབ་པའི་དབང་ཕྱུག་བརྩོན་འགྲུས་བཟང་པོའི་རྣམ་པར་ཐར་པ་ཀུན་གསལ་ནོར་བུའི་མེ་ལོང་ཞེས་བྱ་བ་བཞུགས་སོ། །	ལོ་ཆེན་འགྱུར་མེད་བདེ་ཆེན།	༡༧༤	༦	སྟེ་དགེ་པར་མ།	
01898	༄ ཚར་ཆེན་བློ་གསལ་རྒྱ་མཚོའི་གསུང་འབུམ། (པོད་དང་པོ།)							
	༡	ཀ ཚར	ཡེ་ཤེས་མཁའ་འགྲོ་མ་སེང་གདོང་མའི་སྒྲུབ་ཐབས་མཆོད་བསྟོད་བཞུགས་སོ། ། ལྷུན་གྲུབ་ཀྱི་དཔེའོ། །	ཚར་ཆེན་བློ་གསལ་རྒྱ་མཚོ།	༣	༦	དཔེ་ཚུགས།	
	༢		མགོན་པོའི་རྟེན་རྣམས་དུ་ཟླུང་འདྲུག་མདོང་གསོལ་དང་བཅས་པ་འདི་ཚར་ཆེན་གྱིས་མཛད། སྔན་རྒྱུད་ཀྱི་ནང་ཚན་མན་ངག །	ཚར་ཆེན་བློ་གསལ་རྒྱ་མཚོ།	༦	༧	དཔེ་ཚུགས།	
	༣		རྗེ་བཙུན་བཅོམ་ལྡན་འདས་མ་ཀུ་རུ་ཀུལླེའི་དབང་གི་སྨིན་བསྲེག་གི་ཆོ་ག་གསལ་བ་བཞུགས་སོ། །	ཚར་ཆེན་བློ་གསལ་རྒྱ་མཚོ།	༨	༧	དཔེ་ཚུགས།	
	༤		དཔལ་ལྡན་ལྷ་མོ་འདོད་པ་ཁམས་ཀྱི་དབང་ཕྱུག་མ་འཇིགས་བྱེད་དུད་པའི་གསོལ་བ་ཅན་གྱི་ཆོས་སྐོར་གྱི་དཀར་ཆག་སྔན་རྒྱུད་གསལ་བའི་མེ་ལོང་བཞུགས་སོ། །	ཚར་ཆེན་བློ་གསལ་རྒྱ་མཚོ།	༨	༦	དཔེ་ཚུགས།	
	༥	ཚེ ༡༩༥	སྨུར་མཛད་ཡེ་ཤེས་ཀྱི་མགོན་པོ་ཕྱག་དྲུག་པའི་རྗེས་གནང་གི་ཆོ་ག་བྱིན་རླབས་ཀྱི་ཆར་འབེབས་ཞེས་བྱ་བ་བཞུགས་སོ། །	ཚར་ཆེན་བློ་གསལ་རྒྱ་མཚོ།	༡༠	༨	དཔེ་ཚུགས།	
	༦		མཁས་བཙུན་གྲུབ་པའི་དབང་ཕྱུག་རྗེ་བཙུན་བློ་གསལ་རྒྱ་མཚོའི་མགུར་འབུམ་གྱི་ཚོ་ལམ་བཟང་གསལ་བའི་འོད་སྣང་བཞུགས་སོ། །	ཚར་ཆེན་བློ་གསལ་རྒྱ་མཚོ།	༡༨	༧	དཔེ་ཚུགས།	
	༧		པདྨ་དབང་ཆེན་ཡང་གསང་ཁྲོས་པ་དཔའ་བོ་གཅིག་པ་བཞུགས་སོ། །	ཚར་ཆེན་བློ་གསལ་རྒྱ་མཚོ།	༦	༣	དཔེ་ཚུགས།	

	༨	ཚར ༩ ༧༧	དཔལ་ནག་པོ་ཆེན་པོ་གྱི་ལྷོང་ལུགས་ཀྱི་ཆོས་སྐོར་གྱི་ཁོག་ཕུབས་དཀར་ཆག་གི་ཡི་གེ་བཞུགས་སོ། །	ཚར་ཆེན་བློ་གསལ་རྒྱ་མཚོ།	༡༢	༧	དཔེ་རྩུགས།	
	༩	ཚེ ༡༩༥	དཔལ་ཧ་མགྲིན་སྐྱེར་སྣང་ལུགས་ཀྱི་བྱིན་རླབས་ཀྱི་ཆོ་ག་བར་ཆད་ཀུན་སེལ་ཞེས་བྱ་བ་བཞུགས་སོ། །	ཚར་ཆེན་བློ་གསལ་རྒྱ་མཚོ།	༧	༦	དཔེ་རྩུགས།	
	༡༠	{ཨེ} ནང པ	རྗེ་བཙུན་རྡོ་རྗེ་རྣལ་འབྱོར་མ་ནཱ་རོ་མཁའ་སྤྱོད་མའི་རྒྱུན་གྱི་ཉམས་ལེན་མཆོག་གི་བསྙེ་བཞད་པའི་དགའ་སྟོན་མཁའ་སྤྱོད་བགྲོད་པའི་ཉེ་ལམ་ཞེས་བྱ་བ་གྲུབ་མཆོག་ཚར་པས་མཛད་པ་བཞུགས་སོ། །	ཚར་ཆེན་བློ་གསལ་རྒྱ་མཚོ།	༥	༦	དཔེ་རྩུགས།	
	༡༡	ནང་ ཚ ༩༨	མཁས་བཙུན་གྲུབ་པའི་དབང་ཕྱུག་རྗེ་བཙུན་རྡོ་རྗེ་འཆང་བློ་གསལ་རྒྱ་མཚོའི་ཆབ་ཤོག་གི་གླེགས་བམ་ཀུན་ལ་ཕན་པའི་དགའ་སྟོན་ཞེས་བྱ་བ་བཞུགས་སོ། །	ཚར་ཆེན་བློ་གསལ་རྒྱ་མཚོ།	༢༧	༦	དཔེ་རྩུགས།	
	༡༢		དཔལ་ལྡན་རྡོ་རྗེ་ནག་པོ་ཆེན་པོའི་སྐན་རྒྱུད་ཀྱི་ཡི་གེ་བཀོད་པའི་དཀར་ཆག་སྙིང་གི་བདུད་རྩིའི་བསིལ་མཐར་ཞེས་བྱ་བ་བཞུགས་སོ། །	ཚར་ཆེན་བློ་གསལ་རྒྱ་མཚོ།	༧	༦	དཔེ་རྩུགས།	
	༡༣	ཁེ ནང་ ཚ ༩༨	བྲན་བདུད་གཤིན་རྗེ་ནག་པོའི་རྗེས་གནང་བཀའ་གཏད་ཀྱི་ཡི་གེ་ནག་པོ་འགྲོ་ཤེས་བཞུགས་སོ། །	ཚར་ཆེན་བློ་གསལ་རྒྱ་མཚོ།	༨	༦	དཔེ་རྩུགས།	
	༡༤	གེ ནང་ ཚ ༩༨	འཇིག་རྟེན་དབང་ཕྱུག་སེང་གེ་སྒྲའི་སྒྲུབ་ཐབས་ཀྱི་ངག་འདོན་ཟབ་མོ་བཞུགས་སོ། །	ཚར་ཆེན་བློ་གསལ་རྒྱ་མཚོ།	༥	༦	དཔེ་རྩུགས།	
	༡༥	ཅེ ནང་ ཚ ༩༨	པེའུ་བུམ་ཧ་མགྲིན་ཡང་གསང་གི་ཚེ་འཛབ་བཞུགས་སོ། །	ཚར་ཆེན་བློ་གསལ་རྒྱ་མཚོ།	༢	༥	དཔེ་རྩུགས།	

	༡༦	ད། ནང་ ཚོ ༩༨	གསུང་ངག་ཟབ་མོའི་བཀྲ་ཤིས་བཞུགས་སོ། །	ཚར་ཆེན་བློ་གསལ་རྒྱ་མཚོ།	༢	༥	དཔེ་ཚུགས།	
	༡༧	ཨ། ནང་ ཚོ ༩༨	ཀུ་རུ་ཀུལླེའི་རྒྱུད་འདེབས་བཞུགས་སོ། །	ཚར་ཆེན་བློ་གསལ་རྒྱ་མཚོ།	༣	༦	དཔེ་ཚུགས།	
	༡༨	ཚ། ནང་ ཚོ ༩༨	མཁན་ཆེན་ཐམས་ཅད་མཁྱེན་པ་མཁྱེན་བརྩེའི་དབང་ཕྱུག་གི་ཞལ་སྔ་ནས་ལ་གསོལ་བ་འདེབས་པ་བཞུགས་སོ། །	ཚར་ཆེན་བློ་གསལ་རྒྱ་མཚོ།	༢	༥	དཔེ་ཚུགས།	
	༡༩	ཤ། ནང་ ཚོ ༩༨	བཀའ་བསྒྲོད་གླིང་ལྷ་གཟའ་གདོང་གི་གཏོར་འབུལ་བཞུགས།	ཚར་ཆེན་བློ་གསལ་རྒྱ་མཚོ།	༦	༦	དཔེ་ཚུགས།	
	༢༠	མ། ནང་ ཚོ ༩༨	སྤྲོས་མེད་རྒྱུན་གྱི་རྣལ་འབྱོར་གྱི་ཉམས་ལེན་ཡེ་ཤེས་གསལ་བའི་སྒྲོན་མ་ཞེས་བྱ་བ་བཞུགས་སོ། །	ཚར་ཆེན་བློ་གསལ་རྒྱ་མཚོ།	༩	༦	དཔེ་ཚུགས།	
	༢༡		དཔལ་ལྡན་ས་སྐྱ་པའི་ཁྱད་པར་གྱི་གསེར་ཆོས་དམར་པོ་སྐོར་གསུམ་ཞེས་གྲགས་པའི་ཆོས་སྐོར་གྱི་དཀར་ཆག་དབང་སདུད་པདྨ་རྣ་གའི་ཟ་མ་ཏོག་གི་ཁ་འབྱེད་གནད་ཀྱི་ལྡེ་མིག་ཅེས་བྱ་བ་བཞུགས་སོ། །	ཚར་ཆེན་བློ་གསལ་རྒྱ་མཚོ།	༡༣	༦	དཔེ་ཚུགས།	
	༢༢	ཀི། ཏ ༡༠	རྒྱུད་གཉིས་པ་ཨ་ཙ་ར་ཉི་འི་འོད་གྲགས་ཀྱི་རྒྱ་གཞུང་གཞན་སྟོན་ལོ་ཙྪ་བ་དར་མ་གྲགས་སོགས་བླ་མ་གོང་མ་རྣམས་ཀྱིས་བརྩད་པའི་ཡི་གེ་ཐོར་བུར་གནས་པ་རྣམས་ཕྱོགས་གཅིག་ཏུ་བསྒྲིགས་པ།	ཚར་ཆེན་བློ་གསལ་རྒྱ་མཚོ།	༢༥	༦	དཔེ་ཚུགས།	

	༢༣		རྒྱལ་དབང་རྡོ་རྗེ་འཆང་མིའི་གཟུགས་ཅན་འཚར་པ་ཆོས་རྗེ་རྒྱལ་ཁམས་ཕྱོགས་མེད་དུ་ལུགས་གཉིས་བལྟས་མོ་ཧི་སྐྱེད་གཟིགས་པའི་གཏམ་དང་དབྱིད་ཀྱི་རྒྱལ་པོའི་དགའ་སྟོན་འདོ་ལོངས་ཤིག །	ཚར་ཆེན་བློ་གསལ་རྒྱ་མཚོ།	༡༡	༦	དཔེ་ཚུགས།	
	༢༤	(ཁ) ཕུན ༡༥	དཔལ་མགོན་ཞལ་བཞིའི་རྗེ་གནང་བྱ་རྩལ་བཞུགས་སོ། །	ཚར་ཆེན་བློ་གསལ་རྒྱ་མཚོ།	༧	༨	དཔེ་ཚུགས།	
	༢༥	ཚེ ༡༠༠	ཙ་ཏུརྨུ་ཁ་དཀར་པོ་ཆེ་འཕེལ་གྱི་ཆོ་སྒྲུབ་བླ་བའི་ཆུ་རྒྱུན་ཅེས་བྱ་བ་ཁའུ་བྲག་རྫོང་པའི་ཁྱད་ཆོས་སྙིང་ནང་གི་ཟུངས་ཁྲག་ལྷ་བུ་ཚར་ཆེན་རྡོ་རྗེ་འཆང་གིས་མཛད་པ་བཞུགས་སོ། །	ཚར་ཆེན་བློ་གསལ་རྒྱ་མཚོ།	༩	༦	དཔེ་ཚུགས།	
	༢༦		དཔལ་མགོན་གྱི་བསྐང་བ་བཞུགས་སོ། །	གཉན་ལོ་དར་མ་གྲགས།	༣	༦	པར་མ།	
	༢༧		དམ་ཅན་ཕུ་ཏ་ལྷམ་དྲལ་གྱི་བསྐང་བ་འཕྲིན་ལས་ལྷུན་གྲུབ་བཞུགས་སོ། །	ཚར་ཆེན་བློ་གསལ་རྒྱ་མཚོ།	༧	༦	པར་མ།	
	༢༨		བསྟན་སྲུང་ཆེན་པོ་ལ་བསྟོད་པའི་ཀ་བཤད།	ཚར་ཆེན་བློ་གསལ་རྒྱ་མཚོ།	༡	༥	བྲིས་མ་དབུ་ཅན།	
	༢༩	(ཉི) ནང ཕ	དཔལ་ཀྱེ་རྡོ་རྗེའི་དབང་གི་ཆུ་བོའི་གསལ་བྱེད་ཀྱི་ལྷན་ཐབས་ནོར་བུའི་འཕྲེང་བ་ཞེས་བྱ་བ་རྡོ་རྗེ་འཆང་ཚར་པ་ཆོས་རྗེས་མཛད་པ་བཞུགས་སོ། །	ཚར་ཆེན་བློ་གསལ་རྒྱ་མཚོ།	༢༥	༦	དགའ་ལྡན་ཕུན་ཚོགས་གླིང་གི་པར་མ།	
	༣༠	ཁི ༡༣	ཕྱི་བསྐྱེད་རིམ་གྱི་རྣམ་པར་བཤད་པ་ལེགས་བཤད་ཉི་མའི་འོད་ཟེར་ཞེས་བྱ་བ་བཞུགས་སོ། །	ཚར་ཆེན་བློ་གསལ་རྒྱ་མཚོ།	༡༣༧	༦	དགའ་ལྡན་ཕུན་ཚོགས་གླིང་གི་པར་མ།	
	༣༡		ཁམས་གསུམ་ཆོས་ཀྱི་རྒྱལ་པོ་བདག་ཆེན་བློ་གྲོས་རྒྱལ་མཚན་དཔལ་བཟང་པོའི་རྣམ་པར་ཐར་པ་ཡིད་འཕྲོག་ཨུཏྤ་ལའི་དོ་ཤལ་ཞེས་བྱ་བ་བཞུགས།	ཚར་ཆེན་བློ་གསལ་རྒྱ་མཚོ།	༥༩	༦	དཔེ་ཚུགས།	
	༣༢		དཔལ་ལྡན་བླ་མ་དམ་ཀུན་སྤངས་ཆོས་ཀྱི་རྒྱལ་པོའི་རྣམ་པར་ཐར་པ་ངོ་མཚར་དད་པའི་སྒྲུ་ལྡུང་གཡོ་བ་ཞེས་བྱ་བ་བཟུགས་སོ། །	ཚར་ཆེན་བློ་གསལ་རྒྱ་མཚོ།	༩༧	༦		
01899	༄ ཚར་ཆེན་བློ་གསལ་རྒྱ་མཚོའི་གསུང་འབུམ། (པོད་གཉིས་པ།)							

	༡	ཀ ༤༠ ༦	བླ་མའི་རྣལ་འབྱོར་གྱི་ཉམས་ལེན་གྱི་སྙིང་པོ་བསྡུས་པ་རྗེ་བཙུན་བློ་གསལ་རྒྱ་མཚོས་མཛད།	ཚར་ཆེན་བློ་གསལ་རྒྱ་མཚོ།	༤	༧	དཔེ་རྩུགས།	
	༢	ཀ ༤༠ ༧	སློབ་དཔོན་པདྨ་འབྱུང་གནས་ཀྱི་ལམ་ཟམ་མོ་བླ་མའི་རྣལ་འབྱོར་ཉམས་ལེན་ཚར་ཆེན་ཆོས་ཀྱི་རྒྱལ་པོས་མཛད་པ་བཞུགས་སོ། །	ཚར་ཆེན་བློ་གསལ་རྒྱ་མཚོ།	༤	༧	དཔེ་རྩུགས།	
	༣	ཀ ༤༠ ༨	བླ་མ་ཡབ་སྲས་ཀྱིས་མཛད་པའི་ཞལ་གཟིགས་པའི་གསོལ་འདེབས་བྱིན་རླབས་ཆེ་བ་བཞུགས་སོ། །	ཚར་ཆེན་བློ་གསལ་རྒྱ་མཚོ།	༤	༧	དཔེ་རྩུགས།	
	༤	ཀ ༤༠ ༡༡	དཔལ་ལྡན་བླ་མ་མཆོད་པའི་ཆོ་ག་དངོས་གྲུབ་རིན་པོ་ཆེའི་བང་མཛོད་བཞུགས་སོ། །	ཚར་ཆེན་བློ་གསལ་རྒྱ་མཚོ།	༣	༦	དཔེ་རྩུགས།	
	༥	ཀ ༤༠ ༡༢	རྗེ་བཙུན་འབྲོག་མི་ལོ་ཙྪ་བ་ལ་བསྟོད་པ་སྙན་རྒྱུད་ཀྱི་པད་མཚོ་བཞད་པ་བཞུགས།	ཚར་ཆེན་བློ་གསལ་རྒྱ་མཚོ།	༣	༧	དཔེ་རྩུགས།	
	༦	ཀ ༤༠ ༡༣	རྗེ་བླ་མ་དམ་པ་འཚར་པའི་ཞལ་སྔ་ནས་ཀྱིས། བདག་ཆེན་རིན་པོ་ཆེ་བློ་གྲོས་རྒྱལ་མཚན་ལ་བསྟོད་པ་བཞུགས་སོ། །	ཚར་ཆེན་བློ་གསལ་རྒྱ་མཚོ།	༣	༦	དཔེ་རྩུགས།	
	༧	ཀ ༤༠ ༢༤	རྗེ་བཙུན་བླ་མ་རྡོ་རིངས་པ་ཆེན་པོ་ལ་བསྟོད་པ་བདུད་དཔུང་ཕྱེ་མར་འཐག་པ་ཞེས་བྱ་བ་བཞུགས་སོ། །	ཚར་ཆེན་བློ་གསལ་རྒྱ་མཚོ།	༣	༧	དཔེ་རྩུགས།	
	༨	ཀ ༤༠ ༢༡	དབང་བསྡུད་འདོད་རྒྱལ་གྱི་མན་ངག་གི་ཐུན་མོང་མ་ཡིན་པའི་བླ་མ་དམ་པ་ལ་གསོལ་བ་འདེབས་པ་པདྨ་རྣ་གའི་ཆུན་པོ་བཞུགས་སོ། །	ཚར་ཆེན་བློ་གསལ་རྒྱ་མཚོ།	༡	༦	དཔེ་རྩུགས།	
	༩	ཀ ༤༠ ༢༥	བཅོམ་ལྡན་འདས་དཔལ་ཀྱེ་རྡོ་རྗེའི་མཆོད་ཕྱག་བསྐྱབ་མཆོད་ཀྱི་ཆོ་གའི་རིམ་པ་གསལ་བྱེད་ཡིད་བཞིན་ནོར་བུ་བཞུགས།	ཚར་ཆེན་བློ་གསལ་རྒྱ་མཚོ།	༨	༧	དཔེ་རྩུགས།	
	༡༠	ཀ ༤༠ ༢༦	སྤྲོས་མེད་རྒྱུན་གྱི་རྣལ་འབྱོར་གྱི་ཉམས་ལེན་ཡེ་ཤེས་གསལ་བའི་སྒྲོན་མ་ཞེས་བྱ་བ་བཞུགས།	ཚར་ཆེན་བློ་གསལ་རྒྱ་མཚོ།	༧	༧	དཔེ་རྩུགས།	

	༡༡	ཀ ༨༠ ༢༧	མཁའ་སྤྱོད་ཞལ་བཟང་བལྟ་བའི་སྨོན་ལམ་བཞུགས་སོ། །	ཚར་ཆེན་བློ་གསལ་རྒྱ་མཚོ།	༡	༦	དཔེ་ཚུགས།	
	༡༢	ཀ ཚེ ༨༠ ༤༧	ལས་གཤིན་དཔའ་བོ་གཅིག་པའི་རྗེས་གནང་བཞུགས་སོ། །	ཚར་ཆེན་བློ་གསལ་རྒྱ་མཚོ།	༢	༧	དཔེ་ཚུགས།	
	༡༣	ཀ ཧ ༨༠ ༡༠	བླ་མ་རྒྱུད་པ་འབོད་དོ་མཚར་གྱི་འཕྲེང་བ་ཞེས་བྱ་བ་བཞུགས་སོ། །	ཚར་ཆེན་བློ་གསལ་རྒྱ་མཚོ།	༢	༦	དཔེ་ཚུགས།	
	༡༤	ཀ ཙ ༨༠ ༡༦	རྗེ་བཙུན་འཁྲུལ་ཞིག་བཀའ་བཞི་པའི་ཞལ་སྔ་ནས་གསོལ་འདེབས་བཞུགས་སོ།།	ཚར་ཆེན་བློ་གསལ་རྒྱ་མཚོ།	༢	༧	དཔེ་ཚུགས།	
	༡༥	ཀ ཚ ༨༠ ༡༧	གསང་འདུས་རིམ་ལྔའི་དཀར་འཁྲིད་རྒྱུད་འདེབས།	ཚར་ཆེན་བློ་གསལ་རྒྱ་མཚོ།	༡	༧	དཔེ་ཚུགས།	
	༡༦	ཀ ཕ ༨༠ ༡༩	འཕགས་པ་ཐུགས་རྗེ་ཆེན་པོའི་དམར་ཁྲིད་ཆོས་དྲུག་ལུགས་ཀྱི་བླ་མ་བརྒྱུད་པའི་གསོལ་འདེབས་ལམ་གྱི་རིམ་པ་བཞུགས།	ཚར་ཆེན་བློ་གསལ་རྒྱ་མཚོ།	༢	༧	དཔེ་ཚུགས།	
	༡༧	ཀ ཉི ༨༠ ༤༡	མགོན་དཀར་ཡིད་བཞིན་ནོར་བུའི་སྐྱབས་ཐབས་དངོས་གྲུབ་ཀྱི་རྒྱ་མཚོ་ཞེས་ཀུན་ལ་མེད་པའི་ཁྱད་ཆོས་ཡིན་བྱ་བ་བཞུགས་སོ། ། ཟབ་ཅིང་སྲས་པའི་ཆོས་གསང་བར་བྱའོ། །	ཚར་ཆེན་བློ་གསལ་རྒྱ་མཚོ།	༤	༧	དཔེ་ཚུགས།	
	༡༨	ཀ ཕི ནང་ཚ ༨༠ ༤༧	ཧ་མཆོད་རྒྱ་ཧའི་མཆོད་གཏོར་ཐ་ཆླབས་གཡོ་བའི་དགའ་སྟོན་ཞེས་བྱ་བ་བཞུགས་སོ། །	ཚར་ཆེན་བློ་གསལ་རྒྱ་མཚོ།	༡	༧	དཔེ་ཚུགས།	
	༡༩	ཀ ཟི ནང་ཚ ༨༠ ༤༧	དཔལ་ཞྭ་ལུ་པའི་ཆོས་སྐྱོང་སྤྱི་བསྟོད། ཞལ་སྔ་ནས་མཚར་ཆེན་ཆོས་ཀྱི་རྒྱལ་པོས་མཛད་པ་བཞུགས་སོ། །	ཚར་ཆེན་བློ་གསལ་རྒྱ་མཚོ།	༡	༧	དཔེ་ཚུགས།	
	༢༠	ཀ འི ནང་ཚ ༨༠ ༤༧	དཔལ་མོ་ཕྱུག་མ་དགེས་པའི་བསྟོད་པ་བཞུགས་སོ། །	ཚར་ཆེན་བློ་གསལ་རྒྱ་མཚོ།	༡	༧	དཔེ་ཚུགས།	
	༢༡	ཀ ༨༠ ༤༠	སྨུར་མཛད་ཡེ་ཤེས་ཀྱི་མགོན་པོའི་བསྟོད་པ་རྗེ་བླ་མས་མཛད་པ།	ཚར་ཆེན་བློ་གསལ་རྒྱ་མཚོ།	༣	༧	དཔེ་ཚུགས།	

	༢༢	ཀ ༩༠ ༣༧	ཀུ་རུ་ཀུལླེའི་བསྟོད་པ་བཞུགས་སོ། །	ཚར་ཆེན་བློ་གསལ་རྒྱ་མཚོ།	༡	༦	དགེ་ལུགས།	
	༢༣	ཀ ༩༠ ༣༦	སྒྲོལ་དཀར་ཡིད་བཞིན་འཁོར་ལོའི་ཚེ་ཁྲིད་བླ་བའི་རྒྱ་རྒྱུན་གྱི་ཉམས་ལེན་གྱི་སྙིང་པོ་སྡུས་པ་བཞུགས་སོ། །	ཚར་ཆེན་བློ་གསལ་རྒྱ་མཚོ།	༥	༧	དགེ་ལུགས།	
	༢༤	ཀ ༩༠ ༢༨	དཔལ་རྡོ་རྗེ་འཇིགས་བྱེད་ལྷ་བཅུ་གསུམ་གྱི་བསྐྱེད་རྫོགས་ཀྱི་ཁྲིད་དང་སྦྱར་བའི་སྨོན་ལམ་ལམ་བཟུང་བཞུགས་སོ། །	ཚར་ཆེན་བློ་གསལ་རྒྱ་མཚོ།	༣	༧	དགེ་ལུགས།	
	༢༥	ཀ ༩༠ ༢༧	དཔལ་རྡོ་རྗེ་འཇིགས་བྱེད་ལྷ་བཅུ་གསུམ་གྱི་འཁོར་ལོའི་ཤིས་བརྗོད་འཆི་མེད་སྤྲིན་གྱི་རྔ་སྒྲ་ཞེས་བྱ་བ་བཞུགས་སོ། །	ཚར་ཆེན་བློ་གསལ་རྒྱ་མཚོ།	༢	༧	དགེ་ལུགས།	
	༢༦	ཀ ༩༠ ༣༠	རྡོ་རྗེ་འཇིགས་བྱེད་ཆེན་པོ་དཔའ་བོ་གཅིག་པའི་བསྒྲུབ་ཐབས་བདུད་ལས་རྣམ་པར་རྒྱལ་བའི་བཤད་སྒྲ་ཞེས་བྱ་བ་བཞུགས་སོ། །	ཚར་ཆེན་བློ་གསལ་རྒྱ་མཚོ།	༡༥	༧	དགེ་ལུགས།	
	༢༧	ཅ	འཇིགས་བྱེད་བཅུ་གསུམ་མའི་རྒྱུད་པའི་གསོལ་འདེབས་དངོས་གྲུབ་རིན་པོ་ཆེའི་སྙེ་མ་ཞེས་བྱ་བ་བཞུགས་སོ། །	ཚར་ཆེན་བློ་གསལ་རྒྱ་མཚོ།	༩	༦	དགེ་ལུགས།	
	༢༨	ཀ ༩༠ ༡༨	འཇིགས་བྱེད་བརྒྱུད་པའི་གསོལ་འདེབས་དངོས་གྲུབ་རིན་པོ་ཆེའི་སྙེ་མ་ཞེས་བྱ་བ་བཞུགས་སོ། །	ཚར་ཆེན་བློ་གསལ་རྒྱ་མཚོ།	༣	༧	དགེ་ལུགས།	
	༢༩	ཀ ༩༠ ༣༡	དཔལ་རྡོ་རྗེ་འཇིགས་བྱེད་ལྷ་བཅུ་གསུམ་གྱི་སྒྲུབ་དཀྱིལ་གྱི་གསལ་བྱེད་ལྷན་ཐབས་ཉི་གཞོན་གསར་པའི་དགོན་སྒྲོན་ཞེས་བྱ་བ་བཞུགས་སོ། །	ཚར་ཆེན་བློ་གསལ་རྒྱ་མཚོ།	༣༢	༧	དགེ་ལུགས།	༡༠.༡༡.༡༢ ཆད།
	༣༠	ཀ ༥༩ ༧	ཨོཾ་ཊཱི་ཡན་གྱི་སློབ་དཔོན་ཆེ་པོ་པདྨ་འབྱུང་གནས་ལ་བསྟོད་པ་ཐུགས་རྗེའི་ལྕགས་ཀྱུ་གཏེར་གཡོ་བའི་དྲི་གཞོན་ཞེས་བྱ་བ་བཞུགས་སོ། །	ཚར་ཆེན་བློ་གསལ་རྒྱ་མཚོ།	༦	༦	དགེ་ལུགས།	
	༣༡	ཀ ཅ ༥༩	དཔལ་ལྡན་བླ་མ་དམ་པ་མཆོད་པའི་ཆོ་ག་དངོས་གྲུབ་རིན་པོ་ཆེའི་གཏེར་མཛོད་མཁའ་འགྲོ་སྒྲུབ་རྫོང་པའི་བཞེད་པ་བཞུགས་སོ། །	ཚར་ཆེན་བློ་གསལ་རྒྱ་མཚོ།	༢༧	༥	དགེ་ལུགས།	

	༣༢	ཀ ༥༩ ༡༦	རྗེ་བཙུན་རྡོ་རྗེ་འཆང་ཆེན་པོ་ཨ་ཁུ་ཧཱུ་ཏི་པའི་རྣམ་ཐར་བསྟོད་པ་དངོས་གྲུབ་ཡིད་བཞིན་གྱི་ཆུ་གཏེར་བཞད་པ་ཞེས་བྱ་བ་བཞུགས་སོ། ।	ཚར་ཆེན་བློ་གསལ་རྒྱ་མཚོ།	༧	༥	དཔེ་ཚུགས།	
	༣༣	ཀ ༥༩ ༡༥	རྣ་ཁྲིད་མཁའ་འགྲོ་སྙན་བརྒྱུད་ཀྱི་བརྒྱུད་པ་རིན་པོ་ཆེ་ལ་གསོལ་བ་འདེབས་པ་བདུད་ལས་རྣམ་པར་རྒྱལ་བའི་སྒྲ་དབྱངས་བཞུགས་སོ། ।	ཚར་ཆེན་བློ་གསལ་རྒྱ་མཚོ།	༦	༦	དཔེ་ཚུགས།	ཞབས་ཤོག་ཕྱིད་ཡིན།
	༣༤		ཞིང་སྐྱོང་གདོང་བཞི་པའི་བརྒྱུད་པའི་གསོལ་འདེབས་ལོ་རྒྱུས་དང་བཅས་པ་བཞུགས་པ་བདུད་རྩིའི་འོད་ཅན་ཞེས་བྱ་བ་བཞུགས་སོ། ।	ཚར་ཆེན་བློ་གསལ་རྒྱ་མཚོ།	༦	༧	དཔེ་ཚུགས།	
	༣༥	ཆི ༡༡	དཔལ་ལྡན་ས་སྐྱ་པའི་བསྟན་སྲུངས་རྣམས་ལ་གཏོར་མ་འབུལ་བའི་ཆོ་ག་འཕྲིན་མྱུར་འགྲོགས་ཀྱི་ཕོ་ཉ་ཞེས་བྱ་བ་བཞུགས་སོ། ।	ཚར་ཆེན་བློ་གསལ་རྒྱ་མཚོ།	༢༡	༦	དཔེ་ཚུགས།	
	༣༦	ཉི ནང་ གུ	རྗེ་བཙུན་ནཱ་རོ་མཁའ་སྤྱོད་མའི་བླ་མ་བརྒྱུད་པའི་གསོལ་འདེབས་བཞུགས་སོ། ।	ཚར་ཆེན་བློ་གསལ་རྒྱ་མཚོ།	༣	༦	དཔེ་ཚུགས།	༢པ་ཆད།
	༣༧	ཀ ༤༠ ༦༠	ལས་ཀྱི་གཤིན་རྗེ་འཁོར་བཅས་ལ་མཆོད་གཏོར་འབུལ་བའི་ཆོ་ག་བཞུགས་སོ། ।	ཚར་ཆེན་བློ་གསལ་རྒྱ་མཚོ།	༡༠	༧	དཔེ་ཚུགས།	
	༣༨	ཀི	མ་ཅིག་གྲུབ་པའི་རྒྱལ་མོ་ནས་བརྒྱུད་པའི་ཧ་མགྲིན་དགྱུག་ཐོ་ཅན་གྱི་རྗེས་གནང་བྱ་ཚུལ་ཚར་ཆེན་ཆོས་ཀྱི་རྒྱལ་པོས་མཛད་པ་བཞུགས་སོ། ।	ཚར་ཆེན་བློ་གསལ་རྒྱ་མཚོ།	༤	༥	དཔེ་ཚུགས།	
	༣༩	ཀ ༤༠ ༥༨	དཔལ་མགོན་སྟོབས་འཕྲོག་ནག་པོ་ཆེན་པོ་གདོང་བཞི་པ་ལས་སྦྱོར་གྱི་མགོན་པོ་གདོང་བརྟན་ཅན་འཁོར་མང་དང་བཅས་པ་ལ་བསྟོད་ཅིང་། འཕྲིན་ལས་འཚོལ་བའི་རབ་ཏུ་བྱེད་པ་བདུད་དགྲའི་སྲོག་འཕྲོག་དམ་ཉམས་ཀྱི་ཞོ་ཏྲ་དམར་འབྱིན་ཞེས་བྱ་བ་བཞུགས་སོ། ।	ཚར་ཆེན་བློ་གསལ་རྒྱ་མཚོ།	༡༢	༦	ཁྲིམས་མ་དབུ་ཆེན།	
	༤༠	ཀ ཕྱུ ༤༠ ༧༢	རྡོ་རྗེ་གཏུམ་པོའི་བསྒྲུབ་ཐབས་བཞུགས་སོ། ।	ཚར་ཆེན་བློ་གསལ་རྒྱ་མཚོ།	༣	༦	དཔེ་ཚུགས།	

	༤༡	ཀ ༩༠ ༧༣	འཇིགས་རྗེན་དབང་ཕྱུག་སེང་གེ་སྒྲའི་སྒྲུབ་ཐབས་ཀྱི་ངག་འདོན་ཟབས་མོ་བཞུགས་སོ། །མངྒ་ལཾ།	ཚར་ཆེན་བློ་གསལ་རྒྱ་མཚོ།	༤	༧	དཔེ་ཚུགས།	
	༤༢	ག འབྲས ཁ ༡༠༩	དཔལ་ལྡན་ས་སྐྱ་པའི་གསེར་ཆོས་འཇིགས་རྗེན་དབང་ཕྱུག་སེང་གེ་སྒྲའི་ངག་འདོན་ཟབ་མོ་ཚར་ཆེན་ཆོས་ཀྱི་རྒྱལ་པོས་མཛད་པ་བཞུགས། །	ཚར་ཆེན་བློ་གསལ་རྒྱ་མཚོ།	༤	༥	དཔེ་ཚུགས།	
	༤༣	ཀ ༩༠ ༧༠	གསུང་ངག་རིན་པོ་ཆེ་ལམ་འབྲས་བུ་དང་བཅས་པའི་བླ་མ་བརྒྱུད་པ་ལ་གསོལ་བ་འདེབས་པ་དངོས་གྲུབ་རིན་པོ་ཆེའི་ཆར་འབེབས་བཞུགས་སོ། །	ཚར་ཆེན་བློ་གསལ་རྒྱ་མཚོ།	༦	༧	དཔེ་ཚུགས།	
	༤༤	ཀ ༩༠ ༦༨	གསུང་ངག་ཟབ་མོའི་བཀྲ་ཤིས་བཞུགས་སོ། །	ཚར་ཆེན་བློ་གསལ་རྒྱ་མཚོ།	༡	༧	དཔེ་ཚུགས།	
	༤༥		ཚེ་དཔག་མེད་གྲུབ་རྒྱལ་མ་ལུགས་ཀྱིས་བྱིན་ལབས་ཀྱི་ཚོ་ག་བདུད་དཀར་བཞེད་པའི་འཕྲེང་བ་བཞུགས་སོ། །	ཚར་ཆེན་བློ་གསལ་རྒྱ་མཚོ།	༡༡	༧	དཔེ་ཚུགས།	
	༤༦	ཀ ཅུ ནང་ཚ ༩༠ ༤༧	ཆོས་སྐྱོང་ནག་ཞན་གྱི་གཏོར་ཆོག་བཞུགས་སོ། །	ཚར་ཆེན་བློ་གསལ་རྒྱ་མཚོ།	༣	༦	བྲིས་མ་དབུ་ཆེན།	
	༤༧	ཀ ཇུ ནང་ཚ ༩༠ ༤༧	ནག་ཆེན་རྣམས་པ་ལ་བརྟེན་པའི་ལས་སྦྱོར་བཞུགས་སོ། །	ཚར་ཆེན་བློ་གསལ་རྒྱ་མཚོ།	༡	༦	བྲིས་མ་དབུ་ཆེན།	
	༤༨	ཀ ཉུ ནང་ཚ ༩༠ ༤༧	ནག་མོ་ཁ་འཆིང་གི་མན་ངག་ཟབ་མོ་བཞུགས་སོ། །	ཚར་ཆེན་བློ་གསལ་རྒྱ་མཚོ།	༡	༦	བྲིས་མ་དབུ་ཆེན།	
	༤༩	ཀ ཏུ ནང་ཚ ༩༠ ༤༧	མགོན་པོ་ནག་བཞོན་སྟུབ་ལུགས་ཀྱི་གཏོར་ཆོག་འཕྲིན་ལས་ལྷུན་གྲུབ་བཞུགས་སོ། །ཕ་རྒོད་བློ་གསལ་རྒྱ་མཚོའི་གསུང་གཏོར་ཆོག་རབ་གསལ་ཟེར་འཕྲེང་བདུད་དཔུང་མུན་པའི་གཡུལ་རྒྱལ་ཞེས་བྱ་བ་བཞུགས་སོ། །སརྦ་མངྒ་ལཾ། །	ཚར་ཆེན་བློ་གསལ་རྒྱ་མཚོ།	༢	༧	བྲིས་མ་དབུ་ཆེན།	

	༥༠	ཀ ༨༠ ༥༨	བསྟན་པའི་སྦྱིན་བདག་སྤྲ་ར་བའི་མགོན་ཁང་གི་བཀའ་སྣོ་བཞུགས་སོ། །	ཚར་ཆེན་བློ་གསལ་རྒྱ་མཚོ།	༩	༦	བྲིས་མ་དབུ་ཅན།	
	༥༡	[illegible] ལྔ ཚར ༣༢	སེང་གེ་སྒྲའི་སྒྲུབ་ཐབས་རྗེས་གནང་གི་ཆོ་ག་དང་བཅས་པ་བཞུགས་སོ། །	ཚར་ཆེན་བློ་གསལ་རྒྱ་མཚོ།	༣	༧	དཔེ་ཚུགས།	
	༥༢		ཚར་ཆེན་ཆོས་ཀྱི་རྒྱལ་པོས་མཛད་པའི་རྩ་གསུམ་དམ་ཅན་རྒྱ་མཚོར་གཏོར་འབུལ་ལྷན་ཐབས་དང་བཅས་པ་བཞུགས་སོ། ། དགེ་བར་གྱུར་ཅིག་སྐྱེ་འགྲོ་ཐམས་ཅད་ལ། །	ཚར་ཆེན་བློ་གསལ་རྒྱ་མཚོ།	༩	༥	དཔེ་ཚུགས།	དབུ་ཤོག་ལ་ཆུ་སྐྱོན་ཡོད།
	༥༣		རྗེ་བཙུན་བློ་གསལ་རྒྱ་མཚོའི་གསུང་མགུར་སྙིང་གི་གདུང་གསེལ་བཞུགས་ལ་སོགས་དགེའོ་བཀྲ་ཤིས།	ཚར་ཆེན་བློ་གསལ་རྒྱ་མཚོ།	༡༨	༧	དཔེ་ཚུགས།	ཟུར་རུལ་ཡོད། ༡༠. ༡༡ཆད།
	༥༤		དཔལ་རྡོ་རྗེ་ནག་པོ་ཆེན་པོའི་དམར་ཆེན་གཏོར་བཟློག་གི་ཆོ་ག་དགྲ་བགེགས་ཀྱི་སྟོབས་འཕྲོག་རོལ་པ་ཞེས་བྱ་བ་རྗེ་བླ་མས་མཛད་པ་བཞུགས་སོ། །	ཚར་ཆེན་བློ་གསལ་རྒྱ་མཚོ།	༢༣	༦	དཔེ་ཚུགས།	འབྲུ་སྐྱོན་ཆེ། ༥. ༦. ༧. ༨. ༩ ཆད།
	༥༥		ཛམ྄ལ་དམར་པོ་ཞལ་གསུམ་ཕྱག་དྲུག་པའི་མངོན་རྟོགས་ཉམས་ལེན་ནག་པོ་འགྲོ་ཤེས་ཁྲིགས་སུ་སྡེབ་པ་དངོས་གྲུབ་མྱུར་མགྱོགས་ཀྱི་ཕོ་ཉ་བཞུགས་སོ། །	ཚར་ཆེན་བློ་གསལ་རྒྱ་མཚོ།	༣	༥	དཔེ་ཚུགས།	
	༥༦	ཉེ ནང ཙ	ནཱ་རོ་མཁའ་སྤྱོད་ཀྱི་རྒྱུན་འཁྱེར་གླུགས་མཆོག་ཏུ་བཀོད་པ་བཞུགས་སོ། །	ཚར་ཆེན་བློ་གསལ་རྒྱ་མཚོ།	༥	༦	དཔེ་ཚུགས།	
	༥༧		དཔལ་ལྡན་ས་སྐྱ་པའི་དམ་ཅན་སྲུང་མ་རྣམས་ཀྱིས་རྟ་མཆོན་འཛུགས་པའི་ལག་ལེན་གྱི་ཡི་གེ་བཞུགས་སོ། །	ཚར་ཆེན་བློ་གསལ་རྒྱ་མཚོ།	༡༥	༦	དཔེ་ཚུགས།	
	༥༨		རྗེ་བཙུན་ཡབ་ཡུམ་ལ་བརྟེན་པའི་འཕོ་བ་ཚར་ཆེན་རྡོ་རྗེ་འཆང་གི་གསུང་རྒྱུན་བཞུགས་སོ། །	ཚར་ཆེན་བློ་གསལ་རྒྱ་མཚོ།	༣	༧	དཔེ་ཚུགས།	

	༥༨	(དེ) ནང་ ཚ	ཇོ་བཙུན་རྡོ་རྗེ་རྣལ་འབྱོར་མ་ནཱ་རོ་མཁའ་སྤྱོད་ཀྱི་སྒྲུབ་ཐབས་ཚར་ཆེན་ཆོས་ཀྱི་རྒྱལ་པོས་མཛད་པ་ཐུན་མོངས་མ་ཡིན་པ་ཞེས་བྱ་བ་བཞུགས་སོ། །	ཚར་ཆེན་བློ་གསལ་རྒྱ་མཚོ།	༨	༦	ཁྲིས་མ་དབུ་ཆེན།	
	༦༠	མི ཀ ༣ ༧	ཇོ་བཙུན་རྡོ་རྗེ་རྣལ་འབྱོར་མ་ནཱ་རོ་མཁའ་སྤྱོད་ཀྱི་ཉམས་ལེན་ཇོ་བློ་གསལ་རྒྱ་མཚོས་མཛད་པའོ། །	ཚར་ཆེན་བློ་གསལ་རྒྱ་མཚོ།	༩	༧	ཁྱུག་མ་ཚུགས།	ཟུར་རལ་ཡོད།
	༦༡	(དེ) ཕ ནང་ ཤ	རྣལ་འབྱོར་མའི་ལུས་དཀྱིལ་གྱི་ཡིག་ཆུང་ཡིད་བཞིན་ནོར་བུ་ཞེས་བྱ་བ་འདྲེན་མཆོག་མཚུངས་མེད་ཚར་པ་རྗེས་མཛད་པ་བཞུགས་སོ། །	ཚར་ཆེན་བློ་གསལ་རྒྱ་མཚོ།	༢	༩	དཔེ་ཚུགས།	
	༦༢	(དེ) ཛ ནང་ ཞ	ཇོ་བཙུན་རྡོ་རྗེ་རྣལ་འབྱོར་མའི་ཐུན་མོངས་མ་ཡིན་པའི་བླ་མའི་རྣལ་འབྱོར་རྒྱུས་ས་ཇེ་ཚར་ཆེན་གྱིས་མཛད་པ་བཞུགས་སོ། །	ཚར་ཆེན་བློ་གསལ་རྒྱ་མཚོ།	༩	༦	དཔེ་ཚུགས།	
	༦༣	(དེ) ཚ ནང་ ཛ	ཇོ་བཙུན་རྡོ་རྗེ་རྣལ་འབྱོར་ལ་ལཀྴ་ཀི་ཡའི་སྒྲུབ་པ་བྱ་ཚུལ་ཀླག་ཆོག་མ་བཞུགས་སོ། །	ཚར་ཆེན་བློ་གསལ་རྒྱ་མཚོ།	༣	༦	དཔེ་ཚུགས།	
	༦༤	(དེ) ནང་ ཨ	འདིར་ཚར་པ་རྗེས་མཛད་པའི་ཟབ་ལམ་ནཱ་རོ་མཁའ་སྤྱོད་ཀྱི་རིམ་པ་གཉིས་པའི་ལམ་བསྒོམ་ཚུལ་བཞུགས་སོ་ཨཱི་ཐི། །	ཚར་ཆེན་བློ་གསལ་རྒྱ་མཚོ།	༢༩	༧	དཔེ་ཚུགས།	
	༦༥		ཇོ་བཙུན་རྡོ་རྗེ་རྣལ་འབྱོར་མ་ནཱ་རོ་མཁའ་སྤྱོད་ཀྱི་དཀྱིལ་འཁོར་བསྒྲུབ་ཅིང་མཆོད་པ་དང༌། བདག་ཉིད་འཇུག་ཅིང་དབང་བླང་བའི་ཆོ་ག་མཁའ་སྤྱོད་བསྒྲུབ་པའི་ཉེ་ལམ་ཞེས་བྱ་བ་ཇོ་ཚར་པས་མཛད་པའོ། །མངྒ་ལཾ། །	ཚར་ཆེན་བློ་གསལ་རྒྱ་མཚོ།	༢༡	༥	དཔེ་ཚུགས།	དབུ་ཞབས་ལ་རལ་སྐྱོན་ཡོད།
	༦༦		བདག་མེད་ལྷ་མོ་བཅོ་ལྔ་ཡུམ་ཀའི་དཀྱིལ་མཆོག་དང་ལུས་དཀྱིལ་བཞུགས་སོ། །	ཚར་ཆེན་བློ་གསལ་རྒྱ་མཚོ།	༨	༦	དཔེ་ཚུགས།	
	༦༧		གར་གྱི་ཕྱག་ལེན་ཟིན་བྲིས་བཞུགས་སོ། །	ཚར་ཆེན་བློ་གསལ་རྒྱ་མཚོ།	༣	༤	དཔེ་ཚུགས།	ཚ་ཕྱེད་ཡིན།
	༦༨		ཚར་ཆེན་རྡོ་རྗེ་འཆང་གིས་མཛད་པའི་བཅོམ་ལྡན་འདས་པདྨ་དབང་ཆེན་ཡང་གསང་ཁྲོས་པ་ཡབ་ཡུམ་རྒྱུད་སྒྲུབ་ཀྱི་སྒྲུབ་ཐབས་འཕྲེང་དངོས་གྲུབ་མྱུར་སྩོལ་བཞུགས་སོ། །	ཚར་ཆེན་བློ་གསལ་རྒྱ་མཚོ།	༨	༦	པར་མ།	

	༤༩	ཕྱི ཀ ༣༡༡	གསུང་ངག་རིན་པོ་ཆེའི་རྒྱུད་པ་གསུམ་འདུས་ཀྱི་བླ་མ་ལ་གསོལ་བ་འདེབས་པའི་ལམ་གྱི་རིམ་པའི་སྨོན་ལམ་དང་བཅས་པ་དངོས་གྲུབ་རིན་པོ་ཆེའི་ཆར་འབེབས་ཞེས་པ་བཞུགས་སོ། །	ཚར་ཆེན་བློ་གསལ་རྒྱ་མཚོ།	༩	༤	དཔེ་ཚུགས།	
	༥༠	ཕྱི ཀ (༤ ཚར) ༨༥༥	སློབ་དཔོན་པདྨ་འབྱུང་གནས་ཀྱི་ལམ་ཟབ་མོ་བླ་མའི་རྣལ་འབྱོར་ཉམས་སུ་ལེན་ཚུལ་ཚར་ཆེན་ཆོས་ཀྱི་རྒྱལ་པོས་མཛད་པ་བཞུགས་སོ། །	ཚར་ཆེན་བློ་གསལ་རྒྱ་མཚོ།	༤	༧	འབྲུག་མ་ཚུགས།	
	༥༡		མཚུངས་མེད་བླ་མའི་རྣམ་ཐར་བསྟོད་ཚོགས་ངོ་མཚར་ཕྲེང་བ་ཞེས་བྱ་བ་བཞུགས་སོ། །	ཚར་ཆེན་བློ་གསལ་རྒྱ་མཚོ།	༧	༥	པར་མ།	རལ་སྐྱོན་ཆེ། འབུ་སྐྱོན་ཆེ།
	༥༢	(ཀ) ༩༠ (བ) ༥༥	རྗེ་བཙུན་རྡོ་རྗེ་འཆང་ཆེན་པོ་ཁ་ཕ་རྣྱ་ཧྲིའི་རྣམ་ཐར་བསྟོད་པ་བཞུགས་སོ། །	ཚར་ཆེན་བློ་གསལ་རྒྱ་མཚོ།	༦	༥	དཔེ་ཚུགས།	
	༥༣	(ཀ) ༩༠ (ཕ) ༥༤	རྗེ་བཙུན་ཀུན་སྤངས་ཆེན་པོ་བསྟོད་པ་མཐའ་ཡས་མ་བཞུགས་སོ། །	ཚར་ཆེན་བློ་གསལ་རྒྱ་མཚོ།	༢	༥	དཔེ་ཚུགས།	
		འབྲས།	དཔལ་ས་སྐྱ་པའི་དམ་ཅན་བསྲུངས་མ་རྣམས་ལ་ཕྱི་རྟེན་བྲུངས་འཛུགས་པའི་ལག་ལེན་གྱི་ཡི་གེ་བཞུགས་སོ། ། རྒྱལ་སྲས་འཇིགས་མེད་ཀྱི་དཔེའོ། །	ཚར་ཆེན་བློ་གསལ་རྒྱ་མཚོ།	༤	༥	དཔེ་ཚུགས།	
01900	༄ ཞུ་ཆེན་ཚུལ་ཁྲིམས་རིན་ཆེན་གྱི་གསུང་འབུམ། (པོད་གཅིག)							
	༡	སྔ ༡༢	མཁའ་འགྲོ་མ་སེང་གེའི་གདོང་པ་ཅན་གྱི་ཐྲིག་ཟླུགས་ཀྱི་ཆོ་ག་ཡེ་ཤེས་མེ་ལྕེ་ཞེས་བྱ་བ་བཞུགས།	ཚུལ་ཁྲིམས་རིན་ཆེན་གྱིས་སྡེ་དགེ་ལྷུན་གྲུབ་དུ་བྲིས།	༧	༤	དཔེ་ཚུགས།	
	༢	སྔ ༡༢	མཁའ་འགྲོ་མ་སེང་གེའི་གདོང་པ་ཅན་གྱི་མཆོད་སྦྱིན་གྱིས་ཆོ་ག་འདོད་དོན་ལྷུན་གྲུབ་ཅེས་བྱ་བ་བཞུགས། མངྒ་ལཾ།	ཚུལ་ཁྲིམས་རིན་ཆེན་གྱིས་སྡེ་དགེ་ལྷུན་གྲུབ་དུ་བྲིས།	༡༢	༤	དཔེ་ཚུགས།	

	༣		ཡི་དམ་ལྷ་ཚོགས་ཀྱི་སྒྲུབ་ཐབས་བཞུགས་སོ། །	ཚུལ་ཁྲིམས་རིན་ཆེན་གྱིས་སྡེ་དགེ་ལྷུན་གྲུབ་དུ་བྲིས།	༤༩	༥	པར་མ།	༡· ༢ཆད།
	༤		དཔལ་ཕྱག་ན་རྡོ་རྗེ་འབྱུང་པོ་འདུལ་བྱེད་ཀྱི་ཞི་བའི་སྲེག་བླུགས་ཚོ་ག་དངོས་གྲུབ་སྐྱེས་བཟང་འདྲེན་པའི་ཤིང་རྟ་ཞེས་བྱ་བ་བཞུགས་སོ། །		༡༢	༦	སྣང་རྩེའི་པར་མ།	རལ་སྐྱོན་ཡོད།
	༥		སྦྱོ་འཕྲིན་ནོར་བུ་མཆོག་རྒྱལ་གྱི་གཡང་སྒྲུབས་ཀྱི་ཚོ་ག་འདོད་དགུའི་ཆར་འབེབས་ཞེས་བྱ་བ་བཞུགས་སོ། །	བན་དྷེ་ཚུལ་ཁྲིམས་རིན་ཆེན་གྱིས་སྦྱར།	༢༡	༦	བྲིས་མ་དབུ་ཅེན།	
	༦		དཔལ་དུར་ཁྲོད་བདག་པོའི་གསང་བ་སྙིང་གི་འཁོར་ལོའི་རྒྱུད་བསྐྱེན་སྒྲུབ་གསལ་བར་བྱེད་པའི་གདམ་ཅེས་བྱ་བ་བཞུགས་སོ། །	བན་དྷེ་ཚུལ་ཁྲིམས་རིན་ཆེན་གྱིས་སྦྱར།	༦༠	༧	བྲིས་མ་དབུ་ཅེན།	ཟུར་ལ་ཆུ་སྐྱོན་ཡོད།
	༧		སྲིད་ཞིའི་ཡོན་ཏན་དང་སྤོབས་འབྱོར་མཆོག་དམན་བར་པས་བསྡུས་པའི་ཡུལ་རྣམས་ལ་བསྔགས་པ་ལས་བརྩམས་པའི་ཞུ་ཡིག་སྤོབ་པའི་དཔེར་བརྗོད་སྣན་དངགས་གི་འདོད་འཇོ་ཞེས་བྱ་བ་བཞུགས་སོ། །	བན་དྷེ་ཚུལ་ཁྲིམས་རིན་ཆེན་གྱིས་སྦྱར།	༡༧	༦	པར་མ།	ཞབས་ཤོག་ཕྱེད་ཡིན།
	༨		དགེ་བའི་རྩ་བ་ཐམས་ཅད་བྱང་ཆུབ་སྙིང་པོའི་ཁམས་སུ་བསྔོ་བ་ཡོན་བཤད་དང་བཅས་པའི་བརྗོད་པ་ཡོངས་འདུའི་སྙེ་མ་ཞེས་བྱ་བ་བཞུགས་སོ། །	བན་དྷེ་ཚུལ་ཁྲིམས་རིན་ཆེན་གྱིས་སྦྱར།	༡༥	༦	པར་མ།	
	༩		ལེགས་པར་སྦྱར་བའི་བརྗོད་ཚུལ་དྲི་མ་མེད་པའི་སྣང་བ་ཞེས་བྱ་བ་མཁས་པའི་མགུལ་རྒྱན་བཞུགས་སོ། །	བན་དྷེ་ཚུལ་ཁྲིམས་རིན་ཆེན་གྱིས་སྦྱར།	༢༢	༦	བྲིས་མ་དབུ་ཅེན།	
	༡༠		ཤཱཀྱའི་བཙུན་ཚུལ་ཁྲིམས་རིན་ཆེན་གྱིས་རང་དང་སྐལ་མཉམ་ཆེད་དུ་ཉེར་མཁོ་སྣག་ཁྲིས་བྱས་པ་རྣམས་ཕྱོགས་སུ་བསྡེབས་པའི་ཚན་གྲངས་གསེར་མིག་འདྲེད་པའི་ལྡུགས་ཀྱོ་ཞེས་བྱ་བ་བཞུགས་སོ། །	ཞུ་ཆེན་ཚུལ་ཁྲིམས་རིན་ཆེན།	༢༥	༦	པར་མ།	
	༡༡		ཤེས་རབ་ཀྱི་ཕ་རོལ་ཏུ་ཕྱིན་པ་ལ་ཉམས་སུ་ལེན་པའི་ལམ་གྱི་རིམ་པ་བཞུགས་སོ།།	ཞུ་ཆེན་ཚུལ་ཁྲིམས་རིན་ཆེན།	༦༠	༦	པར་མ།	

	༡༢	ནང་ ང ༩༦	སྟོན་མཆོག་ཉི་མའི་རྒྱ་ལག་བསྟན་སྐྱོང་གནས་བརྟན་བཅུ་དྲུག་ཞབས་འབྲིང་དྷརྨ་ཏཱ་ལ་མི་བདག་ཏ་ཤང་བཀའ་སྟོད་རྒྱལ་ཆེན་དང་བཅས་པའི་རྟོགས་པ་བརྗོད་པ་ཞེས་བྱ་བ་བཞུགས་སོ། །	ཞུ་ཆེན་ཚུལ་ཁྲིམས་རིན་ཆེན།	༩༩	༦	པར་མ།	
	༡༣	ནང་ ང ༩༦	དམ་པའི་ཆོས་སྨོན་པ་རྣམས་ལ་ཕན་པར་གདམས་པ་དོན་གཉིས་གྲུབ་པའི་བཅུད་ལེན་ཞེས་བྱ་བ་བཞུགས་སོ། །	ཞུ་ཆེན་ཚུལ་ཁྲིམས་རིན་ཆེན།	༦	༦	པར་མ།	
	༡༤		ལེགས་པར་སྦྱར་བའི་བརྗོད་ཚུལ་དྲི་མ་མེད་པའི་སྣང་བ་ཞེས་བྱ་བ་བཞུགས་སོ། །	ཞུ་ཆེན་ཚུལ་ཁྲིམས་རིན་ཆེན།	༢༢	༦	པར་མ།	
	༡༥		བརྡ་གསར་རྙིང་སྒྲོར་བཞུགས་སོ། །	ཞུ་ཆེན་ཚུལ་ཁྲིམས་རིན་ཆེན།	༡༥	༦	པར་མ།	༡. ༡༦མན་མ་ཚང་།
01901	༄ ཙ་ཡུག་པ་རིག་པའི་སེངྒེའི་གསུང་འབུམ། (པོད་གཅིག)							
	༡		ཚད་མ་རྣམ་འགྲེལ་གྱི་འགྲེལ་བ་རིགས་པའི་མཛོད་ཅེས་བྱ་བ་ལས་རང་དོན་ལེའུའི་རྣམ་བཤད་བཞུགས་སོ། །	ཙ་ཡུག་པ་རིག་པའི་སེང་གེ།	༡༡༢	༦	སྐྱ་འབུམ་བྱམས་པ་གླིང་གི་པར་མ།	
	༢		ཚད་མ་རྣམ་འགྲེལ་གྱི་འགྲེལ་བ་རིགས་པའི་མཛོད་ཅེས་བྱ་བ་ལས་ཚད་མ་གྲུབ་པའི་ལེའུའི་རྣམ་བཤད་བཞུགས་སོ། །	ཙ་ཡུག་པ་རིག་པའི་སེང་གེ།	༧༢	༦	སྐྱ་འབུམ་བྱམས་པ་གླིང་གི་པར་མ།	
	༣		ཚད་མ་རྣམ་འགྲེལ་གྱི་འགྲེལ་བ་རིགས་པའི་མཛོད་ཅེས་བྱ་བ་ལས་མངོན་སུམ་ལེའུའི་རྣམ་བཤད་བཞུགས་སོ། །	ཙ་ཡུག་པ་རིག་པའི་སེང་གེ།	༡༨༦	༦	སྐྱ་འབུམ་བྱམས་པ་གླིང་གི་པར་མ།	
	༤		ཚད་མ་རྣམ་འགྲེལ་གྱི་འགྲེལ་པ་རིགས་པའི་མཛོད་ལས་གཞན་དོན་རྗེས་སུ་དཔག་པའི་ལེའུ་བཞུགས་སོ། །	ཙ་ཡུག་པ་རིག་པའི་སེང་གེ།	༩༧	༦	སྐྱ་འབུམ་བྱམས་པ་གླིང་གི་པར་མ།	
01902	༄ གཡག་སྟོན་སངས་རྒྱས་དཔལ་གྱི་གསུང་འབུམ། (པོད་གཅིག)							

	༡		སྔ་བདུན་དགོངས་འགྲེལ་ཚད་མ་རིགས་པའི་གཏེར་གྱི་དེ་ཁོ་ན་ཉིད་གསལ་བར་བྱེད་པ་རིགས་པའི་འོད་སྟོང་འགྲོ་བ་ཞེས་བྱ་བ་བཞུགས་སོ། །	གཡག་མིང་ཅན་སངས་རྒྱས་དཔལ།	༢༧༢	༦	ལྷུགས་པར་དབུ་ཅན།	པར་གསར།
	༢		གཡག་ཏིཀ་ཡིན། མངོན་པར་རྟོགས་པའི་རྒྱན་དང་འགྲེལ་བ་དོན་གསལ་བ་བཞུགས་སོ། ། རྒྱལ་སྲས་འཇིགས་མེད་ཀྱི་དཔེའོ། །	གཡག་མིང་ཅན་སངས་རྒྱས་དཔལ།	༡༧༧	༧	དཔེ་ཚུགས།	
	༄ རྗེ་བཙུན་རེད་མདའ་བ་གཞོན་ནུ་བློ་གྲོས་ཀྱི་གསུང་འབུམ། ༼པོད་དང་པོ།༽							
01903	༡	ཀ དང་པོ་	མངོན་པའི་བསྡུས་དོན་ལེགས་བཤད་ནོར་བུའི་འཕྲེང་བཞུགས་སོ། །	རེད་མདའ་བ་གཞོན་ནུ་བློ་གྲོས།	༦༡	༧	དཔེ་ཚུགས།	
	༢	ཀ	དམ་པའི་ཆོས་མངོན་པ་ཀུན་ལས་བཏུས་པའི་རྒྱ་ཆེར་འགྲེལ་པ་ལེགས་པར་བཤད་པའི་རྒྱ་མཚོ་ཞེས་བྱ་བ་རྗེ་བཙུན་རེད་མདའ་བས་མཛད་པ་བཞུགས་སོ། །	རེད་མདའ་བ་གཞོན་ནུ་བློ་གྲོས།	༣༤༨	༧	དཔེ་ཚུགས།	
01904	༄ རྗེ་བཙུན་རེད་མདའ་བ་གཞོན་ནུ་བློ་གྲོས་ཀྱི་གསུང་འབུམ། ༼པོད་གཉིས་པ།༽							
	༡		བྱང་ཆུབ་ཀྱི་སེམས་གཉིས་ཉམས་སུ་ལེན་པའི་མན་ངག་མདོར་བསྡུས་པ་རྗེ་བཙུན་དམ་པ་རེད་མདའ་བས་མཛད་བཞུགས་སོ། །	རེད་མདའ་བ་གཞོན་ནུ་བློ་གྲོས།	༤༠	༧	དཔེ་ཚུགས།	
	༢	༼ཇི༽	རྗེ་བཙུན་དམ་པ་རེད་མདའ་བའི་གསུང་འབུམ་ཐོར་བུ་བ་བཞུགས་པ་ལགས་པས་གཟིགས།	རེད་མདའ་བ་གཞོན་ནུ་བློ་གྲོས།	༨	༧	དཔེ་ཚུགས།	
	༣	ཊི	རྗེ་བཙུན་རེད་མདའ་པ་ཆེན་པོའི་གསུང་སློབ་བཞུགས།	རེད་མདའ་བ་གཞོན་ནུ་བློ་གྲོས།	༦	༧	དཔེ་ཚུགས།	
	༤	ཁ	དམ་པའི་ཆོས་མངོན་པ་ཀུན་ལས་བཏུས་པའི་རྒྱ་ཆེར་འགྲེལ་པ་ལེགས་པར་བཤད་པའི་རྒྱ་མཚོ་ཞེས་བྱ་བ་རྗེ་བཙུན་རེད་མདའ་བས་མཛད་པའི་སྐད་ཆ་བཞུགས་སོ། །	རེད་མདའ་བ་གཞོན་ནུ་བློ་གྲོས།	༣༨༦	༧	དཔེ་ཚུགས།	

	༥	འབྲས།	དབུ་མའི་ལྟ་ཁྲིད་རེད་མདའ་བས་མཛད་པ་བཞུགས་སོ། ། རྒྱལ་སྲས་འཇིགས་མེད་ཀྱི་དཔེའོ། ।	རེད་མདའ་བ་གཞོན་ནུ་བློ་གྲོས།	༡༦	༧	དཔེ་ཚུགས།	
	༦	འབྲས།	བདག་མེད་གནས་ལུགས་ཀྱི་དོན་ཕྱིན་ཅི་མ་ལོག་པ་ཉམས་སུ་བླང་བའི་རིམ་པ་ དབུ་མའི་ལྟ་ཁྲིད་ཆུང་བའོ། ། རྒྱལ་སྲས་འཇིགས་མེད་ཀྱི་དཔེའོ། ।	རེད་མདའ་བ་གཞོན་ནུ་བློ་གྲོས།	༢	༧	དཔེ་ཚུགས།	
	༧	ཕྱི་ ཚ ༡༦	མདོ་སྡེ་རྣམས་མང་ལས་གསུངས་པའི་བདེ་གཤེགས་སྙིང་པོའི་དོན་རྒྱུད་བླའི་ དགོངས་པ་གསལ་བར་བཤད་པ་དགོངས་ཟབ་རབ་ཏུ་སྣང་བ་བཞུགས་སོ། ।	རེད་མདའ་བ་གཞོན་ནུ་བློ་གྲོས།	༥	༧	དཔེ་ཚུགས།	
	༨		རེད་མདའ་བའི་ཞུ་ཡིག་དབུ་ཕྱོགས་ལགས་སོ། ।	རེད་མདའ་བ་གཞོན་ནུ་བློ་གྲོས།	༣	༨	ཁྱུག་མ་ཚུགས།	
	༩	ཚེ ༡༡༡	རྗེ་བཙུན་རེ་མདའ་བ་ཆེན་པོ་གཞོན་ནུ་བློ་གྲོས་ཀྱིས་སྲས་ཀྱི་ཐུ་བོ་བློ་བཟང་ གྲགས་པ་ལ་གསུང་ཤོག་ཕུལ་བའི་ཞལ་གདམས་བཞུགས།	རེད་མདའ་བ་གཞོན་ནུ་བློ་གྲོས།	༤	༧	དཔེ་ཚུགས།	
	༡༠		རྗེ་བཙུན་རེད་མདའ་བས་མཛད་པའི་བཤེས་པའི་སྤྲིང་ཡིག་གི་འགྲེལ་པ་དོན་ གསལ་བཞུགས་སོ། ।	རེད་མདའ་བ་གཞོན་ནུ་བློ་གྲོས།	༦༡	༦	པར་མ།	
	༡༡	ཙ ཟྀ ༥༠	སློབ་དཔོན་གཞོན་ནུ་བཟང་པོ་དང་ཀུན་དགའ་ཟླ་བ་གཉིས་ཀྱི་སྤྲིང་ལན་རེད་ མདའ་བ་གཞོན་ནུ་བློ་གྲོས་ཀྱིས་མཛད་པ་བཞུགས་སོ། ।	རེད་མདའ་བ་གཞོན་ནུ་བློ་གྲོས།	༦	༨	སྣ་རིང་དཔེ་ཚུགས།	
	༡༢	ས ༢༢	རྣལ་འབྱོར་སྤྱོད་པ་བཞི་བརྒྱ་པའི་འགྲེལ་པ་ཀུན་མཁྱེན་རེད་མདའ་བས་མཛད་པ་ བཞུགས།	རེད་མདའ་བ་གཞོན་ནུ་བློ་གྲོས།	༦༡	༨	སྣ་རིང་དཔེ་ཚུགས།	
01905			༄ རོང་སྟོན་ཤཱཀྱ་རྒྱལ་མཚན་གྱི་གསུང་འབུམ། (པོད་དང་པོ།)					
	༡		ཤེས་རབ་ཀྱི་ཕ་རོལ་ཏུ་ཕྱིན་པའི་མན་ངག་གི་བསྟན་བཅོས་མངོན་པར་རྟོགས་ པའི་རྒྱན་ཅེས་བྱ་བའི་འགྲེལ་པའི་རྣམ་བཤད་ཚིག་དོན་རབ་ཏུ་གསལ་བ་ཞེས་བྱ་ བ་ཞུགས་སོ། ।	རོང་སྟོན་ཤཱཀྱ་རྒྱལ་མཚན་དཔལ་བཟང་པོ།	༢༢༣	༦	པར་མ།	

	༢		ཐེག་པ་ཆེན་པོ་མདོ་སྡེ་རྒྱན་གྱི་འགྲེལ་བཤད་ལྷག་བསམ་རྣམ་པར་དག་པའི་སྤྲིན་གྱི་ལེགས་བཤད་རིན་པོ་ཆེའི་ཆར་འབེབས་ཞེས་བྱ་བ་བཞུགས་སོ། །	ངོར་སྟོན་ཤཱཀྱ་རྒྱལ་མཚན་དཔལ་བཟང་པོ།	༥༢	༩	སྣ་རིང་དཔེ་ཚུགས།	
01906	༄། ངོར་སྟོན་ཤཱཀྱ་རྒྱལ་མཚན་གྱི་གསུང་འབུམ། ཡོད་གཉིས་པ།།							
	༡	༼༦༽ ༢༠ ང	ཤེས་རབ་སྙིང་པོའི་ཊཱི་ཀཱ་ཧྲེ་ངོར་སྟོན་ཆེན་པོས་མཛད་པ་བཞུགས་སོ། །	ངོར་སྟོན་ཤཱཀྱ་རྒྱལ་མཚན་དཔལ་བཟང་པོ།	༦	༧	འབྲུག་མ་ཚུགས།	
	༢		ཚད་མ་རིགས་པའི་གཏེར་གྱི་རྣམ་བཤད་པ་ཉི་མའི་སྙིང་པོ་ཞེས་བྱ་བ་བཞུགས་སོ། །	ངོར་སྟོན་ཤཱཀྱ་རྒྱལ་མཚན་དཔལ་བཟང་པོ།	༡༢༩	༩	དཔེ་ཚུགས།	
	༣		ཤེས་རབ་ཀྱི་ཕ་རོལ་ཏུ་ཕྱིན་པ་ཉམས་སུ་ལེན་པའི་ལམ་གྱི་རིམ་པ་བཞུགས་སོ། །	ངོར་སྟོན་ཤཱཀྱ་རྒྱལ་མཚན་དཔལ་བཟང་པོ།	༦༠	༦	སྦྲུར་མ།	
	༤		དབུས་དང་མཐའ་རྣམ་པར་འབྱེད་པའི་རྣམ་པར་བཤད་པ་མི་ཕམ་དགོངས་རྒྱན་ཞེས་བྱ་བ་བཞུགས་སོ། །	ངོར་སྟོན་ཤཱཀྱ་རྒྱལ་མཚན་དཔལ་བཟང་པོ།	༣༢	༦	པར་མ།	ཆུ་སྐྱོན་ཡོད།
	༥		ཆོས་དང་ཆོས་ཉིད་རྣམ་པར་འབྱེད་པའི་རྣམ་བཤད་ལེགས་པར་འདོམས་པ་ལྷའི་རྔ་བོ་ཆེ་ཞེས་བྱ་བ་བཞུགས་སོ། །	ངོར་སྟོན་ཤཱཀྱ་རྒྱལ་མཚན་དཔལ་བཟང་པོ།	༡༢	༦	པར་མ།	ཆུ་སྐྱོན་ཡོད།
	༦		ལེགས་པར་བཤད་པའི་སྙིང་ཡིག་གི་རྣམ་བཤད་ཐར་ལམ་བདེ་བའི་ཐེམ་སྐས་ཞེས་བྱ་བ་བཞུགས་སོ། །	ངོར་སྟོན་ཤཱཀྱ་རྒྱལ་མཚན་དཔལ་བཟང་པོ།	༢༩	༦		
	༧	༡༦༨༣	རྒྱུད་བླ་ངོར་ཊཱི་ཀ།	ངོར་སྟོན་ཤཱཀྱ་རྒྱལ་མཚན་དཔལ་བཟང་པོ།	༣༨	༨	པར་མ།	ཞབས་ཤོག་རྩེ་ཆད།
	༨		དབུ་མ་ལྷ་བའི་ཁྲིད་ཡིག་ཟབ་དོན་གཏན་གྱི་བླ་ཟེར་བཞུགས་སོ། །	ངོར་སྟོན་ཤཱཀྱ་རྒྱལ་མཚན་དཔལ་བཟང་པོ།	༤	༡༠	དཔེ་ཚུགས།	

	༩	ཀམེཀ ནང་ ཛ	དབུ་མའི་ལྟ་ཁྲིད་བཞུགས།	རོང་སྟོན་ཤཱཀྱ་རྒྱལ་མཚན་ དཔལ་བཟང་པོ།	༦	༧	པར་མ།	རལ་སྐྱོན་ཆེ།
	༡༠		ཉིང་དེ་འཛིན་གྱི་གོལ་ས་བཅད་པའི་བདུད་རྩི་ཐིགས་པ་བཞུགས།	རོང་སྟོན་ཤཱཀྱ་རྒྱལ་མཚན་ དཔལ་བཟང་པོ།	༢	༧	དབེ་ཚུགས།	
	༡༡		དཔལ་འཁོར་ལོ་བདེ་མཆོག་གི་རིམ་ལ་གསོལ་བ་འདེབས་པ་དད་པའི་སྙེ་མ་ཞེས་ བྱ་བ་བཞུགས།	རོང་སྟོན་ཤཱཀྱ་རྒྱལ་མཚན་ དཔལ་བཟང་པོ།	༢	༧	དབེ་ཚུགས།	
	༡༢		རྒྱལ་བ་རོང་སྟོན་ཆེན་པོ་ལ། རྗེན་པའི་བླ་མ་མཆོད་པ་ཡི། །ཚོགས་ཀུན་བཟང་ མཆོད་སྤྲིན་གྱི། །འབྱུང་གནས་དམ་པ་འདི་ན་དགེ། །	རོང་སྟོན་ཤཱཀྱ་རྒྱལ་མཚན་ དཔལ་བཟང་པོ།	༧	༥	ཁྲིས་མ་དབུ་ཆེན།	
	༡༣		ལྟ་མོའི་བསྟོད་པ་བདུད་དཔུང་ཟིལ་གནོན་བཞུགས་སོ། །	རོང་སྟོན་ཤཱཀྱ་རྒྱལ་མཚན་ དཔལ་བཟང་པོ།	༣	༥	དབེ་ཚུགས།	
	༡༤		རྡིགས་ལྡན་བསྟན་བསྒྲུང་དབང་མོ་རབ་བསྟན་མའི། །རྡིགས་དབང་བཀའ་ གཞན་ཀུན་གཙོ་ཕུར་པ་ལྟ། །རྡིགས་པའི་འཁོར་ཚོགས་དང་བཅས་མཆོད་པའི་ ཐབས། །རྡིགས་བྱེད་དགྲ་བགེགས་ཚད་གཙོད་སྒྲུ་གྲི་བཞུགས་སོ། །	རོང་སྟོན་ཤཱཀྱ་རྒྱལ་མཚན་ དཔལ་བཟང་པོ།	༩	༥༥	དབེ་ཚུགས།	མཛུག་མ་ཚང་།
	༡༥		བཤགས་པ་གང་གི་དྲིན་ཆེན་མ་བཞུགས་སོ། །	རོང་སྟོན་ཤཱཀྱ་རྒྱལ་མཚན་ དཔལ་བཟང་པོ།	༨	༥	དབེ་ཚུགས།	
	༡༦		དཔལ་ལྡན་ས་སྐྱ་བའི་བཀའ་བསྒྲུང་རྣམས་ཀྱི་སྙང་གསོ་བཞུགས། །	རོང་སྟོན་ཤཱཀྱ་རྒྱལ་མཚན་ དཔལ་བཟང་པོ།	༩	༥	དབེ་ཚུགས།	
			ཐམས་ཅད་མཁྱེན་པ་རོང་སྟོན་ཆེན་པོས་ཡུམ་ལ་གནང་བའི་ཟབ་ལམ་འཕོ་བའི་ སྐོར།		༡༡	༧	གློག་དཔར།	
	༡༧	ཁྲི་ཀ ༢༣༢	ཀུན་རིག་གི་ཆོ་ག་བཞུགས་སོ། །	རོང་སྟོན་ཤཱཀྱ་རྒྱལ་མཚན་ དཔལ་བཟང་པོ།	༣༡	༧	དབེ་ཚུགས།	

			རྡོ་རྗེ་འཆང་ཀུན་དགའ་བཟང་པོ་ལ་བསྟོད་པ།		༤	༦	དབུ་ཅན།	
	༡༨		ལྷ་མོ་རྡོ་རྗེ་རབ་བརྟན་མའི་གཏོར་ཆོག་བཞུགས་སོ། །	རོང་སྟོན་ཤཱཀྱ་རྒྱལ་མཚན་དཔལ་བཟང་པོ།	༡༡	༥	དཔེ་ཚུགས།	
	༡༩	ཕྱི་ཀ ༥༠	བཅོམ་ལྡན་འདས་དན་སོང་ཡོངས་སུ་སྦྱོང་བ་གཞི་བརྗོད་ཀྱི་རྒྱལ་པོའི་དཀྱིལ་འཁོར་གྱི་ཆོག་བཞུགས་སོ། །	རོང་སྟོན་ཤཱཀྱ་རྒྱལ་མཚན་དཔལ་བཟང་པོ།	༢༣	༨	དཔེ་ཚུགས།	
01907	ལམ་འབྲས་བླ་མ་བརྒྱུད་པའི་རྣམ་ཐར། (པོད་ཀ)							
	༡		དེ་བཞིན་གཤེགས་པ་ཐམས་ཅད་ཀྱི་བགྲོད་པ་གཅིག་པའི་ལམ་ཆེན་གསུང་ངག་གི་རིན་པོ་ཆེའི་བླ་མ་བརྒྱུད་པའི་རྣམ་ཐར་གླེགས་བམ་དང་པོ་ལས་བླ་མ་འཕགས་བོད་ཀྱི་ལོ་རྒྱུས་བཞུགས།	རྗེ་བཙུན་གྲགས་པ་རྒྱལ་མཚན།			པར་མ།	
	༡	ཀ	དེ་བཞིན་གཤེགས་པ་ཐམས་ཅད་ཀྱི་བགྲོད་པ་གཅིག་པའི་ལམ་ཆེན་གསུང་ངག་རིན་པོ་ཆེའི་བླ་མ་བརྒྱུད་པའི་རྣམ་ཐར་གླེགས་བམ་དང་པོ་ལས་བླ་མ་འཕགས་བོད་ཀྱི་ལོ་རྒྱུས་བཞུགས།	རྗེ་བཙུན་གྲགས་པ་རྒྱལ་མཚན།	༡–༨	༦	པར་མ།	
	༢	ཀ	དཔལ་ས་སྐྱ་པ་ཆེན་པོ་ཀུན་དགའ་སྙིང་པོའི་རྣམ་ཐར་བཞུགས།	རྗེ་བཙུན་གྲགས་པ་རྒྱལ་མཚན།	༨–༡༦	༦	པར་མ།	
	༣	ཀ	སློབ་དཔོན་རིན་པོ་ཆེའི་རྣམ་ཐར་བཞུགས་སོ། །	རྗེ་བཙུན་གྲགས་པ་རྒྱལ་མཚན།	༡༦–༡༩	༦	པར་མ།	
	༤	ཀ	རྗེ་བཙུན་རིན་པོ་ཆེའི་རྣམ་ཐར་བཞུགས་སོ། །	ས་སྐྱ་པཎྜི་ཏ།	༡༩–༢༨	༦	པར་མ།	
	༥	ཀ	རྗེ་བཙུན་གྲགས་པ་རྒྱལ་མཚན་གྱི་མནའ་ལམ།	སྤྱལ་སྟོན་སེང་གེ་རྒྱལ་མཚན།	༢༨–༣༢	༦	པར་མ།	

	༦	ཀ	ཆོས་རྗེ་ས་སྐྱ་པཎྜི་ཏ་ཀུན་དགའ་རྒྱལ་མཚན་དཔལ་བཟང་པོའི་རྣམ་པར་ཐར་པ་འབྲིང་པོ་བཞུགས་སོ། །	ཡར་ཀླུངས་པ་གྲགས་པ་རྒྱལ་མཚན།	༣༢–༣༨	༦	པར་མ།	
	༧	ཀ	དཔལ་ལྡན་ས་སྐྱ་པཎྜི་ཏའི་རྣམ་ཐར་ཀུན་མཁྱེན་རིན་ཆེན་དཔལ་གྱིས་མཛད་པ་བཞུགས།	འབྲིང་མཚམས་ཀྱི་བཙུན་པ་རིན་ཆེན་དཔལ།	༣༨–༤༧	༦	པར་མ།	
	༨	ཀ	དཔལ་ས་སྐྱ་པཎྜི་ཏའི་རྣམ་ཐར་གསུང་སྒྲོས་མ་བཞུགས།	བློ་གྲོས་རྒྱལ་མཚན།	༤༧–༦༧	༦	པར་མ།	
	༩	ཀ	ས་སྐྱ་པཎྜི་ཏ་ཀུན་དགའ་རྒྱལ་མཚན་དཔལ་བཟང་པོའི་རྣམ་པར་ཐར་པ་བསྐལ་པ་བཟང་པོའི་ལེགས་ལམ་ཞེས་བྱ་བ་བཞུགས་སོ། །	ངག་དབང་འཇིག་རྟེན་དབང་ཕྱུག་གྲགས་པ།	༦༧–༡༠༤	༦	པར་མ།	
	༡༠	ཀ	བླ་མ་དམ་པ་ཆོས་ཀྱི་རྒྱལ་པོ་རིན་པོ་ཆེའི་རྣམ་པར་ཐར་པ་རིན་པོ་ཆེའི་ཕྲེང་བ་ཞེས་བྱ་བ་བཞུགས་སོ། །	དགེ་སློང་རྡོ་རྗེ་འཛིན་པ་ཡེ་ཤེས་རྒྱལ་མཚན།	༡༠༤–༡༦༨	༦	པར་མ།	
	༡༡	ཀ	ཆོས་རྗེ་ས་སྐྱ་པཎྜི་ཏའི་དངོས་ཀྱི་ཐུགས་སྲས་བླ་མ་ཚོགས་སྒོམ་རིན་པོ་ཆེའི་རྣམ་ཐར།		༡༦༨–༡༧༡	༦	པར་མ།	
	༡༢	ཀ	ཉན་ཆེན་བསོད་ནམས་བརྟན་པའི་རྣམ་ཐར་བཞུགས།	རཏྣ་སིདྡྷ།	༡༧༡–༡༧༣	༦	པར་མ།	
	༡༣	ཀ	ཤངས་ཀྱི་བླ་མ་ཆོས་རྗེ་རིན་སེང་བའི་རྣམ་ཐར་ཁོང་རང་གིས་མཛད་པ་བཞུགས།	ཤངས་ཀྱི་བླ་མ་ཆོས་རྗེ་རིན་སེང་།	༡༧༣–༡༨༡	༦	པར་མ།	
	༡༤	ཀ	ཞང་དཀོན་མཆོག་དཔལ་བའི་རྣམ་ཐར་བཞུགས།	དགེ་སློང་དཔལ་ལྡན།	༡༨༡–༡༨༤	༦	པར་མ།	
	༡༥	ཀ	རྒྱལ་བ་བྲག་ཕུག་པའི་རྣམ་ཐར་བཞུགས།	དཔལ་ལྡན་བློ་གྲོས་བརྟན་པ།	༡༨༤–༡༨༧	༦	པར་མ།	
	༡༦	ཀ	རི་ཁྲོད་པ་ཆེན་པོ་བློ་གྲོས་བརྟན་པའི་རྣམ་ཐར།	དགེ་སློང་དཔལ་ལྡན་ཚུལ་ཁྲིམས།	༡༨༧–༡༩༣	༦	པར་མ།	

	༡༧	ཀ	དཔལ་ལྡན་བླ་མ་དམ་པ་བསོད་ནམས་རྒྱལ་མཚན་གྱི་རྣམ་པར་ཐར་པ་བཞུགས།	དགེ་སློང་དཔལ་ལྡན་ཚུལ་ཁྲིམས།	༡༩༣–༢༠༣	༦	པར་མ།	
	༡༨	ཀ	བླ་མ་དམ་པ་དཔལ་ལྡན་ཚུལ་ཁྲིམས་པའི་རྣམ་ཐར་བཞུགས།	དཀོན་མཆོག་རྒྱལ་མཚན།	༢༠༣–༢༠༧	༦	པར་མ།	
	༡༨	ཀ	གྲུབ་ཆེན་བུདྡྷ་ཤྲཱི་པའི་རྣམ་པར་ཐར་པ་བཞུགས།	ཤཱཀྱའི་དགེ་སློང་ཀུན་དགའ་བཟང་པོ།	༢༠༧–༢༡༦	༦	པར་མ།	
	༢༠	ཀ	རྗེ་ཀུན་དགའ་བཟང་པོའི་རྣམ་ཐར་མདོར་བསྡུས་པ།	དཀོན་མཆོག་རྒྱལ་མཚན།	༢༡༦–༢༣༧	༦	པར་མ།	
	༢༣	ཀ	དཔལ་ཨེ་ཝྃ་ཆོས་ལྡན་གྱི་གདན་རབས་ནོར་བུའི་ཕྲེང་བ་ལས་རྗེ་བཙུན་མུས་པ་དཀོན་མཆོག་རྒྱལ་མཚན་གྱི་རྣམ་ཐར།	སངས་རྒྱས་ཕུན་ཚོགས།	༢༣༨–༢༤༠	༦	པར་མ།	
	༢༤	ཀ	འཇམ་དབྱངས་ཤེས་རབ་རྒྱ་མཚོའི་རྣམ་ཐར།	སངས་རྒྱས་ཕུན་ཚོགས།	༢༤༠–༢༤༢	༦	པར་མ།	
	༢༥	ཀ	རྒྱལ་ཚབ་དམ་པ་ཀུན་དགའ་དབང་ཕྱུག་གི་རྣམ་ཐར་བཞུགས།	སངས་རྒྱས་ཕུན་ཚོགས།	༢༤༢–༢༤༣	༦	པར་མ།	
	༢༦	ཀ	མཁས་གྲུབ་དཔལ་ལྡན་རྡོ་རྗེའི་རྣམ་ཐར།	སངས་རྒྱས་ཕུན་ཚོགས།	༢༤༣–༢༤༤	༦	པར་མ།	
	༢༧	ཀ	གོ་བོ་རབ་འབྱམས་པ་བསོད་ནམས་སེང་གེའི་རྣམ་ཐར།	སངས་རྒྱས་ཕུན་ཚོགས།	༢༤༤–༢༤༤	༦	པར་མ།	
	༢༨	ཀ	རྗེ་རིན་པོ་ཆེ་དཀོན་མཆོག་འཕེལ་བའི་རྣམ་ཐར།	སངས་རྒྱས་ཕུན་ཚོགས།	༢༤༤–༢༤༥	༦	པར་མ།	
	༢༩	ཀ	རྗེ་མུས་པ་སངས་རྒྱས་རིན་ཆེན་གྱི་རྣམ་ཐར།	སངས་རྒྱས་ཕུན་ཚོགས།	༢༤༥–༢༤༧	༦	པར་མ།	
	༣༠	ཀ	ངོན་ཆེན་ཐམས་ཅད་མཁྱེན་པ་དཀོན་མཆོག་ལྷུན་གྲུབ་ཀྱི་རྣམ་ཐར།	སངས་རྒྱས་ཕུན་ཚོགས།	༢༤༧–༢༤༨	༦	པར་མ།	
	༣༡	ཀ	ངོར་ཆེན་སངས་རྒྱས་སེང་གེའི་རྣམ་ཐར།	སངས་རྒྱས་ཕུན་ཚོགས།	༢༤༨–༢༥༠	༦	པར་མ།	

	༣༢	ཀ	ཧེ་དགོན་མཆོག་དཔལ་ལྡན་གྱི་རྣམ་ཐར།	སངས་རྒྱས་ཕུན་ཚོགས།	༢༥༠–༢༥༡	༦	ཕར་མ།	
	༣༣	ཀ	ཐར་རྩེ་ནས་བྲང་ཏི་པཎ་ཆེ་ནམ་མཁའ་དཔལ་བཟང་གི་རྣམ་ཐར།	སངས་རྒྱས་ཕུན་ཚོགས།	༢༥༡–༢༥༤	༦	ཕར་མ།	
	༣༤	ཀ	ཤར་ཆེན་བྱམས་པ་ཀུན་དགའ་བཀྲ་ཤིས་ཀྱི་རྣམ་ཐར།	སངས་རྒྱས་ཕུན་ཚོགས།	༢༥༤–༢༥༧	༦	ཕར་མ།	
	༣༥	ཀ	རྩེ་གདོང་ཁྲི་ཆེན་འཇམ་དབྱངས་ཀུན་དགའ་བསོད་ནམས་ལྷུན་གྲུབ་ཀྱི་རྣམ་ཐར།	སངས་རྒྱས་ཕུན་ཚོགས།	༢༥༧–༢༥༨	༦	ཕར་མ།	
	༣༦	ཀ	སློབ་ཁང་ནས་མཁས་གྲུབ་དཔལ་ལྡན་དོན་གྲུབ་ཀྱི་རྣམ་ཐར།	སངས་རྒྱས་ཕུན་ཚོགས།	༢༥༨–༢༥༨	༦	ཕར་མ།	
	༣༧	ཀ	བྲང་ཏི་ནམ་མཁའ་སངས་རྒྱས་ཀྱི་རྣམ་ཐར།	སངས་རྒྱས་ཕུན་ཚོགས།	༢༥༩–༢༥༩	༦	ཕར་མ།	
	༣༨	ཀ	ཤར་ཆེན་ཤེས་རབ་འབྱུང་གནས་ཀྱི་རྣམ་ཐར།	སངས་རྒྱས་ཕུན་ཚོགས།	༢༥༩–༢༥༩	༦	ཕར་མ།	
	༣༩	ཀ	མཁན་ཆེན་ནམ་མཁའ་རིན་ཆེན་གྱི་རྣམ་ཐར།	སངས་རྒྱས་ཕུན་ཚོགས།	༢༥༩–༢༦༠	༦	ཕར་མ།	
	༤༠	ཀ	བདག་པོ་རྒྱལ་རྩེ་བ་བྱང་པ་ངག་དབང་བསོད་ནམས་རྒྱལ་མཚན་གྱི་རྣམ་ཐར།	སངས་རྒྱས་ཕུན་ཚོགས།	༢༦༠–༢༦༠	༦	ཕར་མ།	
	༤༡	ཀ	དཔལ་ཨེ་ཝཾ་ཆོས་ལྡན་གྱི་གདན་ས་ཉེར་གཅིག་པ་དཔལ་གླིང་ཆོས་རྗེ་བསོད་ནམས་རྒྱ་མཚོའི་རྣམ་ཐར།	སངས་རྒྱས་ཕུན་ཚོགས།	༢༦༠–༢༦༡	༦	ཕར་མ།	
	༤༢	ཀ	སློབ་ཁང་ནས་འཇམ་མགོན་དཔལ་མཆོག་རྒྱལ་མཚན་གྱི་རྣམ་ཐར།	སངས་རྒྱས་ཕུན་ཚོགས།	༢༦༡–༢༦༢	༦	ཕར་མ།	
	༤༣	ཀ	འཇམ་དབྱངས་ནམ་མཁའ་དཔལ་བཟང་གི་རྣམ་ཐར།	སངས་རྒྱས་ཕུན་ཚོགས།	༢༦༢–༢༦༢	༦	ཕར་མ།	
	༤༤	ཀ	མཁན་ཆེན་ལྷུན་གྲུབ་དཔལ་ལྡན་གྱི་རྣམ་ཐར།	སངས་རྒྱས་ཕུན་ཚོགས།	༢༦༢–༢༦༢	༦	ཕར་མ།	

	༤༥	ཀ	སངས་རྒྱས་ཕུན་ཚོགས་ཀྱི་རྣམ་ཐར།	སངས་རྒྱས་ཕུན་ཚོགས།	༢༦༢– ༢༦༣	༦	པར་མ།	
	༤༦	ཀ	བདག་ཆེན་སངས་རྒྱས་བསྟན་འཛིན་གྱི་རྣམ་ཐར།	སངས་རྒྱས་ཕུན་ཚོགས།	༢༦༣– ༢༦༣	༦	པར་མ།	
	༤༧	ཀ	མཁན་ཆེན་ཤེས་བྱ་བཟང་པོའི་རྣམ་ཐར།	སངས་རྒྱས་ཕུན་ཚོགས།	༢༦༣– ༢༦༣	༦	པར་མ།	
	༣༣	ཀ	ཨེ་ཝཾ་པའི་གདན་རབས་རིན་ཆེན་ཕྲེང་མཛེས་ཀྱི་ཁ་སྐོང་རྟོགས་བརྗོད་ཕྲིན་རླབས་འདོད་དགུའི་དཔལ་སྟེར་ལས་མཁན་ཆེན་འཇམ་པའི་དབྱངས་སངས་རྒྱས་ཕུན་ཚོགས་ཀྱི་རྣམ་ཐར་བཞུགས།	དཔལ་ལྡན་ཆོས་སྐྱོང་།	༢༦༤– ༢༧༤	༦	པར་མ།	
	༣༤	ཀ	མཁན་ཆེན་མཚུངས་མེད་ཤེས་བྱ་བཟང་པོའི་རྣམ་ཐར།	དཔལ་ལྡན་ཆོས་སྐྱོང་།	༢༧༤– ༢༧༥	༦	པར་མ།	
	༣༥	ཀ	ཚུལ་ཁྲིམས་དཔལ་བཟང་གི་རྣམ་ཐར།	དཔལ་ལྡན་ཆོས་སྐྱོང་།	༢༧༥– ༢༧༩	༦	པར་མ།	
	༣༦	ཀ	བྱམས་པ་བསོད་ནམས་བཟང་པོའི་རྣམ་ཐར།	དཔལ་ལྡན་ཆོས་སྐྱོང་།	༢༧༩– ༢༨༥	༦	པར་མ།	
	༣༧	ཀ	འཇམ་མགོན་བཀྲ་ཤིས་ལྷུན་གྲུབ་ཀྱི་རྣམ་ཐར།	དཔལ་ལྡན་ཆོས་སྐྱོང་།	༢༨༥– ༢༩༠	༦	པར་མ།	
	༣༨	ཀ	འཇམ་མགོན་ཚུལ་ཁྲིམས་ལྷུན་གྲུབ་ཀྱི་རྣམ་ཐར།	དཔལ་ལྡན་ཆོས་སྐྱོང་།	༢༩༠– ༢༩༢	༦	པར་མ།	
	༣༩	ཀ	བྱམས་པ་ནམ་མཁའ་བསམ་གྲུབ་ཀྱི་རྣམ་ཐར།	དཔལ་ལྡན་ཆོས་སྐྱོང་།	༢༩༢– ༢༩༧	༦	པར་མ།	
	༤༠	ཀ	དགེ་སྦྱོང་དཔལ་ལྡན་ཆོས་སྐྱོང་གི་རྣམ་ཐར།	དཔལ་ལྡན་ཆོས་སྐྱོང་།	༢༩༧– ༣༠༠	༦	པར་མ།	
	༤༡	ཀ	མཁན་ཆེན་བསོད་ནམས་ལྷུན་གྲུབ་ཀྱི་རྣམ་ཐར།		༣༠༠– ༣༠༣	༦	པར་མ།	

	༤༢	ཀ	རིན་ཆེན་མི་འགྱུར་རྒྱལ་མཚན་གྱི་རྣམ་ཐར།	རིན་ཆེན་མི་འགྱུར་རྒྱལ་མཚན།	༣༠༣–༣༡༠	༦	པར་མ།	
	༤༣	ཀ	མཁན་ཆེན་རྡོ་རྗེ་འཛིན་པ་དཀོན་མཆོག་གྲགས་པའི་རྣམ་ཐར།	དགེ་སློང་དཀོན་གྲགས།	༣༡༠–༣༡༣	༦	པར་མ།	
	༤༤	ཀ	ཨེ་ཝྃ་པའི་གདན་རབས་ནོར་བུའི་ཕྲེང་བའི་ཞལ་སྐོར་བདུད་རྩིའི་ཐིགས་ཕྲེང་ཞེས་བྱ་བ་ལས། མཁས་གྲུབ་སངས་རྒྱས་དཔལ་བཟང་གི་རྣམ་ཐར།	མཛོད་བྱང་མི་གསལ།	༣༡༤–༣༡༦	༦	པར་མ།	
	༤༥	ཀ	འཇམ་མགོན་སངས་རྒྱས་ཡེ་ཤེས་ཀྱི་རྣམ་ཐར།	མཛོད་བྱང་མི་གསལ།	༣༡༦–༣༡༦	༦	པར་མ།	
	༤༦	ཀ	ངག་དབང་ཆོས་སྐྱོང་བཟང་པོའི་རྣམ་ཐར།	མཛོད་བྱང་མི་གསལ།	༣༡༦–༣༡༧	༦	པར་མ།	
	༤༧	ཀ	མཁས་གྲུབ་སངས་རྒྱས་གྲགས་པའི་རྣམ་ཐར།	མཛོད་བྱང་མི་གསལ།	༣༡༧–༣༡༨	༦	པར་མ།	
	༤༨	ཀ	ངག་དབང་ཕུན་ཚོགས་དོན་གྲུབ་ཀྱི་རྣམ་ཐར།	མཛོད་བྱང་མི་གསལ།	༣༡༨–༣༡༨	༦	པར་མ།	
	༤༩		མཁས་གྲུབ་ཀུན་དགའ་བསོད་ནམས་ཀྱི་རྣམ་ཐར།	མཛོད་བྱང་མི་གསལ།	༣༡༨–༣༡༩	༦	པར་མ།	
	༥༠		བྱམས་པ་ནམ་མཁའ་འཆི་མེད་ཀྱི་རྣམ་ཐར།	མཛོད་བྱང་མི་གསལ།	༣༡༩–༣༡༩	༦	པར་མ།	
	༥༡		མཁས་གྲུབ་ངག་དབང་དམ་ཆོས་ཀྱི་རྣམ་ཐར།	མཛོད་བྱང་མི་གསལ།	༣༡༩–༣༢༠	༦	པར་མ།	
	༥༢		མཁན་ཆེན་བྱམས་པ་ཀུན་དགའ་བསྟན་འཛིན་གྱི་རྣམ་ཐར།	མཛོད་བྱང་མི་གསལ།	༣༢༠–༣༢༣	༦	པར་མ།	

	༥༣		ཡོངས་འཛིན་དཔལ་ལྡན་ཆོས་ཀྱི་རྒྱལ་མཚན་དྲི་མེད་ལེགས་པའི་བློ་གྲོས་ཀྱི་རྣམ་ཐར།	མཛད་བྱང་མི་གསལ།	༣༢༣–༣༢༤	༦	པར་མ།	
	༥༤		བྱམས་པ་དཔལ་ལྡན་བཟང་པོའི་རྣམ་ཐར།	མཛད་བྱང་མི་གསལ།	༣༢༤–༣༢༥		པར་མ།	
	༥༥		རྣལ་འབྱོར་འཇམ་དཔའི་བཟང་པོའི་རྣམ་ཐར།	མཛད་བྱང་མི་གསལ།	༣༢༥–༣༢༦		པར་མ།	
	༥༦		མཁན་པོ་ཀུན་དགའ་བསྟན་པའི་བློ་གྲོས་ཀྱི་རྣམ་ཐར།	མཛད་བྱང་མི་གསལ།	༣༢༦–༣༢༧		པར་མ།	
	༥༧		བྱམས་པ་ཀུན་དགའ་བསྟན་པའི་རྒྱལ་མཚན་གྱི་རྣམ་ཐར།	མཛད་བྱང་མི་གསལ།	༣༢༧–༣༣༠		པར་མ།	
	༥༨		མཁན་ཆེན་ངག་དབང་བསོད་ནམས་རྒྱལ་མཚན་གྱི་རྣམ་ཐར།	མཛད་བྱང་མི་གསལ།	༣༣༠–༣༣༣		པར་མ།	
	༥༩		འཇམ་དབྱངས་ཤེས་རབ་རྒྱ་མཚོའི་རྣམ་ཐར།	མཛད་བྱང་མི་གསལ།	༣༣༣–༣༣༩		པར་མ།	
	༦༠		ངག་དབང་མཁྱེན་རབ་འཇམ་དཔལ་སྙིང་པོའི་རྣམ་ཐར།	མཛད་བྱང་མི་གསལ།	༣༣༩–༣༣༩		པར་མ།	
	༦༡		ངག་དབང་ཀུན་དགའ་བསྟན་པའི་རྒྱལ་མཚན་གྱི་རྣམ་ཐར།	མཛད་བྱང་མི་གསལ།	༣༣༩–༣༤༡		པར་མ།	
	༦༢		བྱམས་པ་དཔལ་ལྡན་ཆོས་མཛད་ཀྱི་རྣམ་ཐར།	མཛད་བྱང་མི་གསལ།	༣༤༡–༣༤༡		པར་མ།	
	༦༣		འཇམ་དབྱངས་ཀུན་དགའ་བསྟན་པའི་རྒྱལ་མཚན་གྱི་རྣམ་ཐར།	འཇམ་དབྱངས་བློ་གཏེར་དབང་པོ།	༣༤༡–༣༤༢		པར་མ།	
	༦༤		ཀུན་གཟིགས་མཉྩ་པཎྜི་ཏ་དཔལ་ལྡན་ཆོས་ཀྱི་རྒྱལ་མཚན་གྱི་རྣམ་ཐར།	འཇམ་དབྱངས་བློ་གཏེར་དབང་པོ།	༣༤༣–༣༥༣		པར་མ།	

	༦༥		མཁན་ཆེན་རྡོ་རྗེ་འཆང་ཀུན་དགའ་བློ་གྲོས་དཔལ་བཟང་པོའི་རྣམ་ཐར།	མཁན་མིང་དཔལ་ལྡན་བློ་གྲོས་རྒྱལ་མཚན།	༣༤༤–༣༦༩		པར་མ།	
	༦༦		ཐར་རྩེ་མཁན་པོ་འཇམ་དབྱངས་རིན་ཆེན་རྡོ་རྗེའི་རྣམ་ཐར།	འཇམ་དབྱངས་བློ་གཏེར་དབང་པོ།	༣༧༠–༣༨༧		པར་མ།	
01908	༄། ལམ་འབྲས་བླ་མ་བརྒྱུད་པའི་རྣམ་ཐར། ༼པོད་ཁ༽							
	༡	ཁ	རྗེ་བཙུན་བླ་མ་དམ་པ་དཀོན་མཆོག་རྒྱལ་མཚན་དཔལ་བཟང་པོའི་རྣམ་པར་ཐར་པ་ངོ་མཚར་ཕྲེང་བ་བཞུགས་སོ། །	བློ་གྲོས་རྒྱལ་མཚན་དཔལ་བཟང་པོ།	༡–༡༧	༦	པར་མ།	
	༢	ཁ	ཁམས་གསུམ་ཆོས་ཀྱི་རྒྱལ་པོ་བདག་ཆེན་རྡོ་རྗེ་འཆང་བློ་གྲོས་རྒྱལ་མཚན་དཔལ་བཟང་པོའི་རྣམ་པར་ཐར་པ་ཡིད་འཕྲོག་ཨུཏྤ་ལའི་དོ་ཤལ་ཞེས་བྱ་བ་བཞུགས་སོ།།	མགོན་པོ་འོད་ཟེར།	༡༨–༧༦	༦	པར་མ།	
	༣	ཁ	དཔལ་ལྡན་བླ་མ་དམ་པ་ཀུན་སྤངས་ཆོས་ཀྱི་རྒྱལ་པོའི་རྣམ་པར་ཐར་པ་ངོ་མཚར་དད་པའི་སྦྱུ་ལོང་གཡོ་བ་ཞེས་བྱ་བ་བཞུགས་སོ། །	ཚར་ཆེན་བློ་གསལ་རྒྱ་མཚོ།	༧༧–༡༣༣	༦	པར་མ།	
	༤	ཁ	རྗེ་བཙུན་རྡོ་རྗེ་འཆང་སྔགས་རྣམ་པ་ཆེན་པོ་ཀུན་དགའ་ལེགས་པའི་བློ་གྲོས་རྒྱལ་མཚན་དཔལ་བཟང་པོའི་ཞལ་སྔ་ནས་ཀྱི་རྟོགས་པ་བརྗོད་པའི་གཏམ་ངོ་མཚར་ཡིད་བཞིན་གྱི་ཆུ་གཏེར་བཞད་པ་ཞེས་བྱ་བ་བཞུགས་སོ། །	འཇམ་དབྱངས་མཁྱེན་བརྩེའི་དབང་ཕྱུག	༡༣༤–༢༠༣	༦	པར་མ།	
	༥	ཁ	རིགས་དང་དཀྱིལ་འཁོར་ཀུན་གྱི་ཁྱབ་བདག་རྡོ་རྗེ་འཆང་བློ་གསལ་རྒྱ་མཚོ་གྲགས་པ་རྒྱལ་མཚན་དཔལ་བཟང་པོའི་རྣམ་པར་ཐར་པ་སློབ་བཤད་བསྟན་པའི་ཉི་འོད་ཅེས་བྱ་བ་བཞུགས་སོ། །	འཕྲིན་རྒྱས་སྤྱན་བདུན་པ་ལྷུན་གྲུབ་རྒྱ་མཚོ།	༢༠༤–༣༢༣	༦	པར་མ།	
01909	༄། ལམ་འབྲས་བླ་མ་བརྒྱུད་པའི་རྣམ་ཐར། ༼པོད་ག༽							

	༡		བླ་མ་རིན་པོ་ཆེ་མཁན་ཆེན་བའི་རྣམ་ཐར་ངོ་མཚར་སྙེ་མ་ཞེས་བྱ་བ་སྒྲོ་བཀུར་དང་བྲལ་ཞིང་ཡིད་ཆེས་ལ་དགོད་བྲོ་བ་ཞིག་བཞུགས།	མཁན་ཆེན་མཁྱེན་བརྩེ་བ་རང་ཉིད་ཀྱིས་སྦྱར།	༡–༡༡༥	༦	པར་མ།	
	༢		རྗེ་བླ་མ་རྡོ་རྗེ་འཆང་ཆེན་པོ་གཞོན་ནུ་བློ་གྲོས་ཞབས་ཀྱི་རྣམ་ཐར་ཐེག་མཆོག་ཆོས་ཀྱི་གཏེར་གྱི་སྒྲ་དབྱངས་ཞེས་བྱ་བ་བཞུགས་སོ། །	བློ་གྲོས་རྒྱལ་མཚན་དཔལ་བཟང་པོ།	༡༡༦–༡༤༤	༦	པར་མ།	
	༣		རང་གི་རྣམ་པར་ཐར་པ་ཡུལ་སྣ་ཚོགས་ཀྱི་བདུད་རྩི་མྱོང་བའི་གཏམ་དུ་བྱས་པ་ཐོལ་ཐོག་ཧྲུན་གྱིས་མ་བསླད་པ་སྣེག་མོའི་མེ་ལོང་ཞེས་བྱ་བ་བཞུགས་སོ། །	མང་ཐོས་ཀླུ་སྒྲུབ་རྒྱ་མཚོ།	༡༤༨–༣༠༩	༦	པར་མ།	
01910	༄ ལམ་འབྲས་བླ་མ་བརྒྱུད་པའི་རྣམ་ཐར། (པོད་ང་)							
	༡		རྗེ་བཙུན་རྡོ་རྗེ་འཆང་ཆེན་པོ་མེ་ཏྲི་དོན་གྲུབ་རྒྱལ་མཚན་དཔལ་བཟང་པོའི་རྣམ་པར་ཐར་པ་དད་པའི་སྐྱ་ལོང་རབ་ཏུ་གཡོ་བ་ཞེས་བྱ་བ་བཞུགས་སོ། །	ཤཱཀྱའི་དགེ་སློང་མི་ཕམ་ཆོས་ཀྱི་རྒྱ་མཚོ།	༡–༦༢	༦	པར་མ།	
	༢		རྗེ་བཙུན་སྙིངས་མ་བ་ཆེན་པོའི་རྣམ་པར་ཐར་པ་བྱིན་རླབས་ཀྱི་ཆུ་གཏེར་གཡོ་བ་ཞེས་བྱ་བ་བཞུགས།	འ་ཞུའི་སྔགས་འཆང་དབང་ཕྱུག་རབ་བརྟན།	༦༣–༧༦	༦	པར་མ།	
	༣		ཧྲུ་སུ་ཀའི་རྣལ་འབྱོར་པ་འབྲུའི་སྔགས་འཆང་བསོད་ནམས་ཆོས་འཕེལ་གྱིས་རྒྱལ་ཁམས་བསྐོར་བའི་རྟོགས་བརྗོད་ཀྱི་ཕྲེང་བ་བཞད་གད་ཆེན་མོ་བཞུགས།	སེར་གཟུགས་རྡོ་རྗེའི་མིང་གིས་སྦྱར།	༧༧–༡༦༤	༦	པར་མ།	
	༤		དཔལ་ལྡན་བླ་མ་དམ་པ་རྡོ་རྗེ་འཆང་ཆེན་པོ་ངག་དབང་ཆོས་ཀྱི་གྲགས་པའི་རྣམ་ཐར་བྱིན་རླབས་ཀྱི་ཆར་རྒྱུན་དང་བའི་དབྱར་མཚོ་རྒྱས་བྱེད་ཅེས་བྱ་བ་བཞུགས།	བྱ་བྲལ་དགེ་སློང་ངག་དབང་བསོད་ནམས་རྒྱལ་མཚན།	༡༦༨–༡༨༩	༦	པར་མ།	
	༥		རྒྱལ་ཀུན་འདུས་པའི་ངོ་བོ་ཁྱབ་བདག་ཧེ་རུ་ཀ་པར་སྨྲིག་གར་གྱི་རྣམ་པར་རོལ་པ་གདན་གསུམ་ཚང་བའི་སྤྱི་དཔོན་རྗེ་བཙུན་བླ་མ་དབང་ཕྱུག་རབ་བརྟན་པའི་རྒྱལ་མཚན་དཔལ་བཟང་པོའི་རྟོགས་པ་བརྗོད་པ་བདུད་རྩིའི་ཟླ་མ་ཏོག་ཅེས་བྱ་བ་བཞུགས་སོ། །	བཙུན་པ་འཇམ་དབྱངས་གྲགས་པ།	༡༨༥–༢༩༨	༦	པར་མ།	༢༩༦ཆད།

	༦		དུས་གསུམ་རྒྱལ་བའི་མཁྱེན་བརྩེ་ནུས་པའི་རང་གཟུགས་དཀྱིལ་འཁོར་རྒྱ་མཚོའི་གཙོ་བོ་ཁྱབ་བདག་རྡོ་རྗེ་སེམས་དཔའི་ངོ་བོ་མགོན་པོ་བསོད་ནམས་མཆོག་ལྡན་བསྟན་པའི་རྒྱལ་མཚན་དཔལ་བཟང་པོའི་རྣམ་པར་ཐར་པ་ངོ་མཚར་དད་པའི་སྐབས་ཕྲེང་ཞེས་བྱ་བ་བཞུགས། །	འཇམ་དབྱངས་གྲགས་པས་རྒྱལ་ཁབ་ཆེན་པོ་དམར་པོ་རིར་སྦྱར།	༢༥༠–༣༥༡	༦	པར་མ།	
01911	༄ ལམ་འབྲས་བླ་མ་བརྒྱུད་པའི་རྣམ་ཐར། ༼པོད་ཅ༽							
	༡		ཁྱབ་བདག་རིན་ཆེན་བསོད་ནམས་མཆོག་གྲུབ་ཀྱི་རྣམ་ཐར།	འཇམ་དབྱངས་དགའ་བ།	༡–༡༣༠		པར་མ།	
	༢		ལྷེ་བཙུན་ངག་གི་དབང་ཕྱུག་གི་རྟོགས་བརྗོད་ཤེལ་དཀར་ཕྲེང་བ།	མུན་མེད་ཅན།	༡༣༡–༥༩༢		པར་མ།	
01912	༄ ལམ་འབྲས་བླ་མ་བརྒྱུད་པའི་རྣམ་ཐར། ༼པོད་ཆ༽							
	༡		ཁྱབ་བདག་རྡོ་རྗེ་འཆང་དུར་སྒྲིག་གི་བླ་གོས་འཆང་བ་དཔལ་གནས་གསང་བ་ཆེན་པོ་འཇམ་མགོན་བླ་མ་ཐམས་ཅད་མཁྱེན་པ་ལེགས་པའི་མཚན་གྱི་ཞལ་སྔ་ནས་ཀྱི་རྣམ་པར་ཐར་པ་ངོ་མཚར་རབ་འབྱམས་པ་ཞེས་བྱ་བ་བཞུགས་སོ། །	འཇམ་དཔལ་རྒྱ་མཚོ།	༡–༡༥༠	༦	པར་མ།	༡༢༦. ༡༢༨. ༡༣༦བཅས་ཆད།
	༢		དཔལ་ས་སྐྱ་པ་ཆེན་པོ་སྔགས་འཆང་བླ་མ་ཐམས་ཅད་མཁྱེན་པ་ངག་དབང་ཀུན་དགའ་བློ་གྲོས་སངས་རྒྱས་བསྟན་པའི་རྒྱལ་མཚན་དཔལ་བཟང་པོའི་རྟོགས་པ་བརྗོད་པ་ངོ་མཚར་འཕྲུལ་གྱི་རོལ་རྩེད་སྟེ་བཞིའི་འབྱུང་གནས་ཞེས་བྱ་བ་བཞུགས་སོ། །	ཀུན་དགའ་བཀྲ་ཤིས།	༡༥༡–༣༥༧	༦	པར་མ།	༢༡༤. ༢༣༧. ༣༥༥བཅས་ཆད།
01913	༄ ལམ་འབྲས་བླ་མ་བརྒྱུད་པའི་རྣམ་ཐར། ༼པོད་ཇ༽							

	༡		དཔལ་ཆོས་ཀྱི་རྗེ་ཁམས་གསུམ་གྱི་མགོན་པོ་མཁན་ཆེན་ཐམས་ཅད་མཁྱེན་པ་བྱམས་པ་ནམ་མཁའ་འཆི་མེད་ཁྲུ་དབོན་གསུམ་གྱི་ཐུན་མོང་བའི་རྟོགས་པ་བརྗོད་པ་ངོ་མཚར་མེ་ཏོག་གཡོ་བའི་འཕྲི་ཤིང་བྱིན་རླབས་འདོད་རྒྱུའི་འབྱུང་གནས་ཞེས་བྱ་བ་བཞུགས་སོ། །	བྱམས་པ་ཀུན་དགའ་བཀྲ་ཤིས་རྒྱ་མཚན།	༡–༧༨	༦	པར་མ།	༧༢. ཆད།
	༢		ཨེ་ཝཾ་ཆོས་སྡེའི་མཁན་རབས་ཞེ་དྲུག་པ་མཁན་ཆེན་རྡོ་རྗེ་འཆང་བྱམས་པ་ཀུན་དགའ་བསྟན་འཛིན་བཀྲ་ཤིས་གྲགས་པའི་རྒྱལ་མཚན་དཔལ་བཟང་པོའི་རྣམ་ཐར།	མཛོད་བྱང་མི་གསལ།	༧༥–༡༧༣	༦	པར་མ།	
	༣		ཨེ་ཝཾ་ཆོས་སྡེའི་མཁན་རབས་ལྔ་བཅུ་པ་མཁན་ཆེན་ཐམས་ཅད་མཁྱེན་པ་རྣལ་འབྱོར་འཇམ་དཔལ་བཟང་པོ་བཀྲ་ཤིས་གྲགས་པའི་རྒྱལ་མཚན་དཔལ་བཟང་པོའི་རྣམ་ཐར་བཞུགས་སོ། །	མཛོད་བྱང་མི་གསལ།	༡༧༨–༢༦༡	༦	པར་མ།	
	༤		ཁམས་གསུམ་འགྲོ་བ་འདྲེན་པ་མཁན་ཆེན་རྡོ་རྗེ་འཆང་བྱམས་པ་ཀུན་དགའ་བསྟན་འཛིན་དཔལ་བཟང་པོའི་རྣམ་ཐར་བཞུགས་སོ། །	འཇམ་དབྱངས་བློ་གཏེར་དབང་པོ།	༢༦༡–༣༣༥	༦	པར་མ།	
	༥		གསང་བདག་རྡོ་རྗེ་འཛིན་པ་འཇམ་དབྱངས་བློ་གཏེར་དབང་པོའི་རྣམ་པར་ཐར་པ་ཆ་ཙམ་བརྗོད་པ་མཆོག་སྦྱིན་སྙོ་གསུམ་རང་གྲོལ་དགེ་ལེགས་ནོར་བུའི་ལྡོན་བཟང་སྐལ་བཟང་ལྷ་ཡི་དགའ་སྟོན་ཅེས་བྱ་བ་བཞུགས་སོ། །	མི་རྗེ་གཙང་མདའ་བཀྲས་མཐོང་པས་པར་དུ་བསྒྲུབས།	༡–༥༠	༦	པར་མ།	
1914	ལམ་འབྲས་བུ་དང་བཅས་པའི་ཆོས་སྐོར། (པོད་ཉ)							
	༡		རྒྱུད་ཀྱི་རྒྱལ་པོ་དཔལ་ཀྱེ་རྡོ་རྗེའི་རྒྱ་ཆེར་འགྲེལ་པ་ཉི་མའི་འོད་ཟེར་ཞེས་བྱ་བ་བཞུགས་སོ། །	བླ་མ་དམ་པ་བསོད་ནམས་རྒྱལ་མཚན།	༣༥༠	༦	པར་མ།	
	༢		དཔལ་ཀྱེ་རྡོ་རྗེའི་རྩ་བའི་རྒྱུད་ཀྱི་ཚིག་འགྲེལ་རྗེ་བཙུན་ཆེན་པོའི་དཀའ་འགྲེལ་དག་ལྡན་བསྒྲུབས་སྐྱེས་རྡོ་རྗེ་རིན་པོ་ཆེའི་ཕྲེང་བ་ཞེས་བྱ་བ་བཞུགས་སོ། །	འཇམ་དབྱངས་བློ་གཏེར་དབང་པོ།	༡༦༣	༦	པར་མ།	༡༩. ༡༠༡ཆད།

01915	༄ ལམ་འབྲས་བུ་དང་བཅས་པའི་ཆོས་སྐོར། ༼པོད་ཏ༽							
	༡		གསུང་ངག་རིན་པོ་ཆེ་ལམ་འབྲས་བུ་དང་བཅས་པའི་གཞུང་ཇི་ལྟར་བཤད་པའི་ཁྲིད་རིམ་སྣང་བ་དོན་ཀུན་གསལ་ཞེས་བྱ་བ་བཞུགས་སོ། །	རྗེ་བཙུན་གྲགས་པ་རྒྱལ་མཚན།	༡༣–༡༧༩	༦	པར་མ།	༡–༡༢ བར་ཆད། ༡༣ ཕྱེད། གཞན་རྣམས་རལ་སྐྱོན་ཆེ།
	༢		དཔལ་ཧེ་རུ་ཀ་སྟེ་བའི་བསམ་མི་ཁྱབ་ཀྱི་གདམས་ངག་བཞུགས་སོ། །	རྗེ་བཙུན་གྲགས་པ་རྒྱལ་མཚན།	༡༧༩–༢༩༠	༦	པར་མ།	
	༣		ལུང་འདི་ཉིད་དང་མདོར་བསྡུས་སུ་སྦྱར་བ་བཞུགས་སོ། །	རྗེ་བཙུན་གྲགས་པ་རྒྱལ་མཚན།	༢༩༡–༣༠༠	༦	པར་མ།	
01916	༄ ལམ་འབྲས་བུ་དང་བཅས་པའི་ཆོས་སྐོར། ༼པོད་ཐ༽							
	༡		གསུང་ངག་རིན་པོ་ཆེ་ལམ་འབྲས་བུ་དང་བཅས་པའི་ཁྲིད་ཡིག་གསུང་ངག་བསྟན་པ་གསལ་བའི་ཉི་མའི་འོད་ཟེར་ཞེས་བྱ་བ་ལས་བསྡུས་དོན་གསུང་ངག་གསལ་བྱེད་སྒྲོན་མེ་བཞུགས་སོ། །	དགེ་སློང་ཀུན་དགའ་ལེགས་གྲུབ།	༧	༦	པར་མ།	
	༢		གསུང་ངག་རིན་པོ་ཆེ་ལམ་འབྲས་བུ་དང་བཅས་པའི་ཁྲིད་ཡིག་གསུང་ངག་བསྟན་པ་གསལ་བའི་ཉི་མའི་འོད་ཟེར་ཞེས་བྱ་བ་ལས་སྣང་བ་གསུམ་གྱི་ཁྲིད་ཡིག་བྱང་ཆུབ་སེམས་ཉིད་གསལ་བའི་སྒྲོན་མེ་བཞུགས་སོ། །	དགེ་སློང་ཀུན་དགའ་ལེགས་གྲུབ།	༡–༢༧	༦	པར་མ།	
	༣		སྣང་བ་གསུམ་གྱི་ཁྲིད་བསྡུས་པ་བཞུགས་སོ། །	དགེ་སློང་ཀུན་དགའ་ལེགས་གྲུབ།	༢༧–༩༡	༦	པར་མ།	

	༤		གསུང་ངག་རིན་པོ་ཆེ་ལམ་འབྲས་བུ་དང་བཅས་པའི་ཁྲིད་ཡིག་གསུང་ངག་བསྟན་པ་གསལ་བའི་ཉི་མའི་འོད་ཟེར་ཞེས་བྱ་བ་ལས། རྒྱུད་གསུམ་འཁོར་འདས་དབྱེར་མེད་ཀྱི་ཁྲིད་ཡིག་དབང་གི་ཡེ་ཤེས་གསལ་བའི་སྒྲོན་མེ་བཞུགས་སོ། །	དགེ་སློང་ཀུན་དགའ་ལེགས་གྲུབ།	༢༨	༦	པར་མ།	
	༥		གསུང་ངག་རིན་པོ་ཆེ་ལམ་འབྲས་བུ་དང་བཅས་པའི་ཁྲིད་ཡིག་གསུང་ངག་བསྟན་པ་གསལ་བའི་ཉི་མའི་འོད་ཟེར་ཞེས་བྱ་བ་ལས། ཕྱི་ནང་བསྐྱེད་རིམ་གྱི་ཁྲིད་ཡིག་དག་སྣང་གསལ་བའི་སྒྲོན་མེ་བཞུགས་སོ། །	དགེ་སློང་ཀུན་དགའ་ལེགས་གྲུབ།	༡༩	༦	པར་མ།	
	༦		གསུང་ངག་རིན་པོ་ཆེ་ལམ་འབྲས་བུ་དང་བཅས་པའི་ཁྲིད་ཡིག་གསུང་ངག་བསྟན་པ་གསལ་བའི་ཉི་མའི་འོད་ཟེར་ཞེས་བྱ་བ་ལས། རང་བྱིན་རླབས་ཀྱི་ཁྲིད་ཡིག་བདེ་དྲོད་གསལ་བའི་སྒྲོན་མེ་བཞུགས་སོ། །	དགེ་སློང་ཀུན་དགའ་ལེགས་གྲུབ།	༡༢	༦	པར་མ།	
	༧		གསུང་ངག་རིན་པོ་ཆེ་ལམ་འབྲས་བུ་དང་བཅས་པའི་ཁྲིད་ཡིག་གསུང་ངག་བསྟན་པ་གསལ་བའི་ཉི་མའི་འོད་ཟེར་ཞེས་བྱ་བ་ལས། ཕོ་ཉའི་ལམ་མཆོག་གསལ་བའི་སྒྲོན་མེ་བཞུགས་སོ། །	དགེ་སློང་ཀུན་དགའ་ལེགས་གྲུབ།	༡༠	༦	པར་མ།	
	༨		གསུང་ངག་རིན་པོ་ཆེ་ལམ་འབྲས་བུ་དང་བཅས་པའི་ཁྲིད་ཡིག་གསུང་ངག་བསྟན་པ་གསལ་བའི་ཉི་མའི་འོད་ཟེར་ཞེས་བྱ་བ་ལས། དཀྱིལ་འཁོར་འཁོར་ལོའི་ཁྲིད་ཡིག་བདེ་སྟོང་གསལ་བའི་སྒྲོན་མེ་བཞུགས་སོ། །	དགེ་སློང་ཀུན་དགའ་ལེགས་གྲུབ།	༥	༦	པར་མ།	
	༩		གསུང་ངག་རིན་པོ་ཆེ་ལམ་འབྲས་བུ་དང་བཅས་པའི་ཁྲིད་ཡིག་གསུང་ངག་བསྟན་པ་གསལ་བའི་ཉི་མའི་འོད་ཟེར་ཞེས་བྱ་བ་ལས། རྡོ་རྗེ་རྦ་རླབས་ཀྱི་ཁྲིད་ཡིག་འཇའ་ལུས་མངོན་གྱུར་གསལ་བའི་སྒྲོན་མེ་བཞུགས་སོ། །	དགེ་སློང་ཀུན་དགའ་ལེགས་གྲུབ།	༣	༦	པར་མ།	
	༡༠		གསུང་ངག་རིན་པོ་ཆེ་ལམ་འབྲས་བུ་དང་བཅས་པའི་ཁྲིད་ཡིག་གསུང་ངག་བསྟན་པ་གསལ་བའི་ཉི་མའི་འོད་ཟེར་ཞེས་བྱ་བ་ལས། བསྟན་བཅོས་དང་ལུང་གི་སྐབས་གསལ་བ་འབྲེལ་བསྒྲིགས་གསལ་བའི་སྒྲོན་མེ་བཞུགས་སོ། །	དགེ་སློང་ཀུན་དགའ་ལེགས་གྲུབ།	༣	༦	པར་མ།	

	༡༡		གསུང་ངག་རིན་པོ་ཆེ་ལམ་འབྲས་བུ་དང་བཅས་པའི་ཁྲིད་ཡིག་གསུང་ངག་བསྟན་པ་གསལ་བའི་ཉི་མའི་འོད་ཟེར་ཞེས་བྱ་བ་ལས། བསྟན་བཅོས་དང་ལུང་གི་སྐབས་གསལ་བ་འབྲེལ་བསྒྲིགས་གསལ་བའི་སྒྲོན་མེ་བཞུགས་སོ། །	དགེ་སློང་ཀུན་དགའ་ལེགས་གྲུབ།	༥	༦	པར་མ།	
	༡༢		གསུང་ངག་རིན་པོ་ཆེའི་ཁྲིད་ཡིག་བདེ་ཆེན་བཅུད་ཀྱི་སྙིང་པོ་ཞེས་བྱ་བ་བཞུགས་སོ། །	དགེ་སློང་ཀུན་དགའ་ལེགས་གྲུབ།	༤༣	༦	པར་མ།	
	༡༣		གསུང་ངག་རིན་པོ་ཆེ་ལམ་འབྲས་བུ་དང་བཅས་པའི་ཁྲིད་ཡིག་དངོས་གྲུབ་འབྱུང་བའི་གཏེར་ཞེས་བྱ་བ་བཞུགས་སོ། །	སངས་རྒྱས་རིན་ཆེན།	༡–༥༦	༦	པར་མ།	
	༡༤		གསུང་ངག་རིན་པོ་ཆེ་ལམ་འབྲས་བུ་དང་བཅས་པའི་ཁྲིད་ཡིག་དངོས་གྲུབ་འབྱུང་བའི་གཏེར་གྱི་ཁ་སྐོང་ཞེས་བྱ་བ་བཞུགས་སོ། །	སངས་རྒྱས་རིན་ཆེན།	༥༦–༦༤	༦	པར་མ།	
	༡༥		དཔལ་ཀྱི་རྡོ་རྗེའི་བསྐྱེད་རྫོགས་ཀྱི་རྣམ་བཤད་རེས་དོན་གསལ་བྱེད་ཟླ་བའི་འོད་ཟེར་ཞེས་བྱ་བ་བཞུགས་སོ། །	དཀོན་མཆོག་དཔལ་ལྡན།	༦༢	༦	པར་མ།	
	༡༦		དྲི་བ་ཚངས་པའི་འཁོར་ལོའི་ལན་གསལ་བར་བསྟན་པ་སྨྲ་བ་ངན་འཛོམས་བཞུགས་སོ། །		༧	༦		
01917	༄ ལམ་འབྲས་བུ་དང་བཅས་པའི་ཆོས་སྐོར། ༼ཡོད་དོ༽							
	༡	༼ཡི༽ ནང་ ཀ	པོ་ཏི་དམར་ཆུང་གི་དཀར་ཆག་རིན་ཆེན་འཕྲེང་བ་བཞུགས་སོ། །	ཤཱཀྱའི་དགེ་སློང་རྡོ་རྗེ་འཛིན་པ་ཀུན་དགའ་དབང་ཕྱུག	༤	༦	དཔེ་ཚུགས།	
	༢	༼ཡི༽ ནང་ ཁ	ཡོད་དམར་མ་བཞུགས་སོ། ། བླ་མ་བརྒྱུད་པའི་གསོལ་འདེབས། ས་ཆེན་དང་རྗེ་བཙུན་གྱི་རྣམ་ཐར་སོགས་ལེ་ཚན་བཅུ་ལྷག་ཙམ་ཡོད།	དགེ་སློང་ཀུན་དགའ་བཟང་པོ།	༡༣༢	༦	དཔེ་ཚུགས།	

	༣	(ཡེ) ནང་ ག	ལུས་གནད་ཀྱི་གདམས་ངག་དང་བདག་མེད་ཀྱི་བྱིན་རླབས་སོགས་བཞུགས་ཡོད།		༡༣༨	༦	དཔེ་ཚུགས།	
01918	༄ ལམ་འབྲས་བུ་དང་བཅས་པའི་ཆོས་སྐོར། (པོད་ན)							
	༡		ལམ་འབྲས་གཞུང་བཤད་པོད་ནག་བླ་མ་བརྒྱུད་པའི་རྣམ་པར་ཐར་པ་ངོ་མཚར་སྣང་བ་ཞེས་བྱ་བཞུགས་སོ། །	བླ་མ་དམ་པ་བསོད་ནམས་རྒྱལ་མཚན།	༡—༦༡	༦	པར་མ།	
	༢		ལམ་འབྲས་བུ་དང་བཅས་པའི་གདམས་ངག་གི་རྣམ་པར་བཤད་པ་མན་ངག་གཏེར་མཛོད་ཅེས་བྱ་བ་བཞུགས་སོ། །	བླ་མ་དམ་པ་བསོད་ནམས་རྒྱལ་མཚན།	༦༢—༢༣༥	༦	པར་མ།	
	༣		ལམ་འབྲས་བུ་དང་བཅས་པའི་གཞུང་ཇི་ལྟ་བ་བཞིན་དཀྲི་བའི་ཁྲིད་ཡིག་སྦས་དོན་ཀུན་གསལ་ཞེས་བྱ་བ་བཞུགས་སོ། །	བླ་མ་དམ་པ་བསོད་ནམས་རྒྱལ་མཚན།	༢༣༦—༢༧༢	༦	པར་མ།	
	༤		དཔལ་ཀྱི་རྡོ་རྗེའི་མངོན་པར་རྟོགས་པ་ཡན་ལག་དྲུག་པ་ཞེས་བྱ་བ་བཞུགས་སོ། །	འཇམ་དབྱངས་གྲགས་པ།	༢༧༣—༣༠༧	༦	པར་མ།	
01919	༄ ལམ་འབྲས་བུ་དང་བཅས་པའི་ཆོས་སྐོར། (པོད་པ)							
	༡		རྒྱལ་བས་དྲི་མེད་ལུང་གིས་སྔགས་པའི་རྡོ་རྗེ་འཆང་ཀུན་དགའ་བཟང་པོའི་ཞབས་ཀྱི་གསུང་རབ་གླེགས་བམ་གཉིས་པ་ལས་དཔལ་ཀྱི་རྡོ་རྗེའི་སྒྲུབ་ཐབས་ཀྱི་རྒྱ་ཆེར་བཤད་པ་བསྐྱེད་རིམ་གནད་ཀྱི་ཟླ་ཟེར་ཞེས་བྱ་བ་བཞུགས་སོ། །	ངོར་ཆེན་ཀུན་དགའ་བཟང་པོ།	༢༠༩	༦	དགའ་ལྡན་ཕུན་ཚོགས་གླིང་གི་པར་མ།	
	༢		དཔལ་ཀྱི་རྡོ་རྗེའི་ཕྱི་བསྐྱེད་རིམ་གྱི་རྣམ་པར་བཤད་པ་ལེགས་བཤད་ཉི་མའི་འོད་ཟེར་ཞེས་བྱ་བ་བཞུགས་སོ། །	འཁོར་རྒྱས་ཀློག་པ་ཕུན་ཚོགས་དབང་པོ།	༡༢༨	༦	དགའ་ལྡན་ཕུན་ཚོགས་གླིང་གི་པར་མ།	
	༣		དུས་གསུམ་སངས་རྒྱས་ཐམས་ཅད་ཀྱི། །བགྲོད་པ་གཅིག་པའི་ལམ་གྱི་མཆོག །ཟབ་མོ་བླ་མའི་རྣལ་འབྱོར་གྱི། །ཉམས་ལེན་གསང་བའི་ཉེ་ལམ་བཞུགས། །	སངས་རྒྱས་ཕུན་ཚོགས་ཀྱི།	༥	༦	དགའ་ལྡན་ཕུན་ཚོགས་གླིང་གི་པར་མ།	
	༤		དཔལ་ཀྱི་རྡོ་རྗེ་མན་ངག་ལུགས་ཀྱི་བསྐྱེད་པའི་རིམ་པ་གསལ་བར་བཤད་པ་བཞུགས་སོ། །	ཞུ་ཆེན་ཚུལ་ཁྲིམས་རིན་ཆེན།	༡༡༡	༦	དགའ་ལྡན་ཕུན་ཚོགས་གླིང་གི་པར་མ།	༥༥· ཆད།

01920	༄ ལམ་འབྲས་བུ་དང་བཅས་པའི་ཆོས་སྐོར། ༼ཡོད་ཕ༽						
	༡		འཇམ་མགོན་མཁྱེན་བརྩེའི་ལམ་འབྲས་སློབ་བཤད་འཁྲིད་ཡིག་སྐོར་བཞུགས་སོ།།	འཇམ་དབྱངས་མཁྱེན་བརྩེ་དབང་ཕྱུག	༡༡༣	༦	པར་མ།
	༢		གསུང་ངག་རིན་པོ་ཆེ་ལམ་འབྲས་བུ་དང་བཅས་པའི་བླ་མ་བརྒྱུད་པ་ལ་གསོལ་བ་འདེབས་པ་ཞེས་བྱ་བ་བཞུགས་སོ། ।	ངོར་ཆེན་ཀུན་དགའ་བཟང་པོ།	༡༡	༦	པར་མ།
	༣		གསུང་ངག་རིན་པོ་ཆེ་ལམ་འབྲས་བུ་དང་བཅས་པ་ངོར་ལུགས་ཐུན་མོང་མ་ཡིན་པ་སློབ་བཤད་ཀྱི་འཆད་ཐབས་གསང་ཆེན་མཛོད་བརྒྱ་འབྱེད་པའི་ལེགས་བཤད་འཕྲུལ་གྱི་ལྡེའུ་མིག་ཅེས་བྱ་བ་བཞུགས་སོ། ।	འཇམ་དབྱངས་བློ་གཏེར་དབང་པོ།	༧༠	༦	པར་མ།
	༤		གསུང་ངག་རིན་པོ་ཆེ་ལམ་འབྲས་བུ་དང་བཅས་པའི་ཁྲིད་ཀྱི་ཟིན་དྲིས་གསང་ཆེན་བསྟན་པ་རྒྱས་བྱེད་ཅེས་བྱ་བ་ལས། སྣང་བས་གསུམ་དུ་བསྟན་པའི་ལམ་གྱི་ཟིན་བྲིས་ཁའུ་བྲག་རྫོང་པའི་བཞེད་པ་མ་ནོར་བ་བཞུགས་སོ། ।	འཇམ་དབྱངས་མཁྱེན་བརྩེ་དབང་ཕྱུག	༤༦	༦	པར་མ།
	༥		གསུང་ངག་རིན་པོ་ཆེ་ལམ་འབྲས་བུ་དང་བཅས་པའི་ཁྲིད་ཀྱི་ཟིན་བྲིས་གསང་ཆེན་བསྟན་པ་རྒྱས་བྱེད་ཅེས་བྱ་བ་ལས། རྒྱུད་གསུམ་དུ་བསྟན་པའི་ལམ་གྱི་ཟིན་བྲིས་ཟབ་མོ་ཁའུ་བྲག་རྫོང་པའི་ཁྱད་ཆོས་བན་རྒན་མཁྱེན་བརྩེའི་ཉམས་ལེན་བཞུགས་སོ། ।	འཇམ་དབྱངས་མཁྱེན་བརྩེ་དབང་ཕྱུག	༤༥	༦	པར་མ།
	༦		གསུང་ངག་རིན་པོ་ཆེ་ལམ་འབྲས་བུ་དང་བཅས་པའི་ཁྲིད་ཀྱི་ཟིན་བྲིས་གསང་ཆེན་བསྟན་པ་རྒྱས་བྱེད་ཅེས་བྱ་བ་ལས། ཕྱི་བསྐྱེད་རིམ་གྱི་ཟིན་བྲིས་ཁའུ་བྲག་རྫོང་པའི་བཞེད་པ་མ་ནོར་བ་བཞུགས་སོ། ། ཀུན་དགའ་ལྷུན་གྲུབ་ཀྱི་ཉམས་ལེན་གྱིས་པའོ། ।	འཇམ་དབྱངས་མཁྱེན་བརྩེ་དབང་ཕྱུག	༣༥	༦	པར་མ།

	༧		གསུང་ངག་རིན་པོ་ཆེ་ལམ་འབྲས་བུ་དང་བཅས་པའི་ཁྲིད་ཀྱི་ཟིན་བྲིས་གསང་ཆེན་བསྟན་པ་རྒྱས་བྱེད་ཅེས་བྱ་བ་ལས། ནང་བསྐྱེད་རིམ་གྱི་ཟིན་བྲིས་ཁའུ་བྲག་རྫོང་པའི་བཞེད་པ་མ་ནོར་བ་བཞུགས་སོ། །	འཇམ་དབྱངས་མཁྱེན་བརྩེ་དབང་ཕྱུག	༧	༦	པར་མ།	ཤོག་གྲངས་༧པ་དེ་ལེབ་ཙམ་ལས་མེད།
	༨		དམ་ཚིག་ཉི་ཤུའི་རྣམ་བཞག་བཞུགས་སོ། །	ཤཱཀྱའི་དགེ་སློང་ངག་དབང་ལེགས་པ།	༥	༦	པར་མ།	
	༩		རང་བཞིན་བརྒྱད་ཅུའི་རྟོག་པ་རིགས་གསུམ་བཞུགས་སོ། །		༥	༦	པར་མ།	
	༡༠		དེ་ཉིད་བཅུའི་ཚིག་འགྲེལ་མདོར་བསྡུས་བཞུགས་སོ། །	སྔང་པན་འཇམ་དབྱངས་ཀུན་དགའ་རྣམ་རྒྱལ།	༥	༦	པར་མ།	
	༡༡		ལྷ་བ་འཁོར་འདས་དབྱེར་མེད་ཀྱི་སྙིང་པོ་བསྡུས་པ་སྐལ་བཟང་སྙིང་གི་བདུད་རྩི་ཞེས་བྱ་བ་བཞུགས་སོ། །	ཤཱཀྱའི་དགེ་སློང་ངག་དབང་ལེགས་པ།	༨	༦	པར་མ།	
	༡༢		མཆོད་ལ་གྱི་དམིགས་རིམ་མདོར་བསྡུས་ལེགས་བཤད་བདུད་རྩིའི་སྙིང་པོ་ཞེས་བྱ་བ་བཞུགས་སོ། །		༨	༦	པར་མ།	༩· ཆད།
	༡༣		གསུང་ངག་རིན་པོ་ཆེ་གསང་ཆེན་སློབ་བཤད་ཀྱི་ཁོག་ཕུབ་ཁ་སྐོང་བསྟན་པ་རྒྱས་པའི་ཉིན་བྱེད་ཅེས་བྱ་བ་བཞུགས་སོ། །	ཤཱཀྱའི་དགེ་སློང་ངག་དབང་ལེགས་པ།	༡༣	༦	པར་མ།	༡༠· ༡༡ཆད། རུལ་སྐྱོན་དང་ཆུ་སྐྱོན་ཆེ།

སྤྱིའི་ཨང་གྲངས།	ལེ་ཚན་གྲངས།	དཔེ་རྟགས།	ཕྱག་དཔེའི་མཚན།	མཛད་པ་པོའི་མཚན།	ཤོག་གྲངས།	ཡིག་ཕྲེང་།	པར་གཞི།	ཆ་ཚང་མིན་དང་རལ་སྐྱོན།
01921	༄ ལམ་འབྲས་བུ་དང་བཅས་པའི་ཆོས་སྐོར། (པོད་བ)							
	༡		སློབ་བཤད་བརྒྱུད་འདེབས་ལམ་རིམ་གསོལ་འདེབས་བྱིན་རླབས་ཀྱི་ཕོ་ཉ་ཞེས་བྱ་བ་བཞུགས་སོ། །	མང་ཐོས་ཀླུ་སྒྲུབ་རྒྱ་མཚོ།	༦	༦	པར་མ།	
	༢		དགེས་མཛད་རྒྱུད་གསུམ་གྱི་བརྒྱུད་འདེབས་འཆད་ཐབས་ལམ་རིམ་དང་བཅས་པ་སེམས་ཀྱི་ངལ་བསོ་བཞུགས་སོ། །	མང་ཐོས་ཀླུ་སྒྲུབ་རྒྱ་མཚོ།	༩	༦	པར་མ།	
	༣		གསུང་ངག་སློབ་བཤད་སྣང་གསུམ་ཁྲིད་ཡིག་ཟླ་བ་བདུད་རྩིའི་ཐིགས་ཕྲེང་སྐལ་བཟང་ཀུ་མུད་གསར་པའི་ཁ་འབྱེད།	མང་ཐོས་ཀླུ་སྒྲུབ་རྒྱ་མཚོ།	༦༡	༦	པར་མ།	
	༤		གསུང་ངག་སློབ་བཤད་ཐུགས་ལམ་གྱི་ཁྲིད་ཡིག་ཉི་གཞོན་གསར་པའི་ཐིག་ཕྲེང་སྐལ་བཟང་ཨུཏྤལ་གཞོན་ནུའི་ཁ་འབྱེད་ལས་འཁོར་འདས་དབྱེར་མེད་ལྟ་བའི་སྐབས་བཞུགས་སོ། ། སློབ་བཤད་ཟབ་མོས་མ་སྨིན་བདག་གི་སྤྱོད་ཡུལ་མིན་ན་ཨཾ། །	མང་ཐོས་ཀླུ་སྒྲུབ་རྒྱ་མཚོ།	༥༥	༦	པར་མ།	
	༥		གསུང་ངག་སློབ་བཤད་ཐུགས་ལམ་གྱི་ཁྲིད་རིམ་ཉི་གཞོན་གསར་པའི་ཐིག་ཕྲེང་ལས་ཕྱི་བསྐྱེད་རིམ་གྱི་ཁྲིད་བཞུགས་སོ། །	མང་ཐོས་ཀླུ་སྒྲུབ་རྒྱ་མཚོ།	༨	༦	པར་མ།	
	༦		སློབ་བཤད་ཐུགས་ལམ་གྱི་ཁྲིད་ཡིག་ཉི་གཞོན་གསར་པའི་ཐིག་ཕྲེང་ལས་ནང་བསྐྱེད་རིམ། ཉམས་མྱོང་ལྟ་བ། ཕྱག་ཆེན་རྡོ་སྦྱོར། བོགས་འབྱིན་སྤྱོད་པ་དང་བཅས་པ་བཞུགས་སོ། །	མང་ཐོས་ཀླུ་སྒྲུབ་རྒྱ་མཚོ།	༩	༦	པར་མ།	

	༧		གསུང་རབ་སློབ་བཤད་ཁྲིད་རིམ་ཉི་གཞོན་གསར་པའི་ཐིག་ཕྲེང་སྐལ་བཟང་ཨུཏྤལ་གཞོན་ནུའི་ཁ་འབྱེད་ལས། བྲུམ་དབང་གི་འདའ་ཀ་མ། བར་དོ། རྨི་ལམ། སྒྱུ་ལུས་དང་བཅས་པའི་ཁྲིད་རིམ་བཞུགས་སོ། །	མང་ཐོས་ཀླུ་སྒྲུབ་རྒྱ་མཚོ།	༢༡	༦	པར་མ།	
	༨		གསུང་རབ་སློབ་བཤད་ཁྲིད་རིམ་ཉི་གཞོན་གསར་པའི་ཐིག་ཕྲེང་སྐལ་བཟང་ཨུཏྤལ་གཞོན་ནུའི་ཁ་འབྱེད་ལས། ལམ་གཏུམ་མོ་ཙཎྜ་ལཱི་ཁམས་འདུས་པ་དང་པོའི་ཁྲིད་བཞུགས་སོ། །	མང་ཐོས་ཀླུ་སྒྲུབ་རྒྱ་མཚོ།	༢༢	༦	པར་མ།	
	༩		གསུང་རབ་སློབ་བཤད་སྔགས་ལམ་གྱི་ཁྲིད་རིམ་ཉི་གཞོན་གསར་པའི་ཐིག་ཕྲེང་སྐལ་བཟང་ཨུཏྤལ་གཞོན་ནུའི་ཁ་འབྱེད་ལས། ཁམས་འདུས་པ་བར་པའི་ཁྲིད་ཡིག་བཞུགས་སོ། །	མང་ཐོས་ཀླུ་སྒྲུབ་རྒྱ་མཚོ།	༩	༦	པར་མ།	
	༡༠		གསུང་རབ་སློབ་བཤད་ཀྱི་ཁྲིད་རིམ་ཉི་གཞོན་གསར་པའི་ཐིག་ཕྲེང་སྐལ་བཟང་ཨུཏྤལ་གཞོན་ནུའི་ཁ་འབྱེད་ལས། སྐྱོན་མེད་གཞུག་མ་ཡེ་ཤེས་ལ་བརྟེན་པ་ཁམས་འདུས་པ་ཐ་མའི་ཁྲིད་བཞུགས་སོ། །	མང་ཐོས་ཀླུ་སྒྲུབ་རྒྱ་མཚོ།	༡༢	༦	པར་མ།	
	༡༡		ལམ་འབྲས་སློབ་བཤད་ཁྲིད་ཀྱི་ཤིང་རྟ་རྣམ་གཉིས་ཀྱི་དགོངས་གནད་འགལ་མེད་དུ་བསྒྲུབས་པ་སོམ་ཉིའི་མུན་སེལ་ལེགས་བཤད་ཟླ་འོད་ཅེས་བྱ་བ་བཞུགས་སོ། །	འཇམ་དབྱངས་བློ་གཏེར་དབང་པོ།	༡༢༡	༦	པར་མ།	
	༡༢		བཤེས་གཉེན་དམ་པ་བསྟེན་པར་བྱེད་པའི་ཐབས་བློ་ཀ་ལྔ་བཅུ་པའི་འགྲེལ་པ་དངོས་གྲུབ་རིན་པོ་ཆེའི་སྙེ་འབྱེད་ཅེས་བྱ་བ་བཞུགས་སོ། །	ཚར་ཆེན་བློ་གསལ་རྒྱ་མཚོ།	༢༦	༦	པར་མ།	
	༡༣		དམ་ཚིག་གི་རྣམ་པར་བཤད་པ་འགྲེལ་པ་འབྲུལ་སྤོང་གི་དགོངས་པ་རབ་ཏུ་གསལ་བ་ཞེས་བྱ་བ་བཞུགས་སོ། །	བདག་ཆེན་བློ་གྲོས་རྒྱལ་མཚན།	༥༥	༦	པར་མ།	
	༡༤		རྩ་རླུང་འཁྲུལ་འཁོར་ལ་བརྟེན་ནས་རྣལ་འབྱོར་པ་རྣམས་ཟབ་ལམ་བྱང་ཆུབ་སྒྲུབ་པའི་རིམ་པ་བཀླགས་ཆོག་མ་བཞུགས་སོ། །	མཁས་དབང་ཀུན་དགའ་དཔལ་ལྡན།	༣༢	༦	པར་མ།	

01922	༄ ལམ་འབྲས་བུ་དང་བཅས་པའི་ཆོས་སྐོར། །པོད་མ།							
	༡		བརྡ་དོན་གསལ་བའི་ཁྲིད་ཡིག་བདག་ཆེན་རྡོ་རྗེ་འཆང་གིས་མཛད་པ་བཞུགས་སོ།།	བདག་ཆེན་བློ་གྲོས་རྒྱལ་མཚན།	༡༣༡	༦	པར་མ།	
	༢		ལམ་ཟབ་མོ་བླམ་འི་རྣལ་འབྱོར་ཉམས་སུ་བླང་བའི་ཚུལ་བདག་ཆེན་རྡོ་རྗེ་འཆང་གིས་མཛད་པ་བཞུགས་ལགས་སོ། །	གཞིམས་འོག་བསྟན་འཛིན་སྙན་གྲགས།	༡༨	༦	པར་མ།	
	༣		ལམ་སྐོར་ཕྱི་མ་བརྒྱད་ཀྱི་བརྒྱུད་པའི་གསོལ་འདེབས་བཞུགས་སོ། །	བློ་གྲོས་མཐའ་ཡས།	༨༠	༦	པར་མ།	
	༤		རྗེ་བཙུན་ས་སྐྱ་པའི་བཞེད་པ་ལྟར་མདོ་སྔགས་ཀྱི་ལྟ་བའི་སྙིང་པོ་ཕྱི་ཅི་མ་ལོག་པར་བཤད་པ་ནོར་བུའི་མེ་ལོང་ཞེས་བྱ་བ་བཞུགས་སོ། །	གཞིམས་འོག་བསྟན་འཛིན་སྙན་གྲགས།	༢༢	༦	པར་མ།	
	༥		དཔལ་ཀྱི་རྡོ་རྗེ་མན་ངག་ལུགས་ཀྱི་ལམ་དབང་བསྐུར་བའི་ཆོ་ག་ཁམས་གསུམ་འགྲོ་བའི་བླ་མ་བདག་ཆེན་རྡོ་རྗེ་འཆང་ཆེན་པོས་མཛད་པ་ཁྱུ་བྲག་ཛོང་པའི་ལུགས་ཐུན་མོང་མ་ཡིན་པ་བཞུགས། །	བདག་ཆེན་བློ་གྲོས་རྒྱལ་མཚན།	༣༠	༦	པར་མ།	
	༦		དཔལ་ཀྱི་རྡོ་རྗེའི་དབང་གི་ཆུ་བོའི་གསལ་བྱེད་ཀྱི་ལྷན་ཐབས་ནོར་བུའི་ཕྲེང་བ་ཞེས་བྱ་བ་རྡོ་རྗེ་འཆང་ཚར་པ་ཆོས་རྗེས་མཛད་པ་བཞུགས།	ཚར་ཆེན་བློ་གསལ་རྒྱ་མཚོ།	༤༥	༦	པར་མ།	
	༧		གཞུང་རྡོ་རྗེའི་ཚིག་རྐང་གི་འགྲེལ་པ་ས་ཆེན་གྱི་སློབ་མ་རྗེ་ཕག་གྲུས་མཛད་པའི་བཤད་མཛོད་མ་བཞུགས་སོ། །	ས་ཆེན་ཀུན་དགའ་སྙིང་པོ།	༡༦༠	༦	པར་མ།	
	༨		གཞུང་རྡོ་རྗེའི་ཚིག་རྐང་གི་རྣམ་བཤད་རྗེ་བཙུན་གྲགས་པའི་སློབ་མ་ཞང་བྱ་རུ་བ་རྡོ་རྗེ་འོད་ཟེར་གྱིས་མཛད་པ་བཞུགས་སོ། །	ཞང་བྱ་རུ་བ་རྡོ་རྗེ་འོད་ཟེར།	༡༢༢	༦	པར་མ།	
01923	༄ ལམ་འབྲས་བུ་དང་བཅས་པའི་ཆོས་སྐོར། །པོད་ཙ།							
	༡		བརྒྱད་པའི་ཁྱད་པར་གཉིས་ལྡན་གྱི་སེམས་བསྐྱེད་ཆོ་ག་དམ་པའི་བཞེད་སྲོལ་སེམས་ཉིད་ངལ་འཚོའི་བདུད་རྩི་ཞེས་བྱ་བ་བཞུགས་སོ། །	བྲང་ཏི་ནམ་མཁའ་དཔལ་བཟང་།	༤༦	༦	པར་མ།	

	༢		དཔལ་ལྡན་བླ་མ་དམ་པ་མཆོད་པའི་ཆོ་ག་དངོས་གྲུབ་རིན་པོ་ཆེའི་ཆར་འབེབས་ཞེས་བྱ་བ་བཞུགས་སོ། །	ཨ་གྲོ་འཇམ་དབྱངས་རྒྱལ་མཚན།	༢༩	༦	པར་མ།	
	༣		ལམ་ཟབ་ཕྱི་མའི་ཉམས་ལེན་ཤིན་ཏུ་བསྡུས་པ་བྱིན་རླབས་མཆོག་སྩོལ་ཞེས་བྱ་བ་བཞུགས་སོ། །	སངས་རྒྱས་ཕུན་ཚོགས།	༡༨	༦	པར་མ།	
	༤		དུས་གསུམ་སངས་རྒྱས་ཐམས་ཅད་ཀྱི། །བགྲོད་པ་གཅིག་པའི་ལམ་གྱི་མཆོག ། ཟབ་མོ་བླ་མའི་རྣལ་འབྱོར་གྱི། །རྒྱལ་བའི་ཕྲིན་ལས་ཉམས་ལེན་བཞུགས། །བླ་མ་རིན་ཆེན་འབྱུང་ལྡན་གྱི་བེའུ་བུམ། །	སངས་རྒྱས་ཕུན་ཚོགས།	༢༦	༦	པར་མ།	
	༥		བསྙེན་པ་གསུམ་གྱི་ལག་ལེན་གསུང་ངག་བེའུ་བུམ་བཞུགས་སོ། །འདི་ན་བསྙེན་པ་གསུམ་གྱི་ལག་ལེན་གླུ་སྒྲུབ་གསུང་། བཟླས་དམིགས་ཚིག་བརྒྱུད་དབང་རབ་གསུང་། །ལས་དུས་བསྡུས་འབྲིང་རྒྱས་གསུམ་གྱི་རྣམ་དབྱེ་ངག་ཚོགས་དང་ངག་ལེགས་གསུང་། ཀྱེ་རྡོར་ཞི་བའི་སྦྱིན་སྲེག་དང་དུས་ཐའི་ཆོ་ག་སེའུ་ལོ་ཙྪའི་གསུང་བཅས་བཞུགས།	དགེ་སློང་སེའུ་ལོ་ཙྪ་བས་དཔལ་ནཱལེནྡྲའི་གཙུག་ལག་ཁང་དུ་སྦྱར།	༣༣	༦	པར་མ།	
	༦		ལམ་ཟབ་བླ་མཆོད་ཞུང་བསྡུས་བཞུགས་སོ། །	འཇམ་དབྱངས་བློ་གཏེར་དབང་པོ།	༡༢	༦	པར་མ།	
	༧		གསུང་ངག་རིན་པོ་ཆེ་ལམ་འབྲས་བུ་དང་བཅས་པ་རྡོར་ལུགས་ཐུན་མིན་སློབ་བཤད་དང་། ཐུན་མོང་ཚོགས་བཤད་པ་དད་ཀྱི་སྨིན་གྲོལ་ཡན་ལག་དང་བཅས་པའི་བརྒྱུད་ཡིག་གསེར་གྱི་ཕྲེང་བ་བྱིན་ཟབ་འོད་བརྒྱ་འབར་བ་ཞེས་བྱ་བ་བཞུགས་སོ། །	འཇམ་དབྱངས་བློ་གཏེར་དབང་པོ།	༩༥	༦	པར་མ།	
	༨		ལམ་ཟབ་ནང་མའི་བྱིན་རླབས་ཀྱི་ཆོ་ག་བཀླག་པས་དོན་འགྲུབ་ཅེས་བྱ་བ་བཞུགས་སོ། །	ཤཱཀྱ་དགེ་སློང་ངག་དབང་ལེགས་པ།	༡༠	༦	པར་མ།	

	༨		གསུང་ངག་རིན་པོ་ཆེ་སློབ་བཤད་ཐུན་མོང་མ་ཡིན་པ་པོད་དུམ་བཅུ་བདུན་གྱི་བཞུགས་བྱང་ལགས་སོ། །		༩	༦	པར་མ།	
	༄ ལམ་འབྲས་བུ་དང་བཅས་པའི་ཆོས་སྐོར། ༼པོད་ཚེ༽							
	༡		ལམ་རིམ་སློབ་བཤད་ཚ་བའི་དཀར་ཆག །		༡	༦	པར་མ།	
	༢		གཞི་རྒྱ་བ་རྡོ་རྗེའི་ཚིག་རྐང་།		༦			ཆ་ཚང་ཆད།
01924	༣		ཨ་སེང་མ་རྒྱས་བསྡུས་གཉིས།	ས་ཆེན་ཀུན་དགའ་སྙིང་པོ།	༢༡༡	༦	པར་མ།	དབུ་ཤོག་ཤོག་ལྷེབ་ཅིག་ལས་མེད། ༡༡༦ ཆད།
	༤		གཞུང་རྡོ་རྗེའི་ཚིག་རྐང་སྙིང་འགྲེལ་པ་གཉགས་དབང་ཕྱུག་རྒྱལ་མཚན་གྱིས་ཞུས་ངོར་རྗེ་ས་ཆེན་གྱིས་མཛད་པ་བཞུགས་སོ། །	ས་ཆེན་ཀུན་དགའ་སྙིང་པོ།	༥༥	༦	པར་མ།	
	༥		གཞུང་རྡོ་རྗེའི་ཚིག་རྐང་གི་འགྲེལ་པ་རྣལ་འབྱོར་དབང་ཕྱུག་དཔལ་ས་སྐྱ་པ་ཆེན་པོ་ལ་གློག་སྐྱ་དབང་ཕྱུག་གྲགས་ཀྱི་ཞུས་པ་བཞུགས་སོ། །	ས་ཆེན་ཀུན་དགའ་སྙིང་པོ།	༡༠༣	༦	པར་མ།	
	༦		ལམ་འབྲས་གཞུང་བཤད་སྲས་དོན་མ་བཞུགས་སོ། །	ས་ཆེན་ཀུན་དགའ་སྙིང་པོ།	༦	༦	པར་མ།	
01925		༄ ལམ་འབྲས་བུ་དང་བཅས་པའི་ཆོས་སྐོར། ༼པོད་ཧཱུྃ༽						
	༡		གཞུང་རྡོ་རྗེའི་ཚིག་རྐང་གི་འགྲེལ་པ་བླ་མ་རྣམས་ཀྱི་གསུང་སྒྲོས་ཟིན་བྲིས་སུ་བཀོད་པ།	ས་ཆེན་ཀུན་དགའ་སྙིང་པོ།	༧༢	༦	པར་མ།	༩༦. ༩༨. ཆད། ༡–༧༢

	༢		གཞུང་རྡོ་རྗེའི་ཚིག་རྐང་གི་འགྲེལ་པ་འཇམ་མགོན་བླ་མའི་གསུང་སྒྲོས་མ་ཞེས་དམར་ཆོས་རྒྱལ་གསུང་བཞུགས་སོ། །	ས་ཆེན་ཀུན་དགའ་སྙིང་པོ།	༡༤༣	༦	པར་མ།	༧༨–༢༢༡
	༣		རྡོ་རྗེ་ལུས་ཀྱི་སྦས་བཤད་ཅེས་བྱ་བ་བཞུགས་སོ། །	ས་སྐྱ་པ་རྒྱལ་མཚན་དཔལ་བཟང་།	༤༧	༦	པར་མ།	༢༢༢–༢༦༨
	༤		བསྟན་བཅོས་རྡོ་རྗེའི་ཚིག་རྐང་གི་བསྡུས་དོན་ཚང་བདེ་ཀུན་གསལ་བཞུགས་སོ། །		༡༦	༦	པར་མ།	
01926	༄ ས་སྐྱ་བཀའ་འབུམ། (པོད་ཀ)							
	༡		རྣལ་འབྱོར་གྱི་དབང་ཕྱུག་དཔལ་ས་སྐྱ་པ་བརྩེ་བ་ཆེན་པོ་ཀུན་དགའ་སྙིང་པོའི་གསུང་རབ་གླེགས་བམ་དང་པོ་ལས་དཔལ་ལྡན་བི་རཱུ་པ་ལ་བསྟོད་པ་བཞུགས་སོ།།	ས་ཆེན་ཀུན་དགའ་སྙིང་པོ།	༡–༢	༦	པར་མ།	༡–༧
	༢		ཞང་སྟོན་ལ་བསྟོད་པ་བཞུགས།	ས་ཆེན་ཀུན་དགའ་སྙིང་པོ།	༢–༤	༦	པར་མ།	
	༣		རྒྱུད་སྡེ་སྤྱིའི་རྣམ་གཞག་བཞུགས།	ས་ཆེན་ཀུན་དགའ་སྙིང་པོ།	༤–༡༥		པར་མ།	
	༤		བརྟག་གཉིས་ཀྱི་ས་བཅད་བཞུགས།	ས་ཆེན་ཀུན་དགའ་སྙིང་པོ།	༡༥–༢༦	༦	པར་མ།	༡–༢༦
	༥		བླ་མ་མདའ་རིས་པས་མཛད་པའི་བརྟག་གཉིས་ཀྱི་ཚིག་འགྲེལ་བཞུགས་སོ། །	ས་ཆེན་བླ་མ་མདའ་རིས་པས།	༡༠༥	༦	པར་མ།	༢༧–༡༣༡
	༦		དཔལ་ཀྱེ་རྡོ་རྗེའི་རྩ་བའི་རྒྱུད་བརྟག་པ་གཉིས་པའི་དཀའ་འགྲེལ་བཞུགས།	ས་ཆེན་ཀུན་དགའ་སྙིང་པོ།	༢༦	༦	པར་མ།	༡༣༢–༡༥༧
	༧		བླ་མ་ས་ཆེན་གྱིས་མཛད་པའི་ཀྱེ་རྡོ་རྗེའི་རྩ་རྒྱུད་བརྟག་གཉིས་ཀྱི་དཀའ་འགྲེལ་བཞུགས།	ས་ཆེན་ཀུན་དགའ་སྙིང་པོ།	༤༨	༦	པར་མ།	༡༥༨–༢༤༦
	༨		རྡོ་རྗེ་གུར་གྱི་ས་བོན་ཡིག་བཞུགས།	ས་ཆེན་ཀུན་དགའ་སྙིང་པོ།	༡–༡༠	༦	པར་མ།	༢༤༧–༣༨༧
	༩		རྡོ་རྗེ་གུར་གྱི་བཤད་པའི་ཆིངས་བཞུགས།	ས་ཆེན་ཀུན་དགའ་སྙིང་པོ།	༡༡–༡༣	༦	པར་མ།	
	༡༠		གུར་རིགས་བསྡུས་ཀྱི་རིག་པའི་དབང་ལྔའི་བཤད་པ་བཞུགས།	ས་ཆེན་ཀུན་དགའ་སྙིང་པོ།	༡༣–༡༤	༦	པར་མ།	

	༡༡		གུར་གྱི་དཀའ་འགྲེལ་བཞུགས།	ས་ཆེན་ཀུན་དགའ་སྙིང་པོ།	༡༤–༢༥	༦	པར་མ།	
	༡༢		མཆོག་སྒྲུབ་པའི་དང་ལས་རྒྱས་པའི་དཀྱིལ་འཁོར་གྱི་གྲངས་བཞུགས།	ས་ཆེན་ཀུན་དགའ་སྙིང་པོ།	༢༥–༢༥	༦	པར་མ།	
	༡༣		རྡོ་རྗེའི་གླུའི་བཤད་པ་བཞུགས།	ས་ཆེན་ཀུན་དགའ་སྙིང་པོ།	༢༦–༢༩	༦	པར་མ།	
	༡༤		རྒྱུའི་མངོན་རྟོགས་བཞུགས།	ས་ཆེན་ཀུན་དགའ་སྙིང་པོ།	༢༩–༣༠	༦	པར་མ།	
	༡༥		རྡོ་རྗེ་སྙིང་འགྲེལ་སྟུ་འགྱུར་གྱི་ཡིག་སྣ་བཞུགས།	ས་ཆེན་ཀུན་དགའ་སྙིང་པོ།	༣༠–༧༤	༦	པར་མ།	
	༡༦		གུར་གྱི་རྒྱུད་ཀྱི་ཟིན་བྲིས་བཞུགས།	ས་ཆེན་ཀུན་དགའ་སྙིང་པོ།	༧༤–༧༩	༦	པར་མ།	
	༡༧		སཾ་བུ་ཊའི་དཀའ་འགྲེལ་བཞུགས།	ས་ཆེན་ཀུན་དགའ་སྙིང་པོ།	༧༩–༡༤༡	༦	པར་མ།	
	༡༨		དཔལ་ཡང་དག་པར་སྦྱོར་བའི་རྒྱུད་ཕྱི་མའི་རྣམ་པར་བཤད་པ་བཞུགས།	ས་ཆེན་ཀུན་དགའ་སྙིང་པོ།	༡–༡༨	༦	པར་མ།	༣༨༨–༤༣༨
	༡༩		ཁ་སྦྱོར་ཕྱི་མའི་བརྟག་པ་བཅུའི་དོན་བཤད་པ་བཞུགས།	ས་ཆེན་ཀུན་དགའ་སྙིང་པོ།	༡༩–༣༨	༦	པར་མ།	
	༢༠		བསྡུས་པའི་དཀྱིལ་འཁོར་དུ་སློབ་མ་རྣམས་ལ་དབང་བསྐུར་བ་བཞུགས།	ས་ཆེན་ཀུན་དགའ་སྙིང་པོ།	༣༨–༤༡	༦	པར་མ།	
01927	༄ ས་སྐྱ་བཀའ་འབུམ། ༼ཡོད་ཁ༽							
	༡		རྣལ་འབྱོར་གྱི་དབང་ཕྱུག་དཔལ་ས་སྐྱ་པ་ཆེན་པོ་ཀུན་དགའ་སྙིང་པོའི་གསུང་རབ་གླེགས་བམ་གཉིས་པ་ལས་བདེ་མཆོག་ནག་པོ་པའི་ལུགས་ཀྱི་བླ་མ་བརྒྱུད་པའི་ལོ་རྒྱུས་བཞུགས་སོ། །	ས་ཆེན་ཀུན་དགའ་སྙིང་པོ།	༡–༦	༦	པར་མ།	༡–༨༦
	༢		གཞུང་དྲུག་སྤྱིའི་རྣམ་གཞག །	ས་ཆེན་ཀུན་དགའ་སྙིང་པོ།	༦–༧	༦	པར་མ།	

	༣		དཀྱིལ་ཆོག་ས་བཅད་བཞུགས།	ས་ཆེན་ཀུན་དགའ་སྙིང་པོ།	༧–༨	༦	པར་མ།	
	༤		སྒྲུབ་ཐབས་ས་བཅད་བཞུགས།	ས་ཆེན་ཀུན་དགའ་སྙིང་པོ།	༨–༨	༦	པར་མ།	
	༥		སྦྱིན་སྲེག་ས་བཅད་བཞུགས།	ས་ཆེན་ཀུན་དགའ་སྙིང་པོ།	༨–༩	༦	པར་མ།	
	༦		གསང་བའི་དེ་ཁོ་ན་ཉིད་གསལ་བའི་ས་བཅད་བཞུགས།	ས་ཆེན་ཀུན་དགའ་སྙིང་པོ།	༩–༡༡	༦	པར་མ།	
	༧		ཨོ་ལ་པ་ཏའི་ས་བཅད་བཞུགས།	ས་ཆེན་ཀུན་དགའ་སྙིང་པོ།	༡༡–༡༢	༦	པར་མ།	
	༨		དབྱིད་ཀྱི་ཐིག་ལེའི་ས་བཅད་བཞུགས།	ས་ཆེན་ཀུན་དགའ་སྙིང་པོ།	༡༢–༡༣	༦	པར་མ།	
	༩		རབ་རིས་ལ་བརྟེན་པའི་དཀྱིལ་ཆོག་བཞུགས།	ས་ཆེན་ཀུན་དགའ་སྙིང་པོ།	༡༣–༢༨	༦	པར་མ།	
	༡༠		མངོན་རྟོགས་ཀྱི་ཊཱི་ཀ་ཆུང་བཞུགས།	ས་ཆེན་ཀུན་དགའ་སྙིང་པོ།	༢༨–༣༡	༦	པར་མ།	
	༡༡		སྦྱིན་སྲེག་གི་ཊཱི་ཀ་བཞུགས།	ས་ཆེན་ཀུན་དགའ་སྙིང་པོ།	༣༡–༣༥	༦	པར་མ།	
	༡༢		སྦྱིན་སྲེག་ལག་ལེན་བཞུགས།	ས་ཆེན་ཀུན་དགའ་སྙིང་པོ།	༣༥–༣༧	༦	པར་མ།	
	༡༣		རོ་སྲེག་བཞུགས།	ས་ཆེན་ཀུན་དགའ་སྙིང་པོ།	༣༧–༣༨	༦	པར་མ།	
	༡༤		གསང་བའི་དེ་ཁོ་ན་ཉིད་ཀྱི་ཊཱི་ཀ་བཞུགས།	ས་ཆེན་ཀུན་དགའ་སྙིང་པོ།	༣༨–༤༨	༦	པར་མ།	
	༡༥		སྤྱིའི་ཚིག་དོན་བསྡུས་པའི་གོ་འབྱེད་བཞུགས།	ས་ཆེན་ཀུན་དགའ་སྙིང་པོ།	༤༨–༥༢	༦	པར་མ།	
	༡༦		གསང་བ་དེ་ཁོ་ན་ཉིད་དོན་གྱི་ཆ་བླ་མའི་གསུང་གནང་བ་བྲིས་པ་བཞུགས།	ས་ཆེན་ཀུན་དགའ་སྙིང་པོ།	༥༢–༥༨	༦	པར་མ།	
	༡༧		ཨོ་པ་ཏིའི་རྣམ་བཤད་བཞུགས།	ས་ཆེན་ཀུན་དགའ་སྙིང་པོ།	༥༨–༦༤	༦	པར་མ།	

	༡༨		དེའི་མན་ངག་བཞུགས།	ས་ཆེན་ཀུན་དགའ་སྙིང་པོ།	༦༩–༧༡	༦	པར་མ།	
	༡༩		རིམ་པ་བཞི་པའི་གདམས་ངག་བཞུགས།	ས་ཆེན་ཀུན་དགའ་སྙིང་པོ།	༧༡–༨༦	༦	པར་མ།	
	༢༠		འཇིགས་བྱེད་རྟོག་པ་བདུན་པའི་ཊཱི་ཀྐ་བཞུགས།	ས་ཆེན་ཀུན་དགའ་སྙིང་པོ།	༡༩	༦	པར་མ།	༨༧–༡༠༠
	༢༡		སྒྲོལ་མ་ལྷ་བཅུ་བདུན་མའི་དཀྱིལ་ཆོག་བཞུགས།	ས་ཆེན་ཀུན་དགའ་སྙིང་པོ།	༡༠	༦	པར་མ།	༡༠༡–༡༡༠
	༢༢		དཔལ་ས་སྐྱ་པའི་མན་ངག་གཅེས་པ་བཏུས་པ་རིན་པོ་ཆེའི་ཕྲེང་བ་བཞུགས།	ས་ཆེན་ཀུན་དགའ་སྙིང་པོ།	༢༧	༦	པར་མ།	༡༡༡–༡༣༧
	༢༣		རྡོ་རྗེ་གུར་ལས་གསུངས་པའི་ཁྲོ་བཅུའི་སྲུང་འཁོར་བཞུགས།	ས་ཆེན་ཀུན་དགའ་སྙིང་པོ།	༡–༥	༦	པར་མ།	༡༣༨–༡༩༦
	༢༤		ཀླུ་ཡ་ནྣ་སའི་སྲུང་འཁོར་བཞུགས།	ས་ཆེན་ཀུན་དགའ་སྙིང་པོ།	༥–༦	༦	པར་མ།	
	༢༥		སྐྱུ་ར་མ་སྐྱབས་ལ་ཞུ་ཡིག །	ས་ཆེན་ཀུན་དགའ་སྙིང་པོ།	༦–༧	༦	པར་མ།	
	༢༦		བུམ་གཏེར་འཇུག་པའི་མན་ངག་བཞུགས།	ས་ཆེན་ཀུན་དགའ་སྙིང་པོ།	༧–༨	༦	པར་མ།	
	༢༧		ཁྱུང་ཁྲའི་མན་ངག་བཞུགས།	ས་ཆེན་ཀུན་དགའ་སྙིང་པོ།	༨–༩	༦	པར་མ།	
	༢༨		དཔལ་དུར་ཁྲོད་བདག་པོའི་སྒྲུབ་སྐོར་བཞུགས།	ས་ཆེན་ཀུན་དགའ་སྙིང་པོ།	༦	༧	པར་མ།	༡༩༧–༡༥༢
	༢༩		དཔལ་འཁོར་ལོ་བདེ་མཆོག་གི་རྩ་བའི་རྒྱུད་ཀྱི་ཊཱི་ཀ་མུ་ཏིག་ཕྲེང་བ་བཞུགས་སོ། །	ས་ཆེན་ཀུན་དགའ་སྙིང་པོ།	༡༨༥	༦	པར་མ།	༡༥༣–༣༣༧
	༣༠		སློབ་དཔོན་མཚོ་སྐྱེས་ཀྱི་ལོ་རྒྱུས་བཞུགས།	ས་ཆེན་ཀུན་དགའ་སྙིང་པོ།	༡–༣	༦	པར་མ།	༣༣༨–༣༦༥
	༣༡		སྒྲུབ་ཐབས་མཚོ་སྐྱེས་ཀྱི་བསྡུས་དོན་བཞུགས།	ས་ཆེན་ཀུན་དགའ་སྙིང་པོ།	༣–༥	༦	པར་མ།	
	༣༢		མངོན་རྟོགས་ཚིག་གི་བུམ་པ་བཞུགས།	ས་ཆེན་ཀུན་དགའ་སྙིང་པོ།	༥–༡༥	༦	པར་མ།	
	༣༣		གདན་གྱི་རྣམ་དག་བཞུགས།	ས་ཆེན་ཀུན་དགའ་སྙིང་པོ།	༡༥–༡༦	༦	པར་མ།	

	༣༤		སྟོན་བྱུང་གི་རྣམ་འཕྲུལ་བཞུགས།	ས་ཆེན་ཀུན་དགའ་སྙིང་པོ།	༡༦–༢༢	༦	པར་མ།	
	༣༥		ཀཀ་ཆོལ་གྱི་སླུབ་ཐབས་སློབ་དཔོན་རིན་ཆེན་རྡོ་རྗེས་མཛད་པའི་འགྲེལ་པ་བཞུགས།	ས་ཆེན་ཀུན་དགའ་སྙིང་པོ།	༢༢–༢༨	༦	པར་མ།	
	༣༦		བདེ་མཆོག་རྩ་རྒྱུད་ཀྱི་ལེ་འགྲེལ་བཞུགས།	ས་ཆེན་ཀུན་དགའ་སྙིང་པོ།	༡–༣	༦	པར་མ།	༣༦༦–༤༠༣
	༣༧		བདེ་མཆོག་རྩ་རྒྱུད་ཀྱི་བསྡུས་དོན་བཞུགས།	ས་ཆེན་ཀུན་དགའ་སྙིང་པོ།	༣–༡༣	༦	པར་མ།	
	༣༨		བདེ་མཆོག་རྩ་རྒྱུད་ཀྱི་དཀའ་འགྲེལ་བཞུགས།	ས་ཆེན་ཀུན་དགའ་སྙིང་པོ།	༡༣–༣༨			
	༣༩		ནག་པོ་དཀྱིལ་ཆོག་གི་བོ་ཡིག་བཞུགས་སོ། །	ས་ཆེན་ཀུན་དགའ་སྙིང་པོ།	༡༦	༦	པར་མ།	༤༠༩–༤༡༩
01928	༄ ས་སྐྱ་བཀའ་འབུམ། [པོད་ག]							
	༡		གནས་ལྔ་རིག་པའི་པཎྜི་ཏ་ཆེན་པོ་ཞེས་ཡོངས་སུ་གྲགས་པའི་སློབ་དཔོན་རིན་པོ་ཆེ་བསོད་ནམས་རྩེ་མོའི་གསུང་རབ་གླེགས་བམ་དང་པོ་ལས་རྒྱུད་སྡེ་སྤྱིའི་རྣམ་པར་གཞག་པ་བཞུགས་སོ། །	སློབ་དཔོན་བསོད་རྩེ།	༧༩	༦	པར་མ།	༡–༧༩
	༢		རྗེ་ས་ཆེན་ལ་བསྟོད་པ་བཞུགས།	སློབ་དཔོན་བསོད་རྩེ།	༡–༢	༦	པར་མ།	༧༥–༨༢
	༣		བརྒྱུད་པ་དང་བཅས་པ་ལ་གསོལ་བ་འདེབས་པ་བཞུགས།	སློབ་དཔོན་བསོད་རྩེ།	༢–༤	༦	པར་མ།	
	༤		རྒྱ་སྒོམ་ཚུལ་ཁྲིམས་གྲགས་ལ་སྤྲིང་བ་བཞུགས།	སློབ་དཔོན་བསོད་རྩེ།	༤–༥	༦	པར་མ།	
	༥		སློབ་དཔོན་ཕྱ་པ་ལ་བསྟོད་པ་བཞུགས།	སློབ་དཔོན་བསོད་རྩེ།	༥–༨	༦	པར་མ།	
	༦		བཅུ་གཅིག་ཞལ་གྱི་གཟུངས།	སློབ་དཔོན་བསོད་རྩེ།	༨–༨	༦	པར་མ།	
	༧		དཔལ་ཀྱེ་རྡོ་རྗེའི་རྩ་རྒྱུད་བརྟག་གཉིས་ཀྱི་རྣམ་པར་བཤད་པ་ཉི་མའི་འོད་ཟེར་བཞུགས།	སློབ་དཔོན་བསོད་རྩེ།	༡༣༧	༦	པར་མ།	༨༣–༢༡༩

	༨		བཟང་པོ་ཡོངས་བཟུང་གི་རབ་གནས་ཀྱི་ཊཱི་ཀ་བཞུགས་སོ། །	སློབ་དཔོན་བསོད་རྒྱེ།	༡–༧	༦	དཔར་མ།	༢༢༠–༢༣༣
	༩		སྦྱིན་སྲེག་གི་ཊཱི་ཀ་བཞུགས།	སློབ་དཔོན་བསོད་རྒྱེ།	༧–༡༤	༦	དཔར་མ།	
	༡༠		དཔལ་ཀྱི་རྡོ་རྗེའི་སྒྲུབ་ཐབས་མཚོ་སྐྱེས་ཀྱི་ཊཱི་ཀ་བཞུགས་སོ། །	སློབ་དཔོན་བསོད་རྒྱེ།	༥༤	༦	དཔར་མ།	༢༣༤–༢༨༧
	༡༡		དང་པོའི་ལས་ཅན་གྱི་བྱ་བའི་རིམ་པ་དང་ལམ་རིམ་བགྲོད་ཚུལ་བཞུགས།	སློབ་དཔོན་བསོད་རྒྱེ།	༡–༩	༦	དཔར་མ།	༢༨༨–༣༣༨
	༡༢		ཪྻ་སྒྲི་ཧེ་རུ་ཀའི་ལུགས་ཀྱི་ཀྱེ་རྡོ་རྗེའི་དཀྱིལ་ཆོག་བཞུགས།	སློབ་དཔོན་བསོད་རྒྱེ།	༩–༥༡	༦	དཔར་མ།	
	༡༣		དཔལ་ཀྱི་རྡོ་རྗེའི་རྩ་བའི་རྒྱུད་བརྟག་པ་གཉིས་པའི་བསྡུས་དོན་བཞུགས་སོ། །	སློབ་དཔོན་བསོད་རྒྱེ།	༡༦	༦	དཔར་མ།	༣༣༨–༣༥༤
	༡༤		སཾ་བུ་ཊའི་རྒྱུད་ཀྱི་བསྡུས་དོན་བཞུགས།	སློབ་དཔོན་བསོད་རྒྱེ།	༢༣	༦	དཔར་མ།	༣༥༤–༣༧༧
01929	༄ ས་སྐྱ་བཀའ་འབུམ། ༼པོད་ང་༽							
	༡		གནས་ལྔ་རིག་པའི་པཎྜི་ཏ་ཆེན་པོ་ཞེས་ཡོངས་སུ་གྲགས་པའི་སློབ་དཔོན་རིན་པོ་ཆེ་བསོད་ནམས་རྩེ་མོའི་གསུང་རབ་གླེགས་བམ་གཉིས་པ་ལས་སམྦུ་ཊའི་ཊཱི་ཀ་གནད་ཀྱི་གསལ་བྱེད་བསྡུས་དོན་བཞུགས་སོ། །	སློབ་དཔོན་བསོད་རྒྱེ།	༡–༡༡	༦	དཔར་མ།	༡–༢༣༩
	༢		སམྦུ་ཊའི་ཊཱི་ཀ་གནད་ཀྱི་གསལ་བྱེད་བཞུགས་སོ། །	སློབ་དཔོན་བསོད་རྒྱེ།	༡༡–༢༣༩	༦	དཔར་མ།	
	༣		སམྦུ་ཊའི་བརྟག་པ་གཉིས་པའི་རབ་བྱེད་གཉིས་པའི་ཊཱི་ཀ་བཞུགས་སོ། །	སློབ་དཔོན་བསོད་རྒྱེ།	༢༣	༦	དཔར་མ།	༢༤༠–༢༦༢
	༤		ཆོས་ལ་འཇུག་པའི་སྒོ་ཞེས་བྱ་བའི་བསྟན་བཅོས་བཞུགས།	སློབ་དཔོན་བསོད་རྒྱེ།	༥༥	༦	དཔར་མ།	༢༦༣–༣༡༧
	༥		ཡི་གེའི་བཀླགས་ཐབས་བྱིས་པ་བདེ་བླག་ཏུ་འཇུག་པ་ཞེས་བྱ་བ་བཞུགས་སོ། །	སློབ་དཔོན་བསོད་རྒྱེ།	༩	༦	དཔར་མ།	༣༡༨–༣༢༦
01930	༄ ས་སྐྱ་བཀའ་འབུམ། ༼པོད་ཅ་༽							

	༡		གནས་ལྔ་རིག་པའི་པཎྜི་ཏ་ཆེན་པོ་ཞེས་ཡོངས་སུ་གྲགས་པའི་སློབ་དཔོན་རིན་པོ་ཆེ་བསོད་ནམས་རྩེ་མོའི་གསུང་རབ་གླེགས་བམ་གསུམ་པ་ལས་དཔལ་ཀྱེ་རྡོ་རྗེའི་མངོན་པར་རྟོགས་པ་ཡན་ལག་བཞི་པ་བཞུགས་སོ། །	སློབ་དཔོན་བསོད་རྩེ།	༣༤	༦	པར་མ།	༡–༣༤
	༢		དཔལ་ཀྱེ་རྡོ་རྗེའི་དཀྱིལ་འཁོར་དུ་སློབ་མ་སྨིན་པར་བྱེད་པའི་ཆོ་ག་དབང་གི་ཆུ་བོ་ཆེན་མོ་བཞུགས་སོ། །	སློབ་དཔོན་བསོད་རྩེ།	༥༥	༦	པར་མ།	༣༥–༨༩
	༣		དཔལ་ཀྱེ་རྡོ་རྗེའི་རབ་ཏུ་གནས་པ་བཟང་པོ་དྲུག་ཅེས་བྱ་བ་བཞུགས་སོ། །	སློབ་དཔོན་བསོད་རྩེ།	༡–༧	༦	པར་མ།	༩༠–༡༡༡
	༤		ཞི་བའི་སྦྱིན་སྲེག་བཞུགས།	སློབ་དཔོན་བསོད་རྩེ།	༧–༡༣	༦	པར་མ།	
	༥		ལས་བཞིའི་སྦྱིན་སྲེག་བཞུགས།	སློབ་དཔོན་བསོད་རྩེ།	༡༣–༢༡	༦	པར་མ།	
	༦		བདག་མེད་མའི་དབང་གི་ཐོ་ཡིག་བཞུགས།	སློབ་དཔོན་བསོད་རྩེ།	༢༡–༢༢	༦	པར་མ།	
	༧		འཁོར་ལོ་བདེ་མཆོག་དྲིལ་བུ་པའི་གཞུང་གི་མངོན་པར་རྟོགས་པ་བཞུགས་སོ། །	སློབ་དཔོན་བསོད་རྩེ།	༡–༦	༦	པར་མ།	༡༡༢–༡༤༠
	༨		དེའི་དབང་གི་བྱ་བ་མདོར་བསྡུས་བཞུགས།	སློབ་དཔོན་བསོད་རྩེ།	༦–༢༩	༦	པར་མ།	
	༩		དཔལ་འཁོར་ལོ་བདེ་མཆོག་གི་མཆོད་འཕྲེང་བཞུགས་སོ། །	སློབ་དཔོན་བསོད་རྩེ།	༡–༡༨	༦	པར་མ།	༡༤༡–༡༧༥
			གཙུག་ཏོར་རྣམ་རྒྱལ་གྱི་རྟོགས་པའི་ཊཱི་ཀ་བཞུགས།	སློབ་དཔོན་བསོད་རྩེ།	༡༨–༢༥	༦	པར་མ།	
	༡༠		དེའི་ས་བཅད་བཞུགས།	སློབ་དཔོན་བསོད་རྩེ།	༢༥–༢༦	༦	པར་མ།	
	༡༡		འཇིག་རྟེན་དབང་ཕྱུག་སེང་གེ་སྒྲའི་སྒྲུབ་ཐབས་དང་གདོན་དགྲོལ་གྱི་ཆོ་ག་བཞུགས།	སློབ་དཔོན་བསོད་རྩེ།	༢༦–༣༡	༦	པར་མ།	
			སེང་གེ་སྒྲའི་བསྡུས་དོན་བཞུགས།	སློབ་དཔོན་བསོད་རྩེ།	༣༡–༣༥	༦	པར་མ།	

	༡༢		འཕགས་པ་དོན་ཡོད་ཞགས་པའི་ལོ་རྒྱུས་བཞུགས།	སློབ་དཔོན་བསོད་རྩེ།	༡–༦	༦	པར་མ།	༡༧༦–༡༨༦
	༡༣		ལྷ་ལྔའི་བསྟོད་པ་བཞུགས།	སློབ་དཔོན་བསོད་རྩེ།	༦–༦	༦	པར་མ།	
	༡༤		དོན་ཞགས་རྒྱུད་ཀྱུང་གི་ཊཱི་ཀ་བཞུགས།	སློབ་དཔོན་བསོད་རྩེ།	༦–༡༧	༦	པར་མ།	
	༡༥		གཏོར་ཆེན་གྱི་ལོ་རྒྱུས་དང་ཆོ་ག་བཞུགས།	སློབ་དཔོན་བསོད་རྩེ།	༡༧– ༢༡	༦	པར་མ།	
	༡༦		རྡོ་རྗེ་གདན་པའི་ཆོས་དྲུག་བཞུགས།	སློབ་དཔོན་བསོད་རྩེ།	༡–༦	༦	པར་མ།	༡༨༧–༢༡༨
	༡༧		མི་གཡོ་བའི་ཆོས་སྐོར་རྒྱ་གཞུང་བསྟོད་པ་དང་བཅས་པ་བཞུགས།	སློབ་དཔོན་བསོད་རྩེ།	༦–༢༡	༦	པར་མ།	
	༡༨		མི་གཡོ་བའི་འཁོར་ལོ་བཞུགས།	སློབ་དཔོན་བསོད་རྩེ།	༢༡– ༢༣	༦	པར་མ།	
	༡༩		བྱང་ཆུབ་སེམས་དཔའི་སྤྱོད་པ་ལ་འཇུག་པའི་འགྲེལ་པ་བཞུགས།	སློབ་དཔོན་བསོད་རྩེ།	༡༡༦	༦	པར་མ།	༢༢༠–༣༣༥
01931	༄ ས་སྐྱ་བཀའ་འབུམ། ཡོད་ཆ།							
	༡		དེ་བཞིན་གཤེགས་པ་ཐམས་ཅད་ཀྱི་གསུང་གི་གསང་བ་འཛིན་པ་རྗེ་བཙུན་རིན་པོ་ཆེ་གྲགས་པ་རྒྱལ་མཚན་གྱི་གསུང་རབ་གླེགས་བམ་དང་པོ་ལས་རྒྱུད་ཀྱི་མངོན་པར་རྟོགས་པ་རིན་པོ་ཆེའི་ལྗོན་ཤིང་ཞེས་བྱ་བ་བཞུགས་སོ། །	རྗེ་བཙུན་གྲགས་པ་རྒྱལ་མཚན།	༡༣༨	༦	པར་མ།	༡–༡༣༨
	༢		རྒྱུད་སྡེ་སྤྱིའི་རྣམ་གཞག་དང་རྒྱུད་ཀྱི་མངོན་པར་རྟོགས་པའི་སྟོང་ཐུན་ས་བཅད་བཞུགས་སོ། །	རྗེ་བཙུན་གྲགས་པ་རྒྱལ་མཚན།	༢༣	༦	པར་མ།	༡༤༠–༡༦༢
	༣		ལམ་འབྲས་བརྒྱུད་པའི་གསོལ་འདེབས་བཞུགས་སོ། །	རྗེ་བཙུན་གྲགས་པ་རྒྱལ་མཚན།	༡–༣	༦	པར་མ།	༡༦༣–༡༧༥
	༤		བླ་མའི་རྣམ་ཐར་བསྟོད་པ་ཁྱོད་ཉིད་མ།	རྗེ་བཙུན་གྲགས་པ་རྒྱལ་མཚན།	༣–༥	༦	པར་མ།	

	༥		བླ་མ་ས་སྐྱ་པ་ཆེན་པོའི་རྣམ་ཐར་བཞུགས།	རྗེ་བཙུན་གྲགས་པ་རྒྱལ་མཚན།	༥–༡༣	༦	པར་མ།	
	༦		བླ་མ་བསྟེན་པའི་ཐབས་ཤློ་ཀ་ལྔ་བཅུ་པའི་གསལ་བྱེད་བཞུགས་སོ། །	རྗེ་བཙུན་གྲགས་པ་རྒྱལ་མཚན།	༡–༡༩	༦	པར་མ།	༡༧༦–༡༨༣
	༧		བྱིན་རླབས་ཚར་གསུམ་ཁུག་པ་བཞུགས།	རྗེ་བཙུན་གྲགས་པ་རྒྱལ་མཚན།	༡༩–༡༦	༦	པར་མ།	
	༨		ལམ་འབྲས་ཀྱི་གཞུང་ཇི་ལྟ་བ་བཞིན་དུ་བཀྲི་བའི་ཁྲིད་ཡིག་ཚོགས་བཅད་མ་བཞུགས།	རྗེ་བཙུན་གྲགས་པ་རྒྱལ་མཚན།	༡༦–༡༨	༦	པར་མ།	
	༩		བརྟག་པ་གཉིས་པའི་རྣམ་པར་བཤད་པ་མ་དག་པ་རྣམས་འཇོམས་པར་བྱེད་པའི་རྣམ་འགྲེལ་དག་ལྡན་ཞེས་བྱ་བ་བཞུགས་སོ། །	རྗེ་བཙུན་གྲགས་པ་རྒྱལ་མཚན།	༡༣༣	༦	པར་མ།	༡༨༩–༣༣༦
	༡༠		རྒྱུད་སྡེའི་དུམ་བུ་བརྒྱ་བཅུ་གསུམ་པ་བཞུགས་སོ། །	རྗེ་བཙུན་གྲགས་པ་རྒྱལ་མཚན།	༡༥	༦	པར་མ།	༣༣༦–༣༩༡
	༡༡		བླ་མ་རྒྱ་གར་བའི་ལོ་རྒྱུས་བཞུགས།	རྗེ་བཙུན་གྲགས་པ་རྒྱལ་མཚན།	༡–༧	༦	པར་མ།	༣༩༢–༣༥༠
			བླ་མ་བརྒྱུད་པ་བོད་ཀྱི་ལོ་རྒྱུས།	རྗེ་བཙུན་གྲགས་པ་རྒྱལ་མཚན།	༧–༨	༦	པར་མ།	
01932	༈ ས་སྐྱ་བཀའ་འབུམ། ༼པོད་ཛ༽							
	༡		དེ་བཞིན་གཤེགས་པ་ཐམས་ཅད་ཀྱི་གསུང་གི་གསང་བ་འཛིན་པ་རྗེ་བཙུན་རིན་པོ་ཆེ་གྲགས་པ་རྒྱལ་མཚན་གྱི་གསུང་རབ་གླེགས་བམ་གཉིས་པ་ལས་འཕགས་པ་རྡོ་རྗེ་གུར་གྱི་རྒྱན་ཞེས་བྱ་བའི་རྣམ་འགྲེལ་བཞུགས།	རྗེ་བཙུན་གྲགས་པ་རྒྱལ་མཚན།	༧༣	༦	པར་མ།	༡–༧༣

	༢		ཀུར་གྱི་བསྐྱུས་དོན་བཞུགས་སོ། །	རྗེ་བཙུན་གྲགས་པ་རྒྱལ་མཚན།	༡–༩	༦	པར་མ།	༧༩–༨༥
	༣		ཀུར་གྱི་ཐིག་ཚིག་བཞུགས།	རྗེ་བཙུན་གྲགས་པ་རྒྱལ་མཚན།	༩–༡༢	༦	པར་མ།	
	༤		དཔལ་ཀྱེ་རྡོ་རྗེའི་མངོན་རྟོགས་ཡན་ལག་དྲུག་པ་བཞུགས་སོ། །	རྗེ་བཙུན་གྲགས་པ་རྒྱལ་མཚན།	༡–༩	༦	པར་མ།	༨༦–༡༠༥
	༥		ཀྱེ་རྡོར་དཔའ་བོ་གཅིག་པའི་མངོན་རྟོགས་བཞུགས།	རྗེ་བཙུན་གྲགས་པ་རྒྱལ་མཚན།	༩–༡༡	༦	པར་མ།	
	༦		བདག་མེད་ལྷ་མོ་བཅོ་ལྔའི་མངོན་རྟོགས་བཞུགས།	རྗེ་བཙུན་གྲགས་པ་རྒྱལ་མཚན།	༡༡–༢༠	༦	པར་མ།	
	༧		བྱིན་རླབས་ཀྱི་བརྒྱུད་པ་མ་ཉམས་པའི་ལག་ལེན་གྱི་ཡོ་ཡིག་བཞུགས་སོ། །	རྗེ་བཙུན་གྲགས་པ་རྒྱལ་མཚན།	༡–༨	༦	པར་མ།	༡༠༦–༡༢༢
	༨		ལས་བཞིའི་སྦྱིན་སྲེག་མདོར་བསྡུས་ཅིང་རྣམ་གཞག་རྒྱས་པར་མཛད་པ་བཞུགས།	རྗེ་བཙུན་གྲགས་པ་རྒྱལ་མཚན།	༨–༡༧	༦	པར་མ།	
	༩		རྩ་བའི་ལྟུང་བ་བཅུ་བཞི་པའི་འགྲེལ་པ་གསལ་བྱེད་འཁྲུལ་སྤོང་བཞུགས།	རྗེ་བཙུན་གྲགས་པ་རྒྱལ་མཚན།	༦༢	༦	པར་མ།	༡༢༣–༡༨༩
	༡༠		ཧེ་རུ་ཀའི་ཆས་དྲུག་བཞུགས།	རྗེ་བཙུན་གྲགས་པ་རྒྱལ་མཚན།	༡–༡༩	༦	པར་མ།	༡༨༥–༢༡༠
	༡༡		དགའ་སྟོན་ལ་སྤྲིང་ཡིག་བཞུགས།	རྗེ་བཙུན་གྲགས་པ་རྒྱལ་མཚན།	༡༩–༡༨	༦	པར་མ།	

	༡༢		ཀྱཻ་རྡོ་རྗེའི་རྒྱུད་འབུམ་གྱི་དཀར་ཆག་བཞུགས།	རྗེ་བཙུན་གྲགས་པ་རྒྱལ་མཚན།	༡༨–༢༡		པར་མ།	
	༡༣		བླ་མ་གོང་མའི་ཆོས་འཁོར་གྱི་དཀར་ཆག །	རྗེ་བཙུན་གྲགས་པ་རྒྱལ་མཚན།	༢༡–༢༡	༦	པར་མ།	
	༡༤		ཀྱཻ་རྡོ་རྗེའི་ཆོས་འཁོར་གྱི་དཀར་ཆག །	རྗེ་བཙུན་གྲགས་པ་རྒྱལ་མཚན།	༢༡–༢༢	༦	པར་མ།	
	༡༥		རྣལ་འབྱོར་བྱང་ཆུབ་སེང་གེའི་ཞུ་བ་བཞུགས།	རྗེ་བཙུན་གྲགས་པ་རྒྱལ་མཚན།	༢༢–༢༣	༦	པར་མ།	
	༡༦		རྣལ་འབྱོར་བྱང་ཆུབ་སེང་གེའི་དྲིས་ལན་བཞུགས།	རྗེ་བཙུན་གྲགས་པ་རྒྱལ་མཚན།	༢༣–༢༦			
	༡༧		སྐྱབས་སུ་འགྲོ་བ་དང་སེམས་བསྐྱེད་པའི་ཚིག་བཞུགས།	རྗེ་བཙུན་གྲགས་པ་རྒྱལ་མཚན།	༡–༩	༦	པར་མ།	༢༡༡–༢༢༦
	༡༨		རིན་ཆེན་འབར་བའི་ས་བཅད་བཞུགས།	རྗེ་བཙུན་གྲགས་པ་རྒྱལ་མཚན།	༡༠–༡༦	༦	པར་མ།	
	༡༩		དུས་ཐ་མའི་ཚིག་གཞན་ཕན་བདུད་རྩིའི་ཐིགས་པ་བཞུགས།	རྗེ་བཙུན་གྲགས་པ་རྒྱལ་མཚན།།	༡–༨	༦	པར་མ།	༢༢༦–༢༣༥
	༢༠		དཔལ་ཀྱཻ་རྡོ་རྗེའི་དཀྱིལ་འཁོར་གྱི་བཀྲ་ཤིས་བཞུགས།	རྗེ་བཙུན་གྲགས་པ་རྒྱལ་མཚན།	༨–༩	༦	པར་མ།	
	༢༡		དཔལ་ཀྱཻ་རྡོ་རྗེའི་བསྟོད་པ་དཀྲྀ་ཀ་ཞེས་བྱ་བ་བཞུགས།	རྗེ་བཙུན་གྲགས་པ་རྒྱལ་མཚན།	༡–༣	༦	པར་མ།	༢༣༦–༢༩༡

	༢༢		བདག་མེད་ལྷ་མོ་བཅོ་ལྔའི་བསྟོད་པ་དྲི་མ་མེད་པའི་རྒྱན་བཞུགས་སོ། ।	རྗེ་བཙུན་གྲགས་པ་རྒྱལ་མཚན།	༣–༦		པར་མ།	
	༢༣		བདག་མེད་བསྟོད་པའི་བསྡུས་དོན་བཞུགས།	རྗེ་བཙུན་གྲགས་པ་རྒྱལ་མཚན།	༦–༦	༦	པར་མ།	
	༢༤		བདེ་མཆོག་ལཱུ་ཨི་པའི་ལུགས་ཀྱི་བླ་མ་བརྒྱུད་པའི་ལོ་རྒྱུས་བཞུགས།	རྗེ་བཙུན་གྲགས་པ་རྒྱལ་མཚན།	༡–༡༢	༦	པར་མ།	༢༤༡–༢༥༦
	༢༥		དཔལ་ཧེ་རུ་ཀའི་བྱུང་ཚུལ་བཞུགས།	རྗེ་བཙུན་གྲགས་པ་རྒྱལ་མཚན།	༡༢–༡༥	༦	པར་མ།	
	༢༦		བདེ་མཆོག་ནག་པོ་པའི་དཀྱིལ་མཆོག་ས་བཅད་འབྲུགས་ཅན་བཞུགས།	རྗེ་བཙུན་གྲགས་པ་རྒྱལ་མཚན།	༡–༤	༦	པར་མ།	༢༥༧–༣༠༨
	༢༧		ནག་པོ་པའི་དཀྱིལ་ཆོག་ས་བཅད་འབྲུགས་མེད་བཞུགས།	རྗེ་བཙུན་གྲགས་པ་རྒྱལ་མཚན།	༤–༦	༦	པར་མ།	
	༢༨		ནག་པོ་པའི་སྒྲུབ་ཐབས་ཀྱི་ས་བཅད་བཞུགས།	རྗེ་བཙུན་གྲགས་པ་རྒྱལ་མཚན།	༦–༨	༦	པར་མ།	
	༢༩		ནག་པོ་དཀྱིལ་ཆོག་གི་བཤད་སྦྱར་བཞུགས།	རྗེ་བཙུན་གྲགས་པ་རྒྱལ་མཚན།	༨–༥༣	༦	པར་མ།	
	༣༠		བདེ་མཆོག་ནག་པོ་པའི་དཀྱིལ་ཆོག་ལག་ཏུ་བླང་བའི་རིམ་པ་བཞུགས།	རྗེ་བཙུན་གྲགས་པ་རྒྱལ་མཚན།	༣༧	༦	པར་མ།	༣༠༨–༣༤༦
	༣༡		སློབ་དཔོན་རྡོ་རྗེ་དྲིལ་བུ་པའི་ལོ་རྒྱུས་བཞུགས་སོ། ।	རྗེ་བཙུན་གྲགས་པ་རྒྱལ་མཚན།	༡–༣	༦	པར་མ།	༣༤༧–༣༧༦

	༣༢		དྲིལ་བུ་པའི་བསྐྱེད་རིམ་བཞུགས།	རྗེ་བཙུན་གྲགས་པ་རྒྱལ་མཚན།	༣–༡༩	༦	པར་མ།	
	༣༣		རིམ་པ་ལྔའི་གསལ་བྱེད་བཞུགས།	རྗེ་བཙུན་གྲགས་པ་རྒྱལ་མཚན།	༡༩–༢༩	༦	པར་མ།	
	༣༤		ཚོས་བཅུའི་དུས་ཀྱི་མཆོད་པ་བཞུགས།	རྗེ་བཙུན་གྲགས་པ་རྒྱལ་མཚན།	༢༩–༣༠	༦	པར་མ།	
01933	༄ ས་སྐྱ་བཀའ་འབུམ། ༼པོད་ཉ༽							
	༡		དེ་བཞིན་གཤེགས་པ་ཐམས་ཅད་ཀྱི་གསུང་གི་གསང་བ་འཛིན་པ་རྗེ་བཙུན་རིན་པོ་ཆེ་གྲགས་པ་རྒྱལ་མཚན་གྱི་གསུང་རབ་གླེགས་བམ་གསུམ་པ་ལས་བདེ་མཆོག་ལཱུ་ཧི་པའི་ལུགས་ཀྱི་མངོན་པར་རྟོགས་པ་བསྒོམ་པའི་རིམ་པ་བཞུགས།	རྗེ་བཙུན་གྲགས་པ་རྒྱལ་མཚན།	༣༩	༦	པར་མ།	༡–༣༩
	༢		ཕག་མོ་ཞལ་གཉིས་མའི་སྒྲུབ་ཐབས་བཞུགས།	རྗེ་བཙུན་གྲགས་པ་རྒྱལ་མཚན།	༡–༤	༦	པར་མ།	༣༩–༤༥
	༣		སྔགས་ཀྱི་དེ་ཁོ་ན་ཉིད་ཀྱི་མན་ངག་བཞུགས།	རྗེ་བཙུན་གྲགས་པ་རྒྱལ་མཚན།	༤–༧	༦	པར་མ།	
	༤		ཕག་མོ་ལས་བཅུའི་གསལ་བྱེད་བཞུགས།	རྗེ་བཙུན་གྲགས་པ་རྒྱལ་མཚན།	༧–༡༧	༦	པར་མ།	
	༥		མེ་ཏྲི་མཁའ་སྤྱོད་ཀྱི་རྒྱུད་ཚུང་བཞུགས།	རྗེ་བཙུན་གྲགས་པ་རྒྱལ་མཚན།	༡༧–༡༨	༦	པར་མ།	
	༦		སྒྲུབ་ཐབས་གཉིས་མེད་རྡོ་རྗེས་མཛད་པ་བཞུགས།	རྗེ་བཙུན་གྲགས་པ་རྒྱལ་མཚན།	༡༨–༡༩	༦	པར་མ།	

	༧		རྗེས་གནང་རྒྱལ་བའི་སྟེས་མཛད་པ་བཞུགས།	རྗེ་བཙུན་གྲགས་པ་རྒྱལ་མཚན།	༡༩–༢༡	༦	པར་མ།	
	༨		ན་རོ་མཁའ་སྤྱོད་ཀྱི་སྒྲུབ་ཐབས་བཞུགས།	རྗེ་བཙུན་གྲགས་པ་རྒྱལ་མཚན།	༢༡–༢༢	༦	པར་མ།	
	༩		བསྐྱེད་རིམ་བཟླས་བསྒོམ་ལ་བརྟེན་ནས་མཁའ་སྤྱོད་སྒྲུབ་པ་བཞུགས།	རྗེ་བཙུན་གྲགས་པ་རྒྱལ་མཚན།	༢༢–༢༣	༦	པར་མ།	
	༡༠		རྡོ་རྗེ་རྣལ་འབྱོར་མའི་ཞལ་གདམས་དོན་བཅུ་གཅིག་པ་བཞུགས།	རྗེ་བཙུན་གྲགས་པ་རྒྱལ་མཚན།	༢༣–༢༥	༦	པར་མ།	
	༡༡		བྱིན་རླབས་ཀྱི་ཡི་གེ་བཞུགས།	རྗེ་བཙུན་གྲགས་པ་རྒྱལ་མཚན།	༢༥–༢༦	༦	པར་མ།	
	༡༢		ཚོགས་ཀྱི་མཆོད་པ་བཞུགས།	རྗེ་བཙུན་གྲགས་པ་རྒྱལ་མཚན།	༢༦–༢༧	༦	པར་མ།	
	༡༣		ཡང་ཚོས་བཅུའི་མཆོད་ཚུང་བཞུགས།	རྗེ་བཙུན་གྲགས་པ་རྒྱལ་མཚན།	༢༧–༢༧	༦	པར་མ།	
	༡༤		སྦྱིན་སྲེག་བཞུགས།	རྗེ་བཙུན་གྲགས་པ་རྒྱལ་མཚན།	༢༧–༢༨	༦	པར་མ།	
	༡༥		མར་མེའི་སྦྱིན་སྲེག་བཞུགས།	རྗེ་བཙུན་གྲགས་པ་རྒྱལ་མཚན།	༢༨–༢༨	༦	པར་མ།	
	༡༦		ཁྲ་སེ་ན་དབབ་པ་བཞུགས།	རྗེ་བཙུན་གྲགས་པ་རྒྱལ་མཚན།	༢༨–༣༠	༦	པར་མ།	

	༡༧		གནོད་སྦྱིན་མོའི་སྒྲུབ་ཐབས་བཞུགས།	རྗེ་བཙུན་གྲགས་པ་རྒྱལ་མཚན།	༣༠–༣༠	༦	ཕར་མ།	
	༡༨		ཚངས་པའི་བུ་མོའི་སྒྲུབ་ཐབས་བཞུགས།	རྗེ་བཙུན་གྲགས་པ་རྒྱལ་མཚན།	༣༠–༣༡	༦	ཕར་མ།	
	༡༩		པདྨ་པ་ཏིའི་མན་ངག་བཞུགས།	རྗེ་བཙུན་གྲགས་པ་རྒྱལ་མཚན།	༣༡–༣༡	༦	ཕར་མ།	
	༢༠		ཁོལ་པོ་པ་ཏིའི་མན་ངག་བཞུགས།	རྗེ་བཙུན་གྲགས་པ་རྒྱལ་མཚན།	༣༡–༣༡	༦	ཕར་མ།	
	༢༡		སྨན་ཆེན་པོའི་བཅུད་ལེན་བཞུགས།	རྗེ་བཙུན་གྲགས་པ་རྒྱལ་མཚན།	༣༡–༣༢	༦	ཕར་མ།	
	༢༢		རྡོ་རྗེ་རྣལ་འབྱོར་མའི་གདམས་པ་བཞུགས།	རྗེ་བཙུན་གྲགས་པ་རྒྱལ་མཚན།	༣༢–༣༢	༦	ཕར་མ།	
	༢༣		གསང་བའི་གནས་ལྷ་ཞལ་ཤེས་བཅས་བཞུགས།	རྗེ་བཙུན་གྲགས་པ་རྒྱལ་མཚན།	༣༢–༣༣	༦	ཕར་མ།	
	༢༤		རྩ་དབུ་མའི་ཁྲིད་ཡིག་བཞུགས།	རྗེ་བཙུན་གྲགས་པ་རྒྱལ་མཚན།	༣༣–༤༦	༦	ཕར་མ།	
	༢༥		གང་གི་ཡིག་སྐོར་རྣམས་ཀྱི་སྡོམ་བཞུགས།	རྗེ་བཙུན་གྲགས་པ་རྒྱལ་མཚན།	༤༦–༤༦	༦	ཕར་མ།	
	༢༦		ངེས་བརྗོད་བླ་མའི་འཁྲུལ་འཁོར་གྱི་ཐབས་བཞུགས།	རྗེ་བཙུན་གྲགས་པ་རྒྱལ་མཚན།	༡–༦	༦	ཕར་མ།	༨༦–༡༡༩

	༢༧		བཤད་ཐབས་མན་ངག་ཀུན་ཏུ་སྤྱོད་པའི་བསྡུས་དོན་བཞུགས།	རྗེ་བཙུན་གྲགས་པ་རྒྱལ་མཚན།	༦–༡༢	༦	ཕར་མ།	
	༢༨		བདེ་མཆོག་ཀུན་ཏུ་སྤྱོད་པའི་རྒྱུད་ཀྱི་གསལ་བྱེད་བཞུགས།	རྗེ་བཙུན་གྲགས་པ་རྒྱལ་མཚན།	༡༢–༢༥	༦	ཕར་མ།	
	༢༩		ཀུ་རུ་ཀུལླེའི་སྒྲུབ་ཐབས་བཞུགས།	རྗེ་བཙུན་གྲགས་པ་རྒྱལ་མཚན།།	༢༥–༢༧	༦	ཕར་མ།	
	༣༠		ཚོགས་བདག་གི་སྒྲུབ་ཐབས་བཞུགས།	རྗེ་བཙུན་གྲགས་པ་རྒྱལ་མཚན།	༢༧–༢༨	༦	ཕར་མ།	
	༣༡		དགྲ་ནག་གི་སྒྲུབ་ཐབས་བཞུགས།	སློབ་དཔོན་བསོད་རྩེ།	༡–༡༦	༦	ཕར་མ།	༡༡༥–༡༣༥
	༣༢		རྡོ་རྗེ་འཇིགས་བྱེད་ཀྱི་བསྟོད་པ་བཞུགས།	རྗེ་བཙུན་གྲགས་པ་རྒྱལ་མཚན།	༡༦–༡༧	༦	ཕར་མ།	
	༣༣		བསྟོད་པ་བཞུགས།	རྗེ་བཙུན་གྲགས་པ་རྒྱལ་མཚན།	༡༧–༡༨	༦	ཕར་མ།	
	༣༤		བདུད་རྩི་འཁྱིལ་བའི་སྒྲུབ་ཐབས་ལས་སྦྱོར་དང་བཅས་པ་བཞུགས།	རྗེ་བཙུན་གྲགས་པ་རྒྱལ་མཚན།	༡༨–༢༡	༦	ཕར་མ།	
	༣༥		སྒྲོལ་མ་ཉི་ཞི་མཚན་ཁྲིའི་སྒྲུབ་ཐབས།	རྗེ་བཙུན་གྲགས་པ་རྒྱལ་མཚན།	༡–༩	༦	ཕར་མ།	༡༣༦–༢༠༡
	༣༦		སྒྲོལ་མའི་ཆོས་འཁོར་ལས་སྤྱིའི་སྒྲུབ་ཐབས་བཞུགས།	རྗེ་བཙུན་གྲགས་པ་རྒྱལ་མཚན།	༩–༦	༦	ཕར་མ།	
	༣༧		སོ་སོའི་སྒྲུབ་ཐབས་བཞུགས།	རྗེ་བཙུན་གྲགས་པ་རྒྱལ་མཚན།	༦–༧	༦	ཕར་མ།	

	༣༨		བསྟོད་པ་འདྲེན་ཐབས་ཀྱི་རྗེས་བྱང་བཞུགས།	རྗེ་བཙུན་གྲགས་པ་རྒྱལ་མཚན།	༧–༣༢	༦	པར་མ།	
	༣༩		ཉི་མ་སྦས་པས་མཛད་པའི་རྒྱ་གཞུང་གི་ལས་ཚོགས་ཀྱི་བསྡུས་དོན་བཞུགས།	རྗེ་བཙུན་གྲགས་པ་རྒྱལ་མཚན།	༣༢–༣༨	༦	པར་མ།	
	༤༠		དབང་བསྐུར་བའི་ས་བཅད་བཞུགས།	རྗེ་བཙུན་གྲགས་པ་རྒྱལ་མཚན།	༣༨–༣༩	༦	པར་མ།	
	༤༡		དབང་བསྐུར་བའི་ཚིག་བཞུགས།	རྗེ་བཙུན་གྲགས་པ་རྒྱལ་མཚན།	༣༩–༤༨	༦	པར་མ།	
	༤༢		སྒྲོལ་མ་ལུས་དཀྱིལ་གྱི་སྒྲུབ་ཐབས་བཞུགས།	རྗེ་བཙུན་གྲགས་པ་རྒྱལ་མཚན།	༤༨–༥༠	༦	པར་མ།	
	༤༣		ཕྱག་འཚལ་ཉེར་གཅིག་གི་བསྟོད་པའི་ས་བཅད་བཞུགས།	རྗེ་བཙུན་གྲགས་པ་རྒྱལ་མཚན།	༥༠–༥༠	༦	པར་མ།	
	༤༤		བསྟོད་པའི་རྣམ་བཤད་གསལ་བའི་འོད་ཟེར་བཞུགས།	རྗེ་བཙུན་གྲགས་པ་རྒྱལ་མཚན།	༥༠–༥༤	༦	པར་མ།	
	༤༥		སྒྲོལ་མའི་སྒྲུབ་ཐབས་ཡན་ལག་དྲུག་པ་ཞེས་བྱ་བ་བཞུགས།	རྗེ་བཙུན་གྲགས་པ་རྒྱལ་མཚན།	༥༥–༥༨	༦	པར་མ།	
	༤༦		སྒྲོལ་མའི་གསོལ་འདེབས་མཎྜལ་བཞི་པ་བཞུགས།	རྗེ་བཙུན་གྲགས་པ་རྒྱལ་མཚན།	༥༨–༦༢	༦	པར་མ།	
	༤༧		རྗེ་བཙུན་པའི་མནལ་ལམ་བཞུགས།	རྗེ་བཙུན་གྲགས་པ་རྒྱལ་མཚན།	༦༣–༦༦	༦	པར་མ།	

	༤༨		གསང་སྔགས་ནང་གི་ལྷུང་བཟེད་བརྟག་པ་བཞུགས།	རྗེ་བཙུན་གྲགས་པ་རྒྱལ་མཚན།	༡–༨	༦	པར་མ།	༢༠༢–༢༡༡
	༤༩		ག་རིང་རྒྱལ་པོ་ལ་རྟེན་བསྐུར་དུ་བཏང་བའི་ཡི་གེ་བཞུགས།	རྗེ་བཙུན་གྲགས་པ་རྒྱལ་མཚན།	༨–༡༠			
	༥༠		ངན་སོང་སྦྱོང་རྒྱུད་ཀྱི་སྤྱི་དོན་བཞུགས།	རྗེ་བཙུན་གྲགས་པ་རྒྱལ་མཚན།	༡–༩	༦	པར་མ།	༢༡༢–༢༢༦
	༥༡		ངན་སོང་སྦྱོང་རྒྱུད་ཀྱི་ས་བཅད་བཞུགས།	རྗེ་བཙུན་གྲགས་པ་རྒྱལ་མཚན།	༩–༡༥	༦	པར་མ།	
	༥༢		རྡོ་རྗེ་འབྱུང་བའི་ཡིག་སྣ་བཞུགས།	རྗེ་བཙུན་གྲགས་པ་རྒྱལ་མཚན།	༧༢	༦	པར་མ།	༢༢༧–༢༩༨
	༥༣		སྒྲུབ་ཐབས་སོ་སོའི་ཡིག་སྣ་བཞུགས།	རྗེ་བཙུན་གྲགས་པ་རྒྱལ་མཚན།	༥༦	༦	པར་མ།	༢༩༩–༣༥༤
	༥༤		རྡོ་རྗེ་ཕྲེང་བའི་མངོན་པར་རྟོགས་པ་བཞུགས།	རྗེ་བཙུན་གྲགས་པ་རྒྱལ་མཚན།	༡–༡༣	༦	པར་མ།	༣༥༥–༣༨༤
	༥༥		ཕྲེང་བའི་ལས་བྱང་བཞུགས།	རྗེ་བཙུན་གྲགས་པ་རྒྱལ་མཚན།	༡༣–༣༠	༦	པར་མ།	
	༥༦		རྡོ་རྗེ་ཕྲེང་བའི་སྒྲུབ་སྐོར་བཞུགས།	རྗེ་བཙུན་གྲགས་པ་རྒྱལ་མཚན།	༡–༤	༦	པར་མ།	༣༨༥–༤༠༠
	༥༧		མཆོད་གཏོར་བསྡུས་པ་བཞུགས།	རྗེ་བཙུན་གྲགས་པ་རྒྱལ་མཚན།	༤–༧	༦	པར་མ།	

	༥༨		རྡོ་རྗེ་ཕུར་པའི་སྒྲུབ་ཐབས་བཞུགས།	རྗེ་བཙུན་གྲགས་པ་རྒྱལ་མཚན།	༧–༡༦	༦	པར་མ།	
01934	༄ ས་སྐྱ་བཀའ་འབུམ། ༼པོད་ཏ༽							
	༡		དེ་བཞིན་གཤེགས་པ་ཐམས་ཅད་ཀྱི་གསུང་གི་གསང་བ་འཛིན་པ་རྗེ་བཙུན་རིན་པོ་ཆེ་གྲགས་པ་རྒྱལ་མཚན་གྱི་གསུང་རབ་གླེགས་བམ་བཞི་པ་ལས་ཀུན་རིག་གི་ཆོ་ག་གཞན་ཕན་འོད་ཟེར་ཞེས་བྱ་བ་བཞུགས།	རྗེ་བཙུན་གྲགས་པ་རྒྱལ་མཚན།	༥༩	༦	པར་མ།	༡–༥༩
	༢		གཞན་ཕན་ཉེར་མཁོ་བཞུགས།	རྗེ་བཙུན་གྲགས་པ་རྒྱལ་མཚན།	༡༩	༦	པར་མ།	༦༠–༧༨
	༣		ཨཀྲའི་ཆོ་ག་དང་རབ་ཏུ་གནས་པའི་དོན་གསལ་བ་བཞུགས།	རྗེ་བཙུན་གྲགས་པ་རྒྱལ་མཚན།	༣༡	༦	པར་མ།	༧༩–༡༠༩
	༤		བྱ་སྤྱོད་རིག་གསུམ་སྤྱིའི་རིག་གཏད་ཀྱི་ཆོ་ག་བཞུགས།	རྗེ་བཙུན་གྲགས་པ་རྒྱལ་མཚན།	༡–༥	༦	པར་མ།	༡༡༠–༡༡༣༥
	༥		དཔའ་བོ་གྲུབ་པའི་རྒྱུད་ཀྱི་ཊཱི་ཀ་བཞུགས་སོ། །	རྗེ་བཙུན་གྲགས་པ་རྒྱལ་མཚན།	༥–༡༡	༦	པར་མ།	
	༦		མི་གཡོ་བའི་བསྟོད་པ་འཐད་ལྡན་བཞུགས།	རྗེ་བཙུན་གྲགས་པ་རྒྱལ་མཚན།	༡༢–༡༣	༦	པར་མ།	
	༧		འཇམ་དབྱངས་ཀྱི་བསྟོད་པ་རྒྱུད་གསུམ་འཁོར་ལོ་བཞུགས།	རྗེ་བཙུན་གྲགས་པ་རྒྱལ་མཚན།	༡༣–༡༤	༦	པར་མ།	
	༨		ཨ་ར་པ་ཙ་ནའི་སྒྲུབ་ཐབས་ཚིགས་བཅད་བཞུགས།	རྗེ་བཙུན་གྲགས་པ་རྒྱལ་མཚན།	༡༤–༡༥	༦	པར་མ།	

	༩		མཆོད་བརྗོད་འདོན་ཐབས་བཞུགས།	རྗེ་བཙུན་གྲགས་པ་རྒྱལ་མཚན།	༡༥–༡༦	༦	པར་མ།	
	༡༠		ཨ་ར་པ་ཙ་ན་ལྷ་ལྔའི་སྒྲུབ་ཐབས་བཞུགས།	རྗེ་བཙུན་གྲགས་པ་རྒྱལ་མཚན།	༡–༣	༦	པར་མ།	༡༢༦–༡༩༢
	༡༡		ཨ་ར་པ་ཙ་ན་ལྷ་ལྔའི་དཀྱིལ་ཆོག་བཞུགས།	རྗེ་བཙུན་གྲགས་པ་རྒྱལ་མཚན།	༣–༡༧	༦	པར་མ།	
	༡༢		དོན་ཡོད་ཞགས་པའི་ཆོ་གའི་ལག་ལེན་ས་སྐྱ་པའི་ལུགས་བཞུགས།	རྗེ་བཙུན་གྲགས་པ་རྒྱལ་མཚན།	༡–༨	༦	པར་མ།	༡༩༣–༡༥༩
	༡༣		མཆྙལ་གྱི་ཆོ་ག་བཞུགས།	རྗེ་བཙུན་གྲགས་པ་རྒྱལ་མཚན།	༨–༨	༦	པར་མ།	
	༡༤		ལྷ་ལྔའི་བསྟོད་པ་བཞུགས།	རྗེ་བཙུན་གྲགས་པ་རྒྱལ་མཚན།	༨–༩	༦	པར་མ།	
	༡༥		སྲུང་འཁོར་དྲི་ཚུལ་བཞུགས།	རྗེ་བཙུན་གྲགས་པ་རྒྱལ་མཚན།	༩–༡༠	༦	པར་མ།	
	༡༦		ལག་ན་རྡོ་རྗེའི་གཟུངས་ཀྱི་ལག་ཏུ་བླང་བའི་རིམ་པ་རྒྱས་པར་བཤད་པ་བཞུགས།	རྗེ་བཙུན་གྲགས་པ་རྒྱལ་མཚན།	༡༠–༡༧	༦	པར་མ།	
	༡༧		རྣམ་འཇོམས་རྒྱུད་ཀྱི་གསལ་བྱེད་འོད་ཟེར་ཅན་བཞུགས།	རྗེ་བཙུན་གྲགས་པ་རྒྱལ་མཚན།	༡–༡༢	༦	པར་མ།	༡༦༠–༡༩༢
	༡༨		དཔུང་བཟང་གི་མདོའི་འགྲེལ་པ།	རྗེ་བཙུན་གྲགས་པ་རྒྱལ་མཚན།	༡༢–༡༨	༦	པར་མ།	

	༡༩		རྗེ་བཙུན་མི་གཡོ་བ་གསང་བ་ཆེན་པོ་རྟོག་པ་དང་པོའི་རྣམ་འགྲེལ་བཞུགས།	རྗེ་བཙུན་གྲགས་པ་རྒྱལ་མཚན།	༡༨–༢༤	༦	བར་མ།	
	༢༠		ཁ་འབར་མའི་རྒྱུད་ཀྱི་དགོངས་པ་དོན་ལྡ་པ་བཞུགས།	རྗེ་བཙུན་གྲགས་པ་རྒྱལ་མཚན།	༢༤–༣༠	༦	བར་མ།	
	༢༡		གཏོར་མ་བརྒྱ་རྩ་བཞུགས།	རྗེ་བཙུན་གྲགས་པ་རྒྱལ་མཚན།	༣༠–༣༣	༦	བར་མ།	
	༢༢		ཤཱཀྱ་རྣམས་ཀྱི་རྒྱལ་རབས་བཞུགས།	རྗེ་བཙུན་གྲགས་པ་རྒྱལ་མཚན།	༡–༤	༦	བར་མ།	༡༩༣–༢༡༡
	༢༣		བོད་ཀྱི་རྒྱལ་རབས་བཞུགས།	རྗེ་བཙུན་གྲགས་པ་རྒྱལ་མཚན།	༤–༨	༦	བར་མ།	
	༢༤		རྒྱ་བོད་ཀྱི་སྡེ་པའི་གྱེས་མདོ་བཞུགས།	རྗེ་བཙུན་གྲགས་པ་རྒྱལ་མཚན།	༨–༡༡		བར་མ།	
	༢༥		དུས་ཚོད་བཟུང་བའི་རྩིས་ཡིག་བཞུགས།	རྗེ་བཙུན་གྲགས་པ་རྒྱལ་མཚན།	༡༡–༡༤	༦	བར་མ།	
	༢༦		གཟའ་སྐར་འཁྲིད་བརྟག་པ་བཞུགས།	རྗེ་བཙུན་གྲགས་པ་རྒྱལ་མཚན།	༡༤–༡༦	༦	བར་མ།	
	༢༧		ཞེ་ས་དགུ་ཕྲུགས་བཞུགས།	རྗེ་བཙུན་གྲགས་པ་རྒྱལ་མཚན།	༡༦–༡༩	༦	བར་མ།	
	༢༨		ཕྱག་རྒྱ་ཆེན་པོ་གཅེས་པ་བཏུས་པའི་མན་ངག་ཅེས་བྱ་བ་བཞུགས།	རྗེ་བཙུན་གྲགས་པ་རྒྱལ་མཚན།	༡–༡༩	༦	བར་མ།	༢༡༢–༢༣༡

	༢༩		གྲིབ་སེལ་གྱི་སྲིན་སྲེག་བསྡུས་པའི་ཡི་གེ་བཞུགས།	རྗེ་བཙུན་གྲགས་པ་རྒྱལ་མཚན།	༡༩–༢༠	༦	པར་མ།	
	༣༠		ཆོས་སྤྱོད་རིན་ཆེན་ཕྲེང་བ་ཞེས་བྱ་བ་བཞུགས་སོ། །	རྗེ་བཙུན་གྲགས་པ་རྒྱལ་མཚན།	༡༧	༦	པར་མ།	༢༣༢–༢༤༨
	༣༡		བྱང་ཆུབ་སེམས་དཔའི་སྡོམ་པ་གསལ་བར་སྟོན་པ་བློ་ཀ་ཉི་ཤུ་པའི་རྣམ་པར་བཤད་པ་བཞུགས།	རྗེ་བཙུན་གྲགས་པ་རྒྱལ་མཚན།	༡–༢༩	༦	པར་མ།	༢༤༩–༢༩༦
	༣༢		བྱང་ཆུབ་སེམས་དཔའི་སྤྱོད་པ་ལ་འཇུག་པའི་བསྡུས་དོན་བཞུགས།	རྗེ་བཙུན་གྲགས་པ་རྒྱལ་མཚན།	༢༩–༤༨	༦	པར་མ།	
	༣༣		ཞེན་པ་བཞི་བྲལ་གྱི་གདམས་པ་བཞུགས།	རྗེ་བཙུན་གྲགས་པ་རྒྱལ་མཚན།	༡–༣	༦	པར་མ།	༢༩༧–༣༡༧
	༣༤		ཡེ་ཤེས་རྡོ་རྗེས་གནང་བའི་ཉམས་དབྱངས་བཞུགས།	རྗེ་བཙུན་གྲགས་པ་རྒྱལ་མཚན།	༣–༦	༦	པར་མ།	
	༣༥		ཁམས་བདེ་དྲི་བའི་ཉམས་དབྱངས་བཞུགས།	རྗེ་བཙུན་གྲགས་པ་རྒྱལ་མཚན།	༦–༧	༦	པར་མ།	
	༣༦		གནས་བསྟོད་ཀྱི་ཉམས་དབྱངས་བཞུགས།	རྗེ་བཙུན་གྲགས་པ་རྒྱལ་མཚན།	༧–༩	༦	པར་མ།	
	༣༧		རྨི་ལམ་ཉམས་ལེན་བརྒྱད་ཀྱི་ཉམས་དབྱངས་བཞུགས།	རྗེ་བཙུན་གྲགས་པ་རྒྱལ་མཚན།	༩–༡༠	༦	པར་མ།	
	༣༨		གཉེན་པོ་བསྟེན་ཚུལ་གྱི་ཉམས་དབྱངས་བཞུགས།	རྗེ་བཙུན་གྲགས་པ་རྒྱལ་མཚན།	༡༠–༡༠	༦	པར་མ།	

	༣༩		སེམས་འདུལ་ཚུལ་གྱི་ཉམས་དབྱངས་བཞུགས།	དརྗེ་བཙུན་གྲགས་པ་རྒྱལ་མཚན།	༡༠–༡༠	༦	པར་མ།	
	༤༠		སློབ་པ་ཉམས་སུ་ལེན་ཚུལ་བཞུགས།	རྗེ་བཙུན་གྲགས་པ་རྒྱལ་མཚན།	༡༠–༡༡	༦	པར་མ།	
	༤༡		གསང་སྔགས་ནང་གི་ཉམས་ལེན་བཞུགས།	རྗེ་བཙུན་གྲགས་པ་རྒྱལ་མཚན།	༡༡–༡༢	༦	པར་མ།	
	༤༢		རང་ལ་རང་གིས་བསྐུལ་བ་བཞུགས།	རྗེ་བཙུན་གྲགས་པ་རྒྱལ་མཚན།	༡༢–༡༢	༦	པར་མ།	
	༤༣		ཉམས་དབྱངས་ཆེན་མོ་བཞུགས།	རྗེ་བཙུན་གྲགས་པ་རྒྱལ་མཚན།	༡༢–༢༡	༦	པར་མ།	
	༤༤		གསོ་དཔྱད་རྒྱལ་པོའི་དཀོར་མཛོད་བཞུགས།	རྗེ་བཙུན་གྲགས་པ་རྒྱལ་མཚན།	༨༤	༦	པར་མ།	༣༡༨–༤༠༡
01935	༄ ས་སྐྱ་བཀའ་འབུམ། （པོད་ཐ）							
	༡		ཕྱོགས་ཐམས་ཅད་ལས་རྣམ་པར་རྒྱལ་བ་ཆེན་པོ་འཇམ་མགོན་ས་སྐྱ་པཎྜི་ཏ་ཀུན་དགའ་རྒྱལ་མཚན་དཔལ་བཟང་པོའི་ཞབས་ཀྱི་གསུང་རབ་གླེགས་བམ་དང་པོ་ལས་ཐུབ་པའི་དགོངས་པ་རབ་ཏུ་གསལ་བ་ཞེས་བྱ་བའི་བསྟན་བཅོས་བཞུགས།	ས་སྐྱ་པཎྜི་ཏ་ཀུན་དགའ་རྒྱལ་མཚན།	༩༩	༦	པར་མ།	༡–༩༩
	༢		ལེགས་པར་བཤད་པ་རིན་པོ་ཆེའི་གཏེར་ཞེས་བྱ་བའི་བསྟན་བཅོས་བཞུགས་སོ།།	ས་སྐྱ་པཎྜི་ཏ་ཀུན་དགའ་རྒྱལ་མཚན།	༢༣	༦	པར་མ།	༡༠༠–༡༢༢
	༣		གཞུང་ལུགས་ལེགས་པར་བཤད་པ་ཞེས་བྱ་བའི་བསྟན་བཅོས་བཞུགས་སོ། །	ས་སྐྱ་པཎྜི་ཏ་ཀུན་དགའ་རྒྱལ་མཚན།	༣༢	༦	པར་མ།	༡༢༣–༡༥༤

	༤		རོལ་མོའི་བསྟན་བཅོས་ཞེས་བྱ་བ་བཞུགས་སོ། ।	ས་སྐྱ་པཎྜི་ཏ་ཀུན་དགའ་རྒྱལ་མཚན།	༨	༦	པར་མ།	༡༥༥—༡༦༢
	༥		མཁས་པ་རྣམས་འཇུག་པའི་སྒོ་ཞེས་བྱ་བའི་བསྟན་བཅོས་བཞུགས་སོ། ।	ས་སྐྱ་པཎྜི་ཏ་ཀུན་དགའ་རྒྱལ་མཚན།	༦༢	༦	པར་མ།	༡༦༣—༢༢༩
	༦		སྒྲ་ལ་འཇུག་པ་ཞེས་བྱ་བའི་བསྟན་བཅོས་བཞུགས་སོ། ।	ས་སྐྱ་པཎྜི་ཏ་ཀུན་དགའ་རྒྱལ་མཚན།	༡—༡༠	༦	པར་མ།	༢༣༥—༢༥༢
	༧		སྒྲ་སྒྲོའི་ས་བཅད་བཞུགས།	ས་སྐྱ་པཎྜི་ཏ་ཀུན་དགའ་རྒྱལ་མཚན།	༡༠—༡༡	༦	པར་མ།	
	༨		བྲིས་པ་བདེ་བླག་ཏུ་འཇུག་པའི་རྣམ་བཤད་བཞུགས།	ས་སྐྱ་པཎྜི་ཏ་ཀུན་དགའ་རྒྱལ་མཚན།	༡༡—༢༣	༦	པར་མ།	
	༩		ཡི་གེའི་སྦྱོར་བ་བཞུགས།	ས་སྐྱ་པཎྜི་ཏ་ཀུན་དགའ་རྒྱལ་མཚན།	༢༣—༢༥	༦	པར་མ།	
	༡༠		རྣམ་པར་བཅད་བྱ་ཇི་ལྟར་སྦྱོར་ཚུལ་བཞུགས།	ས་སྐྱ་པཎྜི་ཏ་ཀུན་དགའ་རྒྱལ་མཚན།	༢༥—༢༦	༦	པར་མ།	
	༡༡		སྔགས་ཀྱི་ཀློག་ཐབས་འབྲས་བུ་འབྱུང་བའི་མེ་ཏོག་བཞུགས།	ས་སྐྱ་པཎྜི་ཏ་ཀུན་དགའ་རྒྱལ་མཚན།	༢༦—༢༧	༦	པར་མ།	
	༡༢		སྒྲ་ཉེ་བར་བསྡུས་པ་བཞུགས།	ས་སྐྱ་པཎྜི་ཏ་ཀུན་དགའ་རྒྱལ་མཚན།	༢༧—༢༨	༦	པར་མ།	
	༡༣		ཚིག་གི་གཏེར་ཞེས་བྱ་བའི་བསྟན་བཅོས་བཞུགས་སོ། ।	ས་སྐྱ་པཎྜི་ཏ་ཀུན་དགའ་རྒྱལ་མཚན།	༡—༡༣	༦	པར་མ།	༢༥༣—༢༨༥

	༡༤		སྡེབ་སྦྱོར་སྣ་ཚོགས་མེ་ཏོག་གི་ཆུན་པོ་ཞེས་བྱ་བའི་བསྟན་བཅོས་བཞུགས།	ས་སྐྱ་པཎྜི་ཏ་ཀུན་དགའ་རྒྱལ་མཚན།	༡༣–༣༣	༦	ཕར་མ།	
	༡༥		བདེ་བར་གཤེགས་པའི་ཐུགས་རྗེ་ལ་བསྐུལ་བ་བཞུགས།	ས་སྐྱ་པཎྜི་ཏ་ཀུན་དགའ་རྒྱལ་མཚན།	༡–༣	༦	ཕར་མ།	༢༨༦–༣༡༢
	༡༦		བླ་མ་རྗེ་བཙུན་ཆེན་པོའི་རྣམ་ཐར།	ས་སྐྱ་པཎྜི་ཏ་ཀུན་དགའ་རྒྱལ་མཚན།	༣–༡༤	༦	ཕར་མ།	
	༡༨		ང་བརྒྱུད་མའི་འགྲེལ་པ་བཞུགས།	ས་སྐྱ་པཎྜི་ཏ་ཀུན་དགའ་རྒྱལ་མཚན།	༡༤–༢༧	༦	ཕར་མ།	
01936	༄ ས་སྐྱ་བཀའ་འབུམ། ༼པོད་ད༽							
	༡		ཕྱོགས་ཐམས་ཅད་ལས་རྣམ་པར་རྒྱལ་བ་ཆེན་པོ་འཇམ་མགོན་ས་སྐྱ་པཎྜི་ཏ་ཀུན་དགའ་རྒྱལ་མཚན་དཔལ་བཟང་པོའི་ཞབས་ཀྱི་གསུང་རབ་གླེགས་བམ་གཉིས་པ་ལས་ཚད་མ་རིག་གཏེར་ཞེས་བྱ་བའི་བསྟན་བཅོས་བཞུགས་སོ། །	ས་སྐྱ་པཎྜི་ཏ་ཀུན་དགའ་རྒྱལ་མཚན།	༢༥	༦	ཕར་མ།	༡–༢༥
	༢		ཚད་མ་རིག་པའི་གཏེར་གྱི་རང་འགྲེལ་བཞུགས།	ས་སྐྱ་པཎྜི་ཏ་ཀུན་དགའ་རྒྱལ་མཚན།	༡༩༥	༦	ཕར་མ།	༢༦–༢༢༠
	༣		དབུ་མ་ལུགས་ཀྱི་སེམས་བསྐྱེད་ཀྱི་ཆོ་ག་བཞུགས།	ས་སྐྱ་པཎྜི་ཏ་ཀུན་དགའ་རྒྱལ་མཚན།	༡–༡༩	༦	ཕར་མ།	༢༢༡–༢༤༨
	༤		བྱང་ཆུབ་ཀྱི་མཆོག་ཏུ་སེམས་བསྐྱེད་པའི་ཆོ་གའི་ལུང་སྦྱོར་བཞུགས།	ས་སྐྱ་པཎྜི་ཏ་ཀུན་དགའ་རྒྱལ་མཚན།	༡༩–༢༨	༦	ཕར་མ།	
	༥		བདེ་མཆོག་ལོ་ཧི་པའི་འབྲུ་འབུམ་བཞུགས།	ས་སྐྱ་པཎྜི་ཏ་ཀུན་དགའ་རྒྱལ་མཚན།	༣༨	༦	ཕར་མ།	༢༤༨–༢༨༦

	༄ སྐྱ་བཀའ་འབུམ། (པོད་ན)							
01937	༡		ཕྱོགས་ཐམས་ཅད་ལས་རྣམ་པར་རྒྱལ་བ་ཆེན་པོ་འཇམ་མགོན་ས་སྐྱ་པཎྜི་ཏ་ཀུན་དགའ་རྒྱལ་མཚན་དཔལ་བཟང་པོའི་ཞབས་ཀྱི་གསུང་རབ་གླེགས་བམ་གསུམ་པ་ལས་སྡོམ་པ་གསུམ་གྱི་རབ་ཏུ་དབྱེ་བའི་བསྟན་བཅོས་བཞུགས་སོ། །	ས་སྐྱ་པཎྜི་ཏ་ཀུན་དགའ་རྒྱལ་མཚན།	༡–༤༨	༦	ཕར་མ།	༡–༤༩
	༢		འཇམ་དཔལ་ཧོ་རྗེ་ལ་མཆོད་པར་བརྗོད་པའི་ཚུལ་གྱི་བསྟོད་པ་བཞུགས།	ས་སྐྱ་པཎྜི་ཏ་ཀུན་དགའ་རྒྱལ་མཚན།	༤༨–༤༩	༦	ཕར་མ།	
	༣		རྗེ་བཙུན་གྲགས་པ་རྒྱལ་མཚན་གྱི་བསྟོད་པ་བཞུགས་སོ། །	ས་སྐྱ་པཎྜི་ཏ་ཀུན་དགའ་རྒྱལ་མཚན།	༡–༢	༦	ཕར་མ།	༥༠–༥༤
	༤		པཎྜ་པ་ལ་བསྟོད་པ་བཞུགས་སོ། །	ས་སྐྱ་པཎྜི་ཏ་ཀུན་དགའ་རྒྱལ་མཚན།	༢–༣	༦	ཕར་མ།	
	༥		བདེ་མཆོག་བརྒྱུད་པའི་གསོལ་འདེབས་བཞུགས།	ས་སྐྱ་པཎྜི་ཏ་ཀུན་དགའ་རྒྱལ་མཚན།	༣–༥	༦	ཕར་མ།	
	༦		ཕྱོགས་བཅུའི་སངས་རྒྱས་དང་བྱང་ཆུབ་སེམས་དཔའ་རྣམས་ལ་ཞུ་བའི་འཕྲིན་ཡིག་བཞུགས་སོ། །	ས་སྐྱ་པཎྜི་ཏ་ཀུན་དགའ་རྒྱལ་མཚན།	༡༥	༦	ཕར་མ།	༥༥–༦༩
	༧		སྐྱེས་བུ་དམ་པ་རྣམས་ལ་སྤྲིངས་པའི་ཡི་གེ་བཞུགས་སོ། །	ས་སྐྱ་པཎྜི་ཏ་ཀུན་དགའ་རྒྱལ་མཚན།	༡–༧	༦	ཕར་མ།	༧༠–༨༧
	༨		ལུང་རིགས་རྣམ་དག་དང་མཐུན་པ་འཆད་དགོས་ཚུལ་བཞུགས།	ས་སྐྱ་པཎྜི་ཏ་ཀུན་དགའ་རྒྱལ་མཚན།	༧–༨	༦	ཕར་མ།	
	༩		རྟོགས་ལྡན་རྒྱལ་པོའི་དྲིས་ལན་བཞུགས།	ས་སྐྱ་པཎྜི་ཏ་ཀུན་དགའ་རྒྱལ་མཚན།	༡༡–༡༡	༦	ཕར་མ།	

	༡༠		རྗེ་ལ་ཕྱུ་བའི་ཞུས་ལན་བཞུགས།	ས་སྐྱ་པཎྜི་ཏ་ཀུན་དགའ་རྒྱལ་མཚན།	༡༡–༡༢	༦	པར་མ།	
	༡༡		ཞང་ལོ་ཙྪ་བ་ལ་གདམས་པ་བཞུགས།	ས་སྐྱ་པཎྜི་ཏ་ཀུན་དགའ་རྒྱལ་མཚན།	༡༣–༡༦	༦	པར་མ།	
	༡༢		བསྟན་པ་ལ་དགའ་བའི་ལྷ་རྣམས་ལ་སྤྲིངས་པ་བཞུགས།	ས་སྐྱ་པཎྜི་ཏ་ཀུན་དགའ་རྒྱལ་མཚན།	༡༢–༡༣	༦	པར་མ།	
	༡༣		ཚོགས་སུ་བཅད་པ་གོང་འོག་གཉིས་བཞུགས།	ས་སྐྱ་པཎྜི་ཏ་ཀུན་དགའ་རྒྱལ་མཚན།	༡༣–༡༤	༦	པར་མ།	
	༡༤		མི་ཉག་གི་རྒྱལ་ཁམས་སུ་གནང་བའི་ཡི་གེ་བཞུགས།	ས་སྐྱ་པཎྜི་ཏ་ཀུན་དགའ་རྒྱལ་མཚན།	༡༤–༡༥	༦	པར་མ།	
	༡༥		ཉི་མ་ལ་སྤྲིངས་པ་བཞུགས།	ས་སྐྱ་པཎྜི་ཏ་ཀུན་དགའ་རྒྱལ་མཚན།	༡༥–༡༥	༦	པར་མ།	
	༡༦		ཤོ་དགོན་པ་འགྲོ་མགོན་རིན་ཆེན་ལ་སྤྲིགས་པ་བཞུགས།	ས་སྐྱ་པཎྜི་ཏ་ཀུན་དགའ་རྒྱལ་མཚན།	༡༥–༡༧	༦	པར་མ།	
	༡༧		ཤོ་དགོན་གྱི་དགེ་འདུན་རྣམས་ལ་སྤྲིངས་པ་བཞུགས།	ས་སྐྱ་པཎྜི་ཏ་ཀུན་དགའ་རྒྱལ་མཚན།	༡༧–༡༨	༦	པར་མ།	
	༡༨		ལམ་ཟབ་མོ་བླ་མའི་རྣལ་འབྱོར་བཞུགས་སོ། །	ས་སྐྱ་པཎྜི་ཏ་ཀུན་དགའ་རྒྱལ་མཚན།	༡–༩	༦	པར་མ།	༨༨–༡༡༩
	༡༩		བླ་མའི་རྣལ་འབྱོར་གུག་ཤི་ཇོ་འབུམ་མ་བཞུགས་སོ། །	ས་སྐྱ་པཎྜི་ཏ་ཀུན་དགའ་རྒྱལ་མཚན།	༩–༡༢	༦	པར་མ།	

	༢༠		སྒྲུབ་པ་ལུང་འབོགས་པ་བཞུགས་སོ། ।	ས་སྐྱ་པཎྜི་ཏ་ཀུན་དགའ་རྒྱལ་མཚན།	༡༢–༡༣	༦	པར་མ།	
	༢༡		སྒྲུབ་པ་ལུང་སྦྱིན་བཞུགས།	ས་སྐྱ་པཎྜི་ཏ་ཀུན་དགའ་རྒྱལ་མཚན།	༡༣–༡༦	༦	པར་མ།	
	༢༢		རྟེན་འབྲེལ་ལྔ་རྫོགས་བཞུགས།	ས་སྐྱ་པཎྜི་ཏ་ཀུན་དགའ་རྒྱལ་མཚན།	༡༦–༢༠	༦	པར་མ།	
	༢༣		ལམ་སྦྱས་བཤད་བཞུགས།	ས་སྐྱ་པཎྜི་ཏ་ཀུན་དགའ་རྒྱལ་མཚན།	༢༠–༢༡	༦	པར་མ།	
	༢༤		གྲུབ་ཆེན་བཅུ་བཞུགས།	ས་སྐྱ་པཎྜི་ཏ་ཀུན་དགའ་རྒྱལ་མཚན།	༢༡–༢༨	༦	པར་མ།	
	༢༥		བྲ་མོ་བརྒྱུད་ཀྱི་མན་ངག་བཞུགས།	ས་སྐྱ་པཎྜི་ཏ་ཀུན་དགའ་རྒྱལ་མཚན།	༢༨–༣༡	༦	པར་མ།	
	༢༦		ཕྱི་ནང་གསང་གསུམ་གྱི་མཆོད་འབུལ་ཚིག་བཞུགས།	ས་སྐྱ་པཎྜི་ཏ་ཀུན་དགའ་རྒྱལ་མཚན།	༣༡–༣༢	༦	པར་མ།	
	༢༧		ཨཱཿཧའི་བཞི་བཤད་བཞུགས།	ས་སྐྱ་པཎྜི་ཏ་ཀུན་དགའ་རྒྱལ་མཚན།	༡–༨	༦	པར་མ།	༡༢༠–༡༩༧
	༢༨		ཚོགས་འཁོར་ཚིག་བཞུགས།	ས་སྐྱ་པཎྜི་ཏ་ཀུན་དགའ་རྒྱལ་མཚན།	༨–༢༠	༦	པར་མ།	
	༢༩		དེ་ལ་དགོས་པའི་ལུང་སྦྱོར་བཞུགས།	ས་སྐྱ་པཎྜི་ཏ་ཀུན་དགའ་རྒྱལ་མཚན།	༢༠–༢༠	༦	པར་མ།	

	༣༠		རྣམ་འཇོམས་རྒྱུད་ཀྱི་བཤད་པ་བཞུགས།	ས་སྐྱ་པཎྜི་ཏ་ཀུན་དགའ་རྒྱལ་མཚན།	༢༠–༢༣	༦	པར་མ།	
	༣༡		ལམ་འབྲས་བུ་དང་བཅས་པའི་འཁྲིད་ཀྱི་དཀར་ཆག་བཞུགས།	ས་སྐྱ་པཎྜི་ཏ་ཀུན་དགའ་རྒྱལ་མཚན།	༢༣–༢༨	༦	པར་མ།	
	༣༢		འཇམ་དཔལ་ཨ་ར་པ་ཙ་ནའི་མངོན་རྟོགས་བཞུགས།	ས་སྐྱ་པཎྜི་ཏ་ཀུན་དགའ་རྒྱལ་མཚན།	༡–༢	༦	པར་མ།	༡༤༨–༡༦༩
	༣༣		སྒྲོལ་མའི་མངོན་རྟོགས་བཞུགས།	ས་སྐྱ་པཎྜི་ཏ་ཀུན་དགའ་རྒྱལ་མཚན།	༢–༣	༦	པར་མ།	
	༣༤		ཀག་ཆོལ་གྱི་རྗེས་གནང་བཞུགས།	ས་སྐྱ་པཎྜི་ཏ་ཀུན་དགའ་རྒྱལ་མཚན།	༣–༥	༦	པར་མ།	
	༣༥		བ་རི་བའི་གདམས་པ་ཐུན་མོང་མ་ཡིན་པ་བཞུགས།	ས་སྐྱ་པཎྜི་ཏ་ཀུན་དགའ་རྒྱལ་མཚན།	༥–༧	༦	པར་མ།	
	༣༦		ཡང་མན་ངག་བསྡུས་པ་གཅིག་བཞུགས།	ས་སྐྱ་པཎྜི་ཏ་ཀུན་དགའ་རྒྱལ་མཚན།	༧–༧	༦	པར་མ།	
	༣༧		གཟའ་ཡུམ་གྱི་མཆོད་ཆོག་བཞུགས།	ས་སྐྱ་པཎྜི་ཏ་ཀུན་དགའ་རྒྱལ་མཚན།	༧–༡༣	༦	པར་མ།	
	༣༨		རིགས་དྲུག་མཚན་དོན་དང་ཡེ་ཤེས་བསྲེ་བ་བཞུགས།	ས་སྐྱ་པཎྜི་ཏ་ཀུན་དགའ་རྒྱལ་མཚན།	༡༣–༡༤	༦	པར་མ།	
	༣༩		རིགས་ཀྱི་རབ་དབྱེའི་བཤད་སྦྱར་བཞུགས།	ས་སྐྱ་པཎྜི་ཏ་ཀུན་དགའ་རྒྱལ་མཚན།	༡༤–༡༨	༦	པར་མ།	

	༩༠		སྒྲ་སྒྲུབ་དུམ་བུ་དགུ་པ་བཞུགས།	ས་སྐྱ་པཎྜི་ཏ་ཀུན་དགའ་རྒྱལ་མཚན།	༡༨–༡༨	༦	པར་མ།	
	༩༡		རྡོ་རྗེ་ཐེག་པའི་རྩ་བ་དང་ཡན་ལག་གི་དམ་ཚིག་བཤད་པ་བཞུགས།	ས་སྐྱ་པཎྜི་ཏ་ཀུན་དགའ་རྒྱལ་མཚན།	༡༨–༢༢	༦	པར་མ།	
	༩༢		དྲི་མ་མེད་པ་ཞེས་བྱ་བའི་རྒྱ་ཆེར་འགྲེལ་པ་བཞུགས་སོ། །	ས་སྐྱ་པཎྜི་ཏ་ཀུན་དགའ་རྒྱལ་མཚན།	༡–༢༧	༦	པར་མ།	༡༧༠–༡༩༧
	༩༣		བསྡུས་དོན་བཞུགས།	ས་སྐྱ་པཎྜི་ཏ་ཀུན་དགའ་རྒྱལ་མཚན།	༢༧–༢༨	༦	པར་མ།	
	༩༤		བྱང་འཇུག་གསལ་བའི་ས་བཅད་བཞུགས་སོ། །	ས་སྐྱ་པཎྜི་ཏ་ཀུན་དགའ་རྒྱལ་མཚན།	༡–༣	༦	པར་མ།	༡༩༨–༢༥༨
	༩༥		བླ་མ་ལ་གསོལ་བ་འདེབས་པ་ཐུན་མོང་བ་བཞུགས།	ས་སྐྱ་པཎྜི་ཏ་ཀུན་དགའ་རྒྱལ་མཚན།	༣–༤	༦	པར་མ།	
	༩༦		བླ་མ་དམ་པ་ལ་ཐུན་མོང་མ་ཡིན་པའི་སྒོ་ནས་གསོལ་བ་འདེབས་པ་བཞུགས།	ས་སྐྱ་པཎྜི་ཏ་ཀུན་དགའ་རྒྱལ་མཚན།	༤–༥	༦	པར་མ།	
	༩༧		བོད་ཡུལ་ལ་བསྔགས་པ་བཞུགས།	ས་སྐྱ་པཎྜི་ཏ་ཀུན་དགའ་རྒྱལ་མཚན།	༥–༦	༦	པར་མ།	
	༩༨		ཤཱཀྱའི་རྒྱལ་པོ་ལ་གསོལ་བ་འདེབས་པ་བཞུགས།	ས་སྐྱ་པཎྜི་ཏ་ཀུན་དགའ་རྒྱལ་མཚན།	༦–༧	༦	པར་མ།	
	༩༩		བདེ་བར་གཤེགས་པ་ཁམས་གསུམ་མགོན་པོ་ལ་བསྟོད་པ་བཞུགས།	ས་སྐྱ་པཎྜི་ཏ་ཀུན་དགའ་རྒྱལ་མཚན།	༧–༧	༦	པར་མ།	

	༥༠		འཇིག་རྟེན་དབང་ཕྱུག་ཐུགས་རྗེ་ཆེན་པོ་ལ་བསྟོད་པ་ཚིགས་བཅད་བཅུ་གཅིག་བཞུགས།	ས་སྐྱ་པཎྜི་ཏ་ཀུན་དགའ་རྒྱལ་མཚན།	༧–༨	༦	པར་མ།	
	༥༡		ལྷ་སའི་བདེ་བར་གཤེགས་པ་རྣམས་ལ་བསྟོད་པ་བཞུགས།	ས་སྐྱ་པཎྜི་ཏ་ཀུན་དགའ་རྒྱལ་མཚན།	༨–༩	༦	པར་མ།	
	༥༢		འཇམ་དཔལ་གྱི་བསྟོད་པའི་རྣམ་བཤད་བཞུགས།	ས་སྐྱ་པཎྜི་ཏ་ཀུན་དགའ་རྒྱལ་མཚན།	༩–༡༤	༦	པར་མ།	
	༥༣		ཕྱག་མཚན་རི་མོའི་བསྟོད་ཚིག་བཞུགས།	ས་སྐྱ་པཎྜི་ཏ་ཀུན་དགའ་རྒྱལ་མཚན།	༡༤–༡༥	༦	པར་མ།	
	༥༤		གངས་ཅན་གྱི་སྒོམ་ཆེན་རྣམས་ལ་གདམས་པ་བཞུགས་སོ། །	ས་སྐྱ་པཎྜི་ཏ་ཀུན་དགའ་རྒྱལ་མཚན།	༡–༣	༦	པར་མ།	
	༥༥		བུ་སློབ་རྣམས་ལ་སྤྲིངས་པ་བཞུགས།	ས་སྐྱ་པཎྜི་ཏ་ཀུན་དགའ་རྒྱལ་མཚན།	༣–༥	༦	པར་མ།	
	༥༦		བཀའ་གདམས་དོ་གོར་བའི་ཞུ་བ་བཞུགས།	ས་སྐྱ་པཎྜི་ཏ་ཀུན་དགའ་རྒྱལ་མཚན།	༥–༥	༦	པར་མ།	
	༥༧		བཀའ་གདམས་དོ་གོར་བའི་ཞུས་ལན་བཞུགས།	ས་སྐྱ་པཎྜི་ཏ་ཀུན་དགའ་རྒྱལ་མཚན།	༥–༨	༦	པར་མ།	
	༥༨		མུ་སྟེགས་ཀྱི་སྟོན་པ་དྲུག་བཏུལ་བའི་ཚིགས་བཅད་བཞུགས།	ས་སྐྱ་པཎྜི་ཏ་ཀུན་དགའ་རྒྱལ་མཚན།	༨–༨	༦	པར་མ།	
	༥༩		ཡོན་ཏན་སྒྲོགས་པའི་ཚུལ་ལ་བསྟོད་པ་བཞུགས།	ས་སྐྱ་པཎྜི་ཏ་ཀུན་དགའ་རྒྱལ་མཚན།	༨–༩	༦	པར་མ།	

	༦༠		ཛའི་བསྟོད་པ་སྒྲ་ལས་བྲངས་པ་བཞུགས།	ས་སྐྱ་པཎྜི་ཏ་ཀུན་དགའ་རྒྱལ་མཚན།	༨—༡༠	༦	པར་མ།	
	༦༡		དོན་མོ་རི་པའི་གཙུག་ལག་ཁང་དུ་བསྟགས་པ་བཞུགས།	ས་སྐྱ་པཎྜི་ཏ་ཀུན་དགའ་རྒྱལ་མཚན།	༡༠—༡༠	༦	པར་མ།	
	༦༢		དཔལ་གདོང་བཞི་པའི་བསྟོད་པ་བཞུགས།	ས་སྐྱ་པཎྜི་ཏ་ཀུན་དགའ་རྒྱལ་མཚན།	༡༠—༡༡	༦	པར་མ།	
	༦༣		ཐེག་ཆེན་ལམ་གྱི་རྣམ་གཞག་མདོར་བསྡུས་བཞུགས།	ས་སྐྱ་པཎྜི་ཏ་ཀུན་དགའ་རྒྱལ་མཚན།	༡༡—༡༡	༦	པར་མ།	
	༦༤		ཞེན་པ་བཞི་བྲལ་གྱི་གདམས་པ་བཞུགས།	ས་སྐྱ་པཎྜི་ཏ་ཀུན་དགའ་རྒྱལ་མཚན།	༡༡—༡༢	༦	པར་མ།	
	༦༥		སྣང་བ་མཐའ་ཡས་བསྒོམ་དོན་བཞུགས།	ས་སྐྱ་པཎྜི་ཏ་ཀུན་དགའ་རྒྱལ་མཚན།	༡༢—༡༢	༦	པར་མ།	
	༦༦		འཆི་ཁ་མའི་གདམས་ངག་ངོ་མཚར་ཅན་བཞུགས།	ས་སྐྱ་པཎྜི་ཏ་ཀུན་དགའ་རྒྱལ་མཚན།	༡༢—༡༣	༦	པར་མ།	
	༦༧		སྡུད་པ་སོགས་ཤེར་མདོ་འདོན་ཐབས་བཞུགས།	ས་སྐྱ་པཎྜི་ཏ་ཀུན་དགའ་རྒྱལ་མཚན།	༡༣—༡༣	༦	པར་མ།	
	༦༨		ཕུང་པོ་གསུམ་པའི་མདོ་འདོན་ཐབས་བཞུགས།	ས་སྐྱ་པཎྜི་ཏ་ཀུན་དགའ་རྒྱལ་མཚན།	༡༣—༡༤	༦	པར་མ།	
	༦༩		སྤྱོད་པ་རྣམ་དག་གི་ཚོགས་བཅད་བཞུགས།	ས་སྐྱ་པཎྜི་ཏ་ཀུན་དགའ་རྒྱལ་མཚན།	༡༤—༡༥	༦	པར་མ།	

	༧༠		སེམས་ཀྱི་གནས་ལུགས་རྣལ་དུ་མཚོན་པའི་མན་ངག་བཞུགས།	ས་སྐྱ་པཎྜི་ཏ་ཀུན་དགའ་རྒྱལ་མཚན།	༡༥–༡༥	༦	པར་མ།	
	༧༡		ཚག་ལོའི་ཞུ་བ་བཞུགས།	ས་སྐྱ་པཎྜི་ཏ་ཀུན་དགའ་རྒྱལ་མཚན།	༡༥–༡༧	༦	པར་མ།	
	༧༢		ཚག་ལོ་ཙཱ་བའི་ཞུས་ལན་བཞུགས།	ས་སྐྱ་པཎྜི་ཏ་ཀུན་དགའ་རྒྱལ་མཚན།	༡༧–༢༨	༦	པར་མ།	
	༧༣		གློ་བོ་ལོ་ཙཱ་བའི་ཞུས་ལན་བཞུགས།	ས་སྐྱ་པཎྜི་ཏ་ཀུན་དགའ་རྒྱལ་མཚན།	༢༨–༣༠	༦	པར་མ།	
	༧༤		བཀའ་གདམས་པ་ནམ་མཁའ་འབུམ་གྱི་ཞུས་ལན་བཞུགས།	ས་སྐྱ་པཎྜི་ཏ་ཀུན་དགའ་རྒྱལ་མཚན།	༣༠–༣༢	༦	པར་མ།	
	༧༥		སྟོན་པ་བློ་གྲོས་རབ་གསལ་གྱི་དྲིས་ལན་བཞུགས།	ས་སྐྱ་པཎྜི་ཏ་ཀུན་དགའ་རྒྱལ་མཚན།	༣༢–༣༩	༦	པར་མ།	
	༧༦		སྟེ་མོ་སྒོམ་ཆེན་གྱི་དྲིས་ལན་བཞུགས།	ས་སྐྱ་པཎྜི་ཏ་ཀུན་དགའ་རྒྱལ་མཚན།	༣༩–༣༧	༦	པར་མ།	
	༧༧		རྣལ་འབྱོར་པ་ཤྲུ་མའི་དྲིས་ལན་བཞུགས།	ས་སྐྱ་པཎྜི་ཏ་ཀུན་དགའ་རྒྱལ་མཚན།	༣༧–༣༨	༦	པར་མ།	
	༧༨		བསྔོ་བ་ཡོན་བཤད་དང་བཅས་པ་བཞུགས།	ས་སྐྱ་པཎྜི་ཏ་ཀུན་དགའ་རྒྱལ་མཚན།	༣༨–༤༥	༦	པར་མ།	
	༧༩		བདེ་མཆོག་ལྷན་སྐྱེས་ཀྱི་བྱིན་རླབས་བཞུགས།	ས་སྐྱ་པཎྜི་ཏ་ཀུན་དགའ་རྒྱལ་མཚན།	༤༥–༤༦	༦	པར་མ།	

	༨༠		རླུང་གི་རྟེན་འབྲེལ་བརྟག་པ་བཞུགས།	ས་སྐྱ་པཎྜི་ཏ་ཀུན་དགའ་རྒྱལ་མཚན།	༡–༣	༦	པར་མ།	༢༥༤–༢༧༨
	༨༡		མནལ་ལམ་གྱི་ཚོགས་བཅད་བཞུགས།	ས་སྐྱ་པཎྜི་ཏ་ཀུན་དགའ་རྒྱལ་མཚན།	༣–༣	༦	པར་མ།	
	༨༢		རིན་པོ་ཆེ་དབང་གི་རྒྱལ་པོའི་སྨིན་སྲེག་བཞུགས།	ས་སྐྱ་པཎྜི་ཏ་ཀུན་དགའ་རྒྱལ་མཚན།	༣–༦	༦	པར་མ།	
	༨༣		ཕྲོ་བོ་རྨི་བརྩེགས་ཀྱི་སྒྲུབ་ཐབས་བཞུགས།	ས་སྐྱ་པཎྜི་ཏ་ཀུན་དགའ་རྒྱལ་མཚན།	༦–༧	༦	པར་མ།	
	༨༤		ལུས་ཀྱི་ཟག་པ་སྦྱིན་པ་བཏང་བའི་གཟུངས་བཞུགས།	ས་སྐྱ་པཎྜི་ཏ་ཀུན་དགའ་རྒྱལ་མཚན།	༧–༨	༦	པར་མ།	
	༨༥		རང་གིས་རང་ལ་གྲོས་འདེབས་པ་ཞེས་བྱ་བ་བཞུགས།	ས་སྐྱ་པཎྜི་ཏ་ཀུན་དགའ་རྒྱལ་མཚན།	༨–༡༠	༦	པར་པར་མ།	
	༨༦		དུག་གཅོད་བཞུགས།	ས་སྐྱ་པཎྜི་ཏ་ཀུན་དགའ་རྒྱལ་མཚན།	༡༠–༡༣	༦	པར་མ།	
	༨༧		བསྟན་བཅོས་མཁས་པའི་ཁ་རྒྱན་བཞུགས།	ས་སྐྱ་པཎྜི་ཏ་ཀུན་དགའ་རྒྱལ་མཚན།	༡༣–༡༦	༦	པར་མ།	
	༨༨		ལེགས་བཤད་འཕྲུལ་གྱི་དྲ་བ་བཞུགས།	ས་སྐྱ་པཎྜི་ཏ་ཀུན་དགའ་རྒྱལ་མཚན།	༡༦–༢༠	༦	པར་མ།	

	༥༩		དཔལ་ལྡན་ས་སྐྱ་པཎྜི་ཏ་ཆེན་པོའི་རྣམ་པར་ཐར་པ་བཞུགས།	གུང་ཐང་གི་བཙུན་པ་ཞང་རྒྱལ་བ་དཔལ།	༡༢	༦	པར་མ།	༢༧༩–༢༩༠
	༦༠		བརྟག་པ་གཉིས་པའི་བསྡུས་དོན་རྡོ་རྗེ་བཙུན་གྱིས་མཛད་པ་ལ་ས་པཎ་གྱིས་ཅུང་ཟད་བཅོས་པ་བཞུགས་སོ། །	ས་སྐྱ་པཎྜི་ཏ་ཀུན་དགའ་རྒྱལ་མཚན།	༡༦	༦	པར་མ།	༢༩༡–༣༠༦
01938	༄ ས་སྐྱ་བཀའ་འབུམ། ༼པོད་པ༽							
	༡		ཁམས་གསུམ་འགྲོ་བའི་མགོན་པོ་འཕགས་པ་བློ་གྲོས་རྒྱལ་མཚན་དཔལ་བཟང་པོའི་ཞབས་ཀྱི་གསུང་རབ་གླེགས་བམ་དང་པོ་ལས་ཤེས་བྱ་རབ་ཏུ་གསལ་བ་བཞུགས་སོ། །	འཕགས་པ་བློ་གྲོས་རྒྱལ་མཚན།	༣༥	༦	པར་མ།	༡–༣༥
	༢		ལམ་འབྲས་བརྒྱུད་པའི་ཕྱག་མཆོད་བཞུགས།	འཕགས་པ་བློ་གྲོས་རྒྱལ་མཚན།	༡–༥	༦	པར་མ།	༣༦–༤༠
	༣		རྒྱུད་འགྲེལ་བརྒྱུད་པའི་གསོལ་འདེབས་བཞུགས།	འཕགས་པ་བློ་གྲོས་རྒྱལ་མཚན།	༥–༧	༦	པར་མ།	
	༤		བ་རི་པའི་ཆོས་སྐོར་གྱི་བརྒྱུད་འདེབས་བཞུགས།	འཕགས་པ་བློ་གྲོས་རྒྱལ་མཚན།	༧–༨	༦	པར་མ།	
	༥		འཇིགས་བྱེད་བརྒྱུད་པའི་གསོལ་འདེབས་བཞུགས།	འཕགས་པ་བློ་གྲོས་རྒྱལ་མཚན།	༨–༡༠	༦	པར་མ།	
	༦		བླ་མ་བརྒྱུད་པའི་མཚན་འབུམ་སྔགས་ཅན་བཞུགས།	འཕགས་པ་བློ་གྲོས་རྒྱལ་མཚན།	༡༠–༡༡	༦	པར་མ།	
	༧		བླ་མ་དམ་པ་ལ་གསོལ་བ་འདེབས་པའི་རབ་བྱེད་ལ་སྤྲིལ་བ་གོང་མ་བཞུགས།	འཕགས་པ་བློ་གྲོས་རྒྱལ་མཚན།	༡༡–༡༢	༦	པར་མ།	

	༨		འོག་མ་བཞུགས།	འཕགས་པ་བློ་གྲོས་རྒྱལ་མཚན།	༡༢–༡༣	༦	པར་མ།	
	༩		བླ་མ་སྤྱིའི་བསྟོད་པ་སྨུ་ཏིག་ཕྲེང་བ་བཞུགས།	འཕགས་པ་བློ་གྲོས་རྒྱལ་མཚན།	༡༣–༡༤	༦	པར་མ།	
	༡༠		ཆོས་རྗེ་པའི་བསྟོད་པ་གོང་མ་བཞུགས།	འཕགས་པ་བློ་གྲོས་རྒྱལ་མཚན།	༡༤–༡༥	༦	པར་མ།	
	༡༡		ཡང་ཆོས་རྗེ་པའི་བསྟོད་པ་འོག་མ་བཞུགས།	འཕགས་པ་བློ་གྲོས་རྒྱལ་མཚན།	༡༥–༡༥	༦	པར་མ།	
	༡༢		ཆོས་སྤྱོད་བཅུ་པ་ཙུང་ཟད་རྒྱས་པར་སྤེལ་བ་བཞུགས།	འཕགས་པ་བློ་གྲོས་རྒྱལ་མཚན།	༡༥–༡༦	༦	པར་མ།	
	༡༣		ཆོས་སྤྱོད་ཡན་ལག་བཅུ་པ་བཞུགས།	འཕགས་པ་བློ་གྲོས་རྒྱལ་མཚན།	༡༦–༡༧	༦	པར་མ།	
	༡༤		ཆོས་རྗེ་པ་ལ་བསྟོད་པ་རི་བོ་རྩེ་ལྔར་གྲིས་པ་བཞུགས།	འཕགས་པ་བློ་གྲོས་རྒྱལ་མཚན།	༡༧–༡༧	༦	པར་མ།	
	༡༥		བསོད་ནམས་རྒྱ་གཏེར་མ་བཞུགས།	འཕགས་པ་བློ་གྲོས་རྒྱལ་མཚན།	༡༧–༡༨	༦	པར་མ།	
	༡༦		ཆོས་རྗེ་པའི་མཚན་སྤེལ་བའི་བསྟོད་པ་བཞུགས།	འཕགས་པ་བློ་གྲོས་རྒྱལ་མཚན།	༡༨–༡༨	༦	པར་མ།	
	༡༧		ཆོས་རྗེ་པ་ལ་བསྟོད་པ་བཞུགས།	འཕགས་པ་བློ་གྲོས་རྒྱལ་མཚན།	༡༨–༡༨	༦	པར་མ།	

	༡༨		བླ་མའི་བསྟོད་པ་གང་ཐུགས་མ་བཞུགས།	འཕགས་པ་བློ་གྲོས་རྒྱལ་མཚན།	༡༨–༡༨	༦	པར་མ།	
	༡༩		ཆོས་རྗེ་པ་ལ་བསྟོད་པ་ཚིགས་བཅད་གཉིས་བཞུགས།	འཕགས་པ་བློ་གྲོས་རྒྱལ་མཚན།	༡༨–༡༨	༦	པར་མ།	
	༢༠		ཡང་བསྟོད་པ་ཚིགས་བཅད་གཉིས་བཞུགས།	འཕགས་པ་བློ་གྲོས་རྒྱལ་མཚན།	༡༨–༡༩	༦	པར་མ།	
	༢༡		ཐོགས་མེད་སྐུ་མཆེད་སོགས་ལ་བསྟོད་པ་བཞུགས།	འཕགས་པ་བློ་གྲོས་རྒྱལ་མཚན།	༡༩–༡༩	༦	པར་མ།	
	༢༢		ཡང་ཆོས་རྗེ་པ་ལ་བསྟོད་པ་གཉིས་བཞུགས།	འཕགས་པ་བློ་གྲོས་རྒྱལ་མཚན།	༡༩–༡༩	༦	པར་མ།	
	༢༣		ཐོས་པ་རྒྱ་མཚོ་མ་བཞུགས།	འཕགས་པ་བློ་གྲོས་རྒྱལ་མཚན།	༡༩–༡༩	༦	པར་མ།	
	༢༤		མཆོག་བརྒྱད་ཀྱི་བསྟོད་པ་བཞུགས།	འཕགས་པ་བློ་གྲོས་རྒྱལ་མཚན།	༡༩–༢༠	༦	པར་མ།	
	༢༥		བླ་མ་ལ་ཐུན་མོང་མ་ཡིན་པའི་སྒོ་ནས་གསོལ་བ་འདེབས་པའི་འགྲེལ་པ་བཞུགས།	འཕགས་པ་བློ་གྲོས་རྒྱལ་མཚན།	༢༠–༢༣	༦	པར་མ།	
	༢༦		བླ་མ་ལ་མནྜལ་འབུལ་ཞིང་གསོལ་བ་འདེབས་པ་བཞུགས།	འཕགས་པ་བློ་གྲོས་རྒྱལ་མཚན།	༢༣–༢༤	༦	པར་མ།	
	༢༧		བླ་མའི་རྣལ་འབྱོར་བཞུགས།	འཕགས་པ་བློ་གྲོས་རྒྱལ་མཚན།	༢༤–༢༦	༦	པར་མ།	

	༢༨		རྩ་བའི་བླ་མ་ལ་ཐུན་མོང་མ་ཡིན་པའི་སྒོ་ནས་གསོལ་བ་འདེབས་པ་བཞུགས།	འཕགས་པ་བློ་གྲོས་རྒྱལ་མཚན།	༢༦–༢༧	༦	པར་མ།	
	༢༩		ཆོས་རྗེ་པའི་རྣམ་ཐར་བསྡུས་པ་བཞུགས།	འཕགས་པ་བློ་གྲོས་རྒྱལ་མཚན།	༢༧–༢༨	༦	པར་མ།	
	༣༠		ཆོས་རྗེ་པའི་བསྟོད་པ་མེ་ཏོག་ཕྲེང་བ་བཞུགས།	འཕགས་པ་བློ་གྲོས་རྒྱལ་མཚན།	༢༨–༣༠	༦	པར་མ།	
	༣༡		ལམ་འབྲས་ལམ་སྐོར་སོགས་ཀྱི་གསན་ཡིག་བཞུགས།	འཕགས་པ་བློ་གྲོས་རྒྱལ་མཚན།	༣༠–༣༤	༦	པར་མ།	
	༣༢		བརྟག་གཉིས་ཀྱི་བསྡུས་དོན་བཞུགས།	འཕགས་པ་བློ་གྲོས་རྒྱལ་མཚན།	༣༤–༤༥	༦	པར་མ།	
	༣༣		རྒྱུད་ཀྱི་མངོན་པར་རྟོགས་པ་ལྗོན་ཆུང་བཞུགས་སོ། །	འཕགས་པ་བློ་གྲོས་རྒྱལ་མཚན།	༡–༥༨	༦	པར་མ།	༨༡–༡༣༩
	༣༤		མནྜ་ལ་ཡབ་ཡུམ་ལ་གནང་བའི་བཀྲ་ཤིས་ཀྱི་ཚིགས་སུ་བཅད་པ་བཞུགས།	འཕགས་པ་བློ་གྲོས་རྒྱལ་མཚན།	༥༨–༥༨	༦	པར་མ།	
	༣༥		རྒྱལ་བུ་ཧེ་འབིག་ཡབ་ཡུམ་ལ་གནང་བའི་བཀྲ་ཤིས་ཀྱི་ཚིགས་སུ་བཅད་པ་བཞུགས།	འཕགས་པ་བློ་གྲོས་རྒྱལ་མཚན།	༥༨–༥༩	༦	པར་མ།	
	༣༦		སྒྲོལ་མའི་ཞལ་ཕྱག་ལ་སྤེལ་བའི་བཀྲ་ཤིས་པའི་ཚིགས་སུ་བཅད་པ་བཞུགས།	འཕགས་པ་བློ་གྲོས་རྒྱལ་མཚན།	༥༩–༥༩	༦	པར་མ།	
	༣༧		དཔལ་བརྟག་པ་གཉིས་པའི་འགྲེལ་པ་དག་ཆུང་དང་སྤྱི་དོན་གསལ་བ་བཞུགས་སོ། །	འཕགས་པ་བློ་གྲོས་རྒྱལ་མཚན།	༡–༣༤	༦	པར་མ།	༡༤༠–༡༦༨

	༣༨		དཔལ་ཀྱེ་རྡོ་རྗེའི་སྤྱི་དོན་གསལ་བ་བཞུགས།	འཕགས་པ་བློ་གྲོས་རྒྱལ་མཚན།	༢༤–༣༨	༦	པར་མ།	
	༣༩		རྡོ་རྗེ་གུར་གྱི་ལེ་འགྲེལ་བཞུགས།	འཕགས་པ་བློ་གྲོས་རྒྱལ་མཚན།	༣༨–༣༩	༦	པར་མ།	
	༤༠		དཔལ་ཡང་དག་པར་སྦྱོར་བའི་རྒྱུད་ཀྱི་རྒྱལ་པོའི་བསྡུས་དོན་བཞུགས།	འཕགས་པ་བློ་གྲོས་རྒྱལ་མཚན།	༡–༢༦	༦	པར་མ།	༡༦༩–༡༩༦
	༤༡		ཡིག་བརྒྱ་བཟླ་བའི་མན་ངག་བཞུགས།	འཕགས་པ་བློ་གྲོས་རྒྱལ་མཚན།	༢༦–༢༧	༦	པར་མ།	
	༤༢		བླ་མ་ལ་མཎྜལ་དབུལ་ཞིང་གསོལ་བ་གདབ་པའི་མན་ངག་བཞུགས།	འཕགས་པ་བློ་གྲོས་རྒྱལ་མཚན།	༢༧–༣༨	༦	པར་མ།	
	༤༣		དཔལ་ཀྱེ་རྡོ་རྗེའི་མངོན་རྟོགས་ཡིད་བཞིན་ནོར་བུ་བཞུགས།	འཕགས་པ་བློ་གྲོས་རྒྱལ་མཚན།	༡–༢༠	༦	པར་མ།	༡༩༧–༢༤༡
	༤༤		ཀྱེ་རྡོ་རྗེའི་སྒྲུབ་ཐབས་སྲུང་འཁོར་དང་བཅས་པ་བཞུགས།	འཕགས་པ་བློ་གྲོས་རྒྱལ་མཚན།	༢༠–༢༥	༦	པར་མ།	
	༤༥		མངོན་རྟོགས་ཡན་ལག་དྲུག་ཀུང་བཞུགས།	འཕགས་པ་བློ་གྲོས་རྒྱལ་མཚན།	༢༥–༢༦	༦	པར་མ།	
	༤༦		བསྙེན་པའི་གྲངས་ཚད་ཀྱི་ཞུས་ལེན་བཞུགས།	འཕགས་པ་བློ་གྲོས་རྒྱལ་མཚན།	༢༦–༢༧	༦	པར་མ།	
	༤༧		དམ་ཚིག་གསུམ་གྱི་སླུའི་རྗེས་ལ་བྱ་བའི་སྨོན་ལམ་བཞུགས།	འཕགས་པ་བློ་གྲོས་རྒྱལ་མཚན།	༢༧–༢༧	༦	པར་མ།	

	༤༨		ཀྱེ་རྡོ་རྗེའི་བདག་འཇུག་གི་ཆོ་ག་དབང་ལ་འཇུག་པ་བཞུགས།	འཕགས་པ་བློ་གྲོས་རྒྱལ་མཚན།	༢༧–༤༣	༦	པར་མ།	
	༤༩		དབང་གོང་མ་གསུམ་གྱི་ལག་ལེན་ཚོགས་བཅད་མ་བཞུགས།	འཕགས་པ་བློ་གྲོས་རྒྱལ་མཚན།	༤༣–༤༥	༦	པར་མ།	
	༥༠		དཔལ་ཀྱེ་རྡོ་རྗེའི་དཀྱིལ་འཁོར་དུ་བདག་ཉིད་འཇུག་པའི་ཆོ་ག་སྙིང་པོ་གསལ་བ་ཞེས་བྱ་བ་བཞུགས་སོ། །	འཕགས་པ་བློ་གྲོས་རྒྱལ་མཚན།	༡–༢༡	༦	པར་མ།	༢༤༢–༣༡༡
	༥༡		ལམ་དུས་ཀྱི་དབང་རྒྱས་པ་བླང་བའི་ལག་ལེན་བཞུགས།	འཕགས་པ་བློ་གྲོས་རྒྱལ་མཚན།	༢༡–༢༢	༦	པར་མ།	
	༥༢		ཀྱེ་རྡོ་རྗེ་ལུས་དཀྱིལ་གྱི་སྒྲུབ་ཐབས་བཞུགས།	འཕགས་པ་བློ་གྲོས་རྒྱལ་མཚན།	༢༢–༢༤	༦	པར་མ།	
	༥༣		ཚོགས་འཁོར་བདུད་རྩིའི་བུམ་པ་བཞུགས།	འཕགས་པ་བློ་གྲོས་རྒྱལ་མཚན།	༢༤–༢༩	༦	པར་མ།	
	༥༤		དེའི་ལུང་སྦྱོར་བཞུགས།	འཕགས་པ་བློ་གྲོས་རྒྱལ་མཚན།	༢༩–༣༠	༦	པར་མ།	
	༥༥		ཚོགས་འཁོར་བསྡུས་པ་བཞུགས།	འཕགས་པ་བློ་གྲོས་རྒྱལ་མཚན།	༣༠–༣༢	༦	པར་མ།	
	༥༦		བདུད་རྩི་འབྱུང་བ་བཞུགས།	འཕགས་པ་བློ་གྲོས་རྒྱལ་མཚན།	༣༢–༣༤	༦	པར་མ།	
	༥༧		བདག་མེད་ལྷ་མོ་བཅོ་ལྔའི་མངོན་རྟོགས་བཞུགས།	འཕགས་པ་བློ་གྲོས་རྒྱལ་མཚན།	༣༤–༤༦	༦	པར་མ།	

	༥༨		བསྟོད་པ་རྣམ་དག་གི་ཕྲེང་བ་བཞུགས།	འཕགས་པ་བློ་གྲོས་རྒྱལ་མཚན།	༤༦–༤༨	༦	པར་མ།	
	༥༩		དག་པ་གསུམ་གྱི་འཁྲིད་ཡིག་བཞུགས།	འཕགས་པ་བློ་གྲོས་རྒྱལ་མཚན།	༤༨–༥༥	༦	པར་མ།	
	༦༠		དབང་གསུམ་པའི་ལམ་བཞུགས་སོ། །	འཕགས་པ་བློ་གྲོས་རྒྱལ་མཚན།	༥༥–༥༧	༦	པར་མ།	
	༦༡		ཚོགས་སྦྱོར་གཉིས་ཀྱི་མངོན་རྟོགས་བཞུགས།	འཕགས་པ་བློ་གྲོས་རྒྱལ་མཚན།	༥༧–༥༩	༦	པར་མ།	
	༦༢		འཕོ་བའི་རྣལ་འབྱོར་བཞུགས་སོ། །	འཕགས་པ་བློ་གྲོས་རྒྱལ་མཚན།	༥༩–༦༠	༦	པར་མ།	
	༦༣		ཁྲོ་བོ་བཅུའི་བསྟོད་བསྐུལ་བཞུགས་སོ། །	འཕགས་པ་བློ་གྲོས་རྒྱལ་མཚན།	༦༠–༦༤	༦	པར་མ།	
	༦༤		སེང་གེ་མཐའི་ཞུས་ལན་བཞུགས་སོ། །	འཕགས་པ་བློ་གྲོས་རྒྱལ་མཚན།	༦༤–༦༦	༦	པར་མ།	
	༦༥		དབང་ཕྱུག་འབུམ་གྱི་དྲིས་ལན་བཞུགས།	འཕགས་པ་བློ་གྲོས་རྒྱལ་མཚན།	༦༦–༧༠	༦	པར་མ།	
	༦༦		དུས་འཁོར་ཐུགས་དཀྱིལ་གྱི་མངོན་རྟོགས་བཞུགས་སོ། །	འཕགས་པ་བློ་གྲོས་རྒྱལ་མཚན།	༡–༡༨	༦	པར་མ།	༣༡༢–༣༦༢
	༦༧		བདེ་མཆོག་ནག་པོ་པའི་དབང་གི་སྟོམ་ཚིག་བཞུགས།	འཕགས་པ་བློ་གྲོས་རྒྱལ་མཚན།	༡༨–༢༡	༦	པར་མ།	

	༦༨		བདག་འཇུག་གི་ཆོ་ག་བཞུགས།	འཕགས་པ་བློ་གྲོས་རྒྱལ་མཚན།	༢༡–༢༨	༦	པར་མ།	
	༦༩		ནག་པོ་པའི་སྒྲུབ་ཐབས་སྙིང་པོ་བཞུགས།	འཕགས་པ་བློ་གྲོས་རྒྱལ་མཚན།	༢༨–༤༡	༦	པར་མ།	
	༧༠		དཔལ་འཁོར་ལོ་བདེ་མཆོག་གི་མཆོད་པའི་ཆོ་ག་ཀུན་ཏུ་བཟང་པོའི་མཆོད་སྤྲིན་བཞུགས།	འཕགས་པ་བློ་གྲོས་རྒྱལ་མཚན།	༡–༡༥	༦	པར་མ།	༢༦༣–༤༠༡
	༧༡		སྦྱིན་སྲེག་གི་སྔོམ་ཆོག་བཞུགས།	འཕགས་པ་བློ་གྲོས་རྒྱལ་མཚན།	༡༥–༡༦	༦	པར་མ།	
	༧༢		སྦྱིན་སྲེག་ཆོ་ག་རྒྱས་པ་བཞུགས།	འཕགས་པ་བློ་གྲོས་རྒྱལ་མཚན།	༡༦–༢༢	༦	པར་མ།	
	༧༣		དྲིལ་བུ་ལུས་དཀྱིལ་གྱི་སྒྲུབ་ཐབས་བཞུགས།	འཕགས་པ་བློ་གྲོས་རྒྱལ་མཚན།	༢༣–༢༩	༦	པར་མ།	
01939	༄ ས་སྐྱ་བཀའ་འབུམ། ༼པོད་ཕ༽							
	༡	ཧྤུ ནང་རྟགས་ཀ	ཁམས་གསུམ་འགྲོ་བའི་མགོན་པོ་འཕགས་པ་བློ་གྲོས་རྒྱལ་མཚན་དཔལ་བཟང་པོའི་ཞབས་ཀྱི་གསུང་རབ་གླེགས་བམ་གཉིས་པ་ལས་བདེ་མཆོག་ལཱུ་ཧི་པའི་ལུགས་ཀྱི་སྒྲུབ་ཐབས་རིམ་པ་གསལ་བ་བཞུགས།	འཕགས་པ་བློ་གྲོས་རྒྱལ་མཚན།	༡–༡༨	༦	པར་མ།	༡–༢༥
	༢		སྒྲུབ་ཐབས་བསྡུས་པ་བཞུགས།	འཕགས་པ་བློ་གྲོས་རྒྱལ་མཚན།	༡༨–༢༧	༦	པར་མ།	
	༣		བདེ་མཆོག་གི་རྒྱུན་བཤགས་བཞུགས།	འཕགས་པ་བློ་གྲོས་རྒྱལ་མཚན།	༢༧–༢༨	༦	པར་མ།	

	༤		དཀྱིལ་འཁོར་ལ་བསྟོད་པའི་རབ་བྱེད་བཞུགས།	འཕགས་པ་བློ་གྲོས་རྒྱལ་མཚན།	༢༨–༣༡	༦	ཕར་མ།	
	༥		སྒོ་མཚམས་མ་བརྒྱད་ཀྱི་བསྟོད་འབུལ་བཞུགས།	འཕགས་པ་བློ་གྲོས་རྒྱལ་མཚན།	༣༡–༣༥	༦	ཕར་མ།	
	༦	བྲུ ནང་ ཁ	དྲིལ་བུ་པའི་དབང་གི་བྱ་བ་བསྡུས་པ་བཞུགས།	འཕགས་པ་བློ་གྲོས་རྒྱལ་མཚན།	༡–༢	༦	ཕར་མ།	༣༦–༥༣
	༧		ལུས་དཀྱིལ་གྱི་བདག་འཇུག་བཞུགས།	འཕགས་པ་བློ་གྲོས་རྒྱལ་མཚན།	༢–༡༢	༦	ཕར་མ།	
	༨		རིམ་ལྔའི་ཁྲིད་ཡིག་བཞུགས།	འཕགས་པ་བློ་གྲོས་རྒྱལ་མཚན།	༡༢–༡༨	༦	ཕར་མ།	
	༩	བྲུ ནང་ ག	དཔལ་འཁོར་ལོ་བདེ་མཆོག་ལྷ་ལྔའི་དཀྱིལ་འཁོར་གྱི་སྒྲུབ་ཐབས་བཞུགས།	འཕགས་པ་བློ་གྲོས་རྒྱལ་མཚན།	༡–༡༠	༦	ཕར་མ།	༥༩–༧༠
	༡༠		ལྷན་སྐྱེས་ཀྱི་སྒྲུབ་ཐབས་བཞུགས།	འཕགས་པ་བློ་གྲོས་རྒྱལ་མཚན།	༡༠–༡༣	༦	ཕར་མ།	
	༡༡		ཡང་ལྷན་སྐྱེས་ཀྱི་སྒྲུབ་ཐབས་བཞུགས།	འཕགས་པ་བློ་གྲོས་རྒྱལ་མཚན།	༡༣–༡༥	༦	ཕར་མ།	
	༡༢		འཁོར་ལོ་བདེ་མཆོག་གི་བཀྲ་ཤིས་ཁ་ཆེ་རིན་ཆེན་རྡོ་རྗེས་མཛད་པ་ལ་ཞུ་དག་ཁ་སྐོང་མཛད་པ་བཞུགས།	འཕགས་པ་བློ་གྲོས་རྒྱལ་མཚན།	༡༥–༡༧	༦	ཕར་མ།	
	༡༣		བདེ་མཆོག་གི་བཀྲ་ཤིས་བཞུགས།	འཕགས་པ་བློ་གྲོས་རྒྱལ་མཚན།	༡༧–༡༧	༦	ཕར་མ།	

	༡༤		ཡང་བཀྲ་ཤིས་བཞུགས།	འཕགས་པ་བློ་གྲོས་རྒྱལ་མཚན།	༡༧–༡༧	༦	པར་མ།	
	༡༥	ཐུ ནང་ ང	ཕག་མོ་ལྷ་སོ་བདུན་མའི་མངོན་རྟོགས་བཞུགས་སོ། །	འཕགས་པ་བློ་གྲོས་རྒྱལ་མཚན།	༡–༡༡	༦	པར་མ།	༧༡–༩༦
	༡༦		ནཱ་རོ་མཁའ་སྤྱོད་ཀྱི་མངོན་རྟོགས་བཞུགས།	འཕགས་པ་བློ་གྲོས་རྒྱལ་མཚན།	༡༡–༡༣	༦	པར་མ།	
	༡༧		ནཱ་རོ་མཁའ་སྤྱོད་སྒྲུབ་ཐབས་བཞུགས།	འཕགས་པ་བློ་གྲོས་རྒྱལ་མཚན།	༡༣–༡༤	༦	པར་མ།	
	༡༨		ཚོགས་འཁོར་བཞུགས།	འཕགས་པ་བློ་གྲོས་རྒྱལ་མཚན།	༡༤–༡༧	༦	པར་མ།	
	༡༩		སྦྱིན་སྲེག་བཞུགས།	འཕགས་པ་བློ་གྲོས་རྒྱལ་མཚན།	༡༧–༡༩	༦	པར་མ།	
	༢༠		རྣལ་འབྱོར་མའི་སིནྡྷུ་རའི་དཀྱིལ་འཁོར་གྱི་བདག་འཇུག་བཞུགས།	འཕགས་པ་བློ་གྲོས་རྒྱལ་མཚན།	༡༩–༢༥	༦	པར་མ།	
	༢༡		ཟ་བྱེད་རྡོ་རྗེ་མཁའ་འགྲོའི་སྒོ་ནས་སྡིག་པ་སྦྱོང་བའི་ཆོ་ག་བཞུགས།	འཕགས་པ་བློ་གྲོས་རྒྱལ་མཚན།	༢༥–༢༦	༦	པར་མ།	
	༢༢	ཐུ ནང་ ཅ	སྒྲུ་མ་བདེ་བ་ཆེན་པོའི་དཀྱིལ་འཁོར་གྱི་ཆོ་ག་དབང་རྣམ་པར་རོལ་པ་ཞེས་བྱ་བ་བཞུགས་སོ། །	འཕགས་པ་བློ་གྲོས་རྒྱལ་མཚན།	༡–༡༨	༦	པར་མ།	༩༧–༡༣༠
	༢༣		དཔལ་སྒྲུ་མ་བདེ་བ་ཆེན་མོའི་དཀྱིལ་འཁོར་སྒྲུབ་ཐབས་བཞུགས།	འཕགས་པ་བློ་གྲོས་རྒྱལ་མཚན།	༡༨–༢༦	༦	པར་མ།	

	༢༤		ཡང་སྒྲུབ་ཐབས་བསྡུས་པ་བཞུགས།	འཕགས་པ་བློ་གྲོས་རྒྱལ་མཚན།	༢༦–༢༨	༦	ཕར་མ།	
	༢༥		སྒྲུ་མ་ཆེན་མོའི་ཚོགས་འཁོར་བཞུགས།	འཕགས་པ་བློ་གྲོས་རྒྱལ་མཚན།	༢༨–༣༤	༦	ཕར་མ།	
	༢༦	ཐུ ནང་ ཆ	སྒྲོལ་མ་ལྷ་བཅུ་བདུན་མའི་དཀྱིལ་འཁོར་གྱི་སྒྲུབ་ཐབས་བཞུགས་སོ། ।	འཕགས་པ་བློ་གྲོས་རྒྱལ་མཚན།	༡–༧	༦	ཕར་མ།	༡༣༡–༡༧༠
	༢༧		རྡོ་རྗེ་སྒྲོལ་མའི་སྒྲུབ་ཐབས་བཞུགས།	འཕགས་པ་བློ་གྲོས་རྒྱལ་མཚན།	༧–༩	༦	ཕར་མ།	
	༢༨		སྒྲོལ་མ་ལུས་དཀྱིལ་གྱི་སྒྲུབ་ཐབས་བཞུགས།	འཕགས་པ་བློ་གྲོས་རྒྱལ་མཚན།	༩–༡	༦	ཕར་མ།	
	༢༩		སློབ་དཔོན་ཐམས་ཅད་མཁྱེན་པའི་བཤེས་གཉེན་གྱི་མཛད་པའི་འཇིགས་པ་བརྒྱད་སྐྱོབ་ཀྱི་སྒྲོལ་མའི་སྒྲུབ་ཐབས་བཞུགས།	འཕགས་པ་བློ་གྲོས་རྒྱལ་མཚན།	༡༡–༡༤	༦	ཕར་མ།	
	༣༠		གནད་ཀྱི་དབང་ཕྱུག་མའི་སྒྲོལ་མའི་སྒྲུབ་ཐབས་བཞུགས།	འཕགས་པ་བློ་གྲོས་རྒྱལ་མཚན།	༡༤–༡༦		ཕར་མ།	
	༣༡		རྡོ་རྗེ་གུར་གྱི་རྗེས་སུ་འབྲང་བ་སྒྲོལ་མའི་སྒྲུབ་ཐབས་བཞུགས།	འཕགས་པ་བློ་གྲོས་རྒྱལ་མཚན།	༡༦–༢༠	༦	ཕར་མ།	
	༣༢		ཕྱག་དྲུག་སྒྲོལ་མའི་སྒྲུབ་ཐབས་བཞུགས།	འཕགས་པ་བློ་གྲོས་རྒྱལ་མཚན།	༢༠–༢༡	༦	ཕར་མ།	
	༣༣		སྒྲོལ་མ་ལྷ་བཅུ་བདུན་མའི་དབང་ཆོག་བཞུགས།	འཕགས་པ་བློ་གྲོས་རྒྱལ་མཚན།	༢༡–༣༩	༦	ཕར་མ།	

	༣༤		མདོར་བྱས་ཀྱི་ས་བཅད་བཞུགས།	འཕགས་པ་བློ་གྲོས་རྒྱལ་མཚན།	༣༨–༤༠	༦	པར་མ།	
	༣༥		ཕ་རོལ་ཏུ་ཕྱིན་པ་དྲུག་གི་སྙིང་པོའི་གཟུངས།	འཕགས་པ་བློ་གྲོས་རྒྱལ་མཚན།	༤༠–༤༠	༦	པར་མ།	
	༣༦	བྱུ ནང་ ཛ	དཔལ་གསང་བ་འདུས་པ་མི་བསྐྱོད་རྡོ་རྗེའི་དཀྱིལ་འཁོར་གྱི་ཆོ་ག་དབང་རབ་ཏུ་གསལ་བ་ཞེས་བྱ་བ་བཞུགས་སོ། །	འཕགས་པ་བློ་གྲོས་རྒྱལ་མཚན།	༡–༤༡	༦	པར་མ།	༡༧༡–༢༡༡
	༣༧	བྱུ ནང་ ཉ	གསང་འདུས་ཡེ་ཤེས་ཞབས་ཀྱི་རྣམ་ཐར་དང་བརྒྱུད་པའི་རིམ་པ་བཞུགས་སོ། །	འཕགས་པ་བློ་གྲོས་རྒྱལ་མཚན།	༡–༦	༦	པར་མ།	༢༡༡–༢༣༢
	༣༨		གསང་བ་འདུས་པ་འཇམ་དཔལ་རྡོ་རྗེ་ལྷ་བཅུ་དགུའི་སྒྲུབ་ཐབས་བཞུགས།	འཕགས་པ་བློ་གྲོས་རྒྱལ་མཚན།	༦–༢༡	༦	པར་མ།	
	༣༩	བྱུ ནང་ ཏ	དཔལ་གཤིན་རྗེའི་གཤེད་དགྲ་ནག་པོའི་སྒྲུབ་པའི་ཐབས་བསྡུས་པ་བཞུགས་སོ།།	འཕགས་པ་བློ་གྲོས་རྒྱལ་མཚན།	༡–༡༠	༦	པར་མ།	༢༣༣–༢༨༧
	༤༠		དཔལ་རྡོ་རྗེ་འཇིགས་བྱེད་ཀྱི་མངོན་རྟོགས་བཞུགས།	འཕགས་པ་བློ་གྲོས་རྒྱལ་མཚན།	༡༠–༡༨	༦	པར་མ།	
	༤༡		དཔལ་རྡོ་རྗེ་འཇིགས་བྱེད་ཕྱག་དྲུག་པའི་མངོན་རྟོགས་ཚོགས་འཁོར་དང་བཅས་པ་བཞུགས།	འཕགས་པ་བློ་གྲོས་རྒྱལ་མཚན།	༡༨–༢༣	༦	པར་མ།	
	༤༢		འཇིགས་བྱེད་ཕྱག་དྲུག་པའི་སྒྲུབ་ཐབས་བཞུགས།	འཕགས་པ་བློ་གྲོས་རྒྱལ་མཚན།	༢༣–༢༥	༦	པར་མ།	
	༤༣		འཇིགས་བྱེད་ཕྱག་གཉིས་པའི་སྒྲུབ་ཐབས་བཞུགས།	འཕགས་པ་བློ་གྲོས་རྒྱལ་མཚན།	༢༥–༢༦	༦	པར་མ།	

	༤༤		ཡང་ཕྱུག་གཉིས་པའི་སྒྲུབ་ཐབས་བཞུགས།	འཕགས་པ་བློ་གྲོས་རྒྱལ་མཚན།	༢༦–༣༨	༦	དཔར་མ།	
	༤༥		དཔལ་ཆེན་པོའི་དཀྱིལ་འཁོར་དུ་བདག་ཉིད་འཇུག་པའི་ཆོ་ག་བཞུགས།	འཕགས་པ་བློ་གྲོས་རྒྱལ་མཚན།	༣༨–༤༡	༦	དཔར་མ།	
	༤༦		དཔལ་ཆེན་པོའི་སྦྱིན་སྲེག་གི་ཆོ་ག་བཞུགས།	འཕགས་པ་བློ་གྲོས་རྒྱལ་མཚན།	༤༡–༤༤	༦	དཔར་མ།	
	༤༧		ཞི་དགུ་མའི་སྒྲུབ་ཐབས་ཞི་ཁྲོ་རྣམ་རོལ་བཞུགས།	འཕགས་པ་བློ་གྲོས་རྒྱལ་མཚན།	༤༤–༥༡	༦	དཔར་མ།	
	༤༨		རབ་ཏུ་གནས་པའི་ཕྱག་ལེན་མདོར་བསྡུས་བཞུགས།	འཕགས་པ་བློ་གྲོས་རྒྱལ་མཚན།	༥༡–༥༥	༦	དཔར་མ།	
	༤༩	བྱུ ནང་ ཐ	གཤེད་དམར་ལྷ་བཅུ་གསུམ་མའི་སྒྲུབ་པའི་ཐབས་བཞུགས་སོ། །	འཕགས་པ་བློ་གྲོས་རྒྱལ་མཚན།	༡–༡༠	༦	དཔར་མ།	༢༨༨–༣༣༢
	༥༠		དཔལ་གཤིན་རྗེ་གཤེད་དམར་པོ་ལྷ་ལྔའི་སྒྲུབ་ཐབས་བཞུགས།	འཕགས་པ་བློ་གྲོས་རྒྱལ་མཚན།	༡༠–༡༧	༦	དཔར་མ།	
	༥༡		གཤེད་དམར་གྱི་སྒྲུབ་ཐབས་འཇིགས་མེད་རྣམ་རོལ་ཚོགས་འཁོར་དང་བཅས་པ་བཞུགས།	འཕགས་པ་བློ་གྲོས་རྒྱལ་མཚན།	༡༧–༢༣	༦	དཔར་མ།	
	༥༢		དཔལ་གཤིན་རྗེ་གཤེད་དམར་པོ་ལྷན་ཅིག་སྐྱེས་པའི་སྒྲུབ་ཐབས་བཞུགས།	འཕགས་པ་བློ་གྲོས་རྒྱལ་མཚན།	༢༣–༢༥	༦	དཔར་མ།	
	༥༣		གཤེད་དམར་ལྷན་སྐྱེས་ཀྱི་སྒྲུབ་ཐབས་བཞུགས།	འཕགས་པ་བློ་གྲོས་རྒྱལ་མཚན།	༢༥–༢༦	༦	དཔར་མ།	

	༥༤		རྡོ་རྗེ་ཐེག་པའི་རྒྱ་ལྷུང་གི་རྣམ་བཤད་དམ་ཚིག་རབ་གསལ་བཞུགས།	འཕགས་པ་བློ་གྲོས་རྒྱལ་མཚན།	༢༦–༤༤	༦	པར་མ།	
	༥༥		བླ་མ་ལྔ་བཅུ་པའི་བསྡུས་དོན་བཞུགས།	འཕགས་པ་བློ་གྲོས་རྒྱལ་མཚན།	༤༤–༤༥	༦	པར་མ།	
	༥༦	བྱ ནང་ ད	སྐྱོང་རྒྱུད་ནས་གསུངས་པའི་ཚེ་དཔག་མེད་ཀྱི་སྒྲུབ་པའི་ཐབས་བཞུགས་སོ། །	འཕགས་པ་བློ་གྲོས་རྒྱལ་མཚན།	༡–༣	༦	པར་མ།	༢༣༣–༣༧༧
	༥༧		ཚེ་དཔག་མེད་ཀྱི་སྒྲུབ་ཐབས་ཟབ་མོ་བཞུགས།	འཕགས་པ་བློ་གྲོས་རྒྱལ་མཚན།	༣–༥	༦	པར་མ།	
	༥༨		ཚེ་དཔག་མེད་ཀྱི་བསྟོད་པ་བདུན་འི་ཕྲེང་བ་བཞུགས།	འཕགས་པ་བློ་གྲོས་རྒྱལ་མཚན།	༥–༦	༦	པར་མ།	
	༥༩		འོད་དཔག་མེད་ཀྱི་སྒོ་ནས་སྡིག་པ་སྦྱོང་བའི་ཐབས་བཞུགས།	འཕགས་པ་བློ་གྲོས་རྒྱལ་མཚན།	༦–༧	༦	པར་མ།	
	༦༠		མི་འཁྲུགས་པའི་སྦྱིན་སྲེག་བཞུགས།	འཕགས་པ་བློ་གྲོས་རྒྱལ་མཚན།	༧–༩	༦	པར་མ།	
	༦༡		ཕྱག་ན་རྡོ་རྗེའི་སྒྲུབ་ཐབས་བཞུགས།	འཕགས་པ་བློ་གྲོས་རྒྱལ་མཚན།	༩–༡༡	༦	པར་མ།	
	༦༢		རྡོ་རྗེ་རྣམ་པར་འཇོམས་པའི་སྒྲུབ་སྐོར་བྱབ་སྲུང་སྦྱིན་སྲེག་དང་བཅས་པ་བཞུགས།	འཕགས་པ་བློ་གྲོས་རྒྱལ་མཚན།	༡༡–༡༧	༦	པར་མ།	
	༦༣		འཇམ་དཔལ་གྱི་སྒྲུབ་ཐབས་བཞུགས།	འཕགས་པ་བློ་གྲོས་རྒྱལ་མཚན།	༡༧–༡༨	༦	པར་མ།	

	༦༤		འཇམ་དཔལ་དཔའ་བོ་གྲུབ་པའི་སྒྲུབ་ཐབས་བཞུགས།	འཕགས་པ་བློ་གྲོས་རྒྱལ་མཚན།	༡༨–༡༩	༦	པར་མ།	
	༦༥		ཐུགས་རྗེ་ཆེན་པོ་དང་ཕྱག་རྒྱ་ཆེན་པོ་ཟུང་འཇུག་ཏུ་ཉམས་སུ་ལེན་ཚུལ་བཞུགས།	འཕགས་པ་བློ་གྲོས་རྒྱལ་མཚན།	༡༩–༢༡	༦	པར་མ།	
	༦༦		ཐུགས་རྗེ་ཆེན་པོ་ཕྱག་བཞི་པའི་སྒྲུབ་ཐབས་བཞུགས།	འཕགས་པ་བློ་གྲོས་རྒྱལ་མཚན།	༢༡–༢༢	༦	པར་མ།	
	༦༧		ཐུགས་རྗེ་ཆེན་པོའི་སྒྲུབ་ཐབས་བཞུགས།	འཕགས་པ་བློ་གྲོས་རྒྱལ་མཚན།	༢༢–༢༣	༦	པར་མ།	
	༦༨		སེངྒེ་སྒྲའི་སྒྲུབ་ཐབས་བཞུགས།	འཕགས་པ་བློ་གྲོས་རྒྱལ་མཚན།	༢༣–༢༤	༦	པར་མ།	༡༩–༢༥
	༦༩		རྟ་མགྲིན་ཁྱུང་གཤོག་ཅན་གྱི་སྒྲུབ་ཐབས་བཞུགས།	འཕགས་པ་བློ་གྲོས་རྒྱལ་མཚན།	༢༤–༢༥	༦	པར་མ།	
	༧༠		བྱམས་པའི་སྒྲུབ་ཐབས་བཞུགས།	འཕགས་པ་བློ་གྲོས་རྒྱལ་མཚན།	༢༥–༢༦	༦	པར་མ།	
	༧༡		མི་གཡོ་བའི་སྒྲུབ་ཐབས་བཞུགས།	འཕགས་པ་བློ་གྲོས་རྒྱལ་མཚན།	༢༦–༢༨	༦	པར་མ།	
	༧༢		མི་གཡོ་བ་ཕྱག་བཞི་པའི་སྒྲུབ་ཐབས་བཞུགས།	འཕགས་པ་བློ་གྲོས་རྒྱལ་མཚན།	༢༨–༢༩	༦	པར་མ།	
	༧༣		མི་གཡོ་བའི་བསྟོད་པ་བཞུགས།	འཕགས་པ་བློ་གྲོས་རྒྱལ་མཚན།	༢༩–༣༠	༦	པར་མ།	

	༧༤		རྗེ་བཙུན་རྣམ་པར་རྒྱལ་མའི་སྒྲུབ་ཐབས་སྟོང་མཆོད་དང་བཅས་པ་བཞུགས།	འཕགས་པ་བློ་གྲོས་རྒྱལ་མཚན།	༣༠–༣༣	༦	པར་མ།	
	༧༥		གདུགས་དཀར་མོ་ཅན་སྒྲུབ་ཐབས་གཟུངས་བཀླགས་ཐབས་དང་བཅས་པ་བཞུགས།	འཕགས་པ་བློ་གྲོས་རྒྱལ་མཚན།	༣༣–༣༥	༦	པར་མ།	
	༧༦		རི་ཁྲོད་ལོ་མ་ཅན་གྱི་སྒྲུབ་ཐབས་གསུང་ཆོག་དང་བཅས་པ་བཞུགས།	འཕགས་པ་བློ་གྲོས་རྒྱལ་མཚན།	༣༥–༤༣	༦	པར་མ།	
	༧༧		ལོ་མ་ཅན་གྱི་སྒྲུབ་ཐབས་བཞུགས།	འཕགས་པ་བློ་གྲོས་རྒྱལ་མཚན།	༤༣–༤༤	༦	པར་མ།	
	༧༨		རི་ཁྲོད་ལོ་མ་ཅན་གྱི་བསྟོད་པ་བཞུགས།	འཕགས་པ་བློ་གྲོས་རྒྱལ་མཚན།	༤༤–༤༥	༦	པར་མ།	
	༧༩	བྲུ ནང་ ན	བསྲུང་བ་ལྔའི་དབང་ཆོག་གི་སྐོར་རྣམས་བཞུགས།	འཕགས་པ་བློ་གྲོས་རྒྱལ་མཚན།	༡–༨	༦	པར་མ།	༣༧༨–༣༩༣
	༨༠		དབང་བསྐུར་བའི་ཆོ་གའི་སྦྱོམ་ཚིག་བཞུགས།	འཕགས་པ་བློ་གྲོས་རྒྱལ་མཚན།	༨–༡༥	༦	པར་མ།	
	༨༡		ཨ་རོགས་ཆེ་ལ་གནང་བའི་བཀྲ་ཤིས་བཞུགས།	འཕགས་པ་བློ་གྲོས་རྒྱལ་མཚན།	༡༥–༡༦		པར་མ།	
	༨༢	བྲུ ནང་ པ	རྒྱལ་པོ་ལ་གདམས་པའི་རབ་ཏུ་བྱེད་པའི་རྣམ་པར་བཤད་པ་གསུང་རབ་གསལ་བའི་རྒྱན་ཞེས་བྱ་བ་བཞུགས་སོ། །	འཕགས་པ་བློ་གྲོས་རྒྱལ་མཚན།	༣༧		པར་མ།	༣༩༤–༤༣༠
01940	༄ ས་སྐྱ་བཀའ་འབུམ། ༼པོད་བ༽							

	༡		ཁམས་གསུམ་འགྲོ་བའི་མགོན་པོ་འཕགས་པ་བློ་གྲོས་རྒྱལ་མཚན་དཔལ་བཟང་པོའི་ཞབས་ཀྱི་གསུང་རབ་གླེགས་བམ་གསུམ་པ་ལས་འཕགས་མ་འོད་ཟེར་ཅན་མའི་སྒྲུབ་ཐབས་བཞུགས།	འཕགས་པ་བློ་གྲོས་རྒྱལ་མཚན།	༡–༣	༦	ཕར་མ།	༡–༢༠
	༢		འོད་ཟེར་ཅན་གྱི་སྒྲུབ་ཐབས་བསྟོད་པ་དང་བཅས་པ་བཞུགས།	འཕགས་པ་བློ་གྲོས་རྒྱལ་མཚན།	༣–༥	༦	ཕར་མ།	
	༣		འོད་ཟེར་ཅན་གྱི་སྒྲུབ་ཐབས་བཞུགས།	འཕགས་པ་བློ་གྲོས་རྒྱལ་མཚན།	༥–༧	༦	ཕར་མ།	
	༤		སྦྱིན་སྲེག་བཞུགས།	འཕགས་པ་བློ་གྲོས་རྒྱལ་མཚན།	༧–༡༡	༦	ཕར་མ།	
	༥		བསྟོད་པ་རྒྱས་པ་བཞུགས།	འཕགས་པ་བློ་གྲོས་རྒྱལ་མཚན།	༡༡–༡༣	༦	ཕར་མ།	
	༦		སྤྱན་མའི་སྒྲུབ་ཐབས་བཞུགས།	འཕགས་པ་བློ་གྲོས་རྒྱལ་མཚན།	༡༣–༡༤	༦	ཕར་མ།	
	༧		གཟའ་ཡུམ་གྱི་སྒྲུབ་ཐབས་བཞུགས།	འཕགས་པ་བློ་གྲོས་རྒྱལ་མཚན།	༡༤–༡༦	༦	ཕར་མ།	
	༨		སྔགས་ཀྱི་དག་བྱེད་བཞུགས།	འཕགས་པ་བློ་གྲོས་རྒྱལ་མཚན།	༡༦–༡༧	༦	ཕར་མ།	
	༩		འདོད་ལྷའི་བསྟོད་པ་བཞུགས།	འཕགས་པ་བློ་གྲོས་རྒྱལ་མཚན།	༡༧–༡༨	༦	ཕར་མ།	
	༡༠		རིགས་མ་བཅུ་དྲུག་གི་མཆོད་པའི་ཚིག་ཚན་གཉིས་བཞུགས།	འཕགས་པ་བློ་གྲོས་རྒྱལ་མཚན།	༡༨–༢༠	༦	ཕར་མ།	

	༡༡		བསྔུང་བ་ལྔའི་དབང་ཆོག་གི་སྔོམ་རིང་བྲུང་བཞུགས།	འཕགས་པ་བློ་གྲོས་རྒྱལ་མཚན།	༡–༤	༦	པར་མ།	༢༡–༣༤
	༡༢		བསྔུང་བ་ལྔའི་མཚམས་གཅོད་བཞུགས།	འཕགས་པ་བློ་གྲོས་རྒྱལ་མཚན།	༤–༥	༦	པར་མ།	
	༡༣		སྒྲུབ་ཐབས་བཞུགས།	འཕགས་པ་བློ་གྲོས་རྒྱལ་མཚན།	༥–༡༠	༦	པར་མ།	
	༡༤		སྒྲུབ་ཐབས་རྒྱས་པ་བཞུགས།	འཕགས་པ་བློ་གྲོས་རྒྱལ་མཚན།	༡༠–༡༧	༦	པར་མ།	
	༡༥		བསྟོད་པ་བཞུགས།	འཕགས་པ་བློ་གྲོས་རྒྱལ་མཚན།	༡༧–༡༩	༦	པར་མ།	
	༡༦		དཀྱིལ་འཁོར་གྱི་ལྷ་ཚོགས་ལ་བསྟོད་པ་བཞུགས།	འཕགས་པ་བློ་གྲོས་རྒྱལ་མཚན།	༡༩–༢༡	༦	པར་མ།	
	༡༧		ཕྱོགས་ཀྱི་གཏོར་མ་བཞུགས།	འཕགས་པ་བློ་གྲོས་རྒྱལ་མཚན།	༢༡–༢༢	༦	པར་མ།	
	༡༨		གཟའ་སྐར་གྱི་གཏོར་མ་བཞུགས།	འཕགས་པ་བློ་གྲོས་རྒྱལ་མཚན།	༢༢–༢༥	༦	པར་མ།	
	༡༩		བྲུར་བསལ་བ་བཞུགས།	འཕགས་པ་བློ་གྲོས་རྒྱལ་མཚན།	༢༥–༢༦	༦	པར་མ།	
	༢༠		དུག་དབྲུང་བ་བཞུགས།	འཕགས་པ་བློ་གྲོས་རྒྱལ་མཚན།	༢༦–༢༨	༦	པར་མ།	

	༢༡		དབང་བསྒྱུར་བའི་ཚོ་གའི་སྨོན་ཚིག་བཞུགས།	འཕགས་པ་བློ་གྲོས་རྒྱལ་མཚན།	༢༨–༢༨	༦	པར་མ།	
	༢༢		དབང་བསྒྱུར་བ་དངོས་བཞུགས།	འཕགས་པ་བློ་གྲོས་རྒྱལ་མཚན།	༢༨–༣༦	༦	པར་མ།	
	༢༣		རྒྱུད་སྡེའི་དཀར་ཆག་བཞུགས།	འཕགས་པ་བློ་གྲོས་རྒྱལ་མཚན།	༡–༩	༦	པར་མ།	༥༧–༧༨
	༢༤		མགོན་པོའི་སྒྲུབ་ཡིག་བཞུགས།	འཕགས་པ་བློ་གྲོས་རྒྱལ་མཚན།	༩–༡༣	༦	པར་མ།	
	༢༥		བདུད་རྩི་ལྔ་མཆོད་བཞུགས།	འཕགས་པ་བློ་གྲོས་རྒྱལ་མཚན།	༡༣–༡༥		པར་མ།	
	༢༦		མགོན་པོའི་བསྟོད་པ་བཞུགས།	འཕགས་པ་བློ་གྲོས་རྒྱལ་མཚན།	༡༥–༡༦	༦	པར་མ།	
	༢༧		ལྷུམ་དྲལ་གྱི་གཏོར་ཆོག་བཞུགས།	འཕགས་པ་བློ་གྲོས་རྒྱལ་མཚན།	༡༦–༡༨	༦	པར་མ།	
	༢༨		བཤགས་པ་བཞུགས།	འཕགས་པ་བློ་གྲོས་རྒྱལ་མཚན།	༡༨–༢༠	༦	པར་མ།	
	༢༩		གདོང་བཞི་པའི་བསྟོད་པ་བཞུགས།	འཕགས་པ་བློ་གྲོས་རྒྱལ་མཚན།	༢༠–༢༢		པར་མ།	
	༣༠		ཛམ་བྷ་ལ་སེར་པོའི་སྒྲུབ་ཐབས་བཞུགས།	འཕགས་པ་བློ་གྲོས་རྒྱལ་མཚན།	༢༢–༢༣	༦	པར་མ།	

	༣༡		ཕྱོགས་བཞིའི་གཏོར་མ་བཞུགས།	འཕགས་པ་བློ་གྲོས་རྒྱལ་མཚན།	༡–༣	༦	པར་མ།	༨༠– ༡༠༠
	༣༢		ལྷ་ཕྱོགས་འབྱུང་པོའི་གཏོར་མ་བཞུགས།	འཕགས་པ་བློ་གྲོས་རྒྱལ་མཚན།	༣–༥	༦	པར་མ།	
	༣༣		ནུབ་ཕྱོགས་ཀླུའི་གཏོར་མ་བཞུགས།	འཕགས་པ་བློ་གྲོས་རྒྱལ་མཚན།	༥–༧	༦	པར་མ།	
	༣༤		ནུབ་ཕྱོགས་གནོད་སྦྱིན་གྱི་གཏོར་མ་བཞུགས།	འཕགས་པ་བློ་གྲོས་རྒྱལ་མཚན།	༧–༨	༦	པར་མ།	
	༣༥		ས་སྐྱ་པའི་ཉིན་ཞག་ཕྱུགས་གཅིག་གི་ཐུགས་དམ་གཏོར་མའི་རིམ་པ་བཞུགས།	འཕགས་པ་བློ་གྲོས་རྒྱལ་མཚན།	༨–༡༥	༦	པར་མ།	
	༣༦		བགེགས་གཏོར་བཞུགས།	འཕགས་པ་བློ་གྲོས་རྒྱལ་མཚན།	༡༥–༡༦	༦	པར་མ།	
	༣༧		ཀླུ་གཏོར་བཞུགས།	འཕགས་པ་བློ་གྲོས་རྒྱལ་མཚན།	༡༦–༡༧	༦	པར་མ།	
	༣༨		ཆུ་གཏོར་བཞུགས།	འཕགས་པ་བློ་གྲོས་རྒྱལ་མཚན།	༡༧–༢༡	༦	པར་མ།	
	༣༩		བསྟོད་དབྱངས་རྒྱ་མཚོ་སྐན་དངགས་རིན་པོ་ཆེའི་རྒྱན་རྣམ་པར་བཀྲ་བ་ཞེས་བྱ་བ་བཞུགས་སོ། །	འཕགས་པ་བློ་གྲོས་རྒྱལ་མཚན།	༡–༧	༦	པར་མ།	༡༠༡–༡༩༦
	༤༠		ཐུབ་པའི་བསྟོད་པ་བཞུགས།	འཕགས་པ་བློ་གྲོས་རྒྱལ་མཚན།	༧–༡༠	༦	པར་མ།	

	༤༡		འཇམ་དཔལ་ལ་མཚན་དོན་གྱི་སྒོ་ནས་བསྟོད་པ་བཞུགས།	འཕགས་པ་བློ་གྲོས་རྒྱལ་མཚན།	༡༠–༡༡	༦	པར་མ།	
	༤༢		འཇམ་དཔལ་ལ་ཉེ་བར་བསྟུགས་པ་མེ་ཏོག་གི་ཕྲེང་བ་བཞུགས།	འཕགས་པ་བློ་གྲོས་རྒྱལ་མཚན།	༡༡–༡༣	༦	པར་མ།	
	༤༣		འཇམ་དབྱངས་ལ་རི་བོ་རྩེ་ལྔར་བསྟོད་པ་ནོར་བུའི་ཕྲེང་བ་བཞུགས།	འཕགས་པ་བློ་གྲོས་རྒྱལ་མཚན།	༡༣–༡༩	༦	པར་མ།	
	༤༤		ཕྱག་མཚན་རི་མོའི་བསྟོད་ཚིགས་སྤེལ་བ་བཞུགས།	འཕགས་པ་བློ་གྲོས་རྒྱལ་མཚན།	༡༩–༢༡	༦	པར་མ།	
	༤༥		འཇམ་དཔལ་བརྟན་པའི་འཁོར་ལོའི་བསྟོད་པ་བཞུགས།	འཕགས་པ་བློ་གྲོས་རྒྱལ་མཚན།	༢༡–༢༢	༦	པར་མ།	
	༤༦		རི་བོ་རྩེ་ལྔ་སོ་སོའི་རིགས་སུ་མཐུན་པའི་བསྟོད་པ་བཞུགས།	འཕགས་པ་བློ་གྲོས་རྒྱལ་མཚན།	༢༢–༢༣	༦	པར་མ།	
	༤༧		ཨཱ་ནནྡ་ཀིརྟིའི་དོན་དུ་དཔའ་བོའི་འཁོར་ལོ་བྲིས་པ་བཞུགས།	འཕགས་པ་བློ་གྲོས་རྒྱལ་མཚན།	༢༣–༢༣	༦	པར་མ།	
	༤༨		ཡང་འཇམ་དབྱངས་ལ་བསྟོད་པ་བཞུགས།	འཕགས་པ་བློ་གྲོས་རྒྱལ་མཚན།	༢༣–༢༣		པར་མ།	
	༤༩		སྐྱིད་གྲོང་གི་འཕགས་པ་ཝ་ཏི་ལ་མནལ་ལམ་དུ་བསྟོད་པ་བཞུགས།	འཕགས་པ་བློ་གྲོས་རྒྱལ་མཚན།	༢༣–༢༩		པར་མ།	
	༥༠		བྱམས་པ་ལ་བསྟོད་པ་བཞུགས།	འཕགས་པ་བློ་གྲོས་རྒྱལ་མཚན།	༢༩–༢༥	༦	པར་མ།	

	༥༡		གནས་བརྟན་བཅུ་དྲུག་ལ་བསྟོད་པ་བཞུགས།	འཕགས་པ་བློ་གྲོས་རྒྱལ་མཚན།	༢༥–༢༥	༦	པར་མ།	
	༥༢		ཡན་ལག་བདུན་པ་བཞུགས།	འཕགས་པ་བློ་གྲོས་རྒྱལ་མཚན།	༢༥–༢༥		པར་མ།	
	༥༣		ཕྱག་མཆོད་སྡིག་བཤགས་བསྔོ་བ་དང་བཅས་པ་བཞུགས།	འཕགས་པ་བློ་གྲོས་རྒྱལ་མཚན།	༢༥–༢༦	༦	པར་མ།	
	༥༤		སེམས་བསྐྱེད་ཀྱི་ཆོ་ག་བསྡུས་པ་བཞུགས།	འཕགས་པ་བློ་གྲོས་རྒྱལ་མཚན།	༢༦–༣༠	༦	པར་མ།	
	༥༥		སེམས་བསྐྱེད་བསྔོ་བ་དང་བཅས་འབྲིང་དུ་བསྟན་པ་བཞུགས།	འཕགས་པ་བློ་གྲོས་རྒྱལ་མཚན།	༣༠–༤༠	༦	པར་མ།	
	༥༦		ཡང་དེ་གསུམ་བསྡུས་པ་བཞུགས།	འཕགས་པ་བློ་གྲོས་རྒྱལ་མཚན།	༤༠–༤༡		པར་མ།	
	༥༧		སྐྱབས་འགྲོའི་རྣམ་བཞག་བཞུགས།	འཕགས་པ་བློ་གྲོས་རྒྱལ་མཚན།	༤༡–༤༥	༦	པར་མ།	
	༥༨		སྐྱབས་འགྲོ་སེམས་བསྐྱེད་དབང་བསྐུར་གྱི་བསླབ་བྱ་བཞུགས།	འཕགས་པ་བློ་གྲོས་རྒྱལ་མཚན།	༤༥–༤༦	༦	པར་མ།	
	༥༩		རྒྱལ་པོ་གདམས་པའི་རབ་བྱེད་བཞུགས།	འཕགས་པ་བློ་གྲོས་རྒྱལ་མཚན།	༡–༥	༦	པར་མ།	༡༤༧–༡༢༥
	༦༠		དེའི་བསྡུས་དོན་བཞུགས།	འཕགས་པ་བློ་གྲོས་རྒྱལ་མཚན།	༥–༧	༦	པར་མ།	

	༦༡		ཐེག་ཆེན་གསལ་བ་ཡི་གེའི་མ་མོས་སྤྲེལ་བའི་རབ་བྱེད་བཞུགས།	འཕགས་པ་བློ་གྲོས་རྒྱལ་མཚན།	༧–༨	༦	པར་མ།	
	༦༢		དེའི་བསྡུས་དོན་བཞུགས།	འཕགས་པ་བློ་གྲོས་རྒྱལ་མཚན།	༨–༨	༦	པར་མ།	
	༦༣		ལམ་འབྲས་གསལ་བའི་མེ་ལོང་བཞུགས།	འཕགས་པ་བློ་གྲོས་རྒྱལ་མཚན།	༨–༡༢	༦	པར་མ།	
	༦༤		རྒྱལ་བུ་ཇི་བིག་དེ་མུར་ལ་གདམས་དུ་བྱ་བ་ནོར་བུའི་ཕྲེང་བ་བཞུགས།	འཕགས་པ་བློ་གྲོས་རྒྱལ་མཚན།	༡༢–༢༢	༦	པར་མ།	
	༦༥		རྒྱལ་བུ་མཉྫ་ལ་ལ་གདམས་དུ་བྱ་བ་བཞུགས།	འཕགས་པ་བློ་གྲོས་རྒྱལ་མཚན།	༢༢–༣༣	༦	པར་མ།	
	༦༦		རྒྱལ་བུ་ནོ་མོ་གན་ལ་སྤྲིང་བའི་རབ་བྱེད་བཞུགས།	འཕགས་པ་བློ་གྲོས་རྒྱལ་མཚན།	༣༣–༣༨	༦	པར་མ།	
	༦༧		རྒྱལ་པོ་ཧོ་ཀོ་ལ་གདམས་པ་བཞུགས།	འཕགས་པ་བློ་གྲོས་རྒྱལ་མཚན།	༡–༡༡	༦	པར་མ།	༡༤༦–༢༥༡
	༦༨		རྒྱལ་པོ་དེ་གུས་ཧྲོ་ག་ལ་གདམས་པ་བཞུགས།	འཕགས་པ་བློ་གྲོས་རྒྱལ་མཚན།	༡༡–༡༥	༦	པར་མ།	
	༦༩		རྒྱལ་བུ་དེ་མུར་ཧྲོ་ག་ལ་གདམས་པ་ཟླ་བའི་འོད་ཟེར་བཞུགས།	འཕགས་པ་བློ་གྲོས་རྒྱལ་མཚན།	༡༥–༡༦	༦	པར་མ།	
	༧༠		དཔོན་མོ་པུཎྱ་རིའི་དོན་དུ་མཛད་པ་སྒྲུབ་པའི་རིམ་པ་རབ་ཏུ་གསལ་བ་བཞུགས།	འཕགས་པ་བློ་གྲོས་རྒྱལ་མཚན།	༡༦–༢༣	༦	པར་མ།	

	༧༡		རྒྱལ་སྲས་རིམ་གྱིམ་ལ་སྩྀང་བ་བཞུགས།	འཕགས་པ་བློ་གྲོས་རྒྱལ་མཚན།	༢༣–༢༣	༦	པར་མ།	
	༧༢		ཡང་རིམ་གྱིམ་ལ་སྩྀང་བ་ལ་བཞུགས།	འཕགས་པ་བློ་གྲོས་རྒྱལ་མཚན།	༢༣–༢༤	༦	པར་མ།	
	༧༣		ཡང་རིམ་གྱིམ་ལ་སྩྀང་བ་ལ་བཞུགས།	འཕགས་པ་བློ་གྲོས་རྒྱལ་མཚན།	༢༤–༢༥	༦	པར་མ།	
	༧༤		ཨ་ཙ་ར་ལ་སྩྀང་བ་བཞུགས།				པར་མ།	
	༧༥		དགེ་བའི་བཤེས་གཉེན་ཞིག་ལ་བསྐུར་བའི་ཡི་གེ་བཞུགས།	འཕགས་པ་བློ་གྲོས་རྒྱལ་མཚན།	༢༥–༢༦	༦	པར་མ།	
	༧༦		ཡེ་ཤེས་འབུམ་ལ་གདམས་པ་བདུད་རྩིའི་ཐིགས་ལེ་བཞུགས།	འཕགས་པ་བློ་གྲོས་རྒྱལ་མཚན།	༢༦–༢༧	༦	པར་མ།	
	༧༧		རིགས་པར་སྨྲ་བ་གྲགས་བཟང་ལ་སྩྀངས་བ་བཞུགས།	འཕགས་པ་བློ་གྲོས་རྒྱལ་མཚན།	༢༧–༢༨	༦	པར་མ།	
	༧༨		བདེན་པ་གཉིས་རྣམ་པར་ངེས་པ་བཞུགས།	འཕགས་པ་བློ་གྲོས་རྒྱལ་མཚན།	༢༨–༢༨	༦	པར་མ།	
	༧༩		ཟབ་མོ་སྣང་བའི་རབ་བྱེད་བཞུགས།	འཕགས་པ་བློ་གྲོས་རྒྱལ་མཚན།	༢༨–༢༩	༦	པར་མ།	
	༨༠		ཕྱག་ཆེན་ཉམས་ལེན་བཞུགས།	འཕགས་པ་བློ་གྲོས་རྒྱལ་མཚན།	༢༩–༢༩	༦	པར་མ།	
	༨༡		དེའི་ཁྲིད་ཡིག་ཡན་ལག་བདུན་པ་བཞུགས།	འཕགས་པ་བློ་གྲོས་རྒྱལ་མཚན།	༢༩–༣༡	༦	པར་མ།	

	༨༢		ཡན་ལག་བདུན་གྱི་གཏམ་བཞུགས།	འཕགས་པ་བློ་གྲོས་རྒྱལ་མཚན།	༣༡–༣༡	༦	པར་མ།	
	༨༣		དམ་ཆོས་པད་དཀར་གྱི་ཚིག་དོན་ལ་གཞན་གྱི་ལོག་པར་རྟོག་པ་དགག་པ་བཞུགས།	འཕགས་པ་བློ་གྲོས་རྒྱལ་མཚན།	༣༡–༣༨	༦	པར་མ།	
	༨༤		བུ་མོ་རིན་ཆེན་གྱིས་ཞུས་པའི་མདོའི་དོན་ཡང་དག་པར་བསྡུས་པ་ཞེས་བྱ་བ་བཞུགས།	འཕགས་པ་བློ་གྲོས་རྒྱལ་མཚན།	༣༨–༤༥	༦	པར་མ།	
	༨༥		སྙིང་པོའི་སྨོན་ལམ་ཞེས་བྱ་བ་བཞུགས།	འཕགས་པ་བློ་གྲོས་རྒྱལ་མཚན།	༤༥–༤༦	༦	པར་མ།	
	༨༦		ཐབས་ལ་མཁས་པའི་སྨོན་ལམ་ཞེས་བྱ་བ་བཞུགས།	འཕགས་པ་བློ་གྲོས་རྒྱལ་མཚན།	༤༦–༤༨	༦	པར་མ།	
	༨༧		ཏིང་ངེ་འཛིན་གྱི་སྨོན་ལམ་བཞུགས།	འཕགས་པ་བློ་གྲོས་རྒྱལ་མཚན།	༤༨–༤༩	༦	པར་མ།	
	༨༨		བྱང་ཆུབ་སེམས་དཔའི་སའི་སྨོན་ལམ་བཞུགས།	འཕགས་པ་བློ་གྲོས་རྒྱལ་མཚན།	༤༩–༥༡	༦	པར་མ།	
	༨༩		སངས་རྒྱས་ཀྱི་སའི་སྨོན་ལམ་ཞེས་བྱ་བ་བཞུགས།	འཕགས་པ་བློ་གྲོས་རྒྱལ་མཚན།	༥༡–༥༡	༦	པར་མ།	
	༩༠		ཐེག་པ་ཆེན་པོའི་རྒྱུད་བླ་མའི་བསྟན་བཅོས་ཀྱི་བསྡུས་དོན་བཞུགས།	འཕགས་པ་བློ་གྲོས་རྒྱལ་མཚན།	༥༡–༥༨	༦	པར་མ།	
	༩༡		སྐྱོ་བའི་གཏམ་བཞུགས།	འཕགས་པ་བློ་གྲོས་རྒྱལ་མཚན།	༥༨–༦༠	༦	པར་མ།	

	༩༢		ངན་པའི་སྤྱོད་ཚུལ་ཁྲེལ་བའི་གཏམ་བཞུགས།	འཕགས་པ་བློ་གྲོས་རྒྱལ་མཚན།	༦༠–༦༡	༦	ཕར་མ།	
	༩༣		ཐེག་པའི་རྣམ་དབྱེ་བསྡུས་པ་བཞུགས།	འཕགས་པ་བློ་གྲོས་རྒྱལ་མཚན།	༦༡–༦༢	༦	ཕར་མ།	
	༩༤		བསམ་གཏན་ཤེས་རབ་ཀྱི་དྲིན་ལན་བཞུགས།	འཕགས་པ་བློ་གྲོས་རྒྱལ་མཚན།	༦༢–༦༣	༦	ཕར་མ།	
	༩༥		ཀ་སོགས་སུམ་ཅུ་སྦྱེལ་བ་བཞུགས།	འཕགས་པ་བློ་གྲོས་རྒྱལ་མཚན།	༦༣–༦༤	༦	ཕར་མ།	
	༩༦		ཡི་གེའི་སྦྱོར་ཚུལ་བཞུགས།	འཕགས་པ་བློ་གྲོས་རྒྱལ་མཚན།	༦༤–༦༤	༦	ཕར་མ།	
	༩༧		ལྷན་ཡུལ་དུ་སྐྱེས་པ་སྟོན་པ་བརྟེན་འགྲུས་ཀྱི་དྲིན་ལན་བཞུགས།	འཕགས་པ་བློ་གྲོས་རྒྱལ་མཚན།	༦༤–༦༦	༦	ཕར་མ།	
	༩༨		བྱང་ཆུབ་ལམ་གྱི་སྙིང་པོ་བཞུགས།	འཕགས་པ་བློ་གྲོས་རྒྱལ་མཚན།	༡–༥	༦	ཕར་མ།	༢༥༢–༢༨༨
	༩༩		དྲན་པ་གསོ་ཐབས་བཞུགས།		༥– ༦		ཕར་མ།	
	༡༠༠		དབུས་གཙང་གི་དགེ་བའི་བཤེས་གཉེན་རྣམས་ལ་སྤྲིངས་པ་བཞུགས།	འཕགས་པ་བློ་གྲོས་རྒྱལ་མཚན།	༦–༨	༦	ཕར་མ།	
	༡༠༡		ཚ་རོང་པ་ལ་སྤྲིང་བ་བཞུགས།		༨–༨		ཕར་མ།	
	༡༠༢		སྟོམ་བརྟེན་ཞིག་ལ་སྤྲིངས་པ་བཞུགས།	འཕགས་པ་བློ་གྲོས་རྒྱལ་མཚན།	༨–༡༠	༦	ཕར་མ།	

	༡༠༣		བློ་གྲོས་སེང་གེ་ལ་བསྐུལ་བའི་ཉམས་ལེན་མདོར་བསྡུས་བཞུགས།	འཕགས་པ་བློ་གྲོས་རྒྱལ་མཚན།	༡༠–༡༠	༦	ཕར་མ།	
	༡༠༤		རྒྱལ་བུ་ཛི་བིག་དེ་མུར་ལ་སྤྲིངས་པ་བཞུགས།	འཕགས་པ་བློ་གྲོས་རྒྱལ་མཚན།	༡༠–༡༡	༦	ཕར་མ།	
	༡༠༥		ཡང་དེ་ལ་སྤྲིང་བ་བཞུགས།	འཕགས་པ་བློ་གྲོས་རྒྱལ་མཚན།	༡༡–༡༡	༦	ཕར་མ།	
	༡༠༦		ཡི་གྲུང་ཇུས་གླེགས་བམ་བསྒྲུབས་པ་ལ་བསྔགས་པ་བཞུགས།	འཕགས་པ་བློ་གྲོས་རྒྱལ་མཚན།	༡༡–༡༢	༦	ཕར་མ།	
	༡༠༧		རྒྱལ་བུ་བྱང་ཆུབ་སེམས་དཔལ་ལ་གནང་བའི་བཀའ་ཡིག་བཞུགས།	འཕགས་པ་བློ་གྲོས་རྒྱལ་མཚན།	༡༢–༡༣	༦	ཕར་མ།	
	༡༠༨		རྒྱལ་བུ་ཨ་ཀློ་ལ་སྤྲིངས་པ་བཞུགས།	འཕགས་པ་བློ་གྲོས་རྒྱལ་མཚན།	༡༣–༡༤	༦	ཕར་མ།	
	༡༠༩		རིན་ཆེན་པཀྵི་ལ་སྤྲིངས་པ་བཞུགས།	འཕགས་པ་བློ་གྲོས་རྒྱལ་མཚན།	༡༤–༡༤	༦	ཕར་མ།	
	༡༡༠		པཎྜི་ཏ་ལཀྵྨི་ཀ་ར་ལ་སྤྲིང་བ་བཞུགས།	འཕགས་པ་བློ་གྲོས་རྒྱལ་མཚན།	༡༤–༡༥	༦	ཕར་མ།	
	༡༡༡		ཞོང་སྟོན་ལོ་ཙཱ་ལ་སྤྲིངས་པ་བཞུགས།	འཕགས་པ་བློ་གྲོས་རྒྱལ་མཚན།	༡༥–༡༥	༦	ཕར་མ།	
	༡༡༢		ར་དབོན་ལ་སྤྲིང་བ་བཞུགས།	འཕགས་པ་བློ་གྲོས་རྒྱལ་མཚན།	༡༥–༡༥	༦	ཕར་མ།	

	༡༡༣		རལ་གྲི་ལ་སྤྲིང་བ་བཞུགས།	འཕགས་པ་བློ་གྲོས་རྒྱལ་མཚན།	༡༥–༡༧	༦	ཕར་མ།	
	༡༡༤		སྤྱི་བོ་ལྷས་པ་བཤེས་གཉེན་རིན་ཆེན་ལ་བསྐུར་བ་བཞུགས།	འཕགས་པ་བློ་གྲོས་རྒྱལ་མཚན།	༡༧–༡༨	༦	ཕར་མ།	
	༡༡༥		ཆགས་ལོ་ཙཱ་ལ་བསྐུར་བ་བཞུགས།	འཕགས་པ་བློ་གྲོས་རྒྱལ་མཚན།	༡༨–༡༨	༦	ཕར་མ།	
	༡༡༦		དབུས་གཙང་གི་མཚན་ཉིད་པ་སྤྱི་ལ་སྤྲིངས་པ་བཞུགས།	འཕགས་པ་བློ་གྲོས་རྒྱལ་མཚན།	༡༨–༡༨	༦	ཕར་མ།	
	༡༡༧		དབུས་ཀྱི་བཀའ་དམ་པ་སྤྱི་ལ་སྤྲིངས་པ་བཞུགས།	འཕགས་པ་བློ་གྲོས་རྒྱལ་མཚན།	༡༨–༡༨	༦	ཕར་མ།	
	༡༡༨		སྟག་ལུང་པ་ལ་སྤྲིངས་པ་བཞུགས།	འཕགས་པ་བློ་གྲོས་རྒྱལ་མཚན།	༡༨–༡༨	༦	ཕར་མ།	
	༡༡༩		དབུས་ཀྱི་སྒོམ་ཆེན་པ་སྤྱི་ལ་སྤྲིངས་པ་བཞུགས།	འཕགས་པ་བློ་གྲོས་རྒྱལ་མཚན།	༡༨–༡༨	༦	ཕར་མ།	
	༡༢༠		རྒྱལ་བུ་ཧེ་བིག་ལ་སྤྲིངས་བ་བཞུགས།	འཕགས་པ་བློ་གྲོས་རྒྱལ་མཚན།	༡༨–༡༩	༦	ཕར་མ།	
	༡༢༡		ཡང་རྒྱལ་བུ་ཧེ་བིག་ལ་སྤྲིངས་པ་བཞུགས།	འཕགས་པ་བློ་གྲོས་རྒྱལ་མཚན།	༡༩–༡༩	༦	ཕར་མ།	
	༡༢༢		ཡང་རྒྱལ་བུ་ཧེ་བིག་ལ་སྤྲིངས་པ་བཞུགས།	འཕགས་པ་བློ་གྲོས་རྒྱལ་མཚན།	༡༩–༡༩	༦	ཕར་མ།	

	༡༢༣		དཔོན་མོ་དུ་གལ་དུར་མིས་ལ་སྤྲིངས་པ་བཞུགས།	འཕགས་པ་བློ་གྲོས་རྒྱལ་མཚན།	༡༩–༡༩	༦	པར་མ།	
	༡༢༤		ཡང་དུ་གལ་དུར་མིས་ལ་སྤྲིངས་པ་བཞུགས།	འཕགས་པ་བློ་གྲོས་རྒྱལ་མཚན།	༡༩–༡༩	༦	པར་མ།	
	༡༢༥		རྒྱལ་བུ་ཇིམ་གྱིམ་ལ་སྤྲིངས་པ་བཞུགས།	འཕགས་པ་བློ་གྲོས་རྒྱལ་མཚན།	༡༩–༢༠	༦	པར་མ།	
	༡༢༦		ཧོ་ཀོ་སོགས་ལ་སྤྲིངས་པ་བཞུགས།	འཕགས་པ་བློ་གྲོས་རྒྱལ་མཚན།	༢༠–༢༠	༦	པར་མ།	
	༡༢༧		གོས་དར་སྣ་སྟོང་དང་དགུ་བརྒྱ་བཞི་བཅུ་ཕུལ་བའི་མཆོད་བརྗོད་དང་བསྔོ་བ་བཞུགས།	འཕགས་པ་བློ་གྲོས་རྒྱལ་མཚན།	༢༠–༢༢	༦	པར་མ།	
	༡༢༨		ཚེ་དཔག་མེད་ལ་བསྟོད་པ་བཞུགས།	འཕགས་པ་བློ་གྲོས་རྒྱལ་མཚན།	༢༢–༢༢	༦	པར་མ།	
	༡༢༩		མགོན་གཡག་ལ་བསྟགས་པ་བཞུགས།	འཕགས་པ་བློ་གྲོས་རྒྱལ་མཚན།	༢༢–༢༢	༦	པར་མ།	
	༡༣༠		ཆང་ལ་བསྟགས་པ་བདུད་རྩིའི་བུམ་པ་བཞུགས།	འཕགས་པ་བློ་གྲོས་རྒྱལ་མཚན།	༢༢–༢༣	༦	པར་མ།	
	༡༣༡		མཆོད་འོས་ལ་བསྟགས་པ་བཞུགས།	འཕགས་པ་བློ་གྲོས་རྒྱལ་མཚན།	༢༣–༢༤	༦	པར་མ།	
	༡༣༢		ལྷ་བསྟུས་སྒྲ་གཅན་གཟའ་ལྷ་དང་བཅས་པའི་རྟེན་གཞི་བཞུགས།	འཕགས་པ་བློ་གྲོས་རྒྱལ་མཚན།	༢༤–༢༧	༦	པར་མ།	

	༡༣༣		ཉི་ཁྲིམ་འཕོ་བའི་ངེས་པ་བཞུགས།	འཕགས་པ་བློ་གྲོས་རྒྱལ་མཚན།	༢༧–༢༧	༦	ཕར་མ།	
	༡༣༤		དུས་ཀྱི་འཁོར་ལོའི་རྩིས་དུས་གསལ་བའི་སྒྲོན་མེ་བཞུགས།	འཕགས་པ་བློ་གྲོས་རྒྱལ་མཚན།	༢༧–༣༤	༦	ཕར་མ།	
	༡༣༥		རྩིས་དུས་གསལ་བའི་སྒྲོན་མེའི་དོན་ཡང་དག་པར་བསྡུས་པ་བཞུགས།	འཕགས་པ་བློ་གྲོས་རྒྱལ་མཚན།	༣༤–༣༥	༦	ཕར་མ།	
	༡༣༦		གདོད་མའི་དུས་གསལ་བའི་རྩིས་བཞུགས།	འཕགས་པ་བློ་གྲོས་རྒྱལ་མཚན།	༣༥–༣༦	༦	ཕར་མ།	
	༡༣༧		རྩིས་ཀྱི་གཙུག་ལག་དང་མཐུན་པར་ངེས་པ་ཞེས་བྱ་བ་བཞུགས།	འཕགས་པ་བློ་གྲོས་རྒྱལ་མཚན།	༣༦–༣༧	༦	ཕར་མ།	
	༡༣༨		ཟླ་བ་གཉིས་པའི་རྩིས་བཞུགས།	འཕགས་པ་བློ་གྲོས་རྒྱལ་མཚན།	༣༧–༣༨	༦	ཕར་མ།	
	༡༣༩		ལོ་བདག་ཉི་ཤུའི་རྩིས་བཞུགས།	འཕགས་པ་བློ་གྲོས་རྒྱལ་མཚན།	༣༨–༣༩	༦	ཕར་མ།	
	༡༤༠		རྟེན་འབྲེལ་རྩིས་རིན་ཆེན་སྒྲོན་མ་བཞུགས།	འཕགས་པ་བློ་གྲོས་རྒྱལ་མཚན།	༣༩–༤༧	༦	ཕར་མ།	
	༡༤༡		རྒྱལ་བུ་རིམ་གྱིམ་གྱི་ཆོས་འཁོར་བསྐོར་བའི་རྩིས་བཞུགས།	འཕགས་པ་བློ་གྲོས་རྒྱལ་མཚན།	༤༧–༤༧	༦	ཕར་མ།	
	༡༤༢		སངས་རྒྱས་ཀྱི་དུས་ཆེན་བཞིའི་ངོས་འཛིན་བཞུགས།	འཕགས་པ་བློ་གྲོས་རྒྱལ་མཚན།	༤༧–༤༨	༦	ཕར་མ།	

	༡༤༣		བདེ་བར་གཤེགས་པའི་གསུང་རབ་འགྱུར་རོ་འཚལ་བཞེངས་པའི་གསལ་བྱེད་སྙེབ་སྦྱོར་གྱི་རྒྱན་རྣམ་པར་བཀྲ་བ་ཤེས་བྱ་བ་བཞུགས།	འཕགས་པ་བློ་གྲོས་རྒྱལ་མཚན།	༡–༨	༦	ཕར་མ།	༣༠༠–༣༢༢
	༡༤༤		དམ་ཆོས་རིན་པོ་ཆེ་ཤིན་ཏུ་རྒྱས་པའི་སྤྱི་སྡོད་བཞེངས་པ་ལ་བསྔགས་པ་བཞུགས།	འཕགས་པ་བློ་གྲོས་རྒྱལ་མཚན།	༨–༡༠	༦	ཕར་མ།	
	༡༤༥		མདྷྱ་ཡབ་ཡུམ་གྱི་རྒྱས་འབྲིང་བསྡུས་གསུམ་དང་ཕལ་པོ་ཆེ་བཞེངས་པའི་མཆོད་བྱེད་བཞུགས།	འཕགས་པ་བློ་གྲོས་རྒྱལ་མཚན།	༡༠–༡༣	༦	ཕར་མ།	
	༡༤༦		ཧེ་བིག་དེ་མུར་གྱི་ཕལ་ཆེན་གསེར་འོད་སྟོང་ཕྲག་བརྒྱ་པ་རྣམས་བཞེངས་པའི་མཆོད་བྱེད་བཞུགས།	འཕགས་པ་བློ་གྲོས་རྒྱལ་མཚན།	༡༣–༡༥	༦	ཕར་མ།	
	༡༤༧		ཨ་རོག་ཆེས་འབུམ་བཞེངས་པའི་རབ་བྱེད་བཞུགས།	འཕགས་པ་བློ་གྲོས་རྒྱལ་མཚན།	༡༥–༡༦	༦	ཕར་མ།	
	༡༤༨		གོ་པེ་ལས་རྒྱས་འབྲིང་བསྡུས་གསུམ་བཞེངས་པའི་མཆོད་བྱེད་བཞུགས།	འཕགས་པ་བློ་གྲོས་རྒྱལ་མཚན།	༡༦–༡༨	༦	ཕར་མ།	
	༡༤༩		དགེ་འདུན་བཟང་པོ་སོགས་ཀྱིས་ཤེར་ཕྱིན་རྒྱས་འབྲིང་བསྡུས་གསུམ་བཞེངས་པའི་མཆོད་བྱེད་བཞུགས།	འཕགས་པ་བློ་གྲོས་རྒྱལ་མཚན།	༡༨–༡༩	༦	ཕར་མ།	
	༡༥༠		རིན་ཆེན་དཔལ་གྱི་འབུམ་བཞེངས་པའི་མཆོད་བྱེད་བཞུགས།	འཕགས་པ་བློ་གྲོས་རྒྱལ་མཚན།	༡༩–༢༠	༦	ཕར་མ།	
	༡༥༡		ཟིན་ཤིན་གྱི་སྟོན་པ་བཏུལ་བའི་ཚོགས་བཅད་བཞུགས།	འཕགས་པ་བློ་གྲོས་རྒྱལ་མཚན།	༢༠–༢༡	༦	ཕར་མ།	
	༡༥༢		ཐེག་ཆེན་སློབ་དཔོན་སློབ་མ་ལ་ལམ་ཉམས་སུ་བླངས་ཚུལ་གྱི་རྣམ་དབྱེ་བསྟན་པ་བཞུགས།	འཕགས་པ་བློ་གྲོས་རྒྱལ་མཚན།	༢༡–༢༡	༦	ཕར་མ།	

	༡༥༣		ཆོས་རྗེ་བ་བདེ་བར་གཤེགས་དུས་དབུས་གཙང་གི་དགེ་བའི་བཤེས་གཉེན་རྣམས་ལ་སྤྲིངས་པ་བཞུགས།	འཕགས་པ་བློ་གྲོས་རྒྱལ་མཚན།	༢༡–༢༢	༦	པར་མ།	
	༡༥༤		བྲོ་ཕུ་ལོ་ཙྪ་བ་ལ་བསྐུར་བ་བཞུགས།	འཕགས་པ་བློ་གྲོས་རྒྱལ་མཚན།	༢༢–༢༣	༦	པར་མ།	
	༡༥༥		བྲོ་ཕུ་ལོ་ཙྪ་བ་ལ་གདམས་པ་བཞུགས།	འཕགས་པ་བློ་གྲོས་རྒྱལ་མཚན།	༢༣–༢༣		པར་མ།	
	༡༥༦		དགེ་བསྙེན་དང་དགེ་ཚུལ་དང་དགེ་སློང་དུ་ཉེ་བར་སྒྲུབ་པའི་ཆོ་གའི་གསལ་བྱེད་བཞུགས།	འཕགས་པ་བློ་གྲོས་རྒྱལ་མཚན།	༡–༥	༦	པར་མ།	༣༢༣–༣༥༥
	༡༥༧		དགེ་བསྙེན་དང་དགེ་ཚུལ་དང་དགེ་སློང་དུ་ཉེ་བར་སྒྲུབ་པའི་ཆོ་གའི་གསལ་བྱེད་བཞུགས།	འཕགས་པ་བློ་གྲོས་རྒྱལ་མཚན།	༥–༢༡	༦	པར་མ།	
	༡༥༨		བསྙེན་གནས་ཀྱི་གདམས་པ་འབོགས་ཚུལ་བཞུགས།	འཕགས་པ་བློ་གྲོས་རྒྱལ་མཚན།	༣༡–༣༣	༦	པར་མ།	
	༡༥༩		རྒྱལ་པོ་ཡབ་སྲས་ཀྱིས་མཆོད་རྟེན་བཞེངས་པ་ལ་བསྔགས་པའི་སྨོན་སྦྱོར་དཀྲ་ཀ་བཞུགས།	འཕགས་པ་བློ་གྲོས་རྒྱལ་མཚན།	༡–༣	༦	པར་མ།	༣༥༦–༣༨༧
	༡༦༠		བསྔགས་འོས་ལ་བསྔགས་པའི་རབ་བྱེད་བཞུགས།	འཕགས་པ་བློ་གྲོས་རྒྱལ་མཚན།	༣–༥	༦	པར་མ།	
	༡༦༡		བོད་ཀྱི་རྒྱལ་རབས་ལ་བསྔགས་པའི་ཚིགས་བཅད་བཞུགས།		༥–༥		པར་མ།	
	༡༦༢		བོད་ཀྱི་རྒྱལ་རབས་བཞུགས།	འཕགས་པ་བློ་གྲོས་རྒྱལ་མཚན།	༥–༦	༦	པར་མ།	

	༡༦༣		ལུང་དང་བརྒྱུད་པ་སྣ་ཚོགས་ཐོབ་པའི་གསན་ཡིག་བཞུགས།	འཕགས་པ་བློ་གྲོས་རྒྱལ་མཚན།	༦–༢༨	༦	པར་མ།	
	༡༦༤		སློབ་དཔོན་བསོད་ནམས་སེང་གེའི་སྤྱན་སྔར་འཕྲིན་དུ་ཞུ་བ་བཞུགས།	འཕགས་པ་བློ་གྲོས་རྒྱལ་མཚན།	༢༨–༣༠	༦	པར་མ།	
	༡༦༥		གྲགས་པ་རིན་ཆེན་གྱི་ཞུ་ལན་བཞུགས།	འཕགས་པ་བློ་གྲོས་རྒྱལ་མཚན།	༣༠–༣༢	༦	པར་མ།	
	༡༦༦		རྒྱལ་བུ་བྱང་ཆུབ་སེམས་དཔའ་ཁྲི་མཆོག་སྐྱོང་ལ་བཀའ་བསྒོ་གནང་བ་བཞུགས།	འཕགས་པ་བློ་གྲོས་རྒྱལ་མཚན།	༣༢–༣༣	༦	པར་མ།	
	༡༦༧		གུར་དཔོན་འུམ་དྲལ་གྱི་རྗེས་གནང་བཞུགས།	འཕགས་པ་བློ་གྲོས་རྒྱལ་མཚན།	༡–༢	༦	པར་མ།	༢༨༨–༩༠༩
	༡༦༨		རྒྱལ་པོ་གོ་པེ་ལ་སྲས་དང་བཙུན་མོ་བཅས་ལ་ཤིང་མོ་ཡོས་སོགས་ལ་གནང་བའི་བཀྲ་ཤིས་ཀྱི་ཚིགས་བཅད་རྣམས་བཞུགས།	འཕགས་པ་བློ་གྲོས་རྒྱལ་མཚན།	༢–༥	༦	པར་མ།	
	༡༦༩		ཚེ་དང་ཡེ་ཤེས་དཔག་ཏུ་མེད་པ་བཀྲ་ཤིས་བཀྲ་ཤིས་ཀྱི་དབང་པོ་ཞེས་བྱ་བ་བཞུགས།	འཕགས་པ་བློ་གྲོས་རྒྱལ་མཚན།	༥–༢༢	༦	པར་མ།	
	༡༧༠		དཔལ་ས་སྐྱའི་རྗེ་བཙུན་གོང་མའི་གསུང་རབ་རིན་པོ་ཆེའི་པར་གྱི་སྒོ་འཕར་འབྱེད་པའི་དཀར་ཆག་འཕྲུལ་གྱི་ལྡེ་མིག་ཅེས་བྱ་བ་བཞུགས་སོ། །	མཁན་ཆེན་བཀྲ་ཤིས་ལྷུན་གྲུབ།	༦༦	༦	པར་མ།	༩༡༠–༩༧༦
01941	༄ རེད་མདའ་བ་དང་ས་བཟང་འཕགས་པ་གཞོན་ནུ་བློ་གྲོས་འདྲེས་པ། ༼པོད་གཅིག༽							
	༡	ཕྱི་ཞ	བདག་མེད་གཉིས་བསྒོམ་པའི་མན་ངག་བཞུགས།	རེད་མདའ་བ་གཞོན་ནུ་བློ་གྲོས།	༡༠	༧	དཔེ་ཚུགས།	
	༢		ཐེག་པ་ཆེན་པོ་དབུ་མའི་ལུགས་ཀྱི་གཞི་ལམ་འབྲས་གསུམ་གྱི་དབྱེ་བ་བཞུགས།	རེད་མདའ་བ་གཞོན་ནུ་བློ་གྲོས།	༡༢	༦	དཔེ་ཚུགས།	

	༣		ཀྲི་ཡ་ས་མུན་ཛ་ཞེས་བྱ་བའི་བླ་མ་བརྒྱུད་པ།	ས་བཟང་གཞོན་ནུ་བློ་གྲོས།	༣	༧	དཔེ་ཚུགས།	
	༤	ཚ ༢༠༠	རྡོ་རྗེའི་རྣལ་འབྱོར་ཡན་ལག་དྲུག་རྣམ་པར་བཤད་པ་སངས་རྒྱས་ཐམས་ཅད་ཀྱི་དབྱངས་གཅིག་པ་ཞེས་བྱ་བ་བཞུགས་སོ། །	རེད་མདའ་བ་གཞོན་ནུ་བློ་གྲོས།	༨༤	༥	དཔེ་ཚུགས།	
	༥		དཔལ་ཀྱེ་རྡོ་རྗེའི་ལུས་དཀྱིལ་གྱི་སྒྲུབ་ཐབས་ནང་གི་དེ་ཉིད་གསལ་བ་བཞུགས།	ས་བཟང་གཞོན་ནུ་བློ་གྲོས།	༡༠	༧	དཔེ་ཚུགས།	
	༦		ས་བཟང་འཕགས་པ་གཞོན་ནུ་བློ་གྲོས་ཀྱིས་མཛད་པའི་དཀྱིལ་ཆོག་རྡོ་རྗེ་ཕྲེང་བའི་བཤད་པ་བཞུགས།	ས་བཟང་གཞོན་ནུ་བློ་གྲོས།	༡༤༠	༨	དཔེ་ཚུགས།	
	༧		བསྟན་འཛིན་རྣམས་ལ་འཕྲིན་དུ་གསོལ་བ་ནོར་བུའི་ཕྲེང་བ་ཞེས་བྱ་བའི་སྤྲིང་ཡིག་བཞུགས།	རེད་མདའ་བ་གཞོན་ནུ་བློ་གྲོས།	༧	༧	དཔེ་ཚུགས།	
	༨		ཞལ་གདམས་ཞུ་འཕྲིན་གྱི་རིམ་པ་བཞུགས།	རེད་མདའ་བ་གཞོན་ནུ་བློ་གྲོས།	༡༣		དཔེ་ཚུགས།	༦༥–༧༧
	༩		རྣམ་དག་མདོ་འགྲེལ་གྱི་གཞུང་ཊཱིཀ་གཉིས་བཞུགས་ལགས་སོ། །	རེད་མདའ་བ་གཞོན་ནུ་བློ་གྲོས།	༩	༧	དཔེ་ཚུགས།	༡༦༣–༡༧༠
	༡༠		ཐེག་པ་གསུམ་གྱི་འཕགས་པའི་རྟོགས་པ་རྣམ་པར་འབྱོར་པ་བྱོན།	རེད་མདའ་བ་གཞོན་ནུ་བློ་གྲོས།	༡༢	༧	དཔེ་ཚུགས།	༡༩༧–༢༠༨
	༡༡	ཞ	སྐྱེས་བུ་གསུམ་གྱི་ལམ་གྱི་རིམ་པའི་མན་ངག་མདོར་བསྡུས་ཟབ་མོའི་ལྡེ་མིག་བཞུགས་སོ། །	རེད་མདའ་བ་གཞོན་ནུ་བློ་གྲོས།	༣	༨	དཔེ་ཚུགས།	
	༡༢	དགའ་ལྡང་	ཀྱེ་རྡོ་རྗེའི་ལག་ལེན་གྱི་ཟིན་བྲིས་བཞུགས་པའི་དབུ་ཕྱོགས་ལགས་སོ། །	ས་བཟང་གཞོན་ནུ་བློ་གྲོས།	༨	༨	དཔེ་ཚུགས།	
	༡༣		བྱང་ཆུབ་སེམས་གཉིས་བསྒོམ་པའི་མན་ངག་དབུ་མ་ལྟ་ཁྲིད་ཀྱི་དབུ་བཞུགས་སོ།།	རེད་མདའ་བ་གཞོན་ནུ་བློ་གྲོས།	༡༠	༨	དཔེ་ཚུགས།	

	༡༣		དཔལ་གསང་བ་འདུས་པའི་སྒྲུབ་ཐབས་དོན་རབ་ཏུ་གསལ་བ་ཀླུགས་པའི་དོན་གྲུབ་ཅེས་བྱ་བ་བཞུགས་སོ། །	རིད་མདའ་བ་གཞོན་ནུ་བློ་གྲོས།	༡༣	༢	དཔེ་ཚུགས།	
	༡༥		ལས་དང་པོ་པ་རྣམས་ཀྱིས་བྱང་ཆུབ་ཀྱི་སེམས་གཉིས་ཉམས་སུ་ལེན་པའི་མན་ངག་མདོར་བསྡུས་པ་བཞུགས།	རིད་མདའ་བ་གཞོན་ནུ་བློ་གྲོས།	༤–༣༩	༢	དཔེ་ཚུགས།	༡–༣ བར་མ་ཚང་།
	༡༦	ཅ	གནས་བརྟན་བཅུ་དྲུག་གི་ཆོ་ག་བཞུགས་སོ། །	ས་བཟང་གཞོན་ནུ་བློ་གྲོས།	༣༩	༧	དཔེ་ཚུགས།	
	༡༧		ཚད་མ་རྣམ་འགྲེལ་གྱི་གཞུང་སོ་སོའི་སྤྱི་དོན་དང་སྦྱར་བ་ཤཱཀྱའི་དགེ་སློང་གཞོན་ནུ་བློ་གྲོས་ཀྱིས་མཛད་པ་བཞུགས།	རིད་མདའ་བ་གཞོན་ནུ་བློ་གྲོས།	༢༦	༡༠	དཔེ་ཚུགས།	
01942	༄ ས་བཟང་པཎ་ཆེན་བློ་གྲོས་རྒྱལ་མཚན་གསུང་འབུམ། ༼པོད་དང་པོ།༽							
	༡		ས་བཟང་མ་ཏིས་མཛད་པའི་སྒྲའི་བསྟན་བཅོས་ཀ་ལཱ་པའི་མདོའི་རྣམ་བཤད་ལེགས་སྦྱར་རབ་གསལ་སྣང་བ་ཞེས་བྱ་བ་བཞུགས་སོ། །	ས་བཟང་པཎ་ཆེན་བློ་གྲོས་རྒྱལ་མཚན།	༡–༣༧	༦	པར་མ།	
	༢		ཀ་ལཱ་པའི་མིང་ལེའི་ཊཱི་ཀ་བཞུགས།	ས་བཟང་པཎ་ཆེན་བློ་གྲོས་རྒྱལ་མཚན།	༣༧–༡༣༥	༦	པར་མ།	
	༣		ཀ་ལཱ་པའི་འགྲེལ་པ་མཐོང་བ་ཙམ་གྱིས་ལེགས་པར་གོ་བ་ལེགས་སྦྱར་རབ་གསལ་སྣང་བ་ལས་ཀུན་བཤད་ཀྱི་ཊཱི་ཀ་བཞུགས།	ས་བཟང་པཎ་ཆེན་བློ་གྲོས་རྒྱལ་མཚན།	༡༣༥–༢༦༥	༦	པར་མ།	
	༤		ཀ་ལཱ་པའི་ཀྲིཏ་ཀྱི་ཊཱི་ཀ་བཞུགས།	ས་བཟང་པཎ་ཆེན་བློ་གྲོས་རྒྱལ་མཚན།	༢༦༥–༤༣༡	༦	པར་མ།	

01943	༄ ས་བཟང་པཎ་ཆེན་བློ་གྲོས་རྒྱལ་མཚན་གསུང་འབུམ། （པོད་གཉིས་པ།）							
	༡		བཅོམ་ལྡན་འདས་དཔལ་དུས་ཀྱི་འཁོར་ལོའི་བདག་འཇུག་བཞུགས་སོ། །	ས་བཟང་པཎ་ཆེན་བློ་གྲོས་རྒྱལ་མཚན།	༣༤	༧	དཔེ་ཚུགས།	
	༢		དུས་འཁོར་ཡོངས་རྫོགས་སྒྲུབ་ཐབས་རྒྱས་པ་བཞུགས། །ས་བོན་མ་གཏོགས་དམར་དང་སེར་ཡོད་པའི། །དོན་བཟུང་བསྒོམ་ཚེ་ངག་ཏུ་བརྗོད་མི་བྱ། །གཞན་རྣམས་ཇི་བཞིན་བཟུང་སྟེ་བརྗོད་པས་འགྲུབ། །	ས་བཟང་པཎ་ཆེན་བློ་གྲོས་རྒྱལ་མཚན།	༤༨	༧	དཔེ་ཚུགས།	
	༣	༡༥	རྡོ་རྗེ་ཕག་མོ་ཤེས་རབ་གསལ་བྱེད་མའི་སྒྲུབ་ཐབས་བཞུགས་སོ། །	ས་བཟང་པཎ་ཆེན་བློ་གྲོས་རྒྱལ་མཚན།	༤	༧	དཔེ་ཚུགས།	
	༤	༢༨༧	གཤིན་རྗེ་གཤེད་དམར་པོ་ལྷ་ལྔའི་སྒྲུབ་ཐབས་བཞུགས་སོ། །	ས་བཟང་པཎ་ཆེན་བློ་གྲོས་རྒྱལ་མཚན།	༡༠	༧	དཔེ་ཚུགས།	
	༥	༢༨༧	དཔལ་གཤིན་རྗེ་གཤེད་དམར་པོ་ལྷ་ལྔའི་དཀྱིལ་འཁོར་དུ་བདག་འཇུག་ཅིང་དབང་བླང་བའོ། །	ས་བཟང་པཎ་ཆེན་བློ་གྲོས་རྒྱལ་མཚན།	༡༤	༧	དཔེ་ཚུགས།	
	༦	པེ ༢༧	དཔལ་འཁོར་ལོ་བདེ་མཆོག་གི་སྟུགས་ཕྲེང་མཆན་དང་བཅས་པ་བཞུགས་སོ། །	ས་བཟང་པཎ་ཆེན་བློ་གྲོས་རྒྱལ་མཚན།	༥	༦	བྲིས་མ་དབུ་ཅན།	
	༧		དཔལ་རྡོ་རྗེ་ཕྲེང་བའི་བདག་འཇུག་བཞུགས་སོ། །	ས་བཟང་པཎ་ཆེན་བློ་གྲོས་རྒྱལ་མཚན།	༣༠	༨	དཔེ་ཚུགས།	
	༨		འདི་ནི་དུས་ཀྱི་འཁོར་ལོའི་བདག་འཇུག་སྟེ། །དབང་ཆོག་ཟུར་འདེབས་ཚུལ་གྱིས་ལོགས་ན་ཡོད། །འདི་དག་རྒྱས་པའི་ཚུལ་དུ་བཀོད་པ་སྟེ། །བསྡུས་པའི་ཚུལ་ལ་མོས་ན་འང་གཞན་དུ་གསལ། །	ས་བཟང་པཎ་ཆེན་བློ་གྲོས་རྒྱལ་མཚན།	༣༠	༧	དཔེ་ཚུགས།	
	༩	ཕྲི ལོ ༢༧	བསྔོ་བའི་བསྟན་བཅོས་བཞུགས།	ས་བཟང་པཎ་ཆེན་བློ་གྲོས་རྒྱལ་མཚན།	༨	༧	དཔེ་ཚུགས།	༢· ཆད།

	༡༠		ས་བཟང་མ་ཏིས་མཛད་པའི་ཆོས་སྤྱོད་རབ་གསལ་བཞུགས།	ས་བཟང་པཎ་ཆེན་བློ་གྲོས་རྒྱལ་མཚན།	༤༨	༧	དཔེ་ཚུགས།	༡. རལ་སྐྱོན་ཆེ་ཤོག་སྣེ་མེད། ༣༠. ༣༡. ༣༤–༣༥. ༤༣–༤༩. བཅས་མ་ཚང་།
	༡༡		དཔལ་གཤིན་རྗེ་གཤེད་ཀྱི་གཏོར་མ་དྲུག་ཅུ་རྩ་བཞི་པའི་ཆོ་ག་བཞུགས་སོ། །	ས་བཟང་པཎ་ཆེན་བློ་གྲོས་རྒྱལ་མཚན།	༣	༧	དཔེ་ཚུགས།	
	༡༢		བྱང་ཆུབ་སེམས་དཔའི་སྤྱོད་པ་ལ་འཇུག་པའི་རྣམ་པར་བཤད་པ་གཞུང་དོན་རབ་གསལ་སྣང་བ་བཞུགས།	ས་བཟང་པཎ་ཆེན་བློ་གྲོས་རྒྱལ་མཚན།	༢༢༩	༦	སྡེ་དགེ་པར་མ།	༢༩. ཆད།
	༡༣		བྱང་ཆུབ་སེམས་དཔའི་སྤྱོད་པ་ལ་འཇུག་པའི་བསྡུས་དོན་བཞུགས་པ་ལགས་སོ། །འགྲེལ་པ་ཇི་བཞིན་འཛིན་པ་ལ། །འདི་ཀུན་ཡོངས་སུ་མེད་ཀྱང་ཆོག །ས་གཞུང་ཡོངས་སུ་སྦྱོང་བ་ལ། །ཉེ་བར་མཁོ་ཕྱིར་བསྡེབས་པ་ལགས། །	ས་བཟང་པཎ་ཆེན་བློ་གྲོས་རྒྱལ་མཚན།	༡༣	༦	སྡེ་དགེ་པར་མ།	
	༄ ས་བཟང་པཎ་ཆེན་བློ་གྲོས་རྒྱལ་མཚན་གསུང་འབུམ། ༼པོད་གསུམ་པ།༽							
01944	༡	ཆོ ༼ཉི༽ ༣༡༢	ཐེག་པ་ཆེན་པོ་མདོ་སྡེ་རྒྱན་གྱི་རྣམ་པར་བཤད་པ་ཐེག་ཆེན་རབ་གསལ་སྣང་བ་ཞེས་བྱ་བ་བཞུགས་སོ། །	ས་བཟང་པཎ་ཆེན་བློ་གྲོས་རྒྱལ་མཚན།	༢༢༢	༧	བྲིས་མ་དབུ་ཅན།	
	༄ བསམ་ཡས་པ་བསོད་ནམས་དཔལ་ལྡན་གསུང་འབུམ། ༼པོད་གཅིག༽							
01945	༡		སྡོམ་པ་གསུམ་གྱི་རབ་ཏུ་དབྱེ་བའི་རྒྱ་ཆེར་བཤད་པ་བཞུགས་སོ། །	བསམ་ཡས་པ་བསོད་ནམས་དཔལ་ལྡན།	༢༥༥	༧	དཔེ་ཚུགས།	༡༠༥. ༡༠༦ བར་ཆད།
01946	༄ ཨ་མེས་ངག་དབང་ཀུན་དགའ་བསོད་ནམས་གསུང་འབུམ། ༼པོད་དང་པོ།༽							

	༡		གསུང་རབ་རིན་པོ་ཆེ་ལམ་འབྲས་བུ་དང་བཅས་པའི་གདམས་ངག་ཐོས་པའི་གང་ཟག་རྣམས་ཀྱི་རང་རང་གི་རྩ་བའི་བླ་མ་ལ་གསོལ་བ་གདབ་པ་སྨོན་ལམ་དང་བཅས་པའི་ཚིགས་སུ་བཅད་པ་དགོས་འདོད་ཀུན་འབྱུང་ཞེས་བཞུགས་སོ། །	ཨ་མེས་ཀུན་དགའ་བསོད་ནམས།	༤	༧	དཔེ་ཚུགས།	
	༢		རྒྱལ་བ་ལུས་ཆེན་རྒྱལ་མཚན་དཔལ་བཟང་པོའི་ཐུན་མོང་སྒྲིའི་རྣམ་པར་བསྡུས་པ་བཞུགས་ལགས་སོ། །སློམ་ལས་པའི་དཔེའོ། །	ཨ་མེས་ཀུན་དགའ་བསོད་ནམས།	༡༠	༦	དཔེ་ཚུགས།	ཟུར་ལ་རལ་སྐྱོན་ཡོད།
	༣		རྗེ་བཙུན་རྡོ་རྗེ་རྣལ་འབྱོར་མའི་འཁྲིད་ཡིག་ཐུན་མོང་མ་ཡིན་པ་བཞུགས་སོ། །	ཨ་མེས་ཀུན་དགའ་བསོད་ནམས།	༤༠	༧	དཔེ་ཚུགས།	
	༤	དཔྱལ་ཕྲེ ༡༠༩	རྗེ་བཙུན་རྡོ་རྗེ་རྣལ་འབྱོར་མ་ནཱ་རོ་མཁའ་སྤྱོད་ཀྱི་དབང་བཞི་བྱིན་རླབས་ཀྱི་ཚུལ་དུ་བསྒྱུར་བའི་ཆོ་ག་གསལ་བར་བཤད་པ་ཿགྲོ་ཀུན་མཁའ་སྤྱོད་བསྒྲོད་པའི་ཉེ་ལམ་ཞེས་བྱ་བ་བཞུགས་སོ། །	དགེ་སློང་རྡོ་རྗེ་འཛིན་པ་བྱམས་པ་དཔལ་འབྱོར་གྱིས་སྦྱར།	༣༠	༦	ཁྲིས་མ་དབུ་ཆེན།	
	༥	༣༧	ཕྱག་རྡོར་འཁོར་ལོ་ཆེན་པོའི་དབང་གི་ཆུ་བོ་རབ་ཏུ་རྒྱས་པ་བཞུགས་པ་ལགས་སོ། །	དགའ་ལྡན་པ་ཀུན་བསོད།	༡༦	༨	དཔེ་ཚུགས།	
	༦		དཔལ་ལྡན་ས་སྐྱ་པའི་གདུང་རབས་རིན་པོ་ཆེ་རྣམས་ལ་གསོལ་བ་འདེབས་པ་བསམ་པ་ལྷུན་གྲུབ་ཅེས་བྱ་བ་བཞུགས་སོ། །	ཨ་མེས་ཀུན་དགའ་བསོད་ནམས།	༣	༦	ཁྲིས་མ་དབུ་ཆེན།	
	༧		ས་སྐྱ་པཎྜི་ཏ་ཀུན་དགའ་རྒྱལ་མཚན་དཔལ་བཟང་པོ་ལ་བསྟོད་པ་དངོས་གྲུབ་མཆོག་སྩོལ་འདོད་དོན་ཀུན་འགྲུབ་བཞུགས་སོ། །དགེའོ། །	ཨ་མེས་ཀུན་དགའ་བསོད་ནམས།	༢	༦	པར་མ།	
	༨		བདག་བསྟོད་བསྔལ་བྱེད་དགའ་བསྐྱེད་ཉིད། རྒྱས་པར་ཕྱེ་བའི་ཡི་གེ་བཞུགས།	ཨ་མེས་ཀུན་དགའ་བསོད་ནམས།	༢	༧	པར་མ།	
	༩		འཁོར་ལོ་བདེ་མཆོག་གི་བླ་མ་བརྒྱུད་པ་ལ་གསོལ་བ་འདེབས་པ་བྱིན་རླབས་དངོས་གྲུབ་ཆར་འབེབ་ཞེས་བྱ་བ་བཞུགས་སོ། །	ཨ་མེས་ཀུན་དགའ་བསོད་ནམས།	༡	༨	དཔེ་ཚུགས།	

	༡༠	ཀ ༡༨ མི ༥	འཕགས་པ་ཛམྦྷ་ལ་དཀར་པོའི་སྒྲུབ་ཐབས་རྗེས་གནང་དང་བཅས་པ་བཞུགས་སོ། །	ཨ་མེས་ཀུན་དགའ་བསོད་ནམས།	༧	༧	དཔེ་ཚུགས།	
	༡༡	ཀ ༡༨ མི ༥	གསུང་ངག་རིན་པོ་ཆེ་ཆ་ལག་བཅས་དོན་གསལ་བ། བརྡ་ཚིག་བརྒྱད། མ་གོན་རྒྱུད་གི་རྗེས་གནང་། སྒྲུབ་པ་ལུང་སྦྱིན་རྣམས་ཀྱིས་ཕྱག་ལེན་གསལ་བར་བཤད་པའི་ཡི་གེ་དོན་གཉིས་ལྷུན་གྲུབ་ཅེས་བྱ་བ་བཞུགས་སོ། །	ཨ་མེས་ཀུན་དགའ་བསོད་ནམས།	༡༠	༧	དཔེ་ཚུགས།	
	༡༢		དཔལ་རྡོ་རྗེ་ནག་པོ་ཆེན་པོའི་ཟབ་མོའི་ཆོས་སྐོར་རྣམས་བྱུང་བའི་ཚུལ་ལེགས་པར་བཤད་པ་བསྟན་སྲུང་ཆོས་ཀུན་གསལ་བའི་ཉིན་བྱེད་ཅེས་བྱ་བ་བཞུགས་སོ།།	ཨ་མེས་ཀུན་དགའ་བསོད་ནམས།	༡༩༡	༧	པར་མ།	
	༡༣		རྒྱལ་ཆེན་རྣམ་ཐོས་སྲས་འཁོར་དང་བཅས་པ་མཆོད་པའི་ཆོ་ག་དགོས་འདོད་མ་པ་འབྱུང་བའི་རིན་པོ་ཆེའི་གཏེར་མཛོད་ཅེས་བྱ་བ་བཞུགས་སོ། །	ཨ་མེས་ཀུན་དགའ་བསོད་ནམས།	༣༡	༦	པར་མ།	
	༡༤		ངན་སོང་ཐམས་ཅད་ཡོངས་སུ་སྦྱོང་བའི་རྒྱུད་ཀྱི་རྒྱལ་པོའི་དོན་འགྲེལ་ཁོག་ཕུབ་ལེགས་པར་བཤད་པ་སྦྱོང་རྒྱུད་བསྟན་པ་རྒྱས་པའི་ཉིན་བྱེད་ཅེས་བྱ་བ་བཞུགས་སོ། །	ཨ་མེས་ཀུན་དགའ་བསོད་ནམས།	༡༣༤	༦	པར་མ།	
	༡༥		བོད་ཀྱི་བརྡའི་བསྟན་བཅོས་མཁས་མང་དགོངས་པའི་བཅུད་བསྡུས་གསུང་རབ་ཀུན་ལ་ལྟ་བའི་ལེགས་བཤད་མིག་དབང་རབ་གསལ་སྣང་བ་ཞེས་བྱ་བ་བཞུགས་སོ། །	ཨ་མེས་ཀུན་དགའ་བསོད་ནམས།	༣༥	༦	པར་མ།	
	༡༦		ལེགས་སྦྱར་གློག་ཚུལ་གྱི་བསྟན་བཅོས་བློ་གསལ་ཀུན་དགའ་ཞེས་བྱ་བ་བཞུགས་སོ། །	ཨ་མེས་ཀུན་དགའ་བསོད་ནམས།	༦	༦	པར་མ།	
	༡༧		འཛམ་གླིང་བྱང་ཕྱོགས་ཀྱི་ཐུབ་པའི་རྒྱལ་ཚབ་ཆེན་པོ་དཔལ་ལྡན་ས་སྐྱ་པའི་གདུང་རབ་རིན་པོ་ཆེ་ཇི་ལྟར་བྱོན་པའི་ཚུལ་གྱི་རྣམ་པར་ཐར་པ་ངོ་མཚར་རིན་པོ་ཆེའི་བང་མཛོད་དགོས་འདོད་ཀུན་འབྱུང་ཞེས་བྱ་བ་བཞུགས་སོ། །	ཨ་མེས་ཀུན་དགའ་བསོད་ནམས།	༦༠—༢༦༥	༦	པར་མ།	

	༡༨		ཆོས་སྐྱོང་ཡིད་བཞིན་ནོར་བུ་ཀུན་ཁྱབ་རྡོ་རྗེ་དྲག་པོ་རྩལ་ལ་ཕྲིན་ལས་འཚོལ་བའི་ཡི་གེ་བསམ་དོན་ཀུན་འགྲུབ་ཅེས་བྱ་བ་བཞུགས།	ཨ་མེས་ཀུན་དགའ་བསོད་ནམས།	༣	༦	པར་མ།	
	༡༩		རྡོ་རྗེ་བདག་མེད་མའི་བསྟོད་པ་རྣམ་དག་གི་ཕྲེང་བ་ཞེས་བྱ་བ་ལ་ས་སྐྱ་པ་སྔགས་འཆང་ངག་དབང་ཀུན་དགའ་བསོད་ནམས་ཀྱི་ཞུས་དག་མཛད་པ་བཞུགས་སོ། །	ཨ་མེས་ཀུན་དགའ་བསོད་ནམས།	༣	༦	པར་མ།	
	༢༠		དཔལ་བསམ་ཡས་མི་འགྱུར་ལྷུན་གྱིས་གྲུབ་པའི་གཙུག་ལག་ཁང་གི་བསྲུང་མ་ཕྲིན་ལས་ཀྱི་མགོན་པོ་ཀུན་ཁྱབ་རྡོ་རྗེ་དྲག་པོ་རྩལ་གྱི་སྤྱན་འདྲེན་བསྐང་བ་འཕྲིན་བཅོལ་དང་བཅས་པའི་ཚོགས་སུ་བཅད་པ་ཕན་བདེ་ཀུན་འབྱུང་བསམ་པ་ལྷུན་གྲུབ་ཅེས་བྱ་བ་བཞུགས་སོ། །	ཨ་མེས་ཀུན་དགའ་བསོད་ནམས།	༣	༦	པར་མ།	
01947	༄ ཨ་མེས་ངག་དབང་ཀུན་དགའ་བསོད་ནམས་གསུང་འབུམ། ༼པོད་གཉིས་པ།༽							
	༡	ཨི ཡུ ༡༧༩	དཔལ་དཔལ་གཤིན་རྗེ་གཤེད་སྐོར་གྱི་དམ་པའི་ཆོས་བྱུང་བའི་ཚུལ་ལེགས་པར་བཤད་པ་བདེ་མཆོག་ཆོས་ཀུན་གསལ་བའི་ཉིན་བྱེད་ཅེས་བྱ་བ་བཞུགས་སོ། །	ཨ་མེས་ཀུན་དགའ་བསོད་ནམས།	༡༤༩	༧	པར་མ།	དབུ་ཤོག་ཆད་སྐྱོན་ཆེ།
	༢		དཔལ་ས་སྐྱ་པའི་ཡབ་ཆོས་ཀྱི་ཉིང་ཁུ་འཁོར་ལོ་སྡོམ་པའི་དམ་པའི་ཆོས་བྱུང་བའི་ཚུལ་གསལ་བར་བཤད་པ་འཇམ་དཔལ་ཆོས་ཀུན་གསལ་བའི་ཉིན་བྱེད་ཅེས་བྱ་བ་བཞུགས་སོ། །	ཨ་མེས་ཀུན་དགའ་བསོད་ནམས།	༤༧	༧	པར་མ།	
	༣		ཡོངས་རྫོགས་བསྟན་པ་རིན་པོ་ཆེའི་ཉམས་ལེན་གྱི་མན་ངག་གསུང་ངག་རིན་པོ་ཆེ་བྱོན་ཚུལ་ཁོག་དབུབ་དང་བཅས་པ་རྒྱས་པར་བཤད་པ་ལེགས་བཤད་འདུས་པའི་རྒྱ་མཚོ་ཞེས་བྱ་བ་བཞུགས་སོ། །	ཨ་མེས་ཀུན་དགའ་བསོད་ནམས།	༢༣༧	༦	པར་མ།	
	༤		གསུང་ངག་རིན་པོ་ཆེ་ལམ་འབྲས་བུ་དང་བཅས་པའི་གདམས་ངག་ཟབ་མོ་བྱུང་ཚུལ་གྱི་ཡི་གེ་དོན་གཉེར་དགའ་བ་བསྐྱེད་བྱེད་ཅེས་བྱ་བ་བཞུགས་སོ། །	ཨ་མེས་ཀུན་དགའ་བསོད་ནམས།	༢༠	༦	པར་མ།	

	༥		གསུང་ངག་རིན་པོ་ཆེ་ལམ་འབྲས་བུ་དང་བཅས་པའི་རྩ་བ་རྡོ་རྗེའི་ཚིག་རྐང་གི་དོན་འགྲེལ་ཁོག་ཕུབ་རྣམ་འགྲེལ་མ་ལུས་པ་བདེ་ལག་ཏུ་རྟོགས་པར་བྱེད་པ་བློ་གསལ་ཡིད་བདེ་འབྱུང་བའི་དགའ་ཚལ་ཞེས་བྱ་བ་བཞུགས་སོ། །	ཨ་མེས་ཀུན་དགའ་བསོད་ནམས།	༡༡	༦	པར་མ།	
	༦		རྣལ་འབྱོར་དབང་ཕྱུག་ལ་སྐྱུའི་རྣམ་འགྱུར་དྲུག་གི་སྒོ་ནས་བསྟོད་པ་དངོས་གྲུབ་ཆར་འབེབས་བཞུགས་སོ། །	ཨ་མེས་ཀུན་དགའ་བསོད་ནམས།	༣	༦	པར་མ།	
	༧		མུ་ཟུ་ལུང་གི་ཕྱག་པ་བཅུ་གསུམ་གྱི་ངོས་འཛིན་བཞུགས་སོ། །	ཨ་མེས་ཀུན་དགའ་བསོད་ནམས།	༣	༦		
01948	༄ ཨ་མེས་ངག་དབང་ཀུན་དགའ་བསོད་ནམས་གསུང་འབུམ། ༼པོད་གསུམ་པ།༽							
	༡	༡༠	སྲིད་པ་གསུམ་གྱི་འདྲེན་མཆོག་དམ་པ་ཡབ་རྗེ་སྨྲས་པའི་སངས་རྒྱས་སྔགས་འཆང་གྲགས་པ་བློ་གྲོས་ཀྱི་རྣམ་པར་ཐར་པ་བྱིན་རླབས་ཆར་འབེབ་ཞེས་བྱ་བ་བཞུགས་སོ། །	ཨ་མེས་ཀུན་དགའ་བསོད་ནམས།	༢༨	༧	དཔེ་རྩུགས།	
	༢		དཔལ་ཀུན་རིག་གི་བསྙེན་པ་བྱ་ཚུལ་དང་སྦྱིན་བསྲེག་གི་ཆོ་གའི་ལག་ལེན་གསལ་བར་བཤད་པ་མ་ནོར་དོན་གསལ་ཞེས་བྱ་བ་བཞུགས་སོ། །	ཨ་མེས་ཀུན་དགའ་བསོད་ནམས།	༣༡	༦	དཔེ་རྩུགས།	དབུ་ཞབས་ལ་རལ་སྐྱོན་ཡོད།
	༣	ཨ	དཔལ་ས་སྐྱ་པ་སྔགས་འཆང་ངག་དབང་ཀུན་དགའ་བསོད་ནམས་ཀྱི་གསུང་མགུར་ཉམས་དབྱངས་ནམ་མཁའ་མ་དང་། ཉམས་དབྱངས་དོན་གཉིས་ལྷུན་གྲུབ་གཉིས་བཞུགས།	ཨ་མེས་ཀུན་དགའ་བསོད་ནམས།	༢	༥	དཔེ་རྩུགས།	
	༤	ཨ	ཉམས་དབྱངས་བདུད་རྩིའི་ཐིགས་ཕྲེང་ཡིད་བདེའི་དཔལ་སྟེར། དཔལ་ས་སྐྱ་པ་སྔགས་འཆང་ངག་དབང་ཀུན་དགའ་བསོད་ནམས་ཀྱི་གསུང་མགུར་བཞུགས།	ཨ་མེས་ཀུན་དགའ་བསོད་ནམས།	༣	༦	དཔེ་རྩུགས།	༤. ནས་མེད།

	༥		སྔགས་འཆང་ཆོས་ཀྱི་རྒྱལ་པོས་མཛད་པའི་གསང་འདུས་དཀྱིལ་ཆོག་གིས་མཚན་བུ་མ་དག་པའི་འཁྲུལ་སེལ་བཞུགས།	ཨ་མེས་ཀུན་དགའ་བསོད་ནམས།	༦	༦	དཔེ་ཚུགས།	
	༦		ཀུན་རིག་གིས་ས་ཆོག་དང་། སྟ་གོན། དགེ་སློང་ཀུན་དགའ་བསོད་ནམས་ཀྱིས་མཛད་པ་བཞུགས་སོ། །	ཨ་མེས་ཀུན་དགའ་བསོད་ནམས།	༩	༡༠	དཔེ་ཚུགས།	
	༧	ཐོ་ ལི ༢༦	ཚུལ་བཞི་སྟོན་དུ་འགྲོ་བ་དང་བཅས་པའི་དཔལ་ཀྱི་རྡོ་རྗེའི་རྩ་རྒྱུད་བརྟག་པ་གཉིས་པའི་ཚིག་འགྲེལ་རྒྱུད་བཤད་བསྟན་པ་རྒྱས་པའི་ཉིན་བྱེད་ཅེས་བྱ་བ་བཞུགས་སོ། །	ཨ་མེས་ཀུན་དགའ་བསོད་ནམས།	༢༩༣	༦	ཁྲིམས་མ་དབུ་ཅན།	
	༨	ཉི ༡༩ པ ༣༧	དཔལ་ས་སྐྱ་པའི་བསྟན་བསྲུངས་འཁོར་དང་བཅས་པ་ལ་བསྟོད་པ་དགྲ་བགེགས་སྒྲོག་བཙོད་ཀྱི་འཁོར་ལོ་ས་སྐྱ་ལོ་ཙྪ་བ་ཤཱཀྱའི་དགེ་སློང་འཇམ་དབྱངས་ཀུན་དགའ་བསོད་ནམས་ཀྱི་མཛད་པའོ། །	ཨ་མེས་ཀུན་དགའ་བསོད་ནམས།	༡༩	༢	དཔེ་ཚུགས།	
	༩	ཅ་	དཔལ་གསང་བ་འདུས་པའི་རིམ་པའི་ཆོས་བྱུང་བའི་ཚུལ་ལེགས་པར་བཤད་པ་གསང་འདུས་ཆོས་ཀུན་གསལ་བའི་ཉིན་བྱེད་ཅེས་བྱ་བ་བཞུགས།	ཨ་མེས་ཀུན་དགའ་བསོད་ནམས།	༡༡༦	༦	དཔེ་ཚུགས།	
	༡༠	ཅ་	དཔལ་གསང་བ་འདུས་པའི་ཆོས་ཀྱི་བྱུང་ཚུལ་མདོ་ཙམ་དང་བསྐྱེད་རྫོགས་ཀྱི་ཉམས་ལེན་མགོས་ལུགས་གཙང་མ་ཡིད་འཕྲོག་ལྷའི་རོལ་མོ་ཞེས་བྱ་བ་བཞུགས་སོ། །	ཨ་མེས་ཀུན་དགའ་བསོད་ནམས།	༦༡	༦	དཔེ་ཚུགས།	
	༡༡	(ནང་ ང་)	སྦྱོང་རྒྱུད་ཀྱི་ལས་བཞིའི་སྦྱིན་སྲེག་དགའ་ལྡན་པ་ཀུན་བསོད་ཀྱིས་མཛད་པ་བཞུགས་སོ། །	དགའ་ལྡན་ཀུན་བསོད།	༥	༢	ཁྱུགས་མ་ཚུགས།	
	༡༢		ནོར་ལྷ་དབྱུག་གུ་མ་མཆེད་གསུམ་གྱི་སྒྲུབ་སྐོར་མན་ངག་ཆ་ཚང་བའི་ལག་ལེན་བྱ་ཚུལ་གསལ་བར་བཀོད་པ་བསམ་འཕེལ་དབང་གི་རྒྱལ་པོའི་ནོར་བུ་དགོས་འདོད་ཀུན་འཛོ་བཞུགས་སོ། །	ཨ་མེས་ཀུན་དགའ་བསོད་ནམས།	༡༠	༦	ཁྱུགས་མ་ཚུགས།	

	༡༣	ཆོས་ ཉུ ༡༡༥	དབང་བསྐུར་བའི་མཚམས་སྦྱོར་བཞུགས་སོ། ། རྒྱལ་སྲས་འཇིགས་མེད་ཀྱི་དཔེའོ། །	ཨ་མེས་ཀུན་དགའ་བསོད་ ནམས།	༨	༧	དཔེ་ཚུགས།	
	༡༩	༼ཛེ༽ ནང་ ཕ	དཔལ་ཀུན་རིག་གི་ཆོ་ག་གཞན་ཕན་མཐའ་ཡས་ཞེས་བྱ་བ་བཞུགས་སོ། །	ཨ་མེས་ཀུན་དགའ་བསོད་ ནམས།	༣༢	༦	པར་མ།	
01949	༄ ཨ་མེས་ངག་དབང་ཀུན་དགའ་བསོད་ནམས་གསུང་འབུམ། ༼པོད་བཞི་པ།༽							
	༡	༼ཏི༽	རྗེ་བཙུན་རྡོ་རྗེ་རྣལ་འབྱོར་མའི་ཁྲིད་རིམ་བླ་མའི་གསུང་སྒྲོས་དངོས་གྲུབ་མྱུར་ མགྱོགས་ཀྱི་ཕོ་ཉ་ཞེས་བྱ་བ་བཞུགས་སོ། །	ཨ་མེས་ཀུན་དགའ་བསོད་ ནམས།	༣༦	༥	དཔེ་ཚུགས།	
	༢	ཏ ཙ ༡༦	རྡོ་རྗེ་ཕག་མོ་མངོན་འབྱུང་གི་སྒྲུབ་ཐབས་བཞུགས་སོ། །	ཨ་མེས་ཀུན་དགའ་བསོད་ ནམས།	༡༣	༥	དཔེ་ཚུགས།	༡༩. མན་ཆད་མ་ ཚང་།
	༣		དཔལ་གསང་བ་འདུས་པའི་རྫོགས་རིམ་རིམ་ལྔ་དམར་ཁྲིད་ཀྱི་ཟིན་བྲིས་ཡིད་ བཞིན་ནོར་བུའི་ཟ་མ་ཏོག་གི་ཁ་འབྱེད་པའི་ལྡེ་མིག་ཅེས་བྱ་བ།	ཨ་མེས་ཀུན་དགའ་བསོད་ ནམས།	༢༠	༦	དཔེ་ཚུགས།	
	༤		གདུགས་དཀར་ཅན་གྱི་དཀྱིལ་ཆོག་གཟུངས་ཀྱི་དོན་གསལ་བ་བཞུགས།	ཨ་མེས་ཀུན་དགའ་བསོད་ ནམས།	༢༥	༧	དཔེ་ཚུགས།	
	༥	ཟེ མདོ	དཀར་པོ་དྲུང་གི་གདམས་པ་བཞུགས།	ཨ་མེས་ཀུན་དགའ་བསོད་ ནམས།	༣	༧	དཔེ་ཚུགས།	
	༦		དམ་རྫས་སྒྲུབ་པའི་ཐུན་མཚམས་སུ་ཉམས་ལ་གང་ཤར་ཐོལ་བྱུང་དུ་བྲིས་པ།	ཨ་མེས་ཀུན་དགའ་བསོད་ ནམས།	༡	༤	དཔེ་ཚུགས།	༡–༣ བར་ཆད།
	༧		དཔལ་ལྡན་ཐུ་མིའི་གདུང་གི་འཕྲེང་བ་བློ་གསལ་མགུལ་རྒྱན་གནྡྷའི་ཙུ་རྒྱུན་ཞེས་ བྱ་བའི་དབུ་ཕྱོགས་ལེགས་པ་བཞུགས་སོ། །	ཨ་མེས་ཀུན་དགའ་བསོད་ ནམས།	༥༢	༧	དཔེ་ཚུགས།	

	༨	རེ ནང མ	རྡོ་བཙུན་དྡོ་རྡེ་རྣལ་འབྱོར་མ་ནཱ་རོ་མཁའ་སྤྱོད་དུ་གྲགས་པའི་རྫོགས་རིམ་རྩ་དབུ་མའི་ཆོས་ཉིད་དངོས་སྟོན་གྱི་བྱིན་རླབས་ཀྱི་ཕྱག་ལེན་གསལ་བར་བཀོད་པ་ས་སྐྱ་ངག་དབང་ཀུན་དགའ་བསོད་ནམས་ཀྱིས་མཛད་པ་བཞུགས།	ཨ་མེས་ཀུན་དགའ་བསོད་ནམས།	༥	༥	དཔེ་ཚུགས།	
	༩		དམར་ཆེན་གཏོར་བཟློག་གི་ཕྱག་ལེན་གྲུབ་མཆོག་བསོད་ནམས་དབང་པོའི་ཕྱག་བྲིས་དངོས་ས་སྐྱ་ངག་དབང་ཀུན་དགས་ཞལ་བཤུས་བགྱིས་པ་བཞུགས་སོ། །	ཨ་མེས་ཀུན་དགའ་བསོད་ནམས།	༣	༧	དཔེ་ཚུགས།	
	༡༠	༧༣	དཔལ་འཁོར་ལོ་བདེ་མཆོག་ནག་པོ་པའི་སྒྲུབ་པའི་ཐབས་རིམ་དོན་ཟླ་བའི་འོད་ཟེར་ཞེས་བྱ་བ་བཞུགས་སོ། །	ཨ་མེས་ཀུན་དགའ་བསོད་ནམས།	༢༠	༧	དཔེ་ཚུགས།	
	༡༡		རྗེ་བཙུན་རྡོ་རྗེ་བདག་མེད་མ་ལྷ་མོ་བཅོ་ལྔའི་སྨིན་བྱེད་དབང་གི་མཚམས་སྦྱོར་ཕྲིན་ལས་རབ་རྒྱས་ཅེས་བྱ་བ་བཞུགས་སོ། །	ཨ་མེས་ཀུན་དགའ་བསོད་ནམས།	༥༦	༥	དཔེ་ཚུགས།	
	༡༢		འཁོན་རིགས་ཀྱི་ཤཱཀྱའི་བཙུན་པ་ངག་དབང་ཀུན་དགའི་མིང་ཅན་གྱིས་རང་ལ་བཀའ་དྲིན་ཆེ་བའི་ཨ་མ་བཤེགས་རྗེས་ཆེད་གཏད་བསྔོམས་པའི་སྨོན་ལམ་འགྲོ་བའི་བསོད་ནམས་མ་ཞེས་བྱ་བ་བཞུགས་སོ། །	ཨ་མེས་ཀུན་དགའ་བསོད་ནམས།	༢	༧	དཔེ་ཚུགས།	
	༡༣		འཁོར་ལོ་བདེ་མཆོག་གི་བླ་མ་བརྒྱུད་པ་ལ་གསོལ་བ་འདེབས་པ་བྱིན་རླབས་དངོས་གྲུབ་ཆར་འབེབ་ཅེས་བྱ་བ་བཞུགས།	ཨ་མེས་ཀུན་དགའ་བསོད་ནམས།	༡		དཔེ་ཚུགས།	
	༡༤		བླ་མ་ལ་གསོལ་བ་འདེབས་པའི་ཡིག་ཆུང་བྱིན་རླབས་མྱུར་འཇུག་ཅེས་བྱ་བ་བཞུགས།	ཨ་མེས་ཀུན་དགའ་བསོད་ནམས།	༢	༥	དཔེ་ཚུགས།	
	༡༥		མི་དབང་བསོད་ནམས་མཐུ་སྟོབས་དབང་པོའི་སྔེའི་ཕྱག་ཏུ་ཕུལ་བའི་ཡི་གེ་ཡོད།	ཨ་མེས་ཀུན་དགའ་བསོད་ནམས།	༡－༡	༨	དཔེ་ཚུགས།	
	༡༦		དཔོན་ས་བཀྲ་ཤིས་ཚེ་རིང་བསོད་ནམས་རྒྱལ་མོ་ལ་སྤྲིང་ཡིག་བཞུགས།	ཨ་མེས་ཀུན་དགའ་བསོད་ནམས།	༡－༢	༨	དཔེ་ཚུགས།	

	༡༧		ཆོས་ལས་པ་རཏྣ་ཧྲ་ཛ་དང་རབ་འབྱམས་སྨྲ་བ་ཀུན་དགའ་བསམ་གྲུབ་གཉིས་ལ་ཕྲན་མོང་དུ་སྤྲིང་ཡིག་གཉིས་བཞུགས་སོ། །	ཨ་མེས་ཀུན་དགའ་བསོད་ནམས།	༣– ༣	༨	དཔེ་ཚུགས།	
	༡༨		ཉམས་དབྱངས་ངན་པས་སྦྱོད་པའི་ཟླུག་ཧྲ་སེལ་བྱེད་ཅེས་བྱ་བ་བཞུགས་སོ། །	ཨ་མེས་ཀུན་དགའ་བསོད་ནམས།	༡– ༣	༨	དཔེ་ཚུགས།	
	༡༩		ཉམས་དབྱངས་ངན་པའི་སྦྱོད་པ་ལ་ཁྲེལ་བའི་གཏམ་ཞེས་བྱ་བ་བཞུགས་སོ། །	ཨ་མེས་ཀུན་དགའ་བསོད་ནམས།	༣– ༣	༨	དཔེ་ཚུགས།	
	༢༠		རབ་འབྱམས་བསོད་ནམས་བློ་གྲོས་ལ་བསྐུར་བའི་འཕོ་བའི་ཡི་གེ་ཡོད།	ཨ་མེས་ཀུན་དགའ་བསོད་ནམས།	༡– ༡	༧	དཔེ་ཚུགས།	
	༢༡		ཡི་གེ་པ་ཨཱ་ནནྡ་ལ་གནང་བའི་བཀའ་ཤོ་བཞུགས།	ཨ་མེས་ཀུན་དགའ་བསོད་ནམས།	༡– ༡	༧	དཔེ་ཚུགས།	
	༢༢		ལམ་འཇུག་བཟང་ངན་བཤད་པའི་ཡིག་ཆུང་བཞུགས།	ཨ་མེས་ཀུན་དགའ་བསོད་ནམས།	༡– ༡	༧	དཔེ་ཚུགས།	
	༢༣		གོང་བསྟོད་བཞུགས།	ཨ་མེས་ཀུན་དགའ་བསོད་ནམས།	༡– ༡	༨	དཔེ་ཚུགས།	
	༢༤		ས་སྐྱ་གོང་མ་ལྔ་ལ་བསྟོད་པ་དངོས་གྲུབ་འབྱུང་བ་ཞེས་བྱ་བ་བཞུགས་སོ། །	ཨ་མེས་ཀུན་དགའ་བསོད་ནམས།	༡– ༡	༨	དཔེ་ཚུགས།	
	༢༥		དགེས་བཞིན་གནང་བའི་ཞལ་གདམས་དགོས་འདོད་ཀུན་འགྲུབ་ལས་ཟུར་དུ་བཀོལ་བ་བཞུགས།	ཨ་མེས་ཀུན་དགའ་བསོད་ནམས།	༡– ༡	༨	དཔེ་ཚུགས།	
	༢༦		བདག་བསྟོད་བསྐུལ་བྱེད་དགའ་བསྐྱེད་ཅེས་བྱ་བ་བཞུགས།	ཨ་མེས་ཀུན་དགའ་བསོད་ནམས།	༡	༨	དཔེ་ཚུགས།	མཇུག་མ་ཚང་།

	༢༧		སེམས་སྐྱོ་བའི་ངང་ནས་རོ་འཛིན་བསྒྱུར་བ་འགའ་ཞིག་ཕྱོགས་གཅིག་ཏུ་སྡེབས་པའི་ལེགས་བཤད་ཡིད་འབྱུང་བསྐྱེད་བྱེད་ཅེས་བྱ་བ་བཞུགས་སོ། །	ཨ་མེས་ཀུན་དགའ་བསོད་ནམས།	༡– ༢	༨	དཔེ་རྩུགས།	
	༢༨		རྗེ་མུས་ཆེན་ལ་ཞུ་ཡིག་ཕུལ་བའི་རྟེན་གྱི་ན་བཟའ་ལ་བྲིས་པའི་ཡི་གེ་བཞུགས།	ཨ་མེས་ཀུན་དགའ་བསོད་ནམས།	༢– ༢	༧	དཔེ་རྩུགས།	
	༢༩		ཉམས་དབྱངས་ཚེ་འདིའི་ཞེན་པ་སེལ་བྱེད་ཅེས་བྱ་བ་བཞུགས་སོ། །	ཨ་མེས་ཀུན་དགའ་བསོད་ནམས།	༢– ༣	༧	དཔེ་རྩུགས།	
	༣༠		རྗེ་རྒྱལ་བ་མུས་པ་ཆེན་པོ་ལ་གདུང་དབྱངས་ཀྱི་སྒོ་ནས་གསོལ་བ་འདེབས་པ་བསམ་དོན་ཀུན་འགྲུབ་བཞུགས་སོ། །	ཨ་མེས་ཀུན་དགའ་བསོད་ནམས།	༡	༧	དཔེ་རྩུགས།	
	༣༡		བླ་མ་རྣམས་ལ་གསོལ་བ་འདེབས་པའི་ཚིགས་བཅད་བྱིན་རླབས་ཆར་འབེབས་བཞུགས།	ཨ་མེས་ཀུན་དགའ་བསོད་ནམས།	༡	༧	དཔེ་རྩུགས།	
	༣༢		གསོལ་འདེབས་དོན་ཀུན་ལྷུན་གྲུབ་ཞེས་བྱ་བ་བཞུགས།		༡	༧	དཔེ་རྩུགས།	
	༣༣		རྗེ་བླ་མ་དང་རྨི་ལམ་དུ་མཇལ་ཚུལ་ཡ་མཚན་ཅན་གྱི་བརྗོད་པོ་ལགས་སོ། །	ཨ་མེས་ཀུན་དགའ་བསོད་ནམས།	༢	༧	དཔེ་རྩུགས།	
	༣༤		འཁོར་ལོ་བདེ་མཆོག་ཕོ་བྲང་གི་ཆད་ལེགས་པར་བཤད་པ་བློ་གསལ་མིག་ཐུར་བཞུགས་སོ། །	ཨ་མེས་ཀུན་དགའ་བསོད་ནམས།	༣	༧	དཔེ་རྩུགས།	
	༣༥		དཔལ་ས་སྐྱའི་བཞི་ཐོག་བླ་བྲང་གི་མགོན་ཁང་ཆེན་མོ་གསར་བཞེངས་ཀྱི་རྟེན་རྣམས་ཀྱི་གཟུངས་བཞུགས་བཞུགས་ཚུལ་གྱི་དཀར་ཆག་མཐོང་བ་ཡིད་འཕྲོག་ཅེས་བྱ་བ་བཞུགས་སོ། །	ཨ་མེས་ཀུན་དགའ་བསོད་ནམས།	༡༡	༦	དཔེ་རྩུགས།	
	༣༦		རབ་ཏུ་གནས་པའི་དོན་གསལ་གྱི་དགོངས་དོན་རྣམས་ཞིབ་ཏུ་ཕྱེ་སྟེ་ལེགས་པར་བཤད་པ་རིན་པོ་ཆེའི་གཏེར་མཛོད་བཞུགས།	ཨ་མེས་ཀུན་དགའ་བསོད་ནམས།	༡༩༢	༦	དཔེ་རྩུགས།	

	༣༧		རྒྱུ་གཏོར་གཏོང་ཚུལ་གྱི་ཡི་གེ་འདོད་དགུའི་ཆར་འབེབ་ཞེས་བྱ་བ་བཞུགས་སོ། །	ཨ་མེས་ཀུན་དགའ་བསོད་ནམས།	༢	༦	དཔེ་ཚུགས།	
	༣༨		སྔགས་དུས་ཀྱི་རྒྱལ་བ་གཉིས་པ་རྡོ་རྗེ་འཆང་རྗེ་བཙུན་རིན་པོ་ཆེའི་གསུང་རབ་དྲི་མ་མེད་པ་དམ་ཆོས་ཀྱི་རྣམ་པར་བཤད་པའི་དོན་འགྲེལ་རྒྱ་མཚོ་ལྟ་བུ་རྣམས་ཕྱོགས་གཅིག་ཏུ་སྒྲིགས་པའི་ལེགས་བཤད་འཕྲུལ་སྤྱོང་མཆོག་གི་དགོངས་པ་གསལ་བར་བྱེད་པ་སྐལ་བཟང་ཡིད་ཀྱི་མུན་སེལ་ཞེས་བྱ་བ་བཞུགས་སོ། །	ཨ་མེས་ཀུན་དགའ་བསོད་ནམས།	༡༠༢	༧	དཔེ་ཚུགས།	
	༣༩	ག ཚ ༣༥	རྡོ་རྗེ་ཕུར་པའི་གཏོར་བཟློག་དགྲ་བགེགས་ཀུན་འཇོམས་བཞུགས་སོ། །	རྒྱ་གར་ཤེས་རབ་རྒྱལ་མཚན།	༡–༢	༦	དཔེ་ཚུགས།	
	༤༠		གཏོར་བཟློག།	འགོན་ཤེར་བཟང་།	༢–༩	༦	དཔེ་ཚུགས།	
	༤༡		དཔལ་རྡོ་རྗེ་གཞོན་ནུའི་གཏོར་བཟློག་དགྲ་བགེགས་ཀུན་འཇོམས་ཀྱི་ལྷན་ཐབས་བཞུགས་སོ། །	ཨ་མེས་ཀུན་དགའ་བསོད་ནམས།	༡༦	༦	དཔེ་ཚུགས།	
	༤༢		ཉང་གི་གུ་རུ་དྲག་པོའི་དབང་ཆོག་གི་ཟིན་བྲིས་གསལ་བའི་སྒྲོན་མེ་བཞུགས་སོ། །	རྒྱ་གར་ཤེས་རབ་རྒྱལ་མཚན།	༢	༦	དཔེ་ཚུགས།	
	༤༣		རྗེ་བླ་མ་མུས་པ་ཆེན་པོའི་གསུང་གི་བདུད་རྩི་ཟེགས་མ་དད་པའི་དཔལ་སྟེར་ཞེས་བྱ་བ་བཞུགས་སོ། །	ཨ་མེས་ཀུན་དགའ་བསོད་ནམས།	༡–༣	༧	དཔེ་ཚུགས།	
	༤༤		ལེགས་པར་བཤད་པ་ཡིད་ཀྱི་གདུང་སེལ་ཞེས་བྱ་བ་བཞུགས་སོ། །	ཨ་མེས་ཀུན་དགའ་བསོད་ནམས།	༣–༥	༧	དཔེ་ཚུགས།	
	༤༥		ཉམས་དབྱངས་ཡོན་ཏན་རིན་པོ་ཆེའི་འབྱུང་གནས་ཅེས་བྱ་བ་བཞུགས་སོ། །	ཨ་མེས་ཀུན་དགའ་བསོད་ནམས།	༥–༦	༧	དཔེ་ཚུགས།	
	༤༦		ཉམས་དབྱངས་ཚེ་འདིས་ཞེན་པ་སེལ་བྱེད་བཞུགས།	ཨ་མེས་ཀུན་དགའ་བསོད་ནམས།	༧–༨	༧	དཔེ་ཚུགས།	

	༤༧		ཉམས་དབྱངས་གདན་ས་མ་བཞུགས།	ཨ་མེས་ཀུན་དགའ་བསོད་ནམས།	༧–༨	༧	དཔེ་ཚུགས།	
	༤༨		རྗེ་མུས་ཆེན་ལ་ཞུ་ཡིག་ཕུལ་བའི་རྟེན་གྱི་ན་བཟའ་ལ་བྲིས་པའི་ཡི་གེ་བཞུགས་སོ།།	ཨ་མེས་ཀུན་དགའ་བསོད་ནམས།	༨–༨	༧	དཔེ་ཚུགས།	
	༤༩		ཉམས་དབྱངས་ཞུང་དུ་བཞུགས།	ཨ་མེས་ཀུན་དགའ་བསོད་ནམས།	༨–༨	༧	དཔེ་ཚུགས།	
	༥༠		སེམས་སྐྱོ་བའི་ངང་ནས་རོ་འཛིན་བསྒྱུར་བ་འགའ་ཞིག་ཕྱོགས་གཅིག་ཏུ་སྡེབས་པ་ལེགས་བཤད་ཡིད་འབྱུང་བསྐྱེད་བྱེད་ཅེས་བྱ་བ་བཞུགས་སོ། །	ཨ་མེས་ཀུན་དགའ་བསོད་ནམས།	༨–༩	༧	དཔེ་ཚུགས།	
	༥༡		མི་དབང་ཀརྨ་འཇིགས་བྲལ་རྡོ་རྗེ་ལ་གདམས་པའི་ཡི་གེ།	ཨ་མེས་ཀུན་དགའ་བསོད་ནམས།	༩–༡༠	༧	དཔེ་ཚུགས།	
	༥༢		རང་གི་སློབ་བུ་ཆགས་ཆེན་འགའ་ལ་སྤྲས་པའི་ཡི་གེ་བཞུགས།	ཨ་མེས་ཀུན་དགའ་བསོད་ནམས།	༡༠–༡༡	༧	དཔེ་ཚུགས།	
	༥༣ ༥༤		ཡ་རབས་རྣམས་ཀྱི་རྗེས་སུ་འབྲང་བའི་གཏམ་ཡིད་འོང་ལང་ཚོ་གཞོན་ནུའི་བཞིན་རས་སྒྲོད་ལྡན་ཡིད་འཕྲོག་བཞུགས།	ཨ་མེས་ཀུན་དགའ་བསོད་ནམས།	༡༡–༡༢	༧	དཔེ་ཚུགས།	
			གླགས་པ་ཙམ་གྱི་སྐྱེ་མེད་དོན། །རྟོགས་བྱེད་ལེགས་བཤད་འདི་ན་འོད། །	ཨ་མེས་ཀུན་དགའ་བསོད་ནམས།	༡༢–༡༣		དཔེ་ཚུགས།	
	༥༥		ཀྱཻ་རྡོ་རྗེའི་མངོན་པར་རྟོགས་པའི་རྣམ་བཤད་ཟིན་བྲིས་འཇམ་དབྱངས་དགོངས་རྒྱན་བཞུགས་ལགས་སོ། །	ཨ་མེས་ཀུན་དགའ་བསོད་ནམས།	༢༠	༦	དཔེ་ཚུགས།	

	༥༦		གངས་ཅན་བསྟན་པའི་མངའ་བདག་རྗེ་བཙུན་ས་སྐྱ་པའི་ཡབ་ཆོས་ཀྱི་རྡོ་རྗེའི་རྒྱུད་གསུམ་སྔོན་འགྲོ་ཚུལ་བཞི་དང་བཅས་པའི་དོན་འགྲེལ་ཟིན་བྲིས་རིན་པོ་ཆེའི་གཏེར་མཛོད་ཅེས་བྱ་བ་བཞུགས་སོ། །	ཨ་མེས་ཀུན་དགའ་བསོད་ནམས།	༢༤	༦	དཔེ་ཚུགས།	
	༥༧		དཔལ་ས་སྐྱ་པ་ཤཱཀྱའི་དགེ་བསྙེན་པཎྜི་ཏ་ཐེག་པ་མཆོག་གི་རྣལ་འབྱོར་པ་སྔགས་འཆང་ཀུན་དགའ་བསོད་ནམས་ཀྱི་རང་ལོ་སོ་གསུམ་ཡན་གྱི་ཉམས་དབྱངས་ཀྱི་སྐོར་སོགས་ཐོར་བུ་འགའ་ཞིག་ཕྱོགས་གཅིག་ཏུ་བསྒྲིགས་པབཞུགས་སོ། །	ཨ་མེས་ཀུན་དགའ་བསོད་ནམས།	༡– ༤	༧	དཔེ་ཚུགས།	
	༥༨		ཉམས་དབྱངས་མཐོང་བ་དོན་ལྡན་ཞེས་བྱ་བ་བཞུགས་སོ། །	ཨ་མེས་ཀུན་དགའ་བསོད་ནམས།	༤– ༧	༧	དཔེ་ཚུགས།	༥· ཆད།
	༥༩		ཞལ་གདམས་ཟིན་བྲིས་བདུད་རྩིའི་ཐིགས་པ་ཞེས་བྱ་བ་བཞུགས་སོ། །	ཨ་མེས་ཀུན་དགའ་བསོད་ནམས།	༧– ༧	༧	དཔེ་ཚུགས།	
	༦༠		རྗེས་སྤྱོད་ཉམས་ལེན་གོང་འཕེལ་གྱི་ཡི་གེ་ཞེས་བྱ་བ་བཞུགས།	ཨ་མེས་ཀུན་དགའ་བསོད་ནམས།	༧– ༨	༧	དཔེ་ཚུགས།	
	༦༡		གསུང་ངག་ལམ་འབྲས་ལ་ཐོས་བསམ་བྱས་དུས་ཀྱི་རྨི་ལམ་ཡི་གེར་བྲིས་པ་དང་པའི་གསལ་འདེབས་ཅེས་བྱ་བ་བཞུགས་སོ། །	ཨ་མེས་ཀུན་དགའ་བསོད་ནམས།	༨– ༨	༧	དཔེ་ཚུགས།	
	༦༢		ཉམས་དབྱངས་ངན་པའི་སྤྱོད་པ་ལ་ཁྲེལ་བའི་གཏམ་ཞེས་བྱ་བ་བཞུགས་སོ། །	ཨ་མེས་ཀུན་དགའ་བསོད་ནམས།	༨– ༩	༧	དཔེ་ཚུགས།	
	༦༣		འཁོར་ལོ་བདེ་མཆོག་ནག་པོ་པའི་བསྙེན་པ་བྱས་དུས་ཀྱི་ཉམས་དབྱངས་ཉམས་རྟོགས་བསྐྱེད་པའི་ས་བོན་ཞེས་བྱ་བ་བཞུགས་སོ། །	ཨ་མེས་ཀུན་དགའ་བསོད་ནམས།	༩– ༡༠	༧	དཔེ་ཚུགས།	
	༦༤		རང་ལ་རང་གིས་གྲོས་འདེབས་ཀྱི་ཡི་གེ་རང་སྐྱོན་སེལ་བའི་སྨན་མཆོག་བཞུགས།	ཨ་མེས་ཀུན་དགའ་བསོད་ནམས།	༡༠– ༡༡	༧	དཔེ་ཚུགས།	

	༦༥		ཉམས་དབྱངས་ཡོན་ཏན་རིན་པོ་ཆེའི་འབྱུང་གནས་ཞེས་བྱ་བ་བཞུགས་སོ། །	ཨ་མེས་ཀུན་དགའ་བསོད་ནམས།	༡༡–༡༢	༧	དཔེ་ཚུགས།	
	༦༦		ཉམས་དབྱངས་བར་ཆད་ཀུན་སེལ་ཞེས་བྱ་བ་བཞུགས།	ཨ་མེས་ཀུན་དགའ་བསོད་ནམས།	༡༢–༡༣	༧	དཔེ་ཚུགས།	
	༦༧		ཉམས་དབྱངས་ཕུན་ཚོགས་རབ་རྒྱས་བཞུགས།	ཨ་མེས་ཀུན་དགའ་བསོད་ནམས།	༡༣–༡༤	༧	དཔེ་ཚུགས།	
	༦༨		ཉམས་མགུར་སྐྱིགས་མའི་གཏམ་ཞེས་བྱ་བ་བཞུགས།	ཨ་མེས་ཀུན་དགའ་བསོད་ནམས།	༡༤–༡༥	༧	དཔེ་ཚུགས།	
	༦༩		བླ་མ་རྒྱུད་འབོད་ཀྱི་ཚིགས་སུ་བཅད་པ་དང་རང་གི་སྤྱོད་ཚུལ་ཡིད་འབྱུང་བའི་ཚིགས་བཅད་ལྷན་ཅིག་ཏུ་སྡེབས་པ་བཞུགས།	ཨ་མེས་ཀུན་དགའ་བསོད་ནམས།	༡༥–༡༦	༧	དཔེ་ཚུགས།	
	༧༠		བདག་བསྟོད་བསྐུལ་བྱེད་རབ་དགའ་བཞུགས།	ཨ་མེས་ཀུན་དགའ་བསོད་ནམས།	༡༦–༡༦	༧	དཔེ་ཚུགས།	
	༧༡		ཉམས་ཤར་ཡི་གེར་བྲིས་པ་བློ་ལྡན་དགའ་བསྐྱེད་ཅེས་བྱ་བ་བཞུགས།	ཨ་མེས་ཀུན་དགའ་བསོད་ནམས།	༡༦–༡༧	༧	དཔེ་ཚུགས།	
	༧༢		ཉམས་དབྱངས་སྤྱོད་པའི་ཟུག་རྔུ་སེལ་བྱེད་ཅེས་བྱ་བ་བཞུགས།	ཨ་མེས་ཀུན་དགའ་བསོད་ནམས།	༡༧–༡༨	༧	དཔེ་ཚུགས།	
	༧༣		ཉམས་དབྱངས་ཚེ་འདིའི་ཞེན་པ་སེལ་བྱེད་ཅེས་བྱ་བ་བཞུགས།	ཨ་མེས་ཀུན་དགའ་བསོད་ནམས།	༡༨–༡༩	༧	དཔེ་ཚུགས།	
	༧༤		ཉམས་དབྱངས་གདན་ས་མ་བཞུགས།	ཨ་མེས་ཀུན་དགའ་བསོད་ནམས།	༡༩–༢༠	༧	དཔེ་ཚུགས།	

	༧༥		རྗེ་མུས་ཆེན་ལ་ཞུ་ཡིག་ཕུལ་བའི་རྟེན་གྱི་ན་བཟའ་ལ་བྲིས་པའི་ཡི་གེ།	ཨ་མེས་ཀུན་དགའ་བསོད་ནམས།	༢༠–༢༠	༧	དཔེ་ཚུགས།	
	༧༦		ཉམས་དབྱངས་ཤུང་དུ་བཞུགས།	ཨ་མེས་ཀུན་དགའ་བསོད་ནམས།	༢༠–༢༠	༧	དཔེ་ཚུགས།	
	༧༧		སེམས་སྐྱོ་བའི་ངང་ནས་ རོ་འཛིན་བསྒྱུར་བ་འགའ་ཞིག་ཕྱོགས་གཅིག་ཏུ་སྡེབས་པ་ལེགས་བཤད་ཡིད་འབྱུང་སྐྱེད་བྱེད་ཅེས་བྱ་བ་བཞུགས་སོ། །	ཨ་མེས་ཀུན་དགའ་བསོད་ནམས།	༢༠–༢༡	༧	དཔེ་ཚུགས།	
	༧༨		ཉམས་དབྱངས་གསང་བའི་ཡི་གེ་ཅེས་བྱ་བ་བཞུགས།	ཨ་མེས་ཀུན་དགའ་བསོད་ནམས།	༢༡–༢༢	༧	དཔེ་ཚུགས།	
	༧༩		ཉམས་དབྱངས་ཨང་བཞི་མ་བཞུགས།	ཨ་མེས་ཀུན་དགའ་བསོད་ནམས།	༢༢–༢༣	༧	དཔེ་ཚུགས།	
	༨༠		གདོད་མའི་བླ་མ་ལ་གསོལ་འདེབས་ཀྱི་ཡི་གེ་དད་པའི་མེ་ཏོག་བཞུགས།	ཨ་མེས་ཀུན་དགའ་བསོད་ནམས།	༢༣–༢༣	༧	དཔེ་ཚུགས།	
	༨༡		ཉམས་དབྱངས་སྙིང་གི་མུན་སེལ་བཞུགས།	ཨ་མེས་ཀུན་དགའ་བསོད་ནམས།	༢༣–༢༤	༧	དཔེ་ཚུགས།	
	༨༢		ཉམས་དབྱངས་ངན་པའི་སྤྱོད་པས་ཟུག་རྡུ་བསྐྱེད་པའི་འབྲས་བུ་བཞུགས།	ཨ་མེས་ཀུན་དགའ་བསོད་ནམས།	༢༤–༢༦	༧	དཔེ་ཚུགས།	
	༨༣		ཉམས་དབྱངས་ཡིད་བདེའི་མྱུ་གུ་བཞུགས།	ཨ་མེས་ཀུན་དགའ་བསོད་ནམས།	༢༦–༢༦	༧	དཔེ་ཚུགས།	
	༨༤		ཉམས་དབྱངས་གོང་མའི་ཞུ་འཕྲིན་བཞུགས།	ཨ་མེས་ཀུན་དགའ་བསོད་ནམས།	༢༦–༢༧	༧	དཔེ་ཚུགས།	

	༥༥		རང་ལ་སློས་པའི་ཉམས་དབྱངས་བཞུགས།	ཨ་མེས་ཀུན་དགའ་བསོད་ནམས།	༢༧–༢༧	༡	དཔེ་ཚུགས།	
	༥༦		ཉམས་དབྱངས་འདིར་སྣང་ཞེན་པ་གཅོད་པའི་རལ་གྲི་བཞུགས།	ཨ་མེས་ཀུན་དགའ་བསོད་ནམས།	༢༧–༢༨	༡	དཔེ་ཚུགས།	
	༥༧		དུས་ངན་སྙིགས་མའི་སྣང་ཚུལ་ལ་སྐྱོ་བའི་གཏམ་ཞེས་བྱ་བ་བཞུགས།	ཨ་མེས་ཀུན་དགའ་བསོད་ནམས།	༢༨–༣༢	༡	དཔེ་ཚུགས།	
	༥༨		ཉམས་དབྱངས་དཀོན་མཆོག་ཐུགས་རྗེ་ཉིད་ཉེ་བར་བསྐུལ་བའི་ཡི་གེ་བཞུགས།	ཨ་མེས་ཀུན་དགའ་བསོད་ནམས།	༣༡–༣༡	༡	དཔེ་ཚུགས།	
	༥༩		སྙིང་གཏམ་བཟློད་པ་གོང་འཕེལ་བཞུགས།	ཨ་མེས་ཀུན་དགའ་བསོད་ནམས།	༣༢–༣༣	༡	དཔེ་ཚུགས།	
	༦༠		ཉམས་ཤར་ཡི་གེར་བྲིས་པ་དགེ་ལེགས་འབྱུང་གནས་ཞེས་བྱ་བ་བཞུགས།	ཨ་མེས་ཀུན་དགའ་བསོད་ནམས།	༣༣–༣༤	༡	དཔེ་ཚུགས།	
	༦༡		དཔལ་ས་སྐྱ་པ་ཐུགས་འཆང་ངག་དབང་ཀུན་དགའ་བསོད་ནམས་ཀྱི་སྔར་བྱུང་གི་ཚུལ་རྣམས་སློས་པ་ཡིད་ཀྱི་ཤིང་རྟ་ཞེས་བྱ་བ་བཞུགས།	ཨ་མེས་ཀུན་དགའ་བསོད་ནམས།	༣༤–༣༧	༡	དཔེ་ཚུགས།	
	༦༢		རྗེ་བའི་བླ་མ་རྣམ་གསུམ་ལ་གདུང་དབྱངས་ཀྱི་སྒོ་ནས་གསོལ་བ་འདེབས་པ་དོན་གཉིས་ལྷུན་གྲུབ་ཅེས་བྱ་བ་བཞུགས།	ཨ་མེས་ཀུན་དགའ་བསོད་ནམས།	༣༧–༣༨	༡	དཔེ་ཚུགས།	
	༦༣		ཉམས་དབྱངས་བདུད་རྩིའི་ཐིགས་ཕྲེང་ཡིད་བདེའི་དཔལ་སྟེར་བཞུགས།	ཨ་མེས་ཀུན་དགའ་བསོད་ནམས།	༣༨–༤༠	༡	དཔེ་ཚུགས།	
	༦༤		ངན་པའི་བསམ་སྦྱོར་ལ་ཁྲེལ་བའི་གཏམ་བཞུགས་སོ། །	ཨ་མེས་ཀུན་དགའ་བསོད་ནམས།	༤༠–༤༠	༡	དཔེ་ཚུགས།	

	༩༥		ཉམས་དབྱངས་ཡིད་བདེའི་དཔལ་སྟེར་ཞེས་བྱ་བ་བཞུགས།	ཨ་མེས་ཀུན་དགའ་བསོད་ནམས།	༩༡–༩༡	༧	དཔེ་ཚུགས།	
	༩༦		རབ་འབྱམས་སྨྲ་བ་བསམ་གཏན་རྒྱ་མཚོ་ལ་གདམས་པ་དོན་གཉིས་ལྷུན་གྲུབ་ཅེས་བྱ་བ་བཞུགས།	ཨ་མེས་ཀུན་དགའ་བསོད་ནམས།	༩༢–༩༣	༧	དཔེ་ཚུགས།	
	༩༧		ཀ་བཅུ་པ་འོད་ཟེར་གྱི་མཐའ་ཅན་ལ་སྨྲས་པའི་ལེགས་བཤད་དགྱེད་ལྡན་ལེགས་པར་བྱེད་པའི་ས་བོན་ཞེས་བྱ་བ་བཞུགས།	ཨ་མེས་ཀུན་དགའ་བསོད་ནམས།	༡–༡	༧	དཔེ་ཚུགས།	
	༩༨		སྤྲུལ་སྐུ་རྣམ་རྒྱལ་རིག་པ་ལ་ལེགས་པར་སྨྲས་པའི་ཉམས་དབྱངས་བཞུགས།	ཨ་མེས་ཀུན་དགའ་བསོད་ནམས།	༡–༢		དཔེ་ཚུགས།	
	༩༩		ཉམས་དབྱངས་ཚོགས་སུ་བཅད་པ་མི་དབང་ཆོས་རྒྱལ་ཆེན་པོ་མཉེས་པར་བྱེད་པའི་མཆོད་རྫས་ཅེས་བྱ་བ་བཞུགས་སོ། །	ཨ་མེས་ཀུན་དགའ་བསོད་ནམས།	༢–༣	༧	དཔེ་ཚུགས།	
	༡༠༠		ལེགས་བཤད་མགྲོན་པ་བདེ་བསྐྱེད་བཞུགས།	ཨ་མེས་ཀུན་དགའ་བསོད་ནམས།	༣–༥	༧	དཔེ་ཚུགས།	
	༡༠༡		གི་ར་ཧིའི་མཐའ་ཅན་རྣམས་ལ་སེམས་བསྐྱེ་བའི་ལཀྵྨཱི་བྷཱ་བཞུགས།	ཨ་མེས་ཀུན་དགའ་བསོད་ནམས།	༥–༥	༧	དཔེ་ཚུགས།	
	༡༠༢		ཆོས་ལས་པ་རཏྣ་ཧྲཱ་ཛ་དང་། རབ་འབྱམས་སྨྲ་བ་ཀུན་དགའ་བསམ་གྲུབ་གཉིས་ལ་ཐུན་མོང་དུ་སྤྲིང་ཡིག་གཉིས་བཞུགས།	ཨ་མེས་ཀུན་དགའ་བསོད་ནམས།	༦–༨	༧	དཔེ་ཚུགས།	
	༡༠༣		ཆོས་ལས་པ་རིན་ཆེན་རྒྱལ་མཚན་ལ་བསྐུར་བའི་ཡི་གེ་བཞུགས།	ཨ་མེས་ཀུན་དགའ་བསོད་ནམས།	༨–༨	༧	དཔེ་ཚུགས།	
	༡༠༤		བདེ་བ་ཅན་གྱི་ཞིང་ལ་བསྟགས་པ་དད་པའི་ཆུ་གཏེར་འབྱུང་བ་ཞེས་བྱ་བ་བཞུགས།	ཨ་མེས་ཀུན་དགའ་བསོད་ནམས།	༨–༡༠	༧	དཔེ་ཚུགས།	

	༡༠༥		དཔལ་ལྡན་ས་སྐྱའི་ཆོས་གྲྭ་ཆེ། །རྒྱས་བྱེད་ལེགས་བཤད་འདི་ན་དགེ །	ཨ་མེས་ཀུན་དགའ་བསོད་ནམས།	༡༠–༡༣	༧	དཔེ་ཚུགས།	
	༡༠༥		སློབ་དཔོན་རིན་པོ་ཆེ་པདྨ་འབྱུང་གནས་ལ་ཐུགས་རྗེ་མྱུར་བསྐུལ་གྱི་གསོལ་འདེབས་བསམ་པ་མྱུར་འགྲུབ་ཅེས་བྱ་བ་བཞུགས་སོ། ། རྒྱལ་སྲས་འཛེགས་མེད་ཀྱི་དཔེའོ། །	ཨ་མེས་ཀུན་དགའ་བསོད་ནམས།	༣	༥	དཔེ་ཚུགས།	
01950	༄ རྒྱལ་སྲས་ཐོགས་མེད་སློབ་མ་བརྩོན་པ་ཆོས་ཀྱི་རིན་ཆེན་གྱི་གསུང་འབུམ། ༼པོད་གཅིག༽							
	༡		དཀར་ཆགས་བཞུགས་སོ། །	བརྩོན་པ་ཆོས་ཀྱི་རིན་ཆེན།	༡	༨	ཁྲིས་མ་དབུ་ཅན།	
	༢	ཀ	བླ་མ་ཡི་དམ་གྱི་བསྟོད་པ་བཞུགས།	བརྩོན་པ་ཆོས་ཀྱི་རིན་ཆེན།	༣༣	༦	ཁྲིས་མ་དབུ་ཅན།	༡༠– ༡༣ བར་ཤོག་རྡེ་མ་ཚང་།
	༣	ཁ	ཐེག་ཆེན་བློ་སྦྱོང་གི་ཁྲིད་ཡིག་ལ་སོགས་པ་བཞུགས།	བརྩོན་པ་ཆོས་ཀྱི་རིན་ཆེན།	༣༥	༦	ཁྲིས་མ་དབུ་ཅན།	
	༤	ག	བློ་སྦྱོང་མདོར་བསྡུས་ལ་སོགས་པ་བཞུགས།	བརྩོན་པ་ཆོས་ཀྱི་རིན་ཆེན།	༣༧	༦	ཁྲིས་མ་དབུ་ཅན།	
	༥	ང	དབེན་གནས་བསྟེན་ཚུལ་ལ་སོགས་པ་བཞུགས་སོ། །	བརྩོན་པ་ཆོས་ཀྱི་རིན་ཆེན།	༣༧	༦	ཁྲིས་མ་དབུ་ཅན།	
	༦	ཅ	ཐུགས་རྗེ་ཆེན་པོ་བཅུ་གཅིག་ཞལ་དང་ཕྱག་བཞི་པའི་མངོན་རྟོགས་བཞུགས།	བརྩོན་པ་ཆོས་ཀྱི་རིན་ཆེན།	༢༨	༦	ཁྲིས་མ་དབུ་ཅན།	
	༧	ཆ	བླ་མའི་རྣལ་འབྱོར་རྟེན་འབྲེལ་སྙིང་པོ་ལ་སོགས་བཞུགས་སོ། །	བརྩོན་པ་ཆོས་ཀྱི་རིན་ཆེན།	༤༠	༦	ཁྲིས་མ་དབུ་ཅན།	
	༨	ཇ	འཁོར་ལོ་བདེ་མཆོག་གི་བསྟོད་པ་ལ་སོགས་པ་བཞུགས་སོ། །	བརྩོན་པ་ཆོས་ཀྱི་རིན་ཆེན།	༡༧	༦	ཁྲིས་མ་དབུ་ཅན།	
	༩	ཉ	མའི་ཕྲེང་བ་ལ་སོགས་པ་བཞུགས།	བརྩོན་པ་ཆོས་ཀྱི་རིན་ཆེན།	༣༥	༦	ཁྲིས་མ་དབུ་ཅན།	
	༡༠	ཏ	ཕྱག་ཆེན་ངོ་སྤྲོད་ལ་སོགས་པ་བཞུགས་སོ། །	བརྩོན་པ་ཆོས་ཀྱི་རིན་ཆེན།	༡༩	༦	ཁྲིས་མ་དབུ་ཅན།	
	༡༡	ཐ	རི་དྭགས་སྐྱིད་མཐོང་ལ་སོགས་བཞུགས་སོ། །	བརྩོན་པ་ཆོས་ཀྱི་རིན་ཆེན།	༣༡	༦	ཁྲིས་མ་དབུ་ཅན།	

01951	༄ འཕགས་འོད་ཡོན་ཏན་རྒྱ་མཚོའི་གསུང་འབུམ། །པོད་གཅིག ། ཇོ།							
	༡		དཔལ་འཁོར་ལོ་བདེ་མཆོག་ལྷ་དྲུག་ཅུ་རྩ་གཉིས་ཀྱི་དཀྱིལ་འཁོར་དུ་དབང་བསྐུར་བའི་ཆོ་ག་འདོད་པ་འཇོ་བ་ཞེས་བྱ་བ་བཞུགས་སོ། །	འཕགས་འོད་ཡོན་ཏན་རྒྱ་མཚོ།	༥༩	༦	ཤབ་སྟོད་ལྷུན་པོ་རྩེ་ དཔལ་ལྷུན་གྲུབ་བདེ་ ཆེན་གྱི་པར་མ།	༥༦. མ་ཚང་།
	༢		མཁའ་འགྲོ་རྒྱ་མཚོའི་ སྔགས་ཡིག་ལགས་སོ། །	འཕགས་འོད་ཡོན་ཏན་རྒྱ་མཚོ།	༣	༧	པར་མ།	
	༣	ང	ས་སྐྱའི་གོང་མ་རྣམས་དང་། བུའི་གསུང་ལ་གཞི་བྱས་པའི་རྒྱུད་སྡེ་སྤྱི་རྣམ འཕགས་འོད་ཡོན་རྒྱམ་གྱི་གསུང་ཟིན་བྲིས། རྒྱུད་སྡེ་སྤྱི་རྣམ་གྱི་ཟིན་བྲིས་བཞུགས་སོ། ། སེ་ར་བ།	འཕགས་འོད་ཡོན་ཏན་རྒྱ་ མཚོའི་གསུང་བཞིན་ཟིན་བྲིས་ སུ་གནང་བ།	༢༦	༤	ཤབ་སྟོད་ལྷུན་པོ་རྩེ་ དཔལ་ལྷུན་གྲུབ་བདེ་ ཆེན་གྱི་པར་མ།	
	༤	ཅོ ༡༠༤	རྒྱུད་ཀྱི་རྒྱལ་པོ་དཔལ་གསང་བ་འདུས་པའི་རྒྱ་ཆེར་བཤད་པ་སྒྲོན་མ་གསལ་བ་ལ་འཇུག་པའི་སྒོ་སྒྲོན་གསལ་རྣམ་པར་ངེས་པ་བླ་མ་དམ་པའི་ཞལ་གྱི་ལུང་ཞེས་བྱ་བ་བཞུགས་སོ། །	རྗེ་བཙུན་ཤེས་རབ་སེང་གེའི་ དངོས་སློབ་རྡོ་རྗེ་འཛིན་པ་ འཕགས་འོད་ཡོན་ཏན་རྒྱ་མཚོ།	༢༦༦	༧	ཤབ་སྟོད་ལྷུན་པོ་རྩེ་ དཔལ་ལྷུན་གྲུབ་བདེ་ ཆེན་གྱི་པར་མ།	
	༥		དཔལ་འཁོར་ལོ་བདེ་མཆོག་གི་སྒྲུབ་ཐབས་འདོད་པ་འཇོ་བ་སྦྱོད་པ་པའི་ལུགས་བཞུགས	འཕགས་འོད་ཡོན་ཏན་རྒྱ་ མཚོས་ཤབ་སྟོད་ལྷུན་པོ་རྩེར་ སྦྱར།	༣༢	༧	ཤབ་སྟོད་ལྷུན་པོ་རྩེ་ དཔལ་ལྷུན་གྲུབ་བདེ་ ཆེན་གྱི་པར་མ།	
	༦		དཔལ་འཁོར་ལོ་བདེ་མཆོག་ལྷ་དྲུག་ཅུ་རྩ་གཉིས་ཀྱི་དཀྱིལ་འཁོར་དུ་དབང་བསྐུར་བའི་ཆོ་ག་འདོད་པ་འཇོ་བ་ཞེས་བྱ་བ་བཞུགས་སོ། །	འཕགས་འོད་ཡོན་ཏན་རྒྱ་ མཚོས་ཤབ་སྟོད་ལྷུན་པོ་རྩེར་ སྦྱར།	༥༩	༧	ཤབ་སྟོད་ལྷུན་པོ་རྩེ་ དཔལ་ལྷུན་གྲུབ་བདེ་ ཆེན་གྱི་པར་མ།	
01952	༄ བུ་སྟོན་རིན་ཆེན་གྲུབ་ཀྱི་གསུང་འབུམ། །པོད་ཀ ། ཨ།							

	༡		བུ་སྟོན་ཐམས་ཅད་མཁྱེན་པའི་བཀའ་འབུམ་ཀ་པའི་དཀར་ཆག་བཞུགས་སོ། །		༡	༣	ཞོལ་པར་མ།	
	༢		མཆོག་གི་དང་པོའི་སངས་རྒྱས་ལས་ཕྱུངས་པ་རྒྱུད་ཀྱི་རྒྱལ་པོ་ཆེན་པོ་དཔལ་དུས་ཀྱི་འཁོར་ལོའི་བསྡུས་པའི་རྒྱུད་ཀྱི་སྣྲའི་མཆན་བཅས་བཞུགས་སོ། །	བུ་སྟོན་རིན་ཆེན་གྲུབ།	༡༥༠	༧	ཞོལ་པར་མ།	
	༣		འཇིག་རྟེན་ཁམས་ཀྱི་ལེའུའི་འགྲེལ་བཤད་དྲི་མ་མེད་པའི་འོད་ཀྱི་མཆན་ལ།	བུ་སྟོན་རིན་ཆེན་གྲུབ།	༡༥༢	༧	ཞོལ་པར་མ།	
01953	༄། བུ་སྟོན་རིན་ཆེན་གྲུབ་ཀྱི་གསུང་འབུམ། ༼པོད་ཁ༽ ༼ཞུ།							
	༡		བུ་སྟོན་ཐམས་ཅད་མཁྱེན་པའི་བཀའ་འབུམ་ཁ་པའི་དཀར་ཆག་བཞུགས་སོ། །		༡	༣	ཞོལ་པར་མ།	
	༢		ནང་གི་ལེའུའི་འགྲེལ་མཆན་བཞུགས་སོ། །	བུ་སྟོན་རིན་ཆེན་གྲུབ།	༡༡༥	༧	ཞོལ་པར་མ།	
	༣		དབང་གི་ལེའུའི་འགྲེལ་མཆན་བཞུགས་སོ། །	བུ་སྟོན་རིན་ཆེན་གྲུབ།	༡༢༢	༧	ཞོལ་པར་མ།	
	༤		སྒྲུབ་ཐབས་ཀྱི་ལེའུའི་འགྲེལ་མཆན་བཞུགས་སོ། །	བུ་སྟོན་རིན་ཆེན་གྲུབ།	༧༥	༧	ཞོལ་པར་མ།	
01954	༄། བུ་སྟོན་རིན་ཆེན་གྲུབ་ཀྱི་གསུང་འབུམ། ༼པོད་ག༽ ༼ཞུ།							
	༡		བུ་སྟོན་ཐམས་ཅད་མཁྱེན་པའི་བཀའ་འབུམ་ག་པའི་དཀར་ཆག་བཞུགས་སོ། །		༢	༦	ཞོལ་པར་མ།	
	༢		ཡེ་ཤེས་ལེའུའི་འགྲེལ་མཆན་བཞུགས་སོ། །	བུ་སྟོན་རིན་ཆེན་གྲུབ།	༡༩༧	༧	ཞོལ་པར་མ།	
	༣		སྦྱོར་བ་ཡན་ལག་དྲུག་གི་རྒྱུད་ཟུར་དུ་བཀོལ་བ་བཞུགས་སོ། །	བུ་སྟོན་རིན་ཆེན་གྲུབ།	༡༠	༧	ཞོལ་པར་མ།	

	༤		བརྒྱུད་འདེབས་དཔེ་ཚན་བརྒྱད་པ་ཞེས་གྲགས་ཀྱང་དོན་ལ་སྦྱོར་དྲུག་བརྒྱུད་འདེབས་སྟོང་ཉིད་སྙིང་རྗེ། འབྲོ་ལུགས་བརྒྱུད་འདེབས་སྲིད་ཞི་མཉམ་ཉིད་མ། རྭ་ལུགས་བརྒྱུད་པའི་གསོལ་འདེབས་དཔལ་ལྡན་འབྲས་སྤུངས་མ་གཉིས། ཨ་ནུ་པ་མ་རཀྵི་ཏའི་སྦྱོར་དྲུག་རྒྱ་འགྲེལ་གྱི་བརྒྱུད་འདེབས་དཔལ་ལྡན་སྐུ་བཞི་མ། རྭ་ལུགས་བརྒྱུད་འདེབས་དུས་གསུམ་མཉམ་པའི་མ། སྦྱོར་དྲུག་ཉེ་བརྒྱུད་འོག་མིན་ཆོས་དབྱིངས་མ་བཅས་ལེ་ཚན་བདུན་བཞུགས་སོ། །	བུ་སྟོན་རིན་ཆེན་གྲུབ།	༥	༧	ཞིལ་པར་མ།	
	༥		དུས་ཀྱི་འཁོར་ལོའི་དབང་གོང་མ་ཆེན་པོའི་ཆོ་ག་དབང་དོན་རབ་གསལ་བཞུགས་སོ། །	བུ་སྟོན་རིན་ཆེན་གྲུབ།	༡༡	༧	ཞིལ་པར་མ།	
	༦		སྦྱོར་དྲུག་སྔོན་འགྲོའི་རིམ་པ་བཞུགས་སོ། །	བུ་སྟོན་རིན་ཆེན་གྲུབ།	༧	༧	ཞིལ་པར་མ།	
	༧		སྦྱོར་དྲུག་གི་མན་ངག་རྡོ་རྗེའི་རྣལ་འབྱོར་གསལ་བ་ཞེས་བྱ་བ་ལས་སོར་བསམ་གྱི་ཁྲིད་བཞུགས་སོ། །	བུ་སྟོན་རིན་ཆེན་གྲུབ།	༢༣	༧	ཞིལ་པར་མ།	
	༨		སྦྱོར་དྲུག་གི་མན་ངག་རྡོ་རྗེའི་རྣལ་འབྱོར་གསལ་བ་ཞེས་བྱ་བ་ལས་སྲོག་རྩོལ་དང་འཛིན་པའི་ཁྲིད་བཞུགས་སོ། །	བུ་སྟོན་རིན་ཆེན་གྲུབ།	༡༧	༧	ཞིལ་པར་མ།	
	༩		སྦྱོར་དྲུག་གི་མན་ངག་རྡོ་རྗེའི་རྣལ་འབྱོར་གསལ་བ་ཞེས་བྱ་བ་ལས་རྗེས་དྲན་དང་ཏིང་འཛིན་གྱི་ཁྲིད་བཞུགས་སོ། །	བུ་སྟོན་རིན་ཆེན་གྲུབ།	༢༠	༧	ཞིལ་པར་མ།	
	༡༠		རྒྱུད་གསུམ་གྱི་དོན་གཏན་ལ་དབབ་པ་གཅེར་མཐོང་ངོ་ཤེས་བཞུགས་སོ། །	བུ་སྟོན་རིན་ཆེན་གྲུབ།	༣	༧	ཞིལ་པར་མ།	
	༡༡		སྦྱོར་དྲུག་འཕྲུལ་འཁོར་ལུས་སྦྱོང་གནད་ཀྱི་འཕྲུལ་འཁོར་ཞེས་བྱ་བ་བཞུགས་སོ།།	བུ་སྟོན་རིན་ཆེན་གྲུབ།	༩༩	༧	ཞིལ་པར་མ།	
	༡༢		དབང་མདོར་བསྟན་གྱི་ས་བཅད་བཞུགས་སོ། །	བུ་སྟོན་རིན་ཆེན་གྲུབ།	༦	༧	ཞིལ་པར་མ།	
	༡༣		དབང་མདོར་བསྟན་གྱི་རྣམ་བཤད་བསྡུས་པའི་སྙིང་པོ་བཞུགས་སོ། །	བུ་སྟོན་རིན་ཆེན་གྲུབ།	༧༠	༧	ཞིལ་པར་མ།	
01955	༄ བུ་སྟོན་རིན་ཆེན་གྲུབ་ཀྱི་གསུང་འབུམ། ༼ཡོད་ང་༽ ༼ཕུ།							

	༡		བུ་སྟོན་ཐམས་ཅད་མཁྱེན་པའི་བཀའ་འབུམ་ང་པའི་དཀར་ཆག་བཞུགས་སོ། །		༡	༦	ཞོལ་པར་མ།	
	༢		དུས་འཁོར་ཆོས་འབྱུང་རྒྱུད་སྡེའི་ཟབ་དོན་སྒོ་འབྱེད་རིན་ཆེན་གཅེས་པའི་ལྡེ་མིག་ཅེས་བྱ་བ་བཞུགས་སོ། །	བུ་སྟོན་རིན་ཆེན་གྲུབ།	༤༦	༧	ཞོལ་པར་མ།	
	༣		དུས་འཁོར་འགྲེལ་ཆེན་དྲི་མེད་འོད་ཀྱི་རྒྱན་ཞེས་བྱ་བ་བཞུགས་སོ། །	བུ་སྟོན་རིན་ཆེན་གྲུབ།	༦༩	༧	ཞོལ་པར་མ།	
	༤		དུས་འཁོར་འགྲེལ་ཆེན་དྲི་མེད་འོད་ཀྱི་མདོར་བསྟུས་དང་པོའི་རྣམ་བཤད་སྙིང་པོ་སྣང་བའི་འོད་ཟེར་ཞེས་བྱ་བ་བཞུགས་སོ། །	བུ་སྟོན་རིན་ཆེན་གྲུབ།	༥༤	༧	ཞོལ་པར་མ།	
	༥		དུས་འཁོར་གྱི་བཤད་ཐབས་ངེས་དོན་སྙེ་མ་ཞེས་བྱ་བ་བཞུགས་སོ། །	བུ་སྟོན་རིན་ཆེན་གྲུབ།	༩༤	༧	ཞོལ་པར་མ།	
	༦		དུས་འཁོར་འགལ་སྤོང་བཞུགས་སོ། །	བུ་སྟོན་རིན་ཆེན་གྲུབ།	༡༩	༧	ཞོལ་པར་མ།	
	༧		རིགས་གསུམ་ཟླ་ཟུ་བདུན་གྱི་རྣལ་འབྱོར་མ་མཆོད་པའི་ཆོ་ག་བཞུགས་སོ། །	བུ་སྟོན་རིན་ཆེན་གྲུབ།	༤	༧	ཞོལ་པར་མ།	
	༨		དུས་ཀྱི་འཁོར་ལོའི་ལས་བརྒྱད་པ་བརྒྱད་དང་ཕན་གནོད་དྲུག་ཟླ་ཟུ་བཞིའི་སྦྱོར་བ་བཅུའི་ཆོ་ག་བཅས་བཞུགས་སོ། །	བུ་སྟོན་རིན་ཆེན་གྲུབ།	༩	༧	ཞོལ་པར་མ།	
	༩		འདོད་པ་གསུམ་ཟླ་ཟུ་བཞིའི་ལྡེ་མིག་ལག་ལེན་བཅས་བཞུགས་སོ། །	བུ་སྟོན་རིན་ཆེན་གྲུབ།	༤	༧	ཞོལ་པར་མ།	
	༡༠		དུས་འཁོར་བཤད་ཐབས་སྒྲ་རིག་མཁས་པའི་རྒྱན་ཞེས་བྱ་བ་བཞུགས་སོ། །	བུ་སྟོན་རིན་ཆེན་གྲུབ།	༨	༧	ཞོལ་པར་མ།	
	༡༡		རྩིས་ཀྱི་བསྟན་བཅོས་མཁས་པ་རྣམས་དགའ་བར་བྱེད་པ་བཞུགས་སོ། །	བུ་སྟོན་རིན་ཆེན་གྲུབ།	༡༢༣	༧	ཞོལ་པར་མ།	
	༡༢		ལྷ་བསྟུས་གཟའ་ལྷ་དང་བཅས་པ་བཞུགས་སོ། །	བུ་སྟོན་རིན་ཆེན་གྲུབ།	༥	༧	ཞོལ་པར་མ།	
	༡༣		གཟའ་ལྷའི་ཐང་རྩིས་བཞུགས་སོ། །	བུ་སྟོན་རིན་ཆེན་གྲུབ།	༢	༧	ཞོལ་པར་མ།	
	༡༤		སྣ་ཚོགས་ཡུམ་གྱི་འབུམ་བསྒྲུང་བཞུགས་སོ། །	བུ་སྟོན་རིན་ཆེན་གྲུབ།	༢	༧	ཞོལ་པར་མ།	
	༡༥		ཁོ་ལའི་རྣམ་གཞག་བཞུགས་སོ། །	བུ་སྟོན་རིན་ཆེན་གྲུབ།	༣	༧	ཞོལ་པར་མ།	

	༡༦		དུས་སྦྱོར་གྱི་དྲིས་ལན་བཞུགས་སོ། །	བུ་སྟོན་རིན་ཆེན་གྲུབ།	༢	༧	ཞོལ་པར་མ།	
	༡༧		གསོལ་འདེབས་ཐར་པའི་ལམ་སྟོན་བཞུགས་སོ། །	བུ་སྟོན་རིན་ཆེན་གྲུབ།	༣	༧	ཞོལ་པར་མ།	
01956	༄ བུ་སྟོན་རིན་ཆེན་གྲུབ་ཀྱི་གསུང་འབུམ། ཡོད་ཅེ། ཞ།							
	༡		བུ་སྟོན་ཐམས་ཅད་མཁྱེན་པའི་བཀའ་འབུམ་ཅ་པའི་དཀར་ཆག་བཞུགས་སོ། །		༢	༦	ཞོལ་པར་མ།	
	༢		དཔལ་དུས་ཀྱི་འཁོར་ལོའི་བསྡོད་པ་བསྟོད་པས་འདོད་པའི་དོན་ཐམས་ཅད་འགྲུབ་པ་ཞེས་བྱ་བ་བཞུགས་སོ། །	བུ་སྟོན་རིན་ཆེན་གྲུབ།	༡༤	༧	ཞོལ་པར་མ།	
	༣		དུས་ཀྱི་འཁོར་ལོའི་མངོན་རྟོགས་དངོས་གྲུབ་ཀྱི་འདོད་འཇོ་ཞེས་བྱ་བ་བཞུགས་སོ། །	བུ་སྟོན་རིན་ཆེན་གྲུབ།	༤༡	༧	ཞོལ་པར་མ།	
	༤		དུས་ཀྱི་འཁོར་ལོའི་དཔག་བསམ་སྙེ་མ་ཞེས་བྱ་བ་བཞུགས་སོ། །	བུ་སྟོན་རིན་ཆེན་གྲུབ།	༢༢	༧	ཞོལ་པར་མ།	
	༥		དུས་འཁོར་སྒྲུབ་ཐབས་བསྡུས་པ་རིན་པོ་ཆེའི་སྙིང་པོ་ཞེས་བྱ་བ་བཞུགས་སོ། །	བུ་སྟོན་རིན་ཆེན་གྲུབ།	༧	༧	ཞོལ་པར་མ།	
	༦		དུས་ཀྱི་འཁོར་ལོའི་དཀྱིལ་ཆོག་ཡོན་ཏན་ཀུན་འབྱུང་ཞེས་བྱ་བ་བཞུགས་སོ། །	བུ་སྟོན་རིན་ཆེན་གྲུབ།	༤༦	༧	ཞོལ་པར་མ།	
	༧		དུས་ཀྱི་འཁོར་ལོའི་དཀྱིལ་ཆོག་ཡོན་ཏན་ཀུན་འབྱུང་གི་ཟིན་བྲིས་བཞུགས་སོ། །	བུ་སྟོན་རིན་ཆེན་གྲུབ།	༣༢	༧	ཞོལ་པར་མ།	
	༨		དུས་ཀྱི་འཁོར་ལོའི་ཕྱིའི་ཁོར་ཡུག་གི་ལྷ་འགོད་ཚུལ་བཞུགས་སོ། །	བུ་སྟོན་རིན་ཆེན་གྲུབ།	༢	༧	ཞོལ་པར་མ།	
	༩		དུས་ཀྱི་འཁོར་ལོའི་སྐུ་གསུང་ཐུགས་ཡོངས་རྫོགས་དང་སྦྱིན་སྲེག་གི་ཐིག་རྩ་བཞུགས་སོ། །	བུ་སྟོན་རིན་ཆེན་གྲུབ།	༥	༧	ཞོལ་པར་མ།	
	༡༠		དུས་འཁོར་ས་ཆོག་རྒྱས་པའི་ལྷན་ཐབས་བཞུགས་སོ། །	བུ་སྟོན་རིན་ཆེན་གྲུབ།	༦	༧	ཞོལ་པར་མ།	
	༡༡		དུས་འཁོར་ལྷ་མོ་བཅུ་གཉིས་ཀྱི་མཆོད་གར་བཞུགས་སོ། །	བུ་སྟོན་རིན་ཆེན་གྲུབ།	༢	༧	ཞོལ་པར་མ།	

	༡༢		དུས་འཁོར་གྱི་ལྷ་ཚོགས་མཆོད་པའི་ཆོ་ག་མཆོད་སྤྲིན་རྒྱ་མཚོ་ཞེས་བྱ་བ་བཞུགས་སོ། །	བུ་སྟོན་རིན་ཆེན་གྲུབ།	༡༨	༧	ཞོལ་པར་མ།	
	༡༣		དུས་ཀྱི་འཁོར་ལོའི་ཞི་བའི་སྦྱིན་སྲེག་གི་ཆོ་ག་སྡིག་བསྔལ་ཞི་བྱེད་ཅེས་བྱ་བ་བཞུགས་སོ། །	བུ་སྟོན་རིན་ཆེན་གྲུབ།	༡༡	༧	ཞོལ་པར་མ།	
	༡༤		དུས་ཀྱི་འཁོར་ལོའི་ལས་བཞིའི་སྦྱིན་སྲེག་གི་ཆོ་ག་ཕྲིན་ལས་ཀུན་འབྱུང་ཞེས་བྱ་བ་བཞུགས་སོ། །	བུ་སྟོན་རིན་ཆེན་གྲུབ།	༣༥	༧	ཞོལ་པར་མ།	
	༡༥		དུས་ཀྱི་འཁོར་ལོའི་རྒྱུད་ཀྱི་རབ་ཏུ་གནས་པའི་གཞུང་ཚིགས་སུ་བཅད་པ་བཅུ་གཉིས་ཀྱི་འགྲེལ་པ་རབ་གནས་ཀྱི་ཆོ་ག་བཀྲ་ཤིས་དཔལ་འབར་ཞེས་བྱ་བ་བཞུགས་སོ། །	བུ་སྟོན་རིན་ཆེན་གྲུབ།	༣༡	༧	ཞོལ་པར་མ།	
	༡༦		དུས་ཀྱི་འཁོར་ལོའི་གཤིན་པོ་རྗེས་འཛིན་གྱི་ཆོ་ག་ངན་འགྲོ་རྣམ་འཇོམས་ཞེས་བྱ་བ་བཞུགས་སོ། །	བུ་སྟོན་རིན་ཆེན་གྲུབ།	༣༥	༧	ཞོལ་པར་མ།	
	༄ བུ་སྟོན་རིན་ཆེན་གྲུབ་ཀྱི་གསུང་འབུམ། པོད་ཆ ཚ།							
01957	༡		བུ་སྟོན་ཐམས་ཅད་མཁྱེན་པའི་བཀའ་འབུམ་ཆ་པའི་དཀར་ཆག་བཞུགས་སོ། །		༡	༤	ཞོལ་པར་མ།	
	༢		བདེ་མཆོག་ཉུང་ངུའི་རྒྱུད་ཀྱི་སྤྱི་རྣམ་དོན་གསལ་ཞེས་བྱ་བ་བཞུགས་སོ། །	བུ་སྟོན་རིན་ཆེན་གྲུབ།	༥༨	༧	ཞོལ་པར་མ།	
	༣		བདེ་མཆོག་རྩ་རྒྱུད་ཀྱི་བསྡུས་དོན་གསང་བ་འབྱེད་པ་ཞེས་བྱ་བ་བཞུགས་སོ། །	བུ་སྟོན་རིན་ཆེན་གྲུབ།	༡༡	༧	ཞོལ་པར་མ།	
	༤		རྣལ་འབྱོར་མའི་བདེ་མཆོག་རྩ་རྒྱུད་ཀྱི་རྣམ་བཤད་གསང་བའི་དེ་ཁོ་ན་ཉིད་གསལ་བར་བྱེད་པ་ཞེས་བྱ་བ་བཞུགས་སོ། །	བུ་སྟོན་རིན་ཆེན་གྲུབ།	༢༥༨	༧	ཞོལ་པར་མ།	
	༥		རྣལ་འབྱོར་མའི་ཀུན་ཏུ་སྤྱོད་པའི་རྒྱུད་ཀྱི་བཤད་པ་བདེ་མཆོག་གི་དོན་རབ་ཏུ་གསལ་བ་ཞེས་བྱ་བ་བཞུགས་སོ། །	བུ་སྟོན་རིན་ཆེན་གྲུབ།	༧༦	༧	ཞོལ་པར་མ།	
01958	༄ བུ་སྟོན་རིན་ཆེན་གྲུབ་ཀྱི་གསུང་འབུམ། པོད་ཇ། ཛ།							

	༡		བུ་སྟོན་ཐམས་ཅད་མཁྱེན་པའི་བཀའ་འབུམ་ཇ་པའི་དཀར་ཆག་བཞུགས་སོ། །		༢	༦	ཞོལ་པར་མ།	
	༢		དཔལ་འཁོར་ལོ་སྡོམ་པའི་སྒྲུབ་ཐབས་རྣལ་འབྱོར་བཞི་ལྡན་བཞུགས་སོ། །	བུ་སྟོན་རིན་ཆེན་གྲུབ།	༢༩	༧	ཞོལ་པར་མ།	
	༣		བདེ་མཆོག་ལུ་ཨི་པའི་དཀྱིལ་ཆོག་དེ་ཁོ་ན་ཉིད་ལ་གསལ་བར་འཇུག་པ་ཞེས་བྱ་བ་བཞུགས་སོ། །	བུ་སྟོན་རིན་ཆེན་གྲུབ།	༣༥	༧	ཞོལ་པར་མ།	
	༤		དཔལ་འཁོར་ལོ་སྡོམ་པའི་སྦྱིན་སྲེག་ཕྲིན་ལས་ཀུན་འབྱུང་ཅེས་བྱ་བ་བཞུགས་སོ།།	བུ་སྟོན་རིན་ཆེན་གྲུབ།	༡༢	༧	ཞོལ་པར་མ།	
	༥		དཔལ་བདེ་མཆོག་ནག་པོ་པའི་སྒྲུབ་ཐབས་འགྲེལ་པའི་དྲི་བྲལ་ཞེས་བྱ་བ་བཞུགས་སོ། །	བུ་སྟོན་རིན་ཆེན་གྲུབ།	༡༨	༧	ཞོལ་པར་མ།	
	༦		དཔལ་འཁོར་ལོ་སྡོམ་པའི་སྒྲུབ་ཐབས་ཀྱི་འགྲེལ་པ་འགྲེལ་པ་སྦྱོང་བ་ཞེས་བྱ་བ་བཞུགས་སོ། །	བུ་སྟོན་རིན་ཆེན་གྲུབ།	༤༠	༧	ཞོལ་པར་མ།	
	༧		བདེ་མཆོག་ནག་པོ་པ་ལ་དགོས་པའི་ཟིན་བྲིས་བཞུགས་སོ། །	བུ་སྟོན་རིན་ཆེན་གྲུབ།	༧	༧	ཞོལ་པར་མ།	
	༨		དཔལ་འཁོར་ལོ་སྡོམ་པའི་ལུས་ཀྱི་དཀྱིལ་འཁོར་གྱི་མངོན་པར་རྟོགས་པ་བཞུགས་སོ། །	བུ་སྟོན་རིན་ཆེན་གྲུབ།	༡༦	༧	ཞོལ་པར་མ།	
	༩		དཔལ་འཁོར་ལོ་སྡོམ་པའི་རང་བཞིན་གྱིས་གྲུབ་པའི་དཀྱིལ་འཁོར་དུ་དབང་བསྐུར་བའི་ཆོ་ག་ཟབ་དོན་གསལ་བ་ཞེས་བྱ་བ་བཞུགས་སོ། །	བུ་སྟོན་རིན་ཆེན་གྲུབ།	༢༠	༧	ཞོལ་པར་མ།	
	༡༠		བདེ་མཆོག་མཆོད་འཕྲེང་བདེ་ཆེན་རྣམ་རོལ་ཞེས་བྱ་བ་བཞུགས་སོ། །	བུ་སྟོན་རིན་ཆེན་གྲུབ།	༡༥	༧	ཞོལ་པར་མ།	
	༡༡		བདེ་མཆོག་གི་ཉེར་སྤྱོད་རིག་མ་བཅུ་དྲུག་གི་མཆོད་པའི་གར་དཔེ་བཞུགས་སོ། །	བུ་སྟོན་རིན་ཆེན་གྲུབ།	༥	༧	ཞོལ་པར་མ།	
	༡༢		དཔལ་བདེ་མཆོག་འཁོར་ལོ་སྡོམ་པ་འབྱུང་བའི་སྒྲུབ་ཐབས།	བུ་སྟོན་རིན་ཆེན་གྲུབ།	༡༣	༧	ཞོལ་པར་མ།	
	༡༣		དཔལ་བདེ་མཆོག་སྡོམ་པ་འབྱུང་བའི་དཀྱིལ་འཁོར་གྱི་ཆོ་ག་དྲི་མ་མེད་པའི་རྒྱུན་ཞེས་བྱ་བ་བཞུགས་སོ། །	བུ་སྟོན་རིན་ཆེན་གྲུབ།	༥༨	༧	ཞོལ་པར་མ།	

	༡༤		རྡོ་རྗེ་བདུད་རྩི་དཀྱིལ་འཁོར་གྱི་བཀོད་པ་བཞུགས་སོ། །	བུ་སྟོན་རིན་ཆེན་གྲུབ།	༦	༧	ཞོལ་པར་མ།	
	༡༥		དཔལ་གདན་བཞི་པའི་དཀྱིལ་འཁོར་ཆུས་པའི་སྒྲུབ་ཐབས་མི་བརྗེད་དྲན་བྱེད་ཅེས་བྱ་བ་བཞུགས་སོ། །	བུ་སྟོན་རིན་ཆེན་གྲུབ།	༡༢	༧	ཞོལ་པར་མ།	
	༡༦		གདན་བཞིའི་རྐང་སྟབས་བཅོ་བརྒྱད་པ་བཞུགས་སོ། །	བུ་སྟོན་རིན་ཆེན་གྲུབ།	༣	༧	ཞོལ་པར་མ།	
	༡༧		སྒྱུ་འཕྲུལ་ཆེན་མོའི་མངོན་རྟོགས་ཆུས་པ་སྒྱུ་འཕྲུལ་ཆེན་མོའི་འབྱུང་བ་བཞུགས་སོ། །	བུ་སྟོན་རིན་ཆེན་གྲུབ།	༦	༧	ཞོལ་པར་མ།	
	༡༨		སྒྱུ་མ་ཆེན་མོའི་མངོན་རྟོགས་བསྡུས་པ་བཞུགས་སོ། །	བུ་སྟོན་རིན་ཆེན་གྲུབ།	༤	༧	ཞོལ་པར་མ།	
	༡༩		སྒྱུ་འཕྲུལ་ཆེན་མོའི་དཀྱིལ་ཆོག་སྙིང་པོ་བསྡུས་པ་བཞུགས་སོ། །	བུ་སྟོན་རིན་ཆེན་གྲུབ།	༢༤			
	༢༠		སེམས་ཉིད་ངལ་གསོའི་རྩ་རྒྱུད་ཀྱི་ལུང་དང་སྦྱར་བ་བཞུགས་སོ། །	བུ་སྟོན་རིན་ཆེན་གྲུབ།	༤	༧	ཞོལ་པར་མ།	
	༢༡		ཕྱག་ན་རྡོ་རྗེ་ཆེན་པོ་བདུད་འདུལ་བའི་སྒྲུབ་ཐབས་ཕྱག་རྡོར་འོད་ཟེར་འབྱུང་བ་བཞུགས་སོ། །	བུ་སྟོན་རིན་ཆེན་གྲུབ།	༨	༧	ཞོལ་པར་མ།	
	༢༢		སྒྲོལ་མ་བཅོམ་འདས་ཀྱི་ཆོ་ག་བཞུགས་སོ། །	བུ་སྟོན་རིན་ཆེན་གྲུབ།	༣	༧	ཞོལ་པར་མ།	
	༢༣		ཚོགས་འཁོར་དང་དཔའ་བོའི་སྟོན་མོའི་ཆོ་གའི་ལག་ལེན་བདེ་ཆེན་རྣམ་རོལ་ཞེས་བྱ་བ་བཞུགས་སོ། །	བུ་སྟོན་རིན་ཆེན་གྲུབ།	༢༤	༧	ཞོལ་པར་མ།	
	༢༤		རིགས་ལྔའི་སྡོམ་གཟུང་གི་འགྲེལ་པ་གཞན་ལ་ཕན་པ་བཞུགས་སོ། །	བུ་སྟོན་རིན་ཆེན་གྲུབ།	༦	༧	ཞོལ་པར་མ།	
01959	༄ བུ་སྟོན་རིན་ཆེན་གྲུབ་ཀྱི་གསུང་འབུམ། ༼པོད་ཉ༽ ༼ཕྱ།							
	༡		བུ་སྟོན་ཐམས་ཅད་མཁྱེན་པའི་བཀའ་འབུམ་ཉ་པའི་དཀར་ཆག་བཞུགས་སོ། །		༡	༦	ཞོལ་པར་མ།	
	༢		དཔལ་བརྟག་གཉིས་ཀྱི་འགྲེལ་པ་མདོ་རྒྱུད་ཀྱི་ལུང་དྲངས་པ་རྣམས་ཀྱི་བཤད་པ་ཉི་མའི་འོད་ཟེར་ཞེས་བྱ་བ་བཞུགས་སོ། །	བུ་སྟོན་རིན་ཆེན་གྲུབ།	༨༧	༧	ཞོལ་པར་མ།	

	༣		དཔལ་ཡང་དག་པའི་སྦྱོར་བའི་བསྡུས་དོན་རྡོ་རྗེའི་ལྡེ་མིག་ཅེས་བྱ་བ་བཞུགས་སོ།།	བུ་སྟོན་རིན་ཆེན་གྲུབ།	༩༡	༧	ཞིབ་པར་མ།	
	༤		དཔལ་ཡང་དག་པའི་སྦྱོར་བའི་འགྲེལ་པ་སྙིང་པོའི་དེ་ཁོ་ན་ཉིད་གསལ་བར་བྱེད་པ་ཞེས་བྱ་བ་བཞུགས་སོ། །	བུ་སྟོན་རིན་ཆེན་གྲུབ།	༣༦༦	༧	ཞིབ་པར་མ།	
	༥		དཔལ་ཡང་དག་པའི་སྦྱོར་བ་ལས་བྱུང་བའི་དཔལ་རྡོ་རྗེ་སེམས་དཔའི་དཀྱིལ་འཁོར་གྱི་མངོན་རྟོགས་དཔག་བསམ་ལྗོན་ཤིང་ཞེས་བྱ་བ་བཞུགས་སོ། །	བུ་སྟོན་རིན་ཆེན་གྲུབ།	༡༨	༧	ཞིབ་པར་མ།	
	༦		དཔལ་སམྦུ་ཊ་ལ་བརྟེན་པའི་ཐོག་བྱུང་བཞུགས་སོ། །	བུ་སྟོན་རིན་ཆེན་གྲུབ།	༢	༧	ཞིབ་པར་མ།	
	༧		སྐྱེས་བུ་ཆེན་པོའི་བྱུང་བ་བྲི་ཐབས་བཞུགས་སོ། །	བུ་སྟོན་རིན་ཆེན་གྲུབ།	༣	༧	ཞིབ་པར་མ།	
01960	༄ བུ་སྟོན་རིན་ཆེན་གྲུབ་ཀྱི་གསུང་འབུམ། ༼པོད་ཏ༽ ༼ཏ།							
			བུ་སྟོན་ཐམས་ཅད་མཁྱེན་པའི་བཀའ་འབུམ་ཏ་པའི་དཀར་ཆག་བཞུགས་སོ། །		༡	༤	ཞིབ་པར་མ།	
	༡		དཔལ་གསང་བ་འདུས་པའི་རྒྱུད་འགྲེལ་གྱི་བཤད་ཐབས་ཀྱི་ཡན་ལག་གསང་བའི་སྒོ་འབྱེད་བཞུགས་སོ། །	བུ་སྟོན་རིན་ཆེན་གྲུབ།	༥༣	༧	ཞིབ་པར་མ།	
	༣		སྒྲོན་མ་རབ་ཏུ་གསལ་བའི་བཤད་སྦྱར་མཐའ་དྲུག་རབ་ཏུ་གསལ་བར་བྱེད་པའི་བསྡུས་དོན་ཞུང་གསལ་བཞུགས་སོ། །	བུ་སྟོན་རིན་ཆེན་གྲུབ།	༡༧	༧	ཞིབ་པར་མ།	
	༤		དཔལ་གསང་བ་འདུས་པའི་ཊཱི་ཀ་སྒྲོན་གསལ་གྱི་བཤད་སྦྱར་མཐའ་དྲུག་རབ་ཏུ་གསལ་བར་བྱེད་པ་བཞུགས་སོ། །	བུ་སྟོན་རིན་ཆེན་གྲུབ།	༢༧༡	༧	ཞིབ་པར་མ།	
	༥		དཔལ་གསང་བ་འདུས་པའི་སྒྲུབ་ཐབས་མདོར་བྱས་ཀྱི་རྒྱ་ཆེར་བཤད་པ་བསྐྱེད་རིམ་གསལ་བྱེད་བཞུགས་སོ། །	བུ་སྟོན་རིན་ཆེན་གྲུབ།	༨༢	༧	ཞིབ་པར་མ།	
01961	༄ བུ་སྟོན་རིན་ཆེན་གྲུབ་ཀྱི་གསུང་འབུམ། ༼པོད་ཐ༽ ༼ཐ།							

	༡		བུ་སྟོན་ཐམས་ཅད་མཁྱེན་པའི་བཀའ་འབུམ་ཐ་པའི་དཀར་ཆག་བཞུགས་སོ།		༢	༦	ཞོལ་པར་མ།	
	༢		བླ་མའི་རྣལ་འབྱོར་གྱི་ཉམས་ལེན་བསྡུས་པ་བཞུགས་སོ།	བུ་སྟོན་རིན་ཆེན་གྲུབ།	༤	༧	ཞོལ་པར་མ།	
	༣		བསྟོད་པ་ཅི་བསམ་ཀུན་འགྲུབ་བཞུགས་སོ།	བུ་སྟོན་རིན་ཆེན་གྲུབ།	༣	༧	ཞོལ་པར་མ།	
	༤		བླ་མའི་ཡོན་ཏན་རྗེས་སུ་དྲན་པ་བཞུགས་སོ།	བུ་སྟོན་རིན་ཆེན་གྲུབ།	༥	༧	ཞོལ་པར་མ།	
	༥		དཔལ་གསང་བ་འདུས་པའི་རྫོགས་རིམ་རིམ་ལྔའི་དམར་ཁྲིད་ཀྱི་མན་ངག་ཡིད་བཞིན་གྱི་ནོར་བུ་རིན་པོ་ཆེའི་ཟ་མ་ཏོག་ཅེས་བྱ་བ་བཞུགས་སོ།	བུ་སྟོན་རིན་ཆེན་གྲུབ།	༢༡	༧	ཞོལ་པར་མ།	
	༦		དཔལ་གསང་བ་འདུས་པའི་ལྷ་ཚོགས་ལ་བསྟོད་པ་བྱིན་རླབས་ཀྱི་ཆར་འབེབས་བཞུགས་སོ།	བུ་སྟོན་རིན་ཆེན་གྲུབ།	༧	༧	ཞོལ་པར་མ།	
	༧		དཔལ་གསང་བ་འདུས་པའི་སྒྲུབ་ཐབས་དངོས་གྲུབ་ཀྱི་ཆར་འབེབས་བཞུགས་སོ།།	བུ་སྟོན་རིན་ཆེན་གྲུབ།	༡༨	༧	ཞོལ་པར་མ།	
	༨		དཔལ་གསང་བ་འདུས་པའི་དཀྱིལ་འཁོར་དུ་དབང་བསྐུར་བའི་ཆོ་ག་ཡིད་བཞིན་ཆར་འབེབས་ཞེས་བྱ་བ་བཞུགས་སོ།	བུ་སྟོན་རིན་ཆེན་གྲུབ།	༢༨	༧	ཞོལ་པར་མ།	
	༩		དཔལ་གསང་བ་འདུས་པའི་གཏོར་ཆོག་འདོད་དོན་ཆར་འབེབས་བཞུགས་སོ།	བུ་སྟོན་རིན་ཆེན་གྲུབ།	༥	༧	ཞོལ་པར་མ།	
	༡༠		དཔལ་གསང་བ་འདུས་པའི་སྦྱིན་སྲེག་ཕྲིན་ལས་ཆར་འབེབ་བཞུགས་སོ།	བུ་སྟོན་རིན་ཆེན་གྲུབ།	༡༥	༧	ཞོལ་པར་མ།	
	༡༡		དཔལ་གསང་བ་འདུས་པའི་དཀྱིལ་ཆོག་གི་ཟུར་འདེབས་བགེགས་འཇོམས་པའི་ཆོ་ག་རྡོ་རྗེ་འཆང་གི་རྣམ་པར་རོལ་པ་བཞུགས་སོ།	བུ་སྟོན་རིན་ཆེན་གྲུབ།	༡༢	༧	ཞོལ་པར་མ།	
	༡༢		གསང་འདུས་འཇམ་དཔལ་རྡོ་རྗེའི་སྒྲུབ་ཐབས་འཇམ་དབྱངས་ཡིད་འཕྲོག་བཞུགས་སོ།	བུ་སྟོན་རིན་ཆེན་གྲུབ།	༡༣	༧	ཞོལ་པར་མ།	
	༡༣		གསང་འདུས་འཇམ་དཔལ་རྡོ་རྗེའི་དཀྱིལ་འཁོར་གྱི་ཆོ་ག་འཇམ་དཔལ་དབྱངས་ཀྱི་བྱིན་རླབས་ཀྱི་རྣམ་འཕྲུལ་བཞུགས་སོ།	བུ་སྟོན་རིན་ཆེན་གྲུབ།	༢༣	༧	ཞོལ་པར་མ།	

	༡༤		འཁོར་ཆེན་གྱི་ལྷ་ཚོགས་ལ་བསྟོད་པ་བཞུགས་སོ། །	བུ་སྟོན་རིན་ཆེན་གྲུབ།	༥	༧	ཞོལ་པར་མ།	
	༡༥		བཀའ་བསྒོ་བཞིའི་གར་དཔེ་བཞུགས་སོ། །	བུ་སྟོན་རིན་ཆེན་གྲུབ།	༨	༧	ཞོལ་པར་མ།	
	༡༦		འོད་གསལ་འཆར་བའི་རིམ་པའི་བྱིན་རླབས་ཀྱི་ཚོ་གའི་འགྲེལ་པ་བཞུགས་སོ། །	བུ་སྟོན་རིན་ཆེན་གྲུབ།	༡༢	༧	ཞོལ་པར་མ།	
	༡༧		གཤིན་རྗེ་གཤེད་དམར་པོ་ལྷ་ལྔའི་མངོན་པར་རྟོགས་པ་གཤིན་རྗེ་ཀུན་འདོམས་བཞུགས་སོ། །	བུ་སྟོན་རིན་ཆེན་གྲུབ།	༡༠	༧	ཞོལ་པར་མ།	
	༡༨		བཅོམ་ལྡན་འདས་དཔལ་གཤིན་རྗེ་གཤེད་དམར་པོའི་དཀྱིལ་འཁོར་གྱི་ཆོ་ག་སྙིང་པོ་བདེ་འཇུག་བཞུགས་སོ། །	བུ་སྟོན་རིན་ཆེན་གྲུབ།	༣༠	༧	ཞོལ་པར་མ།	
	༡༩		གཤིན་རྗེ་གཤེད་ཀྱི་དབྱུག་གུ་དྲུག་ཅུ་རྩ་བཞི་པའི་ལག་ལེན་ཆོ་ག་བཞུགས་སོ། །	བུ་སྟོན་རིན་ཆེན་གྲུབ།	༩			
	༢༠		གཤིན་རྗེ་གཤེད་དམར་པོའི་ལས་བཞིའི་སྦྱིན་སྲེག་གི་ཆོ་ག་རབ་གསལ་བཞུགས་སོ། །	བུ་སྟོན་རིན་ཆེན་གྲུབ།	༡༠	༧	ཞོལ་པར་མ།	
	༢༡		དཔལ་གཤིན་རྗེ་གཤེད་དམར་པོའི་མངོན་པར་རྟོགས་པ་རྣལ་འབྱོར་བཞི་གསལ་བ་བཞུགས་སོ། །	བུ་སྟོན་རིན་ཆེན་གྲུབ།	༡༩	༧	ཞོལ་པར་མ།	
	༢༢		གཤིན་དམར་ལྷ་བཅུ་གསུམ་པའི་དཀྱིལ་ཆོག་དེ་ཉིད་གསལ་བ་བཞུགས་སོ། །	བུ་སྟོན་རིན་ཆེན་གྲུབ།	༢༥	༧	ཞོལ་པར་མ།	
	༢༣		གཤིན་རྗེ་གཤེད་ཀྱི་འཕྲུལ་འཁོར་གྱི་ཆོ་ག་འཕྲུལ་འཁོར་གནད་ཀྱི་མན་ངག་བཞུགས་སོ། །	བུ་སྟོན་རིན་ཆེན་གྲུབ།	༢༤	༧	ཞོལ་པར་མ།	
	༢༤		རྡོ་རྗེ་འཇིགས་བྱེད་ཀྱི་དཀྱིལ་འཁོར་གྱི་ཆོ་ག་སྙིང་པོ་མདོར་བསྡུས་བཞུགས་སོ། །	བུ་སྟོན་རིན་ཆེན་གྲུབ།	༢༡	༧	ཞོལ་པར་མ།	
	༢༥		གཤིན་རྗེ་གཤེད་ཀྱི་མཆོད་པའི་ཆོ་ག་མཆོད་སྦྱིན་བསམ་ཡས་བཞུགས་སོ། །	བུ་སྟོན་རིན་ཆེན་གྲུབ།	༩	༧	ཞོལ་པར་མ།	
	༢༦		ལས་གཤིན་ལ་གཏོར་མ་འབུལ་བའི་ཆོ་ག་བཞུགས་སོ། །	བུ་སྟོན་རིན་ཆེན་གྲུབ།	༥	༧	ཞོལ་པར་མ།	
01962	༄ བུ་སྟོན་རིན་ཆེན་གྲུབ་ཀྱི་གསུང་འབུམ། ༼པོད་ད༽ ༼བུ།							

	༡		བུ་སྟོན་ཐམས་ཅད་མཁྱེན་པའི་བཀའ་འབུམ་ད་པའི་དཀར་ཆག་བཞུགས་སོ། །		༡	༢	ཞོལ་པར་མ།	
	༢		རྣལ་འབྱོར་རྒྱུད་ཀྱི་རྒྱ་མཚོར་འཇུག་པའི་གྲུ་གཟིངས་ཞེས་བྱ་བ་བཞུགས་སོ། །	བུ་སྟོན་རིན་ཆེན་གྲུབ།	༩༢	༧	ཞོལ་པར་མ།	
	༣		རྡོ་རྗེ་ཐམས་ཅད་འབྱུང་བའི་རྒྱ་ཆེར་བཤད་པ་ཡིད་བཞིན་ནོར་བུ་ཞེས་བྱ་བ་བཞུགས་སོ། །	བུ་སྟོན་རིན་ཆེན་གྲུབ།	༣༢༩	༧	ཞོལ་པར་མ།	
01963	༄ བུ་སྟོན་རིན་ཆེན་གྲུབ་ཀྱི་གསུང་འབུམ། ༼ཡོད་ན༽ ༼ཕྱི།							
	༡		བུ་སྟོན་ཐམས་ཅད་མཁྱེན་པའི་བཀའ་འབུམ་ན་པའི་དཀར་ཆག་བཞུགས་སོ། །	བུ་སྟོན་རིན་ཆེན་གྲུབ།	༡	༦	ཞོལ་པར་མ།	
	༢		རྒྱུད་ཀྱི་རྒྱལ་པོ་དེ་ཉིད་བསྡུས་པའི་བཤད་པ་དེ་ཁོ་ན་ཉིད་སྣང་བར་བྱེད་པའི་བསྡུས་དོན་དེ་ཉིད་སྣང་བའི་རྒྱན་ཞེས་བྱ་བ་བཞུགས་སོ། །	བུ་སྟོན་རིན་ཆེན་གྲུབ།	༥༩	༦	ཞོལ་པར་མ།	
	༣		རྡོ་རྗེ་དབྱིངས་ཀྱི་དཀྱིལ་འཁོར་གྱི་ཆོ་ག་རྡོ་རྗེ་ཐམས་ཅད་འབྱུང་བ་ཞེས་བྱ་བའི་ལག་ལེན་རིན་ཆེན་བསམ་འཕེལ་བཞུགས་སོ། །	བུ་སྟོན་རིན་ཆེན་གྲུབ།	༧༨	༧	ཞོལ་པར་མ།	
	༤		དཀྱིལ་མཆོག་གི་ཁ་སྐོང་སྒྲུབ་མཆོད་སྦྲེལ་མ་བཞུགས་སོ། །	བུ་སྟོན་རིན་ཆེན་གྲུབ།	༡	༧	ཞོལ་པར་མ།	
	༥		རྡོ་རྗེ་དབྱིངས་ཀྱི་དབང་ཆོག་རྒྱས་པའི་ཁ་སྐོང་གསལ་བར་སྟོན་པ་བཞུགས་སོ། །	བུ་སྟོན་རིན་ཆེན་གྲུབ།	༧	༧	ཞོལ་པར་མ།	
	༦		མགོན་སྐྱབས་ཀྱི་ལྷ་སངས་རྒྱས་སྟོང་རྩའི་བསྟོད་པ་བཞུགས་སོ། །	བུ་སྟོན་རིན་ཆེན་གྲུབ།	༦	༧	ཞོལ་པར་མ།	
	༧		གསང་བ་ཡུམ་བཞིའི་མཆོད་གར་བཞུགས་སོ། །	བུ་སྟོན་རིན་ཆེན་གྲུབ།	༣	༧	ཞོལ་པར་མ།	
	༨		ཡོ་གའི་མཆོད་ཆོག་བླ་མེད་མཆོད་སྤྲིན་ཞེས་བྱ་བ་བཞུགས་སོ། །	བུ་སྟོན་རིན་ཆེན་གྲུབ།	༡༡	༧	ཞོལ་པར་མ།	
	༩		དཔལ་རྡོ་རྗེ་དབྱིངས་ཀྱི་ཞི་བའི་སྦྱིན་སྲེག་གི་ཆོ་ག་བཞུགས་སོ། །	བུ་སྟོན་རིན་ཆེན་གྲུབ།	༦	༧	ཞོལ་པར་མ།	
	༡༠		རྡོ་རྗེ་དབྱིངས་ཀྱི་རྒྱས་པའི་སྦྱིན་སྲེག་དང་། དབང་དང་། དྲག་པོའི་སྦྱིན་སྲེག་བཅས་ཀྱི་ཆོ་ག་བཞུགས་སོ། །	བུ་སྟོན་རིན་ཆེན་གྲུབ།	༡༧	༧	ཞོལ་པར་མ།	

	༡༡		གཞལ་ཡས་ཁང་གི་གནས་ལུགས་གསལ་བྱེད་བཞུགས་སོ། །	བུ་སྟོན་རིན་ཆེན་གྲུབ།	༢༢	༧	ཞོལ་པར་མ།	
	༡༢		རྡུལ་ཚོན་སྦྱིན་དྲང་བའི་ཆོ་ག་བཞུགས་སོ། །	བུ་སྟོན་རིན་ཆེན་གྲུབ།	༣	༧	ཞོལ་པར་མ།	
	༡༣		རབ་གནས་བཀྲ་ཤིས་རྒྱས་བྱེད་བཞུགས་སོ། །	བུ་སྟོན་རིན་ཆེན་གྲུབ།	༣༢	༧	ཞོལ་པར་མ།	
	༡༤		རབ་གནས་བཀྲ་ཤིས་རྒྱས་བྱེད་ཀྱི་ཆོ་གའི་སྔོམ་དོན་ཞེས་བྱ་བ་བཞུགས་སོ། །	བུ་སྟོན་རིན་ཆེན་གྲུབ།	༢	༧	ཞོལ་པར་མ།	
	༡༥		འཇིག་རྟེན་གསུམ་ལས་རྣམ་པར་རྒྱལ་བའི་དཀྱིལ་འཁོར་གྱི་ཆོ་ག་བདུད་ཐམས་ཅད་ལས་རྣམ་པར་རྒྱལ་བ་བཞུགས་སོ། །	བུ་སྟོན་རིན་ཆེན་གྲུབ།	༧༦	༧	ཞོལ་པར་མ།	
01964	༄ བུ་སྟོན་རིན་ཆེན་གྲུབ་ཀྱི་གསུང་འབུམ། ༼ཡོད་པ༽ ༼བུ།							
	༡		བུ་སྟོན་ཐམས་ཅད་མཁྱེན་པའི་བཀའ་འབུམ་པ་པའི་དཀར་ཆག་བཞུགས་སོ། །		༢	༦	ཞོལ་པར་མ།	
	༢		དཔལ་རྡོ་རྗེ་རྩེ་མོ་རིགས་བསྡུས་པའི་དཀྱིལ་འཁོར་གྱི་ཆོ་ག་མཁས་པའི་ཡིད་འཕྲོག་བཞུགས་སོ། །	བུ་སྟོན་རིན་ཆེན་གྲུབ།	༡༡༠	༧	ཞོལ་པར་མ།	
	༣		རྩེ་མོའི་ས་ཆོག་རྒྱས་པ་བཞུགས་སོ། །	བུ་སྟོན་རིན་ཆེན་གྲུབ།	༡༣	༧	ཞོལ་པར་མ།	
	༤		ཞང་ཞུང་མང་ནས་བརྒྱུད་པའི་རིག་མ་བཅུ་དྲུག་གི་མཆོད་གར་བཞུགས་སོ། །	བུ་སྟོན་རིན་ཆེན་གྲུབ།	༥	༧	ཞོལ་པར་མ།	
	༥		རྩེ་མོ་ལ་མགོ་བའི་ཕྱག་རྒྱའི་རྒྱུད་ཚིག་བཞུགས་སོ། །	བུ་སྟོན་རིན་ཆེན་གྲུབ།	༤	༧	ཞོལ་པར་མ།	
	༦		དཔལ་མཆོག་དང་པོ་རིགས་བསྡུས་པའི་དཀྱིལ་འཁོར་གྱི་ཆོ་ག་དོན་ཡོད་པའི་དམ་ཚིག་གི་དཀྱིལ་འཁོར་འབྱུང་བ་བཞུགས་སོ། །	བུ་སྟོན་རིན་ཆེན་གྲུབ།	༢༤	༧	ཞོལ་པར་མ།	
	༧		དཔལ་མཆོག་རིག་བསྡུས་ཀྱི་བསྟོད་ཆེན་བཞུགས་སོ། །	བུ་སྟོན་རིན་ཆེན་གྲུབ།	༨	༧	ཞོལ་པར་མ།	
	༨		དཔལ་མཆོག་དང་པོའི་རིགས་བསྡུས་པའི་རྡོ་རྗེས་སྒྲུབ་པ་བཞུགས་སོ། །	བུ་སྟོན་རིན་ཆེན་གྲུབ།	༧	༧	ཞོལ་པར་མ།	

	༩		དཔལ་མཆོག་གི་ཐིག་རྩ་བཞུགས་སོ། །	བུ་སྟོན་རིན་ཆེན་གྲུབ།	༣	༧	ཞོལ་པར་མ།	
	༡༠		དཔལ་མཆོག་ལྷ་མོ་བཅུ་གཉིས་དང་རྩེ་མོའི་གསང་བ་ཡུམ་བཞིའི་མཆོད་གཏོར་བཞུགས་སོ། །	བུ་སྟོན་རིན་ཆེན་གྲུབ།	༤	༧	ཞོལ་པར་མ།	
	༡༡		དཔལ་མཆོག་རྡོ་རྗེ་སེམས་དཔའི་དཀྱིལ་འཁོར་གྱི་ཆོ་ག་དམ་ཚིག་ཆེན་པོའི་དེ་ཁོ་ན་ཉིད་རྡོ་རྗེ་འབྱུང་བའོ། །	བུ་སྟོན་རིན་ཆེན་གྲུབ།	༦༡	༧	ཞོལ་པར་མ།	
	༡༢		དཔལ་མཆོག་རྡོ་རྗེ་སེམས་དཔའི་ཞི་བའི་སྦྱིན་སྲེག་གི་ཆོ་ག་དགེ་ཞིང་ཞི་བྱེད་ཅེས་བྱ་བ་བཞུགས་སོ། །	བུ་སྟོན་རིན་ཆེན་གྲུབ།	༥	༧	ཞོལ་པར་མ།	
	༡༣		སྒྲུབ་པ་རྗེས་སྒྲུབ་ཀྱི་ཆོ་ག་བདེ་ཆེན་རྣམ་འཕྲུལ་རྨད་བྱུང་བཞུགས་སོ། །	བུ་སྟོན་རིན་ཆེན་གྲུབ།	༡༧	༧	ཞོལ་པར་མ།	
	༡༤		དཔལ་རྡོ་རྗེ་སེམས་དཔའི་དུས་ཐ་མའི་ཆོ་ག་ཐར་པའི་གྲོང་དུ་འཇུག་པ་ཞེས་བྱ་བ་བཞུགས་སོ། །	བུ་སྟོན་རིན་ཆེན་གྲུབ།	༡༠	༧	ཞོལ་པར་མ།	
	༡༥		དཔལ་མཆོག་གི་དཀྱིལ་འཁོར་གྱི་ལྷའི་བཀྲ་ཤིས་ཀྱི་ཚིགས་སུ་བཅད་པ་བཀྲ་ཤིས་འཕེལ་བྱེད་བཞུགས་སོ། །	བུ་སྟོན་རིན་ཆེན་གྲུབ།	༢	༧	ཞོལ་པར་མ།	
	༡༦		ངན་སོང་ཐམས་ཅད་ཡོངས་སུ་སྦྱོང་བའི་དཀྱིལ་འཁོར་གྱི་ཆོ་ག་ལས་ཀྱི་སྒྲིབ་པ་རྒྱུན་གཅོད་པ་ཞེས་བྱ་བ་བཞུགས་སོ། །	བུ་སྟོན་རིན་ཆེན་གྲུབ།	༥༠	༧	ཞོལ་པར་མ།	
	༡༧		དཔལ་ངན་སོང་སྦྱོང་བའི་དཀྱིལ་འཁོར་ཆེན་པོའི་ཆོ་གའི་ཁ་སྐོང་ཞེས་བྱ་བ་བཞུགས་སོ། །	བུ་སྟོན་རིན་ཆེན་གྲུབ།	༧	༧	ཞོལ་པར་མ།	
	༡༨		ཤཾ་པ་ཧའི་གར་དཔེ་ཤིན་ཏུ་ལེགས་པ་གཅིག་བཞུགས་པ་ལགས་སོ། །	བུ་སྟོན་རིན་ཆེན་གྲུབ།	༤	༧	ཞོལ་པར་མ།	
	༡༩		ངན་སོང་སྦྱོང་རྒྱུད་ནས་གསུངས་པའི་ཞི་བའི་སྦྱིན་སྲེག་གི་ཆོ་ག་སྡུག་བསྔལ་ཞི་བྱེད་བཞུགས་སོ། །	བུ་སྟོན་རིན་ཆེན་གྲུབ།	༨	༧	ཞོལ་པར་མ།	
	༢༠		ཀུན་རིག་གི་རྒྱས་པའི་སྦྱིན་སྲེག་བཞུགས་སོ། །	བུ་སྟོན་རིན་ཆེན་གྲུབ།	༩	༧	ཞོལ་པར་མ།	

	༢༡		ཀུན་རིག་དབང་གི་སྒྲིན་སྲེག་དང་དྲག་པོའི་སྦྱིན་སྲེག་བཞུགས་སོ། །	བུ་སྟོན་རིན་ཆེན་གྲུབ།	༩	༧	ཞོལ་པར་མ།	
	༢༢		ངན་སོང་སྦྱོང་རྒྱུད་ནས་གསུངས་པའི་རོ་སྲེག་གི་ཆོ་ག་སྡིག་པ་ཞི་བྱེད་བཞུགས་སོ། །	བུ་སྟོན་རིན་ཆེན་གྲུབ།	༡༣	༧	ཞོལ་པར་མ།	
01965	༄། བུ་སྟོན་རིན་ཆེན་གྲུབ་ཀྱི་གསུང་འབུམ། （པོད་ཕ） （ཕ།							
	༡		བུ་སྟོན་ཐམས་ཅད་མཁྱེན་པའི་བཀའ་འབུམ་ཕ་པའི་དཀར་ཆག་བཞུགས་སོ། །		༢	༦	ཞོལ་པར་མ།	
	༢		གཙུག་དགུའི་དཀྱིལ་འཁོར་གྱི་ཆོ་ག་ངན་སོང་རྒྱན་གཅོད་ཅེས་བྱ་བ་བཞུགས་སོ།།	བུ་སྟོན་རིན་ཆེན་གྲུབ།	༥༣	༧	ཞོལ་པར་མ།	
	༣		ཕྱག་ན་རྡོ་རྗེ་འཆི་བདག་འཇོམས་པའི་དཀྱིལ་འཁོར་གྱི་ཆོ་ག་འཆི་མེད་གྲུབ་པ་བཞུགས་སོ། །	བུ་སྟོན་རིན་ཆེན་གྲུབ།	༢༨	༧	ཞོལ་པར་མ།	
	༤		ཕྱག་ན་རྡོ་རྗེ་འཆི་བདག་འཇོམས་པའི་དཀྱིལ་འཁོར་གྱི་ལྷ་ཚོགས་ལ་བསྟོད་པ་བཞུགས་སོ། །	བུ་སྟོན་རིན་ཆེན་གྲུབ།	༢	༧	ཞོལ་པར་མ།	
	༥		བཅོམ་ལྡན་འདས་མི་འཁྲུགས་པའི་དཀྱིལ་འཁོར་གྱི་ཆོ་ག་ལས་སྒྲིབ་རྣམ་སྦྱོང་བཞུགས་སོ། །	བུ་སྟོན་རིན་ཆེན་གྲུབ།	༣༨	༧	ཞོལ་པར་མ།	
	༦		མི་འཁྲུགས་པའི་ཆོ་ག་ལ་བརྟེན་ནས་རོའི་སྦྱིན་སྲེག་གི་ཆོ་ག་བཞུགས་སོ། །	བུ་སྟོན་རིན་ཆེན་གྲུབ།	༡༡	༧	ཞོལ་པར་མ།	
	༧		མཚན་ཡང་དག་པར་བརྗོད་པའི་རྒྱ་ཆེར་འགྲེལ་པ་འཇམ་དཔལ་གྲགས་པས་མཛད་པའི་བསྡུས་དོན་བཞུགས་སོ། །	བུ་སྟོན་རིན་ཆེན་གྲུབ།	༡༢	༧	ཞོལ་པར་མ།	
	༨		ཆོས་ཀྱི་དབྱིངས་གསུང་གི་དབང་ཕྱུག་གི་དཀྱིལ་འཁོར་གྱི་ཆོ་ག་མཁས་པའི་དགའ་སྟོན་བཞུགས་སོ། །	བུ་སྟོན་རིན་ཆེན་གྲུབ།	༦༩	༧	ཞོལ་པར་མ།	
	༩		ཆོས་ཀྱི་དབྱིངས་གསུང་གི་དབང་ཕྱུག་གི་དཀྱིལ་འཁོར་ལ་བསྟོད་པ་བཞུགས་སོ། །	བུ་སྟོན་རིན་ཆེན་གྲུབ།	༤	༧	ཞོལ་པར་མ།	

	༡༠		རྣམ་སྣང་མངོན་བྱང་གི་དཀྱིལ་ཆོག་བཞུགས་སོ། །	བུ་སྟོན་རིན་ཆེན་གྲུབ།	༢༢	༧	ཞོལ་པར་མ།	
	༡༡		འཕགས་པ་འོད་ཟེར་དྲི་མ་མེད་པ་རྣམ་པར་དག་པའི་འོད་ཅེས་བྱ་བའི་དཀྱིལ་འཁོར་གྱི་ཆོ་ག་བཞུགས་སོ། །	བུ་སྟོན་རིན་ཆེན་གྲུབ།	༢༦	༧	ཞོལ་པར་མ།	
	༡༢		བྱང་ཆུབ་ཆེན་པོའི་མཆོད་རྟེན་གྱི་ཚད་བཞུགས་སོ། །	བུ་སྟོན་རིན་ཆེན་གྲུབ།	༤	༧	ཞོལ་པར་མ།	
	༡༣		མཆོད་རྟེན་ལ་མཆོད་པ་བྱས་པའི་ཕན་ཡོན་བཞུགས་སོ། །	བུ་སྟོན་རིན་ཆེན་གྲུབ།	༨	༧	ཞོལ་པར་མ།	
	༡༤		བཅོམ་ལྡན་འདས་གཙུག་གཏོར་རྣམ་པར་རྒྱལ་མའི་བསྟོད་པ་འདོད་རྒྱུའི་ཆར་འབེབས་བཞུགས་སོ། །	བུ་སྟོན་རིན་ཆེན་གྲུབ།	༤	༧	ཞོལ་པར་མ།	
	༡༥		གནོད་སྦྱིན་ཕོ་མོའི་འཁོར་ལོ་བྲི་ཐབས་བཞུགས་སོ། །	བུ་སྟོན་རིན་ཆེན་གྲུབ།	༢	༧	ཞོལ་པར་མ།	
	༡༦		ཐོག་བསྲུང་བ་ལ་སོགས་པའི་མན་ངག་བཞུགས་སོ། །	བུ་སྟོན་རིན་ཆེན་གྲུབ།	༢	༧	ཞོལ་པར་མ།	
	༡༧		ཐོག་བསྲུང་བའི་འཁོར་ལོ་བཞུགས་སོ། །	བུ་སྟོན་རིན་ཆེན་གྲུབ།	༣	༧	ཞོལ་པར་མ།	
	༡༨		དོན་ཡོད་ཞགས་པའི་དཀྱིལ་འཁོར་གྱི་ཆོ་གའི་རྒྱུ་མཚན་ཡིད་ཆེས་པར་བྱེད་པའི་ཁུངས་བཞུགས་སོ། །	བུ་སྟོན་རིན་ཆེན་གྲུབ།	༣༤	༧	ཞོལ་པར་མ།	
	༡༩		བཅོམ་ལྡན་འདས་དོན་ཡོད་ཞགས་པའི་དཀྱིལ་འཁོར་གྱི་ཆོ་ག་ཡིད་བཞིན་ནོར་བུ་བཞུགས་སོ། །	བུ་སྟོན་རིན་ཆེན་གྲུབ།	༤༡	༧	ཞོལ་པར་མ།	
	༢༠		དོན་ཞགས་ཀྱི་གཟུངས་སྒྲུབ་བྱ་ཐབས་འབྲིང་པོ་བཞུགས་སོ། །	བུ་སྟོན་རིན་ཆེན་གྲུབ།	༣	༧	ཞོལ་པར་མ།	
	༢༡		འཕགས་པ་དོན་ཡོད་ཞགས་པའི་ཞི་བ་དང་། རྒྱས་པའི་སྦྱིན་སྲེག་གི་ཆོ་ག་གཉིས་བཞུགས་སོ། །	བུ་སྟོན་རིན་ཆེན་གྲུབ།	༧	༧	ཞོལ་པར་མ།	
	༢༢		རྗེ་བཙུན་སེངྒེ་སྒྲའི་བསྙེན་སྒྲུབ་གཏོར་ཆོག་དང་བཅས་པ་བཞུགས་སོ། །	བུ་སྟོན་རིན་ཆེན་གྲུབ།	༥	༧	ཞོལ་པར་མ།	
	༢༣		གསང་བདག་གོས་སྔོན་ཅན་ལ་སྒྲོ་བ་ལྔའི་སྒོ་ནས་བསྟོད་པ་བཞུགས་སོ། །	བུ་སྟོན་རིན་ཆེན་གྲུབ།	༡	༧	ཞོལ་པར་མ།	

	༢༤		རྒྱལ་པོ་རྣམ་ཐོས་སྲས་ཀྱི་མངོན་རྟོགས་དགོས་འདོད་འབྱུང་བ་ཞེས་བྱ་བ་བཞུགས་སོ། །	བུ་སྟོན་རིན་ཆེན་གྲུབ།	༨	༧	ཞོལ་པར་མ།	
	༢༥		རྒྱལ་པོ་ཆེན་པོ་རྣམ་ཐོས་སྲས་ཀྱི་རྗེས་གནང་ཕྱག་ལེན་ཇི་ལྟ་བ་བཞུགས་སོ། །	བུ་སྟོན་རིན་ཆེན་གྲུབ།	༣	༧	ཞོལ་པར་མ།	
	༢༦		རྣམ་སྲས་ཀྱི་བྲི་ཡིག་བཞུགས་སོ། །	བུ་སྟོན་རིན་ཆེན་གྲུབ།	༢	༧	ཞོལ་པར་མ།	
	༢༧		རྒྱལ་པོ་ཆེན་པོ་རྣམ་ཐོས་སྲས་ཀྱི་བསྟོད་པ་རྒྱལ་པོའི་ཐུགས་རབ་ཏུ་མཉེས་བྱེད་བཞུགས་སོ། །	བུ་སྟོན་རིན་ཆེན་གྲུབ།	༡༩	༧	ཞོལ་པར་མ།	
	༢༨		རྒྱུད་སྡེ་སྤྱིའི་རྣམ་གཞག་བསྡུས་པ་རྒྱུད་སྡེ་རིན་པོ་ཆེའི་གཏེར་སྒོ་འབྱེད་པའི་ལྡེ་མིག་བཞུགས་སོ། །	བུ་སྟོན་རིན་ཆེན་གྲུབ།	༢༦	༧	ཞོལ་པར་མ།	
01966	བུ་སྟོན་རིན་ཆེན་གྲུབ་ཀྱི་གསུང་འབུམ། ༼པོད་པ༽ ༼ཕ༽							
	༡		བུ་སྟོན་ཐམས་ཅད་མཁྱེན་པའི་བཀའ་འབུམ་པ་པའི་དཀར་ཆག་བཞུགས་སོ། །		༡	༦	ཞོལ་པར་མ།	
	༢		རྒྱུད་སྡེ་སྤྱིའི་རྣམ་པར་བཞག་པ་རྒྱུད་སྡེ་རིན་པོ་ཆེའི་མཛེས་རྒྱན་ཞེས་བྱ་བ་བཞུགས་སོ། །	བུ་སྟོན་རིན་ཆེན་གྲུབ།	༣༠༥	༧	ཞོལ་པར་མ།	
	༣		རྒྱུད་སྡེ་སྤྱིའི་རྣམ་པར་བཞག་པ་རྒྱུད་སྡེ་ཐམས་ཅད་ཀྱི་གསང་བ་གསལ་བར་བྱེད་པ་ཞེས་བྱ་བ་བཞུགས་སོ། །	བུ་སྟོན་རིན་ཆེན་གྲུབ།	༥༢	༧	ཞོལ་པར་མ།	
01967	བུ་སྟོན་རིན་ཆེན་གྲུབ་ཀྱི་གསུང་འབུམ། ༼པོད་མ༽ ༼བ༽							
	༡		བུ་སྟོན་ཐམས་ཅད་མཁྱེན་པའི་བཀའ་འབུམ་མ་པའི་དཀར་ཆག་བཞུགས་སོ། །		༡	༢	ཞོལ་པར་མ།	
	༢		གསང་སྔགས་རྒྱུད་སྡེ་བཞིའི་གཟུངས་འབུམ་བཞུགས་སོ། །	བུ་སྟོན་རིན་ཆེན་གྲུབ།	༢༧༨	༧	ཞོལ་པར་མ།	
01968	བུ་སྟོན་རིན་ཆེན་གྲུབ་ཀྱི་གསུང་འབུམ། ༼པོད་ཙ༽ ༼ཙ༽							

	༡		བུ་སྟོན་ཐམས་ཅད་མཁྱེན་པའི་བཀའ་འབུམ་ཙ་པའི་དཀར་ཆག་བཞུགས་སོ། །		༢	༦	ཞོལ་པར་མ།	
	༢		ཞ་ལུའི་གཙུག་ལག་ཁང་གི་གཞལ་ཡས་ཁང་ནུབ་མ། བྱང་མ། ཤར་མ། ལྷོ་མ་རྣམས་ན་བཞུགས་པའི་དཀྱིལ་འཁོར་སོགས་ཀྱི་དཀར་ཆག་བཞུགས་སོ། ། ཞ་ལུའི་གཙུག་ལག་ཁང་ན་བཞུགས་པའི་ནུབ་མ་ཡིན། དེ་ཉིད་བསྡུས་པའི་རྒྱུད་ནས་གསུངས་པའི་དཀྱིལ་འཁོར་གྱི་དཀར་ཆག་བཞུགས་སོ། །	བུ་སྟོན་རིན་ཆེན་གྲུབ།	༢༩	༧	ཞོལ་པར་མ།	
	༣		དཀྱིལ་འཁོར་གསལ་བྱེད་ཉི་མའི་འོད་ཟེར་ཞེས་བྱ་བའི་སྐབས་དང་པོ་ལས་རྩ་རྒྱུད་དེ་ཉིད་བསྡུས་པའི་དཀྱིལ་འཁོར་གྱི་བཀོད་པ་བཞུགས་སོ། །	བུ་སྟོན་རིན་ཆེན་གྲུབ།	༣༦	༧	ཞོལ་པར་མ།	
	༤		བཤད་རྒྱུད་རྡོ་རྗེ་རྩེ་མོའི་དཀྱིལ་འཁོར་གྱི་བཀོད་པ་བཞུགས་སོ། །	བུ་སྟོན་རིན་ཆེན་གྲུབ།	༡༩	༧	ཞོལ་པར་མ།	
	༥		དཔལ་མཆོག་རིགས་བསྡུས་ཀྱི་དཀྱིལ་འཁོར་གྱི་བཀོད་པ་བཞུགས་སོ། །	བུ་སྟོན་རིན་ཆེན་གྲུབ།	༣༥	༧	ཞོལ་པར་མ།	
	༦		གསང་བ་ནོར་བུ་ཐིག་ལེའི་རྒྱུད་ལས་བྱུང་བའི་དཀྱིལ་འཁོར་གྱི་བཀོད་པ་བཞུགས་སོ། །	བུ་སྟོན་རིན་ཆེན་གྲུབ།	༤	༧	ཞོལ་པར་མ།	
	༧		འཇིག་རྟེན་གསུམ་ལས་རྣམ་པར་རྒྱལ་བའི་རྟོག་པ་ནས་གསུངས་པའི་དཀྱིལ་འཁོར་གྱི་བཀོད་པ་བཞུགས་སོ། །	བུ་སྟོན་རིན་ཆེན་གྲུབ།	༤	༧	ཞོལ་པར་མ།	
	༨		དཀྱིལ་འཁོར་བཀོད་པ་རྩོམ་འཕྲོ་བཞུགས་སོ། །	བུ་སྟོན་རིན་ཆེན་གྲུབ།	༩	༧	ཞོལ་པར་མ།	
	༩		མཚན་བརྗོད་ཀྱི་དཀྱིལ་འཁོར་གྱི་བཀོད་པ་བཞུགས་སོ། །	བུ་སྟོན་རིན་ཆེན་གྲུབ།	༢༢	༧	ཞོལ་པར་མ།	
	༡༠		ཀུན་རིག་གི་དཀྱིལ་འཁོར་གྱི་བཀོད་པ་བཞུགས་སོ། །	བུ་སྟོན་རིན་ཆེན་གྲུབ།	༢༩	༧	ཞོལ་པར་མ།	
	༡༡		གཙུག་དགུའི་དཀྱིལ་འཁོར་གྱི་བཀོད་པ་བཞུགས་སོ། །	བུ་སྟོན་རིན་ཆེན་གྲུབ།	༡༡	༧	ཞོལ་པར་མ།	
	༡༢		རྡོ་རྗེ་སྙིང་པོ་རྒྱན་གྱི་རྒྱུད་ཀྱི་དཀྱིལ་འཁོར་གྱི་རྣམ་གཞག་བཞུགས་སོ། །	བུ་སྟོན་རིན་ཆེན་གྲུབ།	༡༨	༧	ཞོལ་པར་མ།	
	༡༣		གསང་བ་རྒྱན་བཀོད་ཀྱི་དཀྱིལ་འཁོར་གྱི་རྣམ་གཞག་བཞུགས་སོ། །	བུ་སྟོན་རིན་ཆེན་གྲུབ།	༡༨	༧	ཞོལ་པར་མ།	

	༡༤		སྐབས་གཉིས་པ་སྦྱོད་པའི་རྒྱུད་ཀྱི་དཀྱིལ་འཁོར་གྱི་བཀོད་པ་བཞུགས་སོ། །	བུ་སྟོན་རིན་ཆེན་གྲུབ།	༢༢	༧	ཞོལ་པར་མ།	
	༡༥		སྐབས་གསུམ་པ་བྱ་རྒྱུད་ཀྱི་དཀྱིལ་འཁོར་གྱི་རྣམ་གཞག་བཞུགས་སོ། །	བུ་སྟོན་རིན་ཆེན་གྲུབ།	༦༤	༧	ཞོལ་པར་མ།	
01969	༄ བུ་སྟོན་རིན་ཆེན་གྲུབ་ཀྱི་གསུང་འབུམ། ༼པོད་ཚ༽ ༼ཞ།							
	༡		བུ་སྟོན་ཐམས་ཅད་མཁྱེན་པའི་བཀའ་འབུམ་ཚ་པའི་དཀར་ཆག་བཞུགས་སོ། །		༡	༢	ཞོལ་པར་མ།	
	༢		ཤེས་རབ་ཀྱི་ཕ་རོལ་ཏུ་ཕྱིན་པའི་མན་ངག་གི་བསྟན་བཅོས་མངོན་པར་རྟོགས་པའི་རྒྱན་ཅེས་བྱ་བའི་འགྲེལ་པའི་རྒྱ་ཆེར་བཤད་པ་ལུང་གི་སྙེ་མ་བཞུགས་སོ། ། ཞ་ལུའི་གཙུག་ལག་ཁང་ན་བཞུགས་པའི་ནུབ་མ་ཡིན། དེ་ཉིད་བསྡུས་པའི་རྒྱུད་ནས་གསུངས་པའི་དཀྱིལ་འཁོར་གྱི་དཀར་ཆག་བཞུགས་སོ། །	བུ་སྟོན་རིན་ཆེན་གྲུབ།	༣༦༣	༧	ཞོལ་པར་མ།	
01970	༄ བུ་སྟོན་རིན་ཆེན་གྲུབ་ཀྱི་གསུང་འབུམ། ༼པོད་ཛ༽ ༼ཞ།							
	༡		བུ་སྟོན་ཐམས་ཅད་མཁྱེན་པའི་བཀའ་འབུམ་ཛ་པའི་དཀར་ཆག་བཞུགས་སོ། །		༡	༥	ཞོལ་པར་མ།	
	༢		ཕར་ཕྱིན་ལྟ་བ་ངན་སེལ་བཞུགས་སོ། །	བུ་སྟོན་རིན་ཆེན་གྲུབ།	༣༡	༧	ཞོལ་པར་མ།	
	༣		ལུང་གི་སྙེ་མའི་སྐབས་སྐབས་སུ་མཁོ་བའི་ཟུར་འདེབས་མཐོང་ལམ་སྟོང་ཐུན་བཞུགས་སོ། །	བུ་སྟོན་རིན་ཆེན་གྲུབ།	༡༤	༧	ཞོལ་པར་མ།	
	༤		རྒྱས་འབྲིང་བསྡུས་གསུམ་གྱི་སྐབས་བརྒྱད་དོན་བདུན་ཅུའི་མཚམས་འབྱེད་པའི་ཤེར་ཕྱིན་གྱི་ལྡེ་མིག་བཞུགས་སོ། །	བུ་སྟོན་རིན་ཆེན་གྲུབ།	༢༢	༧	ཞོལ་པར་མ།	
	༥		བྱང་ཆུབ་སེམས་དཔའི་སྤྱོད་པ་ལ་འཇུག་པའི་བསྡུས་དོན་བཞུགས་སོ། །	བུ་སྟོན་རིན་ཆེན་གྲུབ།	༢༣	༧	ཞོལ་པར་མ།	
	༦		བྱང་ཆུབ་སེམས་དཔའི་སྤྱོད་པ་ལ་འཇུག་པའི་འགྲེལ་པ་བྱང་ཆུབ་ཀྱི་སེམས་གསལ་བར་བྱེད་པ་ཟླ་བའི་འོད་ཟེར་བཞུགས་སོ། །	བུ་སྟོན་རིན་ཆེན་གྲུབ།	༣༡༡	༧	ཞོལ་པར་མ།	
	༧		ཆོས་སྤྱོད་རྣམ་མཁྱེན་དུ་བགྲོད་པའི་བདེ་ལམ་བཞུགས་སོ། །	བུ་སྟོན་རིན་ཆེན་གྲུབ།	༢༢	༧	ཞོལ་པར་མ།	

	༨		དེ་བཞིན་གཤེགས་པའི་སྙིང་པོའི་བསྟུས་དོན་རིན་པོ་ཆེ་གསེར་གྱི་ལྡེ་མིག་བཞུགས་སོ། །	བུ་སྟོན་རིན་ཆེན་གྲུབ།	༥	༧	ཞིལ་པར་མ།	
	༩		སངས་རྒྱས་སའི་མདོ་འགྲེལ་རིན་པོ་ཆེ་གསེར་གྱི་མེ་ཏོག་བཞུགས་སོ། །	བུ་སྟོན་རིན་ཆེན་གྲུབ།	༥	༧	ཞིལ་པར་མ།	
01971	༄༅། བུ་སྟོན་རིན་ཆེན་གྲུབ་ཀྱི་གསུང་འབུམ། ༼པོད་ཝ༽ ༼ཕུ།							
	༡		བུ་སྟོན་ཐམས་ཅད་མཁྱེན་པའི་བཀའ་འབུམ་ཝ་པའི་དཀར་ཆག་བཞུགས་སོ། །		༡	༣	ཞིལ་པར་མ།	༡
	༢		བདེ་གཤེགས་སྙིང་པོ་གསལ་བའི་རྒྱན་བཞུགས་སོ། །	བུ་སྟོན་རིན་ཆེན་གྲུབ།	༣༨	༧	ཞིལ་པར་མ།	༢
	༣		ཆོས་མངོན་པ་ཀུན་ལས་བཏུས་ཀྱི་ཊཱིཀ་རྣམ་བཤད་ཉི་མའི་འོད་ཟེར་ཞེས་བྱ་བ་བཞུགས་སོ། །	བུ་སྟོན་རིན་ཆེན་གྲུབ།	༣༣༥	༧	ཞིལ་པར་མ།	༣
	༤		རྟེན་འབྲེལ་རྣམ་བཤད་ལུང་ཀུན་ལས་བཏུས་པ་ཞེས་བྱ་བ་བཞུགས་སོ། །	བུ་སྟོན་རིན་ཆེན་གྲུབ།	༡༢	༧	ཞིལ་པར་མ།	༤
01972	༄༅། བུ་སྟོན་རིན་ཆེན་གྲུབ་ཀྱི་གསུང་འབུམ། ༼པོད་ཞ༽ ༼ཕུ།							
	༡		བུ་སྟོན་ཐམས་ཅད་མཁྱེན་པའི་བཀའ་འབུམ་ཞ་པའི་དཀར་ཆག་བཞུགས་སོ། །	བུ་སྟོན་རིན་ཆེན་གྲུབ།	༡	༣	ཞིལ་པར་མ།མ།	
	༢		འདུལ་བ་སྤྱིའི་རྣམ་པར་གཞག་པ་འདུལ་བ་རིན་པོ་ཆེའི་མཛེས་རྒྱན་ཞེས་བྱ་བ་བཞུགས་སོ། །	བུ་སྟོན་རིན་ཆེན་གྲུབ།	༧༠	༧	ཞིལ་པར་མ།	
	༣		འདུལ་བ་མདོའི་རྣམ་པར་འབྱེད་པ་འདུལ་བ་རྒྱ་མཚོའི་སྙིང་པོ་རབ་ཏུ་གསལ་བར་བྱེད་པ་ཞེས་བྱ་བ་བཞུགས་སོ། །	བུ་སྟོན་རིན་ཆེན་གྲུབ།	༢༩༥	༧	ཞིལ་པར་མ།	
	༤		ལས་བརྒྱ་རྩ་གཅིག་གི་རྣམ་པར་བཤད་པ་ཚོགས་འགའི་གསལ་བྱེད་ཅེས་བྱ་བ་བཞུགས་སོ། །	བུ་སྟོན་རིན་ཆེན་གྲུབ།	༡༢༥	༧	ཞིལ་པར་མ།	
01973	༄༅། བུ་སྟོན་རིན་ཆེན་གྲུབ་ཀྱི་གསུང་འབུམ། ༼པོད་ཟ༽ ༼ཕུ།							
	༡		བུ་སྟོན་ཐམས་ཅད་མཁྱེན་པའི་བཀའ་འབུམ་ཟ་པའི་དཀར་ཆག་བཞུགས་སོ། །		༡	༣	ཞིལ་པར་མ།	

	༢		འདུལ་བའི་ལག་ལེན་གྱི་ཚིག་དྲི་མ་མེད་པའི་ཕྲེང་བ་ཞེས་བྱ་བ་བཞུགས་སོ། །	བུ་སྟོན་རིན་ཆེན་གྲུབ།	༩༣	༧	ཞོལ་པར་མ།	
	༣		འདུལ་བའི་ལག་ལེན་དྲི་མེད་ཕྲེང་བའི་ཞར་བྱུང་ཁྲིམ་པ་ལ་ཕན་གདགས་པའི་ཚོ་ག་བཞུགས་སོ། །	བུ་སྟོན་རིན་ཆེན་གྲུབ།	༡༧	༧	ཞོལ་པར་མ།	
	༤		དགེ་སློང་མའི་རྣམ་འབྱེད་འགྲེལ་པ་སྙིང་པོ་གསལ་བ་ཞེས་བྱ་བ་བཞུགས་སོ། །	བུ་སྟོན་རིན་ཆེན་གྲུབ།	༩༥	༧	ཞོལ་པར་མ།	
	༥		སྟོན་པ་སངས་རྒྱས་ཀྱི་རྣམ་ཐར་དད་ཅིང་དགའ་སྐྱེད་ཅེས་བྱ་བ་བཞུགས་སོ། །	བུ་སྟོན་རིན་ཆེན་གྲུབ།	༢༢༦	༧	ཞོལ་པར་མ།	
	༄། །བུ་སྟོན་རིན་ཆེན་གྲུབ་ཀྱི་གསུང་འབུམ། ༼པོད་འ༽ ༼ཞ།							
	༡		བུ་སྟོན་ཐམས་ཅད་མཁྱེན་པའི་བཀའ་འབུམ་འ་པའི་དཀར་ཆག་བཞུགས་སོ། །		༡	༢	ཞོལ་པར་མ།	
01974	༢		འདུལ་བ་ཕའི་གླེང་འབུམ་ཆེན་མོ་བཞུགས་སོ། །	བུ་སྟོན་རིན་ཆེན་གྲུབ།	༩༡༨	༧	ཞོལ་པར་མ།	
	༣		འདུལ་བ་དགེ་སློང་མའི་གླེང་འབུམ་བཞུགས་སོ། །	བུ་སྟོན་རིན་ཆེན་གྲུབ།	༥༨	༧	ཞོལ་པར་མ།	
	༄། །བུ་སྟོན་རིན་ཆེན་གྲུབ་ཀྱི་གསུང་འབུམ། ༼པོད་ཡ༽ ༼ཞ།							
	༡		བུ་སྟོན་ཐམས་ཅད་མཁྱེན་པའི་བཀའ་འབུམ་ཡ་པའི་དཀར་ཆག་བཞུགས་སོ། །		༡	༢	ཞོལ་པར་མ།	
	༢		ཚད་མ་རྣམ་པར་ངེས་པའི་མཚན་དོན་བཞུགས་སོ། །	བུ་སྟོན་རིན་ཆེན་གྲུབ།	༥	༧	ཞོལ་པར་མ།	
01975	༣		ཚད་མ་རྣམ་པར་ངེས་པའི་ཊཱི་ཀཱ་ཚིག་དོན་རབ་གསལ་བཞུགས་སོ། །	བུ་སྟོན་རིན་ཆེན་གྲུབ།	༣༠༡	༧	ཞོལ་པར་མ།	
	༤		གསོ་བ་རིག་པའི་མན་ངག་སྦྱོར་བ་བརྒྱ་པའི་མཆན་བཞུགས་སོ། །	བུ་སྟོན་རིན་ཆེན་གྲུབ།	༡༠	༧	ཞོལ་པར་མ།	
	༥		བདེ་བར་གཤེགས་པའི་བསྟན་པའི་གསལ་བྱེད་ཆོས་ཀྱི་འབྱུང་གནས་གསུང་རབ་རིན་པོ་ཆེའི་མཛོད་བཞུགས་སོ། །	བུ་སྟོན་རིན་ཆེན་གྲུབ།	༢༡༢	༧	ཞོལ་པར་མ།	
01976	༄། །བུ་སྟོན་རིན་ཆེན་གྲུབ་ཀྱི་གསུང་འབུམ། ༼པོད་ར༽ ༼ཞ།							

	༡		བུ་སྟོན་ཐམས་ཅད་མཁྱེན་པའི་བཀའ་འབུམ་ར་པའི་དཀར་ཆག་བཞུགས་སོ། །		༡	༤	ཞིལ་པར་མ།	
	༢		ཀ་ལཱ་པའི་མཚམས་སྦྱོར་ལེའུ་ལྔ་པའི་དཔེ་བརྗོད་ཀྱི་འགྲེལ་པ་པཱ་ཎི་ར་ཏྣ་སིདྡྷིས་མཛད་པ་བཞུགས་སོ། །	བུ་སྟོན་རིན་ཆེན་གྲུབ།	༥༣	༢	ཞིལ་པར་མ།	
	༣		ཀ་ལཱ་པའི་མིང་ལེའུ་དྲུག་གི་འགྲེལ་བཤད་ཀུན་མཁྱེན་བུ་སྟོན་ཆོས་རྗེས་མཛད་པ་བཞུགས་སོ། །	བུ་སྟོན་རིན་ཆེན་གྲུབ།	༡༦༥	༢	ཞིལ་པར་མ།	
	༤		ཀུན་བཤད་ལེའུ་བརྒྱད་ཀྱི་དཔེར་བརྗོད་རྒྱས་པར་སྒྲུབ་པའི་རྒྱས་འགྲེལ་བཞུགས་སོ། །	བུ་སྟོན་རིན་ཆེན་གྲུབ།	༤༨	༢	ཞིལ་པར་མ།	
	༥		ཀུན་བཤད་ལེའུ་བརྒྱད་ཀྱི་དཔེར་བརྗོད་རྒྱས་པར་སྒྲུབ་པའི་རྒྱས་འགྲེལ་སྨད་ཆ་བཞུགས་སོ། །	བུ་སྟོན་རིན་ཆེན་གྲུབ།	༡༣༨	༢	ཞིལ་པར་མ།	
	༦		ཆ་བསགས་མདོ་ཡི་ལེའུ་བཞི་པ་བྱིངས་ལས་མིང་དུ་སྒྲུབ་པའི་དཔེ་འགྲེལ་བཞུགས་སོ། །	བུ་སྟོན་རིན་ཆེན་གྲུབ།	༡༣༩	༢	ཞིལ་པར་མ།	
01977	༄ བུ་སྟོན་རིན་ཆེན་གྲུབ་ཀྱི་གསུང་འབུམ། （པོད་ལ） （བུ།							
	༡		བུ་སྟོན་ཐམས་ཅད་མཁྱེན་པའི་བཀའ་འབུམ་ལ་པའི་དཀར་ཆག་བཞུགས་སོ། །		༡	༥	ཞིལ་པར་མ།	
	༢		བླ་མ་དམ་པ་རྣམས་ཀྱིས་རྗེས་སུ་བཟུང་བའི་ཚུལ་བཀའ་དྲིན་རྗེས་སུ་དྲན་པར་བྱེད་པ་ཞེས་བྱ་བ་བཞུགས་སོ། །	སྒྲ་ཚད་པ་རིན་ཆེན་རྣམ་རྒྱལ།	༢༡	༢	ཞིལ་པར་མ།	
	༣		ཐམས་ཅད་མཁྱེན་པ་བུ་སྟོན་རིན་པོ་ཆེའི་གསུང་རབ་ཐོར་བུ་བ་བཞུགས་སོ། །	སྒྲ་ཚད་པ་རིན་ཆེན་རྣམ་རྒྱལ།	༡༠༣	༢	ཞིལ་པར་མ།	
	༤		བསྔོ་བ་ཡོན་བཤད་བཞུགས་སོ། །	སྒྲ་ཚད་པ་རིན་ཆེན་རྣམ་རྒྱལ།	༦	༢	ཞིལ་པར་མ།	
	༥		དཀྱིལ་ཆོག་རྡོ་རྗེ་ཕྲེང་བའི་དབང་གི་ལག་ལེན་བཞུགས་སོ། །	སྒྲ་ཚད་པ་རིན་ཆེན་རྣམ་རྒྱལ།	༡	༢	ཞིལ་པར་མ།	
	༦		ཞི་ས་དགུ་ཕྱུགས་ཀྱི་མན་ངག་བཞུགས་སོ། །	སྒྲ་ཚད་པ་རིན་ཆེན་རྣམ་རྒྱལ།	༣	༢	ཞིལ་པར་མ།	

	༧		རྒྱུད་འབུམ་གྱི་དཀར་ཆག་བཞུགས་སོ། །	སྒྲ་ཚད་པ་རིན་ཆེན་རྣམ་རྒྱལ།	༡༨	༧	ཞོལ་པར་མ།	
	༨		བསྟན་འགྱུར་གྱི་དཀར་ཆག་ཡིད་བཞིན་ནོར་བུ་དབང་གི་རྒྱལ་པོའི་ཕྲེང་བ་བཞུགས་སོ། །	སྒྲ་ཚད་པ་རིན་ཆེན་རྣམ་རྒྱལ།	༡༢༢	༧	ཞོལ་པར་མ།	
	༩		བུ་སྟོན་རིན་པོ་ཆེའི་བཀའ་འབུམ་གྱི་དཀར་ཆག་ཆོས་རྗེ་ཉིད་ཀྱིས་མཛད་པ་བཞུགས་སོ། །	སྒྲ་ཚད་པ་རིན་ཆེན་རྣམ་རྒྱལ།	༦	༧	ཞོལ་པར་མ།	
01978	༄། སྒྲ་ཚད་པ་རིན་ཆེན་རྣམ་རྒྱལ་གྱི་གསུང་འབུམ། (པོད་ཤ) (ཁུ།							
	༡		བུ་སྟོན་ཐུགས་སྲས་སྒྲ་ཚད་པའི་བཀའ་འབུམ་ཤ་པའི་དཀར་ཆག་བཞུགས་སོ། །		༢	༦	ཞོལ་པར་མ།	
	༢		ཆོས་རྗེ་ཐམས་ཅད་མཁྱེན་པ་བུ་སྟོན་ལོ་ཙཱ་བའི་རྣམ་པར་ཐར་པ་སྙིམ་པའི་མེ་ཏོག་ཅེས་བྱ་བ་བཞུགས་སོ། །	སྒྲ་ཚད་པ་རིན་ཆེན་རྣམ་རྒྱལ།	༩༢	༧	ཞོལ་པར་མ།	
	༣		ཆོས་རྗེ་ཐམས་ཅད་མཁྱེན་པ་ལ་གསོལ་བ་འདེབས་པ་བསྡུས་པ་སངས་རྒྱས་ཀུན་དངོས་མ་བཞུགས་སོ། །	སྒྲ་ཚད་པ་རིན་ཆེན་རྣམ་རྒྱལ།	༢	༧	ཞོལ་པར་མ།	
	༤		བུ་སྟོན་ཐམས་ཅད་མཁྱེན་པ་ལ་གསོལ་བ་འདེབས་པ་འཁྲིད་པོ་དཔལ་གང་དྲིན་མ་བཞུགས་སོ། །	སྒྲ་ཚད་པ་རིན་ཆེན་རྣམ་རྒྱལ།	༣	༧	ཞོལ་པར་མ།	
	༥		ཆོས་རྗེ་ཐམས་ཅད་མཁྱེན་པ་ལ་གསོལ་བ་འདེབས་པ་རྒྱས་པ་སྣན་ངག་མ་བཞུགས་སོ། །	སྒྲ་ཚད་པ་རིན་ཆེན་རྣམ་རྒྱལ།	༣	༧	ཞོལ་པར་མ།	
	༦		བླ་མ་ཡི་དམ་དང་བཅས་པ་ལ་བསྟོད་པའི་རབ་བྱེད་བཞུགས་སོ། །	སྒྲ་ཚད་པ་རིན་ཆེན་རྣམ་རྒྱལ།	༣	༧	ཞོལ་པར་མ།	
	༧		ཤིན་ཏུ་སྤྲོས་མེད་ཀྱི་བླ་མ་བརྒྱུད་པའི་གསོལ་འདེབས།	སྒྲ་ཚད་པ་རིན་ཆེན་རྣམ་རྒྱལ།	༡	༧	ཞོལ་པར་མ།	
	༨		སྨན་བླའི་བླ་མ་བརྒྱུད་པའི་གསོལ་འདེབས་བཞུགས་སོ། །	སྒྲ་ཚད་པ་རིན་ཆེན་རྣམ་རྒྱལ།	༢	༦	ཞོལ་པར་མ།	
	༩		ཞུ་ཡིག་ཐུགས་རྗེ་ལ་བསྐུལ་བ་བཞུགས་སོ། །	སྒྲ་ཚད་པ་རིན་ཆེན་རྣམ་རྒྱལ།	༩	༧	ཞོལ་པར་མ།	

	༡༠		དཔལ་དུས་ཀྱི་འཁོར་ལོའི་སྐབས་སུ་ཆོ་རྗེ་ལོ་ཙྪ་བའི་གསུང་སྒྲོས་འབྱུང་བའི་ཟིན་བྲིས་སོ། །	སྒྲ་ཚད་པ་རིན་ཆེན་རྣམ་རྒྱལ།	༡༣༠	༧	ཞོལ་པར་མ།	
	༡༡		མིང་གི་དགྲ་གྲོགས་བརྩི་ཚུལ།	སྒྲ་ཚད་པ་རིན་ཆེན་རྣམ་རྒྱལ།	༡	༧	ཞོལ་པར་མ།	
	༡༢		དཔལ་བདེ་མཆོག་འཁོར་ལོའི་སྒྲུབ་ཐབས་སྙིང་པོ་དོན་གསལ་བཞུགས་སོ། །	སྒྲ་ཚད་པ་རིན་ཆེན་རྣམ་རྒྱལ།	༢	༧	ཞོལ་པར་མ།	
	༡༣		བདེ་མཆོག་དྲིལ་བུ་ཧྲུལ་ཆེན་ལྷ་ལྔའི་མངོན་རྟོགས་ཡིད་ཀྱི་མུན་སེལ་ཞེས་བྱ་བ་བཞུགས་སོ། །	སྒྲ་ཚད་པ་རིན་ཆེན་རྣམ་རྒྱལ།	༢	༧	ཞོལ་པར་མ།	
	༡༤		བདེ་མཆོག་དྲིལ་བུ་པའི་དཀྱིལ་ཆོག་སྙིང་པོའི་དོན་གསལ་བཞུགས་སོ། །	སྒྲ་ཚད་པ་རིན་ཆེན་རྣམ་རྒྱལ།	༡༢	༧	ཞོལ་པར་མ།	
	༡༥		བཅོམ་ལྡན་འདས་མ་ཕག་མོ་དཀར་མོ་ལ་བསྟོད་ཚིག་ཤེས་བྱ་རབ་གསལ་ཞེས་བྱ་བ་བཞུགས་སོ། །	སྒྲ་ཚད་པ་རིན་ཆེན་རྣམ་རྒྱལ།	༣	༧	ཞོལ་པར་མ།	
	༡༦		ཐུགས་རྗེ་ཆེན་པོ་པད་མ་དྲ་བའི་དཀྱིལ་འཁོར་གྱི་ཆོ་ག་པད་མ་དྲ་བ་འབྱུང་བ་ཞེས་བྱ་བ་བཞུགས་སོ། །	སྒྲ་ཚད་པ་རིན་ཆེན་རྣམ་རྒྱལ།	༢༥	༧	ཞོལ་པར་མ།	
	༡༧		ཐུགས་རྗེ་ཆེན་པོ་པད་མ་དྲ་བའི་མཆོད་ཆོག་མཆོད་སྤྲིན་རྒྱ་མཚོའི་དྲ་བ་ཞེས་བྱ་བ་བཞུགས་སོ། །	དགེ་སློང་རིན་ཆེན་རྣམ་རྒྱལ།	༦	༧	ཞོལ་པར་མ།	
	༡༨		ཐུགས་རྗེ་ཆེན་པོ་པད་མ་དྲ་བའི་སྦྱིན་སྲེག་གི་ཆོ་ག་པདྨ་དཔལ་འབར་ཞེས་བྱ་བ་བཞུགས་སོ། །	སྒྲ་ཚད་པ་རིན་ཆེན་རྣམ་རྒྱལ།	༦	༧	ཞོལ་པར་མ།	
	༡༩		སྒྲོལ་མ་ལུས་ཀྱི་དཀྱིལ་འཁོར་གྱི་མངོན་པར་རྟོགས་པ་བཞུགས་སོ། །	སྒྲ་ཚད་པ་རིན་ཆེན་རྣམ་རྒྱལ།	༥	༧	ཞོལ་པར་མ།	
	༢༠		ཤེ་ཤུ་རུ་ལྔའི་བདག་ཉིད་ཅན་ལུས་ཀྱི་དཀྱིལ་འཁོར་དུ་དབང་བསྐུར་བའི་ཆོ་ག་བཞུགས་སོ། །	སྒྲ་ཚད་པ་རིན་ཆེན་རྣམ་རྒྱལ།	༦	༧	ཞོལ་པར་མ།	
	༢༡		དཔལ་གཤིན་རྗེ་གཤེད་དགྲ་ནག་གི་མངོན་པར་རྟོགས་པ་གསོད་བྱེད་རྣམ་པའི་འཇིགས་རུང་བཞུགས་སོ། །	སྒྲ་ཚད་པ་རིན་ཆེན་རྣམ་རྒྱལ།	༡༠	༧	ཞོལ་པར་མ།	

	༢༢		བཅོམ་ལྡན་འདས་ཞལ་དྲུག་པའི་མངོན་པར་རྟོགས་པ་བཞུགས་སོ། །	སྨྲ་ཚད་པ་རིན་ཆེན་རྣམ་རྒྱལ།	༨	༧	ཞོལ་པར་མ།	
	༢༣		རྡོ་རྗེ་འཇིགས་བྱེད་ཀྱི་སྒྲུབ་ཐབས་དྲུག་པོ་བདུད་འཇོམས་བཞུགས་སོ། །	སྨྲ་ཚད་པ་རིན་ཆེན་རྣམ་རྒྱལ།	༡༢	༧	ཞོལ་པར་མ།	
	༢༤		དཔལ་རྡོ་རྗེ་འཇིགས་བྱེད་ཀྱི་སྦྱིན་སྲེག་གི་ཆོ་ག་ཉོན་མོངས་སྲེག་བྱེད་བཞུགས་སོ། །	སྨྲ་ཚད་པ་རིན་ཆེན་རྣམ་རྒྱལ།	༦	༧	ཞོལ་པར་མ།	
	༢༥		མི་འཁྲུགས་པ་ལ་བརྟེན་ནས་རབ་ཏུ་གནས་པའི་ཆོ་ག་བྱེད་ཐབས་ཕུན་ཚོགས་དཔལ་འབྱུང་བཞུགས་སོ། །	སྨྲ་ཚད་པ་རིན་ཆེན་རྣམ་རྒྱལ།	༢	༧	ཞོལ་པར་མ།	
	༢༥		དྲི་མེད་ཀྱི་ཆོ་གའི་ལག་ལེན་ཁྲིགས་ཆགས་མ་བཞུགས་སོ། །	སྨྲ་ཚད་པ་རིན་ཆེན་རྣམ་རྒྱལ།	༣༡	༧	ཞོལ་པར་མ།	
	༢༧		མི་འཁྲུགས་པའི་སྦྱིན་སྲེག་གི་ཟ་འདྲེ་སྨུག་ཞུགས་མི་ཡོང་བའི་གདམས་པ།	སྨྲ་ཚད་པ་རིན་ཆེན་རྣམ་རྒྱལ།	༡	༤	ཞོལ་པར་མ།	
01979	༄ སྨྲ་ཚད་པ་རིན་ཆེན་རྣམ་རྒྱལ་གྱི་གསུང་འབུམ། ༼པོད་ས༽ ༼ཐུ།							
	༡		བུ་སྟོན་ཐུགས་སྲས་སྨྲ་ཚད་པའི་བཀའ་འབུམ་ས་པའི་དཀར་ཆག་བཞུགས་སོ། །		༢	༦	ཞོལ་པར་མ།	
	༢		ཚེ་དཔག་མེད་འཆི་མེད་རྔ་སྒྲའི་དཀྱིལ་ཆོག་ཚེ་དཔལ་ཡེ་ཤེས་བསམ་འགྲུབ་བཞུགས།	སྨྲ་ཚད་པ་རིན་ཆེན་རྣམ་རྒྱལ།	༡༣	༧	ཞོལ་པར་མ།	
	༣		གཟུངས་གྲྭ་ལྔའི་དཀྱིལ་ཆོག་བདེ་དགའ་རྒྱ་མཚོའི་དཔལ་ཞེས་བྱ་བ་བཞུགས་སོ། །	སྨྲ་ཚད་པ་རིན་ཆེན་རྣམ་རྒྱལ།	༣༠	༧	ཞོལ་པར་མ།	
	༤		ཡུམ་ཆེན་མོའི་སྒྲུབ་ཐབས་བཞུགས་སོ། །	སྨྲ་ཚད་པ་རིན་ཆེན་རྣམ་རྒྱལ།	༣	༧	ཞོལ་པར་མ།	
	༥		དབྱངས་ཅན་ངག་གི་ལྷ་མོའི་རྗེས་གནང་བཞུགས་སོ། །	སྨྲ་ཚད་པ་རིན་ཆེན་རྣམ་རྒྱལ།	༨	༧	ཞོལ་པར་མ།	
	༦		ཕྱག་རྡོར་མངོན་རྟོགས་བཞུགས་སོ། །	སྨྲ་ཚད་པ་རིན་ཆེན་རྣམ་རྒྱལ།	༣	༧	ཞོལ་པར་མ།	
	༧		རྒྱལ་པོ་ཆེན་པོ་རྣམ་ཐོས་སྲས་ཀྱི་མན་ངག་དགོས་འདོད་འབྱུང་བའི་ཞལ་བཞེས་བཞུགས་སོ། །	སྨྲ་ཚད་པ་རིན་ཆེན་རྣམ་རྒྱལ།	༢༠	༧	ཞོལ་པར་མ།	

	༨		རྣམ་ཐོས་སྲས་ཞི་དྲག་གི་ཀ་བསྐོང་ཕྲིན་རྣབས་ཆེ་བ་བཞུགས་སོ། །	སྒྲ་ཚད་པ་རིན་ཆེན་རྣམ་རྒྱལ།	༢	༧	ཞོལ་པར་མ།	
	༩		དེ་བཞིན་གཤེགས་པའི་སྙིང་པོའི་མཛེས་རྒྱན་གྱི་རྒྱན་མཁས་པའི་ཡིད་འཕྲོག་ཅེས་བྱ་བ་བཞུགས་སོ། །	སྒྲ་ཚད་པ་རིན་ཆེན་རྣམ་རྒྱལ།	༦༢	༧	ཞོལ་པར་མ།	
	༡༠		བྲལ་འབྲས་རྣམ་སྨིན་དང་བཅས་པའི་དྲིས་ལན་བཞུགས་སོ། །	སྒྲ་ཚད་པ་རིན་ཆེན་རྣམ་རྒྱལ།	༣	༧	ཞོལ་པར་མ།	
	༡༡		འགའ་རེ་སྣང་གི་བསྟན་བཅོས་བཞུགས་སོ། །	སྒྲ་ཚད་པ་རིན་ཆེན་རྣམ་རྒྱལ།	༣	༧	ཞོལ་པར་མ།	
	༡༢		རྗེ་བཙུན་བྱམས་པའི་བསྟོད་པ་བཞུགས་སོ། །	སྒྲ་ཚད་པ་རིན་ཆེན་རྣམ་རྒྱལ།	༢	༧	ཞོལ་པར་མ།	
	༡༣		སྨོན་ལམ་རྒྱལ་མཚན་གྱི་དྲིས་ལན་བཞུགས་སོ། །	སྒྲ་ཚད་པ་རིན་ཆེན་རྣམ་རྒྱལ།	༩	༧	ཞོལ་པར་མ།	
	༡༤		ས་སྐྱ་པའི་གདུང་རབས་བཞུགས་སོ། །	སྒྲ་ཚད་པ་རིན་ཆེན་རྣམ་རྒྱལ།	༣	༧	ཞོལ་པར་མ།	
	༡༥		སྒྲ་ཚད་པ་ཉིད་ཀྱི་བཀའ་འབུམ་དཀར་ཆག་བཞུགས་སོ། །	སྒྲ་ཚད་པ་རིན་ཆེན་རྣམ་རྒྱལ།	༢	༧	ཞོལ་པར་མ།	
	༡༦		བཀའ་འབུམ་གྱི་དཀར་ཆག་རིན་ཆེན་ལྡེ་མིག་ཅེས་བྱ་བ་བཞུགས་སོ། །	སྒྲ་ཚད་པ་རིན་ཆེན་རྣམ་རྒྱལ།	༧	༧	ཞོལ་པར་མ།	
	༡༧		ཀུན་མཁྱེན་བུ་སྟོན་གྱི་བཀའ་འབུམ་དཀར་ཆག་བཞུགས་སོ། །	སྒྲ་ཚད་པ་རིན་ཆེན་རྣམ་རྒྱལ།	༥	༧	ཞོལ་པར་མ།	
	༡༨		བསྟན་བཅོས་འགྱུར་རོ་འཚལ་གྱི་དཀར་ཆག་ཡིད་བཞིན་གྱི་ནོར་བུ་རིན་པོ་ཆེའི་ཟ་མ་ཏོག་ཅེས་བྱ་བ་བཞུགས་སོ། །	སྒྲ་ཚད་པ་རིན་ཆེན་རྣམ་རྒྱལ།	༡༡༦	༧	ཞོལ་པར་མ།	
	༡༩		ཐོག་སེར་ས་གཡོས་སྲུང་ཐབས་བཞུགས་སོ། །	སྒྲ་ཚད་པ་རིན་ཆེན་རྣམ་རྒྱལ།	༩	༧	ཞོལ་པར་མ།	
	༢༠		རྟོགས་ལྡན་རིང་མོའི་དྲིས་ལན་བཞུགས་སོ། །	སྒྲ་ཚད་པ་རིན་ཆེན་རྣམ་རྒྱལ།	༢	༧	ཞོལ་པར་མ།	
	༢༡		རྡོ་རྗེ་རབ་བརྟན་མའི་སྒྲུབ་ཐབས་གཏོར་ཆོག་བསྟོད་པ་དང་བཅས་པ་བཞུགས་སོ།།	སྒྲ་ཚད་པ་རིན་ཆེན་རྣམ་རྒྱལ།	༢	༧	ཞོལ་པར་མ།	
	༢༢		གཤིན་རྗེ་གཤེད་ཀྱི་འཕོ་བའི་མན་ངག་ཟབ་མོ་བཞུགས་སོ། །	སྒྲ་ཚད་པ་རིན་ཆེན་རྣམ་རྒྱལ།	༢	༧	ཞོལ་པར་མ།	

	༢༣		གཟའ་སྲུང་ཆེན་མོ་བཞུགས་སོ། །	སྒྲ་ཚད་པ་རིན་ཆེན་རྣམ་རྒྱལ།	༣	༧	ཞོལ་པར་མ།	
	༢༩		དྲིལ་སྒྲབས་བཞུགས་སོ། །	སྒྲ་ཚད་པ་རིན་ཆེན་རྣམ་རྒྱལ།	༡	༧	ཞོལ་པར་མ།	
	༢༥		དྲིས་ལན་ལུང་གི་དགོངས་པ་མ་ནོར་བ་བཞུགས་སོ། །	སྒྲ་ཚད་པ་རིན་ཆེན་རྣམ་རྒྱལ།	༧	༧	ཞོལ་པར་མ།	
	༢༦		རྨི་ལམ་བརྟག་པ་བཞུགས་སོ། །	སྒྲ་ཚད་པ་རིན་ཆེན་རྣམ་རྒྱལ།	༣	༧	ཞོལ་པར་མ།	
	༢༧		མཁས་ཤིང་གྲུབ་བརྙེས་མཐའ་དག་གི་རིགས་ཀྱི་ཙོད་པན་དུ་གྱུར་པ་ཐམས་ཅད་མཁྱེན་པ་དངོས་བུ་སྟོན་རིན་ཆེན་གྲུབ་ཡབ་སྲས་ཀྱི་བཀའ་འབུམ་ཆ་ཚང་བ་འཛད་མེད་པར་གྱི་དགའ་སྟོན་དུ་སྤེལ་བའི་འདོད་དོན་སྨོན་པའི་ཚིགས་སུ་བཅད་པ་ཕན་བདེའི་ལང་ཚོ་གསར་དུ་འཆར་བ་ཐར་འདོད་ཅི་དགར་འཇུག་པའི་ལྷ་ཡི་གྲུ་རྫིང་ཞེས་བྱ་བ་བཞུགས་སོ། །	རྒྱ་དབང་ཐུབ་བསྟན་རྒྱ་མཚོ།	༥	༧	ཞོལ་པར་མ།	
01980	༄ ཞ་ལུ་པ་བཀྲ་ཤིས་རྒྱལ་མཚན་གྱི་གསུང་འབུམ། ༼པོད་གཅིག༽ ༼ཞ།							
	༡		དཔལ་མཆོག་རྡོ་རྗེ་སེམས་དཔའི་དཀྱིལ་འཁོར་གྱི་ཆོ་གའི་ལྷན་ཐབས་གསལ་བྱེད་ཉི་མའི་འོད་ཟེར་ཞེས་བྱ་བ་བཞུགས་སོ། །	ཞ་ལུ་བཀྲ་ཤིས་རྒྱལ་མཚན།	༣༡	༦		
	༢		སྒྲོལ་མ་ལུས་དཀྱིལ་གྱི་ལྷན་ཐབས་ཕྲིན་ལས་དཔལ་འབར་ཞེས་བྱ་བ་བཞུགས་སོ། །	ཞ་ལུ་བཀྲ་ཤིས་རྒྱལ་མཚན།	༦	༦		
	༣		སྒྲོལ་མ་ལུས་དཀྱིལ་གྱི་ཆོ་ཁྲིགས་རང་བཞིན་ལྷུན་གྲུབ་གསལ་བར་བྱེད་པ་ཞེས་བྱ་བ་བཞུགས་སོ། །	ཞ་ལུ་བཀྲ་ཤིས་རྒྱལ་མཚན།	༡༦	༦		
	༤	ཚོ ༢༤༧	སྒྲོལ་མ་ལུས་དཀྱིལ་གྱི་སྒྲུབ་ཐབས་དང་བདག་འཇུག་བཞུགས།	སྒྲ་ཚད་པ་རིན་ཆེན་རྣམ་རྒྱལ།	༡༡	༦		
	༥		དཔལ་གསང་བ་འདུས་པ་འཇམ་པའི་རྡོ་རྗེའི་སྒྲུབ་དཀྱིལ་གྱི་ལྷན་ཐབས་འཇམ་དབྱངས་ཀུ་རྒྱན་ཞེས་བྱ་བ་བཞུགས་སོ། །	ཞ་ལུ་བཀྲ་ཤིས་རྒྱལ་མཚན།	༣༡	༦		

	༦		བཅོམ་ལྡན་འདས་དཔལ་འཁོར་ལོ་སྡོམ་པ་ལྷ་ལྔའི་དཀྱིལ་འཁོར་གྱི་ལྷན་ཐབས་ཕྱག་ལེན་གསལ་བར་བྱེད་པའི་སྒྲོན་མེ་ཞེས་བྱ་བ་བཞུགས་སོ། །	ཞ་ལུ་བཀྲ་ཤིས་རྒྱལ་མཚན།	༡༩	༦		
	༧		བཅོམ་ལྡན་འདས་དཔལ་འཁོར་ལོ་སྡོམ་པ་དྲིལ་ཆེན་ལྷ་བཅུ་གསུམ་པའི་སྒྲུབ་དཀྱིལ་གྱི་ལྷན་ཐབས་ཕྱག་ལེན་གསལ་བར་བྱེད་པའི་སྒྲོན་མེ་ཞེས་བྱ་བ་བཞུགས་སོ། །	ཞ་ལུ་བཀྲ་ཤིས་རྒྱལ་མཚན།	༣༠	༦		
	༨		བདེ་མཆོག་ནག་པོ་པའི་སྒྲུབ་དཀྱིལ་གྱི་ལྷན་ཐབས་ཕྱུན་ཚོགས་རབ་རྒྱས་ཞེས་བྱ་བ་བཞུགས་སོ། །	ཞ་ལུ་བཀྲ་ཤིས་རྒྱལ་མཚན།	༢༨	༦		
	༩	ཚ ༢༨༣	བཅོམ་ལྡན་འདས་གཤིན་རྗེའི་གཤེད་དགྲ་ནག་པོའི་དཀྱིལ་འཁོར་ལས་རིམ་གྱི་ཆོ་གའི་ལྷན་ཐབས་དངོས་གྲུབ་རབ་རྒྱས་ཞེས་བྱ་བ་བཞུགས་སོ། ། ༣	ཞ་ལུ་བཀྲ་ཤིས་རྒྱལ་མཚན།	༡༩	༦		
	༡༠		བཅོམ་ལྡན་འདས་ནམ་མཁའ་ལྟར་དྲི་མ་མེད་པ་ཆོས་ཀྱི་དབྱིངས་གསུང་གི་དབང་ཕྱུག་གི་དཀྱིལ་འཁོར་ལས་རིམ་གྱི་ཆོ་གའི་ངག་འདོན་མཁས་པའི་དགའ་སྟོན་གསལ་བར་བྱེད་པའི་སྒྲོན་མེ་ཞེས་བྱ་བ་བཞུགས།	ཞ་ལུ་བཀྲ་ཤིས་རྒྱལ་མཚན།	༥༨	༦		
	༡༡		བཅོམ་ལྡན་འདས་ངན་སོང་ཐམས་ཅད་ཡོངས་སུ་སྦྱོང་བ་ཤཱཀྱ་སེང་གེ་གཙུག་གཏོར་དགུའི་དཀྱིལ་ཚོག་གི་ཆོ་ག་ངན་སོང་རྒྱུན་གཅོད་ཅེས་བྱ་བའི་ལྷན་ཐབས་དགོས་འདོད་འབྱུང་བའི་ནོར་བུ་ཞེས་བྱ་བ་བཞུགས།	ཞ་ལུ་བཀྲ་ཤིས་རྒྱལ་མཚན།	༣༨	༦		
	༡༢		དཔལ་གསང་བ་འདུས་པ་འཇིགས་རྗེད་དབང་ཕྱུག་གི་དཀྱིལ་འཁོར་གྱི་ལས་རིམ་ཆོ་གའི་ངག་འདོན་ཁྲིགས་ཆགས་ལྷན་ཐབས་ཐུགས་རྗེའི་འོད་ཟེར་ཞེས་བྱ་བ་བཞུགས།	ཞ་ལུ་བཀྲ་ཤིས་རྒྱལ་མཚན།	༦	༦		
	༡༣		རྡོ་རྗེ་དབྱིངས་འགྲེལ་པ་ལུགས་ཀྱི་དབང་ཆོག་རྒྱས་པའི་ཁ་སྐོང་གི་ལྷན་ཐབས་དབང་གི་རིམ་པ་གསལ་བར་བྱེད་པ་ཞེས་བྱ་བ་བཞུགས།	ཞ་ལུ་བཀྲ་ཤིས་རྒྱལ་མཚན།	༨	༦		

	༡༨		བཅོམ་ལྡན་འདས་འཇིག་རྟེན་གསུམ་ལས་རྣམ་པར་རྒྱལ་བའི་དཀྱིལ་འཁོར་གྱི་ཆོ་ག་འི་ལྷན་ཐབས་མ་རིག་མུན་སེལ་སྒྲོན་མེ་ཞེས་བྱ་བ་བཞུགས།	ཞ་ལུ་བཀྲ་ཤིས་རྒྱལ་མཚན།	༣༨	༦		
	༡༩		གདུགས་དཀར་ལྷ་ཉེར་བདུན་མའི་དཀྱིལ་ཆོག་སྔགས་འཆང་ཤཱཀྱ་དཔལ་གྱིས་མཛད་པའི་ལྷན་ཐབས་དཀྱིལ་ཆོག་ལ་ལྟ་བའི་མིག་ཅེས་བྱ་བ་བཞུགས་སོ། །	ཧྭ་ར་ཁྲི་པ་བྱང་གླིང་པ།	༣༡	༦		
01982	༄ ཞ་ལུའི་བཙུན་པ་བློ་གསལ་བསྟན་སྐྱོང་གི་གསུང་འབུམ། [པོད་ཀ] [ཞུ]							
	༡		བུ་སྟོན་ཐམས་ཅད་མཁྱེན་པའི་རྣམ་ཐར་གསོལ་འདེབས་ལོ་ཙྪ་ཉེར་གཅིག་བཞུགས་སོ། །	བཙུན་པ་བློ་གསལ་བསྟན་སྐྱོང་།	༦	༦	ཞ་ལུ་གསེར་ཁང་པར་མ།	
	༢		མང་ཐོས་བློ་གསལ་བསྟན་སྐྱོང་གི་རྡོ་རྗེའི་གླུ་ཕྲེང་རྣམས་བཞུགས་སོ། །	བཙུན་པ་བློ་གསལ་བསྟན་སྐྱོང་།	༤༧	༥	ཞ་ལུ་གསེར་ཁང་པར་མ།	
	༣		གཞི་གསུམ་གྱི་ཆོ་གའི་རྒྱ་མཚན་དོན་བསྡུ་དང་བཅས་པ་མུ་ཏིག་གི་ཕྲེང་བ་བཞུགས་སོ། །	བཙུན་པ་བློ་གསལ་བསྟན་སྐྱོང་།	༡༥	༦	ཞ་ལུ་གསེར་ཁང་པར་མ།	
	༤		དུས་གོ་གྲུ་ནང་གི་དཀའ་གནད་གསལ་བྱེད་ཟླ་ཟེར་ཞེས་བྱ་བ་བཞུགས་སོ། །	བཙུན་པ་བློ་གསལ་བསྟན་སྐྱོང་།	༥	༦	ཞ་ལུ་གསེར་ཁང་པར་མ།	
	༥		ཚུལ་ཁྲིམས་བསྲུང་བའི་ཕན་ཡོན་ཞེས་བྱ་བ་བཞུགས་སོ། །	བཙུན་པ་བློ་གསལ་བསྟན་སྐྱོང་།	༣	༦		
	༦		སྨན་བླའི་མདོ་ཆོག་སྙིང་པོ་གཞན་ཕན་བདེ་འཇུག་ཅེས་བྱ་བ་བཞུགས་སོ། །	བཙུན་པ་བློ་གསལ་བསྟན་སྐྱོང་།	༡༦	༦	ཞ་ལུ་གསེར་ཁང་པར་མ།	
	༧		སྨན་བླའི་མདོ་ཆོག་དང་འབྲེལ་བའི་གཞན་ཕན་ཉེར་མཁོ་བཞུགས་སོ། །	བཙུན་པ་བློ་གསལ་བསྟན་སྐྱོང་།	༦	༦	ཞ་ལུ་གསེར་ཁང་པར་མ།	

	༨		གནས་བརྟན་མཆོད་ཆོག་ཉམས་ལེན་བདེ་འཇུག་ཅེས་བྱ་བ་བཞུགས་སོ། །	བཙུན་པ་བློ་གསལ་བསྟན་སྐྱོང་།	༡༨	༦	ཞ་ལུ་གསེར་ཁང་པར་མ།	
	༩		དྲི་མེད་རྣམ་གཉིས་ཀྱི་མཆོད་རྟེན་སྒྲུབ་པའི་ཆོ་གའི་གསལ་བྱེད་ནོར་བུའི་མེ་ལོང་བཞུགས་སོ། །	བཙུན་པ་བློ་གསལ་བསྟན་སྐྱོང་།	༡༥	༦	ཞ་ལུ་གསེར་ཁང་པར་མ།	
	༡༠		གདུགས་དཀར་ཉེར་བདུན་མའི་དབང་ཆོག་བསམ་འཕེལ་ནོར་བུའི་ཕྲེང་བ་ཞེས་བྱ་བ་བཞུགས་སོ། །	བཙུན་པ་བློ་གསལ་བསྟན་སྐྱོང་།	༣༩	༦	ཞ་ལུ་གསེར་ཁང་པར་མ།	
	༡༡		དཔལ་ཕྱག་ན་རྡོ་རྗེ་འགྲོ་བཟང་ལུགས་ཀྱི་བསྙེན་ཐབས་མདོར་བསྡུས་བཞུགས་སོ། །	བཙུན་པ་བློ་གསལ་བསྟན་སྐྱོང་།	༧	༦	ཞ་ལུ་གསེར་ཁང་པར་མ།	
	༡༢		ཐུགས་རྗེ་ཆེན་པོའི་སྒྲུབ་ཐབས་ཉུང་གསལ་སྒྲོན་མ་བཞུགས་སོ། །	བཙུན་པ་བློ་གསལ་བསྟན་སྐྱོང་།	༤	༦	ཞ་ལུ་གསེར་ཁང་པར་མ།	
	༡༣		འཕགས་པ་དོན་ཡོད་ཞགས་པའི་ཆོ་གའི་གསལ་བྱེད་ལེགས་བཤད་ཉི་མའི་འོད་ཟེར་བཞུགས་སོ། །	བཙུན་པ་བློ་གསལ་བསྟན་སྐྱོང་།	༢༥	༦	ཞ་ལུ་གསེར་ཁང་པར་མ།	
	༡༤		འཕགས་པ་དོན་ཡོད་ཞགས་པའི་སློབ་མ་དབང་བསྐུར་གྱི་ཆོ་ག་དུང་དཀར་གཡས་སུ་འཁྱིལ་བའི་སྒྲ་དབྱངས་ཞེས་བྱ་བ་བཞུགས་སོ། །	བཙུན་པ་བློ་གསལ་བསྟན་སྐྱོང་།	༢༦	༦	ཞ་ལུ་གསེར་ཁང་པར་མ།	
	༡༥		བུ་སྟོན་ལུགས་ཀྱི་གཏོར་མའི་ཆོ་ག་འཁྲུལ་མེད་རབ་གསལ་གྱི་རྣམ་བཤད་འདོད་རྒུ་འབྱུང་བའི་དཔག་བསམ་སྐྱེ་མ་ཞེས་བྱ་བ་བཞུགས་སོ། །	བཙུན་པ་བློ་གསལ་བསྟན་སྐྱོང་།	༨༧	༦	ཞ་ལུ་གསེར་ཁང་པར་མ།	༢༧. མ་ཚང་།
	༡༦		དཔལ་རྡོ་རྗེ་དབྱིངས་རྒྱ་བ་ལུགས་ཀྱི་སློབ་མ་སྨིན་པར་བྱེད་པའི་ཐབས་ཚུལ་བྱིན་རླབས་གཏེར་གྱི་ཆུ་རྒྱུན་ཞེས་བྱ་བ་བཞུགས་སོ། །	བཙུན་པ་བློ་གསལ་བསྟན་སྐྱོང་།	༧༡	༦	ཞ་ལུ་གསེར་ཁང་པར་མ།	
	༡༧		ཞ་ལུའི་མཁན་བརྒྱུད་སྟོ་མའི་གསོལ་འདེབས་དྲང་སྲོང་དགའ་བའི་གླུ་དབྱངས་ཞེས་བྱ་བ་བཞུགས་སོ། །	བཙུན་པ་བློ་གསལ་བསྟན་སྐྱོང་།	༡༧	༦	ཞ་ལུ་གསེར་ཁང་པར་མ།	

	༡༨		དགེ་སློང་གི་ལྷུང་བཟེད་ལྷུའི་རྣམ་བཤད་ལས་དང་པོ་པ་ལ་ཉེ་བར་ཕན་པ་ཞེས་བྱ་བ་བཞུགས་སོ། །	བཙུན་པ་བློ་གསལ་བསྟན་སྐྱོང་།	༣༣	༦	ཞ་ལུ་གསེར་ཁང་པར་མ།	
01983	༄ ཞ་ལུའི་བཙུན་པ་བློ་གསལ་བསྟན་སྐྱོང་གི་གསུང་འབུམ། ༼ཡོད་ཁ༽ ༼ཁྱ།							
	༡		རྗེ་བཙུན་རྡོ་རྗེ་རྣལ་འབྱོར་མ་ནཱ་རོ་མཁའ་སྤྱོད་ཀྱི་རྫོགས་རིམ་རྩ་དབུ་མའི་ཁྲིད་ཀྱི་ཆོས་ཉིད་དངོས་སྟོན་ཞེས་པའི་ཉམས་ལེན་ཞུང་བསྡུས་བཞུགས་སོ། །	བཙུན་པ་བློ་གསལ་བསྟན་སྐྱོང་།	༧	༦	དཔེ་ཚོགས།	
	༢		མ་ཅིག་སྒྲུབ་པའི་རྒྱལ་མོ་ནས་ཉེ་བར་བརྒྱུད་པ་ཚེ་སྒྲུབ་ཁྲིད་ཡིག་བསྐྱེད་རྫོགས་ཟླ་ར་བ་དང་ཚར་ཆེན་རྡོ་རྗེ་འཆང་ནས་རིམ་བརྒྱུད་མན་ངག་རིན་ཅེན་གཏེར་མཛོད་ཐམས་ཅད་མཁྱེན་པ་འཇམ་དབྱངས་མཁྱེན་བརྩེའི་ཞལ་ལུང་བརྗེད་ཐོག་བཀོད་པ་བཞུགས་སོ། །	བཙུན་པ་བློ་གསལ་བསྟན་སྐྱོང་།	༨	༥	དཔེ་ཚོགས།	
	༣		འཕགས་མ་གདུགས་དཀར་ཅན་གྱི་སྒོ་ནས་བྱད་གྲོལ་བའི་རྒྱུན་ཁྱེར་རྡོ་རྗེ་འབར་བའི་མཆོན་རྣོན་ཞེས་བྱ་བ་བཞུགས་སོ། །	བཙུན་པ་བློ་གསལ་བསྟན་སྐྱོང་།	༤	༦	ཞ་ལུ་གསེར་ཁང་པར་མ།	
	༤		གདུགས་དཀར་འདོན་ཐབས་སམ་སངས་རྒྱས་རྣལ་འབྱོར་དུ་བྱེད་པའི་མན་ངག་ཐར་ལོའི་ལམ་སྲུང་མ་བཞུགས་སོ། །	བཙུན་པ་བློ་གསལ་བསྟན་སྐྱོང་།	༢	༦	ཞ་ལུ་གསེར་ཁང་པར་མ།	
	༥		ཐུགས་རྗེ་ཆེན་པོའི་སྒྲུབ་ཐབས་ཞུང་གསལ་སྒྲོན་མ་བཞུགས་སོ། །	བཙུན་པ་བློ་གསལ་བསྟན་སྐྱོང་།	༤	༦	ཞ་ལུ་གསེར་ཁང་པར་མ།	
	༦		རྗེ་བཙུན་བཅོམ་ལྡན་འདས་མ་སྒྲོལ་དཀར་ཡིད་བཞིན་འཁོར་ལོའི་ཆོ་ག་འཆི་མེད་ཚེའི་བུམ་བཟང་ཞེས་བྱ་བ་བཞུགས་སོ། །	བཙུན་པ་བློ་གསལ་བསྟན་སྐྱོང་།	༨	༦	ཞ་ལུ་གསེར་ཁང་པར་མ།	
	༧		གཟུངས་གྲྭ་ལྔའི་ལག་ལེན་གྱི་ཆོ་ག་ནག་པོ་འགྲོ་ཤེས་སུ་བཀོད་པ་མཁས་པའི་མགུལ་རྒྱན་ཨུཏྤ་ལ་ཧཱིའི་ཕྲེང་བ་ཞེས་བྱ་བ་བཞུགས་སོ། །	བཙུན་པ་བློ་གསལ་བསྟན་སྐྱོང་།	༦༥	༦	ཞ་ལུ་གསེར་ཁང་པར་མ།	
	༨		གཟུངས་གྲྭ་ལྔའི་རིག་གཏད་བྱ་ཚུལ་ནོར་བུའི་འོད་སྣང་ཞེས་བྱ་བ་བཞུགས་སོ། །	བཙུན་པ་བློ་གསལ་བསྟན་སྐྱོང་།	༢༨	༦	ཞ་ལུ་གསེར་ཁང་པར་མ།	

	༩		རྣམ་སྣང་མངོན་བྱང་གི་བསྙེན་ཡིག་རང་གཞན་ཉེར་མཁོ་བཞུགས་སོ། །	བཙུན་པ་བློ་གསལ་བསྟན་སྐྱོང་།	༡༡	༦	ཞ་ལུ་གསེར་ཁང་པར་མ།	
	༡༠		བཅོམ་ལྡན་འདས་ཀྱི་འཁྲུངས་རབས་སོ་བཞི་པའི་སྙིང་པོ་སྡོམ་ཚིག་ཙམ་ཞིག་བཞུགས་སོ། །	བཙུན་པ་བློ་གསལ་བསྟན་སྐྱོང་།	༡༠	༦	ཞ་ལུ་གསེར་ཁང་པར་མ།	
	༡༡		ཡུམ་བརྟན་གསོལ་འདེབས་དངོས་གྲུབ་ཀུན་འབྱུང་སོགས་བཞུགས་སོ། །	བཙུན་པ་བློ་གསལ་བསྟན་སྐྱོང་།	༡	༦	ཞ་ལུ་གསེར་ཁང་པར་མ།	
	༡༢		སྤྱོད་རྒྱུད་རྣམ་སྣང་མངོན་བྱང་གི་སློབ་མ་དབང་བསྐུར་བྱང་སེམས་སྒྱུ་གྲུ་བསྐྱུན་ཐབས་བདུད་རྩིའི་ཆར་རྒྱུན་ཞེས་བྱ་བ་བཞུགས་སོ། །	བཙུན་པ་བློ་གསལ་བསྟན་སྐྱོང་།	༣༣	༦	ཞ་ལུ་གསེར་ཁང་པར་མ།	
	༡༣		བཅོམ་ལྡན་འདས་རྡོ་རྗེ་མི་འཁྲུགས་པ་ལྷ་བཅུ་གསུམ་གྱི་ཆོག་བསྒྲིགས་གཞན་ཕན་ཐུགས་རྗེའི་ཆུ་རྒྱུན་ཞེས་བྱ་བ་བཞུགས་སོ། །	བཙུན་པ་བློ་གསལ་བསྟན་སྐྱོང་།	༧༣	༦	ཞ་ལུ་གསེར་ཁང་པར་མ།	
	༡༤		དཔལ་འཁོར་ལོ་བདེ་མཆོག་ལཱུ་ཨི་པའི་ལུགས་ཀྱི་དབང་གི་མཚམས་སྦྱོར་ཿསྙིང་པོ་རབ་གསལ་བཞུགས་སོ། །	བཙུན་པ་བློ་གསལ་བསྟན་སྐྱོང་།	༣༩	༦	ཞ་ལུ་གསེར་ཁང་པར་མ།	
	༡༥		བདེ་མཆོག་དྲིལ་བུ་ལུས་དཀྱིལ་གྱི་སྒྲུབ་ཐབས་རྒྱན་ཕྲེང་ཀུན་མཐྱེན་ཞལ་ལུང་ཞེས་བྱ་བ་བཞུགས་སོ། །	བཙུན་པ་བློ་གསལ་བསྟན་སྐྱོང་།	༡༣	༦	ཞ་ལུ་གསེར་ཁང་པར་མ།	
	༡༦		སློབ་དཔོན་གྱི་གསོལ་འདེབས་ལེ་ཚན་བཞུགས་སོ། །	བཙུན་པ་བློ་གསལ་བསྟན་སྐྱོང་།	༦	༦	ཞ་ལུ་གསེར་ཁང་པར་མ།	
	༡༧		དཔལ་དུས་ཀྱི་འཁོར་ལོ་ཡོངས་རྫོགས་ཀྱི་ཆོ་གའི་ཁོག་ནས་ཐུགས་དཀྱིལ་གྱི་ཆོ་ག་བསྡུས་ནས་འདོན་ཐབས་འཕྲུལ་གྱི་ལྡེ་མིག་ཅེས་བྱ་བ་བཞུགས་སོ། །	བཙུན་པ་བློ་གསལ་བསྟན་སྐྱོང་།	༡༠	༦	ཞ་ལུ་གསེར་ཁང་པར་མ།	
	༡༨		དུས་འཁོར་བསྙེན་ཡིག་རིགས་ལྡན་ཞལ་ལུང་ཞེས་བྱ་བ་བཞུགས་སོ། །	བཙུན་པ་བློ་གསལ་བསྟན་སྐྱོང་།	༩	༦	ཞ་ལུ་གསེར་ཁང་པར་མ།	

	༡༨		ཚེ་བསྒྲུབ་བུ་སྟོན་གོང་ཁུགས་མའི་དབང་ཆོག་རྡོ་རྗེའི་ཚེ་སྒྲོག་དཔལ་སྟེར་ཞེས་བྱ་བ་བཞུགས་སོ། །	བརྩོན་པ་བློ་གསལ་བསྟན་སྐྱོང་།	༡༢	༦	ཞ་ལུ་གསེར་ཁང་པར་མ།	
01984	༈ ཞ་ལུའི་བརྩོན་པ་བློ་གསལ་བསྟན་སྐྱོང་གི་གསུང་འབུམ། ༼པོད་ག༽ ༼ཞུ།							
			དཔལ་ལྡན་ཞ་ལུ་པའི་བསྟན་པ་ལ་བཀའ་དྲིན་ཆེ་བའི་སྐྱེས་བུ་དམ་པ་རྣམས་ཀྱི་རྣམ་ཐར་ལོ་རྒྱུས་ངོ་མཚར་དད་པའི་འཇུག་ངོགས་ཞེས་བྱ་བ་བཞུགས་སོ། །	བརྩོན་པ་བློ་གསལ་བསྟན་སྐྱོང་།	༢༣༦	༦	ཞ་ལུ་གསེར་ཁང་པར་མ།	
01985	༈ ཞ་ལུ་པ་ཡེ་ཤེས་རྒྱ་མཚོའི་གསུང་འབུམ། ༼པོད་ཀ༽ ༼ཞུ།							
	༡		བཅོམ་ལྡན་འདས་རྣམ་པར་སྣང་མཛད་མངོན་པར་བྱང་ཆུབ་པའི་དཀྱིལ་འཁོར་གྱི་ཆོ་ག་ལས་རིམ་གསལ་བའི་སྒྲོན་མེ་ཞེས་བྱ་བ་བཞུགས། ཤར་པས་མཛད།	ཞ་ལུ་པ་ཡེ་ཤེས་རྒྱ་མཚོ།	༣༩	༦	ལྷུན་གྲུབ་སྟེང་གི་པར་མ།	
	༢		རྡོ་རྗེ་རྩེ་མོ་རིགས་བསྡུས་པའི་དཀྱིལ་འཁོར་གྱི་ཆོ་ག་མཁས་པའི་ཡིད་འཕྲོག་གི་ངག་འདོན་མཁས་པ་མགུ་བའི་རྒྱན་རིན་པོ་ཆེའི་སྡེ་མ་ཞེས་བྱ་བ་བཞུགས་སོ། །	ཞ་ལུ་པ་ཡེ་ཤེས་རྒྱ་མཚོ།	༡༠༥	༧	ལྷུན་གྲུབ་སྟེང་གི་པར་མ།	
	༣		འཇིག་རྟེན་གསུམ་ལས་རྣམ་པར་རྒྱལ་བའི་དཀྱིལ་འཁོར་གྱི་ཆོ་ག་བདུད་ཐམས་ཅད་ལས་རྣམ་པར་རྒྱལ་བའི་ངག་འདོན་བདུད་འཇོམས་རྡོ་རྗེའི་ཕྲེང་བ་ཞེས་བྱ་བ་བཞུགས་སོ། །	ཞ་ལུ་པ་ཡེ་ཤེས་རྒྱ་མཚོ།	༧༡	༧	ལྷུན་གྲུབ་སྟེང་གི་པར་མ།	
	༤		དཔལ་གསང་བ་འདུས་པའི་དཀྱིལ་ཆོག་གི་ལྷན་ཐབས་ལེགས་བཤད་ཡིད་ཀྱི་མུན་སེལ་བཞུགས།	ཞ་ལུ་པ་ཡེ་ཤེས་རྒྱ་མཚོ།	༣༩	༦	ལྷུན་གྲུབ་སྟེང་གི་པར་མ།	
	༥		གཙུག་དགུའི་ཟིན་བྲིས་ཐོར་བུ་བཞུགས།	ཞ་ལུ་པ་ཡེ་ཤེས་རྒྱ་མཚོ།	༥	༦	ལྷུན་གྲུབ་སྟེང་གི་པར་མ།	
	༦	ༀ ༢༢༣	དྲིལ་བུ་ལྷ་ལྔའི་སྒྲུབ་ཐབས་དགོངས་པ་གསལ་བྱེད་བཞུགས།	ཞ་ལུ་པ་ཡེ་ཤེས་རྒྱ་མཚོ།	༧	༦	ལྷུན་གྲུབ་སྟེང་གི་པར་མ།	

	༧		བྱམས་སྨོན་གྱི་སྙིང་པོ་རྣམ་པར་བཤད་པ་ཚོགས་གཉིས་ཀྱི་ཆུ་རྒྱུན་ཅེས་བྱ་བ་བཞུགས་སོ། །	ཞ་ལུ་པ་ཡེ་ཤེས་རྒྱ་མཚོ།	༤༢	༦	ལྷུན་གྲུབ་སྙིང་གི་པར་མ།	
	༨		དཔལ་ཕྱག་ན་རྡོ་རྗེ་འཆི་བདག་འཇོམས་པའི་དཀྱིལ་ཆོག་ཁྲིགས་ཆགས་ཕུན་ཚོགས་བདེ་འཇུག་བཞུགས་སོ། །	ཞ་ལུ་པ་ཡེ་ཤེས་རྒྱ་མཚོ།	༣༧	༦	ལྷུན་གྲུབ་སྙིང་གི་པར་མ།	
01986	༄། ཞ་ལུ་པ་ཡེ་ཤེས་རྒྱ་མཚོའི་གསུང་འབུམ། །པོད་ཁ། །ཁ།							
	༡		རྡོ་རྗེ་དབྱིངས་ཀྱི་དབང་གི་ཆུ་རྒྱུན་ཞེས་བྱ་བ་བཞུགས་སོ། །	ཞ་ལུ་པ་ཡེ་ཤེས་རྒྱ་མཚོ།	༣༠	༦	དཔེ་ཚུགས།	
	༢	ཚེ ༡༠༠	དེ་ཁོ་ན་ཉིད་བཅུའི་སྙིང་པོ་གསལ་བར་བྱེད་པ་ལེགས་པར་བཤད་པའི་སྒྲོན་མེ་བཞུགས་སོ། །	ཞ་ལུ་པ་ཡེ་ཤེས་རྒྱ་མཚོ།	༤༡	༧	དཔེ་ཚུགས།	
	༣		རྣལ་འབྱོར་རྒྱུད་ཀྱི་ས་ཆོག་རྒྱས་པའི་ཚུལ་མཐོང་བ་དོན་གྲུབ་བཞུགས་སོ། །	ཞ་ལུ་པ་ཡེ་ཤེས་རྒྱ་མཚོ།	༡༦	༧	དཔེ་ཚུགས།	
	༤	ཀྲི	རབ་གནས་བཀྲ་ཤིས་རྒྱས་བྱེད་དུ་བཀྲལ་བའི་འཕྲེང་དུ་བྱ་བའི་ཆོ་གའི་ངག་འདོན་ཆོག་བསྒྲིགས་ཡེ་ཤེས་རྒྱ་མཚོས་མཛད་པ།	ཞ་ལུ་པ་ཡེ་ཤེས་རྒྱ་མཚོ།	༡༦	༦	དཔེ་ཚུགས།	
	༥		ཆོས་དབྱིངས་གསུང་དབང་གི་དཀྱིལ་ཆོག་མཁས་པའི་དགའ་སྟོན་ཆེན་པོའི་དཀྱིལ་འཁོར་ལས་རིམ་གྱི་ཆོ་གའི་ངག་སྒྲིགས་ལེགས་བཤད་འོད་ཟེར་གྱི་དྲ་བ་ཞེས་བྱ་བ་བཞུགས་སོ། །	ཞ་ལུ་པ་ཡེ་ཤེས་རྒྱ་མཚོ།	༧༧	༦	ལྷུན་གྲུབ་སྙིང་གི་པར་མ།	༢༤. མ་ཚང་།
	༦		རྡོ་རྗེ་མི་འཁྲུགས་པའི་ཆོ་ག་ལས་ཀྱི་སྒྲིབ་པ་རྣམ་པར་སྦྱོང་བ་ཞེས་བྱ་བ་བཞུགས་སོ། །	ཞ་ལུ་པ་ཡེ་ཤེས་རྒྱ་མཚོ།	༤༢	༦	ལྷུན་གྲུབ་སྙིང་གི་པར་མ།	
	༧		རྡོ་རྗེ་རྩེ་མོ་རིགས་བསྡུས་ཀྱི་སློབ་མ་དབང་བསྐུར་གྱི་ལྷན་ཐབས་བཞུགས་སོ། །	ཞ་ལུ་པ་ཡེ་ཤེས་རྒྱ་མཚོ།	༡༣	༦	ལྷུན་གྲུབ་སྙིང་གི་པར་མ།	
	༨		གསང་འདུས་མི་བསྐྱོད་རྡོ་རྗེའི་སྒྲུ་ཐབས་དཀྱིལ་འཁོར་ལས་རིམ་ལ་འཇུག་པའི་ཕྱོགས་གཙོ་ཆེ་བའི་ལྷན་ཐབས་བཞུགས།	ཞ་ལུ་པ་ཡེ་ཤེས་རྒྱ་མཚོ།	༡༦	༦	ལྷུན་གྲུབ་སྙིང་གི་པར་མ།	

	༩		གསང་འདུས་མི་བསྐྱོད་རྡོ་རྗེའི་སྒྲུབ་ཐབས་དཀྱིལ་འཁོར་ལས་རིམ་ལ་འཇུག་པའི་ཕྱོགས་གཙོ་ཆེ་བའི་ལྷན་ཐབས་བཞུགས།	ཞ་ལུ་པ་ཡེ་ཤེས་རྒྱ་མཚོ།	༡༦	༦	ལྷུན་གྲུབ་སྟེང་གི་པར་མ།	
	༡༠		རྡོ་རྗེ་དབྱིངས་ཀྱི་དཀྱིལ་འཁོར་གྱི་ཆོ་གའི་ངག་འདོན་གསལ་བྱེད་ལས་དང་པོ་པ་ལ་ཕན་བྱེད་ཐུགས་རྗེའི་འོད་ཟེར་བཞུགས་སོ། །	ཞ་ལུ་པ་ཡེ་ཤེས་རྒྱ་མཚོ།	༧༥	༦	ལྷུན་གྲུབ་སྟེང་གི་པར་མ།	
	༡༡		དཔལ་མཆོག་རིགས་བསྡུས་པའི་དཀྱིལ་འཁོར་གྱི་ཆོ་གའི་ལས་རིམ་གསུང་རྒྱུན་དྲི་མ་མེད་པ་རིན་པོ་ཆེའི་ཕྲེང་བ་ཞེས་བྱ་བ་བཞུགས།	ཞ་ལུ་པ་ཡེ་ཤེས་རྒྱ་མཚོ།	༡༠༢	༦	ལྷུན་གྲུབ་སྟེང་གི་པར་མ།	
	༡༢		དཔལ་ཕྱག་ན་རྡོ་རྗེ་འགྲོ་བཟང་སྙིང་པོའི་ལུགས་ཀྱི་དཀྱིལ་ཆོག་གསང་བ་ནོར་བུའི་གཏེར་མཛོད་ཅེས་བྱ་བ་ཤར་པ་ཡེ་ཤེས་རྒྱ་མཚོས་མཛད་པ་བཞུགས།	ཞ་ལུ་པ་ཡེ་ཤེས་རྒྱ་མཚོ།	༡༧	༦	ལྷུན་གྲུབ་སྟེང་གི་པར་མ།	
01987	༄། ཞ་ལུ་པ་ལོ་ཆེན་ཆོས་སྐྱོང་བཟང་པོའི་གསུང་འབུམ། (པོད་ཀ།) (ཞུ)							
	༡	༩༩ ཀ	བཅོམ་ལྡན་འདས་འཇམ་དཔལ་ཡེ་ཤེས་སེམས་དཔའི་དོན་དམ་པའི་མཚན་ཡང་དག་པར་བརྗོད་པའི་གླེགས་བམ་བཞུགས་སོ། །	ཞ་ལུ་ལོ་ཆེན།	༢༥	༦	དཔེ་ཚུགས།	
	༢		དཔལ་འཁོར་ལོ་བདེ་མཆོག་གི་མངོན་པར་རྟོགས་པ་ལཱུ་ཨི་པ་པས་མཛད་པ་དང་མཐུན་པའི་དཀྱིལ་འཁོར་དུ་འཇུག་པའི་ཆོ་ག་བཞུགས་སོ། །	ཞ་ལུ་ལོ་ཆེན།	༣༠	༧	དཔེ་ཚུགས།	
	༣		ཕྱག་རྒྱ་ཆེན་པོ་འཆི་མེད་གྲུབ་པའི་ལག་ལེན་གསལ་བྱེད་ཉི་མའོ། །	ཞ་ལུ་ལོ་ཆེན།	༥	༧	དཔེ་ཚུགས།	
	༤		ལུང་སྟོན་པ་ཀ་ལཱ་པའི་མདོ་ཞེས་བྱ་བ་བཞུགས་སོ། །	ཞ་ལུ་ལོ་ཆེན།	༣༧	༦	དཔེ་ཚུགས།	
	༥		ཞ་ལུ་ལོ་ཙཱ་བས་མཛད་པའི་ཉེར་བསྒྱུར་འགྲེལ་པ་དང་ལེགས་སྦྱར་སྐད་དོ། །ཨོཾ་ཡེ་ཧཱུྃའི་སྒྲ་སྒྲུབ་བཞུགས་སོ། །	ཞ་ལུ་ལོ་ཆེན།	༡༧	༧	དཔེ་ཚུགས།	

	༦	༣)	ཙནྡྲ་བྷུ་ཀ་ཏའི་རྣམ་པར་བཤད་པ་སྒྲ་རིག་རྒྱ་མཚོའི་གྲུ་གཟིངས་ཞེས་བྱ་བ་བཞུགས་སོ། །	ཞ་ལུ་ལོ་ཆེན།	༡༨༥	༧	ལྷུན་པོ་སྒང་གི་སྤར་མ།	
	༧	ཧཱུྃ	འཆི་མེད་མཛོད་ལས་ཉེར་མཁོ་བསྡུས་པ་བཞུགས།	ཞ་ལུ་ལོ་ཆེན།	༣	༧	དཔེ་ཚུགས།	
	༨		སྒྲའི་བསྟན་བཅོས་ཙནྡྲ་པའི་བཤད་སྦྱར་བསྡུས་པ་ཞ་ལུ་ལོ་ཙཱ་བས་རཏྣ་རྣམ་པཱ་ལ་བྷ་དྲ་ཀ་གྲི་ཏི་བི་ཛ་ཧ་ར་ཏིསྨ། ལུང་དང་རྣམ་གསལ་བཟ་སྦྱོད་ཀུན་རིག་དགོའོ། །	ཞ་ལུ་ལོ་ཆེན།	༥༣	༧	དཔེ་ཚུགས།	༥༣. མན་མ་ཚང་།
	༩	༨)	ཞ་ལུ་ལོ་ཆེན་གྱི་ཀ་ལ་པའི་སྤྱི་དོན་ལས་བདུན་པ་གློག་ཚུལ་བཤད་པ།	ཞ་ལུ་ལོ་ཆེན།	༣	༧	དཔེ་ཚུགས།	
	༡༠		ཀྱེ་རྡོ་རྗེའི་རྒྱ་སྔགས་ཀྱི་རྣམ་པར་བཤད་པ་ཞ་ལུ་ལོ་ཆེན་ཆོས་སྐྱོང་བཟང་པོས་མཛད་པ་བཞུགས་སོ། །	ཞ་ལུ་ལོ་ཆེན།	༡༤	༦	དཔེ་ཚུགས།	
	༡༡	ཚོ ༢༢༢	རྒྱ་སྔགས་ཀྱི་གསལ་བྱེད་སྒྲོན་མེ་འབར་བ་བཞུགས།	ཞ་ལུ་ལོ་ཆེན།	༡༦	༧	སྡེ་དགེ་པར་མ།	
		ཕྱོགས།	དུག་ཅུ་པའི་རྒྱ་ཚིག་ཞ་ལུ་བ་ཆེན་པོས་མཛད་པ་དུག་ཅུ་པའི་དཀྱིལ་འཁོར་བྲི་ཚུལ་དུག་ཅུ་རྒྱ་བཞིའི་གཏོར་མ་མཁར་དུ་བསྐྱེགས་ཚུལ་དང་བཅས་པ་རྣམས་བཞུགས་སོ། །	ཞ་ལུ་ལོ་ཆེན།	༦	༦	དཔེ་ཚུགས།	
			འཕགས་པ་འཇམ་དཔལ་གྱི་མཚན་ཡང་དག་པར་བརྗོད་པ་ཕན་ཡོན་དང་བཅས་པ་བཞུགས་སོ། །	ཞ་ལུ་ལོ་ཆེན།	༡༩	༦	བྲིས་མ་དབུ་ཅན།	༤. ༦. ༧. ༩. ༡༡. ༡༣. བཅས་མ་ཚང་།
01988	༄ ཞ་ལུ་པ་ལོ་ཆེན་ཆོས་སྐྱོང་བཟང་པོའི་གསུང་འབུམ། (པོད་ཀ) (ཞ)							

	༡	(༢༣)	སཾ་སྐྲི་ཏ་དང་དེ་ལས་ཉམས་པའི་རྣམ་དབྱེ་ཐོར་བུ་ལོ་ཆེན་རྣམ་པ་ལས་མཛད་པ་བཞུགས་སོ། ।	ཞ་ལུ་ལོ་ཆེན།	༣	༥	དཔེ་ཚུགས།	
	༢		མངོན་བརྗོད་མུ་ཏིག་ཕྲེང་བ་ཞེས་བྱ་བ་བཞུགས་སོ། ।	ཞ་ལུ་ལོ་ཆེན།	༢༣	༧	དཔེ་ཚུགས།	༢. མ་ཚང་།
	༣		དམ་པའི་ཆོས་ལས་བྱུང་བའི་སྐད་གདན་ལ་དབབ་པ་བཞུགས་སོ། ।	ཞ་ལུ་ལོ་ཆེན།	༢༧༦	༦	དཔེ་ཚུགས།	
	༤		བྲིངས་མདོའི་འགྲེལ་ཆེན་བཞུགས།	ཞ་ལུ་ལོ་ཆེན།	༥	༨	དཔེ་ཚུགས།	སྐྱོན་ཡོད།
	༥		ལེགས་སྦྱར་བལྟ་བའི་མེ་ལོང་ཞེས་བྱ་བ་བཞུགས་སོ། ।	ཞ་ལུ་ལོ་ཆེན།	༡༣	༧	དཔེ་ཚུགས།	
	༦		ལེགས་པར་སྦྱར་བའི་སྐད་ཀྱིས་བརྡ་སྤྲོད་པའི་བསྟན་བཅོས་ཀ་ལཱ་པའི་སྤྱི་དོན་བརྡ་སྤྲོད་གསལ་བའི་སྙིང་པོ་བཞུགས་སོ། ।	ཞ་ལུ་ལོ་ཆེན།	༢༢	༦	ལྷུན་པོ་སྒང་གི་སྤར་མ།	༡༠. ཆད། ༡༠. མན་ཆད་ནས་ཨང་གྲངས་འཁྲུགས་པའམ་དཔེ་གཞན་ཞིག་དང་འདྲེས་པར་དོགས་པས་བརྟག་དགོས།
	༧		པཎྜི་ཏ་མཧཱ་ཤྲུ་ཏཱ་མཀྲ་རོ་མཏྣ་ལོ་ཙ་རྣམ་པཱ་ལེ་ན་ཀ་ར།།	ཞ་ལུ་ལོ་ཆེན།	༤	༦	དཔེ་ཚུགས།	
	༨		མིང་གི་གཙུག་ལག་ཨུཏྤ་ལའི་ཕྲེང་བ་ཞ་ལུ་ལོ་ཆེན་གྱིས་མཛད་པ།	ཞ་ལུ་ལོ་ཆེན།	༤	༧	དཔེ་ཚུགས།	

	༩		སྐད་གཉིས་གདན་ལ་དབབ་པའི་ལེ་ཚན་ཐོར་བུ་ཞིག།	ཞ་ལུ་ལོ་ཆེན།	༩		དཔེ་ཚུགས།	༡. མ་ཚང་། ༢. ༩. རྒྱ་ཕྱེད། རལ་སྐྱོན་ཆེ།
	༡༠		བོད་ཀྱི་བརྡའི་བྱེ་བྲག་ལེགས་པར་བཤད་པ་སུམ་ཅུ་པ་དང་རྟགས་ཀྱི་འཇུག་པ་རྩ་འགྲེལ་བཞུགས་སོ། །	ཞ་ལུ་ལོ་ཆེན།	༢༩	༧	སྔོ་དཀེ་པར་མ།	
	༡༡		བོད་ཀྱི་བརྡའི་བསྟན་བཅོས་ལེགས་པར་བཤད་པ་རིན་པོ་ཆེའི་ཟ་མ་ཏོག་བཀོད་པ་ཞེས་བྱ་བ་བཞུགས་སོ། །	ཞ་ལུ་ལོ་ཆེན།	༣༠	༧	སྔོ་དཀེ་པར་མ།	
01989	༄། ཞ་ལུ་རིན་ཆེན་མཁྱེན་རབ་མཆོག་གྲུབ་ཀྱི་གསུང་འབུམ། ཁྱིད་གཅིག ཁྲ།							
	༡		དཔལ་འཁོར་ལོ་སྡོམ་པ་ལོ་ཧི་པའི་སྒྲུབ་དཀྱིལ་གྱི་ལྷན་ཐབས་ཕྲིན་ལས་རྒྱ་མཚོ་ཞེས་བྱ་བ་བཞུགས།	ཞ་ལུ་རིན་ཆེན་མཁྱེན་རབ་མཆོག་སྒྲུབ།	༣༣	༦	པར་མ།	
	༢		བཅོམ་ལྡན་འདས་ཕྱག་ན་རྡོ་རྗེ་འཁོར་ལོ་ཆེན་པོའི་སྒྲུབ་དཀྱིལ་མཁས་པ་ལུང་མང་པོས་མཛད་པའི་ལྷན་ཐབས་གཞན་ཕན་འོད་ཟེར་ཞེས་བྱ་བ་བཞུགས།	ཞ་ལུ་རིན་ཆེན་མཁྱེན་རབ་མཆོག་སྒྲུབ།	༡༦	༦	པར་མ།	
	༣		སྤྱན་རས་གཟིགས་དབང་ཕྱུག་པདྨ་དྲ་བའི་སྒྲུབ་དཀྱིལ་གྱི་ལྷན་ཐབས་པདྨ་རབ་རྒྱས་བཞུགས།	ཞ་ལུ་རིན་ཆེན་མཁྱེན་རབ་མཆོག་སྒྲུབ།	༡༦	༦	པར་མ།	
	༤		རྡོ་རྗེ་འཇིགས་བྱེད་ཀྱི་སྒྲུབ་དཀྱིལ་གྱི་ལྷན་ཐབས་འཇུག་བདེ་ཕྲིན་ལས་ཀྱི་འོད་ཟེར་ཞེས་བྱ་བ་བཞུགས།	ཞ་ལུ་རིན་ཆེན་མཁྱེན་རབ་མཆོག་སྒྲུབ།	༢༧	༦	པར་མ།	
	༥		འཇམ་དཔལ་གསང་ལྡན་གྱི་ལྷན་ཐབས་གཞན་ཕན་མཐའ་ཡས་བཀྲ་ཤིས་རབ་རྒྱས་ཞེས་བྱ་བ་བཞུགས།	ཞ་ལུ་རིན་ཆེན་མཁྱེན་རབ་མཆོག་སྒྲུབ།	༡༧	༦	པར་མ།	

	༦		འཇམ་དཔལ་ནམ་མཁའ་ལྟར་དྲི་མ་མེད་པ་རིགས་བསྡུས་པའི་དཀྱིལ་འཁོར་གྱི་ཆོ་ག་གཞན་ཕན་གྱི་ཕྲེང་བ་ཞེས་བྱ་བ་བཞུགས།	ཞ་ལུ་རིན་ཆེན་མཁྱེན་རབ་མཆོག་སྐྱབ།	༣༩	༦	པར་མ།	
	༧		དཔལ་དུས་ཀྱི་འཁོར་ལོའི་སྒྲུབ་དཀྱིལ་གྱི་ལྷན་ཐབས་བཀྲ་ཤིས་རབ་རྒྱས་ཞེས་བྱ་བ་བཞུགས།	ཞ་ལུ་རིན་ཆེན་མཁྱེན་རབ་མཆོག་སྐྱབ།	༦༤	༦	པར་མ།	
	༨	ཚོ ༢༨༧	དཔལ་དུས་ཀྱི་འཁོར་ལོའི་སྒྲུབ་ཐབས་བསྡུས་པ་བྱེད་ཚུལ་བཞུགས།	ཞ་ལུ་རིན་ཆེན་མཁྱེན་རབ་མཆོག་སྐྱབ།	༣	༦	པར་མ།	
	༩		རྡོ་རྗེ་རྩེ་མོ་རིགས་བསྡུས་པའི་དཀྱིལ་འཁོར་གྱི་ཆོ་ག་མཁས་པའི་ཡིད་འཕྲོག་གི་ལྷན་ཐབས་གཞན་ཕན་རྒྱ་རྒྱུད་ཞེས་བྱ་བ་བཞུགས།	ཞ་ལུ་རིན་ཆེན་མཁྱེན་རབ་མཆོག་སྐྱབ།	༦༣	༦	པར་མ།	
	༡༠		དཔལ་མཆོག་རིགས་བསྡུས་ཀྱི་ལྷ་ཚོགས་ལ་བསྟོད་པ་བུ་སྟོན་རིན་པོ་ཆེ་མཛད་པ་བཞུགས།	ཞ་ལུ་རིན་ཆེན་མཁྱེན་རབ་མཆོག་སྐྱབ།	༡༥	༦	པར་མ།	
	༡༡		བདེ་མཆོག་ལུས་དཀྱིལ་གྱི་ལྷན་ཐབས་བཞུགས།	ཞ་ལུ་རིན་ཆེན་མཁྱེན་རབ་མཆོག་སྐྱབ།	༧	༦	པར་མ།	
	༡༢		དཔལ་འཁོར་ལོ་སྡོམ་པ་འབྱུང་བའི་སྒྲུབ་དཀྱིལ་གྱི་ལྷན་ཐབས་སྡོམ་པ་རབ་རྒྱས་ཞེས་བྱ་བ་བཞུགས།	ཞ་ལུ་རིན་ཆེན་མཁྱེན་རབ་མཆོག་སྐྱབ།	༡༤	༦	པར་མ།	
	༡༣		ཐུགས་རྗེ་ཆེན་པོའི་དམར་ཁྲིད་བཞུགས་སོ། །	ཞ་ལུ་རིན་ཆེན་མཁྱེན་རབ་མཆོག་སྐྱབ།	༡༡	༧	དཔེ་ཚུགས།	
	༡༤		ནག་པོ་རིམ་བཞིའི་ཁྲིད་ཡིག་བཞུགས་སོ། །	ཞ་ལུ་རིན་ཆེན་མཁྱེན་རབ་མཆོག་སྐྱབ།	༤	༦	དཔེ་ཚུགས།	
	༡༥		སེང་གེ་གདོང་ཅན་གྱི་སྒྲུབ་ཐབས་ལ་སོགས་བཅུ་གཉིས་པ་ཅེས་བྱ་བ་མཁྱེན་རབ་མཆོག་གྲུབ་ཀྱི་སྦྱར་བ་བཞུགས་སོ། །	ཞ་ལུ་རིན་ཆེན་མཁྱེན་རབ་མཆོག་སྐྱབ།	༤	༥	དཔེ་ཚུགས།	

01990	༄ ཞ་ལུ་རིན་ཆེན་བསོད་ནམས་མཆོག་གྲུབ་ཀྱི་གསུང་འབུམ། ༼ཡོད་གཅིག༽ ༼ཁྲི།						
	༡		འཕགས་པ་འོད་ཟེར་དྲི་མ་མེད་པ་རྣམ་པར་དག་པའི་འོད་ཅེས་བྱ་བའི་དཀྱིལ་འཁོར་གྱི་ཆོ་ག་འཆི་མེད་འབྱུང་བ་ཞེས་བྱ་བ་བཞུགས་སོ། །	ཞ་ལུ་རིན་ཆེན་མཁྱེན་རབ་མཆོག་གྲུབ།	༣༤	༦	དཔེ་ཚུགས།	༡༦. ༣༡. ཆད། བུ་སྟོན་རིན་ཆེན་གྲུབ་ཡིན་ཤས་ཆེ་བས་དཔྱད་རྒྱུ།
	༢		འཕགས་པ་ཀུན་ནས་སྒོར་འཇུག་པ་གཉིས་ཀྱི་ཞིན་བྲིས།	ཞ་ལུ་རིན་ཆེན་བསོད་ནམས་མཆོག་གྲུབ།	༢	༧	དཔེ་ཚུགས།	
	༣		རྟུལ་ཆེན་སྨྱུན་དྲངས་པའི་ཆོ་ག་དཔལ་འབྱོར་དབྱར་མཚོ་ལྟར་འཕེལ་བྱེད་ཅེས་བྱ་བ་བཞུགས་སོ། །	ཞ་ལུ་རིན་ཆེན་བསོད་ནམས་མཆོག་གྲུབ།	༥	༧	དཔེ་ཚུགས།	
	༤		དྲུག་ཅུ་པའི་ཆོ་ག་བདུད་སྡེའི་དཔུང་ཚོགས་འཇོམས་བྱེད་བཞུགས་སོ། །	ཞ་ལུ་རིན་ཆེན་བསོད་ནམས་མཆོག་གྲུབ།	༩	༥	བྲིས་མ་དབུ་ཅན།	
	༥		འཆི་མེད་རྔ་སྒྲའི་ཆོག་ཁྲིགས་འཆི་མེད་འབྱུང་བ་ཞེས་བྱ་བ་བཞུགས་སོ། །	ཞ་ལུ་རིན་ཆེན་བསོད་ནམས་མཆོག་གྲུབ།	༣༤	༦	པར་མ།	
	༦		རྣམ་འཇོམས་དཀར་པོའི་དཀྱིལ་ཆོག་གི་ལྷན་ཐབས་ཉིན་བྱེད་སྣང་བ་ཞེས་བྱ་བ་བཞུགས།	ཞ་ལུ་རིན་ཆེན་བསོད་ནམས་མཆོག་གྲུབ།	༨	༦	པར་མ།	
	༧		དཔལ་ཕྱག་ན་རྡོ་རྗེ་འགྲོ་བཟང་ལུགས་ཀྱི་དཀྱིལ་ཆོག་གི་ལྷན་ཐབས་ནོར་བུའི་ཕྲེང་བ་བཞུགས།	ཞ་ལུ་རིན་ཆེན་བསོད་ནམས་མཆོག་གྲུབ།	༢༧	༦	པར་མ།	
	༨		བཅོམ་ལྡན་འདས་ཕྱག་ན་རྡོ་རྗེ་འཆི་བདག་འཇོམས་པའི་དཀྱིལ་འཁོར་གྱི་ཆོ་ག་འཆི་མེད་གྲུབ་པའི་ལྷན་ཐབས་འཆི་མེད་བདུད་རྩིའི་བུམ་པ་བཟང་པོ་ཞེས་བྱ་བ་དང་པོའི་ལས་ཅན་རྣམས་ལ་ཉེ་བར་མཁོ་བ་ཞུགས།	ཞ་ལུ་རིན་ཆེན་བསོད་ནམས་མཆོག་གྲུབ།	༢༢	༦	པར་མ།	

	༩		འོད་ཟེར་དྲི་མེད་ཀྱི་དཀྱིལ་ཆོག་གི་ཁ་སྐོང་དབང་ཆོག་བདུད་རྩིའི་ཆུ་རྒྱུན་བཞུགས།	ཞ་ལུ་རིན་ཆེན་བསོད་ནམས་མཆོག་སྐྱབ།	༡༠	༦	པར་མ།	
	༡༠		གཙུག་ཏོར་དྲི་མེད་ལྔ་ལྡའི་དཀྱིལ་ཆོག་རིན་ཆེན་བསམ་འཕེལ་ཞེས་བྱ་བ་ཞུགས།	ཞ་ལུ་རིན་ཆེན་བསོད་ནམས་མཆོག་སྐྱབ།	༢༢	༦	པར་མ།	
	༡༡		འོད་ཟེར་དྲི་མེད་ཀྱི་དཀྱིལ་ཆོག་གི་ལྷན་ཐབས་དབང་ཆོག་དང་བཅས་པ་མུན་སེལ་ཉིན་བྱེད་སྣང་བ་ཞེས་བྱ་བ་བཞུགས།	ཞ་ལུ་རིན་ཆེན་བསོད་ནམས་མཆོག་སྐྱབ།	༢༢	༦	པར་མ།	
	༡༢		དཔལ་དུས་ཀྱི་འཁོར་ལོའི་ཐུགས་དཀྱིལ་གྱི་ལྷན་ཐབས་དོན་གྲུབ་རབ་རྒྱས་ཞེས་བྱ་བ་བཞུགས།	ཞ་ལུ་རིན་ཆེན་བསོད་ནམས་མཆོག་སྐྱབ།	༧	༦	པར་མ།	
	༡༣		དཔལ་མཆོག་རྡོ་རྗེ་སེམས་དཔའི་ཆོག་ཁྲིགས་ལེགས་བཤད་ཀྱི་རྒྱ་མཚོ་བཞུགས་སོ། །	ཞ་ལུ་རིན་ཆེན་བསོད་ནམས་མཆོག་སྐྱབ།	༦༩	༧	དཔེ་ཚུགས།	
	༡༤		ཕྱག་ན་རྡོ་རྗེ་འཁོར་ལོ་ཆེན་པོའི་སྒྲུབ་ཐབས་རྣམ་དག་འོད་ཅེས་བྱ་བ་བཞུགས་སོ།།	ཞ་ལུ་རིན་ཆེན་བསོད་ནམས་མཆོག་སྐྱབ།	༡༥	༦	དཔེ་ཚུགས།	
	༡༥		གཏོར་མའི་ཆོ་ག་འཁྲུལ་མེད་རབ་གསལ་བཞུགས་སོ། །	ཞ་ལུ་རིན་ཆེན་བསོད་ནམས་མཆོག་སྐྱབ།	༢༦	༦	དཔེ་ཚུགས།	
	༡༦		གཙུག་ཏོར་དགུའི་ལྷ་ཚོགས་ལ་བསྟོད་པ་དང་འགྲོ་རྣམ་སྦྱོང་ཞེས་བྱ་བ་བཞུགས་སོ། །	ཞ་ལུ་རིན་ཆེན་བསོད་ནམས་མཆོག་སྐྱབ།	༥	༦	པར་མ།	
	༡༧		གཙུག་ཏོར་དྲི་མེད་ལྔ་ལྡའི་དཀྱིལ་ཆོག་རིན་ཆེན་བསམ་འཕེལ་ཞེས་བྱ་བ་བཞུགས་སོ། །	ཞ་ལུ་རིན་ཆེན་བསོད་ནམས་མཆོག་སྐྱབ།	༢༢	༦	པར་མ།	
01991	༄། ཞ་ལུ་རིན་ཆེན་བསོད་ནམས་འཕེལ་གྱི་གསུང་འབུམ། (པོད་ཀ) (ཁ)							

	༡		མངོན་པ་མཛོད་ཀྱི་རྣམ་བཤད་སྡེ་བདུན་གསལ་བའི་སྒྲོན་མེ་ཞེས་བྱ་བ་བཞུགས་སོ། །	ཞ་ལུ་རིན་ཆེན་བསོད་ནམས་འཕེལ།	༡༡༡	༧	དཔེ་ཚུགས།	༦༡–༧༣ པར་མ་ཚང་། ༡༡༧–༢༢༥
	༢		མངོན་པ་མཛོད་ཀྱི་སྦྱོར་བའི་ཊཱི་ཀ་མཁས་པའི་ཡིད་འཕྲོག་ཅེས་བྱ་བ་བཞུགས་སོ།།	ཞ་ལུ་རིན་ཆེན་བསོད་ནམས་འཕེལ།	༡༣༧	༧	དཔེ་ཚུགས།	༢༢༨–༣༦༦
	༣		དམ་པའི་ཆོས་མཛོད་ཀྱི་དཀའ་བའི་གནས་ཀྱི་ཟིན་བྲིས་མཁས་པའི་ཡིད་འཕྲོག་ཅེས་བྱ་བའི་དབུ་ཕྱོགས་སོ། །	ཞ་ལུ་རིན་ཆེན་བསོད་ནམས་འཕེལ།	༡༧༥	༧	དཔེ་ཚུགས།	༣༦༧–༥༩༠
	༤		རྣམ་འཇོམས་དཀར་པོའི་དཀྱིལ་ཆོག་བཞུགས་སོ། །	ཞ་ལུ་རིན་ཆེན་བསོད་ནམས་འཕེལ།	༢༢	༦	པར་མ།	
01992	ཡར་འབྲོག་པ་རིན་ཆེན་རྟོག་གི་གསུང་འབུམ། ཡོད་གཅིག							
	༡		མན་ངག་ཉམས་མེད་དབང་པོའི་རྡོ་རྗེ་ལྷ་བུ་ཞེས་བྱ་བ་བཞུགས་སོ། །	ཡར་འབྲོག་རིན་ཆེན་རྟོག	༡༠༣	༦	དགའ་ལྡན་ཕུན་ཚོགས་གླིང་གི་པར་མ།	
	༢		ལེགས་བཤད་ཡེ་ཤེས་རྡོ་རྗེའི་ཐོག་རྟོག་ཆེན་པོ་བཞུགས།	ཡ་འབྲོག་རིན་ཆེན་རྟོག	༨༣	༧	དགའ་ལྡན་ཕུན་ཚོགས་གླིང་གི་པར་མ།	
	༣		ཡར་འབྲོག་པ་རིན་ཆེན་རྟོག་གིས་མཛད་པའི་སྒྲའི་འཇུག་ཚུལ་འཕྲུལ་སྦྱོར་ཉེར་མཁོ་ཞིག་བཞུགས་སོ། །	ཡར་འབྲོག་རིན་ཆེན་རྟོག	༥	༧	དཔེ་ཚུགས།	
02041	བྱམས་པ་རྣམ་རྒྱལ་གྲགས་བཟང་གི་གསུང་འབུམ། ཡོད་ཀ							
	༡	ང་ ༡	རྣམ་རྒྱལ་གྲགས་བཟང་གིས་མཛད་པའི་ནང་ལེའི་ཡེ་ཤེས་ལེའུ་ཡན་གྱི་འགྲེལ་པ་བཞུགས་སོ། །	བྱང་པ་རྣམ་རྒྱལ་གྲགས་བཟང་།	༣༣༩	༦	དཔེ་ཚུགས།	

	༢	༧༥ ཉ	རྡོ་རྗེ་ཐེག་པའི་དེ་ཁོ་ན་ཉིད་བསྡུས་པ་ཚོགས་སུ་བཅད་པ་གཉིས་པའི་བཤད་པ་མཆོག་ཏུ་གྲུབ་པའི་དབྱངས་ཀྱིས་བསྟན་པ་ཞེས་བྱ་བ་བཞུགས་སོ། །	བྱང་པ་རྣམ་རྒྱལ་གྲགས་བཟང་།	༤	༦	དཔེ་ཚུགས།	
	༣		དབང་གོང་མ་གཉིས་ཀྱི་ཁྱད་པར་གསལ་བའི་ཐོ་མཆོག་ཏུ་གསང་བར་བྱ་བ་ཐུན་མོང་མ་ཡིན་པ་བཞུགས་སོ། །	བྱང་པ་རྣམ་རྒྱལ་གྲགས་བཟང་།	༡༠	༧	དཔེ་ཚུགས།	
	༤		དཔལ་དུས་ཀྱི་འཁོར་ལོ་ལ་སོགས་བླ་མེད་ཀྱི་རྒྱུད་ཐམས་ཅད་ཀྱི་མཐར་ཐུག་གི་བརྗོད་བྱ་དོན་དམ་པ་ལུས་བསམ་གྱི་ཐབས་ཤེས་ཟུང་འཇུག་ཏུ་གནས་ཚུལ་གྱི་ཡི་གེ་རྡོ་རྗེ་ཟམ་ཏོག་གི་ལྡེ་མིག་བཞུགས་སོ། །	བྱང་པ་རྣམ་རྒྱལ་གྲགས་བཟང་།	༣	༧	དཔེ་ཚུགས།	
	༥	༧༥ ཉ	དབང་བཞི་པའི་རབ་ཏུ་བྱེད་པ་བཞུགས་སོ། །	བྱང་པ་རྣམ་རྒྱལ་གྲགས་བཟང་།	༥	༧	དཔེ་ཚུགས།	
02042	༄༅། བྱམས་པ་རྣམ་རྒྱལ་གྲགས་བཟང་གི་གསུང་འབུམ། (པོད་ཁ)							
	༡	ཕྱི ཀ ༢༢༠	དཔལ་དུས་ཀྱི་འཁོར་ལོའི་བདག་འཇུག་བཞུགས་ཐེབས་སོ། །	བྱང་པ་རྣམ་རྒྱལ་གྲགས་བཟང་།	༣༤	༦	པར་མ། རྫོམ་པ་པོ་ཉིད་ཀྱིས་སྦྱིན་བདག་བྱས་ཏེ་པར་བསྐྲུན།	
	༢	ཕྱི ཛ ༡༠༢	དྲིས་ལན་མཁས་པ་དགའ་བྱེད་བཞུགས་སོ། །	བྱང་པ་རྣམ་རྒྱལ་གྲགས་བཟང་།	༡༤	༧	དཔེ་ཚུགས།	
	༣	ཚོ ༢༠༣ ༡༢	མདོ་སྡེ་བལྟ་བའི་མན་ངག་བཞུགས་སོ། །	བྱང་པ་རྣམ་རྒྱལ་གྲགས་བཟང་།	༦	༧	བྲིས་མ་དབུ་ཅན།	མཇུག་མ་ཚང་།
	༤	ཚོ ༢༠༣ ༡༢ ཏ	མདོ་སྡེ་རིན་པོ་ཆེ་ལས་འཕྲུལ་དུ་ཉེ་བར་མཁོ་བའི་བརྗེད་བྱང་ཡིད་བཞིན་ནོར་བུ་བཞུགས་ལགས་སོ། །	བྱང་པ་རྣམ་རྒྱལ་གྲགས་བཟང་།	༥༠	༧	བྲིས་མ་དབུ་ཅན།	

	༥	ཚོ ༢༠༣ ༡༣ ཏ	མདོ་སྡེའི་བརྗེད་བྱང་ལས་ཉེ་བར་མཁོ་བའི་ལུང་བཏུས་ལུང་གི་སྙེ་མ་ཞེས་བྱ་བ་བཞུགས་སོ། །	བྱང་པ་རྣམ་རྒྱལ་གྲགས་བཟང་།	༩༢	༧	ཁྲིས་མ་དབུ་ཅན།	
	༦	ཚོ ༢༠༣ ༡༩ ཏ	འདུལ་བ་ལུང་གི་བརྗེད་བྱང་བཞུགས་སོ། །	བྱང་པ་རྣམ་རྒྱལ་གྲགས་བཟང་།	༥	༧	ཁྲིས་མ་དབུ་ཅན།	
	༧	ཚོ ༢༠༣ ༡༥ ཏ	དེ་བཞིན་གཤེགས་པའི་མཚན་དཔེ་རི་ཡང་ཕ་རོལ་ཏུ་ཕྱིན་པ་དྲུག་དང་སྦྱར་བ་བཞུགས་སོ། །	བྱང་པ་རྣམ་རྒྱལ་གྲགས་བཟང་།	༣	༧	ཁྲིས་མ་དབུ་ཅན།	
02043	༄ བྱམས་པ་རྣམ་རྒྱལ་གྲགས་བཟང་གི་གསུང་འབུམ། ༼པོད་ཀ༽							
	༡		བྱང་ཆུབ་སེམས་དཔའི་རྟོགས་པ་བརྗོད་པ་དཔག་བསམ་གྱི་འཁྲི་ཤིང་སནྟ་བརྒྱ་རྩ་བརྒྱད་པའི་ཡུ་ཏི་ཀ་གསུམ་འཕགས་ལེགས་པ་པ་གཅིག་སྣང་བ་ལགས་སོ། །	བྱང་པ་རྣམ་རྒྱལ་གྲགས་བཟང་གིས་བསྒྲིགས།	༦༢༢	༧	དཔེ་ཚུགས།	
02044	༄ བོ་དོང་འཆི་མེད་དོལ་བཟང་གི་གསུང་འབུམ། ༼པོད་གཅིག༽ པོ།							
	༡		ཟབ་གསལ་གྱི་ལྷ་ཁྲིད་ཟབ་མོ་ལུང་དང་རིགས་པའི་རྣམ་པར་ངེས་པ་དང་བཅས་པ་བཞུགས་སོ། །	བོ་དོང་འཆི་མེད་དཔལ་བཟང་།	༡༦༧	༦	དཔེ་ཚུགས།	༤༤ ཆད་
	༢		རྣལ་འབྱོར་བཞི་རིམ་གྱི་སྒོམ་ཚུལ་ཐུན་མོང་མ་ཡིན་པ་བཞུགས་སོ། །	བོ་དོང་འཆི་མེད་དཔལ་བཟང་།	༡༣	༧	དཔེ་ཚུགས།	
	༣	༼ཐུ༽ ནང ཏ	ཡོངས་འདུའི་དཔག་བསམ་ལྡོན་པའི་དགའ་ཚལ་ཞེས་བྱ་བའི་སྐན་ཚིག་བཞུགས།	བོ་དོང་འཆི་མེད་དཔལ་བཟང་།	༧	༧	དཔེ་ཚུགས།	
	༤	༼ཐུ༽ ནང ཐ	རིན་ཆེན་ཟ་མ་ཏོག་གི་མེ་ལོང་རབ་གསལ་ཞེས་བྱ་བ་ལྷ་གཅིག་བདག་ཆེན་མ་མཁའ་འགྲོ་རྒྱལ་མོ་ལ་གནང་བ་བཞུགས།	བོ་དོང་འཆི་མེད་དཔལ་བཟང་།	༥	༧	དཔེ་ཚུགས།	

02045	༄ བོ་དོང་པཎ་ཆེན་ཕྱོགས་ལས་རྣམ་རྒྱལ་གྱི་གསུང་འབུམ། ༼པོད་ཀ༽ པོ།							
	༡		འཇིགས་བྲལ་གྱི་སློབ་དཔོན་ཕྱོགས་ཐམས་ཅད་ལས་རྣམ་པར་རྒྱལ་བའི་ཞལ་སྔ་ནས་མཛད་པའི་རྒྱུད་སྡེ་སྤྱིའི་རྣམ་པར་བཞག་པ་བཞུགས་ལགས་སོ། །	བོ་དོང་ཕྱོགས་ལས་རྣམ་རྒྱལ།	༡–༢༡	༧	པར་མ།	
	༢		བྱ་བའི་རྒྱུད་སྤྱིའི་རྣམ་པར་བཞག་པ་བཞུགས།	བོ་དོང་ཕྱོགས་ལས་རྣམ་རྒྱལ།	༢༢–༡༠༡	༧	པར་མ།	
	༣		སྤྱོད་པའི་རྒྱུད་སྤྱིའི་རྣམ་པར་བཞག་པ་བཞུགས།	བོ་དོང་ཕྱོགས་ལས་རྣམ་རྒྱལ།	༡༠༢–༡༥༦	༧	པར་མ།	
	༤		རྣལ་འབྱོར་གྱི་རྒྱུད་སྤྱིའི་རྣམ་པར་བཞག་པ་བཞུགས།	བོ་དོང་ཕྱོགས་ལས་རྣམ་རྒྱལ།	༡༥༨–༢༤༣	༧	པར་མ།	
	༥		རྣལ་འབྱོར་བླ་མེད་སྤྱིའི་རྣམ་པར་བཞག་པ་བཞུགས།	བོ་དོང་ཕྱོགས་ལས་རྣམ་རྒྱལ།	༢༧༦	༧	པར་མ།	
02046	༄ བོ་དོང་པཎ་ཆེན་ཕྱོགས་ལས་རྣམ་རྒྱལ་གྱི་གསུང་འབུམ། ༼པོད་ཁ༽ པོ།							
	༡		འཇིགས་བྲལ་གྱི་སློབ་དཔོན་ཕྱོགས་ཐམས་ཅད་ལས་རྣམ་པར་རྒྱལ་བའི་ཞབས་ཀྱིས་མཛད་པའི་དཔལ་དེ་ཁོ་ན་ཉིད་འདུས་པའིའི་སྙིང་པོ་བཞུགས།	བོ་དོང་ཕྱོགས་ལས་རྣམ་རྒྱལ།	༡༧༠	༧	ཡར་འབྲོག་སྣ་དཀར་རྩེའི་པར་མ།	
	༢		དཔལ་དེ་ཁོ་ན་ཉིད་འདུས་པའི་སྙིང་པོ་ཆོས་སྤྱོད་རབ་ཏུ་གསལ་བ་ཞེས་བྱ་བ་བཞུགས་སོ། །	བོ་དོང་ཕྱོགས་ལས་རྣམ་རྒྱལ།	༡༤༥	༧	པར་མ།	
	༣		རྒྱུད་སྡེ་བཞིའི་ལྷ་ཚོགས་ལ་བསྟོད་པ་འདོད་པ་འཇོ་བ་བཞུགས།	བོ་དོང་ཕྱོགས་ལས་རྣམ་རྒྱལ།	༤༡	༧	པར་མ།	
	༤		འཇིགས་བྲལ་གྱི་སློབ་དཔོན་ཆེན་པོ་ཀུན་མཁྱེན་གཉིས་པ་བློ་གྲོས་མི་ཟད་པའི་ཞབས་ཀྱི་བཀའ་འབུམ་ཐོར་བུ་ལས་ཕྱོགས་ཀྱི་སྙེ་པོ་མཐོ་དམན་དང་། མཁས་ཤིང་གྲུབ་པའི་ཚོགས་རྣམས་ལ་སྤྲུལ་བའི་བཀའ་ཤོག་གི་སྐོར་རིམ་པར་ཕྱེ་བའོ། །	བོ་དོང་ཕྱོགས་ལས་རྣམ་རྒྱལ།	༥༡	༧	དཔེ་ཚུགས།	
	༥	ཉི ༡ཁ	བཅོམ་ལྡན་འདས་དཔལ་འཁོར་ལོ་སྡོམ་པའི་ལུས་ཀྱི་དཀྱིལ་འཁོར་དུ་དབང་བླངས་པའི་ཆོ་ག་བཞུགས་སོ། །	བོ་དོང་ཕྱོགས་ལས་རྣམ་རྒྱལ།	༡༡	༧	དཔེ་ཚུགས།	

	༦		འཇིགས་བྲལ་དབྱངས་ཅན་དགའ་བའི་ཞབས་ཀྱིས་བདག་པོ་རྣམ་རྒྱལ་གྲགས་བཟང་ལ་སྤེལ་བའི་ཆབ་ཤོག །	བོ་དོང་ཕྱོགས་ལས་རྣམ་རྒྱལ།	༥	༧	དཔེ་ཚུགས།	
	༧		དཔལ་གསང་བ་འདུས་པ་རིམ་པ་ལྔའི་ཁྲིད་ཡིག་ཕྱོགས་ལས་རྣམ་རྒྱལ་བས་མཛད་པ་བཞུགས་སོ། །	བོ་དོང་ཕྱོགས་ལས་རྣམ་རྒྱལ།	༨	༦	དཔེ་ཚུགས།	
02047	༄ བོ་དོང་པཎ་ཆེན་ཕྱོགས་ལས་རྣམ་རྒྱལ་གྱི་གསུང་འབུམ། ༼པོད་ཀ༽ ཁོ།							
	༡	ཤ༽ ༡༥ ཀ	དཔལ་དེ་ཉིད་འདུས་པ་ལས། ཁྲུས་པ་འཇུག་པའི་སྒོ། ལུས་ཀྱི་བསླབ་པ། ངག་གི་བསླབ་བྱ། ལེགས་སྦྱར་བཀླུགས་ཐབས། བོད་སྐད་ཀྱི་དག་ཡིག་འབྲི་ཚུལ་དང་བཅས་པ་བཞུགས།	བོ་དོང་ཕྱོགས་ལས་རྣམ་རྒྱལ།	༡–༤༠	༢	དཔེ་ཚུགས།	
	༢	ཀ	དཔལ་དེ་ཁོ་ན་ཉིད་འདུས་པའི་གསུང་རབ་རྒྱ་མཚོ་ཆེན་པོ་ལས། བོ་དོང་ལེགས་བཤད་ཅེས་པའི། ལུགས་ཀྱི་བསྟན་བཅོས་ལེགས་པར་བཤད་པ་བཞུགས་སོ། །	བོ་དོང་ཕྱོགས་ལས་རྣམ་རྒྱལ།	༤༡–༥༧	༢	དཔེ་ཚུགས།	
	༣	ཤ༽ ༣ ཀ	དུས་འཁོར་ནས་གསུངས་པའི་རྩིས་སྒྲིའི་རྣམ་བཞག་བཞུགས་སོ། །	བོ་དོང་ཕྱོགས་ལས་རྣམ་རྒྱལ།	༥༢–༡༠༦	༢	དཔེ་ཚུགས།	
	༤	ཤ༽ ༢ ཀ	སྐྱེ་འཆི་ལ་སོགས་པ་བཟང་ངན་གྱི་ལྟས་རྟགས་བཞུགས་སོ། །	བོ་དོང་ཕྱོགས་ལས་རྣམ་རྒྱལ།	༡༠༧–༡༣༠	༢	དཔེ་ཚུགས།	
	༥	ཤ༽ ༤ ཀ	རྟེན་འབྲེལ་བཅུ་གཉིས་ཀྱི་བརྟག་པ་བཞུགས་སོ། །	བོ་དོང་ཕྱོགས་ལས་རྣམ་རྒྱལ།	༡༣༡–༡༣༨	༢	དཔེ་ཚུགས།	

	༦	༤༡༽ ༥ ཀ	མདོ་སྡེ་དྲུག་སྐུ་ནས་གསུངས་པའི་བཟང་ངན་བརྟག་པ་མི་བཅད་རྒྱ་མཚོ་བཞུགས་སོ། །	བོ་དོང་ཕྱོགས་ལས་རྣམ་རྒྱལ།	༡༤༠–༡༧༠	༨	དཔེ་ཚུགས།	
	༧	༤༡༽ ༦ ཀ	ནོ་འགྱེད་པའི་མོ་རྩིས་བཞུགས་སོ། །	བོ་དོང་ཕྱོགས་ལས་རྣམ་རྒྱལ།	༡༧༡–༡༧༦	༨	དཔེ་ཚུགས།	
	༨	༤༡༽ ༧ ཀ	རྟེན་འབྲེལ་གྱི་མོ་རྩིས་བཞུགས་སོ། །	བོ་དོང་ཕྱོགས་ལས་རྣམ་རྒྱལ།	༡༧༧–༡༨༢	༨	དཔེ་ཚུགས།	
	༩	༤༡༽ ༨ ཀ	སྐུ་གསུང་ཐུགས་ཀྱི་རྟེན་བཞེངས་ཚུལ་བཞུགས།	བོ་དོང་ཕྱོགས་ལས་རྣམ་རྒྱལ།	༡༨༣–༡༩༣	༨	དཔེ་ཚུགས།	
	༡༠	༤༡༽ ༩ ཀ	དུས་འཁོར་ལས་གསུངས་པའི་སྐུ་གཟུགས་ཀྱི་ཚད་བཞུགས།	བོ་དོང་ཕྱོགས་ལས་རྣམ་རྒྱལ།	༡༩༤–༡༩༧	༨	དཔེ་ཚུགས།	
	༡༡	༤༡༽ ༡༠	སྡོམ་འབྱུང་ནས་གསུངས་པའི་སྐུའི་ཚད་བཞུགས།	བོ་དོང་ཕྱོགས་ལས་རྣམ་རྒྱལ།	༡༩༨–༢༠༣	༨	དཔེ་ཚུགས།	
	༡༢	༤༡༽ ༡༡ ཀ	སྐུ་གཟུགས་ཀྱི་ཚད་ཨས་ཏྲའི་བྲིས་བྲིས་པ་བཞུགས།	བོ་དོང་ཕྱོགས་ལས་རྣམ་རྒྱལ།	༢༠༤–༢༠༨	༨	དཔེ་ཚུགས།	
	༡༣	༤༡༽ ༡༢ ཀ	ཕྱོགས་ཀྱི་འཕྲུལ་འཁོར་བཞུགས་སོ། །	བོ་དོང་ཕྱོགས་ལས་རྣམ་རྒྱལ།	༢༠༩–༢༡༥	༨	དཔེ་ཚུགས།	

	༡༩	༤༡ ༡༩ ཀ	གསེར་འགྱུར་གྱི་བཅུད་ལེན་བཞུགས།	བོ་དོང་ཕྱོགས་ལས་རྣམ་རྒྱལ།	༢༡༦–༢༢༧	༨	དཔེ་ཚུགས།	
	༡༥	༤༡ ༡༣ ཀ	ཁ་སྦྱོར་ནོས་གསུང་བའི་བཅུད་ལེན་བཞུགས་སོ། །	བོ་དོང་ཕྱོགས་ལས་རྣམ་རྒྱལ།	༢༢༧–༢༢༨	༨	དཔེ་ཚུགས།	
02048	༄ བོ་དོང་པཎ་ཆེན་ཕྱོགས་ལས་རྣམ་རྒྱལ་གྱི་གསུང་འབུམ། ༼པོད་ང་༽ པོ།							
	༡	ཚེ ཨ ༢༠༡ ༣༩	དཔལ་དེ་ཁོ་ན་ཉིད་འདུས་པ་ལས། མདོའི་བསྟན་པ་སྤྱིའི་རྣམ་པར་བཞག་པ་བཞུགས་སོ། །	བོ་དོང་ཕྱོགས་ལས་རྣམ་རྒྱལ།	༣༠༩	༧	དཔེ་ཚུགས།	༢༩༣. མ་ཚང་།
	༢		འཇིགས་བྲལ་གྱི་སློབ་དཔོན་ཕྱོགས་ཐམས་ཅད་ལས་རྣམ་པར་རྒྱལ་བའི་ཞལ་མངའ་ནས་མཛད་པའི་ཚོ་གཅིག་གིས་སངས་རྒྱ་བའི་ཉེ་ལམ་སྣས་དོན་ཀུན་གསལ་ཞེས་བྱ་བ་བཞུགས་པ་ལགས་སོ། །	བོ་དོང་ཕྱོགས་ལས་རྣམ་རྒྱལ།	༡༢༣	༧	པར་མ།	
	༣	༼ཧ༽	སྔན་ངགས་མི་ལོང་གི་འགྲེལ་པ་བཞུགས་ལགས་སོ། །	བོ་དོང་ཕྱོགས་ལས་རྣམ་རྒྱལ།	༡༢༧	༦	དཔེ་ཚུགས།	༧. ཆད། མཇུག་མ་ཚང་།
	༤		བླ་མེད་དབང་བཞིའི་ངོ་བོ་དང་ངོས་འཛིན་བཞུགས།	བོ་དོང་ཕྱོགས་ལས་རྣམ་རྒྱལ།	༦	༧	བྲིས་མ་དབུ་ཅན།	
	༥		དེ་ཉིད་འདུས་པའི་རྒྱ་མཚོ་ལས་བྱུང་བ་རྩ་རྒྱུད་སྙིང་པོ་ཀུའི་རྡོ་རྗེའི་དཀྱིལ་འཁོར་དུ་དབང་བསྐུར་བའི་ཆོ་ག་རྒྱས་པ་བཞུགས་སོ།	བོ་དོང་ཕྱོགས་ལས་རྣམ་རྒྱལ།	༢༥	༨	པར་མ།	
02049	༄ བོ་དོང་པཎ་ཆེན་ཕྱོགས་ལས་རྣམ་རྒྱལ་གྱི་གསུང་འབུམ། ༼པོད་ཅ་༽ པོ།							
	༡		རྣམ་རྣ་ཛའི་རྣམ་པར་ཐར་པ་དད་པའི་ལོ་ཏོག་རྒྱས་བྱེད་དངོས་གྲུབ་ཀྱི་ཆར་འབེབས་ཞེས་བྱ་བ་བཞུགས་སོ། །	བོ་དོང་ཕྱོགས་ལས་རྣམ་རྒྱལ།	༣༥༩	༦	དཔེ་ཚུགས།	

02050	༄ བོ་དོང་པཎ་ཆེན་ཕྱོགས་ལས་རྣམ་རྒྱལ་གྱི་གསུང་འབུམ། ༼པོད་ཆེ༽ ཁོ།							
	༡		རྡོ་རྗེ་རྩེ་མོ་རིགས་བསྡུས་པའི་དཀྱིལ་འཁོར་གྱི་ཆོ་ག་རྣམ་པར་ངེས་པ།	བོ་དོང་ཕྱོགས་ལས་རྣམ་རྒྱལ།	༡–༥༩	༨	ཁྲིམས་མ་དབུ་ཅན།	
	༢		དེའི་ལག་ལེན་མན་ངག།	བོ་དོང་ཕྱོགས་ལས་རྣམ་རྒྱལ།	༥༩–༨༣	༨	ཁྲིམས་མ་དབུ་ཅན།	
	༣		རྡོ་རྗེ་རྩེ་མོའི་རྡོ་རྗེ་དབྱིངས་ཀྱི་དཀྱིལ་འཁོར་ཆེན་པོའི་ཆོ་ག་རྒྱས་འབྲིང་བསྡུས་གསུམ།	བོ་དོང་ཕྱོགས་ལས་རྣམ་རྒྱལ།	༡–༤༡	༨	ཁྲིམས་མ་དབུ་ཅན།	
	༤		དེའི་ལུང་གི་རྣམ་ངེས།	བོ་དོང་ཕྱོགས་ལས་རྣམ་རྒྱལ།	༤༡–༥༩	༨	ཁྲིམས་མ་དབུ་ཅན།	
	༥		རྩེ་མོའི་དེ་བཞིན་གཤེགས་པའི་རིགས་ཀྱི་དཀྱིལ་འཁོར་གྱི་ཆོ་ག་རྒྱས་འབྲིང་བསྡུས་གསུམ།	བོ་དོང་ཕྱོགས་ལས་རྣམ་རྒྱལ།	༥༩–༩༥	༨	ཁྲིམས་མ་དབུ་ཅན།	
	༦		དེའི་ལུང་གི་རྣམ་ངེས།	བོ་དོང་ཕྱོགས་ལས་རྣམ་རྒྱལ།	༩༥–༡༠༩	༨	ཁྲིམས་མ་དབུ་ཅན།	
	༧		རྡོ་རྗེ་རྩེ་མོའི་སྦྱིན་སྲེག་རྒྱས་འབྲིང་བསྡུས་གསུམ།	བོ་དོང་ཕྱོགས་ལས་རྣམ་རྒྱལ།	༡༠༩–༡༡༥	༨	ཁྲིམས་མ་དབུ་ཅན།	
	༨		རྡོ་རྗེ་རྩེ་མོའི་རྒྱུད་བཤད་པ།	བོ་དོང་ཕྱོགས་ལས་རྣམ་རྒྱལ།	༡༡༥–༡༣༤	༨	ཁྲིམས་མ་དབུ་ཅན།	
	༩		དེ་རྣམས་ཀྱི་སྙིང་པོའི་རྒྱུད་ཁམས་གསུམ་རྣམ་རྒྱལ་གྱི་རྟོགས་པ་ལས་ཁམས་གསུམ་རྣམ་རྒྱལ་གྱི་ཆོ་ག་རྒྱས་འབྲིང་བསྡུས་གསུམ།	བོ་དོང་ཕྱོགས་ལས་རྣམ་རྒྱལ།	༡༣༤–༡༥༤	༨	ཁྲིམས་མ་དབུ་ཅན།	
	༡༠		དེའི་ལུང་གི་རྣམ་ངེས།	བོ་དོང་ཕྱོགས་ལས་རྣམ་རྒྱལ།	༡༥༤–༡༥༤	༨	ཁྲིམས་མ་དབུ་ཅན།	
	༡༡		དེའི་ལག་ལེན།	བོ་དོང་ཕྱོགས་ལས་རྣམ་རྒྱལ།	༡༥༤–༡༥༧	༨	ཁྲིམས་མ་དབུ་ཅན།	

	༡༢	ཧཱུྃ	ཁམས་གསུམ་རྣམ་རྒྱལ་གྱི་རྡོ་རྗེའི་དཀྱིལ་འཁོར་གྱི་ཆོ་ག །དེའི་དམ་ཚིག་གི་དཀྱིལ་ཆོག །དེའི་ལས་ཀྱི་དཀྱིལ་ཆོག།	བོ་དོང་ཕྱོགས་ལས་རྣམ་རྒྱལ།	༡–༣	༨	བྲིས་མ་དབུ་ཅན།	
	༡༣	ཧཱུྃ	དེ་བཞིན་གཤེགས་པའི་དཀྱིལ་ཆོག །དེའི་དམ་ཚིག་གི་དཀྱིལ་ཆོག །དེའི་ལས་ཀྱི་དཀྱིལ་ཆོག།	བོ་དོང་ཕྱོགས་ལས་རྣམ་རྒྱལ།	༣–༤	༨	བྲིས་མ་དབུ་ཅན།	
	༡༤	ཧཱུྃ	ཕྱག་ན་རྡོ་རྗེའི་དཀྱིལ་ཆོག །དེའི་ལག་ལེན།	བོ་དོང་ཕྱོགས་ལས་རྣམ་རྒྱལ།	༤–༨	༨	བྲིས་མ་དབུ་ཅན།	
	༡༥	ཧཱུྃ	ཕྱག་ན་རྡོ་རྗེའི་ཕྱག་རྒྱའི་དཀྱིལ་ཆོག །དེའི་ལག་ལེན།	བོ་དོང་ཕྱོགས་ལས་རྣམ་རྒྱལ།	༨–༡༡	༨	བྲིས་མ་དབུ་ཅན།	
	༡༦	ཧཱུྃ	བཅོམ་ལྡན་འདས་སྤྱན་རས་གཟིགས་དབང་ཕྱུག་གི་དཀྱིལ་ཆོག། དེའི་ལག་ལེན།	བོ་དོང་ཕྱོགས་ལས་རྣམ་རྒྱལ།	༡༡–༡༣	༨	བྲིས་མ་དབུ་ཅན།	
	༡༧	ཧཱུྃ	སྤྱན་རས་གཟིགས་ཕྱག་རྒྱ་བདུན་འི་དཀྱིལ་ཆོག།	བོ་དོང་ཕྱོགས་ལས་རྣམ་རྒྱལ།	༡༣–༡༤	༨	བྲིས་མ་དབུ་ཅན།	
	༡༨	ཧཱུྃ	ནམ་མཁའི་སྙིང་པོའི་དཀྱིལ་ཆོག །དེའི་ལག་ལེན།	བོ་དོང་ཕྱོགས་ལས་རྣམ་རྒྱལ།	༡༤–༡༦	༨	བྲིས་མ་དབུ་ཅན།	
	༡༩	ཧཱུྃ	རྡོ་རྗེ་ཁྲོ་ཆུར་གྱི་དཀྱིལ་ཆོག །	བོ་དོང་ཕྱོགས་ལས་རྣམ་རྒྱལ།	༡༦–༡༨	༨	བྲིས་མ་དབུ་ཅན།	
	༢༠	ཧཱུྃ	འཇམ་དཔལ་གྱི་དཀྱིལ་ཆོག།	བོ་དོང་ཕྱོགས་ལས་རྣམ་རྒྱལ།	༡༨–༢༠	༨	བྲིས་མ་དབུ་ཅན།	
	༢༡	ཧཱུྃ	རྡོ་རྗེ་འཁོར་ལོའི་དཀྱིལ་ཆོག།	བོ་དོང་ཕྱོགས་ལས་རྣམ་རྒྱལ།	༢༠–༢༡	༨	བྲིས་མ་དབུ་ཅན།	
	༢༢	ཧཱུྃ	ནམ་མཁའ་མཛོད་ཀྱི་དཀྱིལ་ཆོག།	བོ་དོང་ཕྱོགས་ལས་རྣམ་རྒྱལ།	༢༡–༢༢	༨	བྲིས་མ་དབུ་ཅན།	
	༢༣	ཧཱུྃ	འཕགས་པ་བྱམས་པའི་དཀྱིལ་ཆོག།	བོ་དོང་ཕྱོགས་ལས་རྣམ་རྒྱལ།	༢༢–༢༣	༨	བྲིས་མ་དབུ་ཅན།	
	༢༤	ཧཱུྃ	རིག་པའི་སློབ་དཔོན་གྱི་དཀྱིལ་ཆོག། རིག་པའི་ཁྲོ་བོའི་དཀྱིལ་ཆོག །	བོ་དོང་ཕྱོགས་ལས་རྣམ་རྒྱལ།	༢༣–༢༤	༨	བྲིས་མ་དབུ་ཅན།	
	༢༥	ཧཱུྃ	ཚོགས་ཀྱི་གཙོ་བོའི་དཀྱིལ་ཆོག །	བོ་དོང་ཕྱོགས་ལས་རྣམ་རྒྱལ།	༢༤–༢༥	༨	བྲིས་མ་དབུ་ཅན།	

	༢༦	ༀ	ཕོ་ཉའི་དཀྱིལ་ཆོག །	བོ་དོང་ཕྱོགས་ལས་རྣམ་རྒྱལ།	༢༥—༢༥	༨	ཁྲིས་མ་དབུ་ཅན།	
	༢༧	ༀ	བྲན་གྱི་དཀྱིལ་ཆོག །	བོ་དོང་ཕྱོགས་ལས་རྣམ་རྒྱལ།	༢༥—༢༦	༨	ཁྲིས་མ་དབུ་ཅན།	
	༢༨	ༀ	དེ་རྣམས་ཀྱི་ལག་ལེན།	བོ་དོང་ཕྱོགས་ལས་རྣམ་རྒྱལ།	༢༦—༢༦	༨	ཁྲིས་མ་དབུ་ཅན།	
	༢༩	ༀ	ཁམས་གསུམ་རྣམ་གསུམ་གྱི་སྦྱིན་སྲེག།	བོ་དོང་ཕྱོགས་ལས་རྣམ་རྒྱལ།	༢༧—༣༥	༨	ཁྲིས་མ་དབུ་ཅན།	
	༣༠	ༀ	འཇིག་རྟེན་གསུམ་རྒྱལ་གྱི་རྒྱུད་འགྲེལ།	བོ་དོང་ཕྱོགས་ལས་རྣམ་རྒྱལ།	༣༦—༡༣༧	༨	ཁྲིས་མ་དབུ་ཅན།	
02051	༄ བོ་དོང་པཎ་ཆེན་ཕྱོགས་ལས་རྣམ་རྒྱལ་གྱི་གསུང་འབུམ། ༼པོད་ཛ༽ ༼བོ།							
	༡		རྣམ་པར་སྣང་མཛད་སྒྱུ་འཕྲུལ་དྲ་བའི་སྦྱིན་བསྲེག་དང་། དེའི་རྒྱུད་བཤད། དེའི་མན་ངག།	བོ་དོང་ཕྱོགས་ལས་རྣམ་རྒྱལ།	༡—༢༨	༨	དཔེ་ཚུགས།	
	༢		འཕགས་པ་འོད་ཟེར་ཅན་གྱི་བརྟག་པ་འཇུག་པར་བྱ་བ་ལས། མངོན་རྟོགས་རྒྱས་པ།	བོ་དོང་ཕྱོགས་ལས་རྣམ་རྒྱལ།	༢༩—༣༣	༨	དཔེ་ཚུགས།	
	༣		དེའི་མངོན་རྟོགས་འབྲིང་པོ།	བོ་དོང་ཕྱོགས་ལས་རྣམ་རྒྱལ།	༣༣—༣༥	༨	དཔེ་ཚུགས།	
	༤		དེའི་མངོན་རྟོགས་བསྡུས་པ།	བོ་དོང་ཕྱོགས་ལས་རྣམ་རྒྱལ།	༣༥—༣༦	༨	དཔེ་ཚུགས།	
	༥		དེའི་དཀྱིལ་ཆོག་ཆེན་མོ།	བོ་དོང་ཕྱོགས་ལས་རྣམ་རྒྱལ།	༣༦—༥༤	༨	དཔེ་ཚུགས།	
	༦		དེའི་ལུང་རྣམ་པར་ངེས་པ།	བོ་དོང་ཕྱོགས་ལས་རྣམ་རྒྱལ།	༥༤—༥༦	༨	དཔེ་ཚུགས།	
	༧		དེའི་དཀྱིལ་ཆོག་བསྡུས་པ།	བོ་དོང་ཕྱོགས་ལས་རྣམ་རྒྱལ།	༥༦—༧༠	༨	དཔེ་ཚུགས།	
	༨		དེའི་ལུང་རྣམ་པར་ངེས་པ།	བོ་དོང་ཕྱོགས་ལས་རྣམ་རྒྱལ།	༧༠—༧༡	༨	དཔེ་ཚུགས།	

	༩		དེའི་སྒྲིན་སྲེག།	པོ་དོང་ཕྱོགས་ལས་རྣམ་རྒྱལ།	༧༡–༧༣	༨	དཔེ་ཚུགས།	
	༡༠		འོད་ཟེར་ཅན་གྱི་རྟོགས་པའི་མན་ངག།	པོ་དོང་ཕྱོགས་ལས་རྣམ་རྒྱལ།	༧༣–༩༢	༨	དཔེ་ཚུགས།	
	༡༡		ཐམས་ཅད་གསང་བའི་མངོན་རྟོགས་རྒྱས་པ།	པོ་དོང་ཕྱོགས་ལས་རྣམ་རྒྱལ།	༩༢–༡༠༧	༨	དཔེ་ཚུགས།	
	༡༢		དེའི་མངོན་རྟོགས་འབྲིང་པོ།	པོ་དོང་ཕྱོགས་ལས་རྣམ་རྒྱལ།	༡༠༧–༡༡༣	༨	དཔེ་ཚུགས།	
	༡༣		དེའི་དཀྱིལ་འཁོར་གྱི་ཆོ་ག།	པོ་དོང་ཕྱོགས་ལས་རྣམ་རྒྱལ།	༡༡༤–༡༣༤	༨	དཔེ་ཚུགས།	
	༡༤		དེའི་ལུང་རྣམ་པར་ངེས་པ།	པོ་དོང་ཕྱོགས་ལས་རྣམ་རྒྱལ།	༡༣༥–༡༦༩	༨	དཔེ་ཚུགས།	
	༡༥		རྡོ་རྗེ་བདུད་རྩི་ཟླ་བའི་མངོན་པར་རྟོགས་པ་དང་། རྡོ་རྗེ་ཧཱུྃ་མཛད་ཀྱི་མངོན་པར་རྟོགས་པ། ཧེ་རུ་ཀའི་མངོན་པར་རྟོགས་པ། བདུད་རྩི་འཁྱིལ་པའི་མངོན་པར་རྟོགས་པ། རྡོ་རྗེ་རོ་ལངས་དཀྱིལ་འཁོར་གྱི་མངོན་པར་རྟོགས་པ།	པོ་དོང་ཕྱོགས་ལས་རྣམ་རྒྱལ།	ཀ–ཉ	༨	དཔེ་ཚུགས།	
	༡༦		རྡོ་རྗེ་བདུད་རྩིའི་དཀྱིལ་ཆོག །	པོ་དོང་ཕྱོགས་ལས་རྣམ་རྒྱལ།	ཏ–ད	༨	དཔེ་ཚུགས།	
	༡༧		དེའི་ལུང་རྣམ་པར་ངེས་པ།	པོ་དོང་ཕྱོགས་ལས་རྣམ་རྒྱལ།	༡–༣༦	༨	དཔེ་ཚུགས།	
	༡༨		དཔལ་དེ་ཉིད་འདུས་པ་ལས་ཧེ་རུ་ཀ་མངོན་པར་འབྱུང་བའི་སྦྱིན་བསྲེག་གི་རྣམ་པར་བཤག་པ་ལས་དྲག་པོའི་སྦྱིན་བསྲེག།	པོ་དོང་ཕྱོགས་ལས་རྣམ་རྒྱལ།	༩	༨	དཔེ་ཚུགས།	དབུ་སོག་མ་ཚང་།
02052	༄ པོ་དོང་པཎ་ཆེན་ཕྱོགས་ལས་རྣམ་རྒྱལ་གྱི་གསུང་འབུམ། ༼པོད་ཉི༽ པོ།							
	༡		དཔལ་དེ་ཉིད་འདུས་པ་ལས་བཅོམ་ལྡན་འདས་དུས་ཀྱི་འཁོར་ལོའི་མངོན་པར་རྟོགས་པ་རྒྱས་པ་དང་། འབྲིང་པོ། བསྡུས་པ་བཅས།	པོ་དོང་ཕྱོགས་ལས་རྣམ་རྒྱལ།	༡–༢༤	༨	དཔེ་ཚུགས།	

	༢		བཅོམ་ལྡན་འདས་དུས་ཀྱི་འཁོར་ལོའི་སྒྲུབ་ཐབས་ཀྱི་མངོན་པར་རྟོགས་པ་རྣམ་པར་ངེས་པ།	བོ་དོང་ཕྱོགས་ལས་རྣམ་རྒྱལ།	༢༩–༥༨	༨	དཔེ་ཚུགས།	
	༣		དུས་ཀྱི་འཁོར་ལོའི་སྒྲུབ་ཐབས་ཀྱི་རྒྱུ་དེ་ཉིད་ཀྱི་ཚིག་གི་དོན་དེ་ཉིད་དབྱེ་བ་ལས་ལས་རྒྱལ་མཆོག་མདོར་བསྟན་པ།	བོ་དོང་ཕྱོགས་ལས་རྣམ་རྒྱལ།	༥༨–༡༢༡	༨	དཔེ་ཚུགས།	
	༤		ཐིག་ལེའི་རྣལ་འབྱོར་བརྗོད་པ།	བོ་དོང་ཕྱོགས་ལས་རྣམ་རྒྱལ།	༡༢༡–༢༠༢	༨	དཔེ་ཚུགས།	
	༥		དཔལ་དུས་ཀྱི་འཁོར་ལོ་གསང་བ་འདུས་པའི་འཇམ་དཔལ་རྡོ་རྗེའི་དཔལ་ལྡན་སྒྱུ་སྐར་གྱི་མངོན་རྟོགས་རྒྱས་པ།	བོ་དོང་ཕྱོགས་ལས་རྣམ་རྒྱལ།	༢༠༢–༢༢༢	༨	དཔེ་ཚུགས།	
	༦		དེའི་མངོན་རྟོགས་འབྲིང་པོ།	བོ་དོང་ཕྱོགས་ལས་རྣམ་རྒྱལ།	༢༢༣–༢༢༣	༨	དཔེ་ཚུགས།	
	༧		འཁོར་ལོ་སྡོམ་པའི་སྒྲུབ་ཐབས།	བོ་དོང་ཕྱོགས་ལས་རྣམ་རྒྱལ།	༢༢༩–༢༣༡	༨	དཔེ་ཚུགས།	༢༢༩ཀྱབ་མེད། ༢༢༥ནས་དཔེ་གཞན་དང་འདྲེས་པར་དོགས།
	༨		འཁོར་ལོ་སྡོམ་པའི་སྒྲུབ་ཐབས་དང་སྲུང་འཁོར།	བོ་དོང་ཕྱོགས་ལས་རྣམ་རྒྱལ།	༢༣༡–༢༦༥	༨	དཔེ་ཚུགས།	
	༩		དུས་ཀྱི་འཁོར་ལོའི་སྒྲུབ་ཐབས་ཡན་ལག་བཅུ་གཅིག་པ་ལས། ལས་བསྲུང་བའི་ཡན་ལག །ཁ་ལ་སོགས་པ་དག་པར་བྱེད་པའི་ཡན་ལག །བདག་ཡང་དག་པར་བྱ་བའི་ཡན་ལག །གོ་ཆའི་ཡན་ལག །ཚོགས་གཉིས་བསགས་པའི་ཡན་ལག །དཀྱིལ་འཁོར་བསྐྱེད་པའི་ཡན་ལག །བྱིན་རླབས་ཀྱི་ཡན་ལག །དབང་བསྐུར་བའི་ཡན་ལག །མཆོད་པ་དང་བསྟོད་པའི་ཡན་ལག །རྨ་དག་དང་ཐྲ་མོ་བསྒོམ་པའི་ཡན་ལག་བཅས།	བོ་དོང་ཕྱོགས་ལས་རྣམ་རྒྱལ།	༢༦༥–༢༨༦	༨	དཔེ་ཚུགས།	ལེ་ཚན་དཔེ་གཞན་དང་འདྲེས་པར་དོགས།

	༡༠		བཅོམ་ལྡན་འདས་དུས་ཀྱི་འཁོར་ལོའི་དཀྱིལ་ཆོག །		༢༨༦– ༣༡༧	༨	དཔེ་ཚུགས།	
	༡༡		བཅོམ་ལྡན་འདས་དུས་ཀྱི་འཁོར་ལོའི་དཀྱིལ་ཆོག་དེ་ཉིད་ཀྱི་རྣམ་པར་ངེས་པ།		༣༡༧– ༥༤༩	༨	དཔེ་ཚུགས།	
	༡༢		རྒྱུད་ཀྱི་རྒྱལ་པོ་དུས་ཀྱི་འཁོར་ལོའི་འགྲེལ་བཤད་རྩ་བའི་རྒྱུད་ཀྱི་རྗེས་སུ་འཇུག་པ་སྟོང་ཕྲག་བཅུ་གཉིས་པའི་འོད་གསལ་བར་བྱེད་པ་ལས། ལག་པའི་ཕྱག་རྒྱ་དང་། མིག་གིས་བལྟ་སྟངས་དང་། དཀྱིལ་འཁོར་གྱི་གཞེགས་སུ་གསོལ་བ་དང་། དཔའ་བོའི་སྟོན་མོ་གསལ་བར་བྱེད་པའི་མདོར་བསྡུས་ཆེན་པོ།		༡–༢༠	༨	དཔེ་ཚུགས།	དབུ་ནས་མ་ཚང་།
02053	༄ བོ་དོང་པཎ་ཆེན་ཕྱོགས་ལས་རྣམ་རྒྱལ་གྱི་གསུང་འབུམ། ཡོད་ཏ ཀོ།							
	༡	ཀ ཚྭེ ༢༡	དཔལ་དེ་ཉིད་འདུས་པ་ཆེན་པོའི་དཀར་ཆག་བཞུགས་སོ། །	བོ་དོང་ཕྱོགས་ལས་རྣམ་རྒྱལ།	༣༩	༦	དཔེ་ཚུགས།	
	༢		གཞིན་རྗེ་གཤེད་དམར་ལྷ་བཅུ་གསུམ་མའི་མངོན་པར་རྟོགས་པ།	བོ་དོང་ཕྱོགས་ལས་རྣམ་རྒྱལ།	༡–༡༣	༦	ཁྲིས་མ་དབུ་ཅན།	
	༣		གཤིན་རྗེ་གཤེད་དམར་པོའི་མངོན་པར་རྟོགས་པ་དེ་ཉིད་རྣམ་པར་ངེས་པ།	བོ་དོང་ཕྱོགས་ལས་རྣམ་རྒྱལ།	༡༣–༢༢	༦	ཁྲིས་མ་དབུ་ཅན།	
	༤		དམར་པོ་དང་ནག་པོ་ནས་འབྱུང་བའི་ཐུན་མོང་བའི་མངོན་པར་རྟོགས་པ།	བོ་དོང་ཕྱོགས་ལས་རྣམ་རྒྱལ།	༢༢–༢༦	༦	ཁྲིས་མ་དབུ་ཅན།	
	༥		དཔའ་བོ་གཅིག་པའི་མངོན་པར་རྟོགས་པ།	བོ་དོང་ཕྱོགས་ལས་རྣམ་རྒྱལ།	༢༦– ༢༧	༦	ཁྲིས་མ་དབུ་ཅན།	
	༦		དེ་རྣམས་སོ་སོའི་རྣམ་པར་ངེས་པ་བཤད་པ།	བོ་དོང་ཕྱོགས་ལས་རྣམ་རྒྱལ།	༢༧– ༣༡	༦	ཁྲིས་མ་དབུ་ཅན།	

	༧		དཔལ་དེ་ཉིད་འདུས་པ་ལས་གཤིན་རྗེ་གཤེད་དམར་པོའི་མངོན་པར་རྟོགས་པ།	བོ་དོང་ཕྱོགས་ལས་རྣམ་རྒྱལ།	༣༡–༣༥	༦	ཁྲིམས་མ་དབུ་ཅན།	འདི་ཉིད་ཀྱི་མཇུག་མ་དཔེ་རང་ལ་མ་ཚང་།
	༨		སྒྲུབ་རིམ་དང་འབྲེལ་བའི་དབང་བཞིག་བསྐུར་བའི་ཆོ་ག།	བོ་དོང་ཕྱོགས་ལས་རྣམ་རྒྱལ།	༣༦–༥༤	༦	ཁྲིམས་མ་དབུ་ཅན།	འདི་ཉིད་ཀྱི་དབུ་མ་དཔེ་རང་ལ་མ་ཚང་།
	༩		རྫོགས་པའི་རིམ་པའི་ཐུན་མོང་མ་ཡིན་པའི་དབང་བསྐུར་མདོར་བསྡུས་པ།	བོ་དོང་ཕྱོགས་ལས་རྣམ་རྒྱལ།	༥༤–༥༥	༦	ཁྲིམས་མ་དབུ་ཅན།	
	༡༠		གཤིན་རྗེ་གཤེད་དམར་གྱི་དཀྱིལ་འཁོར་གྱི་ཆོ་ག་དེ་ཉིད་རྣམ་པར་ངེས་པ།	བོ་དོང་ཕྱོགས་ལས་རྣམ་རྒྱལ།	༥༥–༥༨	༦	ཁྲིམས་མ་དབུ་ཅན།	
	༡༡		གཤིན་རྗེ་གཤེད་ཀྱི་སྦྱིན་བསྲེག་གི་ཆོ་ག་བཤད་པ་ལས་ཞི་བའི་སྦྱིན་བསྲེག་ལ་སྦྱར་བ།།	བོ་དོང་ཕྱོགས་ལས་རྣམ་རྒྱལ།	༥༨–༦༣	༦	ཁྲིམས་མ་དབུ་ཅན།	
	༡༢		རྒྱས་པའི་སྦྱིན་བསྲེག་ལ་སྦྱར་བ།	བོ་དོང་ཕྱོགས་ལས་རྣམ་རྒྱལ།	༦༣–༦༧	༦	ཁྲིམས་མ་དབུ་ཅན།	
	༡༣		དབང་གི་སྦྱིན་བསྲེག་ལ་སྦྱར་བ།།	བོ་དོང་ཕྱོགས་ལས་རྣམ་རྒྱལ།	༦༧–༧༣	༦	ཁྲིམས་མ་དབུ་ཅན།	
	༡༤		དྲག་པོའི་སྦྱིན་བསྲེག་ལ་སྦྱར་བ།།	བོ་དོང་ཕྱོགས་ལས་རྣམ་རྒྱལ།	༧༣–༧༥	༦	ཁྲིམས་མ་དབུ་ཅན།	
	༡༥		དེ་ཉིད་རྣམ་པར་ངེས་པ་བཤད་པ།	བོ་དོང་ཕྱོགས་ལས་རྣམ་རྒྱལ།	༧༥–༧༧	༦	ཁྲིམས་མ་དབུ་ཅན།	
	༡༥		གཤེད་རྗེ་གཤེད་དམར་པོའི་རྒྱུད་ཀྱི་རྒྱལ་པོ་བཤད་པ།	བོ་དོང་ཕྱོགས་ལས་རྣམ་རྒྱལ།	༧༧–༩༨	༦	ཁྲིམས་མ་དབུ་ཅན།	
	༡༦		གཤིན་རྗེ་གསེད་དམར་པོའི་ལམ་དུས་ཀྱི་དབང་བླང་བ།	བོ་དོང་ཕྱོགས་ལས་རྣམ་རྒྱལ།	༩༨–༡༠༦	༦	ཁྲིམས་མ་དབུ་ཅན།	

	༡༧		གསང་བ་འདུས་པའི་ཟབ་ལམ་རྡོ་རྗེ་ཕྲེང་བའི་མཆོག་བསྒྲུབ་པའི་མན་ངག་རྒྱས་པ་དེ་ཉིད་རྣམ་པར་ངེས་པ་བཤད་པ།	བོ་དོང་ཕྱོགས་ལས་རྣམ་རྒྱལ།	༡༠༦–༡༨༢	༦	ཁྲིམས་མ་དབུ་ཅན།	
	༡༨		གཤིན་རྗེ་གཤེད་དམར་པོའི་རྒྱུད་ཀྱི་ལས་ཚོགས་ཀྱི་མན་ངག་རྒྱ་ཆེར་འགྲེལ་བར་བྱེད་པ་སྐྱེད་པའི་རིམ་པའི་ལས་ཚོགས་ཀྱི་མན་ངག་བཤད་པ།	བོ་དོང་ཕྱོགས་ལས་རྣམ་རྒྱལ།	༡༨༣–༢༨༡	༦	ཁྲིམས་མ་དབུ་ཅན།	
02054	༄ བོ་དོང་པཎ་ཆེན་ཕྱོགས་ལས་རྣམ་རྒྱལ་གྱི་གསུང་འབུམ། ༼པོད་ཐ༽ ཐོ།							
	༡		རྡོ་རྗེ་དབྱིངས་ཀྱི་དཀྱིལ་འཁོར་ཆེན་པོའི་ཚིག་དང་དོན་རྣམ་པར་ངེས་པ་བཞུགས་སོ། །	བོ་དོང་ཕྱོགས་ལས་རྣམ་རྒྱལ།	༢༨༥	༨	དཔེ་ཚུགས།	
	༢		དཔལ་དེ་ཉིད་འདུས་པ་ལས་བདེ་མཆོག་རྩ་བའི་རྒྱུད་ཀྱི་མན་ངག་རིམ་པར་ཕྱེ་བ་བཞུགས།	བོ་དོང་ཕྱོགས་ལས་རྣམ་རྒྱལ།	༡༥༠	༧	དཔེ་ཚུགས།	ཁ་ཤོག་ཆད། ༢་༡༥༠ རལ་སྐྱོན་ཡོད།
	༣	ཁོ	དཀར་ཆག་ཡིད་ནོར་བཞུགས། ཡན་ལག་བསྟན་བཅོས་སྦེབས་སྦྱོར་རྩ་འགྲེལ་སོགས།	བོ་དོང་ཕྱོགས་ལས་རྣམ་རྒྱལ།	༢༢	༧	དཔེ་ཚུགས།	པོད་ལྔ་བཅུའི་དཀར་ཆག་ཡོད།
02055	༄ བོ་དོང་པཎ་ཆེན་ཕྱོགས་ལས་རྣམ་རྒྱལ་གྱི་གསུང་འབུམ། ༼པོད་ད༽ ཐོ།							
	༡		ཕྱག་ན་རྡོ་རྗེ་གོས་སྔོན་ཅན་གྱི་གཟུངས་སོགས་ལྷ་ཚོགས་རྣམས་ཀྱི་གཟུངས་སྔ་ཚོགས་ཀྱི་བཤད་སྒྲུབ་རིན་པོ་ཆེ་གླིང་ལག་སུམ་ཅུ་པ།	བོ་དོང་ཕྱོགས་ལས་རྣམ་རྒྱལ།	༧༦	༡༠	དཔེ་ཚུགས།	
	༢		རིག་པ་མཆོག་གི་དཀྱིལ་འཁོར་གྱི་ཆོ་ག་རྡོ་རྗེ་རྣམ་པར་འཇོམས་པའི་བཤད་སྒྲུབ་རིན་པོ་ཆེ་གླིང་ལག་ཉེར་དགུ་པ།	བོ་དོང་ཕྱོགས་ལས་རྣམ་རྒྱལ།	༣༥༠	༨	དཔེ་ཚུགས།	༣༩༧. མེད་ཀྱང་ གྲངས་ནོར་བ་ ལས་ཆད་མེད།

	༣		དཔལ་དེ་ཉིད་འདུས་པའི་མན་ངག།	བོ་དོང་ཕྱོགས་ལས་རྣམ་རྒྱལ།	༥༦	༨	དཔེ་ཚུགས།	མཇུག་ཏུ་ཤོག་གྲངས་གཉིས་ཡོད།
02056	༄། བོ་དོང་པཎ་ཆེན་ཕྱོགས་ལས་རྣམ་རྒྱལ་གྱི་གསུང་འབུམ། །པོད་ན། །ཕོ།							
	༡		རྒྱུད་ཀྱི་རྒྱལ་པོ་གདན་བཞིའི་བཤད་པ།	བོ་དོང་ཕྱོགས་ལས་རྣམ་རྒྱལ།	༡–༡༩	༨	དཔེ་ཚུགས།	དབུ་ནས་མ་ཚང་།
	༢		དཔལ་ལྡན་གདན་བཞིའི་རྒྱུད་ཀྱི་མན་ངག་བཤད་པ།	བོ་དོང་ཕྱོགས་ལས་རྣམ་རྒྱལ།	༡༩–༧༣	༨	དཔེ་ཚུགས།	
	༣		གདན་བཞིའི་མཆོག་སྒྲུབ་པའི་ཁྲིད།	བོ་དོང་ཕྱོགས་ལས་རྣམ་རྒྱལ།	༧༣–༡༣༥	༨	དཔེ་ཚུགས།	
	༤		དེའི་ལུང་རྣམ་པར་ངེས་པ།	བོ་དོང་ཕྱོགས་ལས་རྣམ་རྒྱལ།	༡༣༥–༡༥༩	༨	དཔེ་ཚུགས།	
	༥		རྗེ་ཐམས་ཅད་མཁྱེན་པ་ཕྱོགས་ལས་རྣམ་རྒྱལ་བས་མཛད་པའི་ཀུན་རིག་གི་ཆོ་གའི་དེ་ཉིད་རྣམ་པར་ངེས་པ་བཞུགས།	བོ་དོང་ཕྱོགས་ལས་རྣམ་རྒྱལ།	༩༢	༧	པར་མ།	
	༦		དེ་ཉིད་འདུས་པར་རྡོ་རྗེ་རྣམ་འཇོམས་བླ་མེད་ལུགས་ཀྱི་སྒྲུབ་ཐབས་ཕྱམ་ཆོག་དང་བཅས་པ་བཞུགས་སོ། །	བོ་དོང་ཕྱོགས་ལས་རྣམ་རྒྱལ།	༦	༧	པར་མ།	
	༧		གདན་བཞིའི་དཀྱིལ་འཁོར་གྱི་མངོན་པར་རྟོགས་པ་རྒྱས་པ་དང་། དེའི་ལུང་རྣམ་ངེས།	བོ་དོང་ཕྱོགས་ལས་རྣམ་རྒྱལ།	༣༩	༨	དཔེ་ཚུགས།	
	༨		གདན་བཞིའི་དཀྱིལ་འཁོར་གྱི་མངོན་པར་རྟོགས་པ་འབྲིང་པོ་དང་། དེའི་ལུང་རྣམ་ངེས།	བོ་དོང་ཕྱོགས་ལས་རྣམ་རྒྱལ།	༡༦	༨	དཔེ་ཚུགས།	
	༩		སློབ་དཔོན་ཀུན་དགའ་སྙིང་པོའི་ལུགས་ཧེ་ལྷར་བྱ་བ་དམ་ཚིག་ཆེན་པོའི་དེ་ཁོ་ན་ཉིད་རབ་ཏུ་དགའ་བའི་དཀྱིལ་འཁོར་གྱི་ཆོ་ག་ལ་སོགས་དཔལ་མཆོག་དང་པོའི་རྒྱ་ཆེར་བཤད་པ་བཞུགས།	བོ་དོང་ཕྱོགས་ལས་རྣམ་རྒྱལ།	༢༧༦	༨	དཔེ་ཚུགས།	༡༥༥–༡༥༨ ཨང་གྲངས་ནོར་བ་ལས་ཆད་མེད།

	༡༠		སངས་རྒྱས་མཉམ་སྦྱོར་གྱི་རྒྱུད་ཕྱི་མའི་ཕྱི་མའི་རྣམ་པར་བཤད་པ་ཀུན་དགའ་སྙིང་པོའི་ལུགས་གཙོ་བོར་བཤད་པ་བཞུགས།	བོ་དོང་ཕྱོགས་ལས་རྣམ་རྒྱལ།	༩༩	༨	དཔེ་རྩུགས།	
	༡༡		རྣལ་འབྱོར་མའི་རྒྱུད་ཀྱི་རྒྱལ་པོ་གདན་བཞི་པ་བཤད་པ།	བོ་དོང་ཕྱོགས་ལས་རྣམ་རྒྱལ།	༤༡	༨	དཔེ་རྩུགས།	
02057	༄ བོ་དོང་པཎ་ཆེན་ཕྱོགས་ལས་རྣམ་རྒྱལ་གྱི་གསུང་འབུམ། ༼པོད་པ༽ པོ།							
	༡		སྨན་བླའི་ཆོ་ག་མདོར་བསྡུས་བཞུགས་སོ། །	བོ་དོང་ཕྱོགས་ལས་རྣམ་རྒྱལ།	༢	༨	དཔེ་རྩུགས།	༢–མན་ཆད་མ་ཚང་།
	༢		དཔལ་དེ་ཁོ་ན་ཉིད་འདུས་པའི་རྒྱ་མཚོ་ཆེན་པོ་ལས་རྩ་རྒྱུད་སྙིང་པོ་ཀྱི་རྡོ་རྗེའི་རྒྱུད་ཀྱི་མན་ངག་རྡོ་རྗེའི་ཚིག་ཀྲང་གི་འགྲེལ་ཆེན་བཞུགས།	བོ་དོང་ཕྱོགས་ལས་རྣམ་རྒྱལ།	༢༢༦	༧	དཔེ་རྩུགས།	༣༩–༩༨ བར་མ་ཚང་། ༣༦༡–༥༩༦
02058	༄ བོ་དོང་པཎ་ཆེན་ཕྱོགས་ལས་རྣམ་རྒྱལ་གྱི་གསུང་འབུམ། ༼པོད་ཕ༽ པོ།							
	༡		རྡོ་རྗེ་རྣལ་འབྱོར་མའི་སྒྲུབ་ཐབས་སློབ་དཔོན་ཆེན་པོ་མེ་ཏྲི་པས་མཛད་པ།	སློབ་དཔོན་ཆེན་པོ་མེ་ཏྲི་པ།	༣–༧	༨	དཔེ་རྩུགས།	༡. ༢. མ་ཚང་།
	༢		སློབ་མ་རྗེས་སུ་བཟུང་བའི་ཆོ་ག་གྲུབ་ཐོབ་ཤ་བ་རིས་མཛད་པ། རྣལ་འབྱོར་མའི་སིན་ དྷུ་རའི་མཆོད་པའི་མཉེས་པར་བྱེད་པའི་ཆོ་ག།	གྲུབ་ཐོབ་ཤ་བ་རི།	༧–༨	༨	དཔེ་རྩུགས།	
	༣		མངོན་པའི་ཀུམྦྷ་པ་དེའི་གདམས་པ།		༨–༩	༨	དཔེ་རྩུགས།	
	༤		གྲུབ་ཐོབ་རྡོག་པའི་ཞལ་སྔ་ནས་མཛད་པའི་མཁའ་སྤྱོད་དམར་མོའི་སྒྲུབ་ཐབས་བཞུགས།	གྲུབ་ཐོབ་རྡོག་པ།	༩–༩	༨	དཔེ་རྩུགས།	
	༥		རྡོ་རྗེ་རྣལ་འབྱོར་མའི་དབང་མདོར་བསྡུས་པ་ཞེས་བྱ་བ་བཞུགས།	གྲུབ་ཐོབ་ཤ་བ་རི།	༩–༡༡	༨	དཔེ་རྩུགས།	
	༦		སློབ་མ་རྗེས་སུ་བཟུང་བའི་ཆོ་ག་གྲུབ་ཐོབ་ཤ་བ་རིས་མཛད་པ།	གྲུབ་ཐོབ་ཤ་བ་རི།	༡༡–༡༧	༨	དཔེ་རྩུགས།	
	༧		རྡོ་རྗེ་ཕག་མོའི་ཚོགས་ཀྱི་འཁོར་ལོའི་ཆོ་ག་ཤ་བ་རིའི་ཞབས་ཀྱིས་མཛད་པ།	གྲུབ་ཐོབ་ཤ་བ་རི།	༡༧–༡༨	༨	དཔེ་རྩུགས།	

	༨		རྡོ་རྗེ་ཕག་མོའི་སྒྲུབ་ཐབས་དོན་ཐམས་ཅད་གྲུབ་པ་ཞེས་བྱ་བ་གཉིས་མེད་རྡོ་རྗེས་མཛད་པ།	ཨ་ཝ་དྷཱུ་ཏི་པ་གཉིས་སུ་མེད་པའི་རྡོ་རྗེ།	༡༨–༡༩	༨	དཔེ་ཚུགས།	
	༩		རྡོ་རྗེ་ཕག་མོའི་སྒྲུབ་ཐབས་ཨ་ཝ་དྷཱུ་ཏི་པ་གཉིས་མེད་རྡོ་རྗེས་མཛད་པ།	ཨ་ཝ་དྷཱུ་ཏི་པ་གཉིས་སུ་མེད་པའི་རྡོ་རྗེ།	༡༩–༢༠	༨	དཔེ་ཚུགས།	
	༡༠		སློབ་མ་རྗེས་སུ་བཟུང་བ་ལ་ཕྱིར་བཟློག་པའི་འཁོར་ལོ་དང་སྙིམ་པ་དང་འབྲི་བའི་ཆོ་ག་རྡོ་རྗེ་རྣལ་འབྱོར་མའི་ཞལ་གྱི་གདམས་པ།	བླ་མ་ལྷ་ལེན་དྲ་རུ་དཔེ།	–༢༨	༨	དཔེ་ཚུགས།	༢༡· ༢༢· མ་ཚང་།
	༡༡		གཏོར་མའི་ཆོ་ག་བཞུགས།		༢༨–༣༠	༨	དཔེ་ཚུགས།	
	༡༢		ཡེ་ཤེས་དབབ་པའི་ཆོ་ག།		༣༠–༣༢	༨	དཔེ་ཚུགས།	
	༡༣		ཡེ་ཤེས་འཕོ་བ་ཞེས་བྱ་བ།	སློབ་དཔོན་ཨ་ཝ་དྷཱུ་ཏི།	༣༢–༣༤	༨	དཔེ་ཚུགས།	
	༡༤		ལག་པའི་མཆོད་པ་བཞུགས།		༣༤–༣༣	༨	དཔེ་ཚུགས།	
	༡༥		རྡོ་རྗེ་རྣལ་འབྱོར་མ་མཆོད་པའི་ཐབས།		༣༥–༣༨	༨	དཔེ་ཚུགས།	
	༡༦		དེ་ཁོ་ན་ཉིད་ཡེ་ཤེས་ཡང་དག་པར་འགྲུབ་པའི་རྒྱ་ཆེར་འགྲེལ་པ་དེ་ཁོ་ན་ཉིད་བཤད་པ་པཎྜི་ཏ་ཆེན་པོ་བརྩོན་འགྲུས་དཔལ་བཤེས་གཉེན་གྱིས་མཛད་པ།	བརྩོན་འགྲུས་དཔལ་བཤེས་གཉེན་གྱིས་མཛད་པ།	༣༨–༧༥	༨	དཔེ་ཚུགས།	
	༡༧		དཔལ་ཧེ་རུ་ཀ་མངོན་པར་འབྱུང་བ་རྣལ་འབྱོར་མའི་རྒྱུད་ཀྱི་རྒྱལ་པོའི་བཀའ་འགྲེལ་ཟླ་བ་གཞོན་ནུས་མཛད་པ་བཞུགས།	ཟླ་བ་གཞོན་ནུས་མཛད་པ།	༧༥–༨༥	༨	དཔེ་ཚུགས།	
	༡༨		ནམ་མཁའ་དང་མཉམ་པའི་རྒྱུད་ཀྱི་འགྲེལ་པ་རིན་ཆེན་འབྱུང་གནས་ཞི་བས་མཛད་པ།	པཎྜི་ཏ་ཆེན་པོ་རིན་ཆེན་འབྱུང་གནས་ཞི་བས་མཛད་པ།	༨༥–༡༡༩	༨	དཔེ་ཚུགས།	
	༡༩		དཔལ་གསང་ཆེན་པདྨའི་རྒྱ་ཆེར་འགྲེལ་པ་ཁ་ཆེའི་མཁན་པོ་ཡོངས་སྐྱོད་རྡོ་རྗེས་མཛད་པ།	ཁ་ཆེའི་མཁན་པོ་ཡོངས་སྐྱོད་རྡོ་རྗེས་མཛད་པ།	༡༡༩–༡༩༠	༨	དཔེ་ཚུགས།	

	༢༠		ཕག་མོ་མངོན་འབྱུང་ལྷ་མོ་བདུན་མ་སློབ་དཔོན་ཨུ་མ་པ་ཏི་ཏད་ཏྲས་མཛད་པ་བཞུགས།	སློབ་དཔོན་ཨུ་མ་པ་ཏི་ཏད་ཏྲས་མཛད་པ།	༡༤༠–༡༥༡	༨	དཔེ་ཚུགས།	
	༢༡		ཕག་མོ་མངོན་འབྱུང་གི་དཀྱིལ་འཁོར་གྱི་ཆོ་ག་ཨུ་མ་པ་ཏི་ཏད་ཏྲས་མཛད་པ་བཞུགས།	སློབ་དཔོན་ཨུ་མ་པ་ཏི་ཏད་ཏྲས་མཛད་པ།	༡༥༡–༡༧༡	༨	དཔེ་ཚུགས།	
	༢༢		ཕག་མོ་ན་རོ་མཁའ་སྤྱོད་ཀྱི་གཞུང་བཞུགས་སོ། ། སློབ་དཔོན་ན་རོ་ཏ་པའི་ཞལ་གྱི་གདམས་པ།		༡༧༡–༡༧༡	༨	དཔེ་ཚུགས།	
	༢༣		རིག་པ་འཛིན་མ་བརྙེན་མའི་རྡོ་རྗེ་རྣལ་འབྱོར་མའི་སྒྲུབ་ཐབས་བཞུགས།	སློབ་དཔོན་གཉིས་མེད་རྡོ་རྗེ།	༡༧༡–༡༧༣	༨	དཔེ་ཚུགས།	
	༢༤		རྡོ་རྗེ་ཕག་མོ་རིག་པ་འཛིན་མ་བརྙེན་མའི་སྒྲུབ་ཐབས་རྗེས་སུ་གནང་བའི་ཆོ་ག་བཞུགས།	སློབ་དཔོན་གཉིས་མེད་རྡོ་རྗེ།	༡༧༣–༡༧༤	༨	དཔེ་ཚུགས།	
	༢༥		གྲུབ་པའི་རྡོ་རྗེ་རྣལ་འབྱོར་མའི་སྒྲུབ་ཐབས་བཞུགས།	ཨུ་རྒྱན་གྱི་མི་དབང་དཔལ་ཨིན་དྲ་བྷཱུ་ཏི།	༡༧༤–༡༧༧	༨	དཔེ་ཚུགས།	
	༢༦		རྡོ་རྗེ་རྣལ་འབྱོར་མའི་སྔགས་ཀྱི་དེ་ཁོ་ན་ཉིད་བྱིན་གྱིས་བརླབས་པའི་རིམ་པ་བཞུགས།	སློབ་དཔོན་ཆེན་པོ་ཨིན་དྲ་བྷཱུ་ཏི།	༡༧༧–༡༨༠	༨	དཔེ་ཚུགས།	
	༢༧		སློབ་མ་རྗེས་སུ་བཟུང་བའི་ཆོ་ག་ལས་ཕྱིར་བཟློག་པའི་ལས་ཀྱི་འཁོར་ལོ་བསྒོམ་པ་དང་བྲི་བའི་ཆོ་ག་བཞུགས།	རྡོ་རྗེ་རྣལ་འབྱོར་མའི་མན་ངག་བླ་མ་ལྷེ་རི་བྷ་རུ་ཙེས་མཛད།	༡༨༠–༡༨༦	༨	དཔེ་ཚུགས།	
	༢༨		ཕག་མོ་རིན་ཆེན་རྒྱལ་གྱི་སྒྲུབ་ཐབས་ཚན་པ་གཉིས་ཇོ་བོ་རྗེས་མཛད་པ་བཞུགས།	ཇོ་བོ་རྗེ།	༡༨༦–༡༨༩	༨	དཔེ་ཚུགས།	
	༢༩		རྡོ་རྗེ་རྣལ་འབྱོར་མའི་སྒྲུབ་ཐབས་བཞུགས།	ཇོ་བོ་རྗེ།	༡༨༩–༡༩༠	༨	དཔེ་ཚུགས།	
	༣༠		རྡོ་རྗེ་ཕག་མོ་རུས་སྦལ་ཞབས་ཀྱི་སྒྲུབ་ཐབས་བཞུགས།	ཀུ་མ་ར་པ་ད་ཞེས་བྱ་བའི་གདམས་ངག །	༡༩༠–༡༩༡	༨	དཔེ་ཚུགས།	

	༣༡		དཔལ་རྡོ་རྗེ་རྣལ་འབྱོར་མའི་གསང་སྒྲུབ་ཅེས་བྱ་བ་བཞུགས།	ན་རོ་པ།	༡༩༡–༡༩༣	༨	དཔེ་རྩུགས།	
	༣༢		དཔལ་རྡོ་རྗེ་རྣལ་འབྱོར་མའི་གསང་བའི་སྒྲུབ་ཐབས་ཤིན་ཏུ་སྤྲ་བ་བཞུགས།	ན་རོ་པ།	༡༩༣–༡༩༦	༨	དཔེ་རྩུགས།	
	༣༣		ཕག་མོ་རྒྱ་བའི་སྒྲུབ་ཐབས་ཀྱི་གསལ་བྱེད་སྒྲོན་མ་བཞུགས།	ན་རོ་པ།	༡༩༦–༡༩༧	༨	དཔེ་རྩུགས།	
	༣༤		ཕག་མོའི་ཉེ་སྒྲུབ་གསང་སྒྲུབ་ཡིད་བཞིན་ནོར་བུའི་སྒྲུབ་ཐབས་བཞུགས།	ན་རོ་པ།	༡༩༧–༡༩༩	༨	དཔེ་རྩུགས།	
	༣༥		དཔལ་རྡོ་རྗེ་རྣལ་འབྱོར་མའི་གསང་སྒྲུབ་བཞུགས།	ན་རོ་པ།	༡༩༩–༢༠༡	༨	དཔེ་རྩུགས།	༢༠༢ མ་ཚང་།
	༣༦		དཔལ་རྡོ་རྗེ་རྣལ་འབྱོར་མའི་སྒྲུབ་ཐབས་བཞུགས།		༢༠༣–༢༠༦	༨	དཔེ་རྩུགས།	
	༣༧		རྡོ་རྗེ་ཕག་མོ་དབུ་བཅད་མའི་སྒྲུབ་ཐབས་བཞུགས།	ལྷ་མོ་དཔལ་གྱི་བློ་གྲོས་མས་མཛད་པ།	༢༠༦–༢༠༧	༨	དཔེ་རྩུགས།	
	༣༨		དབུ་བཅད་མའི་སྒྲུབ་ཐབས་བཞུགས།	དཔལ་ལྡན་འཁོར་བ་བས་མཛད་པ།	༢༠༧–༢༡༠	༨	དཔེ་རྩུགས།	
	༣༩		རྡོ་རྗེ་ཕག་མོ་ཤེས་རབ་གསལ་བྱེད་ཅེས་བྱ་བའི་སྒྲུབ་ཐབས་བཞུགས།		༢༡༠–༢༡༦	༨	དཔེ་རྩུགས།	
	༤༠		དཔལ་རྡོ་རྗེ་ཕག་མོ་ཤེས་རབ་གསལ་བྱེད་མའི་བསྟོད་པ་བཞུགས།	སློབ་དཔོན་ཀཾ་ཀ་ན་བ་ཏྲས་མཛད་པ།	༢༡༦–༢༡༧	༨	དཔེ་རྩུགས།	
	༤༡		ཀྱེ་རྡོ་རྗེའི་བསྡུས་པའི་དོན་གྱི་རྒྱ་ཆེར་འགྲེལ་པ་བྱང་ཆུབ་སེམས་པ་རྡོ་རྗེའི་སྙིང་པོས་མཛད་པ་བཞུགས།	བྱང་ཆུབ་སེམས་པ་རྡོ་རྗེའི་སྙིང་པོས་མཛད་པ།	༢༡༧–༣༦༦	༨	དཔེ་རྩུགས།	༢༣༩· ༢༤༣· མཇུག་བཅས་མ་ཚང་།

02059	༄ འཛམ་གླིང་རབ་འབྱམས་པ་སངས་རྒྱས་ལྷུན་གྲུབ་ཀྱི་གསུང་འབུམ། ［པོད་གཅིག］							
	༡	ཏེ ༡	དཔལ་དེ་ཉིད་འདུས་པའི་བཀའ་སྲུང་རྣམས་ཀྱི་མངའ་གསོལ་རྒྱལ་བ་འཛམ་གླིང་པས་མཛད་པ།	འཛམ་གླིང་རབ་འབྱམས་པ་སངས་རྒྱས་ལྷུན་གྲུབ།	༢	༧	དཔེ་ཚུགས།	
	༢		དཔལ་དེ་ཁོ་ན་ཉིད་འདུས་པའི་དགོངས་འགྲེལ་དམ་པའི་ཆོས་མངོན་པ་མཛོད་ཀྱི་བཤད་ཆེན་ཕྲིན་ལས་ཀྱི་རྒྱ་མཚོ་བཞུགས་དགོའོ། །	འཛམ་གླིང་རབ་འབྱམས་པ་སངས་རྒྱས་ལྷུན་གྲུབ།	༣༩༢	༧	པར་མ།	

༄༅། །ཕོ་བྲང་པོ་ཏ་ལར་བཞུགས་སུ་གསོལ་བའི་དཔལ་ལྡན་ས་སྐྱའི་གསུང་རབ་རྣམས་ཀྱི་
མཛོད་པ་པོའི་རྣམ་ཐར་གྱི་དཀར་ཆག་དང་རྣམ་ཐར་གྱི་དཔྱད་གཞིའི་
ཡིག་ཆ་བཅས་ཀྱི་ཞལ་བྱང་
བཞུགས་སོ། །

༄། །མཛད་པ་པོའི་རྣམ་ཐར་པོད་ཨང་དང་བཅས་པ་བཞུགས་སོ། །

༈ ཀུན་དགའ་དཔལ་ལྡན།

(པོད་ཨང་། 01800)

མགོན་བླ་ཀུན་དགའ་དཔལ་ལྡན་ཞབས་ནི་སྤྱི་ལོའི་དུས་རབས་བཅོ་བརྒྱད་ཀྱི་ནང་དུ་སྡེ་དགེ་དཔལ་ལྡུན་གྲུབ་སྡེང་གི་དགོན་པའི་མཁན་པོར་ཕེབས་པ་ཞིག་ཡིན་ལ། རྗེ་འདིས་བླ་མ་སུ་བསྟེན་སོགས་རྣམ་ཐར་མེད་པས་ཇི་བཞིན་ཞུ་སྐྱོབས་བྲལ་ཡང་། མཚན་ཙམ་ལ་ཤར་བླ་མ་དང་། མགོན་བླ་ཞེས་པ་ནི་སྡེ་དགེ་དགོན་ཆེན་འདིའི་སྤྲིག་གཞི་ལ། གྲྭ་པ་དཀྱུས་མའི་རིགས་དང་། བླ་མའི་རིགས་གཉིས་ཡོད་པ་ལས། གཉིས་པ་བླ་མའི་རིགས་ཡིན། དེ་ལའང་རིམ་པ་དང་པོ་བླ་ཆེན་བཞི། གཉིས་པ་དབུ་མཛད་བཞི། གསུམ་པ་ཟུར་བླ་དྲུག་བཅས་ལས་དང་པོ་བླ་ཆེན་བཞི་ནི། མཁན་ཆེན་གདན་རབ་རྒྱལ་མཚན་བླ་མ། དེ་ནས་ཁྲི་རིམ་གཉིས་པ་ཤར་བླ་མ། ནུབ་བླ་མ། དབྱར་གནས་མཁན་པོ་བཞི་ཡིན། ཤར་ནུབ་ནི་ཤར་གྱི་མགོན་ཁང་དང་ནུབ་ཀྱི་མགོན་ཁང་གི་དུས་གཏོར་དང་གཏོར་ཟློག་གི་སྐབས་སུ་རྗོར་འཛིན་བླ་མ་ཡིན་པས་དེ་ལྟར་འབོད་ལ། རྗེ་འདི་ཡང་ཤར་གྱི་མགོན་ལྷ་དེ་བཞིན་ཡིན། གཞན་སློབ་བརྒྱུད་སོགས་སུ་ཡིན་མ་མཐལ། གསུང་འབུམ། ཀུན་རིག་རྣམ་བཤད་ཆེན་མོ་སོགས་ཡོད་དོ། །

༈ ཀུན་དགའ་ཡེ་ཤེས་རྒྱ་མཚོ།

(པོད་ཨང་། 01801)

རྗེ་ཀུན་དགའ་ཡེ་ཤེས་མཆོག་ནི་རབ་བྱུང་བདུན་པའི་མེ་མོ་གླང་གི་ལོ་སྤྱི་ལོ་ (༡༣༩༧) ལོའི་ཧོར་ཟླ་གཉིས་པའི་ཚེས་བཅུའི་ཉིན་སྨྲ་སྟོད་ཉག་ཅེས་

པའི་གྲོང་དུ་ཡབ་སངས་རྒྱས་སྐྱབས་དང་། ཡུམ་ཐར་ལྷུན་དབང་མོ་གཉིས་ཀྱི་སྲས་སུ་འཁྲུངས། སྐུ་བལྟམས་ནས་ཟླ་བ་གཅིག་ལྷག་ཙམ་གྱི་སྐབས་དྲུང་ཆོས་རྗེ་ཀུན་དགའ་རིན་ཆེན་གྱིས་ཐུགས་སྨོན་དང་བཅས་ཏེ་ཀུན་དགའ་ཡེ་ཤེས་ཞེས་པའི་མཚན་གནང་། བྱམས་པའི་རྣམ་སྤྲུལ་རྗེ་སྒྲི་ཏིའི་སྤྲུལ་པར་གྲགས། དགུང་ལོ་དྲུག་པའི་ཐོག་སྔ་ཉི་བདེའི་དགོན་དུ་བླ་མ་བྱང་ཆུབ་བཟང་པོའི་མདུན་ནས་འབྲི་ཀློག་སོགས་སློབ་པ་དང་། བློ་སྦྱོང་། བསླབ་བཏུས། རྗེ་བཙུན་གོང་མ་ལྔའི་བཀའ་འབུམ་གྱི་ལུང་སོགས་གསན། དགུང་ལོ་བཅུ་དྲུག་སྟེ་ཆུ་འབྲུག་ལོའི་ཟླ་བ་དང་པོའི་ཆོས་བཅུའི་ཐོ་རངས་སྐབས་སུ་སྲུང་མའི་ལུང་བསྟན་བྱུང་ནས་དབུས་གཙང་དུ་སློབ་གཉེར་ལ་ཕེབས་དགོས་པར་བསྐུལ། ལོ་དེའི་ཟླ་བ་དྲུག་པར་ཐེག་ཆེན་ཆོས་རྗེ་རྒྱ་ཡུལ་དུ་ཕེབས་པའི་ལམ་སྣ་མཆོད་རྟེན་དཀར་པོའི་འགྲམ་དུ་དགེ་ཚུལ་གྱི་སྡོམ་པ་བཞེས། དེ་ནས་དབུས་སུ་ཕེབས་ནས་ཐོག་མར་གསང་ཕུར་མཁས་པའི་དབང་པོ་རོང་སྟོན་ཤེས་བྱ་ཀུན་རིག་མཛལ་བ་ཙམ་གྱིས་ཡིད་དབང་བཙན་པ་ཤོར་ཏེ་གྲྭ་ས་དེར། ཕྱུ་བསྡུས་ནས་བརྩམས་ཏེ་པོད་ཆེན་དྲུག་དང་གསང་བ་འདུས་པའི་བར་ལོ་དྲུག་བཞུགས་ཏེ་ཐུམ་པ་གང་བྱོར་གསན་བསམ་མཛད། དེ་བཞིན་དབུས་ཕྱོགས་ཀྱི་མཁས་པ་སྐྱེ་ཐང་བློ་གྲོས་བརྟན་པ་ལས་སྒྲ་རིག་སོགས་དང་། འཕན་ཡུལ་གྲོ་སར་དམར་སྟོན་དཔལ་ལྡན་རིན་ཆེན་ལས་མངོན་འདུལ་སྐོར། སེ་རར་གུང་རུ་ཆེན་པོ་ལས་རྩ་འཇུག་སོགས། བྱང་སེམས་ར་སྒྲེང་པར་བཀའ་གདམས་སྐོར། ཐང་པོ་ཆེ་ཉི་མ་རྒྱལ་མཚན་ལ་སྒྲོན་གསལ་སོགས་གསན། དེ་ནས་གཙང་དུ་རྗེ་བླ་མ་ངོར་ཆེན་ཀུན་དགའ་བཟང་པོའི་ཞབས་ལ་བརྟེན་ནས་ལམ་འབྲས་སོགས་དབང་རྗེས་གནང་ཁྲིད་རློབས་བརྒྱ་ཕྲག་གསན། ས་སྐྱར་ཏ་དབེན་བློ་གྲོས་རྒྱལ་མཚན། རིན་ཆེན་སྒང་པ་འཇམ་དབྱངས་ནམ་མཁའ་རྒྱལ་མཚན། དུས་མཆོད་པ་བསོད་ནམས་བློ་གྲོས་རྣམས་ལའང་ཆོས་འབྲེལ་ཞུས། དེ་ནས་དགུང་ལོ་ཉེར་ལྔར་བཞི་ཐོག་བླ་བྲང་དུ་རྗེ་ངོར་ཆེན་གྱིས་མཁན་པོ། རྗེ་ངོར་ཆེན་གྱི་གཅུང་པོ་མཁས་པ་གཞོན་ནུ་སེངྒེས་ལས་སློབ་བཅས་དད་དགེ་ཚང་བའི་དབུས་སུ་བསྙེན་པར་རྫོགས། རྗེ་གཞོན་ནུ་སེངྒེ་དེ་ཉིད་ལ་སྡོམ་གསུམ་སོགས་ལེགས་བཤད་མང་པོ་གསན། དགུང་ལོ་ཉེར་བདུན་སྐབས་མཛོ་ཤག་ཐེག་ཆེན་སྒྲུབ་ཕུག་ཏུ་ཀྱེ་རྡོར་གཞི་བསྙེན་དང་། གསང་འདུས། བདེ་མཆོག །འཁོར་ཆེན་སོགས་ཀྱི་བསྙེན་པ་མཛད།

དགུང་ལོ་བཞི་བཅུ་པ་རབ་བྱུང་བདུན་པའི་མེ་འབྲུག (སྤྱི་ལོ་༡༩༣༨) ལ་ཞྭ་སྐྲ་ཐར་ལམ་དགོན་ཕྱག་བཏབ། དེ་ནས་དགེ་འདུན་སྟོང་ལྷ་བརྒྱ་ལྷག་ལ་མདོ་ཕྱོགས་པོད་ཆེན་དྲུག་དང་། གསང་སྔགས་ལམ་འབྲས་སོགས་ཀྱི་མན་ངག་ཟབ་མོ་གནང་། སླར་དགུང་ལོ་ང་བཞིར་དབུས་སུ་ཕེབས་ནས་ན་ལེནྡྲ། ངོར། ས་སྐྱ་གོང་སོགས་སུ་འགྲེད་འབུལ་རྒྱ་ཆེར་མཛད། དགུང་ལོ་རེ་གསུམ་པར་བདག་ཆེན་རྒྱ་གར་ཤེས་རབ་རྒྱལ་མཚན་ཞབས་དོན་གྲུབ་གླིང་དུ་མཇལ་ནས་ཕར་ཚུར་ཟབ་གནད་དབང་ལུང་མང་པོ་གསན། དེ་ནས་དབེན་གནས་ཁག་ལ་གཙོ་བོ་སྐུ་མཚམས་དམ་པོར་མཛད། མཛད་པ་བསྐྱང་རྒྱུའི་གནས་ནི་ཐར་ལམ་དགོན། དོན་གླིང་དགོན། བསམ་གྲུབ་དགོན་སོགས་སུ་འཆད་སྤེལ་མཛད། སློབ་མ་ནི། ཐུགས་སྲས་ཚུལ་ཁྲིམས་རྒྱལ་མཚན། སྐྱའི་དཔོན་པོ་འཇམ་དབྱངས་ཀུན་དགའ་རྣམ་རྒྱལ་སོགས་བྱོན། གསུང་འབུམ། བརྟག་གཉིས་འགྲེལ་པ། མཚན་བརྗོད་འགྲེལ་པ། བློ་སྦྱོང་དོན་བདུན་མ། ཕར་ཕྱིན། མདོ་རྒྱུད་སོགས་ལ་འགྲེལ་པ་དང་སྤྱི་དོན་སོགས་ཁྱོན་པོད་ཆེན་བཞི་ཡོད། མཐར་དགུང་གྲངས་དོན་བཞི་པ་རབ་བྱུང་བརྒྱད་པའི་ལྕགས་སྟག (སྤྱི་ལོ་༡༩༧༠) ལོའི་མཆུ་ཟླའི་ནང་དགོངས་པ་དབྱིངས་སུ་ཐིམ་པའོ། །

༄ སྐྱོ་མདའ་བླ་མ་ངག་དབང་བསོད་ནམས་དབང་ཕྱུག །

(པོད་ཨང་། 01802–01803)

དཔལ་ས་སྐྱའི་ཁྲི་ཐོག་ཉེར་བརྒྱད་པ་བདག་ཆེན་བསོད་ནམས་དབང་ཕྱུག་ནི་ཡབ་ཨ་མེས་ཞབས་དང་། ཡུམ་མ་ཅིག་ཨོ་རྒྱན་མ་གཉིས་ཀྱི་སྲས་སུ་རབ་བྱུང་བཅུ་གཅིག་པ (སྤྱི་ལོ་༡༨༣༢) ལོར་འཁྲུངས། ཆུང་དུའི་དུས་ནས་ཡབ་རྗེ་ཨ་མེས་དང་། མཁན་ཆེན་ངག་དབང་ཆོས་གྲགས་སོགས་ལས་ཡི་གེ་འབྲི་ཀློག་ནས་ཟབ་མོ་མན་ངག་བར་གསན་ཡིག་ཆེན་མོ་ལས་བྱུང་བ་ལྟར་གསན། བཅུ་དགུ་པར་མ་ཅིག་པད་དཀར་བུ་ཁྲིད་ཁབ་ཏུ་བཞེས། དགུང་གྲངས་ཉེར་བཞི་པར་གསེར་མདོག་ཅན་དུ་གསུང་བཀའ་མང་དུ་བསྩལ། ཉེར་དྲུག་པར་བོ་ཚང་དཔོན་པོ་ཀུན་དགའ་བསྟན་འཛིན་གྱིས་གསོལ་བ་གཏབ་པས། རྒྱལ་རྩེ་

ཞབས་དྲུང་ངག་དབང་བསོད་ནམས་རྒྱལ་མཚན་སོགས་སློབ་མ་སུམ་བརྒྱ་སྐོར་ལ་ལམ་འབྲས་ཐོག་མར་གནང་། ཉེར་བདུན་པར་ཞ་ལུ་མཁན་ཆེན་བསོད་ནམས་མཆོག་གྲུབ་ཀྱི་ཞུས་ནན་ལྟར་ཟབ་ཆོས་འགའ་ཞིག་གནང་། དགུང་གྲངས་སོ་ལྔར་ལྷ་ཁང་མཁན་ཆེན་བསོད་ནམས་བཀྲ་ཤིས་ལས་ས་པཎ་སྡོམ་རྒྱུན་གྱི་བསྙེན་རྫོགས་བཞེས་ཏེ། ཕྱིས་རྒྱལ་མཆོག་ལྔ་པ་ཆེན་པོ་སོགས་བསྟན་འཛིན་སྐྱེ་ཆེན་དུ་མར་སྤེལ། དགུང་གྲངས་སོ་དྲུག་གི་སྐབས་སུ་རྒྱལ་མཆོག་ལྔ་པ་ཆེན་པོས་རྒྱལ་རྩེ་དཔལ་ཆོས་ཀྱི་གྲྭ་ཚང་སོགས་གྲྭ་ཚང་དུ་མར་དབང་བསྐུར་གྱི་རྒྱུན་མེད་བཞིན་དུ་སྒྲུབ་མཆོད་སོགས་ཚོགས་འདོན་གཏོང་གི་ཡོད་ཚོད་འདུག་པས་དེ་དག་ལ་ཁྱེད་ཀྱིས་དབང་བསྐུར་གནང་དགོས་པའི་བཀའ་ལུང་ཕེབས་པས་གནས་དེར་དབང་བསྐུར་སོགས་བཀའ་དྲིན་ཟབ་རྒྱས་གནང་། དགུང་ལོ་སོ་བརྒྱད་སྐབས་ཀྱི་ཟླ་བ་བཅུ་པའི་ཚེས་བཅུའི་ཉིན་རྒྱལ་མཆོག་ལྔ་པ་ཆེན་པོར་བརྟན་ཞུགས་འབུལ་ཞུས་དང་། དེའི་སྐབས་རྒྱལ་མཆོག་ལྔ་པ་ཆེན་པོས་ཀྱང་ཤིན་ཏུ་དགྱེས་ཚོར་ཆེན་པོས་ཁྱེད་ཀྱི་ཆོས་ཚུལ་སྤྱི་དང་ཁྱད་པར་ཀུན་སྤྱངས་པའི་སློབ་བཤད་སོགས་ལ་ཐུགས་སྣང་གནང་དགོས་ཞེས་དང་། ས་སྐྱ་ཞབས་དྲུང་རིན་པོ་ཆེས་གདན་ས་ནས་གསུང་ངག་སློབ་བཤད་གནང་གྱིན་འདུག་ཟེར་བ་ཐོས་ན་དེད་རང་ནས་ཀྱང་ཞབས་ཕྱི་གང་འགྲུབ་ཞུ་རྒྱུ་ཡིན་གསུངས་པ་སོགས་ལུགས་གཉིས་གང་ཐད་ནས་ཐུགས་ཡིད་གཅིག་འདྲེས་ཀྱི་བཀའ་མོལ་ལྷུག་པོ་གནང་། དེའི་རྗེས་ནས་ཚར་ལུགས་གཙོ་བོར་དར་སྤེལ་གནང་། བསྟན་འཛིན་སློབ་མ་ཡང་། རིགས་སྲས་འཇམ་དཔལ་དབྱངས། ཨོ་རྒྱན་གཏེར་བདག་གླིང་པ། འབྲུག་པ་ཐམས་ཅད་མཁྱེན་པ། རྡོ་བྲག་རིག་འཛིན་ཆེན་མོ། ཆོས་རྗེ་བཙོ་བརྒྱད་པ་བྱམས་པ་ངག་དབང་ལྷུན་གྲུབ། རྒྱལ་རྩེ་བདག་པོ་ངག་དབང་བསོད་ནམས་རྒྱལ་མཚན་སོགས་བྱོན། གསུང་འབུམ། ཀུན་རིག་རྩ་བའི་དབང་ཆོག །ཚར་ལུགས་རྣལ་འབྱོར་མའི་དལ་ཆོག་སོགས་ཆོས་ཚན་བཅུ་བཞི་ཙམ་མངའ། མཐར་དགུང་གྲངས་ཞེ་བཞི་པ་རབ་བྱུང་བཅུ་གཉིས་པའི་ཤིང་གླང་(སྤྱི་ལོ་༡༧༤༥)ལོའི་ཁྲིམས་སྟོད་ཟླ་བའི་ཉེར་བཞིར་གཟུགས་སྐུའི་བཀོད་པ་བསྡུ་བར་མཛད། དཔྱད་གཞི། ས་སྐྱའི་ཁྲི་རབས་གཅིག་བསྡུས། །

༄། ཞར་ཆེན་ཀུན་དགའ་བཀྲ་ཤིས།

(པོད་ཨང་། 01804)

ཞར་ཆེན་ཀུན་དགའ་བཀྲ་ཤིས་སམ་དགེ་སློང་ཀུན་དགའ་བཀྲ་ཤིས་ཞབས་ནི་རབ་བྱུང་དགུ་པའི་ས་རྟ་（སྤྱི་ལོ་༡༥༥༨）ལོར་ས་སྐྱའི་གུ་རུ་ལྷ་བྲང་དུ་ཡབ་བདག་པོ་ཀུན་དགའ་ཡེ་ཤེས་དང་། ཡུམ་དབང་ལྡན་རྒྱལ་མོའི་སྲས་སུ་སྐུ་བལྟམས། ཡབ་ཀྱི་མཚན་ཀུན་དགའ་དཔལ་འབྱོར་དུ་གསོལ། དང་པོར་དགུང་ལོ་བདུན་བརྒྱད་ཙམ་ལ་དགེ་སློང་གཡུ་ཐོག་ཞེས་པ་ལས་འབྲི་ཀློག་སོགས་ལ་སྦྱངས་པ་མཛད། དགུང་ལོ་བཅུའི་སྐབས་བརྟག་གཉིས་ལྗོན་ཤིང་སོགས་ཐུགས་ལ་སྦྱང་པར་མཛད། དགུང་ལོ་བཅུ་གཉིས་པ་ལ་ངོར་དུ་ཕེབས། རྗེ་སངས་རྒྱས་སེང་གེ་ལས་བརྟག་གཉིས་ལམ་འབྲས་སོགས་ལ་གསན་བསམ་མཛད། རྗེ་དེ་ཉིད་དང་སློབ་དཔོན་ཤེར་ཁང་པ་དང་དུས་གོ་བ་རྗེ་བྲང་ཏི་ནམ་མཁའ་དཔལ་བཟང་སོགས་ལས་རབ་ཏུ་བྱུང་ནས་མཚན་ཀུན་དགའ་བཀྲ་ཤིས་སུ་གནང་། མཚུངས་མེད་དཀོན་མཆོག་དཔལ་ལྡན་སྤྱན་གྱི་འབྲས་བུ་ལྟར་བསྙེན་ནས་སློབ་ཉན་ལ་བརྟོན་པར་མཛད། གཞན་ཡང་ཤར་ཁང་པ་ལས་ཀྱང་ལམ་འབྲས་དང་། ཞ་ལུ་དགེ་སློང་པ་ལས་ཀྱང་ལམ་འབྲས་ཀྱི་འཕྲུལ་འཁོར་སོགས་ལ་སྦྱང་། བརྡ་སྦྱོར་པ་བློ་གྲོས་བཀྲ་ཤིས་དྲུང་ནས་སྙན་ངག་སོགས་སྦྱངས། དགུང་ལོ་ཉེར་གཉིས་པ་ལ་མཁན་པོ་འཇམ་དབྱངས་དཀོན་མཆོག་རྒྱ་མཚོ། ལས་སློབ་དཀོན་མཆོག་དཔལ་ལྡན། གསང་སྟོན་པ་བྲང་ཏིས་མཛད་ནས་དད་དགེ་ཚང་བའི་དབུས་སུ་བསྙེན་པར་རྫོགས་པར་མཛད། དེ་བཞིན་སྔགས་འཆང་ཀུན་དགའ་རིན་ཆེན་དང་། སངས་རྒྱས་རིན་ཆེན་དཔོན་པོ། འཇམ་དབྱངས་ཀུན་དགའ་བསོད་ནམས་ལྷུན་གྲུབ། ཁྲི་ཆེན་བསོད་ནམས་དབང་པོ་སོགས་ལས་ཀྱང་རྒྱ་ཆེར་གསན། དགུང་ལོ་སོ་བརྒྱད་པ་ལ་ངོར་གྱི་གདན་སར་ཕེབས་ཏེ་གདན་རབས་བཅུ་བཞི་པ་དེ་ཡིན། གསུང་ལས་སྐྱེས་པའི་སློབ་མ་ནི། རྟ་ནག་པ་དག་དབང་བསྟན་རྡོར་སོགས་བྱོན། མཐར་དགུང་གྲངས་ང་བརྒྱད་པ་རབ་བྱུང་བཅུ་པའི་ཤིང་མོ་ཡོས་（སྤྱི་ལོ་༡༦༡༥）ལོའི་ནག་ཟླའི་ཚེས་བརྒྱད་ལ་དགོངས་པ་རྫོགས། དཔྱད་གཞི། ངོར་པའི་གདན་རབས། །

༄ མཁན་ཆེན་ངག་དབང་ཆོས་གྲགས་ལམ་འབྲས་སུ་གསལ།

(པོད་ཨང་། 01805—01807)

༄ མཁའ་སྤྱོད་པེའུ་འབུམ་པོད་གསུམ།

(པོད་ཨང་། 01808—01809)

མཁའ་སྤྱོད་མ་ཞེས་པ་ནི་དཔལ་ལྡན་ས་སྐྱ་སྐྱན་བརྒྱུད་རྒྱ་མཚོ་ལྟ་བུ་བཞུགས་པའི་ནང་གི་མཆོག་སྒྲུབ་ནས་ཐུན་མོང་ཞར་ལ་སྒྲུབ་པའི་གདམས་པ་མཁའ་སྤྱོད་སྐོར་གསུམ་ཞེས་པའི་གདམས་པའི་རྒྱུན་ཞིག་ཡིན། འདི་ནི། དཔལ་མགོན་ལོ་སྟོམ་པའི་རྒྱུད་ཀྱི་སྙིང་པོ། རྗེ་བཙུན་ནཱ་རོ་ཏ་པ་དང་། མེ་ཏྲི་པ། ཨིནྡྲ་བོ་དྷི་གསུམ་ནས་བརྒྱུད་དེ་རིམ་པས་མལ་ལོ་བློ་གྲོས་གྲགས་པ་དང་། ས་་རངས་ལོ་ཆུང་། གློག་སྐྱ་ཤེས་རབ་བརྩེགས་སོགས་ལ་རྣལ་འབྱོར་དབང་ཕྱུག་ས་སྐྱ་པ་ཀུན་དགའ་སྙིང་པོས་གསན་ནས་འཕེལ་བ་ཞིག་ཡིན། པེའུ་བུམ་འདི་ཉིད་ནི་དང་ཐོག་བདག་ཆེན་བློ་གྲོས་རྒྱལ་མཚན་གྱིས་གཅེས་བསྡུས་མཛད་པ་དེ་ཉིད་ཚར་ཆེན་བློ་གསལ་རྒྱ་མཚོའི་ཞབས་ཀྱིས་དཀར་ཆག་དང་བཅས་ཏེ་རྒྱས་པར་བསྡུས་ནས་རིམ་པས་བླ་མ་སོ་སོས་གང་ཡོད་བསྣན་ནས་བྱུང་བ་ཞིག་ཡིན། མཛད་པ་པོའི་མཁས་གྲུབ་རྣམས་ཀྱི་རྣམ་ཐར་མང་ཆེ་བ་ནི་ལམ་འབྲས་སུ་གསལ་བ་དང་། ལྷག་པར་ཐུའུ་ཀྭན་རིན་པོ་ཆེས་མཛད་པའི་ནཱ་རོ་མཁའ་སྤྱོད་ཀྱི་བླ་མ་བརྒྱུད་པའི་རྣམ་ཐར་དུའང་གསལ་བས་འདིར་བྲིས་མེད། རྒྱས་པར་མཁྱེན་འདོད་ན་དེ་དག་ལ་གཟིགས་པར་ཞུའོ། །

༄ གུང་རུ་ཤེས་རབ་བཟང་པོ།

(པོད་ཨང་། 01810)

ཁོང་ནི་དུས་རབས་བཅོ་ལྔ་པའི་ནང་དུ་བྱོན་པའི་མཁས་དབང་ཞིག་ཡིན། ཁོང་གི་འཁྲུངས་འདས་དང་མཛད་པ་བཟང་པོ་ཇི་ཡོད་ལོ་རྒྱུས་རྣམས་སུ་མི་གསལ་བས་ཇི་བཞིན་འབྲི་བར་མ་ནུས། ངོར་གྱི་གདན་ས་གཉིས་པ་སེམས་དཔའ་ཆེན་པོ་མུས་ཆེན་དཀོན་མཆོག་རྒྱལ་མཚན་སོགས་ཀྱི་ཞབས་ལ་གཏུགས་ནས་མདོ་སྔགས་རིག་གནས་སྤྱི་དང་། ཁྱད་པར་དཔལ་ལྡན་ས་སྐྱ་པའི་ཆོས་སྐོར་རྣམས་ལ་སྦྱངས་པ་གནང་ནས་མཁས་པར་གྱུར། རྒྱུན་དུ་ཉམས་བཞེས་མཛད་རྒྱུའི་མན་ངག་ནི། བློ་སྦྱོང་ཁག་དང་། ལམ་འབྲས། སྡོམ་གསུམ་སོགས་ཤིན་ཏུ་རྒྱས་པར་མཛད། གསུང་འབུམ། རྗེ་བཙུན་ཆེན་པོ་དཀོན་མཆོག་རྒྱལ་མཚན་དཔལ་བཟང་པོའི་རྣམ་ཐར་སོགས་པོད་བཞི་ཙམ་ཡོད་པ་ལས་འདིར་བྲིས་མ་པོད་གཅིག་བཞུགས། རྣམ་ཐར་འདི་མུས་ཆེན་གཤེགས་པའི་ལོ་ཤིང་མོ་གླང་སྟེ་ (སྤྱི་ལོ་༡༤༣༥) ལོར་བརྩམས་པར་གསལ། །

༄ གོ་བོ་རབ་འབྱམས་པ་བསོད་ནམས་སེང་གེ །

(པོད་ཨང་། 01811—01823)

བདག་ཉིད་ཆེན་པོ་འདི་ནི་བར་ཁམས་གོ་བོའམ་སླར་ཁམས་རྫོང་ཁོངས་སུ་རབ་བྱུང་བདུན་པའི་ས་མོ་བྱ་ (སྤྱི་ལོ་༡༤༢༩) ལོར་སྐུ་འཁྲུངས། དགུང་ལོ་བརྒྱད་པར་བླ་མ་ཀུན་དགའ་འབུམ་ལས་དགེ་བསྙེན་གྱི་སྡོམ་པ་བླངས། དེ་ནས་ཡི་གེའི་འབྲི་ཀློག་དང་། བྱམས་ཆོས་སྡེ་ལྔ། རོང་ཊཱི་ཀ་ཆ་ཚང་། གཡག་ཊཱི་ཀ་ཆེན་མོ་སོགས་རིམ་གྱིས་ཐུགས་འཛིན་མཛད། དགུང་ལོ་བཅུ་གསུམ་པར་ཀྱེ་རྡོ་རྗེ་སོགས་གསང་སྔགས་ཀྱི་དབང་ལུང་མང་པོ་ཞུས། དགུང་ལོ་བཅུ་དགུ་པར་གཙང་དུ་གྲྭ་སྐོར་ལ་ཐེབས། རོང་སྟོན་ཆོས་རྗེ་ཉི་མ་དང་། བླ་མ་ཤེས་རབ་དཔལ་སོགས་ལས་དབང་ལུང་མང་དུ་ཞུས། དགུང་ལོ་ཉེར་ལྔ་པར་ཨེ་ཝཾ་དགོན་དུ་འཇམ་དབྱངས་ཀུན་དགའ་བཟང་པོ་ལས་ལོ་གསུམ་རིང་རྒྱུད་སྡེ་བཞི་སོགས་གསང་སྔགས་སྐོར་གྱི་ཆོས་མང་པོ་གསན། དགུང་ལོ་ཉེར་བདུན་པར་མཁན་པོ་མུས་ཆེན་དཀོན་མཆོག་རྒྱལ་མཚན་ལས་བསྙེན་རྫོགས་ཀྱི་སྡོམ་པ་བཞེས། གཞན་ཡང་རྗེ་དཀོན་མཆོག་རྒྱལ་མཚན་ལས་ལམ་འབྲས་གཞུང་བཤད་གསན་པ་སོགས་མདོར་ན་མཁས་གྲུབ་ཀྱི་སྐྱེས་ཆེན་དམ་པ་བཅོ་བརྒྱད་ཙམ་ལ་བསྟེན་ནས་མདོ་སྔགས་རིག་གནས་རྒྱ་མཚོའི་ཕ་རོལ་ཏུ་སོན་ཅིང་། གངས་ཅན་

མཁས་མང་ཀུན་གྱི་གཙུག་རྒྱན་དུ་གྱུར། དགུང་ལོ་སོ་གཅིག་པ་ནས་བཟུང་འཆད་ཉན་མཛད་དེ་ཀུན་རིག་དང་། ཀྱཻ་རྡོ་རྗེ། གསང་འདུས་སོགས་ཀྱི་ལོག་སྒྲིའི་གྲོལ་བ་མ་ལུས་པ་ཚར་བཅད། མདོ་ཕྱོགས་ཀྱི་བཤད་པ་ཉིན་རེར་ཆོས་ཐུན་བཅུ་རེ་ཙམ་མཛད། དགུང་ལོ་ཞེ་ལྔ་པ་ཆུ་སྦྲུལ (༡༩༧༣) ལོར་རྟ་ནག་ཐུབ་བསྟན་རྣམ་རྒྱལ་བདབ་ནས་ལོ་དགུ་ལྷག་ཙམ་རིང་གནས་དེར་མདོ་སྔགས་ཀྱི་ཆོས་མང་དུ་གསུངས། དགུང་ལོ་ང་ལྔ་པ་ཆུ་ཡོས (༡༩༢༣) ལོར་ངོར་ཨེ་ཝཾ་ཆོས་ལྡན་གྱི་མཁན་པོའི་ཁྲིར་ཕེབས་ནས་ལོ་བཞིའི་རིང་གདན་ས་བསྐྱངས། མདོར་ན་སྐུ་ཚེ་གང་པོར་འཆད་རྩོད་རྩོམ་གསུམ་གྱིས་དུས་འདའ་བར་མཛད། དངོས་སློབ་བྱམས་པ་རབ་བརྟན། ཀོང་སྟོན། མུས་ཐུགས་རྗེ་དཔལ་བཟང་སོགས་མང་དུ་བྱོན། མཐར་དགུང་ལོ་དྲུག་ཅུ་རབ་བྱུང་བརྒྱད་པའི་ས་མོ་བྱ་སྤྱི་ལོ (༡༩༥༩) ལོར་དགུ་པའི་གནས་མངོན་དུ་མཛད། གསུང་འབུམ། ཚད་མ་རྣམ་འགྲེལ་གྱི་འགྲེལ་པ་ཟུར་དང་། རིགས་གཏེར་འགྲེལ་པ་གཉིས། ཕར་ཕྱིན་གསུམ། དབུ་མ་གསུམ་སོགས་པོད་ཆེན་བཅུ་གསུམ་ཡོད། དཔྱད་གཞི། ལམ་འབྲས་བླ་བརྒྱུད་རྣམ་ཐར་ལས། །

༄ གློ་བོ་མཁན་ཆེན་བསོད་ནམས་ལྷུན་གྲུབ་ལམ་འབྲས་སུ་གསལ།

(པོད་ཨང་། 01824)

༄ ངོར་ཁང་གསར་ངག་དབང་བློ་གྲོས་གཞན་ཕན་སྙིང་པོ།

(པོད་ཨང་། 01825)

སྐྱེས་ཆེན་བླ་མ་ངོར་དམ་པ་རིན་པོ་ཆེ་ངག་དབང་བློ་གྲོས་གཞན་ཕན་སྙིང་པོའི་ཞབས་ནི་གནུབས་རིགས་རོང་ཐང་དུ་རབ་བྱུང་བཅོ་ལྔ་པའི་མེ་ཕོ་བྱི་བའི་ལོ (སྤྱི་ལོ་༡༢༧༦) ལོར་སྐུ་བལྟམས། ངོར་དགོན་པའི་ཁང་གསར་བླ་བྲང་དུ་ཞབས་དྲུང་དུ་དབང་བསྒྱུར། ཨེ་ཝཾ་དགོན་པའི་གཞུང་བདུན་ནས་ངོར་

ལུགས་དཀྱིལ་འཁོར་བདུན་གྱི་ཆ་ལག་རྣམས་ཐུགས་འཛིན་གནང་། ཚོ་གའི་ཕྱག་བཞེད་རྣམས་བྱང་ཆུབ་པར་མཛད། མཁན་ཆེན་ངག་དབང་བློ་གྲོས་སྙིང་པོ་ལས་སྡོམ་པ་གསུམ་གྱི་བཀའ་དྲིན་ནོས་ཤིང་ཐུགས་སྲས་དམ་པར་གྱུར། ཁམས་ཕྱོགས་སུ་འབྱུལ་སྐྱོད་ལ་ཕེབས་སྐབས་རྫོགས་ཆེན་གཞན་དཀའ་རིན་པོ་ཆེ་དང་མཇལ་ནས་ས་སྐྱའི་ལྷ་གྲུབ་སྐོར་ལ་བགྲོ་གླེང་བྱུང་བར་རྗེ་འདི་ཉིད་སྐུ་ན་ཕྲ་རྐྱེན་ལན་ཧི་བཞིན་ཡུལ་མ་ཐུབ་པ་དེས་ཐུགས་ཚ་བའི་རྐྱེན་བྱས་ཏེ་མཁས་པ་དེ་ཉིད་ཀྱི་དྲུང་དུ་སློབ་གཉེར་བྱ་དགོས་སྙམ་དུ་ཐུགས་ལ་འཁྲུངས། རྗེ་གཞན་དཀའ་རིན་པོ་ཆེ་ལའང་རྨི་ལྟས་བཟང་པོ་བྱུང་བས་ཞལ་ལེགས་པར་བཞེས། བརྩོན་འགྲུས་དཔག་མེད་མཛད་དེ་རྫོགས་ཆེན་སློབ་གྲྭར་བཞུགས་ཏེ། ཚད་མ་རིགས་གཏེར་ཤློ་ཀ་རེར་ཉིན་བདུན་ཙམ་བསམ་བློ་བཏང་སྟེ་སྦྱངས་པ་གནད་དུ་སྨིན་པར་མཛད། གཞན་ཡང་སྡེ་གཞུང་མཆོག་སྤྲུལ་རིན་པོ་ཆེ་དང་། སྨྲ་བ་འཇམ་དབྱངས་རྒྱལ་མཚན། བླ་མ་དགེ་འདུན། རྗེ་ཀུན་དགའ་བློ་གྲོས་སོགས་ལའང་ཚད་མ་ནན་ཏན་སློབ་གཉེར་མཛད་དགོས་ཚུལ་གདམས། ཁམས་བྱེའི་བཤད་གྲྭར་བར་ཆད་བྱུང་ཡང་རྗེ་འདིས་ཞལ་བཞེའི་ཁྲིན་བཅོལ་མཛད་ནས་བཤད་གྲྭ་ཆགས་མེད་དུ་བསྐྱངས་ཐུབ། རྒྱུན་དུ་ཚུལ་ཁྲིམས་ཀྱི་དྲི་མས་མཛེས་པ་སོགས་ཡོན་ཏན་དཔག་མེད་ཀྱིས་སྤྱུད་པར་མཛད་ཡོད། ཆོས་རྗེ་བློ་གཏེར་དབང་པོ་དང་། བྲག་ར་འཇམ་དབྱངས་ཆོས་ཀྱི་ཉི་མ་ལས་ལམ་འབྲས་སོགས་གསན། ས་སྐྱ་དང་། ཙེ་གདོང་། རྟ་ནག་ཐུབ་བསྟན། མུས་སྟག་མོ་དགོན། གསེར་མདོག་ཅན། ངོར་ཨེ་ཝཾ་སོགས་སུ་ལམ་འབྲས་དང་། སྒྲུབ་ཐབས་ཀུན་བཏུས། རྒྱུད་སྡེ་ཀུན་བཏུས་སོགས་ཀྱི་བཀའ་དྲིན་བསྐྱངས། བསྟན་པ་འཛིན་པའི་སློབ་མ་ཡང་། ས་སྐྱའི་ཁྲི་ཆེན་ངག་དབང་ཀུན་དགའ་ཐེག་ཆེན་དཔལ་འབར་དང་། ངོར་ཕན་ཁང་མཁན་པོ་ངག་དབང་མཁས་གྲུབ་རྒྱ་མཚོ། ཀླུ་ལྡིང་མཁན་པོ་འཇམ་དབྱངས་ཐུབ་བསྟན་ལུང་རྟོགས་རྒྱལ་མཚན། དཔལ་ན་ལེནྡྲ་བཅོ་བརྒྱད་ཁྲི་ཆེན་ཐུབ་བསྟན་ལེགས་བཤད་རྒྱ་མཚོ། ས་སྐྱ་ལྷ་ཁང་མཁན་ཆེན་འཇམ་དཔལ་བཟང་པོ་སོགས་བསྐྱངས། གསུང་འབུམ། སྡོམ་གསུམ་འཇམ་དབྱངས་བླ་མའི་དགོངས་རྒྱན་སོགས་ཡོད། མཐར་དགུང་གྲངས་དོན་བདུན་པ་རབ་བྱུང་བཅུ་དྲུག་པའི་ཆུ་ཕོ་འབྲུག་ལོ་སྤྱི་ལོ (༡༩༥༢) ལོའི་ཧོར་ཟླ་བཞི་པའི་ཚེས་བཅུ་གཉིས་ཉིན་ཨེ་ཝཾ་ཁང་གསར་བླ་བྲང་དུ་ཞི་བར་གཤེགས་པའི་ཚུལ་མཛད་དོ། །དཔྱད་གཞི། ངོར་པའི་གདན་རབས། །

༄ ངོར་མཁན་ཆེན་དཔལ་ལྡན་དོན་གྲུབ་ལམ་འབྲས་སུ་གསལ།

(པོད་ཨང་། 01826)

༄ ངོར་ཆེན་ཀུན་དགའ་བཟང་པོ།

(པོད་ཨང་། 01827–01830)

ཧེ་ངོར་པའམ། རྡོ་རྗེ་འཆང་ཆེན་པོ་ཀུན་དགའ་བཟང་པོའི་ཞབས་ནི་ཡབ་གྲུབ་པ་ཡོན་ཏན་དང་། ཡུམ་བསོད་ནམས་དཔལ་ལྡན་གཉིས་ཀྱི་སྲས་སུ་རབ་བྱུང་དྲུག་པའི་ཆུ་ཕོ་ཁྱི་སྐྱི་ལོ (༡༣༨༢) ལོར་སྐུ་འཁྲུངས། དགུང་ལོ་དྲུག་པར་ཆོས་རྗེ་ཡེ་ཤེས་རྒྱལ་མཚན་ལས་ཡི་གེའི་འབྲི་ཀློག་སྦྱོང་བར་མཛད། དགུང་ལོ་དགུ་པར་ཡེ་ཤེས་རྒྱལ་མཚན་ལས་དགེ་བསྙེན་དང་དགེ་ཚུལ་གྱི་སྡོམ་པ་བླངས། དེ་ནས་རིམ་གྱིས་ཆོས་རྗེ་ཡེ་ཤེས་རྒྱལ་མཚན་ལས་སོར་ཐར་དང་། བྱང་སེམས། གསང་སྔགས་ཀྱི་སྡོམ་པ་རྣམས་བླངས། མདོ་སྔགས་ཀྱི་གཞུང་ལུགས་ཡོངས་ལ་མཁས་པར་གྱུར་པ་དང་། ཁྱད་པར་དུ་ས་སྐྱའི་ལུགས་ཀྱི་ཆོ་ག་དང་ཕྱག་ལེན་ཐམས་ཅད་ཐུགས་སུ་ཆུད། དགུང་ལོ་ཉེར་ལྔ་པ་རབ་བྱུང་བདུན་པའི་མེ་ཕོ་ཁྱི་སྐྱི་ལོ (༡༤༠༦) ལོར་ཤངས་ཆོས་འཁོར་སྒང་དུ་ཕྱིན་ནས་ལོ་ཙཱ་བ་སྐྱབས་མཆོག་དཔལ་དང་། ཞི་དགོན་དུ་ཕྱིན་ནས་བུདྡྷ་ཤྲཱི་ལས་ཆོས་མང་དུ་གསན། དེ་ནས་ས་བཟང་དགོན་དུ་ཕྱིན་ནས་ས་བཟང་བླ་མ་གཞོན་ནུ་བློ་གྲོས་ལས་ཆོས་ཡུན་རིང་དུ་གསན། དགུང་ལོ་ཉེར་དགུ་པ་ལྕགས་ཕོ་སྟག་སྐྱི་ལོ (༡༤༡༠) ལོར་ས་བཟང་བླ་མའི་བཀའ་ལྟར་ས་བཟང་དགོན་པའི་གདན་ས་ལོ་བཅུ་དགུ་བར་དུ་བསྐྱངས། དགུང་ལོ་ཞེ་དགུ་པ་ལྕགས་ཕོ་ཁྱི་སྐྱི་ལོ (༡༤༣༠) ལོར་ན་བཟའ་བྲག་ཕུག་རི་ཁྲོད་དང་། བསམ་གླིང་རི་ཁྲོད། ཨེ་རི་ཁྲོད་སོགས་སུ་ཐེབས་ནས་སྒྲུབ་པ་ཉམས་ལེན་མཛད། དེ་ནས་ཨེ་ཝཾ་རི་ཁྲོད་དུ་གཙུག་ལག་ཁང་དང་། ཐུབ་སྐུ་གསེར་ཞུན་མ། བཀའ་འགྱུར་གསེར་བྲིས་

གསར་ བཞེངས་ མཛད་ ཅིང༌། བཤད་ གྲྭ་ བཙུགས་ པ་ སོགས་ མཛད་ ནས་ ངོར་ ཨེ་ ཝཾ་ ཆོས་ ལྡན་ གྱི་ གདན་ ས་ ཆེན་ པོ་ གསར་ དུ་ བཏབ། སྐུ་ ཚེ་ གང་ པོར་ གཞན་ དོན་ འབའ་ ཞིག་ གིས་ དུས་ འདའ་ བར་ མཛད། སློབ་ བརྒྱུད། སློབ་ མ་ གྲགས་ ཆེ་ བ་ ནི་ ས་ སྐྱའི་ གདུང་ རྒྱུད་ བཞི་ ཐོག་ པ་ ཀུན་ དགའ་ དབང་ ཕྱུག་ དང༌། བདག་ ཆེན་ རྒྱ་ མིག་ པ་ བློ་ གྲོས་ དབང་ ཕྱུག །ངོར་ མཁན་ པོ་ དཀོན་ མཆོག་ རྒྱལ་ མཚན། གཞོན་ ནུ་ རྒྱལ་ མཚན། རྗེ་ གྲགས་ པ་ བཟང་ པོ་ སོགས་ ཡིན། མཐར་ དགུང་ ལོ་ བདུན་ ཅུ་ དོན་ བཞི་ རབ་ བྱུང་ བརྒྱད་ པའི་ མེ་ ཕོ་ བྱི་ བ་ སྤྱི་ ལོ (༡༩༥༨) ལོར་ སྐུ་ གཤེགས། གསུང་ འབུམ། རྡོ་ རྗེ་ རྣལ་ འབྱོར་ མའི་ བསྐྱོད་ པ། ཐོབ་ ཡིག །སྤྲིང་ ཡིག་ སློབ་ མ་ ལ་ གདམས་ པ་ བཅས་ ཨེ་ ཝཾ་ བཀའ་ འབུམ་ ཞེས་ པོད་ བཞི་ ཡོད། དཔྱད་ གཞི་ ངོར་ པའི་ གདན་ རབས། །

༈ ངོར་ཆེན་དཀོན་མཆོག་ལྷུན་གྲུབ་ལམ་འབྲས་སུ་གསལ།

(པོད་ཨང་། 01831−01832)

༈ ངོར་རྩལ་ཁྲིམས་འོད་ཟེར་ལམ་འབྲས་སུ་གསལ།

(པོད་ཨང་། 01833)

༈ ཐེག་ཆེན་ཆོས་རྗེ་ཀུན་དགའ་བཀྲ་ཤིས།

(པོད་ཨང་། 01834)

དགེ་སློང་ཀུན་དགའ་བཀྲ་ཤིས་སམ་རིག་པ་འཛིན་པ་ཀུན་དགའ་བཀྲ་ཤིས་ཞབས་ནི། ཡབ་ཏཱ་དབེན་ཆོས་ཀྱི་རྒྱལ་མཚན་དང༌། ཡུམ་མ་ཅིག་རྒྱལ་མོ་

བསོད་ནམས་འབུམ་གཉིས་ཀྱི་སྲས་སུ་རབ་བྱུང་དྲུག་པའི་མེ་མོ་གླང་སྤྱི་ལོ་(༡༣༩༨)ལོའི་ཟླ་བ་དང་པོར་སྐུ་འཁྲུངས། དགུང་ལོ་བཅོ་ལྔ་བཞེས་པ་འབྲུག་ལོ་ཟླ་བ་བདུན་པའི་ཚེས་བཅུ་ལ་ཏཱ་དབེན་བཞི་ཐོག་པ་ཀུན་རིན་གྱིས་མཁན་པོ། རྗེ་རིན་ཆེན་རྡོ་རྗེས་སློབ་དཔོན་མཛད་དེ་དགེ་ཚུལ་གྱི་སྡོམ་པ་ནོད། སླར་དགུང་ལོ་ཉི་ཤུར་ཆོས་རྗེ་བླ་མ་དམ་པས་མཁན་པོ། ས་བཟང་པཎ་ཆེན་མ་ཏིས་སློབ་དཔོན། ལོ་ཆེན་བྱང་ཆུབ་རྩེ་མོས་གསང་སྟོན་མཛད་དེ་གྲངས་ཚང་དགེ་འདུན་དབུས་སུ་བསྙེན་པར་རྫོགས། གཞན་ཡང་གོང་བརྗོད་སློབ་དཔོན་ཆེན་པོ་དག་དང་། ཀུན་མཁྱེན་གངས་ཁྲོད་པ་གྲགས་པ་དཔལ། ས་སྐྱ་ཟུར་ཁང་པ་བྲུ་སྟོན་དབང་ཕྱུག་དར་རྒྱས། བླ་ཆེན་བསོད་ནམས་བློ་གྲོས། རིན་ཆེན་རྡོ་རྗེ། རྡོ་ནང་ཕྱོགས་རྒྱལ། ས་བཟང་འཕགས་པ། གཉག་སྟོན་བྱང་ཆུབ་སེངྒེ། ཁྱུང་པོ་གྲུབ་ཆེན་བྱམས་པ་དཔལ་སོགས་བསྙེན་ནས་ཤིན་ཏུ་མཁས་པར་མཛད། མཛད་པ་ནི་ཐོག་མར་ས་སྐྱར་ལོ་བརྒྱད་ཀྱི་བར་འཆད་ཉན་བསྐྱངས་པ་དང་། ལྷག་པར་ཕྱོགས་འདུས་ཀྱི་གྲྭ་པ་རྣམས་ལ་སློབ་སྦྱོང་གི་ཆ་རྐྱེན་མང་དུ་མཛད། དེ་ནས་ཞབ་གྲུ་དང་། ཉན་པོ། གྲོ་ས། རྒྱ་མ། རྩེ་ཐང་སོགས་ཀྱི་ཆོས་གྲྭར་ཡང་ལམ་འཁྲབས། སྦྱོར་དྲུག །བདེ་མཆོག །གཤེད་དམར་སྤྲོས་མེད་སོགས་གང་ལ་གང་འདུལ་གྱི་མཛད་པས་གདུལ་བྱ་ཚིམ་པར་མཛད། དགུང་ལོ་རེ་བཞི་པ་ཆུ་ཕོ་འབྲུག་ལ་ས་སྐྱ་ནས་རྒྱ་ཡུལ་དུ་ཕེབས་ཀྱང་ལམ་བར་གྱི་གནས་ཚུལ་ཞིག་ཕྲ་ནི་དཔང་པོ་ཁ་གསལ་མ་རྙེད། སླར་དགུང་ལོ་རེ་བདུན་པ་ལུག་ལོར་ཚུར་ས་སྐྱར་ཕེབས། བསྟན་པ་འཛིན་པའི་སློབ་མ་ནི། རྫོང་ཆེན་ཀུན་དགའ་རྒྱལ་མཚན་དང་། གླང་ཐང་སྤྱན་མངའ་བ་ཀུན་དགའ་རྒྱལ་མཚན། ཆོས་རྗེ་བྲག་ཐོག་པ་བསོད་ནམས་བཟང་པོ་སོགས་བྱོན། གསུང་འབུམ་ནི། ཀྱེ་རྡོར་འགྲེལ་པ་དག་ལྡན་སྙེ་མ་དང་། དུས་འཁོར་དཔལ་ཚོག་སོགས་མངའ། མཐར་དགུང་ལོ་དོན་ལྔ་པ་རབ་བྱུང་བདུན་པའི་ཤིང་མོ་སྦྲུལ་སྤྱི་ལོ་(༡༩༢༥)ལོའི་གྲོ་བཞིན་ཟླ་བའི་ཚེས་བཅུར་དགོངས་པ་ཞིང་ཁམས་གཞན་དུ་གཏད། འདི་ནི་མང་ཐོས་བསྟན་རྩེས་དགོངས་པ་ཡིན། རྫོང་པ་ཀུན་རྒྱལ་རྣམ་ཐར་ལས་འདི་ལས་དགུང་ལོ་མཐོ་བར་བཞུགས་པར་ཡང་གསུངས་འདུག་པས་དཔྱད་དགོས། དཔྱད་གཞི། རྫོང་པ་ཀུན་རྒྱལ་གྱིས་མཛད་པའི་རྣམ་ཐར། །

༄ དངུལ་ཆུ་ཐོགས་མེད་བཟང་པོ།

(ཐོད་ཡང་། 01835–01836)

འཕགས་པ་སྤྱན་རས་གཟིགས་ཀྱི་རྣམ་འཕྲུལ་རྒྱལ་བའི་ཐུགས་སྲས་རྗེ་བཙུན་དམ་པ་རྒྱལ་སྲས་ཐོགས་མེད་བཟང་པོའི་ཞབས་ནི་རབ་བྱུང་ལྔ་པ་སྤྱི་ལོ་(༡༢༩༥) ལོར་ས་སྐྱའི་ལྷོ་ཕྱོགས་ཕུལ་ཆུང་ཞེས་པའི་གྲོང་དུ་ཡབ་དཀོན་མཆོག་དཔལ་དང་ཡུམ་འབུམ་སྒྲོན་ཞེས་བྱ་བའི་སྲས་སུ་འཁྲུངས། ཆུང་དུའི་དུས་ནས་ཡབ་ཡུམ་མེད་པས་ཨ་ནེས་བསྐྱངས། དགུང་ལོ་བཅུ་བཞི་པ་ལ་བསམ་གླིང་པ་དཔལ་འབར་དང་། རིན་ཆེན་དཔལ་བཟང་གི་དྲུང་དུ་རབ་ཏུ་བྱུང་། མཚན་བཟང་པོ་དཔལ་ཞེས་གསོལ། བཅོ་ལྔ་པ་ལ་བོ་དོང་ཨེར་སློབ་དཔོན་ཀུན་དགའ་རྒྱལ་མཚན་པའི་དྲུང་དུ་མངོན་པ་སོགས་སྦྱངས། འཇམ་དབྱངས་ཉི་མ་རྒྱལ་མཚན་པས་མངོན་པ་ནས་ཟང་ཟིང་མེད་པའི་འཚོ་བ་སྡུག་བསྔལ་བཤད་ཀྱང་། ཟང་ཟིང་མེད་པ་དང་། ཚོར་བ་སྡུག་བསྔལ་སྲིད་པ་འགལ་བས་ལན་ཐོབ་གསུངས་པ་ལ། ཉན་རང་དགྲ་བཅོམ་ལ་ཉོན་མོངས་པ་མེད་ཀྱང་སྔ་མའི་ལས་དབང་གིས་ཚོར་བ་སྡུག་བསྔལ་འབྱུང་ཚུལ་གསུང་པའི་སྒོ་ནས་ལན་མཛད་པས། ཐོགས་མེད་བཟང་པོ་དཔལ་ཞེས་མཚན་སྙན་པར་གྲགས། གཞན་ཡང་སྒང་ལོ་ཆེན་པོ་དང་། བུ་སྟོན་རིན་པོ་ཆེ། ཀུན་མཁྱེན་དོལ་བུ་བ་ཆེན་པོ། ཆོས་རྗེ་བླ་མ་དམ་པ་ལ་སོགས་པའི་མཁས་གྲུབ་མང་དུ་བསྟེན་ནས་དགུང་ལོ་བཅུ་དགུ་པ་ལ་བཤད་པའི་དགའ་སྟོན་སྤེལ། དགུང་ལོ་ཉེར་གཅིག་པ་ནས་འཆད་པ་པོའི་རིང་ལུགས་བསྐྱངས། ཉེར་དགུ་པ་ལ་བྱང་སེམས་རིན་མགོན་དང་། ནམ་མཁའ་སངས་རྒྱས་སོགས་ལས་བསྙེན་པར་རྫོགས། དགུང་ལོ་སོ་གཉིས་ནས་ཞེ་གཅིག་བར་བླ་བྲང་ཧ་རའི་གདན་ས་མཛད། དེ་ནས་ཨེའི་ཆོས་ཁྲིར་ཐེབས་རྒྱུར་གསོལ་བ་བཏབ་ཀྱང་ཞལ་གྱིས་མ་བཞེས་ཏེ། ཁོ་བོ་ལས་ཆེས་ལྷག་པ་ཞིག་སྒྲུབ་གསུངས་ནས་སྒང་ལོ་ཆེན་པོ་སྤྱན་དྲངས། བྱང་ཆུབ་ཀྱི་ཐུགས་ཀྱིས་བཤད་སྒྲུབ་ཀྱི་བསྟན་པ་ཆེས་ལྷག་པར་བསྒྲུབས། རེ་བདུན་ས་གླང་ལོར་དབུས་ལ་བྱོན། ཏའི་སི་ཏུ་བྱང་ཆུབ་རྒྱལ་མཚན་དང་མཇལ་ནས་ལུགས་གཉིས་ཀྱི་བསླབ་བྱ་སོགས་ཀྱིས་བྱིན་བསྐྱངས། མདོར་ན་དགུང་ལོ་བཞི་བཅུ་ཞེ་གཉིས་ནས་དོན་ལྔ་བར་དངུལ་ཆུའི་དབེན་པར་བྱང་ཆུབ་ཀྱི་སེམས་ཉིད་ལ་གཏད་དུ་བསྟུན་ནས་ཉམས་ལེན་ཁོ་ནར་འབད་པ་སྐྱིལ་བར་མཛད། སློབ་མ་ནི་ལོ་ཆེན་བྱང་རྩེ་དང་།

ཉན་པོ་བ་དཔལ་རིན། ཆོས་རིན་ཆེན། ཆོས་རྗེ་དཔལ་ལྡན་ཡེ་ཤེས། སློབ་དཔོན་ཤཱཀྱ་རིན་པ། ཆོས་རྗེ་ཡེ་ཤེས་རྒྱལ་མཚན། འཇམ་དབྱངས་ཁ་ཆེ། སྤྱང་རྩ་པཎ་ཆེན་སོགས་ཡོན། གསུང་རྩོམ་ནི། མདོ་སྔགས་རྒྱུན་གྱི་འགྲེལ་ཆེན་དང་། སྦྱོད་འཇུག་སོགས་ཚན་པ་བརྒྱ་ལྷག་ཡོད་དོ། །མཐར་རྗེ་ཉིད་ཀྱི་དགུང་ལོ་དོན་ལྔ་བཞེས་པ་རབ་བྱུང་དྲུག་པ་སྤྱི་ལོ་ (༡༣༧༨) ལོའི་ཟླ་བ་བཅུ་པའི་ཚེས་ཉི་ཤུ་ཉིན་དགོངས་པ་ཆོས་ཀྱི་དབྱིངས་སུ་གཤེགས་པར་མཛད་དོ། །

༄ ལོ་ཆེན་ཆོས་དཔལ་བཟང་པོའི་རྣམ་ཐར་མ་མཇལ།

(ཐོད་ཨང་། 01837)

༄ སྐྱིད་ཚལ་པ་ཀུན་དགའ་ཆོས་བཟང་།

(ཐོད་ཨང་། 01838–01839)

སྐྱིད་ཚལ་མཁན་པོ་འཇམ་དབྱངས་ཀུན་དགའ་ཆོས་བཟང་ཞབས་ནི་གློ་བོ་འབྲོག་གསེབ་ཏུ་རབ་བྱུང་བདུན་པའི་ཆུ་མོ་གླང་སྤྱི་ལོ་ (༡༤༣༣) ལོར་སྐུ་འཁྲུངས། དགུང་ལོ་བཅུ་པར་བྲག་དཀར་གྲགས་པ་རྒྱལ་མཚན་ལས་དགེ་བསྙེན་གྱི་སྡོམ་པ་མནོས་ཤིང་སུམ་རྟགས་དག་གསུམ་དང་འདོན་ཆོས་བཅས་ལ་བྱང་བར་མཛད། དགུང་ལོ་བཅོ་བརྒྱད་པ་རབ་བྱུང་བརྒྱད་པའི་ལྕགས་ཕོ་རྟ་སྤྱི་ལོ་ (༡༤༥༠) ལོར་དཔལ་ལྡན་ས་སྐྱར་ཕེབས་ཏེ་བླ་མ་བློ་གྲོས་གཞོན་ནུ་ལས་གསུང་ངག་སོགས་ཀྱི་ཆོས་སྐོར་རྒྱ་ཆེར་གསན། དགུང་ལོ་བཅུ་དགུ་པ་ལ་ངོར་ཨེ་ཝཾ་ཆོས་ལྡན་དུ་ངོར་ཆེན་རྡོ་རྗེ་འཆང་གིས་མཁན་པོ། བྲག་དཀར་སེམས་དཔའ་ཆེན་པོའམ་ཁ་ཆར་བ་ཞེས་གྲགས་པས་སློབ་དཔོན། གཅུང་གཞོན་ནུ་སེང་གེས་དུས་གོ་བ་མཛད་དེ་རབ་ཏུ་བྱུང་། དགུང་ལོ་བཅུ་དགུ་པ་ལྕགས་མོ་ལུག་སྤྱི་ལོ་ (༡༤༥༡) ལོར་ཆོས་གྲྭ་ཆེན་པོ་འབྲས་ཡུལ་དུ་ཕེབས། མཁས་པ་ཆེན་པོ་བྱམས་ཆེན་རབ་འབྱམས་པ་སངས་རྒྱས་འཕེལ་གྱི་ཞབས་ལ་གཏུགས་ཤིང་

མདོ་སྔགས་ཀྱི་ཟབ་བཅུད་ཐམས་ཅད་བུམ་པ་གང་བྱོའི་ཚུལ་དུ་གསན་པར་མཛད། དགུང་ལོ་སུམ་ཅུ་ཐམ་པ་ཆུ་ཕོ་རྟ་སྤྱི་ལོ(༡༤༦༢)ལོར་བྱམས་ཆེན་རབ་འབྱམས་པ་སངས་རྒྱས་འཕེལ་དང་། ཀུན་མཁྱེན་ཆེན་པོ་གོ་བོ་རབ་འབྱམས་པ་བསོད་ནམས་སེང་གེ་སོགས་སྡོམ་བརྩོན་སྡེ་སྣོད་འཛིན་པ་དུ་མའི་དབུས་སུ་བསྙེན་པར་རྫོགས། དགུང་ལོ་སོ་བཞི་པ་མེ་ཕོ་ཁྱི་སྤྱི་ལོ(༡༤༦༦)ལོ་ནས་རྗེ་འདི་དང་པཎ་ཆེན་འབུམ་ཕྲག་གསུམ་པ་གཉིས་ཀྱིས་ཟུར་འཆད་པ་མཛད། དགུང་ལོ་ལྔ་བཅུ་ང་བཞི་པ་མེ་ཕོ་རྟ་སྤྱི་ལོ(༡༤༨༦)ལོར་འབྲས་ཡུལ་སྐྱེད་མོས་ཚལ་གྱི་གདན་སའི་ཁྲི་ལ་ཞབས་སེང་བཀོད་པའི་སྒོ་ནས་དགུང་ལོ་དོན་གཅིག་བཞེས་ཀྱི་བར་དུ་མདོ་སྔགས་ཀྱི་བསྟན་པ་བསྐྱངས། སློབ་བརྒྱུད། ཐུགས་སྲས་བསྟན་འཛིན་མང་དུ་བྱོན་ཡང་། གྲགས་ཆེ་བ་ནི་ཆོས་འཁོར་ལྷུན་པོ་འདེབས་མཁན་པཎ་ཆེན་དཔོན་གྲུབ་དཔལ་འབར་དང་། གཞའ་རི་དགོན་གསར་འདེབས་མཁན་པཎ་ཆེན་ལྷ་དབང་བློ་གྲོས་སོགས་ཡིན། མཐར་དགུང་ལོ་བདུན་ཅུ་དོན་གཅིག་པ་རབ་བྱུང་བརྒྱད་པའི་ཆུ་མོ་ཕག་སྤྱི་ལོ(༡༥༠༣)ལོར་གཟུགས་སྐུའི་འདུ་བ་བསྡུ་བར་མཛད། གསུང་འབུམ། ཀུན་མཁྱེན་ཆོས་ཀྱི་རྒྱལ་པོའི་རྣམ་ཐར་དད་གུས་ཀྱི་རྒྱ་འཛིན་རྣམ་པར་རོལ་པ་ཞེས་སོགས་པོད་ཆེན་བཞི་ཙམ་ཡོད། །

༄ མཁྱེན་བརྩེའི་དབང་པོ་ལམ་འབྲས་སུ་གསལ།

(པོད་ཨང་། 01840–01853)

༄ ཆོས་རྗེ་བློ་གཏེར་དབང་པོ་ལམ་འབྲས་སུ་གསལ།

(པོད་ཨང་། 01854)

༄ ཀྱི་གར་ཤེས་རབ་རྒྱལ་མཚན།

(ཐོད་ཨང་། 01855)

དཔལ་ས་སྐྱའི་ཁྲི་ཐོག་ཉེ་ཤུ་པ་རིན་ཆེན་སྣང་པ་ཀྱི་གར་ཤེས་རབ་རྒྱལ་པ་མཚན་ཞབས་ནི། ཡབ་འཇམ་དབྱངས་ནམ་མཁའ་རྒྱལ་མཚན་དང་། ཡུམ་མ་ཅིག་པད་འབྱུང་གཉིས་ཀྱི་སྲས་སུ་རབ་བྱུང་བདུན་པའི་མེ་འབྲུག་སྤྱི་ལོ (༡༩༣༨) ལོར་སྐུ་བལྟམས། སྐུ་ན་ཆུང་དུས་ནས་ཡབ་སོགས་མཁས་པ་མང་པོ་ལས་ཐོས་བསམ་མཐའ་ཡས་པར་གནང་། དགུང་ལོ་ཉེར་བདུན་སྐབས་སུ་ཁམས་སུ་བྱོན། བོན་ཁྱུང་པོ་སྟོད་བྱ་བའི་གདུལ་བྱ་རྣམས་ལ་དམ་ཆོས་ཀྱི་བདུད་རྩིའི་སྐྱེས་ཕུལ། རིམ་བཞིན་ཕེབས་ཏེ་ཧོར་རིགས་དང་། རྫ་གྲུབ་ཞེས་པའི་མི་རིགས་སོགས་དུ་མ་རྫུ་འཕྲུལ་གྱིས་སྨིན་པར་མཛད། གཞན་ཡང་ཆུ་མེད་སར་ཆུ་གཏོན་པ། ལམ་མེད་སར་ལམ་གཏོད་པ། འཇིགས་ཉེའི་ཁང་པ་འཕྲུལ་གྱིས་བཅིངས་པ། ཆུ་ཐིང་རལ་དུ་བཙུག་པ་སོགས་རྫུ་འཕྲུལ་གཞལ་དུ་མེད་པར་བསྟན་ཏེ་གདུལ་བྱ་དཔག་ཏུ་མེད་པ་ཟབ་རྒྱས་ཀྱིས་སྨིན་པར་མཛད། རྗེ་འདིས་དཔལ་ས་སྐྱའི་གདན་ས་ལོ་བཅུ་བསྐྱངས། ལྷག་པར་དཔལ་ན་ལེནྡྲའི་གདན་ས་གསུམ་པའི་གནས་བབ་ཀྱང་བཞེད་ནས་འཛིན་སྐྱོང་གནང་། བསྟན་འཛིན་སློབ་བརྒྱུད་ནི། སྣ་རབ་འབྱམས་པ་ཀུན་དགའ་ཡེ་ཤེས་སོགས་བྱོན། གང་གིས་མཛད་པའི་བསྟན་བཅོས་ཀྱང་། ལྟ་བཤད་ཆེན་མོ་སོགས་མང་ལ། མཐར་རབ་བྱུང་བརྒྱད་པའི་ཤིང་སྟག་སྤྱི་ལོ (༡༩༩༩) ལོའི་ཟླ་བ་གསུམ་པའི་ཚེས་བཅོ་ལྔའི་ཉིན་དགོངས་པ་མངོན་དུ་མཛད་དོ། །དཔྱད་གཞི་ས་སྐྱའི་ཁྲི་རབས་རྣམ་ཐར་ལས། །

༄ ཉ་དབོན་བློ་གསལ་ཀུན་དགའ་དཔལ།

(ཐོད་ཨང་། 01856)

ཆོས་རྗེ་ཉ་དབོན་པ་ཆེན་པོ་ནི་ཡབ་རྣམ་རྒྱལ་དང་། ཡུམ་པདྨ་སྒྲོལ་མ་གཉིས་ཀྱི་སྲས་སུ་ཉང་པོའི་གནས་སུ་རབ་བྱུང་དྲུག་པའི་ཤིང་བྱ་སྤྱི

ལོ་(༡༣༩༥)ལོའི་ཐ་སྐར་ཟླ་བའི་ཚེས་བརྒྱད་ལ་སྐུ་བལྟམས། དགུང་ལོ་གསུམ་གྱི་སྐབས་སུ་མཚན་བརྗོད་ཞལ་འདོན་དུ་མཛད། དགུང་ལོ་བཞིར་ཕེབས
སྐབས་ཇོ་མོ་ནང་དུ་ཆོས་རྗེ་ཡོན་ཏན་རྒྱ་མཚོའི་དྲུང་དུ་ཡུམ་དང་ལྷན་དུ་མཇལ་བ་ར་ཕེབས་སྐབས་རྗེ་ཡོན་རྒྱམ་གྱི་སྤྱན་ཆེ་ཆེར་གཟིགས་ནས་མཛུབ་བསྟན་ནས
ཕང་དུ་བཞེས་ནས་འཛམ་དབྱངས་གསར་མའི་སྐུ་སྐྱེ་ཡིན་ཞེས་གསུངས། དེ་ནས་ས་སྐྱར་བྱོན་ནས་ཡི་གེའི་གྲྭ་ལ་འཛུག་པས་ཚོགས་ཆུང་དུས་འབྲི་ཀློག་སོགས
ལ་མཁས་པར་གྱུར། དེ་ནས་ཚད་མ་རིགས་པའི་གཏེར་སོགས་གཟིགས་མགོ་བརྩམས་ནས་དགུང་ལོ་བདུན་ལ་ཚིག་དོན་མ་ལུས་པ་ཐུགས་སུ་ཆུད། དེ་
བཞིན་ཐུབ་པ་དགོངས་གསལ་དང་། མངོན་པ་གོང་འོག །ཕར་ཕྱིན། འདུལ་བ། ལམ་འབྲས་སོགས་ལོ་ལྔར་མཐར་ཕྱིན་པར་མཁྱེན། དེ་ནས་དགུང་ལོ་བཅུ
གཉིས་སུ་མཁན་པོ་ཉི་མ་རྒྱལ་མཚན་ལས་དགེ་ཚུལ་མཛད་དེ་མཚན་ཀུན་དགའ་དཔལ་བཟང་པོ་ཞེས་གསོལ། སྣར་ཐང་དུའང་བླ་མ་བཟང་གྲགས་ལ་མངོན
པའི་སྐོར་རྣམས་དང་། སྤྱོད་འཇུག །རྡོར་ཕྲེང་། བདེ་མཆོག་རྩ་རྒྱུད། རྒྱུད་ཕྱི་མ། མཁའ་འགྲོ་རྒྱ་མཚོའི་རྒྱུད། ཟླ་གསང་ཐིག་ལེ། སྤྱི་ཚུགས་པདྨ་ཅན། རིགས
ཚོགས་དང་བསྙོད་ཚོགས། དེ་ནས་ངག་ཕུག་ཏུ་བྱོན་ནས་མཁན་པོ་ཆོས་ཀྱི་གྲགས་པ་ལ་སྦྱོར་རྒྱུད་དང་དེའི་དབང་། ཡུམ་སྐོར། དགྲ་ནག །ཞེ་གྱུ། གདོང
དྲུག །མཁའ་འགྲོ་ཀུན་སྤྱོད་སོགས་གསན། དེ་ནས་དགུང་ལོ་བཅུ་དགུར་སྣེ་ཐང་དུ་མཁན་པོ་བཀྲ་ཤིས་སེངྒེའི་དྲུང་ནས་བསྙེན་རྫོགས་མཛད། དེ་བཞིན་སྟག
ལུང་དུ་བྱོན་ནས་རིན་ཆེན་བཟང་པོ་ལས་ཀྱང་ལུགས་དེའི་སྐོར་འགའ་གསན། དེ་ནས་ཞ་ལུ་གདན་ས་མཐིལ། མཚུར་ཕུ། འབྲི་གུང་། ལྷ་ས།
བསམ་ཡས་སོགས་སུ་གྲྭ་བསྐོར་མཛད། དེ་རྗེས་ཆོས་རྗེ་ཀུན་མཁྱེན་ཆེན་པོ་བྱེ་གཤོང་དུ་བྱོན་པ་དང་མཇལ་ནས། གསུང་གླེང་མང་དུ་མཛད་པས་ཆོས་རྗེ་ཀུན
མཁྱེན་ཆེན་པོ་དགྱེས་ནས་གནང་སྦྱིན་མང་པོ་མཛད། ཁོང་རང་ཡང་ཆོས་རྗེ་དེར་དད་པ་ཚད་མེད་པ་འཁྲུངས་ནས་ཇོ་ནང་དུ་བྱོན་ནས་དུས་ཀྱི་འཁོར
ལོའི་དབང་དང་། རྡོར་ཕྲེང་། གཤེད་དམར། ཧ་མགྲིན། ཕྱག་རྡོར། ལམ་འབྲས་ས་ལུགས། སྨྲས་པ་མིག་འབྱེད། སྦྱོར་དྲུག་སོགས་གསན་ཅིང་། གཞན་ཡང
གུར་བརྟག་སཾ་གསུམ། སེམས་འགྲེལ་སྐོར་གསུམ། ངེས་དོན་མདོ་བཅུ་ལ་སོགས་པ་བོད་དུ་འགྱུར་བ་རྣམས་ལེགས་པར་ཁོང་དུ་ཆུད་པར་མཛད། དེར་དགུང་ལོ
ང་དྲུག་གི་བར་དུ་ཞབས་སུ་ཉེ་བར་བསྟེན། དེ་ནས་ཉང་སྟོད་དུ་བཀའ་བཅུ་པས་གདན་དྲངས་ཏེ་རྩེ་ཆེན་དགོན་གཞི་ཕྱག་ལྷ་སྡེ་དང་བཅས་པ་ཕུལ་ནས་དེར

བཞུགས་ནས་ཚད་མ་སོགས་མདོ་དང་། དུས་འཁོར་དང་། ལམ་འབྲས་སོགས་ཀྱི་ཆོས་འཁོར་བསྐོར་ནས་བཞུགས། དེར་དགོན་རྒྱ་ཆེར་འགྱུར་བ་དང་། གསེར་འབུམ་ཆེན་པོ་བཞེངས་པ་རྣམས་ལས་བཟང་པཎ་ཆེན་ཕེབས་ནས་རབ་གནས་སོགས་མཛད་པས་མེ་ཏོག་གི་ཆར་འབབ་པ་སོགས་རྟགས་མཚན་ཡང་རྒྱ་ཆེ་ལ། ལྷག་པར་ཐུགས་ཡིད་ཤིན་ཏུ་གཅེས་པར་འགྱུར་ཏོ། །གཞན་ཡང་མཁན་ཆེན་གཡག་པ་ཆེན་པོ་དང་རང་སྟོང་གཞན་སྟོང་གི་རྩོད་པ་ཉིན་གསུམ་མཛད་ཀྱང་ཤན་འབྱེད་སུས་ཀྱང་མ་ནུས། བསྟན་འཛིན་སློབ་མ་ཡང་། མཁས་པའི་དབང་པོ་རེད་མདའ་བ་ཆེན་པོ་སོགས་བྱོན། གསུང་རྩོམ་ནི། ཚད་མའི་འགྲེལ་པ་ཁག་འགའ་དང་། བསྟན་པ་སྤྱི་འགྲེལ་སོགས་ཡོད། མཐར་དགུང་ལོ་གོ་ལྔ་པ་རབ་བྱུང་བདུན་པའི་ས་ལུག་སྤྱི་ལོ (༡༤༣༩) ལོའི་རྒྱ་སྟོད་ཟླ་བའི་ཚེས་དྲུག་ལ་གཡག་ལ་བཞོན་ཏེ་གཡག་དང་ལྷན་དུ་བབ་ཏུ་ལྷུང་ནས་དགོངས་པ་དབྱིངས་སུ་ཐིམ་ཚུལ་བསྟན་ནོ། །

༄ སྟག་ཚང་ལོ་ཙཱ་བ་ཤེས་རབ་རིན་ཆེན།

(པོད་ཨང་། 01857–01859)

ཆོས་རྗེ་སྟག་ཚང་བ་ཆེན་པོ་ཤེས་རབ་རིན་ཆེན་རྒྱལ་མཚན་དཔལ་བཟང་པོའམ་ཆོས་འཁོར་ལོ་ཆེན་ཤེར་རིན་ཞབས་ནི་གཙང་གཡས་རུའི་སའི་ཆ་ལང་འགྲོ་ཁང་དམར་ཞེས་པའི་གནས་སུ་ཡབ་ཚོགས་བདག་བརྒྱུད་པ་དོན་གྲུབ་རྒྱལ་པོ་དང་། ཡུམ་ལྷ་མོ་སྐྱབས་གཉིས་ཀྱི་སྲས་སུ་རབ་བྱུང་བདུན་པའི་ཤིང་མོ་བྱ་སྤྱི་ལོ (༡༤༠༥) ལོའི་ཧོར་ཟླ་བཞི་པའི་ཚེས་གསུམ་ཉིན་སྐུ་བལྟམས། དགུང་ལོ་གསུམ་པའི་སྐབས་ཆོས་འཁོར་ལོ་ཆེན་སྐྱབས་མཆོག་དཔལ་བཟང་ལས་སྐྱབས་གསུམ་འཛིན་པའི་དགེ་བསྙེན་གྱི་སྡོམ་པ་བཞེས་ཏེ་མཚན་དཀོན་མཆོག་སྐྱབས་ཞེས་གསོལ། དགུང་གྲངས་བདུན་པའི་བར་གློག་གི་གྲྭ་ཡི་གེ་སློབ་པར་ཕེབས། ལྷག་པར་དགུང་པོ་བདུན་པའི་སྐབས་གློག་གི་སློབ་དཔོན་གནས་གཞན་དུ་ཕེབས་རིན་རང་འདྲའི་བྱིས་པ་བཅོ་ལྔ་ཙམ་ལ་དགེ་རྒན་གྱི་འགན་བཞེས་མཛད་པས་ཀུན་ངོ་མཚར་ཆེ་བ་བྱུང་། དགུང་ལོ་བརྒྱད་པ་ལ་ཐོབ་རྒྱལ་དུ་དཔོན་པོའི་ཡིག་མཁན་དུ་འབོད་མི་བསྟུད་མར་བྱུང་བས་ལོ་བརྒྱད་དེར་ཡིག་མཁན་མཛད་དགོས་པ་བྱུང་། ཕྱིས་སུ་རྟ་ཐོག

ཏུ་བསྒྲོད་ཀྱིན་ཕྱུག་བྲིས་སྐྱོན་བྲལ་ཐོགས་མེད་དུ་མཛད་པས་ཡིག་རྩལ་ལ་མཛེས་མགྱོགས་འགྲན་ཟླ་བྲལ་བ་ཞིག་ཡིན། དེའི་བར་བར་རྣམས་སུའང་བཅོམ་ལྡན་གྲགས་པ་འཕེལ་དང་། རྒྱ་སྟོན་རིན་པོ་ཆེ་སོགས་ཡོངས་འཛིན་དུ་མར་ལེགས་བཤད་གཙོ་བོར་གྱུར་པའི་བསླབ་སྦྱོང་གི་གཞུང་ལ་སློབ་གཉེར་མཐའ་ཡས་པ་མཛད། སྔོན་མ་ནས་རབ་བྱུང་མཛད་རྒྱུར་མོས་པ་ཞིག་མངའ་ཡང་ཡབ་ཡུམ་གྱི་གནང་བ་མེད་པར་ཡུན་རིང་ལུས། དེ་ནས་དགུང་ལོ་ཉི་ཤུར་གཙོ་བོ་ཡབ་ལ་ཐབས་མཁས་པོས་ནང་གྲོས་པས་གནང་བ་ཟུར་ཙམ་ཐོབ་ཐབས་མཛད་དེ་ཕྱི་རོལ་དུ་གསང་ཐབས་ལྷ་བུའི་རྣམ་པས་ཆོས་འཁོར་སྣང་དུ་འབྲོམ་སྟོན་སེངྒེ་རྒྱལ་མཚན་ཞབས་ཀྱིས་མཁན་པོ། འུག་ཚང་པ་ཚུལ་ཁྲིམས་དཔལ་གྱིས་སློབ་དཔོན། སྐར་ཁམས་པ་གྲགས་བཟང་གིས་དུས་གོ་བ་མཛད་དེ་བསྙེན་པར་རྫོགས་ཏེ་མཚན་ཤེས་རབ་རིན་ཆེན་རྒྱལ་མཚན་དཔལ་བཟང་པོར་གསོལ། དེར་མཁན་སློབ་དེ་དག་ལ་བསྙེན་ནས་མགོ་ཀུ་རི་ཀུ་ནས་ཀྱི་རྡོར་དུས་འཁོར་བར་གྱི་གཞུང་ལ་སྦྱངས་པ་མཛད། དེ་རྗེས་དབུས་སུ་ཕེབས་ཏེ་གསང་ཕུར་མཁས་པ་ཆེན་པོ་རོང་སྟོན་ཤེས་བྱ་ཀུན་རིག་དང་། འབྲས་སྤུངས་སུ་རྗེ་བཙུན་འཇམ་དབྱངས་ཆོས་རྗེ། གཞན་ཡང་མཁས་པ་ཡོན་ཏན་རྒྱ་མཚོ་གསུམ་ལས་གསན་བསམ་མཐའ་ཡས་པར་མཛད། དེ་ནས་གཙང་དུ་ཐེགས་ཏེ་ཡར་ལམ་བྱང་སེམས་པ་ལ་ལམ་འབྲས་དང་དུས་འཁོར་གསན། ལོ་ཆེན་ཤབ་སྟོད་པ་ཐུགས་རྗེ་དཔལ་ལ་སྒྲ་དང་སྙན་ངག་མངོན་བརྗོད་སོགས་ཀྱི་ཆ་ལག་དང་བཅས་པ་གསན། དཔལ་ཆོས་དགོན་དུ་མཁས་པ་བོ་དོང་པཎ་ཆེན་ཞབས་ལས་དེ་ཉིད་འདུས་པ་སོགས་ཀྱི་གདམས་པ་གསན། དེ་བཞིན་སྐྱིད་ཚལ་ཀུན་དགའ་ཆོས་བཟང་ཞབས་དང་། ཞ་ལུ་བ་མཁས་པ་བསོད་ནམས་མཆོག་གྲུབ་ལ་སོགས་མདོར་ན་ཡོངས་འཛིན་ཉེར་བདུན་ཙམ་བསྟེན། དེ་ནས་ཆོས་འཁོར་སྣང་དུ་བསྟུད་མར་འཁོར་ལོ་གསུམ་གྱི་བསྟན་པ་ཡུན་རིང་བསྐྱངས། དགུང་ལོ་བདུན་ཅུ་པ་རབ་བྱུང་བརྒྱད་པའི་ཤིང་ལུག་སྤྱི་ལོ་(༡༤༧༥) ལོའི་ཧོར་ཟླ་བརྒྱད་པའི་ཚེས་བཅུ་གསུམ་ལ་ཡར་འབྲོག་ཁྲི་དཔོན་དོན་གྲུབ་བཀྲ་ཤིས་ཀྱིས་གསོལ་བ་བཏབ་པ་བཞིན་སྟག་ལུང་ཐར་གླིང་དགོན་ཕྱག་བཏབ་ནས་ལོ་ངོ་གཉིས་ཙམ་རིང་པཎ་ཆེན་འཇིགས་མེད་གྲགས་ཀྱི་དེ་ཉིད་འདུས་པ་སོགས་ཀྱི་བཀའ་དྲིན་བསྐྱལ། གསུང་ལས་འཁྲུངས་པའི་སློབ་མ་ནི་རྒྱལ་ཚབ་ཆོས་ཀྱི་དཔལ་འབྱོར་དང་། རྫོང་པ་ཀུན་དགའ་རྣམ་རྒྱལ། འུ་ཚང་རིན་པོ་ཆེ། བདག་ཆེན་ཀུན་རིན་དང་བསམ་གྲུབ་འོད་ཟེར། རྟ་ནག་ནོར་བཟང་རྒྱ་མཚོ། རྟ་ནག་རབ་

འབྲུམས་པ་ཤེས་རབ་ཆོས་འཕྲོར། སེ་ར་བློ་གྲོས་སེང་གེ །ཞ་ལུ་བློ་གྲོས་སེང་གེ །ཐུགས་སྲས་མཆོག་གྱུར་ཞ་ལུ་ལོ་ཆེན་ཆོས་སྐྱོང་བཟང་པོ་སོགས་བྱོན། གསུང་འབུམ། ཀུན་ཤེས་རྣམ་བཞི་དང་། བོད་ཆེན་དྲུག་ཡོངས་རྫོགས་ཀྱི་འགྲེལ་པ། ལམ་བདེ་དུས་གསང་སོགས་རྒྱུད་སྡེའི་སྤྱི་དོན་དང་འགྲེལ་ཆོག །བཟོ་རིག་དཔལ་འབྱོར་རྒྱ་མཚོ་དང་། གསོ་རིག་སོགས་རིག་གནས་བཅུ་གའི་རྣམ་གཞག་འགྲན་ཟླ་བྲལ་བ་ཞིག་བཞུགས་སོ། །མཐར་དགུང་གྲངས་དོན་གསུམ་པ་རབ་བྱུང་བརྒྱད་པའི་མེ་བྱ་སྤྱི་ལོ་(༡༩༧༧)ལོའི་ཟླ་བ་བཅུ་པའི་ཚེས་ཉི་ཤུའི་སྔ་དྲོ་དགོངས་པ་ཞི་བར་གཤེགས། དཔྱད་གཞི། རང་རྣམ་ཞལ་སློང་མ། །

༄ གོང་དཀར་རྡོ་རྗེ་གདན་པ་ཀུན་དགའ་རྣམ་རྒྱལ།

(བོད་ཨང་། 01860)

ཆོས་ཀྱི་རྗེ་གོང་དཀར་རྡོ་རྗེ་གདན་པ་ཆེན་པོ་ཀུན་དགའ་རྣམ་རྒྱལ་དཔལ་བཟང་པོ་ཞེས་མཚན་ཡོངས་སུ་གྲགས་པའི་སྐྱེས་བུ་དམ་པ་དེ་ཉིད་ནི་ཐུ་མི་སཾ་བྷོ་ཊའི་གདུང་རྒྱུད་གཞིས་ཀ་གོང་དཀར་གྱི་རྫོང་དཔོན་ཡབ་རྒྱལ་བ་ཤེས་རབ་དང་ཡུམ་སྐྱེ་རྒྱུའི་བདག་མོ་དཔལ་ལྡན་རྡོ་རྗེ་བདེ་མ་རྣམ་གཉིས་ཀྱི་སྲས་སུ་(སྤྱི་ལོ་༡༤༣༢)ལོར་སྐྱེ། བོད་རབ་བྱུང་བདུན་པའི་ཆུ་ཕོ་བྱི་ཡོངས་འཛིན་ཞེས་བྱ་བའི་ལོའི་སྨིན་དྲུག་ཟླ་བའི་དམར་ཕྱོགས་རྒྱལ་བ་དང་པོའི་ཕོ་རེངས་སུ་ལྷོ་ཁ་གྲ་ནང་རྒྱལ་ཆེན་གླིང་ཞེས་པའི་ས་ཡི་ཆར་སྐུ་བལྟམས། ལྟམས་སུ་ཞུགས་དུས་ཡུམ་གྱི་སྐུའི་རིམ་གྲོར་གཟུངས་གྲྭ་ལྔ་སྒྲོག་པ་གཙོ་བོར་མཛད་པས་མཚན་གྲྭ་ལྔ་རྒྱལ་པོ་ཞེས་པར་ཡང་འབོད། རྗེ་བཙུན་བྲག་ཐོག་པས་འཇིགས་མེད་དཔའ་བོ་ཞེས་པར་མཚན་གསོལ། ཕྲུ་བཙུན་ཀུན་དགའ་རྣམ་རྒྱལ་ཞེས་པ་ལས་(ཕྲུ)ཉི་རུས་བརྒྱུད་ཀྱི་མིང་ལས་ཐོབ་པ་ཞིག་གོ །ཐོག་མར་འབྲི་གློག་དང་། དེ་བཞིན་སྐྱེ་བོ་གསོ་ཐིགས། ས་སྐྱ་ལེགས་བཤད། མི་ཆོས་གནད་ཕྲེང་སོགས་ལ་སྦྱངས་པ་མཛད། དགུང་ལོ་བཅུ་གསུམ་བཞེས་པ་རབ་བྱུང་བདུན་པའི་ཤིང་བྱི་(སྤྱི་ལོ་༡༤༤༤)ལོར་ཕོ་བྲང་སྣེའུ་གདོང་དུ། གོང་མ་ཆོས་ཀྱི་རྒྱལ་པོ་གྲགས་པ་འབྱུང་གནས་རྒྱལ་མཚན་

དཔལ་བཟང་པོའི་དྲུང་གི་ཡར་རྒྱབ་དཔོན་ཆེན་གྱི་ཕྱག་ལས་གནང་། དགོངས་གཞི་མིན་ཀྱང་དགུང་ལོ་བཅོ་ལྔ་བཞེས་པ་རབ་བྱུང་བདུན་པའི་མེ་སྟག（སྤྱི་ལོ་༡༩༤༦）ལོར་གཞིས་ཀ་གོང་དཀར་གྱི་རྫོང་དཔོན་མཛད། སྔར་ནས་རབ་བྱུང་བསྒྲུབ་པ་ལ་ཐུགས་ཤིན་ཏུ་རིངས་ཀྱང་ཡུམ་གྱི་དགོངས་པ་མ་འགྲིལ། དགུང་ལོ་ཉི་ཤུ་བཞེས་པ་རབ་བྱུང་བརྒྱད་པའི་ལྕགས་ལུག（སྤྱི་ལོ་༡༩༥༡）ལོར་ཐེག་ཆེན་ཆོས་རྒྱལ་གྱི་དངོས་སློབ་རྗེ་བཙུན་བྲག་ཐོག་པ་བསོད་ནམས་བཟང་པོའི་དྲུང་ནས་དགེ་བསྙེན་མཛད། དགུང་ལོ་ཉེར་བདུན་བཞེས་པ་རབ་བྱུང་བརྒྱད་པའི་ས་སྟག（སྤྱི་ལོ་༡༩༥༢）ལོར་ཐུ་བཙུན་བསོད་ནམས་རྣམ་པར་རྒྱལ་བའམ་མཁན་ཆེན་བྱམས་པ་གླིང་པའི་དྲུང་ནས་དགེ་ཚུལ་གྱི་སྡོམ་པ་ནོད། བླ་མས་ད་བར་དད་ལྡན་རྣམས་ཀྱིས་ཁ་ཏོན་དུ་བགྱི་བའི་ཤེས་བྱ་ཀུན་རིག་ཅེས་པའི་ཚིགས་བཅད་ཐོ་གས་བསྡོད་པར་མཛད། མཆན་ཀུན་དགའ་རྣམ་རྒྱལ་དཔལ་བཟང་པོར་གསོལ། དགུང་ལོ་སོ་གསུམ་བཞེས་པ་རབ་བྱུང་བརྒྱད་པའི་ཤིང་སྦྲུལ（སྤྱི་ལོ་༡༩༦༩）ལོར་དཔལ་ལྡན་རྫོང་པའི་གདན་ས་གོང་དཀར་རྡོ་རྗེ་གདན་གྱི་གཙུག་ལག་ཁང་ཆེན་མོའི་འགྲམ་བརྟེངས། ལོ་སྐོར་གཅིག་ཙམ་གྱི་བར་ལ་གཙུག་ལག་ཁང་རྟེན་དང་བརྟེན་པར་བཅས་པ་ཡོངས་སུ་གྲུབ་པར་མཛད། བཤད་སྒྲུབ་ཀྱི་སྡེ་བཙུགས། དགེ་འདུན་ཉིས་སྟོང་ལྷག་ཙམ་འདུས། གར་འཆམ་དང་ཀྱི་རྡོར་སྒྲུབ་མཆོད། ཕྱུར་པ་དང་དུས་འཁོར་སོགས་ཀྱི་ཆོ་གའི་སྒྲོལ་གཏོར། རྒྱ་གར་གྱི་པཎྜི་ཏ་ཧྲི་ཞེ་ཀ་ར་དང་། ཨ་ལཀྵ་ར་ལ་སོགས་པས་གྲུས་པར་བསྟོད། བོད་ཀྱི་པོ་དོང་ལོ་ཙཱ་ར་གྲགས་པ་དང་། ཞ་ལུ་ལོ་ཙཱ་བ་སོགས་ཀྱིས་ཞབས་ཏོག་ཏུ་ཕྱུར་ནས་གསུང་བཅུད་བཞེས། དགུང་ལོ་སོ་ལྔ་བཞེས་པ་རབ་བྱུང་བརྒྱད་པའི་མེ་ཕྲི（སྤྱི་ལོ་༡༩༦༦）ལོར་དཔལ་ལྡན་ས་སྐྱར་ཐེགས། དགུང་ལོ་བཞི་བཅུ་རྩ་གསུམ་བཞེས་པ་རབ་བྱུང་བརྒྱད་པའི་ཤིང་རྟ（སྤྱི་ལོ་༡༩༧༩）ལོར་མདྣ་པཎྜི་ཏ་མཁན་ཆེན་བྱམས་པ་གླིང་པས་མཁན་པོ་དང་། གསང་སྟོན་ལས་སློབ་སོགས་རྗེས་མ་ཚང་བ་མེད་པའི་དབུས་ནས་དགེ་སློང་གི་སྡོམ་པ་ནོད། ཟབ་ཆོས་ཀྱང་མང་དུ་གསན། བྲག་ཐོག་པའི་དྲུང་ནས་སྦྱོར་རྗེ་བཙུན་ས་སྐྱ་པའི་གསུང་ངག་རིན་པོ་ཆེ་ལ་སོགས་པའི་ཟབ་ཆོས་དུ་མ་དང་། སློབ་སུ་ཐེག་ཆེན་ཆོས་རྒྱལ་ནས་བརྒྱུད་པའི་རྫོང་ལུགས་ཀྱི་ཐུན་མོང་མིན་པའི་དབང་ལུང་ཁྲིད་མན་ངག་དང་བཅས་པ། ཞ་ལུ་ཡེ་ཤེས་རྒྱ་མཚོ་ལས་རྒྱུད་སྡེ་ཁག །ལོ་ཆེན་སྟག་ཚང་ལས་སྒྲ་དང་དུས་འཁོར།

བཀའ་འགྱུར་བར་གྲགས་པ་སེམས་དཔའ་ཆེན་པོ་ཤཱཀྱ་རྒྱལ་མཚན་ལས་བཀའ་བསྟན་འགྱུར་གྱི་ལུང་ཆེས་ཤིན་ཏུ་ཟབ་པ། སྙེ་ཐང་ཆོས་རྗེ་བློ་གྲོས་བརྟན་པ་བཞི་པ་ལས་སྒྲ་ལ་སོགས་པ་རིག་གནས་ཀྱི་སྐོར་མི་ཉུང་བ་ཞིག་གསན་པར་མཛད། ད་དུང་བླ་མ་གཞན་གང་དང་གང་ཞིག་ལས་ཆོས་གང་དང་གང་ཞིག་ཞུས་པའི་སྐོར་ཞིབ་པར་རྟོགས་འདོད་ཡོད་རྣམས་ཀྱིས་རྗེ་ཉིད་ཀྱི་༼གསན་ཡིག་ཆེན་མོ༽ར་བལྟ་བར་བྱའོ། །བསྟན་བཅོས་སུ། དཔལ་ཀྱི་རྡོ་རྗེའི་སྒྲུབ་པའི་ཐབས་ལེགས་པར་བཤད་པ། ལས་དང་པོ་པ་ལ་ཕན་པ་སྒྲུབ་པ་ཉིན་མོར་བྱེད་པའི་སྣང་བ་ཞེས་བྱ་བ་དང་། ལྟ་བ་འཁོར་འདས་དབྱེར་མེད་སྐབས་སུ་གནད་བསྡུས་པའི་ཟིན་བྲིས་གོང་འོག །རྡོ་རྗེ་གླུ་གར་གྱི་བཤད་པ་ཀུན་བཟང་རོལ་པའི་དཔྱིད་གཉེན། ལམ་འབྲས་འཆད་ཐབས་ཟིན་བྲིས། སྡོམ་གསུམ་རབ་དབྱེའི་རྩོམ་འགྲོ། གཏོར་མ་ཞི་དྲག་གཉིས་ཀྱི་ཆོ་ག་གནམ་ལྕགས་འབར་བ། ཀུན་རིག་གཞན་ཕན་འོད་ཟེར་གྱི་ངག་འདོན་གཞན་ཕན་སྣང་བ་མཐའ་དཔྱད་དང་བཅས་པ། མདོས་ཆོག་སོགས་མང་དུ་མཛད། ཐུགས་སྲས་ཀུན་དགའ་རྒྱལ་པོ། དངོས་སློབ་རིག་པའི་གློག་ཕྲེང་དང་། རྒྱ་སྟོན་བྱང་ཆུབ་དབང་རྒྱལ། བདག་ཆེན་བསོད་ནམས་རྒྱལ་མཚན། གདུང་བརྒྱུད་བསམ་གྲུབ་རྒྱལ་མཚན། ཞ་ལུ་ཆོས་སྐྱོང་བཟང་པོ་སོགས་སྐྱེས་ཆེན་དུ་མ་གསོ་སྐྱོང་མཛད། དེ་ལྟར་བསྟན་འགྲོའི་དོན་རྒྱ་ཆེར་མཛད་མཐར་དགུང་ལོ་རེ་ལྔ་བཞེས་པ་༼སྤྱི་ལོ་༡༤༥༦༽ལོ་སྟེ། བོད་རབ་བྱུང་བརྒྱད་པའི་མེ་ཕོ་འབྲུག་མེ་ཞེས་བྱ་བའི་ལོའི་ནག་པ་ཟླ་བའི་དམར་ཕྱོགས་རྫོགས་པ་གཉིས་པའི་ཉིན་གདན་ས་འདི་ཉིད་དུ་སྐུ་གཤེགས་སོ། །རྒྱས་པ་ནི་རྣམ་ཐར་ངོ་མཚར་རིན་ཆེན་གཏེར་མཛོད་དང་། རིན་ཆེན་ཕྲེང་བ་སོགས་ལས་རྟོགས་པར་བྱའོ། །

༄ དཔལ་ནག་པོ་ཆེན་པོ་གུར་གྱི་མགོན་པོའི་ཆོས་སྐོར།
(པོད་ཨང་། 01861–01864)

དཔལ་ལྡན་གུར་མགོན་གྱི་ཆོས་སྐོར་ནི་ས་སྐྱ་པའི་ཐུན་མིན་མན་ངག་བླ་མ་དང་མགོན་པོ་དབྱེར་མེད་དུ་ཉམས་སུ་བླངས་ཏེ་མཆོག་གི་གོ་འཕང་མངོན་དུ་བྱེད་པའི་

གདམས་པའི་སྐོར་ཞིག་ཡིན། ཆོས་སྐྱོང་ཆེན་པོ་འདི་ནི་སྟོན་པ་རྡོ་རྗེ་འཆང་དམ་ཤཱཀྱའི་རྒྱལ་པོ་ཉིད་ཀྱིས་རྒྱུད་རྡོ་རྗེ་གུར་ལས་གསུངས་པ། འཕགས་ཡུལ་གྱི་རྡོ་རྗེ་གདན་དང་། ན་ལེནྡྲ་སོགས་ཀྱི་སྲུང་མ། དོན་དམ་པར་རྣམ་སྣང་ཉིད་དྲག་པོའི་སྐུར་བཞེངས་པ་ཞིག་ཡིན། དེ་ནས་གངས་ཅན་པ་ཡོངས་ལ་བཀའ་དྲིན་གཞལ་དུ་མེད་པར་བསྐྱངས་པའི་སྐྱེས་བུ་ཆེན་པོ་ལོ་ཆེན་རིན་ཆེན་བཟང་པོ་ནས། བྲག་སྟེང་པ་ཡོན་ཏན་ཚུལ་ཁྲིམས། མལ་ལོ་ཙཱ་བ་སོགས་ནས་ས་ཆེན་ཀུན་དགའ་སྙིང་པོ་ལ་བརྒྱུད་པའི་གདམས་པ་རྣམས་ཕྱོགས་གཅིག་ཏུ་བསྒྲིགས་པ་ཞིག་ཡིན། འདིའང་རྗེ་བཙུན་ཆེན་པོ་གྲགས་པ་ནས་སྔ་ཨ་གཉན་དམ་པ་སོགས་ཀྱིས་དར་པོར་བསྤུས་པ་དེ་ཉིད། ཚར་ཆེན་ཆོས་ཀྱི་རྒྱལ་པོས་གུར་མགོན་ཆོས་སྐོར་གྱི་དཀར་ཆག་དང་། ལྷག་པར་རྟོག་གེ་ངན་པའི་ལོག་རྟོག་སེལ་ཕྱིར་མགོན་པོའི་དྲི་བ་ལྷག་བསམ་རབ་དཀར་སོགས་མཛད་ནས་གདན་ལ་ཕབས་ནས་བྱུང་བ་ཞིག་ཡིན་ལ་ཕྱིས་སྟོང་ར་པོད་ནག་སོགས་རིམ་པས་ཁ་སྐོང་མཛད་པའོ། །

༄ དཔལ་མགོན་ཞལ་བཞི་པའི་ཆོས་སྐོར།

(པོད་ཨང་། 01865–01866)

རྒྱལ་བ་རྫོགས་པའི་སངས་རྒྱས་ཀྱིས་དཔལ་གསང་བ་འདུས་པའི་རྒྱུད་སྡེ་ཆེན་པོའི་སྲུང་མར་མངའ་གསོལ་མཛད་པའི་ཆོས་སྐྱོང་དཔལ་མགོན་ཞལ་བཞི་པ་འདི་ནི་བྲམ་ཟེ་མཆོག་སྲེད་སོགས་ལས་བོད་ཀྱི་གཉན་ལོ་ཆེན་པོ་བརྒྱུད་གནམ་ཁའུ་པ་ནས་དཔལ་ས་སྐྱ་པ་ཀུན་དགའ་སྙིང་པོར་བབས་པའི་གདམས་པའི་སྐོར་ཞིག་ཡིན་ལ། གཞན་ཡང་ས་ལུགས་ཀྱི་མཁས་པ་རྣམས་ལ་ཆོས་སྐྱོང་ཆེ་ཆུང་ཞེས་གྲགས་ཏེ་དཔལ་ལྡན་མགོན་པོ་འདི་སྒྲག་སྒྲུབ་ཚུལ་གྱི་གསང་བ་ཤིན་ཏུ་དམ་པའི་མན་ངག་ཞིག་ཏུ་འགྱུར་ཡོད། འདིའི་ཆོས་སྐོར་རྣམས་དཔལ་ལྡན་བླ་མ་དམ་པའི་སློབ་མ་ཡར་ཀླུང་པ་སེངྒེ་རྒྱལ་མཚན་གྱི་བརྒྱུད་པའམ། ཀླུ་པའི་གསེར་ཆོས་ནང་དུ་ཤིན་ཏུ་གལ་ཆེ་བ་ཞིག་ཡིན་ལ། དེས་ན་དབུས་ཀྱི་དཔལ་ལྡན་རྫོང་པ་འདིའི་མན་ངག་མང་པོ་ཞིག་ཀྱང་ཀླུ་པ་འདིར་ཐུག་ཡོད་པས་ད་ལྟ་ཤིན་ཏུ་བརྩིས་ཆེ་བར་མཛད། ཆོས་སྐོར་རྣམས་ནི་སྙན་རྒྱུད་བསྟན་པའི་བདག་པོ་ཚར་ཆེན་རྡོ་རྗེ་འཆང་ནས་ཕྱོགས་སྒྲིག་བྱུང་ངོ་། །

༄ ལྷུམ་སྲིང་གི་ཆོས་སྐོར།

(བོད་ཡང་། 01867)

གནོད་སྦྱིན་ཆེན་པོ་ཞིག་རྟེ་ལྷུམ་སྲིང་གི་ཞེའུ་བུམ་དེ་ཞིབ་ཕྲའི་གནས་ཚུལ་མ་མཇལ།

༄ ནང་ཆེན་དཔལ་བཟང་བསྟན་པའི་རྒྱལ་མཚན།

(བོད་ཡང་། 01868)

ཁོང་གི་རྣམ་ཐར་ལ་ཁུངས་གང་ཡང་མ་རྙེད།

༄ པཎ་ཆེན་ཤཱཀྱ་མཆོག་ལྡན།

(བོད་ཡང་། 01869–01870)

མཁས་པའི་དབང་པོ་འདི་ནི་གསང་ཕུའི་བར་ཚོགས་ཞེས་པར་རབ་བྱུང་བདུན་པའི་ས་སྤྲེལ་སྤྱི་ལོ(༡༤༢༨)ལོར་སྐུ་འཁྲུངས། སྐྱོར་མོ་ལུང་དུ་རོང་སྟོན་ཆེན་པོ་ལས་རབ་ཏུ་བྱུང་། དགུང་ལོ་བཅུ་པ་ལ་ནུ་ལེགྲུར་དགེ་ཚུལ་བསྒྲུབས། དགུང་ལོ་ཉེར་གཅིག་གི་བར་རོང་སྟོན་ཆེན་པོའི་ཞབས་ལ་གཏུགས་ནས་རྒྱན་དྲུག་མཆོག་གཉིས་ཀྱི་གཞུང་སོགས་ཟབ་ཆོས་མང་དུ་གསན། དགུང་ལོ་ཉེར་ལྔ་པ་ལ་ངོར་དགོན་དུ་ངོར་ཆེན། ཐྲག་དཀར་སེམས་དཔའ་ཆེན་པོ། མུས་ཆེན་གསུམ་གྱིས་མཁན་པོ་དང་ལས་གསང་མཛད་དེ་བསྙེན་པར་རྫོགས། མཁན་སློབ་དེ་གསུམ་དང་། ལྷུང་ལུང་པ་གཞོན་ནུ་བློ་གྲོས། པཎ་ཆེན་ནགས་རིན་སོགས་ལས་གསུང་ངག་སྦྱོར་དྲུག་གི་གཙོས་ཟབ་རྒྱས་ཀྱི་ཆོས་མང་དུ་ནོད། དགུང་ལོ་བཅོ་ལྔ་པ་ལ་གསང་ཕུའི་གནས་སྒོ་གྲྭ་ཚང་གི་འཛིན་བདག་མཛད། དགུང་ལོ་ཞེ་གཉིས

པ་ས་གླང་སྤྱི་ལོ (༡༤༦༨) ལོར་གསེར་མདོག་ཅན་དུ་འདུས་ཚོགས་བརྒྱ་ཕྲག་བདུན་ལ་འཆད་རྟོད་རྩོམ་གསུམ་གྱིས་བསྟན་པ་སྤེལ། དགུན་ཆོས་ལ་མངོན་པ་གོང་འོག །དབྱིད་ཆོས་ལ་དབུ་མ། དབྱར་ཆོས་ལ་འདུལ་བ་གཙོ་བོར་འདོམས་པར་མཛད། དེ་ནས་ཆོས་རྒྱལ་རྣམ་རྒྱལ་གྲགས་པ་ལས་དུས་འཁོར་གྱི་དབང་སོགས་གསན། གསེར་མདོག་ཅན་དུ་དྲི་ལན་གསེར་གྱི་ཐུར་མ་མཛད། མདོར་ན་མཁས་གྲུབ་འདི་ཉིད་ཀྱིས་ཡོངས་འཛིན་བཅུ་ཕྲག་བཞི་ལྷག་ལས་གསན་པ་རྒྱ་ཆེར་མཛད། ཐོག་མར་ས་སྐྱ་དང་། དེ་ནས་དབུ་མ་རང་རྒྱུད་པའི་ལྟ་བ་འཛིན་པ་དང་། མཐར་གཞན་སྟོང་གི་ལྟ་བ་བསྐྱངས་ཞེས་གྲགས། གདན་ས་གཙོ་བོ་གསེར་མདོག་ཅན་དང་། གསང་ཕུ། འཕན་པོ་གླང་ཐང་། མལ་གྲོ་རྒྱ་མ་སོགས་ཡིན། སློབ་མ་ནི་ཤངས་ཆེན་པ་དང་། ལྷུང་ར་བ། ཧོར་རྒྱལ། བློ་བཟང་སོགས་མང་དུ་བྱོན། མཐར་དགུང་ལོ་བརྒྱད་ཅུ་ཐམ་པ་རབ་བྱུང་དགུ་པའི་མེ་ཡོས་སྤྱི་ལོ (༡༥༠༧) ལོར་དགོངས་པ་གཞན་དོན་དུ་གཤེགས། གསུང་འབུམ། ཚད་མའི་དཀའ་འགྲེལ་དང་། སྤྱི་དོན་ཆེ་ཆུང་གཉིས། ཕར་ཕྱིན་ཊཱི་ཀ་ཆེན། རྩ་འཇུག་ཊཱི་ཀྐ། སྟོང་ཐུན་ཆེན་མོ། འདུལ་བའི་དཀའ་འགྲེལ། བདེ་མཆོག་རྣམ་བཤད། གསང་འདུས་རྣམ་བཤད། གསེར་ཐུར་ཆོས་ཚན་སོགས་པོད་ཆེན་ཉེར་བཞི་ཡོད་དོ། །

༄ སྤང་ལོ་བློ་གྲོས་བརྟན་པ། ༼ཀ༽

(པོད་ཨང་། 01871)

མཁས་པའི་དབང་པོ་སྤང་ལོ་ཆེན་པོ་ནི་སྤྱི་ལོ (༡༢༧༦) ལ་ལ་སྟོད་ལྷོའི་དཔྱང་ལུང་འོ་བུར་འཁྲུངས། འཁྲུངས་མ་ཐག་ནས་རིང་པོར་མ་ལོན་པར་གྲུབ་ཆེན་ཨོ་རྒྱན་པ་མཇལ་དུས་གསོལ་ཇ་གསོལ་འཕྲོ་གསོལ་ཞལ་དང་བཅས་པ་གནང་། དགུང་ལོ་ལྔ་པ་ལ་ཁྲོད་ཚང་ཆོས་རྗེའི་གདན་ས་བྱང་གླིང་པའི་དྲུང་དུ་བྱོན་ནས་དགེ་བསྙེན་མཛད། བདུན་པ་ལ་སེར་ཁར་བ་དང་མེས་འདུལ་འཛིན་དག་ལས་རབ་ཏུ་བྱུང་། བཅུ་པ་ལ་མདོ་རྩ་ཐུགས་ལ་ཤིན་ཏུ་བྱང་པར་གྱུར། བཅུ་གསུམ་པ་ལ་བཤད་གསར་མཛད་པས་གཞུང་བྱང་པའི་ཐོག་ཆོད། འདི་ལོ་ས་སྐྱར་ཕེབས་པས་སྟག་སྟེ་བའི་སྐད་པ་གསན་པས་ཚ་སྟར་བྱོན་ཐོག་མར་འདོན་པ་བསླབ། བཅུ་དྲུག་པ་ལ

གསུང་པ་མ་ཟད་ཕར་ཚད་ཀྱང་སྦྱང་བར་མཛད་ནས་སླར་བཅོ་བརྒྱད་པ་ལ་གསུང་པ་སྟེ་མདོར་ན་ལོ་དྲུག་བར་མ་ཆད་པར་དེར་བཞུགས། བཅུ་དགུ་པ་ལ་སྟག་སྡེ་བ་གཤེགས། དེ་ནས་མང་མཁར་ཁྲ་ཚང་དུ་སྟོན་ཁ་བླ་མ་མཆོག་ལྡན་ལ་ཀཱ་ཅན་སོགས་གསན། དགུན་ས་སྐྱར་ཕེབས་ཏེ་བླ་མ་འཇམ་སྐྱ་ལས་རྣམ་འགྲེལ་རིགས་གཏེར་བརྟག་གཉིས་སོགས་གསན། དེ་ནས་སེར་ཁང་དུ་བྱོན་ནས་གཞུང་མཐའ་ཡས་པ་གསན། ཨཱ་ཙནྡྲ་བྱུང་ཚད་ལ་འཕྲུལ་སྐད་སློབ། དེའི་སྐབས་འཚོ་བ་དཀའ་བས་ས་སྐྱར་དུས་མཆོད་པའི་རོལ་མོ་འཛིན་པའང་མཛད། དེ་ནས་འཇམ་དབྱངས་བཞི་ཐོག་པ་དང་པཎྜི་ཏའི་བར་གྱི་ལོ་ཙཱ་བ་མཛད་པས་ལོ་ཙཱའི་མཚན་ཐོབ། ར་མ་ཨཱ་ཙནྡྲ་སོགས་ལ་ཙནྡྲ་པ་གསན། སྟོན་དུས་ས་སྐྱར་ཀཱ་ལ་པའི་འགྱུར་མཛད། བར་བར་དུ་བཞི་ཐོག་པ་དང་། བླ་མ་མཆོག་ལྡན། བླ་མ་འཇམ་སྐྱ་སོགས་ལ་ལམ་འབྲས་སོགས་ཐུན་ མིན་ མན་ ངག་ མང་ པོ་ གསན། སོ་གཉིས་ པར་ གནས་ པོ་ ཆེར་ ཆོས་ གཞི་ འཛུགས་ པར་ མཛད་ དེ་ དེར་ རིགས་ གཏེར་ སོགས་ ཀྱི་ ཟབ་ ཁྲིད་ མཛད། དེའི་སྐབས་སུ་རྒྱལ་སྲས་ཐོགས་མེད་ཀྱིས་ཞུ་སྣ་མཛད་དེ་བོ་དོང་ཨེའི་གདན་སར་ཕེབས། གཞན་ཡང་བླ་མ་དགེ་འདུན་བརྟན་པ་ལ་རྡོར་ཕྲེང་སོགས་ཀྱང་གསན། བླ་མ་རི་འདབས་པ་ལ་སྦྱོར་དྲུག་དང་། དབུ་མ་ཆེན་པོ་སོགས་གསན། སླར་བླ་མ་མཆོག་ལྡན་ལ་ལོ་ཉེར་ལྔ་བསྟེན་ནས་དབང་མན་ངག་བུམ་པ་གང་བྱོར་གསན། དེ་ནས་ས་སྐྱར་ལན་མང་དུ་བྱོན་ཏེ་བཤད་པ་རྒྱ་ཆེར་མཛད། དེའི་རྗེས་འཇམ་དབྱངས་དོན་ཡོད་རྒྱལ་མཚན་ངོར་ཕར་ཕྱིན་ཊཱི་ཀ་དང་། བླ་མ་དམ་པའི་ངོར་མངོན་ཊཱི་ཀ་དང་དུས་འཁོར་མཆན་འགྲེལ། མཁས་པ་གཞོན་ནུ་སེང་གེའི་ངོར་ཚོགས་གསུམ་གསལ་བ་སོགས་མཛད། དགུང་ལོ་རེ་གཉིས་ལ་ཨེའི་གདན་སར་ཕེབས། མཐར་དགུང་ལོ་རེ་བདུན་ཕྱི་ལོ་(༡༣༩༢)ལ་དགོངས་པ་ཆོས་དབྱིངས་སུ་ཐིམ། །

༄ སློ་ཐང་པ་བློ་གྲོས་བརྟན་པ།

(ཐོད་ཨང་། 01872—01877)

སློ་ཐང་བློ་བརྟན་ནམ་མཁས་པ་བློ་གྲོས་བརྟན་པ་བཞི་པའམ་བོ་དོང་བློ་བརྟན་ཞབས་ནི་དུས་རབས་བཅོ་ལྔའི་སྟོད་ཙམ་དུ་བྱོན། ཐོག་མར་སློ་ཐང་ཆོས་

རྫོང་དུ་བཙུན་པར་ཞུགས། རྗེ་བཙུན་རེད་མདའ་བ་ལ་སྡེ་སྣོད་སྦྱངས་པ་མཛད་ནས་བཀའ་བཅུ་པའི་མཆོག་ཏུ་བསྔགས། གཞན་ཡང་ཐེག་ཆེན་ཆོས་རྗེ་དང་། ལོ་ཆེན་ནམ་མཁའ་བཟང་པོ། བོ་དོང་པ་མཁས་པ་འཇམ་དབྱངས་རལ་གྲི་སོགས་ལ་མདོ་སྔགས་རིག་གནས་དང་བཅས་པ་ལ་སྦྱངས་པ་ཕུལ་དུ་ཕྱིན་པ་མཛད། དེས་ན་སློབ་གཉེར་གཙང་དུ་ཤུགས་ཆེ་བ་མཛད་ནས་རྗེས་སུ་ཆོས་རྫོང་དང་བཀྲ་ཤིས་ཁང་སོགས་སུ་གཙོར་བཞུགས། སློབ་མ་ལ་ལོ་ཙཱ་བ་བློ་གྲོས་དབང་ཕྱུག །རྫོང་པ་ཀུན་དགའ་རྣམ་རྒྱལ། པཎ་ཆེན་ཤཱཀྱ་མཆོག །རབ་འབྱམས་པ་ཀུན་དགའ་ཡེ་ཤེས་སོགས་བྱོན། རྣམ་ཐར་ངོ་མ་མ་མཇལ། གསུང་འབུམ། ཆ་བསགས་གི་མདོའི་འགྲེལ་པ་བོད་ན་ཆེ་ཤོས་དེ་ཡིན་ལ་ཁྱོན་གསུང་འབུམ་པོད་བཞི་ཙམ་ཡོད། །

༄ རྫོང་པ་དཔལ་ལྡན་ཆོས་སྐྱོང་།

(པོད་ཨང་། 01878)

ཁོང་ནི་སྤྱི་ལོའི་དུས་རབས་བཅོ་ལྔའི་དུས་མགོར་ཐེབས། གཙོ་བོ་ནི་ཆོས་རྗེ་རྫོང་པ་ཀུན་དགའ་རྒྱལ་མཚན་བསྟེན་ནས་མདོ་སྔགས་རིག་གནས་དང་བཅས་པ་ཀུན་ལ་མཁྱེན་རྒྱ་ཡངས་པར་མཛད། སློབ་མ་ནི། གྲུབ་ཆེན་ཆོས་རིན་ཆེན་སོགས་བྱོན། གཙོ་བོའི་བཞུགས་གནས་ནི་ངམ་རིང་དུ་ཡིན། གསུང་འབུམ། འབྲུལ་འཇོམས་ཉི་མའི་འོད་ཟེར། དཔལ་འཁོར་ལོ་སྡོམ་པའི་ལུས་དཀྱིལ་དཀྱིལ་ཆོག །ཡི་དམ་རྒྱ་མཚོའི་སྒྲུབ་ཐབས། རྫོང་པ་ཀུན་དགའ་རྒྱལ་མཚན་རྣམ་ཐར་སོགས་ཡོད། འོན་ཀྱང་རྣམ་ཐར་ངོ་མ་མ་འཇལ། །

༄ བྱ་བྲལ་བ་རིན་ཆེན་རྒྱལ་མཚན།

(པོད་ཨང་། 01879)

རྣམ་ཐར་དེས་གཏན་ཅན་ཞིག་མ་རྙགས། །

༄ འདིའི་བར་ལ་ལམ་འབྲས་བླ་མ་བརྒྱུད་པའི་རྣམ་ཐར་པོད་གསུམ་ཡོད་ཀྱང་མཛད་པ་པོའི་རྣམ་ཐར་འོག་ཏུ་སྐབས་གཅིག་ཏུ་བཀོད་ཡོད། (01880–01882)

༄ གཟིམས་འོག་སྐུ་འཕྲེང་བཞི་པ་བསྟན་འཛིན་སྙན་གྲགས། (པོད་ཨང་། 01883)

ཆོས་རྗེ་བསྟན་འཛིན་སྙན་གྲགས་ཞབས་ནི། འཕན་པོ་མཁར་གདོང་གཞིས་ཀར་རབ་བྱུང་བཅུ་བཞི་མེ་ཕོ་བྱི་བ་སྐྱེ་ལོ་（༡༧༥༦）ལོའི་བོད་ཟླ་བཅུ་གཉིས་པའི་ཚེས་བཅུ་གསུམ་ཉིན་འཁྲུངས། ཆུང་དུ་ནས་གཟིམ་འོག་གོང་མའི་ཡང་སྲིད་དུ་ངོས་འཛིན་མཛད། གོང་བརྗོད་རྗེ་གྲུ་ཙ་ཞབས་ཀྱིས་དགུང་ལོ་དྲུག་ནས་ཤེས་རབ་བློ་འཕེལ་སྲན་མ་མ་ཤ་ཀའི་ལས་སྦྱོར་མཛད་པས་དེར་སླུ་གུ་ཡོན་པ་སོགས་ཀྱི་ནུས་པ་ཆ་ཚང་འགྲུབ་པས་དེས་ཤེས་རབ་ཐོགས་པ་མེད་པར་བརྟས། དེ་ནས་རིག་གནས་ཐམས་ཅད་ཀྱི་གཞི་མ་ཡི་གེའི་རྣམ་གཞག་ཁྲིས་པ་བདེ་འཇུག་དང་སུམ་རྟགས་དག་གསུམ་སོགས་ནས་མགོ་འཛིན་ཏེ་སློབ་གཉེར་མཛད་དེ་ཐུན་མིན་འབྲས་རྟགས་སུ་དགུང་ལོ་བཅུ་པའི་སྐབས་སྙན་ངག་ལེའུ་གསུམ་གའི་དཔེར་བརྗོད་ཆ་ཚང་མཛད་པ་རྗེ་བླ་མ་ཚུལ་ཁྲིམས་རྒྱལ་མཚན་ཞབས་ཀྱིས་ཀྱང་དཔེ་དེ་དངོས་སུ་གཟིགས་མྱོང་གསུངས། གཞན་ཡང་རྗེ་དགེ་འདུན་བཀྲ་ཤིས་དཔལ་འབྱོར་སོགས་བཤེས་གཉེན་དུ་མ་བསྟེན། དགུང་ལོ་བཅུ་དགུའི་དུས་སུ་དུར་བདག་བསྐང་གསར་ཞེས་པ་ཞིག་མཛད་པ་དེའི་ཚིག་དོན་ལ་མཁས་པ་ཀུན་འགྲམ་ཆུ་ཤོར་བ་ཞིག་ཡོད། དེ་ནས་ན་ལེནྡྲའི་མཁན་ཁྲི་ལོ་གསུམ་མཛད་ཁྲི་རབས་ཉེར་གཉིས་པ་ཡིན། དེ་ནས་དབུས་སུ་སློབ་གཉེར་ཐར་ཕྱིན་ཏེ་ཁམས་སུ་ཐེབས་སྐབས་རྫོགས་ཆེན་དཔལ་སྤྲུལ་ཞབས་དང་། རྫོགས་ཆེན་པ་པདྨ་རིག་འཛིན་སོགས་དེར་ཡོད་མཁས་པ་རྣམས་དང་ལེགས་བཤད་ཀྱི་དགའ་སྟོན་སྤེལ་རེས་མཛད། ལྷག་པར་འཇམ་དབྱངས་མཁྱེན་བརྩེའི་དབང་པོའི་མདུན་ནས་གསན་བསམ་ཀྱང་ཅུང་ཟད་གནང་ལ། རྗེ་དེར་ཕར་དཔལ་ས་སྐྱའི་གྲགས་ཆེན་བཅོ་བརྒྱད་གཙོས་གཞུང་ལུགས་མང་པོའི་བཤད་པ་དང་། ལྷག་པར་ཕར་ཕྱིན་དང་ལམ་

འབྲས་གསེར་ཆོས་སྐོར་སོགས་ཕུལ་བར་མཛད་དེ་རྗེ་མཁྱེན་བརྩེའི་ཞབས་ཀྱི་རྣམ་ཐར་ལས་ས་སྐྱ་པའི་ཐུན་མིན་གྲགས་ཆེན་བཅོ་བརྒྱད་ཁྲིད་རྒྱུན་རྗེ་འདི་ཉིད་ལས་ནོད་ཅེས་ཁོས་པས་སོ། །དེ་རྗེས་ན་ལེནྡྲའི་མཐོང་སྨོན་གྲྭ་ཚང་དུ་མཚན་ཉིད་ཀྱི་བཤད་གྲྭ་རྒྱ་ཆེར་བཙུགས་ནས་ལོ་བརྒྱད་དང་དྲུག་སོགས་ཀྱི་སློབ་ཡུན་གཏན་ཁེལ་མཛད་པ་དང་། རབ་འབྱམས་པ་དང་འབུམ་རམས་པ་སོགས་ཀྱི་རྒྱུགས་ཚད་དང་བཅས་པ་གཏན་ཁེལ་བཟོས། དེ་བཞིན་སྔར་ཉམས་ཆག་བྱུང་བའི་གཞི་གསུམ་གྱི་ཕྱག་ལེན་སོགས་དགོན་པའི་བཅའ་ཡིག་གཏན་འབེབ་མཛད་དེ་བསྟན་པ་རྨ་མེད་པ་ཞིག་དར་སྤེལ་མཛད། གཞན་ཡང་སྐྱ་ཉིད་མདོ་སྔགས་རིག་གནས་ཀུན་ལ་ཕུལ་ཏུ་ཕྱིན་པའི་གནས་རྩ་ཟིན་པའི་མཁས་པ་ཞིག་ཡིན་པའི་དབང་གིས་གཞུང་ས་ནས་ཀྱང་རྩེའི་རིག་གནས་སློབ་གྲྭའི་སློབ་དཔོན་དུ་གདན་དྲངས་པ་སོགས་སྒྲོ་བཏགས་ལྷ་བུ་མ་ཡིན་པ་དངོས་དོན་ནས་ཀྱང་བསམ་ཡུལ་ལས་འདས་པ་ཞིག་ཡོད། སྐུ་རྗེས་སུ་ཁམས་ཁུལ་དུ་ལོ་གསུམ་ཐེབས་ནས་དེར་ལམ་འབྲས་སོགས་ཆོས་འཁོར་རྒྱ་ཆེར་བསྐོར། གསང་རྣམ་སོགས་ནི་སྐབས་འདིར་མི་འོས་པས་བཞག་གོ །རྒྱ་མཚན་དེས་ན་ཛ་དཔལ་སྤྲུལ་རིན་པོ་ཆེས་ཀྱང་། སྤྲུལ་སྐུ་ངོ་མ་ནི་མདོ་དབུས་ཁམས་གསུམ་དུ་གཟིམས་འོག་སྤྲུལ་སྐུ་དང་། སི་ཏུ་སྤྲུལ་སྐུ་གཉིས་ལྷ་བུ་ཡིན་གསུངས་པའང་དོན་ལ་གནས། བསྟན་བཅོས་ཡང་འགའ་ཡོད་པ་ལས་ད་ལྟ་ཕར་ཕྱིན་འགྲེལ་པ་རིན་ཆེན་ཐེམ་སྐས་སོགས་འགའ་ཞིག་བཞུགས་ཡོད་ལ། མང་ཆེ་བ་ནི་རིག་གསར་སྐབས་རྩ་མེད་དུ་ཕྱིན་ནས་མེད་དོ། །སློབ་མ་ནི་མདོ་སྟོད་སྨད་དུ་མང་པོ་ཡོད་ཀྱང་གཙོ་བོ་ནི་མཁྱེན་རབ་དབང་ཕྱུག་ཀུན་དགའ་གྲགས་འཛིན་ཡིན་ནོ། །མཐར་དགུང་ལོ་དྲུག་ཅུ་ཡས་མས་བཞུགས་ལ་ལོ་ཚིགས་མ་ངེས་ཀྱང་བོད་ཟླ་བཞི་པའི་ཆོས་བདུན་ལ་གཤེགས་ཞེས་སོ། །

༄ བྲང་ཧེ་ནམ་མཁའ་དཔལ་བཟང་ལམ་འབྲས་སུ་གསལ།

(པོད་ཨང་། 01884—01885)

༄། བླ་མ་དམ་པ་བསོད་ནམས་རྒྱལ་མཚན།

(པོད་ཨང་། 01886‒01890)

ཆོས་རྗེ་བླ་མ་དམ་པ་བསོད་ནམས་རྒྱལ་མཚན་ཞབས་ནི་ཡབ་བདག་ཆེན་བཟང་པོ་དཔལ་དང་། ཡུམ་མ་གཅིག་ཞུ་ལུ་མ་གཞོན་ནུ་འབུམ་གཉིས་ཀྱི་
སྲས་སུ་ཞ་ལུ་ཁང་གསར་དུ་རབ་བྱུང་ལྔ་པའི་ཆུ་ཕོ་བྱི་བ་སྤྱི་ལོ(༡༣༡༢)ལོར་སྐུ་འཁྲུངས། དགུང་ལོ་བརྒྱད་པར་ཕེབས་དུས་ནས་གཞུང་ལུགས་མང་པོ་གསལ་ལ་
རྒྱ་ཆེ་བ་གསུང་ཐུབ་པས་ཀུན་གྱིས་ཡིད་སྨོན་དང་དད་ཡུལ་ཞིག་ཏུ་གྱུར། དགུང་ལོ་བཅུ་གཅིག་པ་ཆུ་ཕོ་ཁྱི་སྤྱི་ལོ(༡༣༢༢)ལོར་བླ་ཆེན་ཀུན་དགའ་བློ་གྲོས་ཀྱི་
དྲུང་དུ་དགེ་བསྙེན་གྱི་སྡོམ་པ་དང་ཐེག་ཆེན་སེམས་བསྐྱེད་སོགས་གསན། དགུང་ལོ་བཅུ་བདུན་པ་ས་ཕོ་འབྲུག་སྤྱི་ལོ(༡༣༢༥)ལོར་མཁན་ཆེན་བསོད་ནམས་
གྲགས་པ་དང་། སློབ་དཔོན་དཔལ་ལྡན་སེང་གེ་གཉིས་ཀྱི་དྲུང་དུ་རབ་ཏུ་བྱུང་ནས་མཚན་བསོད་ནམས་རྒྱལ་མཚན་དཔལ་བཟང་པོ་ཞེས་གསོལ། དགུང་ལོ་
བཅུ་དགུ་པར་དཔང་ལོ་ཆེན་པོ་ལས་རྩ་ཤེའི་ཚིག་འགྲེལ་ཚིག་གསལ་དང་། དོན་འགྲེལ་དབུ་མ་འཇུག་པ་རང་འགྲེལ་དང་བཅས་པ་སོགས་མདོ་སྔགས་ཀྱི་ཆོས་
མང་དུ་གསན། དགུང་ལོ་ཉི་ཤུ་པ་རབ་བྱུང་དྲུག་པའི་ལྕགས་མོ་ལུག་སྤྱི་ལོ(༡༣༣༡)ལོར་སྔར་གྱི་མཁན་སློབ་རྣམས་དང་། གྲོགས་དན་པ་གནས་བརྟན་བཅུ་
བདུན་ཙམ་གྱི་དབུས་སུ་བོ་དོང་བྱ་རྒོད་གཤོང་གི་གཙུག་ལག་ཁང་དུ་གཅེན་དང་ལྷན་དུ་བསྙེན་པར་རྫོགས། དེ་ནས་བཟུང་ཤ་ཆང་ཞལ་ལ་མི་རེག་ཅིང་ལྷུང་བ་
ཕྲ་མོ་ཙམ་ཡང་ཁྱད་དུ་མི་གསོད། ཡོན་གོང་མ་ཐུབ་ཐེའི་སྨུར་གྱིས་གདན་འདྲེན་སྤྱི་རྗེས་ཐེངས་བཞི་ཙམ་ཞུས་ཀྱང་མ་ཕེབས། དགུང་ལོ་ཉེར་ལྔ་པ་མེ་ཕོ་བྱི་བ་སྤྱི་
ལོ(༡༣༣༤)ལོར་བུ་སྟོན་རིན་ཆེན་གྲུབ་དང་། རྒྱལ་སྲས་ཐོགས་མེད་བཟང་པོ། སྤྱང་ལོ་ཙྪ་བ་བློ་གྲོས་བརྟན་པ་སོགས་མཁས་གྲུབ་དམ་པ་རྣམས་ལས་འཕགས་
བོད་ཀྱི་གཞུང་བཀའ་མང་དུ་གསན། དགུང་ལོ་རེ་གཅིག་པ་ཆུ་ཕོ་བྱི་བ་སྤྱི་ལོ(༡༣༧༢)ལོར་བོ་དོང་ཨེར་བསྐོར་བའི་ཆོས་འཁོར་དང་། དྲུག་ཅུ་རེ་གཉིས་ལ་
བསམ་ཡས་སུ་བསྐོར་བའི་ཆོས་འཁོར་འདི་གཉིས་ནི་སྔོན་གྱི་སྐྱེས་བུ་གང་ཞིག་གིས་ཀྱང་བསྐོར་མ་མྱོང་བའི་ཆོས་འཁོར་རླབས་ཤིན་ཏུ་ཆེ་བར་གྲགས། ལྷག་
པར་རྗེ་འདིའི་ཀུན་སྤྱོད་དང་མཁྱེན་རྒྱར་དཔག་ན་དེ་དུས་མཁས་བླུན་ཐམས་ཅད་ཡིད་སྨོན་ཤོར་དགོས་པ་ཞིག་ཡོད་པ་རྒྱལ་སྲས་དང་། བུ་སྟོན་ཆེན་པོ། སྤྱང་ལོ་

ཆེན་པོ་སོགས་ཀྱི་གཞུང་དུ་གསལ་བར་དཔག་ནུས། སྐུ་ཚེ་ཧྲིལ་པོར་མཁས་གྲུབ་མང་པོ་བསྟེན་ནས་འཆད་རྩོད་རྩོམ་གསུམ་གྱི་མཛད་པ་རྒྱ་ཆེར་སྤེལ་བ་ལས་བསྟན་འཛིན་སློབ་མ་ཡང་། སྔགས་ཀྱི་རྒྱལ་ཚབ་ཆེན་པོ་སྣར་ཐང་པ་ཤེས་རབ་སྣང་བ་དང་། ཡར་ཀླུང་པ་སེང་གེ་རྒྱལ་མཚན་གཉིས། གསུང་ངག་འཛིན་པའི་ཐུགས་སྲས་སྔགས་འཆང་གཟུངས་པ་དང་། དཔལ་ལྡན་ཚུལ་ཁྲིམས། བླ་ཆེན་ཀུན་དགའ་རྒྱལ་མཚན། ཉ་དབོན་ཀུན་དགའ་དཔལ། ལོ་ཆེན་བྱང་རྩེ། རྫོང་ནང་མཁན་ཆེན་བྱང་སེང་། ལོ་ཆེན་སྐྱབས་མཆོག་དཔལ། སྤྱན་སྔ་གྲགས་པ་བྱང་ཆུབ་བཅས་བརྒྱད། དེ་བཞིན་བསྟན་འཛིན་གྱི་སྐྱེས་བུ་ཆེན་པོ་བཞི། ཡོངས་གྲགས་ཀྱི་མཁས་པ་ཆེན་པོ་བཅུ་གཅིག་སོགས་མང་དུ་བྱོན། དགུང་ལོ་དྲུག་ཅུ་རེ་བཞིར་འཚོ་བཞུགས་གནང་ནས་མཐར་རབ་བྱུང་དྲུག་པའི་ཤིང་མོ་ཡོས་སྤྱི་ལོ(༡༤༧༥)ལོར་སྐུ་གཤེགས། གསུང་འབུམ། ཚད་མ་དང་། ཕར་ཕྱིན། དབུ་མ། གསང་སྔགས་སོགས་མདོ་སྔགས་ཀྱི་བསྟན་བཅོས་པོད་ཉེར་ལྔ་ཡོད། དཔྱད་གཞི། སློབ་བཤད་རྣམ་ཐར་ལས། །

༄ ཚར་ཆེན་བློ་གསལ་རྒྱ་མཚོ་དང་དབུས་པ་བློ་གསལ་གསུང་འབྲེལ་པ་པོད་གཅིག །

(པོད་ཨང་། 01891)

དབུས་པ་བློ་གསལ་རྩོད་པའི་སེང་གེའམ། བྱང་ཆུབ་ཡེ་ཤེས་ཞབས་ནི་སྤྱི་ལོའི་དུས་རབས་བཅུ་གཉིས་པའི་ནང་དུ་བྱོན་པའི་མཁས་པ་ཆེན་པོ་ཞིག་ཡིན། ཁོང་གི་རྣམ་ཐར་ངོ་མ་མ་མཇལ་བས་ཞིབ་ཕྲ་ཞུ་ཐབས་བྲལ་ཡང་། ཚུར་ཟད་ནི་གང་གིས་མཛད་པའི་གྲུབ་མཐའི་རྫེས་ལས། རང་དང་གཞན་གྱི་གྲུབ་པའི་མཐའ་རྒྱ་མཚོའི་ཕ་རོལ་ཏུ་ཕྱིན་པ་འཆད་པ་དང་རྩོད་པ་དང་རྩོམ་པའི་ཚུལ་ལ་འཇིག་རྟེན་ན་འགྲན་ཟླ་མེད་པ་ཆོས་ཀྱི་རྒྱལ་པོ་བཅོམ་ལྡན་རལ་གྲི་དང་། རིགས་པ་དང་གྲོལ་བར་སྨྲ་བའི་སྟོབས་པ་བསམ་གྱིས་མི་ཁྱབ་པའི་སྒྲོན་མེ་ཆེན་པོ་བརྙེས་པས་སངས་རྒྱས་ཀྱི་བསྟན་པ་ཕྱོགས་ཐམས་ཅད་དུ་གསལ་བ་དང་། སྨྲ་བ་ངན་པའི་མུན་པ་མ་ལུས་པ་སེལ་བར་མཛད་པ་ཤཱཀྱའི་དགེ་སློང་འཇམ་པའི་དབྱངས་ཀྱི་ཞབས་རྡུལ་སྤྱི་བོས་ལེན་ཅིང་། ཐུབ་པའི་བརྟུལ་ཞུགས་དྲི་མ་མེད་པ་ལ་ལེགས་པར་གནས་ནས་འཆད་པ་དང་རྩོད་པ་དང་རྩོམ་པའི་ཚུལ་ལ་བློའི་སྣང་བ་ཚུར་ཟད་སྐྱེས་པ་དབུས་པ་བློ་གསལ་རྩོད་པའི་སེང་གེས། དཔལ་སྣར་ཐང་གི་ཆོས་གྲྭ

ཆེན་པོར་ཞེས་པ་ལས་དུས་ཙམ་ཞིག་རྫོགས། གཞན་ཡང་བཅོམ་ལྡན་རིགས་པའི་རལ་གྲིས་བཀའ་བསྟན་ཐོག་མར་སྒྲིག་པའི་སྐབས་སུ་སྣག་ཤོག་སོགས་ཀྱི་མཐུན་རྐྱེན་སྦྱར་བ་སོགས་མཛད་པ་རྒྱ་ཆེ། གསུང་རྩོམ་ནི་གྲུབ་མཐའ་ཆེན་མོ་དང་། སུམ་རྟགས་འགྲེལ་པ་སོགས་ཡོད། འོན་ཀྱང་ཁོང་གི་རྣམ་ཐར་དོ་མ་མ་མཐའ་བས་བརྗོད་ཐབས་བྲལ། །

༈ མང་ཐོས་ཀླུ་སྒྲུབ་རྒྱ་མཚོ།

(ཐོད་ཨང་། 01892–01893)

མཁས་གྲུབ་དམ་པ་མང་ཐོས་སམ་ཁོང་གི་ཐྱིས་པའི་མིང་ལ་ཀླུ་རྒྱལ་ནོར་བུ་ནི་ཡབ་ལྷ་མོ་ལྡུ་དར་དང་། ཡུམ་སེམས་མ་རྒྱལ་འཛོམས་གཉིས་ཀྱི་སྲས་སུ་ཟང་ཟང་འབྲོང་ལུང་གི་ཆ་ཤས་ཤེལ་ལུང་དུ་རབ་བྱུང་དགུ་པའི་ཆུ་མོ་ལུག་སྤྱི་ལོ(༡༥༢༣)ལོར་སྐུ་འཁྲུངས། དགུང་ལོ་བཅུ་བཞི་པ་མེ་ཕོ་སྤྲེལ་སྤྱི་ལོ(༡༥༣༤)ལོར་ཆོས་འཁོར་གླིང་དུ་ཕེབས་ཏེ་འཛམ་མགོན་ཕྱོགས་ལས་རྣམ་རྒྱལ་བླ་མར་བསྟེན་ནས་བཤད་གསར་གྱི་གཞུང་འཛིན་དང་། ས་རིས་སོགས་ལ་སྦྱངས་པ་མཛད། དགུང་ལོ་བཅོ་ལྔ་པར་ལུགས་ཐང་རབ་འབྱམས་པ་བྱམས་པ་བསོད་ནམས་དང་པཎ་གྲུབ་བཟང་པོ་བཀྲ་ཤིས་གཉིས་ལས་རབ་ཏུ་བྱུང་སྟེ་མཚན་ལ་ཀླུ་སྒྲུབ་རྒྱ་མཚོ་ཞེས་གསོལ། དགུང་ལོ་ཉེར་གསུམ་པ་ཤིང་མོ་སྦྲུལ་སྤྱི་ལོ(༡༥༤༥)ལོར་ཚར་ཆེན་བློ་གསལ་རྒྱ་མཚོ་ལས་ས་ལུགས་ཀྱི་ཆོས་སྐོར་མང་དུ་གསན། དགུང་ལོ་ཉེར་དྲུག་པར་རྗེ་ནང་ཀུན་དགའ་གྲོལ་མཆོག་ལས་བདེ་མཆོག་ནག་པོ་ལུགས་ཀྱི་དབང་ཆེན་ཞུས། དགུང་ལོ་སུམ་ཅུ་ཐམ་པ་ཆུ་ཕོ་བྱི་བ་སྤྱི་ལོ(༡༥༥༢)ལོར་མཁན་པོ་བཟང་པོ་བཀྲ་ཤིས་དང་། འཛམ་མགོན་ཕྱོགས་ལས་རྣམ་རྒྱལ་གཉིས་ལས་བསྙེན་པར་རྫོགས། དེ་ནས་ཆོས་འཁོར་གླིང་གི་སློབ་དཔོན་མཛད་ཅིང་ལོ་གསུམ་རིང་དུ་འཆད་ཉན་བསྐྱངས། དགུང་ལོ་སོ་གསུམ་པ་རབ་བྱུང་བཅུ་པའི་ས་ཕོ་འབྲུག་སྤྱི་ལོ(༡༥༦༨)ལོར་ཡ་ག་ཆོས་སྡིངས་ཀྱི་སློབ་དཔོན་མཛད་ནས་ལོ་བཅོ་བརྒྱད་ཀྱི་རིང་དུ་འཆད་ཉན་མཛད། དགུང་ལོ་ང་གཉིས་པ་རབ་བྱུང་བཅུ་པའི་ཤིང་ཕོ་ཁྲི་སྤྱི་ལོ(༡༥༧༩)ལོར་གཉན་ཡོད་བྱ་གཤོངས་ཀྱི་མཁན་པོའི་ཁྲི་ལ་ཕེབས་ནས་ལོ་བཅུ་གསུམ་གྱི་རིང་དུ་གདན་ས་བསྐྱངས་ཤིང་འདུ་ཁང་གསར་བཞེངས་གནང་། དགུང་ལོ་རེ་གཅིག་པ་ཆུ་མོ

ལུག་སྐྱི་ལོ(༡༥༢༣)ལོར་འདར་གྲང་མོ་ཆེ་དང་ཆོས་འཁོར་ཡང་རྩེའི་གདན་ས་གཅིག་ལྕོགས་མཛད། དགུང་ལོ་རེ་བརྒྱད་པ་ལྕགས་ཕོ་སྟག་སྐྱི་ལོ(༡༥༨༠)ལོར་དགོན་པ་སེང་རྫོང་གི་ཕྱོགས་སུ་སློབ་བཤད་ནོར་བུའི་གླིང་བསྐྲུན་ཏེ་གྲྭ་བུ་སློབ་ཀྱི་ཚོགས་པ་བསྐྲངས། དགུང་ལོ་བདུན་ཅུ་ཐམ་པ་ཆུ་ཕོ་འབྲུག་སྐྱི་ལོ(༡༥༨༢)ལོར་བྱང་ངམ་རིང་ཆོས་སྡེའི་མཁན་པོ་མཛད་ནས་མདོ་སྔགས་ཆོས་ཀྱི་འཁོར་ལོ་བསྐོར་ཅིང་འཆད་རྩོད་རྩོམ་གསུམ་གྱིས་དུས་འདའ་བར་མཛད་དོ། །སློབ་བརྒྱུད། ཁོང་གི་སློབ་མ་གྲགས་ཆེ་བ་ནི། ཆོས་རྗེ་འགའ་རིང་པ་དང་། ཆོས་རྗེ་འབུམ་པ་ཤེར་བློ་བ། ཆོས་རྗེ་ཆ་ལུང་པ་སོགས་མང་དུ་བྱོན། ཐ་མའི་མཛད་པ་ནི་དགུང་ལོ་བདུན་ཅུ་དོན་གཉིས་པ་རབ་བྱུང་བཅུ་པའི་ཤིང་ཕོ་རྟ་སྐྱི་ལོ(༡༥༨༩)ལོར་སྐུ་གཤེགས། གསུང་འབུམ། མཛོད་ཀྱི་སྤྱི་དོན་ཆེན་མོ་དང་། རིགས་གཏེར་དཀའ་འགྲེལ། ཕར་ཕྱིན་ཟུར་བཀོལ། ཕྱག་ཆེན་རྩོད་སྤོང་། ཕྱག་ཆེན་ཡང་ལན། རྒྱུད་མན་ངག་གི་རྒྱུད་འདེབས། ཀླུ་སྒྲུབ་ཀྱི་བསྟོད་པ། རབ་གནས་ཀྱི་རྩ་བ། བཟང་དྲུག་གི་ལག་ལེན། རང་རྣམ་སྙིག་མོའི་མེ་ལོང་། བསྟན་རྩིས་གསལ་བའི་ཉིན་བྱེད་བཅས་ཆོས་ཚན་བརྒྱ་ཕྲག་ལས་བརྒལ་བ་ཡོད། དཔྱད་གཞི། རང་གི་རྣམ་ཐར་ཡུལ་སྣ་ཚོགས་ཀྱི་བདུད་རྩི་མྱོང་བའི་གཏམ་ཐོལ་ཐོག་རྗེན་གྱིས་མ་བསླད་པ་སྙིག་མོའི་མེ་མོང་ཞེས་བྱ་བ་བའོ། །

༄ དམར་སྟོན་དཔལ་ལྡན་རིན་ཆེན།

(བོད་ཨང་། 01894)

གནས་བརྟན་ལམ་ཕྲན་གྱི་རྣམ་འཕྲུལ་འཕན་ཡུལ་གྲོ་སའི་ཀུན་མཁྱེན་དམར་སྟོན་ཆེན་པོ་ནི་དུས་རབས་བཅུ་བཞིའི་དུས་མགོར་བྱོན་པ་ཞིག་ཏེ། སྣ་ཀུན་དགའ་ཡེ་ཤེས་ཞབས་ཀྱིས་རྗེ་འདིའི་མདུན་ནས་མངོན་པ་དང་འདུལ་བ་སོགས་གསན་ཞེས་འཁོད་པས་སོ། །གཞན་རྣམ་ཐར་ངོ་མ་མ་མཇལ། །

༄ སྙན་རྒྱུད་དམར་པོ་སྐོར་གསུམ་གྱི་བེའུ་འབུམ།

(བོད་ཨང་། 01895)

འདི་ནི་ས་སྐྱ་པར་ཐུབ་མོང་སློབ་ནས་མཆོག་ཞར་ལ་འབྱུང་བར་བྱེད་པའི་སྔན་རྒྱུད་དམར་པོ་སྐོར་གསུམ་ཞེས་རིག་བྱེད་མ་དང་། ཚོགས་བདག །འདོད་རྒྱལ་གསུམ་གྱི་ཆོས་སྐོར་རྣམས་བ་རི་ལོ་ཙྪ་བ་དང་། གནམ་ཁའུ་པ་སོགས་ནས་བརྒྱུད་དེ་བླ་མ་ས་སྐྱ་པར་བཀའ་བབ་པའི་གདམས་པ་ཞིག་ཡིན། ཕྱོགས་བསྡུས་ནི་བླ་མ་དམ་པ་བསོད་ནམས་རྒྱལ་མཚན་གྱི་སློབ་མ་ཡར་ཀླུང་པ་སེངྒེ་རྒྱལ་མཚན་ནས་ཅུང་ཟད་བསྡུས་པ་དེར་གཞི་མཛད་དེ། ཚར་ཆེན་ཆོས་ཀྱི་རྒྱལ་པོ་ཡབ་སྲས་ཀྱི་སྐབས་སུ་བྱུང་བ་ཞིག་ཡིན་ནོ། །

༄ སློར་ཆེན་ཀུན་དགའ་ལྷུན་གྲུབ་ལམ་འབྲས་སུ་གསལ།

(པོད་ཨང་། 01896)

༄ ལོ་ཆེན་འགྱུར་མེད་བདེ་ཆེན།

(པོད་ཨང་། 01897)

ཁོང་གི་རྣམ་ཐར་མ་མཇལ།

༄ ཚར་ཆེན་བློ་གསལ་རྒྱ་མཚོ་ལམ་འབྲས་སུ་གསལ།

(པོད་ཨང་། 01898—01899)

༄ ཞུ་ཆེན་ཚུལ་ཁྲིམས་རིན་ཆེན།

(པོད་ཨང་། 01900)

ཞུ་ཆེན་རིན་པོ་ཆེ་ནི་དཀར་མཛེས་ཁྲུལ་གྱི་གདན་ས་བསམ་གྲུབ་གླིང་གི་ཉེ་འདབས་སུ་ཡབ་ལྷ་བཟོ་བ་ངག་དབང་ཆོས་འཕེལ་དང་། ཡུམ་བུ་ཆོས་ཞེས་པའི་སྲས་སུ་རབ་བྱུང་བཅུ་གཉིས་པའི་མེ་མོ་གླང་སྤྱི་ལོ་ (༡༦༩༧) ལོར་སྐྱེ་བལྟམས། ཆུང་དུའི་མཚན་ལ་རྡ་མགྲིན་གཟུངས་ཞེས་འབོད། དགུང་ལོ་བདུན་གྱི་སྐབས་སུ་ཁུ་བོ་ལ་ཡོན་ཏན་ཀུན་གྱི་གཞི་མ་ཟབ་གཞུར་སོགས་སློབ་སྦྱང་བྱས། ཡབ་ལས་སྐུ་གཟུགས་བཞེངས་པ་སོགས་བཟོ་རིས་སྐོར་སློབ། དགུང་ལོ་བཅུ་གཅིག་པ་ལ་དྲུང་པ་ཀུན་དགའ་རྒྱ་མཚོའི་དྲུང་ནས་དགེ་བསྙེན་གྱི་སྡོམ་པ་བཞེས་ཏེ་མཚན་ཀུན་དགའ་བསོད་ནམས་སུ་གསོལ། དགུང་ལོ་བཅུ་གསུམ་པ་ལ་བླ་མ་ཀུན་དགའ་བསྟན་འཛིན་ལས་བདེ་མཆོག་གསན། རྗེ་ཀརྨ་བསྟན་འཕེལ་དང་རབ་འབྱམས་པ་བཀྲ་ཤིས་རྒྱལ་མཚན་ལ་སུམ་རྟགས་དག་ཡིག་སོགས་གསན། སངས་རྒྱས་ཆོས་འཕེལ་ལས་བྲི་འབྲུར་སོགས་བཟོ་རིག་འགའ་གསན། རིན་ཆེན་ཆོས་སྐྱོང་ལས་རྩིས་རིག་ཁག་དང་། ཀརྨ་ངག་དབང་ལས་གསོ་རིག །ཀརྨ་མཐུ་སྟོབས་ལས་སྒྲ་ཀ་ཙན་དབྱངས་གསུམ་དང་། སྙེབ་སྦྱོར། སྙན་ངག་སོགས་གསན། རབ་འབྱམས་པ་བསོད་ནམས་བརྟན་པ་ལ་བསྡུས་གྲྭ་དང་རྣམ་འགྲེལ་རིགས་གཏེར་སོགས་ཚད་མའི་སྐོར་གསན། དགུང་ལོ་ཉེར་དགུར་ས་སྐྱར་ཕེབས། ངོར་མཁན་ཆེན་ཚུལ་ཁྲིམས་ལྷུན་གྲུབ་དང་བཀྲ་ཤིས་ལྷུན་གྲུབ་དག་ལ་ལམ་འབྲས་གཙོས་ངོར་ལུགས་དཔལ་བདུན་གྱི་དབང་མན་ངག་སོགས་གསན། གཞན་ཡང་ངོར་ཁང་གསར་མཁན་ཆེན་གྱི་དྲུང་ཡིག་མཛད། དབུས་སུ་རྗེ་རྨོར་ཆེན་ལའང་གདམས་ངག་འགའ་རེ་གསན། སླར་སྡེ་དགེར་ཕེབས་ནས་ཆོས་རྒྱལ་བསྟན་པ་ཚེ་རིང་གིས་བསྐུལ་ནས་སྡེ་དགེའི་བསྟན་འགྱུར་དཔར་བཀོད་ཆེན་མོའི་ཞུ་ཆེན་མཛད། བསྟན་འཛིན་སློབ་མ་ཡང་། རབ་འབྱམས་པ་བསོད་ནམས་རབ་བརྟན། ངག་དབང་དགེ་ལེགས་ལྷུན་གྲུབ། སྡེ་དགེ་བླ་མ་བསྟན་འཛིན་རྒྱལ་མཚན་སོགས་བྱོན། གསུང་འབུམ། བསྟན་འགྱུར་དཀར་ཆག །གནས་བརྟན་བཅུ་དྲུག་གི་རྣམ་ཐར་སོགས་པོད་ཆེན་བཅུ་ཡོད། མཐར་དགུང་གྲངས་དོན་བདུན་པ་རབ་བྱུང་བཅུ་གསུམ་པ་ཤིང་ཕོ་རྟ་ལོ་སྤྱི་ལོ་ (༡༧༧༩) ལོར་དགོངས་པ་རྫོགས་པའི་ཚུལ་བསྟན། དཔྱད་གཞི། སྡེ་དགེའི་ལོ་རྒྱུས། །

༄། ཙ་ཡུག་པ་རིགས་པའི་སེང྄ྒེ།

(པོད་ཨང་། 01901)

མཁས་པ་ཙ་ཡུག་ པ་ བསོད་ ནམས་ སེང྄ྒེའམ་ རིགས་ པའི་ སེང་ གེ་ མཆོག་ ནི་ སྤྱི་ ལོའི་ དུས་ རབས་ བཅུ་ གཉིས་ ནང་ དུ་ བྱོན་ པའི་ མཁས་ པ་ ཆེན་ པོ་ ཞིག་ཡིན། འདིར་འགའ་དང་འགས་ཙ་ཡུག་པ་བསོད་ནམས་སེང་གེ་ནི་གཉལ་ཞིག་བྱ་དགུའི་ནང་ཚན་དེ་ཡིན་ལ། ཙ་ཡུག་པ་རིགས་པའི་སེང྄ྒེ་ནི་ཆོས་རྗེ་ས་པཎ་གྱི་སློབ་མ་དེ་ཡིན་ཅེས་དོན་དུ་ཁོང་རྣམ་གཉིས་གང་ཟག་ཐ་དད་དུ་འདོད་པ་ཡོད་ཀྱང་། ཁོ་བོ་ནི་གཅིག་ཏུ་འདོད་དེ། རྒྱུ་མཚན་ནི་ཕྱོགས་གཅིག་ནས་དུས་ཚོད་གཅིག་ མཚུངས་ ཡིན་ པ་ དང་། གཉིས་ ནས་ གཉལ་ ཞིག་ ཆེན་ པོའི་ བུ་ ཆེན་ གཞན་ རྣམས་ ལ་ རང་ རང་ སོ་ སོའི་ བཤད་ གྲྭ་ རེ་ ཡོད་ པ་ གང་ ཞིག །མཁས་ པ་ བསོད་ ནམས་སེང྄ྒེ་ལ་དམིགས་འཛིན་གྱི་བཤད་གྲྭ་ཟུར་པ་མེད་པས་དང་། ཕྱོགས་གཞན་ཞིག་ནས་མཚན་ངོ་མ་བསོད་ནམས་སེང྄ྒེ་ཡིན་པ་གང་ཞིག །ཕྱིས་སུ་ས་པཎ་ལ་ རྣམ་ འགྲེལ་ གསན་ ནས་ རིགས་ པའི་ སྟོབས་ ཤིན་ ཏུ་ རྒྱས་ པའི་ སྐབས་ སུ་ མཚན་ བསྟོད་ ཚུལ་ དུ་ བསོད་ ནམས་ ཞེས་ པའི་ ཚབ་ ཏུ་ རིགས་ པ་ ཞེས་ སྒྱུར་ ནས་ བརྗོད་ སྲོལ་ དེ་ ཡོངས་ ཁྱབ་ ཆགས་ པ་ ཞིག་ ཡིན་ པར་ ངེས། དེར་ འགས་ རིགས་ པའི་ སེང྄ྒེ་ ནི་ ས་ པཎ་ སློམ་ རྒྱུན་ ཡིན་ ལ། བསོད་ ནམས་ སེང་ གེ་ ནི་ གཉལ་ ཞིག་ སློམ་ རྒྱུན་ ཡོད་ སྲིད་ ཟེར་ ཡང་། སོ་ཐར་གྱི་སློམ་པ་དེ་རལ་ན་གསོ་ཐབས་བྲལ་བ་མཚུངས་ཀྱང་། མ་རལ་ན་སྔར་སློམ་པ་ཞུས་ཟིན་ཀྱང་ཕྱིས་དགོས་པ་ཁྱད་པར་ཅན་ ལ་སློམ་རྒྱུན་གཞན་གྱི་ཆོ་གས་སླར་ལེན་པའི་སྲོལ་ཡོད་ལ་དེས་ནི་སྔར་མའི་སློམ་པར་སྐྱོན་མི་བྱེད་དེ། དེ་སློམ་པ་ཉམས་བྱེད་རྒྱུ་མིན་པས་སོ། །ད་ནི་དངོས་ བརྗོད་པར་བྱ་སྟེ། ཁོང་ནི་དང་པོག་དཔལ་ལྡན་གསང་ཕུའི་མཁས་པ་ཆེན་པོ་གླིང་སྟོད་གྲྭ་ཚང་གི་གདན་རབས་བཅུ་གཉིས་པ་གཉལ་ཞིག་འཇམ་དཔལ་རྡོ་རྗེ་ ལས་ རང་ རྒྱུད་ ཤར་ གསུམ་ དང་། བྱམས་ ཆོས་བསླབ་ སྦྱོང་། རྣམ་ ངེས་ སོགས་ ལ་ ཤིན་ ཏུ་ མཁས་ པར་ མཛད། དེ་ ནས་ ཕྱིས་ སུ་འཇམ་ མགོན་ ས་ པཎ་ ལས་ རྣམ་ འགྲེལ་ གཙོ་ བོར་གྱུར་ པའི་ གཞུང་ རྣམས་ བུམ་ པ་ གང་ བྱོར་ གསན་ བསམ་ མཛད་ དོ། །བསྟན་ འཛིན་ སློབ་ མ་ ནི། འཕགས་ པ་ དང་། བཞི་ ཐོག་ པ་འཇམ་དབྱངས་ཆེན་མོ། ཞང་མདོ་སྡེ་དཔལ་སོགས་བྱོན། གསུང་འབུམ། རྣམ་འགྲེལ་འགྲེལ་པ་རིགས་མཛོད་དང་། རིགས་གཏེར་འགྲེལ་པ་རིགས་པ་སྣང་བ

པ་སོགས་མཛད། མཐར་རབ་བྱུང་བཞི་པའི་ཤིང་སྟག་སྤྱི་ལོ་(༡༢༥༨)ལོར་དགོངས་པ་ཆོས་ཀྱི་དབྱིངས་སུ་ཐིམ་སྐམ་སྟེ། འཕགས་པ་དགུང་ལོ་ཉེར་གཅིག་ཞིང་ཡོས་ལ་བསྙེན་རྫོགས་མཛད་པས་དེའི་སྔོན་ལོར་རྗེ་འདི་དགོངས་པ་རྫོགས་པར་བཤད་པས་སོ། །

༄ གཡག་སྟོན་སངས་རྒྱས་དཔལ།

(བོད་ཨང་། 01902)

དཔལ་ལྡན་ས་སྐྱའི་མཁས་པ་སྒོ་དགུའི་ནང་ཚན་བྱམས་པའི་རྣམ་འཕྲུལ་མཁན་ཆེན་གཡག་སྟོན་ཆེན་པོ་ནི། རབ་བྱུང་དྲུག་པའི་ལྕགས་སྟག་སྤྱི་ལོ་(༡༣༥༠)ལོར་རྩེ་ཐང་ག་གི་ཆེན་པོ་བྱང་ཆུབ་རིན་ཆེན་གྱི་སྲས་ཡིན་པ་ལ་རྣམ་པ་དེ་ཉིད་ཀྱི་ཉེ་གནས་གཡག་ཡུ་ཞེས་པའི་སྲས་སུ་ངོས་བླངས་པས་གཡག་ཕྲུག་ཅེས་གྲགས། འཁྲུལ་ཡུལ་གཙོ་བོ་ནི་ས་སྐྱ་འཕྲང་ཞེས་བྱ་བ་དེར་ཡིན། འདི་ངེས་པར་བྱམས་པའི་རྣམ་འཕྲུལ་ལམ་བྱམས་པས་རྗེས་སུ་འཛིན་པའི་སྐྱེས་བུ་ཆེན་པོ་ཞིག་ཡིན། དེ་རྗེས་ས་སྐྱར་མཁས་པ་བརྩོན་འགྲུས་དཔལ་ལ་བརྟེན་ནས་མདོའི་བཤད་སྲོལ་ཡོད་པ་ཀུན་ལ་སྦྱངས་ཤིང་། དེ་བཞིན་མཁས་པ་གོན་གྱི་ཡེ་ཤེས་ལས་ལམ་འབྲས་གསན། གཞན་ཡང་རྩེ་ཐང་དང་། གསང་ཕུ་སོགས་སུ་མཁས་པ་རྣམས་ལས་ཐོས་བསམ་ངོམ་མེད་མཛད་ནས་བསླབ་པའི་གྲོགས་ཤིང་ལྷ་བུར་གྱུར། དེ་ནས་གསང་ཕུ་དང་། ཡར་ལུང་བཀྲ་ཤིས་ཆོས་སྡེ། རྩེ་ཐང་། ས་སྐྱ་སོགས་སུ་སློབ་མ་ཤིན་ཏུ་མང་བ་མིན་པར་དཔལ་ལྡན་ས་སྐྱ་པའི་མཁས་པ་གོང་མའི་ལུགས་ཀྱི་བཤད་ཁྲིད་མཛད་པའི་གྲགས་ཆེ་བའི་གཞུང་གྲགས་ཆེན་བཅོ་བརྒྱད་ཅེས་གཏན་ལ་ཕབ་ནས་སླར་དེ་དག་ཀུང་རིགས་མཚུངས་ཕྱོགས་བསྡུས་ཀྱིས་བོད་ཆེན་དྲུག་ཅེས་གནད་དུ་སྨིན་པའི་ལམ་སྲོལ་གྱིས་བསྟན་རྒྱུན་སྲིད་མཐར་བརྟན་པར་མཛད། བསྟན་འཛིན་ཞལ་སློབ་ཀྱང་། མཁས་པ་ཆེན་པོ་རོང་སྟོན་ཤེས་བྱ་ཀུན་རིག་དང་། མཁས་པ་ཀུན་མཆོག་གྲགས། རྗེ་བཙུན་རེད་མདའ་བ་ཆེན་པོ། སེམས་དཔའ་ཆེན་པོ་གཞོན་ནུ་རྒྱལ་མཆོག །སེམས་

དཔའ་ཆེན་པོ་དཀོན་མཆོག་རྒྱལ་མཚན་སོགས་བསྟན་པའི་མཛེས་རྒྱན་ལྷག་པར་སྤྲས། གསུང་འབུམ། ཤེར་ཕྱིན་གཡག་ཊཱི་ཀ་ཆེན་མོ་པོད་དགུ་དང་། རིགས་གཏེར་གཡག་ཊཱི་ཀ་སོགས་པོད་བཅུ་གྲངས་ཡོད། མཐར་དགུང་གྲངས་རེ་ལྔ་པ་རབ་བྱུང་བདུན་པའི་ཤིང་ཕོ་རྟ་ལོ་སྤྱི་ལོ་ (༡༤༡༤) ལོར་དགའ་ལྡན་དུ་གཤེགས་སོ། །ད་དུང་རྣམ་ཐར་ཞིབ་ཕྲ་མ་རྙེད་པས་དཔྱད་དགོས། །

༄ རྗེ་བཙུན་རེད་མདའ་བ་གཞོན་ནུ་བློ་གྲོས།

(པོད་ཨང་། 01903—01904)

དཔལ་ས་སྐྱའི་མཁས་པ་སྒོ་དགུའི་ནང་ཚན་རྗེ་བཙུན་རེད་མདའ་བ་ནི་རབ་བྱུང་དྲུག་པའི་ས་ཕོ་བྱི་བ་སྤྱི་ལོ་ (༡༣༤༨) ལོར་སློབ་པོ་མགར་སྟོང་བཙན་གྱི་བརྒྱུད་དུ་ས་སྐྱའི་ཁད་ཉེ་བ་རེད་མདའ་ཁབ་སོར་ཡབ་རེད་མདའི་སློན་ཆེན་བཀྲ་ཤིས་རྒྱལ་མཚན་དང་། ཡུམ་སློན་མོ་དབང་ཕྱུག་སྐྱིད་གཉིས་ཀྱི་སྲས་སུ་ངོ་མཚར་བའི་ལྟས་དང་བཅས་ཏེ་སྐུ་བལྟམས། དགུང་ལོ་བཅོ་བརྒྱད་པ་ལ་ས་བཟང་མ་ཏིའི་དྲུང་དུ་དགེ་བསྙེན་དང་དགེ་ཚུལ་གྱི་སྡོམ་པ་བཞེས། ས་སྐྱར་མཁས་པ་ཉ་དབོན་ཀུན་དགའ་དཔལ་དང་མཁན་ཆེན་སངས་རྒྱས་འཕེལ་བའི་དྲུང་དུ་རྣམ་འགྲེལ་དང་རིགས་གཏེར་སོགས་དང་། ཆོས་རྗེ་བླ་མ་དམ་པ་ལས་ཕར་ཕྱིན་དང་དབུ་མ། ལོ་ཆེན་བྱང་རྩེ་ལས་མངོན་པ། རྒྱལ་སྲས་ཐོགས་མེད་ཞབས་ཀྱི་འགྲམ་ནས་བློ་སྦྱོང་སོགས་སྦྱོད་ཕྱོགས་སྐོར། དེ་ནས་མདོག་ལོས་པ་མཁན་ཆེན་ཀུན་དགའ་དཔལ་གྱིས་བླ་མ་དམ་པ་ལ་ཞུས་ཏེ་བརྒྱུད་པའི་ལྷ་ཁང་ཆེན་པོའི་སྡོམ་རྒྱུན་ལུགས་ཀྱི་བསྙེན་པར་རྫོགས་ནས་དེ་རང་ལ་འདུལ་བའི་སྐོར་ཆ་ལག་དང་བཅས་པ་གསན། ཆོས་རྗེ་བླ་མ་ཆེན་པོ་དཔལ་ལྡན་སེང྄་གེའི་དྲུང་ནས་ལམ་འབྲས་སོགས་དང་། ལོ་ཆེན་ནམ་བཟང་དང་། ལོ་ཆེན་གྲགས་རྒྱལ། ལོ་ཆེན་སྐྱབས་མཆོག་དཔལ་སོགས་ལས་གསང་འདུས་སོགས་ཀྱི་ཆོས་སྐོར་རྫོགས་པར་གསན་བསམ་མཛད། ལྷག་པར་དུ་མཁན་ཆེན་བྱང་སེང་ལས་དབུ་མ་གསན་ནས་རང་ཉིད་ཀྱིས་ཀྱང་འདི་རང་ལ་ཆེས་གཉེར་མཛད་དེ་དཔལ་ལྡན་ཟླ་བའི་ལུགས་འདི་ཉིད་ཤིན་ཏུ་རྒྱས་པར་མཛད་པའི་དྲིན་ལས་ཕྱིས་སུ་མཁས་གྲུབ་ཐམས་ཅད་དབུ་མར་ངོ་བསྟོད་བྱེད་པ་འདི་ཡང་རྗེ་འདིའི་བཀའ་དྲིན་ཡིན་ཏེ། གཡག་དཀོན་གཞོན་གྱིས་དེང་སང་མཁས་རློམ་ཐམས་ཅད་ཁ་དབུ་མ་སྨྲ་དབུ་མ་ཟེར་བ

རེད་མདའ་བའི་བཀའ་དྲིན་ཡིན། སྨྲ་ཐབ་ཟབ་པའི་དབུ་མ་ཤེ་རོ་གཅིག་ལས་མེད་ཅེས་གསུངས་པ་དེའང་དོན་ལ་གནས་པའི་གཏམ་མོ། །གདན་ས་གཙོ་བོ་ས་སྐྱ་དང་། རྩེ་ཆེན། མེ་ཏོག་མདངས་ཅན། བུལ་རོང་སོགས་སུ་བཤད་སྒྲུབ་རྒྱ་ཆེར་མཛད། བསྟན་འཛིན་སློབ་མ་ནི། མཁས་པ་ཆེན་པོ་ཀུན་མཁྱེན་ཤེར་འོད་དང་། རྗེ་རིན་པོ་ཆེ། བཀའ་ལྷ་པ་དཔལ་འབྱོར་ཤེས་རབ། ཧོར་བཀའ་བཞི་པ་སེང་གེ་རྒྱལ་མཚན། འཆད་མཁས་པ་བསོད་ནམས་ཤེས་རབ། རྩོད་མཁས་པ་རྒྱལ་ཚབ་རིན་པོ་ཆེ། བཀའ་བཅུ་པ་དགེ་ལེགས་དཔལ་བཟང་། ཉམས་ལེན་པ་ཀུན་དགའ་དཔལ་བཟང་། གྲུབ་ཐོབ་ཐང་སྟོང་རྒྱལ་པོ་སོགས་བྱོན། སྤྱིར་འདིའི་སྔོན་དུ་ཡོན་ཚད་ལ་བཀའ་པའི་མཚན་སྙན་འབོད་སྲོལ་ཡོད་ཀྱང་། ཚད་ངེས་ཅན་ལྷ་བུ་བཀའ་བཞི་པ། བཀའ་ལྷ་པ། བཀའ་བཅུ་པ་སོགས་ཀྱི་མཚན་སྙན་དར་རྒྱས་ནི་དཔལ་ས་སྐྱའི་ལྷ་ཁང་ཆེན་མོའི་བཤད་གྲྭའི་མཁན་ཆེན་རྗེ་འདི་དང་རྗེ་གཡག་པའི་སྐབས་སུ་བྱུང་། ཕྱིས་བྱམས་ཆེན་པ་ཀུན་མཁྱེན་སངས་རྒྱས་འཕེལ་གྱི་སྐབས་ནས་འབྲས་ཡུལ་དུ་རབ་འབྱམས་པའི་མཚན་སྙན་འབོད་སྲོལ་བྱུང་ངོ་ཞེས་སོ། །གསུང་འབུམ། དབུ་མ་རྩ་འཇུག་བཞི་གསུམ་དང་། ཚད་མ་རྣམ་འགྲེལ། གསང་འདུས་སོགས་ཀྱི་འགྲེལ་པ་སོགས་མཐའ་ཡས་སོ། །མཐར་དགུང་གྲངས་དྲུག་ཅུ་རྩ་ལྔ་པ་རབ་བྱུང་བདུན་པའི་ཆུ་ཕོ་འབྲུག་སྤྱི་ལོ་(༡༩༡༢)ལོའི་ཟླ་བ་བཅུ་པའི་ཚེས་ཉེར་དགུའི་ཉི་ཤར་ལ་དག་པའི་ཞིང་ཁམས་གཞན་གྱི་གདུལ་བྱར་ཐུགས་རྗེའི་འོད་ཟླབས་འཆར་བར་མཛད་དོ། །དཔྱད་གཞི། མངའ་རིས་པ་སངས་རྒྱས་སེང་གེའི་རྣམ་ཐར་དང་བསྟན་རྩིས་གསལ་ཉིན། །

༄ རོང་སྟོན་ཆེན་པོ་ཤཱཀྱ་རྒྱལ་མཚན།

(བོད་ཨང་། 01905−01906)

དཔལ་ས་སྐྱ་པའི་མཁས་པ་སྨྲ་དགུའི་ནང་ཚན་རྗེ་ཤེས་བྱ་ཀུན་རིག་གམ་རོང་སྟོན་གཞུང་བརྒྱ་པའི་ཞབས་ནི་རབ་བྱུང་དྲུག་པའི་མེ་ལུག་སྤྱི་ལོ་(༡༣༦༧)ལོར་ཤར་རྒྱལ་མོ་རོང་དུ་བྱོན། དགུང་ལོ་བཅོ་བརྒྱད་པ་ཡན་དུ་བོན་པོ་ལ་འཆད་སྤེལ་སོགས་མཛད། བཅོ་བརྒྱད་པ་ལ་དབུས་སུ་བྱོན་ནས་ཐོག་མར

གསང་ཕུ་ནེའུ་ཐོག་གི་ཆོས་གྲྭ་གླིང་སྟོད་པ་རིན་ཆེན་རྣམ་རྒྱལ་དང་། གོང་སྟོན་བློ་གྲོས་དབང་ཕྱུག་ཞབས་ལས་ལོ་ཆེན་རྔོག་དང་སློབ་དཔོན་ཆེན་པོ་ཕྱྭ་པ་ནས་བརྒྱུད་པའི་བསྡུས་ཚད་ཕར་མངོན་འདུལ་དབུ་བར་གྱི་གསུང་སྒྲོལ་རྣམས་ལེགས་པར་ལོང་དུ་ཆུད་པར་མཛད། དེ་བཞིན་སྐྱོ་མོ་ལུང་གི་མཁན་ཆེན་བཀའ་བཞི་པ་དང་། འཕན་ཡུལ་གྲོ་སའི་མཁས་པ་དམར་སྟོན་ཡའང་འདུལ་བ་སྨད་ལུགས་དང་། མཛོད་མཆིམས་ལུགས་ཀྱི་བཤད་སྒྲོལ། ཐང་ཟག་པ་སྤྱིལ་སྐྱ་ཤཱཀྱ་རིན་ཆེན་གྱི་དྲུང་དུ་མངོན་པ་གོང་མ་དང་། དབུ་མ་སོགས་གསན། དགུང་ལོ་ཉེར་གཉིས་པ་ལ་གྲོ་སའི་མཁན་པོ་ཀུན་དགའ་རྒྱལ་མཚན་དང་དམར་སྟོན་པའི་དྲུང་དུ་རབ་ཏུ་བྱུང་ཞིང་བསྙེན་པར་རྫོགས། དེ་ལོར་རྣམ་རེས་ཀྱི་ཊཱིཀྐ་བརྩམས་ཤིང་བློ་གསལ་འགའ་ལ་བཤད་པ་རྒྱ་ཆེར་མཛད། ལྷག་པར་བསྟན་པའི་ཁུར་ཆེན་པོ་བཞེས་ནས་རྣམ་རེས་འཆད་མགོ་བརྩམས་པ་དེ་ནས་བཟུང་སྟེ་ཉིན་རེ་བཞིན་གདུལ་བྱ་རྣམས་ལ་ཐ་ན་ཤློ་ཀ་གཅིག་ཙམ་མཐར་བྱུས་ཏེ་ཆོས་འཁོར་ཟབ་ཁྲིད་མཛད་རྒྱུའི་དམ་བཅའ་མཛད། བསྟན་པ་རྒྱས་པའི་ཐབས་དམ་པ་རླབས་ཆེན་གྱི་མཛད་པ་དེ་འདྲ་ནི་གངས་ལྗོངས་ཀྱི་ཡུལ་དུ་འགྲན་ཟླ་བྲལ་བའི་སྐྱེས་བུ་ཆེན་པོ་རྔོག་ལོ་དང་། ཕྱྭ་པ། བཅོམ་རལ། རོང་སྟོན་ཆེན་པོ་བཞི་ལས་འོང་མ་མྱོངས། དགུང་ལོ་ཉེར་བདུན་པ་ས་མོ་བྱ་ལ་མཁན་ཆེན་གཡག་དང་མཇལ་ཏེ་ཡར་ཕྱིན་ལ་ཞ་ལུ་ལོ་ཆེན་གྱིས་གསུངས་པ་ལྟར་འགྲན་ཟླ་དང་བྲལ་བ་ཞིག་བྱུང་ཞིང་ས་རྔོག་གཉིས་ཀྱི་ལམ་སྒྲོལ་དར་རྒྱས་སུ་མཛད། གཞན་ཡང་གཙང་ཕྱོགས་སུ་ལན་གསུམ་ཐེབས་ནས་མཁས་པ་ལོ་ཆེན་སྐྱབས་མཆོག་དཔལ། ཀུན་མཁྱེན་ཤེར་འོད། ཡར་ཀླུང་པ་སེང་གེ་རྒྱལ་མཚན། ལོ་ཆེན་གྲགས་པ། སྟན་དག་པ་འཇམ་དབྱངས་ཁ་ཆེ། མུས་ནམ་མཁའི་རྣལ་འབྱོར་རྣམས་ལས་ཀྱང་གཞུང་གདམས་ངག་དུ་མར་གསན་བསམ་མཐའ་ཡས་པ་མཛད་པ་དང་། བླ་མའི་ཐུགས་བསྐྱང་བར་མཛད་ཚུལ་ནི་བསམ་གྱིས་མི་ཁྱབ། དགུང་ལོ་བདུན་ཅུ་པ་ལ་དཔལ་ནཱ་ལེནྡྲའི་གདན་ས་ཕྱག་བཏབ་ནས་ལོ་བཞིར་གཞན་ལ་འཆད་པའི་གཞུང་ལུགས་དྲུག་ཅུ་དང་། རྣམ་བཤད་མཛད་པའི་གཞུང་ལུགས་བཞི་བཅུ་སྟེ་གཞུང་བརྒྱར་འཆད་སྤྱིལ་བསྐྱངས་པས་ཀུན་མཁྱེན་གཞུང་བརྒྱ་པ་ཞེས་པའི་མཚན་དེའང་ཆགས། གསུང་ལས་འཁྲུངས་པའི་སློབ་མ་ནི། སེམས་དཔའ་ཆེན་པོ་གཞོན་ནུ་རྒྱལ་མཆོག །མཁན་ཆེན་པདྨ་བཟང་པོ། གཟད་པ་བློ་གྲོས་རྒྱ་མཚོ། རྨར་ཁམས་པ་གྲགས་བཟང་། དགེ་བ་རྒྱལ་མཚན། དྭགས་པོ་བཀྲ་ཤིས་རྣམ་རྒྱལ། གུང་རུ་རྒྱལ་མཚན་བཟང་

པོ། སྣར་ཐང་པ་ཤེས་རབ་སེང་གེ །སེམས་ཆེན་དཀོན་མཆོག་རྒྱལ་མཚན། དབུས་ཀྱི་དམར་སྟོན་རྒྱ་མཚོ་རིན་ཆེན། ས་སྐྱ་གཞོན་ནུ་སེངྒེ། སྣར་ཐང་སང་ཀྱ་ཤྲཱི། བྱང་གླིང་བསོད་ནམས་རྣམ་རྒྱལ། བཟོད་ཆེན་ཕྱོགས་ལས་རྣམ་རྒྱལ། གསེར་མདོག་དོན་དཔལ་དང་པཎ་ཆེན་ཤཱཀ་མཆོག །གསང་ཕུ་གྲུ་སྟོན་ཡོན་ཏན་རྒྱ་མཚོ། རྩེ་ཐང་དཔལ་འབྱོར་རྒྱ་མཚོ། གོ་བོ་རབ་འབྱམས་པ་ཤེས་རབ་དཔལ། གཙང་རོང་བྱམས་ཆེན་ནས་དཀར་ཤཱཀྱ་གྲགས། མཁས་པ་བྱམས་ཆེན་རབ་འབྱམས་པ་སངས་རྒྱས་འཕེལ་སོགས་བྱོན། རྒྱ་མཚན་དེས་ན་བོད་དུ་སློབ་དཔོན་ཕྱྭ་པ་དང་། བཅོམ་རལ་ཆེན་པོ། ཀུན་མཁྱེན་རོང་སྟོན་གསུམ་ལས་སློབ་མ་ཐོན་ཆེ་བ་མ་བྱུང་ངོ་། །བསྟན་རྒྱུན་གཞི་མ་གསུང་འབུམ། གསང་འདུས་འགྲེལ་ཆེན། ཀུན་རིག་དལ་ཆོག །སྡོམ་རིམ་ཐོག་མཐའ་བར་གསུམ་གྱི་འགྲེལ་པ། དབུ་མ་རྒྱན་འགྲེལ། འབུམ་གྱི་འགྲེལ་པ་རྒྱས་བསྡུས་གཉིས་སོགས་པོད་ཆེན་བཅུ་ཕྲག་བཞི་ཡོད་དོ། །མཐར་དགུང་གྲངས་དོན་གསུམ་པ་རབ་བྱུང་བདུན་པའི་ས་ལུག་སྤྱི་ལོ་ (༡༤༣༩) ལོར་དགོངས་པ་དགའ་ལྡན་དུ་གཏད། དེའང་རྗེ་འདི་དགུང་ལོ་དོན་ཙུར་ནཱ་ལེནྡྲ་ཕྱག་བཏབ། ལོ་བཞིར་དེར་ཆོས་འཁོར་བསྐོར་ནས་དགོངས་པ་རྫོགས་ཁར་ཉིན་གཅིག་ཁྲིད་རྒྱུན་ཆད་ཅེས་རྣམ་ཐར་ཡོད་པས་ལེགས་པར་སེམས་ནས་སླ་དགོས། དཔྱད་གཞི། པཎ་ཤཱཀ་གྱིས་མཛད་པའི་རྣམ་ཐར། །

༄ ལམ་འབྲས་ཀྱི་ཆོས་སྐོར་འདིར་ཡོད་ཀྱང་མང་བས་རྣམ་ཐར་ཟུར་དུ་གསལ།

(བོད་ཨང་། 01907–01925)

༄ ས་སྐྱ་གོང་མ་ལྔའི་བཀའ་འབུམ།

(བོད་ཨང་། 01926–01940)

༄ ས་ཆེན་ཀུན་དགའ་སྙིང་པོ།

རྗེ་འདི་ནི་བོད་རབ་བྱུང་གཉིས་པའི་ཆུ་ཕོ་སྤྲེལ་སྤྱི་ལོ (༡༠༩༢) ལོར་ཡབ་འཁོན་དཀོན་མཆོག་རྒྱལ་པོ་དང་། ཡུམ་མ་ཅིག་ཞང་མོ་གཉིས་ཀྱི་སྲས་སུ་ངོ་མཚར་བའི་ལྟས་དང་བཅས་ཏེ་སྐུ་འཁྲུངས། འཁྲུངས་མ་ཐག་ནས་གནམ་ཁའུ་པས་སྐུ་པང་དུ་བཞེས་ཏེ་ངེས་པར་སྤྱན་རས་གཟིགས་ཡིན་པའི་བསྔགས་བརྗོད་མཛད་པ་དང་མཚུངས་མཚན་ཀུན་དགའ་སྙིང་པོ་ཞེས་གསོལ། དེ་ནས་ཡབ་ཀྱི་དྲུང་དུ་ཀློག་སློབ་པ་དང་། ཐུན་མོང་གི་ཡིག་རིགས་དང་རྩིས་དང་བརྡ་པ་རྣམ་བརྒྱད་སོགས་ལའང་མཁས་པར་སྦྱངས། དགུང་ལོ་བཅུ་གཅིག་པར་ཡབ་གཤེགས་ཏེ་བ་རི་ལོ་ཙྪ་བསྟེན། ལོ་ཙྪ་ཆེན་པོ་དེ་དང་ཡུམ་གྱི་མངགས་བྱ་བཞིན་རོང་དུར་སློག་ཕུ་བྲང་ཏི་དར་མ་སྙིང་པོ་ལས་མངོན་པ་གསན། ཞོར་དུ་བྲང་ཏིའི་ཟུར་འཆད་པ་དགེ་བཤེས་ཁྱུང་པོ་ལའང་བྱང་ཆུབ་སེམས་དཔའི་ས་དང་། སྡོམ་རྣམ་གཉིས་སོགས་གསན་ནས་མཁས་པར་མཛད། དེ་ནས་ཉང་སྟོད་དུ་ཁྱུང་རིན་ཆེན་གྲགས་པ་དང་ཟུར་འཆད་པ་དཔལ་དེག་པ། གྲོམ་པ་གཡུ་རྩེ་འཛིང་ཕུར་དགེ་བཤེས་མེས་ལྷང་ཚེ་སོགས་ལས་ཚད་མ་རྣམ་ངེས་དང་། རིགས་པའི་ཐིགས་པ། རྒྱ་ཆེར་འགྲེལ་བམ་པོ་ལྔ་པ། དབུ་མ་རང་རྒྱུད་ཤར་གསུམ་སོགས་གཞུང་མང་པོ་གསན། དེ་ནས་མཁོན་སྒྱི་ཆུ་བ་ལས་དགྱེས་རྡོར་རྒྱུད་གསུམ་དང་། འགྲེལ་པ་ཀུ་མུ་ཏ། དེའི་མན་ངག་གི་སྐོར་གྱིས་མཚོན་རྒྱུད་སྡེ་བསམ་གྱིས་མི་ཁྱབ་པ་གསན། ལྷག་པར་བླ་མ་མལ་ལོ་ཆེན་པོ་ལས་བདེ་མཆོག་མཁའ་སྤྱོད་སྒྲོང་རྒྱུད་མགོན་པོ་དབུ་མ་རིགས་ཚོགས་རྣམས་དང་བསྟོད་ཚོགས། སྨན་རྩིས་སོགས་མཐའ་ཡས་པ་གསན། དེ་བཞིན་དུ་པུ་རངས་ལོ་ཆུང་དང་། བལ་པོ་པཎྜི་ཏ་པདྨ་ཤྲཱི། རྒྱ་གར་གྱི་རྣལ་འབྱོར་པ་ཧྲི་ཏ་རྣ་ཧུ་ལ་དང་། རྗེ་དགོན་པ་བ། སྒྱུ་ར་ཨ་སྐྱབས་སོགས་བསྟེན། སླར་བླ་མ་བ་རི་བསྟེན་ནས་མདོ་སྡེ་དཀོན་མཆོག་བརྩེགས་པ། ཕལ་པོ་ཆེ། བྱ་བའི་རྒྱུད་ཀྱི་དུམ་བུ་བརྒྱ་ཕྲག །གཤིན་རྗེ་གཤེད་དང་། གསང་འདུས། བདེ་མཆོག །གདན་བཞི། བ་རི་ཐབས་བརྒྱ་རྩ་སོགས་མཐའ་ཡས་པ་གསན་ནས་གཞུང་ལུགས་རྒྱ་མཚོའི་མངའ་བདག་ཆེན་པོར་མཛད་དོ། །དགུང་ལོ་ལྔ་བཅུ་པར་གསུང་ངག་བཀའ་རྒྱ་ཐེམ་ནས་རིམ་པས་སྐལ་ལྡན་སློབ་མ་འགའ་ལ་གསུང་ངག་གཅེས་ཟབ་ཆོས་རྒྱ་མཚོ་ལྟ་བུས་ཚིམ་པར་མཛད། གསུང་ལས་འཁྲུངས་པའི་བསྟན་འཛིན་སློབ་མའི་ཚོགས་ཀྱང་། །ཁམས་པ་རྡོར་རྒྱལ། ཕག་གྲུ་རྡོར་རྒྱལ། བྱང་ཆུབ་སེམས་དཔའ་སྟག །སིནྡྷ་གླིང་གི་ཨ་ཙ་ར། སྒོམ་པ་སྐྱི་འབར། ཞུ་བྱས། དགའ་སྟོན་རྡོ་རྗེ་གྲགས། ནག་སྒོམ་བསོད་ནམས་རྒྱལ་མཚན། ཚར་ཁའི་རྣལ་འབྱོར་པ། སྒོམ་པ་འོད་གྲགས། ཁམས་པ་ཨ་སེང་། ཀློག་སྐྱ་རྡོ་སྲས། བྱང་

སེམས་ཟླ་བ་རྒྱལ་མཚན་སོགས་བྱོན། གསུང་རྩོམ་ནི། རྣམ་འགྲེལ་བཅུ་གཅིག་སོགས་མང་དུ་ཡོད། མཐར་དགུང་གྲངས་རེ་བདུན་པ་ས་ཕོ་སྟག་སྤྱི་ལོ་ (༡༡༥༡) ལོའི་དབྱུང་ཟླའི་ཚེས་བཅུ་བཞི་ཉིན་བྱང་ཕྱོགས་འོད་ཟེར་ཅན་མའི་ཞིང་སོགས་སུ་གཤེགས་སོ། །

༈ སློབ་དཔོན་བསོད་ནམས་རྩེ་མོ།

གནས་ལྔ་རིག་པའི་དབང་ཕྱུག་སློབ་དཔོན་རིན་པོ་ཆེ་བསོད་ནམས་རྩེ་མོ་མཆོག་ནི་ཡབ་ས་ཆེན་དགུང་ལོ་ང་གཅིག་པ་རབ་བྱུང་གཉིས་པའི་ཆུ་ཕོ་ཁྱི་སྤྱི་ལོ་ (༡༡༤༢) ལོ་ལ་ཡུམ་མ་ཅིག་འོད་སྒྲོན་གྱི་སྲས་སུ་དཔལ་ལྡན་ས་སྐྱའི་ཆུ་མིག་རྫིང་ཁའི་གནས་སུ་ངོ་མཚར་བའི་ལྟས་དུ་མ་དང་བཅས་ཏེ་སྐུ་བལྟམས། དེའི་ཚེ་རྒྱ་གར་རྡོ་རྗེ་གདན་གྱི་སྒོའི་ཡ་ཐེམ་ལ་འཇམ་དཔལ་གྱི་སྤྲུལ་པ་མཁས་པོ་བསོད་ནམས་རྩེ་མོ་རྡོ་རྗེ་ཐེག་པ་མཐའ་དག་གི་དབང་ཕྱུག་དམ་པ་ས་སྐྱར་སྐྱེས་སོ་ཞེས་པ་མཁའ་འགྲོ་མས་ཡི་གེར་བྲིས། ཀྱཻ་ཨཾ་བིའི་པཎྜི་ཏ་དེ་བ་མ་ཏིས་ཕྱོགས་ཐམས་ཅད་དུ་བསྒྲགས་པ་ལས་རིམ་པར་བརྒྱུད་དེ་མཐར་བོད་ན་རྒྱུད་ཆོད་པར་གྲགས། འདི་ནི་འཕགས་ཡུལ་དུ་པཎྜི་ཏ་མི་ཐུབ་ཟླ་བ་སོགས་པཎྜི་ཏ་ཆེན་པོ་བཅུ་གཅིག་ཏུ་རིམ་པར་བརྒྱུད་ནས་སྐྱེ་བ་བཞེས་པ་དྲན་པར་གསུངས། དགུང་ལོ་གསུམ་བཞེས་པའི་ཚེ་དཔལ་ཀྱེ་རྡོ་རྗེ་དང་། འཇམ་དབྱངས་དང་རྗེ་བཙུན་སྒྲོལ་མ་རྣམས་མངོན་སུམ་དུ་གཟིགས། དེ་ནས་ལོ་དེར་ཀྱེ་རྡོར་རྒྱུད་གསུམ། བདེ་མཆོག་རྩ་རྒྱུད་ཀུན་ལས་བཏུས་དང་བཅས་པ་ལྟ་ཐོགས་མེད་དུ་ཐུགས་ལས་གསུངས། ཡབ་བླ་ཆེན་ལས་རྡོ་རྗེ་ཐེག་པའི་དབང་ཁྲིད་རླབས་རྒྱུད་ལུང་། མན་ངག་ཕྱག་བཞེས་མཐའ་དག་ལེགས་པར་གསན་པས་མ་ལུས་པ་ཐུགས་སུ་ཆུད་པར་མཛད། མདོར་ན་དགུང་ལོ་བཅུ་དྲུག་ཙམ་ལ་ཡབ་ལ་མངའ་བའི་ཟབ་རྒྱས་ཀྱི་ཆོས་ཚུལ་ཐམས་ཅད་ཐུགས་ལ་འཇིབས་པར་མཛད། དགུང་ལོ་བཅུ་བདུན་སྐབས་ཡབ་ཞི་བར་གཤེགས་ནས་དེའི་ཐུགས་དགོངས་རྫོགས་ཕྱིར་ཆོས་འཁོར་ཆེན་པོ་མཛད་པ་དང་། དེ་ནས་གཅུང་རྗེ་བཙུན་རིན་པོ་ཆེ་དགུང་ལོ་བཅུ་གསུམ་བཞེས་པ་ཞིག་ལ་གདན་ས་གཏད་དེ་ངས་དབུས་ཀྱི་གདན་ས་ཆེན་པོ་གསང་ཕུར་ཕར་ཚད་སོགས་ཉན་ལ་འོང་གསུངས་ནས་གསང་ཕུར་ཕྱྭ་པ་ཆེན་པོའི་དྲུང་དུ་ཐེབས། སློབ་དཔོན་ཆེན་པོ་ཕྱྭ་པ་ལས་དབུ་མ་རང་རྒྱུད་ཤར་གསུམ་དང་། ཕར་ཕྱིན་སོགས་བྱམས་ཆོས། ཀུན་བཏུས་སོགས་མངོན་པ། རྣམ་ངེས་སོགས་ཚད་མ། མདོ་རྩ་སོགས་འདུལ་བ་སྟེ་མདོར་ན་དམ་པ་དེར་ཡོད་པའི་ཡོན་ཏན་ཐམས

ཅན་ལ་ཐུགས་འདྲིས་པར་མཛད་དེ། ཇོ་སྲས་བཞི་ལས་ཕུལ་དུ་བྱུང་བ་ཞིག་ཏུ་གསོན་ནོ། །གཞན་ཡང་དགུང་ལོ་ཉེར་དྲུག་བཞེས་པ་མེ་མོ་ཕག་གི་ལོ་ལ་མངའ་རིས་གུང་ཐང་ན་ལ་རྟེ་གནས་གསར་གྱི་གཙུག་ལག་ཁང་དུ་ཆོས་ལ་འཇུག་པའི་སྒོ་ཞེས་པའི་བསྟན་བཅོས་མཛད་ནས་སྐྱོན་མེད་བསྟན་རྩིས་ཀྱི་རྣམ་གཞག་གཏན་ལ་ཕབ་པར་མཛད། དགུང་ལོ་ཉེར་བདུན་སྐབས་འཛམ་བུ་གླིང་པའི་བསྟན་པའི་སྲོག་ཤིང་ཡིན་ནོ་ཞེས་སྙན་པའི་གྲགས་པ་ཕྱོགས་མཐར་ཁྱབ། དགུང་ལོ་ཉེར་བརྒྱད་སྐབས་གཟིམ་ཁང་རྙིང་མར་ལམ་འབྲས་གསུང་བཤད་མཛད་པའི་སྐབས་སློབ་མ་རྣམས་ལ་མཐོང་སྣང་མི་འདྲ་བ་གསུམ་བྱུང་བ་ཡིན། དམ་པ་འདིས་རྣལ་འབྱོར་བླ་ན་མེད་པའི་བརྟུལ་ཞུགས་ཀྱི་སྤྱོད་པས་རི་བོ་གྲུ་འཛིན་དང་། ལྷོ་ཕྱོགས་དཔལ་རི། ནུབ་ཕྱོགས་ཨུ་ཏི་ཡ་ན་སོགས་སུ་ཉིན་ཕྱེད་ཙམ་གྱིས་བསྐོར་བར་མཛད་ནས་བསམ་གྱིས་མི་ཁྱབ་པའི་རྣམ་འཕྲུལ་དུ་མར་རོལ་ཞིང་རྟེན། དེ་བཞིན་སློབ་དཔོན་ཕྱྭ་པ་གཤེགས་པའི་ཚེ་ཆོས་ཁྲིའི་སྟེང་དུ་སྐུ་འབུམ་བཞེངས་པ་ལ་རྟེ་མོར་གསེར་ཏོག་ཕུལ་བ་དང་མཚུངས་སློབ་དཔོན་ཕྱྭ་པའི་སྐུ་ཚད་དང་མཉམ་པའི་རས་བྲིས་ཕྱག་བྲིས་སུ་གནང་བ་ལ། རྫས་མདོག་མ་འདྲེས་སོ་སོར་འབྱེད་པའི་མིག་རྩ་དམར་པོ་ཅན། །ཞེས་པའི་བསྟོད་པ་ཡང་མཛད་ལ་དེ་བཞིན་གསེར་གྱི་གཉྫིར་དང་། ཡུམ་རྒྱས་པ་སོགས་ཟང་ཟིང་གི་མཆོད་པ་དུ་མས་ཀྱང་ཐུགས་མཉེས་པར་མཛད། དེ་ལྟའི་རྣལ་འབྱོར་དབང་ཕྱུག་འདི་ནི་སྔོན་གྱི་བག་ཆགས་དང་ལྷག་པའི་ལྷའི་བྱིན་རླབས་དང་། དེ་བཞིན་བླ་མ་ཆེན་པོའི་དྲིན་གྱིས་སྒྲ་དང་། ཚད་མ། ཕ་རོལ་ཏུ་ཕྱིན་པ་དང་། གསང་སྔགས་རྡོ་རྗེ་ཐེག་པ་གཙོ་བོར་གྱུར་པའི་རིག་པའི་གནས་མཐའ་དག་ལ་མཁས་པའི་ཕ་རོལ་ཏུ་སོན་པ་ཡོངས་སུ་རྫོགས་པའི་པཎྜི་ཏ་ཆེན་པོར་གྱུར་ནས་ཟབ་རྒྱས་ཀྱི་ཆོས་འཁོར་རྒྱུན་མི་ཆད་པར་བསྐོར་བས་རྒྱལ་བའི་བསྟན་པ་རིན་པོ་ཆེ་ཕྱོགས་ཐམས་ཅད་དུ་གསལ་བར་མཛད་པ་ལ་འགྲན་པའི་ཟླ་དང་བྲལ་བ་ཁོ་ན་ཡིན། དེ་བཞིན་རྩོད་པའི་སྒོ་ནས་བསྟན་པ་གསལ་བར་མཛད་པའི་ཚུལ་ཡང་། མཐར་ཐུག་འབྲས་བུ་གཅིག་ཏུ་གྲུབ་པ་ལ་ལོག་པར་རྟོག་པ་དང་། ཟབ་པ་དང་རྒྱ་ཆེ་བའི་ཐེག་པ་ཆེན་པོ་རྣམས་དོན་གཅིག་ལ་ལོག་པར་རྟོག་པ། རྡོ་རྗེ་ཐེག་པའི་བྱུང་ཚུལ་ལ་ལོག་པར་རྟོག་པ། ཆོས་ཀྱི་འཁོར་ལོ་བསྐོར་ཚུལ་ལ་ལོག་པར་རྟོག་པ། བཀའི་བསྡུ་བ་བྱས་པའི་ཚུལ་ལ་ལོག་པར་རྟོག་པ། ཚེ་འདིར་མཐོང་ལམ་ཐོབ་ཀྱང་ལུས་རྒྱ་མ་ཞིག་བར་དུ་ཡོན་ཏན་མི་འབྱུང་བར་འདོད་པའི་ལོག་རྟོག་སོགས་མདོར་ན་རྒྱལ་བའི་བསྟན་ལ་འཁྲུལ་པ་སྨྲ་བ་མཐའ་དག་དྲི་མ་མེད་པའི་ལུང་དང་། དངོས་སྟོབས་ཀྱི་རིགས་

པས་སྨན་ལྗོངས་བར་མཛད་པ་ཡིན་ནོ། །གསུང་རབ་བརྩམས་པའི་སྒོ་ནས་བསྟན་པར་བྱ་བ་མཛད་པའི་ཚུལ་ནི་འོག་ཏུ་གསལ། གསུང་ལས་སྐྱེས་པའི་བསྟན་འཛིན་སློབ་མའི་ཚོགས་ཀྱང་རྗེ་བཙུན་རིན་པོ་ཆེ་དང་། ཞུ་བྱས་དངོས་གྲུབ། ཇོན་སྟོན། སྒོམ་སྟོན་པ། ཇོ་སྲས་ལྕགས་ཀྱི་རྡོ་རྗེ་སོགས་བྱུང་ལ་དེ་རྣམས་ཀྱང་རྗེ་ས་ཆེན་གྱི་ཞལ་སློབ་ཐལ་ཆེར་སློབ་དཔོན་འདིའི་སློབ་མར་ཡང་གྱུར་པ་ཡིན། མདོར་ན་ཆོས་རྗེ་ས་པཎ་གྱིས། གང་གི་སྲས་ཀྱི་ཐུ་བོ་བ། །འཇམ་དཔལ་དབྱངས་ཀྱིས་བྱིན་རླབས་པས། །གནས་ལྔ་ལ་ནི་རབ་མཁས་ཤིང་། །བསོད་ནམས་ཡེ་ཤེས་རྒྱ་ཆེར་གྱུར་པ། །ཉིད་ཀྱི་གཞན་དོན་རྫོགས་མཛད་ནས། །འཇིག་རྟེན་རྣམས་ནི་བཞུགས་པའི་ཕྱིར། །བདེ་བ་ཅན་དུ་གཤེགས་པ་ལ། །རྟག་ཏུ་ཕྱག་འཚལ་གསོལ་བ་འདེབས། །ཞེས་གསུངས་པ་ལྟར་རོ། །མཐར་རྟག་འཛིན་ཅན་རྣམས་ཀྱི་ལོག་རྟོག་སེལ་ཕྱིར་དགུང་གྲངས་ཞེ་གཅིག་པ་ཆུ་ཕོ་སྟག་སྤྱི་ལོ་(༡༡༨༢) སྨད་ཟླའི་ཚེས་བཅུ་གཅིག་ལ་ལས་ཅན་དག་པའི་སྣང་བ་ལ་སྐུ་ལུས་མ་སྤངས་པར་རྒྱ་མིག་རྫིང་ཁར་ཆོས་ཉན་གྱི་སློབ་མ་ཀ་པཱ་ལ་ཕོགས་པ་བརྒྱད་ཅུ་ཙམ་གྱི་དབུས་སུ་ཆོས་གསུང་འཕྲོ་ལ་ཆོས་ཁྲིའི་སྟེང་ན་སྐུ་ཉིད་སྣང་ཚུལ་ཐ་དད་དུ་མ་དང་བཅས་ཏེ་བདེ་བ་ཅན་དུ་གཤེགས་སོ། །

༈ རྗེ་བཙུན་གྲགས་པ་རྒྱལ་མཚན།

ངེས་དོན་གྱི་འཇམ་དཔལ་དབྱངས་ཡེ་ཤེས་སེམས་དཔའི་རོལ་རྩེན་གྱི་རྣམ་པ་ཅན་རྗེ་བཙུན་ཆེན་པོ་གྲགས་པའི་ཞབས་ནི་ཡབ་ས་ཆེན་ཀུན་དགའ་སྙིང་པོ་དང་། ཡུམ་མ་ཅིག་འོད་སྒྲོན་གཉིས་ཀྱི་སྲས་སུ་རབ་བྱུང་གསུམ་པའི་མེ་ཡོས་སྤྱི་ལོ་(༡༡༤༧) ལོར་སྐུ་འཁྲུངས། དགུང་ལོ་བརྒྱད་པར་བྱང་སེམས་ཟླ་བ་རྒྱལ་མཚན་ལས་དགེ་བསྙེན་གྱི་སྡོམ་པ་བཞེས། དེ་ནས་བཟུང་བསླབ་བྱ་སྤྱི་དང་བྱེ་བྲག་ཚོགས་འཁོར་གྱི་དུས་མ་གཏོགས་ཐ་མལ་དུ་ཤ་ཆང་ཞལ་ལ་མི་རེག་གསུངས། དགུང་ལོ་བཅུ་པར་སྡོམ་པ་ཉི་ཤུ་པ་དང་། སྒྲུབ་ཐབས་མཆོག་སྐྱེས་ལ་སོགས་པ་དུ་མ་གསན་ཅིང་ལེགས་པར་མཁྱེན། དགུང་ལོ་བཅུ་གཅིག་པར་སློབ་དཔོན་རྣམས་ཀྱི་གཙོས་མཁས་མང་དབུས་སུ་གཞུང་དོན་ཐུགས་ལས་གསུངས་པས་ཐམས་ཅད་ངོ་མཚར་སྐྱེས་ཏེ་མཚན་ལ་བློ་གྲོས་ཆེན་པོ་ཞེས་གསོལ།

དགུང་ལོ་བཅུ་གཉིས་པར་ཡབ་ས་ཆེན་སྐུ་གཤེགས་ནས་འདས་མཆོད་རྒྱ་ཆེན་པོར་མཛད། དགུང་ལོ་བཅུ་གསུམ་པར་གཅེན་པོ་སློབ་དཔོན་བསོད་ནམས་རྩེ་མོས་ས་སྐྱའི་གདན་སར་བཀོད། ཆོས་འཆད་སྐབས་གཞན་གྱིས་བརྩད་ཅིང་དྲིས་པ་ན། ཆོས་དང་མཐུན་པའི་ལན་འདེབས་པར་ནི་སྤོབས་པ་ཐོགས་པ་མི་མངའ་བར་ལུང་དང་རིགས་པས་ཕ་རོལ་གྱི་ལོག་རྟོག་སེལ་བ་ལ་རྟོག་གེ་བ་ཆེན་པོ་སྦྲ་ཡི་ཆ་ལ་མ་རྨོངས་པ་དག་ཀྱང་ངོ་མཚར་བར་གྱུར། གྲུབ་པའི་མཚན་མ་མངོན་སུམ་དུ་བརྙེས་པས་ཁ་ཆེ་པཎ་ཆེན་གྱིས་ཉི་མ་གཟའ་འཛིན་ཡོད་པར་དུས་བཏབ་པར་ཁོང་གིས་གཟའ་འཛིན་མེད་པར་བསྒྱུར་བར་མཛད་པས། ཁ་ཆེ་པཎ་ཆེན་གྱིས་ཁོང་གསང་བ་འདུས་པའི་དཀྱིལ་འཁོར་དུ་གཟིགས་ཏེ་མ་ཧཱ་བཛྲ་དྷ་ར་དངོས་སུ་འདུག་ཅེས་བསྟགས་པར་མཛད། ཁོང་གི་དབུ་རྩེ་སྙིང་མའི་གཙུག་ལག་ཁང་དང་། གསེར་ཐྲིས་ཀྱི་བཀའ་འགྱུར་བཞེངས། གཞན་གྱིས་ཕུལ་བའི་དངོས་པོ་ཕྱུག་ཏུ་གང་བྱུང་བ་རྟེན་བཞེངས་པ་དང་། མཆོད་འབུལ། དབུལ་ཕོངས་ལ་སྦྱིན་པ་གཏོང་བ་སོགས་ཆོས་ཕྱོགས་ཀྱི་བྱ་བ་ཁོ་ནར་གཏོང་བར་མཛད་པས། སྐུ་གཤེགས་སྐབས་གདན་དང་། ན་བཟའ་ཆ་ཚང་གཅིག་མ་གཏོགས་དངོས་པོ་གང་ཡང་མ་ལུས་པར་མཛད། སློབ་མ་ནི། ཐུགས་སྲས་གཙོ་བོ་ས་པཎ་ཀུན་དགའ་རྒྱལ་མཚན། དེ་བཞིན་གྲགས་པའི་མཐའ་ཅན་བཞི། གྲགས་པ་མི་བརྒྱད། གུར་རྒྱན་ཞུས་པའི་མི་བཞི། རིག་འཛིན་གྱི་སྡོམ་བརྩོན་ཆེན་པོ་བཞི་བཅས་ཡིན། མཐའ་མའི་མཛད་པ་ནི། དགུང་ལོ་དྲུག་ཅུ་རེ་དགུ་རབ་བྱུང་བཞི་པའི་མེ་བྱི་སྦྱི་ལོ(༡༢༡༦)ལོར་སྐུ་གཤེགས། གསུང་འབུམ། བླ་མ་རྒྱ་གར་བའི་ལོ་རྒྱུས་དང་། ཆོས་སྤྱོད་རིན་ཆེན་ཕྲེང་བ། ཞེན་པ་བཞི་བྲལ་གྱི་གདམས་པ་སོགས་པོད་བཞི་ཡོད། །

༄ ས་སྐྱ་པཎྜི་ཏའི་མཛད་རྣམ་མདོར་བསྡུས།

རྗེ་བཙུན་འདི་ཉིད་ནི་ཡབ་དཔལ་ཆེན་འོད་པོ་དང་། ཡུམ་མ་ཅིག་གར་ཕུ་མ་ཉི་ཁྲི་ལྕམ་གཉིས་ཀྱི་སྲས་སུ་རབ་བྱུང་གསུམ་པའི་ཆུ་ཕོ་སྟག་གྱི་ལོ(༡༡༨༢)ལོར་སྐུ་འཁྲུངས། དགུང་ལོ་ཆུང་དུས་ནས་ཚད་མ་རིག་པ་དང་། བཟོ་རིག་པ། སྐར་རྩིས། སྒྲ་རིག་པ། གསོ་བ་རིག་པ། ཕར་ཕྱིན། དབུ་མ།

འདུལ་བ། མཛོད། གསང་སྔགས་རྒྱུད་སྡེ་བཞི་ལ་སོགས་པ་འཆད་ཉན་དང་ལག་ལེན་འཁྱོལ་ཐུབ་པའི་མཁས་པར་གྱུར། དེའི་སྐབས་སུ་རྒྱ་གར་ལྷོ་ཕྱོགས་པའི་མུ་སྟེགས་མཁས་པ་འཕྲོག་བྱེད་དགའ་བོ་སོགས་རྩོད་པས་བཏུལ་ནས་རལ་བ་བྲེགས། དགུང་ལོ་ཉེར་གསུམ་པ་ཤིང་ཕོ་བྱི་བ་སྤྱི་ལོ(༡༢༠༤)ལོར་ཁ་ཆེ་པཎ་ཆེན་ཤཱཀྱ་ཤྲཱི་བྷ་དྲ་ལས་བསྙེན་རྫོགས་ཀྱི་སྡོམ་པ་བཞེས། དགུང་ལོ་ཉེར་ལྔ་པ་མེ་ཕོ་སྟག་སྤྱི་ལོ(༡༢༠༦)ལོར་ས་སྐྱའི་གདན་སའི་ཁྲིར་ཕེབས། ཆོས་ཀྱི་འཆད་ཉན་ཡུན་རིང་མཛད་ནས་སྐལ་ལྡན་བུ་སློབ་མང་དུ་བསྐྱངས། དགུང་ལོ་རེ་གཉིས་པ་རབ་བྱུང་བཞི་པའི་ཆུ་མོ་ཡོས་སྤྱི་ལོ(༡༢༤༣)ལོར་སོག་པོའི་རྒྱལ་པོ་ཨོ་གོ་ཏའི་སྲས་གཉིས་པ་གོ་དན་གྱིས་གདན་ཞུས་ལྟར་ཚ་བོ་འགྲོ་མགོན་ཆོས་རྒྱལ་འཕགས་པ་དང་། འགྲོ་མགོན་ཕྱག་ན་རྡོ་རྗེ་འཁོར་དང་བཅས་པ་ལང་གྲུར་ཕེབས། དགུང་ལོ་རེ་བཞི་པ་ཤིང་མོ་སྦྲུལ་སྤྱི་ལོ(༡༢༤༥)ལོར་རྒྱལ་པོ་གོ་དན་དང་ཞལ་འཛོམས་མཛད་ནས་བོད་ས་གནས་གཅིག་གྱུར་ཡོང་བར་ཕན་པའི་སྐུར་ཡིག་བོད་ལ་བཏང་ཞིང་། སོག་རྒྱལ་གྱི་དམག་ཁྲལ་ལས་གསུམ་གྱི་འཇིག་པ་ལས་སྐྱོལ་བའི་བྱ་གཞག་རླབས་པོ་ཆེ་བཞག་ཡོད། ཁོང་ནི་ས་སྐྱ་གོང་མ་རྣམ་ལྔའི་ནང་གི་བཞི་པ་ཡིན། སློབ་མའི་མཆོག་རྟོགས་པའི་བརྒྱུད་འཛིན་ཚོགས་སྒྲུབ་དབོན་གསུམ། མན་ངག་བརྒྱུད་འཛིན་ལྷོ་དམར་རྣམ་གཉིས། བཤད་པའི་བརྒྱུད་འཛིན་ཤར་ནུབ་གུང་གསུམ། སྡོམ་ཕྲུག་བགྲེས་པ་དཔལ་བཟང་པོ་བཅུ་གསུམ། གཞོན་པ་རྒྱལ་མཚན་མཐའ་ཅན་བདུན། ལོ་ཙཱ་བ་ཆེན་པོ་བཞི། སྨྲས་པའི་རྣལ་འབྱོར་ཆེན་པོ་བཞི། མཁས་བཙུན་གྱི་ཐུགས་སྲས་བཞི། སྒྲུབ་པའི་བརྒྱུད་འཛིན་རྒྱལ་བ་ཡང་དགོན་པ། སྨྲས་པའི་གྲུབ་ཆེན་ཟངས་ཚ་བསོད་ནམས་རྒྱལ་མཚན་བཅས་མང་དུ་བྱོན། མཐའ་མའི་མཛད་པ་ནི། དགུང་ལོ་བདུན་ཅུ་པ་རབ་བྱུང་བཞི་པའི་ལྕགས་ཕག་སྤྱི་ལོ(༡༢༥༡)ལོར་ལང་གྲུའི་སྤྲུལ་པའི་སྡེ་ཞེས་བྱ་བར་སྐུ་གཤེགས། གསུང་འབུམ། ཐུབ་པའི་དགོངས་པ་རབ་ཏུ་གསལ་བའི་བསྟན་བཅོས་དང་། ཚད་མ་རིགས་གཏེར། ལེགས་བཤད་རིན་ཆེན་གཏེར། གཞུང་ལུགས་ལེགས་པར་བཤད་པའི་བསྟན་བཅོས། ཚིག་གཏེར། རོལ་མོའི་བསྟན་བཅོས། མཁས་པ་འཇུག་པའི་སྒོ་སོགས་པོད་ཆེ་ལྔ་ཙམ་ཡོད་དོ། །

༄ འགྲོ་མགོན་ཆོས་རྒྱལ་འཕགས་པ།

ཁམས་གསུམ་འགྲོ་བའི་མགོན་པོ་འཕགས་པ་རིན་པོ་ཆེ་ནི་ཡབ་ཟངས་ཚ་དང་ཡུམ་ཀུན་སྐྱིད་གཉིས་ལ་རབ་བྱུང་བཞི་པའི་ཤིང་ལུག་སྤྱི་ལོ(༡༢༣༥)ལ་འཁྲུངས། འདི་ནི་འཇམ་དཔལ་རྩ་རྒྱུད་ལས། ཡི་གེ་ཧྲི་ཞེས་སྔོཿམ་བརྩོན་ཉིད། །སྟོན་པའི་བསྟན་པ་གསལ་བར་བྱེད། །ཅེས་ལུང་བསྟན་པ་དང་། དེ་བཞིན་ས་སྟོན་རི་པའི་སྐུ་སྐྱེར་ཡང་དྲན། དགུང་ལོ་གསུམ་པར་སྒྲུབ་ཐབས་མཚོ་སྐྱེས་ལ་སོགས་གསུངས་པས་ཐམས་ཅད་ཡ་མཚན་ནས་འཕགས་པར་མཚན་གསོལ། དགུང་ལོ་བཞི་པར་ཆོས་རྗེའི་ཕྱག་ཕྱིར་སྐྱིད་གྲོང་དུ་ཕེབས། བརྒྱད་པ་ལ་སྐྱེས་རབས་སོ་བཞི་ཐུགས་ལ་གསུངས། དགུ་པར་བརྟག་གཉིས་གསུངས། བཅུ་པར་ཆོས་རྗེ་དང་ལྷན་དུ་བྱང་ཕྱོགས་སུ་ཕེབས་པའི་ལམ་བར་དུ་ལྷ་སའི་ཇོ་བོའི་དྲུང་དུ་ཟུལ་ཕུ་མཁན་པོས་སློབ་དཔོན་མཛད་ནས་སྐྱོར་ལུང་ཤེར་སེང་ལས་དགེ་ཚུལ་གྱི་བསླབ་བྱ་ནོད། བཅུ་བདུན་པ་ལ་ཆོས་རྗེར་མངའ་བའི་རྒྱུ་མཚན་ཉིད་དང་འབྲས་བུ་གསང་སྔགས། ཕྱི་མོ་རིག་གནས་སོགས་ཐུགས་སུ་ཆུད་པས་ཆོས་རྗེ་ཐུགས་དགྱེས་ནས་ལྷུང་བཟེད་དང་ཆོས་དུང་སོགས་བསྐུལ་ཏེ་སློབ་ཚོགས་དང་བསྟན་པའི་བྱ་བ་སེམས་ཅན་གྱི་དོན་བྱ་བའི་དུས་ལ་བབ་པས་སྟོན་གྱི་དམ་བཅའ་དྲན་པར་གྱིས་ཤིག་ཅེས་གསུངས། བཅུ་དགུར་ཧོར་ཡུལ་དུ་གདན་དྲངས་ཏེ་ཏཱི་ཤྲཱིའི་མཚན་གསོལ་བ་དང་མཆུངས་བོད་ཁྲི་སྐོར་བཅུ་གསུམ་དབང་ཡོན་དུ་ཕུལ། ཉེར་གཅིག་ལ་རྒྱ་ཧོར་ཡུལ་གྱི་མཚམས་སུ་མཁན་པོ་སྙེ་ཐང་གྲགས་པ་སེང་གེ་དང་སློབ་དཔོན་ཇོ་གདན་བསོད་ནམས་རྒྱལ་མཚན་སོགས་དགེ་འདུན་གྲངས་ཚང་དབུས་སུ་བསྙེན་པར་རྫོགས། སློབ་དཔོན་དེ་དག་ལས་འདུལ་ཕར་སོགས་རྒྱ་ཆེར་གསན། ཉེར་གསུམ་པར་ལྗོང་སྟོན་རི་པོ་རྩེ་ཕུར་གདན་དྲངས་ནས་གཤིན་རྗེ་སོགས་ཆོས་སྣ་མང་པོ་གསན། དེ་ནས་ཧོར་རྒྱལ་ཕོ་བྲང་དུ་ཕེབས་ནས་ཐ་ཤང་ལ་འགྱེན་ཞེས་བྱ་བའི་རྗེས་སུ་ཞེན་པའི་ལྟ་ངན་ཟིན་ཞིང་གི་སྟོན་པ་བཅུ་བདུན་རིགས་པས་ཕམ་པར་མཛད་ནས་ཡང་དག་པའི་གནས་ལ་བཀོད། སུམ་ཅུ་པར་གདན་སར་ཕྱག་ཕེབས་ནས་གཉན་འོད་བསྒྲུངས། གྲུབ་ཐོབ་ཡོན་ཏན་དཔལ། མཆིམས་ནམ་མཁའ་གྲགས། ཚོགས་སྒོམ་པ། གློ་བོ་ལོ་ཙྪ་བ། སྤྱི་བོ་ལྷས་པ་ཇོ་སྲས་རྣམས་ལས་གསན་བསམ་རྒྱ་ཆེར་མཛད། སླར་སོ་གསུམ་

ལ་ཧོར་ཡུལ་དུ་ཕེབས་དབང་ཡོན་དུ་བོད་ཆོས་ཁ་གསུམ་ཞུས་ནས་བོད་ཁམས་གཅིག་གྱུར་དུ་མཛད་ནས་དེ་རྣམས་ལ་ས་སྐྱ་པས་ལུགས་གཉིས་ཀྱི་བདེ་བས་བསྐྱངས། དེ་རྗེས་བཞི་བཅུ་ཞེ་གཅིག་ལ་གདན་སར་ཕྱག་ཕེབས་ནས་དེའི་སྐབས་སུ་ཆུ་མིག་ཏུ་མཆོད་སྟོན་རྒྱ་ཆེར་མཛད་པས་བཅོམ་ལྡན་རལ་གྲིའི་ང་རྒྱལ་ཡང་སྨར་རང་རྒྱུད་རེངས་པའི་དབང་དུ་སོང་སྨྲམ་པའི་འགྱོད་པ་དང་བཅས་ཏེ་ཕྱག་དང་བཞུགས་པ་གྲངས་མེད་ཕུལ་ནས་བསྟོད་པ་ཚངས་པའི་འབྲུག་སྒྲ་ཞེས་པ་དེ་ཕུལ། དགེ་ཚུལ་སློང་སྟོང་བཞི་བརྒྱ་ལྷ་བཅུའི་མཁན་པོ་མཛད། བསྟན་འཛིན་གྱི་སློབ་མ་ཡང་ཧྲམྨ་པཱ་ལ། ཡེ་ཤེས་འབྱུང་གནས། རིན་ཆེན་རྒྱལ་མཚན། ཞང་དཀོན་མཆོག་དཔལ། དགེ་སློང་ཀུན་བློ། དགའ་ལྡན་བཀྲ་ཤིས་དཔལ། དགའ་ལྡན་པ་ཀུན་བསོད། དམ་པ་ཀུན་དགའ་གྲགས། ཕྱག་ན། ཤེས་རབ་གཞོན་ནུ། ཐིན་གེ་མ། ཧྲི་ཤྲི་གྲགས་འོད་སོགས་བྱུང་ངོ་། །མཐར་དགུང་ལོ་ཞེ་དྲུག་རབ་བྱུང་ལྔ་པའི་ལྕགས་འབྲུག་སྤྱི་ལོ་(༡༢༨༠)ལོའི་མགོ་ཟླའི་ཚེས་ཉི་ཤུ་གཉིས་ཀྱི་སྔ་དྲོ་དགོངས་པ་ཆོས་ཀྱི་དབྱིངས་སུ་བསྡུ་བར་མཛད་དོ། །

༄ ས་བཟང་འཕགས་པ་གཞོན་ནུ་བློ་གྲོས།

(བོད་ཨང་། 01941)

ས་བཟང་འཕགས་པ་ནི་བྱང་ཆུབ་སེམས་དཔའ་ཟླ་བ་རྒྱལ་མཚན་གྱིས་བྱིན་གྱིས་བརླབས་པའི་གནས་དམུ་རྗེ་ང་དུ། ཡབ་དགེ་སློང་གཞོན་ནུ་དཔལ་དང་། ཡུམ་སྒྲོལ་མ་འབུམ་གཉིས་ཀྱི་སྲས་སུ་རབ་བྱུང་དྲུག་པའི་ས་ཕོ་ཁྱི་སྤྱི་ལོ་(༡༣༥༨)ལོར་སྐུ་འཁྲུངས། དགུང་ལོ་ལྔ་པ་ལ་བར་ཆད་ཀྱི་རྣམ་པ་ཅུང་ཟད་བྱུང་བ་ལ་བརྟེན་ནས། བླ་མ་ལྷ་རྩེ་རྩེ་མོ་ལས་གསང་སྔགས་རྙིང་མའི་ལུགས་ཀྱི་རྟ་མགྲིན་གྱི་དཀྱིལ་འཁོར་དུ་དབང་བསྐུར་བ་ཞུས་ནས། དགེ་བསྙེན་རྡོ་རྗེ་སྲ་བརྟན་དུ་མཚན་གསོལ་ཏེ། ཡུམ་གྱིས་ཀྱང་གྲོགས་བྱས་ཏེ་རྟ་མགྲིན་བསྙེན་པ་མཛད་པས་འབྱུང་པོའི་བར་ཆད་ལས་གྲོལ་ལོ། །དགུང་ལོ་བརྒྱད་པ་ལ་བླ་མ་ཐུགས་རྗེ་རྗོང་པ་རྒྱལ་མཚན་འབུམ་པའི་དྲུང་དུ་རབ་ཏུ་བྱུང་བར་མཛད་དོ། །དམ་པའི་ཆོས་འདུལ་བ་མདོ་རྩ་དང་། དེའི་རྣམ་བཤད་འཛམ་པ་ཤེས་རབ་འོད་ཀྱིས་མཛད་

པ་ལ་ཡུན་རིང་དུ་ཐུགས་སྐྱོང་མཛད་ཅིང་ལྷག་པར་ཚུལ་ཁྲིམས་ཀྱི་ཕུང་པོ་མིག་གི་འབྲས་བུ་ལྟར་གཅེས་པར་མཛད་དོ། །དགུང་ལོ་ཉེར་གཅིག་པ་ལ་དཔལ་བཟང་ལྡན་གྱི་ཆོས་གྲྭ་ཆེན་པོར་མཁན་པོ་ཡང་དག་པའི་དགེ་བའི་བཤེས་གཉེན་སྡེ་སྣོད་འཛིན་པ་ཆེན་པོ་སངས་རྒྱས་བཟང་པོ་དང་། ལས་ཀྱི་སློབ་དཔོན་གྲམ་ནམ་མཁའ་རྒྱལ་མཚན། གསང་སྟེ་སྟོན་པ་བླ་མ་མགོན་པོ་འབུམ་པས་མཛད་དེ། དད་པའི་དགེ་འདུན་དང་བཅས་པའི་དབུས་སུ་བསྙེན་པར་རྫོགས་པ་དགེ་སློང་གི་སྡོམ་པ་ཡང་དག་པར་ནོད་དེ། དེ་ཕྱིན་ཆད་དགེ་སློང་གི་ཆོས་བཞི་དང་རྒྱུན་བཅུ་བདུན་གྱིས་མཛེས་པར་བྱས་པ་ཞིག་གོ །དེ་ནས་མཁན་པོ་སངས་རྒྱས་བཟང་པོ་ལ། མངོན་པར་རྟོགས་པའི་རྒྱན་འགྲེལ་པ་དང་བཅས་པ་གསན་ཅིང་། གཙོ་ཆེར་འཕགས་པ་སྤྱན་རས་གཟིགས་དབང་ཕྱུག་དོན་ཡོད་ཞགས་པའི་བསྙེན་པ་ལན་གྲངས་དུ་མ་དང་། རིག་པ་སྟོང་ཕྲག་བརྒྱ་པ་ལན་གསུམ་དུ་མཛད་པས། སྐྱེ་བོ་ཐམས་ཅད་ཀྱིས་འདི་ནི་སྨྱུང་གནས་ལ་སོགས་པའི་དཀའ་ཐུབ་དང་དཀའ་སྤྱད་དྲག་པོ་འདི་ལྟ་བུས་དུས་འདའ་བར་འདུག་པས་འཕགས་པ་དང་འདྲ་ཞེས་གླེང་བས་འཕགས་པ་ཞེས་མཚན་དུ་གྲགས་སོ། །དེ་ནས་སྙིགས་མའི་དུས་ཀྱི་སྤྱན་རས་གཟིགས་གཉིས་པར་གྱུར་པ་རྒྱལ་སྲས་ཐོགས་མེད་ལ་ཤིན་ཏུ་དད་དེ། དེའི་སྤྱན་སྔར་ཕྱིན་པའི་ལམ་དུ། ས་བཟང་ན་གནས་ལྷ་རིག་པའི་པཎྜི་ཏ་ཆེན་པོ་བློ་གྲོས་རྒྱལ་མཚན་དཔལ་བཟང་པོ་བཞུགས་པའི་དྲུང་དུ་ཕྱག་འཚལ་བར་ཕྱིན་པས། སྔར་བཟང་ལྡན་དུ་མཆོད་གཡོག་ཅིག་བྱེད་མྱོང་བ་དང་། རིན་པོ་ཆེ་ཤེས་རབ་དཔལ་བ་དང་སྐུ་ཉེ་ཕྱོགས་གཅིག་ཏུ་འོང་བ་ལ་བརྟེན་ནས་རེ་ཞིག་འདིར་སྡོད་གསུངས་ནས་ཆོས་རྗེ་དེ་ཉིད་ཀྱི་ཞབས་དྲུང་དུ་བཞུགས་ཏེ། ཉིད་ལ་ཇི་ལྟར་མངའ་བའི་སྡེ་སྣོད་གསུམ་དང་འབྲེལ་བའི་མདོ་སྡེ། དེ་དག་གི་དགོངས་པ་འགྲེལ་བའི་བསྟན་བཅོས་རྣམས་ཀྱི་བཤད་བཀའ་ལུང་བཀའ། བསྒོམ་རིམ་རྣམས་ཀྱི་མན་ངག་དང་བཅས་པ་དང་། རྒྱུད་སྡེ་བཞི་དང་འབྲེལ་བའི་དབང་བཀའ་བཤད་བཀའ་མན་ངག་གི་བཀའ་ལ་སོགས་པ་རྣམས་བུམ་པ་གང་བྱོའི་ཚུལ་དུ་ནོད་པར་མཛད་དོ། །དེ་ནས་སྐབས་ཤིག་ཏུ་རྒྱལ་བའི་སྲས་པོ་ཐོགས་མེད་ཀྱི་དྲུང་དུ་ཕྱིན་ཏེ་ཐེག་པ་ཆེན་པོ་བློ་སྦྱོང་དོན་བདུན་མའི་ཁྲིད་བཀའ་ལན་མང་དུ་གསན་ཅིང་། ཉིད་ཀྱིས་མཛད་པའི་གསུང་འབུམ་ཐོར་བུ་པ་དང་། སྤྱོད་འཇུག་དང་མདོ་སྡེ་རྒྱན་གྱི་ཊཱི་ཀ་རྣམས་ཀྱི་ལུང་ཙམ་ཞིག་གསན་ཏོ། །ཚེ་འདས་ཀྱི་མིང་

བྱང་མང་པོ་ལ་དབང་བསྐུར་མཛད་ཀྱིན་འདུག་པའི་ཞོར་ལ་བླ་མ་ཉིད་ཀྱིས་ནན་གྱིས་ཞུས་ཏེ་ཀུན་རིག་གནུར་ལུགས་ཀྱི་དཀྱིལ་འཁོར་དུ་དབང་བསྐུར་བའང་གསན་ནོ། །ཡང་ཆོས་རྗེ་འདི་ལ་མི་ཕྱེད་པའི་དད་པ་ཐོབ་ཅིང་དེའི་བྱིན་རླབས་ཀྱིས་བླ་མ་ཉིད་ལ་ཡང་ཐུགས་རྒྱུད་བྱང་ཆུབ་སེམས་ཀྱིས་ཡང་དག་པར་བརླན་པར་གྱུར་པ་ནི་སྐྱེ་བོ་ཐམས་ཅད་ལ་མངོན་སུམ་དུ་གྲུབ་པ་ཡིན་ནོ། །དེ་ནས་ཛོ་ནང་དུ་ཆོས་རྗེ་ཕྱོགས་ལས་རྣམ་པར་རྒྱལ་བའི་དྲུང་དུ་དཔལ་དུས་ཀྱི་འཁོར་ལོའི་དཀྱིལ་འཁོར་དུ་དབང་བསྐུར་བ་རྫོགས་པར་ཞུས་ཤིང་། ཕྱིས་བདེ་ཆེན་དུ་རྒྱུད་འགྲེལ་གྱི་བཤད་བཀའ་སྦྱོར་དྲུག་གི་ཁྲིད་བཀའ་དང་བླ་མ་འདི་ཉིད་ཀྱིས་མཛད་པའི་དུས་འཁོར་གྱི་ཡིག་ཆ་མཐའ་དག་གི་ལུང་གསན་ནོ། །སངས་རྒྱས་ཀྱི་བསྟན་པ་ཡོངས་སུ་རྫོགས་པའི་མཁས་པ་ཆེན་པོ་ཆོས་རྗེ་ལོ་ཙྪ་བ་བྱང་ཆུབ་རྩེ་མོའི་དྲུང་དུ། དཔལ་གསང་བ་འདུས་པ་འཕགས་ལུགས་ཀྱི་དཀྱིལ་འཁོར་དུ་དབང་བསྐུར་བ་ཞུས་ཏེ་མི་ཕྱེད་པའི་དད་པ་ཐོབ་ལ། ཡོན་ཏན་གྱི་ཁྱད་པར་མང་པོ་ཐུགས་རྒྱུད་ལ་འཕྲུངས་ཤིང་སྙིད་སྡུག་ལམ་ཁྱེར་ལ་སོགས་པའི་མན་ངག་འགའ་ཞིག་ཀྱང་གསན་ནོ། །གཞན་ཡང་བླ་མ་མཁས་བཙུན་མགོན་པོ་རྒྱལ་མཚན་པ་དང་། མཁན་ཆེན་སྨྲ་ཚད་པ་རིན་ཆེན་རྣམ་རྒྱལ་བ་དང་། ཆོས་རྗེ་བྱང་ཆུབ་སེང་གེ་ལ་སོགས་པའི་བཤེས་གཉེན་བཞི་བཅུ་ཞེ་གཉིས་བསྟེན་ཏེ། རྡོ་རྗེ་ཐེག་པའི་རྒྱུད་སྡེ་རིན་པོ་ཆེ་བཞི་དང་འབྲེལ་བའི་དབང་བྱིན་རླབས་རྗེས་གནང་རིག་པ་གཏད་པ། རྒྱུད་དེ་དག་གི་མན་ངག་ཁྲིད་བཀའ་རྒྱུད་ཀྱི་བཤད་བཀའ་འགྲེལ་པ་དང་སྒྲུབ་ཐབས་ཀྱི་ལུང་བཀའ་ལ་སོགས་པ་དང་བཀའ་འཁོར་ལོ་རིམ་པ་གསུམ་དང་འབྲེལ་བའི་མདོ་སྡེ་རྣམས་ཀྱི་ལུང་བཀའ་འགྲེལ་པའི་བཤད་བཀའ། སྒོམ་རིམ་གྱི་མན་ངག་ལ་སོགས་པ་དང་། གཞན་ཡང་བཀའ་གདམས། ཞི་བྱེད་ཕྱག་ཆེན་གཅོད། གསང་སྔགས་རྙིང་མ་ལ་སོགས་པའི་བོད་དུ་འགྱུར་བའི་བཀའ་ལུང་ཕལ་མོ་ཆེ་གསན་ཏེ། ཐོས་པ་རྒྱ་མཚོའི་ཕ་རོལ་ཏུ་སོན་ཏོ། །ཁྱད་པར་བལ་པོ་ཡེ་རང་གི་གྲོང་ཁྱེར་ཆེན་པོར་དཀའ་སྤྱད་དང་བརྩོན་འགྲུས་ཀྱིས་བྱོན་ཏེ། བལ་པོའི་པཎྜི་ཏ་ཆེན་པོ་མཏྣ་བོ་དྷི་ལས་རྡོ་རྗེ་སློབ་དཔོན་གྱི་བྱ་བ་ཀུན་ལས་བཏུས་པ་ཀྲི་ཡ་ས་མུ་ཙྪཡའི་དཀྱིལ་འཁོར་ཆེན་པོ་རྣམས་སུ་དབང་བསྐུར་བ་ཞུས་ནས་དེའི་བཤད་བཀའ་ལག་ལེན་གྱི་བཀའ་དང་བཅས་པ་དང་། རྣལ་འབྱོར་ནམ་མཁའི་དཀྱིལ་འཁོར་རྒྱས་པའི་དབང་བཀའ། སྒྲུབ་ཐབས་ཀྱི་ལུང་། འཇམ་དབྱངས་རྣམ་འཕྲུལ་

ལ་སོགས་པ་སྟོན་ཚད་མཁས་པ་གཞན་གྱིས་བོད་དུ་མ་འགྱུར་བའི་ཆོས་མང་པོ་བོད་དུ་སྤྱན་དྲངས། ཡང་ཆོས་རྗེ་པཎ་ཆེན་པ་དང་། ཆོས་རྗེ་བྱང་སེམས་པ་གཉིས་ཀྱི་སྤྱན་སྔར་དཔལ་དུས་ཀྱི་འཁོར་ལོའི་རྒྱུད་འགྲེལ་གྱི་བཤད་བཀའ་ལན་མང་དུ་གསན་ཅིང་ཐུགས་སྒྲོང་ཡུན་རིང་དུ་མཛད་ལ། མདོ་སྡེ་རྒྱན། རྒྱུད་བླ་མ། སྤྱོད་འཇུག །མངོན་པ་ཀུན་ལས་བཏུས། སྒྲ་ཀ་ལཱ་པ། སྙན་ངགས་མེ་ལོང་། སྡེབ་སྦྱོར་རིན་ཆེན་འབྱུང་གནས་ལ་སོགས་པ་མདོ་སྔགས་ཀྱི་གཞུང་ལུགས་དང་། ཐ་སྙད་ཀྱི་གཙུག་ལག་མང་པོ་ལ་བསམ་དཔྱོད་དང་། གསན་སྦྱོང་ཡུན་རིང་དུ་མཛད་པས། གསན་པ་རྒྱ་མཚོའི་ཕ་རོལ་ཏུ་སོན་ཏོ། །གཞན་ཡང་ཟབ་ལམ་རྡོ་རྗེའི་རྣལ་འབྱོར་སྦྱོར་བ་ཡན་ལག་དྲུག་པ། ཨུ་རྒྱན་བསྙེན་སྒྲུབ། གསུང་ངག་རིན་པོ་ཆེ། གསང་འདུས་རིམ་ལྔ། བདེ་མཆོག་རིམ་ལྔ་ལ་སོགས་པ་རྣལ་འབྱོར་ཉམས་སུ་བླངས་པའི་མན་ངག་མཐའ་དག་ལ་དབང་འབྱོར་ཞིང་ཏིང་ངེ་འཛིན་དེ་དག་ཡུན་རིང་པོར་ཐུགས་ཉམས་སུ་བཞེས་པས་མངོན་པར་རྟོགས་པའི་ཡོན་ཏན་རིན་པོ་ཆེ་བསམ་གྱིས་མི་ཁྱབ་པ་ཐུགས་ལ་འཁྲུངས་པ་ཡིན་ནོ། །

གཞན་ཡང་བླ་མ་འདི་ནི་ཞི་བ་དང་། དུལ་བ་དང་། ངེས་པ་དང་། གསོང་པོར་སྨྲ་བ་དང་། ཚིག་འཇམ་པ་དང་། འདོད་པ་ཆུང་བ་དང་། ཚོག་ཤེས་པ་ལ་སོགས་པ་ཡོན་ཏན་གྱི་ཆོས་ཚད་མེད་པ་མངའ་བ་ལ་བརྟེན་ནས། ཆོས་ཀྱི་རྗེ་ས་བཟང་པཎྜི་ཏ་ཆེན་པོ་ཉིད་ཐུགས་ཤིན་ཏུ་རངས་པར་གྱུར་ཏེ། བླ་མ་དམ་པར་དགུང་ལོ་ཉེར་དགུ་པ་ལ་དགེ་ལྡན་ས་བཟང་གི་དགོན་པར། ཆོས་རྗེ་ཉིད་ཀྱི་རྒྱལ་ཚབ་ཏུ་དབང་བསྐུར་ཞིང་། ཆེན་པོ་མང་པོའི་གཙུག་རྒྱན་དུ་མངའ་གསོལ་བ་ལ་བརྟེན་ནས། བླ་མ་ཉིད་ཀྱིས་ཀྱང་བསྟན་པ་རིན་པོ་ཆེའི་ཁུར་ཆེན་པོ་བཞེས་ཏེ། དམ་པའི་ཆོས་ཀྱི་དུས་འདའ་བའི་ཕྱིར། སྤྱི་ཕྱིར་ཀྱི་ཡ་ས་མུཛྫ་དང་རྡོ་རྗེ་ཕྲེང་བའི་དབང་ཡོངས་སུ་རྫོགས་པ་ཚར་བརྒྱ་སོགས་ཀྱི་འགྲོ་དོན་མཛད་དེ་དེ་དག་ཀྱང་ཚིག་རྣ་བར་སྙན་ཅིང་། གོ་བདེ་བ་དང་། གསུང་གསང་མཐོ་ཞིང་། རྣ་བར་འབབ་པ་ལ་སོགས་པ་གཞན་ལས་ཁྱད་པར་དུ་འཕགས་པའི་ཆོས་ཀྱི་འདོམས་ཚུལ་གྱིས་གདུལ་བྱ་རྣམས་དད་ཅིང་ཡིད་འཕྲོག་པར་མཛད་པ་ཞིག་གོ །མདོར་ན་དགུང་ལོ་ཉེར་དགུ་བཞེས་པ་ནས་བཟུམས་ཏེ། གཟུགས་ཀྱི་སྐུའི་སྤྲུལ་པ་ཆོས་ཀྱི་དབྱིངས་སུ་མི་བསྡུ་བའི་ཞག་ཉི་ཤུ་རྩ་གསུམ་གྱི་གོང་མ་གདོགས་ཉིན་མཚན་ཁོར་ཡུག

ཏུ་དམ་པའི་ཆོས་གསུང་བ་ལ་སོགས་པ་བསྟན་པའི་བྱ་བ་རྒྱ་ཆེན་པོའི་ཁུར་ལ་སྐད་ཅིག་ཀྱང་མི་གཡེལ་བར་བཞུགས། སློབ་མ་ནི། མགོན་པོ་འཇམ་པའི་དབྱངས་ཀྱི་རྣམ་པར་འཕྲུལ་པ་དཔལ་ལྡན་ས་སྐྱའི་གདུང་བརྒྱུད་རིན་པོ་ཆེ་བླ་མ་ཆེན་པོ་ཀུན་དགའ་རྒྱལ་མཚན་དཔལ་བཟང་པོ་ལ་སོགས་པ་གདུང་བརྒྱུད་དྲི་མ་མེད་པ་མང་པོའི་རྩ་བའི་བླ་མར་གྱུར་ཅིང༌། སྡོམ་བརྩོན་མཁས་པའི་དབང་པོ་ཆོས་རྗེ་སངས་རྒྱས་དཔལ་བ་ལ་སོགས་པ་བོད་ཀྱི་མཁས་པ་མང་པོ་དང༌། ཆོས་རྗེ་ལམ་འབྲས་པ་བློ་བཟང་པ་ལ་སོགས་པ་རྣལ་འབྱོར་པ་ཁྱད་པར་ཅན་མང་པོ་དང༌། དབུས་གཙང་མངའ་རིས་མདོ་སྟོད་སྨད་ལ་སོགས་པ་ཕྱོགས་ཀྱི་དགེ་བའི་བཤེས་གཉེན་གྲངས་ལས་འདས་པ་རྣམས་ཀྱི་ཆོས་ལ་ལོངས་སྤྱོད་པའི་གཞིར་གྱུར། མཐར་དགུང་ལོ་དྲུག་ཅུ་རེ་བདུན་བཞེས་པ་རབ་བྱུང་བདུན་པ་ཆུ་ཕོ་འབྲུག་གི་ལོ་ (༡༤༡༢) ནག་པ་ཟླ་བའི་ཚེས་བཅོ་བརྒྱད་ཀྱི་སྔོན་ཀྱི་ཆ་ལ་གཟུགས་ཀྱི་སྐུའི་སྤྲུལ་པ་ཆོས་ཀྱི་སྐུ་ཞི་བ་ཆེན་པོའི་དབྱིངས་སུ་བསྡུ་བར་མཛད་དོ། །

༈ ས་བཟང་པཎ་ཆེན་བློ་གྲོས་རྒྱལ་མཚན།

(བོད་ཨང༌། 01942−01944)

ས་བཟང་པཎ་ཆེན་ནམ་བོད་ཀྱི་པཎྜི་ཏ་མ་ཏི་བྷ་དྲའི་ཞབས་ནི་མངའ་རིས་སུ་ཡབ་བཟོད་པ་དཔལ་དང༌། ཡུམ་བཀྲ་བཙུན་ཞེས་པར་ཤིང་ཕོ་རྟའི་ལོ་སྤྱི་ལོ (༡༢༩༤) ལོར་འཁྲུངས། དགུང་ལོ་བདུན་པ་ལ་གྲུབ་ཐོབ་བྱ་རིན་མདུན་ནས་དབང་རྗེས་འགའ་གསན། དགུང་ལོ་དགུ་པར་རྗེ་ར་དགོན་གྱི་བླ་མ་རིན་ཆེན་བཟང་པོ་ལས་ཕར་ཚད་སོགས་གསན། བཅོ་ལྔ་ལ་སྐྱེ་ཐང་དུ་མཁན་པོ་བཀྲ་ཤིས་སེང་གེ་ལས་དགེ་ཚུལ་ནོད་ནས་མཚན་བློ་གྲོས་རྒྱལ་མཚན་དུ་གསོལ། གཞན་ཡང་ཀཱ་རི་ཀཱ་དང་མདོ་རྩ་སོགས་ཀྱང་གསན། དེ་ནས་ས་སྐྱར་ཕེབས་ནས་འཇམ་དབྱངས་ཆོས་ཀྱི་རྒྱལ་མཚན་ལ་ཕར་ཚད་མངོན་གསུམ་དང་། ལམ་འབྲས་དང་རྒྱུད་གསུམ་སོགས་གསན། དེ་ནས་བྲག་རམ་དུ་བླ་མ་བསོད་ནམས་བཟང་པོ་ལ་ཞི་བྱེད་དང་གཤེད་སྐོར་སོགས་མཐའ་ཡས་པ་གསན། དེ་བཞིན་བླ་མ་སངས་རྒྱས་བཟང

པོ་ལ་ཡུམ་སྐྱོར་རྣམས་དང་། ཞ་ལུར་མཁན་པོ་རིན་ཆེན་གྲགས་པའི་དྲུང་དུ་བསྙེན་རྫོགས་མཛད་པ་དང་། བདེ་མཆོག་མཁའ་འགྲོ་རྒྱ་མཚོ་སོགས་ཀྱང་གསན། དེ་ནས་ཇོ་ནང་ཀུན་མཁྱེན་ལས་དབུ་མ་ཆེན་མོ་དང་། ཀུན་སྤྱངས་ཆོས་གྲགས་ལས་སྐར་རྩིས་སོགས་གསན། ལྷག་པར་དཀྲུང་ལོ་ཞེ་གསུམ་སྐབས་ལོ་ཙཱ་བ་བློ་གྲོས་བརྟན་པ་ལ་སྒྲ་མདོ་སོགས་རིག་གནས་སྐོར་ལ་མཁས་པར་སྦྱངས། དེ་རྗེས་བླ་མ་ཟླ་བ་རྒྱལ་མཚན་གྱིས་ས་བཟང་དུ་གདན་དྲངས་པས་དེར་བཞུགས། གསུང་རྩོམ་ནི་ཀཱ་ལ་པའི་འགྲེལ་ཆེན་དང་། མངོན་པ་ཀུན་བཏུས་འགྲེལ་ཆེན། སྤྱོད་འཇུག་འགྲེལ་པ། དེ་བཞིན་རྒྱུད་བླ། དུས་འཁོར་སོགས་ཁ་ཡར་མང་པོ་མཛལ་ཡང་གསུང་འབུམ་རང་པོད་གྲངས་ཅི་ཡོད་གསལ་པོར་མ་ཤེས། སློབ་མ་ནི། རེད་མདའ་བ། ས་བཟང་འཕགས་པ། ས་བཟང་བསོད་ནམས། བྱང་ཆུབ་བཟང་པོ་སོགས་བྱོན། མཐར་དཀྲུང་གྲངས་གྱ་གསུམ་པ་མེ་མོ་ཕག་ཐ་སྐར་ཟླ་བའི་ཚེས་བཅོ་ལྔ་ལ་ཞི་བར་གཤེགས་ཞེས་ཧཾ་ཐང་དེབ་ལས་གསུངས་ཀྱང་ལོ་ཁམས་མི་མཐུན་པས་དཔྱད། དོན་ཇོ་མ་ནི་དཀྲུང་ལོ་བརྒྱད་ཅུ་གྱ་གསུམ་བཞུགས་པས་རབ་བྱུང་དྲུག་པའི་མེ་ལུག་སྤྱི་ལོ་ (༡༣༨༧) ལོར་ཡིན་འདུག་སྙམ་མོ། །

༄ བསམ་ཡས་པ་བསོད་ནམས་དཔལ་ལྡན།

(པོད་ཨང་། 01945)

ཁོང་ནི་དཔལ་ལྡན་བླ་མ་དམ་པའི་སློབ་མ་ཡིན་པར་བཤད་སྐྱོལ་ཙམ་ལས་ལོ་རྒྱུས་ངོ་མ་མ་མཇལ་བས་བྱ་ཐབས་བྲལ།

༄ ཨ་མེས་ཞབས་ངག་དབང་ཀུན་དགའ་བསོད་ནམས།

(པོད་ཨང་། 01946–01949)

བདག་ཆེན་ཨ་མེས་ངག་དབང་ཀུན་དགའ་བསོད་ནམས་ནི་ཡབ་སྔགས་འཆང་གྲགས་པ་བློ་གྲོས་དང་། ཡུམ་ལྷུང་མོ་སྲས་བསོད་ནམས་རྒྱལ་མོ་གཉིས་ཀྱི་སྲས་ཡིན། ས་སྐྱའི་ལྷ་ཁང་ཆེན་མོ་ཕུན་ཚོགས་གླིང་གི་བླ་བྲང་དུ་རབ་བྱུང་བཅུ་པའི་མེ་ཕྱ་སྤྱི་ལོ (༡༥༨༧) ལོར་སྐུ་བལྟམས། དགུང་ལོ་ཆུང་དུའི་དུས་ནས་བཟུང་ཡབ་རྗེ་དམ་པ་དང་། བན་གཙང་དབུ་བྱེད་ཆེན་མོ་བསོད་ནམས་ལྷ་དབང་སོགས་དགེ་བའི་བཤེས་གཉེན་རྣམས་ལ་དད་པ་གསུམ་གྱི་སྒོ་ནས་བསྟེན་ཏེ། སྨིན་གྲོལ་གྱི་དབང་ཁྲིད་དུ་མ་མནོས་ཤིང་། ཡིག་རིགས་དུ་མ་དང་། ཚོག་ །གར་འཆམས། དབྱངས་རོལ། བྲིས་ཐིག་སོགས་ལ་སྦྱངས་པ་མཛད། རྗེ་འདི་ཐུགས་རིག་ཤིན་ཏུ་རྣོ་བས་བོད་ཡིག་ཙམ་མ་ཟད། འཕགས་ཡུལ་གྱི་ཡིག་རིགས་དུ་མ་དང་། ཧོར་ཡིག་སོགས་ཡིག་རིགས་དུ་མར་སྤྱན་ཡུལ་དུ་བྱས་པ་ཙམ་གྱིས་མཁྱེན། གཞན་ཡང་མདོ་རྒྱུད་ཀྱི་བསྟན་བཅོས་དུ་མ་དང་། གསུང་ངག་ལམ་འབྲས་དང་བཅས་པ་ལ་སྦྱངས་པར་མཛད། ཁྱད་པར་དུ་དགུང་ལོ་བཅོ་བརྒྱད་པ་ནས་བཟུང་ཆོས་གྲྭ་ཆེ་ཆུང་ཅི་རིགས་སུ་ཕེབས་ནས་མུས་ཆེན་སངས་རྒྱས་རིན་ཆེན། ཀུན་དགའ་རིན་ཆེན། འཇམ་པའི་དབྱངས་མཐུ་སྟོབས་དབང་ཕྱུག །མཁན་ཆེན་ངག་དབང་ཆོས་གྲགས་སོགས་གཙུག་ཏུ་བསྟེན་ནས་ཐོས་པ་རྒྱ་མཚོའི་ཕ་རོལ་ཏུ་མཐར་སོན་པར་མཛད། དེ་ནས་ཡི་དམ་དང་ཆོས་སྐྱོང་མང་པོའི་བསྙེན་པ་མཐར་ཕྱིན་མཛད་པས་བླ་མ་དང་ཡི་དམ་རྣམས་ཀྱིས་ཞལ་གཟིགས་དང་། ཉམས་སྣང་ལུང་བསྟན་དབུགས་དབྱུང་སོགས་བྱིན་གྱིས་བརླབས་པའི་རྟགས་མཚན་མང་པོ་མངའ་བ་སོགས་ལྷར་བཅས་འགྲོ་བའི་མགོན་དུ་གྱུར། དགུང་ལོ་ཉེར་བཞི་པར་གདན་ས་ཆེན་པོ་དཔལ་ལྡན་ས་སྐྱ་པའི་ལུགས་གཉིས་ཀྱི་ཁུར་བཞེས། རྗེ་ཉིད་དགུང་ལོ་ཉེར་དྲུག་པར་སྤྱིར་གངས་རིའི་ལྗོངས་ཀྱི་བསྟན་འགྲོ་ཡོངས་ཀྱི་ཕན་བདེ་དང་། ཁྱད་པར་དུ་དཔལ་ས་སྐྱའི་གདུང་བརྒྱུད་རིན་པོ་ཆེ་མི་ཉམས་ཤིང་ཡང་དག་པར་སྤེལ་བའི་ཕྱིར་སྔར་ཡང་དག་པར་བླངས་པའི་དགེ་ཚུལ་སློང་གི་སྡོམ་པ་དག་རྟེན་གྱི་དྲུང་དུ་འབུལ་ཆོག་ཡང་དག་མཛད་ཅིང་། ཡོངས་རྫོགས་དགེ་བསྙེན་གྱི་བརྟུལ་ཞུགས་བཟུང་། དེ་ནས་གདན་ས་ཆེན་པོ་གཙོ་བོར་སྐྱོང་ཐོག །དབུས་གཙང་གི་ཆོས་སྡེ་མང་པོར་ཕེབས་ཏེ་གཞུང་ཁྲིད་དབང་བཀའ་རྗེས་གནང་ཅི་རིགས་ཀྱི་བཀའ་དྲིན་བསྐྱལ་བ་དང་། ཕྱོགས་ཀྱི་ཆོས་སྡེ་ཁག་ལ་རྟེན་བཞེངས་དང་། བསྙེན་བཀུར་རྒྱ་ཆེར་མཛད་དེ་སྒྲུབ་མཆོད་གསར་འཛུགས་མཛད་པ་བཅས་ཀྱིས་ལེགས་པར་བསྐྱངས་ཤིང་། གཙང་བསྟན་སྐྱོང་དབང་པོ་སོགས་སྟོབས་ཀྱི་འཁོར་ལོས་བསྒྱུར་བ་དུ་མའི་བསོད་ནམས་ཀྱི་མགྲོན་དུ་ཕེབས་

པ་སོགས་དངོས་དང་རྒྱུད་པའི་སྒོ་ནས་བསྟན་འགྲོ་འབའ་ཞིག་ལྷུར་བཞེས་པ་སྟེ། མདོར་ན་དགུང་ལོ་ཉེར་གཅིག་པར་གླིང་ཁ་བདེ་བ་ཅན་དུ་གསང་སྔགས་
ལམ་འབྲས་འཆད་པ་ནས་བཟུང་མདོ་སྔགས་ཀྱི་ཆོས་གང་འཆད་ཀྱང་གདུལ་བྱ་རྣམས་ཀྱི་ཁམས་དབང་མོས་པ་དང་མཐུན་པར་སྟོན་པར་མཛད་ཅིང་། ཀྱེ་རྡོར་གྱི་
རྣམ་བཤད་སོགས་ཉིད་ཀྱི་བསྟན་བཅོས་དུ་མར་བརྒྱལ་ལན་གྱི་སྒོ་ནས་བཤད་དང་རྩོད་པས་རྒྱལ་བསྟན་ལ་ཕྱི་དོར་ལེགས་པར་བྱས་པ་དང་། སྡེབ་སྦྱོར་གྱི་
གཞུང་དང་མཐུན་པར་ལེགས་པར་བརྩམས་པའི་བསྟན་བཅོས་འབྲེལ་ཆགས་ཤིང་། མཁས་བླུན་སུ་ལ་ཡང་གོ་བདེ་བ་ཧི་སྐྱེད་ཅིག་མཛད་པ་སོགས་མཁས་པའི་
བྱ་བ་རྣམ་པ་གསུམ་གཙོ་བོར་གྱུར་པའི་རྨད་དུ་བྱུང་བའི་མཛད་འཕྲིན་གྱིས་བསྟན་པ་རིན་པོ་ཆེ་ཆེ་ཆེར་གསལ་བར་མཛད་པ་ཡིན་ནོ། །སྐུའི་སྲས་ས་སྐྱ་པ་ཆེན་པོ་
ངག་དབང་བསོད་ནམས་དབང་ཕྱུག་གྲགས་པ་རྒྱལ་མཚན་དང་། སློབ་མ་ནི་ས་སྐྱ་པ་ཆེན་པོ་འཇམ་དབྱངས་བསོད་ནམས་དབང་ཕྱུག །མཁན་ཆེན་འཇམ་
པའི་དབྱངས་མི་ཏྲི་ཛྙ་ན་ས་མུ་དྲ། མཁན་ཆེན་ངག་དབང་ཆོས་གྲགས། ངམ་རིང་མཁན་ཆེན་ཀླུ་སྒྲུབ་ཆོས་ཀྱི་རྒྱལ་མཚན། ཧ་ནག་མཁན་ཆེན་ངག་དབང་བསྟན་
པའི་རྡོ་རྗེ། ཆོས་འཁོར་ལྷུན་པོའི་སངས་རྒྱས་ཤེས་རབ་སོགས་ཡིན་ལ། མཐར་དགུང་ལོ་དྲུག་ཅུ་རེ་བཞི་རབ་བྱུང་བཅུ་གཅིག་པའི་ལྕགས་ཕོ་བྱི་བ་སྤྱི་ལོ (༡༨༤༠)
ལོའི་ནག་ཟླའི་གནམ་གང་ལ་ངོ་མཚར་བའི་ལྟས་དུ་མ་དང་བཅས་ཏེ་སྐུ་གཤེགས། གསུང་འབུམ། དུས་འཁོར་ཆོས་འབྱུང་ཆུང་བ་བསྟན་པའི་མཛེས་
རྒྱན། དུས་འཁོར་ཆོས་འབྱུང་ཆེན་པོ། ཀྱེ་རྡོར་རྩ་རྒྱུད་ཀྱི་ཚིག་འགྲེལ་ཆེན་མོ། རྩ་ལྟུང་རྣམ་བཤད། བརྟག་གསར་སྙིང་གི་ཤན་འབྱེད། བཀའ་གདམས་ཆོས་འབྱུང་།
རོལ་མོའི་བསྟན་བཅོས་ཀྱི་རྣམ་བཤད། ས་སྐྱའི་གདུང་རབས་ངོ་མཚར་བང་མཛོད། དག་ཡིག་མིག་དབང་རབ་གསལ་སྣང་བ། མགོན་པོའི་ཆོས་འབྱུང་སོགས་
པོད་ཆེན་ཉེར་བརྒྱད་ད་ལྷའང་བཞུགས། དཔྱད་གཞི། བདག་ཆེན་ཀུན་དགའ་བློ་གྲོས་ཀྱིས་མཛད་པའི་ས་སྐྱའི་གདུང་རབས་ཁ་སྐོང་ངོ་མཚར་རིན་ཆེན་
རྒྱན་འཕེལ། །

༄ རྒྱལ་སྲས་ཐོགས་མེད་ཀྱི་སློབ་མ་ཆོས་ཀྱི་རིན་ཆེན།

(པོད་ཨང་། 01950)

རྗེ་བཙུན་བླ་མ་དམ་པ་འདིའི་རྣམ་ཐར་གང་ཡང་མ་རྙེད།

༄ འཕགས་འོད་ཡོན་ཏན་རྒྱ་མཚོ། ཧེ།
(ཐོད་ཨང་། 01951)

ཀུན་མཁྱེན་འཕགས་འོད་ཞབས་ནི་རབ་བྱུང་ལྔ་པའི་ས་འབྲུག་སྤྱི་ལོ་(༡༣༥༢)ལོར་མྱང་སྟོད་ལ་བེར་ཡབ་རྗེ་བོ་རྡོ་རྗེ་དང་། ཡུམ་རྗེ་མོ་རྒྱལ་མཚན་འབུམ་ལ་སྲས་བརྒྱད་ཡོད་པའི་ཐ་ཆུང་དུ་འཁྲུངས། དགུང་ལོ་བཅོ་ལྔའི་སྐབས་སུ་ཡབ་དང་མཆེད་ཐམས་ཅད་འདས་ནས་ཀུན་མཁྱེན་ཆོས་སྐུ་འོད་ཟེར་ལས་རབ་ཏུ་བྱུང་མཚན་འཕགས་འོད་དུ་བཏགས། དེའི་མདུན་ནས་བརྟག་གཉིས་དང་ཕར་ཕྱིན་ལ་སྦྱངས་ཤིང་ཡི་གེའི་རིགས་དུ་མ་དང་ལྷ་བྲིས་ལའང་མཁས་པར་གྱུར། དགུང་ལོ་ཉི་ཤུ་ནས་ཉེར་ལྔའི་བར་རྗེ་ཆོས་སྐུ་འོད་ཟེར་ལས་དུས་འཁོར་འགྲེལ་ལུགས་ཀྱི་དབང་རྒྱུད་མན་ངག་རྣམས་དང་། དེ་བཞིན་དཔལ་གསང་བ་འདུས་པའི་སྐོར་དང་། བདེ་མཆོག་དང་དགྱེས་རྡོར་སྒྱུ་དྲ་སངས་རྒྱས་ཐོད་པ་གདན་བཞི་མཉམ་སྦྱོར་ཡི་གའི་ཕྱོགས་རྣམས་ལ་ལེགས་པར་སྦྱངས་པར་མཛད། དགུང་ལོ་ཉེར་ལྔའི་མཇུག་ལ་སྣར་ཐང་དུ་མཁན་པོ་སྐྱོ་སྟོན་སློབ་ལམ་ཚུལ་ཁྲིམས་ཀྱིས་མཁན་པོ། རིན་བཟང་པས་ལས་སློབ། གསང་སྟོན་སངས་རྒྱས་རྒྱལ་པོ་རྣམས་ལས་བསྙེན་པར་རྫོགས་ཤིང་འདུལ་བའི་ཕྱོགས་ལ་མཁས་པར་སྦྱངས། མཛོ་ཡེ་ལྷས་པ། གྲང་པོ་ལུང་པ་དཀོན་མཆོག་གཞོན་ནུ། ལྕེ་བློ་ལྡན་སེངྒེ་རྣམས་ལས་ཀྱང་གསན་བསམ་མང་དུ་མཛད། དེ་ནས་མུ་གེ་བྱུང་དུས་ལྕེ་ཆུང་གི་བཙུད་ལེན་ལ་བརྟེན་ནས་སྐུ་ལུས་མདངས་དང་ལྡན་པས་འཚོ་བར་མཛད། དེ་ནས་ཡི་དམ་ཁག་གི་བསྙེན་པར་སྒྲུབ་པ་དམ་པོར་མཛད་པའི་ཚེ་རྗེ་ནང་ཀུན་མཁྱེན་ཆེན་པོས་དུས་འཁོར་གྱི་རྒྱུད་འགྲེལ་ཞིག་དང་ཐང་ཁ་ཞིག་འབྲི་བར་ཤོག་ཅེས་རྗེ་མོ་ནང་དུ་ཕེབས། དེ་དུས་རྒྱུད་ཀྱི་སྙིང་པོ་གསུང་བའི་དབུ་ཚུགས་འདུག་པས་སྟོན་ལ་འདི་ཉོན་གསུངས་པས་ཐུགས་པ་བཏགས་པ་ཡིན་ནམ་སྙམ་ནས་ཉན་པས་དེའི་འགྲོ་ཚུང་ཟད་མ་ཚར་བ་ལ་ཁྱེད་ཡི་གེ་འབྲི་བ་ཁོ་ན་ལ་བོས་པ་མིན། ད་རེས་ཁྱེད་འདི་ལ་བཞུགས་དགོས་གསུངས་པས་རྫོགས་པར་ཉན། དེ་ནས་ཁྱིད་ཚར་བ

ལན་བདུན་དང་སྦྱོར་དྲུག་གི་སྐོར་མ་ལུས་པར་གསན། ད་དུང་བདག་དུས་འཁོར་འདི་ལ་སློབ་གཉེར་བྱེད། སྒྲ་ཚད་རིན་རྒྱལ་བ་མཁས་པར་གྲགས་ཆེ་བས་དེར་འགྲོ་བར་ཞུ་ཞུས་པས། དེ་ཀུན་ཤེས་རབ་ཆེ་བས་ཤེས་རབ་ཀྱི་རྩལ་གྱིས་བཤད་པ་ཡིན། བརྒྱུད་པའི་མན་ངག་ཙ་འགྲོ་གཉིས་ཀ་ལྡན་པ་རོང་དུ་བླ་མ་ཤེས་རབ་སེངྒེའི་དྲུང་དུ་བྱོན། བཤད་པའི་གཞུང་གདམས་ངག་ཡོངས་སུ་རྫོགས་པ་བྲིས་ནས་ཐ་ན་རྫོར་དྲིལ་འཛིན་ལུགས་ཚུན་ལ་འདྲིས་པར་བྱས། གཞན་ཡང་བྱང་སེམས་རྒྱལ་བ་ཡེ་ཤེས་དང་། གྲགས་ཆེན་པ། སྣུར་ཆོས་འཕགས་སོགས་ལའང་ཆོས་མང་དུ་གསན། དེ་ནས་སྟོད་ཕྱོགས་ཀྱི་ཉིན་རངས་པོར་བཤད་པ་དང་། མཚན་རངས་པོར་དབང་བཤད་མཛད་ཀྱང་པོ་ཏི་ལ་ཐང་བཙུགས་ནས་སློབ་གཉེར་རྫོ་རྡུལ་ཕྱུག་པ་བྱེད་མཁན་མ་བྱུང་བས་ཐུགས་ཕྱུང་སྟེ། སྤྱང་སྟོད་སྐྱིད་མཁར་ལྷེ་ཁྲུང་གི་ཕུར་སྦྲེའུ་ཆུང་ཞིག་བཏབ་ནས་སྐུ་མཚམས་དམ་པོར་བཞུགས་སྐབས། བུ་སྟོན་པས་ཞ་ལུར་གདན་དྲངས་ཏེ་གསང་འདུས་ཀྱི་ལུགས་ཀུན་རྫོགས་པར་གནང་ངོ་། །བསྟན་འཛིན་སློབ་མ་ནི། བུ་སྟོན་ཆོས་རྗེ་དང་། བྱང་སེམས་རྒྱལ་ཡེ་སོགས་ཀྱང་ཕར་སློབ་ཚུར་སློབ་ཡིན། གསུང་འབུམ། གསང་འདུས་འགྲེལ་པ་སོགས་ཡོད། མཐར་དགོངས་པ་རྫོགས་པའི་དུས་ཚིགས་ངེས་ཅན་མ་རྙེད། དཔྱད་གཞི། དུས་འཁོར་བརྒྱུད་པའི་ལོ་རྒྱུས། །

༄ བུ་སྟོན་རིན་ཆེན་གྲུབ། ༼བུ།༽

(བོད་ཨང་། 01952–01976)

བསྟན་པའི་གསལ་བྱེད་བུ་སྟོན་ཆོས་རྗེ་ཞབས་ནི། ཡབ་སྙིང་མའི་བླ་ཆེན་བྲག་སྟོན་རྒྱལ་མཚན་དཔལ་བཟང་དང་། ཡུམ་བསོད་ནམས་འབུམ་གཉིས་ཀྱི་སྲས་སུ་གཙང་སྟོད་ཁྲོ་ཕུའི་སའི་ཚར་རབ་བྱུང་ལྔ་པའི་ལྕགས་ཕོ་སྟག་སྤྱི་ལོ (༡༢༩༠) ལོར་སྐུ་འཁྲུངས། དགུང་ལོ་དྲུག་པར་ཡུམ་གྱིས་ཡི་གེའི་སྦྱོར་ཀློག་བསླབས། དེ་ནས་དཔོན་རྒྱལ་སེང་གིས་རྩིས་དང་ཡི་གེའི་རིག་པ་བསླབས། དགུང་ལོ་བརྒྱད་པར་ཡུམ་གྱི་ཁུ་བོ་སྙིང་མའི་བླ་མ་ཚུལ་ཁྲིམས་དཔལ་བཟང་གི་དྲུང་ནས་གསང་སྔགས་སྙིང་མའི་ཆོས་སྐོར་མ་ལུས་པ་ཞུས་ཤིང་བཟླས་བརྗོད་དང་། སྒོམ་སྒྲུབ་སོགས་ལ་ཐུགས་བརྩོན་ཆེན་པོ་མཛད། དགུང་ལོ་བཅོ་བརྒྱད་ལ་

ཕེབས་པ་མེ་ལུག་སྤྱི་ལོ(༡༣༠༧)ལོར་བྲོ་ཕུའི་མཁན་ཆེན་སེང་གེ་དཔལ་དང་ཚད་མའི་སྐྱེས་བུ་ལས་རབ་བྱུང་དགེ་ཚུལ་གྱི་སྡོམ་པ་བཞེས། དགེ་བཤེས་བསོད་ནམས་མགོན་གྱི་དྲུང་ནས་འདུལ་བ་དང་ཕར་ཕྱིན་ལ་ལོ་གཉིས་རིང་དུ་གསན་སྦྱངས་མཛད། དེ་ནས་ལོ་གཅིག་ལ་ཚད་མ་གསན་པས་རྩོད་པའི་རྩེ་མོར་སོན་ཏེ་ཕ་སྟོན་ལ་བུ་སྟོན་བྱུང་འདུག་ཅེས་བསྟོད་བསྔགས་བྱས་ཤིང་། མཁས་པའི་གྲགས་པ་དབུས་གཙང་ཀུན་ཏུ་ཁྱབ། དགུང་ལོ་ཉེར་གསུམ་པ་ཆུ་ཕོ་བྱི་བ་སྤྱི་ལོ(༡༣༡༢)ལོར་མཁན་ཆེན་དཀའ་བཞི་པ་གྲགས་པ་གཞོན་ནུ་དང་། སློབ་དཔོན་བསོད་ནམས་གྲགས་པ་ལས་བསྙེན་རྫོགས་ཀྱི་སྡོམ་པ་མནོས། ཐར་ལོ་ཉི་མ་རྒྱལ་མཚན་སློབ་དཔོན་དུ་བསྟེན་ནས་ཙནྡྲ་པ་དང་ཀ་ལཱ་པའི་མདོ་འགྲེལ། སྙན་ངག །སྦྱོར་སྦྱོར། མངོན་བརྗོད་སོགས་ལ་སྦྱངས་པས་ལོ་ཙཱ་བ་ཆེན་པོ་ཞིག་ཏུ་གྱུར། བླ་མ་དཔལ་ལྡན་སེང་གེ་དང་། བླ་མ་རྡོ་རྗེ་རྒྱལ་མཚན། ཀུན་མཁྱེན་འཕགས་འོད་པ་ཆེན་པོ་སོགས་ལས་རྒྱུད་སྡེ་བཞིའི་དབང་དང་བཤད་པ་བཅས་གསང་སྔགས་ཀྱི་ཆོས་སྐོར་མཐའ་དག་གསན། དགུང་ལོ་སོ་གཅིག་པ་ལྕགས་ཕོ་སྤྲེལ་སྤྱི་ལོ(༡༣༢༠)ལོར་ཞ་ལུ་ཆོས་སྡེ་ཆེན་པོའི་གདན་ས་བཟུང་། དེ་ནས་མི་རིང་བར་ཚད་མ་རྣམ་ངེས། ཕར་ཕྱིན། མངོན་པ་ཀུན་བཏུས་བཅས་སློབ་མར་ཁྲིད་པར་མཛད། སྔགས་དང་མཚན་ཉིད་ཀྱི་བཤད་གྲྭ་བཙུགས་ཏེ་དབྱར་དགུན་གཉིས་ཀྱི་དུས་སུ་ཕར་ཕྱིན། མངོན་པ་ཀུན་བཏུས། ཚད་མ་རྣམ་ངེས། འདུལ་བ་མདོ་རྩ་སོགས་ཀྱི་བཤད་པ་དང་། སྟོན་དཔྱིད་གཉིས་ཀྱི་དུས་སུ་དུས་འཁོར། གསང་འདུས། ཡོ་ག་རྡོ་རྗེའི་འབྱུང་བ་སོགས་ཀྱི་འཆད་སྤེལ་ལོ་དང་སུམ་ཅུ་སོ་དྲུག་མཛད། དགུང་ལོ་ང་ལྔ་ལ་ཕེབས་པ་རབ་བྱུང་དྲུག་པའི་ཤིང་ཕོ་སྤྲེལ་སྤྱི་ལོ(༡༣༩༩)ལོར་གོང་མའི་གདན་ཞུའི་གསེར་ཡིག་པ་འབྱོར་ཡང་མ་ཕེབས་པར་དབེན་པར་སྒྲ་དང་གསང་སྔགས་ཀྱི་གཞུང་མང་པོ་འགྲོ་བསྒྱུར་དང་། གཞི་བསྒྱུར་མཛད། དགུང་ལོ་དྲུག་ཅུ་རེ་གཉིས་པ་ལྕགས་མོ་ཡོས་སྤྱི་ལོ(༡༣༥༡)ལོར་གཡའ་ཕག་གཉིས་ཀྱི་ཐེང་འབྲུག་བསྟུམ་ཆེད་དབུས་ཕྱོགས་སུ་ཆིབས་ཁ་བསྒྱུར། ཆུ་མོ་སྦྲུལ་སྤྱི་ལོ(༡༣༥༣)ལོར་ས་སྐྱར་བྱོན། ས་སྐྱའི་ལྷ་ཁང་ཆེན་མོར་དཔལ་རྡོ་རྗེ་དབྱིངས་ཀྱི་དཀྱིལ་འཁོར་ཁྲི་བཅུ་གཅིག་ཅན་རིན་ཐང་གཞལ་དུ་མེད་པའི་རིན་པོ་ཆེ་སྣ་ཚོགས་ལས་གྲུབ་པ་བཀོད་པ་ཕུལ་དུ་བྱུང་བ་བཞེངས། གཞལ་ཡས་ཁང་གི་རྣམ་བཞག་དེ་ཉིད་གསལ་བ་ཞེས་པ་ལྟ་ཡས་རྩོམ་མཛད། ཤེར་ཕྱིན་གྱི་མདོ་སྡེ་རིན་པོ་ཆེ་རྒྱས་འབྲིང་བསྡུས་གསུམ་དང་། རིན་ཆེན་གསེར་ལས་བཞེངས་པའི་བཀའ་འགྱུར་དང་བསྟན་འགྱུར་ཆ་ཚང་། བོད་ཀྱི་ལོ་པཎ་

རྣམས་ཀྱིས་མཛད་པའི་བསྟན་བཅོས་སོགས་གསུང་རྩེན་དུ་མ་བཞེངས་པར་མཛད། དགུང་ལོ་རེ་བདུན་པ་མེ་ཕོ་སྤྲེལ་སྤྱི་ལོ (༡༣༥༨) ལོར་སྒྲ་ཚད་པ་རིན་ཆེན་རྣམ་རྒྱལ་ལ་ཞ་ལུའི་གདན་ས་གཏད་ནས་རི་ཕུག་ཏུ་གཏན་བཞུགས་མཛད་ཅིང་། དགུང་གྲངས་དོན་བཞི་པའི་མཇུག་ནས་སྐུ་མཚམས་བཅད་དེ་ཉིན་མཚན་འཁོར་མོ་ཡུག་ཏུ་ཅོག་པུར་བཞུགས་པ་ལས་དབུ་སྐྲས་ལ་མི་རེག་པར་ཉམས་བཞེས་ལ་གཅིག་ཏུ་གཞོལ་བར་མཛད་དོ། །གསུང་ལས་འཁྲུངས་པའི་སློབ་མར་མཆོན་ན། གཙོ་བོ་སྒྲ་ཚད་པ་རིན་ཆེན་རྣམ་རྒྱལ། བྱང་པ་དཀོན་མཆོག་གྲགས། གོང་གསུམ་བདེ་ཆེན་པ་ཆོས་ཀྱི་མགོན་པོ། ཡོ་ག་པ་རིན་བཟང་། ཡོ་ག་པ་ཆེ་དབང་། ཁྱུང་པོ་ལྷས་པ་སོགས་ཤིན་ཏུ་མང་པོ་བྱུང་ངོ་། །ལྷག་པར་ཆོས་རྗེ་བླ་མ་དམ་པ་ནི་དུས་འཁོར་སོགས་ཕར་སློབ་པ་དང་། ཆོས་སྐྱོང་ཆེ་ཆུང་གི་གདམས་པ་སོགས་ཚུར་སློབ་པའི་སློབ་མ་གཙོ་བོ་ཡིན། མཐར་དགུང་གྲངས་བདུན་ཅུ་དོན་ལྔ་པ་རབ་བྱུང་དྲུག་པའི་ཤིང་ཕོ་འབྲུག་སྤྱི་ལོ (༡༣༨༩) ལོའི་བོད་ཟླ་དྲུག་པའི་ཆོས་ཉེར་གཅིག་ལ་ཞ་ལུ་རི་ཕུག་ཏུ་ཞི་བར་གཤེགས། གསུང་འབུམ། ཐེག་པ་ཆེན་པོ་གསང་སྔགས་ཀྱི་བྱ་སྤྱོད་རྣལ་འབྱོར་བླ་མེད་ཀྱི་ཕ་རྒྱུད་མ་རྒྱུད་སོ་སོའི་རྒྱུད་འགྲེལ་སྒྲུབ་ཐབས་དང་། ཕར་ཕྱིན་འགྲེལ་ཆུང་། མཐོང་ལམ་སྟོང་ཐུན། ལྟ་བ་ངན་སེལ། བསྟན་པ་སྤྱིའི་ཆོས་འབྱུང་། དུས་ཆོས་འབྱུང་རྒྱུད་སྡེའི་ཟབ་དོན་སློ་འབྱེད་རིན་ཆེན་གཅེས་པའི་ལྡེ་མིག་དང་། བདེ་མཆོག་གི་ཆོས་འབྱུང་། ཆོས་ཀྱི་འབྱུང་གནས་གསུང་རབ་རིན་པོ་ཆེའི་གཏེར་མཛོད་དང་། གཞན་ཡང་འདུལ་བའི་བསྟན་བཅོས། ཚད་མའི་བསྟན་བཅོས། མངོན་པའི་བསྟན་བཅོས། དེ་བཞིན་རྩིས་དང་། སྒྲ། གསོ་བ་རིག་པའི་བསྟན་བཅོས། དཀར་ཆག་བཅས་ལེ་ཚན་བརྒྱད་ཅུ། ཁྱོན་པོད་ཆེན་ཉི་ཤུ་ལྷག་ཡོད། དཔྱད་གཞི། སྒྲ་ཚད་པས་མཛད་པའི་གསུང་རྣམ། །

༄ སྒྲ་ཚད་པ་རིན་ཆེན་རྣམ་རྒྱལ། ༼ཁྱ༽

(བོད་ཨང་། 01978–01979)

ཐུགས་སྲས་ལོ་ཙཱ་བའམ་རྗེ་མི་བསྐྱོད་རྡོ་རྗེ་ཞབས་ནི་ཚལ་པའི་སྲས་མོ་རྡོ་མོ་འཛོམ་འབུམ་པའི་ཞལ་ཏ་མོ་སྲས་བཙུན་དཀོན་མཆོག་རྒྱན་གྱི་སྲས་སུ་རབ

བྱུང་ལྔ་པའི་ས་ཕོ་རྟ་སྤྱི་ལོ (༡༣༡༨) ལོར་སྐུ་འཁྲུངས། དགུང་ལོ་གསུམ་པའི་དུས་སུ་མེས་པོ་བླ་མ་ལས། གུ་རུ་དྲག་པོའི་དབང་དང་། རྟ་མགྲིན་ཡང་གསང་ཁྲོས་པའི་དབང་། གཤིན་རྗེ་གཤེད་བདག །ཕུར་པ་ལྷ་ནག་རྣམས་ཀྱི་དབང་ཞུས། ཞོར་ལ་ལུང་མང་པོ་ཡང་གསན། ཁྲོ་ཕུའི་བླ་མ་ཡང་རྗེ་བ་འོང་ཕྱུག་ཏུ་ཕེབས་སྐབས། དགེ་བསྙེན་གྱི་སྡོམ་པ་ཞུས། དེ་ནས་སེམས་དཔའ་ཆེན་པོ་དགུང་ལོ་ལྔ་བཞེས་པའི་དུས་སུ་མེས་པོ་བླ་མ་ལས། འཇིགས་བྱེད་རྭ་ལུགས་ཀྱི་དབང་ཞུས་པའི་གསང་མཚན་མི་བསྐྱོད་རྡོ་རྗེར་གསོལ། ངའི་མིང་དེ་མིན་ལགས། ཇི་སྐད་བྱ་བ་ཡིན་དྲིས་པས། ཐུགས་ཀྱི་རྡོ་རྗེ་བྱ་བ་ཡིན་གསུངས། དེ་སུས་བཏགས་བྱས་པས། རྗེ་བཙུན་ཆེན་པོས་དཔེན་དམར་དུ་དུས་འཁོར་གྱི་དབང་བསྐུར་དུས་བཏགས་པ་ཡིན་གསུངས། འདི་སྐྱེ་བ་དྲན་པ་ཞིག་ཡིན་པར་འདུག་དགོངས་ནས། གཞན་ཡང་དྲིས་པས་ཅང་མི་གསུངས་པར་འདུག །ཡབ་མེས་པོ་བླ་མ་ལ་ནག་འཇིགས་འཁོར་གསུམ་དང་། རྣམ་འཇོམས། ཚེ་དཔག་མེད་གྲུབ་རྒྱལ་མ་ལ་སོགས་པ་དབང་མང་པོ་ཞོར་ཉན་དུ་གསན། དེ་ནས་ཡུམ་གྱིས་ལྷ་ས་བསྐོར་དུ་འགྲོ་བྱས་ནས། རོང་དུ་སློབ་དཔོན་ལམ་པ་མཇལ་དུ་བྱོན། དགུང་ལོ་བདུན་བཞེས་པ་དང་། ཡུམ་ལོ་སུམ་ཅུ་སོ་གཅིག་བཞེས་པ་རབ་བྱུང་ལྔ་པའི་ཤིང་ཕོ་བྱི་བ་སྤྱི་ལོ (༡༣༢༤) ལོར་ཡུམ་གཤེགས། དེ་དཔོན་མོས་བུ་རྗེ་བསྐྱོས་ནས་གསོ་སྐྱོང་མཛད་ཀློག་ཡིག་རྣམས་སློབ་མི་དགོས་པར་མཁྱེན། དགུང་ལོ་བཅུ་པ་རབ་བྱུང་དྲུག་པའི་མེ་མོ་ཡོས་སྤྱི་ལོ (༡༣༢༧) ལོར་བུ་སྟོན་རིན་ཆེན་གྲུབ་ཀྱིས་མཁན་པོ་དང་། དགེ་བའི་བཤེས་གཉེན་དར་མ་བྱང་ཆུབ་ཀྱིས་སློབ་དཔོན་མཛད། དད་པའི་དགེ་འདུན་བཅུ་ཕྲག་གཉིས་ཀྱི་དབུས་སུ། དཔལ་ཞ་ལུའི་གཙུག་ལག་ཁང་དུ་རབ་ཏུ་བྱུང་། རིན་ཆེན་རྣམ་རྒྱལ་ཞེས་མཚན་གསོལ། དེ་ནས་ཕར་ཕྱིན་ལ་ཐུགས་སྦྱོང་མཛད་པས་དཀའ་ཚེགས་མེད་པར་མཁྱེན། སྣར་ཐང་དུ་གྲྭ་བསྐོར་མཛད་པས། ན་སོ་གཞོན་ལ་ཤེས་རབ་ཆེ་བ། སྟོན་པ་ཡང་བཟང་བར་གྲགས་སོ། །བུ་སྟོན་རིན་པོ་ཆེའི་དྲུང་དུ། སྨོན་འཇུག་བྱང་སེམས་ཀྱི་སྡོམ་པ་མནོས་ནས། བདག་པས་གཞན་གཅེས་འབྱོངས་པའི་བྱང་ཆུབ་ཀྱི་སེམས་ཐུགས་རྒྱུད་ལ་འཁྲུངས། དེ་ནས་རིམ་བཞིན་ཚད་མ་རྣམ་ངེས་དང་། རིགས་གཏེར་ལ་སོགས་པར་གསན་བསམ་མཛད། དེ་ནས་མཁན་པོ་བུ་སྟོན་རིན་ཆེན་གྲུབ་དང་། ལས་ཀྱི་སློབ་དཔོན་དགེ་བའི་བཤེས་གཉེན་སྐྱབས་མཆོག་དཔལ་བཟང་པོ། གསང་སྟོན་པ་ དགེ་ བའི་ བཤེས་ གཉེན་ ཆེན་ པོ་ དར་ བྱང་ བ། གྲོགས་ དན་ པ་ དགེ་ བའི་ བཤེས་ གཉེན་ བཟང་ པོ་ དཔལ། དགེ་ བའི་ བཤེས་ གཉེན་ རྒྱལ་ ཐང་

པ་སོགས་དད་པའི་དགེ་འདུན་དགྲ་བཅོམ་པ་ལྷ་བུ་ཉི་ཤུ་རྩ་ལྔའི་དབུས་སུ་བསྙེན་པར་རྫོགས། དེ་ནས་རིན་པོ་ཆེ་བུ་སྟོན་རིན་ཆེན་གྲུབ་ཀྱི་དྲུང་དུ། དཔལ་གསང་བ་འདུས་པ་མི་བསྐྱོད་རྡོ་རྗེའི་དཀྱིལ་འཁོར་དུ་དབང་བཞི་རྫོགས་པར་ཞུས་ནས། རིག་པ་འཛིན་པ་སྔགས་ཀྱི་སྡོམ་པ་ཐོབ། དགུང་ལོ་སུམ་ཅུ་སོ་གཅིག་བཞེས་པ་ས་ཕོ་བྱི་བ་སྤྱི་ལོ་(༡༣༤༨) ལོར་སློབ་དཔོན་ཆེན་པོ་རྨ་བྱང་ཆུབ་ཀྱིས་ཆོས་འཆད་པའི་གོ་སར་བཞུགས་ནས། དབྱར་དགུན་གཉིས་ ཀ་པོད་བཞི་གསུངས་ཞིང་། སྟོན་དཔྱིད། དུས་འཁོར་དང་། ཡོ་ག་གསང་འདུས། བདེ་མཆོག །སཾ་པུ་ཊ་རྣམས་ཀྱི་རྒྱུད་འགྲེལ་གུང་གཉིས། དེ་ཐམས་ཅད་མཁྱེན་པའི་ཡིག་ཆ་རྣམས་ཀྱི་སྟེང་ནས་གསུངས། དགུང་ལོ་སུམ་ཅུ་སོ་དགུ་བཞེས་པ་མེ་ཕོ་སྤྲེལ་སྤྱི་ལོ་(༡༣༥༦) ལོ་དཀྲུན་ཟླ་ར་བའི་ཆོས་བཅོ་ལྔའི་སྔ་དྲོ་དང་པོ། གྲོ་ཤུན་གྱི་གྲུབ་སྒྲོར་ལ། ཐམས་ཅད་མཁྱེན་པའི་གོ་སར་ཕྱག་ཕེབས་ནས་བསྟན་པའི་བྱ་བ་ཁོ་ན་མཛད་དོ། །ཆོས་རྗེ་ཐམས་ཅད་མཁྱེན་པ་དགུང་ལོ་བདུན་ཅུ་དོན་ལྔ་བཞེས་པ་རབ་བྱུང་དྲུག་པའི་ཤིང་ཕོ་འབྲུག་སྤྱི་ལོ་(༡༣༦༤) ལོར་གདན་ས་པ་དགུང་ལོ་བཞི་བཅུ་ཞེ་དགུ་བཞེས་པའི་བར་ཚུན་ཆད་དུ་ཡབ་སྲས་གཉིས་པོ་ཐོས་བསམ་སྒོམ་གསུམ་དང་། བསྟན་པ་དང་སེམས་ཅན་གྱི་དོན་ཁོ་ན་མཛད་ཅིང་། ཆོས་ཀྱི་རྗེ་མཁྱེན་རབ་དབང་ཕྱུག་ཆེན་པོས་ངོ་མཚར་གྱི་ལྟས་དུ་མ་དང་བཅས་ཏེ། དགའ་ལྡན་དུ་འགྲོ་བའི་དོན་ལ་གཤེགས་པའི་སྐུ་གདུང་ལ་གསོལ་བ་འདེབས་པ་སོགས་ནས། དུས་མཆོད་ཆ་རན་གྱི་བར་དུ་འགྲོ་བའི་རྒྱུད་ལ་སྲིད་གསུམ་ཞི་བའི་ཕན་བདེའི་རྒྱུ་རྒྱ་ཆེར་སྤྲེལ་བ་རྣམས་ནི། རྣམ་ཐར་སྙིམ་པའི་མེ་ཏོག་ལས་འབྱུང་ངོ་། །ལྕགས་ཕོ་ཁྱི་སྤྱི་ལོ་(༡༣༧༠) ལོའི་དབྱར་ཆོས་ཀྱི་དུས་སུ། སྐུ་ཞང་པས་ཐུགས་དགོངས་ཆུང་བར་མཛད་ནས། ཐུགས་སྐྲུགས་པས་སྐྱོ་སྐྱེ་ནུབ་མོ་རྣལ་ལམ་བཟུང་བས། ཆོས་རྗེ་བྱོན་ནས་དབྱར་ཆོས་ཐོན་ནས་བསྡོ་བའི་ཉེན་མོ་དེད་ཀྱང་བསྡོ་བ་བྱེད་པ་ལ་ཡོང་བ་ཡིན་གསུངས། དེ་ནས་ཤིང་ཕོ་སྟག་སྤྱི་ལོ་(༡༣༧༤) ལོར་ཁྲིད་མ་གཏོགས་གཞན་མི་གསུང་བར་སྐུ་མཚམས་ལ་བཞུགས། དེ་ནས་དགུང་ལོ་དྲུག་ཅུ་རེ་བཞི་བཞེས་པ་ལྕགས་མོ་བྱ་སྤྱི་ལོ་(༡༣༨༡) ལོར་སྐུ་ཁམས་བསྙེལ་བ་ལ་སྐུ་རིམ་སྒྲུབ་པར་ཞུས་པས། བསོད་ནམས་ཀྱི་ཚོགས་ལ་འགལ་བྱེད་མེད་པས་ཡོང་། ངེད་ཆོས་རྗེ་ཐམས་ཅད་མཁྱེན་པའི་དགུང་ལོའི་ཚད་སྟོད་བསམ་པ་ཡོད་ནའང་། དེའི་སྟེང་དུ་གནས་རིགས་སུ་མི་འདུག་སྟེ། རེ་ཞིག་ཁམས་བཟང་པོ་ཡོང་གསུངས། དགུང་ལོ་བདུན་ཅུ་ཐམ་པ་རབ་བྱུང་བདུན་པའི་མེ་མོ་ཡོས་སྤྱི་ལོ་(༡༣༨༧) ལོར་ས་བཟང་པའི་ཟླ་མ་འཕགས་པ་དང་། དབུས་པ་ཟླ་མ་བློ་གསལ།

སྣར་ཐང་པ་སློབ་དཔོན་རྒྱལ་མཚན་གྲགས་པ། ལོ་ཙཱ་བ་སློབ་དཔོན་དོན་བཟང་སོགས་དགེ་བཤེས་མང་པོ་ལ་རྡོར་དབྱིངས་ཀྱི་དབང་། དེ་ཉིད་འདུས་པའི་རྒྱུད། དེ་ཉིད་སྣང་ཆེན་སོགས་ཀྱི་ལུང་གནང་། ད་རེས་འདི་ལ་ཉན་འདོད་པ་གཞན་ཡོད་ནའང་ཚོག་གསུངས། དགེ་བཤེས་ཉིས་བརྒྱ་ཙམ་ལ་ཞི་བྱེད་རྒྱུད་ཕྱི་མའི་སྐོར་རྣམས་གནང་ནས། འོ་ཆོས་བཤད་པའི་མཇུག་དེ་ཙམ་མོ་གསུངས་སོ། །གདན་ས་པ་དེ་དེད་རང་ཡོད་ཐོག་འདིར་བསྐོས་ན་ལེགས་པ་ཡིན་ཏེ། དེ་ནི་མ་བྱུང་། ད་དུང་འདི་ལ་ཐུགས་རྩོལ་གྱིས་གསུངས་ནས་མ་གནང་། ནན་གྱིས་ཞུས་པས། གང་ལྟར་ནའང་སྡོམ་རྒྱུད་འདི་ཤིན་ཏུ་གལ་ཆེ་བ་ཡིན་པས། རབ་དེད་ཀྱི་སྡོམ་ཕྲུག་ཡིན་པ། ཕྱི་མཚན་ཉིད། ནང་གསང་སྔགས་ཚང་བ་ཞིག །འབྲིང་སྡོམ་ཕྲུག་ཡིན་པ་ལ། བཀའ་བཞི། འཕགས་སྐོར། ཡི་ག་དུས་འཁོར་གསུམ་ཡོད་པའི་ཡོན་ཏན་ཡར་འཕེལ་བ་ཞིག །ཐ་མའང་སྡོམ་ཕྲུག་ཡིན་པའི་བཀའ་བཞི་ཡོད་པ་ལ། སློབ་པའི་བློ་གྲོས་ཡོད་པའི་འོས་པ་ཞིག་ལ་བསྐོས་མཛོད་གསུངས། དེས་ན་ཞ་ལུར་བུ་སྟོན་རིན་ཆེན་གྲུབ་སྐུ་གཤེགས་རྗེས་ཞ་ལུ་དགོན་པའི་གདན་ས་ལོ་སུམ་ཅུ་སོ་གཉིས་ཀྱི་རིང་དུ་བསྐྱངས་པ་མཛད། གསུང་སྒྲས་ནི་བཙུན་ཆུང་བསོད་ནམས་གྲུབ་དང་། དཔལ་བཟང་། ཤཱཀྱ་དཔལ། རིན་ཆེན་དཔལ་སོགས་སྐྱེས་བུ་དམ་པ་བསམ་གྱིས་མི་ཁྱབ་པ་བྱོན། དགུང་ལོ་བདུན་ཅུ་དོན་གཅིག་པ་རབ་བྱུང་བདུན་པའི་ས་ཕོ་འབྲུག་སྤྱི་ལོ (༡༣༨༨) ལོར་སྐུ་གཤེགས། གསུང་འབུམ། བུ་སྟོན་གྱི་རྣམ་ཐར་སྙིམ་པའི་མེ་ཏོག་དང་། རྣམ་སྒྲས་ཞི་དྲག་གི་ཀ་བསྟོད་པ། བདེ་གཤེགས་སྙིང་པོའི་མཛེས་རྒྱན་གྱི་རྒྱན་མཁས་པའི་ཡིད་འཕྲོག །ཁྲུམས་པའི་བསྟོད་པ། རྨི་ལམ་བརྟག་པ་བཅས་ཆོས་ཚན་ལྔ་བཅུ་ང་གཅིག་ཁྱོན་པོད་ཆེན་ཡོད་དོ། །

༄ ཞ་ལུ་བ་བཀྲ་ཤིས་རྒྱལ་མཚན། ༼ཕྱི༽

(པོད་ཨང་། 01980)

རྗེ་འདི་ནི་སྤྱི་ལོའི་དུས་རབས་བཅུ་བཞིའི་ནང་བྱོན་པའི་མཁས་པ་པཎྜི་ཏ་ཆེན་པོ་ཞིག་སྟེ། ངོར་ཆེན་ཀུན་དགའ་བཟང་པོའི་རྣམ་ཐར་ལས་ཞ་ལུའི་ཆོས་

སྔོར་རྣམས་ཞ་ལུ་པཎྜི་ཏ་བཀྲ་ཤིས་རྒྱ་མཚོ་ལས་གསན་ཞེས་འབྱུང་བས་སོ། །གཞན་ཡང་རྗེ་འདིའི་མཚན་ལ་བཀྲ་ཤིས་རྒྱལ་མཚན་ཞེས་སོགས་ཀྱང་བརྗོད་སྲོལ་ཡོད་དམ་སྙམ་པས་ཞིབ་ཕྲ་རྣམ་ཐར་མ་མཇལ་བས་ཞུ་ཐབས་བྲལ། །

༈ ཞ་ལུའི་བཙུན་པ་བློ་གསལ་བསྟན་སྐྱོང་། ༼ཕྱི༽

(བོད་ཡང། 01982—01984)

ཁོང་ནི་ཉང་སྟོད་ཟ་ཁ་དང་སོ་ཞེས་པའི་གྲོང་གི་ཉེ་འདབས་སུ་ཡབ་ནི་གྲོང་ལུ་མ་སྐྱིད་བུག་ཅེས་བྱ་བར་མི་རབས་མང་པོ་ཕྱུག་ཅིང་ཁྲལ་དཔོན་སོགས་བྱས་པའི་མི་ཁ་གྲགས་མང་དུ་བྱུང་བའི་རྒྱུད་པ་ཚངས་པ་དཀར་པོ་ཞེས་པ་དང་། ཡུམ་བུ་ཁྲིད་གཉིས་ཀྱི་སྲས་སུ་རབ་བྱུང་བཅུ་གསུམ་པའི་ཤིང་བྱི་སྤྱི་ལོ (༡༢༠༩) ལོར་སྐུ་འཁྲུངས། དགུང་ལོ་ཆུང་དུའི་དུས་སུ་ན་མཉམ་གྱི་བྱིས་པ་རྣམས་ཀྱིས་ཁོང་ལྷ་རྗེན་ལ་ཤིན་ཏུ་དགྱེས་པས་མཚན་སྐུ་འདྲ་ཚེ་རིང་ཞེས་གསོལ། རྗེ་འདི་མ་འཁྲུངས་ཙམ་ནས་ཞ་ལུ་སྤྱི་སོ་བས་ཞུས་ངོར་ས་སྐྱའི་བདག་ཆེན་དབང་འདུས་སྙིང་པོས་གྲུབ་དབང་བློ་གསལ་བསྟན་རྒྱན་གྱི་ཡང་སྲིད་དུ་ལུང་གསལ་པོར་བསྟན་ཀྱང་སྐུ་ཚེ་གཅིག་གི་རིང་ཁྲི་གསོལ་སོགས་མ་བྱུང་། དགུང་ལོ་བདུན་པར་བཀྲ་ཤིས་ལྷུན་པོར་ཕེབས། པཎ་ཆེན་དཔལ་ལྡན་ཡེ་ཤེས་ཀྱི་དྲུང་དུ་གཙུག་ཕུད་ཕུལ། ཞ་ལུ་རི་ཕུག་ཏུ་རྗེ་སློབ་ཁང་པ་ལས་བློ་སྦྱོང་དོན་བདུན་མ་སོགས་ཞུས། དགུང་ལོ་བཅུ་པ་རབ་བྱུང་བཅུ་བཞི་པའི་ཆུ་མོ་བྱ་སྤྱི་ལོ (༡༢༡༣) ལོར་ཞ་ལུ་རི་ཕུག་གི་ཚོགས་སྒྲིག་ཏུ་ཞུགས། ལོ་དེ་ཉིད་དུ་བྱམས་པ་རིན་ཆེན་ལྷུན་གྲུབ་དཔལ་བཟང་པོ་ལས་ཚོགས་སུ་མར་དགེ་ཚུལ་གྱི་སྡོམ་པ་བཞེས། དགུང་ལོ་བཅུ་བཞི་པ་མེ་མོ་གླང་སྤྱི་ལོ (༡༢༡༧) ལོར་བཀྲ་ཤིས་ལྷུན་པོར་ཕེབས་ཏེ་དཀའ་ཆེན་བློ་བཟང་དོན་ཡོད་སོགས་ལས་རྒྱུད་བཞི་སོགས་སྨན་གཞུང་ཆ་ལག་དང་བཅས་པ་སྦྱང་བར་མཛད། དགུང་ལོ་ཉེར་གཅིག་པ་ཤིང་མོ་སྦྲུལ་སྤྱི་ལོ (༡༢༢༩) ལོར་བློ་བཟང་དཔལ་ལྡན་བསྟན་པའི་ཉི་མས་བསྙེན་པར་རྫོགས་ཤིང་ཨ་མདོ་བྲག་སྒོམ་རིན་པོ་ཆེ། པཎ་ཆེན་དཔལ་ལྡན་ཡེ་ཤེས་སོགས་ལས་དགེ་ལྡན་དང་། ས་སྐྱ་འཇམ་མགོན་ཐམས་ཅད་མཁྱེན་པ་བྱམས་པ་དག

དབང་ཀུན་དགའ་བསྟན་པའི་རྒྱལ་མཚན་དང་། ཐར་རྩེ་མཁན་ཆེན་སོགས་ལས་ས་ལུགས་གསན་སྦྱོང་མཛད་པ་སྟེ། མདོར་ན་སྐུ་ཚེ་གང་པོར་འཁོར་ལོ་གསུམ་གྱིས་དུས་འདའ་བ་བྱས་སོ། །ལྷག་པར་དུ་རྗེ་འཇམ་དབྱངས་མཁྱེན་བརྩེའི་དབང་པོའི་ཞབས་དང་ཕར་སློབ་ཚུར་སློབ་མཛད་དེ་དཔལ་ས་སྐྱའི་ཆོས་སྐོར་སྤྱི་དང་། ཁྱད་པར་ཚར་ལུགས་ཀྱི་སྨན་བརྒྱུད་ཡོངས་རྫོགས་ཀྱི་བདག་པོར་གྱུར། སློབ་བརྒྱུད། བླ་ཟུར་བློ་བཟང་མཁྱེན་རབ་དང་། རིན་ཆེན་སྨོན་ལམ། སོག་པོ་ནོ་མན་དགེ་སློང་དོན་གྲུབ་རྒྱལ་མཚན་སོགས་སྐྱེས་ཆེན་དམ་པ་མང་དུ་བྱོན། མཐར་དགུང་ལོ་དྲུག་ཅུ་རེ་གཅིག་རབ་བྱུང་བཅུ་བཞི་པའི་ཤིང་ཕོ་བྱི་བ་སྤྱི་ལོ(༡༨༦༤)ལོར་སྐུ་གཤེགས། གསུང་འབུམ། རང་རྣམ་ཤེལ་དཀར་མེ་ལོང་དང་། དཔལ་ལྡན་ཞ་ལུ་པའི་བསྟན་པ་ལ་བཀའ་དྲིན་ཆེ་བའི་སྐྱེས་བུ་རྣམས་ཀྱི་ལོ་རྒྱུས་ངོ་མཚར་དད་པའི་འཛུག་ངོགས་སོགས་བཞུགས། དཔྱད་གཞི། རང་རྣམ་ཤེལ་དཀར་མེ་ལོང་། །

༄ ཞ་ལུ་བ་ཡེ་ཤེས་རྒྱ་མཚོ། ༼བྱ།༽

(**བོད་ཡང་།** 01985–**01986**)

ཞ་ལུ་བ་ཆོས་རྗེ་ཡེ་ཤེས་རྒྱ་མཚོ་ནི། རབ་བྱུང་བདུན་པའི་ཉིན་སྒྲོན་ཞེས་པ་ཤིང་ཕོ་སྤྲེའུའི་སྤྱི་ལོ(༡༩༠༩)ལོར་འཁྲུངས། ཡབ་ཡུམ་སོགས་ཀྱི་མཚན་མ་རྙེད། ཆུང་དུའི་དུས་ནས་ཐམས་ཅད་མཁྱེན་པ་གྲགས་པ་རྒྱལ་མཚན་དང་། ཆོས་རྗེ་རིན་ཆེན་ཆོས་སྐྱོང་འཕེལ། ཆོས་རྗེ་མཁྱེན་རབ་འཕེལ། པཎ་ཆེན་ནགས་ཀྱི་རིན་ཆེན། ཀུན་མཁྱེན་བསོད་ནམས་འཕེལ་སོགས་ལས་ཕར་ཕྱིན་དང་། མངོན་པ། ཚད་མ། ཡི་ག་དང་དུས་འཁོར་སྐོར། བདེ་མཆོག་སོགས་ལ་གསན་བསམ་རྒྱ་ཆེར་མཛད། ཁྱད་པར་དུ་གྲུབ་ཆེན་དཔལ་རིན་ཞབས་ཀྱི་ཐུགས་སྲས་སུ་གྱུར་ཏེ་གསང་ཆེན་རྒྱུད་སྡེའི་མངའ་བདག་ཆེན་པོར་གྱུར། གསུང་ལས་འཁྲུངས་པའི་སློབ་མ་ཡང་། རབ་བརྟན་ཀུན་བཟང་འཕགས། ཆོས་རྒྱལ་གྲགས་པ་འབྱུང་གནས། གོང་མ་ཀུན་དགའ་ལེགས་པ། ཆོས་རྗེ་རྡོ་རྗེ་གདན་པ་

ཀུན་དགའ་རྣམ་རྒྱལ། སྐུ་ཞང་མཁྱེན་རབ་ཆོས་རྗེ། འཇམ་དབྱངས་ཆོས་ལེགས། འགོས་ལོ་གཞོན་ནུ་དཔལ། ཁྲུས་ཁང་ལོ་ཙཱ་བ་བསོད་ནམས་རྒྱ་མཚོ་སོགས་མཐའ་ཡས་པ་བསྐྱངས། གསུང་རྩོམ་ནི། དྲི་མེད་རྣམ་གཉིས་ཀྱི་སྐོར་སོགས་བཞུགས། མཐར་རྗེ་ཉིད་ཀྱི་དགུང་ལོ་དོན་གཅིག་པ་རབ་བྱུང་བརྒྱད་པའི་ཆུ་མོ་སྦྲུལ་སྤྱི་ལོ་ (༡༤༧༣) ལོའི་ཟླ་བ་བདུན་པའི་ཚེས་བཅུ་གསུམ་ལ་དགོངས་པ་ཆོས་ཀྱི་དབྱིངས་སུ་ཐིམ་མོ། །

༄ ཞ་ལུ་ལོ་ཆེན་ཆོས་སྐྱོང་བཟང་པོ། ༼ཞུ༽

(པོད་ཨང་། 01987—01988)

ཞ་ལུ་ལོ་ཆེན་དྷརྨ་ཤྲཱི་བྷ་དྲ་ནི་གནས་མཆོག་ཞ་ལུ་གསེར་ཁང་ཞེས་བྱ་བའི་གྲོང་དུ་ཡབ་འགོད་ཀྱི་རིགས་སྐུ་ཞང་བསམ་འགྲུབ་དཔལ་བཟང་པོ་དང་། ཡུམ་རིན་ཆེན་ཆོས་འཛོམས་ཀྱི་སྲས་སུ་རབ་བྱུང་བདུན་པའི་ལྕགས་ཕོ་བྱི་བ་སྤྱི་ལོ་ (༡༤༢༠) ལོར་སྐུ་བལྟམས། མཚན་ཆོས་སྐྱོང་དུ་བཏགས། དགུང་ལོ་ཉེར་གཉིས་བར་ཁྲིམས་པའི་ཚུལ་བཟུང་ཡང་ཐོས་པ་མང་དུ་མཛད། དགུང་ལོ་ཉེར་གཉིས་སྐབས་འཇམ་དབྱངས་དཀོན་མཆོག་བཟང་པོ་ལས་དགེ་ཚུལ་བཞེད། ཉེར་དྲུག་པ་ལ་མཁན་པོ་དོན་གྲུབ་དཔལ་བཟང་པོ་སོགས་ལས་བསྙེན་པར་རྫོགས། སུ་རྗེས་ཀུན་ཏུ་སྐུ་ཞང་མཁན་ཆེན་ཆོས་གྲུབ། བླ་མ་དོན་རིན་པ། བཀའ་བཞི་ཐུགས་རྗེ་དཔལ་བ། སྐྱེ་མོ་སྐུ་ཞང་། གོང་མ་ཀུན་དགའ་ལེགས་པ། རྡོ་རྗེ་གདན་པ། ཀུན་དགའ་དབང་ཕྱུག །ཀུན་མཁྱེན་གོ་རམས། བདག་ཆེན་བློ་གྲོས་རྒྱལ་མཚན། ཀུན་མཁྱེན་དོན་ཡོད་དཔལ། རྒྱ་སྟོན་ལྕགས་རི་བ་ཐར་པ་དཔལ། ཆག་ལོ་རིན་ཆོས། ལྷག་པར་སྟག་ཚང་ལོ་ཆེན་ལས་སྒྲ་རིག་གཙོས་མདོ་སྔགས་རིག་གནས་ཀུན་ལ་གསན་སྦྱོང་མཛད་དེ་རྒྱལ་བསྟན་ཡོངས་ཀྱི་མངའ་བདག་གཅིག་པུར་གྱུར། དགུང་ལོ་ང་གསུམ་པར་རྒྱ་སྟོན་ལྕགས་རི་བའི་གདན་སར་ཕེབས། ང་ལྔ་པར་གྲྭ་པ་མངོན་ཤེས་གདན་སར་ཕེབས། དོན་བཞི་པར་བུ་སྟོན་གྱི་གདན་སར་ཕེབས་ནས་སྤྱིར་མདོ་སྔགས་དང་། ལྷག་པར་རིག་གནས་

ཐུན་མོང་བའི་འཆད་ཉན་རྒྱ་ཆེར་སྤེལ། སློབ་མའི་ཚོགས་ནི། ས་ལོ་ཆེན་པོ་ཀུན་དགའ་བསོད་ནམས། ལོ་ཆེན་རཏྣ་བྷ་དྲ། མཐུ་སྟོབས་ཆོས་རྗེ་ངག་དབང་བསོད་ནམས་མཚན་ཅན། ཉིད་ཀྱི་དབོན་པོ་ལོ་ཙཱ་བ་པདྨ་དཀར་པོ། སྐྱིག་ལོ་རིན་ཆེན་བཀྲ་ཤིས་སོགས་བྱོན། བསྟན་བཅོས་གསར་འགྱུར་དང་། འགྱུར་བཅོས་གྲངས་ལས་འདས་ཀྱང་ཞིབ་པར་གཞན་དུ་གསལ། གསུང་འབུམ། ཉེར་བསྡུར་འགྲེལ་པ་དང་། འདུལ་བའི་སྙིང་། སུམ་རྟགས་འགྲེལ་པ་སོགས་ཡོད། མཐར་དགུང་ལོ་གྱ་བདུན་པ་རབ་བྱུང་བརྒྱད་པའི་མེ་སྟག་སྤྱི་ལོ་(༡༥༠༦)ལོར་གཟུགས་སྐུའི་བཀོད་པ་བསྡུ་བར་མཛད། དཔྱད་གཞི། སྐྱིག་ལོས་མཛད་པའི་རྣམ་ཐར། །

༈ ཞ་ལུ་བ་རིན་ཆེན་མཁྱེན་རབ་མཆོག་གྲུབ། ༼༡༽

(བོད་ཨང་། 01989–01990)

ཆོས་རྗེ་མཁྱེན་རབ་མཆོག་གྲུབ་ནི། ཡབ་ཞ་ལུ་སྐུའི་གདུང་རབས་ཉེར་བཞི་པ་སྐུ་ཞང་དཔལ་འབྱོར་བཟང་པོ་དང་། ཡུམ་ས་སྐྱ་མལ་མགོན་པའི་དབོན་བློ་གྲོས་པའི་སྲས་མོ་རིན་ཆེན་སངས་རྒྱས་འཛོམས་པ་གཉིས་ཀྱི་སྲས་སུ་རབ་བྱུང་བདུན་པ་མེ་འབྲུག་ལོ་སྤྱི་ལོ་(༡༩༣༦)ལོའི་ས་ཟླའི་ཚེས་བཅོ་ལྔ་ལ་འཁྲུངས། དགུང་ལོ་བཅུ་གཅིག་པར་སྐུ་ཞང་ཆོས་རྗེ་ཕྱོགས་ལས་རྣམ་རྒྱལ་ལས་གཤེས་དམར་དབང་གསན་ནས་ལོ་དེར་བསྙེན་པ་མཛད། ཆོས་རྗེ་བཀའ་བཞི་པ་རིན་ཆེན་རྒྱལ་མཚན་དང་། རྗེ་ཡེ་ཤེས་རྒྱ་མཚོ་ལས་བུ་ལུགས་ཀྱི་དབང་ལུང་ཁྲིད་སོགས་གསན། དགུང་ལོ་བཅུ་དགུ་ལ་ངོར་ཆེན་རྡོ་རྗེ་འཆང་ལ་ལམ་འབྲས་སོགས་ཆོས་སྐོར་དུ་མ་གསན། དགུང་ལོ་ཉེར་གཉིས་ལ་མཁན་ཆེན་ཚུལ་ཁྲིམས་རྒྱལ་མཚན་གྱིས་མཁན་པོ། བཀའ་བཞི་པ་རིན་རྒྱལ་གྱིས་ལས་སློབ། རྗེ་ཡེ་ཤེས་རྒྱ་མཚོས་གསང་སྟོན་མཛད་དེ་བསྙེན་པར་རྫོགས། དེ་ནས་མཁན་ཆེན་ཚུལ་རྒྱན་ཞབས་ལས་གསན་པ་མང་དུ་མཛད། དེ་བཞིན་སྨུས་ཆེན་དཀོན་མཆོག་རྒྱལ་མཚན་ལས་དུས་འཁོར་དང་། ལམ་འབྲས་སོགས་གསན། གཞན་ཡང་རྫོང་འཛིན་ནམ་མཁའ་ཚུལ་ཁྲིམས། རས་ཆེན་ཟླ་བ་རྒྱལ་མཚན་

སོགས་བསྟེན་ནས་མདོ་སྔགས་རིག་གནས་དང་བཅས་པ་ཀུན་ལ་མཁས་པར་མཛད། དགུང་ལོ་སོ་དགུ་ལ་ཙཱ་རི་དང་ལྷ་ས་སོགས་སུ་ཕེབས། དགུང་ལོ་ཞེ་ལྔ་པ་ལ་དབང་ལྡན་ཆོས་འཁོར་དུ་རྡོ་རྗེ་རྩེ་མོའི་སྒྲུབ་མཆོད་བཙུགས། ཞེ་བདུན་པར་ཞ་ལུར་དུས་འཁོར་ནག་ཉའི་སྒྲུབ་མཆོད་བཙུགས། དགུང་ལོ་ང་དྲུག་པ་ལ་བདག་ཆེན་བློ་གྲོས་རྒྱལ་མཚན་ཞབས་ཀྱིས་ཕག་ལོ་ཟླ་བ་བདུན་པའི་ཚེས་བཅུ་གསུམ་ལ་ན་ལེནྡྲའི་གདན་སར་མངའ་གསོལ། དེ་ནས་ན་ལེནྡྲའི་རབ་བྱུང་བསྙེན་རྫོགས་དང་། རོང་སྟོན་ཆོས་རྗེའི་དུས་མཆོད་བཅུ་བཞི་དུས་ཆེན་འཛུགས་པ། མགོན་ཁང་ཆེན་མོ་གསར་དུ་བཞེངས་པ། དུས་འཁོར་དང་། ལམ་འབྲས། མཁའ་འགྲོ་རྒྱ་མཚོ། རྩེ་མོ་རིགས་བསྡུས་སོགས་གཞུང་ཁྲིད་དང་། དབང་ལུང་ཁྲིད་སོགས་དཔག་མེད་མཛད། བསྟན་འཛིན་སློབ་མ་ནི། ཞ་ལུ་ལོ་ཆེན་རིན་ཆེན་ཆོས་སྐྱོང་བཟང་པོ་དང་། ན་ལེནྡྲའི་སློབ་དཔོན་ཆོས་སྐྱོང་རྒྱལ་མཚན། སྐུ་ཞང་རིན་ཆེན་བསོད་ནམས་མཆོག་གྲུབ་སོགས་བྱོན། གསུང་རྩོམ་ནི། བདེ་མཆོག་གི་དཀྱིལ་ཆོག་དང་། དྲི་མེད་རྣམ་གཉིས་ཀྱི་སྐོར་སོགས་པོད་གཉིས་ཡོད། མཐར་དགུང་གྲངས་རེ་གཉིས་པ་རབ་བྱུང་བརྒྱད་པ་མེ་སྤྲེལ་སྤྱི་ལོ་(༡༤༧༦) ལོར་གཟུགས་སྐུ་ཆོས་ཀྱི་དབྱིངས་སུ་བསྡུ་བར་མཛད་དོ། །དཔྱད་གཞི། དུས་འཁོར་ལོ་རྒྱུས། །

ཞ་ལུ་པ་རིན་ཆེན་བསོད་ནམས་འཕེལ། ༼བྱ༽

(བོད་ཨང་། 01991)

ཞ་ལུ་མཁན་ཆེན་བསོད་ནམས་འཕེལ་ནི། ཡབ་སྐུ་ཞང་གྲགས་པ་རྒྱལ་མཚན་གྱི་ནང་བློན་དཔོན་སྐྱ་ཆེན་པོའི་སྲས་སྟོང་དཔོན་དཔལ་ལྡན་མགོན་ཞེས་པ་དང་། ཡུམ་དཔོན་མོ་ཡོན་བདག་མོ་གཉིས་ཀྱི་སྲས་སུ་རབ་བྱུང་དྲུག་པའི་ལྕགས་མོ་གླང་གི་ལོ་སྤྱི་ལོ་ (༡༣༦༡) ལོར་འཁྲུངས། དགུང་ལོ་བཞིར་ཕེབས་དུས་བུ་སྟོན་རིན་པོ་ཆེ་ལས་མི་གཞན་དང་མཉམ་དུ་ཕར་ཕྱིན་ཆོས་ཐུན་གཅིག་གསན་པའི་སྐབས་བུ་སྟོན་ཆོས་རྗེས། དེ་དག་ལ་བྱིས་པ་འདི་ཆོས་སྐོར་ཞུགས་

ན་ཕན་པ་ཆེན་པོ་ཡོད་པའི་ཞལ་མངགས་མཛད། དགུང་ལོ་བདུན་པ་ལ་སྣར་ཐང་དུ་ཞང་པོའི་འགྲམ་ནས་གློག་དང་། སྨན་བླའི་མདོ་ཆོག་སོགས་ལ་ཐུགས་སྦྱོང་མཛད། དགུང་ལོ་བཅུ་གསུམ་པ་ལ་གཙང་ཆོང་འདུས་སུ་དཔལ་ལྡན་བླ་མ་དམ་པ་བསོད་ནམས་རྒྱལ་མཚན་གྱིས་མཁན་པོ། ལོ་ཙཱ་བ་བྱང་ཆུབ་རྩེ་མོས་ལས་སློབ་མཛད་དེ་རབ་ཏུ་བྱུང་ནས་མཚན་བསོད་ནམས་འཕེལ་དུ་གསོལ། དེ་ནས་མཁས་པ་དཔལ་གྲུབ་སེང་གེའི་དྲུང་ནས་ཕར་ཕྱིན་དང་ཚད་མ་གསན་ནས་ཞ་ལུར་གྲྭ་བསྐོར་ཡང་མཛད། དགུང་ལོ་བཅོ་བརྒྱད་པ་ལ་ས་སྐྱར་གྲྭ་བསྐོར་མཛད་དེ་གཞུང་འཛོམ་གི་བགྲོ་གླེང་བཟང་བས་མཁས་པ་གཡག་ཕྲུག་པ་ཆེན་པོས་ཀྱང་གནང་སྦྱིན་དང་བཅས་གཅེས་པར་མཛད། དེ་ནས་དབུས་ཕྱོགས་ཀྱི་ཆོས་གྲྭ་ཆེན་པོ་གསང་ཕུ་དང་། རྩེ་ཐང་སོགས་སུའང་གྲྭ་བསྐོར་དང་མཁས་པ་མང་པོའི་ཞལ་གདམས་བཞེས། དགུང་ལོ་ཉི་ཤུ་ལ་ཐུགས་སྲས་ལོ་ཙཱ་བ་ཆེན་པོས་མཁན་པོ། ལོ་ཆེན་བྱང་རྩེས་ལས་སློབ། མཁས་པ་དཔལ་གྲུབ་སེངྒེས་གསང་སྟེ་མཛད་དེ་བསྙེན་པར་རྫོགས། དེ་དང་ཆབས་ཅིག་ཐུགས་སྲས་ལོ་ཙཱ་ལས་བུ་སྟོན་བཀའ་འབུམ་སོགས་གསན་པར་འབད་པ་ཆེར་མཛད། འཇམ་དབྱངས་གྲགས་པ་རྒྱལ་མཚན་ལ་ཡོ་ག །ལོ་ཆེན་སྐྱབས་མཆོག་དཔལ་ལ་གསང་འདུས། ཕར་ཕྱིན། དབུ་མ། ཚད་མ། མངོན་པ་གོང་མ། བྱམས་ཆོས་ལྔ་སོགས་གསན་ནས་ཤིན་ཏུ་མཁས་པར་མཛད། གོང་གསུམ་པ་འཇམ་དབྱངས་ཆོས་ཀྱི་དཔའ་བའི་དྲུང་ནས་དུས་འཁོར། གྲུབ་ཐོབ་ཚུལ་ཁྲིམས་སྙིང་པོ་དང་། ཀུན་མཁྱེན་ལུང་མང་པོ་ཅན་དང་། ཆུ་མིག་བདག་པོ་བཞི་ཐོག་པ། པཎ་ཆེན་ནགས་ཀྱི་རིན་ཆེན་སོགས་ལས་ཀྱང་གསན་བསམ་མཐའ་ཡས་པ་མཛད། དེ་ནས་ལོ་དྲུག་རི་ཕུག་ཏུ་སྒྲུ་མཚམས་མཛད་དེ་ཆོས་བར་དུ་རྒྱུད་སྡེ་དུ་མའི་ཁྲིད་ལུང་སོགས་མཛད། སླར་འབྲས་ཡུལ་དུ་ཀུན་མཁྱེན་ལུང་མང་པོའི་ཞབས་ལ་བརྟེན་ནས་ཕར་ཕྱིན་སོགས་གསན། གསུང་ལས་འཁྲུངས་པའི་བསྟན་འཛིན་སློབ་མ་ཡང་། ཐོགས་མེད་པ། བཀའ་བཅུ་པ་ཆོས་གྲགས་དཔལ། བདག་པོ་བཀྲ་ཤིས་འཕགས། ཆོས་རྗེ་དཔལ་འབྱོར་བཟང་པོ། ཤེར་བཟང་པ། སྟག་ཚང་ལོ་ཙཱ་བ་ཆེན་པོ་སོགས་བྱོན། གསུང་རྩོམ་ནི། ཕར་ཕྱིན་ཐལ་ཕྲེང་བསྡུས་པ། མཛོད་ཀྱི་འགྲེལ་པ་རྒྱས་བསྡུས་སོགས་མཛད། མཐར་དགུང་གྲངས་དོན་བརྒྱད་བཞེས་པ་རབ་བྱུང་བདུན་པ་སྤྱི་ལོ (༡༤༣༨) ལོ་ས་ཕོ་རྟའི་ལོའི་ནག་ཟླའི་ཚེས་ཉི་ཤུར

༄ ཡར་འབྲོག་པ་རིན་ཆེན་ཏོག །
(ཐོད་ཨང་། 01992)

ཡར་འབྲོག་པ་རིན་ཆེན་ཏོག་ནི་སྤྱི་ལོའི་དུས་རབས་བཅུ་བཞིའི་དུས་མགོར་བྱོན་པའི་མཁས་པ་ཆེན་པོ་ཞིག་ཡིན། དེའང་དམིགས་བསལ་འདིར་དཔྱད་དགོས་པ་ཞིག་ལ་གསང་ཕུ་གླིང་སྨད་ཀྱི་གདན་རབས་བཅུ་བདུན་པ་དེ་ལ་འགའ་ཡར་འབྲོག་པ་རིན་ཆེན་ཏོག་ཅེས་ཟེར་ལ། འགས་གླིང་སྨད་གདན་ས་མཛད་མཁན་དེའི་མཚན་ལ་ཡར་འབྲོག་པ་གཞོན་ནུ་རྒྱལ་མཚན་ཞུ་ཞེས་བཀོད་འདུག་པས་མཚན་དེ་ཉིད་གང་ཟག་གཅིག་གམ་ཐ་དད་གང་ཡིན་དཔྱད་དགོས། གང་ཡིན་ཟེར་ན་གསང་ཕུའི་གདན་ས་མཛད་མཁན་དེ་ནི་སྤྱི་ལོ་(༡༣༠༨)ལོའི་ཟླ་བ་གཅིག་མཁན་པོ་མཛད་པ་ཡིན་ལ། སྐབས་འདིའི་ཡར་འབྲོག་རིན་ཆེན་ཏོག་དེ་ཇོ་བཙུན་རེད་མདའ་བའི་ཡོངས་འཛིན་ཡིན་ཏེ། ཇོ་རིན་ཆེན་ཏོག་འདིས་མཛད་པའི་ཐོན་མིའི་སྒྲ་གཞུང་གླེགས་སྒྲོན་མེའི་འགྲེལ་པ་དེ་ཇོ་བཙུན་རེད་མདའ་བས་སྐུལ་ནས་མཛད་ཅེས་འཁོད་འདུག །དེས་ན་ཇོ་བཙུན་རེད་མདའ་བ་ནི་སྤྱི་ལོ་(༡༣༩༨)ལོར་འཁྲུངས་པས་ན་དུས་ཚོད་ཕལ་ཆེར་གཅིག་མཚུངས་ཡིན། འོན་ཀྱང་གསང་ཕུའི་གདན་ས་དེའི་འཁྲུངས་ཡུལ་བཤད་སྲོལ་ཙམ་ལ་རྟོག་ལོའི་འཁྲུལ་ཡུལ་ཡར་འབྲོག་དོའི་ཕྱི་རོལ་སྟོང་ར་ཞེས་པ་དེར་ཡིན་ཞེས་ཀྱང་ཟེར་ལ། རིན་ཆེན་ཏོག་འདི་གནས་སྟེང་མཁན་པོ་འཁྲུངས་ཡུལ་དང་དགོན་པ་ཡར་འབྲོག་གསང་སྟེང་ཉེ་འཁོར་ཡིན་པར་རྟོག་པས་དཔྱད་དགོས། བསྟན་འཛིན་སློབ་མ་ནི། ཇོ་བཙུན་རེད་མདའ་བ་སོགས་སོ། །གསུང་འབུམ། ཐོན་མིའི་སྒྲ་གཞུང་གླེགས་སྒྲོན་མེའི་འགྲེལ་པ། དག་ཡིག་ཆེན་པོ། ཐོག་རྟོག་ཆེན་མོ་སོགས་པོད་ཆེན་གཅིག་ཡོད་དོ། །

༄ བྱང་པ་རྣམ་རྒྱལ་གྲགས་བཟང་།

(ཡིག་ཨང་། 02041–02043)

བྱང་པ་རྣམ་རྒྱལ་གྲགས་བཟང་ཞེས་པའི་མཁས་པ་ཆེན་པོ་འདི་ནི། མི་ཉག་སེའུ་རྒྱལ་པོ་ནས་བརྒྱུས་པའི་གདུང་རབས་བདུན་པ། གོང་མ་སེ་ཆེན་རྒྱལ་པོས་རིན་པོ་ཆེའི་ཐམ་ཀ་དང་། སི་ཏུའི་ལས་ཀ་གནང་བས་མངོན་པར་མཐོ་བ། གུའི་གུང་ཆོས་གྲགས་དཔལ་བཟང་དང་། ཡུམ་སི་ཏུ་ཆོས་རིན་པའི་སྲས་མོ་འབུམ་སྐྱིད་རྒྱལ་མོ་གཉིས་ཀྱི་སྲས་སུ་རབ་བྱུང་བདུན་པའི་ཤིང་ཕག་སྤྱི་ལོ་(༡༣༩༥)ལོ་ལ་ངམ་རིང་ཞེས་པར་འཁྲུངས། སྐུ་ཆུང་དུས་མཚན་ལ་རྒྱ་སྟག་དར་མ་རིག་འཛིན་ཞེས་གསོལ། བྱིས་པའི་དུས་ནས་དམ་པའི་ངང་ཚུལ་བཟང་པོ་ལྡན་སྐྱེས་སུ་ལྡན་ཞིང་། དགུང་ལོ་བཞི་ལྔ་ལ་ཕེབས་དུས་ཡི་གེ་འབྲི་ཀློག་སོགས་ཐམས་ཅད་ཆོགས་མེད་དུ་མཁྱེན། ནར་སོན་ནས་བཀའ་ལྔ་པ་དཔལ་འབྱོར་ཤེས་རབ་དང་། རིན་ཆེན་དཔལ་བཟང་། སེངྒེ་རྒྱལ་མཚན། རྒྱ་གར་རྡོ་རྗེ་གདན་གྱི་མཁན་པོ་ཤཱ་རི་པུ་ཏྲ། པཎ་ཆེན་ནགས་ཀྱི་རིན་ཆེན། བོ་དོང་པཎ་ཆེན་ཕྱོགས་ལས་རྣམ་རྒྱལ། མཁས་པའི་དབང་པོ་རྫོང་པ་ཀུན་དགའ་རྒྱལ་མཚན་སོགས་མཚན་ཉིད་དང་ལྡན་པའི་ཡོངས་འཛིན་མང་དུ་བསྟེན་ནས་ཤེས་བྱ་རིག་པའི་གནས་ཐམས་ཅད་ལ་དཔྱིས་ཕྱིན་པར་སྦྱངས་བརྩོན་མཛད། རྗེར་བཀའ་བཞི་པ་སེངྒེ་རྒྱལ་མཚན་ལ་དགེ་བསྙེན་གྱི་སྡོམ་པ་ཞུས་པས་མཚན་ཆོས་རྒྱལ་རྣམ་རྒྱལ་གྲགས་བཟང་དུ་གསོལ། དགུང་ལོ་སོ་གཅིག་གི་སྐབས་སེངྒེ་རྩེ་པའི་སྲས་མོ་ནམ་མཁའ་དཔལ་འབུམ་ཁབ་ཏུ་བཞེས་ཏེ་རིམ་གྱིས་སྲས་ལྕམ་སྲིང་རྣམས་བསྐྲུན། མཁས་པའི་སྙན་གྲགས་ཀྱིས་ས་སྟེང་ཁྱབ་པས་དྲན་དབང་རྡོ་རྗེ་རྒྱལ་མཚན་དང་། མི་ཉག་ཆོས་གྲགས་བཟང་པོ། རྩེས་གདོང་པ་སངས་རྒྱས་ལྷུན་གྲུབ་སོགས་དུ་མའི་ཁེངས་པའི་རི་བོ་བསྙིལ་ཏེ་ཞབས་ཀྱི་པདྨོར་གཏུགས། པཎ་ཆེན་བྱམས་པ་གླིང་པས་ཀྱང་བསྔགས་བརྗོད་ཀྱི་མེ་ཏོག་འཐོར། ཐམས་ཅད་མཁྱེན་པ་དགེ་འདུན་གྲུབ་པ་དང་དྲིས་ལན་མཛད་པ་སོགས་རིགས་ལྡན་པཎྜི་དཀར་པོ་སྣར་ཡང་བྱོན་པ་ཞེས་ཀུན་གྱིས་གླེང་། དགུང་ལོ་བཞི་བཅུ་པ་ནས་རིམ་པར་དུས་འཁོར་གྱི་བློས་བསླངས་དང་བཀའ་འགྱུར་བྱང་བརྩེགས་མ་སོགས་སྐུ་གསུང་ཐུགས་རྟེན་

མང་དུ་བཞེངས། བཀའི་རྩོམ་པ་ཡང་བསྟན་པ་སྤྱིའི་གནས་ལས་བསྒྲགས་པའི་བསྟན་བཅོས་སུམ་ཅུ་རྩ་ལྔ། དུས་ཀྱི་འཁོར་ལོའི་ཕྱི་ནང་གཞན་གསུམ་ལས་རྩིས་ཀྱི་བསྟན་བཅོས་བྱིས་པ་བདེ་བླག་ཏུ་འཇུག་པ་སོགས་བསྟན་བཅོས་བཞི་བཅུ་ཞེ་གཉིས་སོགས་རྩོམ་གནང་མཛད་པས་རྒྱལ་པོ་པཎྜི་ཏ་ཞེས་པའི་སྙན་གྲགས་དང་རིན་པོ་ཆེའི་རྒྱན་སོགས་མི་ཆེན་གྱི་ཆ་ལུགས་དང་ལྡན་བཞིན་སྤྱིར་ཡང་ངོ་མཚར་ཆེ། ཁྱད་པར་ཆོས་རྒྱལ་རྣམ་རྒྱལ་གྲགས་བཟང་མཆོག་གསོ་བ་རིག་པ་ཐུལ་དུ་ཕྱིན་པས་ཡན་ལག་བརྒྱད་པ་ཐམས་ཅད་ཀྱི་སྙིང་པོ་བསྡུས་པ་ཡིད་བཞིན་ནོར་བུ་རིན་པོ་ཆེ་ཞེས་བྱ་བའི་བསྟན་བཅོས་ལེའུ་བརྒྱ་དང་ཉི་ཤུ་ཡོད་པ་ཞིག་དང་། རྩ་བའི་རྒྱུད་ཀྱི་བཤད་པ་རྒྱུད་དོན་གསལ་བྱེད་སྒྲོན་མ། བཤད་རྒྱུད་ཀྱི་རྒྱ་ཆེར་འགྲེལ་པ་བདུད་རྩི་ཆུ་རྒྱུན། ཊཱིཀ་ཆུང་དོན་གསལ། ཕྱི་རྒྱུད་ཀྱི་དཀའ་འགྲེལ་དགོས་འདོད་འབྱུང་བ། ཡོངས་གཏད་ཀྱི་འགྲེལ་པ་ཚིག་དོན་རྣམ་པར་གསལ་བ། སྨན་གཞུང་རིན་ཆེན་སྒྲོམ་བུ། རྩོམ་པ་ཆུང་བ་རྒྱུད་བཞིའི་དཀའ་འཕྲང་སྨུན་སེལ། གསོ་ཐབས་སུམ་བརྒྱ་དྲུག་ཅུའི་ངོས་འཛིན། རྩ་བཤད་གསལ་བའི་སྒྲོན་མེ། སྲོག་གཅོད་ནད་དགུའི་དབྱེ་བ། འཚོ་བྱེད་རྣམས་ལ་སྙིང་ནས་བརྩེ་བའི་འཕྲུལ་གྱི་ཡིག་ཆུང་། སེནྡྷི་རྩེ་འཚོ་བྱེད་ཀྱི་དྲིས་ལན་སོགས་མང་དག་གཅིག་མཛད་དེ་འཆད་རྩོད་རྩོམ་གསུམ་གྱི་སྒོ་ནས་གསོ་བ་རིག་པའི་སྲོག་མཐུད་པ་ལྟ་བུར་གྱུར། ལྷག་པར་གསོ་རིག་སྤྱི་དང་དཔལ་ལྡན་རྒྱུད་བཞིའི་དཀའ་གནད་ཀྱི་མདུད་པ་བཀྲོལ་ཏེ་རིག་གནས་རྩེ་མོ་འདིའི་བསྟན་པའི་བདག་པོ་ལྟ་བུ་མཁས་པ་བྱང་ཟུར་ཞེས་གྲགས་པའི་ནང་ནས་བྱང་ལུགས་ཀྱི་སྲོལ་གཏོད་མཛད་པོ་ཆོས་རྒྱལ་རྣམ་རྒྱལ་གྲགས་བཟང་འདི་ཉིད་ཡིན་པས་རྗེ་གྲོལ་མཆོག་གིས། ཐེག་པའི་མཐར་ཐུག་དུས་ཀྱི་འཁོར་ལོ་ནས། །སྨན་དཔྱད་མོ་རྩིས་བར་གྱི་རིག་གནས་ལ། །གདུལ་བྱ་རང་རང་བསམ་པ་བཞིན་དྲངས་ཏེ། །ཀུན་ཀྱང་མཁས་དང་གྲུབ་པའི་ས་ལ་བཞག །ཅེས་པ་ལྟར། བསྟན་པ་དང་འགྲོ་བའི་དོན་རྒྱ་ཆེན་པོ་མཛད་ནས་མཐར་དགུང་ལོ་བརྒྱད་ཅུ་གྱ་གཅིག་གི་སྐབས་སུ་དགོངས་པ་གཞན་དོན་ལ་གཤེགས། གསོ་དཔྱད་ཀྱི་སློབ་མའི་མཆོག་གྱུར་མིའི་ཉི་མ་མཐོང་བ་དོན་ལྡན་སོགས་གྲངས་ལས་འདས་པ་བྱུང་ངོ་། །འདས་ལོ་མ་རྙེད། དཔྱད་གཞི། གསོ་རིག་ལོ་རྒྱུས་སོགས། །

༄ བོ་དོང་འཆི་མེད་དཔལ་བཟང་།

(ཕོད་ཨང་། 02044)

རྣམ་ཐར་སོགས་ཁུངས་གང་ཡང་མ་རྙེད།

༄ བོ་དོང་པཎ་ཆེན་ཕྱོགས་ལས་རྣམ་རྒྱལ། ཧོ

(ཕོད་ཨང་། 02045–02059)

མཁས་པའི་དབང་པོ་བོ་དོང་པཎ་ཆེན་ནམ། དབྱངས་ཅན་དགའ་བའི་དཔལ་ལམ་གཡུང་དྲུང་སངས་རྒྱས་སྐྱིད། སངས་རྒྱས་རྒྱལ་མཚན། ཆོས་ཀྱི་རྒྱལ་མཚན་སོགས་ཀྱི་མཚན་གསོལ་བའི་སྐྱེས་བུ་ཆེན་པོ་འདི་ནི། འ་ཞའི་རིགས་སུ་ཡབ་ཞ་མ་ཆོས་དབྱིངས་རྒྱལ་མཚན་དང་། ཡུམ་བྱང་ཆུབ་སྒྲོན་གཉིས་ཀྱི་སྲས་སུ་ཡུལ་ལ་སྟོད་ལྷོའི་ལྷེ་བ་རྒྱལ་གྱི་གླིའི་ཉེ་འདབས་སུ་རབ་བྱུང་དྲུག་པའི་མེ་ཕོ་འབྲུག་སྤྱི་ལོ་(༡༣༧༦)ལོར་སྐུ་འཁྲུངས། ཆུང་དུའི་དུས་སུ་སྐུའི་ཞང་པོ་ལོ་ཆེན་གྲགས་པ་རྒྱལ་མཚན་གྱིས་རྗེས་སུ་བཟུང་སྟེ་རབ་བྱུང་དགེ་ཚུལ་སོགས་རིམ་པར་བོད། དེ་ནས་བོ་དོང་ཨེར་ཕེབས་ནས་བཤེས་གཉེན་ཆོས་ཀྱི་རྡོ་རྗེ་ལས་ཚད་མ་རྣམ་འགྲེལ་གསན། དགུང་ལོ་བཅུ་དྲུག་པ་རབ་བྱུང་བདུན་པའི་ལྕགས་མོ་ལུག་སྤྱི་ལོ་(༡༣༩༡)ལོར་ས་སྐྱར་ཚད་མ་རྣམ་འགྲེལ་གྱི་གྲྭ་བསྐོར་མཛད་ནས་སྙན་གྲགས་ཀྱི་དབྱར་རྔ་ཐོག་མ་ལྡིར། རྒྱལ་བའི་བསྟན་པ་ལ་བྱ་བ་ལྷག་པོར་བྱེད་པར་དགོངས་ནས་ཤིང་རྟ་ཆེན་པོ་རྣམས་ཀྱི་བཞེད་གཞུང་རྨ་མེད་པ་རྟོགས་པའི་ཕྱིར། ལོ་ཆེན་གྲགས་རྒྱན་སོགས་མཁས་གྲུབ་གཉིས་ལྡན་གྱི་བླ་མ་རྣམས་ལས་གསན་བསམ་གཟིགས་རྟོག་ལྷོད་མེད་མཛད་ཅིང་། ཤེས་རབ་ཀྱི་ལྷ་སྒྲུབ་པ་སོགས་བཞེད་དོན་གཡོ་མེད་དུ་མཛད་པས་དབྱངས་ཅན་མ་དམར་མོས་རྗེས་སུ་བཟུང་ཞིང་ཤེས་རབ་ཕྱོགས་མེད་དུ་འབར་བས་དབྱངས་ཅན་དགའ་བའི་དཔལ་ལམ་པཎྜི་ཏ་ཞེས་མཚན་གྱི་ཅོད་པན་འཆང་། དགུང་ལོ་ཉེར་གསུམ་པར་གཞོན་ནུ་པཎྜི་ཏ་ཉིད་ཀྱིས་དབུས་ཕྱོགས་སུ་གྲྭ་བསྐོར་ལ་ཕེབས་ནས་ཆོས་གྲྭ་ཆེན་པོ་རྩེད་ཐང་དང་། གསང་ཕུ་ནེའུ་ཐོག་སོགས་སུ་པོ་ཏི་བཅོ་ལྔའི་བཤད་པ་མཛད་པས། ཆེན་པོ་བྱང་ཆུབ་རྡོ་རྗེ་དང་། རྗེ་གདན་ཡོན་རིན་པ། མཁན་ཆེན་

གཡག་པ་སོགས་དགེ་བའི་བཤེས་གཉེན་རྣམས་བསྟུགས་པ་བརྗོད་པ་ཁོ་ན་བྱུང་། གསང་ཕུར་མཁན་ཆེན་གཡག་པ་དང་བགྲོ་གླེང་མཛད་པས་ཕྱོགས་ལས་རྣམ་པར་རྒྱལ་བའི་རྒྱལ་མཚན་བསྒྲེངས། བྱང་སྟག་ལུང་དུ་ཕེབས། ཆོས་རྗེ་བཀྲ་ཤིས་དཔལ་བརྩེགས་དང་། ལོ་ཙྪ་བ་ཤཱཀྱ་བཟང་པོ་ལས་ནཱ་རོ་ཆོས་དྲུག་དང་རྣམ་སྲས་ཀྱི་ཆོས་སྐོར་སོགས་གསན། དབུས་སུ་ཕེབས་པའི་ལམ་བར་དུ་སྙན་ངག་གི་བསྟན་བཅོས་ཡིད་ཀྱི་ཤིང་རྟ་དང་། སྣེ་གདོང་ཕོ་བྲང་དུ་གོང་མ་ཆེན་པོ་འཁོར་དང་བཅས་པ་ལ་བསྟོད་པ་དང་པ་རྣམ་པར་རྒྱལ་བའི་སྒྲ་དབྱངས་དང་། གསང་ཕུ་ནེའུ་ཐོག་གི་བསྟོད་པ་སོགས་རྩོམ་པར་མཛད། དབུས་ནས་གཙང་ཕྱོགས་སུ་འཁོར་འཕྲལ་ཤེལ་དཀར་ཆོས་སྡེར་ལོ་ཆེན་གྲགས་པ་རྒྱལ་མཚན་གྱིས་མཁན་པོ་དང་། རེ་མདའ་བ་གཞོན་ནུ་བློ་གྲོས་ཀྱིས་ལས་སློབ། བླ་མ་བསམ་རིན་པས་གསང་སྟོན་མཛད་ནས་དད་པའི་དགེ་འདུན་གྲངས་ཚང་གི་དབུས་སུ་བསྙེན་པར་རྫོགས་པ་དགེ་སློང་གི་སྡོམ་པ་ཡང་དག་པར་བཞེས། མཁན་པོ་ཉིད་གཙོ་བོར་གྱུར་པའི་མཁས་གྲུབ་ཀྱི་བླ་མ་རྣམས་ལས་འདུལ་བ་དང་། གསང་སྔགས་རྒྱུད་སྡེ་རྒྱ་མཚོའི་ཚོགས་ཐུན་མོང་རིག་གནས་དང་བཅས་པ་གསན་བསམ་བར་མེད་དུ་མཛད་ནས་དབྱར་གྱི་ཆུ་གཏེར་བཞིན་ཡོན་ཏན་གྱི་ཚོགས་ཐམས་ཅད་སྦུར་དུ་འཕེལ་ཞིང་རྒྱས། ལྷག་པར་མཛད་ཕྲིན་གཙོ་བོ་ནི་དགུང་གྲངས་ཉེར་དྲུག་ཏུ་ཕེབས་པ་ལྕགས་མོ་སྦྲུལ་སྤྱི་ལོ (༡༤༠༡) ལོར་རྒྱ་གར་གྱི་པཎྜི་ཏ་ཆེན་པོ་འབུམ་ཕྲག་གསུམ་པའི་གདན་ས་བོ་དོང་ཨེའི་སེང་གེའི་ཁྲི་ལ་བཞུགས་ནས་ཆོས་ཀྱི་འཁོར་ལོ་རྒྱུན་མི་ཆད་དུ་བསྐོར་བས། སྐར་ཁམས་པ་གྲགས་བཟང་དང་། སེམས་དཔའ་ཆེན་པོ་གཞོན་ནུ་རྒྱལ་མཆོག་སོགས་མཁས་གྲུབ་ཀྱི་བུ་སློབ་སྦུར་དུ་བསྐྱེད་བསྲིངས། ལྷོ་ཞེལ་དཀར་དང་། གཡས་རུ་བྱང་གི་ངམ་རིང་སོགས་སུ། རིམ་བཞིན་གདངས་རིའི་ཁྲིད་ཀྱི་མཁས་པ་ཆེན་པོ་མཁན་ཆེན་གཡག་ཕྲུག་སངས་རྒྱས་དཔལ་བ་དང་། མཁས་པ་བསོད་ནམས་སྐྱབས། རོང་སྟོན་ཤེས་བྱ་ཀུན་རིག །མཁས་གྲུབ་དགེ་ལེགས་དཔལ་བཟང་བཅས་ལ་བགྲོ་གླེང་མཛད་ནས་ཕྱོགས་ཐམས་ཅད་ལས་རྣམ་པར་རྒྱལ་བའི་མཛད་པ་བདག་གིར་བཞེས། དགུང་ལོ་སུམ་ཅུ་ཟིན་ཙམ་ནས་མདོ་རྒྱུད་དགོངས་འགྲེལ་ཐུན་མོང་རིག་གནས་དང་བཅས་པའི་འགྲེལ་བྱེད་དེ་ཁོ་ན་ཉིད་འདུས་པའི་རྒྱ་མཚོ་ཞེས་པའི་པོད་ཆེན་བརྒྱ་དང་བཅུར་ལོངས་པའི་བསྟན་བཅོས་རྩོམ་པའི་དབུ་ཚུགས། དགུང་གྲངས་སོ་ལྔ་པ་ལྕགས་ཕོ་སྟག་སྤྱི་ལོ (༡༤༡༠) ལོར་མིའི་འགྲོ་བས་བདག་ཏུ་བཟུང་བར་དཀའ་བའི་གནད། དཔལ་ཁུད་མཚོའི་ཤར་ཕྱོགས་སུ་གསང་བ་འདུས་པའི་ཕོ་བྲང་ཆེན་པོ་དཔེན་

གནས་དཔལ་མོ་ཆོས་སྡིངས་ཕུག་བཏབ། རྒྱལ་བའི་བསྟན་པ་བཤད་སྒྲུབ་ཟུང་དུ་འབྲེལ་བའི་འོད་སྣང་དང་ཉེ་འདབས་ལྷོ་མདའ་བྱང་གསུམ་གྱི་སྡེ་དགོན་རྣམས་ཀྱི་དབུའི་མཆོད་གནས་སུ་བཞུགས་པའི་སྟོབས་ཀྱིས། ཁུལ་དེའི་སྐྱེ་འགྲོ་རྣམས་དམག་ཇག་གིས་འཚེ་བ་ལས་གྲོལ་ཞིང་བྱམས་བརྩེའི་ཉེ་འོད་ཀྱིས་ཁྱབ་པར་མཛད། སྐུ་ཚེ་སྨད་ལ་གཙོ་བོ་གདན་ས་དེར་གཏན་ཆགས་ཤིང་འཆད་པའི་སྒོ་ནས་བུ་སློབ་བསྐྱངས་པ་མཐའ་ཡས་པ་ཞིག་བྱུང་། ལྷ་ཁང་དམར་མོ་དང་དཀར་མོ་སོགས་གཙུག་ལག་ཁང་དང་རྟེན་གསུམ་མང་དུ་བཞེངས། ཁྱད་པར་དུས་ཀྱི་འཁོར་ལོའི་རྒྱུད་ནས་གསུངས་པའི་ཡེ་ཤེས་མཆོད་རྟེན་ཞེས་མཆོད་རྟེན་ཐོག་བརྩེགས་ལྷ་ལྡན་རྡོ་རྗེའི་ཏོག་གིས་བརྒྱན་པ། འོག་ཁང་ལ་ཀ་བ་མེད་པར་གདུང་མ་རྩེ་སྦྱོར་དུ་ཡོད་པ་ངོ་མཚར་བློའི་ཡུལ་ལས་འདས་པ་དེས་མཚོན་པའི་སྐུ་གསུང་ཐུགས་རྟེན་མང་དུ་བཞེངས། དེ་ལྟར་སྐུ་ཚེ་རིལ་པོ་བསྟན་འགྲོའི་དོན་ཆེན་པོ་ནས་དུས་འདའ་བར་མཛད་དོ། །ཆོས་འཁོར་བསྐོར་ཡུལ་གནས་གཙོ་བོ་ནི་བོ་དོང་ཨེ་དང་། པདྨ་ཆོས་གླིང་སོགས་སོ། །སློབ་བརྒྱུད་ནི། བཀའ་བབས་ཉེ་ཤུ་རྩ་གསུམ་དང་། འཁོན་གྱི་གདུང་རྒྱུད་གསུམ། རིག་སྔགས་འཆང་བ་གཅིག །ཉི་ཟླ་ལྟར་གྲགས་པའི་མཁས་པ་གཉིས། འཇིག་རྟེན་མིག་གསུམ། ཕྱོགས་ལས་རྣམ་པར་རྒྱལ་བའི་མཁས་པ་དྲུག །མདོ་སྔགས་ཡོངས་སུ་རྫོགས་པ་བཅུ་གསུམ། ཤཱཀྱ་ཤྲཱིའི་གདན་ས་གཉིས། གཙུག་རྒྱན་བཅུ་དྲུག །མཚན་ཉིད་རབ་འབྱམས་སྨྲ་བ་བཞི། སྔགས་འཆང་དྲག་པོ་གཉིས། གྲུབ་ཆེན་ལྔ་བཅུ་སོགས་ཤིན་ཏུ་མང་བར་བྱོན། མཐར་དགུང་ལོ་བདུན་ཅུ་དོན་བདུན་རབ་བྱུང་བརྒྱད་པའི་ལྕགས་མོ་ལུག་སྤྱི་ལོ(༡༤༥༡)ལོའི་ནག་ཟླའི་གནམ་གང་ལ་ངོ་མཚར་བའི་ལྟས་དུ་མ་དང་བཅས་སྐུ་གཤེགས། གསུང་འབུམ། དེ་ཉིད་འདུས་པའི་རྒྱ་མཚོ་ཞེས་པ། འཇུག་པའི་སྒོ་བཞི། ལེའུ་ཉི་ཁྲི་ཆིག་སྟོང་། མན་ངག་བདུན་ཁྲི་ཉིས་སྟོང་། ཆོས་ཀྱི་ཚོམས་བརྒྱད་ཁྲི་བཞི་སྟོང་ཡོད་པས་རྒྱས་པ་ལ་གླེགས་བམ་བརྒྱ་དང་བཅུ། འབྲིང་པོ་ལ་ཉི་ཤུ། བསྡུས་པ་ལ་གླེགས་བམ་གཉིས། ཤིན་ཏུ་བསྡུས་པའི་སྙིང་པོ་ལ་གླེགས་བམ་གཅིག་ཡོད་པ་གཙོ་བོར་གྱུར་པའི་པོད་བརྒྱ་ཕྲག་ཕྱེད་གཉིས་ཙམ་རྩོམ་པ་མཛད། དཔྱད་གཞི། སྣ་དཀར་རྩེ་པ་དོན་ཡོད་རྡོ་རྗེས་མཛད་པའི་《རྗེ་བཙུན་ཐམས་ཅད་མཁྱེན་པ་ཕྱོགས་ཐམས་ཅད་ལས་རྣམ་པར་རྒྱལ་བའི་རྣམ་ཐར་ངོ་མཚར་རྒྱ་མཚོ》སོགས་ལས་བཏུས། །

༄ འཛམ་གླིང་རབ་འབྱམས་པ་སངས་རྒྱས་ལྷུན་གྲུབ།

(བོད་ཨང་། 02059)

ཆོས་རྗེ་རབ་འབྱམས་པ་སངས་རྒྱས་ལྷུན་གྲུབ་ཞབས་ནི་དུས་རབས་བཅུ་དྲུག་པའི་ནང་དུ་བྱོན། འབྲས་ཡུལ་སྐྱིད་ཚལ་དང་བྲ་གོང་སོགས་སུ་མཁས་པ་ཆེན་པོ་ལྕངས་ཐང་རབ་འབྱམས་པ་སོགས་ལ་བསྟེན་ནས་རིག་གནས་ཀུན་གྱི་གླེགས་བམ་གཅིག་ཏུ་གྱུར། ཕྱིས་སྐྱེ་མོ་བྲེ་དཀར་དགོན་དུ་མཚན་ཉིད་གཙོ་བོར་གྱུར་པ་ལོ་མང་པོར་བཤད་པ་དཔྱིད་ཕྱིན་པར་མཛད་པས་དགེ་བཤེས་མཁས་པ་ལྔ་བརྒྱ་ཙམ་བྱུང་བར་གྲགས། རྣམ་ཐར་ཞིབ་ཕྲ་མ་མཐོང་། །

༄ འགོས་ཁུག་པ་ལྷས་བཙས།

(བོད་ཨང་། 02061)

སྤྱི་ལོའི་དུས་རབས་བཅུ་གཅིག་གི་ནང་དུ་བྱོན་པའི་འགོས་ལོ་ཙྪ་བ་བསོད་ནམས་རྩེ་མོ་ཞེས་བྱ་བ་དེ་ཉིད་ཀྱི་འཁྲུངས་པའི་ཡུལ་ནི་རྟ་ནག་ཡིན་ཅིང་། སློབ་དཔོན་འགོས་ཀྱི་རིས་ཡིན་པས་སོ། །ཡབ་ཡུམ་གཉིས་མིང་སྲིང་འདྲེས་པའི་སྲས་ཡིན་པས་ན་ཁུག་པ། མིང་སྲིང་བསྒྲལ་བ་ལ་ངོ་ཚ་ནས་རྟ་ནག་ཕུའི་ལྷས་ཤིག་ཏུ་བཙར་ཕྱིན་ནས་ལྷས་སུ་བཙས་པས་ལྷས་བཙས་ཞེས་གྲགས་པ་ཡིན་པར་བཤད། ཡང་བུ་སྟོན་རིན་པོ་ཆེས་ཡབ་ཡུམ་གཉིས་ཀ་འགོས་ཡིན་པས་ན་ཁུག་པ་དང་། ལྷས་ཕུག་ཏུ་འཁྲུངས་པས་ན་ལྷས་བཙས་སུ་གྲགས་པ་ཡིན་གསུངས་ལ། གང་ལྟར་དེ་ལྟ་བུའི་འགོས་ལོ་དེས་གཞོན་ནུའི་དུས་སུ་ཟུར་པ་ལ་སྙིང་མ་སློབ་པར་བྱོན་པས། དེར་ཆོས་མ་བསླབས་པར་ཡང་ཡང་མནར་བ་ཞིག་བྱུང་བས་ན་ཡིད་འབྱུང་སྟེ། ངས་རྒྱ་གར་དུ་ཕྱིན་ལ་ཁྱེད་རྣམས་ལ་ལན་ཞིག་བྱའི་གསུངས་ནས། གྱི་ཇོ་ཟླ་བའི་འོད་ཟེར་དང་འགྲོགས་ནས་རྒྱ་གར་དུ་བྱོན་པས། ཤཱནྟི་པ་དང་དཔལ་སྣམ་གཉིས་གྲོངས་ནས་མི་བཞུགས། གཞན་ས་འདྲེས་པའི་སློབ་མ་གསུམ་བཞུགས་པའི་དུས་སུ་འབྱོར་ཏེ། དེའི་སྐབས་ན་འཕགས་ཡུལ་ན་པཎྜི་ཏ

མཉམ་པོ་ལ། འདུས་པ་ལ་མཁས་པ་རྣམས་གྲལ་མགོར་འཛོམ་ཅིང་། ཆོས་འདུས་པ་ལ་ཁ་ཟིན་ཆེ་བར་འདུག་ནས་ཐོག་མར་འདུས་པ་སློབ་དགོས་དགོངས་ཏེ། གསང་བ་འདུས་པ་ལ་སུ་མཁས་དྲིས་པས། ས་འདྲེས་པའི་སློབ་མ་རྣམས་མཁས་ཟེར་བས། མངོན་ཤེས་ཅན། བཙུན་མོ་ཅན་རྣམས་ལ་འདུས་པའི་ཆོས་སྐོར་གསན། བསླབ་སྦྱོང་ཡང་འདུས་པ་ལ་མཛད་ནས་བོད་དུ་བྱོན། དེ་དུས་ཁམས་ནས་མར་སྟོན་སེང་རྒྱལ་བྱོན། འགོས་ལོ་ལ་ཆོས་མང་དུ་ཞུས། ཟང་ཟིང་གི་དངོས་པོ་བསམ་གྱིས་མི་ཁྱབ་པས་མཉེས་པར་བྱས། སླར་ཡང་འགོས་ཀྱིས་རྒྱ་གར་དུ་བྱོན། ནག་པོ་དམ་ཚིག་རྡོ་རྗེ་ལ་འདུས་པའི་ཆོས་སྐོར་གསན། དེ་ལྟར་པཎྜི་ཏ་མངོན་ཤེས་ཅན། བཙུན་མོ་ཅན། ནག་པོ་དམ་ཚིག་རྡོ་རྗེ་དང་གསུམ་ལ་གསང་བ་འདུས་པའི་ཆོས་སྐོར་མཐིལ་ཕྱིན་པར་གསན་ནས་བླ་མ་གསུམ་པོ་དེ་དག་གི་གསུང་བསྒྲོས་རྣམས་སོ་སོར་ཟིན་བྲིས་སུ་འབྲི་བར་མཛད་པ་ལ་འགོས་ཀྱི་ཤོག་རིལ་གསུམ་དུ་གྲགས། གཞན་ཡང་རྒྱ་གར་ཤར་ཕྱོགས་ཀྱི་པཎྜི་ཏ་སྤྲིན་གྱི་ཤུགས་ཅན་ལ་ཡང་འདུས་པ་གསན་པས། འགོས་ཀྱི་གསང་འདུས་གསན་པའི་བླ་མ་བཞི་ཡིན་ལ་འགའ་ཞིག་ལས་འགོས་ཀྱི་གསང་འདུས་གསན་པའི་བླ་མ་གསུམ་ལས་མ་བཤད་ཀྱང་། ཕྱི་མ་འདི་ལ་ཡང་གསན་པར་འགོས་ལོ་ཉིད་ཀྱིས་རྒྱུད་ཀྱི་མཚན་ཆེན་གྱི་མཇུག་ཏུ་བཤད་པས་རྩོད་པ་མེད། འོན་ཀྱང་གསང་བ་འདུས་པ་རིམ་ལྔའི་ཁྲིད་ནི་དང་པོ་གསུམ་ཁོ་ན་ལ་གསན་པར་ངེས་སོ། །སྤྱིར་ལོ་ཆེན་འདིས་འཕགས་ཡུལ་དུ་ལན་གསུམ་བྱོན། གོང་གི་བླ་མ་བཞི་པོ་དེའི་སྟེང་དུ་ཁ་ཆེ་ཁྲི་བརྟན་གྱི་ཙནྡྲ་ཧ་རི། བལ་པོ་ཧྫོང་གི་ནཱ་ག་ཀོ་ཏི། བལ་པོ་མཐིལ་གྱི་ཙ་ཧུཾ་རུ་དང་། ས་ར་བ་བྱུ་བ་རྣམས་ལ་སོགས་པ་མིའི་བླ་མ་བདུན་ཅུ། མཁའ་འགྲོ་མ་གཉིས་ཏེ་བདུན་ཅུ་རྩ་གཉིས་བསྟེན་ཏེ་མདོ་སྔགས་ཀྱི་ཆོས་ཚུལ་བསམ་གྱིས་མི་ཁྱབ་པ་གསན། ཆོས་དང་ཆོས་མིན་གྱི་རྣམ་དབྱེ་ལེགས་པར་ཕྱེ་བའི་བསྟན་བཅོས་སྔགས་ལོག་སུན་འབྱིན་བྱ་བ་མཛད། ཁྱད་པར་གསང་བ་འདུས་པ་ལ་རྩ་རྒྱུད་ཀྱི་ཚིག་འགྲེལ་མཆན་ཆེན་དང་། དོན་འགྲེལ་སྟོང་ཐུན་ཆེན་མོ་སོགས་མཛད་དེ་འདུས་པའི་བསྟན་པ་ཉི་མ་ཤར་བ་ལྟར་མཛད་པ་ཡིན་ནོ། །དེ་ལྟ་བུའི་འགོས་ཀྱི་གསང་འདུས་གསན་པའི་བླ་མ་བཞིའི་ནང་གི་སྤྲིན་གྱི་ཤུགས་ཅན་དང་ག་ཡ་དྷ་ར་གཉིས་གཅིག་ཡིན་པར་ངོར་ཆེན་རྡོ་རྗེ་འཆང་གི་གསུང་རྒྱུན་ཟིན་བྲིས་འགའ་ཞིག་ལས་བཤད། བུ་སྟོན་རིན་པོ་ཆེས་རྒྱ་གར་ཤར་ཕྱོགས་སུ་རྒྱལ་པོ་སྤྲིན་གྱི་ཤུགས

ཅན་ཞེས་བཤད་དོ། །གང་ལྟར་འགོས་ལོ་འདིས་རྒྱ་གར་དུ་ཡང་ལན་གསུམ་བྱོན་པར་པཎ་ཆེན་ཉི་ཟླ་སེང་གེའི་རྣམ་བཤད་ལས་བཤད། བུ་སྟོན་རིན་པོ་ཆེས་ནི་བཅུ་གཉིས་བྱོན་པར་བཤད་ཀྱང་། དེ་ནི་ཡི་གེ་མ་དག་གམ་སྙམ་མོ། །གང་ལྟར་འགོས་ལ་སློབ་མ་ཡང་རྒྱུད་ཀྱི་ཀ་བ་བཙུགས་པ་བཞི། མན་ངག་གི་གདུང་མ་ཐེག་པ་བརྒྱད། ལས་ཚོགས་དང་ཕྲིན་ལས་ལ་མཁས་པ་ལྷུམ་དང་གྲམ་གཤིབས་པ་ལྟར་མང་དུ་བྱུང་བ་ཡིན་པ་ལས། ཀ་ཆེན་བཞི་ནི་མར་སྟོན་སེང་གེ་རྒྱལ་མཚན། ཟླ་གྲགས་དབང་། སུམ་སྟོན་མེ་འབར། མི་ཉག་ཛྙཱ་ཙནྡྲ་དང་བཞི་ཡིན་ལ། ཡང་བུ་སྟོན་རིན་པོ་ཆེའི་བཤད་ཐབས་གསང་བའི་སྒོ་འབྱེད་ལས། ཛྙཱ་ཙནྡྲ་དང་ཟླན་མ་བགྲངས་པར། ཤངས་ཀྱི་བབ་སྟོན་བྱང་ཆུབ་རྒྱལ་མཚན། གཉལ་གྱི་གཞོང་སྟོན་རྡོ་རྗེ་རྒྱལ་མཚན་དང་གཉིས་པོ་འདྲེན་པར་མཛད་ལ། གདུང་མ་བརྒྱད་ནི་འབྱེད་ཀྱི་རྡོག་སྟོན་ཆེན་པོ། རོང་གི་བྲང་ཏི་རྒྱལ་པོ། རྣ་ནག་གི་མཁས་པ་བསོད་རྒྱལ་ལ་སོགས་པའོ་ཞེས་གསུངས་ནས་ཀ་ཆེན་བཞི་ལ་འདྲེན་ཚུལ་མི་མཐུན་པ་ཙུང་ཟད་ཙམ་བྱུང་། གདུང་མ་བཞི་ལྟར་ན་རྡོག་དགེ་སེར། དབུས་པ་དབང་འབུམ། ལྷོ་པ་རྡོ་རྗེ་སྙིང་པོ། གཉལ་པ་ཆོས་ཀྱི་ཤེས་རབ་དང་བཞི། བརྒྱད་ལྟར་ན་རྡོག་སྟོན་ཆེན་པོ་སོགས་བརྒྱད་ལ་ངོས་འཛིན་དགོས་ཀྱང་། བརྒྱད་ཀྱི་ངོས་འཛིན་གསལ་ཁ་ཅན་བགྲངས་པ་ཞིག་མ་བྱུང་བས་བཙལ་དགོས་སོ། །དེ་ཙམ་ལས་ཞིབ་ཕྲའི་རྣམ་ཐར་མ་མཐོང་ལ། དཔྱད་གཞི། ཨ་མེས་གསང་འདུས་ཆོས་འབྱུང་སོགས། །

༄ ལམ་འབྲས་བླ་མ་བརྒྱུད་པའི་རྣམ་ཐར་ཞིན་ཏུ་བསྡུས་པ་བཞུགས།

(01907–01925)

ས་སྐྱ་པའི་ལམ་འབྲས་ཚོས་སྐོར་ཞེས་པའི་ཆོས་ཚོགས་ཆེན་པོ་འདི་ནི་འོག་ནས་འབྱུང་ལོ་རྒྱུས་ལས་བྱུང་བ་ལྟར་བརྒྱུད་ནས་རིམ་པས་དཔལ་ས་སྐྱ་པར་བཀའ་བབ་པ་ཞིག་ཡིན། འདིའི་གླེགས་བམ་ཕྱོགས་བསྡུས་ནི་དང་པོག་རྗེ་བཙུན་གྲགས་པ་རྒྱལ་མཚན་གྱིས་གོང་མའི་གསུང་གི་དཀར་ཆག་རྣམས་རོབ་ཙམ་ཞིག་བསྡུས་གནང་བ་དེར་གཞི་བྱས་ཏེ་རིམ་པ་རིམ་པས་ཁ་གསབ་པ་ལས་བྱུང་ནས། ཕྱིས་རྒྱལ་མཆོག་ལྔ་པས་ཚར་ལུགས་ཀྱི་བླ་མ་བརྒྱུད་པའི་རྣམ་ཐར་ཕྱོགས་བསྒྲིགས་མཛད་པ་དང་། ལྷག་པར་འཇམ་དབྱངས་བློ་གཏེར་དབང་པོས་པོད་བཅུ་བདུན་ཞིག་ཕྱོགས་བསྡུས་མཛད་པ་ལས་ད་ལྟ་དངོས་སུ་པོད་ཞེ་དགུ་བསྡུས་ཟིན་ནས། སླར་པོད་བརྒྱད་ཙམ་ལྷག་ཡོད་པ་རྣམས་བསྡུས་ཐུབ་ན་ཁྱོན་པོད་ང་བདུན་ཙམ་དུ་ལོངས་པ་ཞིག་ཡོད་དོ། །ད་ནི་ཆོས་སྐོར་འདིའི་བརྒྱུད་པའི་བླ་མ་རྣམས་ཀྱི་རྣམ་ཐར་ཅུང་ཟད་བསྟན་པ་ནི། །

༄ རྣལ་འབྱོར་གྱི་དབང་ཕྱུག་བི་རྺ་པ།

འཕགས་པའི་ཡུལ་གྱི་མཁས་པ་ཡོངས་ཀྱི་གཙུག་གི་ནོར་བུ་རྗེ་བཙུན་མཐུ་སྟོབས་ཀྱི་དབང་ཕྱུག་ཆེན་པོ་དང་གཉིས་སུ་མེད་པ་འདྲེན་མཆོག་རྗེ་བཙུན་དམ་པ་དཔལ་ལྡན་ཆོས་སྐྱོང་བི་རྺ་པ་ནི། བདག་ཅག་གི་སྟོན་པ་མྱ་ངན་ལས་འདས་ནས་ལོ་སྟོང་དང་ཉི་ཤུ་ཙམ་དུ་རྒྱ་གར་འཕགས་པའི་ཡུལ་དུ་རྒྱལ་པོའི་རིགས་སུ་སྐུ་འཁྲུངས་ཤིང་། རྒྱལ་སྲིད་མཆིལ་མའི་ཐལ་བ་བཞིན་བོར་ཏེ་ཤར་ཕྱོགས་སོ་མ་པུ་རིའི་གཙུག་ལག་ཁང་དུ་མཁན་པོ་དུལ་བའི་ལྷ་དང་། སློབ་དཔོན་རྒྱལ་བ་གྲགས་པ་ལས་རབ་ཏུ་བྱུང་། དགོན་མཆོག་གི་རྟེན་བཞེངས། དཔལ་ན་ལེནྡྲ་གཞི་ཐམས་ཅད་ཡོད་པར་སྨྲ་བའི་སྡེ་པའི་མཁན་པོ་དྷརྨ་མི་དྲ་ཞེས་བྱ་བའམ། རྣམ་པར་རྒྱལ་བའི་ལྷ་ཞེས་བྱ་བ་ལས་རབ་ཏུ་བྱུང་སྟེ་མཚན་དཔལ་ལྡན་ཆོས་སྐྱོང་ཞེས་གསོལ། བདག་ཉིད་ཆེན་པོ་འདི་སྤྱིར་ཡང་རང་གཞན་གྱི་གྲུབ་པའི་མཐའ་རྒྱ

མཆོའི་ཕ་རོལ་ཏུ་སོན་ཅིང་། ལྷག་པར་དུ་མཁན་པོ་དེ་ཉིད་ཀྱིས་དཔལ་འཁོར་ལོ་བདེ་མཆོག་གི་གདམས་ངག་མཐའ་དག་ཐུམ་པ་གང་བྱོའི་ཚུལ་དུ་གནང་བར་
མཛད་དེ། དཔལ་ནཱ་ལེནྡྲའི་གཙུག་ལག་ཁང་གི་པཎྜི་ཏ་ཐམས་ཅད་ཀྱི་མཁན་པོ་ཆེན་པོ་གྱུར་ཏེ། ཉིན་མོ་འཆད་རྩོད་རྩོམ་གསུམ་དགེ་འདུན་གྱི་བྱ་བ་དང་།
མཚན་མོ་བདེ་མཆོག་གི་སྒྲུབ་པ་ལ་བརྩོན་པ་ཡུན་རིང་དུ་མཛད་ཀྱང་རྟགས་ཙམ་དངོས་གྲུབ་ཏུ་ངེས་པ་གང་ཡང་མ་བྱུང་བའི་ཁར་ནུབ་གཅིག་ཆུ་བོ་གྱེན་ལ་འགྲོ
བ་དང་། ཉི་ཟླ་ས་ལ་ལྷུང་བ་དང་། རི་བོ་གྲུམ་པ་སོགས་རྨིས་པས། ད་ཕན་རྩོམ་པ་དང་། འཆད་པ་དང་། དགེ་འདུན་གྱི་བྱ་བ་ལས་ཡིད་དམ་ལྷའི་སྒྲུབ་པ་མི་བྱེད་
དོ་ཞེས་དམ་བཅས་ནས། དཔྱིད་ཟླ་ར་བ་ས་གའི་ཉི་ཤུ་གཉིས་ཀྱི་ནུབ་མོར་ཕྲེང་བ་ཆབ་ཁང་དུ་བསྐུར་ནས་ཅི་བདེར་གནས་སོ། །དེའི་ནུབ་མོ་རྨི་ལམ་དུ་བདག་
མེད་མ་ཐ་མལ་པའི་བུད་མེད་སྔོན་མོའི་གཟུགས་སུ་བྱོན་ཏེ། རིགས་ཀྱི་བུ་ཚུལ་བཞིན་མ་ཡིན་པའི་སྤྱོད་པ་དེ་ལྟ་བུ་བྱེད་པ་མ་ལེགས་པས་ཕྲེང་བ་ལོངས་ལ་དྲི་
བཟང་པོའི་ཆུས་ཁྲུས་ལ་བཤགས་སྡོམ་ལེགས་པར་གྱིས་ལ་སྒྲུབ་པ་ཚུལ་བཞིན་དུ་གྱིས་ཤིག །ཁྱོད་ཀྱིས་ལས་བསགས་པའི་ལྷ་ང་ཡིན་པས་བྱིན་གྱིས་བརླབས
ཀྱི་ཁྱོད་ཀྱི་དངོས་གྲུབ་མྱུར་དུ་ཐོབ་པར་འགྱུར་རོ་ཞེས་གསུངས་ནས་མི་སྣང་བར་གཤེགས་སོ། །དེ་ནས་སང་ཉི་ཤུ་གསུམ་གྱི་ཉིན་མོ་ཕྲེང་བ་བླངས་ཏེ་ལུང་བསྟན་
པ་བཞིན་བྱས་པས། དེའི་ནུབ་མོར་སྤྲུལ་པའི་སྐུ་ཡེ་ཤེས་ཀྱི་སྣང་བ་ལྷ་བཅོ་ལྔའི་དཀྱིལ་འཁོར་གྱི་རྣམ་པར་བྱོན་ཏེ་དབང་བཞི་རྫོགས་པར་བསྐུར་བས་ས་དང་པོ་
མཐོང་བའི་ལམ་གྱི་ཡེ་ཤེས་སྐྱེས། དེ་བཞིན་དུ་ཞག་བདུན་གྱི་མཐར་ཉི་ཤུ་དགུར་སོང་བའི་ནུབ་མོར་ས་དྲུག་གི་རྟོགས་པ་བྱུང་ངོ་། །དེ་ལྟར་དབང་བཞི་རྫོགས
པར་བསྐུར་བས་དབང་གི་ཆུ་བོ་མ་ནུབ། ས་དང་པོ་ནས་དྲུག་པ་ཚུན་ཆད་ཀྱི་རྟོགས་པ་སྐྱེས་པ་དང་། བྱིན་རླབས་ཀྱི་རྒྱུན་མ་ཆད། ཕྱིར་གྱི་རྟགས་སམ་དངོས་གྲུབ
ཏུ་ཆོར་བའི་ངེས་པ་གང་ཡང་མ་བྱུང་ལ། མི་འཚམ་པ་དུ་མ་བྱུང་བས་ཐུགས་མུག་པ་དེ་ཏིང་ངེ་འཛིན་གྱི་དྲོད་རྟགས་ཡིན་པར་འདུག་པ་ལ་ད་ལྟར་དམ་པའི་གསུང
གིས་མ་བརྒྱུད་པས་དེར་ངོ་མ་ཤེས་པ་དེ་ད་ལེགས་པར་རྟོགས་པས་ན་གདམས་ངག་གི་སཀྲ་མ་ཡོག་སྙེ་སྙན་བརྒྱུད་བཞིས་བྱིན་གྱིས་བརླབས་ཤིང་། སྙན་བརྒྱུད
བཞིའི་གདམས་པའོ། །དེ་ལྟར་རྟོགས་པ་དེ་སྐྱོང་ཞིང་རང་གི་བྲང་ཁང་དུ་བཞུགས་པ་ན། ལ་ལས་བུད་མེད་བཅོ་ལྔ་དང་ལྷན་ཅིག་གནས་པ་མཐོང་། འགའ་ཞིག
གིས་མར་མེ་འབར་བ་བཅོ་ལྔར་མཐོང་བ་སོགས་ཀུན་ཐེ་ཚོམ་དུ་གྱུར་ཡང་ཀུན་གྱི་མཁན་པོ་ཆེན་པོ་ཡིན་པས་གླེང་བ་དང་དབྱུང་བར་མ་ནུས་སོ། །དེའི་ཚེ་བསྟན
པ་ལ་སྨོད་པའི་ཉེས་པ་སྤང་བའི་དོན་དུ་བདག་ཉིད་ངན་པར་ཁས་བླངས་བར་བཞེད་ནས། ཆོས་གོས་ལྷུང་བཟེད་ལ་སོགས་པ་དཀོན་མཆོག་གི་སྤྱན་སྔར་མཆོད

པ་ཕུལ་ཏེ་གཅེར་བུ་ཨ་མེ་བི་རཱུ་པ་ཞེས་བརྗོད་ཅིང་ཧ་དེར་བྱོན་ཏེ། ཆང་ཚོང་མ་དང་སྨད་ཚོང་མའི་ཁྱིམ་དུ་ཡང་བྱོན་པས་མི་ཐམས་ཅད་ཧ་ལས་པར་གྱུར་ནས། རྗ་དང་འཁར་རྗ་བརྡུངས་ཏེ་གནས་ནས་ཕྱུང་ཞིང་། སླར་འོང་དུ་མི་འཇུག་པའི་ན་ཿཁྲིམས་བཅས་སོ། །དེ་ནས་ཕླ་རླ་ཋ་སླི་འགྲོ་བའི་ལམ་གཏླའི་དྲུང་དུ་བྱོན་ནས་ང་ངན་པ་ཡིན་པས་ཁྱེད་ལ་རེག་མི་རུང་བས་ཁྱོད་ཀྱིས་ལམ་བྱིན་ཞིག་ཅེས་བརྗོད་པས་ཆུ་བོ་མར་སོང་དང་ཡར་སོང་ལོག་པའི་མཚམས་སུ་ལམ་བྱུང་ཞིང་མགུར་བཞེངས་པས་དགེ་འདུན་གྱིས་གྲུབ་པ་ཐོབ་པར་ཤེས་ནས་ཞབས་ལ་འདུ་བ་ལ་སོགས་པས་བཟོད་པ་གསོལ་བ་དང་། བཞུགས་པར་ཞུ་བ་ཕུལ་བས། བཟོད་པར་གནང་ཞིང་བཞུགས་པར་མ་གནང་ནས། དེ་ནས་ཕླ་རླ་ཋ་སླིར་བྱོན་ནས་མུ་སྟེགས་ཀྱི་རྒྱལ་པོ་གདུག་པ་ཅན་རྣམས་རྫུ་འཕྲུལ་ཡ་མ་ཟུང་དུ་མ་བསྟན་ནས་རྡོ་རྗེ་ཐེག་པའི་ལམ་ལ་བཀོད། དེ་ནས་རྒྱ་གར་ལྷོ་ཕྱོགས་བི་མེ་ས་ར་དང་ཉེ་བའི་ཀ་ནས་ཏའི་གྲོང་ཁྱེར་དུ་ཆང་ཚོང་མ་ཞིག་གི་ཁྱིམ་དུ་ཆང་ཉོ་བྱས་པས་རིན་ཅི་ཡོད་ཟེར་ནས་དེད་ཕོམས་པར་གྱིས་དང་ཁྱེད་ཅི་འདོད་པ་སྦྱིན་གྱི་གསུངས་པས། ཡིད་མ་ཆེས་ཏེ་ཇི་ཙམ་ན་སྟེར་ཞེས་དྲིས་པས། ཉི་གྲིབ་ཀྱི་མཚམས་སུ་རི་མོ་རེ་མཛད་ནས་འདི་སོང་མ་ཐག་ཁྱེད་ལ་སྦྱིན་ནོ་ཞེས་གསུངས་ཏེ་ཉི་མ་ཧྲེང་པར་བཙུད་ནས་ཆང་རྣམས་ཟད་པ་དང་རིན་སློངས་བྱས་པས་ད་དུང་ཉི་མ་མ་སོང་གསུངས། དེ་བཞིན་དུ་ཡུལ་ཁམས་བཅོ་བརྒྱད་ཀྱི་ཆང་ཟད་པར་གསོལ། དེའི་ཚེ་རྒྱལ་པོའི་དབྱུ་གུ་དང་ཆུ་ཚོད་ལ་སོགས་པའི་རྩིས་ཐམས་ཅད་ཀྱང་འཁྲུགས་མི་རྣམས་ཀྱང་གཉིད་ཀྱིས་ར་རོ་བ་ལྟ་བུར་གྱུར་བས། རྒྱལ་པོས་ཉི་མ་གཏང་བར་ཞུས་པས་ང་ལ་ཆང་རིན་མེད་གསུངས་ཏེ་རྒྱལ་པོས་ཆང་ཚོང་མ་རྣམས་ལ་ཆང་རིན་འཇལ་བས་ཉི་མ་དམར་ཧྲིལ་གྱིས་ནུབ་པར་གྱུར་ཏེ། ཞག་གསུམ་གྱི་མཚན་ཕྱེད་ཙམ་དུ་གྱུར། དེའི་ཚེ་མགུར་བླངས་ཏེ་གྲགས་པ་ཉི་མ་དང་མཉམ་པར་གྱུར། གཞན་ཡང་དབང་ཕྱུག་ཆེན་པོའི་གྲུབ་མཐའ་འཛིན་པའི་རལ་པ་ཅན་ལྔ་བརྒྱ་དང་། རྒྱ་གར་ཤར་ཕྱོགས་ཀྱི་ཕྲ་མན་མ་སོགས་མུ་སྟེགས་ཀྱི་གྲུབ་མཐའ་སླ་བ་དུ་མ་གྲུབ་པའི་བརྟུལ་ཞུགས་ཀྱི་སྒོ་ནས་ནང་པ་སངས་རྒྱས་པའི་བསྟན་པ་ལ་བཙུད་ནས་མཛད་ཕྲིན་དང་སྙན་གྲགས་ནོར་འཛིན་སྐྱེ་མོའི་ཁྱོན་ཀུན་ཏུ་ཁྱབ་པར་གྱུར་ཏོ། །དེས་ཤར་ཕྱོགས་ཀྱི་གྲུབ་ཆེན་ནག་པོ་པ་ལ་བརྒྱུད། །དེས་ཡུལ་དབུས་ཀྱི་རྣལ་འབྱོར་པ་ཆེན་པོ་ཌཱ་མ་རུ་པ་ལ་བརྒྱུད། །དེས་གྲུབ་ཆེན་ཨ་ཝ་དྷཱུ་ཏི་པ་ཞེས་གཉིས་སྤངས་ཀྱི་སྤྱོད་པ་མཛད་པ་དེ་ལ་བརྒྱུད། །དེས་ཤར་ཕྱོགས་ཀྱི་རྒྱལ་པོའི་རིགས་ཡི་གེ་པ་ཀཱ་ཡ་སྟ་པའི་རིགས་བརྒྱུད་རིམ་ཅུང་ཟད་བརྟན་པ་སྤྲུལ་སྐུ་འགའ་མཐོང་བ། རྡོ་རྗེ་དྲིལ་བུ་ནམ་མཁའ་ལ་འཇོག་ནུས་ཤིང་གྲོང་འཇུག་དང་འཕོ་བ་ལ་ཐོགས་པ་མེད་པར་ནུས་པ་མངོན་དུ་མཛད་པ་གྲུབ་ཆེན་ཀཱ་ཡ་སྟ་པ་ག

རྣ་རར་ལ་བརྒྱུད་པ་ཡིན་ནོ། །

༄ འབྲོམ་མི་ཤཱཀྱ་ཡེ་ཤེས།

ཁོང་ནི་བོད་ཀྱི་རབ་བྱུང་མ་ཚུགས་གོང་གི་ཆུ་མོ་སྦྲུལ་གྱི་ལོ་སྟེ་སྤྱི་ལོ་༡༡༣ལོར་མང་མཁར་དུ་རིགས་རུས་ཕུན་སུམ་ཚོགས་པའི་ཁྱིམ་རྒྱུད་དུ་ངོ་མཚར་བའི་ལྟས་དུ་མ་དང་བཅས་ཏེ་སྐུ་འཁྲུངས་ཤིང་། སྐུ་ན་ཆུང་ངུའི་དུས་ནས་དམ་པའི་བག་ཆགས་རང་ཆས་སུ་སད་ཅིང་འཁྲི་ཀློག་སོགས་ཐོགས་མེད་དུ་མཁྱེན་པ་བྱུང་། ཆོས་འཁོར་ཁྲིམ་པ་རྒྱང་དུ། རྒྱ་ཤཱཀྱ་གཞོན་ནུ་དང་། སེ་ཡེ་ཤེས་བརྩོན་འགྲུས་གཉིས་ཀྱིས་མཁན་སློབ་མཛད་དེ་རབ་ཏུ་བྱུང་ཞིང་འདུལ་བའི་ཆོས་གཞུང་སོགས་ཀྱིས་མཚོན་མདོ་སྔགས་རིག་གནས་དང་བཅས་པ་ལ་མཁས་པར་སྦྱངས། སེམས་བླ་ཆེན་འབྲོམ་མི་ཤཱཀྱ་ཡེ་ཤེས་ལ་རྒྱ་གར་དུ་བཏང་ངས་ཏེ། བསྟན་པའི་རྩ་བ་ཡིན་པས་འདུལ་བ་དང་། བསྟན་པའི་སྙིང་པོ་ཡིན་པས་ཕར་ཕྱིན་དང་། བསྟན་པའི་ཉིང་ཁུ་ཡིན་པས་གསང་སྔགས་རྣམས་ཉོན་ལ་ཤོག་གསུངས་ནས། བལ་ཡུལ་དུ་ཧྲ་རེ་ཧཾ་ཐུང་ཞེས་བྱ་བ་ལས་སྔགས་ཀྱི་སྐོར་ཞུགས། དེ་ནས་རྒྱ་གར་དུ་བྱོན་ནས་སློབ་དཔོན་རཏྣ་ཨ་ཀ་ར་ཤཱནྟི་པ་གྲགས་པ་ཆེ་ཞིང་མཁས་པར་དགོངས་ནས་འདུལ་བ་དང་ཤེས་རབ་ཀྱི་ཕ་རོལ་ཏུ་ཕྱིན་པ་དང་། གསང་སྔགས་ཀྱང་མང་དུ་གསན། དེ་ནས་རྒྱ་གར་ཤར་ཕྱོགས་སུ་བྱོན་ནས་སློབ་དཔོན་བི་རུ་པའི་སློབ་མ་ནི་ཏཾ་བི་ཧེ་རུ་ཀ །དེའི་བརྒྱུད་པ་འཛིན་པའི་སློབ་དཔོན་མི་ཐུབ་ཟླ་བ་དངོས་ཀྱི་སློབ་མ་མཆོག་དགེ་སློང་དཔའ་བོ་རྡོ་རྗེ་ལས་ཧེ་བཛྲ་རྒྱུད་གསུམ་ཡན་ལག་དང་བཅས་པ་ལ་སོགས་པའི་སྔགས་མང་དུ་གསན། བསམ་གྱིས་མི་ཁྱབ་པ་ལ་སོགས་པའི་མན་ངག་མང་དུ་ཞུས། ལམ་འབྲས་རྩ་བ་མེད་པ་ཞིག་ཀྱང་གསན་ཏེ། རྒྱ་གར་དུ་ལོ་བཅུ་གཉིས་བཞུགས་ནས་ལོ་ཙཱ་བ་ཆེན་པོར་གྱུར་ཏེ། རྒྱལ་བའི་བཀའ་འགྱུར་རིན་པོ་ཆེའི་ཁྲོད་དུ་བཤད་རྒྱུད་ཐུན་མོང་བ་དཔལ་ཡང་དག་པར་སྦྱོར་བའི་རྒྱུད་ཆེན་པོ་བརྟག་པ་བཅུ་པ་དང་། དཔལ་གསང་བ་རྡོ་རྗེའི་རྒྱུད་ཀྱི་ལེའུ་བཞི་པ། དཔལ་གསང་བ་ཐམས་ཅད་གཅོད་པའི་རྒྱུད་ཀྱི་རྒྱལ་པོ། དཔལ་འཁོར་ལོ་སྡོམ་པ་གསང་བ་བསམ་གྱིས་མི་ཁྱབ་པའི་རྒྱུད་ཀྱི་རྒྱལ་པོ། དཔལ་ནམ་མཁའ་དང་མཉམ་པའི་རྒྱུད་ཀྱི་རྒྱལ་པོ། དཔལ་རིན་ཆེན་འཕྲེང་བའི་རྒྱུད་ཀྱི་རྒྱལ་པོ། དཔལ་ཡེ་ཤེས་གསང་བའི་རྒྱུད་ཀྱི་རྒྱལ་པོ། དཔལ་ཡེ་ཤེས་འབར་བའི་རྒྱུད་ཀྱི་རྒྱལ་པོ། རྣལ་འབྱོར་མ་ཟླ་བའི་ཕྲེང་བ། གཞན་ཡང་རྒྱལ་བའི་བསྟན་འགྱུར་རིན་པོ་ཆེའི་ཁྲོད་དུ་ཡང་། མངོན་པར་རྟོགས་པའི་རིམ་པ། དུར་ཁྲོད་བརྒྱད། དཔལ་དཔའ་བོ་གཅིག་པའི་སྒྲུབ་ཐབས། ཀྱེ་རྡོ་རྗེའི་སྒྲུབ་ཐབས་ཡན་ལག་དྲུག་པ།

འབྱུང་པོ་ཐམས་ཅད་པའི་གཏེར་མ། བདག་མེད་མའི་སྒྲུབ་ཐབས་རྒྱས་པ་བསྟན་པ་བཅས་ཆོས་ཚན་དྲུག་ཅུ་རེ་བདུན་ཙམ་བསྒྱུར་བར་མཛད་ཅིང་། སྤྱི་དྲིའི་ལྕུར་ཉེ་བ་རྣམ་ཐར་དཀར་པོ་ན་བཞུགས་སྐབས། བླ་མ་མ་ག་ཡ་ཧྲུ་རས་འཕྲིན་བཏང་ནས་བསུ་རུ་ཤོག་གསུངས། ཆོས་ཅི་ཤེས་དྲིས་པས་རྡོ་རྗེ་ཐེག་པ་ལ་མཁས་པར་དགོངས་ནས་དགེས་བས་བསུ་སྟེ་གྲོམ་པ་ལྷ་རྩེའི་ཁྲག་ཏུ་བཞུགས་ནས་ཆོས་ཀྱི་ཟླ་བོ་བྱས་པས་ཤིན་ཏུ་མཉེས་ནས་ལོ་ལྔ་བཞུགས་པར་བྱས་བླ་མ་མ་ག་ཡ་ཧྲུ་ར་ལ་གསེར་སྲང་ལྔ་བརྒྱ་དུས་གཅིག་ལ་ཕུལ་བས་ཐུགས་ཤིན་ཏུ་དགེས་པས་ད་ཁྱོད་ཅི་དགའ་བ་བྱའི་ཅི་འདོད་གསུངས། ཅི་ཡང་མི་ཞུ་གསུངས་པས། ཡང་ཡང་གསུངས་ནས། འོ་ན་གསུང་ངག་འདི་གཞན་ལ་མི་གསུང་བར་ཞུ་བ་ཕུལ། བླ་མས་ཞལ་གྱིས་བཞེས་ནས་རྒྱ་གར་དུ་གཤེགས། དགུང་ལོ་ང་གཉིས་པ་བོད་རབ་བྱུང་དང་པོའི་ཆུ་མོ་ལུག་གི་ལོ་སྟེ་སྤྱི་ལོ་༡༠༩༣ལོར་རང་ཡུལ་མང་མཁར་དུ་སྨྱུ་གུ་ལུང་བཏབ་ཅིང་འཆད་ཉན་སྤེལ་བས། གྲུབ་པ་ཐོབ་པའི་སློབ་མ་ཕོ་གསུམ་མོ་བཞི་སྟེ། ཕོ་གསུམ་ནི་སྒྲོ་སྒོམ་སེ་བོ། གཤེན་སྒོམ་རོག་པོ། དབུས་པ་གྲོད་པོ་ཆེའོ། །མོ་བཞི་ནི་རྫོང་མོ་རྡོ་རྗེ་མཚོ། དབྲད་སྒོམ་མ་དཀོན་ནེ། ཤབ་པ་མོ་ལྕམ་གཅིག །འཕྲང་མོ་ནམ་མཁའ་མོ། དེ་ལ་དང་པོ་དྲུག་ནི་ལུས་མ་སྤངས་བར་གྲུབ་པ་ཐོབ་བོ། །འཕྲང་མོ་ནམ་མཁའ་ནི་ཐུན་མོང་གི་དངོས་གྲུབ་ཐོབ་པའོ། །གཞན་ཡང་གྲུབ་པ་ཐོབ་པའི་སློབ་མ་མང་དུ་བཞུགས་ཤིང་། བསྟན་པ་དང་སེམས་ཅན་གྱི་དོན་རྒྱ་ཆེར་མཛད་ནས་མཐར་དགུང་ལོ་གྱ་གཉིས་པ་བོད་རབ་བྱུང་དང་པོའི་ཤིང་པོ་སྟག་གི་ལོ་སྟེ་སྤྱི་ལོ་༡༠༧༩ལོར་གཟུགས་སྐུའི་བཀོད་པ་ཆོས་དབྱིངས་སུ་བསྡུས་པ་ཡིན་ནོ། །

༄ བླ་མ་ཚོགས་སྒོམ་པ་རིན་པོ་ཆེ།

ཁོང་ནི་བོད་རབ་བྱུང་བཞི་པའི་ས་ཕོ་རྟ་ཡི་ལོ་སྟེ་སྤྱི་ལོ་༡༢༡༠ལོར་རིགས་རུས་ཕུན་སུམ་ཚོགས་པའི་ཁྱིམ་རྒྱུད་དུ་སྐུ་འཁྲུངས། སྐུ་ན་གཞོན་ནུའི་དུས་ནས་བླ་མ་གཞི་མོ་ལུང་པ་ལས་ཀྱེ་རྡོ་རྗེའི་བུམ་དབང་ཡན་ཆད་ཞུས། དེ་ནས་ཀློག་ཡི་གེ་སྒྲའི་བསྟན་བཅོས་ལ་སོགས་པ་ཐམས་ཅད་ལ་མཁས་པར་བསླབས་ནས། དགུང་ལོ་བཅུ་གསུམ་པར་འབྲིང་མཚམས་ཞང་གི་དྲུང་དུ་མངོན་པ་གོང་མ་གསན། དགུང་ལོ་བཅུ་དགུ་པ་ལ་སྤང་རྩར་འབྲིང་མཚམས་ཞང་གདན་དྲངས་ནས་མངོན་པ་ལ་བཤད་གསར་མཛད་ཅིང་། དེ་ནས་ཆོས་རྗེ་ས་སྐྱ་པཎྜི་ཏས་མཁན་པོ་མཛད་དེ་བསྙེན་པར་རྫོགས་པའི་དགེ་སློང་གི་སྡོམ་པ་ཡང་དག་པར

མཛོས། མདོག་ལོད་དུ་རྩེ་འདུལ་འཛིན་གྱི་དྲུང་དུ་འདུལ་བ་མདོ་རྩ་དང་འདུལ་བའི་ཆ་ལག་ཐམས་ཅད་རྫོགས་པར་གསན། དེ་ནས་ཆོས་རྗེས་ས་པཎ་ལས་རྒྱལ་སྲས་བྱང་ཆུབ་སེམས་དཔའི་སྡོམ་པ་བཞེས་ནས། ད་ཁྱེད་ཀྱིས་དབུ་མ་ཞིག་ཉོན་གསུངས་ནས་བོ་དོང་ལུག་འུར་དང་རི་ཕུག་གཉིས་སུ་ཡར་གཤེགས་མར་གཤེགས་མཛད་ནས་དབུ་མ་རིགས་ཚོགས་དང་བསྟོད་ཚོགས་རྩ་ཤེས་ཚིག་གསལ་སོགས་ལ་གསན་བསམ་མཐར་ཕྱིན་མཛད། དེ་ནས་ཆོས་རྗེ་ས་པཎ་ལོ་བཅུ་གསུམ་བསྟེན་ནས་སྤྱོད་ཕྱོགས་དང་། བྱམས་ཆོས་དང་རྒྱུད་གསུམ་གདམས་ངག་དང་བཅས་པ། བདེ་མཆོག་གི་རྒྱུད་ཆ་ལག་དང་བཅས་པ། ཡོ་ག་ལ་སོགས་པས་མཚོན་དཔལ་ལྡན་ས་སྐྱ་པའི་ཆོས་ལུགས་ཐམས་ཅད་གསན་ཅིང་ཐུགས་སུ་ཆུད་པར་མཛད་པས། ཆོས་རྗེ་པས་གསུང་པའི་ཆོས་ཕལ་ཆེ་བ་མ་གསན་པ་མེད་ཅིང་ཆོས་རྗེ་ཉིད་ལ་མི་ཕྱེད་པའི་དད་གུས་མངའ་བས་ཤིན་ཏུ་ཐུགས་མཉེས་ཤིང་ཐུགས་དགོངས་ཐམས་ཅད་ཡོངས་སུ་རྫོགས་པར་མཛད་ནས་སློབ་མ་རྣམས་ཀྱི་ནང་ནས་ཐུགས་ཀྱི་སྲས་མཆོག་ཏུ་གྱུར་ཏོ། །དེ་ནས་ཆོས་རྗེ་གོ་དན་རྒྱལ་པོའི་བླ་མཆོད་ལ་བཞུད་པའི་དུས་སུ་ད་ཁྱེད་ཀྱིས་ཚད་མ་ཅིག་ལ་བཤད་པ་གྱིས་ཞེས་ཡང་ཡང་གསུང་པ་ལ། བདག་སྒྲུབ་པ་བྱེད་པར་ཞུ་གསོལ་བ་བཏབ་པས། འོ་ན་དེ་ཕན་ཆད་སྒྲུབ་པ་རང་གི་ལུགས་ཀྱིས་ལ་རེས་བཤད་པ་དང་ཅབ་ཅོབ་མ་བྱེད་ཅིག་གསུངས་ནས། དེ་ནས་རིན་པོ་ཆེ་བས་ཚེ་འདིའི་སྐུ་བསོད་དང་སྙན་གྲགས་ཐམས་ཅད་ཐུགས་ཀྱི་བཏང་ནས་ཐུགས་དམ་འབའ་ཞིག་མཛད་དེ། དེ་ཡང་དམ་པ་ཉིད་ཀྱི་སྐུ་གསུང་ཐུགས་ཀྱི་རྣམ་ཐར་ནི། བཙུན་པའི་ཕྱོགས་ནས་སོ་སོར་ཐར་པའི་བསླབ་བྱ་ལ་ཉེས་བྱས་ཕྲ་ཞིང་ཕྲ་བས་མ་གོས་ཤིང་། རྒྱལ་སྲས་བྱང་ཆུབ་སེམས་ཀྱི་བསླབ་པ་ལ་གཅེས་སྤྲས་ཆེར་མཛད་དེ། ཁྱད་པར་བདག་གཞན་བརྗེ་བའི་བྱང་ཆུབ་ཀྱི་སེམས་མངའ་བའི་སྟོབས་ཀྱིས་སེམས་ཅན་སྡུག་བསྔལ་དང་ལྡན་པ་གཟིགས་པའམ། གསན་པའི་དུས་ན་རང་དབང་མེད་པར་སྤྱན་ཆབ་ཕྱུང་ཞིང་ཁམས་འདུ་བ་བྱུང་། གསང་སྔགས་ཀྱི་དམ་ཚིག་དང་སྡོམ་པ་དང་ལྡན་ཞིང་ལམ་རིམ་པ་གཉིས་ལ་ཐུགས་དམ་གྱི་གཙོ་བོར་མཛད་པས་ཉིན་ཞག་ཕྲུགས་གཅིག་གི་དུས་ཐམས་ཅད་རྣལ་འབྱོར་བཅུས་འདའ་བ་མ་གཏོགས་ཐ་མལ་པའི་རྣམ་རྟོག་གིས་ཐུགས་བཟྱི་བར་མི་ནུས་པས་མཚོན་ཉམས་རྟོགས་ཀྱི་ཡོན་ཏན་དུ་མ་དང་ལྡན་པས། སྐྱེས་བུ་དམ་པ་དེའི་སྙན་པའི་གྲགས་པས་ས་སྟེང་ཕལ་ཆེར་ཁྱབ་པའི་སྟོབས་ཀྱིས་ཡ་གི་སྟོད་གུ་གེ་མན་ཆད། མ་གི་མདོ་ཁམས་ཡན་ཆད་ཀྱི་བློ་གྲོས་དང་ལྡན་པའི་དགེ་བའི་བཤེས་གཉེན་སྡེ་སྣོད་འཛིན་པ་ཕལ་མོ་ཆེས་ཁོང་གི་ཞབས་ཀྱི་པདྨོ་ལ་གཏུགས་ནས། རང་རང་གི་རྒྱུད་ཚོད་དང་འཚམ་པའི་ཆོས་ཀྱིས་རྒྱུད་ཚིམ་པར་མཛད་དེ། གནས་སྐབས་དང་མཐར་ཐུག་གི་བདེ་བ་ལ་བཀོད།

དེ་རྣམས་ཀྱིས་ཀྱང་རིན་པོ་ཆེ་པ་རྡོ་རྗེ་འཆང་གི་ངོ་བོར་མཐོང་བ་མ་གཏོགས་པ་བདག་ཉིད་ཆེན་པོ་འདིའི་སྐུ་གསུང་ཐུགས་ཀྱི་རྣམ་པར་ཐར་པ་ལ་བློ་གཟུ་བོར་དཔྱོད་པ་རྣམས་ཀྱིས་སྐྱོན་གང་ཡང་མཐོང་མ་མྱོང་བ་ཡིན་གསུངས། དེ་ནས་སློབ་དཔོན་ཛྙཱསྨྲྀ་པ་ལ་རཀྵིཏ་སྐུ་འཁྲུངས་ནས་བླ་མ་ཆོས་ཀྱི་རྒྱལ་པོའི་གསུང་གིས་ཁོང་གི་དྲུང་དུ་བཞུགས་ལ་དབང་དང་བྱིན་རླབས་མང་དུ་མཛོད་ལ་བསྐྱོང་བར་ཞུ་ཞེས་གསུངས་པའི་གསུང་ཡིག་ལ་བརྟེན་ནས། རིན་པོ་ཆེ་བ་ཉིད་ཆོས་རྗེ་ཁྲུ་དབོན་ལ་མི་ཕྱེད་པའི་འདུན་པ་མངའ་བས་གསུང་བཞིན་བསྒྲུབས། གཞན་ཡང་གདུལ་བྱ་དུ་མ་སྨིན་གྲོལ་གྱི་ལམ་ལ་བཀོད་པར་མཛད་ན་ཡང་། གདུལ་བྱ་རྣམས་ཀྱི་བསོད་ནམས་ལས་མ་རན་པའི་སྟོབས་ཀྱིས་བསྡུང་བའི་ཚུལ་བསྟན་ནས། མཐར་དགུང་གྲངས་གོ་བརྒྱད་པ་བོད་རབ་བྱུང་ལྔ་པའི་མེ་མོ་ལུག་གི་ལོ་སྟེ་སྤྱི་ལོ་༡༣༠༧ལོར་དགོངས་པ་ཆོས་དབྱིངས་སུ་བསྡུས་པ་ཡིན་ནོ། །

༄ ཉན་ཆེན་བསོད་ནམས་བརྟན་པ།

ཁོང་ནི་བོད་རབ་བྱུང་བཞི་པའི་ཆུ་ཕོ་རྟ་ཡི་ལོ་སྟེ་སྤྱི་ལོ་༡༢༢༢ལོར་ལ་སྟོད་བྱང་གི་ས་ཆར་རིགས་རུས་ཕུན་སུམ་ཚོགས་པའི་ཁྱིམ་རྒྱུད་དུ་ངོ་མཚར་བའི་ལྟས་དུ་མ་དང་བཅས་ཏེ་སྐུ་འཁྲུངས། དགུང་ལོ་བཅུ་བཞི་མན་ཆད་རྟེན་སྐྱ་བོ་ལ་བླ་མ་ཆོས་རྗེ་ས་སྐྱ་པཎ་ཆེན་དང་མང་དུ་མཇལ། དབུ་མ་ལུགས་ཀྱི་སེམས་བསྐྱེད་ཆེན་མོ། སྣང་བ་མཐའ་ཡས་ཀྱི་འཕོ་བ། བསྙེན་གནས་ཡང་ཡང་ཐོབ་ཅིང་བླང་དོར་ལེགས་པར་མཛད། ལྷག་པར་དུ་ཐུགས་བསྐྱེད་དང་པོ་ནས་འབྱོངས་ནས་སྙིང་རྗེ་ཕན་སེམས་ཆེ། དགུང་ལོ་བཅོ་ལྔ་པར་རབ་ཏུ་བྱུང་ནས་པོ་དོང་རིན་པོ་ཆེའི་དྲུང་དུ། ཕར་ཕྱིན། རྣམ་ངེས་བསྡུས་པ་བཅས་བསླབས་ཏེ་གྲྭ་སྐོར་མཛད། དེ་ནས་མི་མེད་ལུང་སྟོང་དུ་སྒོམ་སྒྲུབ་རྩེ་གཅིག་ཏུ་བྱེད་པར་འདོད་ཀྱང་། སློབ་དཔོན་རྣམས་ཀྱིས་མ་གནང་བས་ལོ་གཅིག་གྲྭ་སར་ལུས། དགུང་ལོ་ཉེ་བརྒྱད་པར་དབེན་པའི་རི་སུལ་འགྲོ་བ་མིའི་རྒྱུ་འགྲུལ་མེད་པ་ཞིག་ཏུ་ནས་ཁལ་གཅིག་གིས་ལོ་གཅིག་ཐུབ་པར་བྱས་ཏེ། ཐུགས་དམ་གྱི་གཙོ་བོར་རྟེན་འབྲེལ་དང་། ཞི་བྱེད་སོ་ལུགས། གཅོད་སྐོར། བྱ་ཆའི་རིམ་པ་དོན་ཞགས་ལྷ་ལྔ་སོགས་ལ་ཉམས་ལེན་རྩེ་གཅིག་ཏུ་གནང་ནས་དགུང་ལོ་བཞི་བཅུ་ཡར་བཀྲལ་ཙམ་དུ་བཞུགས་ཤིང་། དུས་ཕྱིས་ལམ་འབྲས་ཀྱང་ཚོགས་སྒོམ་རིན་པོ་ཆེའི་སྙན་པ་གསན་ཏེ་སྐྱེར་ཕུང་བྱོན་ནས་བདེ་དགྱེས་ལ་སོགས་དབང་བཀའ་ལམ་འབྲས་དང་བཅས་པ།

གདམས་ངག་ཁྲིད་དབང་བཀའ་དྲིན་རླབས་ཆ་ལག་དང་བཅས་པ་ཡང་ཡང་ཞུས་ཤིང་ཐུགས་ཉམས་སུ་བཞེས་ནས། རིན་པོ་ཆེ་བས་ཐུགས་ཀྱི་སྲས་སུ་འཛིན། ཀུན་གྱིས་སྒྲུབ་ཚུགས་དང་ཉམས་ལེན་བཟང་བས་ཀུན་སྤྱོད་མི་བསྟུན་པས་ཀུན་གཞི་སྤྱོང་པོར་བྱེད། ཆོས་ཞུ་དུས་མ་གཏོགས་མི་དང་མི་འཕྲད་པར་ཐུགས་དམ་རྒྱུད་པ་བགྱིས། རིན་པོ་ཆེ་བ་སྐུ་མ་གཤེགས་པར་བཀའ་ལུང་ཞལ་ཆེར་ཕྱག་བཞེས་དང་བཅས་ཞུས་ཤིང་སྐྱེར་ཕུ་ཁོ་ནར་བཞུགས། སྐུ་གཤེགས་ནས་གདན་སའི་ཁུར་བབ་པར་མཁྱེན་ནས་སུ་ལ་ཡང་གྲོས་མེད་དུ་སྟར་གྱི་རི་ཁྲོད་དུ་བྱོན་ནས་འཁོར་མ་བསྐྱུངས། དབེན་པ་མཛད་པས་ལོ་མང་དུ་དབེན་པ་འཕེལ་བར་བྱུང་གསུངས། དུས་ཕྱིས་ཉན་པོར་གོང་མར་དཔོན་སློབ་རེས་གཉིས་རེས་གསུམ་བྱས་པ་ལོས་ཤས་མཛད་ནས། རེ་རེ་གཉིས་གཉིས་མི་བརྟེན་ཁ་མེད་བྱུང་། ཉམས་སུ་ལོངས་པ། ཕན་ཐོགས་པ་འགའ་རེ་བྱུང་བས་ཕྱིས་ཉན་པོ་གོང་མ་བཟུང་ནས་ཚོགས་པ་བརྒྱ་ལྷག་རེ་བྱུང་། སྟོན་དཔྱིད་གཞན་བྲེལ་དུས་བསྟན་པ་སྤྱིའི་རིམ་གྲོ་ལ་དམིགས་ནས་སྒྲུབ་མཆོད་དང་། སྦྱིན་སྲེག །གཏོར་མ། ཆོས་འདོན། སྨན་བླ། མདོ་སྒྲུབ་པ་ལ་སོགས་ཚོགས་པའི་ཆོས་སྤྱོད་ཅི་འགྲུབ་རེ་མཛད་ཅིང་། དེ་ལས་གཞན་དུ་མཚམས་ལས་གཡེལ་བ་བྱས་མེད་པས་ཚོགས་པའི་ཆོས་ཁྲིམས་ཤིན་ཏུ་དམ། དེའི་སྟོབས་ཀྱིས་དབུ་མཛད་དང་། བགྲེས་པོ་དང་། གང་ཟག་རྟོགས་པ་ཅན་ངོ་མཚར་བ་ཡང་མང་དུ་བཞུགས། ཐག་རིང་གི་ཆོས་ཞུ་རྣམས་ལ་ཡང་། གནས་ཚང་། གོས་སྟན། བདག་པོ་ལ་གང་ཡོད། ནས་དང་། ཚུ་རྡོར། རྫོད་འཐག་ཚུན་ཆོད་བྱས་ནས་སྐྱོད་པར་མཛད་ཅིང་། སྐུའི་སྤྱོད་པ་སོ་སོར་ཐར་པའི་བསླབ་བྱ་འདུལ་བ་ལས་ཇི་ལྟར་བཤད་པའི་བསླབ་བྱ་ཀྲུ་ཚོགས་དང་བཅས་པ་མཁྱེན་ཅིང་ཉེས་ལྟུང་ཕྲ་མོས་ཀྱང་མ་གོས་ཤིང་། ཁྱད་པར་བླ་མ་དམ་པ་ཉིད་དུས་རྒྱུན་དུ་སྟན་གཅིག་པའི་བརྟུལ་བཞུགས་ལ་གནས་ནས་ཉི་མ་སྟེ་ཕྱེད་ཡན་ལ་ཤ་ཆང་གི་རྣམ་པ་ཀུན་མི་བརྟེན། མར་ཞོ་ཇ་བཟང་པོ་བག་རེ་གསོལ་མོད། ལར་འདོད་ཡོན་གང་ལ་ཡང་ཞེན་པ་མེད་ཅིང་། སྐུ་མཚམས་མ་མཛད་པའི་དུས་ནའང་དགོངས་ཇའི་དུས་ནས་སང་གདན་མ་རན་པར་གཟིམས་ཁང་དུ་བཞུགས་ནས་འཛལ་ཁ་མེད། བྱང་ཆུབ་སེམས་དཔའི་བསླབ་པ་ལ་དབུ་མ་ལུགས་ཀྱི་སེམས་བསྐྱེད་ཆེན་མོ་ཆོས་རྗེ་ས་སྐྱ་པས་མཛད་པ་ཕྱག་ལེན་དང་བཅས་པ་ཇི་ལྟ་བ་བཞིན་ཡང་ཡང་ཞུས། ཐུགས་ཉམས་སུ་བཞེས་ཤིང་གཞན་ལའང་འབོགས་པ་ལ། ཁྱད་པར་དུ་བློ་སྦྱོང་མཐར་ཐུག་པ་བདག་གཞན་བརྗེ་བ་ལ་དང་པོ་ནས་ཞུལ་དུ་ཕྱིན་པས་སེམས་དཔའ་ཆེན་པོར་གྱུར། གསང་བ་སྔགས་ཀྱི་སྡོམ་པ་ཡང་། དམ་ཚིག་ཉི་ཤུ་ཀྲུ་ཚོགས་དང་བཅས་པ་ལ་མ་སྨོངས་ཤིང་རྡོ་རྗེ་འཆང་ཡིན་པར་མཁས་གྲུབ་ཀྱི་སྐྱེ་བོས་མངོན་དུ་གྲུབ་ཅིང་། དམ་པ་འདིའི་ནང་གི་མངོན་པར་རྟོགས་པ་

ཆ་ནི། གཞན་གྱི་སྣང་ངོར་དངོས་སུ་ཅི་ཡང་མི་མཁྱེན་པའི་ཚུལ་མཛད་མོད། སྒོམ་པས་སློབ་མའི་བློ་ལ་བོགས་འདོན་པ། གེགས་སེལ་བ། ཐུགས་མཉམ་པར་མ་བཞག་པ་ལྟ་བུ་ཤུགས་བྱུང་དུ་གསུང་དྲག་པོ་འབྱིན་པ། བཀའ་བརྒྱོན་གྱི་ཚུལ་དུ་ཐོལ་བྱུང་དུ་གསུངས་པ་ལྟ་བུ་ལ་ཡང་ཡང་བརྟགས་པས་གདུལ་བྱའི་རྒྱུད་ཚོད། མ་འོངས་པའི་དགེ་ལེགས་བསྟན་པ་ལ་ཕན་ཐོགས་འོང་མི་འོང་ཐོགས་པ་མེད་པར་མཁྱེན་པ་ངེས་པ་ཡང་ཡང་ཐོབ་ཅིང་། བྱིན་རླབས་ཀྱི་ཡུལ་ཤིན་ཏུ་ཆེ་བ། ཡེ་ཤེས་འབེབས་པ་ལ་ཡང་ཌ་དྲིལ་རི་དང་སྔགས་བཟླས་པ་ཙམ་ལ། ཐམས་ཅད་ས་འཕག་གནམ་འཕག་གི་འཕར་གཡོ་ཆེན་པོ་ཚད་མེད་པ་དང་། བྱིན་རླབས་ཀྱང་གདོན་གྱིས་ཉེན་པ་ལ་ཕྱག་རེག་པ་ཙམ་མམ། དྲི་ཆེན་དྲི་ཆུང་ཙམ་གྱིས་ཐོན་པར་འོང་བར་འདུག་གོ །དམ་པ་འདི་ཉིད་ཀྱིས་དྲུག་ཅུ་ཡན་ཆད་ལ་དབེན་པ་ཁོ་ན་མཛད་པས་འཁོར་ཆེར་མ་བརྟེན། དུས་ཕྱིས་ཐུགས་དམ་ལ་རྩལ་ནུས་ཐོན་ཅིང་། སྒོམ་ལམ་འབྲས་བུ་དང་བཅས་པའི་བརྒྱུད་ཐག་ཉེ་བ། ནུས་པ་ཐོན་པ། སློབ་མར་ཁྲིད་པའི་བོགས་འདོན་དང་། གེགས་སེལ་ལ་མཁས་པའི་སྟན་པས་སྟོད་མངའ་རིས་ནས་སྨད་འདོ་ཁམས་སྒང་གསུམ་ཡན་ཆད་པའི་དགེ་བའི་བཤེས་གཉེན་ཆེ་དགུ་ཀུན་གྱིས་ཞབས་ལ་གཏུགས་ནས་གདུལ་བྱ་མང་པོ་སྨིན་གྲོལ་གྱི་ལམ་ལ་བཀོད་དེ། མཐར་དགུང་ལོ་དགུ་བཅུ་གོ་དྲུག་པ་བོད་རབ་བྱུང་ལྔ་པའི་མེ་མོ་སྦྲུལ་གྱི་ལོ་སྤྱི་ལོ་༡༩༡༧ལོར་ངོ་མཚར་བའི་ལྟས་དུ་མ་དང་བཅས་ཏེ་བདེ་བར་གཤེགས་སོ། །

༄ ཤངས་ཀྱི་བླ་མ་ཆོས་རྗེ་རིན་ཆེན་སེང་གེ །

ཁོང་ནི་བོད་ཐང་པ་རུ་བཞི་རུ་ཡབ་དངོས་གྲུབ་དར་པོའི་ཁྱིམ་རྒྱུད་དུ་ངོ་མཚར་བའི་ལྟས་དུ་མ་དང་བཅས་ཏེ་སྐུ་འཁྲུངས། སྐུ་ན་ཆུང་ངུའི་དུས་ནས་དམ་པའི་བག་ཆགས་རང་ཆས་སུ་མངའ་ཞིང་གྲུབ་ཐོབ་རིག་པ་ཡེ་ཤེས་ལས་ཐུགས་རྗེ་ཆེན་པོའི་བཀའ་ལུང་ཞུས། འཕགས་མཆོག་སྤྱན་རས་གཟིགས་ཀྱི་ལྷགས་བསྙེན་མཛད་དེ་ལུས་སེམས་བྱིན་གྱིས་བརླབས། དགུང་ལོ་དགུ་པ་ནས་གློག་བསླབ་པས་ཚེགས་མེད་དུ་མཁྱེན་པ་བྱུང་ཡང་། ཕ་མས་རབ་ཏུ་བྱུང་བར་མ་གནང་ནས། མདོ་སྡེ་དཀོན་མཆོག་བརྩེགས་པ་ལ་སོགས་པ་སངས་རྒྱས་བྱང་སེམས་ཀྱི་མཚན་དུ་མ་གློག །དགུང་ལོ་ཉེར་གསུམ་པར་མཁས་གྲུབ་ཀུན་དགའ་སེང་གེས་མཁན་པོ་མཛད་ཅིང་། སྲིག་ཤིང་མཁན་པོས་སློབ་དཔོན་མཛད་དེ་དད་པའི་དགེ་འདུན་གྲངས་ཚང་གི་དབུས་སུ་དགེ་ཚུལ་གྱི་སྡོམ་པ་ཡང་དག་པར་བཞེས། སློབ་

དཔོན་འདུལ་བ་འཛིན་པ་བདུད་རྩི་དཔལ་བཟང་པོ་ལས་རབ་ཏུ་བྱུང་བའི་ཆོས་སྐྱོད་དང་། ཀཱ་རི་ཀ་ལྔ་བཅུ་པ། སུམ་བརྒྱ་པ། འོད་ལྡན་ལ་སོགས་པ་ལ་མཁས་པར་སྦྱངས་ནས། དགུང་ལོ་ཉེར་བཞི་པར་མཁན་པོ་ལྷུན་གྲུབ་དཔལ་བཟང་པོས་མཁན་པོ་དང་། དར་མ་དཔལ་བཟང་པོ་པས་ལས་ཀྱི་སློབ་དཔོན་དང་། མཁས་བཙུན་སློབ་དཔོན་ཡོན་ཏན་འབུམ་པས་གསང་སྟེ་སྟོན་པ་དང་། རྫུ་མཚམས་ཀྱི་ཚོགས་པའི་དགེ་འདུན་དང་། གཞི་པའི་དགེ་བའི་བཤེས་གཉེན་དང་བཅས་པ་དྲུག་ཅུ་ལྷག་གི་དད་པའི་དགེ་འདུན་གྱི་དྲུང་ནས་བསྙེན་པར་རྫོགས་པའི་དགེ་སློང་གི་སྡོམ་པ་ཡང་དག་པར་བཞེས་ཤིང་། སོ་སོར་ཐར་པ་འགྲེལ་བ་དང་བཅས་པ། མདོ་རྩ་འགྲེལ་བསླབ་བྱ་ཕལ་ཆེར་སྔར་གྱི་སློབ་དཔོན་དེ་ཉིད་ལས་ལོ་གསུམ་ལྷག་གི་བར་དུ་བསླབས་ཤིང་། གཞན་ཡང་སློབ་དཔོན་ཀུན་དགའ་ཤེས་རབ། སློབ་དཔོན་བཀྲ་ཤིས་བཟང་པོ། མཁན་པོ་སྲིག་ཤིང་བ་དང་། སློབ་དཔོན་བཙོམ་ལྡན་པ། སློབ་དཔོན་བསོད་ནམས་རིན་ཆེན། ས་སྐྱའི་སློབ་དཔོན་ཟླ་འོད་དང་། སློབ་དཔོན་དཔལ་ཡས་སོགས་མཁས་ཤིང་གྲུབ་པ་བརྙེས་པའི་དགེ་བའི་བཤེས་གཉེན་བཅུ་ཕྲག་དུ་མའི་ཞབས་རྡུལ་སྤྱི་བོར་བླངས་ནས། དབུ་མ། ཕར་ཕྱིན། འདུལ་བ། མངོན་པ། ཚད་མ་ལ་སོགས་པ་ལ་ཐོས་བསམ་གྱིས་སྒྲོ་འདོགས་བཅད་དེ། མདོར་ན་དགུང་གྲངས་ཉི་ཤུ་རྩ་གསུམ་པ་ནས་བཞི་བཅུའི་བར་དུ་དགེ་བའི་བཤེས་གཉེན་གྱི་ཅི་གསུང་བཀའ་བསྒྲུབས་ནས་སློབ་གཉེར་མཐར་ཕྱིན་བྱས། དེ་ནས་གསང་སྔགས་རྡོ་རྗེ་ཐེག་པའི་དོན་ལ་གཞོལ་བར་དགོངས་ནས། སྣར་ཐང་དང་། དཔལ་ལྡན་ས་སྐྱ་སོགས་སུ་བྱོན་ནས་སྔ་གཞུག་རྣམས་སུ་བླ་མ་མལ་ལོ་ཙཱ་བ་ལས། དཔལ་དུས་ཀྱི་འཁོར་ལོའི་འགྲེལ་བ་སྐོར་གསུམ་ཆ་ལག་དང་བཅས་པ། རྡོ་རྗེ་ཕྲེང་བ། སྦྱོར་དྲུག་རིགས་ཀྱི་འཇིག་རྟེན་མགོན་པོའི་རྫོགས་པ་ལྔ་བཅུ་པ་བྱིན་རླབས་དང་བཅས་སྔགས་སྐོར་དུ་མ་གསན་ཏེ། གྲུང་ཐང་ཆོས་བཅུ་ནས་གྲྭ་སྐོར་དང་། །གསང་ཕུའི་གྲྭ་སྐོར་མཛད་ཅིང་། བར་སྐབས་རྣམས་སུ་འཇམ་དབྱངས་རྫོགས་པ་ལ་ཞི་བྱེད་སོ་ལུགས་མའི་གཅོད་སྐོར་དང་། ཕྲག་ཏུ་བླ་མ་མཁན་ཤག་པ་ལས་དོ་པའི་གཅོད་སྐོར་གསུམ་ལ་སོགས་པ་ཆོས་ཕལ་ཆེར་དང་། རྡོ་ལ་སོགས་པའི་དཀའ་ཐུབ་ཀྱི་རིགས་རྣམས་ཞུས་ཤིང་། དེ་ལས་ལྷག་པར་དུ་གྱེ་རེར་བླ་མ་སྣང་སྟོན་པ་ལས་ལམ་འབྲས་དང་། ནག་འཇིགས་ལ་སོགས་པའི་ཟབ་ཆོས་སྐོར་དུ་མ་གསན། ལ་སྟོད་བྱང་དུ་སློབ་དཔོན་རིན་ཆེན་འོད་ཟེར་ལས་ཞི་བྱེད་སྐམ་ལུགས་ཆ་ལག་དང་བཅས་པ་དང་། སྣར་ཐང་དུ་སློབ་དཔོན་བྱང་སེང་བ་བསོད་ནམས་འཕེལ་བ་ལས་དོན་ཞགས་སྐོར་གྱིས་མཚོན་རྒྱུད་སྡེ་ཆེན་པོའི་དབང་ལུང་ཁྲིད་མན་ངག་དང་བཅས་པ་ལེགས་པར་གསན་ཏེ། རྩེ་པོ་རི་གདོང་ལ་རི་མོ་བྲིས་རྫོགས་པ་སྨྲ་རེ་མ་སྐྱེས་བར་དུ་འདི་མན་ཆད་མི་འདའ་བའི་དམ་

བཅའ་མཛད་དེ། སློབ་པ་ཉམས་ལེན་ལ་རྩེ་གཅིག་ཏུ་གཞོལ་བར་མཛད་ནས་གྲུབ་པའི་རྟགས་མཚན་དུ་མངོན་དུ་གྱུར། དཔལ་ལྡན་ས་སྐྱར་ལོ་དགུར་གདན་ས་བཟུང་སྟེ། རིགས་གྲྭའི་གཙོས་བྱས་ཚད་མ་རྣམ་འགྲེལ། རིགས་གཏེར་ལོ་རེ་ཚཱཿབརྒྱུད་བརྒྱུད་བཤད་ཅིང་། གཞན་ཡང་ཕར་ཕྱིན། འདུལ་བ། སྤྱོད་འཇུག་ལ་སོགས་པ་ལ་འཆད་ཉན་གནང་སྟེ་མཛད་ཕྲིན་ཡར་ངོའི་ཟླ་ལྟར་སྤེལ་ནས་འདུ་ཚོགས་རྒྱ་མཚོ་ལྟར་འཕེལ་བར་གྱུར། དེ་ནས་དབེན་པའི་རི་སུལ་ངེས་མེད་རྣམས་སུ་བྱོན་ནས། སྦྱོར་དྲུག་དང་། ལམ་འབྲས་སོགས་ཀྱི་ཉམས་ལེན་ལ་གཞོལ་ཞིང་། བར་སྐབས་རྣམས་སུ་དབུས་གཙང་ཁམས་གསུམ་གྱི་དགེ་བའི་བཤེས་གཉེན་དང་། སྒོམ་བརྩོན་སྡེ་སྣོད་འཛིན་པ་མང་པོ་ལ་དབང་དང་བྱིན་རླབས་ཁྲིད་བཀའ་ལུང་སོགས་ཀྱིས་སྨིན་གྲོལ་གྱི་ལམ་ལ་བཀོད་དེ། བཤད་སྒྲུབ་འཁོར་ལོ་གཉིས་ལྡན་གྱི་སྒོ་ནས་རྒྱལ་བའི་བསྟན་པ་རིན་པོ་ཆེ་དར་ཞིང་རྒྱས་པར་མཛད་དེ། རེ་ཞིག་ཞིང་འདིའི་གདུལ་བྱ་དེ་ཙམ་དུ་གཟིགས་ནས་དགོངས་པ་ཆོས་དབྱིངས་སུ་བསྡུ་བའི་ཚུལ་བསྟན་པ་ཡིན་ནོ། །

༈ ཞང་དཀོན་མཆོག་དཔལ།

ཁོང་ནི་བོད་རབ་བྱུང་བཞི་པའི་ལྕགས་ཕོ་ཁྲི་ཡི་ལོ་སྟེ་སྤྱི་ལོ་༡༢༥༠ལོར་ར་ས་འཚལ་ཁུང་ཞེས་བྱ་བའི་ཡུལ་གྱི་དགེ་བཅུ་ཚང་བའི་གནས་སུ་རིགས་རུས་ཕུན་སུམ་ཚོགས་པས་མངོན་པར་མཐོ་བ་ཆེན་པོ་ཞང་གི་རུས་སུ་ངོ་མཚར་བའི་དགེ་མཚན་དུ་མ་དང་བཅས་ཏེ་སྐུ་འཁྲུངས། སྐུ་ན་ཆུང་ངུའི་དུས་ནས་གཞུང་ལུགས་དུ་མ་ལ་ཐོས་བསམ་མཛད་ཅིང་། དེ་ནས་དཔལ་ལྡན་ས་སྐྱ་པའི་ཆོས་རྒྱུད་དྲི་མ་མེད་པ་ལ་སྔོན་གྱི་བག་ཆགས་སད་པས་མི་ཕྱེད་པའི་དད་པ་ཆེན་པོས་གསུང་ངག་རིན་པོ་ཆེ་ཞུ་བར་དགོངས་པ་ལ། དེ་ཙམ་ན་འགྲོ་མགོན་ཆོས་ཀྱི་རྒྱལ་པོ་འཕགས་པ་ཉིད་བསྟན་པ་སྤྱི་དང་། བྱེ་བྲག་དཔལ་ལྡན་ས་སྐྱ་བའི་ཆོས་རྒྱུད་ཀྱི་བདག་པོར་བཞུགས་ན་ཡང་བོད་དུ་མི་བཞུགས་ཏེ་རྒྱ་ཡུལ་དུ་བྱོན་ནས་བོད་དུ་འབྱོན་གྱིན་ཡོད་ཟེར་བ་གསན་པས་ས་དང་པོ་ལྷ་བུའི་སྤྲོ་བ་སྐྱེས་ཏེ་གྲོགས་དགེ་སློང་ཀུན་བློ་ཟེར་བ་ཅིག་དང་། གཉིས་པོ་གསུང་ངག་རིན་པོ་ཆེ་ཞུ་བ་ལ་མདོ་ཁམས་རྒྱ་མ་མདོའི་བར་དུ་ཞབས་ཐང་དུ་བྱོན་ཏེ། བླ་མ་དང་མཇལ་བས། ཁྱེད་གཉིས་གང་ནས་འོངས། ཅི་ལ་འོངས་བྱས་པ་ལ་སོགས་པའི་དྲི་བ་མཛད་པས། བདག་ཅག་ས་སྐྱ་པའི་ཆོས་རྒྱུད་དྲི་མ་མེད་པ་ལ་མོས་ཤིང་། ལྷག་པར་དུ་གསུང་ངག་རིན་པོ་ཆེ་ཞུ་བ་ལ་ས་སྐྱ་ནས་དྲུང་གི་སྤྱན་སྔར་འོངས་བ་ལགས་ཐུགས་རྗེས་འཛིན་པར་ཞུ་ཞེས་པས། བླ་མ་འཕགས་པས་དུས་ད་ལྟ་ངའི་གམ་དུ་རྒྱ་བོད་ཏོར

གསུམ་གྱི་མི་ཆེ་འབྲིང་ཆུང་གསུམ་མང་པོ་འོང་གིན་འདུག་སྟེ། ཆོས་ཁོ་ན་དོན་དུ་གཉེར་བ་ལ་ས་ཐག་རིང་ནས་འོངས་པ་ཁྱེད་གཉིས་ཙམ་ལས་མ་བྱུང་། དེ་བཞིན་བྱ་དགོས་གསུངས་ནས་ཤིན་ཏུ་མཉེས། དེ་ནས་བཟུང་སྟེ་སྐུ་མ་གཤེགས་བར་དུ་ལུས་དང་གྲིབ་མ་བཞིན་བསྟེན་པས་ཐུན་མོང་མ་ཡིན་པའི་ཐུགས་ཀྱི་སྲས་ཀྱི་ནང་ནས་མཆོག་ཏུ་གྱུར་པ་བླ་མ་ཞང་དཀོན་མཆོག་དཔལ་བ་འདི་ཉིད་ཡིན་ཏེ། དམ་པ་འདི་ཉིད་ཤར་ནུབ་ལ་སོགས་པའི་ཆོས་སྡེའི་ཆགས་སྡང་གིས་དམ་སེལ་དང་ཁེངས་དྲེགས་ལ་སོགས་པ་འཇིག་རྟེན་ཆོས་བརྒྱད་ཀྱི་རྣམ་གཞག་ཕྱུངས་པ་ཞིག་སྟེ། བླ་མའི་ཐུགས་ཀྱི་སྲས་གཅིག་པུར་གྱུར་ཀྱང་ཀུ་སུ་ལུ་ཕལ་བའི་རྣམ་པ། ན་བཟའ་ཚུན་ཆད་ཀྱང་ངན་པ་ལས་མི་གསོལ་བས། འཕགས་པའི་གསུང་གིས་ཞང་དཀོན་མཆོག་དཔལ་འདི་ཡང་གོ་ལག་རེ་ཡང་ཐད་ཀ་གོན་པས་ཆོག་པ་ལ། མི་ཁྲུ་རུ་མི་ཆུད་པ་རེ་བྱེད་ཀྱིན་འདུག་གསུངས་ཏེ། ཆོས་བརྒྱད་ཀྱི་བྱ་བ་སྤངས་བས་རྣམ་པར་ཐར་བ་ཤིན་ཏུ་གཙང་ཞིང་ཆོས་ལ་བསྲེ་བསླད་དང་། རང་བཟོ་མེད་པ་བླ་མ་བརྒྱུད་པ་ནས་བརྒྱུད་པའི་དྲུང་དུ་རིམ་པར་དཀའ་བ་སྤྱད་ཅིང་ཕ་དང་བུའི་ཚུལ་དུ་ཐུགས་ཀྱི་སྲས་སུ་གྱུར་པས་བྱིན་རླབས་ཀྱི་དྲོད་མ་ཡལ་བ། བླ་མའི་གསུང་དང་ལག་ལེན་ཁོ་ན་བཞིན་བྱེད་པས་ཆོས་ལུགས་འཛིན་པ་ཀུན་གྱི་ནང་ནས་ཞང་པ་ཁོ་ན་མཆོག་གཅིག་པུ་ཡིན་གསུང་། དེ་ཡང་བླ་མ་དང་མཇལ་མ་ཁད་ནས་ལས་ཀྱི་སློབ་མར་གཟིགས་ནས་གཞུང་ཁྲིད་ཀྱི་སྟོན་འགྲོ་བཙུགས་ཏེ། མདོ་ཁམས་ནས་ས་སྐྱའི་བར་ལོ་གསུམ་འགོར། དེའི་བར་དུ་ཁྲིད་རྣམས་རྫོགས་པར་མཛད། དེ་ནས་རིམ་བཞིན་གཞུང་བཤད་དང་། མན་ངག་ཐུན་ཚོགས་རྣམས་རྫོགས་པར་གནང་ཞིང་། གཞན་ཡང་བདེ་མཆོག་ལོ་ནག་དྲིལ་གསུམ། དུས་ཀྱི་འཁོར་ལོ། གསང་བ་འདུས་པ་འཕགས་ལུགས་ཞབས་ལུགས། སྒྲོལ་མ་ཕྱི་ནང་། གཤིན་རྗེའི་གཤེད་ཀྱི་སྐོར་སོགས་དང་། ས་སྐྱ་བའི་ཕག་མོའི་སྐོར་གསུམ། ལྷུགས་རི་ལས་མི་འདའ་བའི་ཟབ་ཆོས་བཞི་ལ་སོགས་པ་དབང་བྱིན་རླབས། རྒྱུད་མན་ངག་ལ་སོགས་པ་ཆོས་ཀྱི་རྒྱལ་པོ་ཉིད་ལ་མངའ་བ་ཕལ་ཆེར་གསན་ཅིང་བསྐྱེད་རྫོགས་ལག་ལེན་མཐོང་བ་བརྒྱུད་པ་མ་ཉམས་པ་ཇི་ལྟ་བ་བཞིན་ཐུགས་སུ་ཆུད་པར་མཛད་དེ། ཉིན་མཚན་ཁོར་ཡུག་ཏུ་ཆོས་སྤྱོད། ཐུགས་དམ། གཞན་དོན་གྱིས་དུས་འདའ་བས་གོ་ཆ་དང་སྦྱོར་བའི་བརྩོན་འགྲུས་ཕུལ་དུ་ཕྱིན་པ་མངའ་སྟེ། ཉིན་པར་ཕལ་ཆེར་བསྐྱེད་རྫོགས་ཁོ་ན་ལྷུར་ལེན་ཅིང་། མཚན་མོའི་ཆ་ལ་ཕལ་ཆེར་གཉིད་ལ་སོགས་པ་དོན་མེད་ཀྱི་དུས་འདའ་བ་ལས་མི་འདུག་པ་ལ་དགོངས་ནས། ཆོས་གསུང་པ་དང་། མགྲོན་སྐྱོང་བ་ལ་སོགས་པ་གཞན་དོན་རྣམས་ཀྱིས་མཚན་མོའི་དུས་འདའ་བར་མཛད་ཅིང་། བསྐྱེད་རྫོགས་ཀྱི་ཏིང་ངེ་འཛིན་ལ་བརྟན་པ་ཐོབ། བསམས་ན་ཤེས་པའི་མངོན་པར་

ཤེས་པ་མངའ་བས་མ་འོངས་ལུང་བསྟན་པ་ལ་སོགས་པ་དུ་མ་ལ་མངའ་དབང་འབྱོར། དབུས་ཀྱི་དགའ་ལྡན་དུ་ཡུན་རིང་བཞུགས་ཤིང་འགྲོ་དོན་ཡང་ཆེན་པོ་བྱུང་སྟེ་གདུལ་བྱ་དཔག་ཏུ་མེད་པ་སྨིན་གྲོལ་གྱི་ལམ་ལ་བཀོད། ལྷག་པར་དུ་ཆོས་རྗེ་བྲག་ཕུག་པ་ཉིད་གདུལ་བྱ་མཆོག་ཏུ་གྱུར་པའི་ལས་ཅན་དུ་གཟིགས་ནས། བླ་མ་ལ་གང་མངའ་བའི་གསུང་ངག་གིས་ཐོག་དྲངས་བས་བཀའ་ལུང་མན་ངག་ཐམས་ཅད་བུམ་པ་གང་བྱོའི་ཚུལ་དུ་གནང་སྟེ། བཀའ་ཐོབ་ཙམ་དང་ཆོས་ཐོབ་ཙམ་མ་ཡིན་པའི་བྱིན་རླབས་ཀྱི་ཉམས་བརྒྱུད། མཐོང་བ་བརྒྱུད་པའི་ཕྱག་ལེན་པར་བཏབ་པ་ལྟར་མཐར་ཕྱིན་པར་སྨིན་པར་མཛད་དོ། །དེ་ལས་དུས་ཕྱིས་བླ་མ་དགའ་ལྡན་པ་ཀུན་བསོད་ལ་སོགས་པ་དང་། དབུས་གཙང་གི་དགེ་བའི་བཤེས་གཉེན་བུ་ཆེན་དུ་མ་བྱུང་ཞིང་འགྲོ་དོན་རྒྱ་ཆེར་མཛད་དེ། བླ་མ་ཞང་དེ་འཕགས་པ་རིན་པོ་ཆེའི་བུ་ཆེན་གཞན་ལས་ཁྱད་དུ་འཕགས་པ་ཡིན་པས། བླ་མ་བདག་ཉིད་ཆེན་པོ་དབུས་ནས་ས་སྐྱར་གདན་དྲངས་ཏེ། ཆོས་གདམས་ངག་ལ་སོགས་པ་ཞུ་བར་བཞེད་པས་ས་སྐྱར་བཞུགས་ཤིང་། འཆད་ཉན་སྒོམ་སྒྲུབ་འབའ་ཞིག་མཛད་དེ་རྒྱལ་བའི་བསྟན་པ་རིན་པོ་ཆེ་འདི་ཉིད་སྒོ་ཀུན་ནས་དར་ཞིང་རྒྱས་པར་གནང་ནས། མཐར་དགུང་གྲངས་དྲུག་ཅུ་རེ་བརྒྱད་པ་བོད་རབ་བྱུང་ལྔ་པ་མེ་མོ་སྦྲུལ་གྱི་ལོ་སྟེ་སྤྱི་ལོ་༡༣༡༧ལོར་གདུལ་བྱ་རྟག་འཛིན་ཅན་རྣམས་ལ་དགོངས་ཏེ་བདེ་བར་གཤེགས་པའི་ཚུལ་བསྟན། གདུང་ཞུགས་ལ་བཞུ་བའི་ཚེ། གདུང་ལ་འཇམ་དཔལ་ཨ་ར་པ་ཙ་ན་དང་། སྤྱན་རས་གཟིགས། སྒྲོལ་མ་རྣམས་ཀྱི་སྐུ་གཟུགས་མཐེ་བོང་གི་ཚད་ཙམ་དོད་ཅིང་གསལ་བ་གསུམ་བྱོན་པས། སྐྱེ་བོ་རྣམས་ངོ་མཚར་ཞིང་གདུལ་བྱ་རྣམས་མི་ཕྱེད་པའི་དད་པ་ལ་བཀོད་པ་ཡིན་ནོ། །

༄ བྲག་ཕུག་པ་བསོད་ནམས་དཔལ་བ།

ཁོང་ནི་བོད་རབ་བྱུང་ལྔ་པའི་མེ་མོ་གླང་གི་ལོ་སྟེ་སྤྱི་ལོ་༡༢༧༧ལོར་ངོ་མཚར་བའི་ལྟས་དུ་མ་དང་བཅས་ཏེ་སྐུ་འཁྲུངས། དེ་ཡང་སྐུ་ན་གཞོན་ནུའི་དུས་ཉིད་ནས་འགྲོ་བའི་མགོན་པོ་ཆོས་རྒྱལ་འཕགས་པའི་ཐུགས་ཀྱི་སྲས་མཆོག་རིམ་པ་གཉིས་ལ་བརྟན་པ་ཐོབ་ཅིང་བསམས་ན་ཤེས་པའི་མངོན་པར་ཤེས་པ་ལ་སོགས་པ་ཡོན་ཏན་བསམ་གྱིས་མི་ཁྱབ་པ་ལ་མངའ་དབང་འབྱོར་བའི་བླ་མ་དམ་པ་ཞང་དཀོན་མཆོག་དཔལ་ལས་རབ་ཏུ་བྱུང་ཞིང་། མཉེས་པ་གསུམ་གྱི་སྒོ་ནས་ཡུན་རིང་བསྟེན་ཏེ། བཅོམ་ལྡན་འདས་དཔལ་ཀྱི་རྡོ་རྗེ་བདག་མེད་མ། འཁོར་ལོ་བདེ་མཆོག །རྡོ་རྗེ་འཇིགས་བྱེད། གཤེད་དམར། གསང་འདུས། སྒྲོལ་མ།

མ་ཏྲ་མ་ཡ། རྡོ་རྗེ་རྣལ་འབྱོར་མ། ཀུན་རིག་རྩ་བའི་དཀྱིལ་འཁོར། གཙུག་ཏོར་རྣམ་རྒྱལ། རྡོ་རྗེ་ནག་པོ་ཆེན་པོ་ལ་སོགས་པ་དཔལ་ལྡན་ས་སྐྱའི་ཆོས་རྒྱུད་དྲི་མ་མེད་པ་རྣམས་ཀྱི་དབང་། བྱིན་རླབས། རྗེས་གནང་། གསུང་ངག་རིན་པོ་ཆེ་ལམ་སྐོར་དང་བཅས་པ་ལ་སོགས་པའི་གདམས་ངག །རྒྱུད་འགྲེལ། ཕྱག་ལེན་མཐའ་དག་བུམ་པ་གང་བྱོའི་ཚུལ་དུ་ཐུགས་སུ་ཆུད་ཅིང་བྱིན་གྱིས་བརླབས་ནས། བདེ་གསལ་མི་རྟོག་པའི་ཏིང་ངེ་འཛིན་དང་མཐོང་སྣང་ཁྱད་པར་ཅན་ལ་སོགས་པ་ཡང་མང་དུ་གཟིགས་ཤིང་། དེ་ནས་ཡོངས་འཛིན་རིན་པོ་ཆེ་མཁན་ཆེན་གྲགས་གཞོན་པ་ལས་བསྙེན་པར་རྫོགས་ཤིང་དེ་ཉིད་ལས་འདུལ་བའི་ཆོས་ཀྱང་མང་དུ་གསན། གཞན་ཡང་བླ་མ་ལོ་ཙཱ་བ་མཆོག་ལྡན། དགའ་ལྡན་པ་ཀུན་བསོད། ས་མཆེར་བ་མཁས་བཙུན་གཞོན་ནུ་གྲུབ། སྲུ་ལུང་བ་ཀུན་སྨོན་ལ་སོགས་པའི་དགེ་བའི་བཤེས་གཉེན་མཁས་གྲུབ་དམ་པ་རྣམས་ལས་མདོ་སྡེ་དང་རྒྱུད་སྡེ་དྲི་མ་མེད་པ་རྣམས་དང་། དེ་དག་གི་དགོངས་པ་འགྲེལ་བའི་བསྟན་བཅོས་ཆེན་པོ་རྣམས་ཀྱི་ལུང་དང་བཤད་པའི་བཀའ་རྡོ་རྗེ་ཐེག་པའི་དབང་། བྱིན་རླབས། རིག་གཏད་ལ་སོགས་པ་མདོ་སྔགས་ཀྱི་ཆོས་བོད་དུ་འགྱུར་བ་ཕལ་ཆེ་བ་གསན་ཅིང་། ཁྱད་པར་དུ་བླ་མ་དགའ་ལྡན་པ་བཀྲ་ཤིས་དཔལ་ལས་ཀྱེ་རྡོ་རྗེའི་རྒྱུད་གསུམ་འགྲེལ་བ་དང་བཅས་པ་གསན་ཅིང་ཐུགས་སུ་ཆུད་པར་མཛད་དོ། །གདན་ས་ཆེན་པོ་དཔལ་ལྡན་ས་སྐྱར་འཆད་ཉན་གྱི་སྒོ་ནས་ཀྱང་བསྟན་པ་དང་སེམས་ཅན་ལ་ཕན་པ་རྒྱ་ཆེན་པོ་མཛད་ཅིང་། མངོན་པར་ཤེས་པ་དང་། རྫུ་འཕྲུལ་དང་ཏིང་ངེ་འཛིན་དུ་མ་ལ་མངའ་བརྙེས་པའི་ཆོས་རྗེ་ཉན་ཆེན་པ་ལས། བཅོམ་ལྡན་འདས་བདེ་མཆོག །ཀྱེ་རྡོ་རྗེ། རྡོ་རྗེ་རྣལ་འབྱོར་མའི་དབང་དང་བྱིན་རླབས། གསུང་ངག་རིན་པོ་ཆེ་ལམ་སྐོར་དང་བཅས་པ་དང་། ཐུན་མོང་མ་ཡིན་པའི་བླ་མའི་རྣལ་འབྱོར། རྟེན་འབྲེལ་སྙིང་པོ། ཞི་བྱེད་དོན་རྒྱུད་ལ་སོགས་པའི་མན་ངག་མང་པོ་ཞུས། ཏིང་ངེ་འཛིན་བསམ་གྱིས་མི་ཁྱབ་པ་ཡང་འཁྲུངས་ཤིང་སྒྲུབ་པ་སྙིང་པོར་མཛད་པར་བཞེད། དགུང་ལོ་སོ་བརྒྱད་པར་སྔོན་བླ་མས་ལུང་བསྟན་པ་ལྟར་སྒྲུབ་པའི་གནས་མཆོག་ན་བཟའ་བྲག་ཕུག་ཏུ་ཕྱི་ནང་གི་འདུ་འཛི་དང་། རྣམ་གཡེང་མཐའ་དག་སྤངས་ནས་སྐུ་ཚེ་དང་སྒྲུབ་པ་མཉམ་པའི་དམ་བཅའ་བརྟན་པོ་མཛད་པ་ན། ཐུགས་དམ་གྱི་རིམ་པ་ནི་ལྟ་བ་འཁོར་འདས་དབྱེར་མེད་ཀྱི་ངང་ནས་ཐུགས་དམ་གྱི་ལྷ་མང་པོའི་སྒོམ་བཟླས་ཆག་མེད། རྩ་རླུང་ཐིག་ལེ་རྣལ་འབྱོར། རྡོ་རྗེ་ལུས་ཀྱི་འཁྲུལ་འཁོར་དབང་བཞིའི་ལམ་ཅིག་ཅར་དུ་ཉམས་སུ་བླང་བའི་མན་ངག་ཐུན་མོང་མ་ཡིན་པ་རྣམས་ལ་ཉིན་མཚན་འཁོར་ཡུག་ཏུ་གཡེལ་བ་སྐད་ཅིག་ཀྱང་མི་མངའ་ཞིང་ཟབ་པ་དང་རྒྱ་ཆེ་བའི་ཆོས་ཀྱི་འཁོར་ལོ་གང་ལ་གང་འདུལ་གྱིས་གདུལ་བྱ་རྣམས་ལ་དངོས་དང་བརྒྱུད་པས་སྨིན་གྲོལ་ལ་འགོད་པར་མཛད

པ་དང་། སྟོན་དཔྱིད་ཐུན་མཚམས་རྣམས་སུ་བདེ་དགྱེས། རྗེ་བཙུན་མ་སྒྲོལ་མ། རྡོ་རྗེ་རྣལ་འབྱོར་མ། རྡོ་རྗེ་འཇིགས་བྱེད་ལ་སོགས་པའི་དཀྱིལ་འཁོར་སྒྲུབ་མཆོད་བརྒྱ་ཚར་མང་པོ་དང་། ཕྱག་ཏུ་འབུལ་བ་བྱུང་ཚད་ཀྱིས་གསུང་རབ་ལ་བརྒྱ་ཚར་རེ་མཛད། མཚན་བརྗོད། ཚེ་དཔག་མེད། གཙུག་ཏོར་རྣམས་འབུམ་ཐེར་མང་པོ་དང་། སྒྲོལ་མ་འབུམ་ཐེར་སོ་ལྔ་དང་རྒྱུད་གསུམ། ཡུམ་རྒྱས་འབྲིང་བསྡུས་གསུམ་དང་། དཀོན་མཆོག་བརྩེགས་པ་བརྒྱ་ཚར་མང་པོ། གཞན་ཡང་ལོ་རེ་ལ་རྒྱུད་གསུམ་དང་། མདོ་སྡེ་ལ་སོགས་པ་རྒྱལ་བའི་བཀའ་རབ་འབྱམས་ཀྱི་གསུང་སྒྲོགས་དང་། བླ་མ་གོང་མའི་ཟླ་མཆོད་དུས་མཆོད། དཀོན་མཆོག་གི་མཆོད་པ་རྒྱ་ཆེན་པོ་རྣམས་ལ་ཤིན་ཏུ་བརྩོན་པར་མཛད་ཅིང་། གཞན་དད་པ་ཅན་གྱིས་ཕུལ་བའི་ཡོ་བྱད་རྣམས་ཀྱང་མི་འཛིན་པར་ལྷ་སའི་ཇོ་བོའི་དྲུང་དུ་སྟོང་ཕྱིར་གསེར་ཞོ་བརྒྱ་འབུལ་གསུམ་དང་། བོ་དོང་ཇོ་བོའི་དྲུང་དུ་བརྒྱ་འབུལ་གཅིག །གཞན་རྟེན་ཁྱད་པར་ཅན་དུ་གྲགས་པ་དུ་མ་དང་། བླ་མ་གོང་མའི་རྟེན་གསུམ་རྣམས་ཀྱི་དྲུང་དུ་མར་མེ། ན་བཟའ། བླ་རེ་ལ་སོགས་པའི་མཆོད་པ། བདེ་བར་གཤེགས་པའི་སྐུ་གསུང་ཐུགས་ཀྱི་རྟེན་བཞེངས་པ། གདན་ས་ཆེན་པོ་དཔལ་ལྡན་ས་སྐྱས་གཙོ་བྱས་པའི་ཆོས་སྡེ་རྣམས་སུ་ཡང་། དགེ་འདུན་གྱི་བསྙེན་བཀུར་དང་། འབུལ་བ་ཆེན་པོ་རྣམས་བསྒྲུབ་པ་དང་། དབུལ་ཞིང་ཕོངས་པའི་སེམས་ཅན་རྣམས་ཀྱི་ཡང་རེ་བ་ཡིད་བཞིན་དུ་བསྐང་ཞིང་། མདོར་ན་ཕ་རོལ་ཏུ་ཕྱིན་པ་དྲུག་དང་། བསྡུ་བའི་དངོས་པོ་བཞིས་འགྲོ་བ་དཔག་ཏུ་མེད་པ་ཕན་བདེ་མཆོག་ལ་འགོད་པར་མཛད་དོ། །དགུང་ལོ་བཞི་བཅུ་ཞེ་གསུམ་པར་ཟབ་མོའི་ལམ་ལ་རྩེ་གཅིག་ཏུ་བརྩོན་པས་ས་རླུང་སྦྱོར་འཕེལ་བའི་ཉམས་སྐྱུ་ལུས་ལྕི་བ་ལ་སོགས་པ་ཐུང་ཟད་དུབ་པའི་ཚེ། རྗེ་བཙུན་རྣལ་འབྱོར་གྱི་དབང་ཕྱུག་ས་སྐྱ་པ་ཆེན་པོ་བྱོན་ནས། ལམ་དུས་དམ་ཚིག་དང་སྡོམ་པ་ལ་ནན་ཏན་དུ་གྱིས་འབད་རྩོལ་དང་དཀའ་སྤྱད་མི་དགོས་པར་འཆི་བའི་དུས་སུ་རྟགས་དང་བཅས་ཏེ་གྲུབ་མཐའ་སླེབས་པར་འགྱུར་ཞེས་ལུང་བསྟན་པ་ཡང་མཛད། དེ་ནས་དུས་ཐམས་ཅད་དུ་སྲིད་ཞི་མཉམ་ཉིད་ཀྱི་སྒོ་ནས་གཞན་གྱི་བདེ་སྡུག་དངོས་སུ་བརྗེ་ནུས་པ་ལ་སོགས་པའི་ཐུགས་རྗེ་ཚད་མེད་པ་དང་། བྱང་ཆུབ་ཀྱི་སེམས་ཀྱིས་སེམས་ཅན་ཐམས་ཅད་ལ་བུ་གཅིག་པ་ལྟར་གཟིགས་ཤིང་། རིམ་པ་གཉིས་ཀྱི་ཏིང་ངེ་འཛིན་ལས་མི་འདའ་བས། ཁམས་འདུས་པ་གསུམ་གྱི་ཉམས་རྟོགས་ཐམས་ཅད་མཐར་ཕྱིན་ནས། རྣམ་པར་གྲོལ་བར་ཡེ་ཤེས་ཀྱི་སྣང་བ་ཆེར་རྒྱས་ཏེ། རྗེ་བཙུན་འཇམ་པའི་དབྱངས་ཀྱི་རྣམ་པར་འཕྲུལ་པ་སྐྱེས་ཆེན་རྣམས་ཀྱིས་གཙོ་མཛད་གངས་རིའི་ཁྲོད་ཀྱི་ཡོངས་འཛིན་དམ་པ་མང་པོའི་གཙུག་གི་ནོར་བུར་གྱུར་ཅིང་ལྷ་དང་བཅས་པའི་འཇིག་རྟེན་གྱི་འདྲེན་པ་དམ་པ་མཛད་དོ། །རྡོ་རྗེ་ནག་པོ་པ་ཆེན་པོ་འཁོར་དང་བཅས་པ

ཡང་བཀའ་བསྒོ་ཁྱད་པར་ཅན་དང་། དགུ་གཏོར་ལ་སོགས་པའི་དུས་སུ་ཡང་མངོན་སུམ་དུ་ཕྲིན་ལས་སྒྲུབ་བོ། །དགུང་ལོ་བདུན་ཅུ་པར་གཞན་སྣང་དུ་ཞབས་ཅུང་ཟད་བསྣུང་བའི་ཚུལ་བསྟན་ཅིང་ཤིན་ཏུ་དབེན་པར་བཞུགས་པའི་ཚེ་བཅོམ་ལྡན་འདས་འཁོར་ལོ་བདེ་མཆོག་དང་། ཀྱེ་རྡོ་རྗེ་དང་། སྟོན་པའི་གཙོ་བོ་ལ་སོགས་པ་ཡི་དམ་གྱི་ལྷ་མང་པོའི་ཞལ་གཟིགས། བླ་མ་བརྒྱུད་པ་རྣམས་དངོས་སུ་བྱོན། འཇིག་རྟེན་གྱི་དགེ་ལེགས་དང་། རྗེ་པ་ཉིད་ཀྱི་རྣམ་པར་ཐར་པ་སེམས་ཅན་གྱི་དོན་ཇི་ལྟར་འགྱུར་བ་རྣམས་ཞུས་པ་བཞིན་ལུང་བསྟན་ཐོབ། རྡོ་རྗེ་ཐེག་པའི་བསྟན་པ་སྤྱི་དང་དམ་ཚིག་ལ་གནས་པ་ཀུན་ལ་ཉེ་བར་དགོངས་ནས་བདུད་རྩི་རིལ་བུའི་སྒྲུབ་པ་ལན་གཉིས་མཛད་པའི་སྔ་མ་ལ་ཡང་དྲི་ཞིམ་པོས་རྒྱང་རིང་པོར་ཁྱབ་ཅིང་། མནལ་ལམ་དུ་དམ་ཚིག་གི་རྫས་ལ་མཁའ་འགྲོས་བསྐོར་བ་བྱེད་པ་ལ་སོགས་པ་བྱུང་ཞིང་། ཕྱི་རབས་ཀྱི་སྔགས་འཆང་རྣམས་ལ་ཕན་པའི་རྒྱུན་ཆེན་པོ་ཡང་མཛད། དེ་ནས་བདེ་བར་གཤེགས་ཁར་འཇའ་དང་རོལ་མོའི་སྒྲ་ལ་སོགས་པ་རིག་པ་འཛིན་པའི་བསུ་བ་རྣམས་ཀྱང་བྱུང་ཞིང་། ཕྱི་དྲོ་ཞིག་ལ་བཅོམ་ལྡན་འདས་མ་རྣམ་པར་རྒྱལ་མ་ལྷ་དགུ་བྱོན་ནས། ད་ནི་ཁྱེད་ཀྱི་ཚེ་དང་གདུལ་བྱའི་ཚད་དེ་ཙམ་ཡིན་པས་བདེ་བ་ཅན་དུ་འགྲོ་བའི་དུས་ལ་བབ་ཅེས་གསུངས་ཤིང་། ཆོས་རྗེ་ཉིད་ཀྱང་གཤེགས་པའི་དུས་ལ་བབ་པར་དགོངས་ནས་ཆོས་གོས་གསུམ་དང་། རྡོ་རྗེ་འཛིན་པ་མི་འབྲལ་བའི་དམ་ཚིག་གི་ཡོ་བྱད་ཁ་ཚང་གཅིག་མ་གཏོགས་པ། རྟེན་མཆོད། ན་བཟའ་ཕྱུག་རྫས་ལ་སོགས་པ་ཡོངས་སུ་བཟུང་བ་མེད་པར་སྦྱོང་དག་མཛད་དེ་མཐར་དགུང་གྲངས་དོན་བཞི་པ་བོད་རབ་བྱུང་དྲུག་པའི་ལྕགས་ཕོ་སྟག་གི་ལོ་སྟེ་སྤྱི་ལོ་༡༣༥༠ལོར་ངོ་མཚར་བའི་ལྟས་དུ་མ་དང་བཅས་ཏེ་ཞིང་ཁམས་རྣམ་པར་དག་པ་བདེ་བ་ཅན་དུ་གཤེགས་པ་ཡིན་ནོ། །

༄ རི་ཁྲོད་པ་ཆེན་པོ་བློ་གྲོས་བརྟན་པ།

ཁོང་ནི་བོད་རབ་བྱུང་ལྔ་པའི་མེ་ཕོ་འབྲུག་གི་ལོ་སྟེ་སྤྱི་ལོ་༡༣༡༦ལོར་འབྲིང་མཚམས་ལྷེམ་ལུང་ཁ་ལྔ་དགོན་གསར་དུ་ཡབ་ཕྱུག་པོ་ཆོས་སྐྱོང་དང་། ཡུམ་ཕྱུག་མོ་སྒྲོན་མེ་གཉིས་ཀྱི་སྲས་སུ་ངོ་མཚར་བའི་ལྟས་དུ་མ་དང་བཅས་ཏེ་སྐུ་འཁྲུངས། མཚན་བློ་གྲོས་རིན་ཆེན་གསོལ། དགུང་ལོ་བཞི་པ་ནས་འཁོར་བ་ལ་སྐྱོ་ཤས་དྲག་པོ་དང་། ཆོས་ཅིག་བྱ་དགོས་སྙམ་པའི་འདུན་པ་ཐུགས་རྒྱུད་ལ་ལྷང་ལྷང་པ་འཁྲུངས། ཀོ་ཀ་ལ་སོགས་བྱིས་པ་རྩེ་ས་རྣམས་སུ་ཡང་། ངས་ལྷ་ཆེན་པོ་

ཞིག་བྱ་ཡིས་ཟེར་ནས་ལུས་གནད་ལྔ་སྟངས་མཛད་གྱིན་ཏིང་ངེ་འཛིན་ལ་མཉམ་པར་འཇོག་ཅིང་ཆོས་ཀྱི་བག་ཆགས་ཤིན་ཏུ་ཆེ་བ་ཅིག་ཡོད་སྐད། དགུང་ལོ་བརྒྱད་པ་ཡན་ཆད་ཡབ་དང་ཡུམ་གཉིས་འདས་ནས་ཨ་ཁུ་བླ་མ་གྲུབ་རྒྱལ་པ་བྱ་བའི་ཆོས་པ་བཟང་པོ་ཅིག་ཡོད་པས། དེས་ཁྲིད་ནས་ཟར་ཕྱོགས་ཀྱི་དགོན་པ་ཐར་པ་གླིང་དུ་བྱོན། མཁན་པོ་བ་རི་བ་དང་། སློབ་དཔོན་རྟོག་གེ་བ་ནམ་མཁའ་རྡོ་རྗེ་གཉིས་ལས་རབ་ཏུ་བྱུང་སྟེ་མཚན་བློ་གྲོས་བརྟན་པ་ཞེས་གསོལ་ཞིང་། དེར་ལོ་བཞིར་བཞུགས་ནས་ཀློག་ཡིག་བསླབས། བྱ་བ་ཆོས་སྤྱོད་ཀྱི་རིམ་པ་དང་སྤྱོད་འཇུག་ལ་ནན་ཏན་མཛད། དགོན་པ་དེའི་བླ་མ་སྒྲུབ་ཆེན་པ་བྱ་བ་སྐྱེ་བ་སྟ་ཕྲེ་དྲན་པ་གདུལ་བྱ་ཅན་ཞིག་བཞུགས་པ་དེའི་སྐུ་ཉེ་རུ་ཡང་འོང་བས་བླ་མ་དེ་ཤིན་ཏུ་མཉེས་ཏེ། ཕྱག་རྡོར་གཏུམ་པོའི་དབང་དང་། རི་ཆོས་སྐོར་གསུམ་ལ་སོགས་པ་ཆོས་དུ་མ་གསན། དགུང་ལོ་བཅུ་གཉིས་པར་བོ་དོང་ཨེ་རུ་སློབ་དཔོན་རྟོག་གེ་བ་བྱ་བ་ལས་ཚད་མ་རྣམ་ངེས་སློབ་ཏུ་བྱོན་པས། ཉིན་ཞིག་འདི་ཚོ་ན་སྤྱོད་འཇུག་འདྲ་ཤེས་པ་ཡོད་དམ་ཞེས་ཤེར་ལེའི་གཞུང་ཅིག་སྟོན་ནས། འདི་ལ་སྦྱོར་བ་ཅིག་བཀོད་མཛོད་བྱས་ཀྱིན་ཡར་འཆམ་མར་འཆམ་མཛད་པས། ལ་ལ་ན་རེ་གྲལ་མགོ་ཡ་གི་ན་ཡར་བཞུད་ཟེར། གྲལ་ཕྱུག་ཅིག་ན་རྒྱལ་སྲས་ཐོགས་མེད་པ་བཞུགས་པས། འམ་བུ་ལགས་འདི་རུ་བྱོན་དང་གསུངས་ནས་སྒྲོགས་གླིང་མཛད་པས། ཁོང་པ་རྒྱལ་ནས་མཆོད་ཡར་དང་ཞལ་ཚབས་མང་པོ་བཏོན་པས། གྲྭ་སྐོར་བ་ཕུ་རུང་མ་གྱོན་པ་དེ་སུ་གང་བ་ཅིག་ཡིན་ནམ་ཤེས་རབ་ཅན་ཞིག་འདུག་ཟེར་ཏེ་ཐམས་ཅད་ངོ་མཚར་བར་གྱུར་ནས་མཁས་པའི་གྲགས་པ་དེ་ཉིད་ནས་ཐོབ། དེ་ནས་ལོ་གསུམ་གྱི་བར་དུ་འཚོ་བ་སྐྱིལ་བ་ཆེར་མེད་ཅིང་། ཕྱིའི་ཐུགས་རྩོལ་ལ་བརྟེན་ནས་དཀའ་བ་སྤྱད་དེ་ཚད་མ་དང་མངོན་པ་ལ་གསན་སྦྱོང་མཐར་ཕྱིན་མཛད། བཤད་གསར་དང་རྣམ་གཞག་ལ་སོགས་པ་ཕྱུན་སུམ་ཚོགས་པ་ཡང་ཨ་ཁུས་བསྐྲུབས། དགུང་ལོ་བཅོ་ལྔ་པར་གྲྭ་སྐོར་མཛད་པས་མཁས་པ་ཆེན་པོ་ཐམས་ཅད་ཀྱིས་ཀྱང་བསྔགས་པ་བརྗོད་ཅིང་། འཛམ་དབྱངས་དོན་ཡོད་རྒྱལ་མཚན་པས་འདི་སྐྱེས་བུ་གཞན་དང་མི་མཉམ་པའི་བློ་གྲོས་ཅན་ཡིན། འདི་པ་བློ་གྲོས་མཚུངས་མེད་ཟེར་བ་ཡིན་གསུངས་ནས་བློ་གྲོས་མཚུངས་མེད་ཅེས་གྲགས་སོ། །དགུང་ལོ་བཅུ་བདུན་པར་ད་ནི་འཆད་ཉན་ལ་སོགས་པའི་བྱ་བ་ཡང་དེ་ཙམ་ཡིན། མི་ཚེ་འཆད་ཉན་ལ་བསྐྱལ་ཀྱང་ཚད་མི་འདུག །ཉམས་ལེན་བསྒོམ་པ་ཐག་ཆོད་པ་ཅིག་བྱ་དགོས་སྙམ་ནས་ཐར་པ་གླིང་དུ་བཞུགས། དེ་ནས་བྲག་ཁར་ཆོས་རྗེ་གྲགས་པ་སེང་གེའི་དྲུང་དུ་བྱོན་ནས་བཞུགས་པས། ཆོས་རྗེ་པས་གསུང་ནས་ཆོས་ཐག་ཆོད་བྱེད་ན་ཡུལ་གྱི་འཁྲི་བ་ཆོད་ལ་ཤོག །ལྟོ་གོས་ཆོས་གསུམ་དངས་སྦྲུར་བ་ཡིན་གསུངས་ནས། ཡུལ་ཕྱོགས་སུ་བྱོན་ནས་ཞིང་ཡུལ་

ཡོད་པ་རྣམས་བཙོངས། རིན་ལ་གོས་ཕྱི་ནང་ལ་སོགས་པའི་གསེར་སྲང་བཅུ་བདུན་བྱུང་། གསེར་གཅིག་ཀྱང་མ་བཟུང་བར་ཆོས་རྗེའི་ཕྱག་ཏུ་ཕུལ། སྤྱིལ་བོ་སྒོང་པ་ཅིག་ཏུ་བཞུགས་ནས་ད་ནི་བླ་མ་འདིའི་དྲུང་དུ་ཚེ་དང་སྒྲུབ་པ་མཉམ་པ་ཅིག་བྱ་ལ་སྦྱོར་བ་ཡན་ལག་དྲུག་པ་འདི་ལ་ཚེ་གཅིག་ལུས་གཅིག་ལ་གྲུབ་པ་ཐོབ་པ་ཅིག་བྱ་དགོས་སྙམ་པས་སྤྲོས་པ་ཐམས་ཅད་བཅད་ནས་ཉིན་མཚན་རྩེ་གཅིག་ཏུ་བརྩོན་འགྲུས་དྲག་པོས་ཐུགས་དམ་མཛད་དེ། ཏིང་ངེ་འཛིན་དང་རྟོགས་པ་བསམ་གྱིས་མི་ཁྱབ་པ་འཁྲུངས། དེ་ནས་ལོ་གསུམ་ཙམ་གྱི་བར་དུ་དབུས་གཙང་གི་རི་ཁྲོད་དབེན་པ་མང་པོར་བྱོན། འཇམ་དབྱངས་དོན་ཡོད་པ་དང་སྐྱེ་བ་སྟོན་གྱི་རྟེན་འབྲེལ་གྱིས་ཤིན་ཏུ་མཉེས་ཤིང་ཐུགས་ལ་འདོགས་པས་འབྲལ་མི་ཕོད་པ་ལྟ་བུར་མཛད། དེ་ཉིད་ལས་དབུ་མ་སྐོར་དང་། །ཚད་མ་རྣམ་འགྲེལ་ལ་སོགས་པ་གཞུང་ལུགས་དུ་མ་གསན། དེ་ནས་ན་གཟའ་བྲག་ཕུག་པ་ལས་བདེ་མཆོག་ལུས་དཀྱིལ་གྱི་དབང་ཞུས་ནས་རྡོ་རྗེ་འཆང་དངོས་ཀྱི་མོས་པ་ཁྱད་པར་ཅན་འཁྲུངས། ལམ་འབྲས་ཀྱི་འཕྲུལ་འཁོར་རྣམས་ཀྱང་ཞག་ལྔ་ཙམ་ནས་ཇི་ལྟ་བ་བཞིན་མཁྱེན་པ་བྱུང་ཞིང་། གཞན་ཡང་ལམ་འབྲས་གཞུང་ཁྲིད་རྒྱས་པར་གསུང་སྒྲོས་མན་ངག །དམར་ཁྲིད་ལག་ལེན་མཛུབ་ཁྲིད་དུ་མཛད་ནས་ལྷག་མ་མེད་པར་ཞུས། གཞན་ཡང་རྒྱུད་གསུམ། བདེ་མཆོག་ནག་དྲིལ། གསང་འདུས་འཕགས་ལུགས། ཆོས་སྐྱོང་ཆེ་ཆུང་གི་རྗེས་གནང་ལ་སོགས་དང་དབང་བྱིན་རླབས། ལུང་མན་ངག་སྒྲུབ་སྐོར་ཆ་ལག་དང་བཅས་པ་མ་ལུས་པ་བུམ་པ་གང་བྱོའི་ཚུལ་དུ་ཞུས་ཤིང་མཐོང་བ་བརྒྱུད་པའི་ཕྱག་ལེན་རྣམས་སྒྲོ་སྐུར་སྤངས་ནས་ཐུགས་སུ་ཆུད་པར་མཛད། མཁན་ཆེན་བསོད་ནམས་གྲགས་པའི་དྲུང་དུ་བསྙེན་རྫོགས་ཀྱི་སྡོམ་པ་རྣམ་པར་དག་པ་བཞེས་ཤིང་། འདུལ་བ་མདོ་རྩ་ལ་སོགས་པའི་ཆོས་མང་དུ་གསན། གཞན་ཡང་ཆོས་རྗེ་ཟླ་སེང་པ་ལ་ཕྱག་ཆེན་ལྷན་ཅིག་སྐྱེས་སྦྱོར་ཞུས་ཏེ་རྟོགས་པ་ཁྱད་པར་ཅན་ངོ་འཕྲོད། ཆོས་རྗེ་བསོད་ནམས་རྒྱལ་མཚན་པ་ལས་བདེ་མཆོག་བདེ་རལ་སོགས་དང་། བླ་མ་ཤེས་རིན་ལས་དགྲ་ནག་ཞང་ལུགས་ཀྱི་དབང་དང་། ཡུལ་ཆུང་པ་ལས་ཕྱག་རྡོར་དྲག་པོ་གསུམ་སྤྲེལ་གྱི་དབང་བཅས་གསན་ཏེ། ལུང་རིགས་ཀྱི་སྒོ་ནས་ཤེས་བྱ་ལ་བློ་གྲོས་ཕུལ་དུ་ཕྱིན་ཅིང་སྒྲོ་འདོགས་ཆོད་པས་ནང་ཏིང་ངེ་འཛིན་བསྒོམ་པ་ལ་མཆོག་ཏུ་གཞོལ་ཞིང་། འཁོར་འདས་དབྱེར་མེད་ཀྱི་ལྟ་བ་རྣམ་པར་དག་པ་རྟོགས་ཏེ་སྤྱོད་ལམ་རྣམ་བཞི་ཐམས་ཅད་དུ་དེའི་ངང་ལས་གཡོ་བ་མི་མངའ་ཞིང་དེའི་ངང་ནས་སེམས་ཅན་ཐམས་ཅད་ལ་བུ་གཅིག་པ་ལྟ་བུའི་བྱམས་པ་དང་། སྙིང་རྗེ་དང་། བྱང་ཆུབ་ཀྱི་སེམས་བརྟན་པོས་གཞན་གྱི་ནད་དང་སྡུག་བསྔལ་ལེན་ནུས་པ་ལ་སོགས་པ་བདག་གཞན་བརྗེ་བ་དང་། གཞན་རྒྱུད་སྨིན་ཅིང་གྲོལ་བར་བྱེད་པ་ལ། རང་གི་

གཅེས་པར་འཛིན་པ་དོར་ནས། གང་གི་འདུལ་བ་ཐབས་ལ་མཁས་པ་དང་། ཐུགས་དམ་གྱི་རིམ་པ་ཐོ་རངས་ཀྱི་ཆ་ལ་བླ་མའི་རྣལ་འབྱོར་དང་གསོལ་འདེབས། རླུང་གི་རྣལ་འབྱོར། འཁོར་ལོ་སྡོམ་པ། ཕག་མོ་མཁའ་སྤྱོད། འཇམ་དཔལ། སྒྲོལ་མ། རྣམ་རྒྱལ་སོགས་པ་ཐུགས་དམ་གྱི་ལྷ་མང་པོའི་སྒོམ་བཟླས་ལམ་འབྲས་ཀྱི་འཕྲུལ་འཁོར་ལ་སོགས་པ། ཉི་མ་ཕྱེད་ཡན་ཆད་གཟིམས་མལ་ཁོ་ན་རུ་བཞུགས་ནས་ཕྱེད་མཚམས་མཛད། ཆོས་སྟོན་གྱི་རྗེས་སུ་རྒྱུན་གྱི་རིམ་པ་དང་། མདོ་སྒྲུབ་ལ་སོགས་པ་ཆོས་སྤྱོད་ཀྱི་རིམ་པ་མཛད་ནས་ཆོས་གསུངས་པ་དང་། ཡང་ན་གཤིན་རྗེའི་གཤེད་ལ་སོགས་པ་དང་། དགྱེས་པ་རྡོ་རྗེ་ལ་སོགས་པ་རིམ་གཉིས་ཀྱིས་དགོང་མོ་བར་དུ་དུས་འདའ་ལ། དགོངས་ཐུན་ལ་ཀྱེ་རྡོ་རྗེའི་མངོན་རྟོགས་ཞུ་འབུལ་ནས་བརྩམས་ཏེ་བསྔོ་བ་སྨོན་ལམ་ལ་སོགས་པ་མཛད་དེ་མདོར་ན་དགུང་ལོ་བཅུ་དགུ་པ་ནས། སྐུ་ཚེ་གང་པོ་ལ་ཉིན་ཞག་ཕྱུགས་གཅིག་ལ་ཐུགས་དམ་མ་གཡེལ་བ་དང་། དུས་དོན་མེད་དུ་འདའ་བ་སྐད་ཅིག་ཀྱང་མི་སྣང་ངོ་། །བསྒོམ་གྲྭའི་ཆོས་ཚུལ་སྟེར་ཆོས་རྗེའི་བཀའ་སྲོལ་ཇི་ལྟར་ཡོད་པ་བཞིན་རྣམ་པར་ཐར་པ་བསྐྱངས་ཤིང་གསུང་ངག་ལ་སོགས་པའི་ཆོས་ཀྱི་བཀའ་ལུང་ཟབ་ཅིང་རྒྱ་ཆེ་བས་སྐལ་ལྡན་གྱི་སྐྱེ་བོ་དཔག་ཏུ་མེད་པ་ཟབ་མོའི་ལམ་ལ་སྨིན་ཅིང་གྲོལ་བར་མཛད་དོ། །ཟང་ཟིང་གི་དངོས་པོ་ཕྱག་ཏུ་བྱུང་བ་ཀུན་ཀྱང་དཀོན་མཆོག་ལ་མཆོད་པ་དང་། དགེ་འདུན་གྱི་བསྙེན་བཀུར་སྒྲུབ་མཆོད། གཟུངས་སྔགས། གསུང་རབ་ཀློག་པ་ལ་སོགས་པ་སྐྱེ་བོ་དབུལ་ཞིང་ཕོངས་པ་རྣམས་ཀྱང་། ཆོས་སྤྱོད་སྒྲུབ་པ་ལ་སོགས་པ་ལ་སྦྱར་ནས་དགེ་བའི་ཕྱོགས་ཁོ་ན་རུ་དོན་ཅན་ལ་ཕོངས་པ་མེད་པར་གཏོང་བར་མཛད། དགུང་ལོ་ཞེ་གསུམ་པའི་ཟླ་བ་དྲུག་པ་ཙམ་གྱི་གོང་ནས། དགེ་སྦྱོར་ལ་སོགས་པ་རྗེས་ཀྱི་བྱ་བ་ཞལ་བཀོད་མང་དུ་མཛད་ཅིང་། དེ་ལྟར་དམ་པ་འདི་ཉིད་ཀྱི་བཤད་སྒྲུབ་འཁོར་ལོ་གཉིས་ལྡན་གྱི་སྒོ་ནས་རྒྱལ་བའི་བསྟན་པ་རིན་པོ་ཆེ་འདི་ཉིད་དར་ཞིང་རྒྱས་པར་མཛད་ཅིང་། སྐལ་ལྡན་གྱི་གདུལ་བྱ་དུ་མ་སྨིན་གྲོལ་གྱི་ལམ་ལ་བཀོད་དེ། མཐར་དགུང་གྲངས་བཞི་བཅུ་ཞེ་གསུམ་པ་བོད་རབ་བྱུང་དྲུག་པའི་ས་ཕོ་ཁྱི་ཡི་ལོ་སྟེ་སྤྱི་ལོ་༡༣༥༨ལོར་ཚ་མོ་རོང་བྱང་རྒྱབ་རྫོང་དུ་གཟུགས་སྐུའི་བཀོད་པ་ཆོས་དབྱིངས་སུ་བསྡུས་པ་ཡིན་ནོ། །

༄ བླ་མ་དམ་པ་དཔལ་ལྡན་ཚུལ་ཁྲིམས།

།ཁོང་ནི་བོད་རབ་བྱུང་དྲུག་པའི་ཆུ་མོ་བྱ་ཡི་ལོ་སྟེ་སྤྱི་ལོ་༡༣༣༣ལོར་འབྲིང་མཚམས་ལུངས་ཟངས་ཀྱི་འབྲས་ཁུད་སྣང་སྐྱ་ཞེས་བྱ་བ་རུ་ཡབ་བླ་མ་དར

མ་རྒྱལ་མཚན་དང་། ཡུམ་རིན་ཆེན་སྐྱོང་གཉིས་ཀྱི་སྲས་སུ་ངོ་མཚར་བའི་ལྟས་དུ་མ་དང་བཅས་ཏེ་སྐུ་འཁྲུངས། སྐུ་ན་ཆུང་ངུའི་དུས་ནས་འཁོར་བ་ལ་སྐྱོ་ཤས་ཆེ་ཞིང་བླ་མའི་ཚུལ་འཛིན་པ་ཅིག་ཡོད་པས། ཡབ་ཀྱི་བུ་སློབ་ཀུན་གྱིས་ཕྱག་འཚལ་བ་དང་བླ་མ་བུ་ཆུང་ཞེས་བྱ་བ་གྲགས་པ་བྱུང་། དགུང་ལོ་བཞི་པའི་དུས་སུ་ཡབ་ཀྱི་མདུན་ནས་ཀྱེ་རྡོར་དང་ཕྱག་རྡོར་གྱི་དབང་གསན། ཀློག་ཡིག་ཀྱང་བརྡ་བསྟན་པ་ཙམ་གྱིས་མཁྱེན་ཅིང་། དགུང་ལོ་བརྒྱད་པར་ཡབ་གྲོངས་ནས། ས་སྐྱར་ཡབ་ཀྱི་གཤེགས་བརྫོངས་ཀྱི་སྐུ་སྐལ་གྲུབ་པ་དང་བཙུན་པ་བྱེད་པ་ལ་བྱོན་ཏེ། ལྷ་ཁང་ཆེན་མོར་མཁན་པོ་དོན་གྲུབ་དཔལ་བའི་དྲུང་དུ་རབ་ཏུ་བྱུང་ནས་མཚན་ཡང་དཔལ་ལྡན་ཚུལ་ཁྲིམས་ཞེས་གསོལ། མཁན་པོ་དེ་ཉིད་ལས་འདུལ་བ་མདོ་རྩ། སོ་སོར་ཐར་པ། ཀཱ་རི་ཀ་ལྔ་བཅུ་པ་ལ་སོགས་པའི་གཞུང་ལུགས་དུ་མ་གསན་པར་མཛད། དགུང་ལོ་བཅུ་གཅིག་པར་ཆོས་རྗེ་རི་ཁྲོད་པ་དང་མཇལ་ནས་ཕྱག་རྒྱ་ཆེན་མོ་ལྷན་ཅིག་སྐྱེ་སྦྱོར་གསན་པར་མོས་གུས་ཚད་མེད་སྐྱེས་ཤིང་དཔལ་ཀྱེ་རྡོ་རྗེའི་རྡུལ་ཚོན་དུ་དབང་བསྐུར་ཞུས། དེ་ནས་རེ་ཞིག་ས་སྐྱར་བཞུགས་ནས་རྒྱུད་གསུམ་ལ་གཟིགས་རྟོགས་མཛད། དམ་པ་དེ་ཉིད་ལས་གསུང་ངག་རིན་པོ་ཆེ་ལམ་འབྲས་བུ་དང་བཅས་པ་ཡོངས་སུ་རྫོགས་པར་གནང་སྟེ། བྲག་ཕུག་གི་དགོན་པ་བྱིངས་པོའི་མཐོ་བ་རབ་ཅིག་ཏུ་སྦྱིལ་བོ་ཅིག་མཛད་ནས་ལོ་དྲུག་གི་བར་དུ་སྒྲུབ་པ་མཛད་པས་ཉམས་དང་ཏིང་ངེ་འཛིན་བསམ་གྱིས་མི་ཁྱབ་པ་འཁྲུངས་ཏེ། གེགས་སེལ་ལ་སོགས་པའི་གདམས་ངག་ཐུན་མོང་མ་ཡིན་པ་རྣམས་ཀྱང་བུམ་པ་གང་བྱོའི་ཚུལ་དུ་གནང་། གཞན་ཡང་སྦྱོར་དྲུག་ལ་སོགས་པའི་ཁྲིད་ཀ་མང་པོ་དང་། བདེ་མཆོག་ལོ་ནག་དྲིལ་གསུམ་གྱི་དབང་ལ་སོགས་པ་བདེ་མཆོག་གི་སྐོར་ཡོངས་སུ་རྫོགས་པ་དང་། འཇིགས་བྱེད། གཤེད་དམར། གསང་འདུས། སྒྲོལ་མ་ལ་སོགས་པའི་དབང་དང་། ཆོས་སྐྱོང་ཆེ་ཆུང་གི་རྗེས་གནང་ལ་སོགས་པ་ཡོངས་སུ་རྫོགས་པ་དང་། རྒྱུད་གསུམ་སོགས་ལོ་ཕྱེད་གཉིས་ཀྱི་རིང་དུ་ཡོངས་སུ་རྫོགས་པར་གསན་ཏེ། མདོར་ན་བྲག་ཕུག་པ་ནས་བརྒྱུད་པའི་བཀའ་ལུང་མན་ངག་བྱིན་རླབས་ལ་སོགས་པ་ཆོས་རྗེ་ཉིད་ལ་གང་མངའ་ཐམས་ཅད་བུམ་པ་གང་བྱོའི་ཚུལ་དུ་གནང་། དགུང་ལོ་ཉེར་གཅིག་པར་ཆོས་རྗེ་དོན་གྲུབ་དཔལ་བས་མཁན་པོ་མཛད་དེ་དད་པའི་དགེ་འདུན་བཅུ་ཕྲག་ལྷག་གཅིག་གི་དབུས་སུ་ན་བཟའ་བྲག་ཕུག་གི་གཟིམས་ཁང་དུ་བསྙེན་པར་རྫོགས་པའི་དགེ་སློང་གི་སྡོམ་པ་ཡང་དག་པར་བཞེས། དགུང་ལོ་ཉེར་གསུམ་པར་བྱང་ཆུབ་རྫོང་དུ་བྱོན་ནས་ལོ་གསུམ་གྱི་བར་དུ་སྒྲུབ་པ་ཉམས་ལེན་ལ་རྩེ་གཅིག་ཏུ་གཞོལ། དགུང་ལོ་ཉེར་དྲུག་པར་ཆོས་རྗེ་རི་ཁྲོད་པ་གནས་དེ་ཉིད་ཞི་བར་གཤེགས་ཏེ་གཤེགས་བརྫོངས་དང་། ནང་རྟེན་ལ་སོགས་པ་ཐུགས་དགོངས་རྫོགས་པའི་ཐབས

རྣམས་ལེགས་པར་མཛད་ནས་ཞལ་ཏ་བཞིན་བྱང་ཆུབ་རྫོང་དུ་ཐུགས་དམ་ཁོན་ལ་བཞུགས་པས་ཉམས་རྟོགས་ཤིན་ཏུ་འཕེལ་བ་བྱུང་། དགུང་ལོ་སོ་བཞི་པར་ཞ་ལུ་རི་ཕུག་ཏུ་བུ་སྟོན་རིན་པོ་ཆེའི་དྲུང་དུ་བྱོན་ནས། ཡོ་གའི་སྐོར་དང་། གཤེད་དམར། གསང་འདུས་ལ་སོགས་པའི་བཀའ་དབང་མང་པོ་དང་། གསང་འདུས་རིམ་ལྔ། ཤིན་ཏུ་སྤྲོས་མེད་ལ་སོགས་པ་རྫོགས་རིམ་གྱི་མན་ངག་དུ་མ་གསན་ཅིང་ཐུགས་རྗེས་ཤིན་ཏུ་འཛིན་པ་བྱུང་གསུངས། དེ་ནས་ཤངས་ཀྱི་དཀར་པོ་བྲག་པ་མཁས་གྲུབ་རིན་ཆེན་སེང་གེ་དྲུང་དུ་བྱོན་ཏེ། ལོ་གསུམ་གྱི་བར་དུ་གསུང་ངག་རིན་པོ་ཆེའི་བཀའ་ལུང་མན་ངག་དང་བཅས་པ་ཡོངས་སུ་རྫོགས་པར་གསན་ཅིང་། བླ་མ་ཡང་ཤིན་ཏུ་མཉེས་ཤིང་ཐུགས་ལ་འདོགས་པར་བྱུང་། ཆོས་རྗེ་བ་ལུང་པ་ལས་ནི་གུ་ཆོས་དྲུག་སོགས་ཤངས་པ་བཀའ་བརྒྱུད་ཀྱི་ཆོས་སྐོར་ཡོངས་སུ་རྫོགས་པར་གསན་པས་ཐུགས་དམ་བཟང་པོ་འཁྲུངས། དགུང་ལོ་ཉེར་དྲུག་པར་ཆོས་རྗེ་དཔལ་ལྡན་དམ་པའི་དྲུང་དུ་གསུང་ངག་རིན་པོ་ཆེ་ལམ་འབྲས་བུ་དང་བཅས་པའི་བཀའ་ལུང་མན་ངག་རྣམས་མ་ལུས་པར་གསན་ཏེ། ཉམས་ལེན་དང་། ལག་ལེན་དང་། ཡིག་ཆའི་ལུང་ཕྲན་ཚེགས་མཐར་ཐུགས་པ་དང་། གཞན་ཡང་ལམ་སྐོར་ལྷག་མ་རྣམས་ཀྱི་དབང་དང་བྱིན་རླབས་རྗེས་གནང་མན་ངག་ཕྲ་མོ་དང་བཅས་པ་དང་། ཆོས་སྐྱོང་ཆེ་ཆུང་གི་སྐོར་དང་། རྒྱུད་བརྟག་གཉིས། གུར་རྒྱན། སྡོམ་དྲུག །དུས་འཁོར་སོགས་རྒྱུད་སྡེ་ཆེན་པོ་བཞི་ལ་མཁས་པར་སྦྱངས་ཤིང་། བཀའ་བཞི་པ་ཤེས་རབ་རྒྱལ་མཚན། བླ་མ་གྲགས་མགོན་པ། བླ་མ་མགོན་པོ་འབུམ་པ། བླ་མ་གུར་བ་བཀྲ་ཤིས་བཟང་པོ་སོགས་མཁས་གྲུབ་གཉིས་ལྡན་གྱི་དམ་པ་དུ་མའི་ཞབས་རྡུལ་སྤྱི་བོར་བླངས་ཏེ་ཐོས་བསམ་གྱི་ཕ་རོལ་ཏུ་སོན་ནས་གསན་པ་ཐམས་ཅད་ཀྱང་ཐོས་བསམ་སྒོམ་གསུམ་གྱི་སྒོ་ནས་མཐར་ཕྱིན་པར་མཛད་དེ་ཏིང་ངེ་འཛིན་གྱི་རྟོགས་པ་བསམ་གྱིས་མི་ཁྱབ་ཅིང་། ཁྱད་པར་འཁོར་འདས་དབྱེར་མེད་ཀྱི་ལྟ་བ་རྣམ་པར་དག་པ་རྟོགས་ཏེ། སྤྱོད་ལམ་རྣམ་བཞི་ཐམས་ཅད་དུ་དེའི་ངང་ལས་མི་གཡོ་བས་སེམས་ཅན་ཐམས་ཅད་ལ་བུ་གཅིག་པ་ལྟ་བུའི་བྱམས་དང་སྙིང་རྗེ་བྱང་ཆུབ་ཀྱི་སེམས་བརྟན་པོས་བདག་གཞན་བརྗེ་བ་དང་། གཞན་རྒྱུད་སྨིན་ཅིང་གྲོལ་བར་མཛད་པ་ལ་རང་གཅེས་པར་འཛིན་པ་དོར་ནས་གང་གིས་འདུལ་བའི་ཐབས་ལ་མཁས་པའི་སྒོ་ནས་རྒྱུད་སྡེ་སོ་སོའི་དབང་བཀའ་དང་། རྒྱུད་སྡེ་སོ་སོའི་བཤད་པ་དང་། ལག་ལེན་དང་རྗེས་གནང་དང་རྒྱུད་འབུམ་ལ་སོགས་པའི་ལུང་བསམ་གྱིས་མི་ཁྱབ་པ་དང་། གསུང་ངག་རིན་པོ་ཆེ་ལམ་འབྲས་བུ་དང་བཅས་པ་དང་། སྦྱོར་བ་ཡན་ལག་དྲུག་པ་ལ་སོགས་པ་མན་ངག་དུ་མའི་སྒོ་ནས་གདུལ་བྱ་མཐའ་ཡས་པ་སྨིན་གྲོལ་གྱི་ལམ་ལ་བཀོད་དེ། ཆོས་རྗེ་ཡེ་ཤེས་རྒྱལ་མཚན། གྲུབ་ཆེན་སངས་རྒྱས་དཔལ་ལ་སོགས་པའི་

བསྟན་པ་འཛིན་པའི་དགེ་བའི་བཤེས་གཉེན་མཐའ་ཡས་པ་བསྒྲུན་པར་མཛད་ཅིང་། རྩོམ་པའི་ལེགས་བཤད་ཀྱི་ཕྲེང་བ་སྤེལ་བའི་ཚུལ་ཡང་། ཞང་དཀོན་མཆོག་དཔལ་གྱི་རྣམ་ཐར། ཆོས་རྗེ་བླ་མ་དམ་པའི་རྣམ་ཐར། ཆོས་རྗེ་རི་ཁྲོད་པའི་རྣམ་ཐར། ལམ་འབྲས་བརྒྱུད་པའི་གསོལ་འདེབས་ཕྲིན་ལས་སོ་གཉིས་ཀྱི་སྨོན་ཚིག །སྤྲུས་བཤད་འཕྲུལ་འཁོར་སོ་གཉིས་ཀྱི་ཡི་གེ་སྡེ་སྡོད་སོ་གཉིས་ཀྱི་དབྱེ་བ་ཉི་མའི་འོད་ཟེར་རྒྱས་པ། གཟུངས་གྲྭ་ལྔའི་དཀྱིལ་ཆོག་ལ་སོགས་པའི་སྒྲུབ་ཐབས་ཀྱི་སྐོར་སོགས་ལྷུགས་རྩོམ་དུ་མ་རྗེས་འཇུག་གདུལ་བྱའི་གསོས་སུ་བཞག་པར་མ་ཟད། དད་གཤིན་གྱི་དངོས་པོ་ཕྱག་ཏུ་གང་བྱུང་ཐམས་ཅད་བླ་མ་དམ་པ་རྣམས་ཀྱི་ཐུགས་དགོངས་རྫོགས་པར་བྱ་བའི་ཆེད་དུ་དུས་མཆོད། ཟླ་མཆོད་མ་ཆག་པར་མཛད་པ་དང་། དཀོན་མཆོག་མཆོད་པ། དགེ་འདུན་གྱི་བསྙེན་བཀུར། བཀྲིན་ཅིང་ཡོངས་པ་ལ་སྟེར་བྱིན། །སྒྲུབ་མཆོད། གཟུངས་སྔགས། གསུང་རབ་ཀློག་པ། སྐུ་གསུང་ཐུགས་ཀྱི་རྟེན་གསུམ་བཞེངས་པ་ལ་སོགས་པ་དོན་ཅན་དགེ་བའི་ཕྱོགས་འབའ་ཞིག་ཏུ་ཡོངས་པ་མེད་པར་གཏོང་བར་མཛད་པས་འཛིན་ཆགས་མི་མངའ་ཞིང་བླ་མ་གོང་མ་རྣམས་ཀྱི་རྣམ་ཐར་ཚུལ་བཞིན་དུ་སྐྱོང་བས་ངོ་མཚར་བའི་རྣམ་པར་ཐར་པ་ཡིན་ནོ། །བདེ་བར་གཤེགས་པའི་ལོ་གཅིག་ཙམ་གྱི་གོང་ནས་ཞལ་ཆེམས་ཀྱི་ཡི་གེ་མཛད་ཅིང་། མཐར་དགུང་གྲངས་དྲུག་ཅུ་རྩ་བདུན་པར་དཔལ་ལྡན་ས་སྐྱའི་ཤར་གྱི་གཟིམས་ཁང་དུ། བླ་མ་དཔོན་པོས་གཙོས་མཛད་དྲུང་ན་གནས་པ་རྣམས་ལ་ཆོས་དང་མཐུན་པའི་ཞལ་ཏ་བཟང་པོ་མཛད་དེ་བོད་རབ་བྱུང་བདུན་པའི་ས་མོ་ཡོས་ཀྱི་ལོ་སྟེ་སྤྱི་ལོ་༡༣༨༨ལོར་རྒྱུད་སྟེ་ནས་གསུངས་པའི་འདའ་ཀ་མའི་ཐུགས་དམ་ཟབ་མོའི་ངང་ནས་ཞི་བར་གཤེགས་པའི་ཚུལ་བསྟན་པ་ཡིན་ནོ། །

༧། གྲུབ་ཆེན་སངས་རྒྱས་དཔལ།

ཁོང་ནི་བོད་རབ་བྱུང་དྲུག་པའི་ས་མོ་ཡོས་ཀྱི་ལོ་སྟེ་སྤྱི་ལོ་༡༣༣༨ལོར་ལ་སྟོད་བྱང་གི་ཕྱོགས་མདོག་གི་དགོན་པ་སྣོ་ཕུ་ཞེས་བྱ་བར་ཡབ་གུ་ཤྲཱི་དཔལ་འབྱོར་ལེགས་པ་དང་ཡུམ་སྒྲོལ་མ་འབུམ་གཉིས་ཀྱི་སྲས་སུ་ངོ་མཚར་བའི་ལྟས་དུ་མ་དང་བཅས་ཏེ་སྐུ་འཁྲུངས། སྐུ་ན་ཆུང་ངུའི་དུས་ནས་བླ་མ་ཤཱཀྱ་བཟང་པོ་ལས་དགེ་བསྙེན་གྱི་སྡོམ་པ་བཞེས་ཤིང་། ཚེ་དཔག་མེད་ཀྱི་དབང་ནོད་དེ་མཚན་སངས་རྒྱས་དཔལ་དུ་གསོལ། སྤྱོད་འཇུག་ལ་ཁ་དོན་བྱེད་པའི་མ་མ་ཞིག་དང་ལྷན་ཅིག་ཏུ་བཞུགས་པས་གཞུང་དོན་ཐུགས་སུ་ཆུད། ཀློག་དང་ཡི་གེ་ལ་སོགས་པ་སྦྱངས་ནས་དགེ་བསྙེན་གྱི་རྟེན་དེ་ཉིད་ལ་སྣོ་ཕུར་བཤད་གསར་མཛད། རང་

གི་ཞང་པོ་སློབ་དཔོན་ཧཱུ་ཛ་ཤྲཱི་ལ་བརྟག་པ་གཉིས་པའི་རྒྱུད་དང་། ཀྱེ་རྡོ་རྗེའི་ལག་ལེན་ལ་སོགས་པ་སློབ་གཉེར་མང་དུ་གནང་། དགུང་ལོ་ཉེར་གསུམ་པར་གནས་ལྔ་རིག་པའི་པཎྜི་ཏ་ཆེན་པོ་ཆོས་རྗེ་ས་བཟང་པས་མཁན་པོ་མཛད་དེ། དཔལ་བཟང་ལྡན་གྱི་གཙུག་ལག་ཁང་དུ་རབ་ཏུ་བྱུང་བ་དང་བསྙེན་པར་རྫོགས་པ་དུས་གཅིག་ཏུ་བསྒྲུབས་ཏེ། སྔར་གྱི་མཚན་སཾསྐྲི་ཏར་བསྒྱུར་ནས་བུདྡྷ་ཤྲཱི་ཞེས་གསོལ། དེ་ནས་མཁན་ཆེན་ཤེས་རབ་རྒྱ་མཚོ་ལས་ཕར་ཕྱིན་དང་མངོན་པ་ཀུན་བཏུས་ལ་སོགས་པ་ལ་སློབ་གཉེར་མཛད་ཅིང་སྔ་ཕྱིར་ཆོས་མང་དུ་གསན། མཁན་ཆེན་མགོན་རྒྱལ་བ་ལས་རྣམ་འགྲེལ་དང་། དཔལ་ལྡན་ས་སྐྱར་རྟོག་གེ་བ་དཔལ་ལྡན་བཟང་པོ་ཤངས་པ་བློ་མཆོག་ཏུ་གྲགས་པ་ལས་རྣམ་འགྲེལ་གྱི་སློབ་གཉེར་མཛད་པ་ཉི་ཐོག་གི་ལས་ཚབ་དང་འཆད་ཉན་ལ་སོགས་པ་དགུང་ལོ་སུམ་ཅུ་སོ་གཅིག་གི་བར་དུ་མཛད་དོ། །དེ་དག་གི་བར་དུ་ཆོས་རྗེ་ཀུན་མཁྱེན་ཆེན་པོ། ཆོས་རྗེ་ས་བཟང་པཎྜི་ཏ་དང་། རྒྱལ་སྲས་ཐོགས་མེད། ལོ་ཙཱ་བ་བྱང་ཆུབ་རྩེ་མོ་སོགས་སྐྱེས་ཆེན་དམ་པ་དུ་མ་བསྟེན་ནས། དཔལ་དུས་ཀྱི་འཁོར་ལོའི་དབང་དང་། ཡུམ་རྒྱས་པའི་ལུང་དང་། བློ་སྦྱོང་དོན་བདུན་མ། རྟེན་འབྲེལ་སྙིང་པོ། སྙིང་སྦུག་ལམ་ཁྲིར། གསང་འདུས་རིམ་ལྔའི་དམར་ཁྲིད། དུས་འཁོར་ཆེན་མོ་རྒྱུད་འགྲེལ་སོགས་དུ་མ་ནོད་ཅིང་། རྡོ་རྗེ་འཆང་ཆེན་པོའི་སྤྲུལ་པའི་སྐུ་རྒྱལ་བ་བྲག་ཕུག་པ་ཆེན་པོའི་སློབ་མ་ཆོས་རྗེ་དཀོན་མཆོག་རྒྱལ་མཚན་པ་ལས་ས་ལུགས་ཀྱི་རྡོ་རྗེ་འཇིགས་བྱེད། གཤེད་དམར་ལྷ་བཅུ་གསུམ། སྒྲོལ་མ་བཅུ་བདུན་མ། འཁོར་ལོ་བདེ་མཆོག་ལུས་ཀྱི་དཀྱིལ་འཁོར་རྣམས་སུ་དབང་བསྐུར་ཞུས་ཤིང་མོས་གུས་དང་བྱིན་རླབས་ཚད་མེད་པ་ཐུགས་རྒྱུད་ལ་འཕྲུངས། གཞན་ཡང་སྐྱེས་བུ་དམ་པ་དུ་མ་ལས་ཆོས་མང་དུ་གསན་ཏེ། དཔལ་ལྡན་ས་སྐྱར་གྲྭ་སྐོར་མཛད་ནས་མཁས་པའི་གྲགས་པ་བར་མེད་དུ་ཁྱབ་པར་གྱུར། དེ་ནས་བྱེ་བའི་ལོར་བླ་མ་ཆོས་སྒྲོན་ཅན་དུ་བྱོན་ནས་ཕྱག་བརྒྱ་ཆེན་པོ་ལྷན་ཅིག་སྐྱེ་སྦྱོར་ཞུས་ཏེ། ཐོག་མེད་པའི་རྩིག་སྒྲོར་ཅིག་ཏུ་བསྒོམ་པས་ཉམས་མྱོང་བཟང་པོ་སྐྱེས། སྦྱོར་དྲུག་གི་རྟགས་སྣང་ཕལ་ཆེར་ཤར། དེ་ནས་རྒྱལ་བའི་རྒྱལ་ཚབ་དཔལ་ལྡན་ཚུལ་ཁྲིམས་ལས། གསུང་ངག་རིན་པོ་ཆེ། རིམ་ལྔ། སྦྱོར་དྲུག་གསུམ་གྱི་མན་ངག་རྒྱས་པ་དང་། ཚད་མ་རྣམ་འགྲེལ། དུས་འཁོར་རྒྱལ་སྲས་ལམ་བཟང་བཅས་གསན་པར་མ་ཟད། དཔལ་ལྡན་ས་སྐྱའི་ཤར་སྟོད་ཀྱི་གཟིམས་ཁང་དུ་དཔལ་ཀྱེ་རྡོ་རྗེའི་རྟུལ་ཞོན་གྱི་དཀྱིལ་འཁོར་དུ་རྒྱུ་དུས་ཀྱི་དབང་བསྐུར་བ་ནས་གསུང་ངག་རིན་པོ་ཆེའི་ཁྲིད་གཞུང་བཤད་ལ་སོགས་པ་རྫོགས་པར་གསན་ཅིང་། མདོར་ན་བླ་མ་དཔལ་ལྡན་ཚུལ་ཁྲིམས་པ་ཉིད་ཀྱིས་གསུང་ངག་རིན་པོ་ཆེ་དང་འབྲེལ་བའི་དབང་དང་། བཤད་པ། ཁྲིད་གེགས་སེལ། མན་ངག་ཕྲ་མོ་ཚུན་ཆད་ཀྱི་བར་ཡོངས

སུ་རྫོགས་པར་ཞུས་པས་དབང་གི་ཆུ་བོ་མ་ནུབ་པ། བྱིན་རླབས་ཀྱི་བརྒྱུད་པ་མ་ཉམས་པ། གདམས་ངག་གི་སཀྲ་མ་ལོག །མོས་གུས་ཀྱི་བསམ་པ་ཆེམ་པ་སྟེ་
སྙན་བརྒྱུད་བཞིའི་བྱིན་གྱིས་བརླབས་ཤིང་གདམས་པས། བརྗོད་བྲལ་ལྷན་ཅིག་སྐྱེས་པའི་ཡེ་ཤེས་མཚོན་བྱེད་དཔེའི་ཚུལ་དུ་ཐུགས་རྒྱུད་ལ་འཁྲུངས་སོ། །
གཞན་ཡང་གསང་འདུས་མི་བསྐྱོད་པ། དུས་འཁོར་སྦྱོར་དྲུག །འཁོར་ལོ་བདེ་མཆོག །ཀུན་རིག་རྩ་རྒྱུད་བརྟག་པ་གཉིས་པ། བཤད་རྒྱུད་རྡོ་རྗེ་གུར་སོགས་
གསན་ཅིང་བསྒོམ་པས་གྲུབ་པའི་མཚན་མ་དུ་མ་མངོན་དུ་གྱུར་ཅིང་། ཐོས་བསམ་སྒོམ་གསུམ་གྱི་ཤེས་རབ་རྒྱས་པར་མཛད་པས། མཁྱེན་པའི་ཡེ་ཤེས་ཚད་མེད་
ལ་དབང་འབྱོར་དེ་ལས་དམ་པ་འདི་ཉིད་ནི་མཉམ་གཞག་ཏུ་སེམས་ཅན་ཐམས་ཅད་དྲིན་ཆེན་ཕ་མར་གཟིགས་ནས། དེ་རྣམས་ལ་བྱམས་པ་དང་། སྙིང་རྗེ་དང་།
བདག་གཞན་བརྗེ་བའི་བྱང་ཆུབ་ཀྱི་སེམས་རྒྱུན་ལྡན་དུ་བསྒོམས་པས། རྗེས་ཐོབ་ཏུ་གཞན་དབུལ་པོ་དང་། ནད་པ་དང་། སྡུག་བསྔལ་གྱིས་གཟིར་བ་རྣམས་ལ་
ཕན་པ་ཁོ་ན་སྒྲུབ་མཛད་དེ། ཡུལ་གཞན་ཐག་རིང་གི་ནད་དང་སྡུག་བསྔལ་གྱིས་ཉེན་པ་གསན་ནས། དེ་ལ་དམིགས་ཏེ་བདག་གཞན་མཉམ་བརྗེ་དང་། འགྲོ་བ་
མང་པོ་ལ་ཟང་ཟིང་གི་སྦྱིན་པའི་སྒོ་ནས་ཕན་པ་མཛད་ཅིང་། དེ་དག་གི་བར་སྐབས་རྣམས་སུ་མན་ངག་ཟབ་མོ་ཡི་གེར་བཀོད་པ་ཡང་། འགྲོ་མགོན་ཆོས་ཀྱི་རྗེ་
ལ་གསོལ་བ་གདབ་པ། བླ་མ་དམ་པ་དཔལ་ལྡན་ཚུལ་ཁྲིམས་ལ་གསོལ་བ་གདབ་པ། མཁན་ཆེན་ཤེས་རབ་རྒྱ་མཚོ་བའི་གདུང་མཆོད་དུས་ཀྱི་གསོལ་འདེབས།
བླ་མ་དམ་པ་དཔལ་ལྡན་ཚུལ་ཁྲིམས་ཀྱི་རྣམ་ཐར། གསུང་ངག་རིན་པོ་ཆེའི་ཁྲིད་ཡིག་ལམ་འབྲས་གཞུང་བཤད་དང་གེགས་སེལ་གྱི་ཟིན་བྲིས། འཆི་ལྟས་བརྟག་
པའི་གདམས་ངག་ཚོགས་བཅད་མ། གྲུབ་ཆེན་བཅུ་དང་ཕྲ་མོ་བརྒྱད་ཀྱི་ཞལ་ཤེས། ཕྲིན་ལས་སོ་གཉིས་སྡོམ་ཚིག །སྦྱོར་དྲུག་གི་ཁྲིད་ཡིག་སྔོན་ལུགས་ཀྱི་རླུང་
སྦྱོར་སོགས་ཀྱི་ཟིན་བྲིས། དབང་རྒྱལ་ལུགས་ཀྱི་སྦྱོར་དྲུག་གི་ཞལ་ཤེས་ཡི་གེར་བཀོད་པ། ཁྲིད་ཞུ་སྤྱི་ལ་གདམས་པ། ཚེ་སྒྲུབ་ཀྱི་མན་ངག །དབུ་མའི་གཞི་ལམ་
འབྲས་གསུམ་རྣམས་རྗེས་འཇུག་གདུལ་བྱའི་གསོས་སུ་བཞག་ཅིང་། སྟི་སྟོད་མཐའ་དག་གི་དབང་ཕྱུག་མཁས་པའི་དབང་པོ་ཆོས་རྗེ་སངས་རྒྱས་དཔལ་ལ་
སོགས་པ་དགེ་བའི་བཤེས་གཉེན་མང་པོ་ལ་དབང་བཀའ་དང་ཁྲིད་དང་མན་ངག་དུ་བསྐུལ་ནས་མཁས་ཤིང་གྲུབ་པ་བརྙེས་པ་སློབ་ཚོགས་བགྲང་ལས་འདས་པ་
བར་མེད་དུ་བསྐྲུན། དེ་ནས་སྐུ་མཚམས་བཅད་རྒྱ་མཛད་དེ་སྒྲུབ་པ་ཉམས་ལེན་ལ་རྩེ་གཅིག་ཏུ་གཞོལ་བར་མཛད་དེ་ཐུགས་དམ་དྲིལ་བས་རྫོགས་རིམ་གྱི་རྟོགས་
པ་བསམ་གྱིས་མི་ཁྱབ་པ་ཐུགས་རྒྱུད་ལ་མངོན་སུམ་དུ་འཁྲུངས། དགུང་ལོ་གྱ་གཅིག་པར་ད་སྤྲོས་པ་མང་པོ་ཁམས་ཀྱིས་མི་ནུས་པ་འདུག་པས། ཆོས་སྐྱོང་

རྣམས་ལ་གཏོར་མ་དུས་གཅིག་ལ་འབུལ་བ་ཡིན་གསུངས་ནས་གཏོར་མ་མང་པོ་ཞག་གསུམ་གྱི་བར་དུ་ཕུལ་ནས། གཏོར་མ་བསྔོ་བའི་རྗེས་མ་དེ་ལ་གྱིས་གསུངས། སློབ་དཔོན་དབོན་དབོན་པོ་སོགས་གདམས་ངག་གི་ཞུ་འཕྲོ་ཡོད་པ་རྣམས་ད་ལེན་ཤོག་གསུངས་ནས་ཆོས་ཁ་ཅིག་གསུངས་ཏེ། ཁོང་ཆོས་དོན་གཉེར་བ་རྣམས་ཀྱི་འཕྲོ་ཡང་རྫོགས་ཡོད། ད་ཁྲིད་གསར་པ་སྐྱོང་བ་སོགས་ཆོས་འཆད་པའི་སྤྱོད་པ་འཇོག་པ་ཡིན་གསུངས་ནས། སྐུ་མཚམས་དམ་དུ་བཏང་ནས་ཐུགས་དམ་གྱིས་དུས་འདའ་བར་མཛད་ཅིང་། མཐར་དགུང་གྲངས་གྱ་གཉིས་པ་བོད་རབ་བྱུང་བདུན་པའི་ལྕགས་ཕོ་བྱི་བའི་ལོ་སྟེ་སྤྱི་ལོ་༡༩༢༠ལོར་ཐུགས་དམ་དང་དག་པའི་སྣང་བ་ཁོ་ནས་དུས་འདའ་བའི་ངང་ནས། འདའ་ཀ་མའི་ཉམས་ལེན་ཁྱད་པར་ཅན་དང་བཅས་ཏེ་གཟུགས་སྐུའི་བཀོད་པ་ཆོས་དབྱིངས་སུ་བསྡུ་བའི་ཚུལ་བསྟན་པ་ཡིན་ནོ། །

༄ མུས་ཆེན་དཀོན་མཆོག་རྒྱལ་མཚན།

ཁོང་ནི་བོད་རབ་བྱུང་བདུན་པའི་ས་ཕོ་འབྲུག་གི་ལོ་སྟེ་སྤྱི་ལོ་༡༣༢༢ལོར་གཡས་རུ་བྱང་གི་ཆ་མུས་སྟོད་སྟག་མོ་གླིང་སྐུ་ཞེས་བྱ་བར་ཡབ་དཀོན་མཆོག་བཟང་པོ་དང་། ཡུམ་ནམ་མཁའ་སྐྱོང་གཉིས་ཀྱི་སྲས་སུ་ངོ་མཚར་བའི་ལྟས་དུ་མ་དང་བཅས་ཏེ་སྐུ་འཁྲུངས། སྐུ་ན་ཆུང་དུའི་དུས་ནས་འཁོར་བ་མཐའ་དག་སྡུག་བསྔལ་མཐའ་མེད་དུ་རྟོགས་ཤིང་། དགུང་ལོ་དགུ་པར་རྒྱལ་སྲས་ཐོགས་མེད་ཀྱི་སློབ་མ་དཔལ་འོད་བཟང་པོ་ལས་དགེ་ཚུལ་གྱི་སྡོམ་པ་བཞེས་ཤིང་མཚན་དཀོན་མཆོག་དཔལ་བཟང་པོར་གསོལ། ཀྱེ་རྡོར་མན་ངག་ལུགས་ཀྱི་དབང་དང་། ཐེག་པ་ཆེན་པོའི་བློ་སྦྱོང་ཟིན་བྲིས་མ། འགྲོན་དཔལ་ཡེ་བས་མཛད་པའི་རྒྱལ་སྲས་མའི་རྣམ་ཐར་གྱི་ལུང་རྣམས་གསན་ཅིང་། སྐྱེས་བུ་དམ་པ་རྣམས་ནི་སྐྱེ་བ་ཐམས་ཅད་དུ་ཡང་དག་པའི་ལམ་ལ་གོམས་པའི་སྟོབས་ཀྱིས་གཞོན་ནུའི་དུས་ནས་ཐོས་པ་རྒྱ་མཚོའི་གླིང་དུ་འཇུག་པར་མཛད་དེ། མུས་ཀྱི་ཆོས་སྡེ་ལུང་དུ་ཆེན་པོ་བྱང་སེང་པ་སྐུ་མཆེད་ཀྱི་དྲུང་དུ་བྱོན་ཏེ། ཕར་ཕྱིན་དང་སྤྱོད་འཇུག་བློ་སྦྱོང་སོགས་ལ་ཐུགས་སྦྱོང་མཛད། བར་སྐབས་སུ་བླ་མ་ནམ་ཆོས་བཟང་པོ་ལས་དུས་འཁོར་ཡོངས་རྫོགས་དང་། དཔལ་རྡོ་རྗེ་འཇིགས་བྱེད་ཀྱི་དབང་གསན་ཅིང་། དགུང་ལོ་བཅོ་བརྒྱད་པར་ཆོས་སྡེ་དེ་ཉིད་དུ་བཤད་པའི་དགའ་སྟོན་རྒྱ་ཆེར་མཛད། དགུང་ལོ་ཉི་ཤུ་པར་མུས་ཀྱི་གནས་གསར་དུ་གྲུབ་པའི་དབང་ཕྱུག་ཆེན་པོ་མཉམ་མེད་ནམ་མཁའི་རྣལ་འབྱོར་ལས། ཤེས་རབ་ཀྱི་ཕ་རོལ་ཏུ་ཕྱིན་པའི་མན་ངག་གཅོད་ཀྱི་ཁྲིད། ངོ་སྤྲོད་ལྔ་བའི་སྐོར། ཉམས་ལེན་སྤྲོད་པའི་སྐོར།

བོགས་འདོན་གེགས་སེལ་གྱི་སྐོར། ལམ་རིམ་པ་བཅུ་གསུམ་ལ་སོགས་པ་མ་གཅིག་གི་ཆོས་སྐོར་ཡོངས་སུ་རྫོགས་པ་གསན་ཏེ་ཉིན་མཚན་ཁོར་ཡུག་ཏུ་བརྩོན་པ་དྲག་པོས་བསྒོམས་པས་ཐུགས་དམ་གྱི་གཟིགས་སྣང་མང་པོ་དང་། བྱམས་པ་དང་སྙིང་རྗེ་ཚད་མེད་པ་འཁྲུངས། དགུང་ལོ་ཉེར་གཅིག་པར་ངམ་རིངས་ཀྱི་ཆོས་སྡེ་ཆེན་པོར་སློབ་དཔོན་ཆེན་པོ་བློ་གྲོས་རྒྱལ་མཚན་ལས། གཙོ་བོར་ཕར་ཚད་ལ་ཐུགས་སྦྱོང་དང་། རྗེ་བོའི་ཆོས་ཚུང་བརྒྱ་རྩའི་ལུང་རྣམས་གསན་ཏེ་ཆོས་གྲྭ་དེ་ཉིད་དུ་གྲྭ་སྐོར་མཛད། དགུང་ལོ་ཉེར་བཞི་པར་བཟང་ལྡན་གྱི་མཁས་པ་ཆེན་པོ་ཐུགས་རྗེ་དཔལ་བའི་མདུན་དུ་ལོ་གཅིག་ཙམ་དུ་བཞུགས་ནས་ལུང་རིགས་ལ་ལེགས་པར་སྦྱངས་ནས་དངོས་སྟོབས་རིགས་པའི་དབང་ཕྱུག་ཆེན་པོར་གྱུར་ཅིག །ཕ་རོལ་གྱི་རྒོལ་བ་གང་ལ་ཡང་མི་འཇིགས་པའི་སྤོབས་པ་ཐོབ་པར་གྱུར། དགུང་ལོ་ཉེར་བརྒྱད་པར་སླར་ཡང་ཆོས་རྗེ་རྒྱལ་མཆོག་པའི་ཆག་ཕྱིར་བྱོན་ཏེ་དགུང་ལོས་སོ་གཅིག་པའི་བར་དུ་ལུས་དང་གྲིབ་མ་བཞིན་དུ་འབྲལ་མེད་བསྟེན། སྤྱོད་ལམ་གྱིས་མཉེས་པར་བྱས་ཏེ། །ཕར་ཕྱིན། ཚད་མ། དབུ་མ། མངོན་པ་ཀུན་ལས་བཏུས་པ། འདུལ་བ་མདོ་རྩ་ལ་སོགས་པའི་ཕ་རོལ་ཏུ་ཕྱིན་པའི་གཞུང་ལུགས་རྣམས་ལེགས་པར་སྦྱོང་པར་མཛད་དོ། །དགུང་ལོ་སོ་གཉིས་པར་ངམ་རིངས་ཆོས་སྡེར་བྱོན་ནས་རོང་ཆེན་སྨྲ་བའི་སེང་གེ་ལས་ཕར་ཚད་ཀྱི་དོགས་གཅོད་གནང་། དགུང་ལོ་སོ་ལྔ་པར་ལྷ་སར་བསྐོར་བ་འབུམ་ཐེར་མཛད་ཅིང་། ཡར་ལམ་ཉང་སྟོད་དུ་རེད་མདའ་བའི་བཤེས་གཉེན་བདུན་གྱི་གཙོ་བོ་གངས་ཆེན་ཀུན་དགའ་དཔལ་གྱི་མཁན་པོ་གནས་སྙིང་དོན་གྲུབ་རིན་ཆེན་ལས་བསྙེན་པར་རྫོགས་པའི་དགེ་སློང་གི་སྡོམ་པ་མནོས། དགུང་ལོ་སོ་བརྒྱད་པར་དཔལ་འཁོར་ལོ་བདེ་མཆོག་ལོ་ནག་དྲིལ་གསུམ་ལ་སྒྲུབ་པ་སྙིང་པོར་དྲིལ་བར་བཞེད་དེ། སྙིགས་དུས་ཀྱི་རྡོ་རྗེ་འཆང་ཆེན་པོ་ཀུན་དགའ་བཟང་པོ་ཤཱཀྱ་བཟང་སྐུ་འབུམ་དུ་བཞུགས་པར་བསྙེན་ཏེ། བདེ་དགྱེས་ཀྱི་ཟབ་ལམ་དང་། རྒྱུད་བརྟག་གཉིས། སྦྱོར་དྲུག་གསུང་ངག་རིན་པོ་ཆེ་ལམ་འབྲས་བུ་དང་བཅས་པ་བུམ་པ་གང་བྱོའི་ཚུལ་དུ་གསན་བཞེས་མཐར་ཕྱིན་མཛད་ཅིང་ཉམས་སུ་བཞེས་པས་ཉམས་རྟོགས་བསམ་གྱིས་མི་ཁྱབ་པ་འཁྲུངས་ཏེ། གཞིར་གནས་ཀྱི་རྟེན་དཀྱིལ་འཁོར་བཞི་ལ་སྨིན་བྱེད་ཀྱི་དབང་བཞི་བསྐུར་ཞིང་། གྲོལ་བྱེད་ཀྱི་ལམ་བཞི་བསྒོམས་པས་སོ་སོའི་ལྟ་བ་བཞིན་རྒྱུད་ལ་སྐྱེས་ཤིང་། གྲུབ་མཐའ་བཞི་དང་། འབྲས་བུ་བཞི་འདྲེན་པའི་སྐན་བརྒྱུད་བཞི་གདམས་པར་མཛད་དེ། རྒྱུ་དུས་དང་ལམ་དུས་ཀྱི་དབང་གི་ཆུ་བོ་མ་ནུབ། ཉམས་མྱོང་མཚན་ཉིད་པ་སྐྱེས་པས་བྱིན་རླབས་ཀྱི་བརྒྱུད་པ་མ་ཉམས། གང་ཡང་ཏིང་ངེ་འཛིན་དུ་གྲོལ་ཤེས་པས་གདམས་ངག་གི་སནྡྷ་མ་ལོག །དེའི་སྟོབས་ཀྱིས་བླ་མ་སངས་རྒྱས་དངོས་ཀྱི་འདུ་ཤེས་སྐྱེས་པས་མོས

གུས་ཀྱི་བསམས་པ་ཚིམ་པར་མཛད་པ་ཡིན་ནོ། །དེ་ལྟར་རིམ་གཉིས་ཀྱི་ཉིང་དེ་འཛིན་བསྒོམས་པའི་སྟོབས་ཀྱིས་ལུས་ཉམས་དང་། གཞན་སེམས་ཤེས་པ་ལ་སོགས་པའི་ཡོན་ཏན་དུ་མ་མངོན་དུ་མཛད་ཅིང་། ཆོས་སྡེ་དགེ་བཤེས་རྣམས་ལ་གསུང་རྒྱུན་བླ་མ་ལ་སོགས་པའི་དམ་པའི་ཆོས་ཀྱི་ཆར་ཆེན་པོ་ཕབ་སྟེ། རྣམ་གྲོལ་གྱི་ལོ་ཐོག་མ་སླེས་པ་རྣམས་བསྐྱེད་པ་དང་། སྨིན་པ་སྒྲོལ་བར་མཛད་པ་ཡིན་ནོ། །དེ་ནས་དོར་བུ་སློབ་ཐམས་ཅད་ཀྱིས་བླ་མར་བཀུར་ཏེ་བླ་མ་ཡབ་སྲས་ཞེས་འབོད་ཅིང་། དཀྱུང་ལོ་ཞེ་གཉིས་པར་དོར་ཨེ་ཝཾ་ཆོས་ལྡན་གསར་འདེབས་མཛད་པའི་མཁར་ལས་པ་མཛད་ཅིང་། དཀྱུང་ལོ་རེ་དགུ་པར་རྗེ་སྐུ་གཤེགས་པའི་ཚེ་རྒྱལ་ཚབ་ཏུ་དབང་བསྐུར་ཏེ་གདན་ས་བསྐྱངས་ཤིང་མདོ་སྔགས་ཀྱི་འཆད་ཉན་སྤེལ། དཀྱུང་ལོ་དོན་གཉིས་པར་མུས་སུ་ཡ་མའི་དགོན་པ་གསར་འདེབས་མཛད། དཀྱུང་ལོ་དོན་ལྔ་པར་དོར་བའི་གདན་ས་ཤེས་རབ་རྒྱ་མཚོ་ལ་གཏད་ནས་མུས་བསྟན་འཛིན་ཕུག་ཏུ་ཐུགས་དམ་ལ་རྩེ་གཅིག་ཏུ་བཞུགས་ཤིང་མངོན་ཤེས་དང་གྲུབ་རྟགས་བསམ་གྱིས་མི་ཁྱབ་པ་ལ་དབང་འགྱུར། མདོར་ན་དམ་པ་འདི་ཉིད་ནི་འཆད་རྩོད་རྩོམ་གསུམ་མཁས་བཙུན་བཟང་གསུམ་སོགས་ཡོན་ཏན་བསམ་གྱིས་མི་ཁྱབ་པས། སྲས་ཀྱི་ཐུ་བོ་ཀུང་རུ་ཤེས་རབ་བཟང་པོ་ལ་སོགས་པ་རྗེ་དོར་བའི་སློབ་རིགས་ཐམས་ཅད་དང་། ས་སྐྱ་འཁོན་གྱི་གདུང་རྒྱུད་རྣམས་དང་། རིན་སྤུངས་པ་དང་། བྱང་པ་སོགས་སྡེ་བདག་ཆེན་པོ་རྣམས་ཀྱིས་མཆོད་སྟོད་མངའ་རིས། སྨད་མདོ་ཁམས། བར་དབུས་གཙང་གི་དགེ་བའི་བཤེས་གཉེན་མཁས་བཙུན་བཟང་གསུམ་དང་ལྡན་པ་དཔག་ཏུ་མེད་པའི་ཚོགས་རྣམས་ལ་དབང་ཁྲིད་ལྷབས། རྒྱུད་མན་ངག །ལུང་ལ་སོགས་པའི་སྒོ་ནས་རང་རང་གི་སྐལ་བ་དང་འཚམས་པར་སྨིན་གྲོལ་གྱི་ལམ་ལ་བཀོད་པར་མ་ཟད། རྩོམ་པའི་ཕྲེང་བ་གསར་དུ་སྤེལ་བ་ཡང་པོད་གཅིག་རྗེས་འཇུག་གདུལ་བྱའི་གསོས་སུ་བཞག་ནས། རྒྱལ་བའི་བསྟན་པ་འདི་ལ་སྟོན་པ་གཉིས་པ་ལྟ་བུར་གྱུར་བ་ཡིན་ནོ། །དེ་ལྟར་ཞིང་འདིའི་གདུལ་བྱ་དེ་ཙམ་དུ་གཟིགས་ནས་མཐར་དཀྱུང་གྲངས་བརྒྱད་ཅུ་གྱ་གཉིས་པ་བོད་རབ་བྱུང་བརྒྱད་པའི་ས་མོ་གླང་གི་ལོ་སྟེ་སྤྱི་ལོ་༡༩༤༩ལོར་མུས་ཀྱི་བསམ་གཏན་ཕུག་ཏུ་དགོངས་པ་ཆོས་དབྱིངས་སུ་གཤེགས་པ་ཡིན་ནོ། །

༄ འཇམ་དབྱངས་ཤེས་རབ་རྒྱ་མཚོ།

ཁོང་ནི་བོད་རབ་བྱུང་བདུན་པའི་མེ་ཕོ་བྱི་བའི་ལོ་སྟེ་སྤྱི་ལོ་༡༣༩༦ལོར་གཙང་ཆུ་མིག་གི་བྱ་འདབ་ཕྱུག་གྲོང་དུ་ཡབ་མགར་མི་ཡེ་ཤེས་གཡུང་དྲུང་གི་

གདུང་ལས་མཆེད་པའི་རྒྱལ་མཚན་དར་དང་། ཡུམ་ལྷུན་གྲུབ་རྒྱལ་མོ་གཉིས་ཀྱི་སྲས་སུ་ངོ་མཚར་བའི་ལྟས་དུ་མ་དང་བཅས་ཏེ་སྐུ་འཁྲུངས། བདག་ཉིད་ཆེན་པོ་ཀུན་དགའ་རིན་ཆེན་གྱིས་བསོད་ནམས་འཕེལ་དུ་མཚན་གསོལ་ཞིང་དབང་དང་བྱིན་རླབས་རིམ་པར་གནང་ཞིང་བསྟན་འཛིན་གྱི་སྐྱེས་བུ་ཞིག་འབྱུང་བར་ལུང་བསྟན། རྒྱ་སྟོན་ཙནྡྲ་དེ་ཝའི་དྲུང་དུ་ཡི་གེ་འབྲི་ཀློག་སྦྱངས། དགུང་ལོ་བཅུ་བཞི་པར་སྣར་ཐང་གི་གདན་རབས་བཅུ་བཞི་པ་གྲུབ་པ་ཤེས་རབ་ཀྱིས་མཁན་པོ་དང་། ཤེས་རབ་དཔལ་བས་སློབ་དཔོན། རྒྱ་སྟོན་ཙནྡྲ་དེ་ཝ་སོགས་དད་པའི་དགེ་སློང་བཅུ་ཕྲག་གི་དབུས་སུ་རབ་ཏུ་བྱུང་བར་མཛད་ཅིང་མཚན་ཤེས་རབ་རྒྱ་མཚོ་གྲགས་པ་དཔལ་དུ་གསོལ། དགུང་ལོ་ཉི་ཤུ་པར་སྔར་གྱི་མཁན་པོ་དེ་ཉིད་ལས་བསྙེན་པར་རྫོགས་པའི་དགེ་སློང་གི་སྡོམ་པ་ཡང་དག་པར་བཞེས། རྡོ་རྗེ་འཆང་ཀུན་དགའ་བཟང་པོ་སོགས་བླ་མ་མང་དུ་བསྟེན་ཏེ་ཐུགས་རྒྱུད་སྡོམ་པ་གསུམ་གྱིས་གཏམས། ཐོས་བསམ་བསྒོམ་པ་མཐར་ཕྱིན། ས་སྐྱ་སྣར་ཐང་སོགས་སུ་གྲྭ་སྐོར་མཛད། ཆོས་རྗེ་རྒྱལ་མཆོག་པ་ལས་འགྲེལ་ཆུང་དོན་གསལ་དང་། གཡག་ཊཱིཀྐ་སོགས་གཞུང་ལུགས་དུ་མ་གསན། རོང་སྟོན་ཆེན་པོའི་དྲུང་དུ་བསྙེན་ཆོ་དབུ་མ་འཇུག་པའི་གསུང་འགྲོ། །དེ་ཉིད་ཉེ་བར་སྟོན་པའི་སྟོད་ནི་འདི་ཡིན་ཏེ། །དེ་ལ་དམ་པའི་དོན་གྱི་བདེན་པ་བསྟན་པར་བྱ། ཞེས་པའི་ཐད་དུ་ཕེབས་པར་རྟེན་འབྲེལ་འགྲིགས། ཆོས་རྗེ་ས་པཎ་གྱིས་རྗེས་སུ་བཟུང་སྟེ་ཚད་མ་ལ་དབང་འགྱུར་ཅིང་རིགས་གཏེར་གྱི་སྤྱི་དོན་མཛད། གཞན་ཡང་བདག་ཆེན་གྲགས་པ་བློ་གྲོས། མཁན་ཆེན་གཡག་པ། སྤྱོས་ཁང་རིན་ཆེན་རྒྱལ་མཚན། ཆོས་རྗེ་བསོད་ནམས་བློ་གྲོས། པཎ་ཆེན་ནགས་རིན། མཁན་ཆེན་ཀུན་དགའ་རིན་ཆེན། ཀུན་མཁྱེན་ཤེས་རབ་དཔལ། ཆོས་རྗེ་དཔོན་སྟོན་ཐུབ་པ། ཆོས་རྗེ་གྲགས་པ་དོན་གྲུབ་སོགས་མཁས་ཤིང་གྲུབ་པ་བརྙེས་པའི་དགེ་བའི་བཤེས་གཉེན་དུ་མ་བསྟེན་ནས་གཞུང་ལུགས་རྒྱ་མཚོ་ལྟ་བུ་ལ་མངའ་དབང་འབྱོར། དྲུག་པ་རྡོ་རྗེ་འཆང་ཆེན་པོའི་ངོ་བོ་ཀུན་དགའ་བཟང་པོའི་ཞབས་དྲུང་དུ་དགུང་ལོ་སོ་བཞི་པ་བོད་རབ་བྱུང་བདུན་པའི་ས་མོ་བྱ་ཡི་ལོ་སྟེ་སྤྱི་ལོ་༡༩༢༨ལོར་དཔལ་ཀྱེ་ཪྡོ་ཆོས་ལྡན་འདེབས་པ་དང་དུས་མཚུངས་སུ་སྒོ་གསུམ་གུས་པའི་སྒོ་ནས་བསྟེན་ཏེ། གདམས་ངག་བཀའ་ཆོས་ཐམས་ཅད་བུམ་པ་གང་བྱོའི་ཚུལ་དུ་གསན་ཅིང་། ལམ་འབྲས་བུ་དང་བཅས་པའི་གདམས་ངག་ཚར་བཅུ་གསུམ་གསན། ཉང་སྟོད་དགོན་གསར་དུ་རོང་སྟོན་མཇལ་བར་ཕེབས་དུས་ཛ་སྣ་ཆོས་རྗེ་ལ་གནང་ནས་ལེགས་པའི་སྨྲ་བརྒྱ་འབྱེད་པའི་རྟེན་འབྲེལ་འགྲིགས། རྗེ་རྡོ་རྗེ་འཆང་དགུང་ལོ་ང་གཉིས་པར་སྟོད་མངའ་རིས་སུ་གདན་དྲངས་ཏེ། རྗེའི་སློབ་མ་དྲུག་ཤོས་གཅིག་ཐུབ་བསྟན་དར་རྒྱས་གླིང་དུ་རྗེའི་བཞུགས་ཁྲི་ལ་འཛོགས་དགོས་ཚུལ་བྱུང་བ་ལ། རྗེ་

འདི་ལ་བསླབ་སྟོན་གནང་སྐེ་འཕགས་པ་རིན་པོ་ཆེའི་བེར་ཐུལ་དང་ཆོས་དུང་སོགས་བསྐུལ་ཏེ་རྟེན་འབྲེལ་ལེགས་པར་འགྲིགས། ཡབ་སྲས་གཉིས་ཀྱིས་ཆོས་འཁོར་རྒྱ་ཆེན་པོ་བསྐོར། བོད་རབ་བྱུང་བཅུ་དྲུག་པའི་ས་མོ་སྦྲུལ་གྱི་ལོ་སྟེ་སྤྱི་ལོ་༡༩༩༨ལོར་ཟླ་བ་དྲུག་པར་རྡོ་རྗེ་འཆང་ཆེན་པོ་ཨེ་ཝཾ་ལ་འབྱོན་ཁར། ཁྱེད་རང་རེ་ཞིག་འདིར་བསྟན་པའི་བྱ་བ་མཛོད། དེ་ནས་ཨེ་ཝཾ་གྱི་གདན་ས་སློབ་དཔོན་དཀོན་མཆོག་རྒྱལ་མཚན། ཁ་ཆར་མཁན་པོ་ཉིད་ཅག་གསུམ་སྐུ་ཆེ་གང་རིང་ཡིན། དེའི་མཚམས་ཀུན་དགའ་དབང་ཕྱུག་འོས་ཡིན་གསུངས། རྗེ་དམ་པ་འདི་མངའ་རིས་སུ་རྡོ་རྗེ་འཆང་དང་ཚུལ་མཚུངས་པ་འགྲོ་དོན་མཛད་དེ། ཐུབ་བསྟན་དར་རྒྱས་གླིང་དུ་ལོ་བཅུ་གཅིག་གདན་སར་བཞུགས་ཤིང་། སླར་མི་གླང་ལོར་རྗེའི་སྐུ་གདུང་མཇལ་བ་སོགས་ལ་ཨེ་ཝཾ་དུ་བྱོན་ནས་རྒྱལ་ཚབ་དམ་པ་དཀོན་མཆོག་རྒྱལ་མཚན་ལ་འབུལ་བ་དང་། དགེ་འདུན་ལ་བསྙེན་བཀུར་སོགས་རྡོ་རྗེ་འཆང་གི་དགོངས་རྫོགས་སུ་བསྒྲུབས། སྣར་ཐང་དུ་ཡང་དེ་བཞིན་མཛད་པ་དང་། །རྒྱལ་ཚབ་མུས་ཆེན་ལ་རྡོ་རྗེ་འཆང་གི་རྣམ་ཐར་སོགས་བཀའ་ཆོས་འགའ་རེ་གསན་ཅིང་། རྗེ་མུས་པས་ཀྱང་རྗེ་འདི་ལ་བདེ་བ་ཅན་གྱི་ཞིང་གི་བཀོད་པའི་ལུང་སོགས་ཞུས། དེ་ནས་རྗེ་དཔོན་ཀུན་དགའ་དབང་ཕྱུག །ཆོས་རྗེ་དཔལ་རྡོར་བ། སློབ་དཔོན་བསོད་ནམས་དབང་ཕྱུག་སོགས་ཀྱིས་གསོལ་བ་བཏབ་པ་ལྟར་ངོར་ཆེན་རྡོ་རྗེ་འཆང་ཀུན་དགའ་བཟང་པོའི་ཆོས་ཀྱི་ཁྲི་ལ་མངའ་གསོལ་ཏེ་འཁོར་འདུས་པ་རྒྱ་མཚོ་ལྟ་བུ་ལ་གསུང་ངག་རིན་པོ་ཆེ་ལམ་འབྲས་བུ་དང་བཅས་པའི་ཁྲིད་ཚར་བཅོ་ལྔས་མཚོན་རྒྱུད་སྡེ་རབ་འབྱམས་ཀྱི་དབང་ཁྲིད་ལུང་མན་ངག་གི་སྒོ་ནས་རྒྱལ་བའི་བསྟན་པ་རིན་པོ་ཆེ་འདི་ཉིད་སྒོ་ཀུན་ནས་དར་ཞིང་རྒྱས་པར་མཛད་དེ་གདན་ས་ལོ་ལྔའི་རིང་བཟུང་ནས་གདུལ་བྱ་དུ་མ་སྨིན་གྲོལ་གྱི་ལམ་ལ་བཀོད་པར་མ་ཟད། ལེགས་པར་བཤད་པའི་རྩོམ་གྱི་སྐོར་ལ་ཡང་། རྡོ་རྗེ་འཆང་གི་བསྟོད་པ། འཇམ་དབྱངས་དཀོན་མཆོག་རིན་ཆེན་གྱི་བསྟོད་པ་སོགས་བསྟོད་ཚོགས་ཀྱི་སྐོར་དང་མཛོད་ཀྱི་ཊཱིཀྐ་དང་། འདུལ་བའི་སྤྱི་དོན་སོགས་དང་མངོན་རྟོགས་རྒྱན་འགྲེལ་བ་དང་བཅས་པའི་ས་བཅད། འགྲེལ་ཊཱིཀྐ་ཡན་ལག་རྒྱས་བཤད་སོགས་དང་། དབུ་མ་ལ་འཇུག་པའི་ཊཱིཀྐ །སྤྱོད་འཇུག་གི་ཊཱིཀྐ །ཚད་མ་རྣམ་འགྲེལ་གྱི་ཊཱིཀྐ །ཚད་མ་རིགས་གཏེར་གྱི་ཊཱིཀྐ །བློ་གྲོས་རྣམ་འབྱེད་སོགས་དང་། ཐ་སྙད་སྐོར་ལ། རིག་པ་གློག་ཐབས། སྨྲ་བ་ངན་འཛོམས་ལ་སོགས་སྒྲའི་བསྟན་བཅོས། རྒྱན་གསལ་བྱེད་ལ་སོགས་པ་སྙན་ངག་གི་བསྟན་བཅོས། གཞན་ཡང་སྦྱོས་དང་གཙུག་ལག་གི་བསྟན་བཅོས་ལ་སོགས་པ་དང་གསན་ཡིག་དགོས་འདོད་ཀུན་འབྱུང་སོགས་པོད་དུ་མ་རྗེས་འཇུག་གདུལ་བྱའི་གསོས་སུ་བཞག་ཅིང་། གསུང་གི་གསང་བའི་བདུད་རྩི་རོལ་བ་ལ་ཡང་། ཤར་བ་བདག་ཆེན་

རྡོ་རྗེ་འཆང་ཆེན་པོའི་སྐུའི་དབོན་པོ་རྒྱལ་ཚབ་དམ་པ་ཀུན་དགའ་དབང་ཕྱུག ཁ་ཆར་བ་བསོད་ནམས་རྒྱལ་མཚན། མཁས་གྲུབ་དཔལ་རྡོར་བ་སྤྱན་སྔ་ཀུན་དགའ་རྡོ་རྗེ་སྐུ་མཆེད། བྱམས་ཆེན་མཁན་པོ་ཆོས་རྗེ་ཀུན་དགའ་བཀྲ་ཤིས། ཆུ་འདུས་མཁས་བཙུན་ཡོན་ཏན་རྒྱ་མཚོ། པཎ་ཆེན་ཤཱཀྱ་མཆོག་ལྡན། ཉག་ཕྲེ་ཡོན་ཏན་འོད་ཟེར་གྲགས་པ་རིན་ཆེན། རྐྱང་ཐུར་མཁན་པོ་དཀོན་མཆོག་དཔལ། སློབ་དཔོན་བསོད་ནམས་དབང་ཕྱུག །ཨ་གར་ཆོས་རྗེ་གྲགས་པ་དཔལ་བཟང་། ཐུབ་བསྟན་དར་རྒྱས་གླིང་གི་མཁན་པོ་ཡོན་ཏན་ཆོས་རྒྱལ། བྱམས་གླིང་མཁན་ཆེན་ཡོན་ཏན་ཚུལ་ཁྲིམས་རྒྱ་མཚོ། སྡེ་སྟོད་འཛིན་པ་ལེགས་པའི་ཤེས་རབ། སྙིང་ཆེན་མཁན་པོ་ནམ་མཁའ་དཔལ་བཟང་། པཎ་ཆེན་གྲགས་རྒྱལ། ཆོས་འཁོར་རྒྱལ་བྱེད་ཚལ་གྱི་མཁན་པོ་ཤེས་རབ་འབུམ་ལ་སོགས་པ་དུ་མ་དང་། བསྟན་པའི་སྦྱིན་བདག་ཨ་མགོན་བཟང་པོ་སྐུ་མཆེད་ཡབ་སྲས་རྣམས་དང་། ཆུ་འདུས་བདག་པོ་སོགས་དུ་མ་བྱུང་ཞིང་། མདོར་ན་བདག་ཉིད་ཆེན་པོ་འདིས་ཀུན་མཁྱེན་རྒྱལ་བའི་བསྟན་པ་ཉིན་མོ་ལྟར་གསལ་བར་མཛད་ཅིང་། དེ་དག་གི་སློབ་མ་དང་། ཡང་སློབ་དང་། རིང་སློབ་རྣམས་ཀྱང་རྒྱ་མཚོའི་གོས་ཅན་ལ་ཆེས་ཤིན་ཏུ་ངལ་བ་འབྱིན་པ་ཡིན་ནོ། །དེ་ནས་དགུང་གྲངས་བདུན་ཅུ་པ་བོད་རབ་བྱུང་བརྒྱད་པའི་ཤིང་མོ་བྱ་ཡི་ལོར་རྒྱལ་བ་ཡབ་སྲས་གསུམ་གྱིས་མགྲིན་གཅིག་ཏུ་དབང་བསྐུར་བ་རྒྱལ་ཚབ་ཏུ་དམ་པ་ཀུན་དགའ་དབང་ཕྱུག་ཨེ་ཝཾ་ཆོས་ལྡན་གྱི་བཞུགས་ཁྲི་ལ་མངའ་གསོལ་ནས། རྗེ་ཉིད་ཨེ་ཝཾ་གཟིམས་ཁང་འོག་ཏུ་ཐུགས་དམ་ལ་རྩེ་གཅིག་ཏུ་གཞོལ་བར་མཛད་ནས། མཐར་དགུང་གྲངས་དོན་དགུ་པ་བོད་རབ་བྱུང་བརྒྱད་པའི་ཤིང་ཕོ་རྟ་ཡི་ལོ་སྤྱི་ལོ་༡༤༧༤ལོར་བསྡུང་བ་མེད་པར་འདའ་ཀ་མ་གསལ་བཏབ་སྟེ་གཟུགས་སྐུའི་བཀོད་པ་ཆོས་དབྱིངས་སུ་བསྡུ་བའི་ཚུལ་བསྟན་པ་ཡིན་ནོ། །

༄ མཁས་གྲུབ་ཀུན་དགའ་དབང་ཕྱུག །

ཁོང་ནི་བོད་རབ་བྱུང་བདུན་པའི་ཤིང་ཕོ་འབྲུག་གི་ལོ་སྤྱི་ལོ་༡༤༢༤ལོར་ཡུལ་གྱི་དགེ་མཚན་དུ་མས་བརྒྱན་པའི་གནས་སུ་ཡབ་རིགས་རུས་ཀྱིས་མངོན་པར་འཕགས་པ་དྲུང་ཆེན་བདེ་ལེགས་དང་ཡུམ་དཔལ་ལྡན་བཟང་མོ་གཉིས་ཀྱི་སྲས་སུ་ངོ་མཚར་བའི་ལྟས་དུ་མ་དང་བཅས་ཏེ་གཟུགས་སྐུ་ཆུ་འཛིན་གྱི་རྒྱ་ལས་གྲོལ་ཏེ་མཚན་དགེ་བསྙེན་ཀུན་དགའ་གྲུབ་ཅེས་གསོལ། ཁའུ་སྐྱེས་ལྟས་སུ་སློབ་དཔོན་དཔལ་ལྡན་དོན་གྲུབ་དྲུང་དུ་བསླབ་སྦྱོང་མཛད་སྐབས་མགོན་པོ་

གདོང་བཞི་པ་བྲག་ལ་ཐིམ་པར་གཟིགས་ཤིང་། དགུང་ལོ་བཅུ་གཉིས་པར་དཔལ་ལྡན་ས་སྐྱའི་བླ་བྲང་ཤར་དུ་རྡོ་རྗེ་འཆང་ཀུན་དགའ་བཟང་པོས་མཁན་པོ་དང་། བྱང་ཕྱུག་ཀུན་ལེགས་པས་སློབ་དཔོན་མཛད་དེ་རབ་ཏུ་བྱུང་སྟེ་མཚན་ཀུན་དགའ་དབང་ཕྱུག་ཏུ་གསོལ། དགུང་ལོ་བཅོ་ལྔ་པར་དཔལ་ཨེ་ཝཾ་ཆོས་ལྡན་ཡོན་ཏན་རིན་པོ་ཆེ་དུ་མའི་འབྱུང་གནས་སུ་ཕེབས་ནས། གཙོ་ཆེར་རྡོ་རྗེ་སློབ་དཔོན་སྤྱོད་ལམ་གྱི་སྒོ་ནས་མཉེས་པར་མཛད་པ་དང་ཕྱི་ནང་གི་ལས་སུ་བྱ་བ་མཐའ་ཡས་པ་ཞིག་དཀའ་བ་ཆེན་པོས་དང་དུ་བླངས་ཤིང་། བྱང་ཕྱུག་ཏུ་ཀྱེ་རྡོ་རྗེ་རྒྱུད་གསུམ་ལ་ཐུགས་སྦྱངས་མཛད་ནས་ཆོས་རྗེ་རྡོ་རྗེ་འཆང་ཀུན་དགའ་བཟང་པོ་དག་པའི་ཞིང་དུ་མ་ཕེབས་པར་དུ་འབྲལ་མེད་དུ་བསྙེན་ནས་དབང་དང་། བྱིན་རླབས། ལུས་དང་། བཤད་པའི་བཀའ། ཁྲིད་ཀྱི་རིམ་པ་དང་། མན་ངག་ཐོར་བུ་དུ་མ་དང་། ཁྱད་པར་དུ་གསུང་ངག་རིན་པོ་ཆེ་ལམ་འབྲས་བུ་དང་བཅས་པ་ཉམས་མྱོང་སྐྱེ་ཁྲིད་ཀྱི་ཚུལ་དུ་ཚར་བཅོ་ལྔ་ལྷག་ཙམ་གསན་ཅིང་། གཞུང་ལུགས་རབ་འབྱམས་ལ་ཐོས་བསམ་ཕྱོགས་མེད་མཛད་དེ་ཕྱག་ལེན་སོགས་བྱིན་རླབས་ཀྱི་དྲོད་མ་ཡལ་བར་བུམ་པ་གང་བྱོའི་ཚུལ་དུ་བསྐུལ་ཅིང་དེ་ལྟར་གསན་པ་རྣམས་ཀྱང་ཚིག་ཙམ་མ་ཡིན་པར་དོན་དང་བཅས་པ་ཐུགས་སུ་ཆུད་ཅིང་ཆོས་ཀྱི་རྣམ་གྲངས་རེ་རེ་ལ་ཡང་བརྒྱུད་པའི་ཁུངས་དང་བཅས་པ་ཕྱིན་ཅི་མ་ལོག་པར་བསླབས་པ་ཡིན་ནོ། །དགུང་ལོ་ཉེར་བདུན་པ་ས་ཕོ་རྟ་ཡི་ལོར་མཁྱེན་རབ་ཀྱི་དབང་ཕྱུག་ཀུན་དགའ་བཟང་པོས་མཁན་པོ་དང་། མུས་ཆེན་པས་ལས་སློབ། ཁ་ཆར་སེམས་དཔའ་ཆེན་པོ་བསོད་ནམས་རྒྱལ་མཚན་པས་གསང་སྟོན་དང་། གྲུབ་ཆེན་ནམ་མཁའ་དཔལ་བཟང་པས་གྲིབ་ཚོད་མཛད་དེ་དད་པའི་དགེ་འདུན་གྲངས་ཚང་གི་དབུས་སུ་བསྙེན་པར་རྫོགས་པའི་དགེ་སློང་གི་སྡོམ་པ་ཡང་དག་པར་བཞེས་ཤིང་སྡོམ་པ་གསུམ་གྱི་བསླབ་བྱ་ལ་གཅེས་སྤྲས་སུ་མཛད་ནས་བསླབ་པ་ཚུལ་ཁྲིམས་ཀྱི་ཕུང་པོས་མཛེས་པར་གྱུར། གཞན་ཡང་རྗེ་མུས་ཆེན་འཇམ་དབྱངས་ཤེས་རབ་རྒྱ་མཚན། ཉག་བྲེ་ཡོན་ཏན་འོད་ཟེར་སོགས་ལས་ཀྱང་། དམ་པའི་ཆོས་ཀྱི་བདུད་རྩི་དུ་མ་བཞེས་ཏེ་ཐོས་པའི་ཕ་རོལ་ཏུ་ལེགས་པར་སོན་ཏེ། སྒྲུབ་པ་ཉམས་ལེན་ལ་རྩེ་གཅིག་ཏུ་གཞོལ་བར་མཛད་དེ་ཀྱེ་རྡོར་ཡབ་ཡུམ་སོགས་ཡི་དམ་དུ་མའི་བསྙེན་སྒྲུབ་མཐའ་རུ་ཕྱིན། དཔལ་ལྡན་ཨེ་ཝཾ་ཆོས་ལྡན་ཡོན་ཏན་རིན་པོ་ཆེ་དུ་མའི་འབྱུང་གནས་ངོར་ཆེན་རྡོ་རྗེ་འཆང་ཀུན་དགའ་བཟང་པོའི་གསེར་གྱི་ཁྲི་འཕང་མཐོན་པོ་ལ་ཞབས་ཀྱི་པདྨོ་ཉེ་བར་བཀོད་དེ་ཤིས་བརྗོད་དང་མཐུན་པའི་དོན་མངོན་དུ་གྱུར། འཁོར་འདུས་པ་རྒྱ་མཚོ་ལྟ་བུ་ལ་གསུང་ངག་རིན་པོ་ཆེ་ལམ་འབྲས་བུ་དང་བཅས་པ་ཚར་བཅུ་བདུན་གྱིས་མཆོད་དབང་དང་། བྱིན་རླབས། བཤད་པ། ལུང་དང་མན་ངག་ཁྲིད་སོགས་ཆོས་ཀྱི་སྒོ་དཔག་ཏུ་མེད་པ་བསྟན་ནས་སྐལ་

ལྡན་གྱི་འགྲོ་བ་རབ་ཏུ་མང་པོ་ཚིམ་པར་མཛད་ཅིང་། གཞན་ཡང་སྔ་གཞུག་རྣམས་སུ་སྟོད་མངའ་རིས་སོགས་སུ་ཕེབས་ཏེ་ཆོས་ཀྱི་འཁོར་ལོ་བར་མེད་དུ་བསྐོར་བར་མཛད་དེ། བསྟན་པའི་སྦྱིན་བདག་ཆེན་པོ་རྣམས་དང་། བློ་མཆོག་ཏུ་གྱུར་པའི་དགེ་བའི་བཤེས་གཉེན་གྲངས་མེད་པ་རྡོ་རྗེ་ཐེག་པའི་ལམ་གྱིས་སྨིན་པར་མཛད་ལ། སྐྱེ་བོའི་ཚོགས་ཐུན་མོང་བ་རྣམས་ལ་བྱང་ཆུབ་ཀྱི་མཆོག་ཏུ་སེམས་བསྐྱེད་པ་ལན་གྲངས་དུ་མའི་བར་དུ་གནང་ནས་ཐེག་པ་ཆེན་པོའི་ལམ་ལ་འགོད་པར་མཛད་ཅིང་། གཞན་ཡང་རབ་ཏུ་བྱུང་བ་དང་། བསྙེན་པར་རྫོགས་པ་སྟོང་ཕྲག་ལྷག་ཙམ་གྱི་མཁན་པོ་གནང་ནས། བསྟན་པའི་རྩ་བ་ལྷག་པ་ཚུལ་ཁྲིམས་ཀྱི་བསླབ་པ་རྒྱ་ཆེར་སྤེལ། དེའི་སྐབས་སུ་བསྟན་པའི་སྦྱིན་བདག་རྣམས་དང་བུ་སློབ་རྣམས་ཀྱི་འབུལ་བའི་དངོས་པོ་བསམ་གྱིས་མི་ཁྱབ་པ་བྱུང་བ་རྣམས་ཀྱང་། སྐུ་གསུང་ཐུགས་རྟེན་ཁྱད་འཕགས་དུ་མ་བསྐྲུན་པ་དང་། བླ་མ་གོང་མ་ཞལ་བཞུགས་པ་རྣམ་གཉིས་ཀྱི་དྲུང་དུ་འབུལ་བ་དང་། གོང་མ་རྣམས་ཀྱི་དུས་མཆོད་ལ་སོགས་པ་ཡུལ་ཁྱད་པར་ཅན་ཁོ་ནའི་ཕྱིར་དུ་སྒྱུར་བ་མ་གཏོགས། རང་ཉིད་ཀྱི་བདག་ཏུ་འཛིན་པ་ནི་ཅུང་ཟད་ཀྱང་མི་མངའ་བ་ཡིན་ནོ། །དེའི་ཕྱིར་རང་དང་དུས་མཚུངས་པའི་མཁས་པའི་སྐྱེ་བོ་མཐའ་དག་གིས་ཞབས་ཀྱི་ཟེའུ་འབྲུ་སྤྱི་བོར་ལེན་ཅིང་། མངོན་པར་ཁེངས་པའི་མདུད་པ་གྲོལ་ཏེ། དམ་པའི་ཆོས་ཀྱི་དགའ་སྟོན་ལ་སྤྱོད་པས་དམ་པའི་སྐྱེ་བོ་གྲངས་ལས་འདས་པ་ཞིག་སློབ་མར་མཛད་པ་ཡིན་ནོ། །གཞན་ཡང་ལེགས་པར་བཤད་པའི་རྩོམ་གྱི་ཕྲེང་བ་སྤེལ་བའི་ཚུལ་ཡང་། ལམ་དུས་ཀྱི་དབང་གི་ཆོ་ག་ཡིད་བཞིན་གྱི་ནོར་བུ་དང་། བླ་མ་གོང་མའི་བསྟོད་པ་དང་། ཉམས་མགུར་ཐོར་བུ་སོགས་གསུང་ཆོས་སྐོར་དུ་མ་རྗེས་འཇུག་གདུལ་བྱའི་གསོས་སུ་བཞག་ནས། བཤད་སྒྲུབ་འཁོར་ལོ་གཉིས་ལྡན་གྱི་སྒོ་ནས་རྒྱལ་བའི་བསྟན་པ་རིན་པོ་ཆེ་འདི་ཉིད་ནོར་འཛིན་སྣེག་མོའི་ཁྱོན་ཀུན་ཏུ་དར་ཞིང་རྒྱས་པར་མཛད་ནས། རེ་ཞིག་ཞིང་འདིའི་གདུལ་བྱ་དེ་ཙམ་དུ་གཟིགས་ཏེ་བློ་བུར་བྱམས་པ་གླིང་དུ་གཟུགས་སྐུའི་བཀོད་པ་ཆོས་དབྱིངས་སུ་བསྡུ་བའི་ཚུལ་བསྟན་པ་ཡིན་ནོ།།

༄ མཁས་གྲུབ་དཔལ་ལྡན་རྡོ་རྗེ།

ཁོང་ནི་བོད་རབ་བྱུང་བདུན་པའི་ལྕགས་མོ་ཡོས་ཀྱི་ལོ་སྤྱི་ལོ་༡༧༡༡ལོར་དཔལ་ལྡན་ས་སྐྱ་རུ་རིགས་གཟུགས་འབྱོར་བའི་དཔལ་གྱིས་མཐོ་བའི་ཁྲིམ་བདག་ཡབ་ཆེན་དཔལ་འབྱོར་བཟང་པོ་དང་། ཡུམ་སྐྱེ་བས་ཐོབ་པ་དང་སྦྱོར་བ་ལས་བྱུང་བའི་བུད་མེད་ཀྱི་ཡོན་ཏན་དུ་མས་རྣམ་པར་སྤྲས་པའི་སྐྱིད་པ

དཔལ་གྱི་སྲས་སུ་ངོ་མཚར་བའི་ལྟས་དུ་མ་དང་བཅས་ཏེ་སྐུ་འཁྲུངས། རིག་པ་འཛིན་པའི་སྡེ་སྣོད་མཐའ་དག་གི་གླེགས་བམ་གཅིག་ཕྱུ་དབང་བཤད་མན་ངག་བསམ་གྱིས་མི་ཁྱབ་པའི་གཏེར་མཛོད། བྱམས་པ་དང་ཐུགས་རྗེའི་བདག་ཉིད་དམ་པ། མཁས་གྲུབ་ཆེན་པོ་ས་བཟང་འཕགས་པ་གཞོན་ནུ་བློ་གྲོས་ལས་ཚེ་དབང་ཞུས་ཤིང་རྡོ་རྗེ་སྲ་བརྟན་ཞེས་མཚན་གསོལ། དགུང་ལོ་བརྒྱད་པར་འཛམ་གླིང་གི་ས་སྐྱོང་ཆེན་པོ་དང་། མཁས་པ་དང་གྲུབ་པའི་སྐྱེས་བུ་རྣམས་ཀྱིས་གང་གི་ཞབས་རྡུལ་ཅོད་པན་དུ་བྱས་པ། ཐེག་ཆེན་ཆོས་ཀྱི་རྒྱལ་པོ་ཀུན་དགའ་བཀྲ་ཤིས་རྒྱལ་མཚན་དཔལ་བཟང་པོའི་ཞལ་སྔ་ནས་མཁན་པོ་མཛད་ནས། རབ་ཏུ་བྱུང་བ་དང་དགེ་ཚུལ་གྱི་བརྟུལ་ཞུགས་ཡང་དག་པར་མནོས་ཤིང་དཔལ་ལྡན་རྡོ་རྗེ་ཞེས་མཚན་དོན་དང་མཐུན་པར་བསྟུལ་ཏོ། །དེ་ནས་མཁས་པ་དེ་ཉིད་ཀྱི་དྲུང་དུ་དུས་གསུམ་སངས་རྒྱས་ཐམས་ཅད་ཀྱི་བགྲོད་པ་གཅིག་པུའི་ལམ་བྱང་ཆུབ་ཀྱི་མཆོག་ཏུ་ཐུགས་བསྐྱེད་པ་ཡང་དག་པར་བླངས་ནས་མིག་གི་འབྲས་བུ་ལས་ཀྱང་ཆེས་ཆེར་གཅེས་སྤྲས་སུ་མཛད་དོ། །སྐྱེ་བས་ཐོབ་པའི་མཁྱེན་པ་ཕུལ་དུ་བྱུང་བ་དང་ལྡན་པས་འབྲི་ཀློག་དང་བརྟག་གཉིས་ལ་སོགས་པ་ཚིགས་ཆུང་ངུ་ཙམ་གྱིས་ཐུགས་སུ་ཆུད། དེ་ནས་རབ་ཏུ་བྱུང་བའི་བྱ་བ་ནི་ཀློག་པ་ཐོས་བསམ་དང་སྤོང་བ་བསམ་གཏན་གཉིས་ཡིན་ལ། དེ་ཡང་ཐོས་པ་དང་བསམ་པས་སྒྲོ་འདོགས་མ་བཅད་པའི་སྒོམ་པ་ལམ་དུ་འགྲོ་བ་དཀའ་བར་གཟིགས་ཤིང་། ཐོས་བསམ་དེ་ཡང་ལུང་དང་རིགས་པའི་གྲྭ་བཟང་པོར་མཁས་པ་མཁས་པའི་དྲུང་དུ་ལེགས་པར་གཏུགས་པ་ཞིག་དགོས་པར་དགོངས་ནས་དཔལ་བཟང་ལྡན་གྱི་ཆོས་གྲྭ་ཆེན་པོར་བྱོན་ནས། ལུང་རིགས་སྨྲ་བ་གུ་ཧ་མ་ཏི་ཞེས་བྱ་བ་ལ་བསྟེན་ནས་ལུང་དང་རིགས་པའི་གཙུག་ལག་ལ་སྦྱངས་བ་མཛད་ཅིང་། གཙོ་བོ་ངམ་རིངས་ཀྱི་ཆོས་སྡེ་ཆེན་པོར་རྣམ་པར་གཡེང་བས་རྗེ་བ་མེད་པར་མདོ་སྔགས་ཀྱི་གཞུང་ལུགས་མུ་མཐའ་མེད་པ་ལ་ལེགས་པར་སྦྱངས་བའི་མཁས་པ་རྣམས་ཀྱི་དབུས་སུ་འཆད་པ་དང་རྩོད་པ་དང་རྩོམ་པའི་ཚུལ་ལ་བསྙེངས་བ་མེད་པའི་མཁས་པ་ཆེན་པོ་འཛམ་དབྱངས་སངས་རྒྱས་གྲུབ་ཅེས་རབ་ཏུ་གྲགས་པ་དེའི་དྲུང་དུ་ཡང་ཕར་ཚད་དང་འདུལ་མཛོད། བྱམས་ཆོས་རིགས་གཏེར་ལ་སོགས་པའི་བཤད་པ་ཡང་ཡང་གསན་པས་དེ་དག་གི་ཚིག་དོན་ལ་བརྗེད་པ་མེད་པའི་དྲན་པ་དང་། གཏུགས་པ་མེད་པའི་སྤོབས་པ་ཐོབ་ནས་བློ་གྲོས་མཆོག་ཏུ་གསལ་བར་གྲགས་སོ། །སྐབས་དེ་དང་དེ་དག་གི་ཚེ་དཔལ་ལྡན་ས་སྐྱའི་ཆོས་གྲྭ་ཆེན་པོར་གྲྭ་སྐོར་ལན་གསུམ་མཛད་པའི་དང་པོ་ལ་མངོན་རྟོགས་རྒྱན་འགྲེལ་བ་དང་བཅས་པ། བར་བ་ལ་བཀའ་ཆེན་བཞི་དང་། ཕྱི་མ་ལ་བཀའ་པོད་བཅུ་བཞིའི་གྲྭ་སྐོར་མཛད་དེ། ཐེག་ཆེན་ཆོས་ཀྱི་རྒྱལ་པོའི་ཞལ་སྔ་ནས་ཐོག་དྲངས་ལུང་རིགས་སྨྲ་བ་རྒྱ་མཚོ་ལྟ་

བུའི་དབུས་སུ་སྐུ་ན་གཞོན་ཡང་བློ་གྲོས་རྒན་པས། གཞན་ལས་ཁྱད་པར་དུ་འཕགས་པའི་བཤད་པ་མཛད་པས་མཁས་པའི་གྲགས་པ་ནོར་འཛིན་སྙིག་མོའི་ཁྱོན་ཀུན་ཏུ་ཁྱབ་པར་གྱུར། དེ་ལྟར་མཚན་ཉིད་ཀྱི་གསན་སྦྱོང་རྣམས་མཐར་ཕྱིན་ནས་གཙོ་ཆེར་དཔལ་ལྡན་ས་སྐྱ་ཉིད་དུ་བཞུགས་ཏེ། རྡོ་རྗེ་འཛིན་པ་ཆེན་པོ་ཀུན་ཏིང་ཀུ་ཤྲཱི་ནམ་མཁའ་བཟང་པོའི་དྲུང་དུ་གསུང་ངག་རིན་པོ་ཆེ་ཆ་ལག་དང་བཅས་པ་ཡོངས་སུ་རྫོགས་པ་ལམ་སྐོར་ཕྱི་མ་བརྒྱད་དང་བཅས་པ་དང་། བདེ་མཆོག་ལ་སོགས་པ་ཟུར་བཀའ་ཡང་མང་དུ་གསན་ནོ། །དེ་ནས་བཟང་ལྡན་དགེ་འཕེལ་གྱི་འཆད་ཉན་ཀྱང་མཛད་དགོས་བྱུང་ཡང་ཆེན་པོ་ལ་མི་མཉེས་པས་ལོ་གཅིག་ཙམ་ལས་མ་བཞུགས། རྗེ་འདི་དགུང་ལོ་བཅུ་དགུ་པར་ངོར་ཨེ་ཝཾ་ཆོས་ལྡན་དུ་བྱོན་ཏེ་རྗེ་རྒྱལ་མཆོག་པ་ལས་ཚད་མ་སོགས་གཞུང་ལུགས་དུ་མ་དང་། ཆོས་རྗེ་གཞོན་ནུ་སེང་གེ་ལས་རྒྱུད་གསང་བ་འདུས་པ་དང་། བདེ་མཆོག །སྒྲུབ་ཐབས་རྒྱ་མཚོ་སོགས་རྒྱུད་སྐོར་དུ་མ་དང་། ཉི་ལྡེབ་ཀུ་ཤྲཱི་པ་ཆེན་པོ་ལས་ཐེག་ཆེན་ནས་བརྒྱུད་པ་དང་། བླ་མ་ནམ་མཁའ་དཔལ་བཟང་ནས་བརྒྱུད་པའི་ལམ་འབྲས་སོགས་གཞུང་ལུགས་དུ་མ་ལ་གསན་བསམ་མཛད་ཅིང་། སྔར་ཐང་པའི་མཁས་པ་བཀའ་བཅུ་པ་ལྷུན་གྲུབ་ཅེས་བྱ་བ་ལུང་རིགས་རྣམ་དག་གིས་མི་སླ་བའི་བརྟུལ་ཞུགས་ལ་བཀོད། རྗེ་རྡོ་རྗེ་འཆང་གིས་ཐུགས་རྗེས་ཤིན་ཏུ་ཆེ་ཞིང་མཁས་གྲགས་ཐམས་ཅད་དུ་ཁྱབ་པར་གྱུར། དེ་ལྟར་རྗེའི་ཆག་ཕྱིར་བྱོན་སྐབས་བསྙེན་པར་རྫོགས་པའི་དགེ་སློང་གི་སྡོམ་པ་ཡང་དག་པར་བཞེས་ཤིང་། གཞན་ཡང་རྗེ་མུས་པ་དང་། ཁ་ཆར་བ་དང་། ཆོས་རྗེ་ཤེས་རབ་རྒྱ་མཚོ་ལ་སོགས་པ་ལས་ཀྱང་ཆོས་མང་དུ་གསན། རྗེ་ངོར་པ་ཞིང་གཞན་དུ་གཤེགས་སྐབས་ཤཱཀྱ་བཟང་བླ་བྲང་གི་གདན་ས་རྗེ་འདི་ལ་གནང་ནས། ངོར་དང་ས་སྐྱ་རེ་མོས་སུ་བཤད་སྒྲུབ་ཀྱི་ཐུགས་དམ་མཛད་ཅིང་ཉིན་རེ་ཆག་མེད་ཀྱི་རིམ་པ་སུམ་ཅུ་རྩ་གཉིས་ཙམ་རེ་ཡོད་པ་དང་། སྤྱན་རས་གཟིགས་མིག་གི་གཟིགས་ལའང་ཐུགས་དམ་གནང་སྟེ། དེ་ལྟར་ཐུགས་དམ་ཟབ་མོ་རྣམས་ཀྱི་ཐུན་བར་ལ་རྒྱུད་སྡེ་བཞི་དང་འབྲེལ་བའི་དབང་བཀའ། རྒྱུད་རྒྱ་གཞུང་མང་པོའི་བཤད་པ། ལུང་མན་ངག་ཁྲིད་བྱིན་རླབས། སྒྲ་དང་སྙན་ངག་གི་ལག་ཁྲིད་སོགས་ཆོས་ཀྱི་སྦྱིན་པ་དང་། ཟང་ཟིང་མི་འཇིགས་བྱམས་པ་སྟེ་སྦྱིན་པ་རྣམ་བཞི་སོགས་ལ་རྟག་འགྲུས་མཛད་ཅིང་། མདོར་ན་ཆོས་ཀྱི་རྣམ་གྲངས་རེ་རེ་ནས་ལན་གྲངས་དུ་མ་གནང་བ་ཡིན་ཏེ། གསུང་ངག་རིན་པོ་ཆེ་ཆ་ལག་དང་བཅས་པ་ཡོངས་རྫོགས་ཚར་སུམ་ཅུ་སོ་གསུམ་གནང་བས་མཆོན། ཨེ་ཝཾ་རྡོ་རྗེ་འཆང་ཡབ་སྲས་གསུམ་གྱི་རིང་ལ་ཟུར་ཆོས་ཀྱི་མཐིལ་མཛད་དེ་འཆད་ཁྲིད་བསམ་གྱིས་མི་ཁྱབ་པ་གནང་ཞིང་། དགུང་ལོ་ང་བདུན་པ་བོད་རབ་བྱུང་བརྒྱད་པའི་མེ་མོ་ཕག་གི་ལོ་སྤྱི་ལོ་༡༩༤༧ལོར་རྒྱལ་བ་རྡོ་རྗེ་འཆང་ཀུན་

དགའ་བཟང་པོའི་ཁྲི་འཕང་མངོན་པར་མཐོ་བ། འཇིག་རྟེན་ཆོས་བརྒྱད་ཀྱིས་མ་བསྒྱེགས་ཀྱང་ལྷར་བཅས་གཙུག་ན་ལྷམ་པ་དེ་ཉིད་དུ་ཞབས་སོར་བཀོད་དེ། ཕྱོགས་བྲལ་གྱི་འདུས་པ་ཚད་བཟུང་གྲངས་སུ་བརྩིར་མི་བཟོད་པ་ལ། གང་ལ་གང་འདོད་པའི་བདུད་རྩིའི་བགོ་བཤའ་མཛད་ཅིང་། ལྷག་པར་དུའང་སྡོམ་པ་གསུམ་དང་གསུང་ངག་རིན་པོ་ཆེ་གཙོས་ཆོས་ཀྱི་ཆར་ཆེན་པོ་གདུལ་བྱའི་བློའི་ཞིང་སར་གང་འཚམ་དུ་དབབ་པར་མཛད་དེ་ཆུ་ཕོ་སྟག་གི་ལོར་གདན་ས་ཀུན་མཁྱེན་བསོད་ནམས་སེང་གེ་ལ་གཏད་དེ། ཤཱཀ་བཟང་དུ་སྐུ་མཚམས་དམ་རྒྱ་མཛད་དེ་ཐུགས་དམ་ལ་རྩེ་གཅིག་ཏུ་གཞོལ་བ་ཡིན་ནོ། །དེ་ལྟར་འཁོར་ལོ་གསུམ་ཡོངས་སུ་དག་པའི་ཆོས་ཀྱི་འཁོར་ལོ་ཁོར་ར་ཁོར་ཡུག་ཏུ་ལེགས་པར་བསྐོར་བས། སྡེ་སྣོད་དང་རྒྱུད་སྡེ་འཛིན་པ་བསྟན་པ་ཡོངས་རྫོགས་སམ། ཕྱོགས་རི་འཛིན་སྒྲིང་སྤྱིལ་ནུས་པ་གྲངས་མེད་པ་དང་། རིང་ལུགས་དྲི་མ་མེད་པ་ལ་ལེགས་པར་ཞུགས་ནས་རིམ་གཉིས་ཐུན་བཞིར་ཉམས་སུ་ལེན་པའི་སྒྲུབ་པ་པ་སྟོན་ནམ་དྭངས་པའི་སྐར་ཚོགས་ལས་ཆེས་མང་བ་རྣམས་ཀྱི་རྒྱ་མཚོའི་གོས་ཅན་ལ་དཔལ་བ་བྱིན་པ་ཡིན་ནོ། ཁྱད་པར་དུ་བདག་ཆེན་ཀུ་མིག་པ་བློ་གྲོས་དབང་ཕྱུག་རྒྱལ་མཚན་དཔལ་བཟང་པོ་དང་། རྩེ་ཐང་རབ་འབྱམས་པ་སངས་རྒྱས་ལྷུན་གྲུབ་ལ་སོགས་པའི་སྐྱེ་དགུའི་གཙུག་རྒྱན་དུ་མ་དང་མཁས་པ་ཆེན་པོ་དུ་མས་འཛམ་གླིང་བྱང་ཕྱོགས་ཀྱི་རྒྱུད་ན་གནས་པའི་འགྲོ་བ་འདི་རྣམས་མགོན་དང་བཅས་པར་མཛད་ཅིང་ས་ཆེན་པོ་འདི་ཡང་མཆོག་ཏུ་འོད་ཆགས་འབར་བའི་དཔལ་དུ་མཛད་པ་ཡིན་ནོ། །དེ་ལྟར་དམ་པ་འདི་ཉིད་ཀྱི་སྐུ་ཚེ་ཧྲིལ་པོར་བསྟན་པ་དང་སེམས་ཅན་གྱི་དོན་འབའ་ཞིག་བསྒྲུབས་ནས་མཐར་དགུང་གྲངས་དོན་གཉིས་པ་བོད་རབ་བྱུང་བརྒྱད་པའི་ཆུ་ཕོ་སྟག་གི་ལོ་སྟེ་སྤྱི་ལོ་༡༤༨༢ལོར་དགོངས་པ་ཆོས་དབྱིངས་སུ་གཤེགས་པའི་ཚུལ་བསྟན་པ་ཡིན་ནོ། །

༧ རྗེ་དཀོན་མཆོག་འཕེལ།

ཁོང་ནི་བོད་རབ་བྱུང་བདུན་པའི་ཤིང་མོ་གླང་གི་ལོ་སྟེ་སྤྱི་ལོ་༡༤༤༥ལོར་དཔལ་ལྡན་ས་སྐྱར་ཡབ་བཀྲ་ཤིས་ལེགས་པ་དང་། ཡུམ་བུ་འདྲེན་སྐྱིད་གཉིས་ཀྱི་སྲས་སུ་ངོ་མཚར་བའི་ལྟས་དུ་མ་དང་བཅས་ཏེ་སྐུ་འཁྲུངས་ཤིང་མཚན་ཨ་རིག་དཔལ་ཞེས་གསོལ། དགུང་ལོ་བདུན་པར་རྗོ་རྗེ་འཆང་ཀུན་དགའ་བཟང་པོ་དང་མཇལ་ཞིང་ཚེ་དཔག་མེད་ཀྱི་དབང་དང་དགེ་བསྙེན་གྱི་སྡོམ་པ་སོགས་ཞུས་ཏེ་མཚན་ཨ་རིག་འཕེལ་དུ་གསོལ། ཁྱད་པར་དུ་སྲིད་པའི་སྐྱེ་བ་དུ་མར་གོམས

པའི་ཞུགས་ཀྱིས་སྐུ་ན་ཕྲ་མོའི་དུས་ནས་བླ་བྲང་ཤར་དུ་བླ་མ་རིན་རྣམ་པའི་དྲུང་དུ་ཀློག་ཡིག་བསླབས་པས་ཚེགས་མེད་དུ་མཁྱེན་པ་བྱུང་། དེ་ནས་ཁྲུ་བོ་ཆོས་རྗེ་ཀུན་དགའ་དབང་ཕྱུག་པའི་ཞབས་པད་བསྟེན་ཏེ་རྒྱལ་བའི་གསུང་རབ་རབ་འབྱམས་ལ་ཐུགས་སྦྱོང་གི་དབུ་བཙུགས། རྗེ་སེམས་དཔའ་ཆེན་པོས་མཁན་པོ་དང་། འཛམ་དབྱངས་ཤེས་རབ་རྒྱལ་མཆོས་སློབ་དཔོན་མཛད་དེ། གྲོགས་བྱེད་པའི་དགེ་སློང་དུ་མའི་དབུས་སུ་སྲིད་པར་སྨོན་པའི་འདུན་པ་ཐམས་ཅད་མཆིལ་མའི་ཐལ་བ་བཞིན་དུ་སྤངས་ཏེ། བྱང་གྲོལ་ཐར་པའི་ཡོན་ཏན་གྱི་ཤིང་རྟས་ཐུགས་རྒྱུད་ལེགས་པར་དྲངས་པའི་རབ་ཏུ་བྱུང་བ་དགེ་ཚུལ་གྱི་སྡོམ་པ་རྣམ་པར་དག་པ་མནོས་ཤིང་། མཚན་གསོལ་དུས་འཕེལ་ལ་བཅས་བཅོས་མ་བྱེད་པར་མཚན་དཀོན་མཆོག་འཕེལ་དུ་གསོལ། དགུང་ལོ་སོ་དྲུག་པ་བོད་རབ་བྱུང་བརྒྱད་པའི་ལྕགས་ཕོ་བྱི་བའི་ལོར་མཁས་གྲུབ་དཔལ་ལྡན་རྡོ་རྗེས་མཁན་པོ་དང་། ཀུན་མཁྱེན་བསོད་ནམས་སེང་གེ་ལས་སློབ། སློབ་དཔོན་བསོད་ནམས་དབང་ཕྱུག་གིས་གསང་སྟེ་སྟོན་པ་དང་། སངས་རྒྱས་དཔལ་གྲུབ་ཀྱིས་དུས་བསྒོ་བ་མཛད་དེ་དད་པའི་དགེ་འདུན་གྲངས་ཚང་གི་དབུས་སུ་བསྙེན་པར་རྫོགས་པའི་དགེ་སློང་གི་སྡོམ་པ་ཡང་དག་པར་མནོས་ཤིང་། མཁས་མཆོག་དེ་དག་དང་། གཞན་ཡང་རྗེ་བའི་བླ་མ་མུས་ཆེན་སེམས་དཔའ་ཆེན་པོ་དང་། རྗེ་བཙུན་དམ་པ་ཀུན་དགའ་དབང་ཕྱུག །རྗེ་བཙུན་རྣལ་འབྱོར་གྱི་དབང་ཕྱུག་དཔལ་ལྡན་ཆོས་སྐྱོང་སོགས་སྐྱེས་མཆོག་དམ་པ་དུ་མའི་ཞབས་རྡུལ་སྤྱི་བོར་བླངས་ཏེ་མདོ་སྔགས་རིག་གནས་དང་བཅས་པ་ལ་ཐོས་བསམ་གྱིས་སྒྲོ་འདོགས་བཅད། དེ་ལས་ཁྱད་པར་དུ་རྗེ་བཙུན་དམ་པ་ཀུན་དགའ་དབང་ཕྱུག་གིས་རྗེ་བཙུན་རྡོ་རྗེ་བདག་མེད་མའི་སིནྡྷུ་རའི་དཀྱིལ་འཁོར་དུ་བྱིན་རླབས་ཀྱི་བརྒྱུད་པ་མ་ཉམས་པ་དང་། ལམ་ཟབ་མོ་བླ་མའི་རྣལ་འབྱོར་གྱི་ཁྲིད་དང་བྱིན་རླབས་བླ་མ་རིན་འབྱུང་སོགས་ཡན་ལག་ཕྲ་མོ་དང་བཅས་པ་དང་། ཕྱིའི་བར་ཆད་སྲུང་བའི་ཐབས་གཙོ་བོར་གྱུར་པ་རྣལ་འབྱོར་དབང་ཕྱུག་གི་བྱིན་རླབས་ཟབ་མོ་ཡན་ལག་དང་བཅས་པ་དང་། དེའི་ཐུན་མོང་མ་ཡིན་པའི་བྱིན་རླབས་ཟབ་མོ་གཅིག་བརྒྱུད་མ་དང་། ནང་གི་བར་ཆད་སྲུང་ཐབས་སྙན་ནས་སྙན་དུ་བརྒྱུད་པའི་གནད་ཟབ་མོ་རྣམས་དང་། ཐུན་མོང་གི་བར་ཆད་སྲུང་བ་ལ་ཕན་འདོགས་པ་རྣམ་འཇོམས་བེར་ལུགས་ཀྱི་བྱིན་རླབས། གསུང་ངག་གི་གནད་བསྡུས་ཏེ་ཉམས་སུ་ལེན་ཚུལ་སྟོན་པ་བརྡ་དོན་གསལ་བ་བྱིན་རླབས་དང་བཅས་པ། གསུང་ངག་སྙན་རྒྱུད་གཅིག་ཏུ་དྲིལ་ནས་ཉམས་སུ་ལེན་ཚུལ་སྟོན་པ་ལམ་བསྡུས་ཏེ་སྒྲུབ་པའི་ལུང་སྦྱིན་པ། ལམ་སྦས་བཤད་ཀྱི་ཁྲིད་འཁྲུལ་འཁོར་རྣམས་ཀྱི་ལག་ལེན་དང་བཅས་པ་བྱིན་རླབས་ཚར་གསུམ་ཁུག་པ། དེའི་ཡན་ལག་དྲུག་དང་བཅས་པ་རྣམས་གསན་ཅིང་དཔྱིས་ཕྱིན་པར་མཛད་དོ།།

དེ་ལ་སོགས་པ་ཆོས་ཀྱི་རྗེ་དེ་ཉིད་ལ་མངའ་བའི་དམ་པའི་ཆོས་ཀྱི་བཀའ་ལུང་མཐའ་དག་བུམ་པ་གང་བྱོའི་ཚུལ་དུ་གསན་ཅིང་སྤྱོད་ལམ་གྱི་སྒོ་ནས་ཀྱང་ཡོངས་སུ་མཉེས་པར་མཛད་པས་ཐུགས་སྲས་མཆོག་ཏུ་འཛིན་ཅིང་། གཞུང་ལུགས་མཐའ་དག་ལ་ཐོས་བསམ་མཐར་ཕྱིན་ནས། དེ་དག་གི་དོན་ཉམས་སུ་ཇི་ལྟར་བཞེས་པའི་ཚུལ་ལ། ལམ་གྱི་རྩ་བ་དམ་ཚིག་དང་སྡོམ་པ་སྲོག་གི་དབང་པོ་ལྟར་གཅེས་པར་འཛིན་པའི་སྒོ་ནས་ཉེས་ལྟུང་གི་དྲི་མས་ནམ་ཡང་མ་གོས་ཤིང་། གཉིས་འཛིན་གྱིས་འཁྲུལ་བ་ཐམས་ཅད་ཉེ་བར་ཞི་བའི་ཆོས་ཀྱི་དབྱིངས་སྤྲོས་བྲལ་ནམ་མཁའ་ལྟ་བུ་དང་། རྟེན་ཅིང་འབྲེལ་བར་འབྱུང་བ་སྒྱུ་མ་ལྟ་བུའི་ཆོས་ཅན་རང་རིག་ཡེ་ཤེས་དེ་ཉིད་དང་གཞན་དུ་བརྗོད་དུ་མེད་པར་མཁྱེན་པའི་འཁོར་འདས་དབྱེར་མེད་ཀྱི་གནད་ཟབ་མོ་དང་མ་བྲལ་བའི་ངང་ནས། ཕྱི་ནང་གི་གཡེང་བ་གང་གིས་ཀྱང་རྫི་བར་མི་ནུས་པའི་གུས་པ་དང་རྟག་པའི་སྦྱོར་བ་གཞན་པ་ལས་ཕུལ་དུ་བྱུང་བ་དངོས་གྲུབ་ཐམས་ཅད་ཀྱི་རྩ་བ་ལམ་ཟབ་མོ་བླ་མའི་རྣལ་འབྱོར་གཙོ་བོར་གྱུར་པའི་མཚན་བཅས་དང་མཚན་མེད་ཀྱི་ཐུགས་དམ་གྱི་རིམ་པ་དུ་མ་ལ་བརྩོན་པས། བླ་མ་དང་ཡི་དམ་རྣམས་ཀྱི་རྗེ་གཅིག་ཏུ་དགོངས་ཤིང་བྱིན་གྱིས་བརླབ་ལ། མཁའ་འགྲོ་དང་ཆོས་སྐྱོང་རྣམས་ཀྱི་ཕྲིན་ལས་ཐམས་ཅད་འབད་མེད་དུ་བསྒྲུབ་པར་མཛད་པའི་གྲུབ་པའི་མཚན་མ་དུ་མ་མངོན་དུ་གྱུར། དེ་ནས་དགུང་ལོ་བཞི་བཅུ་རྩ་གཉིས་པ་བོད་རབ་བྱུང་བརྒྱད་པའི་མེ་ཕོ་རྟ་ཡི་ལོ་སྟེ་སྤྱི་ལོ་༡༩༧༨ལོར་རྡོ་རྗེ་འཆང་གི་བཞུགས་ཁྲི་ལ་མངའ་གསོལ་ཏེ་ལོ་ཉེར་བརྒྱད་ཀྱི་བར་སྟོད་མངའ་རིས། སྨད་མདོ་ཁམས། བར་དབུས་གཙང་གི་གདུལ་བྱ་སྐལ་བ་དང་ལྡན་པ་སྤྲིན་བཞིན་དུ་འདུས་པ་རྣམས་ལ་རང་རང་གི་བློ་དང་འཚམ་པའི་ཆོས་ཀྱི་སྦྱིན་པ་རྒྱ་ཆེན་པོ་རྒྱུན་ཆད་མེད་པར་གནང་བ་ཡིན་ཏེ། ལོ་རེ་བཞིན་དུ་སྟོབས་བཅུའི་དབང་ཕྱུག་དཔལ་མགོན་བི་རུ་པ་ཆེན་པོའི་བཞེད་གཞུང་གསུང་ངག་རིན་པོ་ཆེ་ལམ་འབྲས་བུ་དང་བཅས་པའི་གདམས་ངག་ཡོངས་སུ་རྫོགས་པ་ཚར་རེ་དང་། དེ་དག་དང་འབྲེལ་བའི་སེམས་བསྐྱེད་དང་། དབང་བསྐུར་བ་དང་བྱིན་རླབས་དང་། མན་ངག་དང་། ལུང་དང་ལག་ལེན་གྱི་རིམ་པ་རྣམས་ཤིན་ཏུ་ཞིབ་ཅིང་རྒྱས་པར་གསུང་ཞིང་། དེ་རྣམས་དང་རྗེས་སུ་འབྲེལ་བའི་བསྐྱེད་རྫོགས་ཀྱི་ཁྲིད་དུ་མ་དང་། གཞུང་ཕྲན་མང་པོའི་བཤད་པ་དང་། །ལག་ཏུ་བླང་བའི་རིམ་པ་དང་། །བྱིན་རླབས་དང་། རྗེས་གནང་དང་། རིག་གཏད་ཀྱི་རིགས་བསམ་གྱིས་མི་ཁྱབ་པ་དང་། རྡོ་རྗེའི་ཐེག་པའི་བཀའ་འགྱུར་རོ་ཅོག་དང་། བླ་མ་གོང་མ་རྣམས་ཀྱི་བཀའ་འབུམ་ལ་སོགས་པའི་ལུང་གི་ཚོགས་རབ་ཏུ་མང་པོ་དང་བཅས་པ་གདུལ་བྱ་སོ་སོའི་བསམ་པ་དང་མཐུན་པར་སྩོལ་བར་མཛད་དེ། གང་གི་ཞལ་གྱི་བདུད་རྩི་ཡུན་རིང་དུ་གསོལ་བ་ལ་བརྟེན་ནས་དད་དང་བློ་གྲོས

ཀྱི་དབང་པོ་ཡོངས་སུ་རྒྱས་པར་གྱུར་པའི་སྲས་ཀྱི་ཐུ་བོ་མཚུངས་པ་མེད་པ་ཡང་དུ་མ་ཞིག་བསྐྲུན་པ་ལས། རྗེ་བཙུན་དམ་པ་མུས་པ་ཆེན་པོ་ཞལ་སྔ་ནས་དང་། མཁན་ཆེན་བསོད་ནམས་ལྷུན་གྲུབ། ཆོས་རྗེ་བསོད་ནམས་རྒྱལ་མཚན་དཔལ་བཟང་པོ། དཔལ་འཁོར་ཆོས་སྡེ་མཁན་ཆེན་མཁྱེན་རབ་དབང་ཕྱུག་དཀོན་མཆོག་ཚུལ་ཁྲིམས། སྟར་ཐང་མཁན་ཆེན་ཤེས་རབ་དཔལ་ལྡན། སྣ་གདོང་མཁན་ཆེན་གཞུང་བརྒྱ་སྨྲ་བ་རིན་ཆེན་དཔལ་བཟང་། སྐྱིད་ཚལ་ཆོས་རྗེ་མཁས་གྲུབ་ནོར་བུ་ཕུན་ཚོགས་སོགས་མདོ་ཁམས་སྟོད་སྨད་ནས་རྗེ་ཉིད་ཀྱི་དངོས་སློབ་བསྟན་པ་གསལ་བྱེད་དམ་པ་མཁས་པ་དང་གྲུབ་པའི་ཚེ་དགུ་བསམ་གྱིས་མི་ཁྱབ་པ་དུ་མ་བྱུང་ཞིང་། རྗེ་བཙུན་དམ་པ་ཀུན་དགའ་དབང་ཕྱུག་པའི་ཐུགས་ཀྱི་དགོངས་པ་རྫོགས་པའི་ཆེད་དུ། དེ་ཉིད་ཀྱི་གཟིམས་མལ་དུ་གསེར་སྐུ་སྐུ་ཚད་མ། ནང་རྟེན་རྒྱལ་བ་འོད་དཔག་མེད་པ་རྒྱང་མཐོ་བཅུ་གསུམ་ཡོད་པ་དང་། གཟིམས་མལ་དུ་སྐུ་འདྲ་དང་། རྗེ་ཉིད་ཀྱི་ཐུགས་དམ་ལམ་ཟབ་བླ་མ་བརྒྱུད་པའི་གསེར་སྐུ་དུ་མ་དང་། རྒྱུད་གསུམ་དང་། ལམ་འབྲས་གླེགས་བམ་གསེར་མ་ལ་སོགས་པ་ཉེ་བར་མཁོ་བའི་ཕྱག་དཔེ་གྲངས་མེད་པར་བཞེངས་ཤིང་། གཞན་ཡང་གདན་ས་ཆེན་པོ་དཔལ་ལྡན་ས་སྐྱར་མར་ཁལ་བརྒྱ་ཕྲག་དུ་མས་མར་མེ་ཕྲེང་བ་དང་། ཚོགས་ཆེན་ལ་མང་ཇ་གྲལ་འགྱེད་ལ་སོགས་པའི་བསྙེན་བཀུར་དང་། རྟེན་གསུམ་ལ་ན་བཟའ། སྣན་དར་སོགས་མཆོད་པའི་སྦྱིན་ཕུང་རྒྱ་ཆེར་སྤྲོས་ཏེ་མཛད་ཕྲིན་ནམ་མཁའི་ཕར་མཐའ་བརྡལ། རྗེ་ཀུན་དགའ་དབང་ཕྱུག་སོགས་ཀྱིས་ས་སྐྱ་པའི་བསྟན་པ་དཀར་འབྲུམས་ཡུག་གཅིག་ཏུ་གཏང་བའི་ལུང་བསྟན་ཡོད་པ་ལྟར་བསྟན་པ་དར་ཞིང་རྒྱས་པར་སྤེལ་ནས། བོད་རབ་བྱུང་བརྒྱད་པའི་ལྕགས་མོ་བྱ་ཡི་ལོ་སྟེ་སྤྱི་ལོ་༡༥༠༡ ལོའི་ཧོར་ཟླ་དང་པོའི་ཚེས་བཅུ་བཞི་ལ་མུས་ཆེན་སངས་རྒྱས་རིན་ཆེན་ངོར་གྱི་གདན་སར་བསྐོས་ནས། རྗེ་ཉིད་ཐར་རྩེར་སྐུ་མཚམས་བཞུགས་ཏེ་ཐུགས་དམ་ལ་རྩེ་གཅིག་ཏུ་གཞོལ་བར་མཛད་དེ་གྲུབ་པའི་རྟགས་མཚན་དུ་མ་མངོན་དུ་གྱུར། མཐར་དགུང་ལོ་ལྔ་བཅུ་ང་བརྒྱད་པ་བོད་རབ་བྱུང་དགུ་པ་ཤིང་ཕོ་ཁྲི་ཡི་ལོ་སྟེ་སྤྱི་ལོ་༡༥༡༤ ལོར་ཐར་རྩེར་བདེ་བ་ཅན་དུ་སྐུ་གཤེགས་པའི་ཚུལ་བསྟན་པ་ཡིན་ནོ། །

༄ རྗེ་མུས་ཆེན་སངས་རྒྱས་རིན་ཆེན།

ཁོང་ནི་བོད་རབ་བྱུང་བརྒྱད་པའི་ཆུ་མོ་བྱ་ཡི་ལོ་སྟེ་སྤྱི་ལོ་༡༤༥༣ ལོར་མུས་ཀྱི་རྟ་མོ་གླིང་སྐྱ་རུ་ཡབ་དཀོན་མཆོག་ལེགས་དང་། ཡུམ་ཆོས་སྐྱོང་རྒྱལ་མོ

གཉིས་ཀྱིས་ཐྲས་སུ་ངོ་མཚར་བའི་ལྟས་དུ་མ་དང་བཅས་ཏེ་སྐུ་འཁྲུངས་ཤིང་མཚན་དཀོན་མཆོག་རིན་ཆེན་གསོལ། དགུང་ལོ་བདུན་བརྒྱད་ཙམ་ནས་སྔོན་གྱི་བག་ཆགས་སད་པའི་སྟོབས་ཀྱིས་ཀློག་ཡིག་དང་ཞལ་འདོན་ཐུན་ཆོགས་རྣམས་དཀའ་ཚེགས་མེད་པར་མཁྱེན། དགུང་ལོ་བཅུ་གཅིག་པར་ངེས་འབྱུང་གི་ཐུགས་རྒྱུད་དྲག་པོས་ཀུན་ནས་བསླངས་ཏེ་ཆོས་ཀྱི་རྗེ་སེམས་དཔའ་ཆེན་པོས་མཁན་པོ་མཛད་དེ་དགེ་ཚུལ་གྱི་སྡོམ་པ་ཡང་དག་པར་ནོད་ནས་བསླབ་པར་བྱ་བའི་གནས་རྣམས་མིག་གི་འབྲས་བུ་བཞིན་བླང་དོར་ལ་བརྩོན་པར་མཛད་ཅིང་། དེ་ནས་དགུང་ལོ་ཉི་ཤུ་རྩ་བརྒྱད་པར་གྲུབ་ཆེན་དཀོན་མཆོག་བློ་གྲོས་པས་མཁན་པོ་དང་། ལས་ཀྱི་སློབ་དཔོན་དཔལ་ལྡན་རྒྱལ་པོ་བ་དང་། གསང་སྟེ་སྟོན་པའི་སློབ་དཔོན་གྲུབ་ཆེན་བཀྲ་ཤིས་རྒྱལ་མཚན་པ། དགེ་བའི་བཤེས་གཉེན་ཆེན་པོ་བྱམས་པ་ཆོས་ལེགས་པས་གྲིབ་ཚོད་དང་། ཁ་སྐོང་གི་དགེ་འདུན་གྲངས་ཚང་ཞིང་མཚན་ཉིད་མཐུན་པ་ལས། བསྙེན་པར་རྫོགས་པའི་སྡོམ་པ་ཡང་དག་པར་བཞེས་ནས་དགེ་སློང་གི་ཁྲིམས་ཉིས་བརྒྱ་ལྔ་བཅུ་རྩ་གསུམ་ལ་དགག་སྒྲུབ་གནང་བའི་བསླབ་པ་རྣམས་བྱ་བ་དང་བྱ་བ་མ་ཡིན་པའི་ཆ་ཚུལ་བཞིན་དུ་ཐུགས་ཉམས་སུ་བཞེས་ཏེ་དུས་གསུམ་གྱིས་སངས་རྒྱས་ཐམས་ཅད་འདུས་པའི་ངོ་བོ་ཆོས་ཀྱི་རྗེ་དཀོན་མཆོག་རྒྱལ་མཚན་དཔལ་བཟང་པོའི་དྲུང་དུ། རྗེ་བཙུན་རྡོ་རྗེ་བདག་མེད་མས་དཔལ་སྟོབས་ཀྱི་མགོན་པོ་བི་རཱུ་པ་ལ་སྙན་བརྒྱུད་བཞི་གདམས་ཤིང་སྐལ་བར་ལྡན་པའི་གདུལ་བྱ་ཚེ་གཅིག་ལ་སངས་རྒྱས་ཀྱི་སར་ཁྲིད་པའི་ཟབ་ལམ་གྲུབ་པ་བརྙེས་པའི་སྐྱེས་བུ་རིམ་པར་བྱོན་པ་རྣམས་ཀྱི་ཉིང་ཁུ་ལམ་འབྲས་བུ་དང་བཅས་པའི་གདམས་ངག་ཉམས་མྱོང་སྐྱེས་ཁྲིད་ལན་གསུམ་གྱི་བར་དུ་གསན་ནས། རྒྱུའི་དུས་སུ་སྨིན་པར་བྱེད་པའི་དབང་། ལམ་དུས་སུ་ལུས་ཀྱི་དཀྱིལ་འཁོར་དུ་དབང་བསྐུར། དེ་དག་གི་རྒྱབ་རྟེན་གསུང་ངག་གླེགས་བམ་དཀར་ཆག་ཏུ་ཐེབས་པ་ཕལ་ཆེ་བ་དང་འབྲེལ་བའི་རྒྱུད་སྡེ་ཆེན་པོ་བཞིའི་ཁྲིད་ལུང་མན་ངག་དང་བཅས་པ་བུམ་པ་གང་བྱོའི་ཚུལ་དུ་བསྐྱལ་ཞིང་གཞན་ཡང་ཆོས་རྗེ་མཚུངས་པ་མེད་པའི་མཁྱེན་རབ་ཀྱིས་ཡང་དག་པའི་དོན་ཕྱིན་ཅི་མ་ལོག་པར་གཟིགས་པའི་ཡེ་ཤེས་ཀྱི་སྤྱན་དང་ལྡན་པ་ཀུན་མཁྱེན་བསོད་ནམས་སེང་གེའི་དྲུང་དུ། ཐོག་མར་འདུལ་བ། ཚད་མ་རྣམ་འགྲེལ། ཕར་ཕྱིན། སྤྱོད་འཇུག །སྡོམ་གསུམ་རབ་དབྱེ་ལ་སོགས་པ་ལ་གསན་སྦྱོང་མཐར་ཕྱིན་མཛད་ཅིང་། ཁྱད་པར་དུ་གསུང་ངག་རིན་པོ་ཆེ་ལམ་འབྲས་བུ་དང་བཅས་པའི་ཁྲིད་ཚར་གསུམ། དེ་དང་འབྲེལ་བའི་སེམས་བསྐྱེད། རྒྱུ་ལམ་གྱི་དབང་། ཉམས་ལེན་མན་ངག་རྒྱབ་བརྟེན་དང་བཅས་པ་གསན་སྦྱོང་མཐར་ཕྱིན་མཛད། གྲུབ་ཆེན་དཀོན་མཆོག་བློ་གྲོས་པའི་དྲུང་དུ་ལམ་འབྲས་བུ་དང་བཅས་པའི་ཁྲིད་ཚར་དྲུག །གཞན་ཡང་འཇམ་དབྱངས་ཤེས་

རབ་རྒྱ་མཚོ། རྒྱལ་ཚབ་དམ་པ་ཀུན་དགའ་དབང་ཕྱུག །བདག་ཆེན་ཆུ་མིག་པ་བློ་གྲོས་དབང་ཕྱུག །གུང་རུ་ཤེས་རབ་བཟང་པོ། ཆོས་རྗེ་བྱམས་པ་ཆོས་འོད། གྲུབ་ཆེན་བཀྲ་ཤིས་རྒྱལ་མཚན། རྗེ་དགོན་མཆོག་འཕེལ། ཆོས་རྗེ་དཔལ་ལྡན་རྒྱལ་པོ། བཀའ་བཅུ་བ་རྡོར་རྒྱལ་བ། སྔགས་འཆང་ཆེན་པོ་རིན་ཆེན་རྣམ་རྒྱལ། ཀརྨ་ཆོས་གྲགས་རྒྱ་མཚོ་སོགས་དགེ་བའི་བཤེས་གཉེན་གསེར་རི་ལྷུན་པོ་ཚར་དུ་དངར་བ་ལྟ་བུ་དུ་མ་བསྟེན་ནས་གསན་པའི་རྒྱ་མཚོའི་ཕ་རོལ་ཏུ་སོན་པ་དེ་དག་ཀྱང་བསམས་པ་ལས་བྱུང་བའི་ཤེས་རབ་དྲི་མ་མེད་པས་ལེགས་པར་བསྒྱུངས་ཏེ་བྱིན་རླབས་ཀྱི་རྒྱུན་མ་ཉམས་པའི་བསྒོམ་བསྒྲུབ་མཐར་ཕྱིན་པར་མཛད་པའི་ཚུལ་ནི། དུས་རྒྱུན་དུ་དཔལ་ལྡན་ས་སྐྱ་པ་རྣམས་ཀྱི་ཐུགས་དམ་ཉམས་བཞེས་རྗེ་བཙུན་དགེས་མཛད་རྡོ་རྗེའི་ཕྱི་ནང་གི་དཀྱིལ་འཁོར་མངོན་པར་གསལ་བཏབ་ནས་དབང་བཞིའི་ཆུ་བོ་རྒྱུས་པར་ལེན་པ་དང་། དེ་དང་འབྲེལ་བར་ལམ་ཟབ་མོ་བླ་མའི་རྣལ་འབྱོར་ལ་བརྟེན་པའི་ངང་ནས་ལྷ་སྔགས་དབྱེར་མེད་ཀྱི་སྒོ་ནས་ལྷག་པའི་ལྷ་རབ་འབྱམས་ཀྱི་བསྙེན་སྒྲུབ་ཚད་དུ་འཁྱོལ་ཏེ། བྱིན་རླབས་ཀྱི་མཚན་མ་བརྙེས་ཤིང་། བླ་མ་དང་ལྷག་པའི་ལྷས་རྗེས་སུ་བཟུང་ཞིང་ལུང་བསྟན་དུ་མ་ཐོབ། མཁས་བཙུན་བཟང་གསུམ་གྱི་ཡོན་ཏན་དཔག་ཏུ་མེད་པ་ལ་མངའ་དབང་འབྱོར་ཏེ། དགུང་ལོ་དྲུག་ཅུ་རེ་གཅིག་པ་བོད་རབ་བྱུང་དགུ་པའི་ཆུ་མོ་བྱ་ཡི་ལོ་སྟེ་སྤྱི་ལོ་༡༥༤༡ཟ་ལོར་རྡོར་ཨེ་ཝཾ་ཆོས་ལྡན་ཡོན་ཏན་རིན་པོ་ཆེ་དུ་མའི་འབྱུང་གནས་ཀྱི་ཆོས་ཀྱི་ཁྲི་ལ་མངའ་གསོལ་ཏེ། འཁོར་འདུས་པ་རྒྱ་མཚོ་ལྟ་བུ་ལ་གསུང་ངག་རིན་པོ་ཆེ་ལམ་འབྲས་བུ་དང་བཅས་པ་ཚར་དུ་མ་དང་། གཞན་ཡང་འཁོར་ལོ་སྡོམ་པའི་བསྐྱེད་རྫོགས་ཀྱི་མན་ངག །གཤིན་རྗེའི་གཤེད་སྐོར་གྱི་ཡ་ས་མུཎྜའི་དབང་དང་། ས་སྐྱའི་བཀའ་འབུམ་ལ་སོགས་པའི་ལུང་གི་ཚོགས་གྲངས་ལས་འདས་པ་མཛད་ཅིང་། དགེ་བསྙེན་དང་། དགེ་ཚུལ། དགེ་སློང་སོགས་སོ་སོར་ཐར་པའི་སྡོམ་པ་དང་། བརྒྱུད་པའི་བཀའ་སྲོལ་གཉིས་ལས་འབྱུང་བའི་སེམས་བསྐྱེད་པའི་ཆོ་ག་དང་། གསང་སྔགས་ཀྱི་དབང་རྗེས་གནང་། ལུང་མན་ངག་གྲངས་མེད་པས་སྐྱེ་བོ་འབུམ་ཕྲག་དུ་མ་སྨིན་པར་མཛད་པས། བསྟན་པ་འཛིན་པའི་དགེ་བའི་བཤེས་གཉེན་ཆེན་པོ་ཡང་མང་དུ་བྱུང་སྟེ། འབྲས་ཡུལ་སྐྱེད་ཚལ་གྱི་ཆོས་རྗེ་འཇམ་བྱངས་ཀུན་དགའ་ཆོས་བཟང་། ཆོས་རྗེ་ནོར་བུ་པ། གསེར་མདོག་ཅན་གྱི་གདན་ས་ཆོས་རྗེ་ཀུན་དགའ་རྒྱལ་མཚན་པ། ཐུབ་བསྟན་ཡངས་པ་ཅན་གྱི་གདན་ས་པ་ཆོས་རྗེ་ཐུགས་རྗེ་དཔལ་བཟང་བ། གསང་ཕུ་ནེའུ་ཐོག་གི་གླིང་སྟོད་སྨད་ཀྱི་གདན་ས། ཨེ་ཝཾ་ཆོས་ལྡན་གྱི་གདན་ས་པ་ཆོས་རྗེ་ལྷ་མཆོག་སེང་གེ་བ་དང་། ཆོས་རྗེ་ཀུན་དགའ་མཆོག་ལྡན་པ། དགེ་བའི་བཤེས་གཉེན་དངོས་གྲུབ་དཔལ་འབར་བས་མཚོན་དེ་དག་ལས་ཀྱང་སློབ་མ་དང་། ཉིད་སློབ

བསྒྲང་བ་ལས་འདས་པས་འཛམ་བུའི་གླིང་འདིར་སངས་རྒྱས་ཀྱི་བསྟན་པ་ཉིན་མོར་བྱེད་པའི་འོད་ལྟར་རྒྱས་པར་མཛད་དོ། །དེ་ལས་དམ་པ་འདི་ཉིད་ཀྱི་ལེགས་པར་བཤད་པའི་རྩོམ་གྱི་རྣམ་གྲངས་ལ་ཡང་། གཙུག་ཏོར་རྣམ་པར་རྒྱལ་བའི་བླ་མའི་བརྒྱུད་པ་དང་། བཅོམ་ལྡན་འདས་མ་ཉིད་ལ་བསྟོད་པའི་རབ་ཏུ་བྱེད་པ། ཀུན་མཁྱེན་བསོད་ནམས་སེང་གེའི་རྣམ་ཐར། གྲུབ་ཆེན་དཀོན་མཆོག་བློ་གྲོས་པའི་རྣམ་ཐར་རྒྱ་འགྲེལ། རྗེ་བཙུན་དཀོན་མཆོག་འཕེལ་བའི་རྣམ་ཐར། ལམ་འབྲས་བུ་དང་བཅས་པའི་རྡོ་རྗེ་ཚིག་རྐང་གི་རྣམ་བཤད། གཞུང་ཇི་ལྟ་བ་བཞིན་བཀྲི་བའི་ཁྲིད་ཀྱི་གསུང་སྒྲོས། རྩ་བ་དང་ཡན་ལག་གི་དམ་ཚིག་རྣམས་ཀྱི་བཤད་པ་མདོ་ཙམ་བརྗོད་པ། འཁོར་ལོ་བདེ་མཆོག་ནག་པོ་པའི་མངོན་རྟོགས། བདེ་མཆོག་དཀར་པོའི་ཚེ་སྒྲུབ་ཀྱི་ཡི་གེ །བདུད་རྩི་རིལ་བུ་སྒྲུབ་པའི་ཕྱག་ལེན་སོགས་ཆོས་ཚན་བཞི་བཅུ་ལྷག་མཛད་དེ། དྲི་མ་མེད་པའི་རིང་ལུགས་ཡུན་དུ་གནས་པའི་ཐབས་ལ་མངོན་པར་སྦྱོར་བ་ཆེས་ཕུལ་དུ་བྱུང་བ་ཉིད་ཡིན་ནོ། །དེ་ལྟར་རྗེ་འདི་ཉིད་ཀྱི་དགུང་ལོ་དྲུག་ཅུ་རེ་བཞི་པ་བོད་རབ་བྱུང་དགུ་པའི་མེ་ཕོ་བྱི་བའི་ལོ་སྤྱི་ལོ་༡༥༡༨ལོའི་ཧོར་ཟླ་བཞི་པར་དཀྱིལ་འཁོར་རྒྱ་མཚོའི་མངའ་བདག་ཆོས་རྗེ་ལྷ་མཆོག་སེང་གེ་བ་ཨེ་ཝཾ་ཆོས་ལྡན་གྱི་ཁྲི་ལ་མངའ་གསོལ་ཏེ། སྔ་གཞུག་རྣམས་སུ་གསུང་ངག་རིན་པོ་ཆེ་ལམ་འབྲས་བུ་དང་བཅས་པ་ཚར་ལྔ་བཅུ་ང་གཅིག་སོགས་དམ་པའི་ཆོས་ཀྱི་འཁོར་ལོ་བསམ་གྱིས་མི་ཁྱབ་པ་བསྐོར་ཏེ་གདུལ་བྱ་དུ་མ་སྨིན་གྲོལ་གྱི་ལམ་ལ་བཀོད་དེ་མཐར་དགུང་གྲངས་བདུན་ཅུ་དོན་གཉིས་པ་བོད་རབ་བྱུང་དགུ་པའི་ཤིང་ཕོ་སྤྲེལ་གྱི་ལོ་སྤྱི་ལོ་༡༥༢༩ལོར་བདེ་བ་ཅན་དུ་གཤེགས་པ་ཡིན་ནོ། །

༄ རྗེ་ལྷ་མཆོག་སེང་གེ །

ཁོང་ནི་བོད་རབ་བྱུང་བརྒྱད་པའི་ས་ཕོ་བྱི་བའི་ལོ་སྤྱི་ལོ་༡༩༨༢ལོར་དཔལ་ལྡན་ས་སྐྱར་ཡབ་དཔོན་ནེ་ཀུན་དགའ་རྒྱལ་མཚན་དང་། ཡུམ་དགེ་བསྙེན་དཀོན་མཆོག་འབུམ་གཉིས་ཀྱི་སྲས་སུ་ངོ་མཚར་བའི་ལྟས་དུ་མ་དང་བཅས་ཏེ་སྐུ་འཁྲུངས། སྐུ་ན་ཕྲ་མོའི་དུས་ནས་ཞི་དུལ་བག་ཡོད་དང་ལྡན་པས་ཐམལ་གྱི་སྤྱོད་པ་ལས་རིང་དུ་འདས་ཤིང་། བྱིས་པ་ལ་འཇུག་པའི་སྒོ་ནས་ཇི་ལྟར་འབྱུང་བ་བཞིན་དུ་ཡོན་ཏན་གྱི་གཞི་མ་ཡི་གེ་ལ་སོགས་པ་ལ་བསླབ་པར་མཛད་པས་ཐོགས་མེད་དུ་མཁྱེན་པ་བྱུང་ཞིང་། ཀུན་མཁྱེན་གོ་བོ་རབ་འབྱམས་པ་བསོད་ནམས་སེང་གེ་ལས་རབ་ཏུ་བྱུང་སྟེ་མཚན་ལྷ་མཆོག་སེང་གེ་གསོལ། དེ་ནས

ཨ་ཞང་གི་བཞུགས་གནས་ཉེ་ལྕེ་བླ་བྲང་དུ་བཞུགས་ནས་གསན་སྦྱོང་མཛད་ཅིང་། སྐབས་ཤིག་དབུ་རྩེ་རྙིང་པར་ཀུན་མཁྱེན་ལས་དབུ་མ་ལུགས་ཀྱི་སེམས་བསྐྱེད་དང་། སྒོ་རུམ་དུ་རྗེ་བཙུན་གྱི་སྐུ་འདྲའི་མདུན་དུ་ཀྱེ་རྡོར་མན་ངག་ལུགས་རྟུལ་ཚོན་གྱི་དཀྱིལ་འཁོར་དུ་དབང་བསྐུར་ཐོབ། དེ་ཕྱིར་ཉིན་བསེ་འབག་གི་དྲུང་དུ་ལྕམ་དྲལ་གྱི་རྗེས་གནང་ཐོབ་སྐབས་ངོ་མཚར་བའི་ལྟས་དུ་མ་བྱུང་ཞིང་དབང་བཀའ་ཆོས་དུ་མ་གསན་ཅིང་། དེ་ལས་ཁྱད་པར་དུ་རྗེ་སངས་རྒྱས་རིན་ཆེན་གྱི་ཞབས་ཀྱི་པདྨོར་གཏུགས་ཏེ་གསུང་ངག་གཙོ་བོར་གྱུར་པའི་ཆོས་གསན་པའི་རྣམ་གྲངས་ལ། རྗེ་བཙུན་དགེས་མཛད་རྡོ་རྗེ་ཡབ་དང་ཡུམ་གྱི་དཀྱིལ་འཁོར་དུ་སོ་སོའི་དབང་གི་མངོན་རྟོགས་དང་ལྡན་པའི་སྒོ་ནས་ཐབས་རྒྱུད་ཀྱི་ཐོག་མ་རྒྱུ་དུས་ཀྱི་དབང་བསྐུར་བ་དང་། གཞུང་བཞིན་རྒྱས་པ་གཞུང་ཇི་ལྟ་བ་བཞིན་དུ་བཀྲི་བའི་གཞུང་ཤིང་གི་ཁྲིད་གསན་ནས། ཐོག་མ་ཉིད་དུ་བླ་མ་ཚད་མ་རྒྱ་གར་པ་དང་བོད་ཀྱི་རྣམ་ཐར་གཉིས། ཉམས་མྱོང་ཚད་མ་ལ་གཞུང་ཤིང་སོགས་ཉེར་དགུ། བསྟན་བཅོས་ཚད་མ་ལ་གཉག་མ་སོགས་ཉེར་བཞི། ལུང་གི་ཚད་མ་ལུང་སྦྱོར་བཞི། མན་ངག་ཕྲ་མོའི་རྐང་གྲངས་ཏེ་ཆོས་སྣ་དྲུག་ཅུར་གྲགས་པ་རྣམས་དང་། གཞན་ཡང་ལམ་སྐོར་ཕྱི་མ་བརྒྱད། ཀྱེ་རྡོ་རྗེ་བཀའ་བབས་ཕྱི་མ་གསུམ་དང་། དེ་དག་དང་འབྲེལ་བའི་ཆོས་སྣ་སུམ་ཅུ་སོ་དགུ། སྒྲུབ་ཐབས་བརྒྱ་རྩ་རྒྱ་མཚོ། མདོ་སེལ་བུ་བཅུ་བདུན། ཆོས་ཆུང་བརྒྱ་རྩ་ལ་སོགས་པ་བུམ་པ་གང་བྱོའི་ཚུལ་དུ་གསན་པར་མཛད་ཅིང་། གཞན་ཡང་ཟུར་ཆོས་པ་དང་། དྲུང་ནས་དོན་གྲུབ་ཤེས་རབ་པ་དང་། རྒྱལ་བ་དཀའ་ཐུབ་པ་དང་། ཆོས་རྗེ་གློ་བོ་མཁན་ཆེན། མུས་ཆེན་སངས་རྒྱས་རིན་ཆེན། གཏིང་ཁེབས་བྱ་བཏང་བ་སོགས་མཁས་ཤིང་གྲུབ་པ་བརྙེས་པའི་ཡོངས་འཛིན་དམ་པ་དུ་མ་བསྟེན་ནས་མདོ་སྔགས་རིག་གནས་དང་བཅས་པ་ལ་གསན་སྦྱོང་མཐར་ཕྱིན་མཛད། དགུང་ལོ་ཉེར་དྲུག་པ་ཆུ་མོ་གླང་གི་ལོར་དཔལ་ཨེ་ཝཾ་གི་གཙུག་ལག་ཁང་དུ་རྗེ་སངས་རྒྱས་རིན་ཆེན་གྱིས་མཁན་པོ་དང་། བྱ་བཏང་ཀུན་དགའ་མཆོག་ལྡན་གྱིས་ལས་སློབ་མཛད་དེ་དད་པའི་དགེ་འདུན་འདུས་པའི་དབུས་སུ་བསྙེན་པར་རྫོགས་པའི་དགེ་སློང་གི་སྡོམ་པ་ཡང་དག་པར་བཞེས། རྗེ་སངས་རྒྱས་རིན་ཆེན་གྱིས་དཔལ་ཨེ་ཝཾ་ཆོས་ལྡན་ཡོན་ཏན་རིན་པོ་ཆེ་དུ་མའི་འབྱུང་གནས་ཆོས་ཀྱི་ཁྲི་ལ་མངའ་གསོལ་ནས་ཐོག་མར་ལྷ་དཀར་པོ་འབའ་ཞིག་གི་རྗེས་གནང་མཛད་པ་ནས་བཟུང་། ཨེ་ཝཾ་པའི་བསྟན་པ་ལ་དར་རྒྱས་ཤིན་ཏུ་ཆེ་བ་བྱུང་ཞིང་། འཆད་རྩོད་རྩོམ་གསུམ་གྱི་སྒོ་ནས་སྐལ་ལྡན་གྱི་ལས་སློབ་དུ་མ་སྨིན་པར་མཛད་ཅིང་། ཐར་རྩེར་བྱོན་ཏེ་གསང་ཐབས་སུ་བདུད་རྩིའི་རིལ་བུ་བསྒྲུབ་དུས་ཚོགས་འཁོར་གྱི་ལྷག་གཏོར་ཕྱ་དམར་གཉིས་ཀྱིས་རྟག་ཏུ་ལེན་པ་བྱུང་ཞིང་། བདུད་རྩིའི་རིལ་བུ་གྲུབ་པའི་རྟགས་ངོ་མཚར་བ་

ཆེན་པོ་དུ་མ་བྱུང་བས་འགྲོའི་དོན་དཔག་མེད་བྱུང་། ཡི་དམ་དང་ཆོས་སྐྱོང་དུ་མའི་ཞལ་གཟིགས་ཤིང་ལུང་བསྟན་དུ་མ་ཐོབ་སྟེ་བསྟན་འགྲོ་དོན་རྒྱ་ཆེར་མཛད་དེ་མཐར་དགུང་ལོ་དྲུག་ཅུ་རེ་བརྒྱད་པ་བོད་རབ་བྱུང་དགུ་པའི་ཤིང་མོ་ལུག་གི་ལོ་སྟེ་སྤྱི་ལོ་༡༥༣༥ལོར་དགོངས་པ་ཆོས་དབྱིངས་སུ་གཤེགས་པ་ཡིན་ནོ། །

༄ ངོར་ཆེན་སངས་རྒྱས་སེང་གེ །

ཁོང་ནི་བོད་རབ་བྱུང་བརྒྱད་པའི་ཤིང་ཕོ་བྱི་བའི་ལོ་སྟེ་སྤྱི་ལོ་༡༥༠༤ལོར་དཔལ་ལྡན་ས་སྐྱའི་གུ་ར་བདེ་ལྡན་དུ་ཡབ་ཚེ་དབང་དཔལ་འབྱོར་དང་། ཡུམ་གཡུང་དྲུང་སྲས་འཛོམས་གཉིས་ཀྱི་སྲས་སུ་ངོ་མཚར་བའི་ལྟས་དུ་མ་དང་བཅས་ཏེ་སྐུ་འཁྲུངས་ཤིང་མཚན་ལྷ་མོ་ཚེ་རིང་དུ་གསོལ། དགུང་ལོ་བརྒྱད་པར་རྗེ་ཡོངས་འཛིན་དཀོན་མཆོག་འཕེལ་ས་སྐྱའི་བླ་བྲང་ཤར་དུ་ཕེབས་པ་ལས་བསྟན་པའི་རྩ་བ་ཡོངས་རྫོགས་དགེ་བསྙེན་གྱི་སྡོམ་པ་དང་། ཚེ་དཔག་མེད་ཀྱི་དབང་སོགས་ཞུས། འབྲི་ཀློག་སོགས་བརྡ་བསྟན་པ་ཙམ་གྱིས་མཁྱེན་པ་བྱུང་། དགུང་ལོ་བཅོ་བརྒྱད་པར་དཔལ་ཨེ་ཝཾ་ཆོས་ལྡན་ཡོན་ཏན་རིན་པོ་ཆེ་དུ་མའི་འབྱུང་གནས་སུ་བྱོན་ནས་རྗེས་སངས་རྒྱས་རིན་ཆེན་གྱིས་མཁན་པོ་དང་། རྗེ་ལྷ་མཆོག་སེང་གེས་ལས་སློབ་མཛད་དེ་དད་པའི་དགེ་འདུན་གྲངས་ཚང་གི་དབུས་སུ་རབ་ཏུ་བྱུང་སྟེ་མཚན་སངས་རྒྱས་སེང་གེ་ཞེས་གསོལ། ཐུབ་བསྟན་རྣམ་རྒྱལ་དུ་བྱོན་ནས་རབ་འབྱམས་སྨྲ་བ་ཆོས་གྲགས་རྒྱ་མཚོ་དང་། བློ་གྲོས་རབ་ཡངས་སོགས་དགེ་བའི་བཤེས་གཉེན་དུ་མ་བསྟེན་ཏེ་རྒྱ་མཚན་ཉིད་ཐེག་པའི་སྐོར་ལ་གསན་སྦྱོང་མཐར་ཕྱིན་མཛད། དེ་ནས་དཔལ་ལྡན་ས་སྐྱར་ས་ལོ་འཇམ་དབྱངས་ཆེན་པོ་དབུ་ལ་བཞུགས་པའི་འདུས་པ་རྒྱ་མཚོ་ལྷ་བུའི་དབུས་སུ་རབ་འབྱམས་གྲྭ་སྐོར་རྣམ་གཞག་མཛད་དེ་མཁས་པའི་གྲགས་པ་ནོར་འཛིན་སྐྱེག་མོའི་ཁྱོན་ཀུན་ཏུ་ཁྱབ་པར་གྱུར། དཔལ་ཨེ་ཝཾ་དུ་རྗེ་ལྷ་མཆོག་སེང་གེས་མཁན་པོ་དང་། རྗེ་བློ་གྲོས་རབ་ཡངས་པས་སློབ་དཔོན། གཉའ་ལོས་གསང་སྟོན། རྗེ་དཀོན་མཆོག་ལྷུན་གྲུབ་པས་དུས་བསྒོ་བ་མཛད་ནས་བསྙེན་པར་རྫོགས་པའི་དགེ་སློང་གི་སྡོམ་པ་ཡང་དག་པར་བཞེས་ཤིང་། དེ་ནས་རྣལ་འབྱོར་གྱི་དབང་ཕྱུག་གི་སྤྲུལ་པ་མུས་ཆེན་སངས་རྒྱས་རིན་ཆེན་དང་། རྗེ་ལྷ་མཆོག་པ་དང་། ས་ལོ་འཇམ་དབྱངས་ནམ་མཁའ་བརྟན་པ། གཉའ་ལོ་བདག་ཆེན་ངག་གྲགས། བདག་ཆེན་ནམ་མཁའ་དོན་གྲུབ། རི་བ་ཀུན་དགའ་མཆོག་ལྡན། བཞི་སྟེ་ཆོས་རྗེ་འཇམ་དབྱངས་ནམ་མཁའ་བརྟན་པ། རྗེ་དཀོན་མཆོག་ལྷུན་གྲུབ། མཁས་པ་ལྷ་དབང་བློ་གྲོས། ཆོས་རྗེ་

ཤཱཀྱ་འོད་ཟེར་སོགས་དགེ་བའི་བཤེས་གཉེན་གསེར་རྡུ་ལྡན་པོ་ཚར་དུ་དངར་བ་ལྷ་བུ་དུ་མ་ལས་མདོ་སྔགས་གཞུང་ལུགས་རབ་འབྱམས་ཀྱི་ཕ་རོལ་ཏུ་སོན་པར་མཛད་ཅིང་། གཞན་ཡང་བསམ་པ་ཇི་ལྟ་བ་བཞིན་མཁྱེན་ཅིང་སྒོམ་པའི་དོན་ཡང་མངོན་དུ་གྱུར། དགུང་ལོ་ཉེར་ལྔ་པ་ནས་ཆོས་འཆད་པའི་སྒོ་ཕྱེ། སྐྱེས་ཚལ་དང་། ཆུ་འདུས། མུས་སྟོད། ཐུབ་བསྟན་ཡངས་པ་ཅན། ཐུབ་བསྟན་རྣམ་རྒྱལ་སོགས་སུ་སྤྱན་དྲངས་ནས་ཆོས་ཀྱི་འཁོར་ལོ་བསྐོར་ཏེ་འགྲོ་དོན་རྒྱ་ཆེར་མཛད་ཅིང་། གཡ་ཧྲ་རའི་སྒྲུབ་ཕུག་ཟར་བྱང་ཕུག་རྣམས་སུ་གནས་མཇལ་དང་འགྲོ་དོན་མཛད། ཁྱད་པར་བྱང་ཕུག་ཇོ་བོའི་དྲུང་དུ་དགེ་འདུན་ལྔ་བརྒྱ་བསྐོར་གྱིས་སྨོན་ལམ་ཉི་ཤུ་ཙམ་གནང་བ་ལ་ལན་མཛད་ཅིང་མུས་གསང་སྔགས་གླིང་གི་མཁན་པོ་གནང་། དགུང་ལོ་ང་བཞི་པ་བོད་རབ་བྱུང་དགུ་པའི་མེ་མོ་སྦྲུལ་གྱི་ལོ་སྟེ་༡༥༥༧ལོའི་ཟླ་བ་དགུ་པའི་ཉི་ཤུ་གཅིག་ལ་རྗེ་དཀོན་མཆོག་ལྷུན་གྲུབ་སྐུ་གཤེགས་ནས་ལོ་དེའི་སྨིན་དྲུག་ཟླ་བའི་ཡར་ཚེས་བཅུ་གསུམ་ལ་དཔལ་ཨེ་ཝཾ་ཆོས་ལྡན་ཡོན་ཏན་རིན་པོ་ཆེ་དུ་མའི་འབྱུང་གནས་ཆོས་ཀྱི་ཁྲི་འཕང་མཐོན་པོ་ལ་ཞབས་ཀྱི་པདྨོ་ཉེ་བར་བཀོད་ཅིང་དཔལ་ལྡན་ས་སྐྱ་པ་ངག་དབང་ཀུན་དགའ་རིན་ཆེན་སོགས་ཀྱིས་བཀྲ་ཤིས་པའི་མེ་ཏོག་འཐོར། ཨེ་ཝཾ་གདན་སར་ཆོས་འཁོར་བསྐོར་བཞིན་དུའང་། འབྲས་ཡུལ་སྐྱིད་ཚལ། རྒྱ་མཁར་རྩེ། ན་ལེན་དྲ། ལོ་དགོན། ཆུ་ཤུལ་ཕག་གདོང་། གཙུག་ལ་སྐྱིད་ཚལ་གོང་འོག །གཅེད་ལུང་རྫོང་དཀར། སྣང་ཐར། ཞ་ལུ། ཕོ་བྲང་བསམ་གྲུབ་རྩེ་སོགས་སུ་སྤྱན་དྲངས་ནས་ཆོས་ཀྱི་འཁོར་ལོ་བར་མེད་དུ་བསྐོར་ནས་འགྲོ་དོན་རྒྱ་ཆེན་པོ་མཛད་ཅིང་། ཨེ་ཝཾ་ཉིད་དུ་དུས་ཆོས་ཀྱི་འཛིན་སྐྱོངས་སོགས་བརྗོད་ཀྱིས་མི་ལངས་པའི་རྣམ་པར་དཀར་བའི་ཕྲིན་ལས་རླབས་པོ་ཆེ་མཛད་དེ། གསུང་ངག་རིན་པོ་ཆེ་ལམ་འབྲས་བུ་དང་བཅས་པ་ཚར་བཅུ་བདུན་གྱི་ཐོག་དྲངས་བས་འཆད་པ་དང་། ཕ་རོལ་གྱི་ལོག་རྟོག་བཟློག་པའི་རྟོད་པའི་རིག་པ་དང་། མཁས་པའི་ཡིད་དབང་འཕྲོག་པའི་རྩོམ་པའི་རིམ་པ་ལ་ཡང་། རྒྱལ་བའི་བསྟན་པ་ཡུན་རིང་དུ་གནས་པ་དང་དངོས་དང་བརྒྱུད་པའི་སློབ་མ་དོན་དུ་གཉེར་བ་རྣམས་ལ་འཕྲལ་དང་ཡུན་དུ་ཕན་པའི་སླད་དུ་ལེགས་པར་བཤད་པ་གསར་དུ་མཛད་པ་ལ། གཉན་ཆེན་པོ་སོགས་ལ་བསྟོད་པ། རྗེ་རང་ལ་བསྟོད་པ། ཀུན་རིག་བརྒྱུད་འདེབས། དམར་ཁྲིད་བརྒྱུད་འདེབས། ཞུ་བ་པོ་སོ་སོའི་ངོར་བསྟོད་པ་འགའ་ཞིག །གདམས་པ་ཁ་ཡར། སྐྱབས་འགྲོའི་བཤད་པ། བདེ་མཆོག་དྲིལ་བུ་པའི་བྱིན་རླབས་བྱ་ཚུལ། ནག་པོའི་རིམ་བཞིའི་ཁྲིད་ཡིག །ཐུགས་རྗེ་ཆེན་པོའི་དམར་ཁྲིད་ཀྱི་ཁྲིད་ཡིག །ལྷ་སོ་ལྔའི་སྒྲུབ་ཐབས་བྱ་ཚུལ་དང་། མདོ་ཁམས་སུ་འབུལ་བསྐུལ་བ་སོགས་ལ་སྤྱར་མེད་པའི་ལེགས་བཤད་སོགས་ཀྱང་བརྩམ་པར་མཛད་དེ། འཁོར་ལོ་གསུམ་བསྒྲུ་དངོས་བཞི་སོགས་རྒྱལ་བའི་

སྲས་ཀྱི་རྣམ་ཐར་རྒྱ་མཚོ་ལྟ་བུ་ལ་མངའ་དབང་འབྱོར། དེ་ལས་དམ་པ་འདི་ཉིད་ཀྱི་གསུང་གི་གསང་བའི་བདུད་རྩི་གསོལ་ནས་བསྟན་པའི་བྱ་བ་མཛད་པའི་དགེ་བའི་བཤེས་གཉེན་གྱིས་སྐྱོང་མངའ་རིས། བར་དབུས་གཙང་། སྨད་མདོ་ཁམས་དང་བཅས་པ་ཁྱབ་པར་གྲངས་མེད་པ་བཞུགས་ཤིང་ཐུགས་དམ་ཉམས་ལེན་མཛད་དེ་སྒྲུབ་པའི་རྒྱལ་མཚན་འཛིན་པའང་དུ་མ་བྱོན་པས་ནོར་འཛིན་སྐྱིག་མོ་ལ་ཡང་དལ་བར་བྱས། གཞན་ཡང་འགྲོ་མགོན་འཕགས་པའི་སྐུའི་རྣམ་འཕྲུལ་དུ་ངེས་པའི་གཏན་ཚིགས་གསུམ་ཡོད་པ་དང་། ཆོས་སྐྱོང་རྣམས་བྲན་དུ་ཁོལ། ཡི་དམ་དུ་མའི་ཞལ་གཟིགས་ཤིང་ལུང་བསྟན་དུ་མ་ཐོབ་ཅིང་གྲུབ་པའི་མཚན་མ་དུ་མ་མངོན་དུ་གྱུར་ཏེ་མཐར་དགུང་ལོ་དྲུག་ཅུ་རེ་དགུ་པ་བོད་རབ་བྱུང་བཅུ་པའི་ས་མོ་སྦྲུལ་གྱི་ལོ་སྤྱི་ལོ་༡༥༦༨ ལོར་གཟུགས་སྐུའི་བཀོད་པ་ཆོས་དབྱིངས་སུ་བསྡུ་བའི་ཚུལ་བསྟན་པ་ཡིན་ནོ། །

༼ མཁས་གྲུབ་ཤེས་རབ་རྒྱལ་མཚན།

ཁོང་ནི་བོད་རབ་བྱུང་བརྒྱད་པའི་ཤིང་མོ་གླང་གི་ལོ་སྤྱི་ལོ་༡༥༠༥ ལོར་མདོ་ཁམས་གུ་ཚ་ཞེས་པའི་ཡུལ་དུ་ཡབ་དད་པ་དང་སྙིང་རྗེ་ཆེ་ཞིང་ང་རྒྱལ་ལ་སོགས་པ་ཆུང་ལ་རྣམ་དཔྱོད་དང་ལྡན་པ་ཕན་པོ་དར་དང་། ཡུམ་ཁ་ན་མ་ཐོ་བ་མེད་ཅིང་སྐྱེ་བས་ཐོབ་པ་དང་སྦྱོར་བ་ལས་བྱུང་བའི་ཡོན་ཏན་དུ་མས་བརྒྱན་པ་ཨ་མཆོག་མ་ཞེས་བྱ་བའི་སྲས་སུ་ངོ་མཚར་བའི་དགེ་མཚན་དུ་མ་དང་བཅས་ཏེ་སྐུ་འཁྲུངས་ཤིང་མཚན་ཕན་པོ་བུ་ཞེས་གསོལ། དེ་ནས་ན་ཚོད་དང་མཐུན་པའི་ཞལ་ཟས་ཕུན་སུམ་ཚོགས་པ་དག་གིས་སྐྱེད་བསྲིངས་ཏེ། ཀློག་ཡིག་གྲངས་རྩིས་ལ་སོགས་པ་ལ་ཐོགས་པ་མེད་ཅིང་། ལྷག་པར་དུ་ངེས་འབྱུང་དང་སྐྱོ་ཤས་དྲག་པོ་རྒྱུན་མི་ཆད་པ་ཐུགས་ལ་འཁྲུངས་པས། འཁོར་བ་ལ་བཙོན་ར་དང་། ཐར་པ་ལ་ཁང་བཟང་ལྟ་བུའི་འདུ་ཤེས་ཀྱིས་ཁྱིམ་ནས་ཁྱིམ་མེད་པར་རབ་ཏུ་འབྱུང་བར་བཞེད་པའི་གུས་པ་དང་། དྲག་པའི་སྦྱོར་བ་དྲག་ལ་རྒྱུན་མི་ཆད་པས་དགུང་ལོ་དགུ་པར་མཁན་པོ་གྲུབ་པ་དང་རིག་པའི་ཡོན་ཏན་དུ་མ་ལ་མངའ་མཛད་པའི་ཆོས་ཀྱི་རྗེ་ཤཱཀྱ་རྒྱལ་མཚན་པའི་ཞལ་སྔ་ནས་རབ་ཏུ་བྱུང་བ་དགེ་ཚུལ་གྱི་སྡོམ་པ་རྣམ་པར་དག་པ་མནོས་ཤིང་མཚན་ཤེས་རབ་རྒྱལ་མཚན་ཞེས་གསོལ། གཞན་ཡང་དགེ་བསྙེན་གྱི་སྡོམ་བརྒྱད་རྩ་འགྲེལ་དང་། དབུ་མའི་ལུགས་ཀྱི་སེམས་བསྐྱེད། ཀུན་རིག་ལ་སོགས་པའི་དབང་ཁྲིད་དུ་མ་གསན་ཅིང་། དེ་ནས་བརྩམས་ཏེ་ལྷག་པ་ཚུལ་ཁྲིམས་ཀྱི་ཕུང་པོ་མིག་གི་འབྲས་བུ་བས་ཀྱང་གཅེས་པར་བསྲུངས། དགུང་ལོ་བཅུ་དགུ་པར་དཔལ་ཨེ་ཝཾ་ཆོས་ལྡན་ཡོན་ཏན་རིན་པོ་ཆེ་དུ་མའི་འབྱུང་

གནས་ཀྱི་ཆོས་གྲྭ་ཆེན་པོར་ཕེབས་ཏེ། སྐྱེ་དགུ་མཐའ་དག་གི་ཕན་བདེའི་བྱ་བ་ལ་ཁྲུ་མཆོག་གླང་པོ་ཆེན་པོའི་གནས་ཐོབ་པ་ཆོས་ཀྱི་རྗེ་དཀོན་མཆོག་སེང་གེ་པའི་ཞལ་སྔ་ནས་ཀྱི་དྲུང་དུ་བྱོན་ནས་ཕྱག་རྟེན་རྣམས་ཕུལ་ཞིང་ཐོས་བསམ་སྒོམ་གསུམ་ལ་སོགས་པའི་བསླབ་བྱ་ནན་ཆགས་པ་མཛད་ཅིང་དགྱེས་ལོ་ཉེར་གཅིག་པར་ཆོས་རྗེ་ལྷ་མཆོག་དཔལ་བས་མཁན་པོ་དང་། གཉན་ཆེན་གྲགས་པ་བློ་གྲོས་ཀྱིས་ལས་སློབ་མཛད་དེ་དད་པའི་དགེ་འདུན་བཅུ་ཕྲག་དུ་མའི་དབུས་སུ་བསྙེན་པར་རྫོགས་པ་དགེ་སློང་གི་སྡོམ་པ་རྣམ་པར་དག་པ་བཞེས་ཏེ་ལྟར་ངེས་པར་ལེགས་པའི་ལམ་ལ་གཅིག་ཏུ་གཞོལ་ཞིང་། ལྷག་པ་ཚུལ་ཁྲིམས་དུར་སྒྲིག་གི་གོས་ཀྱིས་རབ་ཏུ་མཛེས་པར་མཛད་ནས། སླར་ཡང་ཆོས་རྗེ་ལྷ་མཆོག་སེང་གེ་དང་། །ཆོས་ཀྱི་རྗེ་འཇམ་དབྱངས་སངས་རྒྱས་རིན་ཆེན། །ས་ལོ་འཇམ་པའི་དབྱངས་ཀུན་དགའ་བསོད་ནམས་གྲགས་པ་རྒྱལ་མཚན་དཔལ་བཟང་པོ། གཞུང་བརྒྱ་སྨྲ་བའི་དབང་པོ་ཆོས་ཀྱི་རྗེ་པཎ་ཆེན་དངོས་གྲུབ་དཔལ་འབར། ས་སྐྱ་པ་སྔགས་འཆང་ངག་གི་དབང་པོ་ཀུན་དགའ་རིན་ཆེན་བཀྲ་ཤིས་རྒྱལ་མཚན་དཔལ་བཟང་པོ། རྗེ་རྡོ་རྗེ་འཆང་སངས་རྒྱས་སེང་གེ །རྗེ་ནམ་མཁའ་དབང་ཕྱུག །ཆོས་ཀྱི་རྗེ་རིན་པོ་ཆེ་དཀོན་མཆོག་གྲགས་པ་སོགས་སྐྱེས་ཆེན་དམ་པ་མཁས་པ་དང་གྲུབ་པ་བརྙེས་པ་དུ་མའི་ཞབས་རྡུལ་ཡུན་རིང་དུ་བསྟེན་ཏེ། གསུང་ངག་རིན་པོ་ཆེ་ལམ་འབྲས་བུ་དང་བཅས་པས་མཚོན་དབང་རྗེས་གནང་། བྱིན་རླབས། རིག་གཏད། ཁྲིད་བཤད་བཀའ་ལུང་སོགས་གསུང་གི་བདུད་རྩི་ངོམས་པ་མེད་པར་གསོལ་བས། ལུང་རིགས་མན་ངག་གི་གནད་ཤིན་ཏུ་ཟབ་ཅིང་ཕྲ་བ་དག་ལ་ཡང་དཔྱོད་པར་ནུས་པའི་བློ་གྲོས་གསལ་བ་དང་། དགེ་བའི་བཤེས་གཉེན་ལ་སྟོན་པའི་འདུ་ཤེས་ཀྱི་དད་པ་རྩེ་གཅིག་པ་ཉིད་དང་། ཚིག་དོན་ཤེས་པར་འདོད་པའི་དོན་གཉེར་གྱི་བརྩོན་པ་བླ་ན་མེད་པ་མངའ་བའི་སྟོབས་ཀྱིས། མཁས་པ་རྣམས་ལ་ཡོངས་སུ་གྲགས་པའི་མདོ་སྔགས་རིག་གནས་དང་བཅས་པའི་ཤེས་བྱའི་གནས་ཕལ་ཆེར་ཀུན་ཆུབ་པར་མཛད་ནས། དེ་དག་གི་དོན་ཐུགས་ཉམས་སུ་ཇི་ལྟར་བཞེས་པའི་ཚུལ་ལ་ལམ་གྱི་རྩ་བ་དམ་ཚིག་དང་སྡོམ་པ་སྲོག་གི་དབང་པོ་ལྟར་གཅེས་པར་འཛིན་པའི་སྒོ་ནས། ཉེས་ལྟུང་གི་དྲི་མས་ནམ་ཡང་མ་གོས་ཤིང་། གཉིས་འཛིན་གྱི་འཁྲུལ་བ་ཐམས་ཅད་ཉེ་བར་ཞི་བའི་ཆོས་ཀྱི་དབྱིངས་སྤྲོས་བྲལ་ནམ་མཁའ་ལྟ་བུ་དང་། རྟེན་ཅིང་འབྲེལ་བར་འབྱུང་བ་སྒྱུ་མ་ལྟ་བུའི་ཆོས་ཅན་རང་རིག་པའི་ཡེ་ཤེས། དེ་ཉིད་དང་གཞན་དུ་བརྗོད་དུ་མེད་པར་མཁྱེན་པའི་འཁོར་འདས་དབྱེར་མེད་ཀྱི་ཉམས་ལེན་གྱི་གནད་ཟབ་མོ་དང་མ་བྲལ་བའི་ངང་ནས། དངོས་གྲུབ་ཐམས་ཅད་ཀྱི་རྩ་བ་ལམ་ཟབ་མོ་བླ་མའི་རྣལ་འབྱོར་གཙོ་བོར་གྱུར་པའི་མཚན་བཅས་དང་། མཚན་མེད་ཀྱི་ཐུགས་དམ་གྱི་རིམ་པ་དུ་མ་ཞིག

ལ་དུས་རྟག་ཏུ་བསྟེན་པ་ལྷུར་མཛད་ཅིང་། ཁྱད་པར་དུ་དཔལ་དགྱེས་པ་རྡོ་རྗེའི་གཞི་བསྙེན་དང་། གཤེད་དམར་ལ་སོགས་པ་ཡི་དམ་དུ་མའི་བསྙེན་པ་བཅུ་ཆའི་སྒྲིན་སྲིག་དང་བཅས་པ་དང་། ཐ་མལ་གྱི་སྣང་བ་དང་། ལྷར་ཞེན་གྱི་རྟོག་པས་ནམ་ཡང་མི་གཡོ་བར་འཛའ་ལུས་རྡོ་རྗེ་ལྷ་བུའི་སྐུ་དང་། ངག་རང་བྱུང་གི་ཡེ་ཤེས་སྔགས་སུ་ཤར་བ་དང་། སེམས་རྟོག་མེད་ཆོས་སྐུ་བདེ་བ་ཆེན་པོའི་ཡེ་ཤེས་འབའ་ཞིག་ཏུ་ཤར་བའི་དྲོད་རྟགས་དང་བཅས་པ་མཐར་ཕྱིན་པར་མཛད་དེ། དགུང་ལོ་ཉེར་ལྔ་པར་མཁན་ཆེན་རྡོ་རྗེ་འཆང་ཆེན་པོ་ལྷ་མཆོག་སེང་གེ་ལ་སོགས་པས་བཀའ་གནང་ནས་སྡེ་གཞུག་རྣམས་སུ་དཔལ་ཨེ་ཝཾ་ཆོས་ལྡན་གྱི་དབུ་མཛད་དང་། ཚོགས་དཔོན་གྱི་ཁུར་བཞེས། དགུང་ལོ་སོ་བདུན་པར་མཁན་པོར་དགོངས་གྲོལ་ཞུས་ནས། མདོ་ཁམས་སུ་བྱོན་ནས་གདུལ་བྱ་སོ་སོ་ལམ་ཡང་དག་པ་ལ་བཀོད་པའི་ཕྱིར་གསུང་ངག་རིན་པོ་ཆེ་ལམ་འབྲས་བུ་དང་བཅས་པ་དང་། རྡོ་རྗེ་ཕྲེང་བའི་རྗེས་གནང་དང་། །བྱིན་རླབས་བསམ་གྱིས་མི་ཁྱབ་པ་བསྐུལ་ནས་གདུལ་བྱ་དུ་མ་མཐོང་ཐོས་དྲན་རེག་གི་ལམ་དུ་བཀོད་ཅིང་། དགུང་ལོ་ཞེ་ལྔ་པ་བོད་རབ་བྱུང་དགུ་པའི་ས་མོ་བྱ་ཡི་ལོ་སྟེ་སྤྱི་ལོ་༡༥༦༨ལོར་དཔལ་ཨེ་ཝཾ་ཆོས་ལྡན་ཡོན་ཏན་རིན་པོ་ཆེ་དུ་མ་འབྱུང་གནས་ཆོས་གྲྭར་ཕྱིན་ཕེབས་ཏེ་དུས་ཇའི་ཁ་གསོ་དང་། རྗེའི་དྲུང་དུ་འབུལ་བ་སྟོབས་ཆེན་སྒྲུར་ནས་གཟིམས་ཁང་ཤར་ཁང་དུ་བཞུགས་ཏེ་ཟུར་ཆོས་པའི་གཙོ་བོར་མཛད་པ་ནས་བཟུང་སྐུ་མྱ་ངན་ལས་མ་འདས་བར། སྟོད་མངའ་རིས། སྨད་མདོ་ཁམས་བར་དབུས་གཙང་གི་གདུལ་བྱ་སྐལ་བ་དང་ལྡན་པ་སྤྲིན་བཞིན་དུ་འདུས་པ་རྣམས་ལ་རང་གི་བློ་དང་འཚམ་པའི་ཆོས་ཀྱི་སྦྱིན་པ་རྒྱ་ཆེན་པོ་རྒྱུན་ཆད་མེད་པར་གནང་སྟེ། མཛད་པ་དང་ཕྲིན་ལས་རྣམ་པར་དག་པའི་དྲི་བསོན་གྱིས་ཕྱོགས་མཐའ་ཡོངས་སུ་ཁྱབ་པར་གྱུར་པ་ལ་བརྟེན་ནས་བསྟན་པ་དང་། བསྟན་འཛིན་ལ་ཕྱུ་དུད་དུ་མཛད་པའི་ས་སྐྱོང་མིའི་དབང་པོ་བྱང་པ་བདག་པོ་དུས་འཁོར་བ་ལ་སོགས་པ་དུ་མས་ཀྱང་མཆོད་ཡུལ་གྱི་ཕུད་དུ་བཀུར་ཞིང་། གངས་ཅན་གྱི་ཁྲོད་ན་ཆེ་ཞིང་ཆེ་བར་གྲགས་པའི་མཁས་པ་དང་གྲུབ་པ་བརྙེས་པའི་སྐྱེས་བུ་དམ་པ་ཐམས་ཅད་ཀྱིས་ཀྱང་མངོན་པར་ཁེངས་པའི་མདུད་པ་ཐམས་ཅད་བཀྲོལ་ཏེ། ཉིད་ཀྱི་ཞབས་ཟུང་རྟོག་པ་མེད་པ་སྤྱི་བོའི་གཙུག་ཏུ་གུས་པས་བླངས་ཏེ། རྡོ་རྗེ་འཛིན་པ་དུ་མའི་གཙུག་རྒྱན་ཆོས་ཀྱི་རྗེ་བློ་གྲོས་རྒྱལ་མཚན། མདོ་སྔགས་རབ་འབྱམས་སྨྲ་བའི་དབང་པོ་ཆོས་རྗེ་དཀོན་མཆོག་བློ་གྲོས། སྐྱིད་ཚལ་མཁན་ཆེན་བྱམས་པ་བཀྲ་ཤིས་གྲགས་པ་རྒྱལ་མཚན་སོགས་སློབ་ཚོགས་བགྲང་ལས་འདས་པའི་མཁས་གྲུབ་ཀྱི་སློབ་དུ་མ་བསྐྲུན་ཅིང་། གཞན་ཡང་ཆོས་སྡེ་དུ་མའི་མཁན་པོ་དང་། དགོན་པ་སོ་སོའི་བླ་མ་དང་། གྲྭ་ཚང་ཐ་དད་ཀྱི་སློབ་དཔོན་དང་། བློ་གསལ་དུ་མའི་འདྲེན་པ་དང་། མི་ཆེན

མང་པོའི་བླ་མ་སོགས་བསམ་གྱིས་མི་ཁྱབ་པ་ཞིག་བཞུགས་པ་མ་ཟད། འདུལ་བ་ལག་ལེན་གྱི་ཆོ་ག་གཞི་གསུམ་སྣང་བྱེད། བར་དོའི་ཆོས་བཤད། རྣམ་རྒྱལ་སྟོང་མཆོད་ཀྱི་ཆོག་བསྒྲིགས། རྡོ་རྗེ་ཕྲེང་བའི་སྒྲུབ་དཀྱིལ་གྱི་ཟུར་འདེབས། རྗེ་དཀོན་མཆོག་རྒྱལ་མཚན་གྱི་བསྟོད་པ་སོགས་སྒྲུབ་ཐབས། བསྟོད་ཚོགས། དྲིས་ལན་སོགས་ཆོས་ཚན་སོ་ལྔ་རྗེས་འཇུག་གདུལ་བྱའི་གསོས་སུ་བཞག་ཅིང་། རྡོ་རྗེ་འཆང་ཆེན་པོ་སངས་རྒྱས་སེང་གེ་བ་སྐུ་གཤེགས་ནས་དཔལ་ཨེ་ཝཾ་པའི་གདན་སའི་ཁུར་བཞེས་མཛད་དགོས་ཚུལ་ཆོས་ཁྲིམས་ལས་ཚན་སོགས་ཀྱིས་རྒྱུ་མཚན་ཕུལ་ཡང་ཐུགས་མཐོན་ཞེན་གྱི་ཆགས་སྣང་དུ་སོང་དོགས་པས་ཞལ་བཞེས་མ་གནང་ཞིང་ཆོས་འཆད་སྤར་བཞིན་བགྱིས་གསུངས་པ་ལྟར་དགུང་གྲངས་དྲུག་ཅུ་རེ་དྲུག་པ་བོད་རབ་བྱུང་བཅུ་པའི་ལྕགས་ཕོ་རྟ་ཡི་ལོ་སྟེ་སྤྱི་ལོ་༡༥༧༠ལོར་མཁན་ཚབ་གནང་ནས་དུས་ཆོས་གསུང་ངག་རིན་པོ་ཆེ་ལམ་འབྲས་བུ་དང་བཅས་པའི་གདམས་ངག་ཡོངས་སུ་རྫོགས་པ་དང་། དེ་དག་དང་འབྲེལ་བའི་སེམས་བསྐྱེད་དང་། དབང་བསྐུར། བྱིན་རླབས་དང་མན་ངག །ལུང་དང་ལག་ལེན་གྱི་རིམ་པ་རྣམས་ཤིན་ཏུ་ཞིབ་ཅིང་རྒྱས་པར་བསྐྱལ་ཏེ་གདུལ་བྱ་དུ་མ་སྨིན་གྲོལ་གྱི་ལམ་ལ་བཀོད། མཐར་དགུང་གྲངས་དྲུག་ཅུ་རེ་དགུ་པ་བོད་རབ་བྱུང་བཅུ་པའི་ས་མོ་བྱ་ཡི་ལོ་སྟེ་སྤྱི་ལོ་༡༥༧༣ལོར་ཞིང་འདིའི་གདུལ་བྱ་རེ་ཞིག་རྫོགས་ཏེ་གཟུགས་སྐུའི་བཀོད་པ་བསྡུས་ནས་རྣམ་ཀུན་མཆོག་ལྡན་གྱི་སྟོང་པ་དང་། མཆོག་ཏུ་མི་འགྱུར་བའི་བདེ་བ་ཆེན་པོ་རོ་མཉམ་པའི་འོད་གསལ་ཕྱག་རྒྱ་ཆེན་པོའི་ངང་དུ་བཞུགས་པའི་ཚུལ་བསྟན་པ་ཡིན་ནོ། །

༈ རྗེ་དཀོན་མཆོག་དཔལ་ལྡན།

ཁོང་ནི་བོད་རབ་བྱུང་དགུ་པའི་ས་ཕོ་བྱི་ཡི་ལོ་སྟེ་སྤྱི་ལོ་༡༥༢༨ལོར་དཔལ་ལྡན་ས་སྐྱའི་གཉན་ཁང་སར་དུ་ཡབ་ལྷ་མོ་དར་དང་། ཡུམ་དཔལ་ལྡན་བུ་དགའ་གཉིས་ཀྱི་སྲས་སུ་ངོ་མཚར་བའི་ལྟས་དུ་མ་དང་བཅས་ཏེ་སྐུ་འཁྲུངས་ཤིང་མཚན་ཚེ་བརྟན་དོན་གྲུབ་ཏུ་གསོལ། དགུང་ལོ་བཅུ་གསུམ་པར་དཔལ་ཨེ་ཝཾ་ཆོས་ལྡན་ཡོན་ཏན་རིན་པོ་ཆེ་དུ་མའི་འབྱུང་གནས་སུ་བྱོན་ཏེ། དཀོན་མཆོག་ལྷུན་གྲུབ་ཀྱིས་མཁན་པོ་དང་། ཆོས་རྗེ་དགེ་ལེགས་བཤེས་གཉེན་པས་ལས་སློབ་མཛད་ནས་རབ་ཏུ་བྱུང་། དགུང་ལོ་བཅུ་དྲུག་ནས་ཉེར་བཞིའི་བར་འབྲས་ཡུལ་སྐྱེད་ཚལ་དུ་ཀུན་མཁྱེན་ཤེས་རབ་འོད་ཟེར་ལས་རྒྱུ་མཚན་ཉིད་ཐེག་པའི་སྐོར་ལ་བསླབ་སྦྱངས་མཐར་ཕྱིན་མཛད་ཅིང་། དེ་ནས་དཔལ་ལྡན་ས་སྐྱར་བྱོན་ཏེ་གྲྭ་སྐོར་མཛད་ཅིང་མཁས་པའི་གྲགས་པ་བར་མེད་དུ་ཁྱབ་པར་གྱུར། དགུང་ལོ་ཉེར་

དགའ་བར་འཛམ་དབྱངས་ཞེས་རབ་འོད་ཟེར་གྱིས་མཁན་པོ་མཛད་དེ་གྲོགས་བྱེད་པའི་དགེ་སློང་དུ་མའི་དབུས་སུ་སྲིད་པར་སློན་པའི་འདུན་པ་ཐམས་ཅད་མཆིལ་མའི་ཐལ་བ་བཞིན་དུ་སྤྲངས་ཏེ། བྱང་གྲོལ་ཐར་བའི་ཡོན་ཏན་གྱི་ཞིང་རྟས་ཐུགས་རྒྱུད་ལེགས་པར་དྲངས་པའི་བསྙེན་པར་རྫོགས་པའི་དགེ་སློང་གི་སྡོམ་པ་རྣམ་པར་དག་པ་མནོས་ཤིང་། རྗེ་དཀོན་མཆོག་ལྷུན་གྲུབ། སངས་རྒྱས་སེང་གེ །ཕྱོགས་འཆང་ཆེན་པོ་ཞེར་འོད། བྱང་སེམས་དཀོན་རྒྱལ། སྨྱན་སྔ་དཀོན་མཆོག་སོགས་སྐྱེས་བུ་དམ་པ་མཁས་པ་དང་གྲུབ་པ་བརྙེས་པ་དུ་མའི་ཞབས་རྡུལ་ཡུན་རིང་དུ་བསྟེན་ཅིང་། གསུང་གི་བདུད་རྩི་ངོམས་པ་མེད་པར་གསོལ་བས་ལུང་རིགས་མན་ངག་གི་གནད་ཤིན་ཏུ་ཟབ་ཅིང་ཕྲ་བ་དག་ལ་ཡང་དཔྱོད་པའི་ནུས་པའི་བློ་གྲོས་གསལ་བ་དང་། དགེ་བའི་བཤེས་གཉེན་ལ་སྟོན་པའི་འདུ་ཤེས་ཀྱིས་དད་པ་རྩེ་གཅིག་པ་ཉིད་དང་། ཆོས་དོན་ཤེས་པར་འདོད་པའི་དོན་གཉེར་གྱི་བརྩོན་པ་བླ་ན་མེད་པ་མངའ་བའི་སྟོབས་ཀྱིས་མཁས་པ་རྣམས་ལ་ཡོངས་སུ་གྲགས་པའི་ཤེས་བྱའི་གནས་ལུགས་ཕལ་མོ་ཆེ་ཀུན་ཆུབ་པར་མཛད་ནས། སྒྲུབ་པ་ཉམས་ལེན་ལ་རྩེ་གཅིག་ཏུ་གཞོལ། དགུང་ལོ་སུམ་ཅུ་སོ་གྲངས་ནས་དཔལ་ཨེ་ཝཾ་གཙོ་བོར་གྱུར་པའི་གནས་རྣམས་སུ་འཆད་ཉན་མཛད་ཅིང་། དགུང་ལོ་བཞི་བཅུ་རྩ་བཞི་པ་བོད་རབ་བྱུང་བཅུ་པའི་ཆུ་མོ་སྦྲུལ་གྱི་ལོ་སྟེ་སྤྱི་ལོ་༡༥༨༩ལོར་རྗེ་སངས་རྒྱས་སེང་གེ་སྐུ་གཤེགས་ནས་ཤར་ཁང་ཤེས་རབ་རྒྱལ་མཚན་སོགས་ཀྱིས་གསོལ་བ་བཏབ་པ་ལྟར་དཔལ་ཨེ་ཝཾ་ཆོས་ལྡན་ཡོན་ཏན་རིན་པོ་ཆེ་དུ་མའི་འབྱུང་གནས་ཆོས་ཀྱི་ཁྲི་ལ་ཞབས་ཀྱི་པདྨོ་ཉེ་བར་བཀོད་དེ་བསྟན་པའི་བདག་པོ་ཆེན་པོར་མངའ་གསོལ། དེ་ནས་བརྒྱམས་ཏེ་སྟོད་མངའ་རིས། སྨད་མདོ་ཁམས། བར་དབུས་གཙང་གི་གདུལ་བྱ་སྐལ་བ་དང་ལྡན་པ་སྤྲིན་བཞིན་དུ་འདུས་པ་རྣམས་ལ་གསུང་ངག་རིན་པོ་ཆེ་ལམ་འབྲས་བུ་དང་བཅས་པའི་གདམས་ངག་ཚར་ཉི་ཤུ་ཙམ་གྱིས་ཐོག་དྲངས་པའི་གདུལ་བྱ་རང་རང་གི་བློ་དང་འཚམ་པའི་ཆོས་ཀྱི་སྤྲིན་པ་རྒྱུན་ཆད་མེད་པར་བསྒྲུབ་ཞིང་། གཞན་ཡང་གཅེན་ལུང་རྫོང་དཀར་དཔོན་ཀུན་དགའ་བཟང་པོས་སྤྱན་དྲངས་ནས་འབྲིང་མཚམས་དང་གཟར་སོགས་ཀྱི་ཆོས་སྡེ་རྣམས་སུ་བྱོན་ནས་གདུལ་བྱ་དུ་མ་སྨིན་གྲོལ་གྱི་ལམ་ལ་བཀོད། བོད་རབ་བྱུང་བཅུ་པའི་ས་མོ་ཡོས་ཀྱི་ལོ་སྟེ་སྤྱི་ལོ་༡༥༧༩ལོར་བྲང་ཏི་པཎ་ཆེན་ནམ་མཁའ་དཔལ་བཟང་རྒྱལ་ཚབ་ཏུ་མངའ་གསོལ་ནས། འབྲུག་སྤྲུལ་རྣ་གསུམ་དུ་ངོར་བ་ལ་སྲི་ངན་གསུང་ནས་གཟིམས་ཁང་ཕྱུག་གྲུར་བྱང་པ་བཀྲ་ཤིས་སྟོབས་རྒྱལ། སྨྱན་སྔ་དཀོན་མཆོག་རྒྱ་མཚོ་བཅས་བྱོན་ནས་ཆོས་རྗེ་ཤར་པ་དང་བྱང་པ་བདག་པོ་གཉིས་སྨྱན་སྔ་རྗེས་མཁན་པོ་དང་། འདྲེན་མཆོག་འདི་ལས་སློབ། བྲང་ཏི་པས་གསང་སྟོན་སོགས་མཛད་ནས་བསྙེན་པར་རྫོགས་པའི་སྡོམ

པ་བསྐུལ་ཞིང་། རྗེ་གདོང་གདུང་རྒྱུད་རིན་པོ་ཆེ་དང་འཇམ་དབྱངས་བསོད་ནམས་དབང་པོ་སོགས་བྱོན་ནས་འདོད་ཆོས་མཇལ་འཕྲད་སོགས་ལུགས་ཟུང་རྒྱ་
ཆེན་པོ་མཛད། དེ་ནས་སྟོད་ཕྱོགས་ས་སྐྱ་སོགས་སུ་བྱོན་ནས་རྗེ་གདོང་དུ་ལོ་གསུམ་གྱི་བར་དུ་སྐུ་མཚམས་བཞུགས་ཤིང་སླར་ཆུ་མོ་ལུག་གི་ལོ་སྟེ་སྤྱི་ལོ་
༡༥༨༣ལོར་ཨེ་ཝཾ་གདན་སའི་ཁྲུར་བཞེས་པ་དང་མཉམ་དུ། ཐུབ་བསྟན་ཡངས་པ་ཅན་སྤྱན་སྔར་མཇལ་བར་བྱོན་ཏེ་རྗེ་འདིས་མུས་རབ་འབྱམས་པའི་ཆོས་ཀྱི་
ཁྲིའི་སྟེང་ནས་བཀའ་ཆོས་དང་། ཚབ་ཚན་ཞོར་ཐུབ་བསྟན་མཁན་ཆེན་ཆོས་འོད་པས་སྤྱན་དྲངས་ནས། ཀུན་མཁྱེན་གོ་རམས་པའི་བཞུགས་ཁྲིའི་སྟེང་ནས་ཀྱང་
ཆོས་ཀྱི་བདུད་རྩི་ཅི་རིགས་གནང་བས་མཚོན་གཞན་ཡང་ཞ་ལུ་སོགས་སུ་བྱོན་ཏེ། འཆད་ཉན་གྱི་ཕྲིན་ལས་དུ་མ་སྤེལ་ཏེ་རྣམ་པར་དག་པའི་འབྲས་བུ་མཁས
གྲུབ་ཀྱི་སློབ་མ་ཇི་ལྟར་བྱུང་ཚུལ་ལ། འཇམ་དབྱངས་ཀུན་དགའ་བདེ་ལེགས་གྲགས་པ་རྒྱལ་མཚན་དཔལ་བཟང་པོ་ཡབ་སྲས་རྣམས་དང་། བྱམས་པ་ངག་
དབང་བསོད་ནམས་དབང་པོ་གྲགས་པ་རྒྱལ་མཚན། ཆོས་རྗེ་ནམ་མཁའ་དཔལ་བཟང་། འཕོམ་སྟོན་བྱམས་པ་ངག་དབང་གྲགས་པ། རིན་ཆེན་བཀྲ་ཤིས།
འབུམ་རབ་འབྱམས་པ་རྒྱལ་བ་བློ་གྲོས། མངའ་རིས་སློབ་དཔོན་རིན་ཆེན་གྲུབ། ཁམས་པའི་སློབ་དཔོན་བསོད་ནམས་ཆོས་འཕེལ་སོགས་མཁས་གྲུབ་ཀྱི་སློབ
མ་མཚན་ནས་བགྲང་དུ་མེད་པ་བརྒྱ་ཕྲག་དུ་མ་བཞུགས་ཤིང་། གཞན་ཡང་སྟོད་མངའ་རིས། སྨད་མདོ་ཁམས། བར་དབུས་གཙང་ལ་སོགས་པའི་ཆོས་གྲྭ་ཆེན
པོའི་མཁན་པོ་དང་། དགོན་པ་སོ་སོའི་བླ་མ། གྲྭ་ཚང་ཐ་དད་ཀྱི་སློབ་དཔོན། བློ་གསལ་དུ་མའི་འདྲེན་པ་དང་ཆེན་པོ་མང་པོ་བླ་མ་ལ་སོགས་པ་རྗེ་བཙུན་དམ་པ
འདི་ཉིད་སློབ་མ་བསྟན་པ་རིན་པོ་ཆེ་གསལ་བྱེད་དུ་གྱུར་པ་དུ་མ་བསྐྲུན་པ་མ་ཟད། ལེགས་པར་བཤད་པ་རྩོམ་གྱི་ཕྲེང་བ་སྤེལ་བའི་ཚུལ་ཡང་། རྗེ་བཙུན་ཐམས
ཅད་མཁྱེན་པ་དཀོན་མཆོག་ལྷུན་གྲུབ་ལ་བསྟོད་པ། འཇམ་པའི་དབྱངས་དཀོན་མཆོག་རྒྱ་མཚོའི་བསྟོད་པ། མཚུངས་མེད་ཆོས་ཀྱི་རྗེ་ནམ་མཁའ་དཔལ་བཟང་
པོ་ལ་བསྟོད་པ། སོ་ཐར་བླ་མ་བརྒྱུད་པའི་གསོལ་འདེབས། དཀོན་མཆོག་གསུམ་ཆོས་སྲུང་དང་བཅས་པ་ལ་མུ་ཏིའི་ཕུད་ཕུལ་བའི་ཤིས་བརྗོད། ལམ་ཟབ་ཐུན
མོང་མ་ཡིན་པ་ཉམས་སུ་ལེན་ཚུལ། ལམ་ཟབ་བླ་མ་མཆོད་པའི་ཚོ་ག་བྱིན་རླབས་ཆར་རྒྱུན་བླ་མའི་རྣལ་འབྱོར་དང་སྤྱན་རས་གཟིགས་ཀྱི་སྒོམ་ལུང་འབོགས
ཚུལ། རྡོ་རྗེ་ཚིག་རྐང་གི་བསྡུས་དོན་ཚང་བདེ་ཉུང་གསལ་གྱིས་གསལ་བྱེད། མན་ངག་ཟབ་མོའི་རྐང་གྲངས་འདྲེན་ཚུལ། ཚུལ་གསུམ་གསལ་བར་བྱེད་པའི་རྒྱན
གྱི་གོ་དོན་ནོར་བུའི་ཕྲེང་མཛེས། དཔལ་ས་སྐྱ་པའི་ཆོས་སྲུང་རྣམས་ཀྱི་ཐུགས་དམ་བསྐང་བའི་ཚོ་ག་ཕྲིན་ལས་མྱུར་འགྲུབ། ཐམས་ཅད་མཁྱེན་པ་དཀོན་མཆོག

ལྷུན་གྲུབ་ཀྱི་རྣམ་པར་ཐར་པ་འདོད་དགུའི་ཆུ་གཏེར། སློབ་མ་ལ་གདམས་པའི་ཚིགས་བཅས་སོགས་ཆོས་ཚན་སུམ་ཅུ་སོ་བདུན་རྗེས་འཇུག་གདུལ་བྱའི་གསོས་སུ་བཞག་ནས། གཞན་ཡང་རྒྱལ་བའི་སྐུ་གསུང་ཐུགས་རྟེན་དུ་མ་བཞེངས་ཤིང་དཔལ་ལྡན་ས་སྐྱས་གཙོ་བྱས་དབུས་གཙང་གི་གྲྭ་ས་རྣམས་སུ་མང་ཇ་བསྙེན་བཀུར་སོགས་བགྲང་ལས་འདས་པར་མཛད་ཅིང་། དེ་ལྟར་འཆད་རྩོད་རྩོམ་གསུམ་གྱི་སྒོ་ནས་རྒྱལ་བའི་བསྟན་པ་རིན་པོ་ཆེ་འདི་ཉིད་སྒོ་ཀུན་ནས་དར་ཞིང་རྒྱས་པར་མཛད་དེ་མཐར་དགུང་གྲངས་དྲུག་ཅུ་རེ་ལྔ་པ་བོད་རབ་བྱུང་བཅུ་པའི་ལྕགས་ཕོ་སྟག་གི་ལོ་སྟེ་སྤྱི་ལོ་༡༥༨༠ལོར་གཟུགས་སྐུའི་བཀོད་པ་ཆོས་དབྱིངས་སུ་བསྡུ་བའི་ཚུལ་བསྟན་པ་ཡིན་ནོ། །

ཕྲང་ཏི་པཎ་ཆེན་ནམ་མཁའ་དཔལ་བཟང་།

ཁོང་ནི་བོད་རབ་བྱུང་དགུ་པའི་ཤིང་མོ་ལུག་གི་ལོ་སྟེ་སྤྱི་ལོ་༡༥༣༥ལོར་དཔལ་ལྡན་ས་སྐྱའི་མདོ་བཟློད་བཀྲ་ཤིས་གླིང་དུ་ཡབ་འཚོ་མཛད་ཀུན་དགའ་དོན་གྲུབ་དང་། ཡུམ་ལྷ་མོ་བུ་འདྲེན་གཉིས་ཀྱི་སྲས་སུ་ངོ་མཚར་བའི་ལྟས་དུ་མ་དང་བཅས་ཏེ་སྐུ་འཁྲུངས་ཤིང་། སློབ་དཔོན་ཀུན་མཁྱེན་བཟང་པོས་ཁྲུས་དང་གསུང་འཁོར་མཛད་དེ་མཚན་ཆོས་སྐྱོང་དཔལ་འབྱོར་དུ་གསོལ། སྐུ་ན་ཆུང་དུའི་དུས་ནས་བྱིས་པའི་སྤྱོད་པ་མི་མངའ་ཞིང་རིང་པ་རྒྱ་ལོའི་དཔོན་རིགས་སྟུགས་འཆང་བླ་མ་ངོར་པས་ཀློག་ཡིག་ཕུལ་བས་བཟྡ་བསྟན་པ་ཙམ་གྱིས་ཐུགས་སུ་ཆུད། སྐྱིད་ལྟས་སུ་རྗེ་བཙུན་བྲག་ཁུང་སོགས་སུ་མཉམ་འཇོག་དང་ཐོས་བསམ་མཛད། འཇིག་རྟེན་མཐའ་དག་ལ་སྐྱོ་ཤས་དྲག་པོ་མངའ་བས་དབེན་གནས་དང་ཆོས་གྲྭ་ལ་ཐུགས་ཤིན་ཏུ་དགྱེས་ཤིང་། མུས་ཆེན་སངས་རྒྱས་རིན་ཆེན་གྱི་བུ་ཆེན་ནམ་མཁའ་སངས་རྒྱས་ལྟས་རྗོང་དུ་ཕེབས་པར་རྗེ་འདི་དགུང་ལོ་བཅུ་གསུམ་པར་བར་མ་རབ་བྱུང་དང་། ཀུན་རིག་གི་དབང་མནོས་ཏེ་མཚན་ནམ་མཁའ་དཔལ་བཟང་གསོལ། མདོ་རྒྱུད་ལ་སློབ་གཉེར་གྱིས་དང་བསྟན་པ་ལ་ཕན་པ་སྲིད་གསུངས། དེ་ནས་དགུང་ལོ་བཅུ་དྲུག་པར་མངོན་རྟོགས་རྒྱན་འགྲེལ་པ་དང་བཅས་པ། བརྟག་གཉིས་གུར་སོགས་གཞུང་དུ་མ་དང་། ཀུན་རིག་སོགས་ཀྱི་ཆོ་ག་དུ་མ་ལ་སློབ་གཉེར་མཛད་ཅིང་། ངོར་དུ་བྱོན་ཏེ་དགུང་ལོ་བཅུ་བདུན་པ་ནག་པ་ཟླ་བའི་དུས་ཆེས་བཟང་པོ་ལ་ཐམས་ཅད་མཁྱེན་པ་དཀོན་མཆོག་ལྷུན་གྲུབ་ཀྱིས་མཁན་པོ་དང་། རྗེ་སངས་རྒྱས་སེང་གེས་སློབ་དཔོན་དང་། ཤེས་རབ་སེང་གེས་གྲིབ་ཚོད་པ་སོགས་མཛད་དེ་དད་པའི་དགེ་འདུན་གྲངས་ཚང་གི་དབུས་སུ་དགེ་ཚུལ་གྱི་སྡོམ་པ་རྣམ་པར་དག་པ་མནོས། སླར་དགུང་ལོ་ཉེར་བཞི་པར་རྗེ་

སངས་རྒྱས་སེང་གེས་མཁན་པོ་དང་། རྗེ་ཤར་ཁང་པས་ལས་སློབ་དཀོན་མཆོག་དཔལ་བས་གསང་སྔགས་སྟོན་པ་དང་། རྗེ་དཀོན་མཆོག་རིན་ཆེན་གྱིས་གྲིབ་ཆོད་མཛད་དེ་བསྙེན་པར་རྫོགས་པའི་དགེ་སློང་གི་སྡོམ་པ་ཡང་དག་པར་བཞེས་ཤིང་། མཁན་པོ་དེ་དག་དང་སྔགས་འཆང་ངག་དབང་ཀུན་རིན། གཉན་ཆེན་གྲགས་པ་བློ་གྲོས། ཆོས་རྗེ་བློ་གྲོས་གྲགས་པ། མངའ་རིས་བློ་གྲོས་བཟང་པོ། བྱང་གླིང་པ་རིན་ཆེན་བཀྲ་ཤིས་རྒྱལ་མཚན། ཚར་ཆེན་སོགས་མཁས་པ་དུ་མའི་ཞབས་རྡུལ་སྤྱི་བོར་བླངས་ཏེ། དབང་། རྒྱུད། མན་ངག །རྗེས་གནང་། རིག་གཏད། ལུང་སོགས་བགྲང་ལས་འདས་པ་གསན་ཅིང་མཐིལ་ཕྱིན་པར་མཛད། གཞན་ཡང་ཡབ་ལས་སྨན་གྱི་རྒྱུད་བཞི་སོགས་ཐུན་མོང་རིག་གནས་སྐོར་གསན་སྦྱོང་མཛད་དེ་སྡོམ་པ་གསུམ་ལ་ཉེས་ལྟུང་གི་དྲི་མས་མ་གོས་པས་སྐུ་ཤིན་ཏུ་བཙུན་ཞིང་ཚུལ་ཁྲིམས་ཀྱི་དྲི་བསུང་དང་ལྡན་ཞིང་། ཉིང་ངེ་འཛིན་མ་སྐྱེ་པ་སྐྱེད་པ་དང་། བོགས་འདོན་པ། ནད་གདོན་གྱིས་ཉེན་པ་རྣམས་ལ་བྱིན་རླབས་ལྡོག་ས་ཆབ་ཙམ་རེས་ཕན་པའི་ཡོན་ཏན་དུ་མ་དང་ལྡན་ཞིང་། དགུང་ལོ་ཉེར་བཞི་ནས་སོ་ལྔའི་བར་རྗེ་སངས་རྒྱས་སེང་གེ་འབྲལ་མེད་དུ་བསྟེན། རྗེ་སངས་རྒྱས་སེང་གེ་དག་པའི་ཞིང་དུ་གཤེགས་ཁར་ཐར་རྩེ་པར་གནང་ནས། དགོངས་རྫོགས་ཀྱི་དཀའ་བ་ལ་དང་ལེན་དང་། ཕྱག་རྫས་གང་ཡོད་ཐམས་ཅད་བཏང་། དེ་ནས་དགུང་ལོ་ཞེ་ལྔ་པ་བོར་རབ་བྱུང་བཅུ་པའི་ས་མོ་ཡོས་ཀྱི་ལོ་སྟེ་སྤྱི་ལོ་༡༥༧༨ལོར་རྒྱལ་ཚབ་དམ་པ་དཀོན་མཆོག་དཔལ་ལྡན་པས་གཙོ་བོར་བཀའ་བསྐུལ་ཞིང་། དབུ་ཆེན་པོ་ཆོས་རྒྱལ་སོགས་དགེ་འདུན་ཐམས་ཅད་ཀྱིས་དཔལ་ཨེ་ཝཾ་ཆོས་ལྡན་ཡོན་ཏན་རིན་པོ་ཆེ་དུ་མའི་འབྱུང་གནས་ཀྱི་གདན་སར་གསོལ་བ་བཏབ་སྟེ་རྡོ་རྗེ་འཆང་ཀུན་དགའ་བཟང་པོའི་གསེར་གྱི་ཁྲི་འཕང་མཐོན་པོ་ལ་མངའ་གསོལ་ནས་ཆུ་ཕོ་རྟ་ཡི་ལོའི་བར་དུ་ཁུར་བཞེས་གནང་སྟེ་སྔ་གཞུག་རྣམས་སུ་སྐལ་ལྡན་གྱི་གདུལ་བྱ་དུ་མ་ལ་མདོ་རྒྱུད་ཐམས་ཅད་ཀྱི་སྙིང་པོ་གསུང་ངག་རིན་པོ་ཆེ་ལམ་འབྲས་བུ་དང་བཅས་པའི་གདམས་ངག་ཡོངས་རྫོགས་ཚར་བཅུ་དྲུག་གིས་ཐོག་དྲངས་དེ་དག་དང་འབྲེལ་བའི་སེམས་བསྐྱེད། དབང་། བྱིན་རླབས། མན་ངག །ལུང་། ལག་ལེན་སོགས་ནང་གི་རིམ་པ་ཤིན་ཏུ་རྒྱས་པ་གནང་སྟེ་གདུལ་བྱ་དུ་མ་སྨིན་གྲོལ་གྱི་ལམ་ལ་བཀོད། ཆུ་ཕོ་རྟ་ཡི་ལོ་སྟེ་སྤྱི་ལོ་༡༥༢༢ལོར་གདན་ས་རྗེ་བཙུན་དཀོན་མཆོག་དཔལ་ལྡན་ལ་ཕུལ་ཏེ་ལོ་དེའི་ཟླ་བ་བཅུ་པའི་གཞུག་ནས་ཤིང་སྤྲེལ་ནག་ཟླའི་བར་སྐུ་མཚམས་དམ་རྒྱ་མཛད་ཅིང་། སྐུ་མཚམས་གྲོལ་ནས་དཔལ་དུས་ཀྱི་འཁོར་ལོའི་དབང་ཆོས་སོགས་དུ་མ་གནང་། དགུང་ལོ་ང་དྲུག་པ་ལྕགས་ཕོ་སྤྲག་གི་ལོ་སྟེ་སྤྱི་ལོ་༡༥༨༠ལོར་རྗེ་དཀོན་མཆོག་དཔལ་ལྡན་སྐུ་གཤེགས་ནས་སླར་ཡང་གདན་སའི་ཁུར་བཞེས། དེ་ལ་རྗེ་འདི་གང་དུ་བཞུགས་ཀྱང་ལོངས་སྤྱོད་

ཆར་བཞིན་འབབ་ཅིང་འཛིན་ཆགས་སོགས་གང་ཡང་མི་མངའ་བས། རྡོ་རྗེ་ཕྲེང་བ་ཀྱི་ཡའི་ཁ་སྐོང་དང་བཅས་པའི་དཀྱིལ་འཁོར་བཞི་བཅུ་ཞེ་ལྔས་གཙོས་པའི་དཀྱིལ་ཐང་མང་པོ་དང་། བླ་མ་གསུམ་གྱི་སྐུ་འདྲ་ལ་སོགས་པའི་བླ་མ་ཡི་དམ་གྱི་རྟེན་མང་པོ་དང་། གདན་ས་ཆེན་པོ་དཔལ་ལྡན་ས་སྐྱ། བྱང་ངམ་རིངས། བྱ་རྒོད་གཤོང་། ཐུབ་བསྟན་རྣམ་རྒྱལ། འབྲས་ཡུལ་སྐྱེད་ཚལ་རྣམས་སུ་མང་ཛ་དང་། དགོན་གནས་འདི་ཉིད་དུ་མང་ཛ་ཉི་ཤུ་རྩ་གྲངས་དང་། གྲལ་འགྲེལ་ཐེབས་ཉི་ཤུ་ཙམ་གནང་བས་རྣམ་དཀར་གྱི་མཛད་པ་མཐའ་ཡས་པར་གྱུར། ལྷག་པར་དུ་སྤྲེལ་ལོ་ཧོར་ཟླ་བརྒྱད་པའི་ཡར་ཚེས་སྐུ་མཚམས་བསྡམས་ཤིང་། ཤིང་ལུག་གི་དབྱུག་ཟླའི་ཚེས་ཉེར་གསུམ་ནས་གནམ་སྟོང་བར་བདུད་རྩིའི་རིལ་བུའི་སྒྲུབ་པ་མཛད་པས་འཕེལ་ཆེ་བ་དང་། དྲི་བསུང་ཕྱོགས་མཐར་ཁྱབ་ཅིང་། རི་དྭགས་མང་པོ་འཁོར་བ་དང་། ལྷག་གཏོར་བཏང་བ་ཅེ་སྤྱང་གིས་མི་འཛེམ་པར་ལེན་པ་སོགས་གྲུབ་པའི་རྟགས་མཚན་དུ་མ་མངོན་དུ་གྱུར། ཉིད་ཀྱི་རྒྱལ་ཚབ་ཏུ་ཤར་ཆེན་བྱམས་པ་ཀུན་དགའ་རྒྱལ་མཚན་མངའ་གསོལ། མཁས་པའི་བྱ་བ་རྣམ་གསུམ་ལ་མངའ་བརྙེས་པས་རྩ་བའི་བླ་མ་གསུམ་གྱིས་གཙོས་པའི་མཁས་གྲུབ་དུ་མའི་བསྟོད་པ་དང་། བརྒྱུད་འདེབས་དུ་མ་དང་། རྣམ་ཐར། གསན་ཡིག་དཔག་བསམ་ལྗོན་ཤིང་ལ་སོགས་པ་དང་། དཔལ་རྡོ་རྗེ་ཕྲེང་བའི་མངོན་དཀྱིལ་སྒྲིགས་པ་དང་། ཞེན་པ་བཞི་བྲལ་གྱི་ཁྲིད་ཡིག །འདུལ་བའི་ལས་ཆོག་ལ་སོགས་པའི་ཡིག་སྣ་བཅུ་ཕྲག་བཅུ་ལྷག་ཙམ་མཛད་པ་དེ་དག་བཀའ་འབུམ་པོད་གསུམ་དུ་བསྡུས་ཏེ་རྗེས་འཇུག་གདུལ་བྱའི་གསོས་སུ་བཞག་ཅིང་། འཆད་ཉན་གྱི་འབྲས་བུ་བསྟན་འཛིན་གྱི་སློབ་མ་ཡང་སྟུགས་འཚང་གྲགས་པ་བློ་གྲོས་ཡབ་སྲས་སོགས་གདན་ས་ཕྱོགས་ཀྱི་བླ་མ་རྣམས་དང་། ཁྲི་ཆེན་ཀུན་དགའ་བསོད་ནམས་ལྷུན་གྲུབ་སྐུ་མཆེད་སོགས་རྩེ་གདོང་ཕྱོགས་དང་། ཐུབ་བསྟན་སྐྱེད་ཚལ་སོགས་མདོར་ན་རྗེ་རང་དང་དུས་ཐོག་མཚུངས་པ་དཔལ་ལྡན་ས་སྐྱ་བའི་དགེ་བའི་བཤེས་གཉེན་མང་པོ་སློབ་མར་གྱུར་ཅིང་། ཁམས་མངའ་རིས་རྣམས་སུ་ཡང་མཁས་གྲུབ་གཉིས་ལྡན་གྱི་སློབ་མ་བགྲང་ལས་འདས་པ་བྱུང་བ་ཡིན་ནོ། །དེ་ལྟར་དམ་པ་འདི་ཉིད་ཀྱིས་འཆད་རྩོད་རྩོམ་གསུམ་གྱི་སྒོ་ནས་རྒྱལ་བའི་བསྟན་པ་ཉི་མ་ཤར་བ་ལྟར་དར་ཞིང་རྒྱས་པར་མཛད་དེ་མཐར་དགུང་གྲངས་དྲུག་ཅུ་རེ་དགུ་པ་བོད་རབ་བྱུང་བཅུ་པའི་ཆུ་ཕོ་སྟག་གི་ལོ་སྟེ་སྤྱི་ལོ་༡༦༠༢ལོར་གཟུགས་སྐུའི་བཀོད་པ་ཆོས་དབྱིངས་སུ་བསྡུས་པ་ཡིན་ནོ། །

༄། འཇམ་དབྱངས་ཀུན་དགའ་བསོད་ནམས་ལྷུན་གྲུབ།

ཁོང་ནི་བོད་རབ་བྱུང་བཅུ་པའི་ལྕགས་མོ་ལུག་གི་ལོ་སྟེ་སྤྱི་ལོ་༡༥(༧)ལོར་རྗེ་གདོང་གཟིམས་ཁང་དུ་ཡབ་ས་སྐྱ་འཁོན་གྱི་གདུང་རྒྱུད་རྣལ་འབྱོར་དབང་ཕྱུག་གི་སྤྲུལ་པར་གྲགས་པ་ཀུན་དགའ་བདེ་ལེགས་དང་། ཡུམ་དཔལ་བུ་ཁྲིད་གཉིས་ཀྱི་སྲས་སུ་ངོ་མཚར་བའི་ལྟས་དུ་མ་དང་བཅས་ཏེ་སྐུ་འཁྲུངས་ཤིང་མཚན་ངོ་རྗེ་རྒྱ་སོག་ཏུ་གསོལ། དགུང་ལོ་དགུ་པར་ཡབ་དང་མཉམ་དུ་ངོར་ཨེ་ཝཾ་ཆོས་ལྡན་ཡོན་ཏན་རིན་པོ་ཆེ་དུ་མའི་འབྱུང་གནས་སུ་བྱོན་ཏེ་རྗེ་དཀོན་མཆོག་དཔལ་ལྡན་དང་། སློབ་དཔོན་བྲང་ཏི་པ། གྲུབ་ཆེན་མུས་ཆེན་ནམ་མཁའ་དཔལ་བཟང་སོགས་ལས་རབ་ཏུ་བྱུང་སྟེ་མཚན་ཀུན་དགའ་བསོད་ནམས་ལྷུན་གྲུབ་བཀྲ་ཤིས་གྲགས་པ་རྒྱལ་མཚན་དཔལ་བཟང་པོར་གསོལ། དེ་ནས་ཐར་རྩེ་པཎ་ཆེན་གྱིས་མཁན་པོ་དང་། བྱམས་པ་རབ་བརྟན་པས་སློབ་དཔོན་མཛད་དེ་དང་པའི་དགེ་འདུན་གྲངས་ཚང་གི་དབུས་སུ་སྲིད་པར་སྨོན་པའི་འདུན་པ་ཐམས་ཅད་མཆིལ་མའི་ཐལ་བ་བཞིན་དུ་སྤངས་ཏེ། བྱང་གྲོལ་ཐར་པའི་ཡོན་ཏན་གྱི་ཤིང་རྟས་ཐུགས་རྒྱུད་ལེགས་པར་དྲངས་པའི་བསྙེན་པར་རྫོགས་པའི་དགེ་སློང་གི་སྡོམ་པ་ཡང་དག་པར་མནོས་ཤིང་། ཉེས་པའི་སྤྱོད་ཐམས་ཅད་དང་བྲལ་བ་རབ་ཏུ་དུལ་བའི་གླང་པོ་ཆེ་དྲ་བས་སྤྲས་པ་ལྟར་ཁྲིམས་ལྡན་ཚུལ་ཁྲིམས་ཀྱི་ཕུང་པོ་རབ་ཏུ་ཞི་དུལ་གྱི་རྒྱན་གྱིས་མཛེས་ཤིང་དུར་སྨིག་གི་རྒྱལ་མཚན་མངོན་པར་མཐོ་བ་དུལ་བའི་དཔལ་གྱིས་བརྒྱན་པའི་སྐུ་མཚན་དཔེས་སྤྲས་པ་འགྲོ་བ་སྐལ་ལྡན་རྣམས་ཀྱི་གཟུགས་འཛིན་གྱི་དབང་པོ་ལ་མངོན་དུ་གྱུར། དེ་ནས་རབ་ཏུ་བྱུང་བའི་བྱ་བ་ནི་ཀློག་པ་ཐོས་བསམ་དང་སྤོང་བ་བསམ་གཏན་གཉིས་ཡིན་ལ་དེ་ཡང་ཐོས་པ་དང་བསམ་པའི་སྒྲོ་འདོགས་མ་བཅད་པའི་བསྒོམ་པ་ལམ་དུ་འགྲོ་བ་དཀའ་བར་གཟིགས་ཤིང་། ཐོས་བསམ་དེ་ཡང་ལུང་དང་རིགས་པའི་དྲ་བཟང་པོར་མཁས་པ་མཁས་པའི་དྲུང་དུ་ལེགས་པར་གཏུགས་པ་ཞིག་དགོངས་ནས་སྔ་གཞུག་རྣམས་སུ་གོང་སློས་ཀྱི་མཁན་སློབ་དེ་དག་དང་། ཐུབ་བསྟན་མཁན་ཆེན་རྗེ་བྱམས་པ་ཀུན་དགའ་རབ་བརྟན་དང་། དཔལ་ལྡན་ས་སྐྱའི་གྲུབ་མཐའ་ལ་མཁས་པའི་སྐྱེས་ཆེན་དམ་པ་མཁས་ཤིང་གྲུབ་པ་བརྙེས་པའི་དགེ་བའི་བཤེས་གཉེན་དུ་མའི་ཞབས་རྡུལ་སྤྱི་བོར་བླངས་ཏེ། གསུང་ངག་རིན་པོ་ཆེ་ལམ་འབྲས་བུ་དང་བཅས་པའི་བཀའ་ལུང་མན་ངག་རྣམས་ལ་ལུས་པར་གསན་ཏེ། ཉམས་ལེན་དང་། ལག་ལེན། ཡིག་ཆའི་ལུང་ཐྲན་ཚོགས་མཐར་ཕྱུག་པ་ཡང་མ་ལུས་པ་གསན་ཅིང་ཐུགས་སུ་ཆུད་པར་མཛད། གཞན་ཡང་ལམ་བསྐོར་ལྷག་མ་རྣམས་ཀྱི་ཁྲིད་དང་བྱིན་རླབས་དཔེ་ལུང་གི་བར་ཡོངས་སུ་རྫོགས་པ་དང་། དཔལ་ལྡན་ས་སྐྱ་པའི་ལུགས་ཀྱི་

དབང་དང་བྱིན་རླབས་རྗེས་གནང་མན་ངག་ཕྲ་མོ་དང་བཅས་པ་དང་། ཆོས་སྐྱོང་ཆེ་ཆུང་གི་སྐོར་ལ་སོགས་པ་ལེགས་པར་གསན་ཏེ་མན་ངག་རྣམས་ཀྱི་ལག་ལེན་དང་བཅས་པ་ཡང་ཤིན་ཏུ་མཁས་པར་མཛད། དེ་ལྟར་གསན་པ་ཐམས་ཅད་ཀྱང་ཐོས་བསམ་སྒོམ་གསུམ་གྱི་སྒོ་ནས་མཐར་ཕྱིན་པར་མཛད་དེ་ཏིང་ངེ་འཛིན་གྱི་རྟོགས་པ་བསམ་གྱིས་མི་ཁྱབ་ཅིང་། ཁྱད་པར་འཁོར་འདས་དབྱེར་མེད་ཀྱི་ལྟ་བ་རྣམ་པར་དག་པ་རྟོགས་ཏེ། སྤྱོད་ལམ་རྣམ་བཞི་ཐམས་ཅད་དེའི་ངང་ལས་མི་གཡོ་བས་སེམས་ཅན་གྱི་དོན་མཛད་པ་ཡིན་ནོ། །དགུང་ལོ་ཉེར་བཞི་པ་ཤིང་ཕོ་རྟ་ཡི་ལོ་སྟེ་སྤྱི་ལོ་༡༥༩༤ལོར་ནཱ་ལེནྡྲའི་མཁན་པོ་ལུམ་པ་བྱམས་པ་ཀུན་དགའ་ཆོས་གྲགས། ཞིའུ་ལོ་ཙཱར་གྲགས་པས་དོ་དམ་མཛད་དེ་ནཱ་ལེནྡྲའི་མཁན་པོར་མངའ་གསོལ། འཆད་རྩོད་རྩོམ་རྩོད་གསུམ་གྱི་སྒོ་ནས་བསྟན་འགྲོའི་དོན་རྒྱ་ཆེར་མཛད། དགུང་ལོ་ཞེ་ལྔ་པ་བོད་རབ་བྱུང་བཅུ་པའི་ཤིང་མོ་ཡོས་ཀྱི་ལོ་སྟེ་སྤྱི་ལོ་༡༦༡༥ལོར་ཤར་ཆེན་བྱམས་པ་ཀུན་དགའ་བཀྲ་ཤིས་ཀྱི་གདན་ཚབ་ཏུ་ཆོས་ཀྱི་ཁྲི་ལ་མངའ་གསོལ་ཏེ། གསུང་ངག་རིན་པོ་ཆེ་ལམ་འབྲས་བུ་དང་བཅས་པ་ཚར་བཞིས་མཚོན་སྔ་གཞུག་རྣམས་སུ་མདོ་སྔགས་རབ་འབྱམས་ཀྱི་ཆོས་ཀྱི་འཁོར་ལོ་འཁོར་ཁོ་ར་ཁོར་ཡུག་ཏུ་ལེགས་པར་བསྐོར་བས། སྡེ་སྣོད་དང་རྒྱུད་སྡེ་འཛིན་པ་བསྟན་པ་ཡོངས་རྫོགས་སམ། ཕྱོགས་རི་འཛིན་སྐྱོང་སྤྱེལ་ནུས་པ་གྲངས་མེད་པ་དང་། རིང་ལུགས་དྲི་མ་མེད་པ་ལ་ལེགས་པར་ཞུགས་ནས་རིམ་གཉིས་ཐུན་བཞིར་ཉམས་སུ་ལེན་པའི་སྒོམ་པ་པ་སྟོན་ནམ་དྭངས་པའི་སྐར་ཚོགས་ལས་ཆེས་མང་བ་རྣམས་ཀྱིས་རྒྱ་མཚོའི་གོས་ཅན་ལ་དལ་བ་བྱིན་པ་ཡིན་ནོ། །དེ་ལྟར་རྣམ་དཀར་མཛད་ཕྲིན་བཟང་པོས་དཔལ་ལྡན་ས་སྐྱ་པའི་བསྟན་པ་ཉི་མ་ཤར་བ་ལྟར་གསལ་བར་མཛད་པའི་གྲགས་པ་རྒྱ་མཚོའི་གོས་ཅན་ཀུན་ཏུ་ཁྱབ་པར་གྱུར་ཏེ། མཐར་དགུང་གྲངས་དོན་གཉིས་པ་བོད་རབ་བྱུང་བཅུ་གཅིག་པའི་ཆུ་ཕོ་རྟ་ཡི་ལོ་སྟེ་སྤྱི་ལོ་༡༦༤༢ལོར་གཟུགས་སྐུའི་བཀོད་པ་ཆོས་དབྱིངས་སུ་བསྡུ་བའི་ཚུལ་བསྟན་པ་ཡིན་ནོ། །

༈ མཁས་གྲུབ་དཔལ་ལྡན་དོན་གྲུབ།

ཁོང་ནི་བོད་རབ་བྱུང་དགུ་པའི་ཆུ་མོ་ཕག་གི་ལོ་སྟེ་སྤྱི་ལོ་༡༥༦༣ལོར་གཙང་གི་སྟོད་དཔལ་ལྡན་ས་སྐྱ་དང་ཉེ་བའི་གནས་ཆུ་འདུས་ཁ་རྫ་ཞེས་བྱ་བར་ཡབ་བསོད་ནམས་ཤེས་རབ་དང་། ཡུམ་དཔལ་ལྡན་བུ་འདྲེན་གཉིས་ཀྱི་སྲས་སུ་ངོ་མཚར་བའི་ལྟས་དུ་མ་དང་བཅས་ཏེ་སྐུ་འཁྲུངས་ཤིང་མཚན་བསམ་གྲུབ་དར་

པོ་གསོལ། སྐུ་ན་ཆུང་ངུའི་དུས་ནས་དམ་པའི་བག་ཆགས་བརྟན་ཞིང་འབྲི་ཀློག་སོགས་བཟོ་བསྟན་པ་ཙམ་གྱིས་མཁྱེན། དགུང་ལོ་བཅུ་བཞི་པར་དཔལ་ཨེ་ཝཾ་ཆོས་ལྡན་ཡོན་ཏན་རིན་པོ་ཆེ་དུ་མའི་འབྱུང་གནས་སུ་བྱོན་ཏེ་རྗེ་དཀོན་མཆོག་དཔལ་ལྡན་གྱིས་མཁན་པོ་དང་། གདོང་ཁ་སློབ་དཔོན་ཀུན་དགའ་མཆོག་ལྡན་པས་སློབ་དཔོན་མཛད་དེ་རབ་ཏུ་བྱུང་བའི་མཚན་དཔལ་ལྡན་དོན་གྲུབ་ཏུ་གསོལ། ཨེ་ཝཾ་པའི་འདོན་ཆོས་སྤྱོད་བསྒྲིགས་ཀུན་སྤྱོད་ཀུན་མྱུར་དུ་ཆུབ་པར་མཛད། དགུང་ལོ་ཉེར་དགུ་པར་བྲང་ཏེ་ནམ་མཁའ་དཔལ་བཟང་གིས་མཁན་པོས་དང་། མུས་ཆེན་ནམ་མཁའ་དཔལ་བཟང་གིས་སློབ་དཔོན་དང་། བཅོ་བརྒྱད་ཆོས་རྗེ་ངག་དབང་མཆོག་ལེགས་རྡོ་རྗེས་གསང་སྟོན་དང་། གྲིབ་ཚོད་པ་དབུ་མཛད་མགོན་པོ་བཀྲ་ཤིས་སོགས་དད་པའི་དགེ་འདུན་གྲངས་ཚང་གི་དབུས་སུ་ཐར་རྩེར་བསྙེན་པར་རྫོགས་པའི་དགེ་སློང་གི་སྡོམ་པ་ཡང་དག་པར་བཞེས་ཏེ། དགག་སྒྲུབ་གནང་གསུམ་གྱི་བསླབ་བྱ་རྣམས་ཐུགས་ཉམས་སུ་བསྟར་ཏེ། ཚང་དང་དུས་མིན་གྱི་ཁ་ཟས་སྤངས་ཏེ་ཤིན་ཏུ་བཙུན་པར་མཛད། གོང་གི་མཁན་སློབ་དེ་དག་རྣམས་དང་རལ་ཆེན་དཔལ་འབྱོར་ཤེས་རབ་སྟགས་འཆང་དཀོན་མཆོག་ལེགས་འཛིན། རྩེ་གདོང་ཁྲི་ཆེན་ཀུན་དགའ་བསོད་ནམས། འཇམ་དབྱངས་བསོད་ནམས་དབང་པོ། ཤར་ཆེན་ཀུན་དགའ་བཀྲ་ཤིས། འཇད་ཤར་ཕྱོགས་བླ་མ་བསོད་ནམས་ལྷུན་གྲུབ། རྗེ་དབང་ཕྱུག་རབ་བརྟན་སོགས་མཁས་ཤིང་གྲུབ་པ་བརྙེས་པའི་དགེ་བའི་བཤེས་གཉེན་དུ་མའི་ཞབས་རྡུལ་སྤྱི་བོར་བླངས་ཏེ། གསུང་ངག་རིན་པོ་ཆེ་ལམ་འབྲས་བུ་དང་བཅས་པའི་གདམས་ངག་གི་སྣང་གསུམ་གྱི་ཁྲིད། སེམས་བསྐྱེད། རྒྱུ་ལམ་གྱི་དབང་། རྒྱུད་གསུམ་གྱི་ཁྲིད། ལམ་ཟབ་བིར་སྲུང་སོགས་ཡན་ལག་རྣམས་དང་བཅས་པ་ཚར་དུ་མའི་བར་དུ་གསན་ཅིང་གསན་བསམ་རྒྱ་མཚོ་ལྟ་བུའི་ཕ་རོལ་ཏུ་སོན། མུས་ཆེན་ནམ་མཁའ་དཔལ་བཟང་གི་ཆག་ཕྱི་ཡུན་རིང་མཛད། རྫོང་དཀར་གདན་གཅིག་སོགས་སྤྱོད་པ་གཙང་། སྔ་ཕྱི་བསྙེན་སྒྲུབ་དུ་མ་ཚད་དུ་འཕྲོལ་བར་གནང་སྐྱེ་གྲུབ་པའི་རྟགས་མཚན་དུ་མ་མངོན་དུ་གྱུར། དཔལ་ཨེ་ཝཾ་ཆོས་ལྡན་ཆོས་འཁོར་ཐར་པ་རྩེར་ཟུར་འཆད་མཛད། ཕྱག་རྫས་གང་བྱུང་ཐམས་ཅད་ཆུད་ཟོས་སུ་མ་བྱེད་པར་དགེ་ཕྱོགས་ཁོ་ནར་བཏང་སྟེ་འདི་ཕྱི་དོན་དང་ལྡན་པར་མཛད། མདོ་སྔགས་ཐ་སྙད་དང་བཅས་པ་ཐམས་ཅད་ལ་མཁས་པ་ཕུལ་དུ་ཕྱིན། འཆད་རྩོད་རྩོམ་གསུམ་ལ་སྤྱོབས་པ་བརྙེས། ནང་གི་རྣལ་འབྱོར་ཏིང་ངེ་འཛིན་ལ་བརྩོན་པས་རྟོགས་པ་ཕུལ་དུ་བྱུང་། ཚེ་འདི་དོན་དུ་གཉེར་བའི་དྲི་མས་མ་གོས་པར་ཆོས་བཞིན་ལྷུར་མཛད་དེ། དགུང་ལོ་ལྔ་བཅུ་ང་དྲུག་པ་བོད་རབ་བྱུང་བཅུ་པའི་ས་ཕོ་རྟ་ཡི་ལོ་སྤྱི་ལོ་༡༥༥༨ལོར་ངོར་ཆེན་རྡོ་རྗེ་འཆང་ཀུན་དགའ་བཟང་པོའི་ཆོས་ཀྱི་ཁྲི་ལ་མངའ་གསོལ་ནས། འཁོར་འདུས

པ་རྒྱ་མཚོ་ལྷ་བུ་ལ་གསུང་ངག་རིན་པོ་ཆེ་ལམ་འབྲས་བུ་དང་བཅས་པའི་ཁྲིད། དབང་། ལུང་། མན་ངག་དང་བཅས་པ་ཆར་དུ་མ་བསྐུལ་ཏེ། གསུང་གི་གསང་བ་ལས་སྐྱེས་པའི་བསྟན་འཛིན་གྱི་སློབ་མའི་རིམ་པ་ཡང་། ས་སྐྱ་བདག་ཆེན་མཐུ་སྟོབས་དབང་ཕྱུག་གིས་མཚོན་ངོར་ཐུབ་བསྟན། སྐྱིད་ཚལ་སོགས་གདན་ས་ཆེན་པོའི་བླ་མ་མང་པོ་དང་། ཁམས་མདའ་རིས་སོགས་ནས་མཁས་གྲུབ་གཉིས་ལྡན་གྱི་སློབ་མ་དུ་མ་དང་། དབེན་པའི་གནས་སུ་ཐུགས་དམ་མཛད་པའི་རྣལ་འབྱོར་པ་ཡང་དུ་མ་བྱོན་ཏེ་རྗེ་ཉིད་ཀྱི་རྣམ་ཐར་ལ་རྗེས་སུ་སློབ་ཅིང་དད་པ་ཐོབ་པ་བསམ་གྱིས་མི་ཁྱབ་བོ། །དེ་ནས་ཆུ་ཕོ་ཁྲི་ཡི་ལོ་སྟེ་སྤྱི་ལོ་༡༨༢༢ལོར་ཉིད་ཀྱི་རྒྱལ་ཚབ་ཏུ་ཐར་རྩེ་ནམ་མཁའ་སངས་རྒྱས་མདའ་གསོལ་ཏེ། གཙང་པ་ཕུན་ཚོགས་རྣམ་རྒྱལ་གྱི་བདག་མོ་ཧོར་མོ་འདས་པའི་དགོངས་རྫོགས་སུ་ངོར་དང་གསེར་མདོག་ཅན་ཐུབ་བསྟན་སོགས་ནས་ས་དགེ་བཀའ་གསུམ་གྱི་ཚོགས་པ་མང་པོའི་དབུ་ལ་རྗེ་འདི་སྤྱན་དྲངས། དེར་འདུས་དངོས་པོ་རྣམས་ངོར་བླ་བྲང་དུ་སྒྲོར་འཛུགས་གནང་། དེ་ནས་སྒྲུབ་ཁང་དུ་ཕེབས་ཏེ་གདན་ས་པ་ནམ་མཁའ་སངས་རྒྱས་དང་ཤེས་རབ་འབྱུང་གནས་གཉིས་དང་། གནས་གསར་པ་བསོད་ནམས་མཆོག་ལྡན། །ཞ་ལུ་སྣན་ཁང་རིན་ཆེན་བསོད་ནམས་མཆོག་གྲུབ་སོགས་ཀྱི་ཆོས་འཁོར་རྫོགས་པར་མཛད་དེ། དགུང་ལོ་དྲུག་ཅུ་རེ་གཅིག་པ་ཆུ་མོ་ཕག་གི་ལོ་ཧོར་ཟླ་དང་པོའི་ཚེས་གཅིག་ཉིན་སྐུ་མཚམས་བསྡམས་ནས། མི་ལོ་བཅུ་བཞིར་སྒྲུབ་པ་ཉམས་ལེན་ལ་རྩེ་གཅིག་ཏུ་གཞོལ་བར་མཛད་དེ། བྱམས་སྙིང་རྗེ་བྱང་ཆུབ་ཀྱི་སེམས་ཀྱིས་ཐུགས་རྒྱུད་ཕྱུག །གསང་སྔགས་རྡོ་རྗེ་ཐེག་པའི་བསྐྱེད་རྫོགས་ཀྱི་རྣལ་འབྱོར་མཐར་ཕྱིན་ཅིང་། བསྟན་པའི་རྒྱུན་ལ་དགོངས་ནས་ལེགས་བཤད་རྩོམ་གྱི་སྐོར་ལ་ཡང་ངོ་མཚར་བ་འབབ་ཞིག་སྟེ། རྗེ་བྲང་ཏི་ནམ་མཁའ་དཔལ་བཟང་པའི་རྣམ་ཐར་བསྟོད་པ། དགེ་སློང་འཚོ་བྱེད་ལ་གསོལ་བ་གདབ་པ། བདག་ཆེན་ཀུན་དགའ་བློ་གྲོས་ལ་ཕུལ་བའི་ཞུ་ཡིག་ངག་དབང་མཆོག་ལེགས་རྡོ་རྗེ་ལ་བསྟོད་པ། དབུ་མ་ལུགས་ཀྱི་སེམས་བསྐྱེད་ཀྱི་བརྒྱུད་འདེབས། སྒྲོལ་མའི་བསྟོད་པ། བླ་མ་ལྔ་བཅུ་པའི་འགྲེལ་པ། །ལྷོན་ཤིང་མཛེས་རྒྱན་གྱི་སྟོན་འགྲོའི་འགྲེལ་པ། ཀྱེ་རྡོར་ལས་བཞིའི་སྦྱིན་བསྲེག་གི་རྣམ་བཤད། འཇམ་དབྱངས་དམར་སེར་གྱི་སྒྲུབ་ཐབས་གེགས་སེལ་དང་བཅས་པ། འཇམ་དབྱངས་སྨྲ་སེང་གེ་རྗེས་གནང་། །རིགས་གསུམ་སྤྱི་དབང་གི་ཐོ་ཡིག །ལམ་འབྲས་ཀྱི་བརྒྱལ་ལན། སྒྲོལ་མ་བླ་མེད་སྒྲུབ་ཐབས། བར་དོའི་ངོ་སྤྲོད་སོགས་ཆོས་ཚན་སུམ་ཅུའི་བདག་ཉིད་ཅན་གྱི་མཆོག་གསུམ་དམ་པའི་གྲངས་དང་མཐུན་པའི་པོད་ཆེན་གསུམ་མཛད་དེ་སྐད་ཀྱི་བསྟན་པའི་གསོས་སུ་བཞག་སྟེ་མཐར་དགུང་གྲངས་དོན་བཞི་པ་པོད་རབ་བྱུང་བཅུ་གཅིག་པའི་མེ་ཕོ་བྱི་བའི་ལོ་སྟེ་སྤྱི་ལོ་༡༨༣༨ལོར་

གཟུགས་སྐུའི་བཀོད་པ་ཆོས་དབྱིངས་སུ་བསྡུ་བའི་ཚུལ་བསྟན་པ་ཡིན་ནོ།། །

༄ བྲང་ཏི་ནམ་མཁའ་སངས་རྒྱས།

ཁོང་ནི་བོད་རབ་བྱུང་བཅུ་པའི་དཀྱིལ་དང་དུས་རབས་བཅུ་དྲུག་པའི་སྨད་ཙམ་དུ་ཤབ་སྟོད་རྫེ་ལུང་དུ་ཡབ་ནང་སོ་ལྷག་རྒྱལ་དོན་གྲུབ་ཀྱི་སྲས་སུ་ངོ་མཚར་བའི་ལྟས་དུ་མ་དང་བཅས་ཏེ་སྐུ་འཁྲུངས་ཤིང་། སྐུ་ན་ཆུང་ངུའི་དུས་ནས་ཡོན་ཏན་རིན་པོ་ཆེ་དུ་མའི་འབྱུང་གནས་དཔལ་ཨེ་ཝཾ་ཆོས་ལྡན་དུ་བྱོན་ཏེ། ཀྱི་རྡོར་རྒྱུད་གསུམ། ཀུན་ཏུ་དགོས་པའི་གཞུང་བདུན། སྣང་གསལ་མཛེས་རྒྱན། རྒྱུད་གསུམ་མཛེས་རྒྱན་སོགས་གཞུང་ཆེན་བཅུ་གསུམ་གྱི་རྒྱུད་སོགས་ཐུགས་ལ་བཟུང་ཞིང་། དེ་ནས་ཁུ་བོ་རིགས་བརྒྱའི་མགོན་པོ་ནམ་མཁའ་དཔལ་བཟང་དང་། རྗེ་གདོང་ཁྲི་ཆེན་སྐུ་མཆེད་རྣམས་དང་། འཇམ་དབྱངས་བསོད་ནམས་དབང་པོ། ཤར་ཆེན་ཀུན་དགའ་བཀྲ་ཤིས། རྗེ་དཔལ་ལྡན་དོན་གྲུབ། རྗེ་སླིང་རྗེ་བཟང་པོ་སོགས་ལས་གསུང་ངག་རིན་པོ་ཆེ་ལམ་འབྲས་བུ་དང་བཅས་པའི་དབང་གི་སྐོར། རྗེས་གནང་སྐོར། ལུང་གི་སྐོར། བཤད་པའི་སྐོར། མན་ངག་གི་སྐོར་སོགས་ཀྱིས་གཙོ་བྱས་པའི་མདོ་སྔགས་གཞུང་ལུགས་རབ་འབྱམས་ལ་གསན་བསམ་མཐར་ཕྱིན་མཛད་ཅིང་སྡོམ་པ་གསུམ་གྱིས་རྒྱུད་ཕྱུག་མཁས་བཙུན་བཟང་གསུམ་གྱི་ཡོན་ཏན་གྱིས་ཐུགས་རྒྱུད་ཡོངས་སུ་གཏམས་པར་མཛད་དེ། ཁམས་ཕྱོགས་སོགས་སུ་བྱོན་ནས་འཆད་རྩོད་རྩོམ་གསུམ་གྱིས་བསྟན་པ་དང་འགྲོ་བའི་དོན་དུ་མ་མཛད་ཅིང་། དེ་ནས་ཐར་རྩེ་ཉིད་དུ་ཟུར་འཆད་ཀྱི་ཚུལ་གྱིས་ཆོས་འཆད་གནང་སྐབས་སྐྱབས་ཁང་ནས་མཁས་གྲུབ་དཔལ་ལྡན་དོན་གྲུབ་ཀྱིས་བྱ་ལོར་ངོར་གྱི་གདན་ས་འཛོག་པ་གནང་ནས་ཆུ་ཕོ་ཁྱི་ཡི་ལོར་རྗེ་རྡོ་རྗེ་འཆང་ཀུན་དགའ་བཟང་པོའི་ཆོས་ཀྱི་ཁྲི་ལ་མངའ་གསོལ་ནས་གསུང་ངག་རིན་པོ་ཆེ་ལམ་འབྲས་བུ་དང་བཅས་པས་གཙོ་བྱས་པས་མདོ་རྒྱུད་མན་ངག་གི་ཆོས་ཀྱི་འཁོར་ལོ་བར་མེད་དུ་བསྐོར་བར་མཛད་དེ། གསུང་གི་བདུད་རྩི་བཞེས་པའི་སློབ་ཚོགས་ཀྱི་རིམ་པ་ཡང་། སྐྱབས་ཁང་ནས་མཁས་གྲུབ་དཔལ་ལྡན་དོན་གྲུབ་ཀྱི་སྐུའི་དབོན་པོ་འཇམ་མགོན་དཔལ་མཆོག་རྒྱལ་མཚན་པ་དང་། རྗེ་ཉིད་ཀྱི་སྐུ་དབོན་མཁན་ཆེན་ནམ་མཁའ་རིན་ཆེན། དཔལ་གླིང་ཆོས་རྗེ་གྲགས་པ། མཁན་ཆེན་བསོད་ནམས་རྒྱ་མཚོ་དང་། རྗེ་ཉིད་ཀྱི་ཐུགས་སྲས་ཧོར་སེ་ཆེན་གན་གྱི་རྒྱུད་འཇམ་དབྱངས་ནམ་མཁའ་དཔལ་བཟང་། ཤར་རྒྱལ་མཁར་རྩེ་པ་ངག་དབང་བསོད་

ནམས་རྒྱལ་མཚན་ཏེ་ཨེ་ཝཾ་ཆོས་ལྡན་གྱི་མཁན་ཁྲིར་བཞུགས་པ་ལྔ་དང་། མུས་ཆེན་འཁོར་ལོ་སྡོམ་པ་སངས་རྒྱས་རྒྱལ་མཚན། གནས་གསར་རྡོ་རྗེ་དྲུང་བཀའ་འགྱུར་བ་ཆེན་པོ་བསོད་ནམས་མཆོག་ལྡན་དང་། ཞར་བ་བདག་ཆེན་ཡེ་ཤེས་བཟང་པོ། ཀོང་སྟོན་དོན་གྲུབ་དཔལ་བཟང་། ཉང་སྟོད་པ་དོར་ཟུར་ཆེན་མཚུངས་མེད་དམ་ཆོས་བསམ་གྲུབ་པ་སོགས་མཁས་ཤིང་གྲུབ་པ་བརྙེས་པ་གྲངས་ལས་འདས་པ་བྱོན་ཞིང་། དེ་ནས་ཤིང་མོ་གླང་གི་ལོ་སྟེ་སྤྱི་ལོ་༡༦༢༥ལོར་ཉིད་ཀྱི་རྒྱལ་ཚབ་ཏུ་ཞར་ཆེན་ཤེས་རབ་འབྱུང་གནས་མངའ་གསོལ་ནས། འཇིག་རྟེན་མཐུན་འཇུག་གི་སྤྲོས་པ་ཐམས་ཅད་སྤངས་ནས། ཐུགས་དམ་ཉམས་བཞེས་ཁོ་ན་གཙོ་བོར་མཛད་ཅིང་། སྐབས་སྐབས་སུ་དོན་གཉེར་དག་ལ་ཆོས་ཀྱི་ཆར་ཆེན་པོ་འབེབས་པར་མཛད། དེ་ཡང་གཙོ་ཆེར་དགོན་གནས་འདི་ཉིད་དུ་ཐུགས་དམ་གཙོ་བོར་མཛད་མོད་ཀྱང་། དེ་ལས་ཀྱང་དབེན་གསུམ་གྱི་བདུད་རྩི་བསྟེན་པར་བཞེད་ནས། མཁས་གྲུབ་ཁྱུང་པོའི་སྒྲུབ་གནས་ཤངས་ཀྱི་ལྷུགས་པོ་རྩེར་བྱོན་ནས་ཤིན་ཏུ་དབེན་པའི་ཐུགས་དམ་མཛད་དེ་གྲུབ་པའི་རྟགས་མཚན་དུ་མ་མངོན་དུ་གྱུར། མདོར་ན་དམ་པ་འདི་ཉིད་ཀྱི་སྐུ་ཚེ་ཧྲིལ་པོར་འཆད་རྩོད་རྩོམ་གསུམ་གྱི་སྒོ་ནས་སྤྱིར་རྒྱལ་བའི་བསྟན་པ་འདི་ཉིད་དར་ཞིང་རྒྱས་པར་མཛད་ཅིང་། ལྷག་པར་དུ་དཔལ་ལྡན་ས་སྐྱ་བའི་བསྟན་པ་འདི་ལ་འཆད་ཉན་བླ་ལྷག་ཏུ་སྤེལ་ནས་དགོངས་པ་ཆོས་དབྱིངས་སུ་གཤེགས་པའི་ཚུལ་བསྟན་པ་ཡིན་ནོ། །

༈ ཞར་ཆེན་ཤེས་རབ་འབྱུང་གནས།

ཁོང་ནི་བོད་རབ་བྱུང་བཅུ་པའི་མེ་ཕོ་སྤྲེལ་གྱི་ལོ་སྟེ་༡༥༩༦ལོར་བཞད་ཀྱི་ཁྲིལ་ཞེས་བྱ་བར་ཡབ་རིགས་རུས་ཕུན་སུམ་ཚོགས་པ་བདག་ཆེན་ཞར་པའི་གདུང་རྒྱུད་བྱང་ཆུབ་སེམས་དཔའ་ཀུན་དགའ་དཔལ་དང་། ཡུམ་པདྨ་ཚེ་རིང་གཉིས་ཀྱིས་སྲས་སུ་ངོ་མཚར་བའི་ལྟས་དུ་མ་དང་བཅས་ཏེ་སྐུ་འཁྲུངས་ཤིང་། སྐུ་བྱིས་པའི་དུས་ནས་ཡི་གེ་འབྲི་ཀློག་སོགས་ལ་མཁས་པར་སྦྱངས་ནས་དགུང་ལོ་བརྒྱད་པར་དཔལ་ཨེ་ཝཾ་ཆོས་ལྡན་ཡོན་ཏན་རིན་པོ་ཆེ་དུ་མའི་འབྱུང་གནས་སུ་བྱོན་ཏེ། དབུ་སྐྲ་བསིལ་ནས་བླ་བྲང་དུ་སྐུ་གཞོགས་ལ་ཕེབས་པའི་དུས། ཁུ་བོ་འཇམ་དབྱངས་ཀུན་དགའ་བཀྲ་ཤིས་ཀྱིས་ས་སྐྱའི་བཀའ་འབུམ་གཟིགས་པ་དང་ཐུག་པས། ལེགས་པའི་སློ་བཀྲ་འབྱེད་པའི་རྟེན་འབྲེལ་གཟིགས་ནས་དགེས་ཚོར་ཆེན་མོ་དུ་མ་དང་བཅས་ཤེས་རབ་འབྱུང་གནས་སུ་མཚན་གསོལ་ཏེ་ཀྱེ་རྡོར་རྒྱུ

དབང་གནང་ཞིང་། དགུང་ལོ་བཅུ་གཉིས་པར་མཁན་པོ་བདག་ཆེན་ཀུན་དགའ་བཀྲ་ཤིས། སློབ་དཔོན་འདུལ་བ་འཛིན་པ་ཆེན་པོ་བརྒྱ་ཚོ་བླ་ཆེན་དཀོན་མཆོག་རྒྱལ་མཚན་སོགས་དགེ་འདུན་བཅུ་ཕྲག་གི་དབུས་སུ་བསྙེན་པའི་རྩ་བ་སོ་སོར་ཐར་པའི་དགེ་ཚུལ་བསྒྲུབ་པར་མཛད་ཅིང་། རྗེ་གདོང་ཕྱོགས་ལས་རྣམ་རྒྱལ་དུ་དགུང་ལོ་ཉེར་གཅིག་པ་མེ་ཕོ་འབྲུག་གི་ལོ་སྤྱི་ལོ་༡༨༡༨ལོར་ཁྲི་ཆེན་ཀུན་དགའ་བསོད་ནམས་ལྷུན་གྲུབ་ལས་བསྙེན་པར་རྫོགས་པའི་དགེ་སློང་གི་སྡོམ་པ་ཡང་དག་པར་བཞེས། དེ་ནས་སྔ་གཞུག་རྣམས་སུ་གོང་གི་མཁན་སློབ་དག་དང་། ངོར་ཨེ་ཝཾ་ཆོས་ལྡན་གྱི་ཟུར་འཆད་པ་མཁས་པའི་དབང་པོ་སངས་རྒྱས་བློ་གྲོས་དང་། མཁས་གྲུབ་དཔལ་ལྡན་དོན་གྲུབ། ལོ་པ་སྤྱན་སྔར་ཀུན་དགའ་དོན་གྲུབ། དཔལ་ལྡན་ས་སྐྱ་པའི་སྔགས་འཆང་ངག་དབང་ཀུན་དགའ་བསོད་ནམས་སོགས་མཁས་ཤིང་གྲུབ་པའི་ས་མཐོར་གཤེགས་པའི་སྐྱེས་ཆེན་དམ་པ་དུ་མའི་ཞབས་རྡུལ་སྤྱི་བོར་བླངས་ཏེ། གསུང་ངག་རིན་པོ་ཆེ་ལམ་འབྲས་བུ་དང་བཅས་པའི་གདམས་པ་སྨིན་གྲོལ་དང་། སྔོན་འགྲོ་སྣང་གསུམ་བརྒྱུད་པ་གཉིས་ལྡན་གྱི་སེམས་བསྐྱེད། རྒྱུ་ལམ་གྱི་དབང་། བདག་མེད་མའི་བྱིན་རླབས་དངོས་གཞི་རྒྱུད་གསུམ་གྱི་དམིགས་ཁྲིད་ཡོངས་སུ་ཚང་བ་ལམ་ཟབ་ཕྱི་ནང་སོགས་ཐུན་མོང་དང་ཐུན་མོང་མ་ཡིན་པའི་རྗེས་གནང་གི་ཚོགས་མང་པོ་དང་། སྡོམ་གསུམ། བརྟག་གཉིས། ལྗོན་ཤིང་མཛེས་རྒྱན། ཚུལ་གསུམ་མཛེས་རྒྱན། ལྗོན་ཤིང་ཆེན་མོའི་དབང་གི་བཤད་པ་ཆེན་མོ་ལུང་གི་སྙེ་མ་སོགས་གཞུང་ལུགས་རྣམ་བཤད་ཀྱི་ཚོགས་མང་པོ་དང་། བདེ་དགྱེས་གསང་གསུམ། གུར་སཾ་ལ་སོགས་པའི་ངོར་ལུགས་བདུན་དུ་གྲགས་པའི་དཀྱིལ་ཆོག །གཞན་ཡང་དཀྱིལ་འཁོར་གྱི་ཆོ་ག །ཁྲིས་ཐིག །གར་དབྱངས། རོལ་མོ། ཚུན་དབྱེས་ཕྱིན་པར་བློ་སྦྱོང་མཛད་ཅིང་། ཐོས་བསམ་སྒོམ་གསུམ་གྱི་ཕ་རོལ་ཏུ་སོན། མཁས་བཙུན་བཟང་གསུམ་གྱི་གོ་འཕང་ལ་མངའ་དབང་འབྱོར། དགུང་ལོ་སུམ་ཅུ་པ་བོད་རབ་བྱུང་བཅུ་པའི་ཤིང་མོ་གླང་གི་ལོ་སྤྱི་ལོ་༡༨༢༥ལོར་ཧོར་ཟླ་གསུམ་པའི་རྒྱལ་བ་གསུམ་པའི་ཚེས་ལ་བཀྲ་ཤིས་པ་དང་དགེ་མཚན་ཐམས་ཅད་ཀྱི་གནས། གངས་ལྗོངས་ཀྱི་འོག་མིན་ཆེན་པོ། དཔལ་ཨེ་ཝཾ་ཆོས་ལྡན་གྱི་གདན་ཁྲིར་ལེགས་པར་ཐེབས་ཏེ། ཐོག་མར་གཉེར་ཆེན་གྱིས་རྡོ་རྗེ་འཆང་ཀུན་དགའ་བཟང་པོའི་ཆོས་དུང་བྱིན་རླབས་ཅན་གྱིས་ཐོག་དྲངས་འབུལ་བ་དང་བཅས་རྒྱལ་བ་རྡོ་རྗེ་འཆང་ཆེན་པོའི་རྒྱལ་ཚབ་མདོ་རྒྱུད་ཆོས་ཚུལ་བྱེ་བའི་འཁོར་ལོའི་བདག་པོར་མངའ་གསོལ་ཏེ། གསུང་ངག་རིན་པོ་ཆེ་ལམ་འབྲས་བུ་དང་བཅས་པས་མཚོན་ཆོས་ཀྱི་འཁོར་ལོ་བར་མེད་དུ་བསྐོར་བར་མཛད་པས། གསུང་ལས་སྐྱེས་པའི་བསྟན་འཛིན་གྱི་སྐྱེས་བུ་རྣམ་དཔྱོད་མཁྱེན་ཡངས་ཀྱི་གཟི་འོད་འབར་བ་སྐུའི་དཔོན་པོ་བདག་ཆེན་ཡེ་ཤེས་བཟང་

པོ། མདོ་རྒྱུད་རིག་གནས་ཀྱི་མངའ་བདག་ཐུབ་བསྟན་རྣམ་རྒྱལ་གྱི་མཁན་ཆེན་གོང་སྟོན་དོན་གྲུབ་དཔལ་བཟང་། མཁས་མཆོག་ངག་དབང་བསྟན་པའི་རྡོ་རྗེ། བཀྲ་ཤིས་མཚན་ཅན། སྟོན་བརྒྱུད་རྒྱ་མཚོའི་མངའ་བདག་རྗེ་དཔོན་མགོན་པོ་བསོད་ནམས་མཆོག་ལྡན། ཐང་ཏི་མཁས་པའི་རིགས་མཆོག་བརྟན་དུལ། ཡོན་ཏན་དུ་མ་དང་ལྡན་པ་དཔོན་ཆེན་ནམ་མཁའ་རིན་ཆེན། བཀའ་བརྒྱུད་བསྟན་པའི་སྲོག་ཤིང་སྤྲུལ་སྐུ་ཕྱག་རྡོར་ནོར་བུ་སོགས་སློབ་ཚོགས་བགྲང་ལས་འདས་པ་བྱུང་ཞིང་། གཞན་ཡང་མཁན་ཐོག་འདྲེན་པའི་སྐུ་ངོ་ལ། ཆོས་གཞིས་ཚོགས་བསྐྱང་བདེ་ལ་འབབ་ཆེ་བ། བསྟན་པའི་དཔལ་འབྱོར་གྱི་ཐོག་ལ་ཤིན་ཏུ་ཕན་པ་བྱུང་ཞིང་། ཀླུ་སྡིངས་སུ་ཡང་གཟིམས་ཁང་བསབ་པ་དང་རྟེན་གསུམ་དངོས་སྤྱད་སོགས་གསར་འཕེལ་གྱི་ཚོགས་མང་དག་དང་། བླ་བྲང་གཞུང་གི་གསང་བའི་མགོན་ཁང་དུ་རྟེན་མགོ་གཟུགས་གང་མ་ཞེ་ལྔ་དང་། སངས་རྒྱས་སྟོང་སྐུ་ཚང་བའི་བླ་བྲེ་བཀྲས་རྟགས་སོགས་དང་། གཞན་ཡང་སྲང་སྟོང་ལས་གྲུབ་པའི་དཀར་སྤྲུབ་ཆེན་པོས་གཙོས་པའི་དངུལ་གྱི་སྤྱད་དངོས་བསམ་ལས་འདས་པ་དང་། བཀའ་འགྱུར་ལྷ་ཁང་དུ་འཛམ་དབྱངས་རྒྱ་ནག་མ་སྟོན་པའི་སྐུ། དངུལ་སྐུ་སྟོན་པ་ལོངས་སྐུ་མས་གཙོས་པའི་སྐུ་འདྲ་བཅུ་གསུམ་ཙམ་དང་། གོས་འཕན་སྤྲུས་གཙང་བ་ཁ་ཡར་དང་། ལམ་འབྲས་ལྷ་ཁང་དུ་རྒྱལ་བ་རྡོ་རྗེ་འཆང་ཀུན་དགའ་བཟང་པོའི་སྐུ་ལ་སྣམ་སྦྱར་སངས་རྒྱས་སྟོང་སྐུ་ཡོད་པ། བདེ་གཤེགས་ཀུན་དགའ་བཀྲ་ཤིས་ཀྱི་སྐུ་འདྲ་ལ་སྐུ་ཆོས་མུ་ཏིག་གི་རྒྱན་ཅན་སོགས་རྒྱལ་བའི་སྐུ་གསུང་ཐུགས་རྟེན་དང་མཆོད་པའི་ཡོ་བྱད་བཅས་དུ་མ་བསྒྲུབ་ཏེ་རྒྱལ་བའི་བསྟན་པ་ལ་བཀའ་དྲིན་ཤིན་ཏུ་ཆེའོ། །དགུང་ལོ་ཞེ་གཉིས་པ་ས་མོ་གླང་གི་ལོར་ཞ་ལུ་གསེར་ཁང་ཆེན་མོར་ཀུན་མཁྱེན་གཉིས་པ་བུ་སྟོན་ཐམས་ཅད་མཁྱེན་པའི་མི་འཇིགས་སེང་གེ་ཁྲི་ལ་ཞབས་སེན་བཀོད་དེ་ཆོས་ཀྱི་འཁོར་ལོ་བར་མེད་དུ་བསྐོར། དེ་ལྟར་དམ་པ་འདི་ཉིད་ཀྱིས་གདན་ས་ལོ་ཉེར་བརྒྱད་བསྐྱངས་ནས་འཆད་རྩོད་རྩོམ་གསུམ་གྱི་སྒོ་ནས་རྒྱལ་བའི་བསྟན་པ་རིན་པོ་ཆེ་འདི་ཉིད་དར་ཞིང་རྒྱས་པར་མཛད་དེ། གདུལ་བྱ་དུ་མ་སྨིན་གྲོལ་གྱི་ལམ་ལ་བཀོད་ནས་མཐར་དགུང་གྲངས་ལྔ་བཅུ་ང་བརྒྱད་པ་བོད་རབ་བྱུང་བཅུ་གཅིག་པའི་ཆུ་མོ་སྦྲུལ་གྱི་ལོ་སྟེ་སྤྱི་ལོ་༡༧༥༣ལོར་གཟུགས་སྐུའི་བཀོད་པ་ཆོས་དབྱིངས་སུ་བསྡུ་བའི་ཚུལ་བསྟན་པ་ཡིན་ནོ། །

༄ མཁན་ཆེན་ནམ་མཁའ་རིན་ཆེན།

ཁོང་ནི་བོད་རབ་བྱུང་བཅུ་པའི་ཆུ་ཕོ་བྱི་བའི་ལོ་སྟེ་སྤྱི་ལོ་༡༦༡༢ལོར་ཤབ་སྟོད་རྡོ་ལུང་དུ་བྲང་ཏི་ནམ་མཁའ་སངས་རྒྱས་ཀྱི་སྐུ་དབོན་དུ་ངོ་མཚར་བའི་ལྟས་དུ་མ་དང་བཅས་ཏེ་སྐུ་འཁྲུངས་ཤིང་། སྐུ་ན་ཆུང་ངུའི་དུས་ནས་ཐར་རྩེར་ཁུ་བོའི་དྲུང་ནས་ཡི་གེའི་སྦྱོར་ཀློག་དང་འདོན་ཆོས་སྤྱོད་བཅས་ལ་བྱང་བར་མཛད། རིགས་བརྒྱའི་མགོན་པོ་བྲང་ཏི་ནམ་མཁའ་སངས་རྒྱས་དང་། ཤར་ཆེན་ཤེས་རབ་འབྱུང་གནས་སོགས་མཁས་ཤིང་གྲུབ་པ་བརྙེས་པའི་དགེ་བའི་བཤེས་གཉེན་དུ་མའི་ཞབས་རྡུལ་སྤྱི་བོར་བླངས་ནས་ཟབ་རྒྱས་ཆོས་ཚུལ་གྱི་གདམས་པ་ཐམས་ཅད་བུམ་པ་གང་བྱོའི་ཚུལ་དུ་གསན་ནས་གསན་བསམ་མཐར་ཕྱིན་མཛད་ཅིང་། སྐུ་བཙུན་ཞིང་ཚུལ་ཁྲིམས་ཀྱི་དྲི་དང་ལྡན་ཞིང་དུས་གསུམ་སྒྲིབ་མེད་དུ་གཟིགས་པའི་མངོན་པར་ཤེས་པ་སོགས་ཡོན་ཏན་དུ་མའི་ཕུང་པོར་གྱུར། རྡོ་རྗེ་འཆང་གི་ལམ་འབྲས་བཀའ་རྒྱུའི་གཟིགས་སྣང་དུ་བླ་མ་ཡི་དམ་ཕྱག་མཚན་མཆོད་རྟེན་ཆོས་སྐྱོང་རྣམས་ཧང་གྲངས་བཅོ་བརྒྱད་གནང་བའི་བྱང་ཆེན་མཆོད་རྟེན་ཐ་མ་འཇམས་བཅད་པ་དེའི་བརྡ་དོན་ཡིན་པས་རྗེ་འདིའི་སྐུ་ཚེ་དང་མཛད་པ་དེ་ཙམ་ཡུན་མི་རིང་བའི་རྒྱུ་མཚན་ནོ་ཞེས་གོས། དགུང་ལོ་ཞེ་གཉིས་པ་བོད་རབ་བྱུང་བཅུ་གཅིག་པའི་ཆུ་མོ་སྦྲུལ་གྱི་ལོ་སྟེ་སྤྱི་ལོ་༡༦༥༣ལོར་དཔལ་ཨེ་ཝཾ་ཆོས་ལྡན་ཡོན་ཏན་རིན་པོ་ཆེ་དུ་མའི་འབྱུང་གནས་ཀྱི་ཆོས་ཀྱི་ཁྲི་ལ་ཞབས་ཀྱི་པདྨོ་ཉེ་བར་བཀོད་དེ་འཁོར་འདུས་པ་རྒྱ་མཚོ་ལྟ་བུ་ལ་གསུང་ངག་རིན་པོ་ཆེ་ལམ་འབྲས་བུ་དང་བཅས་པའི་ཆོས་ཀྱི་འཁོར་ལོ་བར་མེད་དུ་བསྐོར་བར་མཛད། འཆད་རྩོད་རྩོམ་གསུམ་གྱི་སྒོ་ནས་རྒྱལ་བའི་བསྟན་པ་རིན་པོ་ཆེ་འདི་ཉིད་དར་ཞིང་རྒྱས་པར་མཛད་ནས་གདུལ་བྱ་དུ་མ་སྨིན་གྲོལ་གྱི་ལམ་ལ་བཀོད་དེ། མཐར་དགུང་གྲངས་ཞེ་དྲུག་པར་བོད་རབ་བྱུང་བཅུ་གཅིག་པའི་མེ་མོ་བྱ་ཡི་ལོ་སྟེ་སྤྱི་ལོ་༡༦༥༧ལོའི་ཧོར་ཟླ་དྲུག་པའི་ཚེས་ཉེར་གསུམ་ལ་ལྷོ་བོད་མཚམས་སུ་གཟུགས་སྐུའི་བཀོད་པ་ཆོས་དབྱིངས་སུ་བསྡུ་བའི་ཚུལ་བསྟན་པ་ཡིན་ནོ། །

༄ དཔལ་གླིང་ཆོས་རྗེ་བསོད་ནམས་རྒྱ་མཚོ།

ཁོང་ནི་བོད་རབ་བྱུང་བཅུ་པའི་མེ་མོ་སྦྲུལ་གྱི་ལོ་སྟེ་སྤྱི་ལོ་༡༦༡༧ལོར་སྣར་ཐང་གི་དཔལ་འབྱོར་ཕུན་ཚོགས་གླིང་དུ་ཡབ་རྒྱལ་པོ་བཀྲ་ཤིས་དང་། ཡུམ་དཔལ་མོ་སྒྲོན་མ་གཉིས་ཀྱི་སྲས་སུ་ངོ་མཚར་བའི་ལྟས་དུ་མ་དང་བཅས་ཏེ་སྐུ་འཁྲུངས་ཤིང་མཚན་ཚེ་རིང་རྡོ་རྗེར་གསོལ། དགུང་ལོ་བརྒྱད་པ་ཤིང་ཕོ་བྱི་བའི་

ཡོར་སྣར་ཐང་ནུར་ཁང་གི་སློབ་དཔོན་བསོད་ནམས་རྡོ་རྗེ་ལ་གཙུག་ཕུད་ཕུལ་ཏེ་མཚན་བསོད་ནམས་རྒྱ་མཚོར་གསོལ། ཐོག་མར་ཡི་གེ་འབྲི་ཀློག་ནས་བྱ་བ
ཆོས་སྤྱོད་ཀྱི་སྐོར་རྣམས་ཐུགས་སུ་ཆུད་པར་མཛད་ཅིང་། དེ་ནས་ཐུབ་བསྟན་གསེར་མདོག་ཅན་དུ་བྱོན་ནས་བསྡུས་པ་བསྐྱེ་བ་ནས་བརྩམས་ཏེ་བྱམས་ཆོས
སོགས་ལ་སྦྱངས། བྱ་རྒོད་ཕུང་པོའི་ཆོས་གྲྭ་སོགས་སུ་རིགས་པ་སྨྲ་བ་རྣམས་ལས་མཆོག་ཏུ་གླིང་ཡང་། གནམ་སྐྱོན་ལྷ་བུའི་བསྟུང་གཞི་གཅིག་བྱུང་ནས་དཔལ
འབྱོར་གླིང་དུ་བྱོན་སྐབས་རྗེ་ངག་དབང་ཆོས་གྲགས་དང་མཇལ་ཚེ་དབང་ལུགས་སྟོང་མ་ཐོབ་ཅིང་། སྔགས་ཕྱོགས་ལ་སློབ་གཉེར་གྱིས་དང་ཕན་པ་ཆེ་བར་འོང
གསུངས། དེ་ནས་ངོར་དུ་བྱོན་ཏེ་ནུར་ཆེན་སློབ་དཔོན་རྡོ་རྗེ་དཔལ་བ་ལ་གཏད་དེ། ཚུལ་གསུམ་མཛེས་རྒྱན། རྩ་རྒྱུད་བརྟག་གཉིས། སྡོམ་གསུམ་རབ་དབྱེ
བཅས་སྔགས་རྒྱུད་རྣམས་ལ་སྦྱོང་བ་མཐར་ཕྱིན་མཛད། དེའི་ཚེ་མཁས་གྲུབ་དཔལ་ལྡན་དོན་གྲུབ་སྐུ་མཚམས་དམ་པར་མཛད་ཀྱང་། རྗེ་འདི་ལ་མཇལ་ཁ་བྱུང
ནས། བསྟུང་གཞི་ལ་ཕན་པ་དང་། ཤེས་རབ་ཆེ་བའི་ཐབས་དགོས་ཞུས། ཕྱག་ཟན་ལྷུགས་སྔགས་གནང་བ་ཞིག་དང་། འཇིགས་བྱེད་བླ་མ་བརྒྱུད་པའི་བཀའ
བསྒོ། འཇམ་དབྱངས་དམར་སེར་གྱི་སྒྲུབ་ཐབས་རྗེས་གནང་ལས་ཚོགས་དང་བཅས་པ་གནང་སྟེ། ནད་གཞིས་སྐྱོན་མི་འོང་། ཤེས་རབ་འཕེལ་བ་ལ་ཐེ་ཚོམ
མེད། བསྟན་པ་ལ་ཕན་པ་ཞིག་འོང་སྲིད་གསུངས་ནས་ལུང་བསྟན་པར་མཛད། དེ་ནས་སྔར་གྱི་སློབ་གཉེར་གྱི་འཕྲོས་དག་ལྷོན་སྤྱི་གསུམ་སོགས་ཀུན་ཏུ་དགོས
པའི་གཞུང་བདུན། སྡོམ་གསུམ་སྤྱི་དོན་གྱི་འགྲེལ་པ་ཆེ་ཆུང་། ཀྱེ་རྡོ་རྗེ་བཀའ་བབས་བཞི། གུར་སཾ་གཉིས། བདེ་མཆོག་ལོ་ནག་དྲིལ་གསུམ། གསང་འདུས
འཕགས་ལུགས། ཡེ་ཤེས་ཞབས་ལུགས། རྡོ་བོ་ལུགས། ནུར་བཀའ་གཞན་དང་བཅས་པའི་མངོན་རྟོགས། དཀྱིལ་ཆོག་མཆོད་ཕྲེང་བསྙེད་པ་ནུར་འདེབས། ས
ཆེན་སོགས་ཀྱི་ཕྱག་ལེན་ཕྲ་མོ་དང་བཅས་ཐུགས་སུ་ཆུད་པར་མཛད། ལྷག་པར་དུ་འཇམ་དབྱངས་ཤེས་རབ་འབྱུང་གནས་ཀྱི་དྲུང་དུ་གསུང་ངག་རིན་པོ་ཆེ་ལམ
འབྲས་བུ་དང་བཅས་པའི་གདམས་པ་ཚར་བཅོ་ལྔ་ཙམ་གསན་ཅིང་། གཞན་ཡང་སྟ་གཞུག་རྣམས་སུ་རྒྱལ་དབང་ངག་དབང་བློ་བཟང་རྒྱ་མཚོ། དཔལ་ལྡན་ས་སྐྱ
པ་ངག་དབང་ཀུན་དགའ་བསོད་ནམས། ངག་དབང་བསོད་ནམས་དབང་ཕྱུག །གསེར་མདོག་མཁན་ཆེན་ཤཱཀྱ་བཀྲ་ཤིས་སོགས་མཁས་གྲུབ་གཉིས་ལྡན་གྱི
དམ་པའི་བཤེས་གཉེན་བཅུ་གསུམ་ཙམ་བསྟེན་ནས་གསན་བསམ་རྒྱ་མཚོའི་ཕ་རོལ་ཏུ་སོན་པར་མཛད་ཅིང་། མདོར་ན་མདོ་སྔགས་ཀྱི་ཆོས་ཚུལ་ཟབ་མོ་རྣམས
ཡོངས་འཛིན་རྣམས་ཀྱི་བཀའ་བཞིན་བརྩོན་པ་དྲག་པོས་མཐར་ཕྱིན་པར་མཛད་དོ། །དགུང་ལོ་བཅུ་གསུམ་པར་རྗེ་ནམ་མཁའ་སངས་རྒྱས་ལས་དགེ་ཚུལ་གྱི

སྡོམ་པ་དང་། དགུང་ལོ་ཉེར་ལྔ་པ་ལྕགས་སྦྲུལ་ལོར་རྗེ་ནམ་མཁའ་སངས་རྒྱས་པས་མཁན་པོ་དང་། ཤར་ཆེན་ཤེས་རབ་འབྱུང་གནས་ཀྱིས་ལས་སློབ། ཞབས་དྲུང་རྒྱལ་རྩེ་པ་ངག་དབང་བསོད་ནམས་རྒྱལ་མཚན་གྱིས་གསང་སྟོན། ཆོས་རྗེ་དམ་ཆོས་བཀྲ་ཤིས་པས་གྲིབ་ཚོད་ཐར་རྩེ་ནམ་མཁའ་རིན་ཆེན་པ་རྣམས་ཀྱི་དབུས་སུ་བསྙེན་པར་རྫོགས་པའི་དགེ་སློང་གི་སྡོམ་པ་ཡང་དག་པར་བཞེས། བསླབ་བྱའི་གཞི་ཚུལ་ཁྲིམས་རྣམ་དག་ལ་བརྟེན་ནས་བྱམས་པ་དང་སྙིང་རྗེས་ཀུན་ནས་བསླངས་ཤིང་བདག་གཞན་བརྗེ་བའི་བྱང་ཆུབ་སེམས་དཔའི་སྤྱོད་པ་རླབས་པོ་ཆེ་མངའ་བ་དང་། དམ་ཚིག་སྡོམ་པའི་ཚོགས་སྒྲོག་གི་དབང་པོ་ལས་ཀྱང་གཅེས་པར་བཟུང་ནས་རིམ་པ་གཉིས་ཀྱི་རྣལ་འབྱོར་ལ་མི་གཡེང་བའི་ངང་ནས་དུས་འདའ་ཞིང་། དེ་ནས་དཔལ་སྣར་ཐང་གི་ཆོས་གྲྭ་ཆེན་པོའི་ཟུར་བཞིའི་གྲྭ་ཚང་གི་ཡ་གྱལ། ཟུར་ཁང་གྲྭ་ཚང་གི་གཙུག་ལག་གི་དབང་ཕྱུག་པ་ཐམས་ཅད་ཀྱི་གཙུག་གི་ནོར་བུ་འཇམ་དབྱངས་ཤེས་རབ་རྒྱ་མཚོའི་ཆོས་ཀྱི་ཁྲི་ལ་ཞབས་ཟུང་ལེགས་པར་འཁོད་དེ་ལུགས་གཉིས་ཀྱི་སྒོ་ནས་འཛིན་སྐྱོང་སོགས་བླ་ན་མེད་པ་གནང་ཞིང་དར་རྒྱས་སུ་མཛད། དགུང་ལོ་སོ་བཞི་པར་སཾ་ཕུ་ཊའི་སློབ་དཔོན་མཛད་པ་ནས་བཟུང་འཁོར་སྐལ་ལྡན་གདུལ་བྱ་རྣམས་ལ་དབང་ཁྲིད་རླབས་རྗེས་གནང་ལ་སོགས་པ་སོ་སོའི་བློ་དང་འཚམ་པ་ཆོས་ཀྱི་འཁོར་ལོ་རྒྱུན་མི་ཆད་པ་བསྐོར་ཏེ། གདུལ་བྱ་རྣམས་སྨིན་པ་དང་གྲོལ་བའི་ལམ་ལ་འགོད་པར་མཛད་དོ། །དེ་ནས་ས་ཕོ་ཁྱི་ཡི་ལོ་སྟེ་སྤྱི་ལོ་༡༥༩༨ལོར་དཔལ་ཨེ་ཝཾ་ཆོས་ལྡན་ཡོན་ཏན་རིན་པོ་ཆེ་དུ་མའི་འབྱུང་གནས་ཆོས་ཀྱི་ཁྲི་ལ་ཞབས་ཀྱི་པདྨོ་ཉེ་བར་བཀོད་དེ་ཆོས་ཀྱི་རྒྱལ་སྲིད་ཆེན་པོ་ལ་མངའ་དབང་བསྒྱུར། དེ་ནས་བརྩམས་ཏེ་སྟོད་མངའ་རིས། སྨད་མདོ་ཁམས། བར་དབུས་གཙང་གི་གདུལ་བྱ་སྐལ་བ་དང་ལྡན་པ་སྤྲིན་བཞིན་དུ་འདུས་པ་རྣམས་ལ་རང་རང་གི་བློ་དང་འཚམ་པའི་ཆོས་གསུང་དག་རིན་པོ་ཆེ་ལམ་འབྲས་བུ་དང་བཅས་པ་ཟབ་ཅིང་རྒྱ་ཆེར་བསྐོར་བ་མ་ཟད། གཞན་ཡང་བསྟན་པའི་རྩ་བ་དགེ་བསྙེན་དགེ་ཚུལ་དགེ་སློང་གི་སྡོམ་པ་དོན་དུ་གཉེར་བ་རྣམས་གློ་བུར་དུ་བྱུང་བ་མ་གཏོགས་པའི་ལོ་རེ་བཞིན་བསྒྲུབ་བྱ་བརྒྱ་ཕྲག་རེ་ཙམ་བསྒྲུབ་པ་སོགས་ཀྱིས་མཚོན་སྐལ་ལྡན་གྱི་སློབ་མ་རྣམས་ཀྱི་བློ་གྲོས་ཀྱི་བུམ་པ་ལེགས་བཤད་ཀྱི་བདུད་རྩིས་ལེགས་པར་གཏམས་པར་མཛད་དེ། མཁས་གྲུབ་ཀྱི་སློབ་མ་ཇི་ལྟར་བྱུང་བའི་ཚུལ་ལ། ཞ་ལུ་མཁན་ཆེན་ཤེས་རབ་རྒྱ་མཚོ། རབ་འབྱམས་སྨྲ་བའི་དབང་པོ་ཀུན་དགའ་ཚུལ་ཁྲིམས། མཁས་གྲུབ་དམ་པ་དབུ་མཛད་ཀུན་དགའ་དཔལ་འབྱོར། བླ་མ་བཀྲ་ཤིས་དཔལ་ལྡན་སོགས་སྟོད་མངའ་རིས། སྨད་མདོ་ཁམས། བར་དབུས་གཙང་ལ་སོགས་པ་དགོན་པ་སོ་སོའི་བླ་མ་དང་གྲྭ་ཚང་མཐའ་དག་གི་སློབ་དཔོན་དང་། བློ་གསལ་གྱི་འདྲེན་པ་དང་།

མི་ཆེན་མང་པོའི་བླ་མ་ལ་སོགས་པ་རྗེ་འདི་ཉིད་ཀྱིས་དངོས་སུ་གདམས་པ་དང་རྗེས་སུ་བཀའ་དྲིན་གྱིས་བསྐྱངས་བ་མ་ཟད། ལེགས་པར་བཤད་པའི་རྩོམ་གྱི་ཕྲེང་བ་གསར་དུ་ཇི་ལྟར་སྤེལ་བའི་ཚུལ་ནི། རྡོ་རྗེ་འཆང་ལ་གདུང་ཤུགས་དྲག་པོར་འབོད་དབྱངས། རྗེ་ཉིད་བརྟན་པར་བཞུགས་པའི་གསོལ་འདེབས་ཀྱི་ཚིག །མགོན་དཀར་ཡིད་བཞིན་ནོར་བུའི་སྒྲུབ་ཐབས། སེང་གདོང་སྔོན་མོའི་བརྒྱུད་འདེབས། བོད་ཡུལ་དུ་དམ་པའི་ཆོས་དར་བའི་ཆོས་འབྱུང་ཚིགས་བཅད་མ་ཐུབ་བསྟན་པད་ཚལ་རྒྱས་པའི་ཉི་འོད་ཅེས་བྱ་བ། མཁན་ཆེན་བྱང་སེམས་ནམ་མཁའ་རིན་ཆེན་ལ་བསྟོད་པ་རྣམས་རྗེས་འཇུག་གདུལ་བྱའི་གསོས་སུ་བཞག་སྟེ་འཆད་རྩོད་རྩོམ་གསུམ་གྱི་སྒོ་ནས་རྒྱལ་བའི་བསྟན་པ་རིན་པོ་ཆེ་ཉིན་མོ་ལྟར་གསལ་བར་མཛད་དེ། མཐོང་ཐོས་དྲན་རེག་གི་ཡུལ་དུ་བྱེད་པའི་སྐྱེ་དགུ་དཔག་ཏུ་མེད་པ་ལ་དཀར་པོའི་ས་བོན་བཏབ་ནས་བླ་ན་མེད་པའི་བྱང་ཆུབ་ཏུ་རིགས་ཡོངས་སུ་ངེས་པར་མཛད། དེ་ལྟར་ལོ་བཅུའི་བར་དུ་དཔལ་ཨེ་ཝཾ་ཆོས་ལྡན་ཡོན་ཏན་རིན་པོ་ཆེ་དུ་མའི་འབྱུང་གནས་ཀྱི་བསྟན་པ་བསྐྱངས་ནས། མཐར་དགུང་གྲངས་ལྔ་བཅུ་ང་གཅིག་པ་བོད་རབ་བྱུང་བཅུ་གཅིག་པའི་མེ་མོ་ལུག་གི་ལོ་སྟེ་སྤྱི་ལོ་༡༨༤༧ལོར་དགོངས་པ་གཞི་དབྱིངས་སུ་གཤེགས་པ་ཡིན་ནོ། །

༄ འཛམ་མགོན་དཔལ་མཆོག་རྒྱལ་མཚན།

ཁོང་ནི་བོད་རབ་བྱུང་བཅུ་པའི་ས་མོ་ཕག་གི་ལོ་སྟེ་སྤྱི་ལོ་༡༥༩༩ལོར་ཡབ་མཁས་གྲུབ་དཔལ་ལྡན་དོན་གྲུབ་ཀྱི་སྐུ་དབོན་དུ་བྱོན་པ་གཙང་པ་ཆོས་སྐྱོང་བཀྲ་ཤིས་དང་། ཡུམ་ཨ་ཁྲིད་ཟེར་བའི་རིགས་ཀྱིས་མངོན་པར་མཐོ་བ་བུད་མེད་ཀྱི་སྐྱོན་བརྒྱད་དང་བྲལ་བ་གཉིས་ཀྱི་སྲས་སུ་ངོ་མཚར་བའི་ལྟས་དུ་མ་དང་བཅས་ཏེ་སྐུ་འཁྲུངས། སྐུ་ན་ཆུང་དུའི་དུས་ནས་དམ་པའི་བག་ཆགས་སད་ཅིང་དཔལ་ཨེ་ཝཾ་ཆོས་ལྡན་ཡོན་ཏན་རིན་པོ་ཆེ་དུ་མའི་འབྱུང་གནས་སུ་ཁུ་བོ་རིགས་དང་དཀྱིལ་འཁོར་ཐམས་ཅད་ཀྱི་མངའ་བདག་དཔལ་ལྡན་དོན་གྲུབ་ཀྱི་དྲུང་དུ་བསྙེན་ཏེ་འདོན་ཆོས་སྦྱོང་དང་། གསུང་ངག་རིན་པོ་ཆེ་ལམ་འབྲས་བུ་དང་བཅས་པས་མཚོན་མདོ་སྔགས་གཞུང་ལུགས་དུ་མ་ལ་ཐོས་བསམ་མཛད། འཛམ་གླིང་བྱང་ཕྱོགས་ཀྱི་སྐྱེ་དགུ་ཀུན་གྱི་གཙུག་རྒྱན་དཔལ་ས་སྐྱ་པ་རྗེ་གདོང་ཁྲི་ཆེན་འཛམ་དབྱངས་ཀུན་དགའ་བསོད་ནམས་ཀྱིས་མཁན་པོ་དང་། མཁས་གྲུབ་དཔལ་ལྡན་དོན་གྲུབ་ཉིད་ཀྱིས་ལས་སློབ་མཛད་དེ་དང་པའི་དགེ་འདུན་གྲངས་ཚང་

གི་དབུས་སུ་ཚོགས་གསུམ་རིམ་ནོད་ཀྱིས་བསྙེན་པར་རྫོགས་པའི་དགེ་སློང་གི་སྡོམ་པ་ཡང་དག་པར་བཞེས་ཤིང་། མཁན་སློབ་དེ་དག་དང་བྲང་ཧི་ནམ་མཁའ་སངས་རྒྱས། ཤར་ཆེན་ཤེས་རབ་འབྱུང་གནས་སོགས་མཁས་ཤིང་གྲུབ་པ་བརྙེས་པའི་དགེ་བའི་བཤེས་གཉེན་དུ་མའི་ཞབས་རྡུལ་སྤྱི་བོར་བླངས་ཏེ། གསུང་རབ་རིན་པོ་ཆེ་ལམ་འབྲས་བུ་དང་བཅས་པའི་གདམས་ངག་མཐའ་དག་ཡོངས་སུ་རྫོགས་པ་ཚར་དུ་མས་མཚོན་མདོ་སྔགས་གཞུང་ལུགས་རབ་འབྱམས་ལ་ཐོས་བསམ་གྱིས་ཕ་རོལ་ཏུ་སོན། ཐོས་དོན་དེ་དག་ལ་སྒོམ་པས་ཉམས་སུ་བླངས་པའི་ཚུལ་ཡང་། གསུང་ངག་ལ་སོགས་པའི་ཁྲིད་རིམ་རྣམས་ཉམས་མྱོང་སྐྱེས་ཁྲིད་དུ་ཐུགས་ཉམས་སུ་བཞེས་ཤིང་། དགྱེས་མཛད་རྡོ་རྗེ་ལ་སོགས་པ་ཡི་དམ་གྱི་ལྷ་དུ་མའི་བསྙེན་སྒྲུབ་མཐར་ཕྱིན། བླ་མ་ཡི་དམ་ཆོས་སྐྱོང་ནོར་ལྷ་རྣམས་ཀྱིས་རྗེས་སུ་བཟུང་། སྒྲུབ་ཁང་ཉིད་དུ་ནུར་ཆེན་གྱི་ཚུལ་གྱིས་ཆོས་འཁོར་མང་དུ་བསྐོར། མཁས་གྲུབ་དཔལ་ལྡན་དོན་གྲུབ་ཀྱིས་ཁྲིད་རང་ཆོས་མཐུན་གྱི་ཚེ་ཚད་ཀྱང་ང་རང་ཙམ་འོང་། ཕྲིན་ལས་ཀྱང་དགའ་མོ་འོང་གསུངས་ཐོག་ཏུ་ཕེབས་ཏེ་སྐུ་ཚེ་ལུ་བོ་ལས་ལོ་གཅིག་གིས་རིང་བ་བྱུང་ཞིང་། མདོ་ཁམས་སྡེ་དགེར་བྱོན་ནས་བསྟན་འགྲོའི་དོན་རྒྱ་ཆེ་ཡུན་རིང་མཛད་ཅིང་། དེ་ནས་འཚེ་ས་དབུས་གཙང་དུ་བྱེད་དགོས་གསུངས་ནས་ནན་ཏན་ཆེན་པོས་ངོར་དུ་བྱོན་ཏེ། སྔོན་གྱི་ཐུགས་བསྐྱེད་སྨོན་ལམ་མཐུས་དགུང་ལོ་རེ་དགུ་པ་བོད་རབ་བྱུང་བཅུ་གཅིག་པ་མེ་མོ་ལུག་གི་ལོ་སྤྱི་ལོ་༡༨༨༧ལོར་ངོར་ཆེན་ཀུན་དགའ་བཟང་པོའི་ཆོས་ཀྱི་ཁྲི་ལ་ཞབས་ཀྱི་པདྨོ་ཉེ་བར་བཀོད་ནས། གསུང་ངག་རིན་པོ་ཆེ་ལམ་འབྲས་བུ་དང་བཅས་པ་ཡོངས་སུ་རྫོགས་པ་ཚར་བཞིས་མཚོན་མདོ་སྔགས་གཞུང་ལུགས་རབ་འབྱམས་ལ་འཆད་ཁྲིད་མཛད་དེ། གསུང་ལས་སྐྱེས་པའི་ཞལ་སློབ་ཀྱི་རིམ་པ་གཙོ་བོ་ཆེ་དགུའི་གཙུག་རྒྱན་ཞ་ལུ་མཁན་ཆེན་སྨན་ཁང་ནས་རིན་ཆེན་བསོད་ནམས་མཆོག་གྲུབ་དང་། དཔལ་ཨེ་ཝཾ་ཆོས་ལྡན་གྱི་མཁན་པོ་བསོད་ནམས་རྒྱ་མཚོ། ཐར་རྩེ་མཁན་ཆེན་འཇམ་པའི་དབྱངས་ནམ་མཁའ་དཔལ་བཟང་། མཁན་ཆེན་ལྷུན་གྲུབ་དཔལ་ལྡན། ཞ་ལུ་མཁན་ཆེན་ཤེས་རབ་རྒྱ་མཚོ། ཨེ་ཝཾ་ཆོས་ལྡན་གྱི་ནུར་ཆེན་པ་རྒྱུད་སྡེའི་དབང་ཕྱུག་ཆེན་པོ་དམ་ཆོས་བསམ་གྲུབ། དབུ་མཛད་ཀུན་དགའ་དཔལ་འབྱོར། མཁན་ཆེན་ཀུན་དགའ་ཚུལ་ཁྲིམས་སོགས་མདོར་ན་དེའི་སྐབས་ཀྱི་རྗེ་བཙུན་ས་སྐྱ་པའི་གྲུབ་མཐའ་ཁས་ལེན་པའི་སྡོད་མངའ་རིས། སྨད་མདོ་ཁམས། བར་དབུས་གཙང་རྣམས་ཀྱི་བློ་གསལ་མང་པོས་ཞབས་པད་མཐོན་པར་བསྟེན་ཏེ། རྒྱལ་བའི་བསྟན་པ་རིན་པོ་ཆེ་འདི་ཉིད་སྒོ་ཀུན་ནས་དར་ཞིང་རྒྱས་པར་མཛད་དེ་རྣམ་དཀར་གྱི་ཕྲིན་ལས་རྒྱ་ཆེར་སྤེལ། དགུང་ལོ་ལྔ་བཅུ་ང་ལྔ་པ་བོད་རབ་བྱུང་བཅུ་གཅིག་པ་ལྕགས་མོ་ཕག་གི་ལོ་སྤྱི་ལོ་༡༨༧༡ལོ་

བར་གདན་ས་བསྐྱངས་ནས་ཉིད་ཀྱི་རྒྱལ་ཚབ་ཏུ་ཐར་རྩེ་ནམ་མཁའ་དཔལ་བཟང་ཁྲི་འདོན་མཛད་དེ། རྗེ་རང་སྒྲུབ་ཁང་དུ་ཐུགས་དམ་ཟབ་མོ་ལ་རྩེ་གཅིག་ཏུ་གཞོལ་ནས་མཐར་དགུང་གྲངས་དོན་ལྔ་པ་བོད་རབ་བྱུང་བཅུ་གཅིག་པ་ཆུ་མོ་གླང་གི་ལོ་སྟེ་སྤྱི་ལོ་༡༨༧༣ ལོར་གཟུགས་སྐུའི་བཀོད་པ་ཆོས་དབྱིངས་སུ་བསྡུས་པ་ཡིན་ནོ། །

༄ འཇམ་དབྱངས་ནམ་མཁའ་དཔལ་བཟང་།

ཁོང་ནི་བོད་རབ་བྱུང་བཅུ་པའི་ལྕགས་མོ་ཕག་གི་ལོ་སྟེ་སྤྱི་ལོ་༡༨༡༡ ལོར་གནས་ཁྱད་པར་ཅན་རྡོ་རྗེའི་གདན་གཉིས་པ་ས་སྐྱ་ཞེས་སྙན་པའི་ང་རོ་ས་གསུམ་དུ་གྲགས་ཤིང་། མཁས་པ་དུ་མ་བར་མ་ཆད་པར་བྱུང་བའི་བསྟི་གནས་འུ་ཡུག་ཕུའི་འབྲོག་གསེབ་ཏུ་ཡབ་ཁོར་ཚ་ད་ར་དང་། ཡུམ་ཁོར་མོ་ནོར་འཛོམ་གཉིས་ཀྱི་སྲས་སུ་ངོ་མཚར་བའི་ལྟས་དུ་མ་དང་བཅས་ཏེ་སྐུ་འཁྲུངས་ཤིང་མཚན་ཀརྨ་གསོལ། སྐུ་ན་ཆུང་ངུའི་དུས་ནས་དམ་པའི་བག་ཆགས་རང་ཆས་སུ་མངའ་ཞིང་རྩེ་གདོང་དུ་བྱོན་ཅིང་འབྲི་ཀློག་སོགས་བསླབ་པས་ཚེགས་མེད་དུ་མཁྱེན་པ་བྱུང་། དེ་ནས་ཨེ་ཝཾ་ཐར་རྩེར་ཁུ་བོ་ཆོས་རྗེས་བླངས་ནས་བྲང་ཏི་ནམ་མཁའ་སངས་རྒྱས་ལས་རབ་ཏུ་བྱུང་ཞིང་བསྙེན་པར་རྫོགས། ངའི་ཁུ་བོ་བྲང་ཏི་པཎ་ཆེན་ནམ་མཁའ་དཔལ་བཟང་གི་མཚན་དེ་ཁྱེད་ལ་འདོགས། མ་འོངས་པ་ན་ངེད་ཀྱི་གདན་ས་འོང་གསུང་བའི་ལུང་བསྟན་མཛད་ཅིང་། ལུགས་གཉིས་ཀྱི་སྒོ་ནས་ཐུགས་བྲམས་མཆོག་ཏུ་མཛད། རྗེ་འདི་ལས་དམ་པའི་ཆོས་དཔག་ཏུ་མེད་པ་གསན་བསམ་མཐར་ཕྱིན་མཛད། གཞན་ཡང་ཤར་ཆེན་ཁུ་དབོན། རིན་པོ་ཆེ་དཔལ་ལྡན་དོན་གྲུབ་ཁུ་དབོན་སོགས་མཁས་གྲུབ་གཉིས་ལྡན་གྱི་སྐྱེས་ཆེན་དམ་པ་དུ་མའི་ཞབས་རྡུལ་སྤྱི་བོར་བླངས་ནས། གསུང་ངག་རིན་པོ་ཆེ་ལམ་འབྲས་བུ་དང་བཅས་པས་མཚོན་རྒྱལ་བའི་བཀའ་དང་། དགོངས་འགྲེལ་གྱི་བསྟན་བཅོས་མང་པོའི་བཤད་ཁྲིད་དབང་ལུང་མན་ངག་སོགས་མཐའ་ཡས་པ་གསན་བསམ་རྒྱ་ཆེར་མཛད་དེ་ཐོས་པའི་ཕ་རོལ་ཏུ་སོན། མཁས་པའི་གྲགས་པ་ནོར་འཛིན་སྒྲོག་མོའི་ཁྱོན་ཀུན་ཏུ་ཁྱབ་པར་གྱུར། དེ་ལྟར་འཆད་རྩོད་རྩོམ་པས་རྒྱལ་བསྟན་པདྨའི་ཚལ་ལ་ཉི་མའི་འོད་ཟེར་ཤར་བ་ལྟར་མཛད་ནས་ལམ་ཟབ་མོ་ལ་མཉམ་པར་འཇོག་པའི་སྒོ་ནས་ཐོས་དོན་ཉམས་སུ་བླངས་པར་བཞེད། དེ་གཉིས་འཛིན་གྱི་འཁྲུལ་བ་ཐམས་ཅད་ཉེ་བར་ཞི་བའི་ཆོས་ཀྱི་དབྱིངས་སྤྲོས་བྲལ་ནམ་མཁའ་ལྟ་བུ་དང་། རྟེན་ཅིང་འབྲེལ་བར་འབྱུང་བ་སྒྱུ་མ་ལྟ་བུའི་ཆོས་ཅན་རང་རིག་པའི་ཡེ་ཤེས་དེ་ཉིད་དང་། གཞན་དུ་བརྗོད་དུ་མེད་པ་མཁྱེན་པའི་འཁོར་འདས་དབྱེར་མེད་

ཀྱི་ཉམས་ལེན་གྱི་གནད་ཟབ་མོ་དང་མ་བྲལ་བའི་ངང་ནས་ཕྱི་ནང་གི་གཡེང་བ་གང་གིས་ཀྱང་བརྫི་བར་མི་ནུས་པའི་གུས་པ་དང་དྲག་པའི་སྤྲོ་བ་གཞན་ལས་ཕུལ་དུ་བྱུང་བས་དངོས་གྲུབ་ཐམས་ཅད་ཀྱི་རྩ་བ་ལམ་ཟབ་མོ་བླ་མའི་རྣལ་འབྱོར་གཙོ་བོར་གྱུར་པའི་མཚན་བཅས་མཚན་མེད་ཐུགས་དམ་གྱི་རིམ་པ་དུ་མ་ལ་བརྩོན་པ་ཆེར་མཛད་ནས། གྲུབ་པའི་རྟགས་མཚན་དུ་མ་མངོན་དུ་གྱུར། ཐར་རྩེའི་དཀར་མེ་དུས་ཛའི་ཐེབས་སུ་ཁམས་ཀྱི་རྒྱུ་འབུམ་ངོས་སུ་འབུལ་སྐད་དུ་བྱོན་ཏེ་འདོད་ཡོན་གྱི་དངོས་པོ་ནམ་མཁའི་སྤྲིན་བཞིན་དུ་འདུ་བར་གྱུར། དེ་ནས་ངོར་དུ་བྱོན་ཏེ་བྲང་ཏི་མཁན་ཆེན་ནམ་མཁའ་རིན་ཆེན་དཔལ་ཨེ་ཝཾ་ཆོས་ལྡན་ཡོན་ཏན་རིན་པོ་ཆེ་དུ་མའི་འབྱུང་གནས་ཀྱི་གདན་ས་ལ་འབོད་ནས་རྫེ་འདེས་ཐར་རྩེའི་གདན་ས་མཛད་ཅིང་ཕྲིན་ལས་ཀྱི་དྲི་བཞོན་ཕྱོགས་ཀྱི་ཐ་གྲུ་ཡོངས་སུ་ཁྱབ་པར་གྱུར་པ་ལ་བརྟེན་ནས། དགུང་ལོ་རེ་གཅིག་པ་བོད་རབ་བྱུང་བཅུ་གཅིག་པ་ལྕགས་མོ་ཕག་གི་ལོ་སྟེ་སྤྱི་ལོ་༡༨༧༡ལོར་ངོར་ཆེན་ཀུན་དགའ་བཟང་པོའི་ཆོས་ཀྱི་ཁྲི་ལ་ཞབས་ཀྱི་པདྨོ་ཉེ་བར་བཀོད་ནས། གསུང་ངག་རིན་པོ་ཆེ་ལམ་འབྲས་བུ་དང་བཅས་པས་མཚོན་རྒྱུད་ལུང་མན་ངག་དུ་མའི་ཆོས་ཀྱི་འཁོར་ལོ་བར་མེད་དུ་བསྐོར་བར་མཛད་པས། བློ་གྲོས་ཀྱི་དབང་པོ་ཡོངས་སུ་རྒྱས་པར་གྱུར་པའི་སྲས་ཀྱི་ཐུ་བོ་མཚུངས་པ་མེད་པ་ཡང་དུ་མ་བསྐྲུན་ཏེ། དེ་དག་གི་སློབ་མ་དང་། ཡང་སློབ་དང་། ཉིང་སློབ་སོགས་གྲངས་མེད་པས་ཀྱང་རྒྱ་མཚོའི་གོས་ཅན་ཀུན་ཏུ་ཁྱབ་པར་བཀང་སྟེ་མཐོང་ཐོས་དྲན་རེག་གི་ཡུལ་དུ་གྱུར་པའི་སྐྱེ་དགུ་བསམ་གྱིས་མི་ཁྱབ་པ་ལ་དཀར་པོའི་ས་བོན་བཏབ་ནས་བླ་ན་མེད་པའི་བྱང་ཆུབ་ཏུ་རིགས་ཡོངས་སུ་ངེས་པར་མཛད་དེ། མཐར་དགུང་གྲངས་རེ་གཉིས་པ་བོད་རབ་བྱུང་བཅུ་གཅིག་པའི་ཆུ་ཕོ་བྱི་བའི་ལོ་སྟེ་སྤྱི་ལོ་༡༨༧༢ལོའི་ཧོར་ཟླ་བཞི་པའི་ཚེས་བཅུ་དགུའི་སྲོད་ལ་ཐར་རྩེའི་གཟིམས་ཁང་དུ་དགོངས་པ་ཆོས་དབྱིངས་སུ་གཤེགས་པའི་ཚུལ་བསྟན་པ་ཡིན་ནོ། །

༄ འཇམ་མགོན་ལྷུན་གྲུབ་དཔལ་ལྡན།

ཁོང་ནི་བོད་རབ་བྱུང་བཅུ་པའི་ཤིང་ཕོ་བྱི་བའི་ལོ་སྟེ་སྤྱི་ལོ་༡༨༢༩ལོར་མདོ་སྨད་མི་ཉག་རབ་སྒང་གི་བྱེ་བྲག་ཡུལ་འདུན་པ་ཞེས་དགེ་བཅུ་ལྡན་ཚོགས་ཀྱིས་མངོན་པར་ཕྱུག་པའི་ཡུལ་དུ་ཡབ་རྡོ་རྗེ་ཐར་དང་། ཡུམ་རྒྱ་ཟག་ཅེས་བྱ་བ་གཉིས་ཀྱི་སྲས་སུ་དགེ་ལེགས་ཀྱི་མཚན་ལྟས་དུ་མ་དང་བཅས་ཏེ་སྐུ་འཁྲུངས་ཤིང་།

དེའི་ཚེ་སྐྱིད་ཚལ་བའི་རབ་འབྱམས་པ་ཞིག་ལས་ཚེ་དབང་ཞུས་ཤིང་མཚན་དཀོན་མཆོག་བཀྲ་ཤིས་སུ་གསོལ། རྗེ་འདི་ཉིད་སྐུ་ན་ཕྲ་མོའི་དུས་ནས་འཁོར་བ་མཐའ་དག་སྡུག་བསྔལ་མཐའ་མེད་དུ་རྟོགས་ཤིང་ཆོས་ཀྱི་སྣང་བས་དུས་འདའ་ཞིང་། རིམ་བཞིན་ནར་སོན་ནས་ཡོན་ཏན་གྱི་ཕྱི་མོ་འབྲི་ཀློག་སོགས་སྦྱོང་བའི་ཚུལ་ཙམ་བསྟན་པ་ན་སྨྱུར་དུ་མཁྱེན་པ་བྱུང་། སྐྱིད་ཚལ་པའི་དྲུང་རམས་པ་རྣམ་རྒྱལ་མཚན་གྱི་དྲུང་དུ་རབ་ཏུ་བྱུང་ཞིང་འཇམ་དཔལ་མཚན་བརྗོད་ཚར་ཁྲི་ཚོ་གཅིག་དགུས་གཅིག་ཏུ་ཞལ་འདོན་མཛད། དགུང་ལོ་བཅུ་བདུན་པར་ཡུམ་གྲོངས་པས་དགེ་རྩ་ལ་དམིགས་ནས་ལོ་གསུམ་གྱི་རིང་དུ་རྡོ་རྗེ་གཅོད་པ་ཁོ་ན་བཏོན། དེ་ནས་རྗེ་ཉིད་ཀྱི་ཁུ་བོ་ངོར་པའི་བླ་མ་ཞིག་གིས་གྲྭ་ས་ངོར་དུ་འགྲོ་དགོས་པ་དང་། ངོར་དགོན་པ་ཁྱད་དུ་འཕགས་ཚུལ། ཤར་ཆེན་ཤེས་རབ་འབྱུང་གནས་རྗེ་བོ་རྗེའི་རྣམ་འཕྲུལ་ཡིན་ཚུལ་སོགས་གསུངས་པ་དང་། སློབ་གཉེར་ཡང་སྡོམ་གསུམ་རབ་དབྱེ། སྣང་གསུམ་མཛེས་རྒྱན་གཉིས་བྱ་དགོས་པ་གསུངས་པ་བཞིན་དུ་ཐུགས་ལ་ལེགས་པར་བཟུང་སྟེ་དར་རྩེ་མདོར་ཕེབས་ནས་སྡོམ་གསུམ་དང་མཛེས་རྒྱན་གཉིས་བློར་ཟིན་ཞིང་། དགུང་ལོ་ཉེར་བཞི་པར་དཔལ་ཨེ་ཝཾ་ཆོས་ལྡན་ཡོན་ཏན་རིན་པོ་ཆེ་དུ་མའི་འབྱུང་གནས་སུ་འགྱུར་ཏེ། མཁན་ཆེན་ཤེས་རབ་འབྱུང་གནས་མཇལ་ཏེ་ཁམས་སུ་སློབ་གཉེར་བྱས་ཚུལ་རྣམས་ཞུས་པས་ཐུགས་ཤིན་ཏུ་དགྱེས་ཤིང་མཚན་ལྷུན་གྲུབ་དཔལ་ལྡན་དུ་གསོལ། དགུང་ལོ་ཉེར་ལྔ་པར་གསུང་ངག་རིན་པོ་ཆེ་ལམ་འབྲས་བུ་དང་བཅས་པའི་ཁྲིད་རྒྱས་པར་གནང་ཞིང་། མཁན་ཆེན་ཤེས་རབ་འབྱུང་གནས་ཀྱིས་མཁན་པོ་མཛད་དེ་དད་པའི་དགེ་འདུན་གྲངས་ཚང་གི་དབུས་སུ་བསྙེན་པར་རྫོགས་པའི་དགེ་སློང་གི་སྡོམ་པ་ཡང་དག་པར་བཞེས། དེ་ནས་སྔ་གཞུག་རྣམས་སུ་མཁན་ཆེན་ཉིད་ཀྱིས་གཙོ་བྱས་པའི་རྒྱལ་དབང་ཐམས་ཅད་མཁྱེན་པ་ངག་དབང་བློ་བཟང་རྒྱ་མཚོ། དཔལ་ས་སྐྱ་པ་སྔགས་འཆང་ངག་དབང་ཀུན་དགའ་བསོད་ནམས། འགྲོ་མགོན་དཔལ་ཡེ། མཁན་ཆེན་ནམ་མཁའ་རིན་ཆེན། ས་སྐྱ་པ་སྔགས་འཆང་ཀུན་དགའ་བཀྲ་ཤིས་སོགས་མཁས་ཤིང་གྲུབ་པ་བརྙེས་པའི་དམ་པ་དུ་མ་མཉེས་པ་གསུམ་གྱི་སྒོ་ནས་ལེགས་པར་བསྟེན་ཏེ་ལོ་ལྔའི་རིང་དུ་བསྟེན་ཞིང་། ལོ་རེ་བཞིན་གསུང་ངག་རིན་པོ་ཆེ་ལམ་འབྲས་བུ་དང་བཅས་པ་ཚར་ལྔས་གསོས་གསན་བསམ་དཔག་མེད་མཛད་དེ་ཆོས་སྤྱོད་ཕྲན་ཚེགས་ནས་གཞུང་བཞི་ངོར་ལུགས་ལྔ་དབྱངས་ཆེན་བཅོ་བརྒྱད་སོགས་གྲྭ་སའི་བསྒྲིག་ཐམས་ཅད་ལ་མཁས་པར་མཛད་ཅིང་། དགུང་ལོ་སོ་བདུན་པར་ངོར་གྱི་དབུ་མཛད་དང་ཟུར་ཆེན་མཛད། ཕྱིས་ནས་ཀུང་དབང་ཁྲིད་ལུང་མན་ངག་གཟིགས་རྟོགས་མཛད་པ་ནི་བསམ་གྱིས་མི་ཁྱབ་སྟེ། དེ་ལྟར་མདོ་སྔགས་རིག་གནས་དང་བཅས་པ་ལ་ཐོས་བསམ་གྱིས་སྒྲོ་འདོགས

ལེགས་པར་བཅད་ནས། ཐོས་དོན་ཉམས་ལེན་ལ་རྩེ་གཅིག་ཏུ་གཞོལ་ཏེ་ཀུན་རིག་དང་། མི་འཁྲུགས་པ། འཇིགས་བྱེད། ཀུ་རུ་ཀུལླེ། མགོན་དཀར། གུར་མགོན། འཇམ་དབྱངས་དཀར་པོ། སྒྲོལ་མ་སོགས་ཡི་དམ་དུ་མའི་བསྙེན་སྒྲུབ་ཚད་དུ་འཁྱོལ་བར་གནང་སྟེ། ལྷག་པའི་ལྷ་དུ་མའི་ཞལ་གཟིགས་ཤིང་ལུང་བསྟན་དུ་མ་ཐོབ་ཅིང་གྲུབ་པའི་མཚན་མ་མངོན་དུ་གྱུར། དགུང་ལོ་ལྔ་བཅུ་པ་བོད་རབ་བྱུང་བཅུ་གཉིས་པའི་ཆུ་མོ་གླང་གི་ལོ་སྟེ་སྤྱི་ལོ་༡༧༧༣ལོར་ངོར་ཆེན་ཀུན་དགའ་བཟང་པོའི་ཆོས་ཀྱི་ཁྲི་ལ་ཞབས་ཀྱི་པདྨོ་བཀོད་དེ་སྔ་གཞུག་རྣམས་སུ་གསུང་ངག་རིན་པོ་ཆེ་ལམ་འབྲས་བུ་དང་བཅས་པའི་ཁྲིད་ཚར་བཅོ་ལྔ་དང་། དེ་དག་དང་འབྲེལ་བའི་ཆག་མེད་བཞི་སོགས་གང་ལ་གང་འཚམ་གྱི་ཆོས་འཁོར་བསམ་གྱིས་མི་ཁྱབ་པར་བསྐོར་བར་མཛད་ཅིང་། ལོ་རེ་རེ་བཞིན་རབ་བྱུང་བསྙེན་རྫོགས་ཀྱི་སྡོམ་པ་བསྒྲུབ་པའང་བརྒྱ་ཕྲག་དུ་མ་བྱུང་བ་དང་། གཞན་ཡང་དབྱར་ཆོས་དང་སྟོན་ཆོས་སོགས་ཀྱི་སྐབས་རྣམས་སུ་དབང་ཁྲིད་ལུང་མན་ངག་སོགས་བསྩལ་བས། ཆེ་དགུའི་གཙུག་རྒྱན་དཔལ་ས་སྐྱ་པ་ངག་དབང་བསོད་ནམས་དབང་ཕྱུག་ཡབ་སྲས་གཉིས་ཆར་ལ་བཀའ་ཆོས་དང་། བདག་ཆེན་ཀུན་དགའ་བཀྲ་ཤིས། ཤར་ཆེན་སངས་རྒྱས་བསྟན་འཛིན་ཕན་བདེའི་འབྱུང་གནས་དཔལ་བཟང་པོ་ལ་སོགས་པ། དཔལ་ཨེ་ཝཾ་ཆོས་ལྡན་གྱི་གདན་ས་པ་རྣམས་དང་། ཐུབ་བསྟན་སྒོ་གཉིས་སྐྱིད་ཚལ་གོང་འོག་སོགས་ཀྱི་དཔོན་པོ་རྣམས་དང་། གཞན་ཡང་སྟོད་མངའ་རིས། བར་དབུས་གཙང་། སྨད་མདོ་ཁམས་རྣམས་ལ་དགེ་བའི་བཤེས་གཉེན་བསྟན་པ་ལ་བྱ་བ་ནུས་པ་བསམ་གྱིས་མི་ཁྱབ་པ་ཞིག་བསྐྲུན་པར་མཛད་ཅིང་། སྤྱིར་དམ་པ་འདི་ཉིད་འཆད་རྩོད་རྩོམ་པ་གང་ལ་ཡང་ཐོགས་པ་མེད་པའི་བློ་གྲོས་མངའ་ན་ཡང་། དེང་སང་དོན་གཉེར་ཅུང་བས་རྩོམ་ཕྲེང་མང་པོ་སྤེལ་བ་མེད་ལ། རྗེ་ཉིད་ཀྱི་མཚན་བརྗོད་ལ་སོགས་པའི་བསྟོད་པ་ཁ་ཤས་དང་། རྗེ་བསོད་ནམས་རྒྱ་མཚོའི་རྣམ་ཐར་དང་། རྗེ་རང་གི་གསན་ཡིག་དང་བསྟན་རྩིས་ལ་སོགས་པ་བརྩམས་ཏེ་རྣམ་དཀར་གྱི་མཛད་པ་གོང་འཕེལ་ཁོ་ནར་མཛད་པ་མ་ཟད། དད་པ་ཅན་གྱིས་ཕུལ་བའི་རྫས་གང་བྱུང་ཐམས་ཅད་ཚུད་ཟོས་སུ་མ་མངག་པར་དཀོན་མཆོག་གི་མཆོད་པ་དང་དགེ་འདུན་གྱི་བསྙེན་བཀུར་སྐུ་གསུང་ཐུགས་རྟེན་བཞེང་བ་སོགས་རྣམ་དཀར་དགེ་བའི་ཕྱོགས་ཁོ་ནར་གཏོང་བར་མཛད་དེ། བླ་མ་གོང་མ་རྣམས་ཀྱི་དུས་ཛ་དང་། སྒྲུབ་མཆོད། ལམ་འབྲས་ལྷ་ཁང་གི་གསེར་གྱི་རྒྱལ་མཚན་ནག་བཀྲའི་ལྷུང་ར་གསར་འདེབས། ཚོགས་ཁྲི་ཆེ་ལ་ལེགས་པ་གསར་བསྐྲུན་དང་། དབང་ཁང་སྤྱུག་ཏུ་མ་འོངས་པའི་རྒྱུན་རྟེན་གསེར་ཞོ་ལྔ་བཅུ་སོགས་ལུགས་གཉིས་ཀྱི་བྱ་བ་རླབས་ཆེན་མཛད་དེ། དགུང་ལོ་དྲུག་ཅུ་རེ་གསུམ་པ་བོད་རབ་བྱུང་བཅུ་གཅིག་པ་མེ་ཕོ་སྟག་གི་ལོ་སྟེ་སྤྱི་ལོ་༡༨༢༨ལོར

གདན་ས་འཛམ་མགོན་སངས་རྒྱས་ཕུན་ཚོགས་ལ་གཏད་དེ་ཀུན་སྤྱངས་བྱ་བཏང་གི་རྣལ་འབྱོར་མཛད་དེ་དབེན་གསུམ་བདུད་རྩི་བཅུད་ལེན་ཤིང་སྒྲུབ་པ་ཉམས་ལེན་ལ་རྩེ་གཅིག་ཏུ་གཞོལ་བས་ཆོས་ཅན་གྱི་སྣང་བ་ཆོས་ཉིད་ཀྱི་དབྱིངས་སུ་དག་སྟེ་གྲུབ་པའི་མཚན་མ་དུ་མ་མངོན་དུ་གྱུར་ཏེ། མཐར་དགུང་གྲངས་དོན་བཞི་པ་བོད་རབ་བྱུང་བཅུ་གཉིས་པའི་མེ་མོ་གླང་གི་ལོ་སྟེ་སྤྱི་ལོ་༡༦༩༧ལོར་དཔལ་ཨེ་ཝཾ་ཕན་བདེ་ཁང་དུ་རེ་ཞིག་གཟུགས་སྐུའི་བཀོད་པ་ཆོས་དབྱིངས་སུ་བསྡུས་པ་ཡིན་ནོ། །

༄ བདག་ཆེན་སངས་རྒྱས་བསྟན་འཛིན།

ཁོང་ནི་བོད་རབ་བྱུང་བཅུ་གཅིག་པའི་མེ་མོ་ལུག་གི་ལོ་སྟེ་སྤྱི་ལོ་༡༦༦༧ལོར་གཞན་ཆོས་སུ་ཡབ་ཞབས་དྲུང་སྲི་ཐར་དང་། ཡུམ་དཔོན་མོ་རྒྱ་གན་བཟའ་པདྨ་ལྷ་ལེགས་གཉིས་ཀྱི་སྲས་སུ་ངོ་མཚར་བའི་ལྟས་དུ་མ་དང་བཅས་ཏེ་སྐུ་འཁྲུངས་ཤིང་། སྐུ་ན་ཆུང་དུའི་དུས་ནས་བྱམས་སྙིང་རྗེ་བྱང་ཆུབ་ཀྱི་སེམས་རིན་པོ་ཆེ་ནླབས་པོ་ཆེ་ཐུགས་ལ་ནམ་ཡང་དོར་མེད་དུ་འཁྲུངས། དེ་ལྟར་འཁོར་བ་མཐའ་དག་ནི་དུག་ཅན་གྱི་ཁ་ཟས་བཞིན་དུ་སྡུག་བསྔལ་གྱི་རྒྱ་བར་གཟིགས་ཤིང་། དེ་ལས་ཐར་བར་བྱེད་པའི་ལམ་རྣམས་ཀྱི་གཙོ་བོ་ནི་ལྷག་པ་ཚུལ་ཁྲིམས་ཀྱི་བསླབ་པ་ཉིད་དུ་དགོངས་ལ། རྒྱལ་བའི་བསྟན་པ་འཛིན་པའི་སྐྱེས་བུ་རྣམས་ཀྱི་ཁྲོད་དུ་ དུར་སྐྱིག་འཚང་བ་རྣམས་ནི་རྒྱ་སྐར་གྱི་དབུས་ན་ཟླ་བའི་དཀྱིལ་འཁོར་བཞིན་དུ་རབ་དང་། མཆོག་དང་། ཕུལ་དུ་གྱུར་པར་གཟིགས་ནས་ངེས་པར་འབྱུང་བའི་ཐུགས་ཀྱིས་ཀུན་སློང་རྣམ་པར་དག་པས་ཀུན་ནས་བསླངས་ཏེ། ལེགས་པར་གསུངས་པའི་ཆོས་འདུལ་བ་རྒྱ་མཚོའི་ཕ་རོལ་ཏུ་སོན་པ་བདག་ཆེན་ཡེ་ཤེས་བཟང་པོས་མཁན་པོ་དང་། དགེ་སློང་སངས་རྒྱས་ཕུན་ཚོགས་ཀྱིས་ལས་སློབ། མུས་པ་ཆོས་རྗེ་ཀུན་དགའ་རྒྱ་མཚོས་གསང་སྟོན་མཛད་དེ་དང་པའི་དགེ་འདུན་གྲངས་ཚང་གི་དབུས་སུ་བསྙེན་པར་རྫོགས་པའི་དགེ་སློང་གི་སྡོམ་པ་ཡང་དག་པར་བཞེས་ནས། སྟེ་གཞུག་རྣམས་སུ་མཁན་ཆེན་ལྷུན་གྲུབ་དཔལ་ལྡན་དང་། དགེ་སློང་སངས་རྒྱས་ཕུན་ཚོགས་སོགས་མཁས་ཤིང་གྲུབ་པ་བརྙེས་པའི་སྐྱེས་ཆེན་དམ་པ་དུ་མའི་ཞབས་རྡུལ་སྤྱི་བོར་བླངས་ཏེ། གསུང་ངག་རིན་པོ་ཆེ་ལམ་འབྲས་བུ་དང་བཅས་པས་མཆོན་མདོ་རྒྱུད་གཞུང་ལུགས་རབ་འབྱམས་ལ་ཐོས་བསམ་གྱིས་སྒྲོ་འདོགས་ལེགས་པར་བཅད། ཐོས་དོན་ཉམས་སུ་བླངས་ནས་མཁས་པའི་གོ་འཕང་ལ་མངའ་དབང་འབྱོར། དགུང་ལོ་ཉེར་གསུམ་པ་བོད་རབ་བྱུང་བཅུ་གཉིས་པའི་ས་མོ་སྦྲུལ་གྱི་ལོ་སྟེ་སྤྱི་ལོ་༡༦༨༩ལོའི་ཐ་སྐར་ཟླ་བར་

དཔལ་ས་སྐྱ་པ་ཆེན་པོའི་དུས་ཆེན་ཚེས་བཅུ་བཞིའི་ཉིན་རེས་གཟའ་ཕུར་བུ་སྐར་མ་དབྱུག་པ་སོགས་འཛོམས་པ་ལ་རྡོ་རྗེ་འཆང་ཀུན་དགའ་བཟང་པོའི་ཆོས་ཀྱི་ཁྲི་ལ་མངའ་གསོལ། གཞུང་ས་ཆེན་པོ་གདན་ས་གོང་། བཀྲ་ཤིས་ལྷུན་པོ་རྣམས་སུ་ཕྱག་འབུལ་ཡང་དུ་མ་མཛད་དེ་འཁོར་འདུས་པ་རྒྱ་མཚོ་ལྟ་བུ་ལ་གསུང་ངག་རིན་པོ་ཆེ་ལམ་འབྲས་བུ་དང་བཅས་པས་མཚོན་མདོ་རྒྱུད་རྒྱ་མཚོ་ལྟ་བུའི་ཆོས་ཀྱི་འཁོར་ལོ་བར་མེད་དུ་བསྐོར་བར་མཛད་དེ། གདུལ་བྱ་དུ་མ་སྨིན་གྲོལ་ལམ་ལ་བཀོད། གཞན་ཡང་དམ་པ་འདི་ཉིད་ཀྱི་ཕྱག་ཏུ་བྱུང་བའི་དངོས་པོ་གང་ཡོད་ཐམས་ཅད་ལས། བླ་བྲང་ལ་སྦྱིན་པད་དང་གཙུག་ལག་ཁང་ཆེན་མོའི་རྗེ་ཆལ་གྱི་ཁྲིམས་ལ་ལྷེབས་རིས་དང་། དེའི་སྟེང་དུ་བདེ་མཆོག་ལྷ་ཁང་དང་། མཁན་ཆེན་བསོད་ནམས་རྒྱ་མཚོས་བཞེངས་པའི་བཀའ་འགྱུར་གསར་མ་བཞུགས་པའི་ལྷ་ཁང་སོགས་རྟེན་བཞེངས་དུ་མ་གནང་སྟེ་འདི་ཕྱི་དོན་དང་ལྡན་པར་མཛད། མདོར་ན་དམ་པ་འདི་ཉིད་ཀྱི་སྐུ་ཚེ་རྫིལ་པོར་འཆད་རྩོད་རྩོམ་གསུམ་གྱི་སྒོ་ནས་རྒྱལ་བའི་བསྟན་པ་རིན་པོ་ཆེ་འདི་ཉིད་སྒོ་ཀུན་ནས་དར་ཞིང་རྒྱས་པར་མཛད་དེ། མཐར་དགུང་གྲངས་ཉེར་བདུན་པ་བོད་རབ་བྱུང་བཅུ་གཉིས་པའི་ཆུ་མོ་བྱ་ཡི་ལོ་སྟེ་སྤྱི་ལོ་༡༨༩༣ ལོར་དགོངས་པ་ཆོས་དབྱིངས་སུ་གཤེགས་པ་ཡིན་ནོ། །

༄ མཁན་ཆེན་ཤེས་བྱ་བཟང་པོ།

ཁོང་ནི་བོད་རབ་བྱུང་བཅུ་གཅིག་པའི་ལྕགས་མོ་གླང་གི་ལོ་སྟེ་སྤྱི་ལོ་༡༨༨༡ ལོར་ཤབ་སྟོད་རྗེ་ལུང་རྒྱ་མཚོ་གླིང་དུ་ཡབ་ཨ་རྒྱན་དང་། ཡུམ་བྲང་ཏི་དཔོན་རིགས་དཔལ་འཛོམ་གཉིས་ཀྱི་སྲས་སུ་ངོ་མཚར་བའི་ལྟས་དུ་མ་དང་བཅས་ཏེ་སྐུ་འཁྲུངས་ཤིང་། སྐུ་ན་ཆུང་ངུའི་དུས་ནས་སྐུ་ཞང་མཁན་ཆེན་ཤེས་རབ་རྒྱ་མཚོས་ཐར་རྩེར་བླངས་ཏེ་ཡིག་ཀློག་སོགས་ཅི་རིགས་པ་བསླབས་ཏེ་མཁས་པ་ཕུལ་དུ་ཕྱིན། རིམ་གྱིས་ངོར་པའི་ཆོས་སྤྱོད་ཚ་གའི་རིམ་པ་ནས་བཟུམས། གཞུང་དོན་བཞི་སོགས་བསླབ་སྦྱངས་མཐར་ཕྱིན་པར་མཛད་དེ། སྔ་གཞུག་རྣམས་སུ་མཁན་ཆེན་ལྷུན་གྲུབ་དཔལ་ལྡན་དང་། སློབ་དཔོན་ཡེ་ཤེས་བཟང་པོ་སོགས་ལས་བསླབ་ཚིགས་རྣམས་རིམ་གྱིས་ནོས། མཁན་ཆེན་ལྷུན་གྲུབ་དཔལ་ལྡན་དང་། མཁས་གྲུབ་སངས་རྒྱས་ཕུན་ཚོགས་སོགས་མཁས་ཤིང་གྲུབ་པ་བརྙེས་པའི་སྐྱེས་ཆེན་དམ་པ་དུ་མའི་ཞབས་རྡུལ་སྤྱི་བོར་བླངས་ནས་གསུང་ངག་རིན་པོ་ཆེ་ལམ་འབྲས་བུ་དང་བཅས་པས་མཚོན་དམ་པའི་ཆོས་མཐའ་ཡས་པ་ལ་ཐོས

བསམ་གྱིས་སྒྲོ་འདོགས་བཅད། ཡི་དམ་ལྷག་པའི་ལྷ་རབ་འབྱམས་ཀྱི་བསྙེན་སྒྲུབ་མཐར་ཕྱིན། གྲུབ་པའི་མཚན་མ་དུ་མ་མངོན་དུ་གྱུར་དགུང་ལོ་ཉེར་གསུམ་པ་བོད་རབ་བྱུང་བཅུ་གཅིག་པའི་ཆུ་མོ་ཕག་གི་ལོ་སྤྱི་ལོ་༡༨༢༣ལོར་མདོ་ཁམས་སྨྲ་སྟོད་དུ་འབྱུལ་སྟུད་ལ་བྱོན་ཏེ། འདོད་ཡོན་གྱི་དངོས་པོ་སྤྲིན་བཞིན་དུ་འདུ་བར་གྱུར། སླར་དགུང་ལོ་སོ་ལྔ་པ་བོད་རབ་བྱུང་བཅུ་གཉིས་པའི་ཤིང་མོ་ཕག་གི་ལོ་སྤྱི་ལོ་༡༨༥༥ལོར་དཔལ་ཨེ་ཝཾ་ཆོས་ལྡན་ཡོན་ཏན་རིན་པོ་ཆེ་དུ་མའི་འབྱུང་གནས་ཀྱི་ཆོས་ཀྱི་ཁྲི་ལ་ཞབས་ཀྱི་པདྨོ་ཉེ་བར་བཀོད་དེ། འཁོར་འདུས་རྒྱ་མཚོ་ལྟ་བུ་ལ་གསུང་ངག་རིན་པོ་ཆེས་གཙོས་ཟབ་ཅིང་རྒྱ་ཆེ་བའི་ཆོས་ཆར་རབ་ཏུ་ཕབ་ནས། གདུལ་བྱ་དུ་མ་སྨིན་གྲོལ་གྱི་ལམ་ལ་བཀོད། དེ་ལྟར་སྐྱེས་ཆེན་དམ་པ་འདི་ཉིད་ནི་ཚེ་རབས་དུ་མར་ཚོགས་གཉིས་ཡོན་ཏན་གྱི་ཕ་རོལ་ཏུ་སོན་པས། སྐུ་ཚེ་འདིར་ཡང་དཔལ་འགྱུར་རྣམ་ཐོས་ཀྱི་བུ་ལ་འགྲན་བཟོད་པ་ལྟ་བུ་མངའ་བས། དགོན་པའི་བསྟན་གཞི་ལ་དམིགས་ནས་གསེར་ཐུ་ཉི་ཤུ་རྩ་ལྔ་སོགས་དང་། དགེ་འདུན་ལ་བསྙེན་བཀུར་དཔག་མེད་མཛད་དེ། འཆད་རྩོད་རྩོམ་གསུམ་གྱི་རྣམ་དཀར་གྱི་ཕྲིན་ལས་བཟང་པོས་རྒྱལ་བའི་བསྟན་པ་རིན་པོ་ཆེ་འདི་ཉིད་དར་ཞིང་རྒྱས་པར་མཛད་ནས་བསྟན་འགྲོའི་དོན་རྒྱ་ཆེར་བསྒྲུབས། དགུང་ལོ་ཞེ་གསུམ་པ་བོད་རབ་བྱུང་བཅུ་གཉིས་པའི་ཆུ་མོ་ལུག་གི་ལོ་སྤྱི་ལོ་༡༧༠༣ལོར་ཉིད་ཀྱི་རྒྱལ་ཚབ་ཏུ་བྱམས་པ་ཚུལ་ཁྲིམས་དཔལ་བཟང་མངའ་གསོལ་ཏེ། དབེན་གསུམ་བདུད་རྩི་ལ་རོལ་ནས་སྒྲུབ་པ་ཉམས་ལེན་ལ་རྩེ་གཅིག་ཏུ་གཞོལ་བར་མཛད་དེ། མཐར་དགུང་གྲངས་ལྔ་བཅུ་ང་བཞི་པ་བོད་རབ་བྱུང་བཅུ་གཉིས་པའི་ཤིང་ཕོ་རྟ་ཡི་ལོ་སྤྱི་ལོ་༡༧༡༨ལོར་བླ་བྲང་དུ་སྐུ་གཤེགས་པ་ཡིན་ནོ། །

༄ བྱམས་པ་ཚུལ་ཁྲིམས་དཔལ་བཟང་།

ཁོང་ནི་བོད་རབ་བྱུང་བཅུ་གཅིག་པའི་ཤིང་མོ་ཡོས་ཀྱི་ལོ་སྤྱི་ལོ་༡༨༥༧ལོར་མདོ་སྨད་མི་ཉག་རབ་སྒང་གི་ཡུལ་དུ་ཡབ་བཀྲ་ཤིས་དགའ་དང་ཡུམ་ཨ་སྐྱིད་ཅེས་བྱ་བ་གཉིས་ཀྱི་སྲས་སུ་ངོ་མཚར་བའི་ལྟས་དུ་མ་དང་བཅས་ཏེ་སྐུ་འཁྲུངས་ཤིང་། ཁུ་བོ་དགེ་བཤེས་བཟང་པོ་ཞིག་ཡོད་པས་དེས་མཚན་དཀའ་ཐུབ་རྒྱལ་དུ་གསོལ། ཁུ་བོ་ཉིད་ཀྱིས་ཡིག་ཀློག་སོགས་བསླབ་པས་ཚེགས་མེད་དུ་མཁྱེན་པ་བྱུང་ཞིང་། སྐུ་ན་ཕྲ་མོའི་དུས་ནས་འཁོར་བ་ལ་ངེས་འབྱུང་དང་ལྷག་པར་སྟོན་གྱི་བག་ཆགས་ལེགས་པར་སད་པས་ངོར་ཨེ་ཝཾ་དགོན་དུ་ཕེབས་བཞེད་ལ་སློམ་པ་ཆུ་འདོད་ཀྱི་གདུང་བ་ལྟར་དགོང་ལོ་བཅུ་བདུན་པར་ངོར་དུ་ཕེབས་ཤིང་།

དེའི་ཚེ་རྡོ་གྲགས་སྐར་ནས་བདག་ཆེན་ཤར་པ་ལ་མགོ་འདྲེན་དགོས་པའི་ཕྱག་ཡིག་རྟེན་བཅས་ཕུལ་བ་ལྟར། ཨེ་ཝཾ་ཀླུ་སྡིངས་སུ་ཤར་པ་ཡེ་ཤེས་བཟང་པོའི་
ཞལ་མཇལ་ཞིང་མཚན་ཚུལ་ཁྲིམས་དཔལ་བཟང་པོར་གསོལ། དེར་ཛ་མཆོད་ལ་ཕེབས་པ་རྒྱ་མཚོ་མ་སྐར་གདངས་མཛད་པས་རྗེ་འདི་གསུང་བཟང་ཞིང་སྤོབས་
པ་དང་གོ་ཤེད་ཆེ་བ་སོགས་ཡོན་ཏན་རྣམས་ལ་ཐུགས་ཤིན་ཏུ་མཉེས་ཏེ་ལུགས་གཉིས་ཀྱི་སྒོ་ནས་མིག་འབྲས་ལྟར་གཅེས་པར་བསྐྱངས། དགུང་ལོ་བཅོ་བརྒྱད་
པར་འཇམ་དབྱངས་སངས་རྒྱས་ཕུན་ཚོགས་ཀྱིས་མཁན་པོ་མཛད་དེ་དད་པའི་དགེ་འདུན་གྲངས་ཚང་གི་དབུས་སུ་ཚོགས་རྫ་མ་དགེ་ཚུལ་གྱི་སྡོམ་པ་བཞེས་ཤིང་།
དགུང་ལོ་ཉི་ཤུ་པར་ཤར་ཆེན་ཆོས་ཀྱི་རྒྱལ་པོ་ཡེ་ཤེས་བཟང་པོས་མཁན་པོ་དང་། འཇམ་དབྱངས་སངས་རྒྱས་ཕུན་ཚོགས་ཀྱིས་ལས་སློབ་དང་། མུས་ཆེན་ཆོས་
རྗེ་ཀུན་དགའ་རྒྱ་མཚོས་དུས་བསྒོ་བ་མཛད་དེ་དགེ་འདུན་གྲངས་ཚང་གི་དབུས་སུ་བསྙེན་པར་རྫོགས་པའི་དགེ་སློང་གི་སྡོམ་པ་ཡང་དག་པར་བཞེས་ཤིང་སོ་ཐར་
གྱི་སྡོམ་པ་མིག་གི་འབྲས་བུ་ལྟར་གཅེས་པར་བསྲུངས། གྲྭ་སར་ཕེབས་པ་ནས་བཟུང་དགེ་བའི་བཤེས་གཉེན་སངས་རྒྱས་དཔལ་ལྡན་སོགས་དམ་པ་དུ་མ
མཉེས་པ་གསུམ་གྱི་སྒོ་ནས་ཉེ་བར་བསྟེན་ནས་དཔལ་ཨེ་ཝཾ་པའི་ཚོགས་འདོན་སྒྲིག་ལམ་ཀུན་སྤྱོད་དང་། དབྱར་ཆོག་རྒྱུན་འདོན་བཞི་སོགས་དང་། གདངས་
དབྱངས་རོལ་མོ་ཐིག་རྩལ་ཚོན་བཅས་ལག་ལེན་ཕྲ་མོ་ཚུན་ཆད་དཔྱིས་ཕྱིན་པར་སྦྱངས་ཤིང་། གཞན་ཡང་ཀུན་ཏུ་དགོས་པའི་གཞུང་བདུན་དང་། དག་ལྡན།
དགོངས་རྒྱན། དགོངས་གསལ། སྣང་རྒྱུད་སོགས་རྒྱུད་ཆེན་མང་པོ་དང་། ཐེག་པ་ཆེ་ཆུང་གི་གཞུང་ཕལ་ཆེར་ཐུགས་སུ་ཆུད་པར་མཛད་པས་མཁས་པའི་གྲགས
པ་དབུས་གཙང་ཀུན་ཏུ་ཁྱབ་པར་གྱུར། གཞན་ཡང་ཐ་སྙད་སོགས་རིག་པའི་གནས་དུ་མ་མཐར་ཕྱིན་པར་བསླབས་ཤིང་། ཡི་དམ་གྱི་ལྷག་པའི་ལྷ་རབ་འབྱམས
ཀྱི་བསྙེན་སྒྲུབ་ཚད་དུ་འཁྱོལ་བར་མཛད་དེ་ལས་རབ་འབྱམས་ལ་མངའ་དབང་འབྱོར་ཞིང་ཡི་དམ་དུ་མའི་ཞལ་གཟིགས་ཤིང་ལུང་བསྟན་དུ་མ་ཐོབ། དགུང་ལོ
ཉེར་གཉིས་པར་ས་སྐྱ་སོགས་གཙང་ཕྱོགས་ཀྱི་གནས་ཆེན་རྣམས་དང་། ལྷ་ས། བསམ་ཡས་སོགས་དབུས་གཙང་གི་གནས་ཆེན་རྣམས་སུ་ཞབས་བསྐོར་དང་
མཆོད་འབུལ་དཔག་མེད་གནང་སྟེ་འདི་ཕྱི་དོན་དང་ལྡན་པར་མཛད། དགུང་ལོ་ཉེར་གསུམ་པར་དཔལ་ཨེ་ཝཾ་ཆོས་ལྡན་གྱི་རྡོ་རྗེ་སློབ་དཔོན་དུ་མངའ་གསོལ
ནས་དཔལ་ཨེ་ཝཾ་པའི་ཁྲིམས་སྒྲིག་ལམ་ཀུན་སྤྱོད་སོགས་རྣམ་པར་དག་པའི་སྒོ་ནས་བསྟན་པ་ཤིན་ཏུ་དར་ཞིང་རྒྱས་པར་མཛད། དགུང་ལོ་ཉེར་དགུ་པ་བོད་རབ
བྱུང་བཅུ་གཉིས་པའི་ཆུ་མོ་ལུག་གི་ལོ་སྟེ་སྤྱི་ལོ་༡༧༠༣ ལོར་མཚུངས་མེད་ཤེས་བྱ་བཟང་པོའི་རྒྱལ་ཚབ་ཏུ་དཔལ་ཨེ་ཝཾ་པའི་ཆོས་ཀྱི་ཁྲི་འཕང་མཐོན་པོ་ལ་མངའ

གསོལ་ཏེ། གསུང་ངག་རིན་པོ་ཆེ་ལམ་འབྲས་བུ་དང་བཅས་པའི་ཟབ་ཁྲིད་ཚར་དགུས་མཚོན་ཟབ་ཁྲིད་དང་། དབང་ལུང་མན་ངག་དཔག་མེད་དང་། ཁྱད་པར་དུ་གཙུག་ལག་ཁང་ཆེན་མོར་དགེ་བའི་བཤེས་གཉེན་སུམ་བརྒྱ་ལོངས་བ་ལ་གྲུབ་པའི་སློབ་དཔོན་ཆེན་པོ་ཨ་བྷ་ཡ་ཀ་རའི་ཞལ་སྔ་ནས་བཀྲལ་བའི་རྡོ་རྗེ་ཕྲེང་བའི་དཀྱིལ་འཁོར་ཡོངས་སུ་རྫོགས་པའི་དབང་བསྐུར་གྱི་བཀའ་དྲིན་བསྐྱལ་བ་སོགས་སྐལ་ལྡན་གྱི་ལས་སློབ་རྣམས་ལ་ཟབ་ཆོས་དཔག་མེད་ཀྱིས་ཚིམ་པར་མཛད་པས་བསྟན་པའི་སྲོག་ཤིང་ཆེན་པོར་གྱུར། གཞན་ཡང་བྱ་བ་ལས་ཀྱི་འཁོར་ལོ་ལའང་ངོར་བླ་བྲང་དུ་རས་ཀྱི་རྒྱལ་མཚན་ཆེ་བ་ཟངས་གསེར་དང་བཅས་པ། དུང་ཆེན་ཚོགས་ཟངས་སོགས་གསར་འཛུགས་མང་དུ་མཛད་ཅིང་དེ་ལས་སྔ་གཞུག་རྣམས་སུ་རྣལ་འབྱོར་གྱི་དབང་ཕྱུག་སོགས་རྗེ་བརྒྱུད་བླ་མ་རྣམས་ལ་བསྟོད་པ་དང་། སངས་རྒྱས་ཕྱུན་ཚོགས་ཀྱི་རྣམ་ཐར། དགྱེས་རྡོར་འགྲེལ་ལུགས་མཚོ་སྐྱེས། ནག་པོ་ལུགས་གསུམ་གྱི་སྒྲུབ་དཀྱིལ་དབང་གི་མཚམས་སྦྱོར་དང་བཅས་པ། མཆོག་གསུམ་ལ་སྐན་ཤལ་ཕུལ་བའི་འདོད་གསོལ་འགའ་ཞིག །སྔན་ངག་གི་རྩོམ་རྒྱུད་སོགས་མཁས་པ་རྣམས་དགྱེས་པའི་ལེགས་བཤད་ཀྱི་ལྷུགས་རྩོམ་མང་དུ་མཛད་ཅིང་། བརྒྱུད་འཛིན་གྱི་སློབ་མ་ཡང་སྟུགས་འཆང་ཆེན་པོ་ཡབ་རྗེ་ཀུན་དགའ་བཀྲ་ཤིས་རྗེ་གདོང་ཞབས་དྲུང་རིན་པོ་ཆེ། ཐུབ་བསྟན་མཁན་ཆེན་ཚུལ་ཁྲིམས་བཟང་པོ། བྱམས་པ་བསོད་ནམས་བཟང་པོ། ཐར་རྩེ་མཁན་ཆེན་ནམ་མཁའ་བསམ་གྲུབ། འཇམ་མགོན་བཀྲ་ཤིས་ལྷུན་གྲུབ། སྐུ་དབོན་བསོད་ནམས་ཆོས་འཕེལ། མོས་གུས་ཅན་མི་ཉག་དཀོན་མཆོག་རྒྱལ་མཚན་སོགས་སློབ་ཚོགས་དཔག་མེད་བསྐྱུན་ཏེ། འཆད་རྩོད་རྩོམ་གསུམ་གྱི་སྒོ་ནས་རྒྱལ་བའི་བསྟན་པ་རིན་པོ་ཆེ་འདི་ཉིད་དར་ཞིང་རྒྱས་པར་མཛད་ནས། དགུང་ལོ་སོ་དྲུག་པ་བོད་རབ་བྱུང་བཅུ་གཉིས་པའི་ལྕགས་ཕོ་སྟག་གི་ལོ་སྤྱི་ལོ་༡༧༡༠ལོར་འཇམ་དབྱངས་བསོད་ནམས་དཔལ་ལྡན་རྒྱལ་ཚབ་ཏུ་མངའ་གསོལ་ནས་ཕན་ཁང་དུ་བཞུགས་ནས་འགྲོ་དོན་རྒྱ་ཆེར་མཛད་ཅིང་། ལོ་དེའི་ནག་པ་ཟླ་བའི་ཚེས་ཉེར་ལྔའི་ཉིན་གཟུགས་སྐུའི་བཀོད་པ་ཆོས་དབྱིངས་སུ་བསྡུས་པ་ཡིན་ནོ། །

༄ མཆུངས་མེད་བསོད་ནམས་དཔལ་ལྡན།

ཁོང་ནི་བོད་རབ་བྱུང་བཅུ་གཅིག་པའི་ས་མོ་བྱ་ཡི་ལོ་སྤྱི་ལོ་༡༨༨༩ལོར་གཙང་གི་ས་ཡི་ཆ་ཕྱུག་གཞུང་སྤེན་སྐྱ་ཞེས་པར་ཡབ་དོན་ཡོད་དཔལ་དང་

ཡུམ་ཤེས་བཟའ་ཨོ་སྒྲོ་གཉིས་ཀྱི་སྲས་སུ་ངོ་མཚར་བའི་ལྟས་དུ་མ་དང་བཅས་ཏེ་སྐུ་འཁྲུངས། སྐུ་ན་ཆུང་དུའི་དུས་ནས་དམ་པའི་བག་ཆགས་སད་ཅིང་ཆོས་ལ་ཞེན་ཏུ་དད་པས་ཨེ་ཝཾ་ཆོས་གྲྭར་ཞུགས་ཏེ། འཇམ་མགོན་ལྷུན་གྲུབ་དཔལ་ལྡན་ལ་གཙུག་ཕུད་ཕུལ་ནས་མཚན་བསོད་ནམས་དཔལ་ལྡན་དུ་གསོལ། བཞི་སྡེའི་དགེ་སློང་སྨྲས་པའི་རྣལ་འབྱོར་ཀུན་བཟང་ལྷུན་གྲུབ་སོགས་མཁས་བཙུན་བཟང་གསུམ་གྱི་ཡོན་ཏན་དུ་མས་ཕྱུག་པའི་དགེ་བའི་བཤེས་གཉེན་མང་པོ་བསྟེན་ནས་ཡིག་ཀློག་ཆོས་སྤྱོད་ཀྱི་རིམ་པ་རྣམས་དང་། གཞུང་ལུགས་དུ་མ་ལ་ཐོས་བསམ་གྱིས་སྒྲོ་འདོགས་ལེགས་པར་བཅད་པས་སྨད་དུ་བྱུང་བའི་མཁས་པར་གྲགས། གཞན་ཡང་འཇམ་མགོན་ལྷུན་གྲུབ་དཔལ་ལྡན། ཤར་ཆེན་ཡེ་ཤེས་བཟང་པོ། མཁས་གྲུབ་སངས་རྒྱས་ཕུན་ཚོགས། ཤར་ཆེན་སངས་རྒྱས་བསྟན་འཛིན། བྱམས་པ་ཚུལ་ཁྲིམས་དཔལ་བཟང་པོ་སོགས་ཡོངས་འཛིན་དམ་པ་དུ་མའི་ཞབས་པད་གཙུག་གིས་བླངས་ནས་སོ་སོར་ཐར་པའི་སྡོམ་པ་བྱང་ཆུབ་སེམས་དཔའི་སེམས་བསྐྱེད། གསུང་ངག་རིན་པོ་ཆེ་ལམ་འབྲས་བུ་དང་བཅས་པས་གཙོས་རྡོ་རྗེ་ཐེག་པའི་དབང་ཁྲིད། ལུང་མན་ངག་ཕྲ་མོ་ཚུན་ཆད་ཀྱང་དཔག་ཏུ་མེད་པ་གསན་ཅིང་། དམ་ཚིག་དང་སྡོམ་པ་རྣམས་སྐྱ་སྲོག་ལས་གཅེས་པར་བསྲུངས། དགེས་པ་རྡོ་རྗེ་སོགས་ཡི་དམ་ཆོས་སྐྱོང་མང་པོའི་བསྙེན་སྒྲུབ་མཐར་ཕྱིན་པར་མཛད། དགུང་ལོ་ཉེར་གཅིག་པར་ཨེ་ཝཾ་གདན་ས་པས་བཀའ་དང་ལེན་གྱི་སྒོ་ནས་སྡེ་དགེའི་ལྕགས་ར་ཟིལ་གནོན་སྒར་དུ་ཀར་མེ་དུས་བསྟན་གྱི་སྒར་འཛིན་ལ་ཐེབས། དེ་སྐབས་གདུལ་བྱ་བློ་དམན་པས་བྱང་ཆུབ་སེམས་དཔའི་ཡོན་ཏན་གྱི་ཆ་མ་རྟོགས་པའི་དབང་གིས་རེ་ཞིག་ཕྱིན་ལས་རྒྱ་ཆེ་བ་རང་མ་བྱུང་ཡང་། འཇམ་མགོན་སངས་རྒྱས་ཕུན་ཚོགས་ཀྱིས་ལུགས་གཉིས་ཀྱི་སྒོ་ནས་རྗེས་སུ་བཟུང་ཞིང་། སྐབས་ཤིག་རྗེ་སངས་རྒྱས་ཕུན་ཚོགས་ཀྱིས་དཔལ་མགོན་ཞལ་གྱི་རྗེས་གནང་མཛད་དུས། ཞལ་གྱི་ཁྲིས་ཐང་རྗེ་འདིའི་སྐུ་ལ་ལྷུང་བས་རྗེ་བླ་མའི་ཞལ་ནས། མ་འོངས་པ་ན་ཨེ་ཝཾ་པའི་བསྟན་འཛིན་ཆེན་པོ་ཞིག་ཡོང་བར་ལུང་བསྟན་ཡང་ཡང་མཛད་པ་སོགས་ལ་བརྟེན་ཕྱིན་ལས་ཀྱང་ཡར་འཕེལ་དུ་གྱུར། སྡེ་དགེ་ནས་ཀྱང་བསྟེན་བཀུར་བདག་རྐྱེན་ཅི་རིགས་པར་གནང་། གྲྭ་ཚང་གི་བླ་མར་བཀོད་ནས་འབུལ་ནོད་སོགས་ཀྱང་རྒྱ་ཆེར་ཕུལ། རྡོ་རྗེ་འཆང་སངས་རྒྱས་ཕུན་ཚོགས་ཞི་བར་གཤེགས་པས་སྐུ་གདུང་ཞུགས་འབུལ་སོགས་དགོངས་པ་ཆོས་དབྱིངས་སུ་རྫོགས་པའི་ཐབས་རྣམས་ཡང་དག་པར་བསྒྲུབས། འབུལ་སྐྱེལ་ཡང་རིམ་པར་གྲུབ་ནས་མི་མོ་གླང་གི་ལོར་དཔལ་ཨེ་ཝཾ་ཆོས་ལྡན་ཡོན་ཏན་རིན་པོ་ཆེ་དུ་མའི་འབྱུང་གནས་སུ་བྱོན་ཏེ་འབུལ་བའི་བསྙེན་བཀུར་སོགས་རྒྱ་ཆེར་མཛད། དགུང་ལོ་ཞེ་གཉིས་པ་བོད་རབ་བྱུང་བཅུ་གཉིས་པའི་ལྕགས་ཕོ་སྟག

གི་ལོ་སྟེ་སྤྱི་ལོ་༡༧༡༠ལོར་ངོར་ཟླ་བྲང་དང་། གཙོ་ཆེར་གཞུང་ས་ཆེན་པོ། གདན་ས་གོང་སོགས་ནས་ཀྱང་བཀའ་རྒྱ་ཕེབས་པར་བརྟེན་ངོར་ཆེན་ཀུན་དགའ་བཟང་པོའི་ཆོས་ཀྱི་ཁྲི་ལ་ཞབས་ཀྱི་པདྨོ་ཉེ་བར་བཀོད་ནས། གསུང་ངག་རིན་པོ་ཆེ་ལམ་འབྲས་བུ་དང་བཅས་པ་དང་རྒྱུད་སྡེ་མཐའ་དག་གི་སྨིན་པར་བྱེད་པའི་དབང་དང་གྲོལ་བར་བྱེད་པའི་ཁྲིད། རྗེས་གནང་མན་ངག་དང་བཅས་པ་དང་། བཀའ་འབུམ་དུ་མའི་ལུང་སོགས་ཟབ་པ་དང་རྒྱ་ཆེ་བའི་ཆོས་ཀྱི་འཁོར་ལོ་བསྐོར་ནས་གདུལ་བྱ་རྣམས་སྨིན་གྲོལ་གྱི་ལམ་ལ་བཀོད། དེ་ལས་དམ་པ་འདི་ཉིད་ཀྱི་གསུང་གི་གསང་བའི་བདུད་རྩི་བཞེས་པའི་སློབ་མའི་རིམ་པ་ཡང་། བྱམས་པ་ཚུལ་ཁྲིམས་བཟང་པོ་ཐུབ་བསྟན་རྣམ་པར་གསལ་བའི་སྡེ། བྱམས་པ་ནམ་མཁའ་བསམ་གྲུབ། སྨྲས་པའི་རྣལ་འབྱོར་བཀྲ་ཤིས་ལྷུན་གྲུབ། འཇམ་མགོན་ཚུལ་ཁྲིམས། ཞབས་དྲུང་དཔལ་ལྡན་བཟང་པོ། ཞབས་དྲུང་ནམ་མཁའ་རྒྱལ་མཚན། ཆོས་རྗེ་རྡོ་རྗེ་གདན་པ་དབུ་མཛད་སངས་རྒྱས་ཚུལ་ཁྲིམས། མཁས་གྲུབ་དཔལ་ལྡན་ཆོས་སྐྱོང་སོགས་སྟོད་མངའ་རིས། བར་དབུས་གཙང་། སྨད་མདོ་ཁམས་ཀྱི་ཕྱོགས་རྣམས་སུ་བཞུགས་པའི་རང་ལུགས་ཀྱི་ཆོས་སྡེ་སོ་སོའི་བླ་མ་སློབ་དཔོན་ལུང་དང་རྟོགས་པའི་ཡོན་ཏན་ཕུན་སུམ་ཚོགས་པ་དང་ལྡན་པའི་མཁས་བཙུན་བཟང་གསུམ་གྱི་བུ་སློབ་ནམ་མཁའི་སྐར་ཕྲན་ཙམ་གྱིས་བཤད་སྒྲུབ་ཀྱི་སྒོ་ནས་བསྟན་པ་རིན་པོ་ཆེ་འདབ་བརྒྱའི་ཚལ་དུ་ཉི་ཟེར་ཐོག་པ་ལྟར་རྒྱས་པར་མཛད་པ་ནི་བསམ་པའི་ར་བ་ལས་བརྒལ་བ་ཡིན་ནོ། །དེ་ལས་སྡུ་གཞུག་རྣམས་སུ་གཙུག་ལག་ཁང་དུ་འབོལ་དང་གྲུམ་རྩེ་བཅས་ཚོགས་གདན་ཡོངས་རྫོགས་གསར་བཞུག་དང་རིགས་ལྔའི་དར་དཔྱངས་མེ་ཏོག་ཕྲེང་བ་བཅས་ཆ་ཚང་འགྲིག་ཉེར་ལྔ། དབང་ཁང་དུའང་དེ་མཚུངས་ཉེར་ལྔ་དང་། མགོན་ཁང་སྟེང་དུ་ཐུགས་ལྟུགས་སྦྱུས་ལེགས་གསུམ་སོགས་མདོར་ན་མཛད་པ་དང་ཕྲིན་ལས་བཟང་པོའི་འོད་དཀར་རབ་ཏུ་རྒྱས་པས་བསྟན་འགྲོའི་ཀུན་དའི་ཚལ་རྣམས་ཆེ་ཆེར་བཞད་པའི་ཕན་བདེའི་དྲི་བསུང་བཟང་པོས་ནོར་འཛིན་གྱི་ཁྱོན་རྣམས་ཡོངས་སུ་ཁྱབ་པར་གྱུར་ཏེ། མཐར་དགུང་གྲངས་ཞེ་ལྔ་པ་བོད་རབ་བྱུང་བཅུ་གཉིས་པའི་ཆུ་མོ་སྦྲུལ་གྱི་ལོ་སྟེ་སྤྱི་ལོ་༡༧༡༣ལོའི་ཧོར་ཟླ་གཉིས་པའི་ཚེས་ཉེར་བཞིའི་ཉིན་ཞིང་འདིའི་མཛད་པ་རེ་ཞིག་རྫོགས་པའི་ཚུལ་གྱིས་གཟུགས་སྐུའི་བཀོད་པ་ཆོས་དབྱིངས་སུ་བསྡུས་པ་ཡིན་ནོ། །

༄ བྱམས་པ་བསོད་ནམས་དཔལ་བཟང་།

ཁོང་ནི་བོད་རབ་བྱུང་བཅུ་པའི་ས་མོ་སྦྲུལ་གྱི་ལོ་སྤྱི་ལོ་༡༦༢༩ལོར་གཙང་རོང་གི་གླིང་མ་ཁ་ཞེས་པར་ཡབ་སྡེ་བ་ཀུན་དགའ་བསོད་ནམས་དང་། ཡུམ་དཔོན་མོ་པ་སངས་གཉིས་ཀྱི་སྲས་སུ་དགེ་མཚན་དུ་མ་དང་བཅས་ཏེ་སྐུ་འཁྲུངས་ཤིང་མཚན་ཚེ་རིང་དགོས་སྐྱེས་སུ་གསོལ། རིམ་གྱིས་ཡི་གེ་འབྲི་ཀློག་སོགས་ཀྱང་བརྡ་བསྟན་པ་ཙམ་གྱིས་ཚེགས་མེད་དུ་མཁྱེན། དགུང་ལོ་བཅོ་ལྔ་པར་དཔལ་ཨེ་ཝཾ་ཆོས་ལྡན་དུ་མཁན་ཆེན་བྱམས་པ་ཚུལ་ཁྲིམས་དཔལ་བཟང་པོ་ལ་གཙུག་ཕུད་ཕུལ་ནས་དགེ་བསྙེན་དང་། དགེ་ཚུལ་གྱི་སྡོམ་པ་བཞེས་པའི་ཚེ་ཨེ་ཝཾ་པའི་བསྟན་པའི་སྲོག་ཤིང་ཆེན་པོར་ལུང་བསྟན་ཏེ་མཚན་ཡང་བྱམས་པ་བསོད་ནམས་བཟང་པོ་ཐུབ་བསྟན་རྣམ་པར་རྒྱལ་བའི་སྡེ་ཞེས་གསོལ། ཁུ་བོ་བསོད་ནམས་རྒྱལ་མཚན་སོགས་བཤེས་གཉེན་དུ་མ་བསྟེན་ནས་ཐོག་མར་ཨེ་ཝཾ་པའི་ཆོས་སྤྱོད་ཚོགས་འདོན་ཚོ་གའི་རིམ་པ་སོགས་དང་། གཞན་ཡང་ཐེག་པ་ཆེ་ཆུང་གི་གཞུང་ལུགས་མཐའ་དག་ལག་ལེན་ཕྲ་མོ་ཚུན་ཆད་ཐོས་བསམ་གྱི་སྒོ་ནས་སྒྲོ་འདོགས་ལེགས་པར་བཅད། སྡེ་ཁྱིམ་མཁས་བཙུན་ཀུན་དགའ་བསོད་ནམས་པ་ལ་སོགས་པ་མཁས་པ་མང་པོ་བསྟེན་ཏེ། ཡིག་རིགས། སྒྲ་སྙན་ངག་སོགས་རིག་པའི་གནས་དུ་མ་ཐུགས་ཉམས་སུ་བཞེས་པས་གཙང་དབུས་ཀུན་ཏུ་ཕྱལ་དུ་བྱུང་བའི་མཁས་པར་གྲགས་ཤིང་། དགུང་ལོ་ཉེར་གཅིག་པ་ས་མོ་གླང་གི་ལོ་སྤྱི་ལོ་༡༧༠༩ལོར་བྱམས་པ་ཚུལ་ཁྲིམས་དཔལ་བཟང་པོས་མཁན་པོ་དང་འཇམ་དབྱངས་བསོད་ནམས་དཔལ་ལྡན་གྱིས་ལས་སློབ་དང་། མཚུངས་མེད་བསྟན་འཛིན་ལྷུན་གྲུབ་ཀྱིས་གསང་སྟོན་པ་མཛད་དེ་དགེ་འདུན་ཁ་སྐོང་དང་བཅས་པའི་དབུས་སུ་བསྙེན་པར་རྫོགས་པའི་དགེ་སློང་གི་སྡོམ་པ་ཡང་དག་པར་བཞེས་ཤིང་། མཁན་ཆེན་དེ་ཉིད་རང་ལ་གསུང་ངག་རིན་པོ་ཆེ་ལམ་འབྲས་བུ་དང་བཅས་པ་དང་རྡོ་རྗེ་ཕྲེང་བ་སོགས་ཟབ་ཆོས་དཔག་མེད་དང་། སླར་ཡང་འཇམ་མགོན་བསོད་ནམས་དཔལ་ལྡན་ལས་ཀྱང་གཙོ་བོར་ལམ་འབྲས་དང་གཞན་ཡང་ཟབ་ཆོས་དུ་མ་དང་། འཇམ་དབྱངས་འཕོན་སྟོན་པ་ཆེན་པོ་དཔལ་ས་སྐྱ་བ་སྔགས་འཆང་ཀུན་དགའ་བཀྲ་ཤིས་ཡབ་སྲས་དང་། ཁུ་བོ་སྦས་པའི་རྣལ་འབྱོར་བསོད་ནམས་རྒྱལ་མཚན་དཔལ་བཟང་པོ། རྡོ་རྗེ་འཛིན་པ་བསྟན་འཛིན་ལྷུན་གྲུབ་པ་སོགས་མཁས་གྲུབ་མང་པོ་ལས་རྡོ་རྗེ་ཐེག་པའི་དབང་། རྗེས་གནང་། མདོ་སྔགས་ཀུན་གྱི་ཁྲིད་ལུང་། མན་ངག་སོགས་བསམ་ལས་འདས་པ་གསན་པས་མདོ་སྔགས་མཐའ་དག་གི་མངའ་བདག་ལྟ་བུར་གྱུར་ཅིང་གསན་པའི་དམ་ཚིག་དང་སྡོམ་པ་ཡང་མིག་གི་འབྲས་བུ་ལྟར་བསྲུང་། དཔལ་ཀྱེ་རྡོ་རྗེ། རྡོ་རྗེ་རྣལ་འབྱོར་མ། མགོན་པོ་ཆེ་ཆུང་། ཀུན་རིག །ཚེ་དཔག་མེད་སོགས་ཡི་དམ་དུ་མའི་བསྙེན་པ་སྦྱིན་སྲེག་བཅས་མཐར་ཕྱིན་པར་མཛད་ཅིང་རྒྱུན་དུ་ཐུགས་ཉམས་སུ

བཞེས་པའི་རིམ་པ་འདང་ཡི་དམ་ཆོས་སྐྱོང་མང་པོའི་བསྐྱེད་རྫོགས། གཏོར་བསྔོ་སོགས་ཉིན་རེ་བཞིན་ཆོས་དུས་སུམ་ཆ་ཙམ་ཐུགས་དམ་ཁོ་ནས་དུས་འདའ་བར་མཛད་པས་ཡི་དམ་ཀུན་གྱི་ངོ་བོ། ཆོས་སྐྱོང་ཐམས་ཅད་བྲན་དུ་བཀོལ་ནུས་ཤིང་། དགུང་ལོ་ཉེར་ལྔ་པ་ཆུ་མོ་སྦྲུལ་གྱི་ལོ་སྟེ་སྤྱི་ལོ་༡༧༡༣ལོར་དཔལ་ཨེ་ཝཾ་ཆོས་ལྡན་ཡོན་ཏན་རིན་པོ་ཆེ་དུ་མའི་འབྱུང་གནས་ཀྱི་ཆོས་ཀྱི་ཁྲི་ཆེན་པོ་ལ་མངའ་གསོལ་ནས། གཙོ་བོ་གསུང་ངག་རིན་པོ་ཆེ་ལམ་འབྲས་བུ་དང་བཅས་པ་ཚར་དགུ་ལྷག་ཙམ་དང་། སྤྱི་ཕྱིར་རྡོ་རྗེ་ཕྲེང་བ་སོགས་དཀྱིལ་འཁོར་དུ་མའི་དབང་དང་བྱིན་རླབས། སྒྲུབ་ཐབས་བརྒྱ་རྩ་རྒྱ་མཚོ་སོགས་རྗེས་གནང་དུ་མ་དང་། ངོར་ཆེན་རྡོ་རྗེ་འཆང་གི་བཀའ་འབུམ་སོགས་དཔག་ཏུ་མེད་པའི་ལུང་། གུར་ཞལ་ཕྱི་ནང་གསང་གསུམ་གྱི་ཁྲིད་ཀྱིས་གཙོས་ཤིན་ཏུ་གསང་བའི་མན་ངག་ལག་ལེན་བཅས། ཟབ་ཆོས་དཔག་ཏུ་མེད་པས་མཐའ་ཡས་པའི་གདུལ་བྱ་རྣམས་ཚིམ་པར་མཛད་དོ། །སོ་ཐར་གྱི་སྡོམ་པ་བསྐུལ་བ་ཡང་བགྲང་ལས་འདས་པ་བྱུང་ཞིང་། དེའི་ཚེ་གསུང་གི་བདུད་རྩི་བཞེས་པའི་ཞལ་སློབ་ཀྱི་རིམ་པ་ཡང་དུ་མ་བྱུང་བ་ལས་ཆེ་ལོང་ཙམ་སྨོས་ན་གངས་ཅན་བསྟན་པའི་མངའ་བདག་དཔལ་ས་སྐྱ་པ་སྔགས་འཆང་ཀུན་དགའ་བསོད་ནམས་རིན་ཆེན་བཀྲ་ཤིས་གྲགས་པ་རྒྱལ་མཚན་དཔལ་བཟང་པོ་ཡབ་སྲས། དཔལ་ཨེ་ཝཾ་པ་འཛམ་མགོན་བཀྲ་ཤིས་ལྷུན་གྲུབ་ཁུ་དབོན། མཚུངས་མེད་ཚུལ་ཁྲིམས་ལྷུན་གྲུབ། མཁན་ཆེན་ནམ་མཁའ་བསམ་གྲུབ། ཐུབ་བསྟན་མཁན་ཆེན་ངག་དབང་ཚུལ་ཁྲིམས་དཔལ་བཟང་པོ། མཁས་གྲུབ་ཆེན་པོ་དཔལ་ལྡན་ཆོས་སྐྱོང་། ཤར་པ་བདག་ཆེན་དང་། རྗེ་འདི་ཉིད་ཀྱི་སྐུ་དབོན་རྣམ་གཉིས། དགེ་བའི་བཤེས་གཉེན་ཆེན་པོ་སངས་རྒྱས་དཔལ་བཟང་སོགས་མཁས་གྲུབ་ཀྱི་སློབ་མ་དུ་མ་དང་། བསྟན་པའི་སྦྱིན་བདག་གློ་བོ་རྒྱལ་པོ་ཡུམ་སྲས། ས་སྐྱོང་སྡེ་དགེ་སྐུ་སེར་སྐུ་སོགས་མི་ཆེན་དུ་མ་དང་བཅས་པ་བགྲང་ལས་འདས་སོ། །དེ་ལྟར་ལུགས་གཉིས་ཀྱི་མཛད་ཕྲིན་དཔག་ཏུ་མེད་པས་གདན་ས་ལོ་དགུའི་བར་དུ་བསྐྱངས་ཤིང་། མཛོད་ནག་དང་གཟིམས་ཆུང་ཁག་རྣམས་དང་། སྐུ་གསུང་ཐུགས་རྟེན་རིན་པོ་ཆེའི་ཕྲེང་བའི་རིགས་མཆོད་པའི་ཡོ་བྱད་བསམ་གྱིས་མི་ཁྱབ་པ་དང་། དངུལ་གྱི་བྲེ་བོ་ཆེ། ཉེར་མཁོའི་དངོས་ཆས་དུ་མ་གསར་དུ་བསྒྲུབ་པ་སོགས་ལུགས་གཉིས་ཀྱི་གནང་ཁྱབ་ཤུལ་དུ་བྱུང་བ་མཛད་ཅིང་། རྩོམ་པའི་གསུང་རབ་ཀྱི་པདྨོ་ཁ་ཕྱེ་བའི་ཚུལ་ཡང་། རྩ་བརྒྱུད་ཀྱི་བླ་མ་རྣམས་ཀྱི་གསོལ་འདེབས། བྱམས་པ་ཚུལ་ཁྲིམས་དཔལ་བཟང་གི་རྣམ་ཐར་དམར་པོ་སྐོར་གསུམ། མགོན་དཀར། གུར་ཞལ་སོགས་ཡི་དམ་ཆོས་སྐོར་མང་པོ་ལ་ཕྲིན་བཅོལ། ཡིག་བསྐུར་གྱི་རྣམ་གཞག །བུ་སློབ་དུ་མ་ལ་གནང་བའི་ཞལ་གདམས། སྙན་དངགས་ཀྱི་རྩོམ་རྒྱུད་སྦྱ་ཕྱི་སོགས་ཅི་རིགས་པ་བཞུགས་པའི་

བསྟན་བཅོས་དེ་དག་ཀྱང་ཚིག་དོན་ཀུན་གྱི་སྒོ་ནས་ཁྱད་པར་འཕགས་པ་ཉིད་དོ། །དགུང་ལོ་སོ་བཞི་པ་ཆུ་ཕོ་སྟག་གི་ལོ་སྟེ་སྤྱི་ལོ་༡༧༢༢ལོར་མཁས་གྲུབ་ཆེན་པོ་འཇམ་མགོན་བཀྲ་ཤིས་ལྷུན་གྲུབ་པ་རྒྱལ་ཚབ་དམ་པར་མངའ་གསོལ་ནས། རྗེ་ཉིད་ཁང་སར་ཕུན་ཚོགས་གླིང་དུ་བཞུགས་ནས་བཤད་སྒྲུབ་སྤེལ་མས་དུས་འདའ་བར་མཛད་དོ། །དགུང་ལོ་སོ་བརྒྱད་པར་ལྷ་ས། བསམ་ཡས། ཡར་ཀླུང་ཁྲ་འབྲུག་སོགས་གནས་ཆེན་རྣམས་ལ་ཞབས་བསྐོར་རྒྱས་པ་དང་མཆོད་འབུལ། བསྟན་འགྲོའི་དོན་དུ་སྨོན་ལམ་རྒྱ་ཆེར་མཛད། དགུང་ལོ་སོ་དགུ་པར་གློ་བོ་དང་མོན་པ་འཁྲུགས་པས་ཐུགས་བསྐྱེད་རྒྱ་ཆེན་པོས་འདུམ་སར་ཕེབས། ཉིད་ཀྱི་བཀའ་ཕན་ཚུན་གཉིས་ཀས་སྤྱི་བོར་བླངས་ཏེ། དུས་འཁྲུགས་ཞི་ཞིང་རྒྱལ་ཁམས་བདེ་སྐྱིད་ཀྱི་དཔལ་ལ་བཀོད། རྡོ་རྗེ་ཕྲེང་བ་སོགས་ཀྱི་དབང་བསྐུར་དང་། བཤད་སྒྲུབ་སྤེལ་མ་མཛད་ཅིང་ལོ་གསུམ་བཞུགས། སླར་ཡང་ངོར་དུ་ཕེབས་ནས་ཁང་སར་ཕུན་ཚོགས་གླིང་དུ་བླ་མ་ཡི་དམ་ཆོས་སྐྱོང་ནོར་ལྷ་སོགས་ཀྱི་ཕྲིས་ཐང་དུ་མ་དང་། རྡོ་རྗེ་ཕྲེང་བའི་དཀྱིལ་ཐང་ཡོངས་རྫོགས། གསེར་ཟངས་ལས་གྲུབ་པའི་ཐུབ་པའི་སྐུ་ཐོག་ཚད། གཞན་ཡང་ཙན་དན་གྱི་སྐུ་འགའ་ཞིག་བཅས་རྟེན་བཞེངས་དཔག་མེད་དང་། བཤད་སྒྲུབ་སྤེལ་མ་མཛད་ཅིང་ལོ་བཞིར་བཞུགས། ཡང་བསྐྱར་གློ་བོ་དང་མོན་པ་འཁྲུགས་གཟེངས་ཆེ་བར་བྱུང་བས། སྟག་ལོར་གློ་བོར་ཆིབས་བསྒྱུར་གནང་སྟེ། བླ་མའི་བཀའ་ཅི་གསུང་དང་དུ་བླངས་པར་བརྟེན་སེམས་ཅན་རྣམས་བདེ་སྐྱིད་ལ་བཀོད། དེ་ནས་རིམ་གྱིས་བལ་པོ། སྐྱིད་རོང་། གངས་ཏི་སེ་སོགས་མངའ་རིས་སྟོད་སྨད་ཀྱི་གནས་ཆེན་རྣམས་ལ། གནས་གཟིགས་དང་དེ་དག་ལ་དཀར་མེ་གསེར་ཆབ་སྙན་དར་མཆོད་འབུལ་བསམ་གྱིས་མི་ཁྱབ་པ་དང་བཅས་པའི་སྒོ་ནས་རིམ་གྱིས་གདན་ས་ཆེན་པོར་འཇམ་དབྱངས་མིའི་ཚུལ་འཛིན་ཡབ་སྲས་ལ་ལེགས་འབུལ་མང་འགྱེད། རྟེན་གསུམ་རྣམས་ལ་མཆོད་འབུལ་ཕྲིན་བཅོལ་སོགས་རྒྱ་ཆེར་མཛད་དེ། མཐར་དགུང་གྲངས་རེ་གཅིག་པ་བོད་རབ་བྱུང་བཅུ་གསུམ་པའི་ས་མོ་སྦྲུལ་གྱི་ལོ་སྟེ་སྤྱི་ལོ་༡༧༤༩ལོར་ཞིང་འདིའི་གདུལ་བྱ་དེ་ཙམ་དུ་གཟིགས་ནས་གཟུགས་སྐུའི་བཀོད་པ་ཆོས་དབྱིངས་སུ་བསྡུས་པ་ཡིན་ནོ། །

༈ འཇམ་མགོན་བཀྲ་ཤིས་ལྷུན་གྲུབ།

ཁོང་ནི་བོད་རབ་བྱུང་བཅུ་གཉིས་པའི་ཆུ་ཕོ་བྱི་བའི་ལོ་སྟེ་སྤྱི་ལོ་༡༦༧༢ལོར་རང་ཞབས་མདོ་མཁར་ཞེས་པར་ཡབ་རྣམ་གཞུང་ཆོས་རྒྱལ་གཙང་རིང་བ་

ལས་མཆེད་པའི་རྡོ་རྗེ་རབ་བརྟན་དང་། ཡུམ་ཞང་རིགས་གཡུང་དྲུང་བུ་ཁྲིད་གཉིས་ཀྱི་སྲས་སུ་བཀྲ་ཤིས་པའི་དགེ་མཚན་དུ་མ་དང་བཅས་ཏེ་སྐུ་འཁྲུངས། སྐུ་ན་ཆུང་དུའི་དུས་ནས་དམ་པའི་བག་ཆགས་རང་ཆས་སུ་སད་ཅིང་། དགུང་ལོ་བདུན་བརྒྱད་ཙམ་གྱི་དུས་དཔལ་ཨེ་ཝཾ་ཆོས་ལྡན་ཡོན་ཏན་རིན་པོ་ཆེ་དུ་མའི་འབྱུང་གནས་སུ་ཕེབས་ཏེ། འབྲི་ཀློག་སོགས་བསླབ་པ་ཙམ་གྱིས་ཐུགས་སུ་ཆུད་ཅིང་མཁན་ཆེན་ལྷུན་གྲུབ་དཔལ་ལྡན་ལ་གཙུག་ཕུད་ཕུལ་བས་མཚན་བྱམས་པ་བཀྲ་ཤིས་ལྷུན་གྲུབ་ཏུ་གསོལ། དགུང་ལོ་བཅུ་དྲུག་པར་མཁན་ཆེན་སངས་རྒྱས་ཕུན་ཚོགས་ལས་ཚོགས་སྔ་མ་དགེ་ཚུལ་གྱི་སྡོམ་པ་ཡང་དག་པར་བཞེས་ཏེ་ཤར་ཆེན་ཡེ་ཤེས་བཟང་པོ་ཁུ་དབོན་ནས་མགོ་འདྲེན་མཛད། ལྡན་མ་དགེ་རྒན་ཀུན་དགའ་བསྟན་འཛིན་པས་ཆོས་སྤྱོད་ཆོ་ག་སོགས་ཚོགས་འདོན་ཕྱལ་ཆེར་བསླབས། དགུང་ལོ་ཉེར་གསུམ་པ་ཤིང་མོ་བྱ་ཡི་ལོར་ཤར་ཆེན་ཆོས་ཀྱི་རྒྱལ་པོ་ཡེ་ཤེས་བཟང་པོས་མཁན་པོ། མཁན་ཆེན་སངས་རྒྱས་ཕུན་ཚོགས་ཀྱིས་ལས་སློབ། གསང་དབང་བསོད་ནམས་ལྷུན་གྲུབ་ཀྱིས་གསང་སྟོན། མུས་ཆེན་ཆོས་རྗེ་ཀུན་དགའ་རྒྱ་མཚོས་གྲིབ་ཚོད་པ་མཛད་དེ། དད་པའི་དགེ་འདུན་གྲངས་ཚང་གི་དབུས་སུ་བསྙེན་པར་རྫོགས་པའི་དགེ་སློང་གི་སྡོམ་པ་ཡང་དག་པར་བཞེས། འཇམ་མགོན་སངས་རྒྱས་ཕུན་ཚོགས་ལས་ཐོག་མར་བདེ་མཆོག་ལཱུ་ཧི་པའི་དབང་དང་། གསུང་ངག་རིན་པོ་ཆེ་ལམ་འབྲས་བུ་དང་བཅས་པའི་དབང་ཁྲིད། ལུང་། མན་ངག་བཅས་མང་དུ་གསན་ནས་བསྙེན་སྒྲུབ་རྡོ་རྗེ་སློབ་དཔོན་གྱི་ལས་རུང་ཙམ་གྲུབ་འཕྲལ། ཀླུ་སྡིངས་ཀྱི་བཀའ་དང་ལེན་གྱིས་རྣམ་ལུང་སྐབར་དུ་ཕེབས་ཏེ། རྗེ་འདི་ཐུགས་རུས་ཤིན་ཏུ་ཆེ་བས་དེ་ཉིད་དུ་རྒྱུད་ཆུང་བཞི། སྔང་རྒྱུད། དགོངས་རྒྱན། དགོངས་གསལ་བཅས་ཐུགས་འཛིན་དང་། གཞུང་བདུན་སོགས་བཀའ་དང་བསྟན་བཅོས་རྣམ་ཐར་བཀའ་འབུམ་དཔག་ཏུ་མེད་པར་ཞིབ་གཟིགས་མཛད། མི་ཉག་དགེ་རྒན་རིག་འཛིན་དང་། མཁས་གྲུབ་བསྟན་འཛིན་ལྷུན་གྲུབ་སོགས་མཁས་ཤིང་གྲུབ་པ་བརྙེས་པའི་དགེ་བའི་བཤེས་གཉེན་དུ་མའི་ཞབས་རྡུལ་སྤྱི་བོར་བླངས་ཏེ། གཞུང་ལུགས་རབ་འབྱམས་ལ་ཐོས་བསམ་གྱིས་སྒྲོ་འདོགས་བཅད། དེ་གར་དགོས་པ་རྡོ་རྗེ་ལ་སོགས་པའི་ཡི་དམ་ཆོས་སྐྱོང་དུ་མའི་བསྙེན་སྒྲུབ་ལས་གསུམ་ཆེག་སྒྲིལ་ཁོ་ན་མཛད། གཞན་ཡང་མཁན་ཆེན་སངས་རྒྱས་ཕུན་ཚོགས། ཤར་ཆེན་སངས་རྒྱས་བསྟན་འཛིན། ཁྲབ་བདག་བསོད་ནམས་དཔལ་ལྡན། བྱམས་པ་བསོད་ནམས་བཟང་པོ། ཤར་ཆེན་བློ་གྲོས་གྲགས་པ་སོགས་ཡོངས་འཛིན་དུ་མ་ལས་ཟབ་པ་དང་རྒྱ་ཆེ་བའི་དམ་ཆོས་མང་དུ་གསན་ཏེ་ཐོས་པའི་རྒྱ་མཚོའི་ཕ་རོལ་ཏུ་སོན་པར་གྱུར། གསན་པའི་དམ་ཚིག་དང་སྡོམ་པ་མཐའ་དག་ལ་ཉེས་ལྟུང་ཕྲ་མོས་ཀྱང་མ་གོས་པར་བསྲུངས་ཤིང་།

བསྒོམ་པས་ཉམས་སུ་བླངས་ཏེ་མགོན་པོ་བྲག་རྫོང་སོགས་ཡི་དམ་མང་པོའི་བསྙེན་སྒྲུབ་མཐར་ཕྱིན་པ་མཛད་པས་དངོས་ཉམས་མཚན་ལམ་སུ་ཞལ་གཟིགས་ཤིང་ལུང་བསྟན་པས་རྟགས་དང་རྟེན་འབྲེལ་ཁྱད་པར་དུ་འཕགས་པ་བྱུང་བ་སོགས་ངོ་མཚར་བའི་རྣམ་པར་ཐར་པ་དུ་མ་བསྐྱངས་ཤིང་། དོན་གྲུབ་གླིང་གི་གཙུག་ལག་ཁང་དང་། མགོན་ཁང་ཐར་ལམ་དུ་མགོན་པོ་དཀར་ནག་གི་སྐུ་བརྙན་ཁྱད་འཕགས་བཅས་གསར་བཞེངས་དང་། སྒྲ་དང་ལྡན། འདམ་ཐོག་མན་གྱི་དགོན་གནས་རྣམས་སུ་ཟབ་རྒྱས་ཀྱི་ཆོས་འཁོར་བསྐོར་བས་སྐལ་ལྡན་གྱི་སློབ་མ་རྣམས་ཚིམ་པར་མཛད་པས་རྒྱལ་བསྟན་ཡར་ངོའི་ཟླ་བ་ལྟར་རྒྱས་པར་གྱུར། གླུ་སྡིངས་སུའང་འབུལ་སྐྱེལ་སྤྲ་ཕྱིར་མང་དུ་ཕུལ་ནས། དགོངས་པ་ཞུས་ཏེ་ཨེ་ཝཾ་གཟིམས་ཕུག་ཁང་དུ་སྒྲུབ་པ་ཁོ་ན་མཛད་ཀྱིན་བཞུགས་པའི་ཚེ། གཞུང་ས། གདན་སའི་བཀའ་ཤོག་བཅས་ངོར་བླ་བྲང་ཁག་གྲྭ་ཚང་ཀུན་གྱིས་གསོལ་བ་བཏབ་སྟེ། དགུང་ལོ་ང་གཅིག་པ་བོད་རབ་བྱུང་བཅུ་གཉིས་པའི་ཆུ་ཕོ་སྟག་གི་ལོ་སྟེ་སྤྱི་ལོ་༡༧༢༢ ལོར་རྒྱལ་བའི་ཞལ་ལུང་བདུད་རྩི་བསྙེས་པའི་ཀུན་མཁྱེན་གཉིས་པ་རྡོ་རྗེ་འཆང་ཀུན་དགའ་བཟང་པོའི་མི་འཇིགས་སེང་གེའི་ཁྲི་ལ་ཞབས་ཟུང་འཁོར་ལོས་མཚན་པ་མངོན་པར་བཀོད་དེ། དཔལ་ཨེ་ཝཾ་པའི་ཆོས་ཀྱི་རྒྱལ་སྲིད་ཡོངས་ལ་དབང་བསྒྱུར་བའི་བསྟན་པའི་བདག་པོར་མངའ་གསོལ་ཏེ། གསུང་ངག་ལམ་འབྲས་གཙོས་རྒྱུད་སྡེ་དུ་མའི་དབང་ཁྲིད་ལུང་མན་ངག་སོགས་དང་། སོ་སོ་ཐར་པའི་སྡོམ་པ་བསྐྱལ་བ་བགྲང་ལས་འདས་ཤིང་། དགོན་སྡེ་འདིས་གཙོས་དབུས་གཙང་ཁམས་གསུམ་དུ་སྤྲ་ཕྱིར་ཟབ་རྒྱས་ཆོས་ཀྱི་དགའ་སྟོན་དཔག་ཏུ་མེད་པ་བསྐྱལ་བས་གདུལ་བྱ་རྣམས་སྐལ་བ་བཟང་པོར་མཛད་ཅིང་། གསུང་གི་བདུད་རྩི་བཞེས་པའི་ཞལ་སློབ་ཀྱི་རིམ་པ་ཡང་། ཤར་པ་བདག་ཆེན་ཞབས་དྲུང་རིན་ཆེན་མི་འགྱུར་རྒྱལ་མཚན། གླིང་ཁ་བདེ་བ་ཅན་གྱི་མཁན་པོ་དགེ་སློང་སངས་རྒྱས་དཔལ་བཟང་། མཁན་ཆེན་དཔལ་ལྡན་ཆོས་སྐྱོང་། མཁན་ཆེན་ངག་དབང་ཀུན་དགའ་ལེགས་པའི་འབྱུང་གནས་རྒྱལ་མཚན་དཔལ་བཟང་པོ། བརྟ་སྤྲོད་པ་ཚུལ་ཁྲིམས་རིན་ཆེན་སོགས་མདོར་ན་རྗེ་འདི་ཉིད་ཀྱི་མཛད་པ་ཕྲིན་ལས་ཀྱི་འཁོར་ལོའི་རྒྱུན་སྤེལ་བའི་བསྟན་འཛིན་གྱི་སྐྱེས་བུ་ནི་དབུས་གཙང་ཁམས་གསུམ་མངའ་རིས་དང་བཅས་པ་ན་བགྲང་ལས་འདས་པ་བཞུགས་པ་འདིར་མཚོན་ཙམ་སྨོས་པ་ཡིན་ནོ། །གཞན་ཡང་བླ་བྲང་རྗེ་གཙལ་ལྷ་ཁང་དུ་ལོགས་རིས་སུ་མདོ་སྡེ་གསེར་འོད་ནས་གསུངས་པའི་ཕྱོགས་བཅུའི་སངས་རྒྱས་བདེ་གཤེགས་མཆེད་བརྒྱད། བྱང་སེམས་ཉེ་བའི་སྲས་བརྒྱད་སོགས་སེམས་དཔའ་དང་སེམས་མའི་ཚོགས། འཕགས་པ་གནས་བརྟན་བཅུ་དྲུག །ཆོས་སྲུང་རྒྱལ་ཆེན་བཞི་སོགས་ངོ་མཚར་བའི་བཀོད་པ་དང་བཅས་བཞེངས་ཏེ། རབ་གནས་བཀྲ

ཞིས་མངའ་གསོལ་རྣམ་པར་དག་པ་སྒྲུབ་པར་མཛད་ཅིང་། མདོར་ན་སྦྱིན་བདག་ཕྱིན་ལས་རྒྱ་ཆེ་བས་དཔལ་འབྱོར་རྣམ་གྲོས་ཀྱི་བུ་ལ་འགྲན་པ་མངའ་ན་ཡང་། བླ་བྲང་རྩིས་སྐྱོད་དུས་མི་འབྲལ་བའི་དམ་ཚིག་རྡོ་རྗེ་དྲིལ་བུ་མཆོད་ཞལ། འཕྲུལ་གྱི་གསོལ་ཆས་ཀྱི་མཐུན་རྐྱེན་དུ་དངུལ་སྲང་བཅོ་ལྔ། གུར་གུམ་ཐུམ་ཆུང་གཅིག སྐུ་ལ་གསོལ་བའི་ན་བཟའ་ཙམ་མ་གཏོགས། གཞན་དངོས་རྫས་དར་ཁ་གང་དུ་ལོངས་པ་ཡང་མ་བསྣམས་པར་རྗེ་གོང་མ་རྣམས་ཀྱི་དུས་མཆོད་དཀར་མེར་དམིགས་ནས་བླ་བྲང་དུ་སྦྱོར་འཛུགས་མཛད་ཅིང་། དགུང་ལོ་ང་བཞི་པ་ཤིང་མོ་སྦྲུལ་གྱི་ལོ་སྟེ་སྤྱི་ལོ་༡༧༢༥ལོར་འཛམ་མགོན་ཚུལ་ཁྲིམས་ལྷུན་གྲུབ་ལ་གདན་ས་རྩིས་འབུལ་གནང་ནས། སྒྲུབ་ཁང་བླ་བྲང་དུ་ཆོས་འཁོར་རྩེར་ཟུར་དུ་བཞུགས། ཐུགས་དམ་བཤད་སྒྲུབ་ལ་ཆེག་སྒྲིལ་མཛད་བཞིན་ལ། སྡེ་དགེ་ནས་ས་སྐྱོང་བསྟན་པ་ཚེ་རིང་གིས་སྤྱན་འདྲེན་པའི་ཕོ་ཉ་བྱུང་སྟེ་ནན་ཆེར་གསོལ་བ་བཏབ་པ་ལྟར་སྤྱིལ་ལོར་ཤར་ཕྱོགས་སུ་ཆིབས་ཁ་བསྒྱུར་ནས་རིམ་གྱིས་ལྷུན་གྲུབ་སྟེང་གི་རྒྱལ་ཁབ་དང་ཟུང་དུ་འབྲེལ་བའི་ཆོས་ཁྲིར་ཕེབས། ས་སྐྱོང་དབང་པོར་འབུལ་ཚན་སྟོང་ཕྲག་གིས་གཙོས་མངའ་འོག་ཐམས་ཅད་ཀྱིས་འབུལ་བསྙེན་བཀུར་ཚད་མེད་པ་ཕུལ། རྗེ་ཉིད་ནས་ཀྱང་གདུལ་བྱ་རྣམས་ཀྱི་བློ་དང་འཚམ་པའི་དམ་པའི་ཆོས་ཀྱི་དགའ་སྟོན་བསྩལ་ཞིང་ས་སྐྱོང་ཆེན་པོ་ནས་ཀྱང་བླ་མའི་བཀའ་བཞིན་སྒྲུབ་པར་ཞལ་གྱིས་བཞེས་ཏེ་གཙུག་ལག་ཁང་གསར་བཞེངས་དང་། དགེ་འདུན་གྱི་སྡེ་སྤེལ་བ། རྒྱལ་བའི་སྐུ་བརྙན་གསེར་ཟངས་ལས་གྲུབ་པ་ཁྲིད་དུ་མཚར་བ། གསེར་དངུལ་གྱིས་བྲིས་པའི་བཀའ་འགྱུར། བསྟན་འགྱུར་ཡོངས་རྫོགས་ཀྱི་གླེགས་བམ། གསེར་དངུལ་དང་ཙན་དན་ལས་མཆོད་རྟེན་མང་པོ་དང་། ལྷག་པར་ས་སྐྱའི་བཀའ་འབུམ་པོད་བཅོ་ལྔའི་དཔར་གསར་བསྒྲུབ་སོགས་སྐུ་གསུང་ཐུགས་རྟེན་དཔག་ཏུ་མེད་པ་བཞེངས་ཤིང་། གཙང་དབུས་ཁམས་གསུམ་གྱི་གྲུབ་མཐའ་རིས་མེད་པ་ལ་མང་འགྱེད་བསྙེན་བཀུར་ཞུ་བ་དང་། བཀའ་གང་ཁྱབ་ཀྱི་ཁམས་ཕྱོགས་ཐམས་ཅད་དུ་ཟང་ཟིང་གི་གནང་སྦྱིན་བཅས་མཆོད་ཡོན་གཉིས་ཀའི་བཀའ་ཆེ་བཙན་ཀུན་ལ་གནང་སྟེ། དགོན་གནས་ཉམས་དམའ་བ་རྣམས་སྐྱོང་ཞིང་སྤེལ་བ་སོགས་བསྟན་པ་དར་རྒྱས་སུ་མཛད་ཅིང་། དམ་པ་འདི་ཉིད་ཀྱི་ཕྱོགས་ཏུ་ཕུལ་བའི་དངོས་རྫས་ཕལ་ཆེར་ཁམས་ཕྱོགས་ཀྱི་དགོན་སྡེ་རིས་མེད་ལ་བསྙེན་བཀུར་མཛད་ཅིང་། གཙོ་ཆེར་ས་སྐྱ་དང་། ངོར་རྩེ་མདར་སོགས་དབུས་གཙང་གི་དགོན་སྡེ་ཆེ་བ་ཀུན་ལ་འབུལ་བ་མང་འགྱེད་སྤྱི་ཕྱི་གཉིས་སུ་མཛད་དེ་འདི་ཕྱི་དོན་དང་ལྡན་པར་བགྱིས། །གཞན་ཡང་དཔལ་དགེས་པ་རྡོ་རྗེའི་སྒྲུབ་ཐབས་ཀྱི་འབྲེལ་བ་ཟླ་ཟེར་གྱི་དཔར་གསར་དུ་བཞེངས་པ་དང་། རྒྱལ་བའི་བཀའ་འགྱུར་རོ་འཚལ་བར་བཏབ་ནས་བཞེངས་པ་སོགས་བཤད་སྒྲུབ་ཀྱིས་དུས་

འདའ་ཞིང་རྨད་དུ་བྱུང་བའི་མཛད་པ་དཔག་ཏུ་མེད་པས་རྒྱལ་བསྟན་རིན་པོ་ཆེ་ཕྱོགས་ཀུན་ཏུ་དར་ཞིང་རྒྱས་པར་མཛད་པ་མ་ཟད། སྟོན་མེད་ལེགས་བཤད་གསར་དུ་བསྒྲུན་པ་ལའང་འཇམ་མགོན་སངས་རྒྱས་ཕུན་ཚོགས་ལ་གསོལ་འདེབས་ཐུགས་རྗེ་བསྐུལ་བའི་ཕོ་ཉ། རྗེ་བཙུན་གོང་མ་རྣམ་ལྔ་དང་རྡོ་རྗེ་འཆང་ཀུན་དགའ་བཟང་པོ་ལ་བསྟོད་པ། གསན་ཡིག་དྲན་གསོའི་རང་ཞལ་སྟོན་པའི་མེ་ལོང་། མགོན་དཀར་ཡིད་བཞིན་ནོར་བུའི་བསྙེན་ཐབས། རྡོ་རྗེ་རྣམ་འཇོམས་ཀྱི་བླ་མ་བརྒྱུད་པ་ལ་གསོལ་བ་འདེབས་པའི་རབ་ཏུ་བྱེད་པ། ཆོས་རྗེ་དཀོན་མཆོག་རྒྱལ་མཚན་གྱི་དྲིས་ལན་དཔྱོད་ལྡན་ཀུན་དགའ། སྒྲིགས་མའི་གནས་ཚུལ་ལ་བསམ་པའི་ཡིད་སྐྱོ་བའི་གཏམ་སོགས་ཆོས་ཚན་ཞེ་དགུ་ལ་གླེགས་བམ་གཉིས་ཙམ་རྗེས་འཇུག་གདུལ་བྱའི་གསོས་སུ་བཞག་སྟེ། མཐར་དགུང་གྲངས་དྲུག་ཅུ་རེ་བརྒྱད་པ་བོད་རབ་བྱུང་བཅུ་གཉིས་པའི་ས་མོ་ལུག་གི་ལོ་སྤྱི་ལོ་༡༧༣༨ལོར་གཟུགས་སྐུའི་བཀོད་པ་ཆོས་དབྱིངས་སུ་བསྡུས་པ་ཡིན་ནོ། །

༧ འཇམ་མགོན་ཚུལ་ཁྲིམས་ལྷུན་གྲུབ།

ཁོང་ནི་བོད་རབ་བྱུང་བཅུ་གཅིག་པའི་མེ་ཕོ་འབྲུག་གི་ལོ་སྤྱི་ལོ་༡༨༧༨ལོར་རྒྱ་བོད་ཀྱི་སྐྱེ་བོ་དུ་མ་འདུ་བའི་ཡུལ་གྱི་དགེ་བཅུའི་ཡོན་ཏན་ཡོངས་སུ་རྫོགས་ཤིང་ཕུན་སུམ་ཚོགས་པའི་དགེ་མཚན་དུ་མ་དང་ལྡན་པ་དར་རྩེ་མདོ་རུ་རིགས་རུས་ཕུན་སུམ་ཚོགས་པའི་ཁྲིམ་རྒྱུད་དུ་ངོ་མཚར་བའི་དགེ་མཚན་དུ་མ་དང་བཅས་ཏེ་སྐུ་འཁྲུངས་ཤིང་མཚན་ལྷུགས་ཐར་ཞེས་གསོལ། རིམ་གྱིས་ཡབ་ཡུམ་གཉིས་ཀྱིས་སྐྱིད་བསྲིང་ནས་ནར་སོན་པ་དང་། རྡོ་གྲགས་སྒར་དུ་ཕེབས་ནས་དེ་གའི་བླ་མའི་དྲུང་དུ་ཡིག་ཀློག་རྣམས་བསླབས་པས་ཚེགས་མེད་དུ་མཁྱེན། དགུང་ལོ་བཅོ་བརྒྱད་པ་ཆུ་མོ་བྱ་ཡི་ལོ་ལ་དཔལ་ཨེ་ཝཾ་ཆོས་ལྡན་ཡོན་ཏན་རིན་པོ་ཆེ་དུ་མའི་འབྱུང་གནས་སུ་ཕེབས་ཏེ། མཁན་ཆེན་ལྷུན་གྲུབ་དཔལ་ལྡན་གྱིས་མཚན་ཚུལ་ཁྲིམས་ལྷུན་གྲུབ་ཏུ་གསོལ། མུས་པ་ཆོས་རྗེ་ཀུན་དགའ་རྒྱ་མཚོ་སོགས་མཁས་བཙུན་གྱི་སློབ་དཔོན་དུ་མ་བསྟེན་ནས་མདོ་སྔགས་ཀྱི་གཞུང་ལུགས་རབ་འབྱམས་ལ་ཐོས་བསམ་གྱིས་སྒྲོ་འདོགས་བཅད། ཐོས་སྦྱོང་གི་སྐབས་སུ་ཉིན་རེར་ཡང་དཔེ་ཤོག་རིང་གྲས་ལྔ་དྲུག་རེ་བློ་ལ་འཛིན་པའི་ཐུགས་ཤེར་འགྲན་ཟླ་དང་བྲལ་བར་གྲགས་ཤིང་། བར་སྐབས་རྣམས་སུ་ལྷ་ས་རྡོ་བོ་སོགས་དབུས་ཕྱོགས་ཀྱི་གནས་ཆེན་དུ་མ་ལ་ཞབས་བསྐོར་དང་། གདན་ས་ཆེན་པོ་དཔལ་ལྡན་ས་སྐྱར་མཇལ་ཁ་དང་། རྟེན་གསུམ་རྣམས་ལ་མཆོད་འབུལ་བསྟན་འགྲོའི་དོན་

དུ་ཐུགས་སྨོན་རྒྱ་ཆེར་གནང་ནས་འདི་ཕྱི་དོན་དང་ལྡན་པར་མཛད། དགུང་ལོ་བཅུ་དགུ་པར་འཇམ་མགོན་སངས་རྒྱས་ཕུན་ཚོགས་ཀྱིས་མཁན་པོ་དང་། ལས་ཀྱི་སློབ་དཔོན་དབུ་མཛད་ཕྱིན་ལས་རྒྱ་མཚོ། གསང་སྟེ་སྟོན་པ་གར་དབང་བསོད་ནམས་ལྷུན་གྲུབ་སྟེ་དད་པའི་དགེ་འདུན་གྲངས་ཚང་གི་དབུས་སུ་བསྙེན་པར་རྫོགས་པའི་དགེ་སློང་གི་སྡོམ་པ་ཡང་དག་པར་བཞེས་ཤིང་། མཁན་ཆེན་དེ་ཉིད་ལས་བྱང་ཆུབ་སེམས་དཔའི་སེམས་བསྐྱེད། གསུང་ངག་ལམ་འབྲས་ཀྱིས་གཙོས་དབང་ཁྲིད་ལུང་མན་ངག །ཐེག་པ་ཆེ་ཆུང་གི་གདམས་པ་ཟབ་མོ་མང་དུ་གསན་ཅིང་། གཞན་ཡང་ཤར་པ་ཡེ་ཤེས་བཟང་པོ་བདག་ཆེན་ཀུན་དགའ་བཀྲ་ཤིས། མཁན་ཆེན་བྱམས་པ་ཚུལ་ཁྲིམས་དཔལ་བཟང་པོ། མཚུངས་མེད་བསོད་ནམས་དཔལ་ལྡན་སོགས་དམ་པ་དུ་མའི་ཞབས་རྡུལ་སྤྱི་བོར་བླངས་ནས་ཟབ་ཅིང་རྒྱ་ཆེ་བའི་དམ་པའི་ཆོས་མང་དུ་གསན་ཅིང་དམ་ཚིག་དང་སྡོམ་པ་རྣམས་གཅེས་པར་སྐྱོང་བའི་སྒོ་ནས། དགྱེས་པ་རྡོ་རྗེ་སོགས་ཡི་དམ་གྱི་ལྷ་མང་པོའི་བསྙེན་སྒྲུབ་བཅས་མཐར་ཕྱིན་པར་མཛད། དུས་རྒྱུན་དུའང་དགེས་རྡོར། རྣལ་འབྱོར་མ། སྒྲོལ་དཀར་སོགས་ཡི་དམ་གྱི་ལྷ་དུ་མའི་རིམ་གཉིས་ཀྱི་རྣལ་འབྱོར་དང་། ཤེས་རབ་ཀྱི་ཕ་རོལ་ཏུ་ཕྱིན་པ་སྡུད་པ་སོགས་ཆོས་སྤྱོད་གཏོར་མའི་རིམ་པ་ཁོ་ནས་དུས་འདའ་བར་མཛད་ཅིང་དགུང་ལོ་སོ་དྲུག་པར་འཇམ་མགོན་བསོད་ནམས་དཔལ་ལྡན་གྱི་བཀའ་བསྐུལ་དང་ལེན་གྱི་སྒོ་ནས་སྡོད་མདའ་རིས་རབ་རྒྱས་གླིང་དུ་ཁྲོན་ཏེ་རྟེན་གསུམ་གསར་བཞེངས། ཉམས་གསོས། དགེ་འདུན་གྱི་སྡེ་སྤེལ་བ། འཆད་རྩོད་སོགས་ལུགས་གཉིས་ཀྱི་སྒོ་ནས་བསྟན་འགྲོའི་དོན་རྒྱ་ཆེར་མཛད་ཅིང་ཡུན་རིང་བཞུགས། གདན་ས་འདི་ཉིད་གཙོས་གྲགས་ཆེ་བའི་དགོན་སྡེ་རྣམས་ལ་འབུལ་སྐྱེལ་བྲྭ་འགྱེད་སོགས་ལན་གྲངས་མང་དུ་མཛད། དགུང་གྲངས་ལྔ་བཅུ་པ་བོད་རབ་བྱུང་བཅུ་གཉིས་པ་ཤིང་མོ་སྦྲུལ་གྱི་ལོ་སྟེ་སྤྱི་ལོ་༡༧༢༥(ལོར་དཔལ་ཨེ་ཝཾ་ཆོས་ལྡན་ཡོན་ཏན་རིན་པོ་ཆེ་དུ་མའི་འབྱུང་གནས་ཀྱི་ཆོས་ཀྱི་ཁྲི་ལ་ཞབས་ཀྱི་པདྨོ་ཉེ་བར་བཀོད་དེ། གདན་ས་ལོ་ལྔའི་རིང་དུ་གསུང་ངག་རིན་པོ་ཆེ་ལམ་འབྲས་བུ་དང་བཅས་པ་ཚར་ལྔས་མཚོན་མདོ་སྔགས་ཆོས་ཚུལ་རབ་འབྱམས་ཀྱི་ཆོས་ཀྱི་འཁོར་ལོ་བར་མེད་དུ་བསྐོར་བར་མཛད་དེ་བཤད་སྒྲུབ་གཉིས་ལྡན་གྱི་སྒོ་ནས་རྒྱལ་བའི་བསྟན་པ་རིན་པོ་ཆེ་ཉིན་མོ་ལྟར་གསལ་བར་མཛད་དེ། འཁོར་བསྟན་འཛིན་གྱི་སློབ་མ་ཡང་ཞབས་དྲུང་ནམ་མཁའ་བསམ་གྲུབ། ཤར་པ་བདག་ཆེན་རིན་ཆེན་མི་འགྱུར་བསྟན་པའི་རྒྱལ་མཚན། ཁང་གསར་དཔོན་པོ་བསོད་ནམས་ལྷུན་གྲུབ་སོགས་ཡོངས་སུ་གྲགས་པ་དང་མ་གྲགས་པའི་སྐྱེས་ཆེན་བགྲང་ལས་འདས་པ་བསྐྲུན་པར་མཛད་དོ། །གཞན་ཡང་ལུགས་གཉིས་ཀྱི་སྒོ་ནས་བསྟན་པ་འཛིན་སྐྱོང་སྤེལ་གསུམ་ཁྱད་པར་དུ་འཕགས་པ་མཛད་ཅིང་།

བླ་བྲང་དུ་སྟོན་པའི་སྐུ་བརྙན་ཟངས་གསེར་ལས་གྲུབ་པ་དང་། སྟེང་དུ་གསེར་ཟངས་ལས་གྲུབ་པའི་རྒྱལ་མཚན་ཆ་གཅིག་དང་། ལམ་འབྲས་ལྷ་ཁང་གི་སྟེང་དུ་རྒྱལ་མཚན་ཆེ་ལེགས་ཆ་གཅིག །གཉྫིར་གཅིག་དང་། མདུན་གྱི་རྒྱའི་ངོས་སུ་མཧཱུལ་ཨེ་ཝཾ་མ་ཆ་གཅིག །དབང་ཁང་དུ་ཛ་ཆེན་གསེར་རིས་སྤྲུས་ལེགས་བཅུ་གཅིག་བཀའ་འགྱུར་ལྷ་ཁང་དུ་ཙན་དན་གྱི་སྐུ་སྒྲོམ་གཙང་དུ་མ་བཞུགས་ཁྲི་དང་བཅས་པ་དང་། མཛོད་ནག་ཏུ་སྐྱིན་གཟིགས་སོགས་སྤུ་ཕྱིར་རྫེ་ཉིད་ཀྱི་ཕྱུག་ཏུ་བྱུང་བའི་དངོས་རྫས་རྣམས་ཕལ་ཆེར་བླ་བྲང་དུ་སྦྱོར་བ་གནང་བ་སོགས་བཀའ་དྲིན་ཁྱད་པར་དུ་འཕགས་པ་ཉིད་དོ། །དེ་ལྟར་བཤད་སྒྲུབ་འཁོར་ལོ་གཉིས་ལྡན་གྱི་སྒོ་ནས་རྒྱལ་བའི་བསྟན་པ་རིན་པོ་ཆེ་འདི་ཉིད་སྒོ་ཀུན་ནས་དར་ཞིང་རྒྱས་པར་མཛད་དེ། མཐར་དགུང་གྲངས་ལྔ་བཅུ་ང་ལྔ་པ་བོད་རབ་བྱུང་བཅུ་གཉིས་པའི་ལྕགས་ཕོ་ཁྱི་ཡི་ལོ་སྤྱི་ལོ་༡༧༣༠ལོར་གཟུགས་སྐུའི་བཀོད་པ་ཆོས་དབྱིངས་སུ་བསྡུས་པ་ཡིན་ནོ། །

༄ བྱམས་པ་ནམ་མཁའ་བསམ་གྲུབ།

ཁོང་ནི་བོད་རབ་བྱུང་བཅུ་གཉིས་པའི་མེ་ཕོ་བྱི་བའི་ལོ་སྤྱི་ལོ་༡༦༨༨ལོར་ཤབ་སྟོད་རྫེ་ལུང་དུ་ཡབ་བྲང་ཧེ་པའི་དཔོན་པོ་རིགས་ལས་གྱེས་པ་འཇམ་དབྱངས་ཤེས་བྱ་བཟང་པོའི་སྐུ་མཆེད་རྒྱལ་པོ་ཞེས་པའི་སྲས་དཔོན་པོ་གཡང་འཛོམ་ཞེས་བྱ་བ་དང་། ཡུམ་དཔོན་མོ་ཚེ་བཀྲ་ཤིས་གཉིས་ཀྱི་སྲས་སུ་ངོ་མཚར་བའི་ལྟས་དུ་མ་དང་བཅས་ཏེ་སྐུ་འཁྲུངས་ཤིང་མཚན་པདྨ་ཞེས་གསོལ། སྐུ་ན་ཆུང་དུའི་དུས་ནས་སྔོན་གོམས་བག་ཆགས་བཟང་པོ་སད་པས་ཆོས་ལ་འདུན་ཞིང་། དགུང་ལོ་བཅུ་གསུམ་པར་དཔལ་ཨེ་ཝཾ་ཆོས་ལྡན་ཡོན་ཏན་རིན་པོ་ཆེ་དུ་མའི་འབྱུང་གནས་སུ་ཐོན་ཏེ། མཁས་བཙུན་རྡོ་རྗེ་བསྟན་འཛིན་སོགས་བཤེས་གཉེན་འགའ་ཞིག་བསྟེན་ནས་ཡིག་ཀློག་ནས་བརྩམས་ཏེ་འདོན་སྐྲིག་ཀུན་སྤྱོད་ཐེག་པ་ཆེ་ཆུང་གི་གཞུང་ལུགས་ལག་ལེན་ཕྲ་མོ་ཚུན་སྤྱ་ཕྱིར་ཙི་རིགས་པ་བསླབ་སྦྱངས་གནང་བའི་ཚུལ་བསྟན་པས་མཁས་པ་ཆེན་པོར་གྱུར། དགུང་ལོ་བཅུ་བཞི་པར་བྱམས་པ་ཚུལ་ཁྲིམས་དཔལ་བཟང་པོས་མཁན་པོ་དང་། མཚུངས་མེད་བསོད་ནམས་དཔལ་ལྡན་གྱིས་ལས་སློབ་དང་། གསང་སྟེ་སྟོན་པ་བསྟན་འཛིན་ལྷུན་གྲུབ་དཔལ་བཟང་པོ། དུས་བསྒོ་བཤེས་གཉེན་རྡོ་རྗེ་བསྟན་འཛིན་བཅས་དགེ་འདུན་གྲངས་ཚང་གི་དབུས་སུ་རབ་ཏུ་བྱུང་སྟེ་མཚན་ནམ་མཁའ་བསམ་གྲུབ་དཔལ་བཟང་པོར་གསོལ། དེ་ནས་ལོ་རེ་ཞིག་གི་བར་དུ་ཨེ་ཝཾ་པའི་ཚོགས་འདོན་

ཆོས་སྤྱོད་ཆོ་ག་རྣམས་དང་། ཁྲིམས་ཐིག་དབྱངས་རོལ་སོགས་སློབ་གཉེར་གནང་ཞིང་གཙུག་ལག་ཁང་དུ་སྒྲིག་རྒྱུགས་ཀྱང་མཛད། དགུང་ལོ་བཅུ་དགུ་པར་ཤར་
ཆེན་བློ་གྲོས་གྲགས་པས་མཁན་པོ་དང་། མཚུངས་མེད་བསྟན་འཛིན་ལྷུན་གྲུབ་པས་ལས་སློབ་དང་། གློ་ལུང་མཁན་ཆེན་རྡོ་རྗེ་བརྟན་པས་གསང་སྟོན་དང་།
བྱམས་པ་བསོད་ནམས་བཟང་པོས་དུས་བསྒོ་བ་མཛད་དེ་དགེ་འདུན་གྲངས་ཚང་གི་དབུས་སུ་བསྙེན་པར་རྫོགས་པའི་དགེ་སློང་གི་སྡོམ་པ་ཡང་དག་པར་བཞེས
ཤིང་། བསླབ་གསུམ་ཁྲིམས་ཀྱིས་མཛེས་པའི་བསྟན་པའི་རྒྱལ་མཚན་དུ་གྱུར་ཏོ། ཁྱད་པར་དུ་རྡོ་རྗེ་འཆང་བསོད་ནམས་དཔལ་ལྡན་པའི་དྲུང་དུ། རྣལ་འབྱོར་གྱི་
དབང་ཕྱུག་བི་རཱུ་པའི་བཞེད་སྲོལ་གསུང་ངག་རིན་པོ་ཆེ་ལམ་འབྲས་བུ་དང་བཅས་པའི་ཁྲིད། རྒྱ་ལམ་གྱི་དབང་། བྱིན་རླབས་རྒྱབ་ཆོས་ལུང་ཕལ་ཆེར་ཡོངས་
རྫོགས་བཅས་ཤིན་ཏུ་ཟབ་རྒྱས་དང་སྒྲུབ་ཐབས་བརྒྱ་རྩ། རྗེ་དཀོན་མཆོག་ལྷུན་གྲུབ་ཀྱི་བཀའ་འབུམ་སོགས་དབང་ལུང་མན་ངག་མང་དུ་གསན། གཞན་ཡང་
ཁྱབ་བདག་བླ་མ་བསྟན་འཛིན་ལྷུན་གྲུབ་དཔལ་བཟང་པོ། མཁན་ཆེན་བསོད་ནམས་བཟང་པོ། སྤྲོ་ལུང་བསོད་ནམས་ཆོས་འཕེལ། སྨྲས་པའི་རྣལ་འབྱོར་རྒྱ་
རོང་པ་སངས་རྒྱས་བསྟན་པ་སོགས་དམ་པ་མང་པོ་བསྟེན་ནས་དམ་པའི་ཆོས་མང་དུ་གསན་ཏེ་ཐོས་པའི་ཕ་རོལ་ཏུ་སོན། དེ་ནས་ཕྱུག་མཛོད་སྟོང་བཟང་པས
གཙོས་གྲྭ་ཚང་རྣམས་ཀྱིས་གསོལ་བ་བཏབ་ནས་ཐར་རྩེའི་གདན་སར་མངའ་གསོལ་ཏེ། རྗེ་ཉིད་ཀྱིས་ཁྱད་པར་དུ་འཕགས་པའི་མཛད་པས་གདན་ས་སྐྱོང་ཞིང་
ཐོས་བསམ་ཀྱང་ཕུལ་དུ་བྱུང་བ་གནང་ནས། བསྒོམ་པས་ཉམས་སུ་མྱོང་བའི་ཚུལ་ནི། དུས་རྒྱུན་ཀྱེ་རྡོ་རྗེ། རྡོ་རྗེ་རྣལ་འབྱོར། ཁྲོ་བཅུ་སོགས་ཡི་དམ་ཆོས་སྐྱོང་
མང་པོའི་བསྙེན་རྫོགས་བཟླས་བསྒོམ་མཆོད་གཏོར་སོགས་ལ་བརྩོན་ཞིང་། ཁྱད་པར་དུ་དགེས་རྡོར་བཞི་ཡི་བསྙེན་པ། ཀུན་རིག །འཇིགས་བྱེད། གུར་མགོན་
སོགས་ཡི་དམ་ཆོས་སྐྱོང་དུ་མའི་བསྙེན་སྒྲུབ་བཅུ་ཆའི་སྦྱིན་སྲེག་བཅས་མཐར་ཕྱིན་པ་སོགས་བཤད་སྒྲུབ་ཁོ་ནས་དུས་འདའ་བར་མཛད་དོ། །བར་སྐབས་རྣམས
སུ་གདན་ས་ཆེན་པོ་སོགས་གཙང་དབུས་ཀྱི་གནས་གཟིགས་དང་མཆོད་འབུལ་སྨོན་ལམ་སོགས་རྒྱ་ཆེར་མཛད་ཅིང་། སྤྲོ་ལུང་དུ་མང་ཐོས་བསོད་ནམས་ཆོས
འཕེལ་མཇལ་དུ་ཕེབས་པའི་ཚེ། རྗེ་དེ་ཉིད་གཟིམས་ཁང་གི་སྒོ་ཁར་སྤྱོས་སྣ་མཇལ་དར་བཅས་བསུ་བ་དང་བཀུར་བསྟི་དཔག་མེད་མཛད། ཚེ་དབང་ཞིག་ཕུལ
བས་ཆོ་བུམ་ལས་བདུད་རྩི་བབས་པ་སོགས་སྐུ་ཚེ་དང་བསོད་ནམས་རྒྱས་པའི་རྟེན་འབྲེལ་ཤིན་ཏུ་ལེགས་པར་བྱུང་། སླར་ཡང་གནས་ཐར་བ་རྩེར་ཕེབས་ཏེ
ལུགས་གཉིས་ཀྱི་སྒོ་ནས་འཛིན་སྐྱོང་དང་བཤད་སྒྲུབ་སྤེལ་མས་མཛད་ཕྱིན་བཟང་པོ་གོང་འཕེལ་དུ་བཞུགས་སྐབས། དགུང་ལོ་སོ་ལྔ་པ་ལྕགས་ཕོ་ཁྱི་ཡི་ལོ་སྟེ་སྤྱི

ལོ་༡༧༣༠ལོར་མཁན་ཆེན་ཚུལ་ཁྲིམས་ལྷུན་གྲུབ་ཞིང་ལ་ཕེབས་ཏེ། བླ་བྲང་ཁག་དང་གྲྭ་ཚང་རྣམས་ཀྱིས་གསོལ་བ་ནན་ཆེར་བཏབ་ཅིང་། གཙོ་བོ་ས་སྐྱོང་མི་དབང་ཆེན་པོ་གདན་ས་གོང་སོགས་ཀྱི་བཀའ་ཕེབས་པ་དང་བཅས། བསྟན་དོན་ཐུགས་ལ་བཅངས་པའི་སྒོ་ནས་ལོ་དེའི་ཧོར་ཟླ་བཅུ་གཉིས་པའི་ཚེས་བཅོ་ལྔ་ཉིན། རྡོ་རྗེ་འཆང་ཆེན་པོའི་ཆོས་ཀྱི་ཁྲི་ག་ལ་བ་དེར་མངའ་གསོལ་ཞིང་གོང་ས་ཡན་ཕྱིར་གྱི་སྐུ་ཚབ་རྣམས་དང་བླ་བྲང་ཁག་འདུས་ཚོགས་ཀུན་གྱིས་བཀྲ་ཤིས་པའི་དགའ་སྟོན་ཆེན་པོ་ཕུལ། རིམ་གྱིས་ལམ་འབྲས་བུ་དང་བཅས་པའི་གདམས་པ་ཟབ་ཁྲིད་སྨིན་ཀྲུས་སྤྱི་ཕྱིར་ཚར་གསུམ་དང་། སོ་སོ་ཐར་པའི་སྡོམ་པ་དགེ་བསྙེན་དགེ་ཚུལ་དགེ་སློང་རིམ་ཅན་དུ་བསྐུལ་བ་བགྲང་ལས་འདས་པ་དང་། བྱང་ཆུབ་སེམས་དཔའི་སེམས་བསྐྱེད་ཀྱང་དུ་མ་བསྐུལ་ཞིང་སྔོན་དུ་ཐར་རྩེར་བཞུགས་སྐབས་རྡོ་རྗེ་ཕྲེང་བའི་དབང་བསྐུར་ཚར་གཉིས་དང་། ངན་སོང་སྦྱོང་རྒྱུད་ཚར་བཅུ་གཉིས་ཀྱི་དབང་ལུང་དང་། གཞན་ཡང་སྤྱི་ཕྱིར་རྡོ་རྗེ་ཐེག་པའི་དཀྱིལ་འཁོར་མང་པོའི་དབང་བསྐུར་བ་དང་། སྒྲུབ་ཐབས་བརྒྱ་རྩ་སོགས་རྗེས་གནང་དཔག་མེད་དང་། གྲོལ་ལམ་ཁྲིད་མན་ངག་གི་གནད། ཐེག་པ་ཆེ་ཆུང་གི་ཕྱག་ཁྲིད་ལུང་སོགས་ཟབ་ཆོས་དཔག་ཏུ་མེད་པས་སྐལ་ལྡན་གྱི་གདུལ་བྱ་རྣམས་ཚིམ་པར་མཛད་ཅིང་། དེའི་ཚེ་བསྟན་འཛིན་གྱི་སློབ་མ་གཙོ་བོ་ཡང་གངས་ཅན་མགོན་པོ་དཔལ་ས་སྐྱ་པ་སྔགས་འཆང་བསོད་ནམས་རིན་ཆེན་ཡབ་སྲས། ཞབས་དྲུང་ཀླུ་ལྡིང་བ་མི་འགྱུར་རྒྱལ་མཚན། ཁང་གསར་དཔོན་རིན་པོ་ཆེ་བསོད་ནམས་ལྷུན་གྲུབ། རྗེ་རང་གི་སྐུ་དཔོན། བྱམས་པ་བཀྲ་ཤིས་ལྷུན་གྲུབ་ཀྱི་སྐུ་དཔོན་སངས་རྒྱས་ཡེ་ཤེས་སོགས་མཁས་བཙུན་བཟང་གསུམ་གྱི་ཡོན་ཏན་དང་ལྡན་པའི་སློབ་མ་བགྲང་ལས་འདས་པ་བྱོན། གཞན་ཡང་ཨེ་ཝཾ་པའི་བསྟན་པ་སྤྱི་སྒེར་ལུགས་གཉིས་ཀྱིས་འཛིན་སྐྱོང་སྤེལ་གསུམ་འགྲན་ཟླ་དང་བྲལ་བ་མཛད་ཅིང་། བླ་བྲང་དུ་སྦྱོར་འཛུགས་དུ་མ་གནང་བ་མ་ཟད། ཆོས་དུང་རིན་པོ་ཆེས་གཞོག་གསར་བསྒྲོན་ལ་ཕྲ་རྒྱན་ངོ་མཚར་བ། གཙུག་ལག་ཁང་གི་དགེ་འདུན་གྱི་གསོལ་ཇའི་སྟོད་དུ་འགྲིམ་རྒྱུའི་ཟངས་དེམ་སྤྱུས་ལེགས་ཆ་དྲུག་མཛོད་ནག་ཏུ་སྤྱན་གཟིགས་དུ་མ་དང་། གཟིམས་ཆུང་དུ་སྣམ་གསེར་རིས་མ་སྤྱུས་ལེགས་ཆ་གསུམ་ཁྲི་དང་བཅས་པ། ལྷག་པར་ས་སྐྱོང་མི་ཡི་དབང་པོའི་ཞབས་དྲུང་ནས་གཏན་ཚིགས་རིན་པོ་ཆེ་ཐུགས་སྐྱོལ་གནང་བ་འདི་ཁོ་ནའང་བླ་བྲང་རིམ་བྱོན་རྣམས་ལ་བཀའ་དྲིན་གཞལ་དུ་མ་མཆིས་པ་བཅས་བསྟན་པ་སྤྱི་ལ་ཐུགས་རྗེ་ཤིན་ཏུ་ཆེ་བ་བཞུགས་ཀྱང་། ཐར་རྩེའི་གདན་སར་འཛིན་སྐྱོང་རྒྱ་ཆེ་བར་བརྟེན་གཞུང་ས་སོགས་སུ་དགོངས་ཁྲོལ་ཞུས་ཏེ། བོད་རབ་བྱུང་བཅུ་གཉིས་པའི་ཆུ་མོ་གླང་གི་ལོ་སྟེ་སྤྱི་ལོ་༡༧༣༣ལོའི་ཟླ་བ་བརྒྱད་པའི་ཚེས་བརྒྱད་གཟའ་སྐར་བཟང་པོ་

འཛོམས་པར་བླ་བྲང་གི་གདན་ཚབ་ཏུ་མཁས་གྲུབ་དཔལ་ལྡན་ཆོས་སྐྱོང་མངའ་གསོལ་ཏེ། ཐར་རྩེ་ཟུར་བཞུགས་མཛད་པའི་ཕེབས་འཕྲལ་རྒྱལ་བའི་བཀའ་བསྟན་འགྱུར་རོ་འཚལ་ཡོངས་རྫོགས་ཕྱག་ཏུ་འཁྱོར་བ་སོགས་སྐུ་བསོད་སྨད་དུ་བྱུང་ཞིང་གླེགས་ཤིང་གདོང་དར་བཞུགས་ཁང་ཀུན་དགའ་ར་བ་སོགས་ཁྱད་དུ་འཕགས་པའི་བཀུར་སྟི་བཅས་མདོར་ན་མཛད་པ་དང་ཕྲིན་ལས་བཟང་པོ་བསྟན་འགྲོའི་དོན་ལ་གཡེལ་མེད་དུ་ཡུན་རིང་བཞུགས་པར་མཛད་ཅིང་། དགུང་ལོ་ང་དྲུག་པ་བོད་རབ་བྱུང་བཅུ་གསུམ་པ་ལྕགས་མོ་ལུག་གི་ལོར་དཔལ་ལྡན་ས་སྐྱར་ཕེབས་ཏེ། རིག་འཛིན་ཕོ་བྲང་དུ་སྐུ་ཚེ་ཚེ་སྒྲུབ་ཀྱི་བཅུད་རྒྱ་ཟླ་བ་གསུམ་ལྷག་ཙམ་གནང་། མཚམས་བར་རྣམས་སུ་གོང་མ་སྐུ་མཆེད་ལ། གདུགས་དཀར་གྱི་རྗེས་གནང་དང་བྱད་འགྲོལ་ལ་སོགས་དབང་ལུང་འགའ་ཞིག་ཕུལ་ཞིང་། སླར་ཡང་དཔལ་ཨེ་ཝཾ་ཆོས་ལྡན་དུ་ཕེབས་དེ་གདུལ་བྱ་དུ་མ་སྨིན་གྲོལ་གྱི་ལམ་དུ་བཀོད་དེ། དགུང་ལོ་དགུ་པ་ཤིང་ཕོ་ཁྱི་ཡི་ལོ་སྟེ་སྤྱི་ལོ་༡༧༥༤ ལོར་རྟེན་འགངས་ཆེན་རྣམས་ལ་གསེར་ཆབ་བརྒྱ་མཆོད་རྒྱས་པ། བསྟན་པ་རྒྱས་པའི་སྨོན་ལམ་ཡང་དག་པར་གནང་སྟེ་དཔལ་ཨེ་ཝཾ་ཆོས་ལྡན་དུ་གཟུགས་སྐུའི་བཀོད་པ་ཆོས་དབྱིངས་སུ་བསྡུས་པ་ཡིན་ནོ། །

༄ མཁས་གྲུབ་དཔལ་ལྡན་ཆོས་སྐྱོང་།

ཁོང་ནི་བོད་རབ་བྱུང་བཅུ་གཉིས་པའི་ཆུ་ཕོ་རྟ་ཡི་ལོ་སྟེ་སྤྱི་ལོ་༡༧༠༢ ལོར་ངོར་ཨེ་ཝཾ་གྱི་བྱ་འདབས་སུ་ཡབ་ཀུན་དགའ་རྡོ་རྗེ་དང་། ཡུམ་བུ་ཁྲིད་གཉིས་ཀྱི་སྲས་སུ་ངོ་མཚར་བའི་ལྟས་དུ་མ་དང་བཅས་ཏེ་སྐུ་འཁྲུངས་ཤིང་མཚན་རྡོ་རྗེ་ཕུན་ཚོགས་སུ་གསོལ། སྐུ་ན་ཆུང་དུའི་དུས་ནས་དམ་པའི་བག་ཆགས་རང་ཆས་སུ་སད་ཅིང་། དགུང་ལོ་བདུན་པར་ཁུ་བོ་མཚུངས་མེད་བསྟན་འཛིན་ལྷུན་གྲུབ་ལ་གཙུག་ཕུད་ཕུལ་ཏེ་མཚན་དཔལ་ལྡན་ཆོས་སྐྱོང་དུ་གསོལ། དེ་ནས་རིམ་གྱིས་བྲིས་པ་ལ་འཛུག་པའི་སྒོ་ནས་གསུངས་པ་ལྟར་ཆོས་སྤྱོད་ཀྱི་རིམ་པ་རྣམས་བསླབ་པར་མཛད། ལོ་དེར་མཁན་པོ་བྱམས་པ་ཚུལ་ཁྲིམས་དཔལ་བཟང་པོ་དང་། མཚུངས་མེད་བསོད་ནམས་དཔལ་ལྡན་ལས་སློབ་དང་། གནས་བརྟན་འདུལ་བ་འཛིན་པ་བསྟན་འཛིན་ལྷུན་གྲུབ་དཔལ་བཟང་པོ་བཅས་དད་པའི་དགེ་འདུན་གྲངས་ཚང་གི་དབུས་སུ་དགེ་ཚུལ་གྱི་སྡོམ་པ་ཡང་དག་པར་བཞེས་ཏེ། མངར་གསུམ་གྱི་དགའ་སྟོན་བཅས་གནང་། དམ་པ་དེ་ཉིད་ཀྱིས་དཔལ་དགེས་པ་རྡོ་རྗེའི་རྒྱུ་ལམ་གྱི་དབང་དང་། ཁྱད་པར་གཉིས་ལྡན་གྱི་སེམས་བསྐྱེད་ཀྱི་སྡོམ་པ། མགོན་པོད་མི་འབར་མའི་ལུང་སོགས་ལུགས་གཉིས་ཀྱི་བཀའ་དྲིན་ཆེ་བ་བསྐྱལ།

དགུང་ལོ་བཅུ་པར་ཚོགས་སྒྲིག་རྒྱུགས། ཚོགས་འདོན་རིམ་པ་བརྟག་གཉིས། རྩལ་ལྡོན། སྡོམ་གསུམ། སྣང་རྒྱུད། རྒྱལ་སྲས་ལམ་བཟང་བླ་མ་མཆོད་པ་སོགས་ལ་གཟིགས་རྟོགས་མཛད་ཅིང་། ལྷག་པར་དུ་རྗེ་བཙུན་བྱང་ཆུབ་སེམས་དཔའ་བསོད་ནམས་དཔལ་ལྡན་ལས་ལམ་འབྲས་བུ་དང་བཅས་པའི་སྔོན་འགྲོ་དངོས་གཞིའི་ཁྲིད། རྒྱུ་ལམ་གྱི་དབང་། རྒྱུད་ཆོས་སྐོར། བདེ་མཆོག །ལོ་ནག །གུར་སམ། ཕུར་པ། འཇིགས་བྱེད། མགོན་པོའི་བཀའ་བབས་ལྔ། སྒྲུབ་ཐབས་བརྒྱ་རྩ་གཙོ་བོར་གྱུར་པའི་རྗེས་གནང་ཟུར་ཁ་རིགས་དུ་མ། འཕགས་པ་བརྒྱད་སྟོང་པ། དཀོན་མཆོག་ལྷུན་གྲུབ། པཎ་ཆེན་བུདྡྷའི་བཀའ་འབུམ་གྱི་ལུང་སོགས་བུམ་པ་གང་བྱོའི་རྩལ་དུ་གསན་པར་མཛད་ཅིང་། དགུང་ལོ་བཅུ་དགུ་པར་ཐུབ་དབང་གཉིས་པ་མཁན་ཆེན་བསོད་ནམས་བཟང་པོ་ཞལ་སྔ་ནས་དང་། འདུལ་འཛིན་པ་བློ་གྲོས་ཕུན་ཚོགས་སོགས་དགེ་འདུན་གྲངས་ཚང་གི་དབུས་སུ་བསྙེན་པར་རྫོགས་པའི་དགེ་སློང་གི་སྡོམ་པ་ཡང་དག་པར་བཞེས། དགོས་རྫོར་སྨིན་གྲོལ་གྱི་དབང་། གྲུབ་བརྒྱའི་བྱིན་རླབས། མཁའ་སྤྱོད། བིར་སྲུང་། ལམ་ཟབ་ཕྱི་ནང་། སྒྲུབ་ཐབས་རྒྱ་མཚོ་གཙོ་བོར་གྱུར་པའི་ཡི་དམ་ཆོས་སྐྱོང་ནོར་ལྷའི་རྗེས་གནང་དུ་མའི་བཀའ་དྲིན་མནོས། གཞན་ཡང་བསྟན་འཛིན་གྱི་སྐྱེས་ཆེན་དམ་པ་བློ་བཟང་བསྐལ་བཟང་རྒྱ་མཚོ་སྟེ། བློ་བཟང་དཔལ་ལྡན་ཡེ་ཤེས་དགའ་ལྡན་ཁྲི་རིན་པོ་ཆེ་རབ་འབྱམས་པ་བྱམས་པ། ས་སྐྱ་པ་ཡབ་ཆེན་ཀུན་དགའ་བཀྲ་ཤིས། དེའི་སྲས་ཀུན་དགའ་བསོད་ནམས་རིན་ཆེན། ཀུན་དགའ་བློ་གྲོས། གཙུང་མཐུ་སྟོབས་དབང་ཕྱུག །རྡོ་རྗེ་འཛིན་པ་མཚུངས་མེད་བསྟན་འཛིན་ལྷུན་གྲུབ། ཤར་ཆེན་བློ་གྲོས་གྲགས་པ། རྨོར་ཆེན་ལྷ་རིགས་གནས་སར་དཔོན་རིན་པོ་ཆེ། སྒྲོ་ལུང་པ་ཆེན་པོ། ཀརྨ་པ་ཞྭ་དམར་ནག །འབྲི་གུང་ཞབས་དྲུང་རིན་པོ་ཆེ། འབྲུག་པ་ཐམས་ཅད་མཁྱེན་པ། ཡོངས་འཛིན་རིན་པོ་ཆེ། རིག་འཛིན་སྨིན་གྲོལ་གླིང་པ། ཁམས་རྫོགས་ཆེན་སྤྲུལ་པའི་སྐུ་སོགས་སྟེ་ཕྱིར་དམ་པ་བཅུ་ཕྲག་གཉིས་ཀྱི་གསུང་གི་བདུད་རྩི་མྱོང་སྟེ། མདོ་སྔགས་གཞུང་ལུགས་རབ་འབྱམས་ཀྱི་ཕ་རོལ་ཏུ་སོན། མཁས་པའི་གྲགས་པ་ནོར་འཛིན་སྐེག་མོའི་ཁྱོན་ཀུན་ཏུ་ཁྱབ་པར་གྱུར། དགོས་རྫོར། འཇིགས་བྱེད། ངན་སོང་སྦྱོང་བ་སོགས་ཀྱི་ཡི་དམ་ཞི་རྒྱས་དབང་དྲག་གི་བསྙེན་པ་སྨིན་སྲེག་བཅུ་ཕྲག་གཅིག་དང་ཉག་མ་ལྔའི་སྐོར་བགྱིས་ཏེ། གྲུབ་པའི་མཚན་མ་དུ་མ་མངོན་དུ་གྱུར། གཙང་དབུས་མཐའ་དག་གི་གནས་སྐོར་གྱི་སྐབས་སུའང་སློབ་མ་དད་ལྡན་རྣམས་ལ་འདོད་ཆོས་ཅི་རིགས་པའི་སྦྱིན་པ་བྱས། དགུང་ལོ་ཉེར་ལྔ་ནས་ཉེར་བརྒྱད་པར་དཔལ་ཨེ་ཝཾ་ཆོས་ལྡན་གྱི་དགེ་འདུན་རྣམས་ལ་ཞབས་ཏོག་མཆོད་འབུལ་དང་། ཆོས་ཀྱི་སྦྱིན་པ་ཅི་རིགས་བགྱིས། །དགུང་ལོ་ཉེར་བརྒྱད་པ་ས་མོ་བྱ་ཡི་ལོ་སྟེ་༡༧༢༨ལོར་གླུ་ལྡིང་པའི་ཤར་ཆེན

གོང་མའི་དུས་རྟེན་དུ་ཐར་ལམ་སྣར་འཛིན་འགྲོ་དགོས་པའི་བཀའ་དང་ལེན་བགྱིས་ཏེ། ཡུལ་དགོན་འབྲོག་གསུམ་གྱི་མཆོག་དམན་ཀུན་གྱིས་དད་ཅིང་འདུན་པའི་འབུལ་ནོད་ཀྱི་ཚོགས་ཀུང་ གྱ་ནོམ་པ་དུ་མ་བྱུང་ཞིང་། ཐར་ལམ་སྣར་དུ་ལོ་གསུམ་བཞུགས་ནས་སླར་ཡང་དཔལ་ཨེ་ཝཾ་ཆོས་ལྡན་དུ་བྱོན་པའི་ལམ་བར་གྱི་དགོན་སྡེ་བརྒྱ་ཕྲག་ཕྱེད་གཉིས་ཙམ་ལ་མང་ཇ་མཆོད་འབུལ་སོགས་མཆོད་པའི་སྦྱིན་ཕུང་ནམ་མཁའ་དང་མཉམ་པར་མཛད། དགུང་ལོ་སོ་གཅིག་པ་བོད་རབ་བྱུང་བཅུ་གཉིས་པའི་ཆུ་མོ་གླང་གི་ལོ་སྟེ་སྤྱི་ལོ་༡༧༢༣ ལོར་དཔལ་ཨེ་ཝཾ་ཆོས་ལྡན་ཡོན་ཏན་རིན་པོ་ཆེ་དུ་མའི་འབྱུང་གནས་ཀྱི་ཆོས་ཀྱི་ཁྲི་ལ་ཞབས་ཀྱི་པདྨོ་ནི་བར་བཀོད་དེ། གསུང་ངག་རིན་པོ་ཆེ་ལམ་འབྲས་བུ་དང་བཅས་པའི་ཁྲིད་རྒྱས་པ་དང་རྒྱུད་སྡེ་མཐའ་དག་གི་སྨིན་བྱེད་ཀྱི་དབང་ཁྲིད། རྗེས་གནང་། བཀའ་འབུམ་དུ་མའི་ལུང་སོགས་ཟབ་པ་དང་རྒྱ་ཆེ་བའི་ཆོས་ཀྱི་འཁོར་ལོ་བར་མེད་དུ་བསྐོར་བར་མཛད་དེ་གདུལ་བྱ་དུ་མ་སྨིན་གྲོལ་གྱིས་ལམ་ལ་བཀོད་དེ། སྟོད་མངའ་རིས། བར་དབུས་གཙང་། སྨད་མདོ་ཁམས་ཀྱི་ཕྱོགས་རྣམས་སུ་བཞུགས་པའི་རང་ལུགས་ཀྱི་ཆོས་སྡེ་སོ་སོའི་བླ་མ་སློབ་དཔོན་ལུང་དང་རྟོགས་པའི་ཡོན་ཏན་ཕུན་སུམ་ཚོགས་པ་དང་ལྡན་པའི་མཁས་བཙུན་བཟང་གསུམ་གྱི་བུ་སློབ་ནམ་མཁའི་སྐར་ཚོགས་ལྟ་བུས་བཤད་སྒྲུབ་ཀྱི་སྒོ་ནས་བསྟན་པ་རིན་པོ་ཆེ་འདབ་བརྒྱའི་ཚུལ་དུ་ཉི་ཟེར་ཐོག་པ་ལྟར་རྒྱས་པར་མཛད་པ་ནི་བསམ་པའི་ར་བ་ལས་ཡོངས་སུ་བརྒལ་བ་ཡིན་ནོ། །དགུང་ལོ་སོ་བརྒྱད་པ་ལྕགས་ཕོ་ཁྱིལ་ཀྱི་ལོ་སྟེ་༡༧༣༠ལོར་སྡེ་དགེར་མཁན་ཆེན་བཀྲ་ཤིས་ལྷུན་གྲུབ་དག་ཞིང་དུ་གཤེགས་པའི་གདན་ཚབ་ཏུ་སྡེ་དགེའི་མཆོད་གནས་སུ་བྱོན་དགོས་ཚུལ་སྐོར་སྡེ་དགེའི་བླ་མ་ཕུན་ཚོགས་བསྟན་པས་མི་དབང་ཆེན་པོར་སྣན་སྦྲོན་ཕུལ་བས། དོན་སྨིན་གྱིས་དམ་པ་འདི་ཉིད་སྡེ་དགེར་བྱོན་དགོས་ཀྱི་བཀའ་ཤོག་ཐེབས་པར་བརྟེན། སླར་ཡང་གདན་ཚབ་ཏུ་མཁན་ཆེན་བྱམས་པ་བཟང་པོ་མངའ་གསོལ་ཏེ། བླ་བྲང་གི་རྩིས་འབུལ་སོགས་རྒྱས་པར་ཕུལ། ལོ་དེར་ལྷུན་གྲུབ་སྟེང་དུ་ཡོན་མཆོད་ཞལ་འཛོམ་དང་གང་ཅིའི་རྟེན་འབྲེལ་གྱི་སྒོ་ལེགས་པར་བྱུང་སྟེ། ལོ་གྲངས་བཅོ་ལྔའི་བར་དུ་གཙོ་བོར་སྡེ་དགེ་ཚང་གིས་མཆོན་པའི་བོད་ཆེན་པོའི་ལྗོངས་ཡོངས་སུ་རྫོགས་པའི་རིས་བྲལ་བསྟན་པའི་ཞབས་འགྱུར་དང་། འགྲོ་བ་མཆོག་དམན་ཀུན་ལ་རྣམ་བཞིས་སྨིན་པས་ཆོས་པའི་འགྲོ་དོན་དང་ཕྲིན་ལས་ནི་མཁའ་ཡི་བུ་མོའི་ཕར་མཐའ་བྱེད་པར་གྱུར། དགུང་ལོ་ང་གསུམ་པར་དབུས་ཕྱོགས་སུ་བྱོན་ཏེ། རྒྱལ་བ་ཡབ་སྲས་དང་། དཔལ་ས་སྐྱ་པ་ཆེན་པོ། ཨེ་ཝཾ་བླ་བྲང་ཁག་སོགས་རིས་བྲལ་གྱི་བསྟན་འཛིན་བླ་ཆེན་རྣམས་སུ་འབུལ་ཆེན་དང་། གཙང་དབུས་མཐའ་དག་གི་རིས་བྲལ་དགོན་སྡེ་རྣམས་སུ་མང་ཇ་གྲལ་འགྱེད། ལྷ་ས་བསམ་ཡས་ཀྱིས

མཆོན་གནས་ཆེན་གཙུག་ལག་ཁང་བཅས་ཀྱི་ལུས་མེད་ཐུལ་གྱི་རྟེན་གསུམ་ལ་མཆོད་འབུལ། མཆོད་རྫས་ཀྱི་བྱེ་བྲག །སྣན་དར། གསེར་ཆབ་སོགས། གཞན་ཡང་དབུལ་པོར་སྦྱིན་པ་བཅས་ཚང་མར་དངུལ་ཐོག་ཏུ་བསྟོམས་པར་གྲངས་སོགས་བརྗོད་ཀྱིས་མི་ལངས་བ་ཙམ་གྱིས་ཚོགས་གཉིས་ཡོངས་སུ་རྫོགས་པར་མཛད་པས། གཙོ་བོར་རྒྱལ་བ་ཡབ་སྲས་དཔལ་ས་སྐྱ་པ་ཆེན་པོ་སོགས་ནས་ཀྱང་དམ་པ་འདིའི་དངོས་ཆས་རྣམ་ཐོས་སྲས་ཀྱི་བང་མཛོད་ཁ་དབྱེ་བ་ལྟ་བུས་རྣམ་དཀར་གྱི་ཚོགས་བསམ་གྱིས་མི་ཁྱབ་པ་སྒྲུབ་པའི་སྟོབས་འདི་བཞིན་ལ་རྗེས་སུ་ཡི་རངས་ཀྱི་བཀའ་མཆིད་གསེར་གྱི་ཅོད་པན་བསྐུལ་ཞིང་། དེ་མཚུངས་དབུས་གཙང་གི་སེར་སྐྱ་ཚང་མས་ཀྱང་མགྲིན་གཅིག་ཏུ་བསྟན་པའི་ཞབས་ཏོག་སོགས་ལེགས་རབ་ཀྱི་བསྔགས་བརྗོད་ཀྱི་མེ་ཏོག་དཀར་པོ་ཕྱོགས་བཅུར་འཐོར་བར་གྱུར་གཞན་ཡང་དམ་པ་འདི་ཉིད་ཀྱིས་རང་རྣམ་པོད་གཉིས་བརྩམས་ཤིང་རྗེས་འཇུག་གདུལ་བྱའི་གསོས་སུ་བཞག་སྟེ། ཞིང་འདིའི་གདུལ་བྱ་དེ་ཙམ་དུ་གཟིགས་ནས་མཐར་དགུང་གྲངས་དྲུག་ཅུ་པ་བོད་རབ་བྱུང་བཅུ་གསུམ་པའི་ལྕགས་པོ་འབྲུག་གི་ལོ་སྤྱི་ལོ་༡༧༦༠ལོར་དགོངས་པ་ཆོས་དབྱིངས་སུ་བསྡུས་པ་ཡིན་ནོ། །

༄ མཁས་གྲུབ་སངས་རྒྱས་དཔལ་བཟང་།

ཁོང་ནི་བོད་རབ་བྱུང་བཅུ་གཉིས་པའི་ས་མོ་ཡོས་ཀྱི་ལོ་སྤྱི་ལོ་༡༦༩༩ལོར་མདོ་ཁམས་ཆུ་བོ་གསེར་ལྡན་དལ་གྱིས་འབབ་པའི་འགྲམ་ངོགས་ལྡན་གྱི་བྱ་ར་ཞེས་བྱ་བར་ཡབ་ཨ་མྱེ་ཐུགས་རྗེ་སྐྱབས་དང་། ཡུམ་བཀྲ་ཤིས་མཚོ་གཉིས་ཀྱི་སྲས་སུ་བཀྲ་ཤིས་པའི་དགེ་མཚན་དུ་མ་དང་བཅས་ཏེ་སྐུ་འཁྲུངས་ཤིང་གཏེར་སྟོན་རོལ་པའི་རྡོ་རྗེ་དྲུང་ནས་ཁྲུས་དང་སྐྱབས་སྡོམ་ཞུས་ཏེ་མཚན་རྡོ་རྗེ་གྲོ་ལོད་རྩལ་དུ་གསོལ། དེ་ནས་རིམ་གྱིས་ཚེ་ཧཱུྃ་ཀརྨ་བསྟན་འཕེལ་དྲུང་ནས་སྐྱབས་གསུམ་འཛིན་པའི་སྡོམ་པ་དང་དབང་ཁྲུས་གསན། དགུང་ལོ་ལྔ་པར་ཡིག་ཀློག་བསླབ་པས་ཚེགས་མེད་དུ་མཁྱེན་པ་བྱུང་། དགུང་ལོ་བརྒྱད་པར་གཏེར་སྟོན་དེ་ཉིད་ལས་བཀའ་བརྒྱད་བདེ་གཤེགས་འདུས་པ་དང་། བླ་མ་དགོངས་པ་འདུས་པའི་དབང་ལུང་སོགས་དུ་མ་དང་། སྐུ་དྲུང་བླ་མ་འཇམ་དབྱངས་བསྟན་འཛིན་ཉི་མ་ནས་རབ་ཏུ་བྱུང་ཞིང་དབང་རྗེས་གནང་སོགས་དུ་མ་གསན་པར་མཛད་ཅིང་། དགུང་ལོ་བཅོ་ལྔ་པར་ལྡན་མ་སྒོམ་ཆེན་ཀུན་དགའ་བསྟན་འཛིན་ལས། ཀུན་རིག །འཇིགས་བྱེད། གཤེད་དམར་རྣམས་ཀྱི་དབང་ལུང་དང་། །ནག་རྩིས་སོགས་དང་། མི་ཉག་བླ་ཆེན་ཀུན་དགའ་དཔལ་འབྱོར་སོགས་དགེ་བའི་

བཤེས་གཉེན་དུ་མའི་ཞབས་རྡུལ་སྤྱི་བོར་བླངས་ཏེ་ཐོས་བསམ་རྒྱ་ཆེར་མཛད། དགུང་ལོ་ཉེར་གཅིག་པར་དཔལ་ཨེ་ཝཾ་ཆོས་ལྡན་ཡོན་ཏན་རིན་པོ་ཆེ་དུ་མའི་འབྱུང་གནས་སུ་ཕེབས། དགུང་ལོ་ཉེར་གཉིས་པར་དཔལ་ཨེ་ཝཾ་བླ་བྲང་གི་གཙུག་ལག་ཁང་ཆེན་པོར་དོན་གྱི་ཐུབ་དབང་གཉིས་པ་བྱམས་པ་བསོད་ནམས་བཟང་པོས་མཁན་པོ་མཛད་དེ་མཁན་སློབ་བདུན་གྱི་དྲུང་དུ་བསྙེན་པར་རྫོགས་པའི་དགེ་སློང་གི་སྡོམ་པ་ཡང་དག་པར་བཞེས་ཤིང་སྔ་གཞུག་རྣམས་སུ་མཁན་ཆེན་བསོད་ནམས་བཟང་པོ་དང་། མཁན་ཆེན་བཀྲ་ཤིས་ལྷུན་གྲུབ། ཐར་རྩེ་ནམ་མཁའ་བསམ་གྲུབ། ཀླུ་ལྡིང་ཞབས་དྲུང་། རྡོ་རྗེ་འཛིན་པ་བསྟན་འཛིན་ལྷུན་གྲུབ། གྲུབ་དབང་སངས་རྒྱས་བསྟན་པ། གློ་བོ་དགེ་བཤེས་བསོད་ནམས་གྲགས་པ། མཁན་ཆེན་དཔལ་ལྡན་ཆོས་སྐྱོང་སོགས་དགེ་བའི་བཤེས་གཉེན་དུ་མའི་ཞབས་རྡུལ་སྤྱི་བོར་བླངས་ཏེ་ཟབ་རྒྱས་ཀྱི་གདམས་པའི་བདུད་རྩི་རྒྱ་མཚོ་ལྟ་བུར་གསན་བསམ་མཐར་ཕྱིན་གནང་། དེ་ནས་དཔལ་ལྡན་ས་སྐྱར་བྱོན་ནས་དྲུང་ཡིག་ཀུན་དགའ་སངས་རྒྱས་མདུན་ནས་སྒྲའི་བསྟན་བཅོས་བསླབས་པས་ལྡན་མ་སྒྲ་པ་ཞེས་མཁས་པའི་གྲགས་པ་ཐོབ་དེ་ནས་ཆུ་སྟག་ལོར་ཁམས་སྡེ་དགེའི་རྫོང་ཆེན་དགོན་དུ་བྱོན་ཏེ་ཆོས་ཀྱི་ཁྲི་ལ་ཞབས་ཀྱི་པདྨོ་ཉེ་བར་བཀོད་དེ། ལོ་དྲུག་གི་བར་དུ་དེར་བཞུགས་ཤིང་བསྟན་འགྲོའི་དོན་རྒྱ་ཆེར་མཛད། བར་སྐབས་རྣམས་སུ་མཁས་དབང་བཀྲ་ཤིས་དབང་ཕྱུག་དང་། གྲུབ་དབང་སངས་རྒྱས་བསྟན་པ། སངས་རྒྱས་རྒྱ་མཚོ་རྣམས་ལས་ཀྱང་དབང་ཆོས་དུ་མ་གསན། གཞན་ཡང་ལྷུན་གྲུབ་སྟེང་གི་ཆོས་རྗེ་ཀུན་དགའ་ཆོས་འཕེལ་ལས་རྡོར་ཕྲེང་གི་ཕྱག་ལེན་དོགས་གཅོད་གཙང་དག་མཛད་ནས། ལྡན་ཆོས་སྟེར་ཟླ་གཅིག་བཞུགས་ཏེ་རྡོ་རྗེ་ཕྲེང་བའི་དབང་སོགས་གསུང་ཆོས་དུ་མ་བསྐུལ། ས་མོ་བྱ་ཡི་ལོར་ལྡན་གྱི་ས་དཀར་དགོན་དུ་བྱོན་ནས་ཡུན་རིང་བཞུགས་ཏེ་ཞུ་ཆེན་ཚུལ་ཁྲིམས་རིན་ཆེན་ལས་སྙན་ངག་མེ་ལོང་གི་ངག་ཁྲིད་གསན་ནས་དོན་རྒྱན་གྱི་རྩོམ་རྒྱུགས་བཅས་དང་། སྡེབ་སྦྱོར་རིན་ཆེན་འབྱུང་གནས་ཀྱི་རི་མོ་དང་། ལམ་འབྲས་ཀྱི་ལུས་སྦྱོང་དང་ཕྲིན་ལས་སོ་གཉིས་ཀྱི་འཁྲུལ་འཁོར་རྣམས་གསན་སྦྱངས་མཛད། དགོན་དེར་སྤྱོད་རྒྱུད་དཀྱིལ་འཁོར་བཅུ་གཉིས་ཀྱི་དབང་དང་ནེ་གུ་མའི་ལུགས་ཀྱི་སྐུ་ལུས་ཀྱི་དབང་བཀའ་དང་། དོན་གཉེར་ཉུང་ཤས་ཞིག་ལ་ན་རོ་མཁའ་སྤྱོད་མའི་བྱིན་རླབས་དང་ཉམས་ཁྲིད་ཟབ་རྒྱས་སུ་བསྐུལ། ཡུལ་དགོན་སྤྱི་ལ་ཡང་སྔ་ཕྱིར་ཆོས་སྦྱིན་དུ་མ་མཛད། དེ་དག་གི་བར་སྐབས་རྣམས་སུ་གང་ལ་གང་འཚམ་གྱི་དབང་ལུང་ཁྲིད་མན་ངག་རིག་གནས་གང་དགོས་དང་། རང་བྱུང་སོགས་འགྲོ་ཕན་རྒྱ་ཆེར་མཛད་ཅིང་། དེ་ནས་སླར་ཡང་ཤིང་ཕོ་སྟག་གི་ལོར་དཔལ་ཨེ་ཝཾ་ཕུན་ཚོགས་ཁང་སར་དུ་བྱོན་ནས། དེའི་གཙོས་བླ་བྲང་ཁག་ལ་འབུལ་བ་དང་མང་

འགྲེད་གང་ཐོན་ཕུལ། བོད་རབ་བྱུང་བཅུ་གཉིས་པའི་ཤིང་མོ་ཡོས་ཀྱི་ལོ་སྤྱི་སྐྱི་ལོ་༡༧༣༥(ལོར་དགུན་ཆོས་ལམ་འབྲས་རྒྱབ་ཆོས་རྒྱས་པར་གསན་སྐབས། ཁམས་སྟོད་བསོད་ནམས་དབང་ཕྱུག་དཔལ་ཨེ་ཝཾ་དུ་ཕེབས་པ་ལས་རྒྱལ་བའི་བཀའ་འགྱུར་རིན་པོ་ཆེའི་ལུང་གིས་གཙོས་བྱིན་རླབས་ཉམས་ཁྲིད་མན་ངག་གི་རིགས་དམ་པ་འདི་ཉིད་ལ་གང་མངའ་རྣམས་ཐུམ་པ་གང་བྱོའི་ཚུལ་དུ་ཞུས། དེ་ནས་དཔལ་ལྡན་ས་སྐྱ་གོང་དུ་ཡང་བསྐྱར་ཕེབས་པས་ལུགས་གཉིས་ཀྱི་བདག་རྐྱེན་དཔག་མེད་མཛད། མུས་གླེ་ལུང་གི་འདུས་ཚོགས་ནས་གསོལ་བ་ཡང་ཡང་བཏབ་པ་དང་། དཔལ་ས་སྐྱ་པ་ཆེན་པོ་ནས་ཀྱང་བཀའ་ཤོག་ཕེབས་པར་བརྟེན། མུས་ཆེན་རྒྱལ་མཚན་དཔལ་བའི་གདན་སའི་ཁྲི་རིན་པོ་ཆེར་མངའ་གསོལ་ཏེ། གསུང་ངག་རིན་པོ་ཆེ་ལམ་འབྲས་བུ་དང་བཅས་པའི་ཁྲིད་དང་། རྡོ་རྗེ་ཕྲེང་བའི་དབང་གིས་གཙོས་དབང་ལུང་མན་ངག་གི་ཆོས་ཀྱི་ཆར་ཕེབས་པ་དང་། དགེ་འདུན་རྣམས་ལ་ལུགས་གཉིས་ཀྱི་བསྙེན་བཀུར་རྒྱ་ཆེ་ཞིང་། བསྟན་པ་ནམ་གནས་བར་གྱི་དགེ་རྒྱུན་སྒྲིར་འཛུག་སོགས་བླ་ན་མེད་པ་མཛད། དེ་ལས་དམ་པ་འདི་ཉིད་ཀྱིས་དཔལ་དགེས་པ་རྡོ་རྗེ་སོགས་ལྷག་པའི་ལྷ་རབ་འབྱམས་ཀྱི་བསྙེན་སྒྲུབ་ཚད་དུ་འཁྱོལ་ནས། ཡི་དམ་དུ་མའི་ཞལ་གཟིགས་ཤིང་ལུང་བསྟན་ཐོབ། མཁན་ཆེན་བྱམས་པ་བསོད་ནམས་བཟང་པོས་གདན་སའི་ལས་ཁུར་སྤྲ་ཕྱི་གཉིས་མཛད་པའི་ཕྱི་མའི་གདན་ཚབ་ཏུ་ཀུན་མཁྱེན་ཨེ་ཝཾ་པའི་ཆོས་ཀྱི་ཁྲི་ལ་མངའ་གསོལ་ཏེ། གསུང་ངག་རིན་པོ་ཆེ་ལམ་འབྲས་བུ་དང་བཅས་པའི་ཟབ་ཁྲིད་དང་། སྡོམ་པ་གསུམ་སོགས་ཟབ་རྒྱས་ཆོས་ཀྱི་འཁོར་ལོ་བར་མེད་དུ་བསྐོར་ནས། གསུང་གི་བདུད་རྩི་བཞེས་པའི་ཞལ་སློབ་ཀྱི་རིམ་པ་ཡང་། མཁན་ཆེན་བསོད་ནམས་ལྷུན་གྲུབ། ཞར་ཆེན་མི་འགྱུར་རྒྱལ་མཚན། འཇམ་མགོན་སངས་རྒྱས་ཡེ་ཤེས། སླ་བའི་སེང་གེ་ཚུལ་ཁྲིམས་རིན་ཆེན། ཁམས་སྟོད་བསོད་ནམས་དབང་ཕྱུག་སོགས་བསྟན་པ་རིན་པོ་ཆེ་འཛིན་སྐྱོང་སྤེལ་གསུམ་ལ་ནུས་པ་མང་དུ་བྱུང་ཞིང་། གཞན་ཡང་དམ་པ་འདི་ཉིད་ཀྱིས་མགོན་ཁང་དགུ་རྩེ་ཁྲ་བོ་ཉམས་གསོས་སོགས་ཀྱིས་མཚོན་སྐུ་གསུང་ཐུགས་རྟེན་དུ་མ་བཞེངས་ནས་འདི་ཕྱི་དོན་དང་ལྡན་པར་མཛད་དེ། ཉིད་ཀྱི་གདན་ཚབ་ཏུ་མཁན་ཆེན་བསོད་ནམས་ལྷུན་གྲུབ་མངའ་གསོལ་ཞིང་། དེ་ལྟར་དམ་པ་འདི་ཉིད་ཀྱི་སྐུ་ཚེ་རྫིལ་པོར་འཆད་རྩོད་རྩོམ་གསུམ་གྱི་རྣམ་དཀར་གྱི་མཛད་ཕྲིན་ཆེས་ཆེ་བར་བསྐྱངས་ནས། མཐར་དགུང་གྲངས་ཞེ་བདུན་པ་བོད་རབ་བྱུང་བཅུ་གཉིས་པའི་ཤིང་མོ་གླང་གི་ལོ་སྤྱི་སྐྱི་ལོ་༡༧༤༥(ལོར་དགོངས་པ་ཆོས་དབྱིངས་སུ་བསྡུས་པ་ཡིན་ནོ། །

༄ མཁན་ཆེན་བསོད་ནམས་ལྷུན་གྲུབ།

ཁོང་ནི་བོད་རབ་བྱུང་བཅུ་གཉིས་པའི་ཤིང་ཕོ་རྟ་ཡི་ལོ་སྤྱི་ལོ་༡༧༡༤ལོར་དབུས་གཙང་རུ་བཞིར་གྲགས་པ་ལས་གཡས་རུའི་ནུབ་ཆོས་ལུང་གི་ཉེ་འདབས་གླིང་མ་མཁར་དུ་ཡབ་སྡེ་པ་བློ་བཟང་དང་། ཡུམ་དཔོན་བཟའ་བུད་གཉིས་ཀྱི་སྲས་སུ་ངོ་མཚར་བའི་ལྟས་དུ་མ་དང་བཅས་ཏེ་སྐུ་འཁྲུངས། སྐུ་ན་ཆུང་ངུའི་དུས་ནས་དམ་པའི་བག་ཆགས་སད་ཅིང་། དགུང་ལོ་བརྒྱད་པར་ཁུ་བོ་མཚུངས་བྲལ་བྱམས་པ་བསོད་ནམས་བཟང་པོས་བཀའ་བསྐུལ་བས་ངོར་དུ་ཆོས་ལ་ཕེབས། བྲིས་པ་འཇུག་པའི་སྒོ་ནས་བཟུང་ཐོས་པ་ལ་བརྩོན་པར་མཛད་ཅིང་ཟབ་ཆོས་ནོད་པའི་ཐོག་མར་དཔལ་ས་སྐྱ་པ་ཆེན་པོ་དེ་ཉིད་ཀྱི་དྲུང་དུ་དཔལ་ཨེ་ཝཾ་ཆོས་ལྡན་གྱི་གཙུག་ལག་ཁང་དུ་ཁྲོ་རྒྱལ་འབྱུང་པོ་འདུལ་བྱེད་ཀྱི་རྗེས་གནང་གི་བཀའ་དྲིན་ཐོབ། ཕྱི་ལོར་མཁན་ཆེན་བསོད་ནམས་བཟང་པོ་ལས་རབ་ཏུ་བྱུང་སྟེ་མཚན་བསོད་ནམས་ལྷུན་གྲུབ་དཔལ་བཟང་པོར་གསོལ། ཁུ་བོ་ཉིད་དང་བཤེས་གཉེན་དམ་པ་བསྟན་པའི་རྒྱལ་མཚན། དགེ་སློང་བསོད་ནམས་དར་རྒྱས་སོགས་བསྟེན་ནས་ངོར་གྱི་ཆོས་སྤྱོད། རྒྱུད་ཆུང་གསུམ། གསུང་རབ་དགོངས་གསལ་ལ་ཐུགས་སྦྱངས་མཛད་ཅིང་། ཀྱེ་རྡོར་ལྷུགས་བསྙེན་སོགས་བཞུགས། དགུང་ལོ་བཅུ་དགུ་པར་ངོར་ཨེ་ཝཾ་བླ་བྲང་དུ་ནམ་མཁའ་བསམ་འགྲུབ་དཔལ་བཟང་པོས་མཁན་པོ་དང་། མཚུངས་བྲལ་མི་ཉག་དབུ་མཛད་སངས་རྒྱས་ཚུལ་ཁྲིམས་ཀྱིས་ལས་སློབ་དང་། བཤེས་གཉེན་ཆོས་འཕེལ་རྣམ་རྒྱལ་གྱིས་གསང་སྟེ་སྟོན་པ་དང་། འདུལ་བ་འཛིན་པ་དཔལ་ལྡན་རྒྱ་མཚོས་གྲིབ་ཚོད་དང་། གྲོགས་དགེ་སློང་དཀོན་མཆོག་བཟང་པོ་སོགས་དད་པའི་དགེ་སློང་གྲངས་ཚང་གི་དབུས་སུ་བསྙེན་པར་རྫོགས་པའི་དགེ་སློང་གི་སྡོམ་པ་ཡང་དག་པར་བཞེས་ཤིང་། གཞན་ཡང་དཔལ་ས་སྐྱ་པ་ཆེན་པོ་ཀུན་དགའ་བློ་གྲོས་རྒྱ་མཚོ། བྱམས་པ་ངག་དབང་བསོད་ནམས་བཟང་པོ། མཁན་ཆེན་ཚུལ་ཁྲིམས་ལྷུན་གྲུབ། མཁན་ཆེན་བཀྲ་ཤིས་ལྷུན་གྲུབ། མཁན་ཆེན་ནམ་མཁའ་བསམ་གྲུབ། མཁས་གྲུབ་དཔལ་ལྡན་ཆོས་སྐྱོང་། མཁན་ཆེན་སངས་རྒྱས་དཔལ་བཟང་། ཁམས་སྟོན་བསོད་ནམས་དབང་ཕྱུག་སོགས་མཁས་ཤིང་གྲུབ་པ་བརྙེས་པའི་སྐྱེས་ཆེན་དམ་པ་དུ་མ་བསྟེན་ནས། གསུང་ངག་རིན་པོ་ཆེ་ལམ་འབྲས་བུ་དང་བཅས་པས་གཙོས་དབང་ལུང་། ཁྲིད་བྱིན་རླབས་སྐོར། རྗེས་གནང་ཟུར་བཀའི་རིགས་དཔག་ཏུ་མེད་པ་གསན་ཏེ། མདོ་རྒྱུད་གཞུང་ལུགས་རབ་འབྱམས་ཀྱི་ཕ་རོལ་ཏུ་སོན། མཁས་གྲུབ་གཉིས་ལྡན་གྱི་གོ་འཕང་ལ་མངའ་དབང་འབྱོར། དགུང་ལོ་ཉེར་གཅིག་པ་ཤིང་ཕོ་སྟག་གི་ལོར་གླིང་གི་དཔོན་མོ་བསོད་ནམས་སྐྱིད་ཀྱིས་གདན་ཞུས

ལྟར་ལོ་དེའི་གྲོ་བཞིན་ཟླ་བའི་ཚེ་བཅུ་བདུན་ཉིན་པར་ཤིས་འཕྲོད་དང་བསྟུན་དགེ་འདུན་གྱིས་སེར་ཕྲེང་དང་བཅས་ཆོས་གྲྭ་ཆེན་པོ་མགོ་ཟི་དགོན་ཟླ་བྲང་དུ
ཕེབས། དེ་ནས་བཟུང་དེ་ཕྱོགས་ཀྱི་བླ་མ་དཔོན་པོ། དགོན་སྡེ། ཡུལ་འབྲོག་ཚང་མས་དད་འདུན་གྱིས་འབུལ་ནོད་སོགས་དངོས་པོ་རྒྱ་ཆེན་པོ་བྱུང་ཞིང་ཕྲིན་ལས
རྒྱས་པར་གྱུར། སྤྲུལ་ལོར་ས་དེར་སོགས་སུ་འབུལ་སྐྱོལ་རྒྱ་ཆེན་གནང་ཞིང་། སྡེ་དགེར་མཁན་ཆེན་བཀྲ་ཤིས་ལྷུན་གྲུབ་དང་། ཆོས་རྒྱལ་བསྟན་པ་ཚེ་རིང་བཅས
ཀྱི་མཇལ་ཁ་ལ་ཕེབས་པས་མཁན་ཆེན་ནས་ཀུན་དགའ་བཟང་པོའི་རྒྱལ་ཚབ་ཏུ་མངའ་གསོལ་བའི་རྟེན་འབྲེལ་ཡོད་ཚུལ་སོགས་ལུང་བསྟན། མཆོད་ཡོན
གཉིས་ཀས་བདག་རྐྱེན་ཆེ་བར་གནང་། ལྷུན་གྲུབ་སྟེང་འདུས་ཚོགས་ནས་ཀྱང་ཆོས་འབྲེལ་ཞུས། དེ་ལྟར་ཤིང་སྟག་ནས་ལུགས་སྤྱིལ་བར་ཁམས་སུ་བཞུགས
ནས་གདུལ་བྱ་དུ་མ་སྨིན་གྲོལ་གྱི་ལམ་ལ་བཀོད། ལོ་དེར་དབུས་སུ་བྱོན་པའི་གྲ་སྒྲིག་མཛད་དེ། དགོན་ཡུལ་གྱི་སྦྱིན་བདག་ཚང་མས་ཟང་ཟིང་གི་འབུལ་ཚོགས
གྱི་ནོམ་པ་དུ་མ་ཕུལ་ནས། ཆུ་སྟོད་ཟླ་བའི་ཚེས་ཉེར་དགུ་ལ་གཙང་དུ་བཏེག །ཟླ་དཔོན་དགོན་སྡེ་བཅས་ཀྱི་ཚིབས་སྐྱོལ་རྣམས་ལའང་ལུགས་གཉིས་ཀྱི་བཀའ
ཁྲབ་མཛད། རིམ་གྱིས་ཨེ་ཝཾ་དང་ས་སྐྱ་རྣམས་སུ་ཕེབས་ནས། ཟླ་བྲང་ཟུར་པ་ཁག །སྤྱི་སྒེར་གང་ལའང་སོ་སོར་འོས་བབ་ཀྱི་འབུལ་བ་དང་གནང་ཆ་རྒྱས་པར
མཛད། དགེ་འདུན་པ་རྣམས་ལ་མང་འགྱེད་དང་མཆོད་པའི་སྦྱིན་ཕུང་ཟླ་ན་མེད་པ་བསྒྲུབ་པར་མཛད་ཅིང་། དགུང་ལོ་ཉེར་བརྒྱད་པ་བོད་རབ་བྱུང་བཅུ་གཉིས
པའི་ལྕགས་མོ་བྱ་ཡི་ལོ་སྟེ་སྤྱི་ལོ་༡༧༤༡ལོའི་ཟླ་བ་བརྒྱད་པའི་ཚེས་བཅོ་ལྔ་གཟའ་སྐར་འཕྲོད་བཟང་བར་རྒྱལ་བ་རྡོ་རྗེ་འཆང་ཀུན་དགའ་བཟང་པོའི་རྒྱལ་ཚབ
ཏུ་མངའ་གསོལ་ཏེ། གསུང་ངག་རིན་པོ་ཆེ་ལམ་འབྲས་བུ་དང་བཅས་པ་ཚར་གསུམ་ཆ་ལག་དང་བཅས། སྒྲུབ་ཐབས་བརྒྱ་རྩ། རྒྱ་མཚོ། སྒྲོལ་མ་ཉེར་གཅིག
བཅས་ཀྱི་རྗེས་གནང་ལུང་རྒྱ་གཞུང་བོད་གཞུང་བཅས་སོ་སོར་གང་ལ་གང་འཚམ་གྱི་དབང་ལུང་མན་ངག་ཁྲིད་སོགས་ཀྱིས་སྐལ་ལྡན་རྣམས་ཚིམ་པར་བྱས།
རབ་བྱུང་བསྙེན་པར་རྫོགས་པ་ཡང་སུམ་སྟོང་ལྷག་བྱུང་བས་མཚོན། གསུང་གི་བདུད་རྩི་བཞེས་པའི་སློབ་མ་གཙོ་བོ་ཡང་། རྗེ་གདོང་སྤྲུལ་པའི་སྐུ་མཆོག་རིན་པོ་
ཆེ། མཁན་ཆེན་དཔལ་ལྡན་ཆོས་སྐྱོང་གི་སྐུ་ཚ་རིན་ཆེན་མཆོག་གྲུབ། དྲེད་སྤྲུལ་པའི་སྐུ་མཆོག་རིན་པོ་ཆེ། བྱ་གཤོང་སྤྲུལ་སྐུ་པདྨ་སྐལ་བཟང་ཕྲིན་ལས། ཀུར་བ་
གྲྭ་ཚང་དཔོན་སློབ་ཀུན་དགའ་ཕུན་ཚོགས། ཐར་པ་ཆོས་སྡེའི་དབུ་མཛད། མུས་ཐུབ་བསྟན་རྣམ་རྒྱལ་གྱི་མཁན་པོ། །གསེར་མདོག་ཅན་གྱི་ཤངས་པ་དཔོན་སློབ།
ཏྲ་ནག་ཐུབ་བསྟན་མཁན་པོ། མདོ་ཁམས་ཀྱི་ཕྱོགས་སུ་བླ་མ་ཤེས་རབ་དཔལ་ལྡན། ཀརྨ་ཆོས་གྲགས། གཞན་ཡང་སྡེ་དགེའི་ཆོས་རྒྱལ་བསྟན་པ་ཚེ་རིང་ཡབ་

སྲས་བློན་འབངས་དང་བཅས་པ་དང་། གླིང་གི་དཔོན་ཆེན་མགོན་པོ་རིན་ཆེན་ཡབ་སྲས་བློན་འབངས་བཅས་པ་དང་། རག་ཤུལ་དཔོན་ཨེ་ཀེ་ཐེ་ཛེ་འཁོར་བཅས་སོགས་བསྟན་འཛིན་གྱི་སློབ་མ་དང་སྦྱིན་བདག་གི་སློབ་མ་གྲངས་ལས་འདས་པ་དུ་མ་བསྐྱུན་ཏེ། བཤད་སྒྲུབ་འཁོར་ལོ་གཉིས་ལྡན་གྱི་སྒོ་ནས་མཛད་ཕྲིན་ནམ་མཁའི་ཕ་མཐའ་བརྡལ་ཏེ། མཐར་དགུང་གྲངས་སོ་གཉིས་པ་བོད་རབ་བྱུང་བཅུ་གཉིས་པའི་ཤིང་མོ་གླང་གི་ལོ་སྟེ་སྤྱི་ལོ་༡༧༩༥ལོར་གཟུགས་སྐུའི་བཀོད་པ་ཆོས་དབྱིངས་སུ་བསྡུ་བའི་ཚུལ་བསྟན་པ་ཡིན་ནོ། །

༈ རིན་ཆེན་མི་འགྱུར་རྒྱལ་མཚན།

ཁོང་ནི་བོད་རབ་བྱུང་བཅུ་གཉིས་པའི་མེ་མོ་བྱ་ཡི་ལོ་སྟེ་སྤྱི་ལོ་༡༧༡༧ལོར་བཞད་ཆོས་སུ་ཡབ་ཤར་ཆེན་དམ་པའི་རིགས་ལས་མཆེད་པའི་ཕྱུན་ཚོགས་རབ་བརྟན་དང་། ཡུམ་ཚེ་བརྟན་བུ་ཁྲིད་གཉིས་ཀྱི་སྲས་སུ་ངོ་མཚར་བའི་ལྟས་དུ་མ་དང་བཅས་ཏེ་སྐུ་འཁྲུངས། སྐུ་ན་ཆུང་དུའི་དུས་ནས་དམ་པའི་བག་ཆགས་སད་ཅིང་། དགུང་ལོ་བརྒྱད་པར་རྫོང་དུ་སློབ་དཔོན་སངས་རྒྱས་ཚུལ་ཁྲིམས་ཀྱི་མདུན་ནས་ཡི་གེའི་ཕྱི་མོ་བསླབས་ཤིང་། དེ་ནས་དཔལ་ལྡན་ས་སྐྱར་ཕྱིན་ཏེ་ས་སྐྱའི་སྟགས་འཆང་ཀུན་དགའ་བསོད་ནམས་རིན་ཆེན་ལ་གཙུག་ཕུད་ཕུལ་ཏེ་མཚན་རིན་ཆེན་མི་འགྱུར་རྒྱལ་མཚན་དུ་གསོལ་ཞིང་དབང་ཆོས་རྗེས་གནང་དུ་མ་བསྟུལ། མཁན་ཆེན་བཀྲ་ཤིས་ལྷུན་གྲུབ་ཀྱིས་མཁན་པོ་དང་། བྱམས་པ་བསོད་ནམས་བཟང་པོས་སློབ་དཔོན་མཛད་ནས་རབ་ཏུ་བྱུང་། དགུང་ལོ་ཉི་ཤུ་པར་མཁན་ཆེན་བྱམས་པ་བསོད་ནམས་བཟང་པོས་མཁན་པོ་དང་། ཐར་རྩེ་མཁན་ཆེན་ནམ་མཁའ་བསམ་གྲུབ་ཀྱིས་ལས་སློབ། དབུ་མཛད་སངས་རྒྱས་ཚུལ་ཁྲིམས་ཀྱིས་གསང་སྟོན། ཡར་རྒྱས་བླ་མ་སངས་རྒྱས་བསྟན་པས་དུས་བསྒོ་བ། གཞན་ཡང་དགེ་བའི་བཤེས་གཉེན་བླ་མ་སངས་རྒྱས་དཔལ་བཟང་སོགས་དད་པའི་དགེ་འདུན་གྲངས་ཚང་གི་དབུས་སུ་བསྙེན་པར་རྫོགས་པའི་དགེ་སློང་གི་སྡོམ་པ་ཡང་དག་པར་བཞེས་ཏེ་སྡོམ་པ་མིག་གི་འབྲས་བུ་ལས་ཀྱང་གཅེས་པར་བསྲུངས། དེ་ལས་སྔ་གཞུག་རྣམས་སུ་མཁན་ཆེན་བཀྲ་ཤིས་ལྷུན་གྲུབ། འཇམ་མགོན་ཚུལ་ཁྲིམས་ལྷུན་གྲུབ། སློ་ལུང་མཁན་ཆེན་རྡོ་རྗེ་གདན་པ། བྱང་ཆུབ་སེམས་དཔའ་དཔལ་ལྡན་ཆོས་སྐྱོང་། བྱམས་པ་བསོད་ནམས་བཟང་པོ་སོགས་མཁས་ཤིང་གྲུབ་པ་བརྙེས་པའི་དགེ་བའི་བཤེས་གཉེན་དུ་མ་བསྟེན་ཏེ། གསུང་

ངག་རིན་པོ་ཆེ་ལམ་འབྲས་བུ་དང་བཅས་པའི་བཀའ་ལུང་མན་ངག་རྣམས་མ་ལུས་པ་གསན་ཏེ། ཉམས་ལེན་དང་ལག་ལེན་ཡིག་ཆའི་ལུང་ཁྲིད་ཚོགས་མཐར་ཕྱུག་པ་ཡང་མ་ལུས་པ་གསན་ཅིང་ཐུགས་སུ་ཆུད་པར་མཛད། གཞན་ཡང་ལམ་སྐོར་ལྷག་མ་རྣམས་ཀྱི་ཁྲིད་དང་བྱིན་རླབས་དཔེ་ལུང་གི་བར་ཡོངས་སུ་རྫོགས་པ་དང་། དཔལ་ལྡན་ས་སྐྱ་པའི་ལུགས་ཀྱི་དབང་དང་བྱིན་རླབས་རྗེས་གནང་མན་ངག་ཁྲ་མོ་དང་བཅས་པ་དང་། ཆོས་སྐྱོང་ཆེ་ཆུང་གི་སྐོར་ལ་སོགས་པ་ལེགས་པར་གསན་ཏེ་མན་ངག་རྣམས་ཀྱི་ལག་ལེན་དང་མདོ་རྒྱུད་རིག་གནས་དང་བཅས་པའི་གཞུང་ལུགས་རབ་འབྱམས་ལ་མངའ་དབང་འབྱོར། དེ་ལྟར་གསན་པ་ཐམས་ཅད་ཀུང་ཐོས་བསམ་སྒོམ་གསུམ་གྱི་སྒོ་ནས་མཐར་ཕྱིན་པར་མཛད་དེ། ཏིང་ངེ་འཛིན་གྱི་རྟོག་པ་བསམ་གྱིས་མི་ཁྱབ་པ་རྒྱུད་ལ་འཁྲུངས། ཁྱད་པར་འཁོར་འདས་དབྱེར་མེད་ཀྱི་ལྟ་བ་རྣམ་པར་དག་པ་རྟོགས་ཏེ། སྤྱོད་ལམ་རྣམ་བཞི་ཐམས་ཅད་དུ་དེའི་ངང་ནས་མི་གཡོ་བས་སེམས་ཅན་ལ་བུ་གཅིག་པ་ལྟ་བུའི་བྱམས་པ་དང་། སྙིང་རྗེ་བྱང་ཆུབ་ཀྱི་སེམས་བརྟན་པོས་གཞན་གྱི་ནད་དང་སྡུག་བསྔལ་སེལ་ནུས་པ་སོགས་བདག་གཞན་བརྗེ་བ་དང་། གཞན་རྒྱུད་སྨིན་ཅིང་གྲོལ་བར་མཛད་པ་ལ་རང་གཅེས་པར་དོར་ནས་གང་གི་འདུལ་བའི་ཐབས་ལམ་མཁས་པ་སོགས་ཐུགས་ཀྱི་བྱམས་པ་བཟང་པོ་ཡོན་ཏན་དུ་མས་ལེགས་པར་གཏམས་ཏེ། དགུང་ལོ་སུམ་ཅུ་པ་བོད་རབ་བྱུང་བཅུ་གཉིས་པའི་མེ་ཕོ་སྟག་གི་ལོ་སྟེ་སྤྱི་ལོ་༡༧༤༦ལོར་དཔལ་ཨེ་ཝཾ་ཆོས་ལྡན་ཡོན་ཏན་རིན་པོ་ཆེ་དུ་མའི་འབྱུང་གནས་ངོར་ཆེན་རྡོ་རྗེ་འཆང་ཀུན་དགའ་བཟང་པོའི་ཆོས་ཀྱི་ཁྲི་ལ་མངའ་གསོལ་ཏེ། གསུང་ངག་རིན་པོ་ཆེ་ལམ་འབྲས་བུ་དང་བཅས་པ་དང་རྒྱུད་སྡེ་མཐའ་དག་གི་སྨིན་བྱེད་ཀྱི་དབང་ཁྲིད་རྗེས་གནང་། བཀའ་འབུམ་དུ་མའི་ལུང་སོགས་ཟབ་པ་དང་རྒྱ་ཆེ་བའི་ཆོས་ཀྱི་འཁོར་ལོ་བསྐོར་ནས་གདུལ་བྱ་རྣམས་སྨིན་གྲོལ་གྱི་ལམ་ལ་བཀོད། མདོར་ན་དམ་པ་འདི་ཉིད་ཀྱིས་ལོ་ལྔའི་རིང་དུ་དཔལ་ཨེ་ཝཾ་ཆོས་ལྡན་ཡོན་ཏན་རིན་པོ་ཆེ་དུ་མའི་འབྱུང་གནས་ཀྱི་གདན་ས་བསྐྱངས་ཏེ་ཕྲིན་ལས་བཟང་པོའི་འོད་དཀར་རབ་ཏུ་རྒྱས་པས་བསྟན་འགྲོའི་ཀུན་དའི་ཚལ་རྣམས་ཆེས་ཆེར་བཞད་པའི་ཕན་བདེའི་དྲི་བསུང་བཟང་པོས་ནོར་འཛིན་གྱི་ཁྱོན་རྣམས་ཡོངས་སུ་ཁྱབ་པར་གྱུར་ཏོ། །དགུང་ལོ་སོ་བཞི་པ་བོད་རབ་བྱུང་བཅུ་གསུམ་པའི་ལྕགས་མོ་ལུག་གི་ལོ་སྟེ་སྤྱི་ལོ་༡༧༥༡ལོར་ཆོས་རྗེ་སངས་རྒྱས་ཡེ་ཤེས་གདན་ཚབ་ཏུ་མངའ་གསོལ་ནས་བཤད་སྒྲུབ་ཟུང་འབྲེལ་གྱིས་དུས་འདའ་བར་མཛད་པ་ཡིན་ནོ། །

༄། འཇམ་མགོན་སངས་རྒྱས་ཡེ་ཤེས།

ཁོང་ནི་བོད་རབ་བྱུང་བཅུ་གཉིས་པའི་དཀྱིལ་དང་དུས་རབས་བཅོ་བརྒྱད་པའི་མགོ་ཙམ་དུ་རང་ཞབས་མདོ་མཁར་ཞེས་བྱ་བར་མཁན་ཆེན་ཐམས་ཅད་མཁྱེན་པ་བཀྲ་ཤིས་ལྷུན་གྲུབ་ཀྱི་དབོན་རིགས་སུ་ངོ་མཚར་བའི་ལྟས་དུ་མ་དང་བཅས་ཏེ་སྐུ་འཁྲུངས་ཤིང་། སྐུ་ན་ཆུང་ངུའི་དུས་ནས་ངོར་ཨེ་ཝཾ་ཆོས་ལྡན་ཡོན་ཏན་རིན་པོ་ཆེ་དུ་མའི་འབྱུང་གནས་ཀྱི་ཆོས་གྲྭར་བྱོན་ནས། ཆོས་སྤྱོད་འདོན་ཆོག་སྒྲོར་དང་། རྒྱུད་ཆུང་བཞི་སོགས་ཐུགས་འཛིན་མཛད། བྱམས་ཆེན་བསོད་ནམས་བཟང་པོ། མཁན་ཆེན་བཀྲ་ཤིས་ལྷུན་གྲུབ། འཇམ་མགོན་ཚུལ་ཁྲིམས་ལྷུན་གྲུབ། ཐར་རྩེ་ནམ་མཁའ་བསམ་གྲུབ། མཁན་ཆེན་དཔལ་ལྡན་ཆོས་སྐྱོང་སོགས་དམ་པ་མང་པོའི་ཞབས་རྡུལ་སྤྱི་བོར་བླངས་ནས། སྡོམ་པ་གསུམ་དང་། གསུང་ངག་རིན་པོ་ཆེ་ལམ་འབྲས་བུ་དང་བཅས་པ་སོགས་ཆོས་ཚུལ་མཐའ་ཡས་པ་གསན་ཅིང་གཞུང་ལུགས་རབ་འབྱམས་ལ་བསླབ་སྦྱངས་དང་གཟིགས་རྟོགས་མཐར་ཕྱིན་གནང་། དཔལ་ཀྱི་རྡོ་རྗེའི་གཞི་བསྙེན་སོགས་ལྷག་པའི་ལྷ་དུ་མའི་བསྙེན་སྒྲུབ་ལས་གསུམ་མཐར་ཕྱིན། ཡི་དམ་ལྷག་པའི་ལྷ་དུ་མའི་ཞལ་གཟིགས་ཤིང་ལུང་བསྟན་ཐོབ། བོད་རབ་བྱུང་བཅུ་གསུམ་པའི་ལྕགས་མོ་ལུག་གི་ལོ་སྟེ་སྤྱི་ལོ་༡༧༥༡ལོར་ཤར་ཆེན་བྱང་ཆུབ་སེམས་དཔའ་དཔལ་མི་འགྱུར་རྒྱལ་མཚན་གྱི་གདན་ཚབ་ཏུ་དཔལ་ཀུན་དགའ་བཟང་པོའི་ཆོས་ཀྱི་ཁྲི་ལ་མངའ་གསོལ་ཏེ། སྡོམ་པ་གསུམ་དང་། ངོར་ལུགས་དཀྱིལ་འཁོར་བདུན་གསུང་ངག་རིན་པོ་ཆེ་ལམ་འབྲས་བུ་དང་བཅས་པའི་ཁྲིད་ལུང་མན་ངག་དང་བཅས་པ་དང་། སྒྲུབ་ཐབས་བརྒྱ་རྩ་དང་རྒྱ་མཚོ། བླ་མ་གོང་མའི་བོད་ལུགས་སོགས་དམ་པའི་ཆོས་ཀྱི་ཆར་སིལ་མར་ཕབ་པས་སྐལ་བཟང་གི་ཤེས་རྒྱུད་འཛིན་མའི་དཀྱིལ་འཁོར་ལ་མངོན་མཐོ་དང་ངེས་ལེགས་ཀྱི་འབྲས་བཟང་སྨིན་པའི་སློབ་ཚོགས་ཀྱང་། མཁན་ཆེན་ངག་དབང་ཆོས་སྐྱོང་བཟང་པོ། མཁས་གྲུབ་སངས་རྒྱས་གྲགས་པ། དཔལ་ས་སྐྱ་པ་ཆེན་པོ་སྔགས་འཆང་བླ་མ་ཐམས་ཅད་མཁྱེན་པ་ངག་དབང་ཀུན་དགའ་བློ་གྲོས། སྨྲ་བའི་སེང་གེ་ཞུ་ཆེན་ཚུལ་ཁྲིམས་རིན་ཆེན་སོགས་སྟོད་མངའ་རིས། བར་དབུས་གཙང་། སྨད་མདོ་ཁམས་ཀྱི་ཕྱོགས་རྣམས་སུ་བཞུགས་པའི་རང་ལུགས་ཀྱི་ཆོས་སྡེ་སོ་སོའི་བླ་མ་སློབ་དཔོན་ལུང་དང་རྟོགས་པའི་ཡོན་ཏན་ཕུན་སུམ་ཚོགས་པ་དང་ལྡན་པའི་མཁས་བཙུན་བཟང་གསུམ་གྱི་བུ་སློབ་ནམ་མཁའི་སྐར་ཚོགས་ལྟ་བུས་བཤད་སྒྲུབ་འཁོར་ལོ་གཉིས་ལྡན་གྱི་སྒོ་ནས་རྒྱལ་བའི་བསྟན་པ་རིན་པོ་ཆེ་འདབ་བརྒྱའི་ཚལ་དུ་ཉི་ཟེར་ཐོག་པ་ལྟར་རྒྱས་པར་མཛད་ཅིང་། ལྷར་བཅས་འགྲོ་བའི་སྐྱབས་གནས་དམ་པར་གྱུར་ན་ཡང་སྐུ་ཚེ་རིང་

པོར་མ་བཞུགས་པར་ཞི་དབྱིངས་སུ་གཤེགས་པ་ཡིན་ནོ། །

༈ འཇམ་མགོན་དཀོན་མཆོག་གྲགས་པ།

ཁོང་ནི་བོད་རབ་བྱུང་བཅུ་གཉིས་པའི་མེ་ཕོ་སྤྲེལ་གྱི་ལོ་སྟེ་སྤྱི་ལོ་༡༧༡༦ལོར་མདོ་སྨད་བཞག་བྲ་ལྷ་རྩེའི་བྱང་ངོས་སུ་དཔག་ཚད་གཅིག་ཙམ་བགྲོད་པ་ན་སྟག་ར་ཕ་ཚོ་བཅུ་གཉིས་ཀྱི་ཡ་གྱལ་རྒྱལ་བཟང་ཞེས་པའི་ཡུལ་གྱི་དགེ་མཚན་དུ་མས་ཕྱུག་པའི་ཡུལ་དུ་ཡབ་གཟི་རྣ་ཨ་འབུམ་པདྨ་དང་། ཡུམ་ཨ་འཚོ་གཉིས་ཀྱི་སྲས་སུ་ངོ་མཚར་བའི་ལྟས་དུ་མ་དང་བཅས་ཏེ་སྐུ་འཁྲུངས་ཤིང་། ཁྱེ་བོས་མཚན་ཉི་མ་ཞེས་གསོལ་ཞིང་སྐུ་ན་ཆུང་ངུའི་དུས་ནས་དམ་པའི་བག་ཆགས་སད་ཅིང་ཡི་གེ་འབྲི་ཀློག་སོགས་ཚེགས་མེད་དུ་མཁྱེན་པ་བྱུང་། དགུང་ལོ་བཅུ་གསུམ་པར་བླ་ཆེན་གྲགས་པ་འོད་ཟེར་དང་མཇལ་ཏེ་མཚན་ཉི་མ་འོད་ཟེར་གསོལ། ཞག་ཤས་ནས་ཆོས་སྤྱོད་ཀྱི་རིམ་པ་རྣམས་རྒྱུགས་ཕུལ་བས་མཚན་ཤེས་རབ་བཟང་པོ་སྩོལ། དགུང་ལོ་བཅུ་བདུན་པར་དཔལ་ཨེ་ཝཾ་ཆོས་ལྡན་ཡོན་ཏན་རིན་པོ་ཆེ་དུ་མའི་འབྱུང་གནས་སུ་ཕྱིན་ཏེ་རྡོ་རྗེ་འཆང་བསོད་ནམས་བཟང་པོ་དང་། ནམ་མཁའ་བསམ་གྲུབ་སོགས་མཁས་གྲུབ་དུ་མའི་ཞལ་མཇལ་ཞིང་། མཁན་ཆེན་ནམ་མཁའ་བསམ་གྲུབ་ཀྱི་དྲུང་དེར་རབ་ཏུ་བྱུང་སྟེ་མཚན་དཀོན་མཆོག་གྲགས་པ་གསོལ་ཞིང་གསུང་ངག་རིན་པོ་ཆེ་ལམ་འབྲས་བུ་དང་བཅས་པ་ཡོངས་རྫོགས་དང་། དབང་ལུང་ཁྲིད་རྗེས་གནང་རིགས་དུ་མ་གསན། དགུང་ལོ་ཉི་ཤུ་པར་སླར་ཡང་མཁན་ཆེན་ནམ་མཁའ་བསམ་གྲུབ་ཀྱིས་མཁན་པོ་མཛད་དེ་དད་པའི་དགེ་འདུན་གྲངས་ཚང་གི་དབུས་སུ་བསྙེན་པར་རྫོགས་པའི་དགེ་སློང་གི་སྡོམ་པ་ཡང་དག་པར་བཞེས། དེ་ནས་རྒྱུད་ཆུང་བཞི། ཀུན་ཏུ་དགོས་པའི་གཞུང་བདུན། ཐུབ་པའི་དགོངས་གསལ། དགོངས་རྒྱན་རྣམས་རྒྱུགས་འབུལ་གནང་བས་མཆོན་མདོ་སྔགས་གཞུང་ལུགས་རབ་འབྱམས་ལ་ཐོས་བསམ་གྱིས་སྒྲོ་འདོགས་ལེགས་པར་བཅད་ཅིང་། ཐོས་དོན་བསྒོམ་པས་ཉམས་སུ་བླངས་པ་དང་འབྲེལ། དེ་མཚུངས་བསྙེན་པའི་རིགས་ཀྱང་དཔལ་དགྱེས་པ་རྡོ་རྗེའི་བསྙེན་པ་བཅུ་ཆའི་སྦྱིན་སྲེག་ཚོགས་འཁོར་དང་བཅས་པ་དང་། དཔལ་རྡོ་རྗེ་འཇིགས་བྱེད་བསྙེན་ཆེན་བཅུ་ཆའི་སྦྱིན་སྲེག་ཚོགས་འཁོར་སྒྲུབས་པ་དང་། ཀུན་རིག །མི་འཁྲུགས་པ། ཚེ་དཔག་མེད། འཇམ་དབྱངས་དཀར་སེར། སྒྲོལ་དཀར། སེང་གེ་སྒྲ། མགོན་པོ་བྲག་རྫོང་མ། གཉན་མགོན། ལས་གཤིན། དམར་པོ་སྐོར་

གསུམ། དབྱུ་གུ་མཆེད་གསུམ་སོགས་ཀྱི་བསྙེན་ཚད་ཚད་དུ་འཁྱོལ་བར་མཛད་དེ། ཉམས་རྟོགས་ཆེར་འཕེལ་ཞིང་བླ་མ་དང་ལྷག་པའི་ལྷ་རབ་འབྱམས་ཀྱི་ཞལ་
གཟིགས་ཤིང་བྱིན་གྱིས་བརླབ་པའི་རྟགས་མཚན་དུ་མ་བྱུང་། དགུང་གྲངས་ཉེར་ལྔ་པར་དཔལ་ཨེ་ཝཾ་ཆོས་ལྡན་ཡོན་ཏན་རིན་པོ་ཆེ་དུ་མའི་འབྱུང་གནས་འཁོར་
འདུས་པ་རྒྱ་མཚོའི་རྡོ་རྗེ་སློབ་དཔོན་དུ་བླ་སྤྱི་ཀུན་གྱིས་མོས་བསྟུར་གྱིས་གསོལ་བ་བཏབ་པ་ལྟར་འཁོད་ཅིང་། བསྟན་པ་རིན་པོ་ཆེའི་མིག་རྒྱན་དུ་ཆེ་བའི་སྒྲིག་
ལམ་ཀུན་སྤྱོད་ཚོ་ག་ཕྱག་ལེན་ཆོས་འཆད་ཉན་སོགས་འགྲན་ཟླ་ཐམས་ཅད་དང་བྲལ་བར་གྱུར། དགུང་ལོ་སོ་བདུན་པ་བོད་རབ་བྱུང་བཅུ་གསུམ་པའི་ཆུ་ཕོ་སྤྲེལ་
གྱི་ལོ་སྟེ་སྤྱི་ལོ་༡༧༥༢ ལོར་ས་གཞུང་གཉིས་ཀྱིས་བསྐོ་གཞག་གི་བཀའ་ཤོག་རིན་པོ་ཆེའི་དགོངས་དོན་ལྟར། རྒྱལ་བ་རྡོ་རྗེ་འཆང་ཀུན་དགའ་བཟང་པོའི་ཆོས་ཀྱི་
ཁྲི་མཐོན་པོར་མངའ་གསོལ་ཏེ། གསུང་ངག་རིན་པོ་ཆེ་ལམ་འབྲས་བུ་དང་བཅས་པའི་ཁྲིད་ལོ་ལྟར་བགྱིས་པས་མཚོན་རྒྱུད་སྡེ་རབ་འབྱམས་ཀྱི་སྨིན་བྱེད་ཀྱི་
དབང་། གྲོལ་བྱེད་ཀྱི་ཁྲིད་ལུང་། རྗེས་གནང་རྒྱབ་ཆོས་དང་བཅས་པ་དང་། ཁམས་མངའ་རིས་དབུས་གཙང་ཕྱོགས་ཀྱི་སློབ་མ་གྲངས་ལས་འདས་པ་ལ་སོ་ཐར་
གྱི་སྡོམ་པ་འབོགས་པ་སོགས་གང་ལ་གང་འཚམ་གྱིས་གདུལ་བྱ་རྣམས་ལ་རྣམ་དཀར་གྱི་ཕྲིན་ལས་ཕུན་སུམ་ཚོགས་པ་དང་། ལྷར་བཅས་སྐྱེ་དགུའི་གཙུག་ནོར།
རྒྱལ་དབང་ཐམས་ཅད་མཁྱེན་གཟིགས་ཆེན་པོས་བཀའ་གནང་གསེར་གྱི་ཅོད་པན་སྤྱི་བཅིངས་ཀྱིས་ཀློ་འཛུམ་ལེགས་འདུམ་དུ་ཆིབས་བསྐྱོད་གནང་སྟེ། མཆོག་
གསུམ་སྤྱི་དང་། བྱེ་བྲག་དཔལ་ལྡན་ས་དོར་གཉིས་ཀྱི་དམ་ཅན་སྲུང་མའི་མཐུ་སྟོབས་ཀྱིས། ཕན་ཚུན་ཞློས་པ་མེད་པའི་ཆིངས་སྲོལ་ལེགས་ལམ་དུ་གྲུབ་ཅིང་།
ཀློ་འཛུམ་གཞུང་གི་ས་སྣེ་མི་སྣེས་མཚོན་ཚང་མར་དམག་འབྲུག་གཡོར་ལོང་སོགས་ཀྱི་ཉམས་ཉེས་ལས་བསྐྱབས་ཤིང་། སླར་ཡང་ངོར་དུ་ཕྱག་ཕེབས་ཆེ་ཞབས་
དྲུང་ཁག་གི་རྟ་ཐབས་ཀྱི་བསུ་བ་དང་། འདུས་པ་རྒྱ་མཚོའི་ཚོགས་ཀྱི་མཆོད་པའི་ཡོ་བྱད་དང་ཆབས་ཅིག་པའི་སེར་ཕྲེང་དང་བཅས་ཕེབས་བསུ་ཐོག །ལུགས་
གཉིས་ཀྱི་བཀོད་པ་ཇི་ལྟར་དགོས་པ་མཛད་དེ། ལྷ་ལྡན་རི་བོ་གྲུ་འཛིན་དུ་སྐྱབས་མགོན་ཆེན་པོའི་མཇལ་ཕྱག་ཏུ་ཕེབས། གཙོ་བོ་གོང་ས་མཆོག་དང་། བཀའ་
མགྲོན་གྱིས་མཚོན་ཚང་མས་སྤྱན་རྒྱང་བདག་རྐྱེན་ཨེ་ཝཾ་པའི་བསྟན་དོན་གྱི་བཀའ་བསྟན་རིམ་པར་རྒྱབ་གཉེན་གཙང་ཆོད། དངོས་པོ་གྲུ་ནོམ་པའི་གནང་སྦྱིན་
སོགས་བཀའ་དྲིན་བསྐྱལ་བ་བཅས་སྐྱ་བསོད་མི་དམན་པར་གྱུར། སླར་ཡང་བླ་བྲང་དུ་ཕེབས་ཏེ་རྒྱལ་བ་གོང་མའི་རིང་ལུགས་རྗེས་སུ་སྐྱོང་བའི་ལུགས་གཉིས
ཀྱི་སྒོ་ནས་བླ་བྲང་གི་འཛིན་གྲྭའི་སྒེར་སྡུ་རྒྱུན་ལྟར་གནང་བར་མཛད་ཅིང་། མདོར་ན་དམ་པ་འདི་ཉིད་ཀྱིས་འཆད་རྩོད་རྩོམ་གསུམ་གྱི་སྒོ་ནས་རྒྱལ་བའི་བསྟན

པ་རིན་པོ་ཆེ་འདི་ཉིད་དར་ཞིང་རྒྱས་པར་མཛད་དེ་གདུལ་བྱ་དུ་མ་སྨིན་གྲོལ་གྱི་ལམ་ལ་བཀོད་ནས། ཆོས་ཉིད་ཞི་བའི་དབྱིངས་སུ་སྐུ་གཤེགས་པ་ཡིན་ནོ། །

༈ དགེ་དབང་ཆོས་སྐྱོང་བཟང་པོ།

ཁོང་ནི་བོད་རབ་བྱུང་བཅུ་གཉིས་པའི་སྨོད་དང་དུས་རབས་བཅོ་བརྒྱད་པའི་དུས་སྟོད་ཙམ་དུ་གཙང་རོང་གླིང་མ་མཁར་དུ་བྱམས་པ་བསོད་ནམས་བཟང་པོ་དང་། བསོད་ནམས་ལྷུན་གྲུབ་སོགས་དམ་པ་མང་པོའི་དབོན་རིགས་སུ་ངོ་མཚར་བའི་ལྟས་དུ་མ་དང་བཅས་ཏེ་སྐུ་འཁྲུངས། སྐུ་བྱིས་པའི་དུས་ནས་དམ་པའི་བག་ཆགས་སད་ཅིང་ཁྲིམ་གྱི་བྱ་བ་ཐམས་ཅད་ནི་དུག་སྦྲུལ་གནས་པའི་ཚང་ཚོང་དང་། རབ་ཏུ་བྱུང་བའི་བྱ་བ་ནི་ལྷའི་ཁང་བཟང་དུ་གནས་པ་ལྟ་བུར་གཟིགས་ནས། ངོར་ཨེ་ཝཾ་ཆོས་ལྡན་ཡོན་ཏན་རིན་པོ་ཆེ་དུ་མའི་འབྱུང་གནས་སུ་བྱོན་ཏེ། མཁན་ཆེན་གྲུབ་དབང་དཔལ་ལྡན་ཆོས་སྐྱོང་། མཁས་གྲུབ་སངས་རྒྱས་དཔལ་བཟང་། མཁན་ཆེན་བསོད་ནམས་ལྷུན་གྲུབ། རིན་ཆེན་མི་འགྱུར་རྒྱ་མཚོ། འཇམ་མགོན་སངས་རྒྱས་ཡེ་ཤེས་སོགས་མཁས་ཤིང་གྲུབ་པ་བརྙེས་པའི་དགེ་བའི་བཤེས་གཉེན་དུ་མའི་ཞབས་རྡུལ་སྤྱི་བོར་བླངས་ཏེ། སྡོམ་པ་གསུམ་དང་། གསུང་ངག་རིན་པོ་ཆེ་ལམ་འབྲས་བུ་དང་བཅས་པའི་ཆོས་སྐོར་ཡོངས་སུ་རྫོགས་པ་དང་། དགྱེས་པ་རྡོ་རྗེ་སོགས་དཀྱིལ་འཁོར་མང་པོའི་དབང་ལུང་ཁྲིད་གསུམ་དང་། གཞན་ཡང་སྒྲུབ་ཐབས་རྗེས་གནང་།ས་སྐྱའི་བཀའ་འབུམ་སོགས་པོད་མང་པོའི་ལུང་བཅས་མདོ་སྔགས་གཞུང་ལུགས་རབ་འབྱམས་ལ་ཐོས་པ་དང་བསམ་པས་སྒྲོ་འདོགས་ཆོད་པར་མཛད་དེ། དཔལ་ཀྱེ་རྡོ་རྗེ་འཇིགས་བྱེད། །ཀུན་རིག་སོགས་ཡི་དམ་མང་པོའི་བསྙེན་སྒྲུབ་ཚད་དུ་འཁྱོལ་ནས་ལྷག་པའི་ལྷ་རབ་འབྱམས་ཀྱི་ཞལ་གཟིགས་ཤིང་ལུང་བསྟན་ཐོབ། མཁས་གྲུབ་གཉིས་ལྡན་གྱི་གོ་འཕང་ལ་མངའ་དབང་འབྱོར་བས། འཇམ་དབྱངས་དཀོན་མཆོག་གྲགས་པའི་གདན་ཚབ་ཏུ་ངོར་ཆེན་རྡོ་རྗེ་འཆང་གི་ཆོས་ཁྲི་མཐོན་པོར་མངའ་གསོལ་ཏེ། འཁོར་འདུས་པ་རྒྱ་མཚོ་ལྟ་བུ་ལ་གསུང་ངག་རིན་པོ་ཆེ་ལམ་འབྲས་བུ་དང་བཅས་པ་དང་། སོ་བྱང་སྔགས་སོགས་ཟབ་ཆོས་མཐའ་ཡས་པ་ལོ་གྲངས་དུ་མར་བསྐྱལ་ནས་སློབ་ཚོགས་རྒྱ་མཚོ་ལྟ་བུའི་རྒྱུད་སྨིན་པར་བྱ་བ་སོགས་ཀྱིས་ཐུབ་བསྟན་ཕྱོགས་བརྒྱར་འཕེལ་བའི་དཔལ་དུ་གྱུར། དེ་ལས་སྔ་གཞུག་རྣམས་སུ་ཆོས་ཀྱི་འཁོར་ལོ་བར་མེད་དུ་བསྐོར་བས་རྒྱལ་བསྟན་འཛིན་པའི་འཁོར་སློབ་ཚོགས་དུ་མ་བྱུང་སྟེ། མཁན་ཆེན་བྱམས་པ་ཀུན་དགའ་ཕུན་ཚོགས་དོན་གྲུབ། མཁས་

གྲུབ་ཀུན་དགའ་བསོད་ནམས། མཁན་ཆེན་བྱམས་པ་ནམ་མཁའ་འཆི་མེད་སོགས་མཁས་གྲུབ་ཀྱི་སློབ་མ་དུ་མར་སྤེལ། སྐུ་ཚེ་མཇུག་ཏུ་བོད་ཆེན་པོའི་ལྗོངས་སུ་བྱོན་ནས་སྡེ་དགེའི་ཆོས་རྒྱལ་ཆེན་པོ་དང་། ཆེན་པོ་གླིང་གི་གདུང་རྒྱུད་སོགས་མི་ཆེན་དུ་མས་དབུ་ཡི་མཆོད་གནས་སུ་བཀུར། དཔལ་ལྡན་ལྷུན་གྲུབ་སྟེང་སོགས་ཆོས་སྡེ་ཆེན་པོ་དུ་མར་བྱོན་ནས་བཤད་སྒྲུབ་འཁོར་ལོ་གཉིས་ལྡན་གྱི་སྒོ་ནས་རྒྱལ་བའི་བསྟན་པ་རིན་པོ་ཆེ་འདི་ཉིད་དར་ཞིང་རྒྱས་པར་མཛད་དེ། ཞིང་འདིའི་གདུལ་བྱ་དེ་ཙམ་དུ་གཟིགས་ནས་དགོངས་པ་ཞི་དབྱིངས་སུ་གཤེགས་པ་ཡིན་ནོ། །

༈ མཁས་གྲུབ་སངས་རྒྱས་གྲགས་པ།

ཁོང་ནི་བོད་རབ་བྱུང་བཅུ་གཉིས་པའི་དཀྱིལ་སྐོར་དང་དུས་རབས་བཅོ་བརྒྱད་པའི་དུས་སྐོར་ཙམ་དུ་མདོ་སྨད་མི་ཉག་གི་ཡུལ་བཞུགས་བྲ་ལྷ་རྩེའི་རྒྱབ་ཤ་གྲོང་ཞེས་པར་རིགས་རུས་ཕུན་སུམ་ཚོགས་པའི་ཁྱིམ་རྒྱུད་དུ་དོ་མཚར་བའི་ལྟས་དུ་མ་དང་བཅས་ཏེ་མཚན་དཔེའི་མེ་ཏོག་བཞད། སྐུ་བྱིས་པའི་དུས་ནས་དམ་པའི་བག་ཆགས་སད་ཅིང་ཡི་གེ་འབྲི་ཀློག་སོགས་ཚོགས་མེད་དུ་མཁྱེན་པ་བྱུང་། སྐུ་ནར་སོན་ནས་སྔོན་གྱི་དགེ་བའི་བག་ཆགས་ཀྱིས་བསྐུལ་ནས་གཙང་སྐོར་འོག་མིན་ཨེ་ཝཾ་ཆོས་ལྡན་ཡོན་ཏན་རིན་པོ་ཆེ་དུ་མའི་འབྱུང་གནས་སུ་བྱོན་ནས། མཁན་ཆེན་བྱམས་པ་ནམ་མཁའ་བསམ་གྲུབ་དཔལ་བཟང་པོའི་དྲུང་ནས་སྡོམ་གསུམ་གྱི་བདུད་རྩི་ཐོག་མར་གསོལ་ཞིང་། དེ་ནས་རྒྱུད་ཆུང་བཞི་དང་ཀུན་ཏུ་དགོས་པའི་གཞུང་བདུན་སོགས་ཐུགས་འཛིན་གནང་། སྔ་གཞུག་རྣམས་སུ་མཁན་ཆེན་དཔལ་ལྡན་ཆོས་སྐྱོང་། མཁས་གྲུབ་སངས་རྒྱས་དཔལ་བཟང་། འཇམ་མགོན་བསོད་ནམས་ལྷུན་གྲུབ་སོགས་མཁས་ཤིང་གྲུབ་པ་བརྙེས་པའི་སྐྱེས་ཆེན་དམ་པ་དུ་མའི་ཞབས་རྡུལ་སྤྱི་བོར་བླངས་ནས། གསུང་ངག་རིན་པོ་ཆེ་ལམ་འབྲས་བུ་དང་བཅས་པའི་ཁྲིད་དང་། ངོར་ལུགས་དཀྱིལ་འཁོར་བདུན་སོགས་དབང་ཆེན་དང་། སྒྲུབ་པ་རྗེས་གནང་དུ་མ་དང་། བདེ་དགྱེས་གསང་འཇིགས་སོགས་ཀྱི་ཁྲིད་དང་བྱིན་རླབས། ས་སྐྱ་གོང་མ་རྣམ་ལྔ་དང་། ངོར་ཆེན་ཡབ་སྲས་སོགས་ཀྱི་བཀའ་འབུམ་ལུང་སོགས་དམ་པའི་ཆོས་ཀྱི་བདུད་རྩི་དཔག་ཏུ་མེད་པ་གསོལ། མདོ་སྔགས་ཀྱི་གཞུང་ལུགས་ལ་ཐོས་བསམ་གྱིས་དཔྱད་པ་ཚུལ་བཞིན་མཛད་ཅིང་། ཟབ་དོན་གྱི་གནད་ལ་སྒོམ་པས་ཉམས་རྟོགས་རྒྱས་ཏེ་མཁས་གྲུབ་གཉིས་ལྡན་གྱི་གོ་འཕང་ལ་མངའ་དབང་འབྱོར་ཏེ། མཁན་ཆེན་ངག་

དབང་ཆོས་སྐྱོང་བཟང་པོའི་གདན་ཚབ་ཏུ་ཐུབ་མཆོག་བསྟན་པའི་གསལ་བྱེད་ངོར་ཆེན་རྡོ་རྗེ་འཆང་གི་ཁྲི་ལ་མངའ་གསོལ་གྱི་མེ་ཏོག་བཀྲམ། དབུས་གཙང་ཁམས་གསུམ་ནས་འདུས་པའི་འཁོར་སློབ་ཚོགས་རྒྱ་མཚོ་ལྷ་བུ་ལ་སྡོམ་པ་གསུམ་དང་། གསུང་ངག་རིན་པོ་ཆེ་སོགས་ཆོས་ཀྱི་འཁོར་ལོ་རྒྱ་ཆེར་ཡུན་རིང་དུ་བསྐོར་བས། མཁས་གྲུབ་ཀུན་དགའ་བསོད་ནམས། མཁན་ཆེན་བསོད་ནམས་འཆི་མེད། མཁས་གྲུབ་ངག་དབང་དམ་ཆོས་སོགས་བསྟན་འཛིན་གྱི་སློབ་ཚོགས་དུ་མར་སྤེལ་བར་མཛད་པ་སོགས་རྣམ་དཀར་གྱི་ཕྲིན་ལས་བཟང་པོ་ཕྱོགས་བཅུར་སྤེལ་ཏེ། དགོངས་པ་ཆོས་དབྱིངས་སུ་གཤེགས་པའི་ཚུལ་བསྟན་པ་ཡིན་ནོ། །

༄ ངག་དབང་ཕུན་ཚོགས་དོན་གྲུབ།

ཁོང་ནི་བོད་རབ་བྱུང་བཅུ་གཉིས་པའི་སྨད་དང་དུས་རབས་བཅོ་བརྒྱད་པའི་དུས་དཀྱིལ་ཙམ་དུ་མདོ་ཁམས་མི་ཉག་བཞག་བྲ་ལྷ་རྟེའི་བྱུང་རྫོང་རྒྱལ་བཟང་ཞེས་པར་རིགས་རུས་ཕུན་སུམ་ཚོགས་པ་འཇམ་དབྱངས་དཀོན་མཆོག་གྲགས་པའི་དབོན་རིགས་སུ་ངོ་མཚར་བའི་དགེ་མཚན་དུ་མ་དང་བཅས་ཏེ་སྐུ་འཁྲུངས་ཤིང་། སྐུ་ན་ཆུང་ངུའི་དུས་ནས་དམ་པའི་བག་ཆགས་སད་ཅིང་འབྲི་ཀློག་སོགས་བསླབ་པས་ཆེགས་མེད་དུ་མཁྱེན་པ་བྱུང་། རྒྱལ་བའི་བསྟན་པ་རིན་པོ་ཆེ་ལ་ལྷག་པར་དད་ཅིང་ཁྲིམ་ཐབ་ཀྱི་བྱ་བ་བཞི་མདོའི་རྩྭ་བཞིན་དོར་ནས། དཔལ་ཨེ་ཝཾ་ཆོས་ལྡན་ཡོན་ཏན་རིན་པོ་ཆེ་དུ་མའི་འབྱུང་གནས་སུ་བྱོན་ཏེ། རྒྱུད་ཆུང་བཞི་དང་། ཀུན་ཏུ་དགོས་པའི་གཞུང་བདུན་སོགས་ཐུགས་འཛིན་མཛད་ཅིང་། སྔ་གཞུག་རྣམས་སུ་མཁན་ཆེན་འཇམ་དབྱངས་དཀོན་མཆོག་གྲགས་པ། མཁས་གྲུབ་ངག་དབང་ཆོས་སྐྱོང་བཟང་པོ་སོགས་མཁས་ཤིང་གྲུབ་པ་བརྙེས་པའི་སྐྱེས་ཆེན་དམ་པ་དུ་མ་མཉེས་པ་གསུམ་གྱི་སྒོ་ནས་ལེགས་པར་བསྟེན་ནས། ཆོས་ཕུང་བརྒྱད་ཁྲིའི་སྙིང་པོ་སྡོམ་པ་གསུམ་དང་། གསུང་ངག་རིན་པོ་ཆེ་ལམ་འབྲས་བུ་དང་བཅས་པ། བདེ་དགྱེས་གསང་གསུམ། དམར་ནག་འཇིགས་གསུམ། སྒྲུབ་ཐབས་རྒྱ་མཚོ་དང་བརྒྱ་རྩ་སོགས་མདོ་སྔགས་གཞུང་ལུགས་རབ་འབྱམས་པ་ཐོས་བསམ་གྱིས་སྒྲོ་འདོགས་ལེགས་པར་བཅད་དེ་ཐོས་སྒོམ་ཡ་མ་བྲལ་བའི་སྒོ་ནས་ཐུགས་ཉམས་སུ་བཞེས་པས། གྲུབ་པའི་མཚན་མ་དུ་མ་མངོན་དུ་གྱུར། མཁས་གྲུབ་གཉིས་ལྡན་གྱི་གོ་འཕང་ལ་མངའ་དབང་འབྱོར། མཁས་པའི་གྲགས་པ་ནོར་འཛིན་སྐེག་མོའི་ཁྱོན་ཀུན་ཁྱབ་པར་གྱུར་ནས། མཁས་གྲུབ་སངས་རྒྱས་གྲགས་པའི་གདན་ཚབ་ཏུ་ཀུན་མཁྱེན་ཨེ་ཝཾ་པའི་ཆོས་ཀྱི་ཁྲི་འཕང་མཐོན་

པོ་ལ་ཞབས་ཀྱི་པདྨོ་ཉེ་བར་བཀོད། འཁོར་འདུས་པ་རྒྱ་མཚོ་ལྟ་བུ་ལ་སྐྱབས་བརྒྱུད་ཚད་མ་བཞི་ལྡན་གྱི་ཟབ་ཁྲིད་གསུང་ངག་རིན་པོ་ཆེས་གཙོས་དབང་ཁྲིད་ལུང་མན་ངག་རྗེས་གནང་སོགས་འཆད་པས་སྨིན་ཚོགས་མཐའ་ཡས་པ་སྨིན་པར་མཛད་ནས། མཁས་གྲུབ་ངག་དབང་དམ་ཆོས། མཁན་ཆེན་བསོད་ནམས་དཔལ་འབྱོར་སོགས་བརྒྱུད་འཛིན་གྱི་མཁས་གྲུབ་དམ་པ་མང་པོ་བསྐྱེད་པ་སོགས་བཤད་སྒྲུབ་གཉིས་ལྡན་གྱི་སྒོ་ནས་རྒྱལ་བའི་བསྟན་པ་རིན་པོ་ཆེ་འདི་ཉིད་ཉི་མ་ཤར་བ་ལྟར་དར་ཞིང་རྒྱས་པར་མཛད་དེ། ཞིང་འདིའི་གདུལ་བྱ་དེ་ཙམ་དུ་གཟིགས་ནས་དགོངས་པ་ཞི་དབྱིངས་སུ་བསྡུས་པ་ཡིན་ནོ། །

༄ མཁས་གྲུབ་ཀུན་དགའ་བསོད་ནམས།

ཁོང་ནི་བོད་རབ་བྱུང་བཅུ་གཉིས་པའི་དཀྱིལ་དང་དུས་རབས་བཅོ་བརྒྱད་པའི་དཀྱིལ་སྐོར་ཙམ་དུ་མདོ་སྨད་བྲག་མགོ་ རྟ་དམར་ཞེས་པར་རིགས་རུས་ཕུན་སུམ་ཚོགས་པའི་ཁྱིམ་རྒྱུད་དུ་ངོ་མཚར་བའི་དགེ་མཚན་དུ་མ་དང་བཅས་ཏེ་སྐུ་འཁྲུངས། སྐུ་ན་ཆུང་ངུའི་དུས་ནས་དམ་པའི་བག་ཆགས་རང་ཆས་སུ་སད་ཅིང་ཡི་གེ་འབྲི་ཀློག་སོགས་ཚེགས་མེད་དུ་མཁྱེན་པ་བྱུང་། དེ་ནས་དཔལ་འབྱོར་གྱི་རྟེན་ལ་རང་གཞན་གྱི་ཕན་བདེ་རླབས་པོ་ཆེ་བསྒྲུབ་པའི་ཆེད་དུ་དཔལ་ཨེ་ཝཾ་ཆོས་ལྡན་ཡོན་ཏན་རིན་པོ་ཆེ་དུ་མའི་འབྱུང་གནས་སུ་བྱོན་ཏེ། ཆོས་སྤྱོད་འདོན་ཆོག །རྒྱུད་ཆུང་ཆེན་པོ་བཞི། ཀུན་ཏུ་དགོས་པའི་གཞུང་བདུན་སོགས་ལ་སྦྱངས་པ་མཐར་ཕྱིན། དེ་ལས་སྔ་གཞུག་རྣམས་སུ་མཁན་ཆེན་འཇམ་དབྱངས་དཀོན་མཆོག་གྲགས་པ། མཁས་གྲུབ་ངག་དབང་ཆོས་སྐྱོང་བཟང་པོ། མཁས་གྲུབ་སངས་རྒྱས་གྲགས་པ་སོགས་ཆོས་ཀྱི་སྤྱན་དང་ལྡན་པའི་མཁས་ཤིང་གྲུབ་པ་བརྙེས་པའི་དགེ་བའི་བཤེས་གཉེན་དུ་མ་སྤྱི་བོའི་ཅོད་པན་དུ་བཀོད་དེ། རབ་འབྱམས་སྡེ་སྣོད་རྒྱུད་སྡེའི་ཉིང་ཁུ་སོ་བྱང་སྡོམ་པ་གསུམ་དང་། གསུང་ངག་རིན་པོ་ཆེ་སོགས་ཟབ་ཁྲིད་དུ་མ་དང་། དགྱེས་པ་རྡོ་རྗེ་བཀའ་བབས་བཞི་སོགས་དབང་རྗེས་གནང་ཁྲིད་རླབས་སྐོར་དུ་མ། དམ་པ་སྔ་མའི་བཀའ་འབུམ་སོགས་ལུང་རྒྱུན་བཞུགས་རིགས་མཐའ་དག་གསན་ཏེ། ཐོས་བསམ་གྱིས་སྒྲོ་འདོགས་ལེགས་པར་བཅད་དེ། མཁས་པའི་གོ་འཕང་ལ་མངའ་དབང་འབྱོར། ཐོས་དོན་སྒོམ་པས་ཉམས་མྱོང་གི་ཡོན་ཏན་གོང་འཕེལ་ཏུ་གྱུར་ནས་གྲུབ་པའི་ས་མཐོར་གཤེགས་ཏེ། མཁས་གྲུབ་ངག་དབང་ཕུན་ཚོགས་དོན་གྲུབ་ཀྱི་གདན་ཚབ་ཏུ་དཔལ་འོག་མིན་ཨེ་ཝཾ་ཆོས་ལྡན་ཡོན་ཏན་རིན་པོ་ཆེ་དུ་མའི་འབྱུང་གནས་ངོར་ཆེན་ཀུན་དགའ

བཟང་པོའི་ཆོས་ཀྱི་ཁྲི་ལ་ཞབས་ཀྱི་པདྨོ་ཉེ་བར་བཀོད་ནས། གསུང་ངག་རིན་པོ་ཆེ་ལམ་འབྲས་བུ་དང་བཅས་པའི་ཟབ་ཁྲིད་ཡོངས་རྫོགས་ཚར་དུ་མ་དང་། སྡོམ་པ་གསུམ་དང་། དགེས་པ་རྡོ་རྗེའི་ཟབ་ཁྲིད་དང་བཅས་པའི་གདམས་ངག་སོགས་གང་ལ་གང་འདོད་ཀྱི་སྨིན་གྲོལ་བསམ་གྱིས་མི་ཁྱབ་པ་བསྩལ་ཏེ། གདུལ་བྱ་རིགས་ཅན་སྣ་ཚོགས་སྲིད་པའི་མཚོ་ལས་བསྒྲལ་ཏེ་ཐར་པའི་གྲོང་ཁྱེར་མཆོག་ཏུ་ཕྱིན་པ་དང་། མཁས་གྲུབ་ངག་དབང་དམ་ཆོས། མཁན་ཆེན་བསོད་ནམས་དཔལ་འབྱོར་སོགས་གསུང་གི་བདུད་རྩི་བཞེས་པའི་སློབ་ཚོགས་གྲངས་ལས་འདས་པ་བསྐྲུན་ཏེ། རྒྱལ་བའི་བསྟན་པ་ལ་སྟོན་པ་གཉིས་པ་ལྟ་བུར་གྱུར་ནས་རྒྱལ་བའི་བསྟན་པ་ཉིན་མོ་ལྟར་དར་ཞིང་རྒྱས་པར་མཛད་ནས། དགོངས་པ་ཞི་དབྱིངས་སུ་སྐུ་གཤེགས་པ་ཡིན་ནོ། །

ཁྲུམས་པ་ནམ་མཁའ་འཆི་མེད།

ཁོང་ནི་བོད་རབ་བྱུང་བཅུ་གསུམ་པའི་ཤིང་མོ་བྱ་ཡི་ལོ་སྟེ་སྤྱི་ལོ་༡༧༦༥ལོར་གཙང་གི་གཡས་རུའི་ཉང་སྨད་སའི་བྱེ་བྲག་རྩེན་རྒྱ་མཚོ་གླིང་དུ་ཡབ་བྲང་ཏེ་མཁས་པའི་རུས་ལས་མཆེད་པའི་ཧ་མགྲིན་དང་། ཡུམ་ཡེ་ཤེས་ཀྱི་མཁའ་འགྲོ་མའི་མཚན་དང་ལྡན་པ་སངས་སྒྲོལ་མ་གཉིས་ཀྱི་སྲས་སུ་ངོ་མཚར་བའི་ལྟས་དུ་མ་དང་བཅས་ཏེ་སྐུ་འཁྲུངས་ཤིང་མཚན་དགྲ་འདུལ་དུ་གསོལ། དགུང་ལོ་དྲུག་པར་ས་ལ་གནས་པའི་འོག་མིན་ཆེན་པོ་དཔལ་ཨེ་ཝཾ་ཆོས་ལྡན་གྱི་བླ་བྲང་ཐར་པ་རྩེར་ཐེབས། གཟི་དྭང་ཡིག་ཏུ་གྲགས་པས་འབྲི་ཀློག་སོགས་བཟ་བསྟན་པ་ཙམ་གྱིས་ཚེགས་མེད་དུ་མཁྱེན། དེ་ནས་དཔལ་ཨེ་ཝཾ་ཆོས་ལྡན་པའི་འདོན་ཆོག་ཡོངས་སུ་རྫོགས་པ་ཐུགས་འཛིན་དང་། དེ་དག་གི་གདངས་དབྱངས་དང་། རྔ་དང་རོལ་མོའི་ཚོགས། ཐིག་རྩལ་ཚོན་ལ་སོགས་པ་མདོར་ན་ཕྱག་ལེན་ཕྲ་མོ་ཙམ་ཚད་ཀུན་དཔྱིས་ཕྱིན་པར་མཛད། ལྷག་པར་དུ་བསྟན་བཅོས་ཆེན་པོ་སྡོམ་གསུམ་རབ་དབྱེ། ཚུལ་གསུམ་མཛེས་རྒྱན་སོགས་ངོར་པའི་གཞུང་ཆུང་བཞིར་གྲགས་པ་རྣམས་དང་། རྒྱུད་སྡེའི་དུམ་བུ་བརྒྱ་བཅུ་གསུམ་པ་སོགས་ཀུན་ཏུ་དགོས་པའི་གཞུང་བདུན་དུ་གྲགས་པ་རྣམས་ཐུགས་ལ་བཟུང་ནས་རྒྱུགས་འབུལ་སོགས་མཛད་ཅིང་། དེ་རྣམས་ཀྱང་ཐུགས་ལ་བཟུང་ལོ་ཙམ་མ་ཡིན་པར་ཚིག་དོན་གྱི་གོ་བ་དང་། མཐའ་དཔྱོད་སོགས་དཔྱིས་ཕྱིན་པར་མཛད། དགུང་ལོ་བདུན་པར་ལེགས་པར་གསུངས་པའི་ཆོས་འདུལ་རྒྱ་མཚོའི་ཕ་རོལ་ཏུ་སོན་པ་ཁང་གསར་མཁན་རིན་པོ་ཆེ་ངག་དབང་ཆོས་སྐྱོང་བཟང་པོར་མཁན་པོ་ཞུས། གཞན་ཡང་

ལས་ཀྱི་སློབ་དཔོན་ལ་སོགས་པའི་དགེ་སློང་དུ་མ་དང་བཅས་པའི་དབུས་སུ། དགེ་བསྙེན་གྱི་སྡོམ་པ་སྔོན་དུ་འགྲོ་བའི་སྒོ་ནས་ཁྱིམ་པའི་རྟགས་ཐམས་ཅད་ལམ་གཞི་མདོའི་རྣ་ལྟར་དོར། རབ་ཏུ་བྱུང་བའི་རྟགས་རྣམས་བྱང་བས་སྦྲང་རྩི་ལེན་པ་བཞིན་དུ་ཡང་དག་པར་བླངས། དངོས་གཞི་དགེ་ཚུལ་གྱི་སྡོམ་པ་རྣམ་པར་དག་པ་ལེགས་པར་བཞེས་ཏེ་མཚན་བྱམས་པ་ནམ་མཁའ་བཟང་པོར་གསོལ། དགུང་ལོ་བཅུ་གཉིས་པར་རིགས་ཐམས་ཅད་ཀྱི་བདག་པོ་དཔལ་ལྡན་རྡོ་རྗེ་སེམས་དཔའ་དང་དབྱེར་མ་མཆིས་པ་ཕན་ཁང་དཔོན་རིན་པོ་ཆེ་རིན་ཆེན་གྲུབ་པའི་དྲུང་དུ་ཐམས་ཅད་མཁྱེན་པ་དཀོན་མཆོག་ལྷུན་གྲུབ་པའི་ཡིག་ཆ་རྣམས་ཀྱི་སྙིང་ནས་དཔལ་དགྱེས་པ་རྡོ་རྗེའི་རས་བྲིས་ཀྱི་དཀྱིལ་འཁོར་ཆེན་པོར་རྒྱུ་དུས་ཀྱི་དབང་བསྐུར་བ་ལེགས་པར་གསན་ནས་དགེ་ཚུལ་རྡོ་རྗེ་འཛིན་པ་ཆེན་པོར་གྱུར། དགུང་ལོ་ཉི་ཤུ་པར་ས་ལ་གནས་པའི་འོག་མིན་ཆེན་པོ་བོད་ཀྱི་རྡོ་རྗེ་གདན་དཔལ་ལྡན་ས་སྐྱའི་ཆོས་གྲྭ་ཆེན་པོར་ཕེབས་ཏེ། འགྲོ་བའི་མགོན་པོ་ཆོས་རྒྱལ་འཕགས་པའི་གཟིམས་ཆུང་ལྷ་ཁང་བླ་བྲང་དུ་མཁན་པོ་བསྟན་པ་རིན་པོ་ཆེའི་མངའ་བདག་བརྟན་མཁས་ཀྱི་ཡོན་ཏན་མང་པོ་ལ་མངའ་དབང་བསྒྱུར་བའི་མཁན་ཆེན་བྱམས་པ་སྦྱིན་པ་བཀྲ་ཤིས་དཔལ་བཟང་པོ་དང་། ལས་ཀྱི་སློབ་དཔོན་བསྟན་པའི་གསལ་བྱེད་དམ་པ་བྱམས་པ་བསོད་ནམས་བཟང་པོ་སོགས་དང་པའི་དགེ་འདུན་བཅུ་ཙམ་གྱི་དབུས་སུ་བསྙེན་པར་རྫོགས་པའི་དགེ་སློང་གི་སྡོམ་པ་རྣམ་པར་དག་པ་བཞེས་པར་མཛད། དེ་ལས་སྔ་གཞུག་རྣམས་སུ་ཁང་གསར་མཁན་ཆེན་ངག་དབང་ཆོས་སྐྱོང་བཟང་པོ་དང་། འཇམ་མགོན་ངག་དབང་ཀུན་དགའ་བློ་གྲོས་སོགས་ཡོངས་འཛིན་དམ་པ་བཅུ་ཕྲག་ལྔ་ལྷག་ཙམ་ལས་ཕྱི་རིག་པའི་གནས་དང་། ནང་སྡེ་སྣོད་གསུམ་དང་རྒྱུད་སྡེ་བཞི་ལ་སོགས་པའི་ཆོས་ཀྱི་བདུད་རྩི་ངོམས་པ་མེད་པར་གསོལ་ཏེ། དེ་དག་ཀྱང་ཐོས་ལོ་དང་ཤེས་ལོ་ཙམ་དུ་མ་བཞག་པར་བསམ་བྱུང་གི་རིག་པས་སྒྲོ་འདོགས་ཐམས་ཅད་ཡང་དང་ཡང་དུ་བཅད་ཅིང་། སྒོམ་པས་ཐུགས་ཉམས་སུ་བཞེས་པ་ལ་བརྟེན་ནས། ཐོས་བསམ་སྒོམ་གསུམ་གྱི་ཕ་རོལ་ཏུ་སོན་ཅིང་མཁས་པའི་གྲགས་པ་བར་མེད་དུ་ཁྱབ་པར་གྱུར་ཏེ། དགུང་ལོ་ཉེར་ལྔ་པ་བོད་རབ་བྱུང་བཅུ་གསུམ་པ་ས་མོ་བྱ་ཡི་ལོ་སྟེ་སྤྱི་ལོ་༡༧༨༩ལོར་རྒྱལ་བས་ལུང་གིས་བསྔགས་པའི་ངོར་ཆེན་རྡོ་རྗེ་འཆང་ཆེན་པོའི་ཆོས་ཀྱི་ཁྲི་འཕང་མཐོན་པོར་ཞབས་ཟུང་འཁོར་ལོའི་རེ་ཁ་རྣམ་པར་བཀོད་དེ་འཇིགས་པ་དང་བག་ཚ་བ་མེད་པའི་གསུང་གི་གསང་བ་བསམ་གྱིས་མི་ཁྱབ་པ་དང་ལྡན་པའི་སྒོ་ནས། སྟོད་མངའ་རིས། བར་དབུས་གཙང་། སྨད་མདོ་ཁམས་རྣམས་ནས་བྱོན་པའི་གདུལ་བྱ་རྣམས་ལ་དཔལ་གྲུབ་ཆེན་བི་རཱུ་པའི་བཞེད་གཞུང་གསུང་ངག་རིན་པོ་ཆེ་ལམ་འབྲས་བུ་དང་བཅས་པའི་ཆོས་ཀྱི་འཁོར་ལོ་མ་ལུས་པ་ཡོངས་སུ་

རྫོགས་པ་དང་། དབང་བྱིན་རླབས། རྗེས་གནང་རིག་གཏད་ལ་སོགས་པ་ཤིན་ཏུ་མང་པོས་གདུལ་བྱ་མ་སྨིན་པ་རྣམས་སྨིན་པ་དང་། སྨིན་པ་རྣམས་གྲོལ་བའི་
ལམ་ལ་འགོད་པ་དང་། ཐམས་ཅད་ཀྱང་བསྟན་པའི་རྩ་བ་སོ་སོར་ཐར་པའི་སྡོམ་པ་ལ་གནས་པར་མཛད་དོ། །དེ་ནས་དགུང་ལོ་ཉེར་དགུ་པ་ཆུ་གླང་ལོར་ཉིད་ཀྱི་
གདན་ཚབ་ཏུ་མཁས་གྲུབ་ངག་དབང་དམ་ཆོས་མངའ་གསོལ་ཏེ། དགུང་ལོ་སུམ་ཅུ་པ་ཤིང་ཕོ་སྟག་གི་ལོར་ཨེ་ཝཾ་ཆོས་ལྡན་ནས་བཏེག་སྟེ་ལམ་བར་དུ་འཕོད་
པའི་འགྲོ་བ་འགའ་ཞིག་གིའང་རེ་བའི་ཤིང་རྟ་ཡོངས་སུ་བཀང་སྟེ་སྡེ་དགེའི་ལྷུན་གྲུབ་སྟེང་གི་རྒྱལ་ཁབ་ཆེན་པོ་ཕྱོགས་ཐམས་ཅད་ལས་རྣམ་པར་རྒྱལ་བར་
ཕེབས། དེ་ནས་བཟུང་སྟེ་དགུང་ལོ་ཞེ་གཅིག་པ་ཤིང་མོ་གླང་གི་ལོའི་བར་ལོ་བཅུ་གཅིག་གི་བར་དུ་ཁམས་སུ་བཞུགས་ཏེ། གདུལ་བྱ་རང་རང་གི་མོས་པ་དང་
མཐུན་པའི་ཐུན་མོང་དང་ཐུན་མོང་མ་ཡིན་པའི་ཆོས་ཀྱི་འོད་ཟེར་ཆེན་པོ་རབ་ཏུ་བཀྱེས་ཏེ་རྒྱལ་བའི་བསྟན་པ་རིན་པོ་ཆེ་ཕྱོགས་ཐམས་ཅད་དུ་དར་ཞིང་རྒྱས་པར་
མཛད་དོ། །དེ་ལྟར་མཚུངས་པ་མེད་པའི་ཆོས་ཀྱི་རྗེ་འདི་ཉིད་ཀྱིས། ཟབ་པ་དང་རྒྱ་ཆེ་བའི་ཆོས་ཀྱི་འཁོར་ལོ་དུ་མ་བསྐོར་བས། སྟོད་མངའ་རིས། བར་དབུས་
གཙང་། སྨད་མདོ་ཁམས་རྣམས་སུ་སློབ་ཚོགས་མཐའ་ཡས་པ་བྱུང་མོད། དེ་ལས་འདིར་མདོ་ཙམ་བརྗོད་ན། དཔལ་ཨེ་ཝཾ་ཆོས་ལྡན་གྱི་ཆོས་ཀྱི་ཁྲི་ལ་ཞབས་ཀྱི་
པདྨོ་བཀོད་དེ་སྡེ་སྣོད་རྒྱ་མཚོའི་དོན་སྨྲ་བ་མཁན་ཆེན་བྱམས་པ་བསོད་ནམས་དཔལ་འབྱོར། མཁན་ཆེན་རྡོ་རྗེ་འཆང་བྱམས་པ་ཀུན་དགའ་བསྟན་འཛིན་བཀྲ་
ཤིས་གྲགས་པ་རྒྱལ་མཚན་དཔལ་བཟང་པོ། མཁན་ཆེན་རྡོ་རྗེ་འཆང་རྣལ་འབྱོར་འཇམ་དཔལ་བཟང་པོ། ཤར་ཆེན་ངག་དབང་བསྟན་པའི་རྒྱལ་མཚན། ཕན་
ཁང་ཞབས་དྲུང་རིན་པོ་ཆེ་ངག་དབང་བསྟན་པ་རིན་པོ་ཆེ་སོགས་མདོར་ན་ཞལ་སློབ་ཀུང་མཁས་བཙུན་བཟང་གསུམ་འཛོམས་པ་ནམ་མཁའི་སྐར་ཚོགས་ལྟར་
བྱུང་ཞིང་། དེ་རྣམས་ཀྱིས་ཀྱང་འཆད་རྩོད་རྩོམ་གསུམ་ལ་སོགས་པའི་སྒོ་ནས་སངས་རྒྱས་ཀྱི་བསྟན་པ་སྤྱི་དང་བྱེ་བྲག་ཐམས་ཅད་དར་ཞིང་རྒྱས་པར་མཛད་པ་མ་
ཟད། རྩོམ་པ་ལེགས་བཤད་ཀྱི་ཕྲེང་བ་གསར་དུ་སྤེལ་བའི་སྐོར་ལ་ཡང་། གསོལ་འདེབས་ཀྱི་སྐོར་དང་། ཨེ་ཝཾ་པའི་སྐོང་གསོའི་དབྱངས་དང་ཊ་ཚིག་གི་རྣམ་
གཞག་རྒྱལ་བསྟན་མཛེས་པའི་རྒྱན་མཆོག་དང་། ལེགས་ལྡན་སྟག་ཞོན་གྱི་བསང་མཆོད། སྒྲོལ་མ་གཡུ་མདོག་དང་། སད་ཟློག་གི་ཚིག་སྒྲིག་སོགས་རྗེས་འཇུག་
གདུལ་བྱའི་གསོས་སུ་བཞག་ཅིང་། གཞན་ཡང་དམ་པ་འདི་ཉིད་ཀྱིས་དངུལ་སྲང་ལྔ་བཅུ་ལས་གྲུབ་པའི་འཇམ་དབྱངས་དཀར་པོའི་སྐུ་དང་། གསེར་ཟངས་ལས་
གྲུབ་པའི་བྱང་སེམས་ཉེ་བའི་སྲས་བརྒྱད་ལ་སོགས་པའི་གསེར་སྐུ་དུ་མ་དང་། གསུང་རྟེན་དུ་གླེགས་བམ་ཁྲིས་མ་པོད་བཅོ་ལྔ་དང་། སྤྱར་མ་སྤྱུས་ཤིན་ཏུ་དག་པ་

པོད་བདུན་རྩ་ལྔག་དང་། ཐུགས་ཀྱི་རྟེན་དུ་ཁང་བུ་བརྩེགས་པའི་མཆོད་རྟེན་སོགས་རྟེན་བཞེངས་དུ་མ་དང་། དབུས་གཙང་གི་བླ་མ་དགེ་འདུན་པ་རྣམས་ལ་བསྙེན་བཀུར་སྟོབ་པ་སོགས་རྣམ་དཀར་གྱི་ཕྲིན་ལས་བཟང་པོས་བསྟན་འགྲོའི་དོན་རྒྱ་ཆེར་མཛད་དེ། སླར་དགུང་ལོ་ཞེ་བཞི་པར་མདོ་ཁམས་སྡེ་དགེའི་རྒྱལ་ཁབ་ཏུ་བྱོན་ནས་བསྟན་འགྲོའི་དོན་རྒྱ་ཆེར་བསྒྲུབས་ནས། མཐར་དགུང་གྲངས་ལྔ་བཅུ་ང་དྲུག་པ་བོད་རབ་བྱུང་བཅུ་བཞི་པའི་ལྕགས་ཕོ་འབྲུག་གི་ལོ་སྟེ་སྤྱི་ལོ་༡༨༢༠ལོར་སྡེ་དགེའི་ལྷུན་གྲུབ་སྟེང་གི་ཕན་གླིང་བླ་བྲང་དུ་དགོངས་པ་ཞི་དབྱིངས་སུ་བསྡུས་པ་ཡིན་ནོ། །

༡ མཁས་གྲུབ་ངག་དབང་དམ་ཆོས།

ཁོང་ནི་བོད་རབ་བྱུང་བཅུ་གསུམ་པའི་དཀྱིལ་དང་དུས་རབས་བཅོ་བརྒྱད་པའི་དུས་སྨད་ཙམ་དུ་རོང་ཡུལ་པོ་སྨང་སྟེང་དུ་རིགས་རུས་ཕུན་སུམ་ཚོགས་པའི་ཁྱིམ་རྒྱུད་དུ་ངོ་མཚར་བའི་ལྟས་དུ་མ་དང་བཅས་ཏེ་གཟུགས་སྐུ་ཆུ་ཤེལ་གྱི་དབང་པོ་མངོན་པར་བཀྲ། སྐུ་ཚེ་དུ་མ་ནས་དམ་པའི་ཆོས་ལ་སྦྱོད་པའི་འབྲས་རྟགས་སུ་སྐུ་ན་ཆུང་དུའི་དུས་ནས་ཐེག་ཆེན་གྱི་རིགས་སད་ཅིང་། ཀློག་སོགས་བསླབ་པས་ཚེགས་མེད་དུ་མཁྱེན་པ་བྱུང་། དད་དང་ངེས་འབྱུང་གིས་རྒྱུད་བསྒྲུབ་ཏེ་དཔལ་ཨེ་ཝཾ་ཆོས་ལྡན་ཡོན་ཏན་རིན་པོ་ཆེ་དུ་མའི་འབྱུང་གནས་སུ་བྱོན་ཏེ། རྒྱུད་ཆུང་བཞི་དང་ཀུན་ཏུ་དགོས་པའི་གཞུང་བདུན་སོགས་ལ་མཁྱེན་རབ་ཀྱི་པདྨོ་རྣམ་པར་བཞད། དེ་ལས་སྔ་གཞུག་རྣམས་སུ་མཁན་ཆེན་སངས་རྒྱས་གྲགས་པ་ལས་བསྙེན་པར་རྫོགས། བྱང་ཆུབ་མཆོག་ཏུ་ཐུགས་བསྐྱེད། སྨིན་གྲོལ་གསེར་འགྱུར་རྩེས་སྒོ་གསུམ་ལྷ་སྔགས་ཡེ་ཤེས་ཀྱི་རང་བཞིན་དུ་བསྒྱུར། གཞན་ཡང་མཁས་གྲུབ་ངག་དབང་ཕུན་ཚོགས་དོན་གྲུབ། མཁས་གྲུབ་ཀུན་དགའ་བསོད་ནམས། ཐར་རྩེ་མཁན་ཆེན་འཆི་མེད་སོགས་མཁས་ཤིང་གྲུབ་པ་བརྙེས་པའི་སྐྱེས་ཆེན་དམ་པ་དུ་མའི་ཞབས་རྡུལ་སྤྱི་བོར་བླངས་ནས་སྨིན་བྱེད་ཀྱི་དབང་དང་། གྲོལ་བྱེད་ཀྱི་ཁྲིད། རྒྱབ་རྟེན་ལུང་གི་སྐོར་སོགས་ཐོས་པའི་རྒྱ་མཚོའི་ཕ་རོལ་ཏུ་སོན། ཐོས་དོན་ཡང་དང་ཡང་དུ་སྒོམ་པའི་སྒོ་ནས་ཉམས་སུ་བླངས་བས་གྲུབ་པའི་རྟགས་མཚན་དུ་མ་མངོན་དུ་གྱུར་ཏེ། མཁས་གྲུབ་གཉིས་ལྡན་གྱི་གོ་འཕང་ལ་མངའ་དབང་འབྱོར། དེ་ནས་མཁན་ཆེན་བྱམས་པ་ནམ་མཁའ་འཆི་མེད་ཀྱི་གདན་ཚབ་ཏུ་ཆོས་སྲིད་ལུགས་བཟང་གིས་མངོན་པར་མཐོ་བའི་ཁྲི་ལ་ཞབས་ཟུང་གཡོ་བ་མེད་པར་བཀོད་དེ། འཁོར་འདུས་པ་རྒྱ་མཚོ་ལྟ་བུ་ལ་གསུང་ངག་རིན་པོ་ཆེ་ལམ་འབྲས་བུ་དང་བཅས་པའི་

དབང་ལུང་ཁྲིད་སོགས་ཀྱི་སྒོར། རྒྱུད་སྡེ་བཞིའི་སྨིན་གྲོལ་གྱི་རྒྱུན་གང་བཞུགས། སོ་བྱང་གི་སྡོམ་པ་སོགས་ཟང་ཟིང་མེད་པའི་ཆོས་ཀྱི་སྦྱིན་པ་དུ་མ་བསྩལ་ཏེ། སློབ་ཚོགས་མཐའ་ཡས་པ་ཚིམ་པར་མཛད་ཅིང་། གསུང་གི་གསང་བའི་བདུད་རྩི་བཞེས་པའི་ཆོས་ཀྱི་སྲས་དགེ་དབང་བློ་གྲོས་བཟང་པོ། ཡོངས་འཛིན་དཔལ་ལྡན་ཆོས་ཀྱི་རྒྱལ་མཚན་སོགས་སྟོད་མངའ་རིས། སྨད་མདོ་ཁམས། བར་དབུས་གཙང་གི་ཕྱོགས་རྣམས་སུ་བཞུགས་པའི་རང་ལུགས་ཀྱི་ཆོས་སྡེ་སོ་སོའི་བླ་མ་སློབ་དཔོན་ལུང་དང་རྟོགས་པའི་ཡོན་ཏན་ཕུལ་དུ་བྱུང་བ་དང་ལྡན་པའི་མཁས་བཙུན་བཟང་གསུམ་གྱི་སློབ་མ་ནམ་མཁའི་སྐར་ཚོགས་ལྟར་བྱུང་ནས་བཤད་སྒྲུབ་འཁོར་ལོ་གཉིས་ལྡན་གྱི་སྒོ་ནས་རྒྱལ་བའི་བསྟན་པ་རིན་པོ་ཆེ་འདབ་བརྒྱའི་ཚལ་དུ་ཉི་ཟེར་ཕོག་པ་ལྟར་རྒྱས་པར་མཛད་པ་ཡིན་ནོ། །

༈ མཁན་ཆེན་བསོད་ནམས་དཔལ་འབྱོར།

ཁོང་ནི་བོད་རབ་བྱུང་བཅུ་གསུམ་པའི་དཀྱིལ་དང་དུས་རབས་བཅོ་བརྒྱད་པའི་དཀྱིལ་སྨད་ཙམ་དུ་མདོ་སྨད་ལི་ཐང་གི་མོ་ལ་གཤེགས་ཞེས་པ་ཡུལ་གྱི་དགེ་བཅུ་ཕུན་སུམ་ཚོགས་པ་དུ་མས་མངོན་པར་མཐོ་བའི་གནས་སུ་རིགས་རུས་ཡོན་ཏན་གྱིས་མངོན་པར་མཐོ་བའི་ཁྱིམ་རྒྱུད་དུ་ངོ་མཚར་བའི་དགེ་མཚན་དུ་མ་དང་བཅས་ཏེ་སྐུ་འཁྲུངས། སྐུ་ན་ཆུང་ངུའི་དུས་ནས་བྱིས་པའི་སྤྱོད་པ་ལས་རིང་དུ་འདས་ཤིང་དད་པ་དང་སྙིང་རྗེ་ཤེས་རབ་སོགས་ཡོན་ཏན་གྱི་རྩ་བ་རབ་ཏུ་བརྟན་ཞིང་། ཡི་གེ་འབྲི་ཀློག་སོགས་ཚེགས་མེད་དུ་མཁྱེན་པ་བྱུང་། དེ་ནས་དཔལ་ཨེ་ཝཾ་ཆོས་ལྡན་ཡོན་ཏན་རིན་པོ་ཆེ་དུ་མའི་འབྱུང་གནས་ཀྱི་ཆོས་གྲྭར་ཞུགས་ཏེ། རྒྱུད་ཆུང་བཞི་དང་། ཀུན་ཏུ་དགོས་པའི་གཞུང་བདུན་སོགས་ཐུགས་འཛིན་མཛད་ཅིང་མཁྱེན་རབ་ཀྱི་པདྨོ་རྒྱས། སྐུ་གཞུག་རྣམས་སུ་མཁས་གྲུབ་ངག་དབང་ཕུན་ཚོགས་དོན་གྲུབ། མཁན་ཆེན་ཀུན་དགའ་བསོད་ནམས། མཁན་ཆེན་ནམ་མཁའ་འཆི་མེད་སོགས་མཁས་ཤིང་གྲུབ་པ་བརྙེས་པའི་དགེ་བའི་བཤེས་གཉེན་དུ་མའི་ཞབས་རྡུལ་སྤྱི་བོར་བླངས་ནས། སྡོམ་པ་གསུམ་དང་། གསུང་ངག་རིན་པོ་ཆེ་ལམ་འབྲས་བུ་དང་བཅས་པས་གཙོས་མདོ་སྔགས་རྒྱུད་སྡེ་རབ་འབྱམས་ལ་ཐོས་བསམ་གྱིས་སྒྲོ་འདོགས་བཅད་དེ། ཐོས་པའི་ཕ་རོལ་ཏུ་སོན། དཔལ་དགྱེས་པ་རྡོ་རྗེ་སོགས་ཡི་དམ་དུ་མའི་བསྐྱེད་རྫོགས་ལ་དབང་འབྱོར་བའི་གསུམ་ལྡན་རྡོ་རྗེ་འཛིན་པ་ཆེན་པོར་གྱུར་ཏེ། མཁས་གྲུབ་གཉིས་ལྡན་གྱི་གོ་འཕང་ལ་མངའ་དབང་འབྱོར། མཁས་གྲུབ་ངག་དབང་དམ་ཆོས་ཀྱི་གདན་ཚབ་ཏུ་ཁྲབ་བདག་རྡོ་

རྡོ་འཆང་གི་ཁྲི་ལ་མངའ་གསོལ་ཏེ་གསུང་ངག་རིན་པོ་ཆེ་ལམ་འབྲས་བུ་དང་བཅས་པའི་ཁྲིད་ལུང་མན་ངག་གིས་མཚོན་རབ་བྱུང་བསྙེན་རྫོགས། བྱང་ཆུབ་སེམས་བསྐྱེད་ཀྱི་ཆོ་ག །ཕྱོགས་ཀྱི་སྨིན་གྲོལ་སོགས་སྡོམ་པ་གསུམ་ཆ་ལག་དང་བཅས་པས་འོས་སུ་གྱུར་པའི་གདུལ་བྱ་ཐམས་ཅད་ཡང་དག་པའི་ལམ་ལ་བཀྲི་བར་མཛད་དེ། གསུང་ལས་སྐྱེས་པའི་ཆོས་ཀྱི་སྲས་མཁན་ཆེན་ཀུན་དགའ་བསྟན་འཛིན། མཁས་གྲུབ་བྱམས་པ་དཔལ་ལྡན་བཟང་པོ་སོགས་མཁས་གྲུབ་གཉིས་ལྡན་གྱི་སློབ་ཚོགས་གྲངས་ལས་འདས་པ་སྨིན་པར་མཛད་ནས། ཆོས་སྲིད་ལུགས་བཟང་གི་ཕྲིན་ལས་རབ་ཏུ་རྒྱས་པས་བསྟན་འགྲོའི་དོན་རྒྱ་ཆེར་བསྒྲུབ་པ་ཡིན་ནོ། །

༼ བྱམས་པ་ཀུན་དགའ་བསྟན་འཛིན།

ཁོང་ནི་བོད་རབ་བྱུང་བཅུ་གསུམ་པའི་མེ་ཕོ་སྤྲེལ་གྱི་ལོ་སྟེ་སྤྱི་ལོ་༡༧༧༨ལོར་དཔལ་ཨེ་ཝཾ་ཆོས་ལྡན་དང་ཉེ་བའི་སའི་ཆ་རྟེ་ན་རྒྱ་མཚོ་གླིང་ཞེས་པར་ཡབ་བྲང་ཏི་མཁས་པའི་རིགས་ལས་ཐོན་པའི་པདྨ་དོན་གྲུབ་དང་། ཡུམ་པདྨ་བུ་ཁྲིད་གཉིས་ཀྱི་སྲས་སུ་ངོ་མཚར་བའི་ལྟས་དུ་མ་དང་བཅས་ཏེ་སྐུ་འཁྲུངས་ཤིང་མཚན་པདྨ་རྡོ་རྗེར་གསོལ། དམ་པ་འདི་ཉིད་སྐུ་ན་ཆུང་ངུའི་དུས་ནས་རྣན་ལ་གུས་པ། གཞོན་ལ་བྱམས་པ་སོགས་ཡ་རབས་ཀྱི་སྤྱོད་པས་སྐྱེ་རྒུ་ཐམས་ཅད་ཤིན་ཏུ་ངོ་མཚར་བའི་གནས་སུ་གྱུར། དེ་ནས་ནར་སོན་པ་ན་ཡོན་ཏན་རིན་པོ་ཆེ་དུ་མའི་འབྱུང་གནས་དཔལ་ཨེ་ཝཾ་ཆོས་ལྡན་གྱི་བླ་བྲང་ཐར་པ་རྩེར་ཕེབས། མཁན་ཆེན་རྡོ་རྗེ་འཆང་བྱམས་པ་ནམ་མཁའ་འཆི་མེད་ཀྱི་ཞབས་པད་ལེགས་པར་བསྟེན་ཅིང་། གུས་པའི་ཀུན་སྤྱོད་ཀྱིས་མཉེས་པར་བྱས་ཏེ་ཡི་གེའི་ཕྲི་མོ་ནས་བཟུང་འབྲི་ཀློག་སོགས་བཀའ་དྲིན་ཞུས་པ་ཙམ་གྱིས་ཚོགས་མེད་དུ་མཁྱེན། དེ་ནས་ངོར་པའི་གཞུང་ཆུང་བཞིར་གྲགས་པ་དང་། སྣང་གསུམ་མཛེས་རྒྱན། རྒྱུད་གསུམ་མཛེས་རྒྱན་སོགས་ཕྱགས་འཛིན་གནང་སྟེ་རྒྱུགས་འབུལ་མཛད། དགུང་ལོ་བཅོ་ལྔ་པར་ངེས་པར་འབྱུང་བའི་ཐུགས་ཀྱི་ཀུན་སློང་རྣམ་པར་དག་པས་ཀུན་ནས་བསླངས་ཏེ། འདུལ་འཛིན་ཡོངས་ཀྱི་གཙུག་རྒྱན་ཁུ་བོ་མཁན་ཆེན་བྱམས་པ་ནམ་མཁའ་འཆི་མེད་ཀྱིས་མཁན་པོ་མཛད་དེ། དགེ་སློང་གྲངས་ཚང་གི་དབུས་སུ་རབ་བྱུང་དགེ་ཚུལ་གྱི་སྡོམ་པ་ཡང་དག་པར་བཞེས། དགུང་གྲངས་བཅོ་བརྒྱད་པར་དཔལ་ལྡན་ཨེ་ཝཾ་བླ་བྲང་གཞུང་དུ་བརྟན་མཁས་ཡོན་ཏན་དུ་མ་ལ་མངའ་དབང་བསྒྱུར་བ་བྱམས་པ་ནམ་མཁའ་འཆི་མེད་བཀྲ་ཤིས་གྲགས་པ་རྒྱལ་མཚན་དཔལ་བཟང་པོས་མཁན་པོ་དང་། ལས་ཀྱི་སློབ་དཔོན་རིན་པོ་ཆེ་ངག་དབང་

དམ་ཆོས་སོགས་དད་པའི་དགེ་འདུན་བཅུའི་དབུས་སུ་བསྙེན་པར་རྫོགས་པའི་དགེ་སློང་གི་སྡོམ་པ་ཡང་དག་པར་བཞེས། དེ་ལས་སྔ་གཞུག་རྣམས་སུ་བསྟན་པའི་སྣང་བྱེད་དམ་པ་འདམ་ཕོག་ཆོས་རྗེ་བླ་མ་རིན་ཆེན་གྲགས། མཁན་ཆེན་ངག་དབང་དམ་ཆོས། མཁས་བཙུན་བཟང་གསུམ་གྱི་ཡོན་ཏན་ལ་མངའ་དབང་འབྱོར་བ་ཕན་ཁང་དཔལ་ལྡན་རིན་ཆེན་ཆོས་མཛོད། མཁན་ཆེན་ནམ་མཁའ་འཆི་མེད་སོགས་མཁས་ཤིང་གྲུབ་པ་བརྙེས་པའི་ཡོངས་འཛིན་དགེ་བའི་བཤེས་གཉེན་ཉི་ཤུ་རྩ་ལྔ་བསྟེན་ནས། གསུང་ངག་རིན་པོ་ཆེ་ལམ་འབྲས་བུ་དང་བཅས་པ་དཔལ་ལྡན་ས་སྐྱ་པའི་སྟན་བརྒྱུད་ཀྱི་གདམས་པ་རྒྱ་མཚོ་ལྟ་བུར་གསན་པ་རྣམས་ཀྱང་ཚིག་དོན་དང་ཕྱག་ལེན་ཕྲ་མོ་དག་ཀྱང་འཁྲུལ་མེད་དུ་མཁྱེན། དཔལ་དགྱེས་པ་རྡོ་རྗེའི་བསྙེན་པ་ལན་གཉིས་དང་། མགོན་པོ་ཆེ་ཆུང་སོགས་ཀྱི་བསྙེན་སྒྲུབ་མཐར་ཕྱིན་པར་མཛད་པས་ཡི་དམ་ལྷག་པའི་ལྷས་དངོས་གྲུབ་གནང་བ་དང་། ཆོས་སྐྱོང་སྲུང་མས་ཕྲིན་ལས་སྒྲུབ་པའི་མཚན་མ་མང་པོས་ཐུགས་རྒྱུད་གཏམས། ཐུབ་དབང་གནས་བརྟན་བཅུ་དྲུག་དང་། སློབ་དཔོན་སངས་རྒྱས་གཉིས་པ་སོགས་ཀྱིས་དགྱེས་པའི་འཛུམ་ཞལ་བསྟན། མཁས་གྲུབ་གཉིས་ལྡན་གྱི་གོ་འཕང་ལ་མངའ་དབང་འབྱོར། དགུང་ལོ་སོ་དྲུག་པ་བོད་རབ་བྱུང་བཅུ་པའི་ལྕགས་མོ་ལུག་གི་ལོ་སྤྱི་ལོ་༡༥༧༡ལོར་རྗེ་རྡོ་རྗེ་འཆང་གི་ཆོས་ཀྱི་ཁྲི་ལ་ཞབས་སེན་བཀོད་མ་ཐག་ནས་གསུང་ངག་རིན་པོ་ཆེའི་ཆོས་ཀྱི་འཁོར་ལོ་བསྐོར་བའི་དབུ་བཙུགས་པ་ནས་བཟུང་སྐྱེ་ལོ་བཅུའི་བར་དུ་སྐྱོང་མངའ་རིས། བར་དབུས་གཙང་། སྨད་མདོ་ཁམས་རྣམས་ནས་གདུལ་བྱ་སྐལ་བ་དང་ལྡན་པ་རྫོགས་ལྡན་གྱི་སྤྲིན་ཕུང་བཞིན་དུ་འདུས་པ་རྣམས་ལ། རྒྱལ་བའི་བསྟན་པ་ཡོངས་རྫོགས་ཀྱི་ཉམས་ལེན་དུ་གྱུར་པ་གྲུབ་ཆེན་བི་རཱུ་པའི་ཐུགས་བཅུད་གསུང་ངག་རིན་པོ་ཆེ་ལམ་འབྲས་བུ་དང་བཅས་པའི་སྟོན་འགྲོ་སྣང་གསུམ་གྱི་ཁྲིད་དང་། བརྒྱུད་པ་གཉིས་ལྡན་གྱི་སེམས་བསྐྱེད་དང་དབང་གི་མངོན་པར་རྟོགས་པ་བརྒྱད་དང་ལྡན་པའི་རྒྱུ་དུས་ཀྱི་དབང་བསྐུར་བ་དང་། ལམ་གྱི་དངོས་གཞི་རྒྱུད་གསུམ་གྱི་ཁྲིད་དང་། དེ་དག་གི་སྐབས་སུ་ལམ་དུས་ཀྱི་དབང་དང་། ཆ་ལག་ཏུ་གདོགས་པའི་བྱིན་རླབས་རྣམས་དང་། རྒྱབ་རྟེན་གྱི་ལུང་དང་བཅས་པ་ཤིན་ཏུ་རྒྱས་པར་བསྩལ་ཞིང་། བསྟན་པ་རིན་པོ་ཆེའི་གཞིའམ་རྩ་བ་ལྟ་བུར་གྱུར་པའི་དགེ་བསྙེན་དང་དགེ་ཚུལ། དགེ་སློང་གི་སྡོམ་པ་རྣམས་རིམ་པ་བཞིན་དུ་འབོགས་པར་མཛད། དགུང་ལོ་ཞེ་དྲུག་པར་བསྟན་པའི་སྣང་བྱེད་ཁང་གསར་ངག་དབང་བློ་གྲོས་བཟང་པོ་པ་རྒྱལ་བ་གཉིས་པའི་ཆོས་ཀྱི་ཁྲི་ཆེན་པོར་བཀྲ་ཤིས་པའི་ཅོ་ག་དང་བཅས་པས་ཡོངས་སུ་མངའ་གསོལ། སྡེ་དགེ་ཆོས་རྒྱལ་ཆེན་པོས་ལན་གཉིས་སུ་སྤྱན་དྲངས་ཏེ་འབྲེལ་ཚད་དོན་ལྡན་གྱི་ཕྲིན་ལས་བསྐྲུངས། ཆོས་རྒྱལ

ཆེན་པོ་ལ་བསྙེན་པར་རྫོགས་པའི་དགེ་སློང་གི་སྡོམ་པ་བསྐུལ། དེ་ལྟར་སྔ་ཕྱིར་དམ་པ་འདི་ཉིད་ཀྱིས་ལམ་འབྲས་ཚོགས་བཤད་ཚར་བཅུ་དང་། སློབ་བཤད་ཚར་བཞི། རྡོ་རྗེ་ཕྲེང་བ་ཚར་གཉིས་སོགས་ཆོས་ཀྱི་འཁོར་ལོ་བར་མེད་དུ་བསྐོར་ཏེ། གསུང་གི་གསང་བ་འཛིན་པའི་ཐུགས་སྲས་གངས་ལྗོངས་སྐྱེ་དགུའི་སྐྱབས་གཅིག་ས་སྐྱ་འཁོན་གྱི་གདུང་རྒྱུད་དུ་འཁྲུངས་པ་ལྔ། རྒྱལ་བའི་ལུང་གིས་བསྔགས་པའི་ངོར་ཆེན་རྡོ་རྗེ་འཆང་གི་ཆོས་ཀྱི་ཁྲི་ལ་ཞབས་སེན་རྣམ་པར་བཀོད་པ་དྲུག འཇིག་རྟེན་ཁམས་ན་འགྲན་ཟླ་དང་བྲལ་བའི་མཁས་པ་ཆེན་པོ་འཛམ་གླིང་མཛེས་པར་བྱེད་པ་རྒྱན་ལྔ། ཀུན་མཁྱེན་ཤེ་ཕྱཾ་པ་ཆེན་པོའི་རིང་ལུགས་འཛིན་སྐྱོང་སྤེལ་གསུམ་བྱེད་པ་ལ་རབ་ཏུ་ཆས་པའི་ཞབས་དྲུང་རྣམ་བརྒྱད། བསྟན་པ་སྟོབས་ཀྱིས་འཛིན་པ་ཆོས་རྒྱལ་ཆེན་པོ་ཡབ་སྲས་བཞི་དང་། འཇམ་དབྱངས་མཁྱེན་བརྩེའི་དབང་པོ་སོགས་མཁས་པའི་གཙུག་རྒྱན། གྲུབ་པའི་ཁྱུ་མཆོག་གསེར་རི་ལྟ་བུ་དུ་མ་བསྐྲུན་པ་མ་ཟད། གསང་འདུས་མི་བསྐྱོད་པའི་ཆོ་ག་ནག་འགྲོས་མ་དང་། སྡེ་དགེའི་གཞི་བདག་འབྲི་གཉན་གདོང་གི་བསང་མཆོད་དང་། ཁམས་ཕྱོགས་ཀྱི་དགོན་སྡེ་འགའ་ཞིག་གི་བཅའ་ཡིག །ཞལ་གདམས་དང་། གསོལ་འདེབས་སོགས་རྗེས་འཇུག་གདུལ་བྱའི་གསོས་སུ་བཞག་ཅིང་། གཞན་ཡང་བཅོམ་ལྡན་འདས་ཀུན་རིག་རྣམ་པར་སྣང་མཛད་ཀྱིས་མཚོན་གསེར་ཟངས་ལས་གྲུབ་པའི་སྐུ་བརྒྱ་ཕྲག་གཅིག་དང་། ལམ་འབྲས་བླ་མ་བརྒྱུད་པའི་ཞལ་ཐང་གིས་མཚོན་ཞལ་ཐང་ལྔ་བཅུ་ལྷག་དང་། གསུང་རྟེན་ཉེ་བར་མཁོ་བའི་ཕྱག་དཔེ་བྲིས་མ་དང་སྤར་མ་པོད་སུམ་ཅུ་ལྷག་དང་། ཐུགས་རྟེན་ཁང་བརྩེགས་མཆོད་རྟེན་གཉིས་དང་། གཞན་ཡང་མཆོད་པའི་ཡོ་བྱད་དུ་མ་དང་། དཀོན་མཆོག་གི་མཆོད་པ་དང་དགེ་འདུན་གྱི་བསྙེན་བཀུར་སོགས་རྣམ་དཀར་གྱི་ཕྲིན་ལས་བཟང་པོ་རྒྱ་ཆེར་སྤེལ་ཏེ། མཐར་དགུང་གྲངས་བརྒྱད་ཅུ་རྩ་བདུན་པ་བོད་རབ་བྱུང་བཅུ་བཞི་པའི་ཆུ་ཕོ་ཁྱི་ཡི་ལོ་སྟེ་སྤྱི་ལོ་༡༨༦༢ལོར་གཟུགས་སྐུའི་བཀོད་པ་ཆོས་དབྱིངས་སུ་བསྡུས་པ་ཡིན་ནོ། །

༄ མཁན་ཆེན་ངག་དབང་བློ་གྲོས་བཟང་པོ།

ཁོང་ནི་བོད་རབ་བྱུང་བཅུ་གསུམ་པའི་སྨད་དང་དུས་རབས་བཅོ་བརྒྱད་པའི་དུས་སྨད་ཙམ་དུ་རིགས་རུས་ཕུན་སུམ་ཚོགས་པའི་གདུང་རྒྱུད་ཁང་སར་མཁན་རིན་པོ་ཆེ་ངག་དབང་ཆོས་སྐྱོང་བཟང་པོའི་དབོན་རིགས་སུ་ངོ་མཚར་བའི་ལྟས་དུ་མ་དང་བཅས་ཏེ་གཟུགས་སྐུ་ཆུ་ཤེལ་གྱི་དབང་པོ་མངོན་པར་བཞད།

སྐྱ་ན་ཆུང་ངུའི་དུས་ནས་དམ་པའི་བག་ཆགས་རང་ཆས་སུ་སད་ཅིང་འཁྲི་གློག་སོགས་ཆོགས་མེད་དུ་མཁྱེན་པ་བྱུང་། དེ་ནས་དཔལ་ཨེ་ཝཾ་ཆོས་ལྡན་ཡོན་ཏན་རིན་པོ་ཆེ་དུ་མའི་འབྱུང་གནས་ཀྱི་ཆོས་གྲྭར་ཞུགས་ནས། ཞབས་དྲུང་གི་བསླབ་སྦྱངས་དགོས་པའི་རིགས་ཐམས་ཅད་དཀྱིས་ཕྱིན་པར་མཛད། སྔ་གཞུག་རྣམས་སུ་མཁན་ཆེན་བྱམས་པ་ནམ་མཁའ་འཆི་མེད། མཁས་གྲུབ་ངག་དབང་དམ་ཆོས། མཁན་ཆེན་བྱམས་པ་བསོད་ནམས་དཔལ་འབྱོར་སོགས་མཁས་ཤིང་གྲུབ་པ་བརྙེས་པའི་དགེ་བའི་བཤེས་གཉེན་དུ་མའི་ཞབས་རྡུལ་སྤྱི་བོའི་གཙུག་ཏུ་བཀུར་ཏེ། སྡོམ་པ་གསུམ་གྱི་བདུད་རྩིས་བློ་གྲོས་ཀྱི་ལུས་སྟོབས་རྒྱས་པ་དང་། གསུང་ངག་རིན་པོ་ཆེ་ལམ་འབྲས་བུ་དང་བཅས་པས་མཚོན་རྒྱུད་སྡེ་རབ་འབྱམས་དང་འབྲེལ་བའི་དམ་པའི་ཆོས་མཐའ་དག་ལ་ཐོས་བསམ་དཀྱིས་ཕྱིན་པར་མཛད་ནས། ཟབ་དོན་ལ་སྒོམ་པའི་གློང་བརྡོལ། གྲུབ་པའི་རྟགས་མཚན་དུ་མ་མངོན་དུ་གྱུར། མཁས་གྲུབ་གཉིས་ལྡན་གྱི་གོ་འཕང་ལ་མངའ་དབང་འབྱོར། མཁན་ཆེན་བྱམས་པ་ཀུན་དགའ་བསྟན་འཛིན་གྱི་གདན་ཚབ་ཏུ། མཁས་གྲུབ་བྱེ་བའི་གཙུག་རྒྱན་ངོར་ཆེན་རྡོ་རྗེ་འཆང་གི་ཆོས་ཀྱི་ཁྲི་ལ་ཞབས་ཟུང་འཁོར་ལོས་མཚན་པ་ལྷར་བཅས་འགྲོ་བའི་མཆོད་གནས་སུ་འགྱུར་བ་མེད་པར་རིང་དུ་བཀོད་དེ། འཇིགས་བྲལ་རྣལ་འབྱོར་གྱི་དབང་ཕྱུག་བི་རཱུ་པའི་བཞེད་སྲོལ་གསུང་ངག་རིན་པོ་ཆེ་ལམ་འབྲས་བུ་དང་བཅས་པས་མཚོན་ཐེག་པ་གསུམ་དང་རྒྱུད་སྡེ་བཞིའི་དགོངས་དོན་དབང་ལུང་ཁྲིད་བཅས་དུ་མས་དབུས་གཙང་ཁམས་གསུམ་གྱི་སློབ་ཚོགས་སྐར་ཚོགས་ལྟ་བུ་སྨིན་པར་མཛད་པ་དང་། འཇིག་རྟེན་གྱི་ཁམས་སུ་ཕན་བདེའི་སྣོ་བརྒྱ་ཕྲག་འབྱེད་པའི་ཕྱིར་དུ་རྟེན་གསུམ་དུང་དུ་མཆོད་པའི་སྦྱིན་ཕྱུང་དཔག་མེད་སྤྲོ་བ་སོགས་མཉམ་རྗེས་ཐམས་ཅད་དུ་གསང་གསུམ་ལྷ་སྔགས་ཡེ་ཤེས་ཀྱི་རྣམ་རོལ་ལས་མི་གཡོས་བཞིན་དུ་རྒྱལ་སྲས་བྱང་ཆུབ་སེམས་དཔའི་སྤྱོད་པ་ལ་བསླབ་པ་དང་། མཁན་ཆེན་ངག་དབང་བློ་གྲོས་བསྟན་འཛིན། ཆོས་རྗེ་རིན་ཆེན་ལྷུན་གྲུབ། བཤེས་གཉེན་ངག་དབང་བསྟན་པ་སོགས་སློབ་ཚོགས་དུ་མ་བསྐྱུན་པ་བཅས་དམ་པའི་མཛད་ཕྲིན་གྱིས་ས་གསུམ་ཁྱབ་པར་གྱུར་ཏོ། །

༄ ཡོངས་འཛིན་དཔལ་ལྡན་ཆོས་ཀྱི་རྒྱལ་མཚན།

ཁོང་ནི་བོད་རབ་བྱུང་བཅུ་གསུམ་པའི་སྨད་དང་དུས་རབས་བཅོ་བརྒྱད་པའི་དུས་སྨད་ཙམ་དུ་མདོ་ཁམས་མགར་ཐར་དུ་ཡབ་རིགས་རུས་ཕུན་སུམ

ཚོགས་པས་མཛོད་པར་མཐོ་བའི་དམ་པ་ཞིག་དང་། ཡུམ་ཨ་ལ་པདྨ་གཉིས་ཀྱི་སྲས་སུ་ཇོ་མཚར་བའི་ལྟས་དུ་མ་དང་བཅས་ཏེ་མཚན་དཔེའི་མེ་ཏོག་ཐོག་མར་བཞད། དམ་པ་འདི་ཉིད་ནི་སྐྱ་ན་ཆུང་དུའི་དུས་ནས་འབྲི་གློག་སོགས་ཚོགས་མེད་དུ་མཁྱེན། གསོ་དཔྱད་ཀྱི་གཞུང་རྒྱུད་བཞི་བསླབས་ཤིང་ཕྱག་ལེན་དུ་བསྟར་ནས་གཞན་དོན་མཛད། དགུང་ལོ་ཉི་ཤུ་པར་ངོར་ཨེ་ཝཾ་ཆོས་ལྡན་ཡོན་ཏན་རིན་པོ་ཆེ་དུ་མའི་འབྱུང་གནས་སུ་ཕེབས་པས་རྣ་བབས་མཆོད་རྟེན་དུ་བྱོན་པ་དང་ཆོས་དུང་འབུད་པ་དུས་མཉམ་པས་ཆོས་ཀྱི་གྲགས་པས་སྲིད་ཁོངས་འགེངས་པའི་སྟ་ལྟས་སུ་གྱུར། མཁན་ཆེན་ངག་དབང་དམ་ཆོས་ལས་བསྙེན་རྫོགས་ཀྱི་སྡོམ་པ་བཞེས་ཤིང་ཚུལ་ཁྲིམས་སྤྱན་འདྲས་བཞིན་བསྲུངས། སེམས་བསྐྱེད་དང་རྡོ་རྗེ་ཐེག་པའི་དབང་བསྐུར་གསན་པས་གསུམ་ལྡན་རྡོ་རྗེའི་འཛིན་པ་ཆེན་པོར་གྱུར། མཁས་གྲུབ་ངག་དབང་དམ་ཆོས་གཙོས་ཡོངས་འཛིན་དུ་མ་ལས་དཔལ་ལྡན་ས་སྐྱ་པའི་ཟབ་ཆོས་རྣམས་ཀྱི་དབང་ལུང་སོགས་རྒྱུན་གང་བཞུགས་ལེགས་པར་གསན། ངོར་གྱི་འདོན་ཆ་སྐོར། རྒྱུད་ཆུང་བཞི། ཀུན་ཏུ་དགོས་པའི་གཞུང་བདུན་སོགས་ཐུགས་འཛིན་དང་ཐོས་བསམ་མཛད་ཚུལ་ཙམ་ལས་རིག་པའི་པདྨའི་འདབ་སྟོང་གྲོལ་བས་གཟིགས་པ་ཙམ་གྱིས་ཚིག་དོན་ཐུགས་སུ་ཆུད། རིག་གཞུང་མཁྱེན་པའི་མཁས་གྲུབ་འགའ་ལས་སྒྲ་ཀ་ལཱ་པ། སྙེབ་སྦྱོར་རིན་ཆེན་འབྱུང་གནས། སྙན་ངག་མེ་ལོང་མ། རྩིས་དཀར་ནག་སོགས་རིག་པའི་གནས་དུ་མ་དང་། ཐུབ་བསྟན་རྣ་ནག་ཏུ་ཕེབས་ནས་མཁན་ཆེན་རབ་འབྱམས་པ་དུ་མ་བསྙེན་ནས་བསྡུས་གཞུང་ནས་བཟུང་པོད་ཆེན་པོ་ལྔ་གསན་སྦྱངས་མཐར་ཕྱིན་པར་མཛད་པས་དྲུང་རམས་པའི་མཚན་གསོལ། དཔལ་ལྡན་ས་སྐྱར་གྲྭ་སྐོར་མཛད་ཅིང་། རྗོའི་སེང་གེ་ལ་ཆིབས་པ་དང་། ཇ་ཆེན་བརྡུངས་བ་སོགས་ཀྱིས་ཕྱིར་རྒོལ་གྱིས་མི་འཇིགས་པའི་དྲིལ་བསྒྲགས། མཁས་པའི་གྲགས་དཀར་ཕྱོགས་བཅུར་ཁྱབ། བལ་ཡུལ་མཆོད་རྟེན་རྣམ་གསུམ་ལ་ཕྱོགས་ལས་རྣམ་པར་རྒྱལ་བའི་དངོས་གྲུབ་ཞུས་པས་གནང་བ་ཐོབ། ངོར་གྱི་དཔོན་སློབ་ཡུན་རིང་བཞུགས་སྐབས་སྡེ་དགེ་ཆོས་རྒྱལ་དབུས་སུ་བྱོན་པས་ལྷ་ལྡན་སྨོན་ལམ་ཆེན་མོར་མཇལ་རྒྱས་བཤད་དང་པོད་ཆེན་ལྔའི་དམ་བཅའ་བཞག །ཡུམ་རྒྱས་པ་ཐུགས་ནས་གསུངས་པས། རྒྱལ་བས་ཡོངས་འཛིན་གྱི་ཚོ་ལོ་བསྐུལ། སྐྱབས་མགོན་ཚུལ་ཁྲིམས་རྒྱ་མཚོ་ལ་ཚེ་སྒྲུབ་དང་། རྒྱལ་པོ་སྟག་ཚལ་ལ་སྒྲ་གཞུང་ཕུལ། ལྕགས་པོ་རིར་སྨན་གྱི་རྒྱུད་བཤད་མཛད། སེར་འབྲས་དགའ་གསུམ་གྱིས་རང་གི་བླ་མ་བཞིན་དུ་བཀུར། དགུང་གྲངས་བཞི་བཅུའི་ནང་མཁན་ཆེན་ངག་དབང་བློ་གྲོས་བཟང་པོའི་གདན་ཚབ་ཏུ་མཁས་གྲུབ་བྱེ་བའི་གཙུག་རྒྱན་ངོར་ཆེན་རྡོ་རྗེ་འཆང་གི་ཆོས་ཀྱི་ཁྲི་ལ་ཞབས་ཟུང་འཁོར་ལོས་མཚན་པ་ལྷར་བཅས་འགྲོ་བའི་མཆོད་གནས་སུ་འགྱུར་བ

མེད་པར་རིང་དུ་བསྐོད་དེ། འཇིགས་བྲལ་རྣལ་འབྱོར་དབང་ཕྱུག་གི་བཞེད་སྲོལ་གསུང་ངག་རིན་པོ་ཆེ་སོགས་ཐེག་པ་གསུམ་རྒྱུད་སྡེ་བཞིའི་དགོངས་དོན་དབང་ལུང་ཁྲིད་བཅས་ཟབ་རྒྱས་ཆོས་ཀྱི་འཁོར་ལོ་བར་མེད་དུ་བསྐོར་བར་མཛད་དེ། གསུང་གི་གསང་བ་བཞེས་པའི་ཞལ་སློབ་ཀྱི་རིམ་པ་ཡང་། མཁན་ཆེན་བྱམས་པ་དཔལ་ལྡན་བཟང་པོ། མཁས་གྲུབ་ངག་དབང་བློ་གྲོས་བསྟན་འཛིན། ཞབས་དྲུང་བསོད་ནམས་བསྟན་འཛིན། འཇམ་དབྱངས་ཤེས་རབ་རྒྱལ་མཚན། འཇམ་དབྱངས་ནམ་མཁའ་རྒྱལ་མཚན། ངག་དབང་བསོད་ནམས་རྒྱལ་མཚན། འཇམ་དབྱངས་ཤེས་རབ་རྒྱ་མཚོ། འཇམ་མགོན་ངག་དབང་ལེགས་གྲུབ། ཐམས་ཅད་མཁྱེན་པ་འཇམ་དབྱངས་མཁྱེན་བརྩེའི་དབང་པོ། བྱ་བྲལ་བསོད་ནམས་བཟང་པོ། མཐུ་ཆེན་འཇམ་དཔལ་བསྟན་འཛིན་སོགས་སློབ་ཚོགས་མཐའ་ཀླས་པ་བསྒྲུན་པར་མ་ཟད། ལེགས་པར་བཤད་པའི་རྩོམ་གྱི་ཕྲེང་བའི་པནྡྻའི་གསར་དུ་བཞད་པའི་ཚུལ་ལ་ཡང་། དབུ་མ་ལ་འཇུག་པའི་འགྲེལ་པ་དང་། སྨན་བླ། གནས་བརྟན་མདོ་ཆོག་སོགས་གསུང་རབ་དུ་མ་རྗེས་འཇུག་གདུལ་བྱའི་གསོས་སུ་བཞག་ཅིང་། ཆག་མེད་རྣམ་བཞི་སོགས་ཐུགས་དམ་ལ་རྩེ་གཅིག་བརྩོན་པས་འོད་གསལ་ཕྱག་རྒྱ་ཆེན་པོའི་ཡེ་ཤེས་མངོན་དུ་གྱུར། ཁྱད་པར་རྗེ་བཙུན་སྒྲོལ་མའི་ཆོ་ག་དང་བསྟོད་པ་ཁོ་ནར་ཐུགས་ཉམས་སུ་བཞེས་པས་འཕགས་མའི་ཞལ་འབྲལ་མེད་མཇལ་ཞིང་ཡེ་ཤེས་གཟིགས་པའི་སྣང་ངོར་དུས་གསུམ་གྱི་ལེགས་ཉེས་ཐམས་ཅད་མ་བསྒྲིབས་སར་ལེར་མཁྱེན་པས། ལུང་བསྟན་དུ་བསྟུལ་བའང་མངོན་པར་ཤེས་པ་ལ་དབང་འབྱོར་བའི་རྟགས་སུ་གོ །སྐུ་ཚེ་སྨད་དུ་འདྲ་སྐུ་གདུང་རྟེན་ཆེན་ལེགས་བཞེངས་ཤིང་། བྱ་བྲལ་རྣལ་འབྱོར་པའི་ཚུལ་དུ་རོར་དང་གསེར་མདོག་ཅན་སོགས་རེས་མོས་སུ་བཞུགས། མདོར་ན་མཁས་གྲུབ་སངས་རྒྱས་ཕུན་ཚོགས་ཚུན་ཆོད་དུ་མཁན་ཆེན་ཞིག་ལ་མཁས་པའི་ཡོན་ཏན་བཅུ་ཕྲག་རིག་པའི་མ་ཧཱ་པཎྜི་ཏར་གྲགས་ཤིང་། གྲུབ་པའི་རྣམ་ཐར་བློ་འདས་སུ་སྟོན་པ་འདི་ལྟ་བུ་མ་བྱུང་བ་སོགས་མཁས་གྲུབ་ཀྱི་མཚན་དོན་དང་ལྡན་པ་ཞིག་གོ །དགུང་ལོ་བདུན་ཅུ་པར་བསྟུང་གཞི་ཆེན་པོ་བཞེས་པའི་ཚུལ་བསྟན་སྐབས། མཁན་ཆེན་བྱམས་པ་ཀུན་དགའ་བསྟན་འཛིན་གྱིས་ཞབས་བརྟན་བསྟུལ་བཞེས་རྗེན་འབྲེལ་དགེ་མཚན་ལས་ལོ་གཅིག་སྐུ་ཚེའི་འདུ་བྱེད་བྱིན་གྱིས་བརླབས། དགུང་ལོ་དོན་གཅིག་པར་དགོངས་རྫོགས་ཀྱི་རིགས་ཐམས་ཅད་ཞལ་བཀོད་ལེགས་པར་མཛད་དེ། ལམ་འབྲས་ཀྱི་སྨྲིས་འཕོ་བའི་འདའ་ཁ་མའི་རྣལ་འབྱོར་ལ་བརྟེན་ནས་དག་པའི་ཞིང་དུ་གཤེགས་པ་ཡིན་ནོ། །

༄ བྱམས་པ་དཔལ་ལྡན་བཟང་པོ།

ཁོང་ནི་བོད་རབ་བྱུང་བཅུ་གསུམ་པའི་སྨད་དང་དུས་རབས་བཅོ་བརྒྱད་པའི་དུས་སྨད་ཙམ་དུ་གཙང་གི་ཆར་ཆོས་གྲྭ་དགའ་བ་གདོང་དུ་གྲགས་པའི་ཉེ་འདབས་པད་ནང་དུ་རིགས་རུས་ཡོན་ཏན་ཕུན་སུམ་ཚོགས་པའི་ཁྱིམ་རྒྱུད་དུ་གཟུགས་སྐུ་རྣ་ཤེལ་གྱི་དབང་པོ་མངོན་པར་བཞད། སྐུ་ན་ཆུང་ངུའི་དུས་ནས་དམ་པའི་བག་ཆགས་རང་ཆས་སུ་སད་ཅིང་འབྲི་ཀློག་སོགས་བསླབ་པ་ཙམ་གྱིས་མཁྱེན། དེ་ནས་མཁན་ཆེན་དཔལ་ལྡན་ཆོས་སྐྱོང་གི་དབོན་པོ་རིན་ཆེན་མཆོག་གྲུབ་ཀྱི་སྤྲུལ་སྐུ་འཁྲུལ་མེད་ཡིན་པ་ཡེ་ཤེས་གཟིགས་པ་དག་གིས་ལུང་བསྟན། ངོར་ཨེ་ཝཾ་ཆོས་ལྡན་ཡོན་ཏན་རིན་པོ་ཆེ་དུ་མའི་འབྱུང་གནས་སུ་ཕྱིན། ཕན་བདེ་བླ་བྲང་དུ་བཞུགས་ནས་ཀློག་པ་ཐོས་བསམ་གྱི་འཁོར་ལོས་རང་ལུགས་ཀྱི་གཞུང་རྣམས་ལ་བསླབ་སྦྱངས་མཛད། སྔ་གཞུག་རྣམས་སུ་མཁས་གྲུབ་བྱམས་པ་ཀུན་དགའ་བསྟན་འཛིན། མཁན་ཆེན་ངག་དབང་བློ་གྲོས་བཟང་པོ། དཔལ་ལྡན་ཆོས་ཀྱི་རྒྱལ་མཚན་སོགས་སྐྱེས་ཆེན་དམ་པ་དུ་མའི་ཞབས་རྡུལ་སྤྱི་བོའི་གཙུག་ཏུ་བླངས་ནས་སྤྱིར་སྡོམ་པ་གསུམ་དང་། བྱེ་བྲག་གསུང་ངག་རིན་པོ་ཆེ་ལམ་འབྲས་བུ་དང་བཅས་པས་གཙོས་རྒྱུད་སྡེ་བཞིའི་སྨིན་གྲོལ་གྱི་བཀའ་སྲོལ་ཇི་སྙེད་ཡོད་པ་ཕལ་ཆེར་གསན་ཏེ་གཞུང་ལུགས་རབ་འབྱམས་ལ་ཐོས་པའི་ཕ་རོལ་ཏུ་སོན་པར་མཛད་དེ་མཁས་པའི་གྲགས་དཀར་ནོར་འཛིན་སྐྱེག་མོའི་ཁྱོན་ཀུན་ཏུ་ཁྱབ་པར་གྱུར། སྒོང་བ་བསམ་གཏན་གྱི་འཁོར་ལོས་ལྷག་ལྷ་བགྲང་ཡས་ཀྱི་བསྙེན་སྒྲུབ་ཚུལ་བཞིན་བགྱིས་ནས། ལྷག་པའི་ལྷ་རབ་འབྱམས་ཀྱི་ཞལ་གཟིགས་ཤིང་ལུང་བསྟན་ཐོབ། ཡོངས་འཛིན་པཎྜི་ཏའི་རྒྱལ་ཚབ་ཏུ་ཀུན་མཁྱེན་ཨེ་ཝཾ་པའི་གསེར་ཁྲི་མཐོན་པོར་ཞབས་ཀྱི་པདྨོ་ཉེ་བར་བཀོད་དེ། བྱ་ཆ་ཆོས་སྤྱོད་ཀྱི་འཁོར་ལོ་སོ་བྱང་སྔགས་གསུམ་དང་། གསུང་ངག་རིན་པོ་ཆེ་ལམ་འབྲས་བུ་དང་བཅས་པ་སོགས་རྒྱུད་སྡེ་རྣམས་ཀྱི་དབང་ཁྲིད་ལུང་མན་ངག་བཅས་ཀྱིས་སྐྱེ་འགྲོ་རྣམས་ཕན་བདེའི་ལམ་ལ་བཀོད། འཇམ་མགོན་ངག་དབང་ལེགས་གྲུབ། ཀུན་དགའ་བསྟན་པའི་བློ་གྲོས། འཇམ་དབྱངས་མཁྱེན་བརྩེའི་དབང་པོ། བྱམས་པ་ཀུན་དགའ་བསྟན་པའི་རྒྱལ་མཚན་སོགས་གསུང་གི་བདུད་རྩི་བཞེས་པའི་ཞལ་སློབ་ཁྱད་དུ་འཕགས་པའང་དུ་མ་ཕྱིན། མུས་སྟག་མོ་གླིང་ཁར་སྐུ་ཚེ་སྒྲུབ་པ་མཐར་ཕྱིན། སྐུ་ཚེ་མཇུག་ཏུ་རྡོ་རྗེ་རྣལ་འབྱོར་མས་རྗེས་སུ་བཟུང་སྟེ། ཞིང་གཞན་དུ་གཤེགས་ཁར་བྱི་རུའི་སྐས་བཙུགས་པ་དང་། མཁའ་འགྲོས་བསུ་བ་མཛད་པ་སོགས་དག་པའི་སྣང་བ་བསམ་གྱིས་མི་ཁྱབ་པ་བྱུང་ནས་གཟུགས་སྐུའི་བཀོད་པ་ཞི་དབྱིངས་སུ་བསྡུས་པ་ཡིན་ནོ། །

༄ རྣལ་འབྱོར་འཇམ་དཔལ་བཟང་པོ།

ཁོང་ནི་བོད་རབ་བྱུང་བཅུ་གསུམ་པའི་ས་མོ་བྱ་ཡི་ལོ་སྟེ་སྤྱི་ལོ་༡༧༨༩ལོར་གཙང་ལ་སྟོད་བྲམ་པ་སའི་ཐེག་ལེ་རྩེན་རྒྱ་མཚོ་གླིང་ཞེས་པར་བྲང་ཏེ་མཁས་པའི་རིགས་སུ་ངོ་མཚར་བའི་དགེ་མཚན་དུ་མ་དང་བཅས་ཏེ་སྐུ་འཁྲུངས་ཤིང་མཚན་པདྨ་ཕྲིན་ལས་ཞེས་གསོལ། སྐུ་ན་ཆུང་དུའི་དུས་ནས་ཐེག་ཆེན་གྱི་རིགས་སད་པས་བསྐུལ་ཏེ་དཔལ་ཨེ་ཝཾ་ཆོས་ལྡན་ཡོན་ཏན་རིན་པོ་ཆེ་དུ་མའི་འབྱུང་གནས་ཐར་པ་རྩེར་ཕེབས་ཏེ། རང་ཉིད་ཀྱི་གཙེན་པོ་རྡོ་རྗེ་འཆང་བྱམས་པ་ཀུན་དགའ་བསྟན་འཛིན་གྱི་ཞལ་སྔ་ནས་ཡི་གེའི་ཕྱི་མོ་ནས་བཟུམས་ཏེ་གློག་ལ་སོགས་པ་བཀའ་ཁྲིད་ཞུ་བ་ཙམ་གྱིས་ཚོགས་མེད་དུ་མཁྱེན། དེ་ནས་འདོན་ཆ་གདང་། རྒྱུད་ཆུང་བཞི་སོགས་ཐུགས་འཛིན་མཛད། མཚུངས་མེད་ཆོས་རྗེ་མཁས་གྲུབ་ངག་དབང་དམ་ཆོས་ཞལ་སྔ་ནས་མཁན་པོ་མཛད་དེ་དད་པའི་དགེ་འདུན་གྲངས་ཚང་གི་དབུས་སུ་རབ་བྱུང་དགེ་ཚུལ་གྱི་སྡོམ་པ་ཡང་དག་པར་བཞེས། དགུང་ལོ་ཉེར་གཅིག་པར་དཔལ་ལྡན་ཆོས་ཀྱི་རྒྱལ་མཚན་གྱིས་མཁན་པོ་མཛད་དེ་དད་པའི་དགེ་འདུན་གྲངས་ཚང་གི་དབུས་སུ་བསྙེན་པར་རྫོགས་པའི་དགེ་སློང་གི་སྡོམ་པ་ཡང་དག་པར་མནོས་ཏེ་འདུལ་ཁྲིམས་ཕྲ་བའི་ཕྲ་བ་ནས་མིག་འབྲས་བཞིན་དུ་བསྲུངས། མཁན་ཆེན་བྱང་ཆུབ་སེམས་དཔའ་ནམ་མཁའ་འཆི་མེད་ཀྱིས་མཚན་འཇམ་དཔལ་བཟང་པོར་གསོལ་ཞིང་། བརྒྱུད་པ་ཁྱད་པར་གཉིས་ལྡན་ལས་འོངས་བའི་སེམས་བསྐྱེད་ཀྱི་སྡོམ་པ་གནང་། དེ་ལས་སྔ་གཞུག་རྣམས་སུ་གོང་གི་མཁན་སློབ་དེ་དག་དང་། ཕན་ཁང་ཞབས་དྲུང་རིན་པོ་ཆེ་དཔལ་ལྡན་རིན་ཆེན་ཆོས་མཛོད། ཁྲི་ཐོག་པ་བྱམས་པ་ཀུན་དགའ་བསྟན་འཛིན། ལྷ་རིག་སྨྲ་བ་ཞུ་སློབ་ཀུན་དགའ་དོན་གྲུབ་སོགས་མཁས་ཤིང་གྲུབ་པ་བརྙེས་པའི་དགེ་བའི་བཤེས་གཉེན་དུ་མའི་ཞབས་རྡུལ་སྤྱི་བོར་བླངས་ཏེ། རྒྱུད་སྡེ་བཞི་དང་འབྲེལ་བའི་དབང་། རྗེས་གནང་། རིག་གཏད་སོགས་དུ་མ་དང་། བེའུ་བུམ། བཀའ་འབུམ་སོགས་རྒྱ་ཆེར་གསན་ཏེ། གཞུང་ལུགས་རབ་འབྱམས་ལ་ཐོས་པའི་ཕ་རོལ་ཏུ་སོན། ཀྱཻ་རྡོར་གཞི་བསྙེན་སོགས་ཚད་དུ་འཁྱོལ་བར་མཛད་དེ་སྒྲུབ་པའི་རྒྱལ་མཚན་མཐོན་པོར་བསྒྲེངས། ཁྱད་པར་དུ་གསུང་ངག་རིན་པོ་ཆེ་ལམ་འབྲས་བུ་དང་བཅས་པའི་གདམས་ངག་གཙོས་ཆག་མེད་རྣམ་བཞི་གསན་ནས་ཐུགས་དམ་གྱི་མཐིལ་མཛད་པས་ཟབ་གསང་དབྱེར་མེད་ཀྱི་ཡེ་ཤེས་མངོན་དུ་གྱུར། མཁས་གྲུབ་གཉིས་ལྡན་གྱི་གོ་འཕང་ལ་མངའ་དབང་འབྱོར་ནས་གྲགས་པའི་བ་དན་ནོར་འཛིན་སྙིག་མོའི་ཁྱོན་ཀུན་ཁྱབ་པས། དགུང་གྲངས་ཞེ་བདུན་པ་བོད་རབ་བྱུང་བཅུ་བཞི་པའི་ཤིང་མོ་ལུག་གི་ལོ་སྟེ་སྤྱི་ལོ་༡༨༣༥ལོར་ཕན་ཁང་མཁན་

རིན་པོ་ཆེ་བྱམས་པ་དཔལ་ལྡན་བཟང་པོའི་རྒྱལ་ཚབ་ཏུ་ཡོན་ཏན་རིན་པོ་ཆེ་དུ་མའི་འབྱུང་གནས་དཔལ་ཨེ་ཝཾ་ཆོས་ལྡན་གཙུག་ལག་ཁང་ཆེན་པོར་བསྐུ་བའི་བཀོད་པ་ལྟ་བས་ཆོག་མི་ཤེས་པའི་ཚོགས་དང་བཅས་པས་བྱོན་ཏེ། གསུང་ངག་རིན་པོ་ཆེ་ལམ་འབྲས་ཚོགས་བཤད་ཀྱི་སྨིན་བྱེད་ཀྱི་དབང་དང་། གྲོལ་བྱེད་ཀྱི་ཁྲིད། རྒྱབ་བརྟེན་ལུང་དང་བཅས་པ་ཡོངས་སུ་རྫོགས་པ་ཚར་བདུན་དང་། གཞང་ཡང་དགེ་བསྙེན་དང་། དགེ་ཚུལ་དང་། དགེ་སློང་གི་སྡོམ་པ་རྣམས་ལེགས་པར་འབོགས་པར་མཛད་ཅིང་། ལྷ་ཁང་སྐྱེང་ཤོད་ཐམས་ཅད་དུ་ཉམས་གསོ་དགོས་རིགས་ཡོངས་སུ་རྫོགས་པ་ཉམས་གསོས་ཞུལ་དུ་ཕྱིན་པར་གནང་བ་དང་། དཔལ་ཨེ་ཝཾ་ཆོས་ལྡན་གྱི་དབྱངས་ཆེན་བཅོ་བརྒྱད་ཀྱི་རྒྱུན་མ་ནུབ་པར་སྤེལ་ཏེ། བསྟན་འགྲོའི་དོན་རྒྱ་ཆེར་མཛད། དགུང་གྲངས་ང་བཞི་པའི་ཆུ་ཕོ་སྟག་གི་ལོ་སྟེ་སྤྱི་ལོ་༡༨༩༢ལོར་བསྟན་དང་འགྲོ་བའི་དཔལ་མགོན་ཁང་སར་ངག་དབང་བློ་གྲོས་བསྟན་འཛིན་ཉིད་ཀུན་མཁྱེན་ཨེ་ཝཾ་པ་ཆེན་པོའི་ཆོས་ཀྱི་རྒྱལ་སྲིད་ཆེན་པོར་ཡོངས་སུ་མངའ་གསོལ་ཞིང་། དགུང་ལོ་ང་ལྔ་པར་མདོ་ཁམས་ཟལ་མོ་སྒང་གི་ས་ཡི་ཐིག་ལེ་སྡེ་དགེའི་ལྷུན་གྲུབ་སྟེང་གི་རྒྱལ་ཁབ་ཆེན་པོ་མི་མཐུན་པའི་ཕྱོགས་ཐམས་ཅད་ལས་རྣམ་པར་རྒྱལ་བ་ག་ལ་བར་ཉེར་འཚོའི་དྲི་མ་མེད་པ་བདེ་བར་ཕེབས་པར་གྱུར་ཏེ། དེ་ནས་བཟུང་སྟེ་དགུང་གྲངས་དྲུག་ཅུ་པ་ས་ཕོ་སྤྲེལ་གྱི་ལོའི་བར་མདོ་ཁམས་སུ་བཞུགས་ནས། གདུལ་བྱ་སོ་སོའི་བློའི་རིམ་པ་དང་བསྟུན་ནས་ཟབ་པ་དང་རྒྱ་ཆེ་བའི་ཆོས་ཀྱི་འཁོར་ལོ་རྒྱ་ཆེན་པོ་བསྐོར་ཏེ་སྟོན་མཆོག་ཐུབ་པའི་དབང་པོའི་བསྟན་པ་རིན་པོ་ཆེ་ཉི་འོད་ཀྱིས་ཕྱེས་པའི་པདྨ་བཞིན་དུ་རྣམ་པར་རྒྱས་པར་མཛད་དོ། །དེ་ལས་དམ་པ་འདི་ཉིད་ཀྱིས་སྐྱ་གཞུག་རྣམས་སུ་གསུང་ངག་རིན་པོ་ཆེ་ལམ་འབྲས་བུ་དང་བཅས་པ་ཚར་དགུས་མཚོན་ཆོས་ཀྱི་འཁོར་ལོ་བར་མེད་དུ་བསྐོར་བས་གསུང་ལས་སྐྱེས་པའི་ཞལ་སློབ་ཀྱི་རིམ་པའང་སྟོད་མངའ་རིས། བར་དབུས་གཙང་། སྨད་མདོ་ཁམས་རྣམས་སུ་མཐའ་ཡས་པ་བཞུགས་ཤིང་། དེ་ལས་མདོ་ཙམ་བརྗོད་ན། རིས་སུ་མེད་པའི་གྲུབ་མཐའ་ཡོངས་ཀྱི་སྒྲོག་ཤིང་གཅིག་པུར་གྱུར་པ་བཅུ་ཕྲག་རིག་པའི་མ་ཧཱ་པཎྜི་ཏ་ཆེན་པོ་ངེས་པ་དོན་གྱི་འཇམ་དབྱངས་མཁྱེན་བརྩེའི་དབང་པོ་ཞལ་སྔ་ནས་དང་། རབ་འབྱམས་སྨྲ་སྟོད་རྒྱ་མཚོའི་ཕ་རོལ་ཏུ་སོན་ཅིང་འཆད་རྩོད་རྩོམ་གསུམ་གྱི་སྒོ་ནས་ཀུན་མཁྱེན་ཨེ་ཝཾ་པ་ཆེན་པོའི་བསྟན་པ་རིན་པོ་ཆེ་ཉི་མ་ཤར་བ་ལྟར་མཛད་པ་འཇམ་དབྱངས་ངག་དབང་ལེགས་པ། ཕན་ཁང་མཁན་རིན་པོ་ཆེ་ཀུན་དགའ་བསྟན་པའི་བློ་གྲོས། མཁྱེན་བརྩེ་ནུས་པའི་མངའ་བདག་ཁང་སར་མཁན་ཆེན་ངག་དབང་བསོད་ནམས་རྒྱལ་མཚན། འཇམ་དབྱངས་ཤེས་རབ་རྒྱ་མཚོ། འཇམ་དབྱངས་ནམ་མཁའ་རྒྱལ་མཚན། འཇམ་དབྱངས་ཤེས་རབ་ཆོས་ཀྱི་རྒྱལ་མཚན་སོགས

སློབ་ཚོགས་གྲངས་ལས་འདས་པ་བསྐྱུན་ནས། འཆད་རྩོད་རྩོམ་གསུམ་གྱི་སྒོ་ནས་རྒྱལ་བའི་བསྟན་པ་རིན་པོ་འདི་ཉིད་སྒོ་ཀུན་ནས་དར་ཞིང་རྒྱས་པར་མཛད་ཅིང་ཐུགས་དམ་ཟབ་མོ་ལ་རྩེ་གཅིག་ཏུ་གཞོལ་བར་མཛད་དེ། མཐར་དགུང་གྲངས་དོན་དྲུག་པ་བོད་རབ་བྱུང་བཅུ་བཞི་པའི་ཤིང་ཕོ་བྱི་བའི་ལོ་སྟེ་སྤྱི་ལོ་༡༨༦༤ལོའི་ཧོར་ཟླ་གཉིས་པར་རྡོ་རྗེ་རྣལ་འབྱོར་མའི་འཕོ་བའི་སྒོ་ནས་གཟུགས་སྐུའི་བཀོད་པ་ཆོས་དབྱིངས་སུ་བསྡུས་པ་ཡིན་ནོ། །

༈ ཁང་སར་མཁན་པོ་ངག་དབང་བློ་གྲོས་བསྟན་པ།

ཁོང་ནི་བོད་རབ་བྱུང་བཅུ་བཞི་པའི་མགོ་དང་དུས་རབས་བཅུ་དགུ་པའི་སྟོད་ཙམ་དུ་རིགས་རུས་ཕུན་སུམ་ཚོགས་པས་མངོན་པར་མཐོ་བའི་མཁན་ཆེན་ངག་དབང་བློ་གྲོས་བཟང་པོའི་དབོན་རིགས་སུ་ངོ་མཚར་བའི་ལྟས་དུ་མ་དང་བཅས་ཏེ་སྐུ་འཁྲུངས། སྐུ་ན་ཆུང་ངུའི་དུས་ནས་དམ་པའི་བག་ཆགས་རང་ཆས་སུ་སད་ཅིང་འབྲི་ཀློག་སོགས་ཚོགས་མེད་དུ་མཁྱེན། དཔལ་ཨེ་ཝཾ་ཆོས་ལྡན་ཡོན་ཏན་རིན་པོ་ཆེ་དུ་མའི་འབྱུང་གནས་སུ་བྱོན་ནས། རྒྱུན་གྱི་བྱ་བ་ཆོས་སྤྱོད་ནས་བརྩམས་ཏེ་ཀུན་ཏུ་དགོས་པའི་གཞུང་བདུན་སོགས་ཐུགས་འཛིན་མཛད། ཕུན་ཚོགས་ཁང་སར་ཞབས་དྲུང་གི་གོ་སར་བཞུགས་ན་ཡང་རིགས་རུས་ཀྱིས་དྲེགས་པ་འགོ་བའི་ནད་བཞིན་སྤངས་ཏེ། སྟ་གཞུག་རྣམས་སུ་མཁན་ཆེན་བྱམས་པ་ཀུན་དགའ་བསྟན་འཛིན། མཁས་གྲུབ་ངག་དབང་བློ་གྲོས་བཟང་པོ། ཡོངས་འཛིན་པཎྜིཏ་དཔལ་ལྡན་ཆོས་ཀྱི་རྒྱལ་མཚན་དྲི་མེད་ལེགས་པར་བློ་གྲོས། མཁན་ཆེན་བྱམས་པ་དཔལ་ལྡན་བཟང་པོ་རྣམས་རྩ་བའི་རིགས་བདག་ཏུ་བསྟེན་ནས་ཐེག་གསུམ་ཆོས་ཀྱི་སྙིང་པོ་སྡོམ་པ་གསུམ་དང་ལམ་འབྲས་ཆེ་ཆུང་གིས་གཙོས་དོར་གྱི་ཡབ་ཆོས་རྒྱ་མཚོ་ལྟ་བུ་ལ་གསན་བསམ་མཛད་ཅིང་ཐུགས་ཀྱི་ཉམས་པ་བཟང་པོ་ཡོངས་སུ་གཏམས་ཏེ། མཁས་པའི་གྲགས་པ་ས་སྟེང་ཐམས་ཅད་དུ་ཁྱབ་པར་གྱུར། ཨཱཪྻ་གཞི་བསྙེན་སོགས་སྒྲུབ་པའི་རྒྱལ་མཚན་མཐོན་པོར་བསྒྲེངས། མཁས་གྲུབ་གཉིས་ལྡན་གྱི་གོ་འཕང་ལ་མངའ་དབང་འབྱོར། རྣལ་འབྱོར་འཇམ་དཔལ་བཟང་པོའི་བཀའི་ཅོད་པན་གཙུག་ཏུ་མཆོད་ནས། བོད་རབ་བྱུང་བཅུ་བཞི་པའི་ཆུ་ཕོ་སྟག་གི་ལོ་སྟེ་སྤྱི་ལོ་༡༨༤༢ལོར་རྒྱལ་བ་རྡོ་རྗེ་འཆང་གི་ཆོས་ཀྱི་རྒྱལ་སྲིད་ལ་དབང་བསྐུར་ཏེ། གསུང་ངག་རིན་པོ་ཆེ་ལམ་འབྲས་བུ་དང་བཅས་པས་མཚོན་ཁྲིད། ལུང་། མན་ངག །རྗེས་གནང་དུ་མ་བསྩལ་ཏེ་ཆོས་ཀྱི་འཁོར་ལོ་བར་མེད་དུ་བསྐོར་བར་མཛད་དེ། འཇམ་མགོན་ངག་དབང་ལེགས་པ།

དཔོན་སློབ་ངག་དབང་དགེ་ལེགས། འཇམ་དབྱངས་ཤེས་རབ་རྒྱ་མཚོ་སོགས་སྟོད་མངའ་རིས། བར་དབུས་གཙང་། སྨད་མདོ་ཁམས་ཀྱི་ཕྱོགས་རྣམས་སུ་བཞུགས་པའི་རང་ལུགས་ཀྱི་ཆོས་སྡེ་སོ་སོའི་བླ་མ། སློབ་དཔོན་ལུང་དང་རྟོགས་པའི་ཡོན་ཏན་ཕུན་སུམ་ཚོགས་པ་དང་ལྡན་པའི་མཁས་བཙུན་བཟང་གསུམ་གྱི་བུ་སློབ་ནམ་མཁའི་སྐར་ཚོགས་ལྟར་བྱུང་སྟེ། བཤད་སྒྲུབ་འཁོར་ལོ་གཉིས་ལྡན་གྱི་སྒོ་ནས་རྒྱལ་བའི་བསྟན་པ་རིན་པོ་ཆེ་འདབ་བརྒྱའི་ཚལ་དུ་ཉི་ཟེར་ཕོག་པ་ལྟར་རྒྱས་པར་མཛད་དེ། ཞིང་འདིའི་གདུལ་བྱ་དེ་ཙམ་དུ་གཟིགས་ནས་དགོངས་པ་ཞི་དབྱིངས་སུ་གཤེགས་པ་ཡིན་ནོ། །

༄ ཕན་ཁང་མཁན་ཆེན་ཀུན་དགའ་བསྟན་པའི་བློ་གྲོས།

ཁོང་ནི་བོད་རབ་བྱུང་བཅུ་བཞི་པའི་ཆུ་ཕོ་རྟ་ཡི་ལོ་སྟེ་སྤྱི་ལོ་༡༨༢༢ལོར་དཔལ་ཨེ་ཝཾ་ཆོས་ལྡན་གྱི་རྒྱབ་ཕྱོགས་རྟོགས་ལྡན་བཀྲ་ཤིས་ཆོས་ལྡན་དུ་ཡབ་དཔའ་བོ་ཧཱུྃ་རི་པའི་བརྒྱུད་པ་ཀུན་དགའ་པདྨ་རིག་འཛིན་དང་། ཡུམ་གང་ལེགས་བུ་ཁྲིད་གཉིས་ཀྱི་སྲས་སུ་ངོ་མཚར་བའི་དགེ་མཚན་དུ་མ་དང་བཅས་ཏེ་སྐྱ་འཁྲུངས། འཆི་མེད་བསྟན་པའི་ཉི་མས་དཔལ་ལྡན་ཆོས་སྐྱོང་གི་དབོན་རིན་ཆེན་ཆོས་མཛད་ཀྱི་སྐུ་སྐྱེ་འཁྲུལ་མེད་དུ་ལུང་བསྟན། དགུང་ལོ་དགུ་པར་ཕན་བདེ་བླ་བྲང་དུ་ཕྱིན་ཏེ་བྱམས་པ་དཔལ་ལྡན་བཟང་པོ་ལས་ཟབ་ཆོས་དགའ་ཞིག་གསན་ཅིང་། ཆོས་སྤྱོད་ཆོ་ག་སོགས་བསླབ་སྦྱངས་བགྱིས་པས་རིག་པ་ཕུལ་དུ་ཕྱིན། རྣལ་འབྱོར་འཇམ་དཔལ་བཟང་པོ་ལས་སྡོམ་པ་གསུམ་དང་གསུང་ངག་རིན་པོ་ཆེའི་ཆོས་སྐོར་རྣམས་གསན་ཏེ་རྩ་བའི་རིགས་བདག་ཏུ་བསྐུར། རྒྱུད་ཚུད་བཞི་སོགས་བསླབ་སྦྱངས་མཛད་ཅིང་ཡི་དམ་དུ་མའི་གཞི་བསྙེན་སོགས་མཐར་ཕྱིན་གནང་ནས་གདུལ་བྱའི་དོན་དུ་ཁམས་སྨད་སྟོད་ཏུ་ཕྱིན་ནས་སློབ་ཚོགས་གྲངས་ལས་འདས་པ་སྨིན་གྲོལ་གྱི་ལམ་ལ་བཀོད། དགུང་ལོ་ཉེར་ལྔ་པར་ངོར་ཨེ་ཝཾ་ཆོས་ལྡན་ཡོན་ཏན་རིན་པོ་ཆེ་དུ་མའི་འབྱུང་གནས་སུ་ཕེབས་ཏེ་མཆོད་པའི་སྤྲིན་རྒྱ་མཚོ་མངོན་པར་སྤྲུལ་པས་ཚོགས་གཉིས་རྒྱ་ཆེར་སྤེལ་བ་སྔོན་དུ་བསྐྱུབས་ནས། དགུང་ལོ་ཉེར་བདུན་པ་བོད་རབ་བྱུང་བཅུ་བཞི་པའི་ས་ཕོ་སྤྲེལ་གྱི་ལོ་སྟེ་སྤྱི་ལོ་༡༨༩༨ལོར་དཔལ་ཨེ་ཝཾ་ཆོས་ལྡན་ཡོན་ཏན་རིན་པོ་ཆེ་དུ་མའི་འབྱུང་གནས་ཀྱི་ཆོས་ཀྱི་ཁྲི་འཕང་མཐོན་པོ་ལ་ཞབས་ཀྱི་པདྨོ་རྣམ་པར་བཀོད་དེ། སྡོམ་པ་གསུམ་དང་། དགྱེས་པ་རྡོ་རྗེའི་ཟབ་ཁྲིད་ལམ་འབྲས་བུ་དང་བཅས་པའི་གདམས་ངག་སོགས་གང་ལ་གང་འདོད་ཀྱི་སྨིན་གྲོལ་བསམ་གྱིས་མི་ཁྱབ་པ་བསྩལ་བ་དང་

མཉམ་དུ་བར་སྐབས་རྣམས་སུ་བྱམས་པ་ཀུན་དགའ་བསྟན་འཛིན་མཆེད་ཞལ། ཡོངས་འཛིན་པཎྜི་ཏ། འཇམ་མགོན་ངག་དབང་ལེགས་གྲུབ་སོགས་ལས་ཀྱེ་རྡོར་བཀའ་བབས་བཞི་སོགས་ཟབ་ཆོས་རྒྱ་མཚོ་ལྟ་བུར་གསན་པར་མཛད་ཅིང་། དགུང་ལོ་སོ་གཉིས་བར་གདན་ས་མཛད་དེ། བླ་བྲང་རྩེ་ས་བཞེས་བསྐོར་ཐར་རྩེ་ལ་གཏད་ནས་མདོ་ཁམས་སུ་ཕྱིན་ཏེ་སྣ་ལྡན་གཉིས་དང་། ཁྱད་པར་སྡེ་དགེ་ཆོས་རྒྱལ་སོགས་སྐྱེ་རྒུ་ཆེ་ཕྲ་རྣམས་ཀྱིས་མཆོད་གནས་མཛད། ཉག་རོང་དམག་ཟིང་སྐབས་བསམ་གཏན་གྱི་ཚེར་མ་ཆེན་པོ་བྱུང་ཡང་། ཏིང་ངེ་འཛིན་སྟོབས་ཀྱིས་བར་ཆད་ཀྱི་གཡུལ་ལས་རྒྱལ། འཇམ་དབྱངས་མཁྱེན་བརྩེའི་དབང་པོའི་དྲུང་ནས་མཁའ་སྤྱོད་དང་། ཀྱེ་རྡོར་རྒྱུད་བཤད་སོགས་དང་། མཁས་གྲུབ་ཀུན་དགའ་དཔལ་ལྡན་དྲུང་ནས་གསུང་ངག་སློབ་བཤད། ར་ཁྲིད། མགོན་པོ་ཆེ་ཆུང་གི་བོད་ངོར་རྫོང་ཚར་གསུམ་གྱི་སྨན་བརྒྱུད་ཡོད་དོ་ཅོག་བྱམས་པ་གང་བྱོའི་ཚུལ་དུ་གསན། དམ་པ་འདི་ཉིད་སྐུ་ན་ཆུང་དུའི་དུས་ནས་དངོས་སམ་རྨི་ལམ་དུ་ཡི་དམ་ཆོས་སྐྱོང་མང་པོས་ཞལ་གཟིགས་ཤིང་ལུང་བསྟན་ཐོབ། སྐུ་ཚེ་སྨད་དུ་སྣ་ཐག་ལུང་དགོན་དང་ཉེ་བའི་བཀའ་འགྱུར་སྣར་ཞེས་པའི་དབེན་གནས་སུ་སྒྲུབ་པ་ཁོ་ན་ལ་བཞུགས་པས་ཉམས་རྟོགས་ཀྱི་པདྨོ་བཞད། སྐྱེ་རྒུ་གླིང་སོགས་སུ་གསུང་ངག་སློབ་བཤད་མགོན་པོ་ཆེ་ཆུང་སོགས་ཆོས་འཁོར་བླ་ན་མེད་པ་བསྐོར་ཏེ། རྗེ་བཙུན་ཧ་མགྲིན་དབང་མོ། །མཁའ་ཆེན་ངག་དབང་བསོད་ནམས་རྒྱལ་མཚན། མཁས་གྲུབ་ངག་དབང་བསྟན་པའི་རྒྱལ་མཚན། སྡེ་དགེ་ཆོས་རྒྱལ་དཔལ་ལྡན་འཆི་མེད་རྟག་པ་རྡོ་རྗེ་སོགས་སློབ་ཚོགས་མཐའ་ཀླས་པ་གསར་དུ་སྤེལ། མདོར་ན་དམ་པ་འདི་ཉིད་ཀྱི་སྐུ་ཚེ་ཧྲིལ་པོར་འཆད་རྩོད་རྩོམ་གསུམ་གྱི་སྒོ་ནས་རྒྱལ་བའི་བསྟན་པ་རིན་པོ་ཆེ་འདི་ཉིད་དར་ཞིང་རྒྱས་པར་མཛད་དེ། མཐར་དགུང་གྲངས་དྲུག་ཅུ་རེ་གསུམ་པ་བོད་རབ་བྱུང་བཅོ་ལྔ་པའི་ཤིང་ཕོ་སྤྲེལ་གྱི་ལོ་སྤྱི་ལོ་༡༨༨༩ ལོའི་ཧོར་ཟླ་དགུ་པའི་ཚེས་བཅུ་བཞིའི་ཐོ་རེངས་སུ་ངོ་མཚར་བའི་ལྟས་དུ་མ་དང་བཅས་ཏེ་གཟུགས་སྐུའི་བཀོད་པ་ཆོས་དབྱིངས་སུ་བསྡུ་བའི་ཚུལ་བསྟན་པ་ཡིན་ནོ། །

༡ བྱམས་པ་ཀུན་དགའ་བསྟན་པའི་རྒྱལ་མཚན།

ཁོང་ནི་བོད་རབ་བྱུང་བཅུ་བཞི་པའི་ས་མོ་གླང་གི་ལོ་སྤྱི་ལོ་༡༨༢༩ ལོར་གཙང་ཕྱོགས་ས་ཡི་ཐིག་ལེ་གཞིས་ཀ་བསམ་འགྲུབ་རྩེར་ཡབ་རིགས་རུས་ཀྱི་མངོན་པར་མཐོ་བ་བྲང་ཏེ་མཁས་པའི་བརྒྱུད་པ་སྡེ་པ་རྒྱལ་པོ་ཚེ་རིང་དང་། ཡུམ་གཟུགས་དང་ལང་ཚོ་ཕུན་སུམ་ཚོགས་པ་སྒྲོལ་མ་ཚེ་རིང་གཉིས་ཀྱི་སྲས་སུ

ངོ་མཚར་བའི་ལྟས་དུ་མ་དང་བཅས་ཏེ་མཚན་དཔེའི་མེ་ཏོག་གསར་དུ་བཞད། སྐུ་ན་ཆུང་ངུའི་དུས་ནས་དམ་པའི་བག་ཆགས་རང་ཆས་སུ་སད་ཅིང་། དཔལ་ཨེ་ཝཾ་ཆོས་ལྡན་ཡོན་ཏན་རིན་པོ་ཆེ་དུ་མའི་འབྱུང་གནས་སུ་གྱུར་ཏེ། ཡི་གེའི་ཕྱི་མོ་ནས་བརྩམས་ཏེ་དཔལ་ཨེ་ཝཾ་པའི་འདོན་ཆོག་དང་། ཀུན་ཏུ་དགོས་པའི་གཞུང་བདུན་སོགས་ཐུགས་འཛིན་གནང་པར་དུས་ཐུང་ལས་དཀའ་བ་མེད་པར་ཁོང་དུ་ཆུད་ཅིང་། འཁོར་བའི་ཕུན་ཚོགས་ལ་ཞེན་ལོག་གི་ངེས་འབྱུང་དྲག་པོས་བརྟན་མཁས་ཀྱི་ཡོན་ཏན་ཡོངས་སུ་རྫོགས་པའི་ཁུ་བོ་མཁན་ཆེན་བྱམས་པ་ཀུན་དགའ་བསྟན་འཛིན་གྱིས་མཁན་པོ་དང་། རྣལ་འབྱོར་འཇམ་དཔལ་བཟང་པོས་ལས་ཀྱི་སློབ་དཔོན་མཛད་དེ་ཚོགས་གསུམ་རིམ་ནོད་ཀྱིས་བསྙེན་པར་རྫོགས་པའི་དགེ་སློང་གི་སྡོམ་པ་ཡང་དག་པར་བཞེས་ཏེ། གནང་བཀག་གི་བསླབ་གཞི་ཕྲ་རགས་ཐམས་ཅད་སྲུང་འབྲས་བཞིན་བསྲུང་མཚམས་ལས་མི་འདའ་ཞིང་། ཐེག་པ་ཆེན་པོའི་སེམས་བསྐྱེད་སྲོལ་གསུམ་གྱི་སྡོམ་པ་ཡང་ནས་ཡང་དུ་བཞེས། རྗེ་བོ་བཀའ་གདམས་པའི་བཀའ་སྲོལ་བྱང་ཆུབ་ཀྱི་སེམས་རིན་པོ་ཆེ་ལ་བློ་སྦྱོང་བའི་གཞུང་། གདམས་ངག །མན་ངག་གི་སྐོར་བཞུགས་སོ་ཅོག་གསན་ཅིང་ཐུགས་ཀྱི་མཐིལ་དུ་མཛད། མཁན་ཆེན་རྡོ་རྗེ་འཆང་མཆེད་ཞལ་སོགས་ལས་རྒྱུད་སྡེ་བཞི་དང་འབྲེལ་བའི་དབང་ཁྲིད་མན་ངག་གི་སྐོར་བཞུགས་སོ་འཚལ་གསན་པས་ཐུགས་རྒྱུད་ཡོངས་སུ་གཏམས་པ་སོགས་གསུམ་ལྡན་རྡོ་རྗེ་འཛིན་པ་ཆེན་པོར་གྱུར། འཇམ་དབྱངས་མཁྱེན་བརྩེའི་དབང་པོ་དང་། འཇམ་པའི་དབྱངས་ངག་དབང་ལེགས་གྲུབ་རྣམ་གཉིས་ལས་སྒྲ་ཚད། སྙན་ངག །སྡེབ་སྦྱོར། མངོན་བརྗོད། གསོ་རིག་སོགས་ཕྱིའི་རིག་པ་ཆ་ལག་དང་བཅས་པ་གསན་པས་བཅུ་ཕྲག་རིག་པའི་མ་ཧཱ་པཎྜི་ཏ་ཞེས་གྲགས་པའི་རྒྱུད་མངའ་སྲིད་པའི་རྩེ་མོར་བསྒྲེངས། བཀའ་འགྱུར་རོ་ཅོག་དང་བསྟན་བཅོས་ལུང་སོགས་བཞུགས་ཚད། དུས་འཁོར། བརྟག་གཉིས། མཚན་བརྗོད་སོགས་རྒྱུད་ཀྱི་བཀའ་གྲགས་ཆེན་བཅོ་བརྒྱད་སོགས་དང་། བཀའ་གདམས་གསར་རྙིང་གི་གདམས་ངག་གཞུང་བེའུ་བུམ་གྱི་རིགས་དུ་མ་གསན་པས་མདོ་སྔགས་ཀྱི་གླེགས་བམ་གཅིག་པུར་གྱུར། དེ་ལྟར་གསན་པ་ཙམ་དུ་མ་ཟད་ཉིན་མཚན་ཁོར་ཡུག་ཏུ་ཟབ་པ་དང་རྒྱ་ཆེ་བའི་ཆོས་ཚུལ་མཐའ་དག་ལ་གཟིགས་རྟོགས་རྒྱུན་མི་ཆད་པར་མཛད་པས་གྲུབ་མཐའ་རང་རང་གི་ལྟ་སྒོམ་གྱི་བཞེད་ཚུལ། ཕྱག་བཞེས་ཀྱི་སྤྱོད་པ། མན་ངག་གི་གནད་གསང་། གྲུབ་མཐའི་ཁས་ལེན། གཞི་ལམ་འབྲས་བུའི་རྣམ་གཞག་ལ་སོགས་པ་མ་འདྲེས་པར་གཟིགས་ཏེ། རྩོད་པ་དང་ཐེ་ཚོམ་གྱི་གནས་ལ་མི་འཇིགས་པའི་སྤོབས་པ་བརྙེས་པས་སྨྲ་བའི་ཁྱུ་མཆོག་ཆེན་པོར་གྱུར། རྡོ་རྗེ་འཆང་མཆེད་ཞལ་ལས་གསུང་ངག་རིན་པོ་ཆེ་ཚོགས་སློབ་ཀྱིས་མཚོན་པའི་སྙན་བརྒྱུད་ཚད་མ་བཞི་ལྡན་གྱི་

གདམས་པ་མཐའ་དག་གསན་བསམ་མཐིལ་ཕྱིན་པར་མཛད། དེའང་གསན་ལོ་ཙམ་དུ་མ་བཞག་པར་ཕྱག་ལེན་ཕྲ་མོ་ཚུན་ཆད་ཀྱང་བྱང་ཆུབ། འཆད་རྩོད་རྩོམ་གསུམ་གྱི་སྐབས་མ་གཏོགས་ཐུན་བཞིའི་རྣལ་འབྱོར་ལས་ནམ་ཡང་མི་འདའ་བའི་ཚུལ་གྱིས་ཉམས་སུ་བླངས་བས་རིམ་གཉིས་ཀྱི་དྲོད་རྟགས་མངོན་དུ་གྱུར། ཆོས་ཉིད་ལྷན་ཅིག་སྐྱེས་པའི་ཡེ་ཤེས་རྟེན་པར་གཟིགས། ཆོས་ཀྱི་སྣང་བ་ཐམས་ཅད་ལྷའི་འཁོར་ལོར་ཤར། རྡོ་རྗེའི་ཆོས་སྐྱོང་རྣམས་ཀྱིས་བྲན་བཞིན་དུ་བྱ་བ་བྱེད། དགུང་ལོ་ཉེར་གསུམ་པ་བོད་རབ་བྱུང་བཅུ་བཞི་པའི་ལྕགས་མོ་ཕག་གི་ལོ་སྟེ་སྤྱི་ལོ་༡༨༥༡ལོར་ཡོན་ཏན་རིན་པོ་ཆེ་དུ་མའི་འབྱུང་གནས་དཔལ་ཨེ་ཝཾ་ཆོས་ལྡན་གྱི་ཆོས་ཀྱི་ཁྲི་ལ་ཞབས་ཀྱི་པདྨོ་རྣམ་པར་བཀོད་དེ། འཁོར་འདུས་པ་རྒྱ་མཚོ་ལྟ་བུ་ལ་གསུང་ངག་ཚོགས་བཤད་ཚར་བརྒྱད་དང་། སློབ་བཤད་ཚར་ལྔས་གཙོས་པའི་ཟབ་ཁྲིད་དུ་མ་དང་། གཞན་ཡང་ཁྲིད་བརྒྱ། རང་ལུགས་ཀྱི་ཁྲིད་ཆེན་བརྒྱད། ལམ་རིམ་དང་བློ་སྦྱོང་སོགས་ཐུན་མོང་མ་ཡིན་པའི་ཁྲིད་རིམ་མང་པོ་དང་། ཟུར་བཀའི་རིགས་མཐའ་ཀླས་པ་སོགས་ཀྱི་དབང་བཀའ་དཔག་ཏུ་མེད་པ། སྒྲུབ་ཐབས་རྒྱ་མཚོ་ཚར་གསུམ་གྱིས་གཙོས་པའི་རྗེས་གནང་གི་རིགས་ཤིན་ཏུ་མང་པོ་དང་། གཞུང་ལུགས་རྣམས་ཀྱི་བཤད་བཀའ་དང་། ཐུན་མོང་སྒྲ་སྙན་ངག་སོགས་ཀྱི་ཕྱག་ཁྲིད། རྒྱལ་བའི་བཀའ་བསྟན་འགྱུར་དང་། བོད་ཀྱི་ཤིང་རྟ་ཆེན་པོ་རྣམས་ཀྱི་གསུང་འབུམ་སོགས་ཟབ་ཅིང་རྒྱ་ཆེ་བའི་བཀའ་འཆད་སྤེལ་ལ་རྟག་ཏུ་གཞོལ་ཏེ། གསུང་ལས་སྐྱེས་པའི་བསྟན་འཛིན་གྱི་སློབ་མའང་མཁས་ཤིང་གྲུབ་པ་བརྙེས་པ་མང་དུ་བྱོན་ཅིང་། དེ་དག་ལས་གྱེས་པའི་དངོས་སློབ་དང་ཉེ་སློབ་ཀྱི་ཚོགས་བགྲང་དུ་མེད་པར་བྱོན་པས་ནོར་འཛིན་ཡངས་པའི་ཁྱོན་ཀུན་གང་སྟེ། ཐམས་ཅད་ཀྱིས་ཀྱང་བསྟན་པ་རིན་པོ་ཆེ་ཕྱོགས་ཐམས་ཅད་དུ་སྤེལ་ཞིང་སྐྱེ་རྒྱ་མ་ལུས་པ་མངོན་མཐོ་དང་ངེས་ལེགས་ཀྱི་གོ་འཕང་མཐོན་པོར་སྦྱོར་བ་ལ་ཆེད་དུ་བརྩོན་པ་ལྷུར་བཞེས་པ་ཤ་སྟག་གོ །ཁྱད་པར་གསུང་ངག་སློབ་བཤད་ཀྱི་བསྟན་པ་གཏད་ཅིང་ཐུགས་ཀྱི་སྲས་སུ་གྱུར་པ་ནི། ཁང་སར་མཁན་ཆེན་འཇམ་པའི་དབྱངས་ངག་དབང་བསོད་ནམས་རྒྱལ་མཚན་དང་། མཁན་ཆེན་སྨྲ་བའི་ཉི་མ་འཇམ་དབྱངས་ཤེས་རབ་རྒྱ་མཚོ། ཕན་ཁང་མཁན་རིན་པོ་ཆེ་ཕྱིར་མི་ལྡོག་པའི་བྱང་ཆུབ་སེམས་དཔའ་ཆེན་པོ་དཔལ་ལྡན་བློ་གྲོས་རྒྱལ་མཚན། མཁན་ཆེན་འཇམ་དབྱངས་རིན་ཆེན་རྡོ་རྗེ། ཐུབ་བསྟན་འཇིགས་མེད་ཆོས་ཀྱི་དབང་ཕྱུག་སོགས་སྟེ་ཕྱིར་མཁས་པའི་གཙུག་རྒྱན། གྲུབ་པའི་ཁྱུ་མཆོག་བརྒྱ་སྐོར་ཙམ་བྱོན་ཅིང་། དུས་སྐབས་དེ་ཙམ་ན་སྟོད་མངའ་རིས་སྐོར་གསུམ། བར་དབུས་གཙང་རུ་བཞི། སྨད་མདོ་ཁམས་སྒང་དྲུག་གི་སའི་ཆ་ཐམས་ཅད་ཞལ་སློབ་ཀྱིས་གང་བ་རྣམས་ཀྱིས་ནི་ཨེ་མ་ཧོ་ཞེས་པའི་སྒྲས་ཕྱོགས་ཀྱི་ཁོར་ཡུག་

འགེངས་པ་ཙམ་དུ་གྱུར་པ་མ་ཟད། རྨད་དུ་བྱུང་བའི་གསུང་རྩོམ་གྱི་རིགས་ཀྱང་མཁན་ཆེན་རྡོ་རྗེ་འཆང་བྱམས་པ་ནམ་མཁའ་འཆི་མེད་ཁུ་དབོན་རྣམ་གསུམ་གྱི་རྟོགས་པ་བརྗོད་པ་ངོ་མཚར་མེ་ཏོག་གཡོ་བའི་འཁྲི་ཤིང་བྱིན་རླབས་འདོད་རྒྱུའི་འབྱུང་གནས་ཀྱིས་མཚོན་པོད་ཆེན་ལྔ་ཙམ་རྗེས་འཇུག་གདུལ་བྱའི་གསོས་སུ་བཞག་ཅིང་། དགུང་གྲངས་ཉེར་དགུ་པར་གཞུང་ས་དགའ་ལྡན་ཕོ་བྲང་ཆེན་པོ་ནས། ལྷ་རྫས་ཀྱི་ན་བཟའ་ལ་སོགས་པ་ཆེན་པོར་འོས་པའི་ཡོ་བྱད་དུ་མས་ཞབས་ཀྱི་པདྨོར་མངོན་པར་མཆོད་པ་དང་བཅས་པ་དང་ཆབས་ཅིག་ཤ་རྡི་ནི་ཐིག་ཐི་གུ་ཀེ་མཁན་པོ་ཞེས་པའི་མཚན་དང་ཐམ་ག་ཆེ་ཆུང་སོགས་བསྩལ་ནས། འཛམ་གླིང་བྱང་ཕྱོགས་གངས་རིའི་ར་བས་བསྐོར་བའི་ལྗོངས་ན་འཁོད་པའི་སྐྱེ་འགྲོ་ཐམས་ཅད་ཀྱི་འདྲེན་པ་དམ་པར་མངའ་གསོལ་བའི་དགེ་མཚན་ལྷུན་གྱིས་གྲུབ་པར་རང་བྱུང་བར་གྱུར་ཏོ། །དེ་ལྟར་རྒྱལ་བ་རྡོ་རྗེ་འཆང་གི་སེང་གེའི་ཁྲི་ལ་ཞབས་ཟུང་གསེར་གྱི་འཁོར་ལོ་བཀོད་ནས་བགྲང་བྱ་བརྒྱད་ཀྱི་བར་དུ་དཀོན་མཆོག་ལ་མཆོད་པ་དང་། དགེ་འདུན་ལ་བསྙེན་བཀུར། བཀའ་ཆོས་འཆད་སྤེལ། བསྟན་པ་འཛིན་སྐྱོང་། འགྲོ་དོན་ཐུགས་བསྐྱེད། མངའ་འབངས་བརྩེ་སྐྱོང་སོགས་མཛད་ཕྲིན་བླ་ན་མེད་པ་བསྒྲུབས་ནས། མཐར་དགུང་གྲངས་ཞེ་གཉིས་པ་བོད་རབ་བྱུང་བཅོ་ལྔ་པའི་ལྕགས་ཕོ་རྟ་ཡི་ལོ་སྟེ་སྤྱི་ལོ་༡༨༧༠ལོར་གཟུགས་སྐུའི་བཀོད་པ་ཆོས་དབྱིངས་སུ་བསྡུས་པ་ཡིན་ནོ། །

༄ མཁན་ཆེན་ངག་དབང་བསོད་ནམས་རྒྱལ་མཚན།

ཁོང་ནི་བོད་རབ་བྱུང་བཅུ་བཞི་པའི་དཀྱིལ་དང་དུས་རབས་བཅུ་དགུ་པའི་སྟོད་ཙམ་དུ་ཡུལ་གྱི་དགེ་བཅུའི་ཡོན་ཏན་ཡོངས་སུ་རྫོགས་ཤིང་ཕུན་སུམ་ཚོགས་པའི་དགེ་མཚན་དུ་མ་དང་ལྡན་པ་གཙང་རོང་རྒྱ་སྟོན་ཞེས་བྱ་བར་མཁན་ཆེན་ངག་དབང་བློ་གྲོས་བསྟན་འཛིན་གྱི་སྐུའི་དབོན་དུ་མཚན་དཔེའི་དཀྱིལ་འཁོར་གསར་དུ་བཞད། སྐུ་ན་ཆུང་ངུའི་དུས་ནས་དམ་པའི་རིགས་སད་དེ་ངོར་ཁང་སར་དུ་བཞུགས་ཏེ། མཁན་ཆེན་ཀུན་དགའ་བསྟན་པའི་བློ་གྲོས་ལས་སྡོམ་པ་གསུམ་དང་ལམ་འབྲས་སོགས་ཀྱི་བདུད་རྩི་བཞེས། སློབ་དཔོན་རྡོར་འཛིན་ངག་དབང་དགེ་ལེགས་ལས་འདོན་ཆ་ །རྒྱུད་ཆུང་བཞི་སོགས་བསླབ་པས་ཚོགས་མེད་དུ་མཁྱེན་པས་ཐུགས་རབ་ཤིན་ཏུ་ཆེ་བར་གྲགས། དེ་ལས་སྟ་གཞུག་རྣམས་སུ་མཁན་ཆེན་བྱམས་པ་ཀུན་དགའ་བསྟན་འཛིན། རྣལ་འབྱོར་འཇམ་དཔལ་བཟང་པོ། དཔལ་ལྡན་ཆོས་ཀྱི་རྒྱལ་མཚན། མཁན་ཆེན་ངག་དབང་ལེགས་གྲུབ་སོགས་ཡོངས་འཛིན་དམ་པ་དུ་མའི་ཞབས་རྡུལ་སྤྱི་བོར་བླངས་ཏེ། ཟབ་རྒྱས་ཀྱི་

ཆོས་ཚུལ་དུ་མ་ལ་གསན་བསམ་མཛད། ཁྱད་པར་དུ་མཁན་ཆེན་བྱམས་པ་ཀུན་དགའ་རྒྱལ་མཚན་གྱི་ཞབས་པད་ཡུན་རིང་བསྟེན་ནས་མདོ་སྔགས་ཀྱི་གཞུང་ལུགས་རྒྱ་མཚོ་ལྟ་བུར་གསན་པ་མ་ཟད། གཞུང་རང་རང་གི་དཀའ་གནད་དོགས་གཅོད། གྲུབ་མཐའི་ཞལ་བཞེས་འཇོག་མཚམས་སོགས་ཀྱི་སྦྱངས་པ་ཕུལ་དུ་སོན། མཁན་པོ་དེ་ཉིད་ལས་གསུང་ངག་རིན་པོ་ཆེ་སློབ་བཤད་ཁྲིད་ཡིག་གཉིས་ཀྱི་སྟེང་ནས་གསུང་བཤད་ཞིབ་རྒྱས་དང་། འཁོར་འདས་དབྱེར་མེད་ཀྱི་ལྟ་བ་རིག་ཐོག་ནས་ངོ་སྤྲོད་དེ་བརྡར་ཤ་ཆོད་ངེས་སོགས་དབང་ཁྲིད་བྱིན་རླབས་རྗེས་གནང་བཅས་ཚང་སྒྲིགས་དང་། ངོར་ལུགས་དཀྱིལ་འཁོར་བདུན་དང་། ཇོར་ཕྲེང་སོགས་སྐྱི་ཟུར་གྱི་དབང་རྒྱུན་ངོར་པ་རང་ལ་བཞུགས་སོ་ཅོག་དང་། སྒྲུབ་ཐབས་རྒྱ་མཚོ་སོགས་རྗེས་གནང་རིག་གཏད་ཀྱི་བཀའ་ཤིན་ཏུ་མང་པོ་དང་། ངོར་པའི་ཁྲིད་ཆེན་བརྒྱད་དང་། ཇོ་ནང་ཁྲིད་བརྒྱ། བློ་སྦྱོང་སོགས་ཁྲིད་ཡིག་ཤིན་ཏུ་མང་པོ། རྒྱལ་བའི་བཀའ་བསྟན་འགྱུར་དང་། ས་ངོར་བཀའ་འབུམ་གཙོས་རང་ལུགས་ཀྱི་བཀའ་འབུམ་བཞུགས་ཚད། དམར་མོ་སྐོར་གསུམ། མགོན་པོ་ཆེ་ཆུང་སོགས་ཀྱི་བེའུ་བུམ་བཞུགས་སོ་ཅོག་གསན་ཏེ། དཔལ་ཀྱི་རྡོར་གཞི་བསྙེན་སོགས་ཡི་དམ་མང་པོའི་བསྙེན་སྒྲུབ་མཐར་ཕྱིན། ཁྱད་པར་རྡོ་རྗེ་དབྱངས་ཅན་མ་དཀར་མོ་བསྒྲུབས་པས་མཁྱེན་རབ་ཀྱི་རྩལ་རྫོགས་པས་མདོ་སྔགས་རིག་གནས་དང་བཅས་པ་གཟིགས་པ་ཙམ་གྱིས་ཐུགས་སུ་ཆུད། བོད་རབ་བྱུང་བཅུ་བཞི་པའི་ས་མོ་ལུག་གི་ལོ་སྟེ་སྤྱི་ལོ་༡༧༩༩ལོར་ངོར་ཆེན་རྡོ་རྗེ་འཆང་གི་ཆོས་ཀྱི་ཁྲི་ལ་ཞབས་ཀྱི་པདྨོ་བཀོད་དེ་བགྲང་བྱ་བརྒྱད་ཙམ་གྱི་རིང་དུ་སྐྱོང་མདའ་རིས་ནས། སླད་རྒྱ་མཚམས་ཡན་གྱི་སྐལ་ལྡན་གྱི་སློབ་མ་ཉི་ཟེར་གྱི་རྡུལ་ལྟར་ལྟགས་པ་རྣམས་ལ་གསུང་ངག་རིན་པོ་ཆེ་ལམ་འབྲས་བུ་དང་བཅས་པས་མཚོན་ཟབ་པ་དང་རྒྱ་ཆེ་བའི་ཆོས་ཀྱི་འཁོར་ལོ་བར་མེད་དུ་བསྐོར་བས་སྨྱངས་སྨིན་གྱི་ས་བོན་ཁྱད་པར་ཅན་ཐེབས་པར་མཛད་དེ། མཁན་ཆེན་འཇམ་དབྱངས་ཤེས་རབ་རྒྱ་མཚོ་རྒྱལ་ཚབ་ཏུ་མངའ་གསོལ། ཆེན་པོ་གླིང་བར་དང་། སྡེ་དགེ་ཆོས་རྒྱལ་ཆེན་པོའི་མཆོད་གནས་བོད་ཆེན་པོའི་ལྗོངས་འདིར་ཆིབས་ཀྱི་ཁ་ལོ་བསྒྱུར། སྡེ་དགེ་ཆོས་རྒྱལ་ཉིད་ཀྱིས་གཙོས་ལྷུན་གྲུབ་སྟེང་གི་བླ་མ་ལས་སྣེ་སོགས་ཀྱིས་བསུ་བའི་བཀོད་པ་བཅས་སྒྲུབ་ཁང་ཀུན་ཁྱབ་གླིང་གི་སེང་ཁྲིར་བཞུགས་གདན་འཇགས། རིམ་གྱིས་ཆོས་རྒྱལ་ཆེན་པོ་ལྟོས་བཅས་བློ་གྲོས་དང་ལྡན་པ་རྣམས་ལ་བསྟན་བཅོས་སྡོམ་གསུམ་རབ་དབྱེ་དང་། གསུང་ངག་རིན་པོ་ཆེ་སློབ་བཤད་དང་། འཁོར་འདས་དབྱེར་མེད་ཀྱི་ལྟ་བ་རིག་ཐོག་ནས་ངོ་སྤྲོད་སོགས་དབང་ཁྲིད་བྱིན་རླབས་ལུང་བཅས་ཚང་སྒྲིགས་སུ་བསྩལ། འཇམ་དབྱངས་མཁྱེན་བརྩེའི་དབང་པོའི་དྲུང་ནས། དཔལ་དུས་ཀྱི་འཁོར་ལོའི་དབང་བཀའ་ཡོངས་རྫོགས་དང་།

གཞན་ཡང་གསར་རྙིང་གི་ཆོས་བཀའ་ཤིན་ཏུ་མང་པོ་དང་། ཐུབ་བསྟན་ཆོས་ཀྱི་གྲགས་པ། འཇམ་མགོན་བློ་གྲོས་མཐའ་ཡས་སོགས་ལས་ཟབ་རྒྱས་ཆོས་ཀྱི་བདུད་རྩི་གསོལ་ཅིང་། སྣ་ཕྱིར་ཅི་རིགས་པར་ས་ཏོར་དགོན་ཁག་རྣམས་ལ་ཟབ་རྒྱས་ཆོས་ཀྱི་བདུད་རྩི་ལྷུག་པར་བསྩལ། རྨད་དུ་བྱུང་བའི་གསུང་རྩོམ་གྱི་རིགས་ཀྱང་། སྙན་ངག་དཔེར་བརྗོད་ཕུན་སུམ་ཚོགས་པ་དང་། ལམ་དབང་སོགས་ཆོག་བསྒྲིགས་མང་པོ་དང་། འཁོར་འདས་དབྱེར་མེད་ཀྱི་ལྟ་བ་ཉམས་མགུར་དུ་བཞེངས་པའི་སྐོར་དང་། ཆབ་ཤོག་དང་། དགོན་སྡེ་སོ་སོར་བསླབ་བྱའི་བཅའ་ཡིག །སྡོམ་གསུམ་འཇམ་དབྱངས་བླ་མའི་དགོངས་རྒྱན་གྱི་རང་འགྲེལ་མཛུག་རྩོམ་འཕྲོར་ལུས་པའི་ཁ་སྐོང་། ས་གཞུང་སྦྲགས་མ། གཞི་གསུམ་གསལ་བྱེད། དུས་འཁོར་དབང་ཆོག་གསལ་བྱེད། ཆོས་སྐྱོང་གི་བསྐང་བ་རིགས་མང་པོ། སྨན་བླའི་མདོ་ཆོག་སོགས་ཆོ་ག་ཚན་མང་བཅས་གསུང་འབུམ་རྨད་དུ་བྱུང་བའི་ལེགས་བཤད་བདེན་གཉིས་གྲངས་སུ་རྗེས་འཇུག་གདུལ་བྱའི་གསོས་སུ་བཞག །རྗེ་འཇམ་དབྱངས་མཁྱེན་བརྩེའི་དབང་པོའི་ཞལ་ནས། ཕྱིས་ཀྱི་མཁན་ཆེན་ཞིག་ལ་རྗེ་འདིར་པཎྜི་ཏའི་མཚན་གསོལ་ནའང་ཆོག་གསུངས་ནས་བསྔགས་བརྗོད་ཀྱི་མེ་ཏོག་རབ་ཏུ་འཐོར་བར་གྱུར། ཉག་དམག་གིས་བརླག་ཤུལ་རང་ལུགས་ཀྱི་ཆོས་སྡེ་ཉམ་ཐག་མང་པོར་ལུགས་གཉིས་ཀྱི་སྒོ་ནས་ཉམས་གསོ་མཛད་དེ་བསྟན་པའི་སྲོག་མཐུད་པས་ད་ལྟ་དཔལ་ལྡན་ས་སྐྱ་པའི་དགོན་སྡེ་རྣམས་ཀྱི་མཚན་ཆགས་པ་འདིའང་དམ་པ་འདི་ཁོ་ནས་བཀའ་དྲིན་ལས་མ་འདས་སོ། ཁྲིམ་རྡོ་ཁོག་དགོན་དུ་བདེ་མཆོག་ནག་པོ་པའི་སྒྲུབ་མཆོད་གསར་འཛུགས་སྨིན་གྲོལ་དང་། རྟེན་ཐེབས་རྒྱ་ཆེར་བསྩལ། དེ་ལྟར་བཤད་སྒྲུབ་འཁོར་ལོ་གཉིས་ལྡན་གྱི་སྒོ་ནས་རྒྱལ་བའི་བསྟན་པ་རིན་པོ་ཆེ་ཕྱོགས་ཐམས་ཅད་དུ་སྤེལ་བ་ལ་བརྟེན་ནས་གསུང་ལས་སྐྱེས་པའི་བསྟན་འཛིན་གྱི་སློབ་མ་ཡང་། འཇམ་དབྱངས་ཤེས་རབ་རྒྱ་མཚོ། ངག་དབང་བློ་གྲོས་སྙིང་པོ། མཁན་ཆེན་པདྨ་རྡོ་རྗེ། ཐུབ་བསྟན་ཆོས་ཀྱི་གྲགས་པ། དགེ་བཤེས་ཕན་བདེ་བཟང་པོ། དབོན་གཞན་ཕན་ཀུན་དགའ། གདོང་ཐོག་སྤྲུལ་སྐུ། མངའ་རིས་ཆོས་རྗེ། ལྷུན་གྲུབ་སྟེང་ཤར་ནུབ་ཆོས་རྗེ་གསར་རྙིང་། ཆོས་རྒྱལ་དཔལ་ལྡན་འཆི་མེད་རྟག་པའི་རྡོ་རྗེ་སོགས་མཁས་བཙུན་གྲུབ་པའི་ཁྱུ་མཆོག་གྲངས་མང་དང་། བགྲང་བྱ་བརྒྱད་ཅམ་ལ་འབྲེལ་ཚད་དོན་ལྡན་དུ་མཛད་ཅིང་། སླར་གདན་ས་རང་བཏེགས་པ་ན་ཕྱག་རྟས་ཆེས་ཕྲ་བར་གྱུར་པའང་དད་རྫས་བྱུང་རིམ་བཞིན་སྒྲོང་དག་ཏུ་བསྟན་འགྲོའི་དོན་ཁོ་ན་སྦྱིན་པས་བདག་འཛིན་གྱིས་འབྲི་བའི་དྲི་མ་གཏན་བྲལ་དུ་གྱུར་པ་གོར་མ་ཆག །སྐྱེ་རྒུ་དོན་གྲུབ་གླིང་དུ་འདུལ་བ་གཞི་གསུམ་དར་བར་མཛད། བལ་ཡུལ་མཆོད་རྟེན་རྣམ་གསུམ་ལ་བསྟན་འགྲོའི་ཕན་བདེ་སྤྱིལ་སྣང་མཆོད་འབུལ་སྨོན་འདུན་ཡང་དག

གནང་། གློ་བོ་རྒྱལ་པོས་རྩ་བའི་རིགས་བདག་ཏུ་བཀུར་ཡང་རིང་པོར་མ་བཞུགས། མདོར་ན་དམ་པ་འདི་ཉིད་ཀྱི་སྐུ་ཚེ་ཧྲིལ་པོར་བྱ་བྲལ་སྤྲོས་མེད་ཀྱི་རྣམ་ཐར་ཁོ་ནར་སྤེལ་ཏེ། སྐྱིད་རོང་དུ་ཕེབས་ནས་ཉིད་ཀྱི་བསམ་གཏན་ཁང་བུར་སྐུ་ཚེ་དང་སྒྲུབ་པ་མཉམ་པས་གྲུབ་པའི་གོ་འཕང་མཐོན་པོར་འཛེགས་ནས་ཟབ་གསལ་གཉིས་མེད་ཀྱི་ཡེ་ཤེས་མངོན་དུ་གཟིགས་ཏེ། མཐར་དགུང་གྲངས་ང་དགུ་པར་དགོངས་པ་ཞི་དབྱིངས་སུ་བསྡུས་པ་ཡིན་ནོ། །

༈ འཇམ་དབྱངས་ཤེས་རབ་རྒྱ་མཚོ།

ཁོང་ནི་བོད་རབ་བྱུང་བཅུ་བཞི་པའི་དཀྱིལ་དང་དུས་རབས་བཅུ་དགུ་པའི་དཀྱིལ་སྐོར་ཙམ་དུ་གཙང་རོང་སྨན་ཐངས་སུ་མཁན་ཆེན་ངག་དབང་བློ་གྲོས་བཟང་པོའི་ཡེ་ཤེས་སྒྱུ་འཕྲུལ་དུ་རྗེ་དེ་ཉིད་ཀྱི་དབོན་རིགས་སུ་ངོ་མཚར་བའི་ལྟས་དུ་མ་དང་བཅས་ཏེ་གཟུགས་སྐུ་ཆུ་ཤེལ་གྱི་དབང་པོ་མངོན་པར་བཞད། སྐུ་ན་ཆུང་དུའི་དུས་ནས་དམ་པའི་བག་ཆགས་སད་ཅིང་ཞལ་དང་པོ་ཕྱེ་བ་ཙམ་ལ་ངོར་ནས་བཅར་བ་རྣམས་ཀྱི་མིང་ཐོགས་མེད་དུ་གསུངས་ཤིང་། སྐྱེས་ཆེན་རྣམས་ཀྱིས་སྤྲུལ་པའི་སྐུར་ལུང་གིས་ཟིན། མི་རིང་བར་ངོར་ཁང་སར་བླ་བྲང་དུ་གདན་དྲངས། འདོན་ཆོས་སྦྱོང་དང་། རྒྱུད་ཆུང་བཞི་སོགས་ཆོགས་མེད་དུ་མཁྱེན། མཁན་ཆེན་བྱམས་པ་བསྟན་འཛིན་བཟང་པོས་མཁན་པོ་དང་། རྣལ་འབྱོར་འཇམ་དཔལ་བཟང་པོས་ལས་སློབ་སོགས་སྐྱེས་ཆེན་དམ་པ་འབའ་ཞིག་གི་དང་པའི་དགེ་འདུན་གྲངས་ཚང་གི་དབུས་སུ་ཚོགས་གསུམ་རིམ་ནོད་ཀྱི་བསྙེན་པར་རྫོགས། སེམས་བསྐྱེད་ཀྱི་སྡོམ་པ་བཞེས་ཏེ་གླང་དོར་གྱི་གནས་རྣམས་སྤྱན་འབྲས་བཞིན་བསྲུངས། དེ་ལས་སྔ་གཞུག་རྣམས་སུ་མཁན་ཆེན་དེ་ཉིད་ལས་ལམ་འབྲས་སློབ་བཤད་དང་། རྣལ་འབྱོར་འཇམ་དཔལ་བཟང་པོ་ལས་ཚོགས་བཤད་ཡོངས་རྫོགས་དང་། ཐར་རྩེ་རྡོ་རྗེ་འཆང་བྱམས་པ་ཀུན་དགའ་བསྟན་པའི་རྒྱལ་མཚན་གྱི་དྲུང་ནས་གསུང་ངག་སློབ་བཤད་ཁྲིད་ཡིག་གཉིས་ཀྱི་སྟེང་ནས་གསུང་བཤད་ཞིབ་རྒྱས་དང་། འཁོར་འདས་དབྱེར་མེད་ཀྱི་ལྟ་བ་རིག་ཐོག་ཏུ་ངོ་སྤྲོད་པ་སོགས་དབང་ཁྲིད་བྱིན་རླབས་ལུང་བཅས་ཚང་སྤྲུགས་སུ་གསན། གནས་ལྔ་རིག་པ་འཇིགས་མེད་དཔལ་ལྡན་གྱི་དྲུང་ནས་དབྱངས་ཅན་སྒྲ་གཞུང་དང་། སྙན་ངག་སོགས་ཐུན་མོང་རིག་གནས་སྐོར་དང་། ངོར་ལུགས་དཀྱིལ་འཁོར་སོགས་རྒྱུད་སྡེ་རབ་འབྱམས་དང་། མཁའ་སྤྱོད་མ་སོགས་བྱིན་རླབས་རྗེས་གནང་རབ་ཏུ་མང་པོ་དང་། ས་སྐྱ་བཀའ་འབུམ་སོགས་གསུང་འབུམ་རྣམས་དང་།

ཐུན་མོང་མ་ཡིན་པའི་བེའུ་བུམ་སྔོར་དང་། གཞན་ཡང་མཁས་གྲུབ་དཔལ་ལྡན་ཆོས་ཀྱི་རྒྱལ་མཚན་དང་། མཁན་ཆེན་ངག་དབང་བློ་གྲོས་བསྟན་འཛིན། མཁས་གྲུབ་ཀུན་དགའ་བསྟན་པའི་བློ་གྲོས། ཁུ་ན་མཆོག་སྤྲུལ་སོགས་མཁས་ཤིང་གྲུབ་པ་བརྙེས་པའི་དགེ་བའི་བཤེས་གཉེན་དུ་མའི་ཞབས་རྡུལ་སྤྱི་བོར་བླངས་ཏེ། མདོ་རྒྱུད་གཞུང་ལུགས་རབ་འབྱམས་ལ་ཐོས་པའི་ཕ་རོལ་ཏུ་སོན། དཔལ་ཀྱེ་རྡོ་རྗེ་སོགས་ཀྱི་གཞི་བསྙེན་ཚད་དུ་འཁྱོལ་ནས། གྲུབ་པའི་རྟགས་མཚན་དུ་མ་མངོན་དུ་གྱུར་ཏེ། མཁས་གྲུབ་གཉིས་ལྡན་གྱི་གོ་འཕང་ལ་མངའ་དབང་འགྱུར། ཆེན་པོ་གླིང་གི་མཆོད་གནས་སུ་གདན་དྲངས་ནས་ལོ་དུ་མར་འབྲེལ་ཚད་དོན་ལྡན་དུ་བསྐྱངས། ཉག་དགྲའི་རྒྱབ་འགྱུར་ཆེད་དུ་དགོངས་པའི་ཚུལ་གྱིས་དབུས་གཙང་དུ་བཏེག །དད་གཤིན་གྱི་དངོས་པོ་གང་ཡོད་ཐམས་ཅད་མཆོད་འབུལ་ཁོ་ནར་མཛད་དེ་འདི་ཕྱི་དོན་དང་ལྡན་པར་མཛད། དེ་ནས་གཟའ་སྐར་ལེགས་འཛོམས་ཕུན་སུམ་ཚོགས་པའི་ཉིན་རྗེ་རྒྱལ་བ་གཉིས་པའི་ཆོས་ཀྱི་ཁྲི་ལ་ཞབས་སེན་རྣམ་པར་བཀོད་པའི་སྐལ་བཟང་གི་ཉི་མ་འཇིག་རྟེན་གྱི་བླ་ན་འཆར་བ་དེ་ཉིད་ནས་བརྩམས་ཏེ་གདུལ་བྱ་སྐལ་བ་དང་ལྡན་པ་རྣམས་ལ་གསུང་ངག་རིན་པོ་ཆེ་ལམ་འབྲས་བུ་དང་བཅས་པས་མཚོན་མདོ་རྒྱུད་གཞུང་ལུགས་རབ་འབྱམས་ཀྱི་དབང་ལུང་ཁྲིད་མན་ངག་བཅས་དུ་མ་བསྐྱལ་བས། གསུང་གི་བདུད་རྩི་བཞེས་པའི་ཞལ་སློབ་ཀྱང་དུ་མ་བྱུང་སྟེ། མཁས་གྲུབ་ངག་དབང་བློ་གྲོས་སྙིང་པོ། སྡེ་དགེ་ལྷ་སྲས་བླ་མ། གླིང་ལྷ་སྲས། མཁས་གྲུབ་འཇིགས་མེད་དཔལ་ལྡན་སོགས་མཁས་ཤིང་གྲུབ་པ་བརྙེས་པའི་སློབ་ཚོགས་གྲངས་ལས་འདས་པ་བསྐྲུན་པ་མ་ཟད། རྨད་དུ་བྱུང་བའི་གསུང་རྩོམ་གྱི་རིགས་ཀྱང་། སྙན་ངག་ལེའུ་གསུམ་པའི་དཔེར་བརྗོད་ཚིག་རྒྱན་ཉམས་འགྱུར་ཕུན་སུམ་ཚོགས་པ་དང་། ཆབ་ཤོག་རིགས་འགའ་ཞིག་བཅས་རྗེས་འཇུག་གདུལ་བྱའི་གསོས་སུ་བཞག་ཅིང་། སྐྱེས་སྤྱངས་ཀྱི་མཁྱེན་རབ་མེ་ལོང་དྭངས་པས་གཞུང་ལུགས་རྣམས་གཟིགས་པ་ཙམ་གྱིས་ཐུགས་སུ་ཆུད། མཉམ་རྗེས་དབྱེར་མེད་ཀྱི་སྒྲུབ་པ་སྙིང་པོ་མཛད་པས་གྲུབ་པའི་རྟགས་ངོ་མཚར་བ་མང་པོ་ཤར་ཞིང་། ཆོས་བརྒྱད་རིང་སྤངས་པས་བྱང་ཆུབ་ཀྱི་སེམས་གཉིས་འབྱོངས། ཐུགས་རྗེ་དང་མཁྱེན་རབ་ཕུལ་དུ་སོན་ཡང་སྐུ་ཚེ་ཁ་ཅང་རིང་པོ་མ་བཞུགས་པས་མཁས་ཚུལ་གསུམ་གྱི་ཕྲིན་ལས་ཆེར་མ་རྒྱས། དེ་ལྟར་དམ་པ་འདི་ཉིད་ཀྱིས་ཞིང་འདིའི་གདུལ་བྱ་དེ་ཙམ་དུ་གཟིགས་ནས་དགོངས་པ་ཆོས་དབྱིངས་སུ་བསྡུས་པ་ཡིན་ནོ། །

༄། དཔལ་ལྡན་བློ་གྲོས་རྒྱལ་མཚན་དཔལ་བཟང་པོ།

ཁོང་ནི་བོད་རབ་བྱུང་བཅུ་བཞི་པའི་ལྕགས་ཕོ་བྱི་བའི་ལོ་སྟེ་སྤྱི་ལོ་༡༩༠༠ལོར་ཇོ་མཚར་བའི་དགེ་མཚན་དུ་མ་དང་བཅས་ཏེ་མཚན་དཔེའི་དཀྱིལ་འཁོར་གསར་དུ་བཞད། སྐུ་ན་ཆུང་ངུའི་དུས་ནས་ཞྭ་སེར་ཅོད་པན་འཆང་བ་དགའ་བ་གདོང་གི་གྲྭ་སར་ཞུགས་ཏེ་མཁན་ཆེན་ཀུན་དགའ་བསྟན་པའི་བློ་གྲོས་ཀྱི་དགོངས་པ་ཡེ་ཤེས་གཟིགས་པའི་མེ་ལོང་ངོར་རྒྱལ་བ་རྡོ་རྗེ་འཆང་ངུར་སྨྲིག་འཆང་བའི་རྣམ་རོལ་དུ་བྱོན་པ་དཔལ་ཨེ་ཝཾ་པའི་མི་འཇིགས་སེང་གེ་ཁྲིར་འཛེགས་ཏེ་ཟབ་རྒྱས་གདམས་པའི་བཅུད་ཀྱིས་སྐལ་ལྡན་གྲངས་ལས་འདས་པ་ཐར་པར་བཀྲི་བའི་རྣམ་འདྲེན་ཁྱུ་མཆོག་ཆེན་པོར་གཟིགས་པས་ངོར་ཕན་བདེ་གླ་བྲང་དུ་སྤྱན་དྲངས། ངོར་པའི་ཚོགས་འདོན་སྐོར་དང་། རྒྱུད་ཆུང་བཞི། ཀུན་ཏུ་དགོས་པའི་གཞུང་བདུན་སོགས་སློབ་གཉེར་ཕུལ་བས་ཐུགས་རིག་ཟབ་པའི་རྩེར་སོན། ཐོག་མར་བྱམས་པ་ཀུན་དགའ་བསྟན་འཛིན་གྱིས་འཆི་བདག་བདུད་ལས་རྒྱལ་ཞིང་སྐུ་ཚེ་མཛད་ཕྲིན་མཐར་ཕྱིན་པའི་རྟེན་འབྲེལ་དུ་རྡོ་རྗེ་འཇིགས་བྱེད་ལྷ་དགུའི་དབང་བཞི་བསྐུལ། མཁན་ཆེན་བྱམས་པ་ཀུན་དགའ་བསྟན་པའི་རྒྱལ་མཚན་དྲུང་ནས་རབ་ཏུ་བྱུང་ཞིང་བསྙེན་པར་རྫོགས་པའི་དགེ་སློང་གི་སྡོམ་པ་ཡང་དག་པར་བཞེས། ཁྱད་པར་གཉིས་ལྡན་གྱི་སེམས་བསྐྱེད་ཞུས། གནང་བཀག་གི་བསླབ་གཞིའི་མཚམས་ལས་ནམ་ཡང་མི་འདའ་ཞིང་། དཔལ་ཀྱེ་རྡོ་རྗེ་བཀའ་བབས་བཞི་ལམ་འབྲས་ཚོགས་བཤད་སོགས་བཀའ་ཆོས་མང་དུ་གསན་ཏེ་གསུམ་ལྡན་རྡོ་རྗེ་འཛིན་པ་ཆེན་པོར་གྱུར་ཡང་ཞབས་དྲུང་གི་མཚན་གསོལ། དེ་ནས་མདོ་སྨད་སའི་ཆར་འདིའི་གདུལ་བྱ་དད་པའི་སྐྱ་རེངས་ཀྱིས་བསྐུལ་བས་མ་འདྲིས་པའི་མཛའ་བཤེས་མཛད་པའི་བཀའ་དྲིན་ཅན་ལུང་རྟོགས་ཆོས་ཀྱི་ཉི་མ་སྲིད་འདིར་ཕེབས། མཁན་ཆེན་ཀུན་དགའ་བསྟན་པའི་བློ་གྲོས། འཇམ་མགོན་ངག་དབང་ལེགས་གྲུབ། ཆོས་རྗེ་ཀུན་དགའ་དཔལ་ལྡན། མཁས་མཆོག་འཇམ་དབྱངས་ཡོན་ཏན། གནས་ལྔ་རིག་པ་འཇིགས་མེད་དཔལ་ལྡན་སོགས་ལས་མདོ་སྔགས་རིག་གནས་དུ་མ་གསན་ཅིང་། ཁྱད་པར་དུ་ཐམས་ཅད་མཁྱེན་པ་འཇམ་དབྱངས་མཁྱེན་བརྩེའི་དབང་པོའི་ཞལ་སྔ་ནས་སྒྲུབ་ཐབས་ཀུན་བཏུས་དང་། དཔལ་ཀྱེ་རྡོ་རྗེའི་རྒྱུད་ཀྱི་བཤད་བཀའ་ཡོངས་རྫོགས། མཁའ་སྤྱོད་མའི་ཁྲིད་སོགས་ལོ་ཤས་གསན་སྦྱངས་མཛད་ཅིང་། ཁྲིམ་གཉེར་ཤུལ་དུ་སྐལ་ལྡན་གྱི་སློབ་ཚོགས་བརྒྱ་ཕྲག་དུ་མ་ལ་ལམ་འབྲས་ཚོགས་བཤད་ཀྱི་དཀའ་སྟོན་སྤེལ་ཏེ་ལོ་བཅུ་ཕྲག་སྐོར་བཞུགས། སྐྱེ་རྒྱུར་འབྲེལ་ཚད་དོན་ལྡན་གྱི་ཕྲིན་ལས་རྒྱ་ཆེར་སྤེལ། སླར་གདན་སར་ཕེབས་ནས་དངོས་པོ་གྱ་ནོམ་པའི་ཀུན་བཟང་མཆོད་སྤྲིན་ལ

ཙོ་འདྲི་བ་མཆོད་ཅིང་སྨྲོས་པས་ཚོགས་ཟུང་རྒྱ་མཚོ་མངོན་པར་བསྒྲུབས་ཏེ་རྡོ་རྗེ་འཆང་གི་མི་འཇིགས་སེང་གེ་ཁྲིར་མངའ་གསོལ། བགྲང་བྱ་རྒྱལ་སྲིད་གྲངས་ལྡན་རྒྱལ་བ་རྡོ་རྗེ་འཆང་གི་ཕྲིན་ལས་ལ་དབང་བསྒྱུར། སྐལ་ལྡན་འདུས་ཚོགས་ལ་སོ་བྱང་སྔགས་གསུམ་གྱི་སྡོམ་པ་དང་། གསུང་ངག་རིན་པོ་ཆེ་ལམ་འབྲས་བུ་དང་བཅས་པས་མཆོན་དབང་ལུང་ཁྲིད་མན་ངག་དང་བཅས་པ་དུ་མ་བསྩལ། ལྷག་པར་རྡོ་རྗེ་འཆང་ཀུན་དགའ་བསྟན་པའི་རྒྱལ་མཚན་གྱིས་གནང་བ་བསྩལ་བ་བཞིན་དབུར་ཆོས་ཆེན་མོའི་རྒྱུན་གསར་སྤེལ་མཛད་ཅིང་། མཁན་ཆེན་དེ་ཉིད་ཀྱི་དྲུང་ནས་སློབ་བཤད་ཁྲིད་ཡིག་གཉིས་ཀྱི་སྟེང་ནས་གསུང་བཤད་ཞིབ་རྒྱས། འཁོར་འདས་དབྱེར་མེད་ཀྱི་ལྟ་བ་དགོངས་པའི་དབྱིངས་སུ་ངོ་སྤྲོད་ཅིང་དབང་ཁྲིད་བྱིན་རླབས་ལུང་བཅས་ཚང་སྒྲུགས་སུ་བསྩལ་བས་མཆོན་རྡོ་རྗེ་འཆང་གི་ཐུགས་རྒྱུད་ཟབ་རྒྱས་གདམས་པའི་བཅུད་ཀྱིས་ཡོངས་སུ་འགེངས་བའི་བུམ་བཟང་ལ་ལོངས་སུ་སྤྱོད་པའི་སྐལ་བར་ལྡན། དེ་ནས་མཁན་པོའི་འགན་བཞེས་འཇམ་དབྱངས་རིན་ཆེན་རྡོ་རྗེ་ལ་ཕུལ་ནས། སླར་ཡང་ཁམས་ཕྱོགས་སུ་ཕེབས་ལམ་དུ་སྐྱེ་རྒུ་དོན་གྲུབ་གླིང་དུ་རྡོ་རྗེ་ཕྲེང་བའི་ཆོས་འཁོར་བསྐོར་བས་མཆོན་འགྲོ་དོན་ཤིན་ཏུ་ཆེ། རིམ་བཞིན་སྡེ་དགེ་ལྷུན་གྲུབ་སྟེང་ཕྱག་ཕེབས་ཏེ། མཁས་གྲུབ་ནོར་བསྟན། ལི་ཐང་ཆོས་རྗེ་མཁས་གྲུབ་རྒྱ་མཚོ། ལྷ་རིག་པ་འཇམ་དབྱངས་ཡོན་ཏན། ལྷུན་གྲུབ་སྟེང་ཤར་ནུབ་ཆོས་རྗེ་སོགས་འདུས་ཚོགས་བརྒྱ་ཕྲག་ལྔ་ཙམ་ལ་སྒྲུབ་ཐབས་ཀུན་བཏུས་ཁ་སྐོང་བཅས་སྔ་ཕྱིར་བསྩལ། ཁྲོམ་སྡེ་གཞུང་མཁས་གྲུབ་ཆེན་པོ་ལུང་རིགས་ཉི་མས་གཙོས་སྐལ་ལྡན་གྲངས་མང་ལ་སྒྲུབ་བཏུས་དང་། སློབ་བཤད་སོགས་སྔ་ཕྱིར་དགོངས་པ་འགེངས་ངེས་བཀའ་དྲིན་བསྩལ། དར་མདོ་མགོ་ཐམ་སོགས་སུ་གདུལ་བྱ་བར་གཟིགས་པས་སྐྱེ་རྒུའི་མོས་སྣང་ཆོས་ལ་བསྒྱུར་བས་ཐར་པའི་ས་བོན་བསྩལ། གཞན་ཡང་འཇམ་མགོན་ཡོན་ཏན་རྒྱ་མཚོ། ཆོས་རྗེ་ཀུན་དགའ་འཇམ་དབྱངས། ཁྲི་ཆེན་ཀུན་དགའ་བསོད་ནམས། དཔལ་ལྡན་ཕྱོགས་ཀྱི་གླང་པོ། རྗེ་བཙུན་ཏྲ་མགྲིན་དབང་མོ། འཇམ་དབྱངས་མི་ཕམ་རྣམ་རྒྱལ་སོགས་དམ་པ་དུ་མའི་མདུན་ནས་དབང་ལུང་ཁྲིད་མན་ངག་སོགས་རང་ལུགས་གྲུབ་མཐའ་རྒྱ་མཚོ་སྲིད་དོ་ཅོག་གསན་བཞེས་མཛད་པ་ཕུལ་དུ་ཕྱིན། གཞན་ཡང་ལེགས་པར་བཤད་པ་རྩོམ་གྱི་སྐོར་ལ་ཡང་། སྙན་ངག་གི་དཔེར་བརྗོད་སྙན་འཇེབས་ཕུན་སུམ་ཚོགས་པ་དང་། རིགས་གསུམ་སྤྱིའི་རྗེས་གནང་གི་ཆོ་ག །ཆབ་ཤོག་རིགས། དགོན་སྡེ་སོ་སོར་བསླབ་བྱའི་བཅའ་ཡིག །ཉིད་ཀྱི་བླ་མའི་རྣལ་འབྱོར་སོགས་མཁས་པ་རྣམས་མགུ་ཞིང་སོར་བཅུའི་ཐལ་མོ་སྤྱི་བོར་སྦྱར་འོས་པའི་གསུང་རྩོམ་ཡང་མང་དུ་བརྩམས། སྡེ་དགེ་དང་མཆོད་ཡོན་ཐུགས་ནང་གཤིན་པས་སླར་ཡང་མཆོད་ཡོན་གཉིས་ཀ་དབུས་གཙང་

དག་པའི་ཞིང་དུ་ཕེབས་ནས། རྗེ་འདིས་དཔལ་ཨེ་ཝཾ་གཙུག་ལག་དྲི་གཙང་ཁང་དུ་མཆོད་ཆ་ཡོ་བྱད་རིགས་རྟེན་བཞག་རྒྱ་ཆེར་མཛད། ངོར་དགོན། ས་སྐྱ་གོང་། བཀྲ་ཤིས་ལྷུན་པོ་སོགས་དབུས་གཙང་གི་དགོན་སྡེ་བཞུགས་སོ་འཚལ་ལ་དངོས་པོ་བཟང་ནོམ་ལྡན་པའི་མཆོད་སྤྲིན་སྤྲོས། གོང་མ་འཇིགས་མེད་དབང་རྒྱལ། འཛམ་གླིང་ཆེ་རྒུ་དབང་སྡུད། རྒྱལ་དབང་རིན་པོ་ཆེ་སོགས་འཛམ་གླིང་སྐྱབས་ཀྱི་གཙོ་བོ་དེ་དག་ལའང་མཆོད་པའི་སྤྲིན་ཕུང་སྤྲོས། ལྷ་ལྡན་ཇོ་ཤཱཀ་རྣམ་གཉིས་དྲུང་སྟོང་མཆོད་རྒྱས་པར་ཕུལ་ཞིང་བསྟན་པ་དར་རྒྱས་དང་སེམས་ཅན་བདེ་སྐྱིད་འབྱུང་བའི་ཐུགས་སྨོན་རྣམ་པར་དག་པ་མཛད་པས་བསོད་ནམས་ཀྱི་ཚོགས་ཆེན་སྤེལ་བར་མཛད། སླར་ཡང་མཆོད་ཡོན་ལྷན་ཅིག་སྡེ་དགེ་ལྷུན་གྲུབ་སྟེང་དུ་ཕེབས་ཏེ་བཞུགས་ཁྲིར་འཛེགས། གྲོལ་བ་བཞི་ལྡན་དུ་གྲགས་པའི་རྟེན་མཆོག་དྲི་མ་མེད་པ་རྣམ་གཉིས་ཀྱི་མཆོད་རྟེན་ཁྲུད་འཕགས་འགྲོ་ཀུན་བསོད་ནམས་གསོག་པའི་མཆོད་སྡོང་དུ་བཞེངས། མཉམ་རྗེས་ཀུན་ཏུ་ལྟ་བ་ཟབ་མོ་ལས་ནམ་ཡང་གཡོ་བ་མེད་བཞིན་པས་ཆག་མེད་རྣམ་བཞི་སོགས་ཟབ་གསལ་ཏིང་ངེ་འཛིན་ལས་ཉིན་མཚན་ཁོར་ཡུག་ཏུ་བསྐྱོན་པ་ལྷུར་བཞེས་པས་གྲུབ་པའི་ཉམས་རྟོགས་རྒྱས། དེ་ལྟར་བཤད་སྒྲུབ་འཁོར་ལོ་གཉིས་ལྡན་གྱི་སྒོ་ནས་རྒྱལ་བའི་བསྟན་པ་རིན་པོ་ཆེ་ཕྱོགས་ཐམས་ཅད་དུ་སྤེལ་བ་ལ་བརྟེན་ནས་གསུང་ལས་སྐྱེས་པའི་བསྟན་འཛིན་གྱི་སློབ་མ་ཡང་། མཁན་ཆེན་ངག་དབང་བློ་གྲོས་སྙིང་པོ། ངག་དབང་ཀུན་དགའ་བསྟན་པའི་རྒྱལ་མཚན། མི་ཕམ་འཇམ་དབྱངས་རྣམ་རྒྱལ། མཁས་གྲུབ་ལེགས་བཤད་བཟང་པོ། ལུང་རིགས་ཉི་མ། འཇམ་དབྱངས་མཁྱེན་རབ། ཉི་མ་ཆོས་འཕེལ། མཁས་གྲུབ་རྒྱ་མཚོ། བླ་མ་ཆོས་རྗེ། སྡེ་དགེ་ཆོས་རྒྱལ་སྐུ་མཆེད་ཡབ་སྲས་སོགས་བསྟན་པ་འཛིན་པའི་སྐྱེས་ཆེན་དུ་མ་བསྐྲུན་ཏེ། རྒྱལ་བའི་བསྟན་པ་རིན་པོ་ཆེ་སྒོ་ཀུན་ནས་དར་ཞིང་རྒྱས་པར་མཛད་དེ། མཐར་དགུང་གྲངས་རེ་གཅིག་པ་བོད་རབ་བྱུང་བཅུ་ལྔ་པ་ལྕགས་ཕོ་བྱི་བའི་ལོ་སྤྱི་ལོ་༡༩༠༠ལོར་དགོངས་པ་ཞི་དབྱིངས་སུ་གཤེགས་པ་ཡིན་ནོ། །

༈ འཇམ་དབྱངས་རིན་ཆེན་རྡོ་རྗེ།

ཁོང་ནི་བོད་རབ་བྱུང་བཅུ་བཞི་པའི་མེ་མོ་བྱ་ཡི་ལོ་སྤྱི་ལོ་༡༨༦༧ལོར་འཇིག་རྟེན་མེས་པོས་ནོར་འཛིན་དཔལ་མོའི་རྒྱན་དུ་སྦྱིན་པ་ལྷ་བུའི་སྲིད་ཞིའི་དཔལ་འབྱོར་ཕུན་སུམ་ཚོགས་པས་ཀུན་ནས་བསྐོར་བ་གཙང་གི་གཞིས་ཀ་ཆེན་པོ་བསམ་གྲུབ་རྩེར་ཡབ་བླ་མ་པད་ནོར་དང་། ཡུམ་བྲང་ཏི་མཁས་པའི་རིགས

ལས་གྲོན་པ་སྦྱིན་པ་བཟང་མོ་གཉིས་ཀྱི་སྲས་སུ་བཀྲ་ཤིས་པའི་དགེ་མཚན་དུ་མ་དང་བཅས་ཏེ་མཚན་དཔེའི་དཀྱིལ་འཁོར་མངོན་པར་བཞད། སྐུ་ན་ཆུང་དུའི་དུས་ནས་དཔལ་ཨེ་ཝཾ་ཐར་པ་རྩེ་ར་ཕེབས་ཏེ་ཡི་གེ་འབྲི་ཀློག་སོགས་བསླབ་པས་ཆོགས་མེད་དུ་མཁྱེན་པ་བྱུང་། དེ་ནས་མཁན་ཆེན་བྱམས་པ་ཀུན་དགའ་བསྟན་འཛིན་ལས་དགེ་བསྙེན་གྱི་སྡོམ་པ་དང་། འཇམ་དཀར། དབྱངས་ཅན་མའི་རྗེས་གནང་སོགས་གསན་པས་མཁྱེན་རབ་པདྨའི་འདབ་ལྟར་བཞད། ཁྱབ་བདག་རྡོ་རྗེ་སེམས་དཔའ་དངར་སླིག་གར་གྱིས་རོལ་པ་མཁན་ཆེན་བྱམས་པ་ཀུན་དགའ་བསྟན་པའི་རྒྱལ་མཚན་དཔལ་བཟང་པོའི་དྲུང་ནས་ཚོགས་གསུམ་རིམ་ནོད་ཀྱི་དགེ་སློང་གི་སྡོམ་པ་དང་། བརྒྱུད་པ་ཁྱད་པར་གཉིས་ལྡན་གྱི་སེམས་བསྐྱེད། ཀྱཻ་རྡོར་མན་ངག་ལུགས་ཀྱི་དབང་བཞི་ཡོངས་རྫོགས་གསན་ཏེ་གསུམ་ལྡན་རྡོ་རྗེ་འཛིན་པ་ཆེན་པོར་གྱུར། སྡོམ་པ་གསུམ་གྱི་བསྲུང་བྱ་མཐའ་དག་མིག་འབྲས་བཞིན་དུ་གཅེས་པར་བསྐྱངས། སྔ་གཞུག་རྣམས་སུ་མཁན་ཆེན་དེ་ཉིད་དང་ཞ་ལུ་བློ་གསལ་བསྟན་སྐྱོང་སོགས་དམ་པ་མང་པོ་གུས་པས་བསྟེན་ནས་རྒྱུད་སྡེ་བཞི་དང་འབྲེལ་བའི་སྨིན་གྲོལ། རྗེས་གནང་། ཁྲིད་ཐབས་དུ་མ། རྡོ་རྗེ་ཕྲེང་བ། གསུང་ངག་རིན་པོ་ཆེ་ཚོགས་སློབ་གཉིས་སོགས་ཟབ་ཁྲིད་དུ་མ་དང་། རྒྱལ་བའི་བཀའ་བསྟན་འགྱུར། ས་སྐྱ་གོང་མ་རྣམ་ལྔ། ངོར་ཆེན་སོགས་དམ་པ་མང་པོའི་བཀའ་འབུམ། ཡི་དམ་ཆོས་སྐྱོང་ནོར་ལྷ་རྣམས་ཀྱི་བེའུ་བུམ་སོགས་མདོར་ན་ཐར་རྩེ་རྡོ་རྗེ་འཆང་ལ་མངའ་ཚད་ཀྱི་དམ་པའི་ཆོས་མཐའ་དག་བུམ་པ་གང་བྱོའི་ཚུལ་དུ་གསན་པས་ཐོས་པའི་རྒྱ་མཚོའི་ཕ་རོལ་ཏུ་སོན། ཡི་དམ་མང་པོའི་བསྙེན་སྒྲུབ་མཐར་ཕྱིན། སྤྱངས་རྟོགས་ཀྱི་ཡོན་ཏན་རབ་ཏུ་རྫོགས་ཏེ་ཟླ་བ་ཉ་གང་བ་ལྟར་གྱུར་པས་ན། རྒྱལ་བ་གཉིས་པ་རྡོ་རྗེ་འཆང་ཀུན་དགའ་བཟང་པོའི་ཆོས་ཀྱི་ཁྲི་ལ་ཞབས་ཀྱི་པདྨོ་རྣམ་པར་བཀོད་དེ། ཆེ་དགུ་མང་པོས་བསྙེན་བཀུར་གྱིས་གཟིངས་བསྐྱོད། བཀྲ་ཤིས་པའི་འཁོར་ལོ་རྟགས་བརྒྱད་ཀྱི་གྲངས་སུ་ཆོས་ཀྱི་ཁྲི་བསྐྱངས་སྐབས་སུ་དགུན་ཆོས་སྡོམ་པ་གསུམ་དང་ལམ་འབྲས་ཆ་ལག་དང་བཅས་པ། དབྱར་ཆོས་ངོར་དཀྱིལ་བདུན་དང་། རྡོར་ཕྲེང་སོགས་ཆོས་ཀྱི་ཆར་པ་ཕབ་པས་སྐལ་བཟང་གི་སློབ་ཚོགས་མཐའ་ཡས་པའི་བློ་གསུམ་ལྷ་སྤྲུགས་ཡེ་ཤེས་ཀྱི་རོལ་པར་བྱིན་གྱིས་བརླབས། ཐུན་མིན་སློབ་བུ་འགའ་ལ་སློབ་བཤད་སོགས་མདོ་རྒྱུད་རྒྱ་མཚོ་ལྟ་བུའི་འཆད་ཁྲིད་བསྐྱལ། གཞན་ཡང་མཁན་ཆེན་དམ་པའི་དགོངས་རྫོགས་སུ་བུ་སྟོན་བཀའ་འབུམ་གསར་བཞེངས་མཛད་པ་སོགས་རྣམ་དཀར་བསོད་ནམས་ཀྱི་ཚོགས་རླབས་ཆེན་བསྒྲུབས། ཉིད་ཀྱི་རྒྱལ་ཚབ་ཏུ་ཁང་སར་མཁན་ཆེན་ངག་དབང་བློ་གྲོས་སྙིང་པོ་ཁྲིར་བཀོད་དེ། དམ་པ་ཉིད་བོད་ཆེན་པོའི་སྐྱེ་རྒུ་རྣམས་ཀྱི་བསོད་ནམས་ཀྱི་མགྲོན་དུ་ཕེབས། སྟོད་སྨད་དུ་

ཞབས་བཀོད་པས་སྐྱེ་འགྲོ་ཐམས་ཅད་ལ་གང་ལ་གང་དགོས་ཀྱི་ཆོས་སྦྱིན་བླ་ན་མེད་པར་བསྐྱལ་བས་ཀུན་གྱི་རྒྱུད་སྨིན་གྲོལ་ལ་བཀོད་པར་མཛད། ཁྱད་པར་འཇམ་པའི་དབྱངས་མིའི་སྲིད་པ་བཟུང་བ་མཁྱེན་བརྩེའི་དབང་པོའི་ཞབས་དང་། ཞབས་དྲུང་ནམ་མཁའ་རྒྱ་མཚན། འཇམ་མགོན་ངག་དབང་ཡོན་ཏན་རྒྱ་མཚོ་རྣམས་ལས་སྐྱབས་ཐབས་ཀུན་བཏུས་སོགས་ཟབ་ཆོས་དུ་མ་གསན། ལྷུན་གྲུབ་སྟེང་དུ་སྡེ་དགེའི་ཆོས་རྒྱལ་ཡབ་སྲས་རྣམས་ལ་འདོན་ཆོས་དང་། བླ་མ་ཆོས་རྗེའི་རིགས། དགེ་འདུན་གྱི་སྡེ་རྣམས་ལ་ངོར་ལུགས་དཀྱིལ་འཁོར་བདུན་སོགས་ཀྱི་དབང་། བྱིན་རླབས། རྗེས་གནང་རིགས་དཔག་ཏུ་མེད་པ་གནང་། ལྷག་པར་རྒྱུད་སྡེ་གསུམ་པ་རྣལ་འབྱོར་རྩ་བཤད་ཆ་མཐུན་གྱི་རྒྱུད་ལས་བསྟན་པའི་དཔལ་རྩེ་དབྱིངས་གསུམ་སོགས་ཀྱི་དབང་སུམ་ཅུ་ཙམ་གྱི་རྒྱུན་འཆད་ལ་ཉེ་བ་ན་འཇམ་དབྱངས་བློ་གཏེར་དབང་པོ་ལ་ཡོངས་སུ་རྫོགས་པ་བསྐྱལ་ཏེ་རྒྱུད་སྡེ་རིན་པོ་ཆེ་ཀུན་ལས་བཏུས་པའི་དབྱིག་གི་སྙིང་པོར་བཞུགས་པས་བསྟན་པའི་སྲོག་མཐུད་བཀའ་དྲིན་རི་ལྟར་ལྕི་བར་གྱུར། སྐྱེ་རྒུ་དོན་གྲུབ་གླིང་དུ་ལམ་འབྲས་སློབ་བཤད་ཀྱི་དགའ་སྟོན་རྒྱ་ཆེར་སྤེལ། སླར་དབུས་གཙང་དུ་ཆིབས་བསྒྱུར་ཏེ་ཇོ་ཤཱཀ་གཙོས་རྟེན་གསུམ་རྣམས་དང་། གོང་ས་སྐྱབས་མགོན་མཆོག །ས་སྐྱ་གོང་ཡབ་སྲས། ས་ངོར་གཙོས་དགེ་འདུན་གྱི་སྡེ་རྣམས་ལ་མཆོད་འབུལ་རྒྱ་ཆེར་མཛད། དེ་ལྟར་བཤད་སྒྲུབ་འཁོར་ལོ་གཉིས་ལྡན་གྱི་སྒོ་ནས་རྒྱལ་བའི་བསྟན་པ་རིན་པོ་ཆེ་ཕྱོགས་ཐམས་ཅད་དུ་སྤེལ་བ་ལ་བརྟེན་ནས་གསུང་ལས་སྐྱེས་པའི་བསྟན་འཛིན་གྱི་སློབ་མ་ཡང་། ཐུགས་སྲས་གཙང་པཎ་ཆེན་རིན་པོ་ཆེ། ཞབས་དྲུང་རྣམ་བཞི། ཞ་ལུ་རི་ཟུར་སོགས་མཁས་གྲུབ་གཉིས་ལྡན་གྱི་སློབ་མ་གྲངས་ལས་འདས་པ་གསར་དུ་བསྐྲུན། རྗེ་མཁྱེན་བརྩེའི་ཞལ་ནས་མཁན་ཆེན་འདིའི་སྐུ་ཚེ་སྟོད་སྨད་ཕལ་ཆེར་ཐར་རྩེ་རྡོ་རྗེ་འཆང་གི་ཞབས་འབྲིང་ལ་བརྟེན་པས་བླ་མའི་ལམ་གྱིས་གྲོལ་བའི་སྐལ་ལྡན་གཅིག་ཅར་བ་ཡིན་ཞེས་གསུངས་པ་དང་། ཆགས་སྡང་ཕྱོགས་ལྷུང་གི་རྣམ་རྟོག་འགག་པ་ཀུན་གྱི་མཐོང་སྣང་དུ་གྲུབ་པ་འདི་འང་ངོ་མཚར་གྱི་གཞི་གཅིག་ཏུ་རྟོགས། མཉམ་རྗེས་ཀུན་ཏུ་འཁོར་འདས་དབྱེར་མེད་ཀྱི་ལྟ་བའི་རོལ་པ་ལས་ནམ་ཡང་མི་འདའ་བའི་སྒོ་ནས་གདུལ་བྱ་དུ་མ་སྨིན་གྲོལ་གྱི་ལམ་ལ་བཀོད་དེ། མཐར་དགུང་གྲངས་དྲུག་ཅུ་རྩ་ལྔ་པ་བོད་རབ་བྱུང་བཅོ་ལྔ་པའི་ལྕགས་མོ་གླང་གི་ལོ་སྟེ་སྤྱི་ལོ་༡༨༠༡ལོར་འདའ་ཁ་མའི་རྣལ་འབྱོར་ལ་བརྟེན་ནས་ངོ་མཚར་བའི་ལྟས་དུ་མ་དང་བཅས་ཏེ་གཟུགས་སྐུའི་བཀོད་པ་ཆོས་དབྱིངས་སུ་བསྡུས་པ་ཡིན་ནོ། །

༄ ངག་དབང་བློ་གྲོས་སྙིང་པོ།

ཁོང་ནི་བོད་རབ་བྱུང་བཅུ་བཞི་པའི་དཀྱིལ་དང་དུས་རབས་བཅུ་དགུ་པའི་སྟོད་ཙམ་དུ་ལོ་ཙཱ་བ་ལྷེ་ཁྲི་འབྲུག་སོགས་དམ་པ་མང་པོ་བྱོན་པའི་རིགས་རྒྱུད་ཕུན་སུམ་ཚོགས་པས་མངོན་པར་མཐོ་བའི་ཁྱིམ་རྒྱུད་དུ་ངོ་མཚར་བའི་དགེ་མཚན་དུ་མ་དང་བཅས་ཏེ་སྐུ་འཁྲུངས་ཤིང་། ངག་དབང་བློ་གྲོས་བསྟན་འཛིན་གྱི་སྤྲུལ་པའི་སྐྱར་རོལ་པས་ངོར་ཕུན་ཚོགས་ཁང་སར་དུ་གདན་དྲངས། མཁན་ཆེན་བྱམས་པ་ཀུན་དགའ་བསྟན་འཛིན་གྱི་དྲུང་དུ་གཙུག་ཕུད་ཕུལ། ཡི་གེ་འབྲི་ཀློག །ཆོས་སྤྱོད་ཆོ་གའི་རིགས་སོགས་བྱང་ཆུབ་པར་བསླབས། རྒྱུད་ཆུང་བཞི་སོགས་ཐུགས་འཛིན་མཛད། བྱམས་པ་ཀུན་དགའ་བསྟན་པའི་རྒྱལ་མཚན་ལས་སྡོམ་པ་གསུམ་གྱི་བཀའ་དྲིན་ནོད། སྔ་གཞུག་རྣམས་སུ་དམ་པ་དེ་ཉིད་དང་། མཁན་ཆེན་ངག་དབང་བསོད་ནམས་རྒྱལ་མཚན། འཇམ་དབྱངས་ཤེས་རབ་རྒྱལ་མཚན། དཔལ་ལྡན་བློ་གྲོས་རྒྱལ་མཚན། གོང་མ་ངག་དབང་འཇིགས་མེད་དབང་རྒྱལ། ཞ་ལུ་རི་སྦུར་སོགས་མཁས་ཤིང་གྲུབ་པ་བརྙེས་པའི་དགེ་བའི་བཤེས་གཉེན་དུ་མའི་ཞབས་རྡུལ་སྤྱི་བོར་བླངས་ཏེ། གསུང་ངག་ཚོགས་བཤད་དང་སློབ་བཤད། ངོར་དཀྱིལ་བདུན། རྡོ་རྗེ་ཕྲེང་བ། སྒྲུབ་ཐབས་ཀུན་བཏུས། རྡོ་རྗེ་ཕུར་པ། ས་སྐྱའི་བཀའ་འབུམ་སོགས་དབང་ལུང་ཁྲིད་རྗེས་གནང་བྱིན་རླབས་སྐོར་དུ་མ་གསན་ཏེ། དཔལ་ཀྱི་རྡོ་རྗེ་དང་། ཕུར་པ་སོགས་ཡི་དམ་མང་པོའི་བསྙེན་སྒྲུབ་མཐར་ཕྱིན། ཞབས་དྲུང་གི་སྐབས་སུ་ཁམས་སུ་ཕེབས་ཏེ་འགྲོ་དོན་རྒྱ་ཆེར་མཛད། སླར་དབུས་གཙང་དུ་བཏེགས་ནས་བལ་ཡུལ་སོགས་སྟོད་མངའ་རིས་སྐོར་གསུམ་དུ་བྱོན་ཏེ། གདུལ་བྱ་ཕྲིན་ལས་རྒྱས། དེ་ནས་ངོར་ཆེན་རྡོ་རྗེ་འཆང་གི་ཆོས་ཀྱི་ཁྲི་ལ་ཞབས་ཀྱི་པདྨོ་ཉེ་བར་བཀོད་དེ་ལོ་བཅུ་ཙམ་གདན་སར་བཞུགས་ནས་གསུང་ངག་རིན་པོ་ཆེ་ལམ་འབྲས་བུ་དང་བཅས་པ་སོགས་ཆོས་བཀའ་བསམ་གྱིས་མི་ཁྱབ་པས་སྐལ་ལྡན་གྱི་སློབ་བུ་དུ་མ་ཡང་དག་པའི་ལམ་བཀོད། སོག་ཡུལ་དུ་བྱོན་ཏེ་རྡོ་རྗེ་ཕུར་པའི་སྒོ་ནས་འགྲོ་དོན་རྒྱ་ཆེར་མཛད། སྐུ་འཆམ་བཞེས་པ་ན་བླ་མ་རྡོ་རྗེ་ཕུར་པའི་ཉམས་གར་འགྱུར་བ་བསྟན་པ་གདུལ་བྱའི་འདྲེན་བྱེད་ཀྱི་ཡུལ་དུ་གྱུར་པས་སྐྱེ་རྒྱུའི་ཡིད་དབང་དང་སྤྲོས་གཡེང་། དངོས་པོའི་མི་རྟག་ཆར་དུ་བསྒྲིལ་བས་འབྲེལ་ཚད་དོན་ལྡན་གྱི་ཕྲིན་ལས་བསྒྲུངས། སླར་ཡང་མདོ་ཁམས་སྟོད་སྨད་དུ་ཕེབས་ཏེ། གདུལ་བྱ་གང་ལ་གང་འདོད་ཀྱི་ཆོས་གསུངས་ཏེ་རྣམ་དཀར་གྱི་ཕྲིན་ལས་འགྲོ་དོན་རྒྱ་ཆེར་མཛད། ལས་བཞིའི་ཕྲིན་ལས་ལ་དབང་འབྱོར་བས་རྒྱལ་ཆེན་ཤུགས་ལྡན་བྲན་དུ་འཁོལ་བས་གདུག་པ་ཅན་སུས་ཀྱང་བཀའ་ལས་འདའ་མི་ནུས་པར་གྱུར། སླར་དབུས་གཙང་དག

པའི་ཞིང་དུ་བྱོན་ཏེ་རྟེན་གསུམ་རྣམས་ལ་མཆོད་པའི་སྦྱིན་ཕྱུང་རྒྱ་ཆེར་སྤྲོས། ཐུབ་བསྟན་ཡངས་པ་ཅན་གྱི་མཁན་པོས་ཞུས་ངོར་ངག་དབང་མཁྱེན་རབ་འཇམ་དཔལ་སྙིང་པོ་སོགས་འཁོར་འདུས་པ་རྒྱ་མཚོ་ལྟ་བུ་ལ་ལམ་འབྲས་སློབ་བཤད་མཁྱེན་བརྩེའི་ཁྲིད་ཡིག་གི་སྟེང་ནས་བསྐྱལ་ཏེ། གསུང་གི་བདུད་རྩི་བཞེས་པའི་ཞལ་སློབ་ཀྱི་རིམ་པ་ཡང་། མཁན་ཆེན་ངག་དབང་མཁྱེན་རབ་འཇམ་དཔལ་སྙིང་པོ། ཡངས་པ་ཅན་གྱི་མཁན་པོ། སྐྱེ་རྒུ་དོན་གྲུབ་གླིང་གི་དཔོན་སློབ། སོག་པོ་ཐོག་རྒོད་རྒྱལ་པོ། སྡེ་དགེའི་ཆོས་རྒྱལ། ལྷུན་གྲུབ་སྟེང་ཤར་ནུབ་ཆོས་རྗེ། མཁས་དབང་བླ་མ་འཇམ་དབྱངས་མཁྱེན་རབ། དབྱར་གནས་མཁན་པོ་སོགས་མཁས་ཤིང་གྲུབ་པ་བརྙེས་པའི་ཞལ་སློབ་གྲངས་ལས་འདས་པ་བྱོན་པ་མ་ཟད། གསུང་རྩོམ་གྱི་རིགས་ཀྱང་སྣན་ཆོག་དང་། རྡོ་རྗེ་ཕུར་པས་ཁོག་ཕུབ་པའི་སབསྐང་དང་ངོར་བསྐང་བསྲེས་པ་འཇུག་བདེ་སོགས་བསྟན་བཅོས་དུ་མ་རྗེས་འཇུག་གདུལ་བྱའི་གསོས་སུ་བཞག་ཅིང་། ཐུགས་དམ་ཟབ་མོ་ཉམས་ལེན་ལ་རྩེ་གཅིག་ཏུ་བཞུགས་པས་ཉམས་རྟོགས་ཀྱི་ཡོན་ཏན་ཉི་ཟླ་ལྟར་གསལ་ཞིང་གོང་འཕེལ་དུ་གྱུར་པའི་ངང་སྐུ་ཚེ་དང་སྒྲུབ་པ་མཐར་ཕྱིན་པ་ཡིན་ནོ། །

༈ ངག་དབང་མཁྱེན་རབ་འཇམ་དཔལ་སྙིང་པོ།

ཁོང་ནི་བོད་རབ་བྱུང་བཅོ་ལྔ་པའི་ས་ཕོ་འབྲུག་གི་ལོ་སྟེ་སྤྱི་ལོ་༡༨༦༨ལོར་མཁས་མཆོག་ངག་དབང་བློ་གྲོས་སྙིང་པོའི་དབོན་རིགས་སུ་ངོ་མཚར་བའི་དགེ་མཚན་དུ་མ་དང་བཅས་ཏེ་གཟུགས་སྐུ་ཤེལ་གྱི་དབང་པོ་མངོན་པར་བཞད། སྐུ་ན་ཆུང་ངུའི་དུས་ནས་དམ་པའི་བག་ཆགས་སད་ཅིང་ཡི་གེ་འབྲི་ཀློག་སོགས་ཚེགས་མེད་དུ་མཁྱེན། མཁན་ཆེན་ངག་དབང་བློ་གྲོས་སྙིང་པོའི་དྲུང་ནས་སྡོམ་པ་གསུམ་དང་། གསུང་ངག་རིན་པོ་ཆེ་ཚོགས་སློབ་བཤད་སོགས་ཟབ་པ་གང་བློའི་ཚུལ་དུ་གསན་བསམ་མཐར་ཕྱིན། གཞན་ཡང་ཁྲི་ཆེན་འཇིགས་མེད་དབང་རྒྱལ་སོགས་དམ་པ་དུ་མའི་ཞབས་རྡུལ་སྤྱི་བོར་བླངས་ཏེ། ལུང་མན་ངག་དབང་ཁྲིད་བྱིན་རླབས་སོགས་ཟབ་པ་གང་བློའི་ཚུལ་དུ་གསན་ཏེ་ཐོས་པའི་རྒྱ་མཚོའི་ཕ་རོལ་ཏུ་སོན། དཔལ་དགྱེས་པ་རྡོ་རྗེ་སོགས་བསྙེན་སྒྲུབ་དུ་མ་ཚད་དུ་འཁྱོལ། ཡི་དམ་ལྷག་པའི་ལྷ་རབ་འབྱམས་ཀྱི་ཞལ་གཟིགས་ཤིང་ལུང་བསྟན་ཐོབ། མཁས་གྲུབ་གཉིས་ལྡན་གྱི་གོ་འཕང་མངའ་དབང་འབྱོར། དཔལ་ཨེ་ཝཾ་ཆོས་ལྡན་ཡོན་ཏན་རིན་པོ་ཆེ་དུ་མའི་འབྱུང་གནས་ཀྱི་ཆོས་ཀྱི་རྒྱལ་སྲིད་ལ་དབང་བསྐུར་ཏེ་སྡོམ་པ་གསུམ་དང་གསུང་ངག་རིན་པོ་ཆེ་ལམ་འབྲས་བུ་དང་བཅས

པའི་དབང་ལུང་ཁྲིད་མན་ངག་སོགས་སྨར་སྒྲོལ་ཉམས་མེད་བསྐྱངས། ཁམས་སུ་བྱོན་ནས་སྡེ་དགེ་ཆོས་རྒྱལ་སོགས་ཆེ་དགུ་མང་པོའི་མཆོད་གནས་མཛད། ཁྲོམ་རྗེ་དགོན་དུ་ཕུར་པའི་སྒྲུབ་མཆོད་བཙུགས་ཏེ་རྡོ་རྗེ་ཕུར་པ་ཁོ་ནས་འགྲོ་དོན་རྒྱ་ཆེར་མཛད། མཉམ་རྗེས་ཀུན་ཏུ་འཁོར་འདས་དབྱེར་མེད་ཀྱི་ལྟ་བའི་རོལ་པ་ལས་ནམ་ཡང་མི་འདའ་བར་མཛད་དེ། འཆད་རྩོད་རྩོམ་གསུམ་གྱི་སྒོ་ནས་རྒྱལ་བའི་བསྟན་པ་རིན་པོ་ཆེ་འདི་ཉིད་སྒོ་ཀུན་ནས་དར་ཞིང་རྒྱས་པར་མཛད་པའི་ངང་ནས། མཐར་དགུང་གྲངས་བརྒྱད་ཅུ་རྩ་གཉིས་པ་བོད་རབ་བྱུང་བཅུ་དྲུག་པའི་ས་མོ་གླང་གི་ལོ་སྤྱི་ལོ་༡༩༤༩ལོར་གཟུགས་སྐུའི་བཀོད་པ་ཆོས་དབྱིངས་སུ་བསྡུ་བའི་ཚུལ་བསྟན་པ་ཡིན་ནོ། །

༄ ངག་དབང་ཀུན་དགའ་བསྟན་པའི་རྒྱལ་མཚན།

ཁོང་ནི་བོད་རབ་བྱུང་བཅུ་བཞི་པའི་ཆུ་མོ་ཕག་གི་ལོ་སྤྱི་ལོ་༡༨༦༣ལོར་ཐུབ་བསྟན་ཡངས་པ་ཅན་གྱི་ཉེ་འདབས་སུ་མཁན་ཆེན་དཔལ་ལྡན་ཆོས་སྐྱོང་གི་དབོན་རིགས་སུ་ངོ་མཚར་བའི་ལྟས་དུ་མ་དང་བཅས་ཏེ་སྐུ་འཁྲུངས། སྐུ་ན་ཆུང་དུའི་དུས་ནས་དམ་པའི་བག་ཆགས་སད་ཅིང་ཡི་གེ་འབྲི་ཀློག་སོགས་ཚེགས་མེད་དུ་མཁྱེན་པ་བྱུང་། དགུང་ལོ་བཅུ་གཉིས་པར་ཕན་བདེ་ལྷ་བྲང་དུ་ཕེབས་ཏེ་ཞབས་དྲུང་གི་གོ་སར་བཀོད། འདོན་ཆོག་སྐོར་དང་། རྒྱུད་ཆུང་བཞི་རྣམས་ཐུགས་འཛིན་རྩེར་སོན། མཁན་ཆེན་འཇམ་དབྱངས་རིན་ཆེན་རྡོ་རྗེ་ནས་སྡོམ་པ་གསུམ་དང་གསུང་ངག་རིན་པོ་ཆེ་སོགས་ཀྱི་ཆོས་ཀྱི་བདུད་རྩི་བཞེས། ཚུལ་ཁྲིམས་ཀྱི་ཕུང་པོ་ཡོངས་སུ་རྫོགས། དམ་ཚིག་རྣམ་པར་དག །བསྙེན་སྒྲུབ་རིགས་ཚད་དུ་འཁྱོལ་ཏེ་ལྷག་པའི་ལྷ་རབ་འབྱམས་ཀྱི་ཞལ་གཟིགས་ཤིང་ལུང་བསྟན་དུ་མ་ཐོབ། དགུང་གྲངས་བཅོ་ལྔ་པ་མེ་མོ་གླང་གི་ལོར་ཁམས་སུ་ཕེབས། ཁམས་སྒོ་ཁག་ཏུ་མཁན་རིན་པོ་ཆེ་ཀུན་དགའ་བསྟན་པའི་བློ་གྲོས་དྲུང་ནས་སྔ་ཕྱིར་ཆོས་བཀའ་མང་དུ་གསན། ལྷུན་གྲུབ་སྟེང་དཔལ་གྱི་རྒྱལ་ཁབ་ཏུ་བྱོན་ཏེ། སྡེ་དགེ་ཆོས་རྒྱལ་ཡབ་སྲས་ཀྱི་དབུ་ཡི་མཆོད་གནས་མཛད། འཇམ་དབྱངས་མཁྱེན་བརྩེའི་དབང་པོའི་དྲུང་ནས་སྒྲུབ་ཐབས་ཀུན་ལས་བཏུས་པ་དང་། ལམ་འབྲས་སློབ་བཤད་ཀྱི་ཆ་ལག་སོགས་བཀའ་ཆོས་དུ་མ་དང་། གཞན་ཡང་མཁན་རིན་པོ་ཆེ་བློ་གྲོས་རྒྱལ་མཚན། འཇམ་དབྱངས་བློ་གཏེར་དབང་པོ། མངའ་རིས་ཆོས་རྗེ་ཀུན་དགའ་འཇམ་དབྱངས། སྒྲུབ་བརྩོན་བསོད་ནམས་རབ་རྒྱས། ཀོང་སྤྲུལ་ཡོན་ཏན་རྒྱ་མཚོ། མི་ཕམ་འཇམ་དབྱངས་རྣམ་རྒྱལ། གདོང་ཀ་ངག་དབང་དམ་ཆོས་རྒྱལ་མཚན། སྐྱོ་མདའ་ངག་དབང་ཆོས་འཛིན། སྟག་གྲགས་ལུང་རིགས་ཉི་

མ། མཁས་དབང་བླ་མ་འཇམ་དབྱངས་མཁྱེན་རབ་སོགས་མཁས་ཤིང་གྲུབ་པ་བརྙེས་པའི་དགེ་བའི་བཤེས་གཉེན་དུ་མའི་ཞབས་རྡུལ་སྤྱི་བོར་བླངས་ཏེ། གསང་བདེ་འཇིགས་གསུམ། གཤེད་དམར་ལྷ་ལྔའི་དབང་ཁྲིད། མགོན་པོ་ཆེ་ཆུང་། རྣལ་འབྱོར་མ་རྣམས་ཀྱི་སྒྲུབས་བཏུས། རྣམ་ཐོས་དབང་། ས་སྐྱ་བཀའ་འབུམ། དབུ་མ་ལ་འཇུག་པའི་བཤད་ཁྲིད་སོགས་བཀའ་ཆོས་དུ་མའི་དབང་། བྱིན་རླབས། རྗེས་གནང་། ལུང་སོགས་ས་ངོར་ཚར་གསུམ་ལ་རྒྱུན་ཇི་བཞུགས། བཀའ་གདམས་ཆོས་སྐོར། ཞི་བྱེད་ཆོས་སྐོར་སོགས་གསུང་ཆོས་དུ་མ་གསན་ཅིང་ཐུགས་ཉམས་སུ་བཞེས་ཏེ། མཁས་གྲུབ་གཉིས་ལྡན་གྱི་གོ་འཕང་ལ་མངའ་དབང་འབྱོར། སྣ་ཁོག །མགོ་ལོག །ཧོར་ཁྲོམ། སྡེ་དགེའི་མངའ་ཞབས་སོགས་གདུལ་བྱར་ཕེབས་ཏེ་སྐྱེ་རྒུ་མང་པོའི་རྒྱུད་ལ་རྣམ་དཀར་གྱི་ས་བོན་བཏབ། ལྷུན་གྲུབ་སྟེང་དྲུག་འདུས་ཆེན་མོའི་དབུ་བཞུགས་ལོ་དུ་མར་མཛད་ཅིང་། དཔལ་དགྱེས་རྡོར་རྒྱུ་ལམ་གྱི་དབང་སོགས་ངོར་དཀྱིལ་བདུན། གཤིན་རྗེའི་གཤེད་དམར་ནག་འཇིགས་གསུམ། མགོན་པོ་ཆེ་ཆུང་སོགས་བཀའ་ཆོས་དུ་མ་ཞུ་བ་པོ་སོ་སོའི་ངོར་གསུངས་ཏེ། གདུལ་བྱ་དུ་མ་སྨིན་གྲོལ་གྱི་ལམ་ལ་བཀོད། དགུང་ལོ་སོ་གསུམ་པ་བོད་རབ་བྱུང་བཅོ་ལྔ་པའི་ཤིང་མོ་ལུག་གི་ལོ་སྟེ་སྤྱི་ལོ་༡༩༥༥ལོར་དབུས་གཙང་དག་པའི་ཞིང་དུ་ཕེབས། དེའི་དགུན་ཆོས་སྐབས་ངོར་ཆེན་རྡོ་རྗེ་འཆང་ཀུན་དགའ་བཟང་པོའི་ཆོས་ཀྱི་ཁྲི་ལ་ཞབས་པད་ཉེ་བར་བཀོད་དེ་ས་ཁྱིའི་བར་ལོ་བཞིའི་རིང་མཁན་པོ་མཛད་དེ། བཀའ་ཆོས་སྤར་སྤྲོལ་ཇི་ཡོད་ཐོག་ས་སྐྱའི་ཆོས་སྡེ་རྣམས་སུ་ཉེར་མཁོ་ཆེ་བའི་རིགས་མང་པོའི་ལུང་སོགས་ཆོས་བཀའ་དུ་མ་གནང་བ་སོགས་བསྟན་པ་རིན་པོ་ཆེ་ལ་སྨན་པའི་མཛད་པ་བླ་ན་མེད་པ་ལྷུར་བཞེས། གསུང་གི་བདུད་རྩི་བཞེས་པའི་ཞལ་སློབ་ཀྱི་རིམ་པ་ཡང་། ཐར་རྩེ་ཞབས་དྲུང་རྣམ་གསུམ། ཀླུ་ལྡིང་རྒྱལ་སྲས། བྲའུ་དཔོན་ཚང་བླ་མ། བྱེའུ་ཆོས་གླིང་བླ་མ། ཧོར་ཉ་བྲག་སྤྲུལ་སྐུ། ལྷུན་གྲུབ་སྟེང་དབྱར་གནས་མཁན་པོ་རྣམ་གཉིས། ཤར་ནུབ་ཆོས་རྗེ་གསར་རྙིང་། སྡེ་དགེའི་ཆོས་རྒྱལ་ཡབ་སྲས་སོགས་སློབ་ཚོགས་གྲངས་ལས་འདས་པ་བསྐྲུན་ཏེ། འཆད་རྩོད་རྩོམ་གསུམ་གྱི་སྒོ་ནས་རྒྱལ་བའི་བསྟན་པ་རིན་པོ་ཆེ་དར་ཞིང་རྒྱས་པར་གནང་སྟེ་རྒྱལ་བསྟན་ཉིན་མོ་ལྟར་གསལ་བར་མཛད་དེ། མཐར་དགུང་གྲངས་སོ་བདུན་པ་བོད་རབ་བྱུང་བཅོ་ལྔ་པའི་ས་མོ་ཕག་གི་ལོ་སྟེ་སྤྱི་ལོ་༡༩༥༩ལོར་གཟུགས་སྐུའི་བཀོད་པ་ཆོས་དབྱིངས་སུ་བསྡུས་པ་ཡིན་ནོ། །

༄ བྱམས་པ་དཔལ་ལྡན་ཆོས་མཛད།

ཁོང་ནི་བོད་རབ་བྱུང་བཅོ་ལྔ་པའི་མགོ་དང་དུས་རབས་བཅུ་དགུ་པའི་དུས་སྨད་ཙམ་དུ་སྡིངས་གྲོང་ཟུར་ཁང་ཞེས་པ་ཡུལ་གྱི་དགེ་བཅུ་ཕུན་སུམ་ཚོགས་པའི་གནས་སུ་མཁན་ཆེན་དཔལ་ལྡན་ཆོས་སྐྱོང་གི་དབོན་བརྒྱུད་འཁྲུལ་མེད་དུ་ངོ་མཚར་བའི་དགེ་མཚན་དུ་མ་དང་བཅས་ཏེ་སྐུ་འཁྲུངས། སྐུ་ན་ཆུང་ངུའི་དུས་ནས་དམ་པའི་བག་ཆགས་རང་ཆས་སུ་སད་ཅིང་ཡན་ཁང་བླ་བྲང་དུ་བཞུགས་ཏེ་ཡི་གེ་འབྲི་ཀློག་སོགས་བསླབ་པས་ཚེགས་མེད་དུ་མཁྱེན། མཁན་ཆེན་འཇམ་དབྱངས་རྡོ་རྗེ་ལས་རབ་བྱུང་བསྙེན་རྫོགས་དང་། རྒྱལ་སྲས་བྱང་ཆུབ་སེམས་དཔའི་སེམས་བསྐྱེད། དཔལ་ཀྱེ་རྡོ་རྗེའི་རྒྱུ་ལམ་གྱི་དབང་། གསུང་ངག་རིན་པོ་ཆེ་ལམ་འབྲས་བུ་དང་བཅས་པའི་དབང་ལུང་ཁྲིད་མན་ངག་རྒྱབ་ཆོས་དང་བཅས་པ་སོགས་རྒྱུད་སྡེ་རབ་འབྱམས་ལ་ཐོས་བསམ་མཛད་ཅིང་། གཞན་ཡང་དཔལ་ལྡན་བློ་གྲོས་རྒྱལ་མཚན། མཆོག་སྤྲུལ་ཤེས་རབ་རྒྱ་མཚོ། ངག་དབང་བློ་གྲོས་སྙིང་པོ་སོགས་མཁས་ཤིང་གྲུབ་པ་བརྙེས་པའི་དགེ་བའི་བཤེས་གཉེན་དུ་མའི་ཞབས་རྡུལ་སྤྱི་བོར་བླངས་ནས། མདོ་སྔགས་རིག་གནས་དང་བཅས་པ་ལ་ཐོས་བསམ་མཛད་དེ། དཔལ་དགྱེས་པ་རྡོ་རྗེ་སོགས་ཡི་དམ་དུ་མའི་བསྙེན་སྒྲུབ་ཚད་དུ་འཁྱོལ། ལྷག་པའི་ལྷ་དུ་མའི་ཞལ་གཟིགས་ཤིང་ལུང་བསྟན་ཐོབ་སྟེ། མཁས་གྲུབ་གཉིས་ལྡན་གྱི་གོ་འཕང་ལ་མངའ་དབང་འགྱུར། བོད་རབ་བྱུང་བཅོ་ལྔ་པའི་ས་ཕོ་ཁྱི་ཡི་ལོ་སྤྱི་ལོ་༡༨༣༨ལོར་ངོར་ཆེན་རྡོ་རྗེ་འཆང་ཀུན་དགའ་བཟང་པོའི་ཆོས་ཀྱི་ཁྲི་ལ་ཞབས་ཀྱི་པདྨོ་རྣམ་པར་བཀོད་དེ། གསུང་ངག་རིན་པོ་ཆེ་ལམ་འབྲས་བུ་དང་བཅས་པས་མཚོན། སྡོམ་པ་གསུམ་དང་། ངོར་ལུགས་དཀྱིལ་འཁོར་བདུན། སྒྲུབ་ཐབས་བརྒྱ་རྩ་དང་རྒྱ་མཚོ། བླ་མ་གོང་མའི་བོད་ལུགས་སོགས་དམ་ཆོས་ཀྱི་ཆར་སིལ་མར་ཕབ་པས་སྐལ་བཟང་གི་ཤིས་བརྒྱུད་འཛིན་མའི་དཀྱིལ་འཁོར་ལ་མངོན་མཐོ་དང་ངེས་ལེགས་ཀྱི་འབྲས་བཟང་སྨིན་པར་མཛད་དེ། ཐུགས་དམ་ཟབ་མོ་ལ་རྩེ་གཅིག་ཏུ་བཞུགས་པས་ཉམས་རྟོགས་ཀྱི་ཡོན་ཏན་ནི་ཟླ་ལྟར་གསལ་ཞིང་གོང་འཕེལ་དུ་བཞུགས་པའི་ངང་སྐུ་ཚེ་དང་སྒྲུབ་པ་མཐར་ཕྱིན་པ་ཡིན་ནོ། །

༄ འཇམ་དབྱངས་ཀུན་དགའ་བསྟན་པའི་རྒྱལ་མཚན།

ཁོང་ནི་བོད་རབ་བྱུང་བཅོ་ལྔ་པའི་ཤིང་མོ་བྱ་ཡི་ལོ་སྤྱི་ལོ་༡༨༢༥ལོར་ཡབ་བྲང་ཏི་མཁས་པའི་གདུང་བརྒྱུད་ཤེས་རབ་སེང་གེ་དང་། ཡུམ་གསང

བདག་སྒྲོ་ཕུག་པའི་རིགས་ལས་མཆེད་པའི་ཡེ་ཤེས་ཀྱི་མཁའ་འགྲོ་མ་གཉིས་ཀྱི་སྲས་སུ་ཐར་རྩེ་རྡོ་རྗེ་འཆང་ཀུན་དགའ་རྒྱལ་མཚན་སླར་ཡང་ཡེ་ཤེས་སྒྱུ་འཕྲུལ་དྲ་བའི་རོལ་གར་དུ་ངོ་མཚར་བའི་ལྟས་དུ་མ་དང་བཅས་ཏེ་གཟུགས་སྐུ་ཆུ་ཤེལ་གྱི་དབང་པོ་མངོན་པར་བཞད། སྐུ་ན་ཆུང་ངུའི་དུས་ནས་དམ་པའི་བག་ཆགས་རང་ཆས་སུ་སད་ཅིང་ཡི་གེ་འབྲི་ཀློག་སོགས་ཚེགས་མེད་དུ་མཁྱེན། ངོར་ཐར་རྩེ་བླ་བྲང་དུ་བྱོན་ཏེ་ཁུ་བོ་མཁན་ཆེན་འཇམ་དབྱངས་རིན་ཆེན་རྡོ་རྗེའི་དྲུང་དུ་གཙུག་ཕུད་ཕུལ། དཔལ་ཨེ་ཝཾ་ཆོས་ལྡན་པའི་ཚོགས་འདོན་ཆོ་གའི་རིགས་དང་། རྒྱུད་ཆུང་བཞི་སོགས་ཐུགས་འཛིན་གྱི་རྩེར་སོན། མཁན་ཆེན་དེ་ཉིད་ཀྱིས་མཁན་པོ་དང་། ལས་སློབ་སོགས་དད་པའི་དགེ་འདུན་གྲངས་ཚང་གི་དབུས་སུ་ཚོགས་གསུམ་རིམ་ནོད་ཀྱིས་བསྙེན་པར་རྫོགས། བརྒྱུད་པ་ཁྱད་པར་གཉིས་ལྡན་གྱི་སེམས་བསྐྱེད་ཞུས། དེ་ལས་སྔ་གཞུག་རྣམས་སུ་དཔལ་ན་ལེནྡྲའི་མཁན་པོ་སྨན་གྲགས་ཐར་པ་སོགས་མཁས་ཤིང་གྲུབ་པ་བརྙེས་པའི་དགེ་བའི་བཤེས་གཉེན་དུ་མའི་ཞབས་རྡུལ་སྤྱི་བོར་བླངས་ཏེ། གསུང་ངག་རིན་པོ་ཆེ་ལམ་འབྲས་བུ་དང་བཅས་པས་མཚོན་མདོ་སྔགས་རྒྱུད་སྡེ་རབ་འབྱམས་ལ་ཐོས་བསམ་གྱི་ཕ་རོལ་ཏུ་སོན་པར་མཛད་དེ། ཐོས་པ་ཙམ་དུ་མ་བཞག་པར་བསམ་བྱུང་གི་ཤེས་རབ་ཀྱིས་ཐོས་དོན་ལ་ཡང་དང་ཡང་དུ་དཔྱད་ཅིང་རིགས་པའི་ཚོགས་མཐའ་ཡས་པས་གཏན་ལ་ཕབ་པའི་སྒོ་ནས། ཟབ་མོ་ལྟ་བའི་གནས་ལུགས་ལ་རྒྱ་ཆེན་སྤྱོད་པའི་རིམ་པ་སྒོམ་པས་ཉམས་སུ་ལེན་པ་སོགས་ཀྱི་གནས་སྐབས་གང་དང་གང་ལའང་མ་རྟོགས་པ་དང་། ལོག་པར་རྟོག་པ་དང་། ཐེ་ཚོམ་གྱི་འཆིང་བ་སོགས་འཁྲུལ་བའི་དྲི་མ་ཕྲ་མོ་ཙམ་ཡང་མེད་པར་ཐུགས་ཀྱི་དཔྱད་པ་ཡོངས་སུ་རྫོགས་པར་མཛད། དཔལ་དགྱེས་པ་རྡོ་རྗེ་སོགས་ཡི་དམ་ལྷག་པའི་ལྷ་རབ་འབྱམས་ཀྱི་བསྙེན་སྒྲུབ་ཚད་དུ་འཁྱོལ། ཡི་དམ་ལྷག་པའི་ལྷ་དུ་མའི་ཞལ་གཟིགས་ཤིང་ལུང་བསྟན་ཐོབ། མཁས་གྲུབ་གཉིས་ལྡན་གྱི་གོ་འཕང་ལ་མངའ་དབང་འབྱོར། རྒྱལ་བའི་ལུང་གིས་བསྔགས་པའི་ངོར་ཆེན་རྡོ་རྗེ་འཆང་གི་ཆོས་ཀྱི་ཁྲི་ལ་ཞབས་ཀྱི་པདྨོ་ཉེ་བར་བཀོད་དེ། འཁོར་འདུས་པ་རྒྱ་མཚོ་ལྟ་བུ་ལ་གསུང་ངག་རིན་པོ་ཆེ་ལམ་འབྲས་བུ་དང་བཅས་པས་མཚོན་རྒྱུད་སྡེ་མཐའ་དག་གི་སྨིན་བྱེད་ཀྱི་དབང་ཁྲིད་རྗེས་གནང་མན་ངག །བཀའ་འབུམ་དུ་མའི་ལུང་སོགས་ཟབ་པ་དང་རྒྱ་ཆེ་བའི་ཆོས་ཀྱི་འཁོར་ལོ་བར་མེད་དུ་བསྐོར་ནས་གདུལ་བྱ་དུ་མ་སྨིན་གྲོལ་གྱི་ལམ་ལ་བཀོད་དེ། རྒྱལ་བའི་བསྟན་པ་རིན་པོ་ཆེ་ཉིན་མོ་ལྟར་གསལ་བར་མཛད། མདོར་ན་མཛད་པ་ཕྲིན་ལས་བཟང་པོའི་འོད་དཀར་རབ་ཏུ་རྒྱས་པས་བསྟན་འགྲོ་ཀུན་དའི་ཚལ་རྣམས་ཆེ་ཆེར་བཞད་པའི་ཕན་བདེའི་དྲི་བསུང་བཟང་པོས་ནོར་འཛིན་གྱི་ཁྱོན་རྣམས་ཡོངས་སུ་ཁྱབ་པར་མཛད་དེ། མཐར་དགུང་

གྲངས་དྲུག་ཅུ་རྩ་བརྒྱད་པ་བོད་རབ་བྱུང་བཅུ་དྲུག་པའི་ཆུ་ཕོ་འབྲུག་གི་ལོ་སྟེ་སྤྱི་ལོ་༡༩༥༢ལོར་དགོངས་པ་ཞི་དབྱིངས་སུ་བསྡུ་བའི་ཚུལ་བསྟན་པ་ཡིན་ནོ། །

༈ གསུམ་པ། ལམ་འབྲས་སློབ་བཤད་ཀྱི་བླ་མ་བརྒྱུད་པའི་རྣམ་ཐར།

༈ བདག་ཆེན་བློ་གྲོས་རྒྱལ་མཚན།

ཁོང་ནི་བོད་རབ་བྱུང་བདུན་པའི་ཤིང་ཕོ་བྱི་བའི་ལོ་སྟེ་ལོ་སྤྱི་ལོ་༡༤༤༤ལོར་གཡས་རུ་གཙང་གི་སའི་ཐིག་ལེ་ཤབ་དགེ་སྡིངས་ཀྱི་ས་ཆ་ལྷུམ་མ་མོ་གཡང་གྲོང་ཞེས་བྱ་བར་ཡབ་བདག་ཆེན་འཇམ་དབྱངས་ཆེན་པོ་དང་། ཡུམ་མ་ཅིག་དཔལ་འབྱུང་རྒྱལ་མོ་གཉིས་ཀྱི་སྲས་སུ་ངོ་མཚར་བའི་དགེ་མཚན་དུ་མ་དང་བཅས་ཏེ་སྐུ་འཁྲུངས། སྐུ་ན་ཆུང་ངུའི་དུས་ནས་དམ་པའི་བག་ཆགས་རང་ཆས་སུ་སད་ཅིང་ཡི་གེ་འབྲི་ཀློག་སོགས་བཟོ་བསྟན་པ་ཙམ་གྱིས་མཁྱེན་པ་བྱུང་། རྗེ་བཙུན་ཡབ་ཉིད་ལས་གསུང་ངག་རིན་པོ་ཆེ། ཡང་ཕུར་གྱི་ཆོས་སྐོར་སོགས་དབང་ལུང་རྗེས་གནང་། མན་ངག །གར་དབྱངས་འཆམ་ལ་སོགས་པའི་ཕྱག་ལེན་ཕྲ་མོ་ཚུན་ཆད་ཞིབ་ཆ་དང་བཅས་པ་དང་། ཁྱད་པར་ཡབ་ཉིད་ཀྱིས་སྲས་དང་སློབ་མ་གཞན་སུ་ལ་ཡང་མ་གནང་བའི་དཔལ་ལྡན་ས་སྐྱ་པའི་བསྟན་སྲུང་རྣམ་པ་གཉིས་ཀྱི་ཐུན་མོང་མ་ཡིན་པའི་ཆོས་སྐོར་སོགས་གདུང་བརྒྱུད་ཁོ་ན་ལ་ཅིག་བརྒྱུད་དུ་བཞུགས་པའི་གདམས་པ་རྣམས་ཡོངས་སུ་རྫོགས་པར་གནང་ཞིང་། ངེས་པར་འབྱུང་བའི་ཐུགས་ཀྱི་དགོངས་པ་སྔོན་གྱི་ཟླ་བ་ལྟར་དཀར་ཞིང་དྲི་མ་མེད་པས་ཀུན་ནས་བསླངས་ཏེ། དགུང་ལོ་བདུན་པར་འཇམ་དབྱངས་དཀོན་མཆོག་བཟང་པོའི་དྲུང་དུ་ཁྲིམས་པའི་རྟགས་མཐའ་དག་གཞི་མདོའི་རྩ་ལྟར་དོར་ཞིང་དྲུར་སློག་གི་རྒྱལ་མཚན་སོགས་རབ་ཏུ་བྱུང་བའི་རྟགས་ཡང་དག་པར་བཞེས་པའི་སྒོ་ནས་བར་མ་རབ་བྱུང་བསྒྲུབས་ཏེ་མཚན་བློ་གྲོས་རྒྱལ་མཚན་དཔལ་བཟང་པོར་གསོལ། དགུང་ལོ་བརྒྱད་པར་དཔལ་ལྡན་ས་སྐྱའི་ཆོས་གྲྭ་ཆེན་པོར་ཆེ་འདོན་མཛད་ཅིང་ཚངས་པའི་དབྱངས་ལྷ་བུའི་གསུང་གིས་དམ་པའི་ཆོས་ཀྱི་བཀའ་དྲིན་བསྐྱལ་བ་ན་བློ་གསལ་མཁས་པའི་ཚོགས་རྣམས་ངོ་མཚར་ཞིང་མི་ཕྱེད་པའི་དད་པ་ཐོབ། དེ་ལས་སྔ་གཞུག་རྣམས་སུ་བདག་ཆེན་གྲགས་པ་རྒྱལ་མཚན། སློབ་དཔོན་ཆེན་པོ་སངས་རྒྱས་དཔལ་གྲུབ། རྗེ་དཔོན་གྲུབ་ཆེན་དཀོན་མཆོག་བློ་གྲོས། ཆོས་རྗེ་དཔལ་ལྡན་རྒྱལ་པོ། སློབ་དཔོན་དཔལ་མཆོག་པ་སོགས་མཁས་ཤིང་གྲུབ་པ་བརྙེས་པའི་དགེ་བའི་བཤེས་གཉེན་བཅུ་ཕྲག་དུ་མ་བསྟེན་ནས། ཚད་མ་

རྣམ་འགྲེལ་དང་། སྡེ་བདུན་སྙིང་པོ་ཚད་མ་རིགས་གཏེར། ཕྱིན་པའི་དགོངས་གསལ། སྡོམ་གསུམ་རབ་དབྱེ། དབུ་མ་རྩ་བ་ཤེས་རབ་ལ་སོགས་པའི་དབུ་མའི་གཞུང་ལུགས་ཅི་རིགས་པ་དང་བཅས་པ་གསན་ཏེ། ཚིག་དོན་གྱི་ཆ་ལ་སྒྲོ་འདོགས་མཐའ་དག་ཆོད་ཅིང་ཐུགས་སུ་ཆུད་པར་མཛད། གསུང་ངག་རིན་པོ་ཆེ་སྨིན་གྲོལ་གྱི་ལམ་ཆ་ཚང་བས་མཚོན་མདོར་ན་རྒྱུད་སྡེ་བཞི་དང་འབྲེལ་བའི་ཆོས་ཚུལ་བསམ་གྱིས་མི་ཁྱབ་པ་ཞིག་གསན་པར་མཛད་པ་ཡིན་ནོ། །དགུང་ལོ་བཅུ་བཞི་པར་གཞི་ཐོག་གདན་སར་ཆོས་ཀྱི་འཁོར་ལོ་བསྐོར་བའི་རྒྱལ་ཚབ་དམ་པར་དབང་བསྐུར། དགུང་ལོ་བཅོ་ལྔ་པར་མུས་ཆེན་དཀོན་མཆོག་རྒྱལ་མཚན་དཔལ་བཟང་པོས་མཁན་པོ་མཛད་དེ་དད་པའི་དགེ་འདུན་གྲངས་ཚང་གི་དབུས་སུ་དགེ་ཚུལ་གྱི་སྡོམ་པ་ཡང་དག་པར་བཞེས། དགུང་གྲངས་ཉེར་གཅིག་པར་མུས་སུ་ཕེབས་ཏེ་མཁན་པོ་ཡོངས་རྫོགས་བསྟན་པའི་མངའ་བདག་རྗེ་སེམས་དཔའ་ཆེན་པོ་དེ་ཉིད་དང་། ལས་ཀྱི་སློབ་དཔོན་ཞ་ལུ་པ་ཆོས་རྗེ་བཟང་པོ། གསང་སྟེ་སྟོན་པ་སློ་ལུང་མཁན་ཆེན་དཀོན་མཆོག་སོགས་དད་པའི་དགེ་འདུན་འཁོར་འདུལ་བ་འཛིན་པ་བཅུ་གཉིས་དང་བཅས་པའི་དབུས་སུ་བསྙེན་པར་རྫོགས་པའི་དགེ་སློང་གི་དངོས་པོ་མངོན་དུ་གྱུར་ཏེ་དུར་སྨྲིག་རྒྱལ་མཚན་འཛིན་པ་རྣམས་ཀྱི་གཙུག་གི་ནོར་བུར་གྱུར། དེ་ལས་དམ་པ་འདི་ཉིད་ལས་གསུང་ངག་རིན་པོ་ཆེ་ལམ་འབྲས་བུ་དང་བཅས་པས་མཚོན་དབང་ཁྲིད་རླབས་རིག་གཏད། བཤད་པ། ལུང་། མན་ངག་བསམ་གྱིས་མི་ཁྱབ་པ་ཞིག་ཐུགས་དགྱེས་བཞེས་གནང་ཞིང་། དེ་དག་ལ་ཐོས་བསམ་གྱི་སྒྲོ་འདོགས་མཐའ་དག་དུས་དེ་ཉིད་དུ་ཆོད་ཅིང་རྩེ་གཅིག་ཏུ་ཐུགས་ཉམས་སུ་བཞེས་པ་ལ་བརྟེན་ནས་སོ་སོའི་སྐབས་ནས་བཤད་པའི་ཐུན་མོང་དང་ཐུན་མོང་མ་ཡིན་པའི་ཉམས་རྟོགས་མཐའ་དག་ཐུགས་རྒྱུད་ལ་འཁྲུངས། ཚད་མ་སྟན་བརྒྱུད་བཞིའི་མངའ་བདག་ཆེན་པོར་གྱུར་ཏེ། མཐར་གྲུབ་པའི་ལུང་བྱིན་པའི་ཚེ་ཡང་ཆོས་བདག་པོ་ལ་འཕྲོད་པ་ཡིན་ནོ་གསུངས་པ་སོགས་དགྱེས་ཚོར་དང་བཅས་པའི་སྒོ་ནས་གསུང་ངག་རིན་པོ་ཆེའི་བསྟན་པ་རྗེ་འདི་ཉིད་ལ་གཏད་པར་མཛད་དོ། །དགུང་ལོ་ཉེར་གཉིས་པར་ཁམས་ཕྱོགས་སུ་བྱོན་ཏེ་ཁམས་ཀྱི་སྟོད་སྨད་བར་གསུམ་དུ་ལོ་གསུམ་དང་། ཡར་མར་ལོ་གཉིས་ཀུན་དྲིལ་ལོ་ལྔའི་བར་ཁམས་ཕྱོགས་ཀྱི་གདུལ་བྱ་རྣམས་ཀྱི་དོན་རྒྱ་ཆེན་པོ་མཛད་ཅིང་། དད་ལྡན་གྱི་སློབ་མ་དང་སྦྱིན་བདག་རྣམས་ཀྱིས་ཟང་ཟིང་གི་དངོས་པོ་སྟོབས་ཆེ་བ་དུ་མ་ཕུལ་བ་དེ་དག་ལས་རྗེ་བཙུན་འཇམ་དབྱངས་ཆེན་པོ་ཡབ་སྲས་ཀྱིས་གཙོས། གདན་ས་ཆེན་པོར་བཞུགས་པ་རྣམས་ལ་འབུལ་བ་མང་ཇ་འགྱེད་བཅས་སྟོབས་ཆེ་བ་དང་། འཇམ་དབྱངས་གཞི་འོད་འབར་བས་ཐོག་དྲངས་བླ་མ་གོང་མའི་གཟིམས་ཁང་སོ་སོར་བཞུགས་པའི་རྟེན་གསུམ་ངོ་མཚར་ཅན་རྣམས་ཀྱི་དྲུང་

དུ་མཆོད་པའི་སྦྱིན་ཕུང་བསམ་གྱིས་མི་ཁྱབ་པ་ཕུལ་ནས། སངས་རྒྱས་ཀྱི་བསྟན་པ་ཡུན་རིང་དུ་གནས་པའི་གསོལ་འདེབས་སྨོན་ལམ་གནང་། དགུང་ལོ་ཉེར་དགུ་པ་ཆུ་ཕོ་འབྲུག་གི་ལོ་ལ་གཞི་ཐོག་བླ་བྲང་ཆོས་གཞི་དང་བཅས་པ་ཐམས་ཅད་རྗེ་བཙུན་གཅེན་ལ་ཕུལ་ཏེ། འཇམ་དབྱངས་དགོན་མཆོག་བཟང་པོའི་དྲུང་དུ་སླར་ཡང་ངེས་པའི་དོན་གྱི་ཉིང་ཁུ་ཟབ་དོན་རྡོ་རྗེ་རྣལ་འབྱོར་སྦྱོར་བ་ཡན་ལག་དྲུག་པའི་བཀའ་ཁྲིད་གསན་པར་མཛད་པས་རྣམ་ཀུན་མཆོག་ལྡན་གྱི་སྟོང་ཉིད་དུ་རྡུལ་བྲལ་ཀྱི་ཆོས་ལས་འདས་པ། རྟོག་སྒོམ་ཐམས་ཅད་ལས་འདས་པ་རྣམ་པར་མི་རྟོག་པའི་ཡེ་ཤེས་ཕྱག་རྒྱ་ཆེན་པོ་ཐུགས་རྒྱུད་ལ་འཕྲུངས་ཤིང་བརྟན་པ་ཐོབ། དེ་ལས་སྔ་གཞུག་རྣམས་སུ་སྔ་གོང་དགོན་དང་། དཔལ་ལྡན་ནཱ་ལེནྡྲ། ཆོས་གྲྭ་ཆེན་པོ་དཔལ་འཁོར་བདེ་ཆེན་སོགས་སུ་བྱོན་ནས་རྗེ་བཙུན་དམ་པ་འདིས་གསུང་ངག་རིན་པོ་ཆེ་ཚར་ཉི་ཤུ་རྩ་གྲངས་དང་། གཞན་ཡང་སྡེ་སྣོད་གསུམ་དང་རྒྱུད་སྡེ་བཞི་དང་འབྲེལ་བའི་ཆོས་ཀྱི་སྒོ་མཐའ་ཡས་པ་ཞིག་གནང་བས་འགྲོ་བ་མང་པོ་སྨིན་ཅིང་གྲོལ་བར་མཛད་དེ། རྗེས་སུ་བཟུང་ཞིང་བཀའ་དྲིན་ཐོབ་པའི་ཞལ་སློབ་ཀྱང་། བཀའ་དྲིན་རྗེས་སུ་ནོད་པའི་དམ་པ་བཞི་དང་། འཇམ་གླིང་ཡོངས་སུ་གྲགས་པའི་མཁས་མཆོག་ཆེན་པོ་ལྔ། གངས་ཅན་ཆེན་པོར་གྲགས་པའི་སྐྱེས་བུ་གཉིས། གསུང་གི་གསང་བ་འཛིན་པའི་དམ་པ་བརྒྱད་སོགས་མཁས་ཤིང་གྲུབ་པ་བརྙེས་པའི་སློབ་མ་ནམ་མཁའི་སྐར་ཚོགས་ལྟར་བསྐྲུན་པར་མཛད་པ་མ་ཟད། རྩོམ་པས་གསུང་རབ་ཀྱི་པདྨོའི་ཁ་འབྱེད་པའི་ཚུལ་ཡང་། མངོན་བྱུང་གི་རྒྱས་བཤད། འཁོར་འདས་དབྱེར་མེད་ཀྱི་མཐའ་དཔྱོད། བརྡ་དོན་གསལ་བའི་ཁྲིད་ཡིག །ལམ་སྦྲས་བཤད་ཀྱི་ཁྲིད་ཀྱི་ལག་ལེན། གསུང་ངག་བླ་མ་བརྒྱུད་པའི་གསོལ་འདེབས་ཀྱི་ཁ་སྐོང་། རྗེ་སེམས་དཔའ་ཆེན་པོའི་རྣམ་ཐར་སོགས་ཆོས་ཚན་ཆེན་པོ་བཞི་བཅུ་ཞེ་གཅིག་ཙམ་བརྩམས་ཏེ། དཔྱོད་ལྡན་མཁས་པས་ལེགས་པར་བརྟགས་ན། དེང་སང་གི་ཡི་གེ་གཞན་ཕལ་ཆེར་དང་མི་འདྲ་བའི་དོན་གྱི་སྙིང་པོ་མེད་དུ་མི་རུང་བ་རྣམས་ཤིན་ཏུ་གསལ་བར་བྱེད་པ་ཁོ་ན་ཡོད་པས་འདི་ལྟ་བུའི་སྒོ་ནས་གསང་ཆེན་ཟབ་མོའི་བསྟན་པ་གསལ་བར་མཛད་པ་ནི་ཆེས་ཆེར་ངོ་མཚར་བའི་བསྟན་པ་རིན་པོ་ཆེ་འདི་ཉིད་སྒོ་ཀུན་ནས་དར་ཞིང་རྒྱས་པར་མཛད་དེ། མཐར་དགུང་གྲངས་ལྔ་བཅུ་རྩ་གཉིས་པ་བོད་རབ་བྱུང་བརྒྱད་པའི་ཤིང་མོ་ཡོས་ཀྱི་ལོ་སྟེ་སྤྱི་ལོ་༡༤༩༥ལོར་གཟུགས་སྐུའི་བཀོད་པ་ཆོས་དབྱིངས་བདེ་བ་ཆེན་པོའི་ངང་དུ་བསྡུས་པ་ཡིན་ནོ། །

༄། ཀུན་བཟང་ཆོས་ཀྱི་ཉི་མ།

ཁོང་ནི་བོད་རབ་བྱུང་བཀྲུད་པའི་ས་མོ་སྦྲུལ་གྱི་ལོ་སྟེ་སྤྱི་ལོ་༡༨༨༩ལོར་གཙང་གི་ཆུ་སྒོའི་སྦྲུགས་རྫོ་རིང་བསམ་འགྲུབ་སྒྲོན་མཁར་དུ་ཡབ་བོད་ཆོས་རྒྱལ་གདུང་ལས་མཆེད་པའི་ཀུན་དགའ་བསོད་ནམས་རྒྱལ་མཚན་དཔལ་བཟང་པོ་དང་། ཡུམ་སྣ་ནམ་རྡོ་རྗེ་བདུད་འཇོམས་ཀྱི་བརྒྱུད་པ་བཀྲ་ཤིས་རྒྱལ་མོ་གཉིས་ཀྱི་སྲས་སུ་ངོ་མཚར་བའི་ལྟས་དུ་མ་དང་བཅས་ཏེ་སྐུ་འཁྲུངས་ཤིང་མཚན་བསོད་ནམས་ལྷུན་པོ་རིན་ཆེན་ཞེས་གསོལ། སྐུ་ན་ཆུང་ངུའི་དུས་ནས་དམ་པའི་བག་ཆགས་རང་ཆས་སུ་སད་ཅིང་ཡི་གེ་འབྲི་ཀློག་སོགས་བརྡ་བསྟན་པ་ཙམ་གྱིས་ཐོགས་མེད་ཞུལ་དུ་ཕྱིན། དགུང་ལོ་ལྔ་པར་མགོན་པོ་གྲུར་ཞལ་གྱི་གཏོར་ཆོག་མ་བསླབ་པར་མཁྱེན། དགུང་ལོ་དྲུག་པར་རྒྱལ་བ་ཉིད་ཀྱིས་ལུང་བསྟན་པའི་སྐྱིགས་དུས་ཀྱི་རྡོ་རྗེ་འཆང་ཆེན་པོ་རྗེ་བཙུན་ཨེ་ཝཾ་པ་ཀུན་དགའ་བཟང་པོ་དང་མཇལ་ཞིང་མི་ཕྱེད་པའི་དད་པ་ཐོབ་ཅིང་དབང་བསྐུར་རྗེས་གནང་འགའ་གསན། དགུང་ལོ་བཅུ་དྲུག་པར་བསམ་འགྲུབ་རྩེར་རིན་སྤུངས་ནོར་བུ་བཟང་པོ་དང་མཇལ་ཏེ་ལེགས་པའི་སློ་བཀྲ་འབྱེད་པའི་རྟེན་འབྲེལ་ཡང་དག་འགྲིག་དེ་ནས་བཟུང་སྟེ་ས་སྐྱོང་དེ་ཉིད་མ་གཤེགས་ཀྱི་བར་ལོ་དྲུག་ཙམ་ཕྱུགས་ཕྱིར་མཐིལ་བཞུགས་མཛད། གསོལ་དཔོན་གྱི་ཁུར་བཞེས། སྐུ་རགས་འཆིང་བ་ཚུན་གྱི་བསླབ་དོན་རང་གི་རིགས་སྲས་ལས་ཀྱང་ཐུགས་བརྩེ་བ་ལྷ་བུས་སྐྱོང་བར་མཛད་དོ།། སྔ་གཞུག་རྣམས་སུ་ཀ་བཞི་དགོན་གསར་གྱི་དཔོན་ཚབ་སོགས་ཁུར་ལས་ཆེ་བར་བཞེས་ཤིང་། ཕག་གྲུ་བ་སྤྱི་དང་། ཁྱད་པར་གཞིས་ཀ་རིན་སྤུངས་པའི་ཆབ་སྲིད་ཡར་ངོའི་ཟླ་ལྟར་རྒྱས་པར་མཛད། དགུང་ལོ་སོ་བདུན་པར་རྒྱལ་སྲིད་དཔལ་འབྱོར་ཕུན་སུམ་ཚོགས་པ་ཐམས་ཅད་མཆིལ་མའི་ཐལ་བ་ལྟར་སྤྱངས་ནས་རྗེ་བཙུན་དམ་པ་མཚུངས་མེད་ཤེས་རབ་ཟླ་བའི་སྤྱན་སྔར་རབ་ཏུ་བྱུང་བར་མཛད་དེ་མཚན་ཀུན་བཟང་ཆོས་ཀྱི་ཉི་མ་བློ་ལྡན་ཤེས་རབ་ཀུན་དགའ་རྒྱལ་མཚན་དཔལ་བཟང་པོར་གསོལ། དེ་ནས་དཔལ་ལྡན་ས་སྐྱར་བྱོན་ཏེ་བདག་ཆེན་ཆོས་ཀྱི་རྒྱལ་པོས་མཁན་པོ་མཛད་དེ་དད་པའི་དགེ་འདུན་གྲངས་ཚང་གི་དབུས་སུ་བསྙེན་པར་རྫོགས་པའི་སྡོམ་པ་ཚུལ་བཞིན་དུ་བཞེས་པ་དུས་དེ་ཉིད་ནས་བཟུང་སྟེ་བསླབ་པའི་གནས་ཕྲ་ཞིང་ཕྲ་བར་ཐམས་ཅད་མིག་གི་འབྲས་བུ་ལྟར་གཅེས་པར་བསྲུང་པ་དང་བཅས་པའི་མཚམས་ལས་ཙུང་ཟད་ཀྱང་མི་འདའ་ཞིང་། ལོ་གྲངས་མང་པོའི་བར་དུ་སྟོར་དཀར་ཁོ་ན་དུས་ཐམས་ཅད་གདན་གཅིག་པའི་བརྟུལ་ཞུགས་ལ་གནས་པར་མཛད་པས། ངུར་སྨྲིག་རྒྱལ་མཚན་འཛིན་པ་ཀུན་གྱི་གཙུག་རྒྱན་དུ་གྱུར། དེ་ལ་སྔར་གཞུག་རྣམས་སུ་མུས་ཆེན་སེམས་དཔའ་ཆེན་

པོ་དཀོན་མཆོག་རྒྱལ་མཚན། མཁན་ཆེན་བསོད་ནམས་རྒྱལ་མཚན། གུང་རུ་ཤེས་རབ་བཟང་པོ། མཁས་གྲུབ་ཆེན་པོ་དོན་ཡོད་དཔལ་བ་སོགས་མཁས་ཤིང་
གྲུབ་པ་བརྙེས་པའི་ཡོངས་འཛིན་གྱི་དགེ་བའི་བཤེས་གཉེན་བདུན་ཅུ་རྩ་གཉིས་བསྟེན་ཅིང་མཉེས་པ་གསུམ་གྱི་སྒོ་ནས་མཉེས་པར་མཛད། ལྷག་པར་དུ་མཐུ་
སྟོབས་ཀྱི་དབང་ཕྱུག་བདག་ཆེན་རྡོ་རྗེ་འཆང་ཆེན་པོ་བློ་གྲོས་རྒྱལ་མཚན་དཔལ་བཟང་པོ་ལ་ལུས་ངག་ཡིད་གསུམ་གཅིག་ཅར་དུ་ཕུལ། མཉེས་པ་གསུམ་གྱིས་
མཉེས་པར་མཛད་ནས། ལམ་ཟབ་བླ་མའི་རྟེན་འབྲེལ་མཐའ་དག་རང་ཤུགས་ཀྱིས་འགྲིག་སྟེ་རྣལ་འབྱོར་དབང་ཕྱུག་བི་རཱུ་པའི་ཐུགས་བཅུད། རྗེ་བཙུན་ས་སྐྱ་པ་
ཡབ་སྲས་ལ་ཚད་མ་སྙན་བརྒྱུད་བར་མ་ཆད་པར་བཞུགས་པའི་ཉམས་བཞེས་ཀྱི་གཙོ་བོ་རྗེ་ཉིད་ལ་བརྒྱུད་པ་གསུམ་གྱི་ཆུ་བོ་གཅིག་ཏུ་འདྲེས་ཤིང་། རྗེ་སེམས་
དཔའ་ཆེན་པོས་གཞན་ལ་ཆེར་མ་གནང་བའི་གདམས་པ་གསུང་ངག་རིན་པོ་ཆེ་སློབ་བཤད་ཀྱི་ཉམས་ཁྲིད་ཀྱིས་གཙོས་དཔལ་ཀྱེ་རྡོ་རྗེའི་ཆོས་སྐོར་མཐའ་དག་
དང་། རྒྱུད་སྡེ་བཞི་དང་འབྲེལ་བའི་དབང་ཁྲིད་རླབས། རྒྱུད་མན་ངག །ཕྱག་རྟེན་གྱི་མཐའ་རྟེན་དང་། འཕགས་ཡུལ་ནས་བཀའ་འགྱུར་རོ་ཅོག་དང་། བོད་ཡུལ་
ན་གྲགས་པའི་རྡོ་རྗེ་ཐེག་པའི་ཆོས་ཚུལ་ཕལ་མོ་ཆེ་ལ་གསན་བསམ་མཛད་ཅིང་ཚིག་དོན་གྱི་སྒྲོ་འདོགས་མཐའ་དག་བཅད་པས། རྡོ་རྗེ་ཐེག་པའི་ཟབ་ལམ་ཐེ་
སྙེད་པའི་མངའ་བདག་ཆེན་པོར་གྱུར། དེ་ལྟར་ཐོས་བསམ་གྱིས་སྒྲོ་འདོགས་བཅད་པའི་དོན་རྣམས་ལ་ཚ་བོ་རོང་བྱང་ཆུབ་རྫོང་། གནས་ཁའུ་བྲག་རྫོང་། བྱ་
འགྱུར་རྡོ་རྗེ་བྲག་སོགས་གནས་ངེས་མེད་རྣམས་སུ་བྱོན་ནས་སྒྲུབ་པ་ཉམས་ལེན་ལ་རྩེ་གཅིག་ཏུ་གཞོལ་བར་མཛད་དེ་ཐུགས་རྒྱུད་ལ་ལུང་རྟོགས་ཀྱི་ཡོན་ཏན་
བསམ་གྱིས་མི་ཁྱབ་པ་གསར་དུ་འཁྲུངས། ལྷག་པའི་ལྷ་རབ་འབྱམས་ཀྱི་ཞལ་གཟིགས་ཤིང་ལུང་བསྟན་ཐོབ། བསམ་ན་ཤེས་པའི་མངོན་པར་ཤེས་པ་ལ་མངའ་
དབང་འབྱོར། མཁས་གྲུབ་གཉིས་ལྡན་གྱི་གོ་འཕང་ལ་མངའ་བརྙེས། དེ་ལྟར་ལུང་རྟོགས་ཀྱི་ཡོན་ཏན་གྱི་ཆུ་ཀླུང་མ་ལུས་པ་གང་དུ་འདུས་པའི་མཁྱེན་བརྩེ་ནུས་
པའི་གཏེར་ཆེན་པོ་འདི། འགྲོ་བ་མ་ལུས་པའི་སྐྱབས་མགོན་གྱིས་འོས་སུ་གྱུར་པས། བདག་ཆེན་རྡོ་རྗེ་འཆང་ཆེན་པོ་ཉིད་བཞུགས་པའི་དུས་ནས་དོན་གྱི་རྒྱལ་
ཚབ་ཏུ་མངའ་གསོལ་ནས་སྙན་བརྒྱུད་ཀྱི་གདམས་པ་ཚིག་བརྒྱུད་དུ་འོས་པ་རྣམས་བུམ་པ་གང་བྱོར་གནང་ཞིང་བཞུགས་གདན་སྒྲོ་བ་སོགས་བསྟན་པ་རིན་པོ་ཆེ་
གཏད་པའི་བཀའི་ཕྲེང་བ་གང་གི་དབུ་ལ་ཅོད་པན་དུ་བཅིངས་པའི་རྣམ་དཀར་གྱི་རྟེན་འབྲེལ་མཐའ་དག་འགྲིག་པའི་སྟོབས་ཀྱིས་ཁའུ་བྲག་རྫོང་གི་ཆོས་ཀྱི་ཁྲི་
ལ་ཞབས་ཀྱི་པདྨོ་རྣམ་པར་བཀོད་དེ་ཁ་བ་ཅན་གྱི་རིག་སྔགས་འཆང་བ་ཡོངས་ཀྱི་གཙུག་གི་ནོར་བུར་གྱུར་ཏོ། །དེ་ནས་མངའ་རིས་པ་འབྱུལ་དཔོན་ཆོས་སྐྱོང་

གྲགས་པས་རྗེ་ཉིད་ཀྱི་བཀའ་དྲིན་རྗེས་སུ་དྲན་པས་ཉེ་བར་མཁོ་དགུའི་ཞབས་ཏོག་ལ་དམིགས་ནས་ཁམས་ཕྱོགས་སུ་འབུལ་སྡུད་ལ་འགྲོ་བའི་རྒྱུ་མཚན་ནན་གྱིས་ཞུས་པས་བཀའ་ཡིས་གནང་སྟེ་ཕྱིན་པས། རིན་པོ་ཆེའི་དངོས་པོ་སྟོབས་རབ་ཏུ་ཆེ་བ་བྱུང་བ་རྣམས་ལས། རྗེ་རྡོ་རྗེ་འཆང་ཆེན་པོའི་ཐུགས་དགོངས་རྫོགས་ཕྱིར་ངོར་གྱི་ལྷག་ཏུ་རིམ་གཉིས་ཀྱི་རྣལ་འབྱོར་ལ་སྒྲུབ་པ་ལྟར་མཛད་པའི་སྒྲུབ་སྡེའི་རྒྱུན་དང་། བླ་མ་སྤྱི་དང་། ལྷག་པར་བདག་ཆེན་རྡོ་རྗེ་འཆང་ཆེན་པོའི་ཐུགས་དགོངས་རྫོགས་པའི་ཆེད་དུ་ཁའུ་བྲག་རྫོང་གི་རི་ཁྲོད་དུ་གཙུག་ལག་ཁང་རྨད་དུ་བྱུང་བ་ལ་ལོགས་བྲིས་ཀྱིས་ཁོར་ཡུག་ཏུ་བསྐོར་བ། གནམ་ས་བར་གསུམ་དུ་འོས་པའི་མཆོད་སྦྱིན་དང་བཅས་པའི་དབུས་སུ་གསུང་ངག་རིན་པོ་ཆེའི་བླ་མ་བརྒྱུད་པ་ཡོངས་རྫོགས་དང་། གཞན་ཡང་བཀའ་དྲིན་ཆེ་བའི་བླ་མ་མང་དག་བཅས་སྨན་སྐུ་རག་དངུལ་གསེར་གྱི་སྐུ་དངོས་སྤྲུས་པ་བཟོ་རིགས་ལེགས་པ་ཞུལ་དུ་བྱུང་བ། དཔྱོད་ལྡན་དག་གིས་བལྟས་ན་ལྟ་བས་ཆོག་མི་ཤེས་ལ་བྱིན་རླབས་ཀྱི་གཟི་འོད་འབར་བ། འདུ་ཁང་གསར་བཞེངས་ནང་དུ་ལོགས་བྲིས་ཁོར་ཡུག་ཏུ་གོང་དུ་སྨོས་པའི་ལྷ་ཚོགས་རྡོ་སྐུ་ཚོན་སྣ་ཚོགས་ཀྱིས་སྤྲུས་པ། བླ་མ་གོང་མ་རྣམས་ཀྱི་ཕྱི་རྟེན་བཞུགས་པ་དེ་དག་ལས་ཆེས་ཆེ་བའི་མཆོད་རྟེན་ཚད་དང་ལྡན་ཞིང་ཡིད་དུ་འོང་བར་རབ་ཏུ་གནས་པའི་ཆོ་གདུགས་ལན་གསུམ་འཁོར་བ་རྣམས་དང་། དཔལ་མགོན་ཆེན་པོའི་མགོན་ཁང་བཞི་ཐོག་ཀྱང་སྔར་ལས་ཆེས་ཆེར་ངོ་མཚར་བ་དང་བཅས་པ་བཞེངས་ཤིང་། དགེ་འདུན་རྣམས་ལ་ཉེ་བར་མཁོ་དགུ་ཅོག་ཐམས་ཅད་མ་ཚང་བ་མེད་པར་ཕུན་སུམ་ཚོགས་པར་བསྒྲུབས། དེར་སྒྲུབ་པ་ཉམས་ལེན་ལ་རྩེ་གཅིག་ཏུ་གཞོལ་བ་རྣམས་ལ་རྒྱུན་གྱི་གསོལ་ཕོགས་ཕུན་སུམ་ཚོགས་པ་སྦྱར་ཞིང་། དེ་ལྟར་སྦྱིན་དང་སྙན་པར་སྨྲ་བ་ལ་སོགས་པས་མཚམས་སྦྱར་ནས་མཐར་ཟབ་པ་དང་རྒྱ་ཆེ་བའི་དམ་པའི་ཆོས་ཀྱིས་འགྲོ་བ་རྣམས་སྨིན་ཅིང་གྲོལ་བར་མཛད་པ་ཡིན་ཏེ། འཕགས་ཡུལ་ནས་ལམ་ཡོངས་སུ་རྫོགས་པའི་སྒྲོལ་ཆེན་པོ་བདུན་ཙམ་ལས་འོང་བའི་ཡོངས་འཛིན་དམ་པ་རྣམས་ཀྱི་ཞལ་གྱི་བདུད་རྩིའི་རྒྱུན་དྲི་མ་མེད་པ། རྗེ་ཉིད་ཀྱི་ཐུགས་མཆོར་འཕྲིལ་བ་ལས་བྱུང་བའི་དབང་ལུང་། ཁྲིད། བཤད་པ། མན་ངག །ལག་ལེན། ཞལ་གདམས། ཡིག་སྣ། ཟབ་གནད་བཀའ་རྒྱ་ཅན་གྱི་ཡིག་རིགས་ལ་སོགས་པའི་ཟབ་ཅིང་རྒྱ་ཆེ་བའི་ཆུ་ཀླུང་བྱེ་བ་ཕྲག་མང་པོ་ཉིད་བཞིན་འབད་མེད་དུ་བབས་པས། གདུལ་བྱ་སོ་སོར་རང་གི་ཁམས་དང་མོས་པ་བག་ལ་ཉལ་གྱི་རིམ་པ་དང་མཐུན་པར་སྐྱོལ་བར་མཛད་དེ། གསུང་གི་བདུད་རྩི་ལས་བསྒྲུན་པའི་བསྟན་པ་རིན་པོ་ཆེ་འཛིན་སྐྱོང་སྤེལ་བའི་ཞལ་སློབ་ཀྱི་རིམ་པ་ཡང་། པཎ་ཆེན་རིན་པོ་ཆེ་ངག་དབང་གྲགས་པ། རྗེ་ནམ་མཁའ་དཔལ། རྗེ་བཙུན་ཀུན་དགའ་ལེགས་པའི་

བློ་གྲོས། གྲུབ་མཆོག་སྨིན་པ་རྒྱ་མཚོ་སོགས་རྒྱ་ཆེན་རྒྱུད་སྡེའི་གཞུང་ཤེས་པ། བསྐྱེད་རིམ་གྱི་གསལ་སྣང་ཐོབ་པ། འཕོ་བ་དང་བར་དོ་འབྱོངས་པས་མཁའ་སྤྱོད་དུ་ཡུད་ཀྱིས་ཆས་པ། བླ་མས་མོས་གུས་ཁོ་ནས་སེམས་འཕྲོག་ཏེ་ས་ལམ་གཅིག་ཆོད་དུ་སོང་བ་སོགས་སློབ་ཚོགས་གྲངས་ལས་འདས་པ་བསྐྲུན་ཏེ་བསྟན་འགྲོའི་དོན་རྒྱ་ཆེར་མཛད་བཞིན་པའི་ངང་ནས། མཐར་དགུང་གྲངས་བདུན་ཅུ་རྩ་དྲུག་པ་བོད་རབ་བྱུང་དགུ་པའི་ཤིང་ཕོ་སྤྲེལ་གྱི་ལོ་སྟེ་སྤྱི་ལོ་༡༥༢༩ལོར་དགོངས་པ་ཆོས་དབྱིངས་སུ་གཏད་པ་ཡིན་ནོ། །

༈ ཀུན་དགའ་ལེགས་པའི་བློ་གྲོས།

ཁོང་ནི་བོད་རབ་བྱུང་བརྒྱད་པའི་མེ་མོ་བྱ་ཡི་ལོ་སྟེ་སྤྱི་ལོ་༡༤༧༧ལོར་དཔལ་ལྡན་ས་སྐྱ་ཞེས་འཛིག་རྟེན་ན་ཉི་ཟླ་ལྟར་གྲགས་པ་དེ་ཉིད་ཀྱི་བྱ་འདབས་ལས་ཧ་ཅང་མི་རིང་བའི་དཔལ་ལྷུང་དགོན་པ་ཞེས་བྱ་བར་ཡབ་གྲུབ་པའི་དབང་ཕྱུག་བློ་གྲོས་རྒྱ་མཚོ་དང་། ཡུམ་ཡེ་ཤེས་ཀྱི་མཁའ་འགྲོ་མ་དཔོན་མོ་རྡོར་མོ་དཔལ་གཉིས་ཀྱི་སྲས་སུ་ངོ་མཚར་བའི་ལྟས་དུ་མ་དང་བཅས་ཏེ་སྐུ་འཁྲུངས་ཤིང་མཚན་ཆོས་སྐྱོང་སྐྱབས་ཞེས་གསོལ། གསུང་གི་ཐོག་མར་ངས་ཆོས་བཤད་ཀྱི་ཁྱེད་རང་ཀུན་ཉོན་ཅིག་ཅེས་གསུངས་པ་སོགས་སྐྱ་བྲིས་པའི་དུས་ནས་དམ་པའི་བག་ཆགས་རང་ཆས་སུ་སད། དགུང་ལོ་དྲུག་པར་ཁུ་བོ་ཆོས་རྗེ་སངས་རྒྱས་རྒྱལ་མཚན་ལས་དཔལ་ཀྱེ་རྡོ་རྗེ་མན་ངག་ལུགས་ཀྱི་དཀྱིལ་འཁོར་དུ་དབང་བཞི་ཡོངས་སུ་རྫོགས་པར་བསྐུར་ཏེ། ཕུང་ཁམས་སྐྱེ་མཆེད་དང་པོ་དབང་གིས་སྨིན་པར་མཛད། དགུང་ལོ་བཅུ་པར་བདག་ཆེན་རྡོ་རྗེ་འཆང་ཆེན་པོ་བློ་གྲོས་རྒྱལ་མཚན་དཔལ་བཟང་པོའི་ཞལ་སྔ་ནས་མཁན་པོ་དང་། སློབ་དཔོན་བསྟན་པ་དར་བས་སློབ་དཔོན་མཛད་དེ་དད་པའི་དགེ་འདུན་གྲངས་ཚང་གི་དབུས་སུ་དཔལ་ལྡན་ས་སྐྱའི་གཞི་ཐོག་བླ་བྲང་དུ་རབ་ཏུ་བྱུང་ཤིང་། ཚོགས་སྔ་མ་དགེ་ཚུལ་གྱི་སྡོམ་པ་ལེགས་པར་མནོས་ནས་མཚན་ཀུན་དགའ་ལེགས་པའི་བློ་གྲོས་གསོལ། ཁུ་བོ་རྣལ་འབྱོར་དབང་ཕྱུག་ལས་ཀློག་བསླབ་པའི་ཀ་ཁ་ཚར་གཅིག་གསུངས་པ་ཙམ་གྱིས་ཐུགས་སུ་ཆུད་ཅིང་ཀློག་ཡིག་ཚོགས་མེད་དུ་མཁྱེན། དགུང་ལོ་བཅུ་གཅིག་པར་སློབ་དཔོན་དར་བ་དཔལ་དང་། ཆོས་རྗེ་དཔལ་ལྡན་རིན་ཆེན་གཉིས་ལ་དཔལ་ཀྱེ་རྡོ་རྗེ་ཏིཀྐ་དང་། དེའི་དགོངས་འགྲེལ་སོགས་ཀྱི་བཤད་བཀའ་རྫོགས་པར་གསན་པས་ཚིག་དང་དོན་ལ་ཐོགས་པ་མི་བརྗེ་པའི་སྤོབས་པ་ཐོབ། དགུང་ལོ་བཅུ་གསུམ་པ་ནས་བདག་ཉིད་རྡོ་རྗེ་འཆང་གི་རྗེས་སུ་འབྲངས་ནས་ལོ་གསུམ་གྱི་བར་དུ་འཛད་ཀྱི་མེ་ལོང་དགོན་པ་དང་། ཤངས་ལ་སོགས་ཀྱི་ཆོས

གཞི་རྣམས་སུ་བྱོན་ནས་ཚད་མ་བསྡུས་པ་དང༌། ཕར་ཕྱིན། སྡོམ་གསུམ། འདུལ་བ་སོགས་ལ་མཁས་པར་སྦྱངས། དགུང་ལོ་བཅུ་དྲུག་པར་ཆོས་རྗེ་ཀུན་དགའ་རྒྱ་མཚོ་ཞིང་གཞན་དུ་གཤེགས་པའི་དབང་གིས་སླར་གདན་ས་ཆེན་པོར་ཕེབས་ཏེ་དགོངས་པ་རྫོགས་ཐབས་ཕུན་སུམ་ཚོགས་པ་སྒྲུབ་པའི་ཞལ་བཀོད་མཛད་ཅིང༌། དམ་པ་དེའི་རྒྱལ་ཚབ་ཏུ་བདག་ཆེན་རྡོ་རྗེ་འཆང་ཆེན་པོའི་བཀའ་དང༌། དད་ལྡན་སྐལ་བ་དང་ལྡན་པའི་གྲྭ་པ་སྦྱིན་བདག་རྣམས་ཀྱིས་གསོལ་བ་བཏབ་པའི་དབང་གིས་ཞལ་གྱིས་བཞེས་ཤིང༌། ལུགས་གཉིས་ནས་སྲི་དང་བསྟན་པའི་བྱ་བ་བསམ་གྱིས་མི་ཁྱབ་པར་མཛད་པ་ཡིན་ནོ། །དགུང་ལོ་བཅུ་བདུན་པར་བདག་ཆེན་ཆོས་ཀྱི་རྒྱལ་པོ་སྐྱིད་ལྷས་པ་ཆེན་པོའི་ཞལ་སྔ་ནས་ཀྱི་ཞབས་དྲུང་དུ་བསྙེན་ནས་དུས་གསུམ་གྱི་རྒྱལ་བ་སྲས་དང་བཅས་པ་ཐམས་ཅད་ཀྱི་བགྲོད་པ་གཅིག་པའི་ལམ་པོ་ཆེ་བདེ་བར་གཤེགས་པའི་གསུང་རབ་མདོ་རྒྱུད་ཐམས་ཅད་ཀྱི་དོན་གྱི་བཅུད་ཕྱུང་བའི་མན་ངག་གི་ཉིང་ཁུ་སློབ་དཔོན་རྣལ་འབྱོར་གྱི་དབང་ཕྱུག་དཔལ་ལྡན་བི་རཱུ་པའི་གསུང་གི་མན་ངག་རྗེ་བཙུན་ས་སྐྱ་པ་ཡབ་སྲས་རྣམས་ལ་སྙན་བརྒྱུད་བཞི་བར་མ་ཆད་པར་བྱོན་པའི་གསུང་ངག་རིན་པོ་ཆེ་ལམ་འབྲས་བུ་དང་བཅས་པའི་མན་ངག་གིས་མཚོན་གསུང་ཆོས་དུ་མ་གནང་ནས་མཐར་ཆོས་དབྱིངས་སུ་སྙོམས་པར་ཞུགས་པའི་ཚུལ་བསྟན་ཅིང༌། དེ་ནས་ཆོས་ཀྱི་རྒྱལ་པོ་དེའི་རྒྱལ་ཚབ་གཅིག་པུ་མཁས་པ་དང་གྲུབ་པའི་འཁོར་ལོ་སྒྱུར་བ་ཆེན་པོ་སའི་སྟེང་ན་འགྲན་པའི་ཟླ་ཐམས་ཅད་དང་བྲལ་བའི་རྗེ་བཙུན་རྡོ་རིང་བ་ཆེན་པོ་ཀུན་བཟང་ཆོས་ཀྱི་ཉི་མ་བློ་ལྡན་ཤེས་རབ་ལས་ཀྱང་གསུང་ངག་རིན་པོ་ཆེ་ལམ་འབྲས་བུ་དང་བཅས་པའི་གདམས་ངག་ཉམས་ཁྲིད་ཡོངས་སུ་རྫོགས་པར་གསན་པས་མཚོན། གཞན་ཡང་སྟོ་གཞུག་རྣམས་སུ་མཁས་པའི་དབང་པོ་དཀོན་མཆོག་ཚུལ་ཁྲིམས། རྣལ་འབྱོར་གྱི་དབང་ཕྱུག་བྱ་འགྱུར་བ་བསོད་ནམས་སེང་གེ །ཀུན་མཁྱེན་ནམ་མཁའ་ཆོས་སྐྱོང༌། སེམས་དཔའ་ཆེན་པོ་དཔལ་ལྡན་རིན་ཆེན་སོགས་མཁས་ཤིང་གྲུབ་པ་བརྙེས་པའི་དགེ་བའི་བཤེས་གཉེན་ཉི་ཤུ་རྩ་ལྔ་བསྟེན་ནས་ཟབ་པ་དང་རྒྱ་ཆེ་བའི་ཆོས་ཚུལ་རབ་འབྱམས་ལ་གསན་བསམ་མཐར་ཕྱིན་མཛད། དགུང་ལོ་ཉི་ཤུ་པར་ཡོངས་འཛིན་དམ་པ་དཀོན་མཆོག་འཕེལ་བས་མཁན་པོ་དང༌། མཁན་ཆེན་བསོད་ནམས་ལྷུན་གྲུབ་ཀྱིས་ལས་སློབ། མཁན་ཆེན་དཀོན་མཆོག་ཚུལ་ཁྲིམས་ཀྱིས་དུས་བསྒྲོ་བ་མཛད་དེ་ཁ་སྐོང་ཚོས་པའི་དགེ་སློང་བརྒྱད་དང་བཅས་པའི་དབུས་སུ་བསྙེན་པར་རྫོགས་པའི་དགེ་སློང་གི་སྡོམ་པ་ཡང་དག་པར་བཞེས་ཏེ་མཚན་ཡང་སྔར་ལས་ཟུང་ཟད་སྤེལ་ཏེ་ཀུན་དགའ་ལེགས་པའི་བློ་གྲོས་རྒྱལ་མཚན་དཔལ་བཟང་པོ་ཞེས་གསོལ། དེ་ལྟར་དམ་པ་འདི་ཉིད་ཀྱི་ཐུགས་རྒྱུད་སྡོམ་པ་གསུམ་གྱིས་ལེགས་པར་གཏམས་ཏེ། ཐོས་

དོན་སྒོམ་པས་ཉམས་སུ་བླངས་ཏེ་གྲུབ་པའི་རྟགས་མཚན་དུ་མ་མངོན་དུ་གྱུར། དེ་ལས་སྟ་གཞུག་རྣམས་སུ་བྱ་ཐབས་བཀྲ་ཤིས་གླིང་། ནོར་བུ་སྣང་། དཔལ་ལུང་དགོན་སོགས་སུ་བྱོན་ཏེ་ལུགས་གཉིས་ཀྱི་སྒོ་ནས་བསྟན་འགྲོའི་དོན་རྒྱ་ཆེར་མཛད། དགུང་ལོ་སོ་བཞི་པར་བོད་ཡུལ་གྲུབ་རིགས་བྱེ་བའི་གཙུག་རྒྱན་ངེས་དོན་བསྟན་པའི་བདག་པོ་ཀུན་སྤངས་ཀུན་ཏུ་བཟང་པོའི་ཞབས་སྐྱེགས་ཀྱི་སེང་གེའི་ཁྲི་ལ་ཞབས་ཀྱི་པདྨོ་ཉེ་བར་བཀོད་དེ། ལོ་བཅུ་གཉིས་ཀྱི་བར་དུ་འཆད་རྩོད་རྩོམ་གསུམ་གྱི་སྒོ་ནས་རི་ཁྲོད་ཆེན་པོ་དེ་ཉིད་ཀྱི་གདན་ས་བསྐྱངས་ཤིང་། གཞན་ཡང་དགོན་པ་བདེ་ཆེན་དང་། སངས་རྒྱས་གླིང་པ་སོགས་དགོན་ལག་རྣམས་ཀྱང་བདག་གིར་མཛད་དེ། འཁོར་སྐལ་ལྡན་འདུས་པ་རྒྱ་མཚོ་ལྟ་བུ་ལ་རྒྱུད་སྡེ་ཐམས་ཅད་ཀྱི་དོན་གྱི་བཅུད་ཕྱུང་བའི་གསང་ཆེན་བླ་ན་མེད་པའི་ཉེ་ལམ། གསུང་ངག་རིན་པོ་ཆེ་ལམ་འབྲས་བུ་དང་བཅས་པ་སློབ་བཤད་ཀྱི་ཁྲིད། ལུང་། མན་ངག་རྗེས་གནང་། དམར་ཁྲིད་དང་བཅས་པས་མཚོན་རྒྱུད་སྡེ་རབ་འབྱམས་ཀྱི་ཆོས་ཀྱི་འཁོར་ལོ་བར་མེད་དུ་བསྐོར་བར་མཛད་པའི་མཐུས། རང་གཞན་གྱི་དོན་མཛད་པ་ལ་ངལ་བ་སྤྱངས་པའི་མཁས་གྲུབ་དམ་པ་དུ་མ་ཞིག་བསྐྲུན་པར་མཛད་དེ། མཁན་ཆེན་ཐམས་ཅད་མཁྱེན་པ་ཚར་ཆེན་ཆོས་ཀྱི་རྒྱལ་པོ་བློ་གསལ་རྒྱ་མཚོ་གྲགས་པ་རྒྱལ་མཚན་དཔལ་བཟང་པོ། མཁན་རིན་པོ་ཆེ་སངས་རྒྱས་སེང་གེ །མཁན་ཆེན་ནམ་བཟང་པོ། འཇམ་པའི་དབྱངས་ནས་མཁའ་གཞི་བརྗིད། མཁས་པ་ཆེན་པོ་ནམ་མཁའ་དབང་ཕྱུག །སྨྲ་བའི་ཁྱུ་མཆོག་བློ་གྲོས་རྣམ་རྒྱལ་སོགས་མཁས་ཤིང་གྲུབ་པ་བརྙེས་པའི་སློབ་ཚོགས་ནམ་མཁའི་སྐར་ཕྲན་ཙམ་བྱུང་ནས་རྒྱལ་བའི་བསྟན་པ་ནམ་ལངས་ཀྱི་ཉི་ཤར་ལྟར་གསལ་བར་མཛད་པ་མ་ཟད། གསུང་རབ་ཀྱི་བསྟན་བཅོས་རྩོམ་པའི་སྒོ་ནས་ཀྱང་རྒྱལ་བའི་བསྟན་པ་ལ་བྱ་བ་ལྷག་པར་མཛད་པའི་ཚུལ་ཡང་། བདག་ཆེན་རྡོ་རྗེ་འཆང་གི་གསོལ་འདེབས། རྗེ་བཙུན་རྡོ་རིང་པ་ཆེན་པོའི་བསྟོད་པ། མགོན་པོ་ལྷ་ཆེན་དཔལ་འབར་བཀའ་གཏེར་རྣམས་ཀྱི་བརྒྱུད་འདེབས། གསུང་ངག་རིན་པོ་ཆེའི་ཟིན་བྲིས་གཉིས། དུད་སོལ་མའི་རྗེས་གནང་གི་ཟིན་བྲིས། སྦྱོར་དྲུག་གི་སྔོན་འགྲོའི་ངག་འདོན་བདེ་བླག་ཏུ་རྟོགས་བྱེད་ནོར་བུའི་ཕྲེང་བ། གསན་ཡིག་རིན་ཆེན་བང་མཛོད། སློབ་མ་སོ་སོ་ལ་གནང་བའི་ཞལ་གདམས། བཀྲ་ཤིས། སྨོན་ལམ། བཤད་ཐོ་སོགས་ཡོངས་དྲིལ་པོད་གཅིག་རྗེས་འཇུག་གདུལ་བྱའི་གསོས་སུ་བཞག་ཅིང་། དེ་ལ་དམ་པ་འདི་ཉིད་ཀྱི་ཕྱག་ཏུ་བྱུང་བའི་བདོག་པའི་དངོས་པོ་ཐམས་ཅད་ལའང་འཛིན་པ་ཅི་ཡང་མི་མངའ་བའི་སྒོ་ནས་དཔལ་དུས་ཀྱི་འཁོར་ལོའི་བྲིས་སྐུ་ཆེན་པོ་གསུམ། དཔལ་འཁོར་ལོ་སྡོམ་པ་ཆེན་པོ། ཐུབ་དབང་ཆོས་རྒྱལ་རིགས་ལྡན་གྱིས་བསྐོར་བ་སོགས་ཞིང་ཁམས་མང་པོ། མཁའ་འགྲོ་རྒྱ་མཚོ། རྡོ་རྗེ་ཕུར་པ་སོགས་དཀྱིལ་

ཐང་མང་པོ་དག་ཅིང་མཚན་ཉིད་དང་ལྡན་པ་དུ་མ་དང་། ཡིག་མཁན་དུ་མ་རྟག་པར་བསྟེན་ནས་ཕྱག་དཔེ་པོ་ཏི་བརྒྱ་ཕྲག་ཁ་རེ་བཞེངས་ཤིང་། བླ་མ་གོང་མ་དག་གི་བྲིས་སྐུ་རྣམས་ཉམས་གསོ་ཞིང་ཆད་ལུས་པ་རྣམས་བཞེངས་ཤིང་། བཀའ་འགྱུར་བསྟན་འགྱུར་བཞེངས་པར་དགོངས་ནས་ངེས་པར་ཞལ་ཕྱག་ཏུ་བཞེངས། ཆོས་སྐྱོང་གི་དྲག་པོའི་ཕྲིན་ལས་ཀྱང་བསྒྲུབ་ཅིང་། བཤད་སྒྲུབ་ཀྱི་ཆོས་ལ་སོགས་པ་མཛད། ཉིད་ཀྱི་རྒྱལ་ཚབ་ཏུ་སློབ་དཔོན་ནམ་མཁའ་བཟང་པོ་མངའ་གསོལ་ཏེ། གཙོ་བོ་སྐྱིད་སྤྱངས་བླ་བྲང་། དཔལ་ཨེ་ཝཾ་བླ་བྲང་དཀར་པོ། བོ་དོང་རྫོང་སོགས་སུ་སྐུ་མཚམས་བཅད་རྒྱ་ངེས་པ་ཅན་ཁོ་ནར་བཞུགས་ཤིང་། དེའི་བར་སྐབས་རྣམས་སུ་གདུལ་བྱ་སྐལ་བ་མཆོག་ཏུ་གྱུར་པ་རྣམས་ཀྱི་དོན་ཡང་ཅི་རིགས་པ་མཛད་དེ། མཐར་དགུང་གྲངས་དྲུག་ཅུ་རྩ་བརྒྱད་པ་བོད་རབ་བྱུང་དགུ་པའི་མེ་ཕོ་འབྲུག་གི་ལོ་སྤྱི་ལོ་༡༥༩༩ལོར་རྒྱུད་སྟོད་ནས་བཤད་པའི་འདའ་ཁ་མས་མཚམས་སྦྱོར་ཏེ་མཁའ་ཁྱབ་ཀྱི་ཏིང་ངེ་འཛིན་འགོག་པའི་བདེན་པ་རྣམ་པར་གྲོལ་བའི་ཡེ་ཤེས་མངོན་དུ་མཛད་པ་ཡིན་ནོ། །

༄ རྡོ་རྗེ་འཆང་གཞོན་ནུ་བློ་གྲོས།

ཁོང་ནི་བོད་རབ་བྱུང་དགུ་པའི་མེ་མོ་ཕག་གི་ལོ་སྤྱི་ལོ་༡༥༢༧ལོར་གངས་ཅན་གྱི་ཡུལ་འདིའི་དབུས་ཀྱི་ཆ་ཡོལ་ཕུ་རི་གོང་དུ་ཡབ་ནང་པ་དཔོན་པོ་མཆོ་སྐྱེས་རྡོ་རྗེ་དང་། ཡུམ་ཨ་སྲས་ཨ་རྒྱལ་གཉིས་ཀྱི་སྲས་སུ་ངོ་མཚར་བའི་དགེ་མཚན་དུ་མ་དང་བཅས་ཏེ་གཟུགས་སྐུ་ཆུ་ཤེལ་གྱི་དབང་པོ་མངོན་པར་བཞད་ཅིང་མཚན་དཔལ་འབྱོར་གསོལ། སྐུ་ན་ཆུང་ངུའི་དུས་ནས་དམ་པའི་བག་ཆགས་རང་ཆས་སུ་སད་ཅིང་དགུང་ལོ་བདུན་པར་རྗེ་བྲིན་ལས་པའི་དྲུང་དུ་སྐྱབས་གསུམ་འཛིན་པའི་དགེ་བསྙེན་གྱི་སྡོམ་པ་ནོད་དེ་མཚན་གཞོན་ནུ་བློ་གྲོས་གསོལ། སློན་པ་གསུམ་ཤེས་ཆེ་བའི་སྤྱོད་ཚུལ་རང་ཤུགས་ཀྱིས་དག་ཅིང་དགེ་བས་སྐྱབས་འགྲོའི་བསླབ་བྱ་བླང་དོར་ལ་གནས་པའི་ངང་ནས་གློག་ཡིག་གི་སློབ་དཔོན་མཁས་པ་བསྟེན་ནས་སྦྱང་བ་མཛད་པས། ལྷགས་གློག་ཀྱང་དག་ཅིང་སྟན་ལ་ཚོད་ཆེ་བ་དང་། ཕྱག་བྲིས་ཀྱང་འབྲུ་ལེགས་ཤིང་གློག་བདེ་བ་ཞིག་གོ །དགུང་ལོ་བཅུ་གསུམ་པར་རྩེར་ཚོགས་ཁྲིད་དུ་མཁན་ཆེན་ནམ་མཁའ་བཀྲ་ཤིས་ཀྱི་དྲུང་དུ་བར་མ་རབ་བྱུང་གི་བསླབ་པ་བཞེས་ཏེ་བསྒྲུབ་སྡོམ་དག་པའི་ཕྱུལ་དུ་ཕྱིན། དགུང་ལོ་བཅུ་དྲུག་པར་པཎ་ཆེན་ལྷ་དབང་བློ་གྲོས་ཀྱིས་ཐུབ་བསྟན་ཕྱོགས་བརྒྱར་སྤེལ་བའི་ཆོས་གྲྭ་སྐྱིད་ཚལ་འོག་ཏུ་ཕེབས་ཏེ། གྲྭ་ཚང་དེའི་དཀའ་ཆོས་དང་པོ་ནས་བཟང་སྒྲིགས་འགྲིག་མཛད་དེ། སློབ་དཔོན་རིག་པའི་དབང་ཕྱུག་ཚུལ་ཁྲིམས

དཔལ་བཟང་པས་ཆོས་ཁྲིའི་སྟེགས་བུ་ནས་གནང་བའི་རྒྱུགས་ཐུན་རྣམས་གསན་པ་ལ་ཐོག་མར་བསྡུས་སྦྱོར་ནས་ཞུགས་ཏེ། ཕར་ཕྱིན། སྡོམ་གསུམ་བཅས་ཀྱི་ཁྲིད་དང་། ཐུན་མོང་དུ་སྤྱི་ཆོས་ཀྱི་ཚུལ་དུ་ལུང་ཐུན་གནང་བ་ལ། ཆོས་སྤྱོད་རབ་གསལ་སྣ་མང་དང་། ཐེག་པ་ཆེ་ཆུང་གི་བསླབ་བྱ། ལག་ལེན་སྟོན་པའི་ལམ་རིམ་དང་། མན་ངག་གི་གླེགས་བམ་ཆེ་ཕྲ་མང་པོ། ཁྱད་པར་བཀའ་གདམས་གླེགས་བམ་དཔེ་ཆོས་རིན་སྤུངས། བཀའ་གདམས་གཞུང་དྲུག །བྱམས་ཆོས་སྡེ་ལྔ། ས་སྐྱ་ལེགས་བཤད་སོགས་ཀྱི་ལུང་རྒྱུན་མང་པོ་དང་། ལམ་འབྲས་ཀྱི་བླང་དོར་བསླབ་བྱ་མང་པོ་གསན་པས་ཐུགས་ལ་ངེས་པ་ཁྱད་པར་ཅན་འཁྲུངས་ཤིང་། དགུང་ལོ་བཅུ་དགུའི་འཇུག་ཟླ་བཞོལ་དང་བཅས་པས་ཉི་ཤུར་སོན་པ་ན། ཚོགས་ཆེན་མཁན་པོ་ནམ་མཁའ་བཀྲ་ཤིས་པས་མཁན་པོ་དང་། བཀའ་བཅུ་པ་ཆོས་དབང་གིས་ལས་སློབ། གསང་སྟོན་དང་། དུས་བསྒྲོ་བརྗོད་པའི་སློབ་དཔོན་ཆོ་ག་བརྡ་སྤྲོད་པ་ལ་མཁས་པ་དང་། ཁ་སྐོང་དུ་འོས་པའི་དགེ་སློང་གི་དགེ་འདུན་གྲངས་ཚང་གི་དབུས་སུ་བསྙེན་པར་རྫོགས་ཏེ་སོ་སོར་ཐར་པའི་སྡོམ་པ་ཡོངས་སུ་རྫོགས་པའི་རྒྱན་གྱིས་མཛེས་པར་གྱུར་ཏེ་མིག་འབྲས་བཞིན་དུ་གཅེས་པར་བསྐྱངས། ལོ་དེའི་ཟླ་བ་བཅུ་པའི་ཉི་ཤུ་བཞི་ལ་རིན་ཆེན་གླིང་དུས་མཆོད་ཆེན་མོའི་སྟེང་མཁན་བརྒྱུད་ན་རིམ་གྱི་གདན་སའི་ཁྲི་ཐོག་ཏུ་ཕེབས། སྣེའུ་གདོང་རྩེ་ནས་དཔོན་ས་གོང་མ་ཆེན་པོའི་འཇའ་ས་བསྒྲགས་ཤིང་འདོད་ཡོན་གྱི་དངོས་པོ་དཔངས་མཐོ་བ་དང་། སྡེ་རིགས་སྦྱིན་བདག་དྲག་ཞན་དང་ཚོགས་ཆེན་སོགས་སྡེ་ཆེ་ཕྲའི་འབྲེལ་ཡོད་ཀྱིས་ཇ་ཞུས་གནང་། དེ་ལ་དམ་པ་འདི་ཉིད་ཀྱི་སྟ་གཞུག་རྣམས་སུ་ངོར་ཆེན་དཀོན་མཆོག་ལྷུན་གྲུབ། ངོར་པ་རིན་པོ་ཆེ་སངས་རྒྱས་སེང་གེ །སློབ་དཔོན་རིན་པོ་ཆེ་ཚུལ་ཁྲིམས། ཆོས་ཀྱི་རྗེ་སྟོང་རབ་ཀུན་དགའ་ལེགས་གྲུབ། གྲུབ་ཆེན་དཔལ་ལྡན་བློ་གྲོས་སོགས་མཁས་ཤིང་གྲུབ་པ་བརྙེས་པའི་དགེ་བའི་བཤེས་གཉེན་དུ་མའི་ཞབས་རྡུལ་སྤྱི་བོར་བླངས་ཏེ་མདོ་སྔགས་རྒྱུད་སྡེ་རབ་འབྱམས་ལ་ཐོས་བསམ་མཛད་དེ་མཁས་པའི་ཕ་རོལ་ཏུ་སོན། ལྷག་པར་དུ་རྡོ་རྗེ་འཆང་བློ་གསལ་རྒྱ་མཚོ་གྲགས་པ་རྒྱལ་མཚན་མཉེས་པ་གསུམ་གྱི་སྒོ་ནས་མཉེས་པར་མཛད་དེ། བདག་ཆེན་རྡོ་རྗེ་འཆང་ཡན་ཆད་དུ་ཅིག་བརྒྱུད་རྣམས་ཁྲིད་ཀྱི་སློབ་བཤད་ཐུན་མོང་མ་ཡིན་པ་ཟླ་བ་ལྔའི་བར་དུ་ཉིན་རེ་བཞིན་མཐའ་ཚོད་ཀྱི་བཤད་པ་རྒྱས་ཤིང་། ཐུན་མོང་མ་ཡིན་པའི་གསུང་ངག་གི་ཞལ་གདམས་འགྲིལ་བ། ཉམས་མྱོང་གི་འཆར་ཚུལ་དང་བཅས་པའི་དམིགས་རིམ་ལ་ནན་གྱིས་བསྒོམ་པ་སོགས་ཚད་མ་སྙན་བརྒྱུད་བཞིས་གདམས་ངག་གི་སྤྲོས་པ་ཐམས་ཅད་བཅད་དེ། སྤྱིར་རྒྱལ་བའི་གསུང་རབ་མཐའ་དག་གི་ཉམས་ལེན་དང་། ཁྱད་པར་གསང་སྔགས་བླ་མེད་ཀྱི་ལམ་གྱི་བགྲོད་ཚུལ་ལ་འཇིག་པ་མེད་པ་རང་བྱུན་

ཚུད་པར་མཛད་དེ་མཁས་གྲུབ་གཉིས་ལྡན་གྱི་གོ་འཕང་ལ་མངའ་དབང་འབྱོར། དེ་ལས་སློབ་པ་ཉམས་ལེན་ལ་རྩེ་གཅིག་ཏུ་གཞོལ་བར་མཛད་དེ་གཞི་ལམ་འབྲས་བུའི་ཟབ་ཁྱད་ཀྱི་ངོ་སྤྲོད་པའི་མདོན་སྤྱོད་སོགས་ཕྲིན་ལས་ཆེན་པོ་བཞིའི་ཉིང་སྙིམ་མཐར་ཕྱུག་རྒྱ་ཆེན་པོ་མཆོག་གི་དངོས་གྲུབ་ཏུ་འགྱུར་བའི་བསྙེན་སྒྲུབ་ལས་གསུམ་བསྲུང་བཟློག་བསད་གསུམ་གྱིས་བསྡུས་པ་རྣམས་ལ་ཐུན་མོང་དུ་ཟབ་པའི་གནད་ལྡ་དང་། ཁྱད་པར་གྱི་མན་ངག་གི་སྒྲུབ་སྐོར་བསྐྱེད་རྫོགས་སོ་སོར་སྦྱོར་ཚུལ་དང་བཅས་པ་ཉམས་ཁྲིད་སྐྱོང་བར་མཛད་པས། གཞུང་དང་མཐུན་པའི་རྟགས་འཕྲུལ་དུ་ཡིད་ཆེས་ཀྱི་མཚན་མ་དང་བཅས་པ་བྱུང་ཞིང་། དེ་ནས་བདེ་ཡངས་ཀྱི་ཆོས་ཁྲི་མཐོན་པོ་ལ་མངའ་གསོལ་ཏེ་ལོ་བཅོ་ལྔ་གདན་ས་བསྐྱངས་ཏེ་མཚན་ཉིད་གྲྭ་སར་སློབ་གཉེར་ལ་ཡོད་པ་རྣམས་ལ་བདེ་ཡངས་ཀྱི་ཆོགས་སྒྲལ་གཏོང་བའི་སྲོལ་གསར་འཛུགས་དང་། སོ་ཐར་རིགས་བདུན་གྱི་སྡོམ་པ་འབོགས་ཆོག །གཞི་གསུམ་གྱི་ཕྱག་ལེན་རྣམས་ལ་དག་སྦྱོར། གཞན་ཡང་པར་ཕྱུ་དང་། འདར་གྱི་གདན་ས། རྫོ་མཐོང་སྨོན་དགོན་སོགས་སུ་བྱོན་ནས་མདོ་རྒྱུད་རྒྱུད་སྡེ་རབ་འབྱམས་ཀྱི་ཆོས་ཀྱི་འཁོར་ལོ་བར་མེད་དུ་བསྐོར་ཞིང་། དེ་ལས་ལྷག་པར་དུ་སྐལ་ལྡན་གྱི་ལས་སློབ་རྣམས་ལ་གསུང་ངག་རིན་པོ་ཆེ་ལམ་འབྲས་བུ་དང་བཅས་པ་སློབ་བཤད་ཀྱི་དབང་ཁྲིད་ལུང་མན་ངག་དང་བཅས་པ་ཚར་དུ་མ་བསྐྱལ་ཏེ། མཆོག་སྤྲུལ་བསོད་ནམས་རྒྱ་མཚོ་སོགས་འཁོར་གདུལ་བྱ་དུ་མ་སྨིན་གྲོལ་གྱི་ལམ་ལ་བཀོད། ལྷ་སའི་མཆོད་མཇལ་དུས་ཇོ་བོ་ཤཱཀྱ་མུ་ནེ་ལ་གོས་ཆེན་གྱི་སྣམ་སྦྱར་བཟང་པོ་གཅིག་དང་། འཕགས་པ་རང་བྱུང་ལྔ་ལྡན་ལ་བཀྲ་ཤིས་ཀྱི་ལྷ་རྫས་ཕྱུག་ཏུ་འབྲེལ་བ་སོགས་དང་། དཀར་མེ། མཆོད་འབུལ། མཆོད་འབུལ་དང་། བྱང་ཆུབ་ཏུ་ཐུགས་བསྐྱེད་པ་ཚོགས་གསལ་འདེབས་ཀྱི་ཐུགས་དམ། རང་གཞན་གྱི་དོན་དུ་སྨོན་ལམ་རྒྱ་ཆེན་པོ་གནང་བས་མཆོན་དབུས་གཙང་གི་རྟེན་མཆོག་རྣམས་ལ་མཆོད་འབུལ་དང་མང་འགྱེད་སོགས་རྒྱ་ཆེར་མཛད་དེ་འདི་ཕྱི་དོན་དང་ལྡན་པར་བགྱིས། དེ་ལྟར་རྒྱལ་བའི་བསྟན་པ་རིན་པོ་ཆེ་འདི་ཉིད་འཆད་རྩོད་རྩོམ་གསུམ་གྱི་སྒོ་ནས་ནམ་ལངས་ཀྱི་ཉི་ཤར་ལྟར་དར་ཞིང་རྒྱས་པར་མཛད་དེ། མཐར་དགུང་གྲངས་བདུན་ཅུ་དོན་གསུམ་པ་བོད་རབ་བྱུང་བཅུ་པའི་ས་མོ་ཕག་གི་ལོ་སྟེ་སྤྱི་ལོ་༡༥༨༨ལོར་དགོངས་པ་ཆོས་དབྱིངས་སུ་བསྡུས་པ་ཡིན་ནོ། །

༈ མེ་ཏྲི་དོན་གྲུབ་རྒྱལ་མཚན།

ཁོང་ནི་བོད་རབ་བྱུང་དགུ་པའི་མེ་ཕོ་ཁྲི་ཡི་ལོ་སྟེ་སྤྱི་ལོ་༡༥༢༦ལོར་བོད་དབུས་གཙང་རུ་བཞི་ལས་རོང་གཡག་སྡེ་རུ་ཡབ་བོད་ཆོས་རྒྱལ་གྱི་གདུང་རྒྱུད་བཞེས་གཉེན་བཟང་པོ་དང་། ཡུམ་ཡེ་ཤེས་ཀྱི་མཁའ་འགྲོ་མ་བུ་འདྲེན་རྒྱལ་མོ་གཉིས་ཀྱི་སྲས་སུ་ངོ་མཚར་བའི་དགེ་མཚན་དུ་མ་དང་བཅས་ཏེ་གཟུགས་སྐུ་ཆུ་ཤེལ་གྱི་དབང་པོ་མངོན་པར་བཞད་མ་ཐག་ལྷུགས་ཀྱི་དཀྱིལ་འཁོར་དུ་ཨ་ཡིག་ཤིན་ཏུ་གསལ་བ་རང་བྱུང་དུ་དོད་ཅིང་། སྐུ་ན་ཆུང་དུའི་དུས་ནས་དམ་པའི་བག་ཆགས་རང་ཆས་སུ་སད། དགུང་ལོ་བདུན་པར་ཡི་གེ་འབྲི་ཀློག་བསླབ་པས་ཐོགས་མེད་དུ་མཁྱེན་པ་བྱུང་། མཁས་མཆོག་ཤཱཀྱ་བློ་ལྡན་གྱི་མདུན་ནས་ནི་གུ་ཆོས་དྲུག་དང་། སུ་ཁ་ཆོས་དྲུག་ལ་གསན་སྦྱངས་མཛད། དགུང་ལོ་བཅོ་ལྔ་པར་འབུམ་རབ་འབྱམས་པ་ཤེས་རབ་རྒྱལ་མཚན་གྱི་དྲུང་དུ་ཁྲིམ་པའི་རྟགས་མཐའ་དག་གཞི་མདོའི་རྒྱ་ལྟར་དོར་ཞིང་། དྲུར་སླིག་གི་རྒྱལ་མཚན་སོགས་རབ་ཏུ་བྱུང་བའི་རྟགས་ཡང་དག་པ་བཞེས་པའི་སྒོ་ནས་བར་མ་རབ་བྱུང་གི་སྡོམ་པ་བཞེས་ཏེ། མཚན་མེ་ཏྲི་དོན་གྲུབ་རྒྱལ་མཚན་དཔལ་བཟང་པོར་གསོལ། དགུང་ལོ་བཅུ་དྲུག་པར་དཔལ་འབྲས་ཡུལ་སྐྱིད་ཚལ་གྱི་ཆོས་གྲྭ་ཆེན་པོར་ཕྱིན་ཏེ། དགེ་འདུན་འདུས་པ་རྒྱ་མཚོའི་ཚོགས་དང་བཅས་པ་ལ་མང་ཇ་གདན་ནོན་གྱི་བསྙེན་བཀུར། འབུལ་བ་འགྱེད་བཅས་བསམ་གྱིས་མི་ཁྱབ་པ་བསྒྲུབས། མཁས་ཤིང་གྲུབ་པ་བརྙེས་པའི་དགེ་བའི་བཤེས་གཉེན་དམ་པ་བྲག་དཀར་རབ་འབྱམས་པ་བསྟན་པ་རབ་རྒྱས་སོགས་ཀྱི་དྲུང་ནས་རྒྱལ་བའི་བཀའ་དང་བསྟན་བཅོས་མཐའ་དག་གསན་ཅིང་། དེ་དག་ལ་ཐོས་བསམ་གྱིས་སྒྲོ་འདོགས་བཅད་དེ་ཕུལ་དུ་ཕྱིན་པའི་མཁས་པ་ཆེན་པོར་གྱུར། དགུང་ལོ་ཉི་ཤུ་རྩ་ལྔ་པར་དཔལ་གཞིས་ཀ་རིན་ཆེན་སྤུངས་པ་ནས་རིགས་ལྡན་སྤྲུལ་པའི་ཆོས་ཀྱི་རྒྱལ་པོའི་བཀའ་ཡིས་བསྐོས་ཏེ། བྱང་ངམ་རིང་གི་ཆོས་གྲྭ་ཆེན་པོར་ཡོངས་སུ་གྲགས་པའི་པོ་ཏི་བཅོ་བརྒྱད། གཞན་ཡང་གསུང་རབ་དུ་མའི་སྐྱེས་འབུལ་བ་དང་བསྟན་པའི་རྣམ་གཞག་ལ་རྩོད་བདའ་མཛད། རྗེ་ཉིད་ཀྱིས་ཆོས་གྲྭ་ཆེན་པོར་དགེ་འདུན་པ་རྒྱ་མཚོའི་དབུས་སུ་རྒྱལ་བའི་གསུང་རབ་མཐའ་དག་དང་། བཀའ་ཆོས་བཅོ་བརྒྱད་ལ་གྲྭ་སྐོར་དང་། ཁྱད་པར་དུ་འདུལ་བ་མདོ་རྩ་ལ་བཤད་པ་ནན་ཆེར་མཛད། དགུང་ལོ་སོ་དགུ་པར་ཆོས་ཀྱི་རྒྱལ་པོ་ངག་དབང་ཆོས་གྲགས་རྒྱལ་མཚན་དཔལ་བཟང་པོས་མཁན་པོ་དང་། མཁས་གྲུབ་སངས་རྒྱས་སེང་གེས་ལས་སློབ་དང་། འཇུན་པ་ཆོས་རྗེས་གསང་སྟེ་སྟོན་པ་མཛད་དེ་མཁས་བཙུན་བཟང་གསུམ་གྱིས་ཐུགས་རྒྱུད་གཏམས་པའི་དད་པའི་དགེ་འདུན་གྲངས་ཚང་གི་དབུས་སུ་བསྙེན་པར་རྫོགས་པའི་དགེ་

སློང་གི་དངོས་པོ་ཡང་དག་པར་བཞེས། བར་སྐབས་སུ་རྐྱེན་འགའ་ཞིག་ལ་བརྟེན་ནས་ཚར་ཆེན་ཆོས་ཀྱི་རྒྱལ་པོ་བློ་གསལ་རྒྱ་མཚོ་གྲགས་པ་རྒྱལ་མཚན་དཔལ་བཟང་པོའི་དྲུང་དུ་ཕྱིན་ཏེ། ལུས་ངག་ཡིད་གསུམ་གཅིག་ཙར་ཕུལ། མཉེས་པ་གསུམ་གྱི་སྒོ་ནས་མཉེས་པར་མཛད་ནས། རྣལ་འབྱོར་དབང་ཕྱུག་གྲུབ་ཆེན་བི་རཱུ་པའི་ཐུགས་བཅུད། རྗེ་བཙུན་ས་སྐྱ་པ་ཡབ་སྲས་ལ་ཚད་མ་སྐན་བརྒྱད་བཞི་བར་མ་ཆད་པར་བཞུགས་པའི་ཉམས་བཞེས་ཀྱི་གཙོ་བོ་རྗེ་འདི་ཉིད་ལ་བརྒྱུད་པ་གསུམ་འདུས་ཀྱི་གཙོ་བོ་གཅིག་ཏུ་འདུས་ཤིང་། ཁྱད་པར་རྗེ་སེམས་དཔའ་ཆེན་པོས་གཞན་ལ་ཆེར་མ་གནང་བའི་གདམས་པ་གསུང་ངག་རིན་པོ་ཆེ་སློབ་བཤད་དང་། དེའི་བོགས་འདོན་གེགས་སེལ་སོགས་ཐུན་མོང་མ་ཡིན་པ་ཕྲ་ཞིང་ཕྲ་བ་ནས་ཕྱག་ཁྲིད་ཉམས་ཁྲིད། ཚོགས་ཁྲིད་བཅས་དཀའ་གནད་ཀྱི་བཤད་པ། ལམ་སྐོར་ཕྱི་མ་བརྒྱད་སོགས་གསན་སྦྱངས་བགྱིས་ཏེ་ཆེས་ཆེར་སྒྲོ་འདོགས་ཆོད་པར་མཛད་པས། ཕྱི་ནང་གསང་བའི་དེ་ཁོ་ནའི་རྟེན་འབྲེལ་མཐའ་དག་གཅིག་ཙར་འགྲིག་སྟེ། ཚད་མ་སྐན་བརྒྱད་བཞིའི་མངའ་བདག་ཆེན་པོར་བཞུགས། གཞན་ཡང་སྔ་གཞུག་རྣམས་སུ་འཇམ་དབྱངས་ཁྲི་བའི་དབང་པོ། སྤྱན་སྔ་ངག་དབང་ཆོས་གྲགས། མཁས་བཙུན་དམ་པ་རིན་པོ་ཆེ་ལྷ་བཙུན་པ། ཟབ་དོན་དུ་མའི་གཏེར་མཛོད་སྟག་ལུང་རིན་པོ་ཆེ་ཀུན་དགའ་བཀྲ་ཤིས། འཇམ་དབྱངས་མཁྱེན་བརྩེའི་དབང་ཕྱུག་ཡབ་སྲས་གཉིས། རྗེ་རྡོ་རྗེ་འཆང་ཆེན་པོའི་རྒྱས་ཀྱི་དཔོན་པོ་སངས་རྒྱས་སེང་གེ་སོགས་ཡོངས་འཛིན་དམ་པ་ཉེར་གཅིག་མཉེས་པ་གསུམ་གྱི་སྒོ་ནས་མཉེས་པར་མཛད་དེ། འཕགས་ཡུལ་ནས་བཀའ་འགྱུར་རོ་ཅོག་དང་། བོད་ཡུལ་ན་གྲགས་པའི་རྡོ་རྗེ་ཐེག་པའི་ཆོས་ཚུལ་ཕལ་མོ་ཆེ་གསན་པར་མཛད་དེ། ལུང་རིགས་ཀྱི་ལམ་ནས་ལེགས་པར་དྲངས་ཤིང་སྐན་བརྒྱད་ཀྱི་གདམས་པས་བརྒྱན་ནས་ཐུགས་སུ་ཆུད། དེ་དག་གི་སྙིང་པོའི་བཅུད་སྦྲོས་བཅས་དང་སྦྲོས་མེད་ཀྱི་ཉམས་ལེན་གྱི་རིམ་པ་ཟབ་མོ་རྣམས་ལ་རྩེ་གཅིག་ཏུ་ཉམས་སུ་བླང་བར་མཛད་པའི་མཐུས་སོ་སོའི་གཞུང་ལུགས་ནས་བཤད་པའི་ཉམས་རྟོགས་རྣམས་ཇི་ལྟ་བ་བཞིན་ཐུགས་རྒྱུད་ལ་འཁྲུངས་ཤིང་། ཐ་མལ་གྱི་སྣང་ཞེན་གྱི་དྲི་མ་དག་སྟེ། ལམ་བསྐྱེད་པའི་རིམ་པ་དང་། རྡོ་རྗེ་སྔགས་ཀྱི་བཟླས་བརྗོད་མཐར་ཕྱིན་པས། མཁའ་འགྲོ་ཆོས་སྐྱོང་རྣམས་ཐན་དུ་ཁོལ། གྱ་ནོམ་ལྷར་ཞེན་གྱི་རྣམ་རྟོག་དག་སྟེ། བརྗོད་བྲལ་ལྷན་ཅིག་སྐྱེས་པའི་རྟོགས་པ་མངོན་དུ་གྱུར་ཏེ། མཁས་གྲུབ་གཉིས་ལྡན་གྱི་གོ་འཕང་ལ་མངའ་དབང་འབྱོར། དེ་ལ་སྔ་གཞུག་རྣམས་སུ་ཉེ་བ་སྲད་བྲག །བདེ་བ་ཅན། པདྨ་ཆོས་སྡིངས། སྤྲ་ཕུ་སོགས་སུ་བྱོན་ནས་འཆད་རྩོད་རྩོམ་གསུམ་གྱི་སྒོ་ནས་རྒྱལ་བའི་བསྟན་པ་རིན་པོ་ཆེ་འདི་ཉིད་སྒོ་ཀུན་ནས་དར་ཞིང་རྒྱས་པར་མཛད་པས། རྗེས་སུ་བཟུང་ཞིང་བཀའ་དྲིན་ཐོབ་པའི་ཞལ་

སློབ་ཀྱང་བསམ་གྱིས་མི་ཁྱབ་པ་ཡོད་པ་རྣམས་ནི་བགྲང་བར་མི་ནུས་ན་ཡང་། འདིར་རགས་ཙམ་བརྗོད་ན། ཕན་ཚུན་བཀའ་དྲིན་རྗེས་སུ་ནོད་པའི་དམ་པ་བདུན་ནི། སྤྲུལ་པའི་སྐུ་མཆོག་བསོད་ནམས་རྒྱ་མཚོ། མཁས་བཙུན་དམ་པ་རིན་པོ་ཆེ་ལྷ་བཙུན་པ། མཁན་ཆེན་གཞོན་ནུ་བློ་གྲོས། མཁན་རིན་པོ་ཆེ་བསླབ་གསུམ་པ། མཁས་བཙུན་དམ་པ་བཀྲ་ཤིས་རིན་ཆེན་པ། མཁན་ཆེན་དམ་པ་བྱམས་པ་བསྟན་པ་རབ་རྒྱས། མཁས་དབང་རྣམ་རྒྱལ་བཟང་པོ། གཞན་ཡང་ཡོངས་སུ་གྲགས་པའི་མཁས་པ་ཆེན་པོ་བཞི་སོགས་མཁས་གྲུབ་གཉིས་ལྡན་གྱི་སློབ་མ་དུ་མ་བསྐྱུན་ནས་དེ་དག་གིས་ཀྱང་རྒྱལ་བའི་བསྟན་པ་རིན་པོ་ཆེ་ནམ་ལངས་ཀྱི་ཉི་མ་ཤར་བ་ལྟར། ཕྱོགས་བཅུར་རྒྱས་པར་མཛད་ཅིང་མཁྱེན་རབ་མཆོག་ཏུ་ཡངས་ཤིང་རྒྱལ་ཆེན་རྣམ་ཐོས་སྲས་ཀྱི་བཀའ་བབས་པ་སྟག་ལུང་དཔོན་སོགས་སྡེ་དཔོན་རིགས་ཕལ་མོ་ཆེས་མཆོད་ཅིང་བཀུར་བ་སོགས་ལ་བརྟེན་ནས། འདོད་ཡོན་གྱི་དངོས་པོ་གང་བྱུང་ཐམས་ཅད་དཔལ་ལྡན་ས་སྐྱ་སོགས་དབུས་གཙང་གི་དགོན་སྡེ་དང་གནས་ཆེན་རྣམས་སུ་ཕྱིན་ཏེ་རྟེན་གསུམ་ལ་མཆོད་འབུལ་དང་། དགེ་འདུན་འདུས་པའི་སྡེ་ལ་འགྱེད་མང་ཇ་སོགས་མཛད་དེ་བསྟན་པ་དར་ཞིང་རྒྱས་པ་དང་། སེམས་ཅན་རྣམས་བདེ་ཞིང་སྐྱིད་པ་དང་། མྱུར་དུ་སངས་རྒྱས་ཀྱི་གོ་འཕང་ཐོབ་པའི་སྨོན་ལམ་རྒྱ་ཆེར་གནང་ནས་འདི་ཕྱི་དོན་དང་ལྡན་པར་མཛད། དེ་ལྟར་དམ་པ་འདི་ཉིད་ཀྱི་སྐུ་ཚེ་ཧྲིལ་པོར་རང་དོན་དུ་ཐོས་བསམ་སྒོམ་གསུམ། གཞན་དོན་དུ་འཆད་རྩོད་རྩོམ་གསུམ། གཉིས་དོན་དུ་བཤད་སྒྲུབ་ལས་གསུམ་འབའ་ཞིག་གིས་དུས་འདའ་བར་བགྱིས་ནས། མཐར་དགུང་གྲངས་དྲུག་ཅུ་རེ་གཅིག་པ་བོད་རབ་བྱུང་བཅུ་པའི་མེ་མོ་ཕག་གི་ལོ་སྟེ་སྤྱི་ལོ་༡༥༢༧ལོར་དགོངས་པ་ཞི་དབྱིངས་སུ་གཤེགས་པའི་ཚུལ་བསྟན་པ་ཡིན་ནོ། །

༈ བསླབ་གསུམ་རྒྱལ་མཚན།

ཁོང་ནི་བོད་རབ་བྱུང་དགུ་པའི་མེ་ཕོ་ཁྱི་ཡི་ལོ་སྟེ་སྤྱི་ལོ་༡༥༢༦ལོར་འོ་ཡུག་ཅེས་པའི་སྐལ་ལྡན་ལྗོངས་སུ་ཡབ་རིགས་ཀྱིས་མངོན་པར་མཐོ་བ་རྒྱ་ལྷ་དང་། ཡུམ་ཡེ་ཤེས་ཀྱི་མཁའ་འགྲོ་མ་གཉིས་ཀྱི་སྲས་སུ་ངོ་མཚར་བའི་ལྟས་དུ་མ་དང་བཅས་ཏེ་གཟུགས་སྐུ་ཆུ་ཤེལ་གྱི་དབང་པོ་མངོན་པར་བཞད་ཅིང་མཚན་འཚོ་རྒྱལ་དུ་གསོལ། དམ་པ་འདི་ཉིད་ནི་སྔོན་གྱི་བག་ཆགས་བཟང་པོས་བརྟས་པའི་དབང་གིས་ཐུགས་རིག་དྭངས་ཤིང་། ཐ་མལ་གྱི་སྤྱོད་པ་དང་བྲལ་བ། གཟིགས་སྣང་

མང་པོས་དུས་འདའ་བ་ཞིག་ཡོད་པས། ཡི་གེ་འབྲི་ཀློག་སོགས་བརྡ་བསྟན་པ་ཙམ་གྱིས་མཁྱེན་པ་བྱུང་། དེ་ནས་སྔིངས་མ་མཁན་པོ་གྲུབ་པའི་དབང་ཕྱུག་དྲུང་པ་
འགའ་ཆེ་བའི་ཞལ་སྔ་ནས་མཁན་སློབ་གྲངས་ཚང་གི་དབུས་སུ་རབ་ཏུ་བྱུང་བ་དགེ་ཚུལ་གྱི་སྡོམ་པ་བཞེས་ཏེ་མཚན་བསླབ་གསུམ་རྒྱལ་མཚན་དབང་པོ་ཞེས་
གསོལ། བསླབ་བྱའི་གནས་མཐའ་དག་ལ་ཉེས་ལྟུང་གི་དྲི་མས་མ་གོས་པའི་འདུལ་བ་འཛིན་པ་རྣམ་པོའི་བརྟུལ་ཞུགས་ལ་གནས་པར་མཛད་དེ། མཁན་པོ་དེ་
ཉིད་དང་ཆོས་རྗེ་ལེགས་ལྡན་པ་སོགས་ལ་གསང་སྔགས་གསར་རྙིང་དང་འབྲེལ་བའི་སྨིན་བྱེད་རྒྱུ་དབང་མཚན་ཉིད་དང་ལྡན་པ་གསན་ཏེ། ཕྱུང་ཁམས་སྐྱེ་མཆེད་
ཐམས་ཅད་བདེ་བར་གཤེགས་པའི་ས་བོན་ལེགས་པར་ཐེབས་ཤིང་། མི་རིང་བར་མཚན་ཉིད་ལ་བསླབ་པར་བཞེད་ནས་དཔལ་འབྲས་ཡུལ་སྐྱིད་ཚལ་འོག་ཏུ་
བྱོན་ཏེ་མཁས་གྲུབ་དམ་པ་ཆོས་ཀྱི་རྗེ་བློ་གྲོས་ཆོས་འཕགས་པའི་ཞབས་པད་བསྟེན་ནས། ཕར་ཕྱིན་ལ་རྩ་སློབ་མཛད་དེ། ལུང་ཆེན་པ་སྟོན་པ་བཟང་ཞིང་།
ཐུགས་རིག་མངའ་བའི་ཚད་དང་ཀུན་གྱིས་དགེ་བཤེས་བསླབ་གསུམ་པ་ཞེས་ཕས་རྒོལ་རྨེག་མེད་འཇོམས་པའི་མཁས་པའི་གྲགས་པས་ཁྱབ་པར་གྱུར། བར་
སྐབས་ཤིག་ཏུ་སྐྱིད་ཚལ་ནས་གཙང་དུ་བསོད་སྙོམས་ལ་བྱོན་པ་དང་ཐམས་ཅད་མཁྱེན་པ་མཁྱེན་བརྩེའི་དབང་ཕྱུག་སྔིངས་མར་མཁན་པོར་ཕེབས་པ་དང་དུས་
མཚུངས་པར་ཞལ་མཇལ་བ་དང་དེ་གའི་ཡིད་ལ་གཞན་གྱིས་འཕྲོག་པར་མི་ནུས་པའི་ཐུགས་དང་ཆེན་པོ་བསམ་གྱིས་མི་ཁྱབ་པ་བྱུང་བ་ལ་བརྟེན་ནས་མདོ་
ཕྱོགས་ཀྱི་གསན་སྦྱོང་གི་འཕྲོ་ཡང་བཞག །བསོད་སྙོམས་ཀྱི་སྨུ་ཡང་ཙམ་དེ་བཞག་ནས་མ་བསྐྱངས་པར་དུས་དེ་ནས་བཟུང་སྟེ། བླ་མ་དམ་པ་དེའི་ཞབས་ལ་
གཏུག་པར་མཛད་དེ་སྔགས་ཀྱི་ཆོས་ཚུལ་རྒྱ་མཚོ་ལྟ་བུ་གསན་བསམ་མཛད། གཞན་ཡང་བདག་ཆེན་ངག་གི་དབང་ཕྱུག །རྒྱལ་དབང་ཐམས་ཅད་མཁྱེན་པ་ཚར་
ཆེན་ཆོས་ཀྱི་རྒྱལ་པོའི་ཞལ་སྔ་ནས་ཀྱང་། གསུང་ངག་རིན་པོ་ཆེ་སློབ་བཤད་ཐུན་མོང་མ་ཡིན་པ་གཙོ་བོར་གྱུར་པའི་གསེར་ཆོས་བཅུ་གསུམ་དང་ནག་པོ་ཆེན་པོ་
རྣམ་གཉིས་དང་། ཤངས་ཆེན་རྣམ་པ་ལྔ་སོགས་ཟབ་རྒྱས་ཀྱི་ཆོས་ཚུལ་དུ་མ་དང་། གཏེར་སྟོན་ཆེན་པོ་རིག་འཛིན་རྡོ་རྗེ་ཉིད་ལས་རང་བཞིན་རྫོགས་པ་ཆེན་པོ་
དགོངས་པ་ཟང་ཐལ་ལ་སོགས་པའི་བཀའ་གཏེར་གྱི་ཆོས་དཔག་ཏུ་མེད་པ་དང་། ཁྱད་པར་དུ་བོད་ཀྱི་ཡུལ་འདིར་ཆོས་ཚུལ་ཧེ་སྐྱེད་པའི་སྲོག་ཤིང་དམ་པ།
འགྲན་གྱི་ཟླ་ཐམས་ཅད་དང་བྲལ་བ། རིགས་ཐམས་ཅད་ཀྱི་བདག་པོ། དཀྱིལ་འཁོར་ཀུན་གྱི་གཙོ་བོ་རྡོ་རྗེ་འཆང་མཁྱེན་བརྩེའི་དབང་ཕྱུག་བསྟན་པའི་རྒྱལ་
མཚན་དཔལ་བཟང་པོ་ཉིད་ལས། གསུང་ངག་རིན་པོ་ཆེ་ཚོགས་བཤད་ཚར་གཅིག་དང་། སློབ་བཤད་ཚར་གཉིས། དེ་དག་དང་འབྲེལ་བའི་སྨིན་བྱེད་ཀྱི་དབང་།

བྱིན་རླབས། རྗེས་གནང་། གླེགས་བམ་སོགས་ལུང་སྐོར་དུ་མ་དང་བཅས་ལམ་བསྐོར་ཡོངས་སུ་རྫོགས་པ་དང་། ལམ་བསྐོར་ཕྱི་མ་བརྒྱད་ཆ་ལག་དང་བཅས་པ་ཟབ་དོན་སྙན་བརྒྱུད་ཇི་སྙེད་པ་དང་། ས་བཀའ་རྙིང་གསུམ་གྱི་ཆོས་ཚུལ་རྒྱ་མཚོ་ལྟ་བུ་ལ་གསན་སྦྱངས་མཐར་ཕྱིན་མཛད། གཞན་ཡང་རྗེ་བཙུན་སངས་རྒྱས་སེང་གེ །གློ་ཆེན་ཀུན་དགའ་གྲོལ་མཆོག །ངོར་ཆེན་དཀོན་མཆོག་ལྷུན་གྲུབ། མཁན་ཆེན་དཀོན་མཆོག་དཔལ་ལྡན། གྲུབ་པའི་དབང་ཕྱུག་བསྟན་འཛིན་ཉི་ཟླ་བཟང་པོ། འཇམ་དབྱངས་བཀྲ་ཤིས་རྒྱལ་མཚན། གྲུབ་པའི་དབང་ཕྱུག་པཎ་ཆེན་ལྷ་དབང་བློ་གྲོས་སོགས་མཁས་ཤིང་གྲུབ་པ་བརྙེས་པའི་དགེ་བའི་བཤེས་གཉེན་དུ་མའི་ཞབས་རྡུལ་སྤྱི་བོར་བླངས་ཏེ། མཉེས་པ་གསུམ་གྱི་སྒོ་ནས་མཉེས་པར་མཛད་པའི་མཐུས། དེ་དག་ལ་མངའ་བའི་སྡེ་སྣོད་གསུམ་དང་རྒྱུད་སྡེ་བཞི་དང་འབྲེལ་བའི་ཚུལ་བསམ་པའི་ར་བ་ལས་འདས་པ་ལ་གསན་བསམ་མཐར་ཕྱིན་མཛད། གསན་པ་དེ་དག་ཀྱང་མིང་རྐྱང་དུ་མ་སོང་བའི་ཚིག་དང་དོན་གྱི་ཆ་ལ་སྒྲོ་འདོགས་ཐམས་ཅད་ཡོངས་སུ་ཆོད་པར་མཛད་ནས་དོན་རྩེ་གཅིག་ཏུ་ཉམས་སུ་བཞེས་པས་ཐུགས་རྒྱུད་ལ་སྤྱང་རྟོགས་ཀྱི་ཡོན་ཏན་གཞལ་དུ་མེད་པ་མངའ་ཞིང་། རྡོ་རྗེ་འཆང་ཚར་ཆེན་ཡབ་སྲས་ཀྱི་དྲུང་དུ་བཀའ་ཆོས་གསན་པའི་སྐབས་མ་གཏོགས། ཕལ་ཆེར་དཔལ་སྤྱུག་རྣམ་པར་གྲོལ་བའི་དབེན་གནས། བོ་དོང་གི་དགོན་ཁྲ་བོ་སོགས་སུ་སྐུ་མཚམས་ཁོ་ན་མཛད་ཅིང་ཐུགས་དམ་བསྐྱེད་རྫོགས་སུ་མཛད་པའི་རིམ་པ་དུ་མ་ལ་མངའ་དབང་འབྱོར། དགུང་ལོ་བཞི་བཅུ་ཞེ་བཞི་པར་མཉན་ཡོད་བྱ་གཤོང་གི་ཆོས་གྲྭ་ཆེན་པོར་འདུལ་བ་འཛིན་པ་ཆེན་པོ་འཇམ་དབྱངས་སངས་རྒྱས་རྒྱལ་མཚན་གྱིས་མཁན་པོ་མཛད་དེ་མཁན་སློབ་གྲངས་ཚང་གི་དབུས་སུ་བསྙེན་པར་རྫོགས་པར་མཛད་དེ། བཅས་དང་རང་བཞིན་གྱི་ཉེས་ལྟུང་ཕྲ་མོས་མ་གོས་པའི་གནས་བརྟན་འདུལ་བ་འཛིན་པ་ཆེན་པོར་གྱུར། དེ་ལྟར་ལུང་དང་རྟོགས་པའི་ཡོན་ཏན་དུ་མས་ཐུགས་རྒྱུད་གཏམས་ཤིང་། འགྲོ་བ་ཀུན་གྱི་སྐྱབས་མགོན་གྱི་ངོས་སུ་གྱུར་པ། རྡོ་རྗེ་འཆང་མཁྱེན་བརྩེའི་དབང་ཕྱུག་གཞན་སྣང་གཟུགས་ཀྱི་སྐུ་བསྟུས་པའི་ཚུལ་བསྟན་པས། དེ་ཉིད་ཀྱི་སྐུས་འདུལ་བར་མ་གྱུར་པའི་གདུལ་བྱའི་ལྷག་མ་རྣམས་འཆད་རྩོད་རྩོམ་གསུམ་གྱི་སྒོ་ནས་སྐྱོང་བར་བཞེད་དེ། ལོ་དེའི་ཟླ་བ་བཞི་པའི་ཡར་གྱི་དུས་ཆེས་བཟང་པོ་ལ། སྟོན་བཤེས་གཉེན་སྨུ་ཊ་ཆེན་པོས་བདག་གིར་མཛད་ཅིང་། མཁས་གྲུབ་དམ་པ་དུ་མས་བྱིན་གྱིས་བརླབས་པའི་གནས་དཔལ་བོ་དོང་ཨེའི་ཆོས་གྲྭ་ཆེན་པོའི་གདན་སར་མངའ་གསོལ་ཏེ། ཐམས་ཅད་མཁྱེན་པ་ཉིད་ཀྱིས་ཇི་ལྟར་མཛད་པའི་ཚུལ་དང་མཐུན་པར་ཆོས་ཀྱི་རྒྱལ་སྲིད་ལེགས་པར་བསྐྱངས་ནས་བསྟན་པའི་སྦྱིན་བདག་ཆེན་པོའི་དགོངས་བཞེད་དང་མཐུན་པར་ཆོས་རྗེ་ཐམས་ཅད་མཁྱེན་པ་དེ་

ཉིད་ཀྱི་མཆོད་པ་ཆེན་པོ་འཛུགས་པར་དགོངས་ནས། འཇིགས་བྱེད་རོ་ལངས་བཅུ་གསུམ་མའི་སྒྲུབ་མཆོད། དུས་འཁོར་ལྷ་ལུགས་ཇོ་ལུགས་སོགས་ཀྱི་སྒྲུབ་མཆོད་དང་། གཞན་ཡང་ཞོང་ཞོང་མ་དང་། རམ་སྡིངས་སོགས་གནས་ཆེན་རྣམས་སུ་འཕགས་པ་ཐུགས་རྗེ་ཆེན་པོ་བྱང་གཏེར་ལུགས་འགྲོ་བ་ཀུན་གྲོལ་གྱི་སྒྲུབ་མཆོད་སོགས་སྒྲུབ་མཆོད་དུ་མ་བཙུགས་ཤིང་། ཆོས་རྗེ་རིག་པའི་དབང་ཕྱུག་དང་། ཆོས་རྗེ་ཉིན་མོ་བ་སོགས་དགེ་བའི་བཤེས་གཉེན་དུ་མ་དང་ཁམས་གཙང་གི་གྲྭ་བ་མང་པོ་སོགས་གཞི་བྱེས་ཀྱི་དད་ལྡན་དུ་མ་ལ། དཔལ་ཀྱེ་རྡོ་རྗེ། བདེ་མཆོག་ནག་པོ་པ། རྡོ་རྗེ་འཇིགས་བྱེད་སོགས་དབང་མང་པོ་དང་། གསང་འདུས་རིམ་ལྔ། རོ་འཁྲིད་མཁའ་འགྲོའི་སྙན་བརྒྱུད། གུར་ཞལ་ཕྱི་ནང་གི་ཁྲིད་སོགས་གྲོལ་བྱེད་ཀྱི་ཁྲིད་མང་པོ། གསང་སྔགས་རྙིང་མའི་ཕྱོགས་ཀྱི་དབང་། ལུང་བྱིན་རླབས། བཀའ་གཏད་སོགས་ཆོས་ཀྱི་ཕྲིན་ལས་བསམ་གྱིས་མི་ཁྱབ་པས་དུས་འདའ་བར་མཛད། དགུང་ལོ་བཞི་བཅུ་ཞེ་དགུ་པ་ནས་བཟུང་། གསུང་ངག་རིན་པོ་ཆེ་སློབ་བཤད་ཐུན་མོང་མ་ཡིན་པ་ཆ་ལག་ཡོངས་སུ་ཚང་བ་དང་བཅས་པ་སྨིན་གྲུས་སུ་བསྐྱལ་ཞིང་། མདོར་ན་རྡོ་རྗེ་འཆང་ཚར་ཆེན་ཡབ་སྲས་ཀྱི་སྙན་བརྒྱུད་ཀྱི་བསྟན་པ་ཉིན་མོ་ལྟར་གསལ་བར་མཛད་ཅིང་། གསུང་ངག་སློབ་བཤད་ཀྱི་ཆོས་ཚུལ་དེང་སང་གི་བར་དུ་མ་ཉམས་པར་བཞུགས་པ་ནི་རྗེ་འདིའི་བཀའ་དྲིན་དུ་ངེས་སོ། །དེ་ལྟར་དམ་པ་འདི་ཉིད་ཀྱིས་གསར་རྙིང་མཐའ་དག་གི་དབང་། ལུང་། ཁྲིད། བཤད་པ། མན་ངག །ཞལ་གདམས་སོགས་ཐམས་ཅད་ལ་དཔེ་མཁྱུད་དང་སླ་ཆོས། གཟུ་ལུམ་དུ་མ་སོང་བར་ཕྱག་ཁྲིད་ཞལ་ཤེས་སུ་བྱས་པས། མ་འཁྲུལ་བ། མ་ཆད་པ། མ་ལྷག་པ། གསལ་ཞིང་གོ་བདེ་བ། འབྲེལ་ཆགས་ཤིང་སྐབས་སུ་བབ་པའི་ཆོས་ཚུལ་དུ་མས་རང་རང་གི་བློ་དང་མཐུན་པར་བཀྲི་བར་མཛད་པས། གསུང་ལས་སྐྱེས་པའི་ཞལ་སློབ་ཀྱི་རིམ་པ་ཡང་། ཆོས་རྗེ་རིན་པོ་ཆེ་དབང་ཕྱུག་པ་དང་། ཆོས་རྗེ་ཉིན་མོ་བ། རྗེ་དྲུང་ཆོས་དབང་རིན་ཆེན་མཚུངས་མེད་བླ་མ་དམ་པ་ཀླུ་སྒྲུབ་རྒྱ་མཚོ། གཏེར་སྟོན་རིག་འཛིན་ཆེན་པོ་འ་ཞྭ་ཐུགས་འཆང་དབང་ཕྱུག་རབ་བརྟན་སོགས་མཁས་ཤིང་གྲུབ་པ་བརྙེས་པའི་ཞལ་སློབ་དུ་མ་བསྐྲུན་ཅིང་། གཡེང་བ་ཐམས་ཅད་རྒྱང་བསྲིངས་ཏེ་རིམ་གཉིས་ཟབ་མོའི་ཉམས་བཞེས་ཁོ་ན་ལ་རྩེ་གཅིག་པར་མཛད་དེ། བརྗོད་བྲལ་ལྷན་ཅིག་སྐྱེས་པའི་ཡེ་ཤེས་མངོན་དུ་གྱུར། ལྷག་པའི་ལྷ་རབ་འབྱམས་ཀྱི་ཞལ་གཟིགས་ཤིང་ལུང་བསྟན་དུ་མ་ཐོབ། སྣང་སྲིད་དག་པ་རབ་འབྱམས་སུ་གཟིགས་ནས། མཐར་དགུང་གྲངས་ལྔ་བཅུ་ང་གཉིས་པ་བོད་རབ་བྱུང་བཅུ་པའི་མེ་མོ་གླང་གི་ལོ་སྟེ་སྤྱི་ལོ་༡༥༧༧ལོར་གཞན་སྣང་གཟུགས་སྐུའི་བཀོད་པ་ཆོས་དབྱིངས་བདེ་བ་ཆེན་པོའི་དབྱིངས་སུ་བསྡུ་བའི་ཚུལ་བསྟན་པ་ཡིན་ནོ། །

༄ སྔགས་འཆང་བསོད་ནམས་ཆོས་འཕེལ།

ཁོང་ནི་བོད་རབ་བྱུང་དགུ་པའི་མེ་མོ་ཕག་གི་ལོ་སྟེ་སྤྱི་ལོ་༡༥༢༧ལོར་གཙང་གི་འབྲུ་དགོན་པར་ཡབ་བོད་ཀྱི་རུས་ཆེན་མིའུ་གདོང་དྲུག་གི་དམུ་ལས་གྱེས་པའི་འབྲུ་ཞེས་བྱ་བའི་རུས་ལས་ཆད་པ་ཀུན་དགའ་རིན་ཆེན་གྲགས་པ་རྒྱལ་མཚན་དཔལ་བཟང་པོ་དང་། ཡུམ་ཡེ་ཤེས་ཀྱི་མཁའ་འགྲོ་མ་ཆོས་འཛོམ་རྒྱལ་མོ་གཉིས་ཀྱི་སྲས་སུ་ངོ་མཚར་བའི་ལྟས་དུ་མ་དང་བཅས་ཏེ་སྐུ་འཁྲུངས་ཤིང་མཚན་ལྷུན་གྲུབ་ཚེ་བརྟན་རྡོ་རྗེར་གསོལ། སྐུ་ན་ཆུང་དུའི་དུས་ནས་དམ་པའི་བག་ཆགས་རང་ཆས་སུ་སད་ཅིང་ཡི་གེ་འབྲི་ཀློག་སོགས་ཚེགས་མེད་དུ་མཁྱེན། དགུང་ལོ་བཅུ་གཉིས་པར་མཁན་ཆེན་བསོད་ནམས་དཔལ་འབྱོར་གྱི་དྲུང་ནས་དགེ་བསྙེན་གྱི་བརྟུལ་ཞུགས་མནོས་ཏེ་མཚན་བསོད་ནམས་ཆོས་འཕེལ་དུ་གསོལ། ཚེ་དཔག་མེད་གྲུབ་རྒྱལ་ལུགས་ཀྱི་དབང་ཆོག །སྨན་བླའི་མདོ་ཆོག་སོགས་ལ་གསན་སྦྱོང་མཛད། དགུང་ལོ་བཅུ་གསུམ་པར་མྱུག་ཆོས་སྡེ་ཡོངས་འཛིན་དམ་པ་རྣམས་ཀྱི་ཞབས་སྟེགས་སེང་གེའི་ཁྲི་ལ་བཀོད་དེ་དགུང་ལོ་བཅུ་བདུན་པར་ལུགས་གཉིས་ཀྱི་སློ་ནས་གདན་སའི་བསྟན་པའི་ཕྲིན་ལས་བསྐྱངས། དགུང་ལོ་བཅོ་བརྒྱད་པར་པཎ་ཆེན་གྲགས་པ་ཐོགས་མེད་ཀྱི་མདུན་ནས་འདུལ་བ་ནས་གསུངས་པའི་གསོལ་བཞིའི་ཆོ་གའི་སློ་ནས་དགེ་ཚུལ་གྱི་སྡོམ་པ་ཡང་དག་པར་བཞེས་ཤིང་། དབུ་མ་རྩ་འགྲེལ། མངོན་པ། བཤད་མཛོད་ཆེན་པོ། ཕར་ཕྱིན་རྩ་འགྲེལ། བསྟན་པ་རིན་པོ་ཆེ་ལྟག་མ་མ་ལུས་པའི་ཕུང་པོ་བསྟན་བཅོས་སྡོམ་གསུམ་རབ་དབྱེ་སོགས་མདོ་ཕྱོགས་ཀྱི་གཞུང་ཆེན་རྣམས་ལ་ཐོས་བསམ་མཐིལ་ཕྱིན་པར་མཛད་དེ། མཁས་པའི་གྲགས་པ་དབུས་གཙང་གི་ནོར་འཛིན་ཡངས་པའི་ཁྱོན་ཀུན་ཏུ་ཁྱབ་པར་གྱུར། དགུང་ལོ་བཅོ་བརྒྱད་པར་གནས་བརྟན་འདུལ་བ་འཛིན་པ་ཆེན་པོ་དགེ་འདུན་ཉི་མ་བསྟན་པའི་རྒྱལ་མཚན་དཔལ་བཟང་པོས་མཁན་པོ་དང་། མཁས་པའི་དབང་པོ་གྲགས་པ་ཐོགས་མེད་ཀྱིས་ལས་སློབ། འདུལ་འཛིན་པ་ཆེན་པོ་དོན་ཡོད་རྡོ་རྗེས་གསང་སྟོན་དང་གྲིབ་ཚོད་ཁ་སྐོང་སོགས་དགེ་འདུན་བཅུ་ཕྲག་གཅིག་གི་དབུས་སུ་བསྙེན་པར་རྫོགས་པའི་དགེ་སློང་གི་སྡོམ་པ་ཡང་དག་པར་བཞེས། དེ་དག་ལས་གསུངས་པའི་འདུལ་ཁྲིམས་ཉིས་བརྒྱ་ལྔ་བཅུ་སོགས་ལ་མིག་གི་འབྲས་བུ་ལྟར་གཅེས་པར་བསྲུངས། དེ་ནས་གསང་སྔགས་རྡོ་རྗེ་ཐེག་པ་ལ་སྦྱོང་བར་བཞེད་དེ། རྟོད་དུས་ཀྱི་ཐམས་ཅད་མཁྱེན་པ་རྒྱལ་བ་གཉིས་པ་གངས་ཅན་ལྗོངས་སུ་རྡོ་རྗེ་འཛིན་པ་ཀུན་གྱི་གཙུག་རྒྱན་མདོ་རྒྱུད་མ་ལུས་པའི་མངའ་བདག་མཁྱེན་བརྩེའི་དབང་ཕྱུག་བསྟན་པའི་རྒྱལ་མཚན། སྔགས་འཆང་ཨོ་རྒྱན་དངོས་མངའ་རིས་རིག་འཛིན་ཆེན་པོ། བྱང་གླིང་འཇམ་

དབྱངས་རིན་ཆེན། མཁས་གྲུབ་དགེ་འདུན་ཉི་མ། ངོར་ཆེན་དཀོན་མཆོག་ལྷུན་གྲུབ། པཎ་གྲུབ་གྲགས་པ་ཐོགས་མེད། འཇམ་དབྱངས་བསོད་ནམས་དཔལ་འབྱོར་སོགས་མཁས་ཤིང་གྲུབ་པ་བརྙེས་པའི་ཡོངས་འཛིན་དམ་པ་བཅུ་ཕྲག་གསུམ་དང་བྱུང་གཉིས་མཉེས་པ་གསུམ་གྱིས་ལེགས་པར་བསྟེན་ནས་མདོ་རྒྱུད་བསྟན་བཅོས་སོགས་གསང་སྔགས་གསར་རྙིང་བོད་ཡུལ་དུ་འགྱུར་རོ་ཅོག་གི་དམ་ཆོས་མཐའ་དག་ལ་ཕྱི་ནང་གི་སྒྲོ་འདོགས་ལེགས་པར་ཆོད་པར་མཛད་ཅིང་། དེ་ལས་ཀྱང་འཇམ་དབྱངས་མཁྱེན་བརྩེའི་དབང་ཕྱུག་གི་དྲུང་དུ་མདོ་རྒྱུད་མ་ལུས་པའི་གླེགས་བམ་གཅིག་པུ་གསུང་ངག་རིན་པོ་ཆེ་ཚོགས་སློབ་བཤད་དང་བཅས་པའི་དབང་། ལུང་། ཁྲིད། མན་ངག་དང་བཅས་པ་བུམ་པ་གང་བྱོའི་ཚུལ་དུ་གསན། དེའང་གསན་ལོ་ཙམ་དུ་མ་བཞག་པར་ཕྱག་ལེན་ཕྲ་མོ་ཚུན་བསམ་བྱུང་གིས་སྒྲོ་འདོགས་བཅད་དེ། གསང་སྔགས་གསར་རྙིང་གི་ཡི་དམ་ལྷག་པའི་ལྷ་རབ་འབྱམས་ཀྱི་སྙིང་པོ་དང་ཉེ་སྙིང་རྩ་སྔགས་དང་འཁོར་གྱི་ལྷ་སོགས་ཀྱི་བསྙེན་ཚད་དུ་མ་ཚད་དུ་འཁྱོལ་བའི་སྒོ་ནས། བསྒོམ་པའི་ཉམས་སུ་བླངས་པས་དྲོད་རྟགས་མངོན་དུ་གྱུར། ཆོས་ཉིད་ལྷན་ཅིག་སྐྱེས་པའི་ཡེ་ཤེས་གཟིགས། ཆོས་ཅན་གྱི་སྣང་བ་ཐམས་ཅད་ལྷའི་འཁོར་ལོར་ཤར། རྡོ་རྗེ་ཆོས་སྐྱོང་རྣམས་ཀྱིས་བྲན་བཞིན་དུ་བྱ་བ་བྱེད། དགུང་ལོ་བཞི་བཅུ་ཞེ་བཞི་པ་ས་ཕོ་རྟ་ཡི་ལོར་བོ་དོང་དུ་བྱོན་ནས་གདན་ས་ལོ་བརྒྱད་ཀྱི་བར་དུ་བསྐྱངས། གཞན་ཡང་ཆོས་ལུང་། འདར་གྲང་མོ་ཆེ། འབྲས་ཡུལ་སྐྱིད་ཚལ། དགོན་གསར་བདེ་བ་ཅན་སོགས་དགོན་སྡེ་དུ་མར་བྱོན་ནས་འཁོར་འདུས་པ་རྒྱ་མཚོ་ལྟ་བུ་ལ་གསུང་ངག་རིན་པོ་ཆེ་སློབ་བཤད་ཀྱི་ཐུན་མོང་མ་ཡིན་པའི་དབང་། བྱིན་རླབས། ཁྲིད་ལུང་སོགས་ཀྱིས་མཚོན་མདོ་རྒྱུད་རྒྱུད་སྡེ་རབ་འབྱམས་ཀྱི་ཆོས་ཀྱི་འཁོར་ལོ་བར་མེད་དུ་བསྐོར་བས། བསྟན་པ་སྲིད་མཐར་རྒྱས་པའི་སླད་དུ་གསུང་ལས་སྐྱེས་པའི་བཤེས་གཉེན་གྱི་ཚོགས་བྱོན་པ་ནི། རྗེ་བཙུན་དབོན་རིན་པོ་ཆེ་དབང་ཕྱུག་རབ་བརྟན་གྲགས་པ་རྒྱལ་མཚན་དཔལ་བཟང་པོ། མཁན་ཆེན་བསླབ་གསུམ་དབང་ཕྱུག །མཁས་གྲུབ་ཀུན་དགའ་བློ་གྲོས། ཆོས་ལུང་གདན་ས་པ་དཀོན་མཆོག་རྒྱལ་མཚན། རྗེ་ངག་གི་དབང་ཕྱུག །གཞན་ཡང་ངམ་རིངས་ཆོས་སྡེ། བཟང་ལྡན། ཐུབ་བསྟན་རྣམ་རྒྱལ། གསེར་མདོག་ཅན། དཔལ་ལྡན་ས་སྐྱ། དཔལ་ཞ་ལུ་གསེར་ཁང་། དཔལ་འཁོར་ཆོས་སྡེ་སོགས་མདོ་དབུས་ཁམས་གསུམ་ནས་མཁས་ཤིང་གྲུབ་པ་བརྙེས་པའི་དགེ་བའི་བཤེས་གཉེན་དུ་མ་བསྐྱུན། དེ་ལས་དམ་པ་འདི་ཉིད་ཀྱི་སྐུ་གཞུག་རྣམས་སུ་འདར་སྟོད་གྲང་མོ་ཆེའི་ཆོས་གྲྭ་ཆོས་འཁོར་ཡང་རྩེའི་གཙུག་ལག་ཁང་རྟེན་དང་བརྟེན་པ་བཅས་པ་གསར་དུ་བསྐྲུན་ཏེ། དཔལ་ཀྱི་རྡོ་རྗེ། ཀུར་ལྷ་ལྷུམ་དྲལ། དུད་སོལ་མ། མགོན་པོ་ཞལ་བཞིའི་སྐུ་ཡོངས་རྫོགས།

གསུང་ངག་རིན་པོ་ཆེ་ལམ་འབྲས་བུ་དང་བཅས་པའི་བླ་མ་བརྒྱུད་པ་ཡོངས་རྫོགས་ཀྱི་འདྲ་སྐུ་དང་། ཐེག་པ་ཆེ་ཆུང་གི་བླ་མ་བརྒྱུད་པ་དང་། རྒྱུད་སྡེ་ཕྱི་ནང་གི་བླ་མ་བརྒྱུད་པའི་མཚན་རིས་འདོད་གསོལ་དང་བཅས་པ་བརྒྱ་ཕྲག་གཉིས་ཀྱིས་མཚོན་ཟངས་གསེར་གྱི་སྐུ་དང་། ཡོགས་བྲིས། འབུར་སྐུ་དང་འདྲ་སྐུ་སོགས་དང་། གཟུངས་ཆེན་སྡེ་ལྔའི་དཔར་ཤིང་སོགས་དཔར་གཞི་དུ་མ་དང་། བོ་དོང་བྱང་ཆུབ་མཆོད་རྟེན་སོགས་རྒྱལ་བའི་སྐུ་གསུང་ཐུགས་རྟེན་དུ་མ་གསར་དུ་བཞེངས་ཤིང་དེ་དག་ལ་ན་བཟའ་དང་། སྣན་དར། དཀར་མེ་སོགས་རྒྱུན་འཛུགས་མཛད་པ་མ་ཟད། གཞན་ཡང་ཆུ་ཆེན་པོ་ལ་ཟམ་པ་དང་། ལམ་འདུས་ཆེ་སར་མགྲོན་ཁང་དང་། ཕུ་ཆུས་཭ུང་ཟད་འཕོངས་སའི་ལུང་པར་རྫིང་བུ་འདུ་བ་དང་། ལམ་འཕྲེང་གི་གཡང་ས་འཚོས་པ་སོགས་མདོར་ན་སེམས་ཅན་གྱི་བདེ་སྐྱིད་མི་ཉམས་ཤིང་གོང་འཕེལ་གྱི་ཐབས་ལ་སྐད་ཅིག་ཀྱང་གཡེལ་བ་མེད་པར་ལུས་སྲོག་འབྱོར་བ་ཐམས་ཅད་རྒྱལ་བའི་བསྟན་པ་དང་འགྲོ་བའི་དོན་དུ་འཕོངས་པ་མེད་པར་བཏྲིས་ཏེ། རབ་དཀར་ལས་ཀྱི་ཕྲེང་བ་དྲི་མ་མེད་པའི་སྨོན་ལམ་གྱི་སྲད་བུ་བརྒྱུས་པའི་དཔལ་ལྡན་བླ་མ་དམ་པ་མཁྱེན་བརྩེའི་དབང་ཕྱུག་གི་ཐུགས་དགོངས་སྒྲུབ་པའི་ཕྱིར་དང་། ལྷོས་བཅས་ཀྱི་སྐྱེ་འགྲོ་ཀུན་གྱི་བསམ་པའི་རེ་བ་མཐར་ཕྱིན་པར་བྱ་བའི་ཕྱིར་དུ། རེ་ལྟོས་དང་བྲལ་བའི་དམིགས་ཡུལ་མངོན་མེད་ཐམས་ཅད་སྨྱུར་དུ་ཕྱིར་མི་ལྡོག་པའི་ས་ལམ་ཐོབ་པར་སྨོན་པའི་ཕྱིར། ནོར་རྫས་ལོངས་སྤྱོད་གང་ཡོད་ཀུན་བླ་མ་ལ་འབུལ་བ་དང་། ཆོས་སྡེ་དང་མི་སྡེ་རྣམས་ལ་མང་ཇ་འགྱེད་སོགས་དང་། རྟེན་རྣམས་ལ་སྣན་དར་དང་བཅས་པ་ལན་དུ་མར་ཕུལ་ཏེ་རྣམ་དཀར་དགེ་བའི་ཕྲིན་ལས་འབའ་ཞིག་གིས་དུས་འདའ་བར་མཛད་དོ། །མདོར་ན་དམ་པ་འདི་ཉིད་ཀྱི་སྐུ་ཚེ་ཧྲིལ་པོར་འཆད་རྩོད་རྩོམ་གསུམ་གྱི་སྒོ་ནས་རྒྱལ་བའི་བསྟན་པ་རིན་པོ་ཆེ་འདི་ཉིད་སྒོ་ཀུན་ནས་དར་ཞིང་རྒྱས་པར་མཛད་དེ། མཐར་དགུང་གྲངས་དོན་བདུན་པ་བོད་རབ་བྱུང་བཅུ་པའི་ཆུ་མོ་ཡོས་ཀྱི་ལོ་སྤྱི་ལོ་༡༨༠༣ལོར་ཀུན་རྫོབ་གཟུགས་སྐུའི་བཀོད་པ་ཆོས་དབྱིངས་སུ་བསྡུས་པ་ཡིན་ནོ། །

༄ མཁན་ཆེན་ངག་དབང་ཆོས་གྲགས།

ཁོང་ནི་བོད་རབ་བྱུང་དགུ་པའི་ཆུ་ཕོ་སྤྲེལ་གྱི་ལོ་སྤྱི་ལོ་༡༥༧༣ལོར་གངས་ལྗོངས་བོད་ཀྱི་རྡོ་རྗེ་གདན་དཔལ་ལྡན་ས་སྐྱའི་སེམས་ཆེར་ཞེས་པའི་ཡུལ་དུ་ཡབ་གསོ་བ་རིག་པ་སོགས་ལུགས་གཉིས་ལ་མཁྱེན་ཡངས་མཐོ་བ་དྲུང་འཚོ་ཕུན་ཚོགས་དང་། ཡུམ་ཡེ་ཤེས་ཀྱི་མཁའ་འགྲོ་མའི་མཚན་དང་ལྡན་པ་ཕན་

ཐོགས་སྐྱིད་གཉིས་ཀྱི་སྲས་སུ་ངོ་མཚར་བའི་དགེ་མཚན་དུ་མ་དང་བཅས་ཏེ་གཟུགས་སྐུ་ཚུ་ཤེལ་གྱི་དབང་པོ་མངོན་པར་བཞད། སྐུ་ན་ཆུང་ངུའི་དུས་ནས་ཡི་གེ་འབྲི་ཀློག་སོགས་ཆེགས་མེད་དུ་མཁྱེན་ཅིང་སྔོན་ནས་ལེགས་སྦྱང་གི་སྦྱོད་པ་ནླབས་པོ་ཆེ་ལ་ཡུན་རིང་དུ་གོམས་པའི་ཤུགས་ཀྱིས་བྱིས་པའི་སྤྱོད་པ་ལས་རིང་དུ་འདས་པ་དུལ་བའི་རང་བཞིན་ཅན་དུ་གནས་ཤིང་། དགུང་ལོ་བཅུ་གཅིག་པར་ཆོས་འཁོར་ལྷུན་པོར་ལོ་གཅིག་བཞུགས་ཏེ་ཀུན་མཁྱེན་ངག་དབང་གྲགས་པས་བཀྲ་བའི་རྗེས་སུ་བཟུང་། དེ་ནས་ཐུབ་བསྟན་ཡངས་པ་ཅན་གྱི་ཆོས་གྲྭ་ཆེན་པོར་བྱོན་ནས། ཡོངས་ཀྱི་དགེ་བའི་བཤེས་གཉེན་ཆེན་པོ་སྤྱན་སྔ་འདྲེན་མཆོག་དཀོན་མཆོག་རྒྱལ་མཚོའི་དྲུང་དུ་ཚིགས་སྔ་མ་དགེ་ཚུལ་གྱི་སྡོམ་པ་ཡང་དག་པར་བཞེས་ཏེ་མཚན་ངག་དབང་ཆོས་གྲགས་གསོལ། དཔལ་ཀྱི་རྡོ་རྗེ་མན་ངག་ལུགས་ཀྱི་དཀྱིལ་འཁོར་དུ་དབང་བསྐུར། རྗེ་དབང་ཕྱུག་དཔལ་བཟང་གི་མདུན་ནས་བསླབ་སྦྱོང་སོགས་ཞུ་སའི་མཐིལ་གནང་སྟེ། ཕར་ཚད། དབུ་སྡོམ། འདུལ་མཛོད། བཤེས་སྤྲིང་། སྤྱོད་འཇུག་སོགས་ཀྱིས་མཚོན་གཞུང་ལུགས་མཐའ་དག་ལ་ཐོས་པ་རྒྱ་མཚོའི་ཕར་མཐའ་སོན་པ་གནང་ལ། དེ་ཡང་གཞན་གྱི་ལོ་དང་ནླ་བའི་བློ་སྐྱེད་ལས་དམ་པ་དེ་ཉིད་ཀྱི་ཆོས་ཐོག་རེ་རེའི་སྐྱེད་ཆེ་བ་སྔོན་གྱི་སྦྱངས་ཤུགས་ལྷག་པར་མངོན། དགུང་ལོ་བཅོ་བརྒྱད་པར་དཔལ་ལྡན་ས་སྐྱར་ཚད་མ་རིགས་གཏེར་རང་འགྲེལ་རྒྱུགས་འབུལ་དང་། དེའི་ཕྱི་ལོར་རབ་འབྱམས་གྲྭ་སྐོར་གདན་ས་ཆེན་པོ་དང་། རིམ་གྱིས་ངམ་རིངས་དགའ་ལྡན་བྱམས་པའི་ཕོ་བྲང་སོགས་སུ་བསྟན་པའི་རྣམ་གཞག་ཐ་མལ་གྱི་བློའི་སྤྱོད་ཡུལ་ལས་འདས་པའི་རྒྱ་ཆེར་གནང་བ་ལ་བརྟེན་ཏེ་མཁས་པའི་གྲགས་དཀར་གྱི་བ་དན་དཀར་པོ་སྲིད་པ་གསུམ་ན་མངོན་པར་གཡོ་བར་གྱུར། དེ་དག་གི་བར་སྐབས་རྣམས་སུ་གསུང་ངག་ཆོས་ཀྱི་འབྱུང་གནས་མཆོག་མང་མཁར་རི་བོའི་མགུལ་པ་སློབ་བཤད་ནོར་བུ་གླིང་གི་དབེན་གནས་སུ་མཁས་མང་རྒྱ་མཚོའི་དེད་དཔོན་ཡོངས་འཛིན་གླུ་སྒྲུབ་རྗེའི་ཞབས་པད་མཉེས་པ་གསུམ་གྱིས་མཉེས་པར་མཛད་དེ། གསུང་ངག་རིན་པོ་ཆེ་སློབ་བཤད་དུ་གྲགས་པའི་སྔོན་འགྲོ་སྣང་བ་གསུམ་གྱི་འཁྲིད་ནས་བཟུང་ཐུགས་བསྐྱེད་ཆེན་པོ། སློབ་མ་རྗེས་སུ་འཛིན་པ་དང་བཅས་པའི་སྒོ་ནས་བཟུང་། དམ་ཚིག་གི་བཤད་པ། ཕྱི་ནང་གི་བསྐྱེད་རིམ་གྱི་བཤད་པ། ལུས་དཀྱིལ་གྱི་དབང་། ལམ་ཟབ་ཕྱི་ནང་གཉིས། རྣལ་འབྱོར་དབང་ཕྱུག་བི་རུ་པའི་བྱིན་རླབས་ཐུན་མོང་དང་ཐུན་མོང་མ་ཡིན་པ་གཉིས་སོགས་གསུང་ངག་རིན་པོ་ཆེ་སློབ་བཤད་ལ་དགོས་པའི་ཆོས་ཚན་ཐམས་ཅད་དང་། རྡོ་རྗེ་འཆང་ཆེན་པོ་མཁྱེན་བརྩེ་ཞལ་དུ་བྱུང་བ། དཀྱིལ་འཁོར་རྒྱ་མཚོའི་མངའ་བདག་འདུལ་འཛིན་པ་ཡོངས་ཀྱི་གཙུག་རྒྱན། དོན་གྱི་སྐད་དུ་མཚན་སྨོས་ན་འཇམ་དབྱངས་ཀུན་དགའ

བསོད་ནམས་ལྷུན་གྲུབ་བཀྲ་ཤིས་གྲགས་པ་རྒྱལ་མཚན་དཔལ་བཟང་པོ་ལས་ཁའུ་པའི་སྙན་བརྒྱུད་མགོན་པོ་ཆེ་ཆུང་གི་སྐོར་དང་། ནཱ་རོ་མཁའ་སྤྱོད་སྐོར་སོགས་དབང་ཁྲིད་ལུང་མན་ངག་དུ་མའི་བདུད་རྩི་བཞེས། མདོར་ན་དཔལ་ལྡན་ས་སྐྱ་པའི་ཡབ་ཆོས་རྒྱུད་གསུམ་མན་ངག་དང་བཅས་པ་ཞེས་ས་བརྗུས་ཐལ་ཆེར་གྱི་སྤྱོད་ཡུལ་དུ་མ་གྱུར་པ་དེ་དག་དམ་པ་འདི་ཉིད་ཀྱི་ཐུགས་ཉམས་སུ་བཞེས་པ་ཡིན་ནོ། །དེ་ལ་སྔ་གཞུག་རྣམས་སུ་གྲུབ་པ་ཡོངས་ཀྱི་གཙུག་རྒྱན་མཐུ་སྟོབས་དབང་ཕྱུག་བསོད་ནམས་ཆོས་འཕེལ། རྗེ་ནང་ཐམས་ཅད་མཁྱེན་པ་རྗེ་བཙུན་ཀུན་དགའ་སྙིང་པོ། མཁན་ཆེན་བྱམས་པ་བཟང་པོ། མུས་ཆེན་སངས་རྒྱས་རྒྱལ་མཚན། གྲུབ་རིགས་མཁས་གྲུབ་འགྱུར་མེད་སོགས་དཔལ་ལྡན་ས་སྐྱ་པའི་བསྟན་འཛིན་གྱི་སྐྱེས་ཆེན་དུ་མའི་ཞབས་རྡུལ་སྤྱི་བོར་བླངས་ཏེ་མདོ་རྒྱུད་རྒྱུད་སྡེ་རབ་འབྱམས་ལ་མངའ་དབང་འབྱོར། ཆོས་ཉིད་ལྷན་ཅིག་སྐྱེས་པའི་ཡེ་ཤེས་མངོན་དུ་གྱུར། ཆོས་ཅན་གྱི་སྣང་བ་ཐམས་ཅད་ལྷའི་འཁོར་ལོར་ཤར། ཡི་དམ་ལྷག་པའི་ལྷ་དུ་མའི་ཞལ་གཟིགས་ཤིང་མ་འོངས་མངོན་སུམ་དུ་མཁྱེན་པའི་རྟོགས་པ་ཡང་ཚད་མེད་མངའ། དགུང་ལོ་སུམ་ཅུ་པར་ཐུབ་བསྟན་མཁན་ཆེན་ལུང་རིགས་སྨྲ་བའི་དབང་ཕྱུག་བསྟན་པའི་དཔལ་ཡོན་བཟང་པོ་ལས་བསྙེན་པར་རྫོགས་པའི་དགེ་སློང་གི་སྡོམ་པ་ཡང་དག་པར་བཞེས་ཤིང་། ཐུབ་བསྟན་ཁྲ་མོའི་སློབ་དཔོན་རྗེ་འབུམ་ཕྲག་ལྔ་པའི་གདན་ཁྲིར་འཁོད་དེ་བློ་གསལ་བུང་བའི་ཚོགས་ལ་ལེགས་བཤད་ལུང་རིགས་ཀྱི་སྦྲང་རྩི་ཅི་རིགས་བསྩལ། དགུང་ལོ་སོ་ལྔ་པར་ཐུབ་བསྟན་ཡངས་པ་ཅན་གྱི་ཆོས་གྲྭ་ཆེན་པོ་རྒྱལ་བ་མུས་རབ་འབྱམས་པ་ཐུགས་རྗེ་དཔལ་བཟང་པོའི་གདན་ཁྲིར་མངའ་གསོལ་ཏེ། ལོ་དྲུག་གི་བར་དུ་བློ་གསལ་འདུས་པའི་ཚོགས་ལ་སྡེ་སྣོད་ཀྱི་འཆད་ཉན་རྒྱུན་མི་ཆད་པ་སྐྲོག་པ་གནང་ཞིང་། གཞན་ཡང་བསམ་འགྲུབ་དགོན་གསར་དུ་སྐྱེས་ཆེན་དམ་པ་བརྒྱུད་འཛིན་རིན་པོ་ཆེ་བློ་གྲོས་རྒྱལ་མཚན་གྱི་གདན་ཁྲིར་ཞབས་སེན་བཀོད་ནས། སྒྲུབ་མཆོད་རྙིང་པ་ཁ་གསོ་དང་། གསར་པ་གསར་འཛུགས་སོགས་དུ་མ་དང་། གསུང་ངག་རིན་པོ་ཆེ་ལམ་འབྲས་ཚར་བཞི་དགོན་དེར་གནང་བས་མཚོན། མཉན་ཡོད་བྱ་གཤོང། གྲྭ་ཚང་ཆེན་མོ། ཆོས་འཁོར་ལྷུན་པོ་སོགས་ཀྱི་དྲུང་རབ་འབྱམས། བཀའ་བཅུ་པ་སོགས་དུ་མ་དང་། འདར་ནས་སྡེ་པ་དགྲ་འདུལ། སློན་འགྲོ་དཔོན་དྲུང་སོགས་ཁྲིམ་པའི་པཎྜི་ཏ་དུ་མ་འདུས་པའི་བཞུགས་གྲལ་ལན་གྲངས་དུ་མར་གསུང་རབ་མདོ་སྔགས་མཐའ་ཡས་པ་འཕེལ་གཏན་དོགས་དཔྱོད་མང་དག་ཅིག་བྱུང་བས། ཐམས་ཅད་ཀྱིས་འདྲེན་མཆོག་འདིའི་མཁྱེན་རབ་འཆད་ཚུལ། འཕྲུལ་གྱི་མཛད་སྤྱོད་སོགས་ལ་ཐམས་ཅད་ངོ་མཚར་བའི་གནས་སུ་གྱུར། དེའི་བར་སྐབས་རྣམས་སུ་བླ་བྲང་རྫོང་། འདར་ཆོས་འཁོར་བཟང་ལྡན་ཆོས་སྡེ་

སོགས་སུ་བྱོ་ཧེ་འཁོར་འདུས་པ་རྒྱ་མཚོ་ལྟ་བུ་ལ་གསུང་ངག་རིན་པོ་ཆེ་སློབ་བཤད་ཀྱིས་མཚོན་ཆོས་བཀའ་མཐའ་ཡས་པ་དང་། རབ་བྱུང་བསྙེན་རྫོགས་བརྒྱ་ཕྲག་བརྒྱལ་བ་བསྒྲུབ་པར་མཛད་པ་སོགས་ཐུབ་བསྟན་མིང་དང་མཐུན་ངེས་ཀྱི་དར་ཞིང་རྒྱས་ཏེ་ལེགས་ཚོགས་བསམ་གྱིས་མི་ཁྱབ་པ་བསྒྲུན་ཏེ། འཆད་པའི་ཉི་མའི་འོད་ཟེར་གྱིས་བློ་གསལ་བློ་གྲོས་ཀྱི་པད་ཚལ་རྒྱས་པར་མཛད་པས། མཁན་ཆེན་ངག་དབང་བསྟན་པའི་རྡོ་རྗེ། དཔལ་ས་སྐྱ་པ་འཇམ་མགོན་ཀུན་དགའ་བསོད་ནམས་ལྷུན་གྲུབ། དེའི་གཅུང་ཐུགས་རྗེ་ཆེན་པོ་འཇིག་རྟེན་དབང་ཕྱུག །དཔོན་རིན་པོ་ཆེ་བདག་ཆེན་བྱམས་པ་བསོད་ནམས། འཇམ་དབྱངས་ཀུན་དགའ་བསོད་ནམས། རྗེ་དཔོན་མགོན་པོ་བསོད་ནམས་མཆོག་ལྡན། ཐུབ་བསྟན་རྣམ་རྒྱལ་གྱི་མཁན་པོ་མཁས་མཆོག་རྣམ་རྒྱལ་སོགས་མཁས་ཤིང་གྲུབ་པ་བརྙེས་པའི་སློབ་མ་ནམ་མཁའི་སྐར་ཚོགས་ལྟར་བསྒྲུན་པར་མ་ཟད། སློད་ཀྱི་བློ་གསལ་མ་འོངས་པ་རྣམས་ཀྱི་ཐོས་བསམ་གྱི་རྟེན་གཞི་དང་། བསྟན་པ་རིན་པོ་ཆེའི་ཞབས་འདེབས་ལ་དགོངས་པའི་སྐུལ་བ་པོ་སོ་སོའི་ངོར་སྤྱི་ཕྱིར་མཛད་པ་ལ། ཚད་མ་རིགས་གཏེར་གྱི་བློ་རིག་སྐབས་ལ་དགོངས་པའི་རྣམ་བཤད་ངོ་མཚར་བ། ཕར་ཕྱིན་གྱི་སྤྱི་དོན་ཀུན་མཁྱེན་ཆེན་པོའི་དགོངས་པ་གསལ་བ་ཆོས་འཁོར་གྱི་བཤད་པ་ལུང་གི་སྒྲོན་མེ། དབུ་མ་ལ་འཇུག་པའི་སྤྱི་དོན་ཐེག་མཆོག་གནད་ཀྱི་གསལ་བྱེད། སྡོམ་གསུམ་རབ་དབྱེའི་ཊཱིཀྐ་ལེགས་བཤད་ཟླ་བའི་སྨྱུ་གུ། འདུལ་བའི་སྤྱི་དོན་ཆེན་མོ་ཐུབ་བསྟན་རྒྱས་པའི་ཉིན་བྱེད། མངོན་པ་མཛོད་ཀྱི་སྤྱི་དོན་ཧེ་སྐྱེད་ཤེས་བྱའི་གསལ་བྱེད། མཁས་པ་འཇུག་པའི་སྒོའི་རྣམ་བཤད་བློ་གསལ་མགྲིན་པའི་དཔལ་ཡོན་འཕེལ་གཏམ་ལས་འཕྲོས་པའི་བརྒྱལ་ལན་ཡིད་ཀྱི་མུན་སེལ། སྙན་ངག་གི་དོན་རྒྱན་ལས་འཕྲོས་པའི་དྲི་བ་རང་ལན་དང་བཅས་པ། བསྡོ་བའི་རྣམ་གཞག་རྒྱས་འབྲིང་བསྡུས་གསུམ་སོགས་མདོ་དང་རིག་གནས་ཕྱོགས་ཀྱི་གསུང་རབ་དཔག་མེད་དང་། རྗེ་ཐུགས་རྗེ་དཔལ་བཟང་གི་རྣམ་ཐར། མཁན་ཆེན་དབང་ཕྱུག་དཔལ་བཟང་གི་རྣམ་ཐར་སོགས་རྣམ་ཐར་ལོ་རྒྱུས་སྐོར་དུ་མ་དང་། རྒྱུད་བརྟག་པ་གཉིས་པའི་འགྲེལ་པ་དང་། སྣང་གསུམ་རྒྱུད་ཀྱི་ཁྲིད་ཡིག །སློབ་བཤད་རྩོད་སྤོང་འཇིགས་བྲལ་སེང་གེའི་ང་རོ། ལམ་འབྲས་འཆད་པ་པོ་ལ་ཞུ་འཕྲིན་སྙིང་གི་བདུད་རྩི་རང་ལན་དང་བཅས་པ། གཞན་ཡང་བྱིན་རླབས་ཟིན་བྲིས་སྐོར། བསྟོད་ཚོགས་སྐོར། དབང་ཆོག་གི་སྐོར། ཞུ་འཕྲིན་གྱི་སྐོར་སོགས་གསུང་འབུམ་གྱི་རིགས་པོད་ཆེན་པོ་བཅུ་ཕྲག་ལྷག་བཞུགས་པ་དེ་དག་ཐམས་ཅད་ཀྱང་མཁས་པ་ཐུགས་གཟུ་བོར་གནས་པ་སུས་གཟིགས་ཀྱང་མོས་གུས་དང་འདྲེན་ཡིད་སྨོན་ཁོ་ནའི་གནས་སུ་གྱུར་པ་འབའ་ཞིག་ཏུ་སྣང་སྟེ། དེ་ལྟར་དམ་པ་འདི་ཉིད་ཀྱིས་འཆད་རྩོད་རྩོམ་པའི་བར་སྐབས་རྣམས་སུ་རེས་ཡི་དམ་

ལྷའི་བསྙེན་པ་མང་པོ་དང་། རེས་འགའ་ཀྱེ་རྡོ་རྗེ་དང་། རྡོ་རྗེ་འཇིགས་བྱེད་སོགས་ཀྱི་དཀྱིལ་འཁོར་གྱི་ཞལ་ཕྱེ་བའི་སྒོ་ནས། རྒྱལ་བའི་བསྟན་པ་རིན་པོ་ཆེ་འདི་ཉིད་སྒོ་ཀུན་ནས་དར་ཞིང་རྒྱས་པར་མཛད་དེ། མཐར་དགུང་གྲངས་བདུན་ཅུ་པ་བོད་རབ་བྱུང་བཅུ་པའི་ལྕགས་མོ་སྦྲུལ་གྱི་ལོ་སྤྱི་ལོ་༡༥༨༡ལོར་ཞིང་ཁམས་གཞན་དུ་གཤེགས་པའི་ཚུལ་བསྟན་པ་ཡིན་ནོ། །

༄ གནས་གསར་དབང་ཕྱུག་རབ་བརྟན།

ཁོང་ནི་བོད་རབ་བྱུང་དགུ་པའི་ས་ཕོ་རྟ་ཡི་ལོ་སྤྱི་ལོ་༡༥༥༨ལོར་ཆོས་སྐྱོང་བའི་རྒྱལ་པོ་སྲོང་བཙན་སྒམ་པོས་མཐའ་འདུལ་ཡང་འདུལ་རུ་གནོན་གྱི་གཙུག་ལག་ཁང་བཅུ་གཉིས་བརྩིགས་པའི་ནང་ནས་གཙང་འགྲམ་དང་ཁད་ཉེ་བ་དགེ་བཅུའི་ཡོན་ཏན་དུ་མས་མངོན་པར་སྤྲས་པའི་སུམ་རྩེན་ཡུལ་ལ་ཙོ་འདྲེ་བ་སྨུག་བཀྲ་ཤིས་རྒྱལ་པོའི་ཕོ་བྲང་དུ་ཡབ་བོད་ཀྱི་རྒྱལ་པོ་སྐུ་ཞང་ལས་མཆེད་པའང་ཞྭ་བསོད་ནམས་རབ་བརྟན་དང་། ཡུམ་ཡེ་ཤེས་ཀྱི་མཁའ་འགྲོ་མ་འདར་ཆོས་རྫོང་པའི་སྲས་མོ་ནམ་མཁའི་བུད་གཉིས་ཀྱི་སྲས་སུ་ངོ་མཚར་བའི་ལྟས་དུ་མ་དང་བཅས་ཏེ་གཟུགས་སྐུ་ཤེལ་གྱི་དབང་པོ་མངོན་པར་བལྟམས་ཤིང་མཚན་ནམ་མཁའ་དོན་གྲུབ་དབང་པོར་གསོལ། དེའི་ནུབ་ཚར་ཆེན་གྱི་ཐུགས་དམ་འོད་གསལ་དེ་གར་གཞོན་ནུ་འདི་འཕྲུལ་ཞིག་ཚུལ་ཁྲིམས་རྒྱལ་མཚན་གྱི་སྐུའི་སྐྱེ་བ་ཡིན་ཞེས་ལུང་བསྟན་བསྟུད་མར་བྱུང་ཞིང་། དཔལ་གཤིན་རྗེ་གཤེད་རིགས་ལྔའི་དབང་བསྐུར་ཏེ་ཡེ་ཤེས་ཀྱི་ངོ་བོར་དབྱེར་མེད་བྱིན་གྱིས་བརླབས་པས་ཚེ་མཛད་ཕྲིན་ལས་ཐམས་ཅད་མཐར་ཕྱིན་པའི་རྟེན་འབྲེལ་གྱི་སྒོ་འཕར་ཐོག་མར་འགྲིག །དགུང་ལོ་ལྔ་པར་འཇམ་དབྱངས་མཁྱེན་བརྩེའི་དབང་ཕྱུག་གི་དྲུང་དུ་དཔལ་དུས་ཀྱི་འཁོར་ལོ། གསང་འདུས་འཇམ་རྡོར། བཀའ་བརྒྱད་གསང་རྫོགས་སོགས་གསང་སྔགས་གསར་རྙིང་གི་དབང་བཀའ་སོགས་ཅི་རིགས་པ་དང་། མཁན་ཆེན་སྡིངས་མ་བསླབ་གསུམ་རྒྱལ་མཚན་གྱི་དྲུང་དུ་གསུང་ངག་རིན་པོ་ཆེ་སློབ་བཤད་ཀྱི་དབང་ཁྲིད་ལུང་བྱིན་རླབས། རྗེས་གནང་རིག་གཏད་སོགས་གདམས་པ་རྒྱ་མཚོ་ལྟ་བུ་གསན་ཅིང་དྲིན་ཆེ་ཤོས་སུ་མཛད། དགུང་ལོ་བཅུ་དྲུག་པར་རྗོད་དུས་པདྨའི་རྒྱལ་ཚབ་གཏེར་ཆེན་ཆོས་ཀྱི་རྒྱལ་པོ་རིག་འཛིན་མངའ་རིས་པ་ཆེན་པོ་ཉི་ཟླ་འོད་ཟེར་ལས་དཔལ་ཨོ་རྒྱན་ཆེན་པོས་དངོས་སུ་གནང་བ་འཆི་མེད་གྲུབ་པའི་རླུང་སྦྱོར་གྱི་གདམས་པ་ཟབ་མོ་དང་། བཀའ་བརྒྱད་བདེར་གཤེགས་འདུས་པ་རིག་འཛིན་ཡོངས་འདུས་དང་དྲག་པོ་དབུ་དགུ་སོགས་རྙིང་མའི་བཀའ་གཏེར་གྱི་དབང་ལུང་མན་ངག་དུ་མ་བུམ་པ་གང་བྱོའི་ཚུལ་དུ་མནོས།

དེ་ལས་བར་སྐབས་སུ་དམ་པ་འདི་ཉིད་ལ་བར་ཆད་ཀྱི་རྐྱེན་དབང་གིས་རབ་ཏུ་བྱུང་བའི་གོ་སྐབས་དང་བྲལ་ན་ཡང་སྐུའི་རྒྱན་ཆ་ལུགས་ཁྱིམ་པའི་རྣམ་པ་ཅན་ལས་ཚངས་པར་སྤྱོད་པའི་བརྟུལ་ཞུགས་ལྷུར་ལེན་པ་སོགས་སྒོ་གསུམ་བག་ཡོད་ཀྱི་སྤྱོད་ཚུལ་ཁོ་ནས་དུས་འདའ་ཞིང་དབང་ལུང་མན་ངག་སོགས་གསན་པ་ཕྱག་དཔེ་འཛིན་བཤད་ཐུགས་དམ་ལ་རྩོལ་འདོན་གྱི་ཀུན་ཏུ་སྤྱོད་པར་གཞོལ་བ་ལ་བརྟེན་ཐམས་ཅད་ཀྱིས་བླ་མ་ལྷ་བུར་མཐོང་དང་དྲུང་དུ་འཁོད་ནས། ཆོས་དང་འབྲེལ་བའི་གླེང་བསླང་ལ་སྤྲོ་བ་འཕེལ། དེ་ནས་དགུང་ལོ་སོ་གཅིག་པ་ས་མོ་གླང་གི་ལོར་རྒྱལ་བས་ཆོ་འཕྲུལ་བསྟན་པའི་བཟང་པོ་དང་པོའི་ཉིན་གདན་ས་འོག་སྲིད་གསུམ་རྣམ་པར་རྒྱལ་བའི་ཆོས་གྲྭ་ཆེན་པོ་རྟ་ནག་ཐུབ་བསྟན་རྣམ་རྒྱལ་གྱི་ཁྲི་བ་མཁན་ཆེན་བྱམས་པ་རབ་བརྟན་གྱི་དྲུང་དུ་ཚོགས་སྡུ་མ་དགེ་ཚུལ་གྱི་སྡོམ་པ་བཞེས་ཤིང་། དེ་ནས་མི་རིང་བར་སླར་ཡང་གནས་བརྟན་འདུལ་བ་འཛིན་པ་ཆེན་པོ་བྱམས་པ་རབ་བརྟན་པས་མཁན་པོ་དང་། ཁྲིམས་ལྡན་ཧུར་སྒྲིག་འཛིན་པ་ཆེན་པོ་ཆོས་ཀྱི་འོད་ཟེར་གྱིས་ལས་སློབ་གསང་སྟོན། གྲིབ་ཚོད་པ་སོགས་དད་པའི་དགེ་འདུན་གྲངས་ཚང་གི་དབུས་སུ་བསྟན་པའི་རྩ་བ་སོ་སོར་ཐར་པ་རིགས་བརྒྱད་ཀྱི་ནང་ནས་མཆོག་ཏུ་གྱུར་པ་དགེ་སློང་གི་དངོས་པོ་བསྒྲུབས་ཏེ་ལེགས་པར་གསུངས་པའི་ཆོས་འདུལ་བའི་རྒྱལ་མཚན་ཆེན་པོ་ཤཱཀྱ་སེང་གེའི་རིང་ལུགས་ཀྱི་བ་གམ་མཐོན་པོའི་རྩེ་མོར་མངོན་པར་བསྒྲེངས། དགུང་ལོ་སོ་གཉིས་པ་ས་མོ་གླང་གི་ལོར་བསམ་འགྲུབ་དགོན་གསར་དུ་བྱོན་ནས་ཐུགས་འཆང་བསོད་ནམས་ཆོས་འཕེལ་ལས་གསེར་ཆོས་དམར་པོ་སྐོར་གསུམ་གྱི་ཆོས་སྐོར་དང་། གདུང་བརྒྱུད་རིམ་པར་བྱོན་པའི་སྔན་བརྒྱུད་ཚད་མ་བཞི་ལྡན་གྱི་སྐོར་སྟར་རྗེ་བསླབ་གསུམ་པར་མ་གསན་པའི་འཕྲོས་རྣམས་གསན་སྦྱངས་མཛད་ཅིང་། གཞན་ཡང་མང་ཐོས་ཀླུ་སྒྲུབ་རྒྱ་མཚོ། རྗེ་བྱམས་པ་སྐལ་བཟང་། རིན་པོ་ཆེ་སྟོབས་ལྡན་འོད་ཟེར། ཐམས་ཅད་མཁྱེན་པའི་མཆོད་དཔོན་དྲུང་པ་དཀོན་མཆོག་ལེགས་པ། ས་སྐྱའི་ཁྲི་ཆེན་འཛམ་དབྱངས་བསོད་ནམས་དབང་པོ། ཁྲི་ཆེན་ཀུན་དགའ་བསོད་ནམས་ཞྭ་དམར་དཀོན་མཆོག་ཡན་ལག་སོགས་མཁས་ཤིང་གྲུབ་པ་བརྙེས་པའི་ཡོངས་འཛིན་བདུན་ཅུ་རྩ་གཉིས་ལས་སྤྱིར་རྒྱུད་སྡེ་རབ་འབྱམས་ཀྱི་བཤད་བཀའ་ཁྲིད་ལུང་མན་ངག་སོགས་དུ་མ་དང་། དེ་ལས་ཀྱང་གསུང་ངག་རིན་པོ་ཆེ་སློབ་བཤད་དང་འབྲེལ་བའི་བཤད་བཀའ་མ་ལུས་པ་བུམ་པ་གང་བྱོའི་ཚུལ་དུ་གསན་ཏེ། ཡི་དམ་ལྷག་པའི་ལྷ་རབ་འབྱམས་ཀྱི་བསྙེན་སྒྲུབ་ཚད་དུ་འཁྱོལ། འོད་གསལ་ཉམས་ཀྱི་སྣང་བ་ལ་ཨོ་རྒྱན་པདྨ་འབྱུང་གནས་སོགས་ལྷག་པའི་ལྷ་དུ་མའི་ཞལ་གཟིགས་ཤིང་ལུང་བསྟན་དུ་མ་ཐོབ། དགུང་ལོ་སོ་བརྒྱད་པར་ཞབས་དྲུང་ཁྲི་ཆེན་གྱིས་དཔལ་ན་ལེནྡྲའི་མཁན་ཚབ་ཏུ་མངའ་གསོལ་ཏེ།

རེ་ཞིག་བཞུགས་དུས་ཁམས་བོད་ཀྱི་གྲྭ་པ་རྣམས་ལ་རྒྱུད་སྡེ་བཞིའི་དབང་རྗེས་གནང་ཉམས་ཁྲིད་དང་ལུང་བཅས་ཅི་རིགས་ཀྱི་ཆོས་ཆར་ཕབ། གཞན་ཡང་གོང་དཀར་རྡོ་རྗེ་གདན། བསམ་གླིང་བདེ་བ་ཆེན་པོ། བསམ་ཡས་མི་འགྱུར་ལྷུན་གྱིས་གྲུབ་པ། ཞ་ལུ་རི་ཕུག་ཆོས་ཀྱི་ཕོ་བྲང་སོགས་གནས་ཆེན་རྣམས་སུ་བྱོན་ནས་སྒྲུབ་པ་ཉམས་ལེན་འབའ་ཞིག་མཛད་དེ། བླ་མ་ཡི་དམ་གྱི་ཞལ་གཟིགས་ཤིང་ལུང་བསྟན་དབུགས་དབྱུང་དུ་མ་བྱུང་། དགུང་ལོ་ཞེ་དྲུག་པ་ཆུ་མོ་ཡོས་ཀྱི་ལོར་འཛམ་དཔལ་དབྱངས་བྱང་གླིང་པ་བཀྲ་ཤིས་རྒྱལ་མཚན་གྱི་བཞུགས་ཁྲི་རི་ཕུག་གི་གདན་སར་མངའ་གསོལ་ཏེ། མཆོག་དམན་མང་པོར་ཆོས་ཀྱི་འཁོར་ལོ་བསྐོར་ཞིང་བར་སྐབས་རྣམས་སུ་སྐུ་མཚམས་དམ་པོའི་ངང་ནས་སྤྲོས་བཅས་སྤྲོས་མེད་ཀྱི་རྣལ་འབྱོར་ལ་གཞོལ་བར་མཛད། དགུང་ལོ་ལྔ་བཅུ་རྩ་གཅིག་པར་དོན་གཉེར་ཅན་རགས་བསྡུས་ལ་གསུང་ངག་རིན་པོ་ཆེ་སློབ་བཤད་ཀྱི་ཁྲིད་དབུ་བཙུགས་ཏེ་ཉན་རང་དང་ཕ་རོལ་ཏུ་ཕྱིན་པའི་ལམ་དང་ཐུན་མོང་དུ་གྱུར་པ་སྣང་བ་གསུམ་སེམས་བསྐྱེད་མཐའ་རྟེན་ལ། སྔགས་ལམ་གྱི་ལྟ་བ་འཁོར་འདས་དབྱེར་མེད་ཀྱིས་སེམས་ཀྱི་གཞི་བཅད་ནས། དབང་བཞི་ལམ་གྱི་ཉམས་ཁྲིད། ཀྱེ་རྡོ་རྗེ་ཡབ་བཀའི་རྒྱུ་ལམ་ཡུམ་བཀའི་དབང་བྱིན་རླབས་ཀྱི་རིམ་པ་རྒྱབ་རྟེན་ལུང་དང་བཅས་པས་མཚོན་སྔ་གཞུག་རྣམས་སུ་མཉན་ཡོད་བྱ་གྲོད་གཤོང་། བོ་དོང་སོགས་ཆོས་སྡེ་དུ་མར་བྱོན་ནས་རྒྱུད་སྡེ་རབ་འབྱམས་ཀྱི་དབང་ལུང་ཁྲིད་བྱིན་རླབས། རྗེས་གནང་སོགས་དུ་མ་བསྐྱལ་ཏེ། གསུང་གི་བདུད་རྩི་བཞེས་པའི་ཞལ་སློབ་ཀྱི་རིམ་པ་ཡང་། ས་སྐྱ་པ་ཆེན་པོ་ངག་དབང་ཀུན་དགའ་བསོད་ནམས། མཁས་གྲུབ་ཆེན་པོ་བོད་མཁར་བའི་ཐུགས་སྲས་སྤྲུལ་སྐུ་རིན་པོ་ཆེ་མི་ཕམ་ཆོས་ཀྱི་རྒྱ་མཚོ། པདྨའི་གདུང་འཚོབ་བྱང་པ་རིག་འཛིན་ངག་གི་དབང་པོ། རྩེ་ཆོགས་མཁན་ཆེན་པདྨ་བསོད་ནམས། གནས་ལྔ་རིག་པའི་པཎ་ཆེན་ངག་དབང་ཆོས་གྲགས། ཤེས་བྱའི་གནས་ཀུན་ལ་མཁྱེན་རབ་ཀྱི་དབང་ཕྱུག་འཛམ་དབྱངས་དགའ་བའི་བཤེས་གཉེན། སྤྲུལ་སྐུ་ཚུལ་ཁྲིམས་འབར་གྱི་དབོན་རིགས་རྒྱུད་སྡེ་རྒྱ་མཚོའི་མངའ་བདག་ལོ་པ་སྤྲུལ་སྐུ་ཀུན་དགའ་དོན་གྲུབ་སོགས་སློབ་བུ་མཐའ་ཡས་པ་བསྐྲུན་ཏེ། དེ་དག་གིས་སྔགས་གསར་རྙིང་གི་ཐེག་པ་ཐུན་མོང་བའི་དམ་ཆོས་ཀྱི་ཆར་ཆེན་པོ་ཕབ་སྟེ་དེང་སང་གི་བར་དུ་དབུས་གཙང་འཛིན་མའི་ཁྲོན་འདིར་བཤད་སྒྲུབ་ཀྱི་རྒྱུན་བཟང་པོ་དབྱར་མཚོ་ལྟར་འཕེལ་བའི་བཀའ་དྲིན་བླ་ན་མེད་དོ། །རྩོམ་པ་ཉིད་མོར་བྱེད་པའི་འོད་ཕྲེང་གིས་བསྟན་པའི་པད་ཚལ་རྒྱས་པར་མཛད་པའི་ཚུལ་ཡང་། ཁྲབ་བདག་སྡིངས་མ་བ་བསླབ་གསུམ་རྒྱལ་མཚན་གྱི་རྣམ་ཐར་སོགས་ཐུགས་རྩོམ་པོད་གཅིག་རྗེས་འཇུག་གདུལ་བྱའི་གསོས་སུ་བཞག །གཞན་ཡང་ཕྱག་རྫས་གང་ཡོད་ལས་གསུང་ངག་རིན་པོ་ཆེ་ལམ་འབྲས་བུ་

དང་བཅས་པའི་ཞལ་ཐང་གི་ཁ་སྐོང་དང་། ཁའུ་བྲག་རྫོང་པའི་བརྒྱུད་པ་ན་རིམ་གྱི་སྐུ་ཐང་སོགས་བཞེངས་ནས་འདི་ཕྱི་དོན་དང་ལྡན་པར་མཛད། དཔལ་ལྡན་ས་སྐྱ་སོགས་དབུས་གཙང་གི་གནས་ཆེན་རྣམས་སུ་བྱོན་ཏེ་བསྟན་པ་རྒྱས་པའི་སྨོན་ལམ་དང་། རྡོ་རྗེ་ཆོས་སྲུང་གི་ཚོགས་ལ་བཀའ་བསྒོ་གཉེར་བཅོལ་རྒྱས་པར་གནང་། ཞབས་དྲུང་དཔོན་རིན་པོ་ཆེ་བཀྲ་ཤིས་རྩེ་ར་རྒྱུད་སྡེ་བཞི་དང་འབྲེལ་བའི་དཀྱིལ་འཁོར་སྒྲུབ་མཆོད་ཉེར་གཉིས་སོགས་འཛུགས་པས་མཆོན་དབུས་གཙང་ཕྱོགས་སུ་བསྟན་པ་དང་འགྲོ་བའི་ལེགས་ཚོགས་སྤེལ་ཏེ་འཁོར་ལོ་གསུམ་གྱི་མཛད་པས་གདུལ་བྱ་རྣམས་སྨིན་གྲོལ་གྱི་ལམ་ལ་བཀོད། འཆད་རྩོད་རྩོམ་གསུམ་དང་ཕྱོགས་ཐེབས་སྐབས་མ་གཏོགས་ཐུགས་དམ་ཉམས་ལེན་འབའ་ཞིག་ལ་བརྩོན་པས་བསྐྱེད་རིམ་མཐར་ཕྱིན་ཅིང་རྫོགས་རིམ་གྱི་རྟོགས་པ་ཀློང་དུ་གྱུར་པས་གྲུབ་པ་བརྒྱད་དང་ཞི་སོགས་ཀྱི་ལས་རབ་འབྱམས་ལ་མངའ་དབང་འབྱོར། དེ་ལྟར་རྒྱལ་བའི་བསྟན་པ་རིན་པོ་ཆེ་སྤྱི་དང་བྱེ་བྲག་བདག་ཆེན་རྡོ་རྗེ་འཆང་བློ་གྲོས་རྒྱལ་མཚན་ཡབ་སྲས་བརྒྱུད་པར་བཅས་པའི་རིང་ལུགས་རྒྱལ་ཚབ་རིན་པོ་ཆེ་འཇམ་མགོན་བསོད་ནམས་མཆོག་ལྡན་གཙོ་བོར་གྱུར་པའི་བསྟན་འཛིན་རྣམས་ཀྱི་ཕྱག་ཏུ་ལེགས་པར་འཕྲོད་པས་རྔ་ཡབ་དཔལ་གྱི་རི་བོར་སངས་རྒྱས་གཉིས་པ་ཨོ་རྒྱན་ཆེན་པོའི་འདུས་པའི་འཁོར་གྱི་གྲལ་དུ་བསྒྲིགས་པར་སྦྲོ་བ་དང་ཟླ་བ་གཅིག་ལ་གཟུགས་བརྙན་འབུམ་ཕྲག་མཚོ་རྫིང་ནང་དུ་འཆར་བ་ལྟར་དག་པ་དང་མ་དག་པའི་ཞིང་ཁམས་མཐའ་ཀླས་པར་སེམས་ཅན་གྱི་དོན་རླབས་པོ་ཆེ་མཛད་པར་དགོངས་ཏེ། མཐར་དགུང་གྲངས་དོན་དགུ་པ་བོད་རབ་བྱུང་བཅུ་གཅིག་པའི་མེ་ཕོ་བྱི་བའི་ལོ་སྤྱི་ལོ་༡༨༣༨ལོར་གཟུགས་སྐུ་མཚན་དཔེའི་དཀྱིལ་འཁོར་ཆོས་སྐུའི་ཀློང་དུ་བསྡུས་པའི་ཚུལ་བསྟན་པ་ཡིན་ནོ། །

༈ གནས་གསར་བ་བསོད་ནམས་མཆོག་ལྡན།

ཁོང་ནི་བོད་རབ་བྱུང་བཅུ་པའི་ཆུ་མོ་ཡོས་ཀྱི་ལོ་སྤྱི་ལོ་༡༨༠༣ལོར་གཙང་གི་གཞུབས་ཁུ་ལུང་དུ་ཡབ་རིགས་ཀྱིས་མངོན་པར་མཐོ་བ་འ་ཞ་ནམ་མཁའ་མགོན་པོ་དང་། ཡུམ་ཡེ་ཤེས་ཀྱི་མཁའ་འགྲོ་མ་ཚེ་དབང་བསོད་ནམས་དཔལ་མོ་གཉིས་ཀྱི་སྲས་སུ་ངོ་མཚར་བའི་ལྟས་དུ་མ་དང་བཅས་ཏེ་སྐུ་འཁྲུངས་ཤིང་རྡོ་རྗེ་འཆང་དབང་ཕྱུག་རབ་བརྟན་གྱིས་མཚན་ནམ་མཁའ་བསོད་ནམས་རབ་བརྟན་དུ་གསོལ། སྐུ་ན་ཕྲ་མོ་དུས་ནས་དམ་པའི་བག་ཆགས་རང་ཆས་སུ

སད་ཅིང་ཡི་གེ་འབྲི་ཀློག་སོགས་ཚེགས་མེད་དུ་མཁྱེན། དགུང་ལོ་བདུན་པར་ཞ་ལུ་རི་ཕུག་ཆོས་ཀྱི་ཡོ་བྲང་དུ་རིགས་བརྒྱའི་བདག་པོ་དབང་ཕྱུག་རབ་བརྟན་སྤྱན་སྔར་གཙུག་ཕུད་ཕུལ་ཞིང་མཚན་མགོན་པོ་བསོད་ནམས་མཆོག་ལྡན་བསྟན་པའི་རྒྱལ་མཚན་དཔལ་བཟང་པོར་གསོལ། དགུང་ལོ་བརྒྱད་པར་སླར་ཡང་མཁན་ཆེན་དེ་ཉིད་ཀྱི་མདུན་ནས་ཚོགས་སྔ་མ་དགེ་ཚུལ་གྱི་དངོས་པོར་བསྒྲུབས། དེ་ནས་སྡེ་པ་བཀྲ་ཤིས་རྩེ་བ་དང་ཆོས་སྡེ་པ་ཡོན་མཆོད་ནས་གདན་འདྲེན་བྱུང་བ་ལྟར་རྗེ་བཙུན་ས་སྐྱ་པའི་གསང་ཆེན་སློབ་བཤད་ཀྱི་སྟགས་གྲྭ་བཀྲ་ཤིས་རྩེར་ཆོས་སྡེར་སྟན་ཆགས། ལོ་ཤས་བཞུགས་རིང་རྡོ་རྗེ་འཆང་ཆེན་པོས། སྙིང་པོ་ཀྱེ་རྡོ་རྗེ་མན་ངག་ལུགས། འཇིགས་མཛད་རྡོ་རྗེ་སོགས་དཀྱིལ་འཁོར་དུ་མའི་དབང་བཞི། མཁའ་སྤྱོད་སྐོར་གསུམ། དམར་པོ་སྐོར་གསུམ། ཆོས་སྐྱོང་ཆེ་ཆུང་ནས་ཉེར་མཁོའི་རིགས་དང་། གཞན་ཡང་རྒྱུད་སྡེ་བཞི་དང་འབྲེལ་བའི་དབང་། བྱིན་རླབས། རྗེས་གནང་། ལུང་ཁྲིད་མན་ངག་མང་དུ་གསན་ཅིང་། དེ་དག་ཀྱང་གསན་ལོ་ཙམ་དུ་མ་བཞག་པར་སྒྲ་ན་ཕྲ་ན་ཡང་ཐུགས་ལ་ངེས་ཤེས་བྱང་ཆུབ་པར་མཛད། དགུང་ལོ་བཅོ་ལྔ་པར་མཉན་ཡོད་བྱ་གསེར་གྱི་ཆོས་ཀྱི་ཁྲི་ལ་ཞབས་ཀྱི་པདྨོ་ཉེ་བར་བཀོད་དེ་ཤེས་བརྗོད་ཀྱི་མེ་ཏོག་གི་ཆར་ཆེན་པོ་ཕྱོགས་ཀུན་ཏུ་བསྒྲིལ། དེའི་ཚེ་གཙང་སྟེ་སྲིད། སྡེ་པ་ཡར་སྟོད་པ། བཀྲ་ཤིས་རྩེ་གསུམ་ནས་བསྐོ་འཛའ། གྲྭ་རིགས་སྦྱིན་བདག་རྣམས་ཀྱིས་ལེགས་སྐྱེས་རྒྱ་ཆེར་བསྟོད། ལྷུགས་བསྟོ་གསུང་དཔངས་མཐོ་ཞིང་སྙན་ལ་བརྗོད་བྱ་རྗོད་བྱེད་ཀྱི་དོན་ཕུན་སུམ་ཚོགས་པས་འཁོར་ཐམས་ཅད་དགའ་མགུ་ཡི་རང་གི་ས་ལ་བཀོད་དེ། དགུང་གྲངས་བཅོ་བརྒྱད་པ་ལྕགས་ཕོ་སྤྲེལ་གྱི་ལོ་བར་ཐལ་ཆེར་བཀྲ་ཤིས་ཆོས་སྡེ་ཉིད་དུ་བཞུགས་ནས་ཆོས་སྡེའི་འཛིན་སྐྱོང་སྤེལ་གསུམ་བཅའ་བ་ཆོས་ཁྲིམས། ནང་གི་གྲྭ་རིགས་དང་ཕྱོགས་འདུས་ཀྱི་ཆོས་དོན་གཉེར་བ་རྣམས་ལ་དབང་། བྱིན་རླབས། རྗེས་གནང་། རིག་གཏད། ཉམས་ཁྲིད། ལུང་མན་ངག །ཕྱག་ཁྲིད་སོགས་བློ་དང་འཚམ་པའི་རེ་བ་སྐོང་ཞིང་སྦྱིན་བདག་སྐྱ་སེར་གྱིས་མཆོད་པའི་སྐྱེ་བོ་མཆོག་དམན་བར་མ་རྣམས་ལའང་རྐྱེན་སེལ་གྱི་བྱིན་རླབས། རྗེས་གནང་། ཡན་ལག་བརྒྱད་པའི་ཁྲིམས་དང་ཡིག་དྲུག་གི་བཟླས་ལུང་སོགས་གང་ལ་གང་འཚམ་གྱི་སྒོ་ནས་མངོན་མཐོ་དང་ངེས་ལེགས་ཀྱི་ས་བོན་ཁྱད་པར་ཅན་བསྐྲུན། བར་མཚམས་རྣམས་སུ་ཞ་ལུ་རི་ཕུག་རྣམ་གྲོལ་ཡང་རྩེ། གོང་དཀར་རྡོ་རྗེ་གདན་སོགས་སུ་བྱོན་ཏེ་ཕྱི་རོལ་གྱི་རྣམ་གཡེང་མཐའ་དག་རྒྱང་དུ་བསྲིང་བར་མཛད་པའི་ཀྱེ་རྡོར་བསྙེན་ཆེན། རྡོ་རྗེ་འཇིགས་བྱེད་ར་ལུགས་བཅུ་གསུམ་མ་སོགས་དཀྱིལ་འཁོར་དུ་མ་དང་། ལྷ་ཕྲན་དུ་མའི་ཐུགས་བསྙེན་དངོས་པོ་རྣམས་ཀྱང་དཀོན་མཆོག་ལ་སྲི་ཞུ། དགེ་འདུན་ལ་བསྙེན་བཀུར་ཉམ་ཐག་ལ་སྦྱིན་གཏོང་སོགས་རྣམ་དཀར་གྱི་

ཆེད་ཁོ་ནར་མཛད། དགུང་ལོ་ཉི་ཤུ་པར་སྒྲུབ་ཁང་པ་དཔལ་ལྷུན་དོན་གྲུབ་ཀྱིས་མཁན་པོ་དང་། ཐར་རྩེ་པ་ནམ་མཁའ་སངས་རྒྱས་ཀྱིས་ལས་སློབ། འདུལ་འཛིན་ཞེས་རབ་འབྱུང་གནས་ཀྱི་གསང་སྟོན་མཛད་དེ་དད་པའི་དགེ་འདུན་གྲངས་ཚང་གི་དབུས་སུ་བསྙེན་པར་རྫོགས་པའི་དགེ་སློང་གི་སྡོམ་པ་ཡང་དག་པར་བཞེས། དེ་ལ་སྔ་གཞུག་རྣམས་སུ་མཁན་སློབ་དེ་དག་དང་། མཁས་གྲུབ་དབང་ཕྱུག་རབ་བརྟན། རྗོག་སྟོན་འཇམ་དབྱངས་འོད་ཟེར། སྔགས་འཆང་ཚེ་རིང་དབང་པོ། མཁན་ཆེན་ངག་དབང་ཆོས་གྲགས། ཁྲུ་སྟོན་ངག་དབང་རྣམ་རྒྱལ། རྣམ་གླིང་པ་སྡོམ་བརྩོན་ཚོགས་གཉིས་དཔལ་གྲུབ་སོགས་མཁས་ཤིང་གྲུབ་པ་བརྙེས་པའི་དགེ་བའི་བཤེས་གཉེན་དུ་མ་བསྟེན་ནས་རྒྱལ་བའི་བཀའ་འགྱུར་རིན་པོ་ཆེ་ལྷགས་ལུང་གིས་གཙོས་མདོ་སྔགས་རྒྱུད་སྡེ་རབ་འབྱམས་ལ་གསན་སྦྱང་མཛད་ཅིང་། ལྷག་པར་དུ་ཁྱབ་བདག་བླ་མ་དབང་ཕྱུག་རབ་བརྟན་གྱི་དྲུང་ནས་ཐུན་མོང་བ་སྣང་བ་གསུམ་གྱི་སེམས་བསྐྱེད་ཆེན་མོ། རྒྱུ་དབང་། ལྷ་བ་འཁོར་འདས་དབྱེར་མེད། ཕྱི་བསྐྱེད་པའི་རིམ་པའི་ཁྲིད། ལམ་དབང་། ནང་ལུས་ཀྱི་བསྐྱེད་རིམ་ལམ། ལྷ་བ། གྲུབ་མཐའ། འདའ་ཁ་མ། བར་དོ། རྨི་ལམ། སྒྱུ་ལུས། དབང་ཕྱི་མ་གསུམ་གྱི་ཁྲིད། རྡོ་རྗེ་བདག་མེད་མའི་ལྷ་བཅོ་ལྔའི་དབང་། ལམ་ཟབ། བིར་སྲུང་ཕྱི་ནང་། སྒྲུབ་པ་ལུང་སྦྱིན་གྱི་མཐའ་རྟེན་པ་ལ་དེ་དག་ལ་དགོས་པའི་སོ་སོའི་སྐབས་ཀྱི་རྒྱབ་བརྟེན་ལུང་དང་བཅས་པ་གསུང་ངག་རིན་པོ་ཆེ་སློབ་བཤད་ཚད་མ་བཞི་ལྡན་རྗེས་འབྲང་གི་མཁས་གྲུབ་ཕལ་ཆེར་ལ་མ་གྲགས་པའི་སྙན་ནས་སྙན་དུ་བརྒྱུད་པའི་ཞལ་ཤེས་ཀྱིས་བརྒྱན་ཏེ་ཐུམ་པ་གང་བོའི་ཚུལ་དུ་བསྩལ་ཏེ་མདོ་རྒྱུད་རྒྱུད་སྡེ་རབ་འབྱམས་ལ་མངའ་དབང་འབྱོར། དགུང་ལོ་ཉེར་བདུན་པ་ས་མོ་སྦྲུལ་གྱི་ལོའི་དུས་ཆོས་དགེ་དངོས་ཚར་ཆེན་ཆོས་ཀྱི་རྒྱལ་པོའི་སློབ་བཤད་འཇིགས་མེད་སེང་གེའི་རྒྱུད་ཀྱི་ང་རོ་སྒྲོག་པའི་ཆོས་ཀྱི་ཁྲི་ཆེན་པོར་མངའ་གསོལ་ཏེ། དགེ་འདུན་འདུས་པ་རྒྱ་མཚོ་ལྟ་བུ་ལ་དུས་གསུམ་བདེ་བར་གཤེགས་པ་རྣམས་ཀྱི་བགྲོད་པ་གཅིག་པའི་ལམ་མདོ་རྒྱུད་མན་ངག་ཀུན་གྱི་ཡང་བཅུད། འཕགས་ཡུལ་གྲུབ་དབང་བི་རུ་པ་ཆེན་པོ་ལ་རྗེ་བཙུན་རྡོ་རྗེ་བཙུན་མོས་མངོན་སུམ་དུ་གནང་བའི་ལམ་འབྲས་བུ་དང་བཅས་པ། འབྲས་བུ་ལམ་དང་བཅས་པ། གཅིག་ཤེས་པས་མང་པོ་གྲོལ་བ། སྐྱོན་ཡོན་ཏན་དང་བར་ཆད་དངོས་གྲུབ་ཏུ་བླང་བ། ལྷས་ངན་གཡང་དུ་ལེན་པ། ཏིང་ངེ་འཛིན་ངོ་ཤེས་པས་བསམ་གཏན་གྱི་གེགས་སེལ་བ། བར་ཆད་ངོ་ཤེས་པས་བདུད་ཀྱི་གེགས་སེལ་བ། སྡེ་སྣོད་གསུམ་གྱི་དེ་ཉིད་ཤེས་པས་གསེར་འགྱུར་གྱི་རྩི་ལྟ་བུ། མཆོག་མཐུན་གྱི་དངོས་གྲུབ་མ་ལུས་པ་འབྱུང་བའི་གསུང་ངག་རིན་པོ་ཆེ་ཚོགས་བཤད་དང་སློབ་བཤད་གཉིས་ལས་རྗེས་འབྲང་མཁས་གྲུབ་ཕལ་ཆེར་ལ་མ་གྲགས་པ་རིན་ཆེན་

སྣང་བ་གདུང་བརྒྱུད་སྒོས་ཀྱི་ཟབ་ཆོས་ལྷ་བུ་གསང་ཆེན་སློབ་བཤད་ཀྱི་ཉམས་ཁྲིད་ཟབ་མོ་དབང་ཁྲིན་རླབས་རྒྱབ་རྟེན་ལུང་དང་བཅས་པ་བསྐུལ་ཏེ། དཔལ་ཞ་ལུ་གསེར་བཀའ་གི་གདན་ས་པ་ཁྱབ་བདག་རིན་ཆེན་བསོད་ནམས་མཆོག་གྲུབ། གླང་ཕུ་ཆོས་རྗེ་འཇམ་དཔལ་ཆོས་སྐྱོང་དབང་ཕྱུག་ཟུར་ཐམས་ཅད་མཁྱེན་པ་ཆོས་དབྱིངས་རང་གྲོལ། ཁྲ་ཚང་བ་ཆེན་པོ་ཁྱབ་བདག་བློ་མཆོག་རིག་པའི་རྡོ་རྗེ། རྡོ་རྗེ་བྲག་ནས་རིག་འཛིན་པདྨ་ཕྲིན་ལས། རྒྱ་རྟེ་བདག་པོ་བྱམས་པ་ངག་དབང་བསོད་ནམས་རྒྱལ་མཚན་སོགས་སློབ་ཚོགས་ནམ་མཁའི་སྐར་ཚོགས་ལྟར་བྱུང་ཞིང་ཕལ་ཆེར་གྱིས་གསུང་རྒྱུན་བཟུང་བའི་ཕྱོགས་ཀུན་ཏུ་སྤེལ་ནས་བསྟན་པ་རིན་པོ་ཆེའི་སྲོག་ལེགས་པར་མཐུད་ཅིང་། ལ་ལས་ཆེ་འདིའི་རྣམ་གཡེང་མཐའ་དག་རྒྱང་དུ་བསྲིངས་ཏེ་བསམ་གཏན་གྱི་རོ་མྱོང་། འགའ་ཞིག་གིས་ཕྲིན་ལས་རྣམ་བཞིའི་སྒོ་ནས་འགྲོ་བའི་དོན་མཛད་པ་ཤ་སྟག་བྱུང་ཞིང་། དེ་ལས་དམ་པ་འདི་ཉིད་ཐུགས་རབ་ཀྱི་གླིང་ཤིན་ཏུ་ཡངས་པས་ཚོགས་བཅད་ལྷུག་གང་ལའང་ཕུན་སུམ་ཚོགས་ཤིང་དཔལ་དུས་ཀྱི་འཁོར་ལོའི་མངོན་དཀྱིལ་དང་། རྣམ་ཐར་ལྷའི་ཆོག་སྒྲིག་སོགས་རྗེས་འཇུག་གདུལ་བྱའི་གསོས་སུ་བཞག །ཕྱག་ཏུ་ནོར་རྫས་གང་བྱུང་ལས། གྲུབ་ཆེན་བི་རཱུ་པ། བརྩེ་ཆེན་སྙིང་པོ་ཞབས་སོགས་ཀྱི་སྐུ་བརྙན་དུ་མ་དང་། ལམ་འབྲས་བླ་མ་བརྒྱུད་པའི་ཞལ་ཐང་གི་ཁ་སྐོང་། ཐམས་ཅད་མཁྱེན་པ་ཚར་པ་ཆོས་རྗེའི་གསུང་འབུམ་པོད་བཞི། འཇམ་དབྱངས་མཁྱེན་བརྩེའི་དབང་ཕྱུག་གི་གསུང་འབུམ་གླེགས་བམ་པོད་གསུམ། རྡོ་རྗེ་འཆང་དབང་ཕྱུག་རབ་བརྟན་གྱི་བཀའ་འབུམ་པོད་གཅིག་བཅས་བསྟན་པ་རིན་པོ་ཆེའི་བཙས་སུ་དགོངས་ཏེ་བླ་མ་གོང་མ་རྣམས་ཀྱི་བཀའ་བསྟུའི་ཚུལ་དུ་ལེགས་པར་བསྒྲུན་ཏེ། རྣམ་དཀར་གྱི་ཕྲིན་ལས་དབྱར་མཚོ་ལྟར་འཕེལ་བར་གྱུར། དེ་ལྟར་དམ་པ་འདི་ཉིད་ཀྱི་སྐུ་ཚེ་ཕྱིལ་པོར་བཤད་སྒྲུབ་འཁོར་ལོ་གཉིས་ལྡན་གྱི་སྒོ་ནས་རྒྱལ་བའི་བསྟན་པ་རིན་པོ་ཆེ་འདི་ཉིད་སྒོ་ཀུན་ནས་དར་ཞིང་རྒྱས་པར་མཛད་དེ། མཐར་དགུང་གྲངས་ལྔ་བཅུ་ང་ལྔ་པ་བོད་རབ་བྱུང་བཅུ་གཅིག་པའི་ས་མོ་ཕག་གི་ལོ་སྤྱི་ལོ་༡༨༥༩ལོར་བདེ་ཆེན་དག་པའི་ཞིང་ཁམས་གདན་གསུམ་ཚང་བའི་དཀྱིལ་འཁོར་ཆེན་པོའི་རིགས་ཀྱི་བདག་པོར་གདན་དྲངས་པ་ཡིན་ནོ། །

༄ ཞ་ལུ་བ་བསོད་ནམས་མཆོག་གྲུབ།

ཁོང་ནི་བོད་རབ་བྱུང་བཅུ་པའི་ཆུ་ཕོ་སྟག་གི་ལོ་སྤྱི་ལོ་༡༨༠༢ལོར་གཙང་གི་རྟ་ལག་གི་ཉང་སྨད་དུ་ཡབ་རིགས་ཀྱིས་མངོན་པར་མཐོ་བའི་རྗེ་བའི་

རིགས་བརྒྱུད་འཚོ་བྱེད་སངས་རྒྱས་གྲགས་པ་དང་། ཡུམ་ཡེ་ཤེས་ཀྱི་མཁའ་འགྲོ་མ་ཡེ་ཤེས་འཚོ་རྒྱལ་གཉིས་ཀྱི་སྲས་སུ་ངོ་མཚར་བའི་ལྟས་དུ་མ་དང་བཅས་ཏེ་གཟུགས་སྐུ་ཆུ་ཤེལ་གྱི་དབང་པོ་ཤར་རིའི་ཕྲག་པ་ལས་ཐོན་པ་ལྟར་སྐུ་འཁྲུངས་ཤིང་མཚན་དོན་གྲུབ་བསོད་ནམས་དབང་གི་རྒྱལ་པོར་གསོལ། སྐུ་ན་ཆུང་དུའི་དུས་ནས་དམ་པའི་བག་ཆགས་རང་ཆས་སུ་སད་ཅིང་ཡི་གེ་འབྲི་ཀློག་སོགས་ཚེགས་མེད་དུ་མཁྱེན། ཡབ་ཀྱི་མདུན་ནས་རྒྱུད་བཞི་གསོ་རིག་གི་ཕྱག་དཔེ་འཛིན་པ་སོགས་སྦྱོར་བརྡར་གྱི་དབུ་བཙུགས་ཀྱང་རྗེ་ཉིད་དམ་པའི་ཆོས་ཁོ་ན་མཛད་པའི་ཐུགས་བཞེད་ཀྱིས་སྐུ་ལུས་བསྒྱུར། དགུང་ལོ་དགུ་པར་བུ་སྟོན་རིན་པོ་ཆེ་བསྟི་གནས་རི་ཕུག་ཆོས་ཀྱི་ཕོ་བྲང་དུ་དུས་གསུམ་རྒྱལ་བའི་སྤྱི་གཟུགས་རྗེ་བཙུན་དབང་ཕྱུག་རབ་བརྟན་གྱི་ཞབས་དྲུང་དུ་ཕེབས་ནས་གཙུག་ཕུད་ཕུལ་བའི་མཚན་བསོད་ནམས་དབང་པོར་གསོལ། སྐྱིད་ཚལ་གོང་གི་མཁན་པོ་འབུམ་རབ་འབྱམས་པ་ཐར་པ་རྒྱལ་མཚན་པའི་མདུན་ནས་དབང་རྗེས་གནང་རིགས་མི་གཅིག་པ་བཅོ་བརྒྱད་ཙམ་གསན་པའི་དང་པོ་གྲུབ་ཐོབ་ཀྱི་འཁོར་ལོ་སྒྱུར་བ་རྣལ་འབྱོར་དབང་ཕྱུག་བི་རཱུ་པའི་བཞེད་སྲོལ་དཔལ་ཀྱེ་རྡོ་རྗེའི་མན་ངག་ལུགས་ཀྱི་རས་བྲིས་ཀྱི་དཀྱིལ་འཁོར་དུ་རྒྱུ་དུས་ཀྱི་དབང་གིས་སྨིན་པར་མཛད། དེ་ནས་སྐྱིད་ཚལ་དུ་མཚན་ཉིད་ཀྱི་ཐུགས་གཉེར་མཛད་པའི་གྲྭ་བཞོལ་ཏེ་ཞ་ལུ་རི་ཕུག་བྱོན་ནས་དགེ་སློང་རིན་ཆེན་འཕེལ་གནས་ཀྱི་སློབ་དཔོན་བསྟེན་ཏེ། རྒྱུད་སྡེ་གོང་འོག་གི་དཀྱིལ་འཁོར་མང་པོ་ཐུགས་འཛིན་དང་ཕྱག་ཁྲིད་སོགས་ཉིན་མཚན་ཐང་ལྷོད་མེད་པ་ལྟ་བུས་ཐུགས་གཉེར་འབྲུས་པར་མཛད་ཅིང་། དགུང་ལོ་བཅུ་གསུམ་པར་ས་སྐྱ་ནས་བདག་ཆེན་རིན་པོ་ཆེ་འཇམ་དབྱངས་བསོད་ནམས་དབང་པོ་ཞ་ལུ་རི་ཕུག་ཏུ་བྱོན་པའི་ཚེ་བྱང་གླིང་བླ་བྲང་དུ་ཚོགས་སུ་མ་དགེ་ཚུལ་གྱི་སྡོམ་པ་བཞེས་ཏེ་མཚན་རིན་ཆེན་བསོད་ནམས་མཆོག་གྲུབ་ཏུ་གསོལ། དེ་ལས་སྔ་གཞུག་རྣམས་སུ་གྲོང་ཆེན་སློབ་དཔོན་ཀུན་སྤྱང་བ་རིན་པོ་ཆེ་ཤཱཀྱ་སེང་གེ །མངའ་རིས་པ་ནམ་མཁའ་དཔལ་ལྡན། རྗེ་གདོང་ཁྲི་ཆེན་ཀུན་དགའ་བསོད་ནམས་ལྷུན་གྲུབ་བཀྲ་ཤིས་གྲགས་པ་རྒྱལ་མཚན། ས་སྐྱ་སྔར་ཆེན་མཐུ་སྟོབས་དབང་ཕྱུག །འབྲུག་པ་ཞབས་དྲུང་བསྟན་པའི་ཉི་མ། སྒྲུབ་ཁང་པ་དཔལ་ལྡན་དོན་གྲུབ། འབྲུག་པ་སྤྲུལ་པའི་སྐུ་རིན་པོ་ཆེ་བློ་བཟང་མི་ཕམ་དབང་ཕྱུག །ངམ་རིངས་མཁན་ཆེན་གླུ་སྒྲུབ་ཆོས་ཀྱི་རྒྱལ་མཚན། ཞ་ལུ་མཁན་པོ་ནམ་མཁའ་མཆོག་ལྡན། ཆོས་ལུང་མཁན་ཆེན་ལུང་རིགས་ཀུན་དགའ་རྒྱ་མཚོ། འཇམ་དབྱངས་ཆོས་སྐྱོང་དབང་ཕྱུག །བཟང་ལྡན་མཁན་པོ་རྒྱལ་རྩེ་བ་ཀུན་དགའ་བསོད་ནམས་གྲགས་པ། བསམ་སྡིངས་སྤྲུལ་སྐུ་བདེ་ཆེན་འཚོ་མོ། ལྕོག་གྲ་སྤྲུལ་སྐུ་ངག་དབང་སྐལ་གྲགས་བཟང་པོ་སོགས་མཁས་ཤིང་གྲུབ་པ་བརྙེས་པའི་དགེ་བའི་བཤེས་གཉེན་

དམ་པ་དུ་མའི་ཞབས་རྡུལ་སྤྱི་བོར་བླངས་ནས་གསང་སྔགས་གསར་རྙིང་གི་རྒྱུད་སྡེ་རབ་འབྱམས་ལ་གསན་བསམ་མཛད་ཅིང༌། དེ་ལས་ཁྱབ་བདག་རྡོ་རྗེ་འཆང་དབང་ཕྱུག་རབ་བརྟན་པ་ལས། བདག་མེད་རྡོ་རྗེ་བཙུན་མོས་མཁས་གྲུབ་ཀྱི་གཙུག་རྒྱན་དཔལ་ལྡན་ཆོས་སྐྱོང་ལ་གནང་བ་ནས་བརྒྱུད་ཟབ་ཆོས་དབང་གི་ཆུ་བོ་མ་ནུབ་ཅིང་སྙན་བརྒྱུད་མཁའ་འགྲོའི་ཁ་རླངས་གདུང་བརྒྱུད་རིམ་པར་ཆིག་བརྒྱུད་དུ་བྱོན་པ་གསུང་ངག་རིན་པོ་ཆེ་སློབ་བཤད་ཀྱི་དབང་འཕྲིད་བྱིན་རླབས། ལམ་ཟབ་ནང་མ་སོགས་ལམ་འབྲས་དང་འབྲེལ་བའི་བྱིན་རླབས་བཅོ་ལྔ་སོགས་བུམ་པ་གང་བྱོའི་ཚུལ་དུ་བསྣལ། བསྐྱེད་པ་དང་རྫོགས་པའི་རྡོ་རྗེ་རྣལ་འབྱོར་མཆོག་ལ་བརྟེན་ནས་རྟོགས་པའི་བདག་ཉིད་ཆེན་པོར་གྱུར། རིན་པོ་ཆེ་དཀོན་མཆོག་རྒྱལ་མཚན་གྱི་དྲུང་དུ་འཇམ་དཀར་མ་ཏི་ལུགས་ཀྱི་དབང་རྗེས་གནང་སོགས་ཞུས་ཏེ་ལྷགས་བསྙེན་འབྲུ་འབུམ་མ་ཤའི་ལས་སྦྱོར་བཅས་གནང་བས་སྐྱ་ན་སྨིན་པོར་སོང་ནས་ཀྱང་དབང་ཁྲིད་རྗེས་གནང་སོགས་གང་ལ་ཡང་ཐོགས་པ་མེད་པའི་མཁྱེན་རབ་རྗེ་བཙུན་བརྟན་པའི་འཁོར་ལོའི་བྱིན་རླབས་ཀྱི་བདུད་རྩིས་ཐུགས་ཀྱི་ཟ་མ་ཏོག་ཡོངས་སུ་གཏམས་པར་ངེས་རྙེད་ཀྱི་དད་པ་ཅི་ཡང་འཕེལ། དགུང་ལོ་ཉེར་གཅིག་པ་ཆུ་ཕོ་ཁྱི་ཡི་ལོ་ཧོར་ཟླ་ལྔ་པའི་ཚེས་བཞིའི་ཉིན་དཔལ་ལྡན་རྣལ་འབྱོར་རྒྱུད་རྒྱལ་གྱི་སྟོན་པ་རྣམ་པར་སྣང་མཛད་ཆེན་པོའི་སེང་གེའི་ཁྲིར་ཕེབས་པར་རྒྱལ་རྩེ་རྫོང་དང་བླ་བྲང་དཀར་པོ་ནས་བསྐོ་འཛའི་གནང་སྐྱེས། དགེ་འདུན་ཚོགས་པས་བགེགས་སྐྲོད་དང་བཀྲ་ཤིས་མངའ་གསོལ་རྒྱས་པར་མཛད་པ་སོགས་མཆོད་ཡོན་ཐམས་ཅད་ཐུགས་ཡིད་གཅིག་འདྲེས་ཀྱི་དགའ་སྟོན་ཕུན་སུམ་ཚོགས་པར་མཛད་དེ། འཁོར་འདུས་པ་རྒྱ་མཚོ་ལྟ་བུ་ལ་དབང་ཁྲིད་ལུང་མན་ངག་དུ་མའི་ཆོས་ཀྱི་འཁོར་ལོ་བར་མེད་དུ་བསྐོར་བར་མཛད་ཅིང༌། འདུ་ཁང་གི་ཤིང་རྩེ་ལྕེབས་བྲིས་དང་སྒྲུབ་མཆོད་བསྐང་བ་གཞན་དོན་གྱི་ཕྲིན་ལས་སོགས་རྣམ་དཀར་གྱི་མཛད་པ་ཡར་ངོའི་ཟླ་ལྟར་རྒྱས་པར་གྱུར། དགུང་ལོ་ཉེར་གཉིས་པར་དཔལ་ཨེ་ཝཾ་ཆོས་ལྡན་ཡོན་ཏན་རིན་པོ་ཆེ་དུ་མའི་འབྱུང་གནས་སུ་བྱོན་ཏེ། བསྟན་པའི་མངའ་བདག་སྒྲུབ་ཁང་པ་དཔལ་ལྡན་དོན་གྲུབ་ཀྱིས་མཁན་པོ་དང༌། སྡེ་སྣོད་གསུམ་དང་རྒྱུད་སྡེ་བཞིའི་མངའ་བདག་བྲང་ཏི་ནམ་མཁའ་སངས་རྒྱས་ཀྱིས་ལས་ཀྱི་སློབ་དཔོན་དང༌། མཁས་གྲུབ་ཤར་ཆེན་ཤེས་རབ་འབྱུང་གནས་ཀྱིས་གསང་སྟོན་མཛད་དེ་དད་པའི་དགེ་འདུན་གྲངས་ཚང་གི་དབུས་སུ་བསྙེན་པར་རྫོགས་པ་དགེ་སློང་གི་དངོས་པོ་ཡང་དག་པར་བཞེས་ཏེ་ཉོན་མོངས་པའི་གཡུལ་ལས་རྣམ་པར་རྒྱལ་བའི་རྒྱལ་མཚན་བསྒྲེངས། དེ་ནས་ལོ་གཅིག་ཙམ་གྱི་རིང་དུ་ཞ་ལུ་རི་ཕུག་ཏུ་བཅར་བཞུགས་ངོས་ཆོས་བརྒྱད་ཀྱི་བུན་ལོང་མཐའ་དག་རྒྱབ་ཏུ་བསྐྱུར་ནས་ཉིན་མཚན་ངོ་མི་མཁྱེན་པ་ལྟ་བུའི་བརྩོན་པས་བསྒྲང་

ཡས་རྒྱུད་སྡེ་རྒྱ་མཚོའི་ཕ་རོལ་ཏུ་སོན་པའི་ཐུགས་གཉེར་སྨིན་པར་མཛད། དགུང་ལོ་སོ་གསུམ་པར་ཞ་ལུ་རི་ཕུག་གི་འདུ་ཁང་ཞིག་གསོས་ཀྱི་དབུ་བཙུགས་ནས་ལོ་གཉིས་ལྷག་ཙམ་ཀྱི་རིང་ལྡེབས་བྲིས་སྐྱེས་རབས་སོ་བཞི་པ། གནས་བརྟན་བཅུ་དྲུག །ཆོས་སྐྱོང་སྐོར། རྒྱལ་ཆེན་སྡེ་བཞི། མཛད་པ་བཅུ་གཉིས་སོགས་སོ་སོའི་ལྡེབས་བྲིས་རྣམས་དངོས་གཙང་བ་ཐུགས་ཁུར་ཆེ་བཞེས་ཀྱིས་ཞལ་བཀོད་གནང་། དེ་ལས་སྐུ་གཞུག་རྣམས་སུ་སྐུའི་རྟེན་ཡང་དག་པར་རྫོགས་པའི་སངས་རྒྱས་ཤཱཀྱའི་རྒྱལ་པོའི་གསེར་སྐུ་དང་། སངས་རྒྱས་སོ་ལྔའི་གསེར་ཐང་། ཐམས་ཅད་མཁྱེན་པ་བུ་སྟོན་ཡབ་སྲས་ཀྱི་སྨན་སྐུ། གསུང་གི་རྟེན་མཁས་པ་ཙནྡྲ་ཤྲཱི་དང་ཤར་ཆེན་ཡེ་ཤེས་རྒྱ་མཚོའི་གསུང་འབུམ་པོད་གསུམ་ཐུགས་ཀྱི་རྟེན་དུ་གདུགས་དཀར་གྱི་མཆོད་རྟེན་མདའ་གང་བ་སོགས་བྱིན་རླབས་ཀྱི་གཟི་འོད་འབར་བ་དུ་མ་བཞེངས། དགུང་ལོ་དྲུག་ཅུ་རེ་གཅིག་པ་ཆུ་ཕོ་སྟག་གི་ལོ་ཆོ་འཕྲུལ་མཆོད་པའི་དུས་ཆེན་ཆོས་དྲུག་གི་འཁོར་སྐོར་ཕུན་སུམ་ཚོགས་པའི་ཚེ་གངས་ཅན་གྱི་ལྗོངས་འདིར་གནས་ལྔ་རིག་པ་སྨྲ་བ་ལ་ཟླ་མེད་པའི་པཎྜི་ཏ་ཆེན་པོ་བུ་སྟོན་རིན་ཆེན་གྲུབ་ཅེས་མ་བྱོན་སངས་རྒྱས་གསུམ་པ་རབ་གསལ་གྱི་རྣམ་པར་འཕྲུལ་པའི་གདན་ས་དཔལ་ཞ་ལུ་གསེར་ཁང་དང་རི་ཕུག་ཆོས་ཀྱི་ཁྲི་ཞབས་ཟུང་གི་པདྨོ་རྣམ་པར་བཀོད་པར་གཞིས་ཀ་རྩེ་ནས་ཞིང་མོ་ཆེ་མི་སྣར་མངགས་པའི་གཞུང་ཚན་གྲངས་དང་གྲྭ་རིགས་སྦྱིན་བདག་སོགས་ཀྱི་ལེགས་འབུལ་བཅས་ཕུན་སུམ་ཚོགས་པའི་བཀྲ་ཤིས་དང་དགའ་སྟོན་རྒྱ་ཆེར་སྤེལ་ཏེ་ཆོས་རྗེ་ཐམས་ཅད་མཁྱེན་པའི་རིང་ལུགས་དྲི་མ་མེད་པའི་མེ་རོ་སླར་ཡང་གསོ་བའི་སྒོ་འཕར་གསར་དུ་ཕྱེ། དབྱར་དགུན་གྱི་དུས་ཆོས། གར་ཐིག་དབྱངས་སོགས་གཙོ་བོར་གྱུར་པའི་སྒྲུབ་མཆོད། དབང་བྱིན་རླབས། རྗེས་གནང་། ལུང་ཉམས་ཁྲིད་སོགས་ཀུན་མཁྱེན་མཁྱེན་བརྩེའི་ཞབས་གཤེགས་པ་ནས་བཟུང་མེད་གི་ལྷག་མར་གྱུར་པ་རི་མོ་སྙིང་པ་གབ་པ་སླར་ཡང་གསལ་བའི་ཚུལ་དུ་བསྟན་པའི་ཕྱི་དོར་མཛད་ཅིང་། དོན་གཉེར་ཅན་དུ་མ་ལ་གསུང་ངག་རིན་པོ་ཆེ་སློབ་བཤད་ཀྱི་ཕྱག་ལེན་དུ་མ་གནང་། གཞན་ཡང་དཔལ་ལྡན་ས་སྐྱ། པོ་ཏ་ལ། གོང་དཀར་ཆོས་སྡེ། སོགས་སུ་ཡང་བྱོན་ནས། འཆད་རྩོད་རྩོམ་པའི་ཕྲིན་ལས་རྒྱ་ཆེར་སྤེལ་ཏེ། གནས་གསར་དགོན་རིན་པོ་ཆེ། འདར་པ་ཆོས་མཛད་བློ་གསལ་བསྟན་འཛིན། རྗེ་བཙུན་ས་སྐྱ་པ་ངག་དབང་བསོད་ནམས་དབང་ཕྱུག་ཡབ་སྲས། ཁྱབ་བདག་བཀའ་འགྱུར་པ་ཆེན་པོ། གླང་ཕུ་ཆོས་རྗེ་རིན་པོ་ཆེ། རྒྱལ་རྩེ་ཞབས་དྲུང་བྱམས་པ་ངག་དབང་བསོད་ནམས་རྒྱལ་མཚན། བཟང་ལྡན་མཁན་པོ་རྒྱལ་རྩེ་ཀུན་དགའ་བསོད་ནམས་གྲགས་པ་སོགས་མཁས་ཤིང་གྲུབ་པ་བརྙེས་པའི་སློབ་ཚོགས་ནམ་མཁའི་སྐར་ཚོགས་ལྟར་དུ་མ་བྱུང་། རྩོམ་པ་ཉིན་མོ་བྱེད་པའི་འོད་ཕྲེང་གིས་བསྟན་པའི་པད

ཚུལ་རྒྱས་པར་མཛད་པའི་ཚུལ་ཡང་། ནཱ་རོ་མཁའ་སྤྱོད་དང་འཆི་མེད་དཔལ་སྟེར་གཉིས་ཀྱི་བརྒྱུད་འདེབས། གཤེད་དམར་གྱི་བརྒྱུད་འདེབས་སོགས་གསུང་ཆོས་དུ་མ་རྗེས་འཛུག་གདུལ་བྱའི་གསོས་སུ་བཞག་སྟེ། རྒྱལ་བའི་བསྟན་པ་རིན་པོ་ཆེ་འདི་ཉིད་སྒོ་ཀུན་ནས་དར་ཞིང་རྒྱས་པར་མཛད་ནས་མཐར་དགུང་གྲངས་བདུན་ཅུ་དོན་དགུ་པ་བོད་རབ་བྱུང་བཅུ་གཅིག་པ་ལྕགས་མོ་བྱ་ཡི་ལོ་སྟེ་སྤྱི་ལོ་༡༨༢༡ལོར་ཀུན་རྫོབ་གཟུགས་སྐུའི་བཀོད་པ་ཆོས་དབྱིངས་བདེ་བ་ཆེན་པོ་དང་དུ་བསྡུ་བའི་ཚུལ་བསྟན་པ་ཡིན་ནོ། །

༡ ལྷ་བཙུན་མཁྱེན་རབ་ངག་དབང་ལྷུན་གྲུབ།

ཁོང་ནི་བོད་རབ་བྱུང་བཅུ་གཅིག་པའི་ཆུ་མོ་བྱ་ཡི་ལོ་སྟེ་སྤྱི་ལོ་༡༨༣༣ལོར་རྒྱལ་བ་འབྲོམ་གྱི་ཞབས་ཀྱིས་བཅགས་ཤིང་དགེ་བའི་བཤེས་གཉེན་རི་མཁར་བའི་གནས་བསམ་འགྲུབ་རི་མཁར་དུ་ཡབ་རིགས་རུས་ཀྱིས་མངོན་པར་མཐོ་བ་ཞ་ལུ་བ་ཆེན་པོའི་དཔོན་ཆེན་གྱི་བརྒྱུད་པ་རྣལ་འབྱོར་གྱི་དབང་ཕྱུག་འཛམ་དབྱངས་དབང་པོ་དང་། ཡུམ་སྟག་ལུང་བ་ཆེན་པོའི་ཕྱག་མཛོད་ཀྱི་བརྒྱུད་པ་དཔོན་ཆེན་ཕྲེང་སྟག་པའི་སྲས་མོ་གུ་རུ་སྒྲོལ་མ་གཉིས་ཀྱི་སྲས་སུ་ཨ་ཞེས་པའི་ངོ་མཚར་བའི་སྒྲ་དང་བཅས་ཏེ་གཟུགས་སྐུ་ཆུ་ཤེལ་གྱི་དབང་པོ་མངོན་པར་བཞད་མ་ཐག་གོང་མ་ཆོས་ཀྱི་སྤྱན་ལྡན་གྱིས་བྱིན་རླབས་བཀའ་བསྒོ་མཛད་ཅིང་དགེ་བསྙེན་གྱི་སྡོམ་པ་བསྩལ་ཏེ་མཚན་ངག་དབང་རྒྱལ་མཚན་གསོལ། བྱིས་པའི་དུས་འཚོ་བ་ཞུང་ཞིང་སྙིང་རྗེ་ཆེ་བ། སོ་རྩེ་གསུམ་དུ་ཡོད་པ། ལྟེ་ལ་ཨེས་མཚན་པ་སོགས་དམ་པའི་རིགས་ཐམས་ཅད་ཚང་ཞིང་ཡབ་ཡུམ་གྱི་མདུན་ནས་ཀློག་བསླབ་པས་ཚེགས་མེད་དུ་མཁྱེན། དགུང་ལོ་དྲུག་པར་ཡབ་ཞི་དབྱིངས་སུ་གཤེགས་པས། དེ་ནས་གོང་མ་ཆོས་ཀྱི་སྤྱན་ལྡན་མཁྱེན་རབ་བསྟན་འཛིན་དཔལ་བཟང་པོ་ཁུ་དབོན་གྱིས་དཔལ་ན་ལེནྡྲ་རྣམ་པར་རྒྱལ་བའི་ཆོས་གྲྭར་ཁྲིད་དེ། ཆོས་སྤྱོད་ཀྱི་རིམ་པ་དཀྱིལ་ཆོག་གི་སྒྲོར་སོགས་རྒྱུགས་ཕུལ། དགུང་ལོ་བརྒྱད་པར་དཀྱིལ་འཁོར་རྒྱ་མཚོའི་དབང་ཕྱུག་གོང་མ་ཆོས་ཀྱི་རྒྱལ་པོས་རྒྱུད་ཀྱི་དབང་པོའི་འདུ་ཁང་ཆེན་མོའི་ཚོགས་ཆེན་དུ་རྣལ་འབྱོར་གྱི་དབང་ཕྱུག་འཇིགས་བྲལ་དཔལ་ལྡན་ཆོས་སྐྱོང་གི་བཞེད་བཞུང་གསུང་ངག་རིན་པོ་ལམ་འབྲས་བུ་དང་བཅས་པའི་གདམས་པ། དབང་། ཁྲིད། ལུང་། མན་ངག་སོགས་ཡོངས་སུ་རྫོགས་པ་དང་། ལམ་ཟབ། བིར་སྲུང་། ནཱ་རོ་མཁའ་སྤྱོད་རྣམས་ཀྱི་དབང་བྱིན

རླབས་རྣམས་དང་། བ་རི་ལུགས་ཀྱི་སྒྲུབ་ཐབས་བརྒྱ་རྩའི་རྗེས་གནང་རྒྱ་གཞུང་གི་ལུགས་བཅས་ཀྱིས་མཚོན་མདོ་རྒྱུད་རྒྱུད་སྡེ་དུ་མའི་དབང་ལུང་ཁྲིད་དུ་མ་གསན། དགུང་ལོ་བཅུ་པར་མཁན་པོ་ཆོས་ཀྱི་སྤྱན་ལྡན་མཁྱེན་རབ་བསྟན་འཛིན་བཟང་པོ་དང་། ལས་ཀྱི་སློབ་དཔོན་རྗེ་དཔོན་ངག་དབང་བསྟན་འཛིན་ལྷུན་གྲུབ་དཔལ་བཟང་པོས་གནང་ནས་བར་མ་རབ་བྱུང་གི་སྡོམ་པ་བཞེས་ཏེ་མཚན་མཁྱེན་རབ་ངག་དབང་ལྷུན་གྲུབ་ཏུ་གསོལ། དགུང་ལོ་ཉེར་གཅིག་པ་མཁན་པོ་འཇམ་མགོན་བྱམས་པ་བསོད་ནམས་ལྷུན་གྲུབ་བཀྲ་ཤིས་གྲགས་པ་རྒྱལ་མཚན་དཔལ་བཟང་པོ་དང་། ལས་ཀྱི་སློབ་དཔོན་ཡོངས་རྫོགས་བསྟན་པའི་མངའ་བདག་ཆོས་དཀར་རྣམ་རྒྱལ་བ་དང་། གསང་སྟེ་སྟོན་པ་གནས་བརྟན་འདུལ་བ་འཛིན་པ་དཔོན་སློབ་རིན་ཆེན་སྣང་བ། དུས་བསྒོ་བ་དབུ་མཛད་བསྟན་འཛིན། ཁ་སྐོང་སོགས་དགེ་འདུན་གྲངས་ཚང་གི་དབུས་སུ་བསྙེན་པར་རྫོགས་པ་དགེ་སློང་གི་སྡོམ་པ་ཡང་དག་པར་བཞེས། ངུར་སྨྲིག་རྒྱལ་མཚན་འཛིན་པ་ཀུན་གྱི་ཏོག་ལྟར་གྱུར། དེ་ལས་གོང་གི་མཁན་སློབ་དེ་དག་དང་། དུས་གསུམ་རྒྱལ་བའི་སྤྱི་གཟུགས་ཁམས་གསུམ་ཆོས་ཀྱི་རྒྱལ་པོ་རིགས་བརྒྱའི་ཁྱབ་བདག་ངག་དབང་བློ་བཟང་རྒྱ་མཚོ་འཇིགས་མེད་གོ་ཆ་ཐུབ་བསྟན་ལང་ཚོའི་སྡེ་ཆེན་པོ་དང་། བྱང་ཆུབ་བར་གྱི་སྐྱབས་མགོན་དཀྱིལ་འཁོར་རྒྱ་མཚོའི་དབང་ཕྱུག་མཚན་བརྗོད་པར་དཀའ་བ་མཁྱེན་རབ་བསྟན་འཛིན་བཟང་པོ་ཁུ་དཔོན། ཁྱབ་བདག་དགྱེས་མཛད་རྡོ་རྗེ་ཞ་ལུ་བ། རྡོ་རྗེ་འཆང་འཇམ་མགོན་ཆོས་ཀྱི་རྒྱལ་པོ་ས་སྐྱ་པ་སྐྱ་མཆེད་ཡབ་སྲས་རྣམས་གཙོ་བོར་གྱུར་པའི་ཡོངས་འཛིན་དམ་པ་ཉི་ཤུ་རྩ་ལྔ་མཉེས་པ་གསུམ་གྱིས་མཉེས་པར་མཛད་དེ། མདོ་རྒྱུད་རྒྱུད་སྡེ་རབ་འབྱམས་ཀྱི་ཕ་རོལ་ཏུ་སོན་ཅིང་ཡི་དམ་ལྷག་པའི་ལྷ་རབ་འབྱམས་ཀྱི་བསྙེན་སྒྲུབ་འབའ་ཞིག་ལ་གཞོལ་བར་མཛད་ནས་མཁས་གྲུབ་གཉིས་ལྡན་གྱི་གོ་འཕང་ལ་མངའ་དབང་འབྱོར། དེ་ནས་རོང་སྟོན་སྨྲ་བའི་སེང་གེ་གདན་སར་བཞུགས་ནས་འཁོར་འདུས་པ་རྒྱ་མཚོ་ལྟ་བུ་ལ་མདོ་རྒྱུད་དུ་མའི་དབང་ལུང་མན་ངག་སོགས་དུ་མ་བསྐུལ་ཞིང་། ཁྱད་པར་དུ་གངས་ཅན་བསྟན་པའི་མངའ་བདག་རྗེ་བཙུན་ས་སྐྱ་པའི་ཟབ་ཆོས་མདོ་རྒྱུད་ཀུན་གྱི་སྙིང་པོ་གསུང་ངག་རིན་པོ་ཆེ་ལམ་འབྲས་བུ་དང་བཅས་པའི་ཚོགས་བཤད་དང་སློབ་བཤད་གཉིས་ལས་ཤིན་ཏུ་ཟབ་ཅིང་རྒྱ་ཆེ་བ་དཔལ་ཁའུ་བྲག་རྫོང་པའི་བཀའ་སྲོལ་ཚར་ལུགས་སློབ་བཤད་ཐུན་མོང་མ་ཡིན་པའི་དབང་བྱིན་རླབས། ཁྲིད་ལུང་ཡོངས་སུ་རྫོགས་པ་ཚར་ཉེར་ལྔ་དང་། མཁའ་སྤྱོད་གཙོ་མོའི་ཁྲིད་ཚར་བཅུ་བདུན་ནི་གུ་བྱུ་ལུགས་ཀྱི་དམར་ཁྲིད། ཚེ་ཁྲིད། གཅོད་ཁྲིད། ཞེན་པ་བཞི་བྲལ་སོགས་ཚར་དུ་མ་བསྐུལ་ཏེ། འཆད་པའི་ཉི་མའི་འོད་ཟེར་གྱིས་བློ་གསལ་བློ་གྲོས་ཀྱི་པད་ཚལ་རྒྱས་པར་གནང་སྟེ། རིགས་བརྒྱའི་ཁྱབ་བདག

ཁམས་གསུམ་ཆོས་ཀྱི་རྒྱལ་པོ་ཀུན་དགའི་མཚན་ཅན། རྗེ་གདོང་ནས་འཛམ་དབྱངས་སྐུ་མཆེད། ཁྲི་ཆེན་ཁྱབ་བདག་ཞ་ལུ་བ་ཆེན་པོ། ཆོས་ཀྱི་རྒྱལ་པོ་འཛམ་དབྱངས་ཙོང་ཁ་པ་ཆེན་པོའི་རྒྱལ་ཚབ་དགའ་ལྡན་ཁྲི་རིན་པོ་ཆེ་སྤྲུལ་སྐུ་གཉིས། སྤྲུལ་འགྱུར་བསྟན་པའི་མངའ་བདག་རྡོ་རྗེ་བྲག་རིག་འཛིན་སྤྲུལ་པའི་སྐུ་མཆོག །རིག་འཛིན་པདྨའི་རྒྱལ་ཚབ་ཨོ་རྒྱན་གཏེར་བདག་གླིང་པ། འ་ཞའི་རྡོ་རྗེ་འཛིན་པ་ཆེན་པོ་ནམ་མཁའ་བསོད་ནམས་དབང་གི་རྒྱལ་པོ། མཁས་དབང་རྣམ་གླིང་པཎ་ཆེན། གནས་ལྔ་རིག་པའི་མཐར་སོན་པཎྜི་ཏ་འདར་ལོ་སོགས་མདོར་ན་གྲུབ་མཐའ་རིས་སུ་མ་ཆད་པའི་བླ་མ་སློབ་དཔོན་འདུ་ཚོགས་སོགས་བགྲང་བ་ལས་འདས་པ་ཆེས་ཤིན་ཏུ་མང་པོ་བསྙེན་པ་མ་ཟད། རྫོགས་པའི་ཉིན་མོར་བྱེད་པའི་འོད་སྟོང་གིས་བསྟན་པའི་པད་ཚལ་རྒྱས་པར་མཛད་པའི་ཚུལ་ཡང་། དད་མོས་ཀྱི་ངོར་ཞབས་བརྟན། རྣམ་ཐར། ཐོབ་ཡིག །དབང་། རྗེས་གནང་། ཁྲིད། ཚོག་བསྒྲིགས་སོགས་དུ་མ་རྗེས་འཇུག་གདུལ་བའི་གསོས་སུ་བཞག་ཅིང་། གཙུག་ལག་ཁང་དུ་སྟ་གཞུག་རྣམས་སུ་སྐུ་རྒྱུ་དར་འདམ་ལས་གྲུབ་པའི་དུས་གསུམ་སངས་རྒྱས་དང་། རྟེན་གྱི་གཙོ་བོ་བདག་ཅག་གི་སྟོན་པ་ཤཱཀྱའི་རྒྱལ་པོ་གཡས་སུ་སངས་རྒྱས་མར་མེ་མཛད། གཡོན་དུ་རྒྱལ་བ་བྱམས་པ་གསུམ་གྱི་སྐུ་བརྙན་ཁྲི་རྒྱབ་ཡོལ་དང་བཅས་པ་ཐོག་ཚད། འཕགས་པ་གནས་བརྟན་བཅུ་དྲུག །རྒྱལ་པོ་ཏ་ཤང་རྣམས་ཀྱི་སྐུ་བཅས་མི་ཚད་ཙམ་གནས་གཡོག་དང་བཅས་པ་དང་། གཞན་ཡང་སྐུ་གསུང་ཐུགས་རྟེན་བྱིན་རླབས་ཅན་མང་པོ་དང་། མདོ་སྡེ་བསྐལ་པ་བཟང་པོ་དང་། །འཕགས་པ་བརྒྱད་སྟོང་པ་གཉིས་ཀྱི་གསེར་པོད། ཕྱག་དཔེ་བྱིན་རླབས་ཅན་མང་པོ་དང་། རྒྱུད་བརྟག་པ་གཉིས་པ་སོགས་རྒྱུད་དུ་མ་དང་། གསེར་ཞོ་བདུན་ཅུ་དོན་གསུམ་གྱིས་འབུར་སྐུ་རྣམས་ལ་ཞལ་གསེར་བྱུགས་ཤིང་། ལྷ་ལྡན་ཇོ་ཤཱཀྱ་རིན་པོ་ཆེས་གཙོས་རྟེན་གསུམ་རྣམས་ལ་སྣན་དར། སྒྲོས་ཞལ་ཟས་དཀར་མེ་བཅས་མཆོད་འབུལ་རྒྱས་པར་བསྒྲུབས། གཞན་ཡང་ཁལྱུ་བྱས་འགྱུར། ཞ་ལུ། རི་སྦུག །ངོར། ཐུབ་བསྟན་གསེར་མདོག་ཅན། རྗེ་གདོང་ཆོས་སྡེ། སྐྱིད་ཚལ་གོང་འོག །གསང་ཕུ། གོང་དཀར་ཆོས་སྡེ། བསམ་ཡས་རབ་བྱུང་གྲྭ་ཚང་དང་མཆིམས་ཕུ། འཕན་ཡུལ་གྱི་དགོན་ཆེ་ཕྲ། སྟག་ལུང་ཚོགས་ཆེན་དང་གྲྭ་ཚང་རྣམས་སུ་མང་ཇ་འགྱེད། དགོན་ཁག་སོ་སོའི་རྟེན་གཙོ་དང་། གྲགས་ཆེ་བའི་སྐུ་བརྙན་རྣམས་ལ་སྣན་དར་གཟབ་རྒྱས་དང་། དཀར་མེའི་རྒྱུན་འཛུགས་སོགས་བགྱིས་ཏེ་རྣམ་དཀར་གྱི་ཕྲིན་ལས་ཀུན་གསལ་སྐྲིག་མོའི་ཁྲོན་ཀུན་ཁྱབ་པར་མཛད་དེ། མཐར་དགུང་གྲངས་བདུན་ཅུ་པ་བོད་རབ་བྱུང་བཅུ་གཉིས་པའི་ཆུ་ཕོ་རྟ་ཡི་ལོ་སྟེ་སྤྱི་ལོ་༡༧༠༢ ལོར་གཟུགས་སྐུའི་བཀོད་པ་ཆོས་དབྱིངས་སུ་བསྡུས་པ་ཡིན་ནོ། །

༄ སྨོར་ཆེན་ངག་དབང་ཀུན་དགའ་ལྷུན་གྲུབ།

ཁོང་ནི་བོད་རབ་བྱུང་བཅུ་གཅིག་པའི་ཤིང་ཕོ་རྟ་ཡི་ལོ་སྟེ་སྤྱི་ལོ་༡༦༥༤ལོར་སྤྱུལ་སྟོང་རབ་ཆོས་འཁོར་གླིང་གི་བླ་བྲང་དུ་ཡབ་ཆེར་ཆེ་ཞིག་པོའི་རིགས་འཚོ་བྱེད་པ་ཞིག་དང་། ཡུམ་ཡུམ་པ་དཔོན་ཆེན་གྱི་བརྒྱུད་ཤེའུ་ལོ་ཙྪ་བའི་དཔོན་བརྒྱུད་དུ་ངོ་མཚར་བའི་ལྟས་དུ་མ་དང་བཅས་ཏེ་སྐུ་འཁྲུངས་ཤིང་མཚན་གཞོན་ནུ་བློ་གྲོས་ཞེས་གསོལ། དགུང་ལོ་ལྔ་པར་དཔལ་ས་སྐྱ་པ་ཆེན་པོ་སྔགས་འཆང་ངག་དབང་ཀུན་དགའ་བསོད་ནམས་བཀྲ་ཤིས་གྲགས་པ་རྒྱལ་མཚན་དཔལ་བཟང་པོ་ལ་གཙུག་ཕུད་ཕུལ་ཏེ་མཚན་ཀུན་དགའ་ལྷུན་གྲུབ་ཏུ་གསོལ་ཞིང་། གྲུབ་རྒྱལ་ལུགས་ཀྱི་ཚེ་དབང་། གུར་མགོན་ཁྲོ་བཅུའི་རྗེས་གནང་སོགས་དབང་ཆོས་དུ་མ་གསན། དགུང་ལོ་བདུན་པར་གློག་བསླབ་ཅིང་རྩ་རྒྱུད་བརྟག་པ་ཆོས་དུ་མ་གསན། དགུང་ལོ་བདུན་པར་གློག་བསླབ་ཅིང་རྩ་རྒྱུད་བརྟག་པ་གཉིས་པ། ཀྱེ་རྡོ་རྗེའི་ཀུན་ཏུ་དགོས་པའི་གཞུང་བདུན། ཚད་མ་རྣམ་འགྲེལ་གྱི་རྩ་བ། རིགས་གཏེར། སྡོམ་གསུམ་བཅས་བློ་ལ་བྱང་བར་བྱས། དགུང་ལོ་བཅུ་གསུམ་པར་སྟག་ཚང་རྭ་བ་སྨད་མཚན་ཉིད་ཀྱི་སློབ་གཉེར་ཞུགས། གཞུང་ས་རབ་འབྱམས་པ་ཆོས་སྐྱོང་བཟང་པོའི་དྲུང་ནས་དགེ་ཚུལ་གྱི་སྡོམ་པ་བཞེས་ཤིང་། མཁན་པོ་དེ་ཉིད་དང་མཁན་ཆེན་ངག་དབང་དོན་གྲུབ་ཀྱི་དྲུང་ནས་བསྡུས་གྲྭ་དང་པོད་ཆེན་དྲུག་ལ་མཁས་པ་སྦྱངས། དགུང་ལོ་ཉེར་གཉིས་པར་དཔལ་ལྡན་ས་སྐྱའི་དགུན་ཆོས་ཀྱི་ཐོག་བསྟན་པའི་རྣམ་གཞག་མཛད་དེ་མཁས་པའི་གྲགས་པ་དབུས་གཙང་ཀུན་ཏུ་ཁྱབ་པར་གྱུར། དཔལ་ལྡན་ས་སྐྱ་དང་། སྨུ་གསེང་དགེ་བའི་ཚལ་དང་། ཐུབ་བསྟན་དགེ་འཕེལ། ཆ་ལུང་། འདར་སྟོད་སོགས་ཀྱི་གནས་རྟེན་ཁྱད་འཕགས་རྣམས་ལ་མཇལ་ཁ་དང་སྨོན་ལམ་མཛད། ངམ་རིངས་དགའ་ལྡན་བྱམས་པ་གླིང་གི་ཆོས་སྡེ་ཆེན་པོར་གྲྭ་སྐོར་མཛད། དགུང་ལོ་ཉེར་ལྔ་པར་ཐུབ་བསྟན་རྡོ་རྗེ་བྲག་གི་གཙུག་ལག་ཁང་ཆེན་པོར་མཁན་པོ་ཡོངས་རྫོགས་བསྟན་པ་རིན་པོ་ཆེའི་གསལ་བྱེད་འདུལ་བ་འབུམ་སྡེའི་མདའ་བདག་བློ་བཟང་ཕྲིན་ལས། ལས་ཀྱི་སློབ་དཔོན་རྣམ་རབ་དྭགས་པོ་གྲྭ་ཚང་གི་དཔོན་སློབ་བསོད་ནམས་རྒྱ་མཚོ། གསང་སྟེ་སྟོན་པ་གོང་དཀར་ཆོས་སྡེ་བ་དཔོན་སློབ་ངག་དབང་ཨོ་རྒྱན། དུས་བསྙོ་བ་ཆོས་འཁོར་གནས་པ་སྨྲ་བའི་དབང་པོ་ཕྱོགས་ལས་རྣམ་རྒྱལ། ཁ་སྐོང་གི་དགེ་སློང་བློ་གསལ། གྲོགས་དགེ་སློང་དགེ་དབང་བཅས་གྲངས་ཚང་གི་དབུས་སུ་བསྙེན་པར་རྫོགས་པའི་སྡོམ་པ་ཡང་དག་པར་མནོས། བརྗེ་བ་གསུམ་གྱི་སྐབས་མིང་སྔར་གྱི་སྟེང་དུ་ངག་དབང་འཇུག་པ་གནང་། དེ་ལྟར་དམ་པ་འདི་ཉིད་ཀྱི་སྟ་གཞུག་རྣམས་སུ་གོང་གི་མཁན་སློབ་དེ་དག་དང་། མཁན་ཆེན་ལྷུན

གྲུབ་དཔལ་ལྡན། ཆོས་འཁོར་གནས་ཀྱི་མཁན་ཆེན་བློ་གྲོས་བརྟན་པ། གླིང་སྟོད་པ་ཆེན་པོ་དཀོན་མཆོག་དཔལ་འབྱོར། མཁས་གྲུབ་ནམ་མཁའ་རིག་འཛིན་དབང་དྲག །འཇམ་མགོན་བསོད་ནམས་དབང་ཕྱུག །འཇམ་མགོན་ཀུན་དགའ་བཀྲ་ཤིས། མཁན་ཆེན་ངག་དབང་དོན་གྲུབ། མི་རིག་སློབ་དཔོན་པདྨ་ཕྲིན་ལས་དབང་ཕྱུག་རབ་འབྱམས་སྨྲ་བ་ཕྱོགས་ལས་རྣམ་རྒྱལ། གོང་དཀར་ཆོས་སྡེའི་སློབ་དཔོན་དོན་གྲུབ་ཆོས་གླིང་པ་བསྟན་པའི་རྒྱ་མཚོ་སོགས་མཁས་ཤིང་གྲུབ་པ་བརྙེས་པའི་ཡོངས་འཛིན་དམ་པ་བཅུ་ཕྲག་དུ་མའི་ཞབས་རྡུལ་སྤྱི་བོར་བླངས་ཏེ་མདོ་རྒྱུད་རྒྱུད་སྡེ་རབ་འབྱམས་ལ་གསན་སྦྱངས་མཐར་ཕྱིན་མཛད། དེ་ལས་ཁྱད་པར་དུ་དགུང་ལོ་ཉེར་བདུན་པའི་མཇུག་ཏུ་དཔལ་ན་ལེནྡྲ་རྡོ་རྗེ་འཆང་མཁྱེན་རབ་བྱམས་པ་ངག་དབང་ལྷུན་གྲུབ་བསྟན་པའི་རྒྱལ་མཚན་དཔལ་བཟང་པོའི་དྲུང་དུ་མི་ལོ་བཅུ་གསུམ་གྱི་བར་དུ་མཉེས་པ་གསུམ་གྱི་སྒོ་ནས་མཉེས་པར་མཛད་ནས་གདངས་ཅན་བསྟན་པའི་མངའ་བདག་རྗེ་བཙུན་ས་སྐྱ་པའི་ཟབ་ཆོས་མདོ་རྒྱུད་ཀུན་གྱི་སྙིང་པོ་གསུང་ངག་རིན་པོ་ཆེ་ལམ་འབྲས་བུ་དང་བཅས་པའི་ཚོགས་བཤད་ཀྱི་དབང་ལུང་ཁྲིད་མན་ངག་དང་བཅས་པ་དང་། དེ་ལས་ཤིན་ཏུ་ཟབ་ཅིང་རྒྱ་ཆེ་བ་དཔལ་ཁའུ་བྲག་རྫོང་པའི་བཀའ་སྲོལ་ཚར་ལུགས་སློབ་བཤད་ཐུན་མོང་མ་ཡིན་པའི་དབང་། བྱིན་རླབས། ཁྲིད་ལུང་ཡོངས་སུ་རྫོགས་པ་བུམ་པ་གང་བྱོའི་ཚུལ་དུ་གསན་པས་མཆོག་གསུང་ངག་རིན་པོ་ཆེ་ཚོགས་སློབ་བཤད་སྟོམ་པའི་ཚར་བཅུ་གཉིས་དང་། རྡོ་རྗེ་ཕྲེང་བ་ཚར་བརྒྱད་གསན། དེའང་གསན་ལོ་ཙམ་དུ་མ་བཞག་པར་རྨོར་གྱི་དབེན་གནས་རྣམས་སུ་བྱོན་ནས་ཕྱག་ལེན་ཕྲ་མོ་ཚུན་བསམ་བྱུང་གིས་སྒྲོ་འདོགས་བཅད་དེ། བསྒོམས་པས་ཉམས་སུ་བླངས་པས་དྲོད་རྟགས་མངོན་དུ་གྱུར། ཆོས་ཉིད་ལྷན་ཅིག་སྐྱེས་པའི་ཡེ་ཤེས་གཟིགས། ཆོས་ཅན་གྱི་སྣང་བ་ཐམས་ཅད་ལྷའི་འཁོར་ལོར་ཤར། རྡོ་རྗེ་ཆོས་སྐྱོང་རྣམས་ཀྱིས་ཐན་བཞིན་དུ་བྱ་བ་བྱས། དགུང་ལོ་ལྔ་བཅུ་ང་གསུམ་པར་ཤེའུ་གྲགས་འབྱོར་ཤེས་རབ་སོགས་སྐྱེས་ཆེན་དུ་མས་བྱིན་གྱིས་བརླབས་པའི་དབེན་གནས་སྔོན་དགའ་རིན་ཆེན་གླིང་གི་ཆོས་ཀྱི་ཁྲི་ལ་ཞབས་ཀྱི་པདྨོ་ཉེ་བར་བཀོད། གཞན་ཡང་གསང་ཡུ། དཔལ་ལྡན་འབྲས་སྤུངས། ཇོར་བྲག་གཉའ་སྟོན་མཆོག་གི་སྤྲུལ་པའི་ཟློས་གར་རྒྱལ་དབང་རྡོ་རྗེ་འཆང་གཞོན་ནུ་བློ་གྲོས་ཡབ་སྲས་ཀྱི་སེང་གེའི་ཁྲི་སོགས་སུ་ཡང་བྱོན་ནས། འཁོར་འདུས་པ་རྒྱ་མཚོ་ལྷ་བུ་ལ་འཇིགས་བྲལ་དཔལ་ལྡན་དབང་ཕྱུག་བི་རཱུ་པའི་བཞེད་སྲོལ་དུས་གསུམ་གྱི་བདེ་བར་གཤེགས་པ་ཐམས་ཅད་ཀྱི་གཤེགས་ཤུལ་སྐལ་ལྡན་སྨིན་གྲོལ་གྱི་ལམ་ལ་འཁྲིད་པར་བྱེད་པའི་གདམས་པ་གསུང་ངག་རིན་པོ་ཆེ་སློབ་བཤད་ཚར་བདུན་གྱིས་མཚོན་དེ་དག་དང་འབྲེལ་བའི་ལམ་ཟབ་ཕྱི་ནང་། བིར་སྲུང་ཕྱི་ནང་། བླ་མ་རིན་འབྱུང་།

ཚར་གསུམ་ཁྱུག་པ་སོགས་དང་། ལམ་དབང་བསྐུར་བའི་ཕྱི་ནང་བསྐྱེད་རིམ། དབང་བཞི་སོ་སོའི་ལམ། ལྷ་བ། གྲུབ་མཐའ། འདའ་ཁ་མ། བར་དོ། སྒྱུ་ལུས། རྨི་ལམ་སོགས་མདོ་རྒྱུད་དུ་མའི་ཆོས་ཀྱི་འཁོར་ལོ་བར་མེད་དུ་བསྐོར་བས། གླིང་སྟོད་ཆོས་རྗེ་ཀུན་དགའ་འབྱུང་གནས། གླིང་སྟོད་ཆོས་རྗེ་ཀུན་དགའ་གྲགས་འཛིན། དྲུང་ཆེན་ངག་དབང་དངོས་གྲུབ། སྤྲངས་པ་སྤྱན་སྔ་ངག་དབང་ཕྲིན་ལས། ཆོས་འཁོར་གནས་དཔོན་སློབ་ལེགས་པ་རྣམ་རྒྱལ་དཔོན་སློབ་གསུམ། དྭགས་པོ་གྲྭ་ཚང་ནས་རབ་འབྱམས་པ་བསྟན་པའི་རྒྱ་མཚོ། ཤིང་མང་དཔོན་སློབ་ཀུན་དགའ་རྡོ་རྗེ། བསམ་ཡས་རབ་བྱུང་པ་དྲུང་འཚོ་ཀུན་དགའ་རྒྱལ་མཚན། དགེ་སློང་ཀུན་དགའ་སངས་རྒྱས་སོགས་སློབ་མ་དུ་མ་དང་། གཞན་ཡང་དགེ་ཚུལ་དང་དགེ་སློང་གི་སྡོམ་པ་དུ་མ་འབོགས་པའི་མཁན་པོ་མཛད་པས་མཆོན་སློབ་ཚོགས་གྲངས་ལས་འདས་པ་བསྐྲུན། ཞལ་རས་ལྷ་ཁང་དུ་ལྷེབས་བྲིས་སུ་སྟོན་པ་བདེ་བར་གཤེགས་པ་ལ་རྒྱན་དྲུག །མཆོག་གཉིས། མཁན་སློབ་ཆོས་གསུམ། རྗེ་བཙུན་གོང་མ་རྣམ་ལྔ། སྟོབས་འཕྲོག་བྲམ་ཟེའི་གཟུགས་ཅན་དང་། དཔལ་ལྡན་ལྷ་མོ་འདོད་ཁམས་དབང་ཕྱུག་མའི་སྐུ་བརྙན། གསུང་ངག་སློབ་བཤད་ལུགས་ཀྱི་ཉེ་བརྒྱུད་སྐུ་འདྲ་ཉི་ཤུ་རྩ་ལྔ། ཀུན་མཁྱེན་བསོད་ནམས་སེང་གེའི་འདྲ་སྐུ་སྨན་འདམ་ལས་གྲུབ་པ་མི་ཚད་མ་བཞུགས་ཁྲི། ཉེར་སྤྱད། ན་བཟའ། དབུ་ཞྭ་སོགས་ཆ་འགྲིག །ཚར་ཆེན་གྱི་རྟོགས་བརྗོད་སོགས་ཀྱིས་མཚོན་གསུང་རྟེན་པོད་བཅུ་ཕྲག་དུ་མ་གསར་དུ་བཞེངས། དེ་ལྟར་དམ་པ་འདི་ཉིད་ཀྱི་སྐུ་ཚེ་ཧྲིལ་པོར་འཆད་རྩོད་རྩོམ་གསུམ་གྱི་སྒོ་ནས་བསྟན་པ་དང་འགྲོ་དོན་རྒྱ་ཆེར་མཛད་དེ། མཐར་དགུང་གྲངས་དོན་གསུམ་པ་བོད་རབ་བྱུང་བཅུ་གཉིས་པའི་མེ་ཕོ་རྟ་ཡི་ལོ་སྟེ་སྤྱི་ལོ་༡༧༢༦ལོར་ཀུན་རྫོབ་གཟུགས་སྐུའི་བཀོད་པ་ཆོས་དབྱིངས་སུ་བསྡུས་པའི་ཚུལ་བསྟན་པ་ཡིན་ནོ། །

༄ གནས་གསར་རྡོ་རྗེ་འཆང་ངག་དབང་ཀུན་དགའ་ལེགས་པ།

ཁོང་ནི་བོད་རབ་བྱུང་བཅུ་གཉིས་པའི་ཤིང་ཕོ་སྤྲེལ་གྱི་ལོ་སྟེ་སྤྱི་ལོ་༡༧༠༤ལོར་འཛམ་གླིང་གངས་ཅན་དབུས་ཀྱི་གཡས་རུའི་ཆར་ལོ་ཚ་ཞེས་བྱ་བ་ཡུལ་ཀྱི་དགེ་མཚན་དུ་མས་བརྒྱན་པའི་ཡུལ་དུ་ཡབ་ལྷ་རིགས་འ་ཞ་ནམ་མཁའ་དོན་གྲུབ་རྒྱལ་མཚན་དང་། ཡུམ་ཡེ་ཤེས་ཀྱི་མཁའ་འགྲོ་མ་ཁར་ཁ་འཕྱེར་བྱུང་གི་རྒྱུད་ལྡན་སུམ་ཚོགས་སྒྲོན་མ་གཉིས་ཀྱི་སྲས་སུ་ངོ་མཚར་བའི་དགེ་མཚན་དུ་མ་དང་བཅས་ཏེ་གཟུགས་སྐུ་ཆུ་ཤེལ་གྱི་དབང་པོ་མངོན་པར་བཞད་ཅིང་མཚན་བསོད་

ནམས་དཔལ་འབྱོར་དུ་གསོལ། ལྷུགས་ཀྱི་དབང་པོའི་སྟེང་དུ་ཡི་གེ་ཨའི་གཟུགས་ཤིན་ཏུ་གསལ་བས་ཁེབས་པ་དང་། སྐབས་འགར་འབར་འབུར་ཙམ་ལས་མི་གསལ་བ། བསྟན་སྲུང་དམ་ཅན་རྒྱ་མཚོས་སྐྱུ་དང་གྲིབ་མ་བཞིན་འགྲོགས་ཏེ་དངོས་བརྒྱུད་ཀྱི་སྒོ་ནས་ཞབས་ཏོག་ཕྲིན་ལས་གང་དགོས་འཕྲུལ་དུ་བསྒྲུབས་པའི་རྟགས་མཚན་ངོ་མཚར་ཅན་དུ་མ་སྣང་། དགུང་ལོ་དྲུག་པ་ས་གླང་ལོར་གསང་ཆེན་སློབ་བཤད་ཀྱི་ཆོས་གྲྭ་ཆེན་པོ་བཀྲ་ཤིས་ཆོས་སྡེར་བྱོན་ཏེ། གནས་ཀྱི་སློབ་དཔོན་བསོད་ནམས་སྣང་བྱེད་དང་། བསོད་ནམས་རིན་ཆེན་གཉིས་ནས་ཡོན་ཏན་ཐམས་ཅད་ཀྱི་གཞི་མ་ཡི་གེ་འབྲི་ཀློག་དང་། ཆོས་སྤྱོད་ཀྱི་རིམ་པ་སོགས་བསླབ་པས་བཟ་བསྟན་པ་ཙམ་གྱིས་ཐུགས་སུ་ཆུད། པད་དཀར་འཛིན་པ་ངག་དབང་ཡེ་ཤེས་རྒྱ་མཚོའི་དྲུང་དུ་གཙུག་ཕུད་ཕུལ་ཏེ་མཚན་ངག་དབང་སྦྱིན་པ་གསོལ། དགུང་ལོ་བརྒྱད་པར་སྨོར་ཆེན་རྡོ་རྗེ་འཆང་ཆེན་པོའི་དྲུང་དུ་ཁྱིམ་པའི་རྟགས་ཆ་ལུགས་རྣམས་མཆིལ་མའི་ཐལ་བ་བཞིན་དུ་འདོར་བར་མཛད་ནས། བསྟན་པ་རིན་པོ་ཆེའི་སྒོར་ཕེབས་པའི་ཐོག་མར་སྐྱབས་གསུམ་འཛིན་པའི་སྡོམ་པ་ཡང་དག་པར་བཞེས་ཏེ་མཚན་ཀུན་དགའ་ལེགས་པའི་འབྱུང་གནས་སུ་བསྟུལ། དགུང་ལོ་བཅུ་གཅིག་པར་སྨོར་ཆེན་ཆོས་ཀྱི་རྒྱལ་པོ་དེ་ཉིད་ཀྱིས་མཁན་སློབ་སྦྲགས་མ་དང་། འདུལ་འཛིན་བློ་གྲོས་ཡེ་ཤེས་དང་། ཚུལ་ཁྲིམས་རྒྱལ་མཚན་གཉིས་ཀྱིས་ཞབས་ཕྱི་ཞུས་ཏེ་ཚོགས་སྤྱི་མ་དགེ་ཚུལ་གྱི་སྡོམ་པས་ཐུགས་ཀྱི་བུམ་པ་བཟང་པོ་ཡོངས་སུ་གཏམས། དགུང་ལོ་བཅོ་ལྔ་པར་སྨོར་ཆེན་རྡོ་རྗེ་འཆང་གི་ཆོས་ཀྱི་ཁྲི་ལ་ཞབས་ཟུང་ཉེ་བར་བཀོད་དེ། རྒྱལ་བའི་བསྟན་པ་སྤྱི་དང་བྱེ་བྲག་རྗེ་བཙུན་བརྩེ་བ་ཆེན་པོའི་རིང་ལུགས་ཀྱི་ཉིང་ཁུ་གསང་ཆེན་ཁའུ་བྲག་རྫོང་པའི་བཞེད་སྲོལ། ཚར་ཆེན་ཆོས་ཀྱི་རྒྱལ་པོ་ཡབ་སྲས་ཀྱི་བསྟན་པ་འདི་ཁོ་བོ་ཅག་ཁོ་ནས་བཟུང་སྟེ་དར་ཞིང་རྒྱས་པར་བྱ་ལ་སྐལ་བཟང་གདུལ་བྱའི་ཞིང་བ་རྣམས་སྙན་བརྒྱུད་པདྨོའི་ཟེའུ་འབྲུ་ལས་འོང་བའི་ཟབ་རྒྱས་གདམས་པའི་སྦྲང་རྩི་མྱོང་བར་བྱའོ་དགོངས་པའི་ཐུགས་བསྐྱེད་ཚད་དུ་བྱུང་བས་ཉེ་བར་དྲངས་ཏེ། སྔ་གཞུག་རྣམས་སུ་མཁན་ཆེན་ངག་དབང་བློ་བཟང་བསྟན་པའི་རྒྱལ་མཚན། བསམ་ཡས་བཀའ་འགྱུར་བ་སངས་རྒྱས་རྒྱལ་མཚན། གྲུབ་དབང་བླ་མ་ཀུན་དགའ་ཚུལ་ཁྲིམས། ཁམས་སྟོན་གྲུབ་པའི་དབང་ཕྱུག་སངས་རྒྱས་རྒྱ་མཚོ། འཁོར་ལོ་སྡོམ་པ་ཆོས་འཁོར་གནས་ཀྱི་སློབ་དཔོན་ཀུན་དགའ་བསམ་གཏན། གྲུབ་དབང་འགྱུར་མེད་པདྨ་རྒྱལ་མཚན། ངེས་དོན་ཟབ་མོའི་དཔལ་འཛིན་སྐལ་བཟང་རྣམ་གྲོལ་སོགས་སྨོར་ཆེན་རྡོ་རྗེ་འཆང་ཡབ་སྲས་བཅུ་དྲུག་དང་། འཕོན་རིགས་འཛིན་པ་འགྲན་བྲལ་གཉིས། རྗེས་འབྲང་མཁས་གྲུབ་བཅུ་དྲུག་སོགས་ཡོངས་འཛིན་དམ་པ་བཅུ་ཕྲག་གསུམ་དང་ལྔ་ཕྲག་གཅིག་གི་ཞབས་རྡུལ་སྤྱི་བོར་བླངས

ཏེ། ཞལ་གྱི་བུམ་བཟང་ལས་མདོ་སྔགས་རྒྱུད་སྡེ་རབ་འབྱམས་ཀྱི་གདམས་པའི་བཅུད་རྫོགས་པར་གསོལ། དེ་ལས་ཀུང་སློར་ཆེན་ཆོས་ཀྱི་རྒྱལ་པོ་ངག་དབང་ཀུན་དགའ་ལྷུན་གྲུབ་བསྟན་པའི་རྒྱལ་མཚན་དཔལ་བཟང་པོ་ལས། འཕགས་ཡུལ་པཎ་གྲུབ་ཀུན་གྱི་གཙུག་རྒྱན། གྲུབ་དབང་རྣལ་འབྱོར་དབང་ཕྱུག་གི་བཞེད་གཞུང་། བསྟན་པའི་མངའ་བདག་ཇོ་བཙུན་ས་སྐྱ་པ་རྣམས་ཀྱི་ཡབ་ཆོས། མདོ་རྒྱུད་ཐམས་ཅད་ཀྱི་ཉིང་ཁུ། གསུང་ངག་རིན་པོ་ཆེ་ལམ་འབྲས་བུ་དང་བཅས་པའི་དབང་ཁྲིད། ལུང་མན་ངག་དང་བཅས་པ་བདག་ཆེན་རྡོ་རྗེ་འཆང་ཆེན་པོ་ཡབ་སྲས་བརྒྱུད་པ་དང་བཅས་པའི་ཕྱག་སྲོལ་ལས་ཇི་ལྟར་བྱུང་བཞིན་རྒྱས་པར་གསན་ཏེ་མཁས་པའི་གོ་འཕང་ལ་མངའ་དབང་འབྱོར། བསྙེན་སྒྲུབ་ལས་གསུམ་གྱི་རིགས་ཕལ་ཆེར་སླ་ཆོས་སུ་མ་སོང་བར་སྔོན་འགྲོ་རྣམས་ཐུགས་རྒྱུད་ལ་སྐྱེ་ངེས་དང་བསྐྱེད་རིམ་ལ་གསལ་སྣང་ཐོབ་ཅིང་། རྫོགས་རིམ་བདེ་སྟོང་ཟུང་འཇུག་གི་ལྟ་བའི་ཡང་རྩེར་ཕེབས་ཏེ། ཡི་དམ་ལྷག་པའི་ལྷ་རབ་འབྱམས་ཀྱི་ཞལ་གཟིགས་ཤིང་ལུང་བསྟན་དུ་མ་ཐོབ། དགུང་ལོ་བཅུ་དགུ་པ་ས་ཕོ་སྟག་གི་ལོར་ཡོངས་རྫོགས་བསྟན་པའི་མངའ་བདག་ངག་དབང་ཀུན་དགའ་ལྷུན་གྲུབ་བསྟན་པའི་རྒྱལ་མཚན་དཔལ་བཟང་པོའི་ཞལ་སྔ་ནས་ཀྱིས་མཁན་པོ་དང་། མདོ་སྔགས་རྒྱ་མཚོའི་ཕ་རོལ་ཏུ་ཕྱིན་པ་ཁྱབ་བདག་བཀའ་འགྱུར་བ་ཆེན་པོ་སངས་རྒྱས་རྒྱལ་མཚོས་གསང་སྟོན་པ། འདུལ་འཛིན་པ་ཀུན་དགའ་ནོར་བུས་དུས་བསྒོ་བ། གནས་བརྟན་ཆེན་པོ་ཕུན་ཚོགས་ལེགས་ལྡན་གྱིས་ཁ་སྐོང་སོགས་དད་པའི་དགེ་འདུན་གྲངས་ཚང་གི་དབུས་སུ་བསྙེན་པར་རྫོགས་པ་དགེ་སློང་གི་སྡོམ་པ་བཞེས་ཏེ། སྔར་གྱི་མཚན་གྱི་སྟེང་དུ་ངག་དབང་དང་ཐེག་མཆོག་དབང་གི་རྒྱལ་པོ་ཞེས་མཚན་གསོལ་ནས་རྒྱལ་བའི་བསྟན་པ་རིན་པོ་ཆེའི་སྒོར་ཞུགས་ལ་ཡོངས་སུ་རྫོགས་ཏུར་སྙིག་འཛིན་པ་ཀུན་གྱི་གཙུག་རྒྱན་བླ་ན་མེད་པར་འགྱུར་རོ། །དེ་ལྟར་དམ་པ་འདི་ཉིད་ཀྱིས་བསྟན་པའི་བྱ་བ་ཐོས་བསམ་སྒོམ་གསུམ་ལ་བརྩོན་པ་རབ་ཀྱི་ཕ་རོལ་ཏུ་སོན་ཏེ། མཁས་བཙུན་བཟང་གསུམ་དང་མཁྱེན་བརྩེ་ནུས་པའི་ཡོན་ཏན་ཕུན་སུམ་ཚོགས་པ་ལ་རང་དབང་འབྱོར་བས་མཁས་པའི་བྱ་བ་འཆད་རྩོད་རྩོམ་གསུམ་གྱི་སྒོ་ནས་རྒྱལ་བའི་བསྟན་པ་རིན་པོ་ཆེ་ཆེས་ཆེར་རྒྱས་པར་མཛད་དེ། དེའང་འཆད་པའི་ཉི་མའི་འོད་ཟེར་གྱིས་བློ་གསལ་བློ་གྲོས་ཀྱི་པད་ཚལ་རྒྱས་པར་མཛད་པའི་ཚུལ་ནི། མདོ་སྔགས་གཉིས་ཀྱིས་བསྡུས་པའི་ལམ་སྲོལ་ཡོངས་སུ་རྫོགས་པ་དུ་མ་ཞིག་བརྒྱུད་པའི་ཕྲེང་བ་ཟམ་མ་ཆད་པ་ལས་འོངས་པ། འཁྲུལ་བའི་དྲི་མ་དང་བྲལ་བ་ཇོ་བཙུན་ས་སྐྱ་པའི་གོང་མ་རྣམ་ལྔ་སོགས་མཁས་གྲུབ་ཀྱི་སྐྱེས་བུ་དུ་མས་ཐུགས་ཉམས་སུ་བཞེས་ཤིང་། འཆད་ཉན་གྱིས་གཏན་ལ་ཕབ་པའི་རྒྱུན་དྲི་མ་མེད་པའི་དབང་བཀའ། བཤད་བཀའ། ལུང་བཀའ། ཁྲིད་བཀའ།

མན་ངག་གི་བཀའ་ལ་སོགས་པ་ཟབ་ཅིང་རྒྱ་ཆེ་བའི་ཚུལ་མཐའ་ཡས་པས་ཕྱོགས་དང་རིས་སུ་མ་ཆད་པའི་སྣོད་ལྡན་གྱི་གདུལ་བྱ་བློ་གསལ་ཞིང་དོན་དུ་གཉེར་བའི་དད་འདུན་ཅན་གཞལ་དུ་མེད་པ་མཆོག་དམན་རྣམས་ལ་རང་རང་གི་ཁམས་དང་། བསམ་པ་དང་། བག་ལ་ཉལ་གྱི་རིམ་པ་དང་མཐུན་པར་སྟོན་པར་མཛད་ཅིང་། ཁྱད་པར་གསང་ངག་ཟབ་མོའི་ཆོས་ཚུལ་རྣམས་ནི། ཉམས་སུ་བླངས་པའི་མཐའ། ཉམས་སུ་མྱོང་བའི་མཐའ། བྱིན་གྱིས་བརླབས་པའི་མཐའ། གྲུབ་པའི་མཐའ་སྟེ། མཐའ་བཞིའི་བདག་ཉིད་ཅན་དང་། དབང་གི་ཆུ་བོ་མ་ནུབ་པ། བྱིན་རླབས་ཀྱི་བརྒྱུད་པ་མ་ཉམས་པ། གདམས་ངག་གི་སྐྲ་མ་ལོག་པ། མོས་གུས་ཀྱི་བསམ་པ་ཚིམ་པ་སྟེ་སྨིན་བརྒྱུད་བཞི་སོགས་ཀྱི་སྒོ་ནས་གོ་རིམ་མ་འཚོལ་བར་འཆད་ཉན་མཛད་པས། གསུང་གི་གསང་བ་འཛིན་པའི་ཞལ་སློབ་ནམ་མཁའི་སྐར་ཚོགས་ལྟ་བུ་མཆིས་པ་དེ་དག་རེ་རེ་ནས་འབྲི་བ་ག་ལ་ལངས། འོན་ཀྱང་གདུལ་བྱ་རྣམས་ཀྱི་དད་པའི་གསོས་སུ་རགས་རིམ་ཙམ་སྨོས་ན། འཇམ་གླིང་བསྟན་པའི་མངའ་བདག་ངག་དབང་འཇམ་དབྱངས་བདེ་ལེགས་རྒྱ་མཚོ། བསྟན་པའི་ཉི་མ་ཐར་རྩེ་རྡོ་རྗེ་འཆང་ནམ་མཁའི་མཚན་ཅན། རིས་མེད་འགྲོ་བ་འདྲེན་པ་འཇམ་མགོན་དཔལ་ལྡན་ཆོས་སྐྱོང་། དཔལ་ཨེ་ཝཾ་པའི་དབང་པོ་འཇམ་དབྱངས་ཆོས་ཀྱི་བླ་མ་སངས་རྒྱས་ཡེ་ཤེས། ཟབ་དོན་ནོར་བུའི་བང་མཛོད་རྡོ་རྗེ་འཆང་བློ་གསལ་བསྟན་འཛིན་རྒྱ་མཚོ་སོགས་སྐྱེ་ཆེན་དམ་པ་རྣམས་དང་། གསུང་གི་གསང་བ་འཛིན་པའི་བསྟན་འཛིན་མཁས་གྲུབ་དུ་མས་བཤད་སྒྲུབ་ཀྱི་སྒོ་ནས་རྒྱལ་བའི་རིང་ལུགས་སྤེལ་བའི་དགེ་འདུན་གྱི་སྡེ། བསྟན་པའི་སྦྱིན་བདག་རྒྱལ་བློན་སོགས་སྐལ་ལྡན་གྱི་གདུལ་བྱ་བསམ་གྱིས་མི་ཁྱབ་པ་བསྐྲུན་པར་མཛད་པ་མ་ཟད། དྲི་མ་མེད་པའི་མཁྱེན་རབ་ཟུང་འཇུག་གི་ཆུ་གཏེར་ཆེན་པོས་ཉེ་བར་བསྐྲུན་པའི་ལེགས་བཤད་ཕན་བདེ་པདྨོ་གཉེན་དུ་གྱུར་པ་ནི། དཔལ་དུས་ཀྱི་འཁོར་ལོའི་བརྒྱུད་འདེབས་བུའི་ཁ་སྐོང་། གསོ་རིག་རྒྱུད་བཞིའི་ལུང་གི་བརྒྱུད་འདེབས། གསུང་ངག་དང་། འཇིགས་བྱེད་དབང་བརྒྱུད་ལུང་གསུམ། ངོར་ཆེན་བཀྲ་ཤིས་ལྷུན་གྲུབ་ཀྱི་གསོལ་འདེབས། དབྱངས་ཅན་མའི་གསང་སྒྲུབ། རྫོགས་ཆེན་སྙིང་ཐིག །ཁྲིད་ཀྱི་ཟིན་བྲིས། སྒྲ་མདོ་པ་ཊ་བའི་ཚིག་གི་བསྡུས་དོན་གསུང་རྩོམ་འཕྲོ་ཅན་སོགས་ཆོས་ཚན་དྲུག་ཅུ་ལྷག་ཙམ་བསྐྲུན་ཏེ། གསུང་གི་གསང་བ་བསམ་གྱིས་མི་ཁྱབ་པ་འདོམས་པར་མཛད་པ་ཁོ་ན་སྟེ་སྡེབས་ལེགས་རྩོམ་པའི་ཕྲེང་བས་ཀྱང་བསྟན་འགྲོ་ཡོངས་ལ་ཕན་བདེའི་དཔལ་སྟེར་བར་མཛད་པ་ཡིན་ནོ། །གཞན་ཡང་དཔལ་བཀྲ་ཤིས་ཆོས་སྡེའི་གཙང་ཁང་གི་སྐུ་རྟེན་རྣམས་ཞིག་གསོ་དང་། ཞལ་གསེར་སོགས་ཕྱུག་སུམ་ཚོགས་པ་མཛད་ཅིང་། དཔལ་ཞ་ལུ་གསེར་ཁང་ཁྲ་མོ་དང་། རྨ་གཞོངས། སྨུ་གུ་ལུང་། ཐུབ་བསྟན་དགེ

འཕེལ། ཆ་ལུགས་རྡོ་རྗེ་ཐུག་སོགས་ཀྱི་རྟེན་གཙོ་རྣམས་ལ་ན་བཟའ། སྐུ་གསུང་ཐུགས་རྟེན་ལ་མཆོད་འབུལ་དང་གསེར་ཆབ། དཀར་མེ་རྒྱུན་འཛུགས་དང་། རྒྱལ་བའི་བཀའ་འགྱུར་རིན་པོ་ཆེ་ཚར་གཅིག་བླུས་ནས་དེ་ལ་གླེགས་བམ་དང་གླེགས་ཤིང་། གླེགས་ཐག ། ཆབ་མགོ་དང་བཅས་ཆ་ཚང་བཞེངས་ཤིང་། མདོ་ཁམས་སྡེ་དགེའི་ཕྱོགས་སུ་ཕྱིན་ནས་ཀྱང་བསྟན་འགྲོའི་དོན་རྒྱ་ཆེར་བགྱིས་ནས་འདི་ཕྱི་དོན་དང་ལྡན་པར་མཛད་དེ། མཐར་དགུང་གྲངས་ང་བདུན་པ་བོད་རབ་བྱུང་བཅུ་གསུམ་པའི་ལྕགས་ཕོ་འབྲུག་གི་ལོ་སྟེ་སྤྱི་ལོ་༡༧༥༠ལོར་ཀུན་རྫོབ་གཟུགས་སྐུའི་བཀོད་པ་ཆོས་དབྱིངས་སུ་སྙོམས་པར་ཞུགས་པ་ཡིན་ནོ། །

༈ ངག་དབང་ཀུན་དགའ་བློ་གྲོས་སངས་རྒྱས་བསྟན་པའི་རྒྱལ་མཚན།

ཁོང་ནི་བོད་རབ་བྱུང་བཅུ་གཉིས་པའི་ས་མོ་བྱ་ཡི་ལོ་སྟེ་སྤྱི་ལོ་༡༧༢༩ལོར་དཔལ་ལྡན་ས་སྐྱར་ཡབ་ཆེན་པོ་འཁོན་གྱི་གདུང་བརྒྱུད་འཛམ་དབྱངས་བསོད་ནམས་རིན་ཆེན་དང་། ཡུམ་ཡེ་ཤེས་ཀྱི་མཁའ་འགྲོ་མ་བསོད་ནམས་དཔལ་གྱི་དབང་མོ་གཉིས་ཀྱི་སྲས་སུ་ངོ་མཚར་བའི་དགེ་མཚན་དུ་མ་དང་བཅས་ཏེ་གཟུགས་སྐུའི་དཀྱིལ་འཁོར་མངོན་པར་བཞད་ཅིང་ཡབ་ཀྱིས་ཚེ་དབང་བྱབ་ཁྲུས་མཛད་དེ་མཚན་ངག་དབང་ཀུན་དགའ་བསོད་ནམས་གྲགས་པ་བློ་གྲོས་ཞེས་གསོལ། དབང་གི་ཐོག་མར་དཔལ་གསང་བ་འདུས་པ་འཕགས་ལུགས་ཀྱི་དབང་གིས་མཆོན་དབང་རྗེས་གནང་དུ་མ་བསྐུལ། ངག་ཕྱི་བའི་ཐོག་མར་རྗེ་བཙུན་འཇམ་པའི་དབྱངས་ཀྱི་གཟུངས་ཨ་ར་པ་ཙ་ན་དྷཱི་ཞེས་གསུངས་ཤིང་། སྐུ་ན་ཆུང་དུའི་དུས་ནས་དམ་པའི་བག་ཆགས་རང་ཆས་སུ་སད་ཅིང་ཡབ་རྗེ་མཆོག་གིས་ཀ་ཁྲིད་སོགས་འབུལ་བར་གནང་སྐབས་ཆོགས་མེད་དུ་མཁྱེན་པ་བྱུང་། དེ་ལས་སྡེ་གཞུག་རྣམས་སུ་ཡབ་རྗེ་མཆོག་གི་མདུན་ནས་སློབ་ཐབས་བརྒྱ་རྩའི་རྗེས་གནང་། ས་སྐྱ་བཀའ་འབུམ། ཐར་རྩེ་རྡོ་རྗེ་འཆང་ནམ་མཁའ་བསམ་འགྲུབ་ཀྱིས་དབང་རྗེས་གནང་སོགས་དུ་མ་གསན་ཅིང་། དངོས་ཉམས་སུ་ཡི་དམ་ལྷག་པའི་ལྷ་དུ་མའི་ཞལ་གཟིགས་ཤིང་ལུང་བསྟན་ཐོབ། དགུང་ལོ་བཅུ་གཅིག་པར་འཛམ་མགོན་ས་སྐྱ་པཎྜི་ཏ་ཀུན་དགའ་རྒྱལ་མཚན་དཔལ་བཟང་པོ་སྐུ་དཔོན་དང་བཅས་པའི་ཆོས་ཁྲི་རིན་པོ་ཆེ་མཁས་པ་ཟིལ་གནོན་དུ་གྲགས་པའི་ག་ལ་བར། ལྷ་དང་བཅས་པའི་འགྲོ་བ་མཐའ་དག་གི་མཆོད་སྡོང་ཆེན་པོ་ཁམས་གསུམ་ཆོས་ཀྱི་རྒྱལ་པོའི་གསེར་ཁྲི་རིན་པོ་ཆེར་མངའ་གསོལ་ཏེ། རྒྱལ་སྲས་ལམ་བཟང་གི་གསུང་བཤད་ཀྱི་དགའ་སྟོན་སྤེལ། དེ་ནས་དམ་པ་འདི་ཉིད་ཀྱི་སྡེ་གཞུག་རྣམས

སྲུ་ཡབ་རྗེ་རྡོ་རྗེ་འཆང་དང་། ཐར་རྩེ་རྡོ་རྗེ་འཆང་ནམ་མཁའ་བསམ་འགྲུབ། ངོར་ཆེན་བསོད་ནམས་བཟང་པོ། མཁས་གྲུབ་སངས་རྒྱས་ཡེ་ཤེས། མཁས་གྲུབ་དཔལ་ལྡན་ཆོས་སྐྱོང་། གོང་དཀར་བསོད་ནམས་བློ་གྲོས་སོགས་མཁས་ཤིང་གྲུབ་པ་བརྙེས་པའི་ཡོངས་འཛིན་དམ་པ་བཅུ་ཕྲག་བཞིར་ཉེ་བ་མཉེས་པ་གསུམ་གྱི་སྒོ་ནས་མཉེས་པར་མཛད་དེ། སྤྱིར་མདོ་སྔགས་རིག་གནས་དང་བཅས་པ་ལ་གསན་སྦྱངས་དང་། དེ་ལས་ལྷག་པར་དུ་རྣལ་འབྱོར་གྱི་དབང་ཕྱུག་གྲུབ་ཆེན་བི་རྺུ་པའི་བཞེད་གཞུང་། ཡོངས་རྫོགས་བསྟན་པ་རིན་པོ་ཆེའི་ཉམས་ལེན། གསུང་ངག་རིན་པོ་ཆེ་ལམ་འབྲས་བུ་དང་བཅས་པའི་ཁྲིད་ལུང་མན་ངག་དང་བཅས་པ་དང་། དེ་ལས་ཁའུ་བྲག་རྫོང་པའི་ལུགས་སམ་ཚར་ལུགས་སུ་འབར་གྲགས་པ་ཆོ་ཐུང་དབང་པོ་ཡང་རབ་ཚེ་གཅིག་ལ་སངས་རྒྱས་པའི་ཐབས་ཐུན་མོང་མ་ཡིན་པ་ཡོངས་རྫོགས་བསྟན་པ་རིན་པོ་ཆེའི་ཉམས་ལེན་གྱི་གདམས་པ་གསུང་ངག་ཟབ་མོ་སློབ་བཤད་འདི་ཉིད་ནི་མུས་ཆེན་སེམས་དཔའ་འཁོར་ལོ་སྡོམ་པ་ཡན་ལ་ཆོགས་སློབ་ཀྱི་ཐ་སྐད་ཡེ་མི་སྣང་ཡང་མགོན་དེས་བདག་ཆེན་རྡོ་རྗེ་འཆང་ལ་ཟབ་གནད་འགག་ཞིག་ཟུར་དུ་བསྐུལ་བ་ནས་བཟུང་དེ་ལྟར་གྲགས་པའི་གདམས་ངག་ཟབ་མོས་མཚོན་ལོ་ཕྱེད་གཉིས་ཙམ་གྱི་བར་དུ་གནས་གསར་འཛམ་མགོན་ལ་བཞུགས་པའི་ཟབ་ཆོས་མཐའ་དག་བུམ་པ་གང་བྱོའི་ཚུལ་དུ་བཞེས། དེ་ལྟར་ཐོས་པས་ཕྱི་ཡི་སྒྲོ་འདོགས་བཅད། དེ་རྗེས་བསམ་བྱུང་གི་དཔྱད་པས་དག་པར་མཛད་དེ་ཇི་བཞིན་སྒོམ་པའི་ངང་ལ་ཐུགས་གཏོལ་ཞིང་། འབྲས་བུ་མངོན་གྱུར་གྱི་གྲུབ་རྟགས་གསལ་བར་འབྱུངས། དགུང་ལོ་བཅུ་བཞི་པར་ཐར་རྩེ་རྡོ་རྗེ་འཆང་ནམ་མཁའ་བསམ་འགྲུབ་ཀུན་དགའི་མཚན་དཔེའི་རྒྱལ་མཚན་དཔལ་བཟང་པོའི་དྲུང་དུ་དགེ་བསྙེན་གྱི་སྡོམ་པ་ཡང་དག་པར་བཞེས་ཏེ་མཚན་ངག་གི་དབང་ཕྱུག་ཀུན་དགའ་བློ་གྲོས་བསྟན་པའི་རྒྱལ་མཚན་དཔལ་བཟང་པོར་གསོལ། དེ་ནས་མི་རིང་བར་མཁན་པོ་དབང་ཕྱུག་ཕུན་ཚོགས་སོགས་དད་པའི་དགེ་འདུན་གྲངས་ཚང་གི་དབུས་སུ་རབ་ཏུ་བྱུང་སྟེ། སྔར་གྱི་མཚན་གྱི་སྟེང་དུ་སངས་རྒྱས་བསྟན་པས་དེ་ནས་བཟུང་ངག་དབང་ཀུན་དགའ་བློ་གྲོས་སངས་རྒྱས་བསྟན་པའི་རྒྱལ་མཚན་དཔལ་བཟང་པོ་ཞེས་སྙན་གྲགས་དོན་ལྡན་ཞེས་ཁོར་ཡུག་རི་བོའི་ཁོངས་སུ་འང་རྒྱ་བ་དེ་ཉིད་ཡོངས་སུ་གྲགས་པར་གྱུར་ཅིང་། དེ་ལྟར་དམ་པ་འདི་ཉིད་མཁས་གྲུབ་གཉིས་ལྡན་གྱི་གོ་འཕང་ལ་མངའ་དབང་འགྱུར་ནས་བླ་མ་གོང་མ་རྣམས་ཀྱི་ཕྱག་ལེན་ཕྲ་མོ་ཚུན་ཆད་མི་ཉམས་པར་དར་རྒྱས་སུ་མཛད་པའི་དམ་བཅའ་ཐུགས་ཀྱི་དཔལ་བེར་དམ་དུ་བཟུང་སྟེ། བདེ་དགྱེས་གསང་གསུམ། བདག་མེད་མ། མཁའ་སྤྱོད་མ་སོགས་གདན་ས་ཆེན་པོའི་ཚུལ་སྒྲུབ་མཆོད་རྣམས་ཀྱི་རྡོ་རྗེ་སློབ་དཔོན་ནར་མར་བཀའ་དྲིན་ཆེ་བའི་བར་མཚམས་རྣམས་སུ་དབང་

བསྐུར། རྗེས་གནང་། ལུང་སོགས་ཆོས་འཆད་ཀྱིས་དུས་འདའ་བཞིན་པ་ནས། སྐྱབས་ཀྱི་མགོན་པོ་རྣལ་འབྱོར་དབང་ཕྱུག་བི་རུ་པའི་ཐུགས་མཚོ་ལས་བྱུང་བ། གངས་ཅན་བསྟན་པའི་མངའ་བདག་རྗེ་བཙུན་ས་སྐྱ་པའི་ཟབ་ཆོས་མདོ་རྒྱུད་ཀུན་གྱི་སྙིང་པོ་གསུང་ངག་རིན་པོ་ཆེ་ལམ་འབྲས་བུ་དང་བཅས་པའི་ཚོགས་བཤད་དང་། སློབ་བཤད་གཉིས་ལས་ཤིན་ཏུ་ཟབ་ཅིང་རྒྱ་ཆེ་བ་དཔལ་ཁའུ་བྲག་རྫོང་གི་བཀའ་སྲོལ་ཚར་ལུགས་སློབ་བཤད་ཐུན་མོང་མ་ཡིན་པའི་དབང་། བྱིན་རླབས། ཁྲིད་ལུང་ཡོངས་སུ་རྫོགས་པ་ཚར་དུ་མ་གནང་སྟེ། ཐར་རྩེ་ནམ་མཁའི་མཚན་ཅན་ཁུ་དབོན། ཀླུ་ལྡིང་ཁུ་དབོན། ཁང་གསར་ཁུ་དབོན། རྗེ་སངས་རྒྱས་ཡེ་ཤེས་ཀྱི་དབོན་སྐུ་མཆེད། མུས་ཆེན་བསོད་ནམས་དཔལ་བཟང་། ཐུབ་བསྟན་མཁན་པོ་བསྟན་འཛིན་རྒྱལ་མཚན། རི་ཁྲུག་སྤྲུལ་སྐུ་བསོད་ནམས་དབང་ཕྱུག །སྡེ་དགེའི་དམེ་ཤོད་བླ་མ་ཡོན་ཏན་རྒྱ་མཚོ། སྡེ་དགེའི་སྨན་བླ་དཀོན་མཆོག་གྲགས་པ། ཆོས་སྡེ་ཉི་ཟླ་རྣམ་གཉིས་ཕལ་མོ་ཆེ། ཐུབ་བསྟན་པ། གསེར་མདོག་པ། འབྲས་ཡུལ་སྐྱེད་ཚལ་པ། ཆོས་ལྡན་པ་སོགས་སློབ་ཚོགས་གྲངས་ལས་འདས་པ་བསྐྲུན་པ་མ་ཟད། དམ་པ་འདི་ཉིད་ཀྱིས་དཔྱད་གསུམ་རྣམ་པར་དག་པའི་བསྟན་བཅོས་སྐོར་ལ་ཡང་། ཡབ་རྗེ་རྡོ་རྗེ་འཆང་ལ་གསོལ་འདེབས་ཡོན་ཏན་རིན་ཆེན་འབྱུང་གནས། ས་སྐྱ་པའི་གདུང་རབས་གསོལ་འདེབས་དོན་གཉིས་ལྷུན་གྲུབ། དུས་མཆོད་བླ་བྲང་གདུང་རབས་གསོལ་འདེབས་སོགས་གསོལ་འདེབས་བརྒྱུད་འདེབས་དངོས་དང་ཞལ་སྐོང་སྐོར། ཡབ་རྗེ་རྡོ་རྗེ་འཆང་གི་རྣམ་ཐར། གནས་གསར་རྡོ་རྗེ་འཆང་གི་རྣམ་ཐར། ས་སྐྱའི་གདུང་རབས་དཔང་རྒྱལ་ལྷུན་གྲུབ་སོགས་གདུང་རབས་རྣམ་ཐར་བསྒྲིགས་རྩོམ་སྐོར། བྱང་གཏེར་ལུགས་སྟོང་ལྷ་མང་ཚར་ལུགས་དབང་ཆོག །གདུགས་དཀར་གྱི་དཀྱིལ་ཆོག་སོགས་སྒྲུབ་དཀྱིལ་བསྒྲིགས་ཆོག་བསྙེན་ཐབས་སྦྱིན་སྲེག་སྐོར། མཁའ་སྤྱོད་བེའུ་བུམ་གྱི་དཀར་ཆག །གསང་སྔགས་བདེ་ཆེན་གླིང་གི་བཅའ་ཡིག་སོགས་དཀར་ཆག་བཅའ་ཡིག་དང་དཔྱད་ཁྲའི་སྐོར། དམ་ཚིག་བསྐང་གསོལ་ངག་འདོན། བསེ་ཁྲབ་ཀྱི་གཏོར་བསྔོ་སོགས་བསྐང་མདོས་ཕྲིན་བཅོལ་གཏོར་བཟློག་རུ་མཚོན་སྐོར། གནས་གསར་རྡོ་རྗེ་འཆང་ལ་འཇིགས་བྱེད་སྐོར་གྱི་དྲིས་ལན་དང་། ཇ་གཟུངས་སོགས་དྲིས་ལན་སྣ་ཚོགས་ཀྱི་སྐོར་སོགས་ཆོས་ཚན་བདུན་བརྒྱ་ལྷག་ཙམ་བརྩམས་ཏེ་རྗེས་འཇུག་གདུལ་བྱའི་གསོས་སུ་བཞག །ནོར་རྫས་ཀྱི་དངོས་པོ་ཕྱག་ཏུ་གང་བྱུང་ཐམས་ཅད་ལས། འཛམ་གླིང་རྟེན་གྱི་གཙོ་བོ་ཇོ་ཞལ་རྣམ་གཉིས་སོགས་གཙང་དབུས་གནས་རྟེན་ལ་མཆོད་འབུལ་དང་། རིས་མེད་རྒྱལ་བའི་བསྟན་པ་རིན་པོ་ཆེ་དར་རྒྱས་ཡུན་བརྟན་ཐུགས་སྨོན་གྱི་མཚམས་སྦྱོར། འཕགས་མཆོག་ཕྱག་ན་པདྨོ་སྐུ་འཕྲུལ་རོལ་གར་འཆང་བ་རྒྱལ་བའི་དབང་པོ་མཆོག་མ་ཧཱ་ཐམས

ཅན་མཁྱེན་གཟིགས་ཆེན་པོ་སོགས་ལ་མཇལ་ཕྱག་ལེགས་སྐྱེས་དུ་མ་དང་། ལྷོ་བས་ཁྲིམས་ལྷ་བརྒྱ་སུམ་ཅུ་དང་། སྡེ་དགེའི་བཀའ་བསྟན་འགྱུར། ཡུམ་རྒྱས་པའི་གླེགས་བམ་རྣམས་ལ་བཟང་གོས་སྣ་ཚོགས་ཀྱིས་སྤྲས་པ་སོགས་རྒྱལ་བའི་གསུང་རབ་དུ་མ་དང་། རྒྱུ་སྨན་འདམ་ལས་གྲུབ་པའི་སྐུ་བཞི་སྟོང་དང་གཅིག །རྒྱུ་ཟངས་གསེར་ལས་གྲུབ་པ་དང་། གསེར་གྱི་ཞལ་ཐང་སོགས་དུ་མ། དབུས་གཙང་གི་དགོན་ཁག་ཆེ་ཕྲ་རྣམས་ལ་མང་ཇ་འགྱེད་སོགས་བགྱིས་ཏེ། འདི་ཕྱི་དོན་དང་ལྡན་པར་མཛད། གཞན་ཡང་ཐར་པ་གླིང་། གདན་ས་ཆེན་པོ་རྩེ་གདོང་། ཐུབ་བསྟན་གསེར་མདོག་ཅན། དཔལ་ཨེ་ཝཾ་ཆོས་ལྡན། ཁྲ་ལུང་། རིན་སྤུངས་སོགས་སུ་བྱོན་ནས་འགྲོ་དོན་རྒྱ་ཆེར་མཛད། དེ་ལྟར་དམ་པ་འདི་ཉིད་ཀྱི་སྐུ་ཚེ་ཧྲིལ་པོར་འཆད་རྩོད་རྩོམ་གསུམ་གྱི་སྒོ་ནས་སྤྱིར་རྒྱལ་བའི་བསྟན་པ་རིན་པོ་ཆེ་སྤྱི་ཀུན་ནས་དར་ཞིང་རྒྱས་པར་མཛད་ཅིང་། དེ་ལས་ལྷག་པར་དུ་དཔལ་ལྡན་ས་སྐྱ་པའི་བསྟན་པ་འདི་ཉིད་ཟླ་ལྷག་ཏུ་སྤེལ་ཏེ། མཐར་དགུང་གྲངས་ལྔ་བཅུ་ང་ལྔ་པ་བོད་རབ་བྱུང་བཅུ་གསུམ་པའི་ཆུ་མོ་ཡོས་ཀྱི་ལོ་སྟེ་སྤྱི་ལོ་༡༧༨༣ལོར་གཟུགས་སྐུའི་བཀོད་པ་འོད་གསལ་ཆོས་དབྱིངས་སུ་བསྡུས་པའི་ཚུལ་བསྟན་པ་ཡིན་ནོ། །

༄ འཇམ་དབྱངས་བློ་གཏེར་དབང་པོ།

ཁོང་ནི་བོད་རབ་བྱུང་བཅུ་བཞི་པའི་མེ་མོ་ལུག་གི་ལོ་སྟེ་སྤྱི་ལོ་༡༨༤༧ལོར་གཡས་རུ་གཙང་གི་ནོར་འཛིན་གྱི་ཐིག་ལེ་གཞིས་ཀ་བསམ་འགྲུབ་རྩེ་རུ་མི་ཉག་གསེའུ་རྒྱལ་པོའི་གདུང་རིགས་ལས་མཆེད་པའི་ཡབ་པ་སངས་ནོར་བུ་དང་། ཡུམ་ཚེ་རིང་སྐྱིད་གཉིས་ཀྱི་སྲས་སུ་ངོ་མཚར་བའི་ལྟས་དུ་མ་དང་བཅས་སྐུ་འཁྲུངས་ཤིང་མཚན་ཚེ་རིང་ཕན་ཐོགས་གསོལ། སྐུ་ན་ཆུང་ངུའི་དུས་ནས་དམ་པའི་བག་ཆགས་སད། དགུང་གྲངས་དྲུག་པ་ནས་ཡི་གེ་བསླབ་པས་ཚེགས་མེད་དུ་མཁྱེན། དགུང་ལོ་དགུ་པར་ས་ལ་སྐྱོད་པ་འོག་མིན་ཆེན་པོ་དཔལ་ཨེ་ཝཾ་ཆོས་ལྡན་ཡོན་ཏན་རིན་པོ་ཆེ་དུ་མའི་འབྱུང་གནས་སུ་ཕེབས་ཏེ། ཐར་རྩེ་མཁན་ཆེན་རྡོ་རྗེ་འཆང་བྱམས་པ་ཀུན་དགའ་བསྟན་འཛིན་གྱི་ཞལ་སྔར་གཙུག་ཕུད་ཕུལ་ཏེ་ཡོངས་རྫོགས་དགེ་བསྙེན་གྱི་སྡོམ་པ་མནོས། མཚན་ཚུལ་ཁྲིམས་རྒྱ་མཚོར་གསོལ། དེ་ནས་བཟུང་ངོར་པའི་ཚོགས་འདོན་གྱི་རིགས་དང་། རྒྱུད་ཆུང་བཞི་དང་། ཀུན་ཏུ་དགོས་པའི་གཞུང་བདུན་སོགས་ཐུགས་འཛིན་མཛད་ནས་རྒྱུགས་ཕུལ། སློབ་ཤིང་ཆེན་མོ་ཐུགས་འཛིན་སྐབས་མནལ་ལམ་དུ་རྗེ་བཙུན་གྲགས་པ་གསལ་བར་མཇལ་ནས་རྗེས་སུ་འཛིན་པའི་ལུང་བསྟན་ཁྱད་པར་ཅན་བརྙེས། དེ་ནས་སྐུ་

ནར་སོན་པ་ན་མཁན་ཆེན་ཐམས་ཅད་མཁྱེན་པ་བྱམས་པ་ཀུན་དགའ་བསྟན་པའི་རྒྱལ་མཚན་གྱི་ཞལ་སྔ་ནས་མཁན་པོ་དང་། ཁྲི་བོ་དཔོན་སློབ་ནམ་མཁའ་རྒྱལ་མཚན་ལས་ཀྱི་སློབ་དཔོན་དུ་བཞུགས་ཏེ་དད་པའི་དགེ་འདུན་གྲངས་ཚང་གི་དབུས་སུ་རབ་ཏུ་བྱུང་ཞིང་བསྙེན་པར་རྫོགས་པའི་སྡོམ་པ་བཞེས། གཞན་ཡང་མཁན་ཆེན་འདི་ཉིད་ལས་བརྒྱུད་པ་ཁྱད་པར་གཉིས་ལྡན་དང་། དབུ་སེམས་ཀྱི་ཚོ་ག་སོ་སོའི་སྒོ་ནས་བྱང་ཆུབ་མཆོག་ཏུ་ཐུགས་བསྐྱེད་པའི་སྡོམ་པ་བཞེས་ཏེ་མཚན་འཇམ་དབྱངས་བློ་གཏེར་དབང་པོ་དང་། ཡང་བློ་གྲོས་ཆོས་ཀྱི་ཉི་མ་ཞེས་གསོལ། དཔལ་དགྱེས་པ་རྡོ་རྗེའི་རྡུལ་ཚོན་གྱི་དཀྱིལ་འཁོར་ཆེན་པོར་མངོན་པར་རྫོགས་པ་བརྒྱུད་དང་ལྡན་པའི་དབང་བསྐུར་བ་སྨིན་རྒྱས་སུ་མནོས་ཏེ་སྡོམ་པ་གསུམ་གྱི་སྲུང་སྡོམ་གཅེས་སྤྲས་ལ་དུས་དང་རྒྱུན་དུ་ནན་ཏན་ཆེན་པོས་བསླབ་པར་མཛད། དེ་ལས་སྔ་གཞུག་རྣམས་སུ་མཁན་ཆེན་ཐམས་ཅད་མཁྱེན་པ་དང་། ཁྲི་ན་ཤེས་རབ་རྒྱ་མཚོ། མཁས་གྲུབ་འཇིགས་མེད་དཔལ་ལྡན། རྟ་ནག་ཐུབ་བསྟན་རྣམ་རྒྱལ་བའི་མཁན་པོ་མི་ཕམ་སེང་གེ་རབ་རྒྱས། མཁན་ཆེན་ཐུབ་བསྟན་ཆོས་ཀྱི་གྲགས་པ། འཇམ་མགོན་མི་ཕམ་རྣམ་རྒྱལ་སོགས་མཁས་ཤིང་གྲུབ་པ་བརྙེས་པ་དུ་མའི་ཞབས་རྡུལ་སྤྱི་བོར་བླངས་ནས། སྒྲ་ཀ་ཅན་དབྱངས་གསུམ། བློ་རིགས། རྟགས་རིགས་མཐའ་དཔྱོད་དང་བཅས་པ། ཚད་མ་རྣམ་འགྲེལ། རིགས་གཏེར་དབུ་མ་ལ་འཇུག་པ་སོགས་སྡེ་སྣོད་ཀྱི་གཞུང་ཆེན་ཕལ་ཆེ་བ་གསན་ཏེ་བསམ་པས་སྒྲོ་འདོགས་ཡོངས་སུ་བཅད། མཁན་ཆེན་ཐམས་ཅད་མཁྱེན་པ་བྱམས་པ་ཀུན་དགའ་བསྟན་པའི་རྒྱལ་མཚན་དང་། རྫོགས་པའི་སངས་རྒྱས་རྗེ་བླ་མ་མཁྱེན་བརྩེ་ཞབས་ཀྱིས་གཙོས་རྡོ་རྗེ་འཛིན་པའི་ཡོངས་འཛིན་བཞི་བཅུ་ཙམ་བསྟེན་ནས། ལམ་འབྲས་ཚོགས་སློབ་བཤད་གཙོས་པའི་ཁྲིད་ཆེན་ཉེར་ལྔས་མདོ་རྒྱུད་གཞུང་ལུགས་རབ་འབྱམས་ཀྱི་ཁྲིད་ལུང་། མན་ངག་རྗེས་གནང་བཅས་གསན་པས་ཐོས་པའི་རྒྱ་མཚོའི་ཕ་རོལ་ཏུ་སོན། ཐོས་པའི་དོན་ལ་སྒོམ་པའི་ཉམས་སུ་བླངས་ནས་དཔལ་ཀྱི་རྡོ་རྗེ་གཞི་བསྙེན་སོགས་བསྙེན་སྒྲུབ་དུ་མ་ཚད་དུ་འཁྱོལ། ལྷག་པའི་ལྷ་རབ་འབྱམས་ཀྱི་ཞལ་གཟིགས་ལུང་བསྟན་དུ་མ་ལ་ཐོབ། མཁས་གྲུབ་གཉིས་ལྡན་གྱི་གོ་འཕང་ལ་མངའ་བརྙེས། དགུང་གྲངས་ཉེར་གསུམ་པར་དཔལ་ཨེ་ཝཾ་ཆོས་ལྡན་གྱི་ཚོགས་ཀྱི་རྡོ་རྗེ་སློབ་དཔོན་དུ་མངའ་གསོལ། ངོར་ཆེན་རྡོ་རྗེ་འཆང་ཡབ་སྲས་ཀྱི་བཅའ་ཁྲིའི་དགོངས་པ་གཞུང་བསྲང་བའི་སྡོམ་པ་གསུམ་གྱི་ཀུན་སྤྱོད་སྤྱི་དང་། བྱེ་བྲག་སྒྲུབ་མཆོད་ཆེན་མོ་རྣམས་ཀྱིས་གཙོས་ཆོ་ག་ཕྱག་བཞེས་ཕྲ་ཞིང་ཕྲ་བ་ཐམས་ཅད་ལ་སྒྲིག་ལམ་བཅའ་བཀོད་བསྟན་པའི་མིག་ལྟོས་ལ་ཕན་ངེས་པའི་མཛད་པ་བསྐྱངས། དབྱར་ཆོས་གསར་འཛུགས། དགེ་འདུན་གྱི་སྡེ་དང་། ཆོས་འཁོར་གཉིས་ཀྱིས་བསྟན་པ་ཤིན་ཏུ་དར

བར་མཛད། སྐབས་ཤིག་ཏུ་མཁན་ཆེན་ཐམས་ཅད་མཁྱེན་པས་རྗེ་འདི་ཉིད་མདུན་དུ་བོས་ནས་མཁན་ཆེན་དེ་ཉིད་ཀྱིས་འཕགས་པའི་ཡུལ་ནས་བོད་དུ་བྱོན་པའི་སྒྲུབ་བརྒྱུད་ཤིང་རྟ་ཆེན་པོ་བརྒྱད་དང་འབྲེལ་བའི་རྒྱུན་ཇི་བཞུགས་ཕྱོགས་བསྡུས་ཀྱི་དཀར་ཆག་དབང་བརྒྱ་ནོར་བུའི་ཕྲེང་མཛེས་ཞེས་བྱ་བ་བསྐུལ་བ་སོགས་བཛ་ཙི་རིགས་དང་བཅས་རྒྱུད་སྡེ་རིན་པོ་ཆེ་བཀའི་སྡུད་པ་པོར་ལུང་བསྟན་ནས་དབང་བསྐུར། དགུང་གྲངས་ཉེར་བརྒྱད་པར་བླ་བྲང་པ་རྩེའི་ཞབས་དྲུང་དུ་མངའ་གསོལ། སྡེ་དགེ་ཆོས་རྒྱལ་ཆེན་པོས་ཕུལ་བའི་ལྷུན་གྲུབ་སྟེང་གི་སྐར་སྒྲོང་བའི་སླད་དུ་ཁམས་སུ་ཕེབས་དགོས་པའི་ཚུལ་ལྟར་དང་ལེན་གནང་། ལམ་བར་གྱི་དགོན་སྡེ་ཕལ་ཆེར་གཞི་གསུམ་གྱི་ཕྱག་ལེན་གསར་འཛུགས་དང་། ཆོས་སྦྱིན་གྱིས་སེར་སྐྱ་ཀུན་ཚིམ་པར་མཛད་དེ། རིམ་བཞིན་སྡེ་དགེ་ལྷུན་གྲུབ་སྟེང་གི་རྒྱལ་ཁབ་ཏུ་ཞབས་སོར་བཀོད། མི་རིང་བར་རྫོང་གསར་བཀྲ་ཤིས་ལྷ་རྩེར་ཕེབས་ནས་རྗེ་བླ་མ་འཇམ་དབྱངས་མཁྱེན་བརྩེའི་དབང་པོ་མཇལ་ནས་ཐུགས་སྣང་འགྱུར་བའི་དད་གུས་དྲག་པོ་འཁྲུངས། སྡེ་གཞུག་རྣམས་སུ་ཤིན་ཏུ་དཀོན་ལ་ངོ་མཚར་ཆེ་བའི་ཟབ་རྒྱས་ཀྱི་རྒྱུད་སྡེ་བདུན་ཅུ་ཙམ་དང་། ཀོང་སྤྲུལ་ཡོན་ཏན་རྒྱ་མཚོ་ལས་བཀའ་བབས་མར་རྔོག་ཇོ་ནང་སོགས་ཀྱི་བཀའ་སྲོལ་ལས་བྱོན་པའི་རྒྱུད་སྡེ་ཇི་སྙེད་དགྱེས་པ་ཆེན་པོར་བསྐུལ་བ་གསན་ཏེ། རྒྱུད་སྡེ་རྒྱ་མཚོའི་མངའ་བདག་དཔལ་ལྡན་ས་སྐྱ་པ་གཙོ་བོར་གྱུར་པའི་གསང་སྔགས་གསར་འགྱུར་གྱི་བཀའ་སྲོལ་ཇི་སྙེད་མཆིས་པ་གྲུབ་མཐའ་རིས་སུ་མ་ཆད་པར་ཐོག་མར་གསན་བསམ་སྒོམ་པ་སྟོན་དུ་འགྲོ་བས་དཀྱུས་གཅིག་ཏུ་བསྒྲིགས་པའི་བཀའ་བསྡུ་དངོས། བར་དུ་ཆོས་སྦྱིན་གྱི་ཕྱི་མོའང་རང་ཉིད་ཀྱིས་བཞེངས་པའི་བྱ་བ་ལས་ཀྱི་འཁོར་ལོ། མཐར་སྨིན་གྲོལ་ཡན་ལག་དང་བཅས་པ་རྫོགས་པར་འཆད་པ་བཅས་ཀྱི་མཛད་ཆེན་ཐ་མལ་པས་བསམ་པ་ཙམ་ཡང་དཀའ་བ་འདི་ཉིད་བར་ཆད་མེད་པར་ལེགས་པར་གྲུབ་པ་བཅས་བསྟན་པའི་སྙིང་པོ་རྡོ་རྗེ་ཐེག་པ་ཤིན་ཏུ་གསལ་བར་མཛད་དོ། །གཞན་ཡང་རྗེ་བཙུན་བླ་མ་མཁྱེན་བརྩེའི་ཞབས་དེ་ཉིད་ཞིང་གཞན་གྱི་གདུལ་བྱར་གཟིགས་རྗེས་འདི་ལ་སྒྲུབ་ཐབས་རིན་པོ་ཆེ་ཀུན་ལས་བཏུས་པ་དངོས་གྲུབ་རིན་ཆེན་བང་མཛོད་ཀྱི་འཕྲོས་བཀའ་བསྡུ་བསྒྲུངས་དགོས་པའི་བཀའ་ལུང་ཞལ་ཆེམས་བསྐུལ་བ་བཞིན་ཞལ་གསབ་པོད་ལྔ་རྫོགས་པར་ཆོག་སྒྲིག་མཛད་ཅིང་། རྗེ་བླ་མའི་དགོངས་པ་བཞིན་སྒྲུབ་ཐབས་ཀུན་བཏུས་པོད་བཅུ་བཞི་ཆ་ཚང་ཆོས་སྦྱིན་གྱི་ཕྱི་མོར་ལེགས་པར་བཞེངས། ལམ་འབྲས་སློབ་བཤད་འཆད་ཐབས་གསར་བརྩམས་དང་བཅས་པོད་བཅུ་བདུན་ཕྱོགས་བསྡུས་ཀྱི་དཔར་ཤིང་བཞེངས་པས་བསྟན་རྒྱུན་ལ་ཤིན་ཏུ་སྨན་པར་གྱུར། མདོ་ཕྱོགས་ལ་དབུ་ཕར་ཚད་མ་རིགས་གཏེར་མཛོད་བཞིའི་མཆན་འགྲེལ་སྒྲོན་

མི་རྣམ་བཞི་ཞེས་གྲགས་པ་བརྩམས་པར་མཛད་པའི་སྟེང་ནས་ལུགས་བཤད་མཛད་པ་དང་། སུ་ཕྱི་སྐྱེ་རྒྱུ་དོན་གྲུབ་གླིང་། སེ་དགེ་ལྷུན་གྲུབ་སྟེང་། ཁྲིམ་ཐར་དགོན་སོགས་དགོན་གནས་དུ་མར་བྱོན་ནས་འདུལ་བ་གཞི་གསུམ་གསར་འཛུགས་དང་། རྒྱུད་སྡེ་རིན་པོ་ཆེ་ལན་ལྔ་དང་། སྒྲུབ་ཐབས་རིན་པོ་ཆེ་ལན་བཞི། གསང་ཆེན་སློབ་བཤད་ལན་བཞི་འཆད་པས་མཚོན་མདོ་སྔགས་ཀྱི་ཆོས་ཆར་ཕྱོགས་ཀུན་ཏུ་འབེབས་ཏེ། མདོར་ན་གློག་སྟོང་ལས་གསུམ་གྱི་འཁོར་ལོ་གཅིག་ལ་གཅིག་འགྲན་པ་ལྟ་བུའི་ཕྲིན་ལས་བསམ་གྱིས་མི་ཁྱབ་པས་བསྟན་པ་སྤྱི་དང་། ལྷག་པར་གངས་ཅན་བསྟན་པའི་མངའ་བདག་འཇམ་མགོན་ས་སྐྱ་པའི་བསྟན་པ་རིན་པོ་ཆེ་འཛིན་སྐྱོང་སྤེལ་བའི་རྣམ་ཐར་ངོ་མཚར་བསམ་གྱིས་མི་ཁྱབ་པ་དུ་མ་བསྐྲུན་པས། གསུང་ལས་སྐྱེས་པའི་སློབ་མ་བསྟན་པ་གསལ་བྱེད་མཆོག་གྱུར་མང་དུ་བྱོན་ཏེ། ཐུབ་དབང་རྡོ་རྗེ་འཆང་ཀུན་བཟང་བླ་མའི་རྒྱལ་ཚབ་ཨེ་ཝཾ་པ་ཐན་ཁང་མཁན་ཆེན་བྱམས་པ་དཔལ་ལྡན་ཆོས་མཛད། ཐར་རྩེ་མཁན་ཆེན་འཇམ་དབྱངས་ཀུན་བཟང་བསྟན་པའི་རྒྱལ་མཚན། ཁང་གསར་མཁན་ཆེན་རྡོ་རྗེ་འཆང་ངག་དབང་བློ་གྲོས་གཞན་ཕན་སྙིང་པོ། མཆོག་གི་སྤྲུལ་པའི་སྐུ་ཕྲིན་ལས་རྣམ་པར་རོལ་པ་འཇམ་དབྱངས་ཆོས་ཀྱི་བློ་གྲོས། ལུང་རྟོགས་ཡོན་ཏན་གྱི་ཕུང་པོ་འདུལ་འཛིན་པ་ཆེན་པོ་འཇམ་དབྱངས་རྒྱལ་མཚན། ལྷ་རིགས་འཁོན་གྱི་གདུང་བརྒྱུད་རྗེ་བཙུན་མ་པདྨ་ཕྲིན་ལས་དབང་མོ། ལི་ཐང་བེ་ཧོར་ཆོས་རྗེ་མཁྱེན་རབ་རྒྱ་མཚོ། ཀ་ཐོག་མ་ཧཱ་པཎྜི་ཏ་སི་ཏུ་ཆོས་ཀྱི་རྒྱ་མཚོ། རིགས་པ་སྨྲ་བ་འཇམ་དབྱངས་མཁྱེན་རབ་མཐའ་ཡས། མཁས་གྲུབ་ཆེན་པོ་སྡེ་གཞུང་མཆོག་སྤྲུལ་ཀུན་དགའ་རྒྱལ་མཚན། མཁན་པོ་བསམ་གཏན་བློ་གྲོས་སོགས་བསྟན་འཛིན་གྱི་སྐྱེས་བུ་གྲངས་ལས་འདས་པ་བསྐྲུན་ཏེ། མཐར་དགུང་གྲངས་དྲུག་ཅུ་རེ་བརྒྱད་པ་བོད་རབ་བྱུང་བཅོ་ལྔ་པའི་ཤིང་ཕོ་སྟག་གི་ལོ་སྤྱི་ལོ་༡༧༡༩ལོར་མཁའ་མཉམ་རྡུལ་བྲལ་ཆེན་པའི་དབྱིངས་སུ་སྙོམས་པར་ཞུགས་པ་ཡིན་ནོ། །

༄ སྔ་སྟོན་རྡོ་རྗེ་འཆང་ངག་དབང་ཀུན་དགའ་ལེགས་པ་རིན་པོ་ཆེ།

ཁོང་ནི་བོད་རབ་བྱུང་བཅོ་ལྔ་པའི་མེ་མོ་ཡོས་ཀྱི་ལོ་སྤྱི་ལོ་༡༨༤༧ལོར་མདོ་ཁམས་འབྲི་ཟླ་ཟལ་མོ་སྒང་གི་ཆར་གཉོགས་སྔ་སྣད་འཛིན་མདའ་ཞེས་པའི་གྲོང་དུ་རིགས་རུས་ཕུན་སུམ་ཚོགས་པའི་ཁྱིམ་རྒྱུད་དུ་ངོ་མཚར་བའི་ལྟས་དུ་མ་དང་བཅས་ཏེ་གཟུགས་སྐུ་ཆུ་ཤེལ་གྱི་དབང་པོ་མངོན་པར་བཞད། སྐུ་ན་ཆུང་

 དུའི་དུས་ནས་དམ་པའི་རིགས་སད། ཀུན་སྤྱངས་སེམས་དཔའ་ཆེན་པོ་ངག་དབང་བཤད་སྒྲུབ་རྒྱ་མཚོའི་མདུན་ནས་ཡི་གེའི་འབྲི་ཀློག་སོགས་བསླབ་པས་ཆོགས་
མེད་དུ་མཁྱེན། དགུང་ལོ་དགུ་པར་ངོར་ཕན་བདེ་མཁན་རིན་པོ་ཆེ་ཀུན་དགའ་བསྟན་པའི་བློ་གྲོས་ལ་གཙུག་ཕུད་ཕུལ་ཏེ་མཚན་ཚུལ་ཁྲིམས་རྒྱལ་མཚན་གསོལ།
དཔལ་ཀྱེ་རྡོ་རྗེ་མན་ངག་ལུགས་ཀྱི་རྒྱུ་དུས་ཀྱི་དབང་བསྐུར་བ་ཐོབ་པ་ནི་སྨིན་བྱེད་དབང་གི་ཐོག་མ་ཡིན། དགུང་ལོ་བཅུ་གཅིག་པར་ཕྱག་ན་རྡོ་རྗེ་འབྱུང་འདུལ་
གྱི་ལུགས་བསྙེན་ཁ་སྐོང་སྦྱིན་སྲེག་དང་བཅས་པ་གནང་། དགུང་གྲངས་བཅུ་དྲུག་པར་གྲུབ་མཆོག་འཇམ་དཔལ་བསྟན་འཛིན་ཕྲིན་ལས་དྲུང་ནས་ནཱ་རོ་མཁའ་
སྤྱོད་མའི་བྱིན་རླབས། རྡོ་རྗེ་ནག་པོ་ཆེན་པོའི་དབང་བཀའ་བྱིན་རླབས་རྗེས་གནང་སྐོར། ཕྱི་ནང་གསང་གསུམ་གྱི་ཁྲིད་ལུང་ཡོངས་སུ་རྫོགས་པ་དང་། རྡོ་རྗེ་གུར་
མགོན་ བྲག་རྫོང་མའི་ལུགས་བསྙེན་གནང་སྐབས། ཐུགས་དམ་གཏོར་མ་རྣམས་ལ་གཡག་གི་རྟེད་པ་ལྟ་བུའི་སྦྲུ་ནག་པོ་མཐོ་གང་ཙམ་མང་པོ་ཉི་མའི་ཟེར་ལ་
བལྟས་ན་འཇའ་འོད་ལྟ་འཁྲོ་བ་སྐྱེས་ཏེ། ལས་བཞི་ལྷུན་གྱིས་གྲུབ་པའི་རྟགས་མཚན་མངོན་དུ་གྱུར། དགུང་ལོ་བཅོ་བརྒྱད་པར་དབུས་གཙང་དག་པའི་ཞིང་
ཁམས་སུ་བྱོན་ཏེ། ལྷ་ལྡན་ཇོ་ཤཱཀྱ་ཡིད་བཞིན་ནོར་བུས་གཙོས་རྟེན་རྣམས་ལ་མཆོད་འབུལ་དང་ཐུགས་སྨོན་རྒྱ་ཆེར་མཛད། རིམ་གྱིས་དཔལ་ལྡན་ཨེ་ཝཾ་ཆོས་
ལྡན་དུ་རྒྱལ་བ་རྡོ་རྗེ་འཆང་ཀུན་དགའ་བཟང་པོའི་རྒྱལ་ཚབ། མཁན་རབས་ང་བརྒྱད་པ་རྗེ་བཙུན་རྡོ་རྗེ་འཆང་ངག་དབང་བློ་གྲོས་སྙིང་པོའི་ཞལ་སྔ་ནས་གསུང་
ངག་རིན་པོ་ཆེ་ཚོགས་བཤད་ཀྱི་སྨིན་གྲོལ་ཡོངས་སུ་རྫོགས་པ་དང་། དགུང་ལོ་བཅུ་དགུ་པར་ཚོགས་གསུམ་རིམ་ནོད་ཀྱིས་བསྙེན་རྫོགས་ཀྱི་སྡོམ་པ་བཞེས་ཤིང་
ཆོས་འདུལ་བའི་ཀུན་སྤྱོད་གཙང་སིང་ངེ་བ་མཛད་དེ། ཉོན་མོངས་པའི་གཡུལ་ལས་རྣམ་པར་རྒྱལ་བའི་རྒྱལ་མཚན་བསྒྲེངས། དབུར་ཆོས་ལ་མཁན་ཆེན་དེ་ཉིད་
ལས་རྡོ་རྗེ་ཕྲེང་བའི་དཀྱིལ་འཁོར་ཞེ་ལྔའི་དབང་སོགས་དབང་ཆོས་དུ་མ་གསན། གཞན་ཡང་སྔ་གཞུག་རྣམས་སུ་ཁྱུ་ན་མཆོག་སྤྲུལ་འཇམ་དབྱངས་ཤེས་རབ་རྒྱ་
མཚོ། ཁྲི་ཆེན་རིན་པོ་ཆེ་འཇིགས་མེད་དབང་རྒྱལ་སྐྱ་མཆེད་ཡབ་སྲས། ཐུབ་བསྟན་ལྷ་ཁང་གི་མཁན་ཆེན་བྱམས་པ་ཆོས་བགྲ་ཤིས། རབ་འབྱམས་པ་ཤེས་རབ་
ཆོས་འཕེལ། འཇམ་དབྱངས་མཁྱེན་བརྩེའི་དབང་པོ། འཇམ་མགོན་ཀོང་སྤྲུལ་ཡོན་ཏན་རྒྱ་མཚོ། མཁས་དབང་འཇམ་དབྱངས་ལེགས་པའི་བློ་གྲོས། མི་ཉག་
མཁན་པོ་ནོར་བུ་བསྟན་འཛིན། རྫོང་སར་དགོན་གྱི་མཁན་པོ་ཡོན་ཏན་ལྷུན་གྲུབ། མངའ་རིས་ཆོས་རྗེ་ཀུན་དགའ་འཇམ་དབྱངས། དགའ་ལྡན་རིང་ལུགས་
འཛིན་པ་དགེ་བཤེས་བློ་བཟང་སྦྱིན་པ། ཐར་རྩེ་མཁན་ཆེན་འཇམ་དབྱངས་རིན་ཆེན་རྡོ་རྗེ། སྟེ་གཞུང་མཆོག་སྤྲུལ་སྐལ་ལྡན་གྲགས་ལུང་རིགས་ཉི་མ། ཁྲི་འདུ་སྐལ་

བཟང་དགོན་གྱི་མཁའ་སྤྱོད་གྲུབ་པའི་སྒྲུབ་བརྩོན་ཀུན་དགའ་ཆོས་ལྷ། གདོང་ཁྲོད་དགོན་གྱི་མཁས་བཙུན་ཆོས་གྲགས་རྒྱ་མཚོ་སོགས་མཁས་ཤིང་གྲུབ་པ་བརྙེས་པའི་དགེ་བའི་བཤེས་གཉེན་དུ་མའི་ཞབས་རྡུལ་སྤྱི་བོར་བླངས་ཏེ། སྤྱིར་མདོ་སྔགས་རིག་གནས་དང་བཅས་པ་ཐམས་ཅད་ལ་ཐོས་བསམ་མཛད་ཅིང་། དེ་ལས་ཀྱང་གསུང་ངག་རིན་པོ་ཆེ་ལམ་འབྲས་བུ་དང་བཅས་པའི་སློབ་བཤད་ཀྱི་དབང་ལུང་ཁྲིད་མན་ངག་ཡོངས་སུ་རྫོགས་པས་ཐུགས་རྒྱུད་ཀྱི་བུམ་པ་ཡོངས་སུ་གཏམས་པར་མཛད་པས་སྒྲོ་འདོགས་ནང་ནས་ཆོད། བར་གསེང་རྣམས་སུ་ཀུན་རིག །ཀྱེ་རྡོར། མཁའ་སྤྱོད། སྒྲོལ་དཀར་སོགས་ཡི་དམ་ལྷག་པའི་ལྷ་རབ་འབྱམས་ཀྱི་བསྙེན་པ་དང་། སྔུང་བར་གནས་པ་ཆ་བརྒྱ་ཕྲག་གདན་ཐོག་གཅིག་ཏུ་བཞུགས། དགུང་གྲངས་སོ་བདུན་པ་ནས་བཟུང་མི་ལོ་ཧྲིལ་པོ་བཅོ་ལྔ་ལ་སྐུ་མཚམས་བཅད་རྒྱ་བཞུགས་ཏེ་མཚམས་སྒོ་འདག་སྦྱར། གསུང་ངག་སྨྲ་བཅད། གསོལ་ཆུ་དང་གསོལ་ཟས་སྒེའུ་ཁུང་ནས་ཕུལ་ཅིང་། ཡབ་ཚང་ནས་གསོལ་མར་གང་ཕུལ་ཞལ་དུ་མི་བཞེས་པར་མཆོད་མེ་ཁོ་ནར་ཕུལ་བ་སོགས་དཀའ་སྤྱད་དྲག་པོས་གསུང་ངག་ལམ་འབྲས་སྔོན་འགྲོ་སྣང་གསུམ་གྱི་ཉམས་བཞེས་ལོ་གསུམ་དུ་བསྒོམ། དངོས་གཞི་རྒྱུད་གསུམ་གྱི་ཉམས་བཞེས་ལོ་བཅུ་གཉིས་གནང་བ་ལས། ཆོས་དངོས་གཞི་ལས་ཀྱང་སྔོན་འགྲོ་ཟབ་ཅེས་གསུངས་པ་ལྟར་ཕྱག་བཞེས་བསྐྱར་ནས། སྐྱབས་འགྲོ་འབུམ་ཕྲག་ཉི་ཤུ་རྩ་བཞི། ཡིག་བརྒྱ་འབུམ་ཐེར་བཅོ་བརྒྱད། མཎྜལ་ཆོམ་བུ་བདུན་མ་འབུམ་ཕྲག་བཅུ། གུར་གྱི་སྙིང་པོ་ཡི་གེ་བཅུ་པ་ས་ཡ་གཅིག་དང་། སྤྱིལ་ཚིག་ཅན་འབུམ་ཕྲག་བརྒྱད་ཅུ་ཙམ། མ་ཎི་དུང་ཕྱུར་གཅིག །ཁྱད་པར་འཇམ་མགོན་ས་པཎ་གྱི་སྐུ་ཐང་ཉིད་ཀྱི་སྐུ་ཚད་བཞེངས་པའི་མདུན་དུ་ཐུགས་བསྐྱེད་སྨོན་ལམ་དམིགས་རྣམ་གཞན་ཟླ་བྲལ་བས་ཤེས་བྱ་མ་ཀློ་ག་རེ་དང་ཕྱག་རེ་སྦྲགས་ནས་འབུམ་ཕྲག་བཞི་བཅུ་ཞེ་གཅིག་ཕུལ་བས། འཇམ་དབྱངས་བླ་མ་ས་སྐྱ་པཎྜི་ཏ་ཆེན་པོའི་ཡེ་ཤེས་ཀྱི་སྐུས་རྗེས་སུ་བཟུང་ཞིང་། ཉམས་དང་མནལ་ལམ་གྱི་གཟིགས་སྣང་དུ་མ་བྱུང་། ཁྱད་པར་རྡོ་རྗེ་ནག་པོ་ཆེན་པོས་རྟག་ཏུ་ཐུགས་རྗེས་བསྐྱངས་ཤིང་ཕྲིན་ལས་བསྒྲུབས། དགུང་གྲངས་ང་གཉིས་པར་སྐུ་མཚམས་གྲོལ་ནས། གདན་ས་ཐར་ལམ་དགོན་དུ་སྒྲུབ་ཐབས་ཀུན་བཏུས་རྫོགས་པར་གནང་། དགུང་གྲངས་ང་བཞི་པར་གསུང་ངག་སློབ་བཤད་ཚར་དང་པོ་གསུངས་གྲུབ་པ་དང་ལི་ཐང་སྡེ་གཞུང་དུ་ཕེབས། གསུང་ངག་སློབ་བཤད་གཙོས་ཆོས་ཀྱི་དགའ་སྟོན་སྤེལ། སྡེ་གཞུང་དུ་སྔ་རྗེས་ལན་བཞི་དང་། སྡེ་དགེར་ལན་གསུམ། ཏྲེ་ཧོར་ཉ་བྲག་དགོན་དང་། མི་ཉག་དགོན་ཁག་རྣམས་ནས་གདན་ཞུས་ངོར་ཕེབས་ཏེ་དར་རྩེ་མདོ་ཡན་ཞབས་ཀྱིས་བཅགས་ཤིང་གསུང་ངག་རིན་པོ་ཆེ་སློབ་བཤད་ཚར་དགུས་གཙོས། རྒྱུད་སྡེ་མང་པོའི་དབང་

ཁྱིན་སླབས་རྗེས་གནང་ཁྲིད་ལུང་མང་དུ་གནང་། ཁྲིམ་པ་ཕོ་མོ་ཁྲི་ཕྲག་བརྒྱལ་བར་ཆོས་འབྲེལ་དང་། ཡིག་དྲུག་དུང་ཕྱུར་སྟོང་ཕྲག་ལྔ་ལྷག་ཁས་བླངས་དགེ་བསྐུལ་བྱུང་བས་མཆོན། འགྲོ་མང་གི་རྒྱུད་ལ་ཕན་པའི་ས་བོན་བསྐྲུན། བུ་སློབ་སྦྱིན་བདག་སོ་སོ་ནས་ཕུལ་བའི་དངོས་རྫས་རྣམས་རྒྱུད་ཇོས་སུ་མ་བཏང་བར་གདན་ས་ཐར་ལམ་དགའ་ལྡན་ས་བཟང་གླིང་དུ་གཙུག་ལག་ཁང་ཆེན་པོ་ཐུབ་བསྟན་མདོ་སྔགས་ཆོས་ཀྱི་དགའ་ཚལ་གསར་དུ་བསྐྲུན། ནང་རྟེན་ཟངས་གསེར་ལས་གྲུབ་པའི་སྟོན་མཆོག་ཐུབ་པའི་དབང་པོ། ས་པཎ། ངོར་ཆེན་རྣམ་གསུམ་གྱི་སྐུ་ཁྲི་རྒྱུན་ལྡན་པ་ཆེན་པོ། སྒྲིས་གཙང་བྱོན་ལེགས་གཙོས་རྟེན་དང་བརྟེན་པར་བཅས་པ་མིག་གི་བདུད་རྩི་ལྟ་བུ་བཞེངས། དགོན་དེར་ངོར་ལུགས་ཀྱི་དཀྱིལ་འཁོར་བདུན་སྒྲུབ་དང་། མགོན་ཁང་དུ་ཀྱེ་རྡོར་བསྙེན་སོང་བཞི་རེས་ཕྱོ་རངས་ནས་སྲོད་ཀྱི་བར་བསྐང་གསོ་ཐུན་གཉིས་རེ་རྒྱུས་སྒྲིས་རྒྱུན་བཙུགས་དང་། སྤྱི་ཕྱི་བར་གསུམ་དུ་དགེ་འདུན་པ་རྣམས་ལ་བསླེན་བཀུར་གྱི་ནོམ་པ་བསྟབས་པ་སོགས་ཆོས་དང་ཟང་ཟིང་གཉིས་ཀྱི་བཀའ་དྲིན་ཆེན་པོར་བསྐྱངས། ཞལ་སློབ་ཀྱི་གཙོ་བོ་འཇམ་དབྱངས་མཁྱེན་བརྩེའི་དབང་པོའི་ཕྲིན་ལས་མཆོག་སྤྲུལ་རྡོ་རྗེ་འཆང་འཇམ་དབྱངས་ཆོས་ཀྱི་བློ་གྲོས་རིས་མེད་བསྟན་པའི་རྒྱལ་མཚན་དཔལ་བཟང་པོ་དང་། མཁས་གྲུབ་དབང་པོ་སྡེ་གཞུང་མཆོག་སྤྲུལ་རིན་པོ་ཆེ་ཨ་འཇམ་ཞབས་རྣམ་གཉིས། ངོར་ཨེ་ཝཾ་ཐར་རྩེའི་མཁན་ཆེན་རྣམ་གཉིས། རྫོང་སར་མཁན་པོ་མཁྱེན་རབ་ཆོས་ཀྱི་འོད་ཟེར། མཁན་ཆེན་བློ་གྲོས་རྒྱལ་མཚན། མཁན་ཆེན་འཇམ་དབྱངས་ཀུན་དགའ་རྣམ་རྒྱལ། སྐྱེ་རྒྱུ་དགོན་གྱི་མཁན་པོ་ངག་དགའ། ཕྲིན་ལས་ཆོས་འཕེལ་རྣམ་གཉིས་ཀྱིས་གཙོས་གསུང་ངག་རིན་པོ་ཆེའི་གདམས་པ་ཡོངས་སུ་རྫོགས་པ་ཐོབ་པའི་མཁས་གྲུབ་དགེ་བཤེས་སྒྲུབ་བརྩོན་གྲྭ་བཙུན་མང་པོས་མཆོན་མདོ་དབུས་ཁམས་གསུམ་དུ་སློབ་ཚོགས་བགྲང་བ་ལས་འདས་པ་བསྐྲུན་ཞིང་། དེ་ལྟར་དམ་པ་འདི་ཉིད་ཀྱི་སྐུ་ཚེ་ཧྲིལ་པོར་བཤད་སྒྲུབ་ལས་གསུམ་གྱི་མཛད་པ་ནམ་མཁའི་ཡ་མཐར་བརྡལ་ནས། མཐར་དགུང་གྲངས་དོན་ལྔ་པ་བོད་རབ་བྱུང་བཅུ་དྲུག་པའི་ལྕགས་མོ་སྦྲུལ་གྱི་ལོ་ལོ་སྤྱི་ལོ་༡༩༤༡ལོར་བདེ་བ་ཅན་དུ་གཤེགས་པ་ཡིན་ནོ། །

༄ འཇམ་དབྱངས་ཀུན་དགའ་རྒྱལ་མཚན།

ཁོང་ནི་བོད་རབ་བྱུང་བཅོ་ལྔ་པའི་ཤིང་མོ་བྱ་ཡི་ལོ་སྟེ་སྤྱི་ལོ་༡༨༨༥ལོར་ལི་ཐང་སྡེ་གཞུང་དཔོན་ཚང་དུ་ངོ་མཚར་བའི་དགེ་མཚན་དུ་མ་དང་བཅས་ཏེ

གཟུགས་སྐུ་རྩ་ཤེལ་གྱི་དབང་པོ་མངོན་པར་བཞད། སྐུ་ན་ཆུང་ངུའི་དུས་ནས་དམ་པའི་རིགས་སད་ཅིང་གཟིམ་འོག་མཆོག་སྤྲུལ་བྱམས་པ་བསྟན་འཛིན་སྙན་གྲགས་ཀྱི་རྣམ་སྤྲུལ་དུ་ངོས་བཟུང་། ཁུ་བོ་སྤྲུལ་སྐུ་ལུང་རིགས་ཉི་མ་དང་། སྡེ་གཞུང་དར་རྒྱས་མཁན་པོ་དགེ་བཤེས་བསྟན་འཛིན་དབང་གྲུབ་དང་། འཇམ་དབྱངས་སྙན་གྲགས་སོགས་ལས་གཞུང་ལུགས་དུ་མ་གསན། སྐུ་ནར་སོན་ནས་སྡེ་དགེ་ལྷུན་གྲུབ་སྟེང་གི་ཡང་དབེན་དུ་འཇམ་དབྱངས་བློ་གཏེར་དབང་པོའི་ཞལ་སྔ་ནས། གསུང་ངག་ལམ་འབྲས། རྒྱུད་སྡེ་དང་། སྒྲུབ་བཏུས་གཙོས་སྨིན་གྲོལ་རྒྱ་མཚོས་རྒྱུད་ཕྱུག་པར་མཛད། རྫ་དམ་རྫོགས་ཆེན་དུ་མཁན་ཆེན་གཞན་ཕན་ཆོས་ཀྱི་སྣང་བའི་དྲུང་ནས། གཞུང་ཆེན་བཅུ་གསུམ། སྡོམ་རིགས་གཉིས། སྤྱི་ལྡོན་བརྟག་གསུམ་སོགས་མདོ་སྔགས་ཀྱི་གཞུང་ཉི་ཤུ་རྩ་བརྒྱད་ལ་གསན་བསམ་ཕུལ་ཕྱིན་གནང་བས་མཁྱེན་རབ་ཀྱི་ཀློང་བརྡོལ། མཁན་ཆེན་གཞན་དགའ་རིན་པོ་ཆེའི་ཞལ་སློབ་ཀྱི་ཁྲིད་ནས། ས་སྐྱའི་ཕྱོགས་སུ་སྡེ་གཞུང་སྤྲུལ་སྐུ་དང་། སྙིང་ཕྱོགས་ནས་མི་ཉག་གསེར་མཁར་ཆོས་གྲགས་གཉིས་མཁྱེན་རབ་འཇམ་ཟླ་བྲལ་ཞེས་གླེངས། ཨ་འཛོམ་འབྲུག་པ་འགྲོ་འདུལ་དཔའ་བོ་རྡོ་རྗེ་ལས་སྙིང་ཐིག་ཡ་བཞི་སོགས་སྔ་འགྱུར་སྙིང་མའི་ཆོས་སྐོར་མང་དུ་གསན། གཞན་ཡང་ཕན་བདེ་མཁན་ཆེན་དཔལ་ལྡན་བློ་གྲོས་རྒྱལ་མཚན། རྫོང་སར་མཁྱེན་བརྩེའི་ཕྲིན་ལས་མཆོག་སྤྲུལ་རིན་པོ་ཆེ་འཇམ་དབྱངས་ཆོས་ཀྱི་བློ་གྲོས། གཡོན་རུ་བེ་ཚང་ཆོས་རྗེ་མཁས་གྲུབ་རྒྱ་མཚོ། སྣ་སྟོན་རྣལ་འབྱོར་དབང་ཕྱུག་ཀུན་དགའ་ཉི་མ། སྡེ་དགེའི་པེ་ཕར་བླ་མ་བློ་གྲོས་སོགས་བཤེས་གཉེན་དུ་མ་ལས་ཆོས་བཀའ་མང་དུ་གསན། ཁྱད་པར་དུ་འཇམ་ཟླ་ཀུན་བྲལ་གྱི་རྩ་བའི་བླ་མ་སྣ་སྟོན་རྡོ་རྗེ་འཆང་ངག་དབང་ལེགས་པ་རིན་པོ་ཆེ་ལ་གསོལ་བ་ལན་མང་དུ་བཏབ་པ་སྟོན་དུ་འགྲོ་བས། སྡེ་གཞུང་གི་ས་ཆར་སྔ་ཕྱི་བར་གསུམ་ལན་བཞིར་གདན་འདྲེན་ཞུས་ཏེ་ཞབས་པད་བཀོད། དོན་ཡོད་རྣམ་པ་བཞིའི་མཆོད་པ་གྱ་ནོམ་པས་ཐུགས་དགྱེས་པར་མཛད། སྡོམ་པ་གསུམ་གྱི་བཀའ་དྲིན་ནོས། གསུང་ངག་རིན་པོ་ཆེ་ལམ་འབྲས། མཁའ་སྤྱོད་མ། མགོན་པོ་ཕྱི་ནང་གསང་གསུམ་གྱི་སྨིན་གྲོལ་གདམས་པ་རྗེ་བླ་མ་ཉིད་ཀྱི་ཐུགས་ལ་མངའ་ཞིང་ཉམས་སུ་བཞེས། དཔལ་ལྡན་ས་སྐྱ་པའི་སྙན་བརྒྱུད་ཚད་མ་བཞི་ལྡན་ཡོངས་སུ་རྫོགས་པ་བུམ་པ་གང་བྱོའི་ཚུལ་དུ་བཞེས། རྗེ་བླ་མའི་གདུལ་བྱ་སྐྱོང་སྐད། སྡེ་དགེ །ཁྲི་ཧོར། མི་ཉག་ཡུལ་རྣམས་གར་ཕེབས་སུ་ཡང་བྱོན་ཅིང་། གདན་ས་ཐར་ལམ་མགོན་དུ་ཡང་བླ་མ་མཇལ་དུ་ལན་དུ་མ་བྱོན་ཏེ། ཆོས་ཀྱི་གསུང་རྨེད་དང་། ཉམས་རྟོགས་ཀྱི་སྒྲོ་འདོགས་བཅད། ཐུགས་ཡིད་གཅིག་འདྲེས་ཀྱི་ཐུགས་ཀྱི་སྲས་མཆོག་ཏུ་གྱུར། སྐུ་ན་ཆུང་ངུ་ནས་བླ་དཔོན་མི་ཆེན་གྱི་གོ་ས་དང་། དགོར་དང་གྲོང་ཆོག་འབུལ་སྣོད་ལ་ཡེ་མི་

དགྱེས་པར་གྲུབ་རྒྱུད་ཉམས་རྒྱུད་ཀྱི་ཚུལ་དུ་ཆོས་གྲོགས་བླ་མ་བློ་གྲོས་ཕུན་ཚོགས་དང་ལྷན་དུ་མིའི་རྒྱུ་འགྲུལ་མེད་པའི་རི་ཁྲོད་ལུང་སྟོང་པོ་ན་རུ་བཞུགས། སྐུ་ཚེ་སྨད་དུ་རོང་པོག་བཞུག་ས་ཟེར་བའི་ས་ཆ། རྗོ་འཇོམ་གྱི་ནགས་ཁྲོད་དུ་གཟིམ་སྤྱིལ་བརྒྱབ་ནས་དེར་བཞུགས། གསང་སྔགས་ལམ་གྱི་རྩ་བ་ལམ་ཟབ་བླ་མའི་ཉམས་ལེན་ལ་ཆིག་བསྒྲིལ་གྱིས་སྐབས་གནས་ཀུན་འདུས་མ་འབུམ་ཐེར་བདུན་ཙུ་དོན་ལྔ་དང་། རྗེ་ལེགས་པ་རིན་པོ་ཆེའི་གསོལ་འདེབས་ཞལ་གསུངས། ངག་གི་དབང་ཕྱུག་ཨ་ཀ་གཅིག་པོ་འབུམ་ཕྲག་དྲུག་བསགས། གཞན་ཡང་སྔོན་འགྲོའི་བསགས་སྦྱངས་དང་། བསྐྱེད་རྫོགས་ཀྱི་ཉམས་བཞེས། ཐེག་ཆེན་བློ་སྦྱོང་གི་ཉམས་ལེན་ཤིན་ཏུ་འབད་པར་མཛད། རྗེ་བླ་མ་ལེགས་པ་རིན་པོ་ཆེའི་ཞལ་སྔ་ནས། སྡེ་གཞུང་མཆོག་སྤྲུལ་ཨ་འཇམ་རིན་པོ་ཆེས་བླ་མ་སངས་རྒྱས་དངོས་སུ་བལྟ་བའི་མོས་གུས་ཀྱིས་གསོལ་བ་བཏབ་པ་ལ་བརྟེན་ནས། ངའི་རྒྱུད་ལ་ཡོད་པའི་ས་སྐྱ་པའི་ལམ་འབྲས་ཀྱི་གོ་རྫོགས་ཐམས་ཅད་དབར་བཏབ་པ་བཞིན་ཐུགས་ལ་འཕོས་འདུག་ཅེས་ཡང་ཡང་གསུངས་ས། གང་ཟག་དབང་པོ་ཡང་རབ་བླ་མའི་མོས་གུས་ཀྱིས་གྲོལ་བ། ཞེས་པའི་མཚན་ཉིད་ཐམས་ཅད་བླ་མ་འདི་ལ་ཚང་འདུག་པས་རྣམ་ཐར་ཐམས་ཅད་ཀྱི་སྙིང་པོ་དེར་འདུས་སོ། །ལྷ་མོ་དབྱངས་ཅན་མ་དམར་མོ་དང་། བསྟན་སྲུང་རྡོ་རྗེ་གུར་གྱི་མགོན་པོ་སོགས་ཡི་དམ་ལྷག་པའི་ལྷ་དུ་མའི་རྗེས་སུ་བཟུང་ཞིང་གྲུབ་པའི་རྟགས་མཚན་དུ་མ་མངོན་དུ་གྱུར། བླ་མ་ལེགས་པ་རྡོ་རྗེ་འཆང་གི་བཀའ་ནན་ཕེབས་པ་དང་། དད་སློབ་རྣམས་ཀྱིས་གསོལ་བ་བཏབ་ངོར། སྐུ་ཚེ་སྨད་དུ་གཞུང་ལུགས་དུ་མའི་འཆད་སྤེལ་དང་། དབང་གདམས་ངག་ཀྱང་དུ་མ་བསྐུལ་ཞིང་། ཁྱད་པར་སྣ་སྐྱི་རྒྱུ་དགོན་གྱི་མཁན་པོ་ཁྲིན་ལས་ཆོས་འཕེལ་ལོ་དུ་མར་ཞབས་དྲུང་དུ་བཞུགས་པ་ལ། བླ་མ་གཞན་དགའ་རིན་པོ་ཆེ་ལས་གཞུང་ཉི་ཤུ་རྩ་བརྒྱད་གསན་བསམ་མཛད་པ་ཐམས་ཅད་བླ་མ་དམ་པའི་ཐུགས་དགོངས་རྫོགས་པའི་མཆོད་པ་ཡིན་གསུངས་ཏེ། འཆད་ཉན་རྫོགས་པ་གནང་གྲུབ་པས་སྐལ་བ་བཟང་པོར་གྱུར། བླ་མ་དང་ཡི་དམ་སོགས་ཀྱི་བསྟོད་ཚོགས། ལམ་ཟབ་དོན་འགྲེལ། ལམ་དུས་དོན་འགྲེལ་བདུད་རྩིའི་ཐིགས་པ། ལམ་འབྲས་སློན་ལམ། ཀུན་གཞི་ངོས་འཛིན། འཁོར་འདས་དབྱེར་མེད་ཀྱི་ཟབ་གནད། འདུལ་བའི་ལག་ལེན་རིན་ཆེན་སྒྲོན་མེ། འཛམ་མགོན་ངག་དབང་ལེགས་པའི་རྣམ་ཐར་ངོ་མཚར་ནོར་བུའི་འཕྲེང་བ། ཞལ་གདམས་སྐོར། ཉམས་མགུར་བླ་མ་དྲན་པའི་གདུང་དབྱངས་སོགས་བསྟན་བཅོས་ངོ་མཚར་ཅན་དུ་མ་རྗེས་འཇུག་གདུལ་བྱའི་གསོས་སུ་སྩལ། སྡེ་གཞུང་དགོན་སྡེར་རྒྱུད་བསྐུལ་འབུལ་བ་བསྟུས་ནས། སྔ་སྟོན་རྡོ་རྗེ་འཆང་གི་གདུང་རྟེན་དང་། འདྲ་སྐུ་གཙུག་ལག་ཁང་དང་བཅས་པ་བཞེངས་པ་དང་། རྗེ་སྔ་སྟོན་རྡོ་རྗེ་འཆང་མི་ལོ་བཅོ་ལྔར

བཅད་རྒྱ་བཞུགས་སྐབས་ཀྱི་དབུ་སྐྲ་བསྲེགས་ཐལ་ལ་འཇམ་དབྱངས་ས་པཎ་གྱི་སྐུ་འབུམ་ཕྲག་དུ་མ་དཔར་བཏབ་ནས་བཞུགས་ཡུལ་མཆོད་རྟེན་དུ་མ་བཞེངས། རྒྱལ་བའི་བཀའ་འགྱུར་རིན་པོ་ཆེས་གཙོས་གསུང་རབ་པོད་ཀ་མང་པོ་བླུར་མཛད་པ་སོགས་རྣམ་དཀར་གྱི་མཛད་པ་རྒྱ་ཆེར་སྤེལ་བའི་ངང་། མཐར་དགུང་གྲངས་དྲུག་ཅུ་རེ་བརྒྱད་པ་བོད་རབ་བྱུང་བཅུ་དྲུག་པའི་ཆུ་ཕོ་འབྲུག་གི་ལོ་སྟེ་སྤྱི་ལོ་༡༩༥༢ ལོར་གཟུགས་སྐུའི་བཀོད་པ་ཆོས་དབྱིངས་བདེ་བ་ཆེན་པོ་ངང་དུ་བསྡུ་བའི་ཚུལ་བསྟན་པ་ཡིན་ནོ། །

༄ འཇམ་དབྱངས་ཆོས་ཀྱི་བློ་གྲོས།

ཁོང་ནི་བོད་རབ་བྱུང་བཅོ་ལྔ་པའི་ཆུ་མོ་སྦྲུལ་གྱི་ལོ་སྟེ་སྤྱི་ལོ་༡༨༩༣ ལོར་མདོ་སྨད་འབྱུང་བཞིའི་མདུད་བཞིར་གྲགས་པ་ལས་ས་ངན་མདུན་པ་ཞེས་གྲགས་པར་ཡབ་གཏེར་ཆེན་བདུད་འདུལ་རྡོ་རྗེའི་གདུང་བརྒྱུད་རྡོ་རྗེ་འཛིན་པ་ཆེན་པོ་འགྱུར་མེད་ཚེ་དབང་རྒྱ་མཚོ་དང་། ཡུམ་ཡེ་ཤེས་ཀྱི་མཁའ་འགྲོ་མ་ཚུལ་ཁྲིམས་མཚོ་གཉིས་ཀྱི་སྲས་སུ་ངོ་མཚར་བའི་དགེ་མཚན་དུ་མ་དང་བཅས་ཏེ་སྐུ་བལྟམས། དགུང་གྲངས་བདུན་པར་ཀ་ཐོག་སི་ཏུ་པཎྜི་ཏ་ཨོ་རྒྱན་ཆོས་ཀྱི་རྒྱ་མཚོས་འཇམ་མགོན་ཀོང་ཆེན་པའི་ལུང་དོན་བཞིན་ཀ་ཐོག་རྡོ་རྗེ་གདན་གྱི་གནས་སུ་སྤྱན་དྲངས་ནས་ཀུན་གཟིགས་འཇམ་དབྱངས་མཁྱེན་བརྩེའི་དབང་པོའི་མཆོག་སྤྲུལ་དུ་མངའ་གསོལ། གཙུག་ཕུད་བཞེས་ཏེ་མཚན་འཇམ་དབྱངས་ཆོས་ཀྱི་བློ་གྲོས་གཙུག་ལག་ལུང་རིགས་སྨྲ་བའི་སེང་གེར་གསོལ། སི་ཏུ་རིན་པོ་ཆེ་ཉིད་ཀྱི་ཡོངས་འཛིན་མཁན་ཆེན་ཐུབ་བསྟན་རིག་འཛིན་རྒྱ་མཚོ་ལས་འབྲི་ཀློག་དང་། ཆོས་སྤྱོད་ཀྱི་རིམ་པ། བརྡ་སྤྲོད་པའི་གཞུང་ལུགས་སོགས་སྦྱངས་པས་ཚོགས་མེད་དུ་མཁྱེན། སི་ཏུ་པཎ་ཆེན་ཆོས་ཀྱི་ཉི་མ། ཞེ་ཆེན་རྒྱལ་ཚབ་རིན་པོ་ཆེ། ཨ་འཛོམ་འབྲུག་པ་སྣ་ཚོགས་རང་གྲོལ། རྡོ་གྲུབ་ཆེན་འཇིགས་མེད་བསྟན་པའི་ཉི་མ། གཏེར་ཆེན་ལས་རབ་གླིང་པ། རྫོགས་ཆེན་ལྔ་པ། མཁན་ཆེན་ཀུན་བཟང་དཔལ་ལྡན་སོགས་གསང་སྔགས་རྙིང་མ། ཐར་རྩེའི་དཔོན་སློབ་རིན་པོ་ཆེ་འཇམ་དབྱངས་བློ་གཏེར་དབང་པོ། ཞབས་དྲུང་རིན་པོ་ཆེ་བཀྲ་ཤིས་རྒྱ་མཚོ། སྒ་སྟོན་རྡོ་རྗེ་འཆང་ངག་དབང་ལེགས་པ། མཁན་པོ་བསམ་གཏན་བློ་གྲོས། སྡེ་གཞུང་མཆོག་སྤྲུལ་ཀུན་དགའ་རྒྱལ་མཚན་སོགས་ས་སྐྱ། བྱམས་མགོན་སི་ཏུ་རིན་པོ་ཆེ་པདྨ་དབང་མཆོག་རྒྱལ་པོ། རྒྱལ་སྲས་འཇམ་མགོན་མཆོག་སྤྲུལ། མཁས་དབང་བཀྲ་ཤིས་ཆོས་འཕེལ། ཟུར་མང་གཏེར་དྲུང་རྣམ་གཉིས་སོགས་བཀའ་བརྒྱུད། གོང་ས་ལྷ་མིའི་རྣམ་འདྲེན་རྒྱལ་མཆོག་ཐམས་ཅད་མཁྱེན་པ་ཐུབ་

བསྟན་རྒྱ་མཚོ། མཁས་པའི་དབང་ཕྱུག་དགེ་བཤེས་འཇམ་དཔལ་རོལ་པའི་བློ་གྲོས་སོགས་དགེ་ཕྱོགས་ཀྱིས་མཚོན་མཁས་གྲུབ་སྐྱེས་ཆེན་དུ་མ་ལས་བཅུ་ཕྲག་རིག་པའི་གནས་ཆེ་ཆུང་། བཀའ་དང་བསྟན་བཅོས། སྔ་འགྱུར་བཀའ་མ། གཏེར་ཆོས་ཕལ་ཆེ་བའི་རྒྱུན་གང་བཞུགས། བཀའ་བརྒྱུད་ཆེ་བཞི་ཆུང་བརྒྱད་ཀྱི་དབང་དང་གདམས་ངག་ས་སྐྱའི་གསུང་ངག་ལམ་འབྲས། རྒྱུད་སྡེ་དང་སྒྲུབ་ཐབས་ཀུན་བཏུས། བཀའ་གདམས་གསར་རྙིང་གི་ཆོས་སྐོར། དཔལ་དུས་ཀྱི་འཁོར་ལོ་རྗེ་ཞེ་རྣམ་གཉིས་ཀྱི་ལུགས་སྲོལ། མཛོད་ཆེན་རྣམ་ལྔ་སོགས་ཆོས་མཛོད་བསགས་པ་ལ་ངོམས་པ་མེད་ཅིང་། དེ་དག་གི་ལྟ་གྲུབ་ཕྱག་བཞེས་ཀྱི་རྣམ་གཞག་བསྲེ་སླད་མེད་པ་མ་འདྲེས་པར་ཐུགས་སུ་ཆུད་ནས་གདུལ་བྱ་འདུལ་བྱེད་སྐབས་སུ་གང་བབས་ཀྱིས་རྗེས་སུ་བཟུང་བའི་ཚེ་ན་རང་རང་གི་ཆོས་དེའི་སྟོན་པ་གཉིས་པ་ལྟ་བུར་མཛད། ཕྱོགས་ལྷུང་དང་ཆགས་སྡང་མེད་པར་བསྟན་པ་ཉག་ཕྲ་བ་གང་ཡིན་ལ་སྤྱིལ་ཞིང་དར་བར་མཛད་དེ་སྐུ་ཚེ་རིལ་པོར་ཆོས་འཆད་ཉན་གྱིས་དུས་འདའ། རྣམ་ཐར་གྱི་སྙིང་པོ་སྒྲུབ་པ་གཙོ་བོར་མཛད་ནས་གསར་རྙིང་བཀའ་གཏེར་གྱི་རྒྱུད་སྡེ་ཆེ་ཕྲ། རྩ་གསུམ་སྤྱི་བྱེ་བྲག་གི་བསྙེན་བཟླས་ཚད་མེད་མཛད། ཆོས་བརྒྱུད་ཀྱི་ཆེ་ཐབས་དང་ལྟོ་གོས་ངོ་བཟུང་སོགས་གཏན་ནས་མི་མངའ་བ་ནང་གི་རྣལ་འབྱོར་ལ་འདྲིང་ཐོབ་པའི་འཕྲུལ་ཞིག་རྣལ་འབྱོར་གྱི་དབང་ཕྱུག་ཆེན་པོར་བཞུགས། ཡི་དམ་ལྷས་རྗེས་སུ་བཟུང་བ་དང་། རིག་འཛིན་ཊཱ་ཀིས་ལུང་བསྟན་པ་སོགས་དག་པའི་སྣང་བ་རྒྱུན་མི་ཆད་དུ་མངའ། རྡོ་རྗེའི་གནས་ཆེན་རྣམས་སུ་གནས་འབྲེལ་དང་གནས་ཞལ་གསར་དུ་འབྱེད་པར་མཛད་ཅིང་། དེ་དག་གི་སྐབས་སུ་ཟབ་གཏེར་གྱི་བཀའ་བབས་ཀྱང་དུ་མ་བཞུགས། རྫོང་སར་གདན་ས་བཀྲ་ཤིས་ལྷ་རྩེའི་གཤམ་དུ་ཁམས་ཀྱི་བྱེ་མ་ཐང་ཞེས་ཡོངས་སུ་གྲགས་པ་དེར། བློ་གསལ་དགེ་འདུན་ལྔ་བཅུ་ཐམ་པའི་བཤད་གྲྭ་བཤད་སྒྲུབ་དར་རྒྱས་གླིང་ཞེས་པ་གསར་འཛུགས་མཛད་པར་གཞུང་ལུགས་གྲགས་ཆེན་བཅོ་བརྒྱད་ཀྱིས་གཙོས་པའི་གནས་ལྔ་རིག་པའི་འཆད་ཉན་ཤིན་ཏུ་དར་བས་ཐུབ་བསྟན་སྤྱི་དང་བྱེ་བྲག་འཇམ་མགོན་ས་སྐྱ་པའི་གཞུང་ལུགས་ཀྱི་བཤད་སྲོལ་མཆོག་ཏུ་གྱུར་པ་ཕྱོགས་བཅུར་འཕེལ་བའི་གཞི་རྩ་དང་། ལྔ་རིག་སྨྲ་བ་བགྲང་གིས་མི་ལངས་པ་འབྱུང་བའི་གནས་སུ་གྱུར། གཞན་ཡང་རོང་རྨེ་དཀར་མོ་སྟག་ཚང་དུ་སྒྲུབ་བརྒྱུད་ཤིང་རྟ་བརྒྱད་ཀུན་འདུས་ཀྱི་སྒྲུབ་གྲྭ་དཔོན་སློབ་བརྒྱད། སྡེ་དགེའི་རྒྱལ་ས་ལྷུན་གྲུབ་སྟེང་གི་ཕུར་དུ་མ་སྔགས་དུ་དཔལ་ལྡན་ས་སྐྱ་པའི་སྔགས་བརྒྱུད་ཆོས་སྐོར་ཉམས་སུ་ལེན་པའི་གྲྭ་ལྔ་བཅུའི་སྒྲུབ་པ་དང་། ཀ་ཐོག་རྒྱུད་སྡེའི་བཤད་གྲྭ་ཁག་ཉམས་གསོས་འཕར་འཛུགས་རྣམས་གཙོ་བོར་བྱས་པའི་དགོན་སྡེ་ཆེ་ཕྲ་ཀུན་བཤད་སྒྲུབ་ཀྱི་སྡེ་འཛུགས་པར་བཀས་བསྐུལ་བ་དང་། ཐབས་རྩ་གནང་བ

སོགས་མཐའ་ཡས། དབང་ལུང་འཆད་སྤེལ་ལ། རིན་ཆེན་གཏེར་མཛོད་སྨིན་གྲོལ་ཆ་ཚང་ལན་གཅིག །སྒྲུབ་ཐབས་ཀུན་བཏུས་ཚར་བཞི། རྒྱུད་སྡེ་ཀུན་བཏུས་དུས་གཅིག་ལ་འཆད་སྤེལ་མ་བྱུང་ཡང་སྔ་ཕྱིར་དབང་ཆེན་གནང་བ་ཐམས་ཅད་བསྡོམས་ན་རྒྱུད་བཏུས་ཕལ་ཆེར་ཚང་བ་དང་། གདམས་ངག་མཛོད་ཚར་གཉིས། ལམ་འབྲས་སློབ་བཤད་ཚར་བཞི། སྙིང་ཐིག་གོང་འོག །སྨིན་གླིང་གཏེར་ཆོས་ཚར་བཞི་སོགས་ཆོས་ཀྱི་འཁོར་ལོ་རྒྱུན་ཆད་མེད་པ་བསྐོར་བས། ཞལ་སློབ་ཡོངས་རྫོགས་བསྟན་པའི་མངའ་བདག་ད་ལྟའི་ས་སྐྱའི་ཕོ་བྲང་ཁག་གཉིས་ཀའི་བདག་ཁྲི་ཡབ་སྲས། ངོར་མཁན་ཞབས་ཐམས་ཅད། རྒྱལ་དབང་ཀརྨ་པ་བཅུ་དྲུག་པ། ཏཱའི་སི་ཏུ་པདྨ་དབང་ཆེན། མདོ་ཁམས་བརྒྱུད་པ་དོན་བརྒྱུད་ཆོས་ཀྱི་ཉི་མ། སྨིན་གླིང་མཁན་གཅུང་རྣམ་གཉིས། གདུང་རིན་པོ་ཆེ་སྐུ་མཆེད། ཀ་དཔལ་ཞི་རྫོགས་བཞིའི་བསྟན་བདག་མཆོག་གི་སྤྲུལ་པའི་སྐུ་རྣམ་པ། དིལ་མགོ་མཁྱེན་བརྩེ་རིན་པོ་ཆེ་བཀྲ་ཤིས་དཔལ་འབྱོར་སོགས་བོད་ཡུལ་སྟོད་སྨད་བར་གསུམ་གྱི་སྐྱེས་ཆེན་དང་། མི་དབང་སེར་སྐྱ་སོགས་སྐྱེ་འགྲོ་མཆོག་ཕལ་ཀུན་གྱིས་ཞབས་ལ་བཏུད་ཅིང་སྨིན་གྲོལ་བདུད་རྩི་ཐོབ་པས་སྙིགས་མའི་གདུལ་བྱ་མཐའ་ཀླས་པ་བྱང་གྲོལ་གྱི་ས་ལ་བཀོད། རྟེན་གསུམ་གསར་བཞེངས་ལ་རྫོང་སར་རྩེ་ལྷ་ཁང་དུ་རྗེ་བཙུན་འཇམ་པའི་དབྱངས་གཙོ་བོར་བཞུགས་པའི་གཡས་གཡོན་དུ་གུ་རུ་རིན་པོ་ཆེ། དཔལ་ལྡན་ཨ་ཏི་ཤ །ས་སྐྱ་གོང་མ་རྣམ་ལྔ་བཅས་ཐོག་ཚད་རེ་གསེར་ཟངས་ཀྱི་སྐུ་དངོས་གཙང་བྱོན་ལེགས། གཞན་ཡང་གསར་རྙིང་རྒྱུད་སྡེའི་ལྷ་སྐུ་གཙོ་བོ་མདའ་ཚད་ནས་ཁྲུ་ཚད་མཐོ་ཚད་བཅས་ཀྱི་གསེར་སྐུ་བརྒྱ་ཕྲག་ལྷག །ཁམས་ཀྱི་བྱེ་མ་ཐང་རིགས་གསུམ་སྤྲུལ་པའི་ལྷ་ཁང་གསར་བཞེངས་སུ་རྒྱལ་བ་བྱམས་པའི་སྣང་བརྙན་རྗེ་ཉིད་ཀྱི་ཕྱག་མཐོ་སོ་གཉིས་ཅན་གསེར་ཟངས་ལ་རིན་པོ་ཆེ་སྣ་ཚོགས་ཀྱི་ཕྲ་ཚོམ་ཅན། ཀ་ཐོག་ཏུ་སྟོན་པ་དེ་བཞིན་གཤེགས་པའི་སྐུ་བརྙན་ཐོག་ཚད་གསུམ་ལྷག་གསེར་ཟངས་ཀྱིས་བསྒྲུབ་པ་སོགས་འབུར་སྐུ་གྲངས་ལས་འདས་པ་དང་། བྲིས་སྐུའི་སྒོར་བདག་ཅག་གི་སྟོན་པའི་སྐྱེས་རབས་དཔག་བསམ་འཁྲི་ཤིང་། རིགས་ལྡན་ཆོས་ཀྱི་རྒྱལ་པོ་རིམ་བྱོན། རྗེ་བླ་མ་འཇམ་དབྱངས་མཁྱེན་བརྩེའི་དབང་པོའི་སྐྱེས་རབས་སོགས་ཀྱི་ཞལ་ཐང་གྲངས་མང་། རྗེ་མཁྱེན་བརྩེའི་བཀའ་འབུམ་པོད་བཅུ་གསུམ། མི་ཕམ་གསུང་སྒྲོར་པོད་གཉིས། མཁའ་སྤྱོད་བེའུ་བུམ་པོད་གསུམ་གཙོས་དགོན་ཆེན། ཀ་ཐོག །ཞེ་ཆེན། རྫོང་སར་རྣམས་སུ་གསུང་རབ་ཀྱི་དཔར་ཤིང་དང་། ཁམས་བྱེའི་བཤད་གྲྭ་དང་། སྟག་ཚང་སྒྲུབ་སྡེ་སོགས་སུ་རྟེན་བཞེངས་བྱ་བ་ལས་ཀྱི་འཁོར་ལོ་རྒྱ་ཆེར་མཛད། སྐུ་ཚེ་སྨད་དུ་དབུས་གཙང་དང་། འཕགས་ཡུལ། བལ་ཡུལ་བཅས་སུ་གནས་སྐོར་མཆོད་འབུལ་ཐུགས་སྨོན་ཆོས་སྦྱིན་མཐའ་ཀླས་མཛད་དེ། དོན་གཉིས་ལྷུན་གྱིས་

གྲུབ་པའ་ལ[illegible]་པ་མཐར་ཕྱིན་ནས། རྗེ་ཉིད་ཀྱི་སྐུ་ཕྲེང་སྔ་མ་ལྷ་བཙུན་ནམ་མཁའ་འཇིགས་མེད་ཀྱིས་སྦས་གནས་སྒོ་འབྱེད་གནང་བ་འབྲས་ལྗོངས་སྦྱུལ་པའི་གནས་ཀྱི་བྱེ་བྲག་ཆོས་རྒྱལ་ཕུན་ཚོགས་རྣམ་རྒྱལ་གྱི་རྒྱལ་ས་སྒང་ཏོག་གཙུག་ལག་ཁང་དུ་དགུང་གྲངས་དྲུག་ཅུ་རེ་བདུན་པ་བོད་རབ་བྱུང་བཅུ་དྲུག་པའི་ས་མོ་ཕག་གི་ལོ་སྤྱི་ལོ་༡༩༥༩ལོར་གཟུགས་སྐུའི་བཀོད་པ་ཆོས་དབྱིངས་སུ་བསྡུ་བའི་ཚུལ་བསྟན་པ་ཡིན་ནོ།། །།

༄༅། །ཕོ་བྲང་པོ་ཏ་ལར་བཞུགས་སོ་གསོལ་བའི་དཔལ་ལྡན་ས་སྐྱའི་གསུང་རབ་རྣམས་ཀྱི་དཀར་ཆག་བཞུགས་སོ།

འཚོལ་བསྡུ་ཞུགས་སྒྲིག	ཕོ་བྲང་པོ་ཏ་ལ་དཔེ་རྙིང་བསྡུ་སྒྲིག་ཁང་།
གཙོ་སྒྲིག་པ།	འཇད་པ་དཔལ་ལྡན་ཚེ་རིང་།
རྩོམ་སྒྲིག་འགན་འཁུར་བ།	བསམ་གྲུབ་དར་རྒྱས།
མདུན་ཤོག་མཛེས་འཆོས།	སྐལ་བཟང་ནོར་བུ།
དཔེ་སྐྲུན་ཚན་པ།	བོད་ལྗོངས་མི་དམངས་དཔེ་སྐྲུན་ཁང་། (ལྷ་ས་གླིང་སྐོར་བྱང་ལམ་སྒོ་ཨང་20པ།)
པར་འདེབས་ཚན་པ།	བོད་ལྗོངས་རི་ཆུ་པར་འདེབས་ཚད་ཡོད་ཀུང་སི།
དེབ་ཚད།	787 × 1092 1/16
དཔར་ཤོག	40.75
ཡིག་གྲངས།	ཁྲི42.8
པར་གཞི།	2015ལོའི་ཟླ12པར་པར་གཞི1བསྒྲིགས།
དཔར་ཐེངས།	2015ལོའི་ཟླ12པར་པར་ཐེངས1བསྒྲིགས།
དཔར་གྲངས།	01－2,000
དཔེ་དེབ་ཨང་རྟགས།	ISBN 978－7－223－04731－9
རིན་གོང་སྒོར།	75.00